FELIX DAHN

PROF. AN DER UNIVERSITÄT BRESLAU

DIE GOTEN

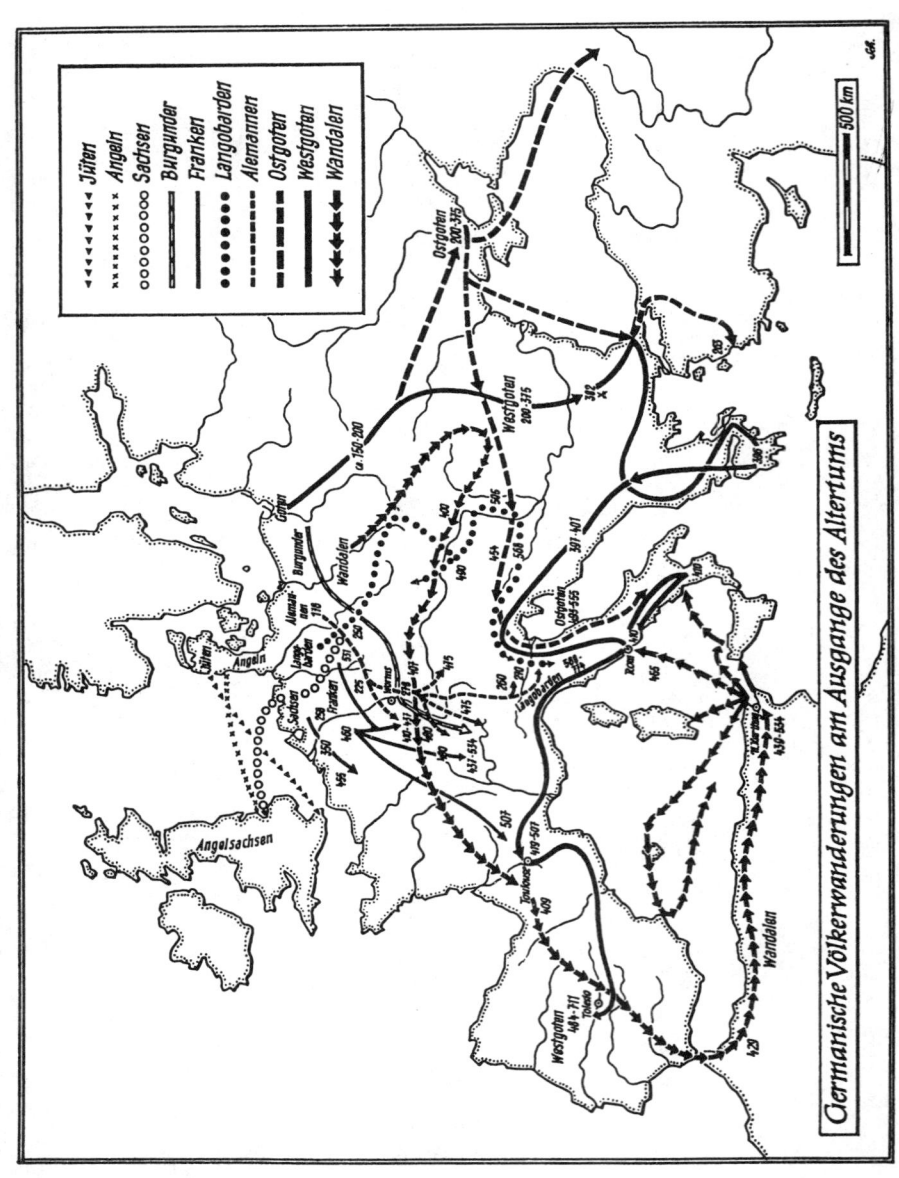

Germanische Völkerwanderungen am Ausgange des Altertums

FELIX DAHN

DIE GOTEN

OSTGERMANEN – DIE VÖLKER DER
GOTISCHEN GRUPPE

VON DR. FELIX DAHN

PROF. AN DER UNIVERSITÄT BRESLAU

MIT ABBILDUNGEN UND KARTEN

EMIL VOLLMER VERLAG

Bearbeitete, ungekürzte Neuausgabe mit sämtlichen Abbildungen und Karten der im Verlag Baumgärtel Berlin 1899 erschienenen 4 Bände umfassenden Urgeschichte der germanischen und romanischen Völker. Herausgegeben von Alexander Heine. Der vorliegende Band entspricht von der Aufteilung der Erstausgabe Band I ungekürzt.

Gesamtherstellung: Millium Media Management
Printed in Germany

ISBN 3-88851-180-1

Inhaltsverzeichnis

Einleitung

Einleitung

I. Die Germanen als Glieder der arischen Völkerfamilie

Die vergleichende Sprachforschung lehrt, daß die Germanen mit den Indern, Persern und Armeniern, den Greko-Italikern, den Kelten und den Letto-Slawen zu der sogenannten arischen Rasse gehören: das nämliche ergibt die Vergleichung der religiösen und rechtlichen Anschauungen dieser Völker. Aus der gemein arischen Ursprache ist, wie das Indische, Persische, Griechische usw. auch die gemein germanische Grundsprache hervorgegangen, aus welcher später die Sprachäste der einzelnen germanischen Gruppen sich abzweigten: das Gotische, Nordgermanische, das Altniederdeutsche und das Althochdeutsche.

In neuerer Zeit ist eine Ansicht herrschend geworden, die Goten und Nordgermanen unter dem Ausdruck „Ostgermanen" den „Westgermanen" (d. h. den späteren Deutschen, dann den Langobarden und Burgundern) zusammenfassend entgegenstellt: doch fehlt es nicht an Bedenken wider diese Zweigliederung.

Die Sprachvergleichung hat auch gezeigt, welcher Kulturgrad die sämtlichen arischen Völker in der ursprünglichen (asiatischen) Heimat vor deren Auseinanderwandern und welchen die sämtlichen germanischen Stämmen, ebenfalls vor ihrer Trennung, erreicht hatten: jene Metalle, Getreidearten, Haustiere, Geräte, Waffen, gesellschaftlichen Einrichtungen, Erfindungen, die mit gemeinsamen Namen bezeichnet werden, dürfen als urgemein betrachtet werden; die Fälle der Entlehnung sind hiervon häufig, aber freilich nicht immer, leicht zu unterscheiden. Als gemeinsame Heimat der Arier vermutet man die Landschaften östlich vom Kaspischen Meer: Einen Ozean erreichten jene Gebiete nicht, da es für das Meer an gemeinsamen Bezeichnungen gebricht. Eine jüngsthin aufgetauchte Meinung verlegt diese Urheimat weiter westlich, an die Grenze von Asien und Europa oder gar nach Europa hinein: sie ist, obzwar zuweilen mit Scharfsinn vertreten, nicht überzeugend begründet. Vor allem ist gegen die Annahme der europäischen Heimat – die Sümpfe Westrußlands oder Skandinavien – einzuwenden, daß sie die Frage der Einwanderung nur weiter hinausschiebt. Denn wie man auch über den Ursprung des Menschengeschlechts denken mag – keinesfalls sind die Arier aus jenen Sümpfen oder aus dem Eis des Nordlands als „Autochthonen" hervorgegangen, sondern in jene Lande – aus wärmeren Himmelsstrichen – eingewandert. Der Name „Arier", den sich diese Völker beilegten, wird erklärt als: „die Herren", „die Edlen" im Gegensatz zu den Nachbarn anderer Rassen.

Vermutlich waren die arischen Völker über jene Sitze in der Art verteilt, daß im Westen die Kelten, im Südwesten die späteren Greko-Italiker, im Nordosten die Perser, neben diesen im Norden die Slawen, dicht bei diesen aber weiter westlich die Germanen anzusetzen sind, und zwar so, daß die Goten als östlichste Germanen den Slawen zunächst standen. Diese Annahmen werden wenigstens durch die nähere Verwandtschaft der Sprachen untereinander und durch die Richtung der späteren Einwanderung in Europa am meisten gestützt.

II. Kulturstufe der Arier in Asien

Die Kulturstufe, welche die Arier vor ihrer Trennung erreicht hatten, wird einigermaßen dadurch gekennzeichnet, daß die Namen für die wichtigsten Haustiere (z. B. Pferd: gotisch aihvus lat. equus), Rind, Kuh, Schaf (gotisch avi, lat. ovis), Hund (griech. κύων, lat. canis), gemeinsam sind, ebenso für einzelne, freilich in jenen Gegenden wild wachsende Getreidearten, aber auch für pflügen und mahlen, für das Salz und einige Metalle, z. B. Erz: gotisch ais, lat. aes, Gold: lat. aurum, irisch or, allerdings auch mit Abweichungen hier wie bei Silber und Eisen. Gemeinsam sind ferner die Ausdrücke für einzelne Anlagen und Einrichtungen häuslicher Niederlassung, für mehrere Geräte, z. B. Joch (sanskr. g'uga (dsuga), lat. jugum, althochd. joh), Boot (sanskr. nâu, griech. ναῦς, lat. navis, irisch noe, poln. nawa, althochd. nawa: vergleiche das heutige mundartliche „Naue"), ferner für einzelne Waffen (Bogen, Pfeile).

Der Stoff, aus dem Waffen und Geräte gefertigt wurden, war schon nicht mehr bloß Stein, auch schon Erz (Bronze, eine Mischung von Kupfer und Zinn) und Eisen: die lange Zeit herrschende, namentlich von skandinavischen Gelehrten hartnäckig festgehaltene Theorie, wonach Stein, Bronze und Eisen verschiedenen Völkern zuzuteilen und überall Bronze älter als Eisen sei, ist nunmehr aufgegeben: man unterscheidet richtiger nur *Stein*zeit und *Metall*zeit und hat übrigens in manchen Gegenden Eisen gleichzeitig mit Bronze, ja manchmal vor der Bronze angetroffen.

Was Maßbegriffe betrifft, so sind die Namen der Grundzahlen und die Jahresrechnung nach Monden gemeinsam: – dagegen weichen die Bezeichnungen der Jahreszeiten ab. Die gemeinsamen religiösen Vorstellungen beruhen auf einem Lichtkultus, wobei Namen oder doch Wesensinhalt für einzelne Götter und zumal die Trilogie

Zeus	Hephaistos (Herakles)	Ares
Jupiter	Vulkan	Mars
Odin	Tor	Tyr

häufig wiederkehren: nur führt bei Germanen und anderen nicht der oberste Gott den Donner. Die Rechtsverfassung ruhte auf der Sippe: ursprünglich erstreckte sich Rechtsschutz und Rechtsfriede nur auf die Sippengenossen, über welche das Geschlechtshaupt unter Mitwirkung der Gesippen als Familiengericht Gerichtsbarkeit in bürgerlichem und Strafverfahren übte: dasselbe war, wie bei allen Völkern in der Unmittelbarkeit, „sakral" gefärbt und Eid wie Gottesurteil wurden, in starker Übereinstimmung, als Beweismittel gebraucht.

Viel zahlreicher sind selbstverständlich die den *germanischen* Sprachen und Völkergruppen gemeinsamen Bezeichnungen für Naturerzeugnisse, für menschliche Tätigkeiten, Fertigkeiten, Einrichtungen, Waffen und Geräte, wobei freilich das germanische Grundwort in den einzelnen Sprachen oft abweichende oder doch abweichend gefärbte Bedeutungen annimmt.

III. Die Einwanderung der Germanen in Europa

1. Die Ursachen

Als Ursache der Einwanderung der Germanen nach Europa können wir höchstens vermutungsweise den Druck annehmen, welchen andere Völker von Osten her übten: da auch schon vorher das Umherziehen in dem weiten von den Germanen durchstreiften Gebiet Gewohnheit gewesen war – *seßhafter* Ackerbau wurde noch keineswegs betrieben –, so konnten ganz allmählich, ohne daß es eines bestimmten Entschlusses, eines absichtlich gewählten Zieles bedurft hätte, die üblichen Wanderungen immer weiter und immer länger die Richtung nach Westen einschlagen, wenn die Behauptung der zuletzt gewählten Gegenden schwierig oder wertlos erschien. Diese allmähliche Bewegung nach Westen mag mehrere Jahrhunderte langsam fortgesetzt in ihr geraume Zeit von den im Rücken nachziehenden Slawen gefolgt worden sein: wenigstens sind Germanen und Slawen bedeutend länger ungetrennt geblieben als irgendein anderer Zweig des arischen Völkerbaumes.

2. Der Weg

Auch der Weg, auf welchem die Wanderer nach Europa gelangten, kann nur vermutet werden: sicher ausgeschlossen ist der Seeweg. Während ein großer Teil der Germanen durch (genauer: um) das uralte „Völkertor", den Kaukasus, seinen Einzug nahm, mögen andere, aber gewiß nicht alle Stämme weiter nördlich durch die nunmehr russischen Ebenen nach Westen gewandert sein: diese wurden dann nächste Nachbarn der *Finnen,* mit denen viele Wörter ausgetauscht wurden. Nach Skandinavien sind diese Germanen zuerst auf dem Landweg über Finnland, dann in einer jüngeren Einwanderung von den Küsten der Ost- und Nordsee aus gelangt.

3. Die Zeit

Ebensowenig läßt sich über die Zeit der Einwanderung auch nur annähernd Gewisses sagen. Man nimmt an, daß jene Arier, die später bei ihren Nachbarn vom *Indus* den (*nicht* nationalen) Namen empfingen, etwa zwischen 2500 und 2000 v. Chr. von dem iranischen Hochland nach Osten herabstiegen, man setzt die Einwanderung der Griechen in Europa ungefähr in das Jahr 2000, man läßt die Kelten ungefähr um 2000 schon den äußersten Westrand Europa erreichen. Damit würde sich vereinbaren lassen, daß die Germanen, die vorletzten der arischen Wanderer, etwa zwischen 700 und 800 v. Chr. an der Weichsel, Oder und Elbe, von den Quellen bis an die Mündungen dieser Ströme, standen. Bekräftigt wird solche *Vermutung* – denn mehr wird man gewiß nicht sagen dürfen – durch die Erwägung, daß *Pytheas von Marseille* etwa um 320 v. Chr. „die *Elbe Kelten* und ‚*Skythen*', d. h. hier ohne

Zweifel Germanen, scheiden läßt," daß ferner schon ca. 120 v. Chr. eine durch Über-
völkerung herbeigeführte Auswanderung der Kimbern und Teutonen aus der jüti-
schen Halbinsel notwendig werden konnte, wie dadurch, daß ungefähr drei bis vier
Jahrhunderte später ganz allgemein die im Nordosten wohnenden Völker (Goten,
Burgunder, Langobarden, zum Teil aus gleichen Gründen der Übervölkerung, nach
Süden aufbrachen.

IV. Das von den Germanen vorgefundene Europa

Die Einwanderer fanden Europa keineswegs als unbewohntes, herrenloses, ödes Land vor. Zwar lagen nordöstlich vom Rhein und den Alpen sehr weite Strecken von Sumpf und Urwald bedeckt, aber es fehlte auch hier nicht an urbar gemachten, von früheren Einwanderern gerodeten, getrockneten und gegen die heranziehenden Germanen behaupteten Strecken von Bauland. Welche Bevölkerungen fanden die Einziehenden vor?

Der *vorgeschichtlichen* Zeit gehören an die in Höhlen gefunden Reste jener Menschheit, der ältesten in Europa festzustellenden, die in der sogenannten jüngeren Eiszeit zusammen mit dem Mammut lebte.

1. Pfahlbauten

Die früheste *geschichtliche* Bevölkerung ist die vielleicht – wenigstens ist das von vielen Annahmen die glaublichste, obzwar auch recht unsichere – *finnische*, welche die ältesten sogenannten Pfahlbauten anlegte: diese ältesten Pfahlbauleute kannten noch keine Metalle, lebten von Fischfang, Jagd, Viehzucht, vielleicht auch schon von einigen Getreidearten: es waren kleine in dem allzu harten Kampf um das Dasein verkümmerte, zurückgebliebene Gestalten, wie die für unsere Hände viel zu kurzen Griffe der Waffen und Geräte dartun; die Pfahlbauten, d. h. in Seen und Flüssen auf senkrecht eingerammten Pfählen gezimmerte Hütten, dienten als Zufluchtsstätten für Menschen und Tiere und als Waffen- und Vorratsräume für Steinwaffen und Steingerät, auch für die Rohsteine und halbfertigen Steine,

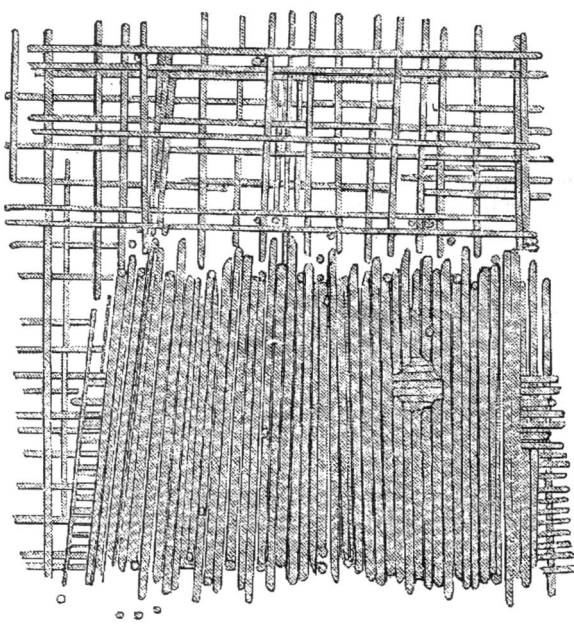

Pfahlbau von Nieder-Wyl bei Frauenfeld in der Schweiz

die der Tauschhandel zuführte. Weder Kelten noch gar erst Germanen haben die ältesten Pfahlbauten errichtet: diese beiden Völker standen bei ihrer Einwanderung auf höherer Stufe, als die ältesten Pfahlbauten zeigen: sie brachten Metallwaffen und Metallgeräte mit.

Vielmehr wichen die Pfahlbauleute fast ohne Kampf vor den Kelten zurück, als diese von Süden und Osten her in Europa eindrangen: entsprechend dieser Richtung des drohenden Angriffs ging der Rückzug nach Norden und Westen: im heutigen Finnland und vielleicht in den baskischen Bergen haben sich allein in Europa Finnen behauptet: (abgesehen von den erst später eingewanderten Hunnen, die in den Bulgaren fortleben sollen, und den Magyaren); sie verbrannten die Pfahlburgen – die

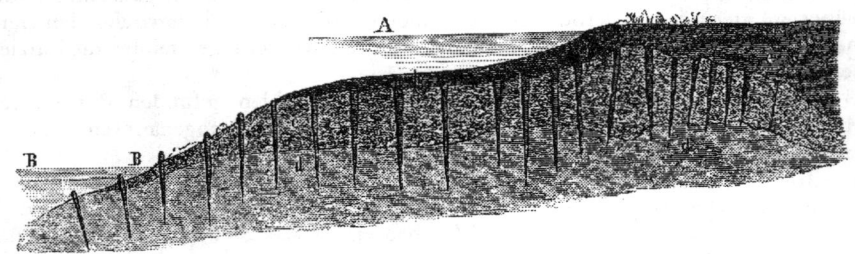

Pfahlbauansiedlung im Mooseedorfsee bei Bern

A = früherer Wasserspiegel. BB = Gegenwärtiger Wasserspiegel. bb = Schicht von Schlamm und Schilfwurzeln. cc = lockerer Torf mit Steinen, Kies, Holzwerk, Kohlen, Knochen usw. dd = alter Seegrund. e = dichter Torf.

allermeisten sind durch Feuer zerstört, aber nicht in oder nach dem Kampf; denn es fehlen die Gerippe von Erwachsenen als Angreifern und Verteidigern –, dem Verfolger das Nachdringen und das Festsetzen im Lande zu erschweren. Nur die Flüsterstimme der Sage weiß noch zu erzählen von dem Völklein scheuer Zwerge, welche im Wasser oder in Höhlen wohnen oder in die Berge flüchten vor dem Andrang der überlegenen „Menschen".

Die Kelten – wie später Römer und Germanen – verwerteten günstig oder wichtig gelegene verlassene Pfahlburgen ebenfalls als Zuflucks- und Verteidigungsstätten. Vielleicht hatten auch die Pfahlbauer selbst in späterer Zeit von Etruskern Bronzegerät und anderes erhandelt: die in den *obersten* Schichten der Pfahlbauten gefundenen keltischen oder germanischen Geräte können durchaus nicht beweisen, daß Kelten oder Germanen diese Bauten ursprünglich errichtet: findet man doch dabei auch römische Kaisermünzen.

2. Die Kelten

Die Bevölkerung und Kultur, welche die Germanen über den größten Teil von Europa (von Ungarn und Böhmen im Osten in nach Westen stets steigender Dichtigkeit und Macht) vorfanden, war, wie die Ausgrabungen und die Ortsnamen dartun, die *keltische*. Da dieselbe für die Geschichte der germanischen Ansiedelung auch östlich vom Rhein (zum Teil auch für die pyrenäische Halbinsel und Norditalien) von großer Bedeutung, für die Geschichte Galliens und Britanniens aber geradezu die Entscheidung war, weil die von den Germanen in Gallien vorgefundene Bevölkerung und Kultur – romanisierter Kelten – Goten, Burgunder, Franken auf das Mächtigste beeinflußten, muß eine „Urgeschichte der germanischen und romanischen Völker" auf diese keltischen Dinge, zumal Bildungsstufe und Verbreitung der keltischen Völker über Europa in Kürze wenigstens eingehen.

Die Kelten, früh von den Greko-Italikern, noch früher von den Germanen und Letto-Slawen geschieden, waren als selbständiges Volk lange vor den Germanen in Europa eingewandert: nach der ungleich wahrscheinlicheren Ansicht auf dem Landweg, am Schwarzen Meer vorbei die Donau aufwärts, also ungefähr in derselben Richtung, obzwar viel tiefer südlich, als später die Germanen anzogen. Ihre Macht hatte im vierten Jahrhundert vor Christus die Höhe erreicht: sie erfüllten und beherrschten fast ganz Westeuropa: Gallien war das Hauptland ihrer Herrschaft: von hier gingen, infolge von Übervölkerung, neue Wanderungen aus: zum Teil nur in die nächsten Landschaften auf dem rechten Rheinufer, wo sie neben dünnerer keltischer Bevölkerung leichter als in Gallien Raum fanden: zum Teil aber drangen diese kriegerischen Wanderer nach Italien, die Ausbreitung, ja den Bestand Roms eine Zeitlang hitzig bedrohend.

Andere Schwärme überfluteten Griechenland und Kleinasien, gaben hier der Landschaft „Galatien" den Namen und behaupteten daselbst ihre Sprache angeblich bis auf die Tage des heiligen Hieronymus (geboren 331 n. Chr.). In Europa hatten dereinst die Kelten eine tiefere Bildungsstufe eingenommen als die ihrer gallischen Zustände zur Zeit Cäsars waren: hier in Gallien und auf der Südspitze von Britannien hatten sie allmählich höhere Gesittung erreicht, aber die unbesiegten Stämme im Inneren der Insel beharrten noch zur Zeit des Tacitus in der alten Roheit; auch von den italischen Kelten entwirft Polybius ein Bild, welches etwa den Germanen zur Zeit Cäsars ähnelt.

Die Zeit ihrer Einwanderung ist so wenig wie die der Germanen auch nur annährend sicher zu bestimmen: fest steht nur, daß sie mehrere Jahrhunderte vor Anfang der germanischen vollendet war. Man läßt sie, vielleicht etwas zu früh, schon 2000 v. Chr. den Westrand Europas erreichen: Herodot (circa 450 v. Chr.) weiß sie bereits seßhaft auf der pyrenäischen Halbinsel: 390 belagern sie Clusium: zur Zeit Alexanders des Großen bedrängen die Kelten die Illyrier am Adriatischen Meer: Pytheas findet um das Jahr 320 „Skythen" an der Elbe, westlich von ihnen Kelten: es trennte also wohl damals dieser Strom Kelten und Germanen, d. h. „Skythen".

In dem später nach ihnen benannten Gallien unterwarfen die Kelten die meisten alten Einwohner, welche nicht vor ihnen nach Spanien oder Italien wichen; aber nicht alle: nicht die Iberer: noch unter Cäsar schied die Garonne die iberischen Aquitanier von den Kelten: in Spanien entstand das Mischvolk der Kelt-Iberer, in Süd-

---

1 Cäsar, bellum gallicum ed. Doberentz, 5. Auflage 1871 (auf den sich Tacitus, Germania C. 28 ed. Müllenhoff, Germania antiqua 1873 beruft); daß den vereinzelt eintreffenden germanischen Vorläufern *anfangs* die Kelten überlegen waren, zumal auf dem *linken* Rheinufer (wovon Tacitus allein spricht), daß sie infolgedessen geraume Zeit die Versuche der Germanen, über den Strom zu dringen, nicht bloß erfolgreich abwehrten, sondern nach eingetretener Übervölkerung in Gallien ihrerseits den Strom wieder auswandernd überschreiten konnten, – all das ist voll glaubhaft. Sehr weit nach Osten werden aber diese keltischen Rückwanderer nicht gekommen sein gegen den Strom der vorwandernden Germanen, der, je weiter östlich, desto breiter und stärker wurde. Und die ursprünglich zwischen dem deutschen Mittelgebirge (herkynischen Wald), und Rhein und Main wohnenden Helvetier und die Bojer in Böhmen sind wohl nicht wie Tacitus meint, erst aus Gallien in diese Gegenden *zurückgewandert* (Bojer waren freilich *auch* in Gallien).

frankreich das der Kelto-Ligier (Ligurer). Schwieriger ist die Nord- und Ostgrenze ihrer Verbreitung über Europa festzustellen: da aber noch Tacitus nicht nur in Böhmen, sondern viel weiter südöstlich kleine keltische Völkerschaften zwischen (und wohl ausnahmslos unter Oberherrschaft von) Germanen findet – was keineswegs bloß, wie meist geschieht, aus der oben erwähnten Rückwanderung aus Gallien zu erkären ist – wird man annehmen müssen, daß die Kelten, wie sie ursprünglich von Ost nach West die Donau aufwärts eingewandert (was freilich Römer[1] und Griechen nicht wußten, weshalb sie nur an Rückwanderung aus Gallien nach Osten denken konnten), schon ursprünglich bei ihrer Einwanderung hier an der unteren Donau und in allem Land bis an den Rhein Ansiedelungen zurückgelassen hatten.

Diese mögen – mit Ausnahme freilich der mächtigen Bojer in Böhmen – je weiter östlich desto geringere Bildung und Macht entfaltet haben und, der germanischen Einwanderung erliegend, nur als Hintersassen oder abhängige Verbündete im Lande geblieben sein; immerhin beweisen die zahlreichen Fluß-, Bach-, Berg-, Hügel-, Wald- und selbst manche Ortsnamen, welche auch in der Germanenzeit noch, zum Teil bis heute, von Ungarn bis Lothringen keltisch forttönen, daß die Germanen diese Bezeichnungen von im Lande verbleibenden Kelten dauernd vernahmen, sonst wäre die Beibehaltung durch die Germanen undenkbar.[2]

Die Haupteinteilung der keltischen Völker nach der Sprache ergibt einen gallischbritischen und einen irisch-schottischen Zweig: erhalten ist das Cambrische, das in Wales, und das Bretonische, das in der Bretagne heute noch gesprochen wird, dann das Irische und Gadhelische.

Cäsar unterscheidet in Gallien die (iberischen) Aquitanier, welche die Garumna (Garonne) von den „Galliern" trennt und die Gallier, „die sich in ihrer Sprache Kelten nennen": diese läßt er an der Matrona (Marne) und Sequana (Seine) mit den Belgen grenzen. Die Belgen waren ein Stamm der Kelten, welcher sich durch Mundart und rauhere, den benachbarten Germanen ähnliche Lebensweise von den Galliern im engeren Sinn unterschied. Auf dem Festland von Germanen im Osten, von Galliern (im engeren Sinne) im Westen eingeengt, hatten die Belgen in vielen Völkerschaften den Kanal überschritten und die Südostküste Britanniens besetzt, die Themse (Tamesis) bildete ihre Nordostgrenze: hier wohnten die Kantier (Kent), denen auch Longdwinium (London) zugeteilt wird: diese britannischen Kelten sind gleichnamig mit festländischen Belgenstämmen: Atrebates, Brigantes, Menapii: auch Parisii begegnen wir an der Seine so in England.

Als „Bretannische" Inseln werden schon bei Pseudo-Aristoteles England (mit Schottland) „Albion", und Irland, „Jerne", genannt: bei Cäsar heißt England und Schottland zusammen: Britannia, Irland: Ibernia. Im Südwesten Englands wohnten bis an den Severnfluß die Kymren: ein Teil von ihnen, die Dumnonier, floh vor den einwandernden Angelsachsen (Ende des fünften Jahrhunderts) auf das gallische Festland zurück und bewahrte dort Name und Sprache der „Bretonen": Dieser ursprünglich die *ganze* Bevölkerung Englands und Schottlands bezeichnende Name war nun von den Angelsachsen auf alle englischen Kelten, von den Franken auf die Kelten der Bretagne angewendet.

Die Britannen wurden durch die beiden Firde Clota und Bodotria (Clyde und Firth of Forth), später durch die römische Herrschaft geschieden von den Caledoniern: die Römer errichteten gegen die Caledonier (= Picten) den nach ihnen genannten Pictenwall. Ihre Sprache nennt diese Bergbewohner Gäl, sich selbst die gälische.

---

1 Vgl. *Dahn*, von Wunn und Weide, Bausteine III. Berlin 1881.

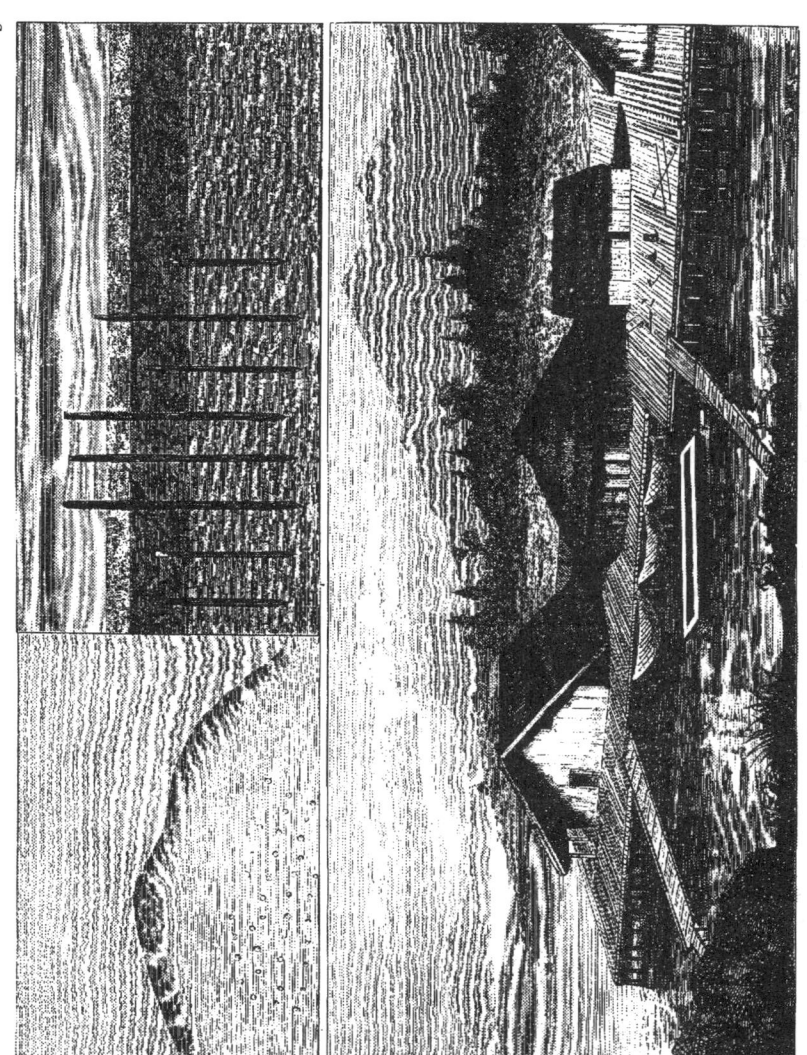

a Pfahlbau von oben gesehen.

Mutmaßliches Aussehen eines Pfahlbaudorfes.

b Gegenwärtiger Zustand eines Pfahlbaues.

Die ebenfalls keltischen Bewohner Irlands hießen ursprünglich Scoten: später nahmen sie das Land der Picten ein, welches nun nach ihnen Scotia („Schottland") genannt wurde: aber erst im neunten Jahrhundert verschmolzen Picten und Scoten in Schottland zu *einem* Reiche.

Von der Verteilung der keltischen Völkerschaften über Gallien mag folgender Abriß genügen.

Die *Belgen*, wie wir sahen, durch Mundart und rauhere Sitte von den südwestlicheren Kelten verschieden, aber unzweifelhaft[1], wie ihre ausschließlich keltischen Namen beweisen, selbst Kelten, legten sich nur in falscher Berühmung germanische Abstammung bei: nicht einmal die (belgischen) *Aduatuker,* angeblich von den hier (bei Tongern) zurückgebliebenen Kimbern (übrigen nur sechstausend Köpfe) abstammend, sind ungemischt germanisch. Die Sitze der Belgen erstreckten sich vom Niederrhein über die Ardennen (Arduenna silva) an die Marne und Seine: im Südwesten die *Remi* (Hauptort Reims); nordwestlich neben diesen die *Suessiones* (Soissons), nördlich die *Bellovaci* (Beauvais), *Ambiani* (Amiens), westlich *Bellocasses* (Landschaft Bexin, Hauptort Rotomagus: Rouen): dann die *Nervier, Atrebaten* (Arras), *Moriner* und *Menapier, Biromanduer* (Bermandois), *Aduatuker, Condrusen, Eburonen* usw.

Nicht Belgen, sondern Gallier (im engeren Sinn) waren die *Mediomatriker* (Hauptort : Divodurum: später Mettis = Metz), die ebenfalls mit Unrecht für Germanen erklärten *Treverer* (Treveri: Hauptort: Augusta Trevirorum = Trier); westlich die schon genannten *Remer* (remisch vielleicht auch Virodunum = Verdun); südlich die *Leuci* (Hauptort: Tullum = Toul oder Nasium = Naix); südöstlich von diesen die *Raurici* (Augusta Rauricorum, Augst bei Basel, Basilea).

Nördlich von den Ardennen wohnten unter Oberhoheit der Treverer fünf Völkerschaften, welche man „Germanen" nannte: keinesfalls aber waren sie (Deutsche) Germanen, sondern nach Zeugnis ihrer Namen, Kelten. Die Mächtigsten unter ihnen, die *Ebronen*, werden später durch die wirklich germanischen *Tungern* vertrieben (siehe unten bei dem Namen „Germani").

Westlich der Ardennen wohnten die an Rauheit und Tapferkeit den Gemanen nächststehenden Belgen: die starken *Nervier.*

Zwischen der Sequana (Seine) und dem Liger (Loire) saßen zahlreiche Völkerschaften, welche unter dem Namen „*Aremorici*", d. h. „Meeranwohner", zusammengefaßt wurden. (Nur einige moderne Städtenamen mögen hier an die alten Völkernamen erinnern: so heißt Bayeux von den *Bajucasses* in der Landschaft Bessin, Abranches von den *Abrincatui,* le Mans von den *Cenomani,* Evreux von den *Eburovices,* Rennes von den *Redones,* Bannes von den *Beneti.*)

An der Seine saßen die *Parisii* (Hauptort: Lutetia Parisiorum, Paris). Um Sens die *Senones,* um Troyes die *Tricasses*; dann an dem Loireufer die *Nannetes* um Nantes; die *Andes, Andegavi* um Angers im Anjou; die *Carnutes* um Chartres und um Cenabum (spater Aureliani = Orleans). Auf beiden Seiten der Loire die *Turones* um Cäsarodunum (Tours in der Touraine), die *Bituriges* um Bourges, die *Lemovici* um Limoges, die *Petrocorii* um Perigueux im Perigord, die *Cadurci* um Cahors.

Zwischen Loire und Garonne (Garumna) wohnen an der Küste die *Pictones, Pictavi,* im Poitou und Poitiers, die *Santones* in der Saintonge (um Mediolanum, heute Saintes): jenseits der Garonne unter den Aquitaniern wohnten die *Bituriges* um Bordeaux.

---

1 Mit Unrecht wird dies noch immer bestritten.

An der Marne, dem Grenzfluß zwischen Galliern und Belgen, siedelten die *Meldi* um Meaux und die *Catalauni* um Châlons sur Marne. Im Gebirgsland der Auvergne wohnten die *Arverni*, um Javaux im Gevaudan die *Gabali*, die *Velauni* in der Landschaft Velay.

Zwischen der Isara (Isère), dem Rhodanus (Rhône) und den Alpen saßen die *Allobrogen*; oberhalb der Rhône bis zum Jura und den Vogesen (Vosagus) die *Sequani*.

Im Süden zwischen Rhône und Pyrenäen wurde die ältere ligurische und iberische Bevölkerung zuletzt zusammengedrängt auf das Gebiet zwischen Garonne und Pyrenäen durch die in mehrere Gruppen geteilten *Volcae* (Hauptstadt: Tolosa = Toulouse), deren Nachbarn den Cavari, Avenio (Avignon) und Valencia (Valence) gehörten. Gegenüber den Sequanern und Allobrogen vom rechten Rhôneufer gegen Westen wohnten die *Segusiavi* (Hauptort Lugdunum = Lyon), abhängig, wie die meisten Völker dieser Gegenden, von den mächtigen *Äduern*; nördlich von diesen um Langres die *Lingonen*.

Im Nordosten vom Rhein bis Boulogne saßen die *Menapier*, zur Zeit Cäsars auch auf dem rechten Rheinufer, später von den Germanen ganz auf das linke Ufer der Maas (Mosa) gedrängt; nördlich von ihnen am linken Ufer der Maas die *Texuandri* im späteren Gau Texandria (Tessenderlooh); westlich von den Menapiern und noch einmal so stark wie diese von der Schelde bis Boulogne (Gesoriacum, später Bononia) die „meeranwohnenden" *Morini*.

Unter den *Alpenkelten* sind zu nennen die *Helvetier*, deren vier Gaue (darunter Tigurinus und Verbigenus) mit 253 000 Köpfen zwölf Städte und vierhundert Dörfer bewohnt hatten: dem Druck von Germanen ausweichend waren sie in Gallien eingedrungen; Cäsar zwang sie zur Umkehr in die alte Heimat (siehe unten) später, unter Vitellius, wird hier Aventicum (Avanches) genannt. Tacitus und Ptolemäus wissen übrigens sehr wohl, daß die Helvetier, früher in den Gegenden zwischen dem Oberrhein und dem Main seßhaft, erst später in die Schweiz gewandert waren.

Kelten sind auch die östlichen Nachbarn der Helvetier in den mittleren Alpen, die *Vindeliker*: dagegen die *Räter* in den nach ihnen benannten Alpen sind tuskischer (rasenischer) Abkunft, wie nicht nur Versicherungen der Schriftsteller, überzeugender noch zahlreiche Ortsnamen dartun: einzelne keltische Einsprengungen sind dadurch nicht ausgeschlossen.

Durch Tiberius und Drusus wurden im Jahre 15 v. Christus die Räter unterworfen, indem Drusus die Athesis (Etsch) hinauf über den Änus (Inn), Tiberius aber vom Rhein her über den Bodensee (Venetus Lacus) hinaus vordrang: die Räubereien dieser Bergvölker gaben den nächsten Anlaß: jedoch wirkte wohl als tiefere Ursache die Vorbereitung des großartig geplanten Angriffs auf die Germanen von der Donaulinie mit.

Keltische Völker waren ohne Zweifel die *Licates* am Licus, dem Lech, die *Brigantii* um Bregenz, die *Estiones* um Kempten, Campodunum. Auf dem Brenner saßen die Breuni und Genauni, am Eisack (Isarkus?) die *Isarci*: dem Vinstgau und der Finstermünz (Venostum mons) haben die *Venostes* den Namen gegeben.

Die keltischen Stämme der Ostalpen umschließt der Gesamtname der *Taurisker*, von denen die *Noriker* (um Noreja bei Klagenfurt) ein Hauptast: bald nach Unterwerfung der *Räter* wurden auch die *Noriker* bezwungen. Ihre Westgrenze war der Inn, ihre Nordgrenze die Donau (Danubius, im Unterlauf Ister), ihre Südgrenze das Gebirge „Caravancas" zwischen Save und Drave. Jenseits dieses Kammes im Julium Carnicum (Zuglio) saßen die *Carnen*; im Südosten waren die letzten Städte der Noriker Celeja (Cilli) und Pötovio (Pettau) gegenüber den Pannoniern: Nauportus bei Laibach gehörte den Tauriskern. Im Nordosten erreichten sie die Donau und das Gebiet der *Bojer*: Carnuntum (bei Heimburg) und Vindobona (Wien) waren norisch; später wurden die Noriker durch die *Daken* in das Gebirge gedrängt; die Römer teilten diese ehemals norischen Striche ihrer Provinz „Pannonia" zu. Von den Namen der norischen Einzelvölker wollen wir nur anführen die *Alauni* in den salzreichen Gegenden um Salzburg: vielleicht identisch mit *Ambisontes*, d. h. Umwohner der Salzach (Igonta, verderbt aus Isonta?): letzerer Name wird auch im Pinzgau und dessen Hauptort Bisontio gefunden; wie Ambi-sontes ist gebildet: *Ambi-dravi*, d. h. Anwohner der Drave, und *Ambi-lici*, Anwohner des Geil, der den gleichen Namen wie der Lech, Licus, geführt haben soll.

Aus der großen Völkerschaft der *Bojer* begegnen Splitter in den verschiedensten Ländern Europas: Bojer waren unter den aus Gallien nach Italien gewanderten Kelten, andere Bojer waren mit den Helvetiern südwestlich in die Schweiz abgezogen und nach dem Siege Cäsars bei den Äduern in Gallien aufgenommen worden. Bojer wehrten in dem nach ihnen benannten Böhmen die Kimbern ab; von hier aus nach Osten gewanderte Bojer kämpften neben den Norikern gegen den Andrang der Daken, wurden aber von diesen samt den Norikern zuletzt verdrängt bis auf schale Reste: die Römer nannten daher jenes aufgegebene Land: „Das Ödland der Bojer" (um den Plattensee) und gründeten dort ihre Städte Savaria (unter Claudius) und Julia Scarabantia. An dem Land Böhmen aber haftete der Name der Bojer so fest, daß sogar im sechsten Jahrhundert nach Christus noch[1] die germanischen Markomannen hiernach die Männer aus Baja, Bajuhemum, d. h. Bajuvari, genannt wurden.

Im Süden der Alpen gegen das Meer wohnten, wie bemerkt, auf dem Hochgebirge die *Carnen* (Carn = cornu = Horn, Fels): im Osten grenzten sie mit den Pannoniern, im Norden mit den Norikern, im Westen mit den Venetern: hier erreichten sie das Meer: Concordia, Tergeste (Triest), Aquileja waren keltisch (?), d. h. carnisch und japygisch: denn diese, die *Japygen*[2], wohnten auf den Bergen der illyrischen Küste mit Illyriern, wie auch ihre Tracht bewies, gemischt: sie erreichten neben den *Istrern* die See: nach Zerstörung ihrer grimmig verteidigten Stadt Metulum unterwarf Oktavian das Land.

Ausbreitung und Macht der Kelten wurde später zugleich von Süden und von Norden bedroht; nach Besiegung Karthagos drangen die römischen Adler unaufhaltsam in Italien über den Po in die Alpen, überflogen sie, faßten in Gallien Fuß und unterwarfen die Kelten hier in ihrem Hauptland.

Von der anderen Seite, vom Nordosten her, drangen wohl seit dem siebenten Jahrhundert in das keltische Mittel- und Süddeutschland die Germanen ein: auch ihr Druck mag damals manche der Keltenwanderungen veranlaßt haben.

Und schon hatten die westlichen Germanen, nach Vertreibung und Unterwerfung der rechtsrheinischen Kelten den Strom überschritten und in Gallien unter Ariovist

---

1 Tacitus, Germ. K. 28: „Noch dauert der Name ‚Bojohemum' und bezeichnet die alte Bedeutung des Landes, obwohl die Einwohner gewechselt" – ein Satz, der heute noch wie vor siebzehn Jahrhunderten gilt.

2 Neuerdings verwirft man, wohl mit Fug, das Keltentum der Japygen.

ein Reich errichtet, dessen drohendes Wachstum die Kelten nicht gehemmt haben würden. Da erschien Julius Cäsar in Gallien, wies die Eingedrungenen über den Strom zurück und machte für ein halbes Jahrtausend diesen Strom zur Grenze zwischen den Germanen und der romanisierten Provinz Gallia.

3. Die übrige Bevölkerung Europas

Kürzer als die keltische kann die übrige Bevölkerung Europas, welche die Germanen vorfanden, verzeichnet werden.

Südlich von den Ostkelten (siehe oben) wohnten die durchaus nicht keltischen *Illyrier* entlang dem Ostrand der Adria von den Pomündungen an. Illyrische Einzelvölker waren die *Eneter* innersten des Busens („Veneter"): unter den Südillyriern seien genannt die *Liburner* mit Liburna, die *Dalmaten* mit Dalminium und die *Istrer*.

Der nordöstliche Hauptast der Illyrier waren die *Pannonier*, welche im Süden die Osthänge der Berge bis zur Donau erfüllten, im Norden die Germanen erreichten. Nur den Nordpannoniern blieb der Name Pannonier: die Römer nannten das nach Abzug der Bojer neubesiedelte Land zwischen Save, mons Cetius, Norikern und Donau: „Pannonica provincia", welche sie dann in eine obere und untere teilten. Später wurde Nordillyrien bis an den Busen von Cattaro von Slawen erfüllt; jedoch die Bevölkerungen, die südwärts von dort über Epirus, Nordgriechenland und die zugehörigen Inseln sich verbreiteten, die *Albanesen* oder in ihrer Sprache „*Schkipetaren*" (von Schkipe = Fels?), gelten als Reste der Illyrier.

Östlich an die Illyrier reihten sich die *Thraker*, die von ihren Stammsitzen nördlich vom Ister sich südwestlich bis Thessalien, östlich bis Vorderasien ausdehnten. Zwei sehr mächtige thrakische Völker die *Geten* und die *Daken*, waren weit über den Ister nach Norden gezogen, wo sie den Tyras (Dnjestr) und die Germanen erreichten. Zur Zeit des Cäsar blühte das große Reich des Getenkönigs *Boirebistes* (Burvista) nördlich von der Donau: als dasselbe den aus Norden andringenden Bastarnen und den von Osten einwandernden Slawen erlag, wichen die Geten, den Römern sich unterwerfend, über den Strom und wurden in Thrakien angesiedelt. (Zur Zeit Strabos, d. h. unter Augustus.) Das von ihnen geräumte Land erhielt nun den Namen: „Ödland der Geten".

Bald nach den Geten wichen auch die Daken vor dem Andrang der *Jazygen* aus dem Land zwischen Theiß und Donau. Von den ihnen verbliebenen Gebieten beunruhigten sie lange, am bedrohlichsten unter ihrem König Dekebalus, die römischen Grenzen, bis Trajan sie unterwarf und das Land zwischen Theiß, Dnjestr, Pruth und Donau als „Dacia provincia" einverleibte. Als Aurelian diese letzte Eroberung des Reichs in Europa wieder aufgab, drangen *Germanen* (*Goten*) und nach deren Abzug Slawen hier ein: Reste der stark römisierten, ein verdorbenes Latein sprechenden Daken wurden die Vorfahren der *Wlachen*, d. h. der Welsch (Vulgärlatein) redenden *Rumänen*.

Die dunklen Fragen der Abstammung und Verbreitung der *Etrusker* beschäftigen uns hier nicht. Lange bevor die Germanen die rätischen Alpen erreichten, von welchen sie durch einen breiten Gürtel keltischer Völkerschaften getrennt wurden, waren jene tuskischen Räter von den Römern unterworfen und romanisiert. Eine uralte Handelsstraße, von den Etruskern, wenn nicht angelegt, doch geraume Zeit eifrig benutzt, führte über den Po nach Venetien, dann über die Alpen nach Mähren und von da in mehreren Zweigen nordöstlich bis Schlesien: von da ab vermittelten andere

Barbaren den Tauschhandel bis an die Ost- und Nordsee: von daher gelangte der Bernstein so reichlich an den Po (Eridanus), daß man diesen Strom für den *Erzeuger* des gesuchten Harzes hielt, während er doch nur die *Fracht vermittelte.*

Auch auf die *iberisch-baskische* Bevölkerung der pyrenäischen Halbinsel stießen die Germanen erst, als dieselbe von keltischen, später und stärker von römischen Einflüssen durchdrungen war. Während nun aber den Germanen im Westen am Rhein, im Süden an Donau und Alpen das noch Jahrhunderte hindurch unbezwingbare Römerreich weiteres Vordringen wehrte, drückten bereits von Osten her breite Massen roherer Stämme auf die germanische Nachhut (die Goten, Lugier und andere Ostgermanen), in weit gestreckter Linie von der Donau in Ungarn bis an die Düna drohend heranschwellend: es waren die *Slawen*, den Germanen so hart auf den Fersen, daß Tacitus zuweilen Mühe hat, sie an ihrer tieferen Bildungsstufe, zumal an ihrem Schmutz und an ihrer dumpfen Trägheit, von den Germanen zu unterscheiden; sie drücken gleichmäßig auf die Quaden im Süden, die Markomannen in der Mitte, die Burgunder und die Goten (vor deren Südwanderung) im Norden: „*Wenden*", d. h. die Weidenden, wurden sie von den späteren Deutschen genannt, ihr schweifendes Hirtenleben von deutschem Ackerbau zu scheiden: so traten sie mit germanischem, wie die Germanen mit keltischem Namen (siehe unten) in die Geschichte; sie selbst nannten sich „*Slowenen*".

Tacitus kennt an der Küste der Ostsee die *Esten* (Ästui): richtig unterscheidet er ihre Sprache von der germanischen, irrig stellt er sie der keltischen näher; übrigens hat schon Pytheas hier „Ostiäer" verzeichnet. Ptolemäus kennt den Gesamtnamen: „Esten" nicht, wohl aber einzelne ihrer Stämme, die *Galinden* und *Suditen*, die in höchst überraschender Bestätigung noch in späterer Zeit unter den Preußen begegnen in der Nähe des Spirdingsees, wohin sie wohl erst nach Abzug der Goten vorgedrungen.

Nördlich von den Esten werden zuerst von Tacitus genannt die *Finnen*, d. h. die Sumpfleute (gotisch Fani, alth. Fenni, der Sumpf): er unterscheidet das armselige Jäger- und Fischervolk in der Lebensweise nicht nur von Germanen, auch von Slawen und sogar Esten: in Skandinavien werden im Gebirge die *Skridi-Finnen*, im Tiefland die *Quänen* getrennt.

Südöstlich von den Finnen dehnen sich „*Skythen*" und „*Sarmaten*": – Sammelnamen für unbekannte Völker des Ostens – bis nach Asien hinein.

V. Zusammengehörigkeit der Germanen: ihre Stammsagen

Wie alle arischen Völker führten die Germanen ihre Abstammung auf die Götter zurück: und diese Abstammungssage enthält zugleich den stärksten Ausdruck dafür, daß ihnen ein Gefühl der Zusammengehörigkeit, der Blutsgemeinschaft gegenüber fremden Völkern, nicht völlig gebrach. In uralten Liedern feierten sie Gott Tuisto, den Sohn der Erdgöttin, und dessen drei Söhne Ingo, Isto, Irmin, von welchen die Ingävonen (Ingwäonen, die späteren Niederdeutschen: Sachsen und Friesen), die Istävonen (Istwäonen, Franken) und die Herminonen (die späteren Oberdeutschen: Alemannen und Bajuwaren) abstammen sollten.[1] Diese Sage war auf die späteren *deutschen* Stämme beschränkt: Goten und Nordgermanen berührt sie nicht: und Tacitus, der sie mitteilt, weiß auch, daß noch andere Gestaltungen der Überlieferung bestanden, wonach andere Völkergruppen wie Vandalen[2], Sueben[3] sich ebenfalls unmittelbar auf die Götter zurückführten und außer den drei genannten noch weitere Söhne des Gottes und Ahnherrn von Stämmen anführten. Staatsrechtliche Bedeutung hatte jene Dreigliederung niemals: es gab nie einen Staatenbund, Bundesstaat, geschweige Einheitsstaat je der ingwäonische, istwäonischen, herminonischen Völker: vielmehr drückte sich in dieser Zusammenfassung nur das Bewußtsein näherer Blutsverwandtschaft aus, die vermutlich von Anfang an auch in näherer Sprachverwandtschaft, gewiß aber in der Gemeinschaft gewisser Stammgötter oder *Halb*götter, so der *Stammväter* Ingve, Irmin (oder doch des besonderen Götterdienstes, der Opfergemeinschaft gegenüber gemeingermanischen Göttern) berührte, aber sogar Krieg unter den zugehörigen der ingwäonischen usw. Gruppe durchaus nicht ausschloß. Und auch andere als die angegebenen drei Verbände hatten Opfergemeinschaft und besondere gemeinschaftliche Kulte: z. B. die suebische Gruppe, bei deren Angehörigen mehr als Blutsverwandtschaft Ähnlichkeit der Sitten, der Wirtschaftsstufe und – was damit zusammenhing – der Nachbarschaft das Bindeglied sein mochte. Die Sprache schied Goten und Nordgermanen jedesfalls in der europäischen Zeit voneinander und von den drei süd- und westgermanischen Gruppen, die wenigstens später auch Sprachgruppen bilden: es wird die Vermutung gestattet sein, daß nähere Verwandtschaft der Mundarten schon von Anfang bei Aufstellung der drei Gruppen nicht unbeachtet geblieben, nicht unwirksam gewesen war.

---

1 Nach *Müllenhof*, Irmin und seine Brüder: *Ingväonen, Istväonen.*

2 Plinius nennt denn auch „Vindili" und „Peucini" als weitere Gruppen.

3 Gleichzeitige römische Schreibung nur Suevi.

VI. Die Namen „Germani" und „Deutsche"

Der Name, mit welchem andere Völker zuerst alle Zweige unseres Volkes zusammenfaßten, war ein keltischer: „Germani": diese Bezeichnung ist unentbehrlich, um sowohl Skandinavier als auch die nach England übergewanderten Angelsachsen als die sämtlichen Goten, dann die Langobarden, Burgunder, endlich die Franken und die anderen späteren „Deutschen" links und rechts des Rheins zusammenzuschließen.

Die vielbestrittene Stelle des Tacitus (Germania Kap. 4) hat, von zweifeligen Nebenfragen abgesehen, offenbar folgenden Sinn: „das Wort Germani ist ein erst in neuerer Zeit aufgekommenes: die erste (germanische) Völkerschaft, welche über den Rhein drang und Gallier vertrieb, die Tungern, wurde von den Galliern „Germani" genannt. Die Tungern erklärten nun den besiegten Galliern: „Die anderen Barbaren auf dem rechten Rheinufer gehören alle zu uns, sind also, wenn *wir* so heißen sollen, alle *auch* „Germanen"; und so ließen sich denn bald auch die anderen mit diesem einmal vorgefundenen Namen bezeichnen, der also ursprünglich nur *eine* Völkerschaft, jetzt aber das ganze Volk bezeichnet."

Man sieht, bei dieser Erklärung ist der ursprüngliche *Sinn* des Wortes „Germanen" in der keltischen Sprache ganz gleichgültig; jedenfalls wurden von den Kelten auch andere Völker, z. B. keltische selbst, Germani genannt, so z. B. die zweifellos keltischen Oretani in Spanien; mit dieser häufigen Anwendung würde sich besser noch als die ältere Deutung: „Rufer im Streit" die neuere: „Nachbarn" zusammenreimen.

Das Wort „deutsch" ist erst um die Wende des neunten und zehnten Jahrhunderts entstanden: es ist zurückzuführen auf das althochdeutsche thiod, das Volk, zunächst in Beziehung auf die Voks*sprache*: Während nämlich die romanisierten Franken auf dem linken Rheinufer allmählich begannen, lateinisch (obzwar freilich nur Vulgärlatein, die Anfänge des späteren französisch) zu sprechen, d. h. die Sprache der Kirche und der Gelehrten, redeten die Franken und anderen Germanen auf dem rechten Rheinufer selbstverständlich die alte Sprache des *Volkes*: man nannte sie daher die Theotisc, d. h. volksmäßig Sprechenden; erst spät hat falsche Gelehrsamkeit das Wort auf die lange verschollenen Teutonen zurückgeführt, deren Namen wohl freilich auch auf Thiod zurückgeht.

VII. Die Verteilung der germanischen Völkerschaften

Außerhalb des Rahmens dieses Werkes stehen die Nordgermanen in Skandinavien; es genügt hier, zu erinnern, daß sie, von Plinius als *Hillevionen* zusammengefaßt, von der Stammsage der Süd- und Westgermanen so wenig wie die Goten erwähnt werden; der Zusammenhang zwischen Ost- und Nordgermanen einerseits, Südwestgermanen andererseits wurde also zur Zeit der Entstehung jener Sagen gar nicht mehr oder nur noch sehr schwach empfunden. Ganz wie bei den späteren Deutschen verschwinden auch in Skandinavien die zahlreichen Namen kleinerer Völkerschaften, welche Jordanis und Prokop im sechsten Jahrhundert noch kennen; *Dänen, Gauten* (wohl zu unterscheiden von Goten) und *Schweden* treten später als Gesamtnamen auf, ohne übrigens Namen einzelner Landschaften, Gaue und ihrer Bewohner auszuschließen.

Wir verfolgen nun, von den Nordgermanen absehend, die Verbreitung der übrigen Germanen in der Richtung von Südwesten nach Nordosten.

Am frühesten hatten den Rhein in seinem Mittellauf überschritten die kleinen Völkerschaften der *Vangionen, Triboker* und *Nemeter.* Letztere beide Namen und die Namen der Städte aller drei Völkerschaften sind keltisch. Cäsar nennt sie im Heer Ariovists: da sie nach dessen Niederlagen nicht, wie die anderen Teile dieses Heeres, über den Rhein zurückweichen, sondern im Lande bleiben, waren sie wohl schon vor Ariovist geraume Zeit hier angesiedelt. Hauptort der Vangionen (gotisch Vaggs ahd. Vanks – Feld: vergl. Feuchtwangen, Ellwangen) war *Worms:* südlich von ihnen wohnten die Nemeter um *Noviomagus* (später *Spira* = Speyer). Die Triboker auf den Höhen um den Vosagus (Waskenwald, Vogesen), um *Brokomagus* (Brumat) und *Argentoratum* (Strataburg, Straßburg). Alle drei gingen später unter Alemannen, ihre nördlicheren Gauen wohl unter Franken auf.

Ursprünglich auf dem rechten Rheinufer hatten gewohnt die *Ubier,* deren Name (von uoban = Land bauen?) vielleicht selbst ausdrückt, was ohne Zweifel der Fall war: daß sie nämlich, von der überlegenen keltischen Kultur angezogen, durch den Strom und die Kelten an beliebigem Weiterschweifen gehemmt, früher als andere Germanen, namentlich als ihre rauen Ostnachbarn, die *Sueben,* zu seßhaftem Akkerbau auf sorgfältiger bestellten Feldern vorgeschritten waren. Von den Sueben stets beunruhigt, ja zur Zinspflicht gedemütigt, schlossen sich die Ubier, sobald Cäsars Stern in Gallien aufging, sofort auf das eifrigste an die Römer, durch Gesandte, unter Geiselstellung, die Legionen zu ihrem Schutz gegen die Sueben über den Rhein rufend. In ihr Land hinüber schlug denn Cäsar seine Brücke, bekämpfte von hier aus die *Sugambern.* Von da ab hielten die Ubier stets zu Rom; heftig deshalb von den für ihre Freiheit kämpfenden Nachbarn angefeindet, ließen sie sich gern von Augustus auf das linke Stromufer verpflanzen: *Gelduba* war ihr nördlichster, *Tolbiacum* (Zülpich) ihr südlichster Ort: ihre Hauptstadt aber, der „Altar der Ubier" („Ara, civitas Ubiorum") wurde Köln, Colonia Agrippinensis, genannt nach Agrippina, der Tochter des Germanicus; von diesem Hauptbollwerk Roms am Niederrhein ließen sich die Ubier gern Agrippinenser nennen; die Überrheiner straften, wann sie nur konnten, „dieses Abschwören des Vaterlands".

Neben den Ubiern bei Gelduba (Dorf Gellep bei Kaiserslautern) wohnten die *Gugernen*. Wie unter August die Ubier wurden durch Tiberius die *Sugambern*[1] – wenigsten ein großer Teil des Volkes – vierzigtausend Köpfe – aus ihren ursprünglichen Sitzen zu beiden Seiten der Ruhr auf das linke Ufer verpflanzt: lange Zeit hatten sie, seit Cäsars Tagen, stets zunächst von den römischen Angriffen getroffen, auf das rühmlichste die furchtbar gefährdete „Wacht am Rhein" gehalten: seit jener Verpflanzung glaubten die Römer das Volk vernichtet und drohten wohl anderen Barbaren mit dem abschreckenden Beispiel der Sugambern: man wird aber annehmen dürfen, daß Reste des Volkes auf dem rechten Rheinufer sich nach Osten gerettet hatten: und vielleicht lebten die auf das linke Ufer verpflanzten in den *salischen Franken*, den künftigen Eroberern von ganz Gallien, fort.[2]

Östlich und südlich hinter den Sugambern wohnten die *Marsen*, die, ebenfalls der römischen Bedrohung durch Zurückweichen nach Osten entzogen, später in den Franken aufgingen.

Nördlich und westlich von den Sugambern hatten die von Cäsar über den Rhein zurückgetriebenen *Usipier* und *Tenchterer* Aufnahme gefunden: aber aus diesen Gebieten nördlich der Lippe wiesen später die Römer alle Germanen hinweg, indem sie jenes Vorland für ihre kriegerischen Zwecke in Beschlag nahmen. Östlich von den Tenchterern wohnen die *Tubanten*.

In jenem römischen Vorland hatten sich etwa 59 n. Chr. die aus ihren alten Sitzen an der Ems durch die Chauken vertriebenen „Emsmänner" (*Amsi – varii*) festsetzen wollen, fanden aber, von den Römern fortgewiesen in mannigfachen Wanderungen großenteils den Untergang. Aus jenem vielbestrittenen Land waren auch die *Chamaven* gewichen; größtenteils nach Osten, einzelne ihrer Gaue nach Westen hin: diese sind die später im *Hamaland* auftretenden chamavischen Franken.

Nördlich von den Sugambern, östlich von jenem römischen Vorland wohnten auf beiden Ufern der Lippe die *Brukterer*, die „kleineren" westlich, die „größeren" jenseits der Ems: auf der Lippe wird Velada, der brukterischen Wala, welche Sieg geweissagt hatte, der eroberte römische Dreiruderer zugeführt; auch die Brukterer glaubten die Römer später vernichtet: aber sie lebten als ein kräftiger Bestandteil der Franken fort.

Südöstlich hinter den Sugambern hausen die *Chatten*, die späteren Hessen: sie gehörten zu jenen Sueben, welche vor Cäsars drohendem Angriff ihr Gebiet räumend in den Wald *Bakenis*, d. h. den Harz wichen.

Zwischen Rhein, Donau und dem später von Hadrian und seinen Nachfolgern erbauten Grenzwall hatten sich bald nach Augustus die Römer angesiedelt: die alte keltische Bevölkerung war zwar längst vor den Germanen gewichen, jetzt aber wanderten in dieses römische *Zehntland* (agri decumates) wieder zahlreiche Gallier über den Rhein.

Aus der sehr starken Völkerschaft der *Chatten*, die zahlreiche Gaue mit besonderen Namen umschloß – einen chattischen Hauptort *Mattium* umwohnten die *Mattiaci*[3] – waren *Bataver* und *Kaninefaten* infolge innerer Zwistigkeiten abgezogen und hatten auf der nach ihnen benannten batavischen Rheininsel schon vor Cäsar die neue Heimat gefunden. Drusus schloß hier mit ihnen Bündnis: in ihrem Boden zog er den nach ihm benannten Kanal, ihr Land machte er zum Ausgang seiner Rhein-

---

1 Daß so, nicht Sigambern, zu lesen, hat Müllenhoff Z. f. d. A. XXIII festgestellt.

2 Beides wird freilich von Müllenhoff bestritten.

3 (Mattium ist Maden bei Gudensberg, Wiesbaden aquae mattiacae.)

überschreitung. Nach langem treuen Waffenbündnis mit Rom – ihre unvergleichliche Reiterei, ihre kühnen Schwimmkünste werden mit den höchsten Ehren anerkannt – erhoben sie sich mit den benachbarten Belgen unter Claudius Civilis gegen das römische Joch (siehe unten). Später bildeten sie einen starken Teil der salischen Franken. Ein chattischer Gau waren – ihr Name beweist es – auch die *Chattu-varii*[1] in schwer zu bestimmenden Sitzen.

Im Osten grenzen die Chatten mit den *Hermunduren*, den späteren *Thüringern* (Hermun-duri, d. h. Groß-duri, Gesamt-duri: später fiel jenes verstärkende Vorwort weg und aus Duri wurde patronymisch: Dur-ingi). Diese Nachbarvölker, obwohl beide suebisch, lagen in häufigen und heftigen Kämpfen: zumal um einen Grenzfluß und seine Salzquellen (bestritten, ob die fränkische Saale oder wahrscheinlicher die Werra).[2] Übrigens umfaßte der Name „Hermunduren" als eine Zwischengröße zahlreiche suebische Völkerschaften, womit auch das weite von ihnen bewohnte Gebiet übereinstimmt: denn sie reichten im Norden bis an den Harz und die Cherusker, im Südosten bis an die Sudeten und die Markomannen, im Südwesten bis an den Wall Hadrians und das römische Zehntland, im Nordwesten bis nach Würzburg an die Werra und an die Chatten, endlich im Osten bis an, ja teilweise über die Elbe und an die Semnonen. Zur Zeit des Tacitus standen sie in freundlicheren Beziehungen zu Rom als alle anderen Germanen: bis in das ferne Augsburg gingen sie – und zwar ausnahmsweise ohne römische Aufsicht – im Betrieb des Tauschhandels. Solcher Macht entsprechend haben sie in die politischen Bewegungen ihrer Nachbarn, Marobods und der Cherusker, wiederholt eingegriffen.

Nördlich von den Hermunduren wohnen die *Cherusker*: der Harz scheidet sie von den Sueben (d. h. Chatten), „mit welchen sie unaufhörlich in Hader liegen": so alt ist der Haß und Streit niederdeutscher und oberdeutscher Stammesart! Nach Bezwingung der Sugambern und Chatten stießen die Römer bei versuchtem weiterem Vordringen gegen Norden, wie sich hieraus ergibt, zunächst auf die Cherusker: lange glückte es der römischen Staatskunst, einige Gaue dieser großen Völkerschaft sich zu gewinnen, andere einzuschüchtern. Aber es bleibt der dauernde Ruhm des Cheruskers Armin, als Haupt der germanisch Gesinnten den Römern mit allen Mitteln barbarischen Heldentums und freilich auch barbarischer, ja dämonischer Arglist das Vordringen, wenigstens die dauernde Landunterwerfung für immer vereitelt zu haben: mit Recht nennt ihn der große Römer: „unzweifelhaft Germaniens Befreier". – Bald nach Armins Untergang sank die Macht der Cherusker welche dereinst zahlreiche Nachbarn als abhängige Verbündete beherrscht hatten durch innere Parteiung und römische Ränke bis zur Unscheinbarkeit herab. Im Nordwesten trennte die Cherusker ein Sumpf und ein aufgeschütteter Dammwall vor den *Angrivariern*, d. h. den Männern der Weseranger, welche an der Mündung der Aller in die Weser auf beiden Ufern dieses Stromes wohnten: ihr Name und ihre Wohnsitze haben sich erhalten in die Zeit der neuen Gruppenbildung hinein: sie erscheinen als Mittelglied der Sachsen, als *Engern*, zwischen den Ost- und Westfalen. Im Nordosten der Angrivarier auf beiden Ufern der Unterelbe wohnten die *Langobarden*, denen nach ihrer Sage Wotan selbst den Namen gab; man will im späteren „Bardengau" und dessen Hauptort „Bardewik" bei Lüneburg ihren Namen fortklingen hören; bekanntlich wanderten sie später nach Pannonien und von da im Jahre 568 nach Italien ein, wo sie der Lombardei den Namen gaben (siehe unten).

---

1 Im Mittelalter: Hatteragau.
2 Keinesfalls die thüringische Saale, wohl die Werra.

Im Süden der Langobarden siedln die *Angeln* (die *Südangeln*: wohl zu unterscheiden von den *Nordangeln*, den Eroberern Britanniens, die vielmehr in dem heute noch „Angeln" genannten „Winkel" zwischen der Slei und dem Flensburger Busen saßen): die Südangeln verschmelzen später mit ihren Südnachbarn, den Thüringen, zu den sogenannten „Nordschwaben", d. h. Nordsueben (Engelgau im Schwarzburgischen).

Eine Zusammenfassung zahlreicher suebischer Völkerschaften, ähnlich wie die Namen Chatti, Hermunduri bezeichnet auch der Name *Markomanni*, d. h. „Grenzwaldbewohner": Die ursprüngliche „Mark" dieser Sueben lag am oberen Main. Nachdem sie hier lange Zeit gegen die Kelten, später kurze Zeit gegen die Römer – Drusus traf sie noch in jenen Sitzen – das Grenzland verteidigt hatten, führte der römisch geschulte Marobod mit weisem, rettendem Entschluß zur Zeit des Augustus sein in dem Maingebiet nach der römischen Eroberung der Donaulinie doppelt (d. h. von Süden wie von Westen) umfaßtes Volk nach Osten in das sichere rings von Gebirgen geschützte Dreieck, das von seinen vertriebenen keltischen Bewohnern noch immer den Namen Boja führte: diese Ausweichung hat vor Vernichtung oder Verrömerung jene starken suebischen Gaue gerettet, aus welchen später der den ganzen Südosten Deutschlands erfüllende Stamm der Bai-varen, *„Bajuwaren"* erwuchs: – sie geschah ungefähr in der gleichen Zeit, da Armin durch die Varusschlacht den Kern des späteren *Sachsenstammes*, also der Bevölkerung des nordwestlichen Deutschlands, der schon begonnenen Unterwerfung entriß. Ein markomannisches Nebenvolk sind die *Narisker*, ursprünglich, solange die Markomannen am Main saßen, ihre Ost-, nach deren Niederlassung in Böhmen ihre Westnachbarn.

Die Ostnachbarn der Markomannen in Böhmen sind die meist mit ihnen im Kampf gegen die Römer genannten und verbündeten *Quaden* (d. h. die Bösen, Zornigen) an der March und Taja von der Donau bis an das Gebirge (südöstlich von ihnen hatten sich bis auf die Zeit des Tacitus kleine *keltische* Völkerschaften, wohl meist den Germanen unterworfen, erhalten).

Östlich von Böhmen wohnen die schwer zu bestimmenden *Buri*, welche wahrscheinlich zu der großen Gruppe der lugischen Völker zählen; wie oft, so wird man auch hier abweichende Völkernamen daraus erklären dürfen, daß der eine Schriftsteller (hier Tacitus) nur die Namen der Einzelvölkerschaften, der andere (hier Ptolemäus) nur den Gesamtnamen erfahren hat. Zu den lugischen Völkerschaften zählen außer mehreren kleinen die Naharnavalen, deren Hain und Heiligtum ebenso als Ursprung und Mittelpunkt der lugischen wie der heilige Wald der Semnonen für die suebischen Völker galt. (Die *Bastarnen* sind keinesfalls ein rein germanisches Volk.)

Diese *Semnonen*, ein Hauptvolk der Sueben, grenzten im Westen an der Elbe mit den Hermunduren, im Süden mit den (vandalischen) *Silingen*[1], im Osten an der Oder, dem „Suebusfluß", mit den Burgundern, im Südosten mit den Lugiern, im Norden mochte sie Grenzwald und Sumpf von den kleineren gotischen Völkern trennen. Nördlich von den Semnonen, von der Elbe über das Havelland nach Osten, wohnen die *Warnen*, welche später mit den Angeln zu den „Nordthüringern" verschmolzen. Zwischen den lugischen Völkern und den Vandalen stehen zwischen Oder und Weichsel auf dem rechten Ufer der Netze und Warthe die *Burgunder*, welche später bekanntlich an den Main, Rhein (Hauptort Worms) und, nach schweren Verlusten durch die Hunnen, nach Südostgallien wanderten.

---

1 In Schlesien, das von ihnen den Namen „Silingia", in slawischem Munde „Siliscia" erhielt; nach dem Abzug der Silingen schoben sich sofort von Osten her die Slawen nach: das Land, nach den alten Bewohnern benannt, behielt aber auch bei ihnen jenen Namen.

Tacitus, der die Burgunder nicht kennt, stellt östlich von den Langobarden eine Reihe von kleineren suebischen Völkerschaften, die, zum Teil nur von ihm genannt, ein gemeinsamer Kult der *Nerthus* auf einer Ostseeinsel (Rügen) zusammenhält. Außer ihnen nennt er nördlich von seinen „Lugiern" gleich die Völkerschaften der *gotischen* Gruppe (gotisch giutan, gießen, erzeugen). Der Historiker, welcher am meisten Gelegenheit hatte, Goten aller Zweige kennen zu lernen, Prokop, weiß sehr wohl, daß dieser Gruppenname einen Vielzahl von Völkern umfaßt.

Unter den Völkern der Nordsee werden die *Friesen* schon von Drusus erreicht und in Abhängigkeit gebracht: sie unterstützten seine Unternehmung gegen ihre nordöstlichen Nachbarn, die *Chauken*; nach kurzer Unterbrechung jener Abhängigkeit war sie vollständiger hergestellt worden, als Claudius sie durch Zurücknahme der römischen Besatzungen auf das linke Rheinufer freigab: auf *diesem* Ufer aber duldeten die Römer keine friesische Niederlassung; unter Civilis fochten auch die Friesen gegen Rom. Von Anbeginn war der Name der *Friesen* ein Gruppenname, wie der der Sachsen, ist es nicht erst später geworden: von Anfang gliedern sich die Friesen in „große" und „kleine", der *größere* Teil, östlich der Issel, die *Kleinfriesen* (Frisiavones des Plinius?) auf dem linken Ufer dieses Rheinarms: beider Nordgrenze bildete die See. An die Friesen stoßen östlich an der Ems die *Chauken*, die ihrerseits im Osten die Elbe erreichen, ihre Nordgrenze ist, wie die der Friesen, die See: im Süden erreichen sie aber nicht einmal die Cherusker, geschweige, wie Tacitus irrt, die Chatten. Ihre Gliederung in *Großchauken* und *Kleinchauken* (jene, wie es scheint westlich, diese östlich der Weser), ihre wiederholt hervorgehobene große Volkszahl – starke Hilfsvölker stellten sie den Römern und das weite von ihnen behauptete Land (von der Ems bis zur Elbe) bewiesen, daß ihr Name als *Gruppen*name mehrere Völkerschaften mit zahlreichen Gauen umschloß: erhalten hat sich dieser Name nicht: sie gingen in den Sachsen auf.

Östlich von der Elbe und den Chauken wohnten die *Teutonen*, ebenfalls wenigstens zwei Völkerschaften (Teutones und Teutonovari, vergleiche Chatti und Chattuvari umfassend; schon Pytheas nennt sie; den Namen der stets mit ihnen zusammen erwähnten *Ambronen* will man in den der Insel Amrum bei Sylt forttönen hören.

Nicht unmittelbare Nachbarn der Teutonen waren deren Wandergenossen, die *Kimbern*: außer kleineren zweifelhaften Völkerschaften schoben sich Sachsen und Angeln zwischen beide: erst nördlich jenseits der Sachsen und Angeln saßen auf der von Ptolemäus nach ihnen benannten Halbinsel die Kimbern als „Germanen des nördlichen Ozeans". Reste des Volkes waren dort nach der teutonisch-kimbrischen Wanderung zurückgeblieben, welche später unter *Jüten* und *Dänen* aufgingen, Die Nachbarn der Teutonen im Norden (wohl mehr nordöstlich als nordwestlich?) waren vielmehr die *Sachsen*, die von Ptolemäus zuerst genannt, sich vom Festland aus auch noch auf die vor der Elbemündung liegenden Inseln ausdehnten: dieser Strom schied sie im Westen von den Chauken, die Trave (Phalusus) im Osten von den Suardonen: im Süden lag wohl Urwald zwischen ihnen und den Teutonen. Ihr Name wird richtig von Anfang nicht als Bezeichnung einer einzelnen Völkerschaft sondern, wie der der Friesen, als *Gruppenname* erfaßt: ohne Beispiel wäre es, daß der Name einer Völkerschaft später zum Gruppennamen geworden. Vielmehr sind die zahlreichen von Ptolemäus zwischen den Sachsen und den Kimbern aufgestellten, sonst nie wieder erwähnten Völkerschaften (Sigulonen, Sabalingen, Cobanten, Chalen, Fundusen [Eudosen?], Haruden) nichts anderes als Einzelnamen von Völkerschaften, welche der Gruppenname der Sachsen umschloß.

So stammt also von den großen Gruppennamen der Zeit nach der Wanderung der

Goten, Friesen und Sachsen schon aus der Urzeit während die der *Bajuwaren, Thüringer* und *Schwaben* wenigstens an Vorgänge und Namen der Urzeit knüpfen und nur die der *Franken* und *Alemannen* ganz neu gebildet werden.

Übrigens lassen Bezeichnungen der *Land*gebiete wie „*Cheruskis*", „*Suebia*" annehmen, daß schon in der Urzeit (wie später Gotia, Herulia) bei Gegenden nach Völkernamen benannt wurden, was beginnende Seßhaftigkeit, wenigstens innerhalb dieser Gebiete, dartut.

VIII. Das Land der Germanen und seine Erzeugnisse

Nur sehr allmählich haben Griechen und Römer von dem germanischen Lande genauere, richtigere Vorstellungen gewonnen.

Als Nordgrenze galt das Meer, d. h. die Ostsee (mare suevicum) und Nordsee (mare germanicum), so daß alles von beiden umspülte Land, also auch Skandinavien, zu Germania im weitesten Sinne zählte: nicht nur Jütland[1] und Schweden, auch die norddeutschen Küsten wurden geraume Zeit als Halbinseln und Vollinseln[2] gedacht.

Als Westgrenze galt der Rhein[3], bis einerseits Germanen, schon vor Ariovist, im Elsaß sich ansiedelten, später die *römische Provinz* Germania rechtsrheinisches Gebiet umfaßte.

Die Ostgrenze wurde mit Recht als schwankend bezeichnet: wohnten doch anfangs Germanen über Europa hinaus bis nach Asien: auch später schwankten die Grenzen rein germanischen Besitzes im Osten, je nachdem Slawen, „Sarmaten", nachdrängten, abgewehrt oder auch mit Ostgermanen vermischt wurden (z. B. später Quaden und Sarmaten). „Gegenseitige Furcht scheidet sie," sagt Tacitus (Germ. K. 1) richtig; doch nicht auch *„Berge"* wie er meint: Germanen wohnten damals auch noch östlich aller Berge, die hier in Frage kommen können, hinaus.

Die Südgrenze bildeten lange Zeit nicht erst die Alpen, sondern schon die Donau in ihrem Ober- und Mittellauf: erst später drangen Germanen in das Land zwischen Regensburg und Innsbruck mit dauernder Niederlassung ein.

Aus dem oben über die Verbreitung der Kelten Erörterten erklärt sich zur Genüge, daß die Namen der Gebirge, Wälder, Flüsse, Seen in diesem Gebiete meist keltisch sind. So der der Alpen, welche Römer und Griechen gliedern in die Meeralpen, die cottischen, grajischen, penninischen (auf dem Adula [Sankt Gotthard, einem Berg der *„rätischen"* Alpen nach Tacitus, Germ. k. 1] entspringen die Quellen von Rhein und Rhône), die rätischen, norischen, dann südlich die julischen: an der Donau das „keltische Gebirge", τὸ κελτικὸν ὄρος, später mons comagenus, der Wienerwald.

Keltisch ist auch das Wort, das „Höhe" bedeutend, für die verschiedensten Höhenzüge Germaniens gleichmäßig gebraucht wird, besonders aber für die Böhmen umschließenden Waldberge: „Herkynia". Richtig schildert Strabo den Weg aus Gallien nach dem „herkynischen" Wald: er führt über den Bodensee, über die Donau, dann über offene Höhen nach Böhmen; ein Teil dieser böhmischen Berge, der Böhmer Wald, führt den Sondernamen: „Gabreta". „Sudeta", die „Sudeten", umfaßt bei Ptolemäus das Erzgebirge, Frankenwald und Thüringerwald; das „askiburgische" Gebirge desselben, das Riesengebirge heißt bei Cassius Dio das „vandalische" Gebirge. „Buchonia", „Buconia", von ihren Buchen benannt, sind die Waldhöhen der Gleichenberge (montes similes) Rhön, Vogelsberg im Taunus und jenseits des Rheins der

---

1 Cimbrorum promuntorium, Plinius, hist. nat. ed. Müllenhoff, Germania antiqua 1873, II, 67.

2 A Germania *immensas* insulas non pridem compertas cognitum habeo, Plinius, Hist. nat. II, 67. Tacitus, Germ. K. 1. Oceanus, ... latos sinus et insularum *immensa* spatia.

3 So Tacitus a. 99. Germ. K. 1.

Hunsrück mit dem Idarwald und Hochwald. Darauf folgen die Vogesen, mons vosegus: Cäsar; Vogesus: Lucanus; Barregos: Julian, der Wasichenwald der Heldensage, les Vosges der Franzosen); nordwärts von ihnen die Argonnen, silva argoenna, die Wasserscheide zwischen Rhein und Seine. Südlich dem Rhein der Jura (jura mons: Cäsar, Jurassus: Ptolemäus) bis gegen den Rhein hin laufen: jenseits des Rheins der fränkische Jura und jenseits der Donau der Schwäbische: die „Alb". Nordwestlich vom herkynischen Walde (Böhmen) liegt silva Bakenis, Melibokon, der Harz, südlich der Spechtswald (Spechtwald, Spessart), Odenwald, Schwarzwald (siva Martiana: Tacitus). Zwischen Rhein und Weser sollen nur genannt werden der Westerwald, das Erzgebirge, dessen Ausläufer der Teutoburger Wald, später Osning (?), dann auf dem Ostufer der Weser der Solling und der Süntel.

Von den Nebenflüssen der Donau (Danubius, im Unterlauf Ister) werden genannt der Inn (Aenus, Oenus), der Lech (Licus, Likias, erst im Mittelalter dagegen Enns, Anisa, Traun, Druna, Iller, Hilara), auf der Nordseite die Altmühl (Alcmona). Im Südosten werden genannt Marus: March, Cusus (Wag?).

Von denen des Rheins – die erste dunkle Kunde verrät der in das Nordmeer fließende „Eridanus" bei Herodot – sind bereits bekannt die Schelde (Scaldis), Maas (Mosa) mit der Sambere (Sabis), Mosel (Mosella), Saar (Saravus), Nahe (Nava); später erst die Ahr (Arula); auf der Ostseite der Neckar (Niker), Main (Moenus); dann später die wohl germanisch benannten Logana (Lahn), Siga, Rura; altbekannt waren die Lippe (Luppia), Vecht (Vidrus) und Vlie (Flevo).

Die Elbe (Albis) wird erst von Cassius Dio richtig aus den „vandalischen Alpen" abgeleitet, während sie Tacitus bei den Hermunduren, Ptolemäus in den Sudeten entspringen läßt; schon Strabo nennt die von Drusus überschrittene Saale, die Unstrut erst Gregor von Tours, viel später werden Havel und Spree, Elster und Mulde erwähnt.

Außer der Weser (Visurgis) nennt Tacitus schon die Eder (Adrana); von den Römern überschritten, aber noch nicht genannt, werden Aller (alara), Lagina (Leine), Okara, Obakra (Oker), Hunta (Hunte) und neben der Ems (Amisia) die Hasa (Hase). Die Oder heißt bei Ptolemäus „Viadus" oder „Suebus"; die Weichsel (Vistula) bildet ihm die Ostgrenze von Germanien; aber wahrscheinlich saßen auch an seinem Guttalus (Pregel oder Memel) Goten.

Von den Seen wird der Bodensee, lacus Brigantinus (Brigantio, ein häufig wiederkehrender keltischer Volksname, der Bregenz den Namen belassen), lacus Venetus, früh genannt und von Ammian (XV, 4) ausführlich geschildert, zumal sein Verhalten zum Rhein.

Außerdem erwähnt Plinius (XVI, 4) zwei große Seen im Lande der Chauken und Pomponius Mela (III, 5) nennt die drei bedeutendsten Sümpfe Germaniens mit (zum Teil wenigstens zweifellos keltischen) Namen.

Mit der Nord- und Ostsee läßt Tacitus die „Natur" enden: er bezeichnet die Berichte über jenen äußersten Rand der Erde als Fabeln. Plinius freilich glaubt nicht nur mit Recht, daß auf den dortigen Eilanden die Leute (fast) nur von Hafer und Vogeleiern leben, er glaubt sogar, daß die Menschen dort Pferdefüße haben und den nackten Leib mit den übermäßig langen Ohren bedecken! – Tacitus dagegen weiß, daß die Matrosen und Soldaten des Germanicus, welche in jenen gefährlichen Gewässern viel gelitten, maßlos ihre Abenteuer und Schrecknisse übertrieben.

Solche Übertreibung, unbewußte, ist aber auch in anderen Beurteilungen, Würdigungen germanischen Klimas und Landes bei griechischen und römischen Schriftstellern anzunehmen. Die Tatsachen wurden den nicht als Augenzeugen Berichtenden entstellt zugetragen und die Eindrücke der Augenzeugen selbst wurden stets durch den unwillkürlichen Vergleich mit Italiens und Griechenlands Himmelsstrich, Natur, Bildung gefärbt.

Daraus erklärt sich ein Teil des Befremdlichen in jenen Berichten.

Dazu kommt ferner, daß Griechen und Römer nur üppig fruchtbare reiche Landschaften „schön" fanden: ihr Naturgefühl hatte keine Freude an dem Wilden, Großartigen, „Romantischen", wie – seit erst ziemlich kurzer Zeit – die moderne Welt.

Immerhin bestärkte den Römer die häßliche Unwirtbarkeit des Landes in seiner irrigen Annahme, die Germanen seien hier eingeboren: „denn," sagt Tacitus, – „auch abgesehen von den Gefahren eines furchtbaren und unbekannten Meeres, – wer würde Asien, Afrika, Italien verlassen, um Germanien aufzusuchen, ungestaltet an Boden, rauh durch Wind, traurig zu bewohnen, ja selbst nur zu schauen, ausgenommen, es sei denn die Heimat" (Germ. K. 2).

Endlich ist aber zu erwägen, daß auch in der Tat das alte Germanien von Sumpf und unwohnlichem Urwald allergrößten Teils bedeckt, viel rauher, finsterer, feuchter war und einen ganz anderen Eindruck machen mußte als nach Vollendung der Rodungen seit dem zehnten, elften und zwölften Jahrhundert, wobei die schwierige Frage unerörtert bleiben mag, wiefern jene Massen von Wald, Sumpf, Wasser auch das Klima beeinflussen, späten Lenz, frühen Herbst, Massen von Eis, Schnee verursachen mochten: die Häufigkeit und Menge der Niederschläge[1] – und zumal der *Nebel* – war jedenfalls viel größer. Gleichwohl nennt es Tacitus „ziemlich fruchtbar" (Germ. K. 5 satis ferax). Übrigens bemerkt er, daß nicht das *ganze* Germanien gleich an Boden, Landesart und Klima sei; nur im allgemeinen nennt er es starrend von Urwald oder von Sumpf entstellt: feuchter im Westen gegen Gallien hin (in den Rheinniederungen), windiger in der Richtung gegen Pannonien und Noricum, also östlich und südöstlich (Ger. K. 5). Und es lernten die Römer allmählich sehr wohl die traurige norddeutsche Tiefebene mit ihrem Sand oder Sumpf zu unterscheiden von dem schönen mitteldeutschen Hügellande: die trostlose Schilderung von germanischem Land, Volk und Leben, jene des Plinius von dem Chaukengebiet, gilt den stets den Meeresfluten ausgesetzten Küstenniederungen. Er sagt, nachdem er ausgeführt, wie arm und elend das Leben der Menschen sein müßte ohne die wohltätigen Gaben der Fruchtbäume, daß es wirklich Völker in solchem Elend gebe: im Orient: „aber auch im Norden habe ich mit Augen die Völkerschaften der Chauken gesehen, welche als die ‚kleineren' und die ‚größeren' unterschieden werden. Bei ihnen erhebt sich der Ozean zweimal in vierundzwanzig Stunden ungeheuer und bedeckt abwechselnd ein Gebiet von bestrittener Art, ungewiß, ob zum Festland gehörig oder zur See. Dort bewohnt das beklagenswerte Volk hohe Hügel (Dünen) oder auch Brettergerüste, mit der Hand nach dem höchsten Flutmaß errichtet, auf welchen dann die Hütten angebracht worden, ähnlich zur Flutzeit dem Leben an Bord von Schiffen, zur Ebbezeit ähnlich Schiffbrüchigen: sie machen in der Nähe ihrer Bretterhütten Jagd auf die mit dem Meere zurückfliehenden Fische. Ihnen ist es nicht vergönnt, Haustiere zu halten und von deren Milch zu leben, gleich ihren Nachbaren, ja nicht einmal mit den wilden Tieren zu kämpfen, da weit und breit kein Strauch vorkommt. Schilf und Sumpfbinsen flechten sie zu Stricken, daraus Netze zum Fischfang zu fertigen: mit den Händen tragen sie feuchten Schlamm zusammen, trocknen ihn, mehr am Wind als an der Sonne, und bereiten darin ihre Speisen, die vom Nordwind erstarrten Glieder zu erwärmen. Zum Getränk dient ausschließlich

---

1 Plinius, hist. nat. II, 67 umore mimio regentes ...; er folgert hieraus die Unmöglichkeit, daß dort das Meer zu Ende gehe, ubi umoris vos superet. Es fiel den Römern auf, daß die Drosseln (Amseln) in Germanien in großer Menge überwinterten, X,35.

Regenwasser, gesammelt in Gruben in dem Hofe des Hauses. Und diese Völkerschaften, wenn sie heute von den Römern besiegt worden, klagen über Knechtschaft! Aber so ist es: manche verschont das Schicksal – um sie zu strafen!" (Plin., hist. nat. XVI, 1.). Durchaus nicht übertrieben muß sein, was er (hist. nat. XVI, 2) von einzelnen Erscheinungen des Urwalds berichtet: daß die starken Wurzelarme der ungeheuren Bäume, wo sie aufeinander stießen, unterhalb der Erdoberfläche den Rasen, die Erdschollen aufhoben, daß hin und wieder diese Wurzeln oberhalb der Erde Bogen bildeten, bis zu den Ästen emporsteigend: und die in einander verwachsenen Äste solcher Wurzelbogen mögen auch wohl einmal hoch und weit genug den Weg überspannt haben, um Reiter hindurchziehen zu lassen; völlig glaubhaft ist, daß solche Riesenbäume – Eichen an den beiden chaukischen Seen – samt dem breiten, von diesen Wurzeln festgehaltenen Erdreich durch Wasser und Sturm losgerissen, aufrecht stehend in den Strömen und im Meere treiben, Schiffen mit Mast und Tauwerk vergleichbar und, wenn sie zur Nacht entgegentreiben, selbst römische Schiffe bedrohend: – ganz Ähnliches wird ja aus den Urwäldern anderer Erdteile von Reisenden der Gegenwart berichtet.

Waren doch diese Stämme so lang und dick, daß einziger, ausgehöhlt und als Schiff verwendet („Einbäume", wie sie heute noch auf den bayerischen Seen schwimmen), dreißig Mann zu fassen vermochte – und auf solchen Schiffen trieb germanischer Wagemut Seeraub! (Plinius, hist. nat. XVI, 76).

Unter den Wildtieren, welche diese Wälder erfüllten, werden von den Fremden hervorgehoben das Elen, der Elch (von welchem Cäsar Unglaubliches geglaubt hat), dann mehrere Arten von wildem Hornvieh: Plinius (VIII, 15) meint, „Skythien" erzeuge ganz wenige Tiere wegen des Mangels an Nahrung, wenige auch das Skythien benachbarte Germanien: jedoch ausgezeichnete Arten wilder Rinder: den berühmten Bison und den Ur von hervorragender Kraft und Schnelligkeit, den die unkundige Menge Büffel (Bubalus) nenne, welchen aber vielmehr Afrika hervorbringe, mehr einem Kalb oder Hirsch ähnlich.

„Auch Herden wilder Pferde erzeugt der Norden, wie Asien und Afrika wilde Esel: außerdem den Elch, ähnlich einem jungen Stier, aber verschieden von diesem durch die Länge der Ohren und des Halses: dann den in der Insel Skandinavia vorkommenden ‚Achlis', den man in Rom nie gesehen hat, aber vielfach schildern hörte: ähnlich dem Elch, aber der Beugungsfähigkeit des Hinterbuges entbehrend: deshalb kann sich das Tier nicht legen, sondern lehnt sich im Schlaf an Bäumen, und man fängt es listig, indem man diese vorher ansägt (!); sonst aber ist es von großer Schnelligkeit. Seine Oberlippe ist sehr groß: deshalb geht es beim Weiden rückwärts, um nicht beim Vorwärtsgehen anzustoßen und hängenzubleiben."[1]

Beliebt war in Italien der an Weiße und Weichheit die heimischen übertreffende Flaum der obzwar kleineren germanischen Gänse („gantae" nannte man sie), so daß er ein wichtiger Handelsartikel wurde: das Pfund wurde mit fünf Denaren bezahlt. Daher veranlaßte er sogar oft Dienstvergehen der Befehlshaber der Hilfsvölker an diesen Grenzen: ganze Kohorten schickten sie ab, diesem Wildgeflügel nachzustellen, und die Weichlichkeit hatte so zugenommen am Tiber, daß sogar Männer nur auf solchen Kopfkissen ruhen zu können behaupteten.[2]

---

1 Plinius VIII, 16. Über die Vögel im herkynischen Wald, deren Gefieder zur Nachtzeit wie Feuer leuchtet, s. X, 67.

2 Plinius, hist. nat. X, 27: auch aus dem gallischen Küstenland der Moriner „marschierten" sie bis Rom.

Da Viehzucht, wenigstens im Anfang dieser Periode noch *vor*, lange Zeit *neben* dem Ackerbau, Grundlage der Volkswirtschaft war, erklärt es sich, daß überall (Tacitus, Germ. K. 5 „Pecorum fecunda") zahlreiche Herden begegnen: – waren sie doch mit den Waffen und den Unfreien die wertvollste Fahrhabe[1], so daß die römischen Soldaten neben dem Verbrennen der Saaten nur noch durch Forttreiben oder Schlachten der Herden Land und Volk schädigen und Beute machen können: das wird denn auch ganz regelmäßig berichtet, viel seltener das Verbrennen der Dörfer oder Gehöfte.

Die Weiden Germaniens galten als unübertroffen: Plinius führt sie als Beleg dafür an, daß keineswegs fetter Boden die Güte der Weide bedinge: denn gleich unter ganz dünner Rasendecke gerate man hier auf Sand: – es sind sichtlich die niederdeutschen Weideebenen gemeint (Plin., hist. nat. XVII, 3).

Die Arten der Herdentiere[2] waren freilich nicht zu vergleichen mit den seit Jahrhunderten überlegener Pflege veredelten Italiens: unansehnlich nennt sie Tacitus: mehr auf die Menge als auf die Güte mußten wohl die Barbaren Gewicht legen: das Rindvieh hat (verglichen mit dem prachtvollen Gehörn italischer Stiere) keinen stolzen Stirnschmuck (Germ. K. 5); daß die Hörner ganz fehlten, folgt nicht notwendig aus den Worten, und da es schwerlich richtig, soll man es Tacitus nicht ohne Not in den Mund legen.

Sehr oft werden Rosse als wertvoller Besitz, als gern genommene Gaben angeführt: von Verlobten, an Könige, an Gefolgsleute (Tac., Germ. K. 14. 15. 18).

Unbegründet war wohl, was Plinius von schwarzen Donaufischen erzählt wurde, deren Genuß sofortigen Tod zur Folge habe: erst an einer Quelle nahe dem Anfang des Stromes komme diese Art von Fischen nicht mehr vor: man erklärte deshalb jene Quelle als den Ursprung der Donau (XXXI, 19).

Bienenzucht ist für die älteste Zeit bezeugt: doch bargen die Urwälder erstaunlich große Wachs- und Honigscheiben wilder Bienen: Plinius erwähnt eine von acht Fuß Länge, schwarz auf der Hohlseite (hist. nat. XI, 33).

Für manche Gewächse war gerade Germaniens Boden und Klima besonders gedeihlich: so sollte der Rettich (rhabanus), der lockere feuchte Erde liebe („er haßt die Düngung, mit Spreubedeckung zufrieden") und Kälte, hier die Größe kleiner Kinder erreichen (Plinius XIX, 26); die Mohrrübe (siser) zeichnete Tiberius durch seine Vorliebe aus: alle Jahre ließ er sie aus Germanien kommen, wo sie bei Kastell Gelduba am Rhein vorzüglich gedieh, „ein Zeichen, daß sie für kalte Gegenden taugt" (Plinius XIX, 28).

In dem oberen Germanien besonders gedieh ein Gemüse, das die Römer mit dem wilden Spargel verglichen (I. c. XIX, 42).

Wenn Tacitus Germanien Obstbäume abspricht, meint er Edelobst: die von Plinius erwähnten rheinischen und belgischen Äpfel sind eben nicht germanisch, sondern keltisch-römischer Pflanzung und Pflege.

Von Getreidearten bauten sie am häufigsten Hafer und Gerste, so zwar, daß sie Brei, Mus nur aus jenen bereiteten (Plinius XVIII, 44).

Von Gold- oder Silbergruben weiß Tacitus nichts; er meint, die Germanen hätten nicht geschürft, auch wenn die Berge solche Schätze bargen. Nicht einmal Eisen war

---

1 Eaeque solae et gratissimae opes, Tac., Germ. K. 5.

2 Anziehende Vermutungen über die alten Rassen und deren Kreuzungen zunächst in Süddeutschland in der von H. Peetz, Die Chiemseeklöster, Stuttgart 1879, S. 63 f. gesammelten Literatur (z. B. das braune Alpenvieh bajuvarischer, das graue und gelbe rätischer und romanischer Züchtung).

im Überfluß vorhanden, wie sich aus ihren Waffen ergab, wo Stein, Horn, Geweih, Knochen noch oft das Metall ersetzen mußten: ja die Mehrzahl der Speere war – ohne solche schärfere Spitze – nur in Feuer gehärtetes Holz (Germ. K. 5).

Zur Zeit des Plinius behauptete man, in der Provinz Germanien auch Galmei, ein „erzhaltiges Gestein" (cadmea), ein Zinkerz, gefunden zu haben (XXXIV, 1).

Salz wurde nicht nur der See abgewonnen, auch den Salzquellen, indem man ihr Wasser über glühende Kohlen schüttete (Plinius, Hist nat. XXVI, 39); solche wertvolle, den Göttern heilige Salzquellen waren unter den Nachbarn Gegenstand heftiger Kämpfe: so an der Werra zwischen Hermunduren und Chatten (Tacitus, annal. XIII, 57 oben S. 21) und zwischen Burgundern und Alemannen zur Zeit Valentinians (Ammian. Marc. XXVIII).

Unter den deutschen Heilquellen waren von den Römern gekannt und benutzt Wiesbaden, aquae mattiacae, und Baden-Baden, civitas aurelia aquensis.

Von den „mattiakischen Quellen" in Germanien wurde berichtet, daß ihr Wasser noch drei Tage nach der Ausschöpfung warm bliebe und daß sie am Rande Bimsstein absetzten (Plinius XXI, 17); ein Alemannenkönig Macrian weilte dort im Jahre 370, vielleicht zum Gebrauch dieser Quellen (Ammian. Marc. XXIX, 4. 5).

Man erzählte im römischen Heer auch von schädlich wirkenden Quellen und besonderen germanischen Heilmitteln gegen ihre Einflüsse: als Germanicus jenseits des Rheines vorrückte, fand man nur eine Quelle süßen Wassers, nach deren Genuß in zwei Jahren (!) die Zähne ausfielen und die Kniegelenke erschlafften. Mundkrankheit und Knielähmung nannten die Ärzte jene Krankheiten. Als Heilmittel dagegen fand man das Kraut „Britannica".

IX. Das Volk

1. Allgemeines

Schon aus dem bisher erörterten erhellt, daß die Germanen nicht als sogenannte „Wilde" in die Geschichte eintreten: wir finden in ihnen ein reich und edel begabtes Volk, welches auf der Stufe einer noch sehr einfachen Gesittung der „Vorkultur", im Vergleich zu späterer Entfaltung, aber nicht der Unkultur steht: den Hellenen der homerischen Gedichte im Kulturgrad vergleichbar, abgesehen von den Vorzügen des südlichen Himmelsstrich, des reicheren Landes und glänzenderer Begabung für bildende Kunst und Kunsthandwerk.

Sie waren „Barbaren": aber der reichsten Entwicklung fähig, der Entwicklung völlig eigenartiger, durch fremde überlegene Bildung befruchteter Anlagen.

Wir Deutschen haben es wahrlich nicht nötig, in falsch verstandener Volksliebe unseren Ahnen Tugenden und einen Grad der Bildung anzudichten, welche in den Zuständen der Unmittelbarkeit, bei einem Waldvolk unmöglich zu finden sind: unterstützt von der absichtlichen Schönmalerei bei Tacitus, der die Überfeinerung seiner Römer das Spiegelbild sittenstrenger Einfalt vorhalten wollte, haben deutsche Geschichtsdarsteller hierin oft gefehlt, verkennend, daß es ein schlechtes Lob für die Entwicklungsfähigkeit unseres Volkes wäre, wenn die Cherusker Armins bereits die Stufe etwa der heutigen westfälischen Bauern erreicht hätten: Was hätte unter solcher Voraussetzung unser Volk in fast zwei Jahrtausenden vor sich gebracht?

Andererseits bedarf jene meist außerdeutsche Auffassung keiner Widerlegung, welche die Germanen dieser Urzeit etwa den Rothäuten Amerikas gleichstellt: ihre Sprache, ihre Sitte, ihre Rechtsverfassung, ihr Götterglaube und – schlagender noch – eben ihre Entwicklungsfähigkeit schließen solche Vergleiche aus.

Alle Tugenden eines herrlich begabten Volkes, aber auch manche besonders germanische Fehler, Schwächen, ja sogar Laster und die Rauheiten, ja sogar Roheiten und Wildheiten barbarischer Unbildung treffen wir nebeneinander in Eigenart und Sitten unserer Ahnen.

Selbstverständlich gelang es Römern und Griechen nur allmählich, die Germanen von anderen Barbaren des Nordostens, zumal den Kelten, zu unterscheiden: hatten jene doch gerade mit diesen auch in der körperlichen Erscheinung sehr vieles gemein. An beiden Völkern machte den kleingewachsenen Römern bedeutenden Eindruck die hohe oft riesenhafte Gestalt. Ganz allgemein von den Germanen sagt Tacitus: „Nackt wachsen die Kinder in den Gehöften zu diesen gewaltigen Gliedern, welche wir anstaunen" (Tacitus, Germ. K. 20). Dies wird von den Kimbern und Teutonen an (Teutobog, der über sechs Pferde springt) bis auf Karl den Großen und Harald Hardradi, die siebenmal den eigenen Fuß maßen, immer wiederholt: „ungeheure Leiber" werden den Chauken, „gewaltige Glieder" den Cheruskern beigelegt; die Alemannen heißen „höher als unsere größten Männer", die Burgunder „sieben Fuß lang", die Ostgoten überragen weit ihre byzantinischen Besieger. Gerippe, in germanischen Gräbern gefunden, bezeugen heute noch, daß nicht nur Furcht oder – nach dem Siege

– eitle Berühmung der Römer übertreibend solche Größe geschildert habe (im Mittelalter freilich war diese Länge und Breite des germanischen Landvolkes so vermindert, daß Harnische des vierzehnten bis siebzehnten Jahrhunderts für unser heutiges Mittelmaß oft zu schmalbrüstig erscheinen). Außer dem ragenden Wuchs wird von Anfang an das blonde, gelbe, rote (durch Salben mit Kunstmitteln gesteigert) Haar der Germanen hervorgehoben, welches der hellweißen Haut und der hellen, blauen oder grauen Farbe der Augen „mit dem unerträglich blitzenden Feuer" entsprach.

Seitdem man Germanen und Kelten unterschied, wird jenen, wie rauher Wildheit und größerer Wuchs, so helleres Blond oder Rot beigemessen; so sagt Gallenus ausdrücklich: nicht blond, feuerrot müsse man das Haar der Germanen nennen; deshalb müssen Gallier, die im Triumphe Caligulas gefangenen Germanen vorstellen sollen, ihre Haare erst noch rot färben. Um die rote Färbung der Haare zu bewirken oder richtiger wohl zu steigern, bedienten sich die Germanen, Männer mehr als Frauen, einer Seife (sapo), welche jedoch nach Plinius die Gallier zu jenem Bedarf erfunden: sie war bereitet aus Talg und Asche, am besten von Buchen- oder Hagebuchenholz, in zwei Formen, fest oder flüssig (XXVIII, 51). Einmal war von den Römern überfallen eine Schar Alemannen, wie sie, an der Mosel gelagert badeten, ihr langes Haar nach ihrer Sitte (durch Salben mit dieser Seife?) lebhafter rot färbten (Ammian. Marc. XXVII, 2).

Den Beobachtern fiel die starke Übereinstimmung in der Körpererscheinung aller Germanen auf. Das erklärt sich nicht bloß aus der sehr bedeutend vorherrschenden Inzucht – Ehegenossenschaft mit Stammfremden kam anfangs gewiß selten vor (obwohl es an Ausnahmen, zumal für Fürsten, nicht gebricht): – mehr noch daraus, daß man bei sogenannten „Naturvölkern" überhaupt viel größere Ähnlichkeit aller Einzelnen antrifft: verwickeltere, feinere Bildungszustände und Lebensverhältnisse erzeugen mannigfaltigere Einzelgestalten.

Indessen kann es an Vermischung – obzwar häufig nur außer der Ehe mit unfreien Weibern – doch von Anfang an nicht gefehlt haben, da zahlreiche Kelten und später Römer im Lande geblieben waren: nur aus solcher Vermischung mit Kelten und Römern erklärt sich der starke Bestand von dunkelhaarigen, dunkeläugigen, dunkelhäutigen und dann meist kurzschädeligen in Süddeutschland, z. B. am Rhein, aber auch – eingesprengt – in Württemberg und in Oberbayern (und zwar gerade in Gegenden, welche, wie Walchensee, Partenkirchen u. a., nachweislich stark verrömert waren) neben hellfarbigen und dann meist langschädeligen.

Im Osten Deutschlands und in Österreich haben später selbstverständlich starke Mischungen mit Slawen stattgefunden.

Die in der Volksart begründete kräftige Leibesanlage (schwächliche oder gar verkrüppelte Kinder wurden ursprünglich von dem Vater nicht „aufgehoben", d. h. sie wurden dem Tod ausgesetzt) wurde schon durch den Einfluß des ausschließlichen Waldlebens von selbst, dann aber auch durch absichtliche Abhärtung, Ausbildung und Übung vom zartesten Alter an gesteigert: Waffen- und Jagdgerät waren das Spielzeug der Knaben, Krieg und Jagd ihr Spiel, Schwertersprung ihr Tanz.

Die geistigen und sittlichen Anlagen und Eigenschaften gemein arischer Art haben sich selbstverständlich seit der großen Völkerscheidung unter dem Einfluß von Himmel, Luft und Boden bei den auseinandergewanderten Vettern sehr verschieden, ja bis zu vollstem Gegensatz entwickelt. Das schlagendste Beispiel gewährt die Verwandlung von Götterglauben, Sittlichkeit, Recht und Verfassung der einst so kriegerischen Inder seit ihrer Niederlassung unter dem erschlaffenden Himmelsstrich des Ganges.

Auch auf hellenische und römische Art haben Natur und Gliederung Griechenlands und der Apenninischen Halbinsel großen Einfluß geübt.

Und so haben denn auch die Germanen wahrlich nicht ohne dauernde tiefgreifende Einwirkung wie über ein Jahrtausend im Urwald Mitteleuropas gelebt.

Wie es klar vor Augen liegt, in welch starkem Maß die Einflüsse der Natur und Angelegenheit Skandinaviens auf die Nordgermanen gewirkt haben. Mögen die dort eingewanderten Stämme schon bei der Einwanderung von den Südgermanen verschieden gewesen sein, immerhin wird man eine gewisse Rauheit, ja manchmal tobende Wildheit, dann wieder tiefe Schwermut in der Weise, Sitte, in der Dichtung und im Götterglauben der Nordgermanen mit Bestimmtheit auf Einwirkung ihres Landes zurückführen: – und die *Aufzeichnung* wenigstens der Edda und vieler Sagen geschah vollends auf der *„Eisinsel"*.

Der Wald aber hat für die äußeren Schicksale wie für die innere Entwicklung unseres Volkes die größten und zwar die segensreichsten Wirkungen geübt.

Mit Grund kann man sagen: der deutsche Wald hat die Deutschen gerettet: er hat sie vor den Römern zuerst verborgen, dann beschützt.

Hätten sie in volkreichen Städten gelebt – sie wären der überlegenen römischen Belagerungskunst so unvermeidlich erlegen, wie die Kelten in Gallien.

Hat doch die tapferen Bergvölker in den Rätischen Alpen nicht ihr verzweifelter Widerstand in den Burgen geschützt, die sie in ihrer ohnehin so starken, natürlichen Festung, der Alpenburg, angelegt hatten: denn allzu nahe lag die römische Angriffsgrundlage – Verona und Trient einerseits, Genf und Basel andererseits – dem Aufstieg in jene Höhen; Festungen aber waren für die Römer nicht unbezwingbar.

Die Germanen dagegen schützte besser als Berg und Burg ihr Land; d. h. der fast undurchdringbare Urwald mit zahlreichen Sümpfen: verloren wären sie gewesen, hätten sie zur Verteidigung wertvoller Siedelungen in diesen den Legionen Stand gehalten: sie aber konnten die leichtgezimmerten Holzhütten der Gemeinfreien, ja auch die Holzhallen der Könige und Edlen ohne schmerzliche Aufopferung dem Feuer preisgeben, das sie selbst – vor dem Abzug – oder die Centurionen dareinwarfen: die wenigen wertvollen Geräte die Frauen und Kinder und die Herden mit Knechten und Mägden bargen sie in dem Inneren des Waldlands: der Fremdling kannte weder die kaum sichtbaren Waldsteige noch die schmalen Furten der Sümpfe: die Vorräte an Getreide wurden unter der Erde verborgen. Nicht gar lange währte für die Geflüchteten die Zeit der Entbehrung im Waldversteck: nur im Sommer wagte sich der Italiker in das rauhe Waldland, und lange vor dem Herbst, schon im Spätsommer, trat er vor dem Klima den Rückzug an: dann gab der Wald, der als Zuflucht gedient hatte, auch seine Bäume her, das verbrannte Holzhaus neu zu zimmern.

Es hat der Wald aber unser Volk nicht nur gerettet: er hat es frisch, urwüchsig, gesund an Leib und Seele erhalten, so daß es den abgelebten Römern in der Tat als jugendlicher Erbe der Weltherrschaft, als Träger der Zukunft entgegenschreiten konnte.

Und welche Fülle des Reichtums an Wörtern, an Bildern hat der Wald und sein Tier- und Pflanzenleben unserer Sprache, unserer Dichtung gebracht!

Fehlten auch in der asiatischen Heimat Wälder nicht: – das wahre Urwaldleben der Germanen hob erst an in Europa, dessen Osten vom Pontus bis zu Ostsee und Rhein von großen Waldungen bedeckt war: die Rodung, Urbarmachung dieser Wälder wurde auf ein Jahrtausend die wirtschaftliche Hauptarbeit unserer Ahnen.

Ein Rückschritt ist in diesem Waldleben im Vergleich mit den asiatischen Steppen durchaus nicht zu erblicken: die unseßhafte, auf Viehzucht gegründete Lebensweise wurde fortgeführt, desgleichen die Jagd, welche jetzt nur ergiebiger geworden war, und die in Asien erlernten Anfänge des Ackerbaus wurden nicht vergessen, vielmehr nötigte der engere Raum alsbald zu mehr eindringlich gründlichem, fleißigem, schonlichem Betrieb: bedeutsam wird jetzt für das bäuerliche Sondergut das Wort „Hufe" gebildet. Die mühevollere Rodung des Waldes, die erschwerte Veränderung der Sitze mußte den für den Pflug verarbeiteten Boden wertvoller machen: das Wort „Herbst" wird wohl erst in Europa geschaffen: die „Ernte" war bedeutsamer geworden für das Leben des Volkes, daher die Zeit derselben ein besonderes Wort erhielt: auch die Ausdrücke „Mehl", „Brot", „Teig", „backen" zeigen, wenn auch diese Dinge wie „braten" und „sieden" schon in Asien natürlich nicht unbekannt sind, die größere Bedeutung derselben; die Nahrung der Haustiere wird nun als „Futter" von menschlicher „Speise" geschieden.

Nach der Einwanderung in den Nordosten von Europa nimmt der Sprachschatz die nördlichen Tiere auf: den Wal, den Seehund, das Ren, den Elch, den wilden Stier (in zwei Arten: wisunt und uro) und unter den Pflanzen das Getreide des Nordens: den Hafer.

Als Wirkung des stählenden rauheren Klimas und des Lebens im Urwald in stetem Kampf mit dessen gefährlichen Tieren dürfen wir es ansehen, daß das Volk nunmehr aus der überwiegenden Hirtenumzeit in die nun mit der Viehzucht gleich bedeutsam gewordene Jagdübung und, nicht ohne Zusammenhang hiermit, in eine mehr kriegerische Zeit eintrat, wie die zahlreichen gleichbedeutenden Namen für Kampf, Schlacht, Ruhm, Sieg beweisen, von welchen, wie von den Namen starker Tiere, die allermeisten Männer-, ja sogar Frauennamen gebildet werden.

Gleichwohl darf man nicht sagen, das Volk sei erst jetzt in ein Heldenalter eingetreten im Gegensatz zu dem früheren „idyllischen Hirtenleben"; das Leben räuberischer wilder Hirten der Vorzeit ist eben durchaus nicht „idyllisch": ein großer Fortschritt zu milderer Sitte wie zur Bildung überhaupt liegt in dem Übergang zu seßhaftem Ackerbau; und Götterglaube und Pflichtenlehre der Inder (bevor sie an den Ganges zogen) und der Perser zeigen, daß die „Arier" auch in Asien ein unkriegerisches Volk nicht waren.

2. Tugenden und Laster

Die wichtigste Tugend der Germanen war – denn sie allein hat ihnen erst Errettung, dann Weltherrschaft gebracht – jenes unvergleichliche Heldentum, jene Freude an Kampf und Gefahr als solchen, jene Wollust der Tapferkeit, welche Römer und Griechen mit Grauen zu schildern nicht müde werden: von dem Tage des „kimbrischen Schreckens" an bis auf die Zeit, da man in Italien vor dem bloßen Anblick Karls des Großen erbebte. Furor Teutonicus und ähnliche Worte, welche Wut, Raserei, Wahnsinn der Kampflust ausdrücken, brauchen die fremden Quellen sehr häufig für jenen Ansturm, der todesfreudig, buchstäblich mit Lachen und Jauchzen, in Waffen und Wunden sprang. Man hat mit Recht darauf hingewiesen, daß der germanische Götterglaube, der in Wuotan diese Kampfeswut als Gott dargestellt und in den Freuden Walhalls dem im Kampf gefallenen Helden ein jenseitiges Leben nach seines Herzens liebsten Gelüsten verhieß, solche Todesfreudigkeit befördern mußte. Aber man vergißt dabei, daß bei anderen Völkern ähnliche Zukunftsverheißung nicht das gleiche Heldentum zu erwecken vermag: es ist vielmehr die germanische Volkseigenart, die auch jene Himmelsvorstellungen erzeugt hat und sich in diesem Heldentum darlebt: in allen Ariern steckte diese Anlage; aber während sie z. B. bei den Indern nach ihrer Südostwanderung in Erschlaffung unterging, hat sie der Einfluß des hohen Nordens bei den Skandinaviern, hat sie das tausendjährige Urwaldleben bei den Südgermanen dermaßen gesteigert, daß ihre Kampfeswut sogar die römischen Welteroberer jahrhundertelang immer wieder erstaunt hat.

Eine für die Krafterhaltung und Kraftentfaltung unseres Volkes hochwichtige Tugend war jene Keuschheit, jene Reinheit in dem Verkehr der Geschlechter, welche den Römern vorzuhalten ganz besonders geboten schien. Wiederholt, bei verschiedenen Anlässen, nach verschiedenen Richtungen spendet Tacitus (Germ. K. 19, 10) dies Lob: „Dieser Teil ihrer Sitten verdient den höchsten Ruhm: das einfache, unverdorbene Volk unverdorbener Einbildungskraft nimmt keinen Anstand daran, daß die Mädchen- und Frauentracht, wie Ober- und Unterarm auch einen Teil des Busens unverhüllt läßt. gleichwohl ist das Band der Ehe musterhaft streng und heilig: fast bei ihnen allein unter allen Barbarenvölkern begnügt sich der Mann mit *einem* Weibe: nur sehr wenige Könige und Fürsten haben mehrere Frauen: nicht aus Sinnlichkeit, sondern der einflußreichen Verschwägerungen wegen" – so wissen wir, daß Ariovist mit zwei Frauen zugleich vermählt war. – Während bei den Römern die Ehen meist nur der Mitgift willen geschlossen wurden – aber nicht einmal die Habsucht reichte hin, das ehescheue und selbstische Geschlecht zum häusliche Herde zu locken – „bringt hier der Gatte dem Weibe die Mitgift zu. Die Gesippen des Paares prüfen die Geschenke, die nicht Schmuck und Verwöhnung der Frau bezwecken, sondern diese Geschenke bestehen in Rindern, dem gezäumten Roß, in Schild, Framea und Schwert. Im Sinne solcher Gaben wird die Gattin von dem Gemahl in Empfang genommen, und auch sie bringt dem Manne Waffenstücke zu. Dies halten sie für das hehrste Band, dies für die geheimen Heiligtümer, die Götter der Ehe: auf daß die Frau nicht wähne, die Gedanken des Heldentums und die Gefahren des Kampfes rührten nicht an sie, wird sie gleich durch die Weihezeichen der beginnenden Ehe gemahnt, daß sie dem Gatten als Genossin der Kämpfe nahe und der Gefahren, in Frieden und Krieg sein Schicksal und seinen Wagemut zu teilen. Dies ist die Bedeutung der geschirrten Rinder, des gerüsteten Schlachtrosses, der geschenkten Waffen: in solchem Geiste soll sie leben und fallen: unverletzt und unentehrt soll sie diese Gaben dereinst den Söhnen, den Gattinnen der Söhne in die Hände reichen und diese sie weitergeben den Enkeln." – (Bei dieser edel empfundenen Darstellung hält übrigens Tacitus den dem Mundwalt der Braut von dem Bräutigam zu entrichtenden Mundschatz, der vor Einführung gemünzten Geldes in Waffen und Vieh bestand, für ein dem Weibe zu reichende Gabe: immerhin mögen dabei Schwert und Speer, welche die Braut dem Manne schenkte, geweihte Wahrzeichen seiner nun beginnenden ehelichen Mundschaft gewesen sein).

„So leben sie denn in streng gegürteter Schamhaftigkeit, nicht durch die Verführung von Schauspielen oder die Aufregung von Gastereien verdorben. Männern und Frauen sind Geheimschriften unbekannt. Höchst selten kommt bei dem so zahlreichen Volke Ehebruch vor, dessen Strafe sofort eintritt, dem Gatten verstattet: mit abgeschnittenem Haar stößt er die Entkleidete vor den Gesippen aus dem Hause und treibt sie mit Schlägen durch das ganze Dorf. Für die Preisgebung der Keuschheit gibt es keine Nachsicht: die Schuldige kann weder durch Schönheit und Jugend noch durch Reichtum einen zweiten Gatten zu gewinnen hoffen. Denn dort lacht man nicht über das Laster und nennt man nicht Verführen und Verführtwerden die Sitte der Zeit. Noch preiswürdiger scheinen jene Stämme, bei welchen nur Jungfrauen heiraten und Hoffnung und Gelübde nur einmal im Leben besteht. Wie nur *einen*

Leib und *ein* Leben erhalten sie nur *einen* Gatten: kein Gedanke, kein Verlangen kann darüber hinaus sich erstrecken. Der Zahl der Kinder willkürlich ein Ziel zu setzen oder ein Nachgeborenes zu töten gilt als Frevel, und mehr wirken dort gute Sitten als anderswo gute Gesetze."

Doch ist bei dieser Darstellung zu erinnern, daß bei den Germanen der Begriff des Ehebruchs der gleiche war wie bei den Römern: d. h. nur der Mann hat Recht auf eheliche Treue der Frau: Buhlschaft des Mannes mit einer Unverheirateten ist nicht Ehebruch. Der Mann kann die eigene Ehe nicht brechen, nur eine fremde durch Buhlschaft mit der Frau eines anderen. Buhlmädchen und sogar Nebenfrauen hinter der ersten oder Hauptgemahlin begegnen wir bei Südgermanen so – in starker Verwilderung – bei Nordgermanen. Erst das Christentum hat dem Weibe das Recht auf die Ehetreue des Mannes gegeben.

Zur Ehe schreiten die jungen Männer erst spät, auch die Mädchen werden hierin nicht übereilt: Tacitus findet hierin einen weiteren Grund der Stärke und Gesundheit des ganzen Volkes.

Mutter geworden, säugt die Frau ihr Kind selbst, überläßt es nicht, wie vornehme Römerinnen, Ammen und Mägden (Tac., Germ. K. 20).

In engstem Zusammenhang mit der Tugend der Keuschheit und der hohen und strengen Auffassung der Ehe steht die edle Würdigung des Weibes, durch welche die Germanen sich vor den hierin noch halb orientalischen Griechen, in gewissem Sinn sogar vor den Römern auszeichnen.

„Etwas Heiliges und Weissagerisches verehren sie in dem Weib: die Ratschläge der Frauen werden nicht verschmäht, ihre Bescheide nicht gering angeschlagen. Die brukterische Jungfrau Veleda war eine solche Wala, welche lange von den meisten wie ein gotterfülltes Wesen gehalten wurde: schon vorher haben sie Albrun und mehrere andere Frauen in solcher Weise verehrt, nicht aus Schmeichelei oder als ob sie sie (wie die Römer ihre Kaiser) unter die Götter versetzten" (Tac., Germ. K. 86).

In der Tat gelten „weise Frauen" als von den Göttern erleuchtet, als Weissagerinnen, kundig der Zukunft: – wohl zu unterscheiden von den Priesterinnen, obwohl oft jene Eigenschaft und diese Verrichtung in einem Weibe vereint vorkommen mochte. Sind nicht die Schicksal und Zukunft webenden Gewalten selbst weiblich gedacht: wie denn die hohe Auffassung des Weibes sich schon in den weiblichen Gestalten der germanischen Götterwelt ausprägt (siehe unten: Frigg, Freia, die Walküren, Nanna).

Was in der Stellung des Weibes uns ungünstig, unwürdig erscheint, fließt nicht aus der Volkseigenart, nicht aus einer niedrigen Würdigung des Weibes, war vielmehr von der Rauheit der Sitten, von der Not, von den allgemeinen Lebenszuständen, von dem harten Kampf ums Dasein erzwungen, trotz und unbeschadet einer hohen Würdigung des Weibes: dahin gehört die wegen mangelnder Waffenfähigkeit unvermeidliche Geschlechtsmundschaft, die Verfügung des Mundwalts über die Hand des Mädchens, der Witwe, der Abkauf der Mundschaft, das Züchtigungsrecht des Mannes, die Zurücksetzung im Erbgang der Liegenschaften und die Überbürdung der schweren Arbeit in Haus und Feld auf Weiber und Kinder, während der Mann dem Krieg, der Volksversammlung, der Jagd und freilich auch dem Gelage als Wirt oder Gast nachgeht oder auf der Bärenhaut müßig am Herdfeuer die gewaltigen Glieder reckt.

Selbstverständlich bewirkten damals – wie heute und immer – Reichtum und Armut bei gleicher *Rechts*stellung tatsächlich die wichtigste Ungleichheit in Leben und Genießen oder Leiden des Weibes. Die Königin, die Gattin des Edlen legte die Hand an die Arbeit, um sie zu weihen und etwa zu leiten, während die Mägde und Knechte sie leisteten: das Weib des armen Freien, ohne Magd und Knecht, hatte mit den Kindern selbst die schwerste Last der wirtschaftlichen Arbeiten zu tragen.

Nicht mit Unrecht hat man auch von jeher die Treue der Germanen gerühmt, im Sinne des strengen Einhaltens des gegebenen Wortes: um der *Ehre* willen, auch wohl aus Scheu vor den Göttern, die den Treubruch strafen. So berühmen sich Gesandte der Friesen zu Rom, kein Volk übertreffe an Treue und Heldentum die Germanen (Tac., Annal. XIII, 54), so macht es dem Römer (Germ. K. 24) tiefen Eindruck, daß der Germane, der in der Leidenschaft des Würfelspiels sich selbst, d. h. die Freiheit auf den letzten Wurf gesetzt und verloren hatte, ohne ein Wort sich selbst dem Gewinner, der Jüngere, Stärkere dem Älteren, Schwächeren in die Hände gab, sich binden, fortführen, als Knecht verkaufen ließ. „So groß", meint er, „ist ihre Hartnäckigkeit in einem Laster: Sie nennen das Worthalten." Es ist das Ehrgefühl, welches hier zwingend wirkt. Die zugesagte Gastfreundschaft, auf die der Fremdling vor der freiwilligen Gewährung keinerlei Anrecht hat, wird so heilig in Treue gehalten, daß das Volk der Gepiden lieber den Krieg gegen die Übermacht Justinians, d. h. den fast sicheren Untergang wählt als die Auslieferung eines in Gastschutz aufgenommenen Flüchtlings: – hier ist es wohl die Scheu vor den Göttern, welche die Treue auferlegt. (Cäsar b. g. VI 23. Tac., Germ. K. 21. Mela III 3, 2)

Der Volksfremde hatte nach Volksrecht keinen Anspruch auf Schutz: er konnte straflos getötet werden: aber die durch Gottesfurcht geheiligte sittliche Anschauung erachtete es für Frevel, einem Menschen den Schutz des Daches und Herdes zu versagen. Ja, zum Übermaß gastlicher Bewirtung verführte ganz regelmäßig die Neigung der Männer zu Zechgelagen (siehe unten). Der ungeladene Gast, auch der völlig unbekannte, hat den gleichen Anspruch auf freundliche Aufnahme wie der geladene, und er findet sie zuverlässig. Beim Abschied mag der Gast und ebenso der Wirt eine Gabe fordern: sie haben ihre Freude an solchen Gastgeschenken, ohne sie anzurechnen oder durch den Empfang sich verpflichtet zu fühlen (Tac., Germ. K. 21).

Heimliche Verbrechen, welche treulose, feige, tückische Gesinnung verraten, werden besonders schwer, zumal mit Ehrlosigkeit, gestraft.

Durchaus nicht unvereinbar mit solcher Auffassung der Treue als einer echt volksmäßigen Tugend ist es, wenn andererseits die ganze Arglist des Barbaren gegen den Volksfeind, den Römer sich kehrt: die Verlockung und Vernichtung des Varus durch Armin ist ein Meisterstück „dämonischer" Tücke: wir wollen es nicht rechtfertigen, nur erklären als das letzte Rettungsmittel eines umgarnten Volkes und als furchtbare Wiedervergeltung. Denn was ist, sittlich gewogen, die naive Arglist dieses Waldvolkes in der letzten Notwehr gegenüber der abgefeimten, zum System durchgebildeten Treulosigkeit von weltgeschichtlicher Scheußlichkeit und Größe, durch die nicht minder als durch seine kriegerischen und staatlichen Vorzüge das Volk des Tiberius seine Weltherrschaft erlistet nicht minder als erobert hat!

Auch später wird häufig über den Treubruch der Germanen geklagt – gewiß nicht immer ohne Grund und gewiß nicht, weil die unschuldigen Germanen erst von den bösen Römern Lug und Trug gelernt hätten. Nur ist daran zu erinnern, daß die Verträge, welche die Germanen, oft genug, brachen, ihnen durch die Waffen aufgezwungen waren und daß sehr oft nicht Mutwill, sondern die bittere Not, Hunger, Mangel, der Druck anderer Völker die „Föderierten" zwangen, Frieden und Vertrag wieder zu brechen. Endlich wissen wir, obzwar nur die Römer, nicht die Germanen davon berichten, daß sehr oft das Kaiserreich durch die Imperatoren selbst, noch viel öfter ohne deren Wissen durch seine Beamten und Lieferanten vorher die Verträge gebrochen, d. h. gar nicht oder mangelhaft erfüllt hatte, auf denen Verpflegung und Leben der heimatlos gewordenen Barbaren beruhte.

Durch den verzweiflungsvollen Kampf ums Dasein mit der überlegenen römischen Macht mußte übrigens die barbarische Neigung zur List unablässig gefördert werden, und wenigstens zum Teil hierauf ist es zurückzuführen, wenn zumal die Franken eine erschreckende Treulosigkeit an den Tag legen – ihr Leumund war unter allen Germanen der Schlimmste.

Durchaus nicht unvereinbar mit den hohen und edlen religiösen, auch mit manchen entsprechenden sittlichen Anschauungen sind ferner bei einem Volke rauher Sitten einzelne Züge der Roheit, ja Grausamkeit und Wildheit.

Der Vater hatte die Entscheidung, das auf dem Schild vor seine Füße niedergelegte neugeborene Kind aufzunehmen oder liegenzulassen: – letzteres durchaus nicht nur in dem Fall und aus dem Grund, daß er die Vaterschaft nicht anerkannte. Das nicht aufgenommene Kind war dem Tod, wohl durch Aussetzung, preisgegeben: doch durfte dies nicht mehr geschehen, wenn irgend Speise bereits seine Lippen genetzt hatte.

Daß Greise sich selbst töten müssen oder getötet werden, davon begegnen vereinzelte Spuren und Erinnerungen.

Dagegen wird die Witwe nicht an dem Grabe des Eheherrn getötet: nur Unfreie – wie Roß, Hund und Jagdvogel des Mannes – werden ihm mitgegeben, auf daß er nicht unbegleitet in Hel eingehe, „das Tor Hels nicht dem Edlen auf die Ferse schlage" und er auch in Jenseits wie der Jagd so der Bedienung nicht entbehre.

Daß sich das Weib freiwillig auf dem Hügel des Gatten den Tod gibt, war selten, aber hochgefeiert.

Einzelne Züge wildester Grausamkeit fühlt man sich versucht, auf die Nordgermanen zu beschränken, wo sie angeborene Stammesart oder Verrauherung durch den Himmelsstrich oder spätere Verwilderung erklären vermag: so das Blutaderritzen, das planmäßige Ausbrennen und Ausmorden in den Fehden.

Doch begegnet allerdings auch bei Franken (und selbst bei Goten wenigstens in der Sage) das Zerreißenlassen durch wilde Hengste und manche andere Tat grausigster Rache.

Menschenopfer sind nicht unbekannt, aber selten. Nur ganz ausnahmsweise noch werden Kriegsgefangene den Göttern geschlachtet, wenn dies vor der Schlacht in Gelübden versprochen war oder auch ohne (?) solche Gelübde in wilder Rache nach dem Siege – so die gefangenen Heerführer des Varus. Verbrecher, die das Recht zum Tode verurteilt, werden ebenfalls dem Gott, welchem zunächst ihre Tat verletzt, oder den Landesgöttern insgemein geopfert, auf daß diese nicht das ganze Volk für den Frevel strafen, der ungesühnt geblieben wäre.

Selbstverständlich gab es, wie ursprünglich bei den meisten Völkern, einen Stand der Unfreien, die zum Volke nicht gehörig, des Volksrechts nicht fähig, durch das Recht nicht geschützt, vielmehr den Haustieren gleich im Eigentum des Herrn standen und ganz wie die Haustiere getötet, verstümmelt, gebunden, am Leibe gestraft, mit jedem Maß von Arbeit belastet, mit oder ohne die Scholle, auf die der Herr sie etwa gesetzt, verkauft, verpfändet, vertauscht werden konnten, mit oder ohne das Weib oder die Kinder, welche sie unter Erlaubnis des Herrn, tatsächlich gewonnen: Ehe, väterliche Mundschaft, Familienrechte irgendwelcher Art, also auch Erbrecht, waren ihnen versagt.

Es ist jedoch zu erwägen, daß diese Zustände immerhin schon einen Fortschritt von der noch roheren Zeit bedeuten, in der es keine Knechte gibt, weil keine Kriegsgefangenen, die ursprünglich überhaupt nicht gemacht oder gleich nach dem Siege den Göttern geschlachtet werden.

Aus Kriegsgefangenen, dann auch aus Freien, die in Schuldknechtschaft geraten waren, weil sie eine Schuld oder eine Buße nicht hatten bezahlen können (vergl. Spielschuld), gingen dann durch Vererbung des Standes Unfreie in immer größerer Zahl hervor: dabei „folgte das Kind der ärgeren Hand", d. h. bei ungleichem Stand der Eltern dem tiefer stehenden.

Dieses harte Recht der Unfreiheit, das übrigens die Römer mit allen seinen Folgerungen, auch dem Tötungsrecht des Herrn, bis in sehr späte Zeit hoher Bildung festhielten, war tatsächlich durch zahlreiche Gründe gemildert.

Einmal trennt in der „naiven" Unfreiheit, wie wir sie im Gegensatz zur „raffinierten" der späteren Griechen, Römer und der bis auf unsere Tage in Amerika bestandenen nennen dürfen, eine viel geringere Kluft der Bildung den Herrn und den Knecht. Die Kinder der Unfreien wuchsen ungeschieden von denen der Herrschaft auf: keine weichlichere Behandlung zeichnet die letzteren aus; oft erblühten schöne, von der Sage gefeierte Verhältnisse der Treue und Aufopferung unter den Spielgenossen: mit Recht hat man bemerkt, daß die Gemeinsamkeit der Namen für Freie und Unfreie ebenfalls dafür spricht, daß nicht Abscheu die Stände trennte. Der Stand war auch nicht eine Kaste: durch Freilassung konnte wenigstens die privatrechtliche, obzwar wohl ursprünglich nicht auch die staatsbürgerliche Gleichstellung mit den Freien erfolgen.

Daß der eigene Vorteil die Herrschaft abhielt, die Unfreien, die noch vor den Haustieren und dicht neben Waffen und Schmuck die wertvollste Fahrhabe bildeten, zu verstümmeln, hungern zu lassen, gar zu töten, leuchtet ein: nur im Jähzorn etwa, wie schon Tacitus weiß, wird rasch auflodernd das Recht wie scharfer Züchtigung, so wohl auch der Tötung geübt: „wie den freien Gegner erschlagen sie den Knecht im Zorn – nur freilich ohne „Wergeld", ein Recht, von dessen Anwendung Gutmütigkeit in der Regel mehr noch als Selbstsucht abhielt

Diese gutmütige – ja, höher als dies –, edelmütige Auffassung des Verhältnisses hat dann später den mächtigsten auch rechtlichen Schutz den Unfreien verschafft. Die germanische Grundanschauung von allem Recht und jeder Rechtspflege – die vom Genossenrecht und Genossengericht – (siehe unten) hat man – wir wissen freilich nicht, wann zuerst – hochherzig auch auf die Unfreien ausgedehnt in dem Sinne, daß weder Bestrafung noch Mehrbelastung des Unfreien durch Willkür des Herrn allein stattfinden sollte, sondern der Herr, wie der Graf die Volksversammlung der Freien, ein Hofgericht seiner Unfreien (familia) einberief und nun diese über ihren Rechtsgenossen unter Leitung und Vollstreckung durch den Herrn ganz ebenso Recht und Urteil fanden wie die Freien über den Freien.

Von den altgermanischen Fehlern und Lastern ist nach dem obigen wenig mehr zu sagen.

Ihr Unmaß im Genuß von Speisen (somno ciboque dediti, Germ. K. 15), namentlich aber die verderbliche Trunksucht, fiel den maßvolleren Römern (Germ. K. 22. 23) und Griechen als empörende Barbarei auf: oft genug haben sie die Berauschung zum Verderben der Nordländer verwendet, die übrigens vermöge ihres Himmelsstrichs und vermöge Vererbung und Gewöhnung, auch wenn sie die Heimat vorübergehend mit einem wärmeren Lande vertauscht hatten, viel mehr Speise und gegorene Getränke brauchten oder doch ertragen konnten als die Bewohner der südlichen Weinlande.

In der weiten Halle fehlt es zwar nicht an Einzelsitzen und Einzeltischen für jeden bei Schmaus und Trank (Tac., Germ. K. 22): doch saßen sie auch nebeneinander auf Bänken an gemeinsamer Tafel. Den ganzen Tag und die ganze Nacht zechend zu verbringen, gilt durchaus nicht als anstößig (Germ. K. 22). Immer wieder, durch die verschiedensten Zusammenhänge, wird Tacitus dazu geführt, die Trunksucht, wahrhaft unser geschichtliches Volkslaster, hervorzuheben: nachdem er die Einfachheit der Speisen, die Begnügsamkeit in Stillung des Hungers ohne leckere Bereitung gelobt, fügt er hinzu: „dem Durst gegenüber zeigen sie nicht die gleiche Mäßigung. Willfahrt man ihrer Trunksucht, indem man ihnen nach ihrem Verlangen Wein zuführt, so wird man sie leichter fast als durch die Waffen durch ihre eigenen Laster besiegen."

Die Neigung zu Schmaus und Zechgelage ließ sogar die Tugend der Gastlichkeit oft genug ausarten: ist der Vorrat des Wirtes verzehrt und vertrunken, so führt dieser und begleitet den Gast, jetzt selbst Mitgast, zum Nachbarn: ungeladen kehren sie nun bei diesem ein, werden aber mit gleicher Güte wie Geladene aufgenommen.

Selbstverständlich kommt es bei dem Gelage oft unter den Berauschten zum Streit, der meist nicht in Schmähworten, sondern in Raufhändel, in Blut und Totschlag endet (Germ. K. 22).

Gleichzeitig mit dem Trunk pflegten sie der Leidenschaft des Würfelspiels zu frönen: wie wir sahen, mit so blinder Wut, daß sie, wenn alle Fahrhabe, ja selbst Weib und Kind verspielt waren, auf den letzten Wurf die eigene Freiheit setzten. Wir sahen, wie das Ehrgefühl des Worthaltens dann den Jüngeren, Stärkeren dem Älteren, Schwächeren ohne Widerstand in die Hände gab. Aber die Volkssittlichkeit verwarf das Recht, solche Knechte zu halten: der Sieger schämte sich und verkaufte sie in die Fremde.

Im Zusammenhang hiermit steht die von Tacitus (Germ. K. 15) gerügte Trägheit – richtiger Unlust – zu *wirtschaftlicher* Arbeit bei höchster Leidenschaft für Kriegsarbeit: „gibt es nicht Krieg, so verbringen sie die meiste Zeit in Müßiggang, dem Schlaf, den sie bis in den hellen Tag ausdehnen (K. 22), und dem Schmaus ergeben: die stärksten tapfersten Helden gerade tun dann gar nichts: die Wirtschaft und Pflege des Hauses, die Bestellung des Ackers überlassen sie den Weibern, Alten, Schwachen (Unfreien dürfen wir beifügen): sie selbst liegen müßig: in seltsamen Gegensatz der Natur lieben dieselben Männer die Trägheit, hassen aber die Ruhe des Friedens."

Verderblicher für die Schicksale des Volkes als Gesamtheit wurde ein anderer Zug: das unbändige Gefühl der Selbstherrlichkeit: diese trotzige Stolz des Mannes, der auf sich allein, höchstens noch auf die Gesippen sich verlassend, niemanden sonst braucht[1], scheut oder fürchtet, ist zwar Ausfluß der gewaltigsten germanischen Eigenschaft, der Heldenhaftigkeit: aber wie sie sich zum Teil daraus erklärt, daß der Staat, erst im Entstehen begriffen, nur wenige Aufgaben verfolgte und diese mit eng begrenzten Zwangsmitteln, so trug jene Selbstherrlichkeit andererseits das meiste dazu bei, den Staat auf jener unvollkommenen Stufe lange Zeit festzuhalten und namentlich eifersüchtig darüber zu wachen, daß er sein Zwangsrecht nicht über die hergebrachten anerkannten Zwecke, Formen und Mittel hinausdehne.

Dieser trotzige Zug hat lange Zeit verhindert, daß die kleinen Staatsverbände zu größeren sich erweiterten – diesen „Freiheitsgeist" (libertatem) hatte selbst ein Armin gegen sich, als er den so dringend notwendigen Schritt versuchte, an Stelle des lockeren Staatenbundes der cheruskischen Gaue das Königtum über die ganze Völkerschaft zu errichten; und innerhalb des Staates hat er das Fehderecht, überhaupt die Selbstgenügsamkeit der Sippen, zäh aufrecht erhalten.

---

1 Sogar zuweilen die Götter nicht; siehe Dahn, Bausteine I Berlin 1879, S. 133 f.

3. Tracht

Wir sind für die Tracht der ältesten Zeit auf das dürftige Material beschränkt, das die spärlichen Angaben der Schriftsteller, einzelne antike Bildwerke – wobei aber Germanen von anderen Nordnachbarn oft schwer oder gar nicht zu unterscheiden sind – endlich in etwas reicherer Fülle die Gräberfunde gewähren.

Nach Tacitus (Germ. K. 17) war das beiden Geschlechtern wichtige Kleidungsstück ein wollenes Gewand, das der Römer mit dem Wort „sagum", d. h. eine Art Kriegsmantel, bezeichnet, auf der Schulter mit einer Spange oder in Ermangelung einer solchen mit einem Dornzweig zusammengehalten; im übrigen fast unbekleidet verbringen sie ganze Tage am Herdfeuer gelagert. Nur die reichsten unter ihnen zeichnen sich aus durch bessere Kleidung, die aber nicht, wie bei Sarmaten und Parthern, eine weite, flatternde ist, sondern eng anliegt und die Glieder deutlich erkennen läßt. Auch die Pelze wilder Tiere tragen sie: die dem Rhein Näheren ohne besondere Auswahl, sorgfältiger gewählt die des Nordens und Ostens, zu welchen der Handel nicht andere Stoffe und Gewänder bringt; sie wählen dabei genau unter den Arten des Pelzwerks und besetzten es auch wohl mit einzelnen Büscheln der Felle von solchen Ungetümen, die nur das unbekannte äußerste Nordmeer bewohnen. Die Weiber haben keine andere Tracht als die Männer: nur daß jene sich häufiger in Linnengewande hüllen, dieselben mit Purpur bunt färben und den oberen Teil des Gewandes nicht in Ärmel auslaufen lassen, sondern die Arme und auch den oberen Teil des Busens unbekleidet tragen (gerade an dies Stelle knüpft nun Tacitus das Lob ihrer Keuschheit). Plinius deutet an, „daß die überrheinischen Feinde", d. h. die Ger-

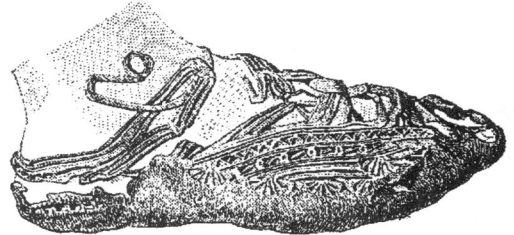

Reichverzierter Schuh aus *einem* Stück Leder.
22 ½ cm lang; an einer Leiche im Moor bei Friedeburg in Ostfriesland gefunden.

Schuh aus *einem* Stück Leder.
24 cm lang; im Moor bei Ütersen in Holstein gefunden.

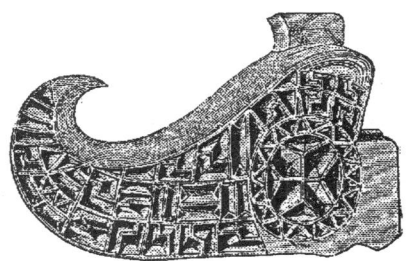

Sogenannter Totenschuh aus einem Sarg (Totenbaum) der alamannischen Gräber am Lupfen bei Oberslacht.
12 cm lang.

Kamm aus Erz.
4 cm hoch; zu
Meldorf in
Dietmarschen am
sogen. Wodens-
berge gefunden.

manen, auch wie die Gallier Segeltuch weben;
„und ihre Weiber kennen keine schönere Tracht"
(hist. nat. VXIII, 2). Die Lederschuhe sind über
dem Rist geschnürt.

Alle Freien, Männer und Frauen, trugen als eh-
rendes Zeichen ihres freien Standes langwallendes
Haar, welches daher bei der Verknechtung kurz
verschoren wurde. Wie der Adel nur eine Steigerung der Gemeinfreiheit und das Königliche nur
das edelste Adelsgeschlecht ist, so erscheint es
auch nur als Steigerung jenes Ehrenzeichens der
Gemeinfreien, wenn die Könige ganz besonders
lang herabwallendes Gelock tragen („Reges cri-
niti" bei den Franken: nicht zu verwechseln hiermit sind die „Mäh-
nen" oder borstenartigen Haare, welche die Merowingen auf dem
Rücken tragen sollten: – wohl eine Erinnerung der Sage an ihre Abstammung von einem Meerwicht).

Die Sprachvergleichung zeigt, daß, dem kälteren Himmelsstrich
entsprechend, in der Tracht seit der Einwanderung in Nordeuropa
neue Stücke häufiger in Gebrauch kamen: der Schuh, der Handschuh,
die Hose: eine Art Hose, vielleicht Kniehose, hieß ahd. „bruch" und
Sache und Wort war mit den Kelten gemein: Gallia „bracata", „Ho-
sen-Gallien", hieß der rauhere Teil dieses Landes im Gegensatz zu
dem verrömerten Süden, in welchem die Toga bereits eingebürgert
war: „Gallia togata".

Bei einzelnen Stämmen – nicht bei allen – trugen die Männer (auch
die Weiber) die Haare gegen den Wirbel hinaufgekämmt, oben in einen Knoten geschürzt und schweifbüscheähnlich auf den Rücken
herabwallend.[1]

Haarnadel
aus Erz.
Merowingische
Zeit.
²/₃ der
natürlichen
Größe; aus den
alamannischen
Gräbern in
Sigmaringen.

4. Gerät

Man unterscheidet jetzt, was den Stoff und die Altersstufen der
Geräte und Waffen betrifft, nur die metallose und die Metallzeit: in
jener begegnen Stein[2], Holz, Geweihe, Hörner, Knochen, Tierzähne
als Stoff für Waffen und Gerät: in dieser bald „Erz" („Bronze", siehe
oben S. 10), bald Eisen: die lange Zeit, zumal von den skandinavischen
Forschern lebhaft verteidigte, hartnäckig festgehaltene Ansicht ist
heutzutage aufgegeben, nach welcher Stein-, Bronze-, Eisenzeit in der Art zu scheiden sei, daß *überall* ein Bronzealter dem Eisenalter vorhergegangen sei: es fehlt nicht

---

1 Besondere Tracht von Haar und Bart wird auch von anderen Völkerschaften hervorgehoben :
so bei den Chatten.

2 Es ist ein Hauptverdienst des ausgezeichneten Direktors des Mainzer Zentralmuseums, *L.
Lindenschmit*, dies gegenüber den skandinavischen Forschern durchgekämpft zu haben. Das
Werk desselben, Handbuch der deutschen Altertumskunde, dessen erster Band die merowingische Zeit behandelnd in erster Abteilung erschienen, Braunschweig 1880, wird grundbauend
für diese ganze Wissenschaft. (Leider durch den Tod des Verfassers abgebrochen [1897]).

Erläuterungen zu der Tafel: Altgermanischer Zierat
(Nach *Lindenschmit*, Die Altertümer unserer heidnischen Vorzeit)

1. *Zierscheibe aus Erz.* Hälfte der natürlichen Größe. Die Scheibe nebst dem sie umgebenden Ring hängt in einem Blechstreifen aus Erz, der sie früher vermutlich an den Gürtelriemen oder die Tasche befestigte. In der Scheibe selbst ist die Darstellung einer beide Arme auf den Schenkel stützenden menschlichen Gestalt versucht. Gefunden in den Reihengräbern bei Crailsheim in Franken. – Privatbesitz.
2. *Fingerring aus Erz.* Aus den Gräbern von Oberolm. Natürliche Größe. – Mainz, Museum.
3. u. 4. *Spangenförmige Gewandnadel* (Vorder- und Rückseite) aus Silber. ²/₃ der natürlichen Größe. Dieses Schmuckstück ist, die mit einem niellierten Zickzack verzierten Streifen ausgenommen, vergoldet. Auf der Rückseite befinden sich an dem breiten viereckigen Teile noch die verrosteten Überreste des eisernen Drahtgewindes, durch welches die Nadel von der das Gewand gehalten wurde, ihre Federkraft erhielt. Der hohe Bügel der Spange nahm die Gewandfalte auf und der vorstehende gekrümmte Haken hielt die Nadelspitze fest. Die Nadel wurde, wie aus der Stellung der auf der Rückseite eingeritzten Runenzeichen hervorgeht, mit dem breiten Teile nach *unten* getragen. Gefunden in den großen Gräberfeld von Nordendorf bei Augsburg. – Die Deutung der beiden ersten Zeilen der Runeninschrift ist: iônâ thiorê (statt diorê) Vôdan vinuth lônâth, d. h. *mit theurem Lohne lohnet Wodan Freundschaft.* Nachschrift: athal oder abal Leubvinis, d. h. Besitz? oder etwa *Arbeit des Leubvini.* – Augsburg, Sammlung des historischen Vereins für Schwaben und Neuburg.
5. *Schildförmige Brustspange aus Erz.* 5/12 der natürlichen Größe. Gilt als das größte Stück der bis jetzt bekanntgewordenen Funde dieser Gattung. Gefunden bei Basedow in Mecklenburg.
6. *Gürtelschnalle aus versilbertem Erz.* Hälfte der natürlichen Größe. Die vertiefte Mittelfläche ist mit rotem Glase besetzt. Auf den Ornamenten des ersterе umgebenden Rahmens sind Spuren ehemaliger Vergoldung sichtlich, ebenso auf den Schnallendorn. Der Knopf und die zwei Vogelköpfe, in welchen sich die Platte nach unten fortsetzt, haben Einlagen von rotem Glas. Das auf der Mittelfläche der Platte aufliegende Ende des Schnallendorns stellt ebenfalls einen Vogelkopf dar, dessen Augen aus blauen Glasperlen gebildet sind. – Karlsruhe, Großherzogl. Museum. Dies merkwürdige Zierstück soll aus Italien stammen und wäre also als Überrest gotischer oder langobardischer Zeit zu betrachten.
7. *Zweiteiliger Gürtelschlag aus Erz.* 4/9 der natürlichen Größe. Der eine Teil besteht aus der Mittelplatte, in der die Umrisse zweier phantastischer Tiere ausgeschnitten sind. Die in dem Rahmen, welcher letztere umgibt, befindlichen Vertiefungen waren anscheinend mit einer farbigen Einlage ausgefüllt. Nach der einen Seite schließt sich an diese Mittelplatte die Vorrichtung zur Befestigung des Gürtelleders an, der anderen sitzen die Haken, als Tierköpfe mit langgeschlitzten Augen und spitzen Ohren geformt; im Profil gesehen, erscheint ihr Rachen weit geöffnet. – Den anderen Teil des Beschlags bildet ein starker Rahmen, der auf der einen Seite die Ringe trägt, in welche die tierköpfigen Haken eingreifen, auf der anderen eine schmale Platte, durch welche er von zehn Nietnägeln auf dem Gürtelleder befestigt wurde. – In Frankreich gefunden. – Paris, Muse d'Artillerie.
8. *Ein massiv geschlossener Ring aus Erz.* Hälfte der natürlichen Größe. Gegen die verbundenen Schlußköpfe hin eigentümlich einwärts gebogen. Gefunden bei Lindenstruht in Hessen. – Darmstadt, Großherzogl. Museum.
9. *Spangenförmige Gewandnadel aus Silber.* Etwa 3/5 der natürlichen Größe. Vollständig vergoldet mit Ausnahme der schmalen in Zickzack verzierten Bänder und der am unteren Teile des Bügels an den beiden Bändern der Platte auslaufenden Tierköpfe. Gefunden in den Gräbern von Nordendorf. – München, Königl. Antiquarium.
10. *Fibula aus Erz.* Seitenansicht in natürlicher Größe. Gefunden in den Gräbern von Nordendorf. – München, Königl. Antiquarium.
11. *Zierplatte.* Hälfte der natürlichen Größe. Gefunden in den Gräbern von Nordendorf. – München, Königl. Antiquarium.
12. *Erzerner Endbeschlag eines Gürtelriemens.* Hälfte der natürlichen Größe. Gefunden in einem der fränkischen Gräber zwischen Koftheim und Kassel. – Mainz, Museum.
13. *Zierplatte aus versilbertem Erz.* Fast Hälfte der natürlichen Größe. Gefunden in den Gräbern bei Nierstein. – Mainz, Museum.
14. *Goldplatte.* ¾ der natürlichen Größe. Dieses Zierstück ist mit Filigran und Silberstiftchen besetzt; die viereckigen Felder sind mit rotem Glase belegt. In den Gräbern am Lupfen bei Oberflacht gefunden. – Stuttgart, Ver. Sammlung.
15. *Diadem von Erz.* ⁵/₉ der natürlichen Größe. Gefunden in einem Grabe bei Altsammit bei Krakow in Mecklenburg. – Schwerin, Museum.
16. *Riemenbeschlag aus vergoldetem Erz.* ¾ der natürlichen Größe. Aus dem Grabe bei Heidesheim. – Mainz, Museum.
17. *Gewandnadel aus Silber.* ²/₃ der natürlichen Größe. Der um den Knopf laufende Kranz enthält zwölf rote und in gleichmäßiger Unterbrechung vier grüne Glaseinlagen. Die von dem Kranze ausgehenden acht Strahlen sind mit roten Glasstücken belegt und grünen die zwischen ihnen liegenden viereckigen Felder. Von den vier runden Feldern ist, wie aus der Abbildung ersichtlich, nur in zweien die Glasfüllung noch vorhanden: sie ist in dem einen Feld rot und in den beiden anderen blau. Die Zierscheibe, welche die abgebildete Oberfläche der Fibula bildet, ist durch Bronzenägel mit silbernen Köpfen auf eine Bronzeplatte befestigt, an der die Heftnadel angebracht ist. Zwischen beiden Platten liegt ein dünnes, der Rosettenform des Schmuckstücks angepaßtes Goldblech. – Gefunden in den Gräbern von Odratzheim bei Straßburg. – Straßburg, Sammlung des Vereins für die Erhaltung der historischen Denkmale.
18. *Gürtelschnalle von Eisen.* Hälfte der natürlichen Größe. Mit Silber ausgelegt; nur das breite Schild der Schnallenzunge zeigt Reste von Bronzeeinlagen. Die runden Befestigungsknöpfe sind von Erz. In den fränkischen Gräbern von Worms gefunden. – Mainz, Museum.

Altgermanisch

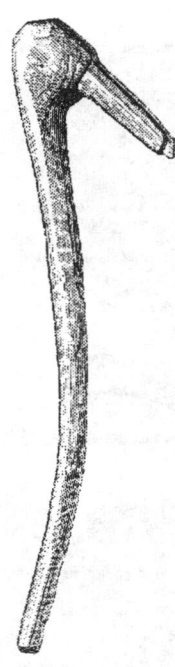

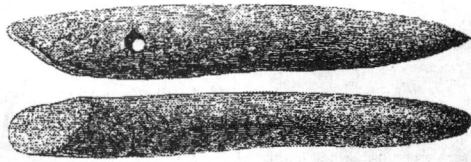

Pflugscharen oder Spaltkeile?
a) 43 cm lang; aus Grünsteinschiefer. b) bei Gabsheim in
Rheinhessen gefunden, 43 cm lang; aus Taunusschiefer.

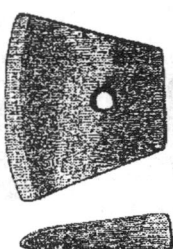

Spindelsteine aus
Ton;
bei Dresden und
Frankfurt a. O.
gefunden.

Hacke aus schwarzem Taunusschiefer.
$^1/_5$ natürl. Größe; bei Mainz gefunden.

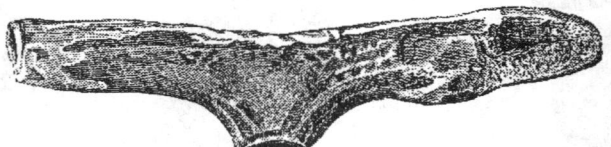

Holzschaft für
Beile.
40 cm lang; aus dem
Salzbergwerk von
Reichenhall.

Axt aus Hirschhorn.
36 cm lang; aus dem Ihmeflusse bei Hannover.

Durchbohrter Eberzahn aus der Steinperiode.
Bei Oberingelheim in den Gräbern sitzend bestatteter
Leichen gefunden.

Halsschmuck von durchbohrten Tierzähnen.
30 cm lang. Bei einem weiblichen Skelett in den Gräbern von Langen-Eichstätt gefunden.

Erläuterung zu der Tafel: Altgermanische Geräte
(Nach *Lindenschmit*, Die Altertümer unserer heidnischen Vorzeit und Klemm, Handbuch der germanischen Altertumskunde)

1. *Trense aus Bronze.* 2/5 der natürlichen Größe. In den äußeren Teilen der Gebißstange hängt auf beiden Seiten ein einfacher Ring und eine Zierscheibe, ähnlich einem Rade, dessen Speichen durch vier, in durchbrochener Arbeit verzierte Sparren gebildet werden. Das Innere dieses Ornaments nimmt ein viereckiger Rahmen ein, in dem wiederum ein barbarischer Versuch gemacht ist, eine menschliche Figur darzustellen durch Ansetzen einer Art von Kopf, Armen und Beinen an einem unförmlich breiten Körper. Gefunden in Bayern. – München, Nationalmuseum.
2. *Ohrring aus Erz* mit eingehängter Berlocke aus Weißmetall. Natürliche Größe. Aus den Gräbern von Großwinternheim. – Mainz, Museum.
3. *Fingerring aus Gold.* Seitenansicht in natürlicher Größe. In der Mitte des Schildes befindet sich ein barbarisches Brustbild und Drachenornamente in den vier äußeren Feldern. Dieselben sind mit dunkelblauem Email ausgelegt. Gefunden in Mainz – Privatbesitz.
4. *Mantelspange;* aus einer etwa 30 Zentimeter langen Nadel und zwei hohlen Drahtgewinden bestehend. Gefunden bei Schwidnitz in Schlesien.
5. *Gewandnadel aus Erz.* 5/6 der natürlichen Größe. Der Bügel ist mit Kreisornamenten und gestreiften Bändern verziert. Unterhalb des Hakens, in den die Nadel eingreift, ist er nach aufwärts umgebogen und trägt an seinem Ende einen scheibenförmigen Knopf, der sich dem Oberteil des Bügels wieder anschließt. Auf dieser runden Platte ist eine Scheibe aus hochroter Fritte mit einem kleineren Plättchen von Erz befestigt, welches in drei bogenförmige Abschnitte auf eine Weise geteilt ist, die als charakteristische Verzierung gewisser Bronzegeräte unserer Grabhügel zu beachten ist. Gefunden in Hard bei Zürich. – Zürich, Museum.
6. *Armring aus Bronzedraht;* an einem Armknochen gefunden.
7. *Gewandnadel aus Erz* mit 13 angehängten Kettchen und Blechen, vollkommen erhalten. 1/3 der natürlichen Größe. Aus den Gräbern bei Hallstadt – Wien, K. K. Antikenkabinett.
8. *Hängeverzierung aus Gold.* Natürliche Größe. In der Mitte das Bild eines phantastischen Tieres. In den offenen Räumen zwischen seinen Füßen und dem Rücken verschlungene Filigranfäden. Die neun runden, jetzt leeren Fassungen waren früher mit farbigem Glas oder Edelsteinen besetzt. Gefunden bei Wiesbaden. – Wiesbaden, Museum.
9. *Armring von tiefblauem Glase.* Etwa 5/8 der natürlichen Größe. Gefunden in einem Grabe zu Heimersheim (Rheinhessen). – Wiesbaden, Museum
10. *Verzierter Halsring aus Gold.* Wahrscheinlich etruskischen Ursprungs. Hälfte der natürlichen Größe. Gefunden bei Dürkheim (Rheinbayern) bei einem erzenen Dreifuß. – Speyer, Museum.
11. *Armring aus Bronze.*
12. *Halsring aus Bronze.* Etwa 5/13 der natürlichen Größe. Er ist 17 Zentimeter im Durchmesser, 585 gr. schwer, am stärksten Teile etwa 13 mm dick, mit schönem, apfelgrünem Roste bedeckt und besteht aus enggewundenen Gängen, die in umgebogene, mit Knöpfen versehene Haken endigen. Gefunden im Hainerfeld bei Kraft Solms. – Privatbesitz.
13. *Gewinde von Bronzedraht,* wahrscheinlich Haarschmuck. – Privatbesitz.
14. *Vollständiges Gürtelgehänge.* 7/25 der natürlichen Größe. Die erzenen Stangenglieder der Kettchen werden durch würfelförmige, mit konzentrischen Kreisen verzierte Knöpfchen aus Erz, an welchen nach oben und unten hin kleine Eisenringe befestigt sind, verbunden. Die Kettchen selbst sind von verschiedener, immer zunehmender Länge. Das mittlere teilt sich bei einem größeren Erzringe in zwei Teile, an deren einem, gleichwie bei allen übrigen, römische Münzen, an dem anderen aber außerdem noch eine, auf beiden Seiten verzierte flache Scheibe aus der Krone eines Hirschgeweihes angehängt war. Die Münzen sind größtenteils sehr vom Roste zerstört, allein immerhin noch als solche des Kaisers Konstantinus M., mit dem bekannten Revers: Soli invicto comiti, Constans, Valens und Magnentius, Revers: Gloria Romanorum, zu erkennen. Gefunden in den Gräbern von Oberolm.
15. *a. b. Vorder- und Rückseite eines beinernen Kammes* aus den Gräbern bei Nordendorf. 7/9 der natürlichen Größe. – München, Königl. Antiquarium.
16. *Haarnadel aus Erz mit Hohlspiegel* an Stelle des Knopfes, in halber natürlicher Größe. Gefunden bei Tolkewitz, in der Nähe von Dresden.
17. *Reichverzierte Riemenzunge,* Erz aus den Grabhügeln von Wiesenthal (Baden). 14/17 der natürlichen Größe. – Karlsruhe, Museum.
18. *Armring aus Bronze.*
19. *Mantelspange mit Drahtgewinden.* Gefunden in der Gegend von Pattense im Lüneburgischen. – Privatbesitz.
20. *Kleines Gewinde von Bronzedraht,* wahrscheinlich Haarschmuck. Gefunden auf dem Petersberge bei Hall a. S.
21. *Eherne Haarnadel.* Hälfte der natürlichen Größe. In Schlesien gefunden.
22. *Vollständige Gürtelkette aus Erz.* 3/9 der natürlichen Größe. Der Haken in Form eines langhalsigen Tierkopfes mit Ohren und knopfförmiger Schnauze sitzt auf einem Beschläge von zwei querlaufenden Spangen, welche noch Spuren farbigen Emails zeigen. Gefunden in einem Grabe bei Kreuznach. – Mainz, Museum.
23. *Schmucknadel aus Erz.* 2/3 der natürlichen Größe. (Obere Ansicht.) Von dem mittleren Teile des Zierstückes erheben sich, wie aus einem gemeinsamen Körper, zwei Schwanenhälse, deren Köpfe rotemaillierte Augen haben. Die Farbe des Schmelzwerks an den Schnäbeln und an dem sie verbindenden Streifen des Bügels ist nicht mehr zu erkennen. Die übrigen Ornamentstreifen sind eingraviert. Gefunden zu Schwabsburg, zwischen Nierstein und Selzen.
24. *Fragment einer Gürtelkette.* Hälfte der natürlichen Größe. Die einzelnen Glieder bestehen aus starkem Erzdraht, welcher zu drei Schlingen zusammengeflochten und an seinen beiden Enden in Spirale aufgerollt ist. Ihre Verbindung unter sich ist durch kleine in die Schlingen gehängte Erzringe hergestellt. Aus einem etruskischen Grabe. – Karlsruhe, Mahler'sche Sammlung im Großherzogl. Museum.
25. *a. b. Zwei Steintafeln mit Gußformen für ein Messer und einen Meißel.* 1/5 der natürlichen Größe. Die Platten enthalten die Form für eine leicht gekrümmte Messerklinge mit gradem Dorn für den Griff, wobei sich der Einguß auf der Seite des Dorns befindet. Neben demselben ist die Form für einen Meißel in den Stein gearbeitet, bei dessen Guß aber die beiden Platten verschoben werden mußten, so daß die eine über die andere vorragte. Bei Nr. b ist deshalb auch die Rinne des Eingusses verlängert. In dieser Vertiefung ist ein Loch eingebohrt, vermutlich um das Kernstück für die Schafthülle des Meißels zu befestigen. Gefunden am Schermützelsee bei Bukow (Mark Brandenburg). – Müncheberg, Sammlung des Vereins für Heimatkunde.

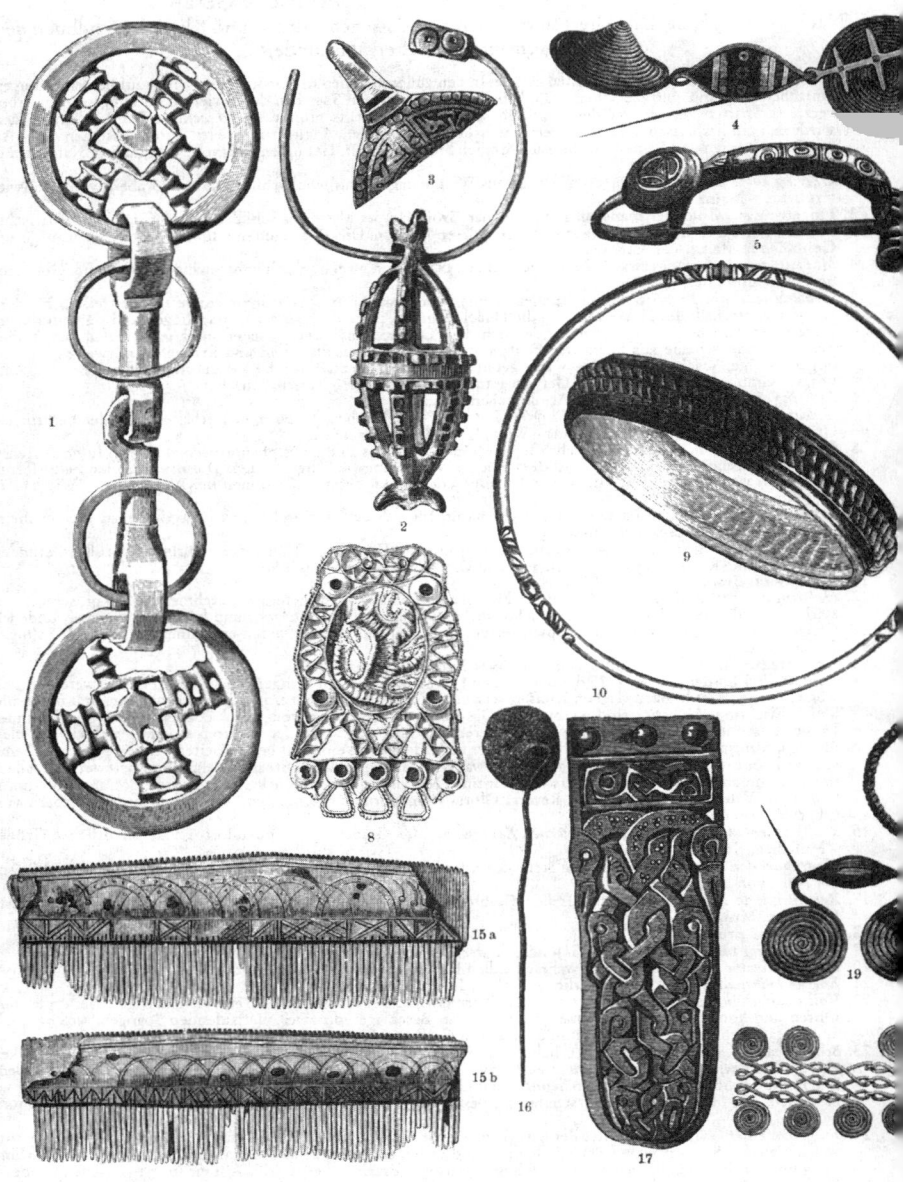

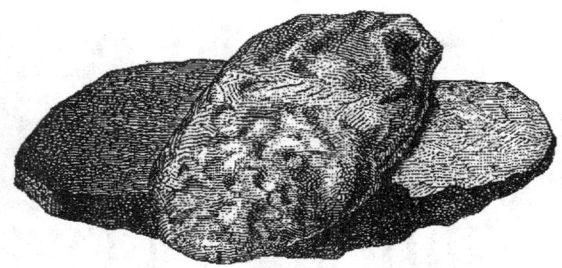

Einfache Handmühle für Getreide;
aus Sandstein. In dem Gräberfelde von Monsheim gefunden.

an einzelnen Belegen, daß, nachdem die reine Steinzeit vorüber und Metall überhaupt in Gebrauch genommen ist, von Anfang an Eisen gleichzeitig mit Bronze vorkommt, ja sogar vor der Bronze. (Doch gewöhnlich folgt allerdings das Eisen der Bronze nach.) Und irrig ist es auch, Stein, Bronze, Eisen auf drei verschiedene Rassen oder doch Völker zu verteilen, so daß etwa Finnen Stein, Kelten Bronze, Germanen (oder einzelnen Germanen) Eisen zukomme. Vielmehr geht zwar bei allen Völkern die metallose Zeit der Metallzeit vorher und hatten z. B. die *ältesten* Pfahlbauer noch keinerlei Metall, aber schon bei diesen findet sich in späterer Zeit Metall, obzwar meist als Einfuhr. Kelten und Germanen haben schon in Asien Erz und wohl auch schon Eisen gebraucht und nach Europa mitgebracht.

Es ist absichtliche Darstellung und unwillkürlich durch diese Absicht gefärbte Vorstellung bei Tacitus, wenn er meint, Silber sei noch nicht gewertet, vielmehr seien Silbergefäße, ihren Fürsten oder Gesandten von den Römern geschenkt, ebenso gering geachtet worden wie die aus Ton gebildeten (Germ. K. 5); an Goldschmuck begegnen Ringe für Finger, Arme, Hals, Ohren, dann Halsketten, Zierplatten, Stirnbänder, Spiralringe auch als Zahlungsmittel. Die besser gearbeiteten Erz-, Bronze- und Goldsachen der Funde werden alle von manchen Forschern als von außen eingeführt betrachtet (mit Recht) oder als von den Kelten früher gefertigt (so die nordischen Antiquare), oder zum Teil von den Germanen, zum Teil von der „iberischen" Vorbevölkerung.

5. Waffen und Kriegswesen

An Waffen werden nun gemein germanisch *benannt* Spieß, Kolbe, Schwert, Schild (später Halsberg, Fahne): daß diese Wehren aber nicht erst seit der Trennung der Germanen von den übrigen Ariern in *Gebrauch* kamen, leuchtet ein.

Noch zur Zeit des Tacitus waren Metallwaffen nur beschränkt im Gebrauch: die Pfeilspitze, der Streithammer, auch das dolchartige Kurzschwert (der Sachs, scramasachs) war oft von Stein, die Holzkeule, der Speer ohne Metallspitze häufig: Metallschwerter (jünger ist das Langschwert, die Spatha) und Lanzen mit langer Metallspitze waren selten.

Auf kriegerischen Schmuck legen sie kein Gewicht: nur die Schilde unterschieden sie auf das sorgfältigste durch auserlesene Farben – offenbar nach Völkerschaften, Gauen, Geschlechtern.

Die Framea, der Speer zu Stoß und Wurf[1], hatte nur ein schmales und kurzes, aber

---

1 Tac., Germ. K. 6. 11. 13. 14. 18. 24 dagegen: hasta ingens, enormis, praelonga. Ann. I, 64. II, 14. 21 Hist. V, 18.

sehr scharfes Eisen als Spitze. Mit Framea und Helm begnügte sich der Reiter.[1] Das Fußvolk, nackt oder nur mit dem leichten Wams (sagulum, siehe oben S. 45) beklei-det, schleudert außerdem kurze Wurflanzen, jeder einzelne mehrere, auf wunderbar weite Entfernungen. Durch einen Hagel solcher „missilia" verhinderten die Aleman-nen den versuchten Rheinübergang des Constantius bei Basel. Ihre Schilde werden als übergroß („immensa")[2] bezeichnet, sie waren sorgfältig bemalt. Brünnen hatten wenige, Helme von Eisen (cassis) oder Leder (galea) kaum der eine oder andere: – d. h. nur Könige, reiche Edle, sehr reiche Gemeinfreie. Schild, Schwert und Framea sind die gewöhnlichen Waffen: sie werden z. B. genannt als die bei dem Verlöbnis dargebrachten Waffengaben (Tac., Germ. K. 18).

Neben den Fahnen (althochd. fâno) wurden als Feldzeichen auch „Bilder", wohl Bilder göttergeweihter Tiere, in den heiligen Hainen aufbewahrt, bei Ausbruch des Krieges feierlich abgeholt und in das Gefecht getragen (Tac., Germ. K. 6).

Im allgemeinen ist ihre stärkere Waffe das Fußvolk. Die Pferde erscheinen im Vergleich mit den römischen, die aus den edelsten Arten der drei Erdteile gewonnen werden konnten, weder durch Schönheit noch durch Raschheit ausgezeichnet; auf künstliche Wendungen wurden sie nicht geschult (Tac., Germ. K. 6), doch wußte man bei Schwenkungen gerade Richtung zu halten. Und sehr oft hat sich die Überle-genheit der Germanen gerade im Reitergefecht bewährt: sie legten keine Sättel auf die Pferde und verachteten die „Sattelreiter".

Den Römern höchst gefährlich erwies sich von Cäsar bis Julian die germanische Mischung von Reiterei und auserlesen raschem Fußvolk, wie sie schon Cäsar schil-dert. Tacitus aber sagt: „Sie fechten gemischt, indem sich der Reiterschlacht anpaßt die Raschheit erlesener Fußkämpfer, die sie aus der ganzen Jugend wählen und vor der Schlachtreihe des übrigen Fußvolkes aufstellen": nach einer mißverstandenen Angabe, aus jedem Gau (?) hundert, welche auch diesen Namen „die Hunderter" führten" (Germ. K. 6).

Bei manchen Völkerschaften wird aber gerade die vorzügliche Reiterei gepriesen: schon die Kimbern bei Vercelli a. 101 zählen fünfzehntausend (?) (Plutarch, Marius K. 25) in Helmen, deren Kämme gähnenden Tierrachen gleichen; später zeichnen sich Juthungen und Alemannen im Reiterkampf aus.

Der Schlachthaufen des Fußvolkes wurde im Keil aufgestellt, auf den furchtbaren Angriffstoß war die ganze germanische Schlachtenkunst gerichtet. Odhin selbst hat-te sie seine Söhne gelehrt: Schweinsrüssel, Eberkopf hieß sie von der ungefähren Ähnlichkeit mit einem Kegel, der von breiter Grundlage in stumpfer Spitze ausläuft. Ammian. Marc. (XVII, 13 zum Jahre 358) sagt von *römischen* Soldaten: desinente in angustum fronte, quem habitum „caput porci" simplicitas militaris appellat; die *wört-liche* Übereinstimmung der Bezeichnung ist auffallend; gerade daß der gemeine Mann im Heer den Ausdruck brauchte, weist wohl darauf hin, daß die Römer, unter denen seit Jahrhunderten Germanen dienten, von letzteren nur den *Namen* für eine höchst naheliegende Stellung annahmen, welche die Römer wahrlich nicht erst von

---

1 Tac., Germ. K. 6. Ann. II,4. Cassius Dio ed. Melber 1890. XXXVIII, 45. Die Helme selten bei Franken, Agathias ed. Nibuhr 1828, II, 5; Herulern, Paul. Diac. ed. Waitz et Bethmann, Monu-menta Germaniae historica, Scriptor. rerum Langobardicarum I, 1878. I, 22, Goten, Prokop. b. G., anders bei den kimbrischen Reitern Plutarch, Marius ed. Dübner I, II, 1868. K. 25 (aber diese waren von Kelten gefertigt): Tac.; Germ. K. 6.

2 Tac., Annal. II, 14. Hist. II, 22 (Cassius Dio XXXVIII, 45) scuta lectissimis coloribus distin-guunt. Germ. K. 6. 43.

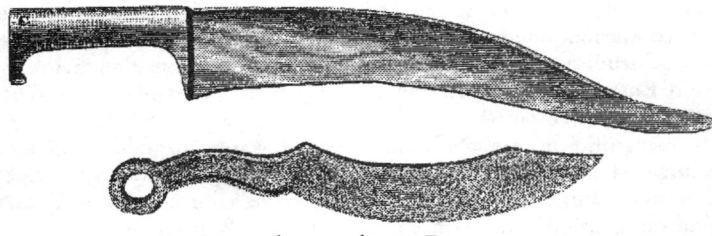

Pfeilspitze aus
lichtbraunem
Feuerstein.
$^2/_3$ der natürlichen
Größe. Gefunden
zu Cloppenburg
(Oldenburg).

Skramasachs von Erz.
1. In Italien gefunden, jetzt im Museum des Louvre zu Paris, 34½ cm lang. 2. Aus der
Mark Brandenburg.

Vorderseite eines Schildes von Erz,
Rand durch Einlage eines dicken Erzdrah-
tes verstärkt. Bei Bingen gefunden. 39 cm
Durchmesser.

Beil von Bronze und Ger von Erz.

Schildbuckel. Aus den fränkischen
Gräbern bei Heidesheim.
Mit Rand 21 cm Durchmesser.

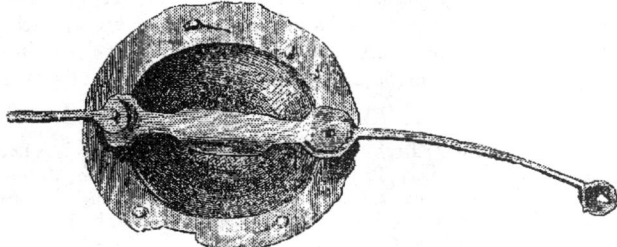

Innenseite eines Schildbuckels.
Aus den fränkischen Gräbern bei Darmstadt. 18 cm Durchmesser.

Helm von Erz;
18 cm hoch; unweit
Pfordten in der
Niederlausitz
gefunden.

den Germanen zu entlehnen brauchten; oder will man, ohne Entlehnung, zufällige Übereinstimmung annehmen? Keinesfalls Entlehnung auf germanischer Seite: denn auf diesem Wege wäre das Wort nicht zu den Nordgermannen gelangt. Nimmt man an, daß die Römer das *Wort* von den Germanen entlehnten (d. h. die germanischen Söldner Roms es im Heer aufbrachten), so ergibt sich eine merkwürdige seltene Übereinstimmung zwischen Nordgermanen und Südwestgermanen in diesem Ausdruck, die aber gerade dann erklärlich ist, wenn die Sage Odhin = Wotan diese Stellung seine Söhne lehren ließ in einem Zusammenhang, der das Wort „Eberrüssel" enthielt.

Ganz regelmäßig gelang es dem wütenden Ansturm, nicht nur das schwache römische

Langschwerter (Spatha).
1. Erz, 60 ½ cm lang; aus einem Grabhügel bei Echzell (Oberhessen). 2. Erz, 67 cm lang; in der Donau bei Regensburg gefunden. 3. Erz, 54 cm lang; zu Retzow in Mecklenburg gefunden. 4. Erz, 67 ½ cm lang; bei Worms gefunden. 5. Eisen, zweischneidig, 63 ½ cm lang; aus den Gräbern bei Kempten am Rochusberge. 6. Eisen; aus den Gräbern von Hallstadt (Salzkammergut).

Vordertreffen und das starke zweite zu durchstoßen, der Erfolg der Germanen in offener Feldschlacht in den ersten Zusammentreffen mit den Legionen (Kimbern und Teutonen) beruhte auf der absolut überraschenden rücksichtslosen Stoßtaktik, dieser

Taktik höchsten Heldentums, der die römischen Feldherren gar nichts entgegenzustellen hatten.

Aber schon Marius erkannte das für die Angreifer selbst – im Fall auch nur des
Stockens – furchtbar Gefährliche, ja rettungslos Verderbliche dieses einfachsten aller denkbaren Systeme: der Keil war verloren, wenn er nicht durchdrang, er konnte

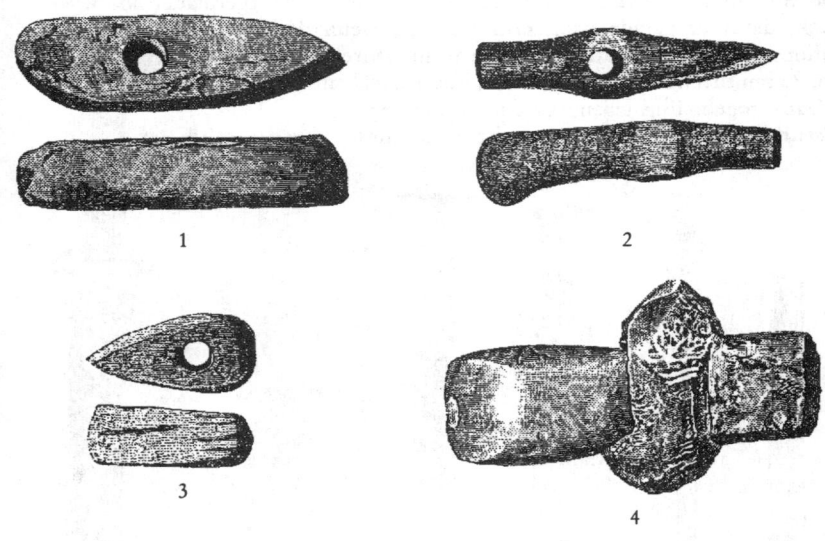

Äxte und Beile.
1. Aus Hornblendeschiefer, bei Mainz gefunden. 2. Aus poliertem Grünstein, bei Damme (Oldenburg) gefunden. 3. Aus Serpentinschiefer, bei Heilbronn gefunden. 4. In Hirschhorn gefaßtes Steinbeil, 12 cm breit; aus
dem Pfahlbau im Pfäffiker See bei Robenhausen (Schweiz). – Nr. 1, 2, 3 je 1/5 der Naturgröße; obere und
seitliche Ansichten.

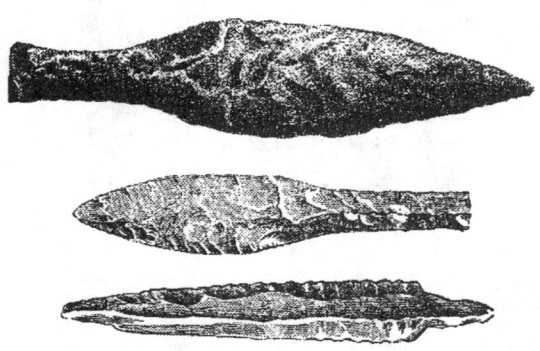

1. Lanzenspitze aus gelbbraunem Feuerstein.
16 ½ cm lang; von der Insel Rügen.
2. Lanzenspitze aus schwarzem Feuerstein.
19 ½ cm lang; aus Schweden.
3. Pfeilspitze aus grauem Feuerstein.
8 ½ cm lang; in Stone (Schweden) gefunden.

weder umkehren noch schwenken und er hatte nie einen Rückhalt. Durch Auf-
sparung eines starken, sehr weit zurückgenommenen Rückhalts sind fast alle römischen Siege über den germanischen Keil erfochten wor-
den.

Kam der Stoßhaufen – nach furchtbaren Verlusten der (ohne nennenswerte
Schutzwaffen) durch mehre-
re, mit Pilum und Schwert ausgerüstete, römische Tref-
fen hindurchbrechenden – endlich atemlos, erschöpft vor dem vorletzten römischen

Treffen an und gelang es nur, ihn hier ein wenig zum Stehen zu bringen, so wurde er von den auf beiden Flanken vorgezogenen Rückhalten an der Spitze überflügelt und genötigt, sich zu spalten und doppelte Stirn zu machen: hatten sich nun die durchbrochenen römischen ersten Treffen wiedergesammelt und faßten ihn vom Rücken, so war der Keil umzingelt und seine einzige taktische Kraft – der Stoß – ausgeschlossen. Alsdann gab es keinen Rückzug auf der natürlichen Rückzugslinie, sondern nur Sterben auf dem Platz oder Durchbruch einzelner nach unberechenbaren Richtungen. Deshalb waren die verlorenen Schlachten meist wahre Vernichtungen für germanische Heere.[1]

Im Keil nun durfte und konnte keiner seine Stelle verlassen. In aufgelöster Gefechtsordnung dagegen, zumal im Waldgefecht, galt Zurückweichen, wenn man nur wieder vorsprang, nicht für feig, sondern klug. Wer schmählich den Kampfgenossen und den Schild im Stich ließ, wurde ehrlos und durfte weder Opferfest noch Ding besuchen: schon mancher, der im Krieg die Ehre eingebüßt, machte dem Leben durch den Strang ein Ende. Die Leichen der Gefallenen suchten sie in frommer Scheu auch aus verlorener Schlacht davonzutragen.

Immer aber, im Keil wie im zerstreuten Gefecht, bildete für Fußvolk und Reiter nicht zufällige Scharung, sondern Sippe und Verwandtschaft die Gliederung; so kämpften Vater und Sohn, Brüder, Oheim und Neffe, Vettern Schulter an Schulter, „ein vorzüglicher Sporn der Tapferkeit", meint Tacitus, (Germ. K. 6). Und oft, in der Wagenburg bei Wanderzügen oder im Waldesdickicht bei Verteidigung der Heimat, waren Säuglinge, Kinder, Weiber ganz in der Nähe: ihr Geheul, ihr Schreien drang zu den Kämpfenden: sie waren die geheiligten Augenzeugen, ihr Lob wurde am freudigsten vernommen und erteilt. Die Weiber scheuen sich nicht, die Wunden zu zählen, zu untersuchen, sie tragen Speise und Zuspruch den Fechtenden zu. Ja schon manche erschütterte, wankende Schlachtreihe wurde durch die Frauen, durch ihr beständiges Bitten, mit den Weichenden entgegengeworfener Brust, indem sie flehten, die ihnen schon ganz nahe drohende Gefangenschaft abzuwenden, hergestellt. Denn diese scheuen die Germanen noch viel mehr für ihre Frauen als für sich selbst: so daß die Treue solcher Völker als wirksamer gebunden gilt, welchen als Geiseln auch edle Jungfrauen abverlangt sind (Tac., Germ. K. „nobiles", nicht „nubiles").

Im ganzen Kriegswesen ist wohl zu unterscheiden der Dienst im Heerbann und der Dienst in der Gefolgschaft bei einzelnen abenteuernden Fahrten.

Der Heerbann ist im Zusammenhang der Verfassung ausführlicher darzustellen: hier genügt die Bemerkung, daß ohne Frage Waffenrecht und Waffenpflicht nicht bloß, wie man früher irrig annahm, dem auf Grundbesitz Ansässigen, sondern allen Waffenfähigen zukam: da die Einräumung von Grundbesitz zu eigenem Recht erst in reiferem Alter, wohl meist gleichzeitig mit der Verheiratung, vorkam, hätte jene Be-

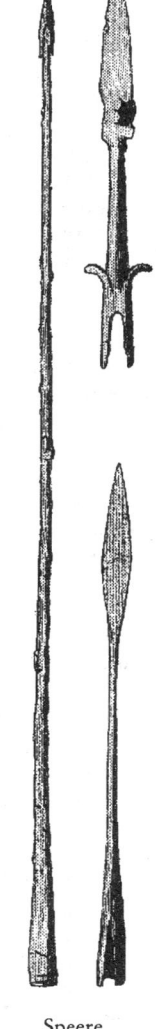

Speere
1. 1 m lang; aus den Gräbern bei Selzen. 2. 38,5 cm lang; aus den Gräbern bei Östrich im Rheingau. 3. 52,5 cm lang; aus den Gräbern bei Darmstadt

---

1 Vgl. *Dahn*, Die Alamannenschlacht (von 357) bei Straßburg. Bausteine VI. 1884. S. 31; ebenso die Frankenschlacht gegen Narses von 554.

schränkung der Wehrpflicht die gesamte junge Mannschaft von dem Heer ausgeschlossen, was ganz undenkbar.

Eine für alle gleiche Altersstufe der Waffenfähigkeit gab es nicht: vielmehr wurde in jedem einzelnen Fall die Waffenreife, zuerst wohl von den nächsten Gesippen, Nachbarn und Freunden geprüft und anerkannt: darauf erfolgte die erstmalige feierliche Umgürtung des Jünglings mit den Volkswaffen, jedesfalls vor Zeugen, vielleicht immer in der Volksversammlung der Hundertschaft oder des Gaues; bei Söhnen der Könige, Edlen, reichsten Gemeinfreien nahm die Handlung feierlichere Formen an, wurde gern vor allem Volk vorgenommen. Auch ein Gefolgsherr konnte als solcher, wie andererseits ein König oder Graf als solcher, die „Schwertleite" vornehmen: ersterer etwa dadurch, daß er den Jüngling zugleich in seine Gefolgschaft aufnahm.

Von Stund ab war der Jüngling heerbannpflichtig, woran natürlich sein etwaiger Dienst im Gefolge nichts ändern konnte: nur daß man den Gefolgen gestattete, im Heerbann neben ihrem Gefolgsherrn zu kämpfen, ein für den Sieg der Gesamtheit sehr fördersames Mittel.

Nach der allein richtigen, leider nicht herrschenden, aber durch nordische und angelsächsische Belege gestützten Ansicht hatte jeder Gemeinfreie das Recht, eine Gefolgschaft um sich zu scharen: tatsächlich freilich vermochten dies doch nur die Könige, Edlen und – selten – die allerreichsten Gemeinfreien, da der Gefolgsherr die Gefolgen nicht nur bewaffnen, sondern im Frieden wie im Krieg unterhalten mußte.

Man hat übrigens dem Gefolgewesen viel zu große Bedeutung für die Verfassungsgeschichte beigelegt: weder das Königstum noch der Adel noch das Lehnwesen noch gar die ganze Völkerwanderung sind von den Gefolgschaften ausgegangen: über Königtum, Adel, Lehnwesen später ausführlich: die Völkerwanderung, oder richtiger Völkerausbreitung, setzt wirkliche Völker mit Weibern, Kindern, Unfreien und Herden voraus, im Betrag von sehr vielen Tausenden von Köpfen. Die Gefolgschaft dagegen war, vermöge des innigen Treueverhältnisses schon, auf eine immer nur kleine Zahl von Männern beschränkt: alle Belegstellen bestätigen dies. Gefolgschaften von zwanzig Mann bis etwa hundert waren gewiß die häufigsten, solche von dreihundert bis fünfhundert mochten vorkommen, aber sehr selten; größere Zahlen sind unbestätigt und undenkbar.

Das Verhältnis wurde, wie es scheint, auf freie Kündigung, keinesfalls auf Lebenszeit, eingegangen, junge Leute mochten gern unter einem ruhmvollen, reichen, tapferen Gefolgsherrn mehrere Jahre eine Art Vorschule für den Heerbann durchmachen, selbst Ehre, Schätze, Waffenübung gewinnen: aber gerade die Söhne der Könige und Edlen sowie auch größere Gemeinfreie konnten unmöglich in solchem Dienstverhältnis verharren: sie suchten später entscheidende Stellung in der Gemeinde, im Staat. (Einzelne, namentlich Unfreie, aber auch ärmere Freie, z. B. heimatlos gewordene, bleiben freilich wohl bis zum grauen Alter im Gefolgedienst.)

Denn wir müssen uns das Gefolgewesen als völlig eingegliedert, untergeordnet dem Gemeindeverband denken, dem Staatsverband, den man sehr mit Unrecht um deswillen, weil er sich auf wenige Zwecke noch beschränkte, völlig geleugnet oder auch für jene Zwecke ohnmächtig gedacht hat.

Ganz undenkbar ist daher, daß die Gefolgschaften Raubfahrten gegen Völker hätten unternehmen dürfen, mit welchen ihr Heimatstaat in Freundschaft oder doch in Frieden lebte: nur gegen weit entfernte Völker, mit welchen keinerlei Zusammenhang bestand, oder natürlich gegen Staaten, mit welchen man in Feindschaft, wenn auch nicht gerade zur Zeit im Kriege lebte, ließ man den Gefolgschaften freie Hand.

Dabei kam es freilich häufig vor, daß diese auf Kampf und Raub angewiesenen Scharen – denn sie mußten von letzterem leben – von ihrem Staat geschlossene Friedensverträge, unter stillschweigender Duldung desselben, brachen, z. B. gegen die Römer: oft und oft lehnen dann die Könige und Gemeinden die Verantwortung für solche Streifzüge ab, die sie angeblich nicht hätten hindern können.

Übrigens ist das Gefolgewesen, das z. B. im angelsächsischen Beowulflied noch eine anschauliche Schilderung gefunden hat, bei den Völkern, die auf römischem Boden Reiche errichteten, früh durch andere Formen des Dienstes abgelöst worden.

Selbstverständlich glaubten sie, daß mitten unter den kriegführenden Götter unsichtbar weilten, den Ausgang der Schlacht lenkten: neben dem Sondergott für der Krieg Tyr (Ziu) wurde Odhin (Wotan) mit den Walküren als gegenwärtig gedacht.

6. Niederlassung. Hausbau

Die Ansiedlung geschah in Dörfern (Dorfsiedelung) oder einsam gelegenen Einzelhöfen (Hofsiedelung). Nicht stammtümlich, auch im Grundsatz nicht zeitlich sind beide Arten der Siedlung zu scheiden, d. h. man kann nicht sagen: Hofsiedelung ist sächsisch, Dorfsiedelung schwäbisch, sondern bei allen Stämmen wurde halb Dorf-, bald Hofsiedelung geübt, wie die Beschaffenheit der Örtlichkeit, die Geschichte der ersten Niederlassung und ihrer späteren Ausbreitung es mit sich brachte. So findet sich Hofsiedelung keineswegs nur, wie man behauptet hat, bei Sachsen und Friesen, auch bei Alemannen und Bajuwaren. Örtliche Gründe bestimmen sehr oft die Siedelungsweise: so zieht ein schiffbarer Strom, aber auch schon ein Flüßchen oder Bach, die Siedlungen so stark an, daß gleich von Anfang Dörfer (an Furten[1], Brücken) entstehen oder doch sehr bald aus Fährenstellen, Brückenköpfen, Einzelhöfen erwachsen. Denn oft ist freilich im Einzelfall die Hofsiedelung in dem Sinn älter, als aus Einzelhöfen und um dieselben her allmählich Dörfer (und später Städte erwachsen sind: auch abgesehen von königlichen und kirchlichen „villae" der späteren Zeit führte das Heranwachsen der Söhne, die Freilassung von Knechten zur Errichtung jüngerer Höfe neben dem ursprünglichen Althof. Tacitus hebt hervor, daß die Germanen nicht in Städten wohnen: noch drei Jahrhunderte später mieden sie die eroberten römischen Städte am Rhein: sie verbrennen sie, aber beziehen sie nicht, „wie Gräber", mit Netzen umspannt, scheuen sie die Stadtmauer" (Ammianus Marcellinus). Ja: „sie dulden nicht ganz aneinander gebaute Häuser" (Tacitus). Das will nicht sagen, daß sie nur in Einödhöfen siedelten – denn Tacitus nennt gerade hier auch die Dörfer (vicos) –, sondern dem Römer fiel *einmal die Hofsiedelung auf:* „zerstreut, getrennt wohnen sie, wie eine Quelle, eine Wiese, ein Gehölz sie anzieht". *Dann die Anlage der Dörfer:* während die italienischen ganz wie Städte unmittelbar Haus an Haus lehnen, umgab der germanische Bauer schon damals, wie heute noch, sein Haus mit einem freien Raum, von Hof und Anger: nicht, wie Tacitus meint, die Feuergefährlichkeit zu verringern oder aus Mangel an Baukunst, sondern vermöge des tiefen Individualismus der Germanen, dem mächtigen Drang der Sonderung – und dann auch im Zusammenhang mit der Wirtschaftsart.

Dörfer werden von frühester Zeit häufig genannt, bei Cäsar und oft bei Tacitus. Er setzt Dorfsiedelung in manchen Stellen stillschweigend voraus, zumal natürlich in

---

1 Die vielen Ortsnamen auf -φουρδον bei Ptolemäus gehen auf Furt (Frankfurt, Hammelfurt, Schweinfurt, Ochsenfurt): die Kunst des Brückenbaues ist viel jünger.

Fällen, in welchen die Nachbarn wenigstens als *Zeugen* einer Handlung, wenn nicht als selbst miteingreifend, vorgestellt werden: z. B. bei Bestrafung der Ehebrecherin durch den Gatten (per omnem vicum verbere agit. Tac., Germ. K. 19).

Im Hausstand hat sich seit der Einwanderung nicht viel geändert. Freilich, das Haus ist nicht mehr *bloßes* Wanderzelt, nicht nur der von Häuten oder einem Zelt bedeckte Wagen, aber es kann jederzeit noch auf den Wagen gehoben und davongefahren werden, so hatten die Kimbern ihre Häuser auf Wagen mit sich geführt.[1] Aus Holz allein wird immer noch gebaut: „Schwelle", „Balken", „Säule" (das heißt: Rundpfeiler) werden nicht neu erfunden, aber neu unterschieden. Für Licht und Luft wird neben der „Fußtür" die „Augentür", das heißt das Fenster, gebrochen (got. augadauro).

„Weder Bruchstein, noch Ziegel wenden sie an: roh behauenes Holz wird allein verwendet, ohne Augenmerk für das Aussehen, ohne Prunk. Jedoch bestreichen sie gewisse Stellen des Holzgebälks mit einer Art Ton von so reiner und glänzender Farbe, daß dadurch die Fläche wie mit Bildern und Linienornamenten geschmückt aussieht."[2]

Noch im dritten Jahrhundert nach Christus hatten sogar die der römischen Grenze und Bildung nächst wohnenden Germanen an diesem Holzbau ihrer Häuser nichts geändert. Herodian erzählt aus dem Feldzug Maximins vom Jahre 234, der Alemannen, Chatten, Hermunduren, wohl auch Markomannen galt: „Der Kaiser durchzog einen weiten Landstrich, da die Barbaren zurückwichen und nirgends standhielten. Er verwüstete das ganze Land, da das Getreide schon reif war. Die Dörfer wurden geplündert und verbrannt: Leicht aber verzehrt die Flamme die Siedlungen, die sie haben, und alle ihre Häuser: denn sie haben keine Steine oder gebrannte Ziegeln. Die baumreichen Wälder gewähren das unerschöpfliche Holz, durch dessen Zusammenfügung und Bearbeitung sie ihre Häuser errichten." – Dagegen einhundertundzwanzig Jahre später hatten die dem Rhein nächsten Alemannen ihre Häuser nach dem Muster der vorgefundenen römischen Villen des Zehntlands eingerichtet. Ganze Dörfer solcher nach römischer Art (also doch wohl von Stein) gebauten Häuser fand Julian a. 356 bei den Alemannen zwischen Rhein und Main.

In der Halle, dem Hauptraum des Hauses, ist im hinteren Mittelgrund der Herd, der älteste Altar zugleich, angebracht, auf dem das Feuer selten erlischt. Der Rauch sucht, in Ermangelung eines Rauchfangs, den Ausweg durch Lücken im rußgeschwärzten Gebälk.

In reichlicheren Verhältnissen erhebt sich in der Nähe des Herdes, dem Haupteingang gegenüber, der Hochsitz des Hausherrn auf einigen Stufen. Hier steht die Haupttafel, auf den Bänken um dieselbe nehmen die geehrtesten Gäste Platz. An den beiden Seiten der Halle zwischen den Pfeilern stehen ebenfalls Bänke oder (nach Tac,. Germ. K. 22) Einzelstühle und Einzeltische für andere Gäste. Manchmal ist das Gehöft um einen riesigen Baumstamm gezimmert, der seine Wipfelzweige durch das Dach hinaus in die Wolken reckt. Zur Deckung des Daches wurde Stroh und Schilf verwendet (Plinius XVI, 36. 84).

Stall und Scheune sind neben oder auch in dem Wohnhaus selbst angebracht (Tac., Germ. K. 20).

---

1 Plinius hist. nat. VIII, 61. Plutarch, Marius K. 21, so noch von den Goten zu Ende des vierten Jahrhunderts. Ammianus Marcellinus ed. Gardthausen I, II, 1875. XXXI, 5. 7, vergl. Dahn, Könige der Germanen, VI, 2. Auflage. Leipzig 1885. S. 13.

2 Germ. K. 16.

Unterirdische Räume wurden verwendet als Keller (Tac., Germ. K. 16), zum Winterschutz oder als Weberäume für Unfreie (Plinius XIX, 1. 2). Und selbstverständlich barg man in solchen Höhlen und unterirdischen Gängen (deren manche, freilich meist rätselhaften Alters, in Deutschland gefunden werden) die Vorräte und geringen Schätze, wann man vor dem Feinde waldeinwärts floh.

Neben dem Gehöfte fehlte nicht der „Hofwart", der treue Hund, der, auch bei der Wanderung nicht zurückgelassen, nachdem die Männer und sogar die Weiber gefallen, ganz zuletzt noch die Wagenburg verteidigt (Plinius VIII, 61).

7. Totenbestattung

Sittlichkeit und Gottesfurcht geboten fromme Behandlung und Bestattung der Toten. Deshalb tragen sie auch aus verlorener Schlacht mit aufopfernder Treue die Gefallenen zurück (Tac., Germ. K. 6). Sorgfältige Pflege des Leichnams gilt als so heilige Pflicht, daß die Verletzung, wenn sie Regel wird und lange währt, als Zeichen und Maßstab der äußersten sittlichen Verwilderung dient: dem Brudermord, der Blutschande und dem Ehebruch gleichgestellt, verkündet solcher

Oberfarrenstädter Grabhügel mit zwei Leichenkammern; aus Sandsteinplatten.
Die größere Kammer 1,84 m lang, 92 cm breit, 71 cm hoch.

Greuel den herannahenden Untergang des Menschengeschlechts und der Welt; Naglfar, das Schiff, auf dem des Riesenheer zum Vernichtungskampf gegen die Götter einherfährt, ist erbaut aus den Nägeln der Toten, die man lieblos unbeschnitten gelassen hat vor der Bestattung.

Man unterscheidet zumal bei Nordgermanen Brennalter und Hügelalter in der Geschichte der Bestattung (Tac., Germ. K. 27). Übrigens schließen sich „Brenn- und Hügelalter"[1] nicht aus: über die Asche des Leichenbrandes wird der Rasenhügel ge-

---

1 Leichenbrand war älter und seltener, Begrabung, von je häufiger, wurde später ausschließend; vgl. *Lindenschmit*, Handbuch der deutschen Altertumskunde I, S. 84 f. Braunschweig 1880.

Hünenbett im Amte Fallingbostel (Lüneburg).
Flächeninhalt 11,5 qm. Deckelplatte aus einem Granitblock 4,5 m lang; 4,25 m breit, 28 bis 56 cm dick;
Gewicht 18 350 kg.

Grabhügel mit Spuren von Leichenbrand.

Grabhügel mit Urnen im Inneren.

wölbt: rednerisch und absichtsvoll ist wieder die Begründung des an sich richtig Erfaßten und Gemeldeten bei Tacitus: „der G r a b d e n k m ä l e r schwierige, arbeitsreiche Ehre verschmähen sie als eine Belastung für die Toten: Klagen und Tränen stellen sie bald ein, Schmerz und Trauer spät: den Frauen steht es an, Trauer, den Männern, Treugedenken zu tragen" (Germ. K. 27).

Und es ist abermals in überscharf zugespitztem Gegensatz zu dem römischen Prunk der Bestattung und ohne gehörige Unterscheidung der Stände und der Vermögensstufen dargestellt, wenn Tacitus ganz allgemein sagt: „Mit der Bestattung wird weniger Wetteifer der Pracht getrieben, nur darauf achtet man, daß die Leichen von gefeierten Helden auf einem Scheiterhaufen aus bestimmten Hölzern verbrannt werden". Auch hierbei waltet wohl ein Mißverständnis, denn bei jedem Leichenbrand, nicht nur von großen Männern, werden bestimmte hierzu geweihte Hölzer verwendet – „weder köstliche Gewänder noch wohlriechendes Räucherwerk werden (wie zu Rom) auf den Scheiterhaufen mit verschwenderischer Hand gestreut: nur die Waffen werden jedem Mann mitgegeben, bei ‚manchen' teilt das eigene Kriegsroß den Leichenbrand": diese sind eben Könige, Edle, Gefolgsherren, reichere Gemeinfreie, je nach Ansehen, Ruhm im Leben und Umfang des Vermögens.

8. Wirtschaft

Die Wirtschaft war noch „Naturalwirtschaft", d. h. die Verzehrer in dem einzelnen Haushalt waren auf sich selbst als Erzeuger aller Güter angewiesen. Auf den seltenen, unsicheren, unregelmäßigen Tauschhandel konnte man sich nicht verlassen; fremde Händler, Phönizier, Etrusker, Griechen aus Massalia, Kelten, später Römer, führten ohnehin nur kostbarste Waren ein, die bei geringem Gewicht hohen Wert trugen: Lebensmittel, Gewand, Gerät, Werkzeuge, Waffen, also die unentbehrlichsten Güter, mußte jedes Gehöft für sich herstellen, denn auch der Tausch unter Stammgenossen und Nachbarn war unsicher, der Verkehr selten, nur an den großen Götterfesten und Volksversammlungen fanden sich regelmäßig viele Leute mit mannigfaltigen Tauschwaren ein.

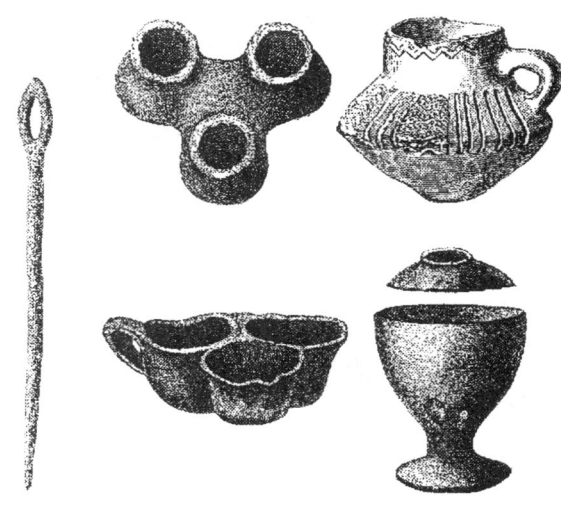

Nähnadel aus Horn. Natürliche Größe; von d. Opferherde bei Schlieben.

Tongefäße.
1. Lampe? 4,7 cm Durchmesser; bei Zilmsdorf gefunden. 2. Lampe? aus Schlesien. 3. In einem Grabhügel bei Münster in Westfalen gefunden; ¼ der natürl. Größe. 4. Räucherbüchse? aus Schlesien.

Gleichwohl fehlte es auch in der Naturalwirtschaft des Einzelgehöfts nicht an Arbeitsteilung: Handwerker, die berufsmäßig für andere gegen Entgelt gearbeitet hätten, gab es freilich auch in den Dörfern noch nicht. Aber Herren größerer Höfe und zahlreicher Knechte und Mägde verteilten doch an einzelne dieser Unfreien Arbeit und Gewerk, wie Begabung, Neigung, Übung sie empfahl.

Bei Reicheren wurden wenigstens die unfreien Mägde in großen Hallen oder auch unter-

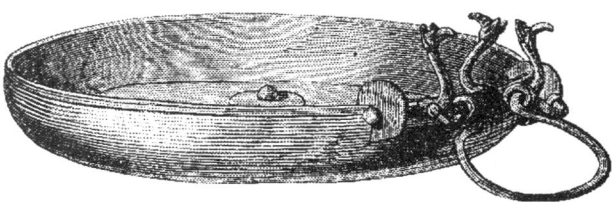

Becken aus getriebenem Erz.
32,8 cm Durchmesser; aus einem Grabhügel im Lüneburgischen.

irdischen Gewölben zum Spinnen, Weben zusammengehalten.

Nur um des Gegensatzes zu Rom willen hebt Tacitus (Germ. K. 26) ausdrücklich hervor, was sich bei der des Geldes fast ermangelnden Naturalwirtschaft von selbst versteht, daß Wucher zu treiben und Zinsen zu nehmen unbekannt und daher besser als durch gesetzliches Verbot ausgeschlossen war (Tac., Germ. K. 26). Darlehen anderer vertretbarer Sachen mochten wohl vorkommen, aber ohne Verzinsung.

Die wirtschaftliche Arbeit wird zum weitaus größten Teil von den Unfreien, den

Tongefäße.
1. Aus einem Grabhügel in Sachsen; 29 cm hoch.
2. Gefäß aus der rheinischen Bevölkerung zur römischen Zeit; 30 cm hoch.
3. Aus der Steinperiode, in einem Grabhügel bei Hildesheim gefunden; 12 cm hoch.
4. Aus den fränkischen Gräbern von Osthofen bei Worms; 20 cm hoch.

Knechten und Mägden, getragen. In ärmeren Verhältnissen des kleinen Gemeinfreien allerdings von Weib und Kind, während der Mann nur etwa die Jagdbeute heimbringt und wohl auch im Feldbau, in der Pflege der Rosse usw. leistet, was der Frauen und Kinder Kräfte überschreitet. Aber auch der kleine Gemeinfreie hatte häufig wenigstens Knecht und Magd. Bei Reicheren nahm all dies größere Verhältnisse an: hier oblag die Bedienung der Herrschaft im Hause, welche von unseren heutigen „Dienstboten" besorgt wird, erlesenen Knechten und Mägden; zumal die Aufsicht über die Rosse und die Begleitung des Herrn. Zur Umgebung, Bedienung bei Festen im Hause oder, sobald er das Haus verließ, zu Gelagen, Jagden, Besuch der Volksversammlung, wählt man die durch Schönheit, Kraft, Geschicklichkeit, Treue ausgezeichneten der Knechte und diese „Hausdienste" (ministeria) erlangten in der Halle der Könige und des Adels solchen Einfluß, solche Bedeutung und Ehre, das später die vier großen Haus- und Hofämter des Marschalls, Mundschenks, Kämmerers und Truchsesses und der Stand der Ministerialen aus diesen Bedienungen hervorgewachsen sind.

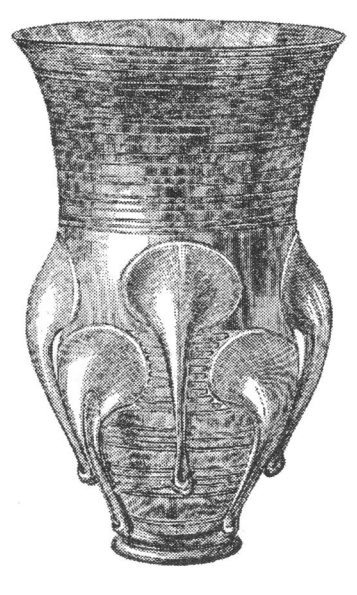

Glasbecher aus fränkischen Gräbern.
1. Bei Selzen gefunden; 19 cm hoch. 2. Von Oberolm, mit Ornamenten aus braunem und blauem Glas; 9 cm hoch. 3. Bei Kreuznach gefunden, mit Verzierungen aus braunen und blauen Glasfäden; 12 cm hoch.

Tacitus irrt also in der Annahme, daß die germanischen Unfreien nicht im Hause zu bestimmten Verrichtungen verwandt worden seien, daß sie sämtlich (was allerdings bei sehr vielen geschah) auf eine Scholle des Herrn in eigene Hütten gesetzt worden seinen. Sie konnten in diesem Fall unter Erlaubnis des Herrn ein Weib nehmen, aber selbstverständlich nicht nach Volksrecht eine Ehe eingehen, eheliche oder väterliche Mundschaft erwerben. Von der Scholle des Herrn hatte dann der Unfreie ein bestimmtes vom Herrn auferlegtes Maß von Getreide, Vieh oder auch von selbstgefertigten Gewandstücken oder Geräten zu entrichten, ähnlich wie ein römischer Kolone: Tacitus beschönigt aber die germanische Unfreiheit, wenn er beifügt: „und so weit hat der Knecht zu gehorchen" – vielmehr hat der Herr das gleiche Befehlsrecht wie gegenüber römischen Sklaven der dominus. Allerdings gab es *freie* Hintersassen, deren Abhängigkeit auf jenes Maß beschränkt war und andererseits wurde auch der Unfreie durch die Anfänge des Hofrechts und Hofgerichts früh gegen grausame Willkür geschützt.

Wo Knechte und Mägde in großer Zahl gehalten wurden, verwendete man sie auch, in Abteilungen gegliedert, zur regelmäßigen Herstellung von Rohstoffen und von Handarbeiten,

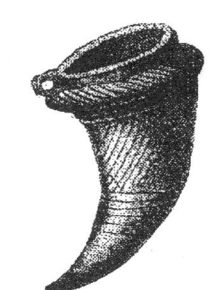

Trinkhorn; aus rotbrauner fester Erdmasse. 16,5 cm lang, Durchmesser der Öffnung 7,4 cm; bei Schlieben gefunden.

so z. B. die Webermägde, die unter der Erde in Gewölben zur Arbeit angehalten wurden (was übrigens auch in Oberitalien bei den Kelten zwischen Po und Tessin Sitte war[1], so daß sie die Anfänge des gewerbsmäßigen Handwerks darstellen, das bis ins Mittelalter fast ausschließlich von Unfreien betrieben wurde.

9. Handel

Zu Cäsars Zeit drangen noch selten Kaufleute (zumal römische, häufiger keltische: früher etruskische?) in die germanischen Wälder, obzwar seine Angaben hier (b. G. IV, 4) wenig zutreffend sind: denn nicht nur ihre Kriegsbeute verkauften die Germanen besonders an Römer und Kelten: solche behielten teils die Erbeuter gerne selbst und konnten andererseits Römer und Kelten leichter im Keltenlande kaufen: vielmehr waren, was die Germanen in dem Tauschhandel den fremden Händlern, die keltisch-römische Waren zuführten, hingaben, offenbar die Erzeugnisse ihres germanischen Landes.

Und das Verbot der Einfuhr des Weines wird auch weder allgemein noch lange dauernd gewesen sein: alle diese Dinge bei Cäsar und Tacitus sind gekünstelte Erklärungen von vereinzelten und nicht richtig erfaßten Mitteilungen, begründet im steten Bewußtsein des Gegensatzes zu dem Naturvolk.

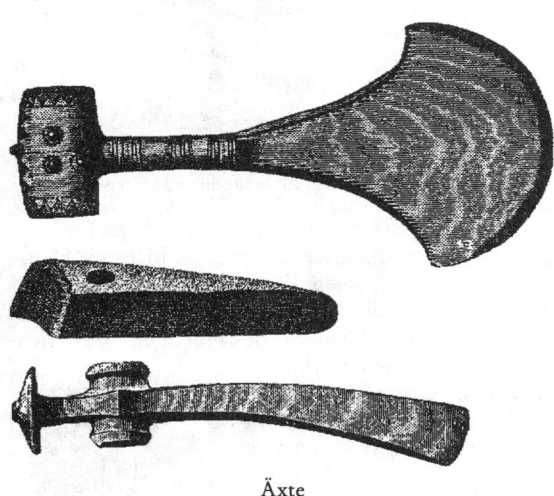

Der Handel der Germanen war der Natur der Sache nach reiner Empfangshandel: sie warteten, bis keltische oder römische[2] Händler im Lande erschienen und ihnen die wenigen Ausfuhrgegenstände abtauschten gegen Wein, bessere Waffen, Schmuck aus Gold, Silber, Gerät aus Bronze oder Ton: später nahmen sie auch römisches Geld, zuerst natürlich die den Römern Nächsten. Sie legten des Handels wegen bereits hohen Wert auf Gold und Silber, unterschieden genau und bevorzugten einzelne Münzsorten, so die alten, langbekannten, die „serrati" und

Äxte
1. Axt aus Erz, 25,5 cm lang; gefunden in Monheim(Bayern).
2. Eherne Axt, 12 cm lang; bei Salzwedel gefunden.
3. Axt aus Bronze, 18 cm lang; in Ungarn gefunden.

„bigati": auch nahmen sie lieber Silber- als Goldmünzen; sie hatten für jene stärkeren Bedarf, häufigeren Absatz, da sie meist geringe Waren billigen Preises von den

---

1 Plinius, Hist. nat. XIX, 2

2 Die in die Gewalt eines Suebenkönigs geratenen „indischen" (?) Kaufleute (Plinius II, 67) darf man aber nicht für einen Beweis von Handelsbeziehungen aufnehmen, denn sie wurden vom Sturm nach Germanien verschlagen.

römischen Händlern erkauften. Die tiefer im Inneren wohnenden Stämme trieben noch 100 n. Chr.
den uralten einfachen Tauschhandel (Germ. K. 5).

Als Ausfuhr hatten die Germanen vor allem zu
bieten Bernstein, glaesum. Von dem Bernstein berichtet nun Plinius (XXXVII 31. 35), nachdem er
mit erstaunender Belesenheit außerordentlich zahlreiche anderweitige Angaben mitgeteilt: „Pytheas
glaubte die Gutones (verlesen für: Teutones), ein
Volk Germaniens, wohnen an einer Bucht des
Ozeans, Namens Metuonis, von einem Umfang
von etwa sechs (römischen) Meilen, hier liege, eine
Tagfahrt von der Küste, die Insel Abalus, an diese
werde der Bernstein durch die Fluten gespült, eine
„Reinigung" („Auswurf", „Ausschwitzung", purga-
mentum) des „geronnenen Meeres" (concreti ma-
ris); die Bewohner der Insel brauchen ihn statt des
Holzes zur Feuerung und verhandeln ihn an ihre
nächsten Nachbarn, die Teutonen (hier nur *dieser*
Name)." Ihm folgte auch Timäus, nannte aber die
Insel Basilia.

Erzener Streitkolben.
13 cm lang, in Bayern gefunden.

Darauf gibt Plinius seine eigene Meinung fol-
gendermaßen an: „Es ist gewiß, daß er erzeugt wird auf den Inseln des nördlichen
Ozeans und bei den Germanen glaesum (Glas) heißt; daher wurde auch von den
Römern eine jener Inseln „Gläsaria" genannt, als Germanicus dort mit seinen Flotten kriegte, bei den Barbaren heißt sie Auster-avia." Er bestimmt dann den Bernstein richtig als das Harz eines Baumes
von Föhrenart und fährt fort: „er wird
von den Germanen zumeist in die Provinz Pannonien verführt" und daher haben die Veneti zuerst und die anderen
Völker in der Nähe von Pannonien und
um das adriatische Meer Aufhebens von
der Ware gemacht (man schätze ihn als
Schmuck und auch als Arznei gegen
Halskrankheiten wie als Räucherwerk),
nur eine Fabel bringt ihn mit dem Po in
Zusammenhang. „Vor kurzem erfuhr
man genau, daß sechshundert Meilen ungefähr von Carnuntum in Pannonien jener Küstenstrich Germaniens entfernt
ist, von welchem er nach Pannonien gebracht wird. Es hat jenes Gestade mit
Augen gesehen ein römischer Ritter, abgeschickt von Julian, der ein Gladiato-

Celt (Keil) aus Erz.
12,5 cm lang; aus dem sogen. Geestenbruche bei
Haselünne. – *Sichel* aus Erz mit dem römischen
Zahlzeichen XIII, 16 cm Durchmesser; in der
Felsenhöhle beim Kloster Beuron gefunden.

renfest des Kaisers Nero ausrichtete. Ja, dieser Ritter hat jene Verkehrsstraßen
und Küsten selbst durchwandert und eine solche Menge gefunden und nach Rom
gebracht, daß die Netze, die den Kampfplatz überspannen, die wilden Tiere abzuhalten, mit Bernstein geknotet werden konnten, aber auch die Arena selbst und

die Leichenbahren und die ganze Ausstattung an einem der mehreren abwechselnd ausgerüsteten Festtage mit Bernstein geschmückt werden konnte; das größte

Eiserne Trense. Aus einem fränkischen Grab bei Heidesheim unweit Mainz. 29 cm lang.

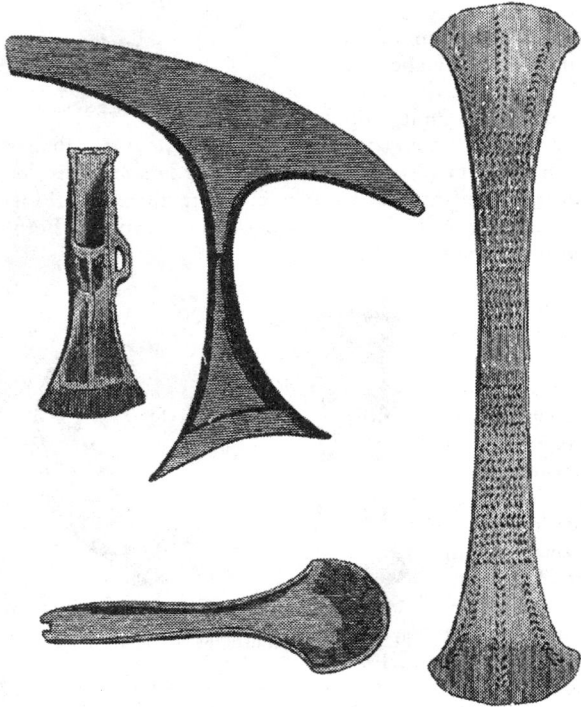

Meißel.
1. Erzener Meißel, 15 cm lang; bei Gießen gefunden. 2. Erzenes Werkzeug von bisher unerklärter Bestimmung (Lederbearbeitung?), 40 cm hoch; bei Gaualgesheim gefunden. 3. Meißel aus Erz, 18,5 cm lang; aus der Ulrichshöhle bei Hardt in Württemberg. 4. Meißel aus Erz, 38,5 cm lang; aus einer Urne auf dem Feuerberg bei Friedolsheim in Rheinbayern.

Stück, das damals nach Rom gebracht wurde, wog dreizehn Pfund. Gewiß ist, daß er auch in Indien vorkommt." Nero hatte solche Vorliebe dafür, daß er in Versen die Haare seiner Gemahlin Popäa „bernsteinfarben" nannte. Dagegen erkannte Plinius die Angabe des Metrodorus, daß auf der Insel Basilia neben dem Bernstein auch Diamanten vorkämen, als irrig (XXXVII, 15). Eine gesuchte Ausfuhr war ferner der Flaum der Wildgans.

Lehrreich für die Art des römischen Handelsbetriebes unter den Germanen ist eine kurze Angabe des Amminan (XXIX, 4). Im Jahre 370 macht eine römische Schar den Versuch, den Alemannenkönig Makrian zu Wiesbaden („aquae mattiacae") aufzuheben. Der Vortrab stößt gegenüber diesem Ort auf: „scurrae venalia ducentes mancipia", d. h. Gaukler, die Sklaven zum Verkauf mit sich führen. Besorgend, diese möchten, in rascher Verbreitung über das Land, erzählen, was sie gesehen (d. h. die Germanen vor dem geplanten Überfall der heimlich über den Rhein gedrungenen Römer warnen), läßt der Feldherr sie sämtlich töten, ihre Ware plündern. Die Getöteten sind wohl nur die scurrae, nicht auch die Sklaven, die, gefesselt, nicht leicht entspringen konnten: diese gehörten vielmehr wohl mit zu den geplünderten Waren, vielleicht aber sind unter den cuncti auch die Sklaven zu verstehen. Ganz falsch ist es, die scurrae auf kaiserliche Haustruppen zu beziehen (deren eine Abteilung allerdings jenen Namen führte): vielmehr sind es wirkliche Gaukler, Lustigmacher, offenbar Römer, aber verächtliche geringe Leute (und nicht Soldaten), deren Hinschlachtung zwar immer noch echt römisch, aber doch allenfalls begreiflich ist: solche Gaukler waren wohl gern gesehen und reich belohnt in den Hallen germanischer Könige und Edlen: zugleich betrieben sie Handel, indem sie römische Waren einführten und germanische Ausfuhr, namentlich auch Unfreie, eintauschten. Doch ist nicht ausgeschlossen, daß sie auch römische, in allerlei Handwerk geschulte Sklaven und Sklavinnen ausboten.

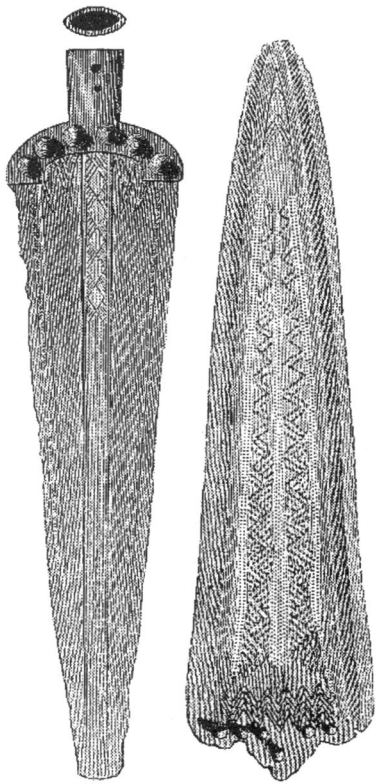

Dolche aus Erz. Bei Gauböckelheim in Rheinhessen gefunden.
1. 34,5 cm lang. 2. 34 cm lang mit Spuren von Versilberung.

10. Lebensweise

„Da sie bis spät in die Nacht hinein zechen, schlafen sie bis spät in den Tag. Gleich nach dem Erwachen wird gebadet, und zwar während der (den großen Teil ihres Jahres dauernden) Kälte warm. Nach dem Bade folgt das Frühstück, das jeder an gesondertem Tisch einnimmt. Dann gehen sie an die Geschäfte oder zum Gelage – immer in ihren Waffen. Das Gelage, das oft genug in Rausch und Raufen endet, wird aber auch zur Beratung der wichtigsten Angelegenheiten der Sippen und des Gaues benutzt: hier verhandeln sie über die Beilegung von Fehden, über den Abschluß von Ehen und Eingehung wichtiger Verschwägerungen, über die Wahl von Königen und Grafen oder die Gewinnung von mächtigen Gefolgsherren, endlich sogar über Krieg und Frieden. Rückhaltlos öffnet sich die Seele unter dem Einfluß des festlichen Gelages, das offene Worte, aufrichtige Gedanken, kühne Entschlüsse fördert, unter heiterem Scherz spricht man beim Becher die Herzensmeinung aus, die dann am andern

Tag nochmals nüchtern erwogen wird.[1] Bei solchen Gelagen bereiten auch die Fürsten die Anträge für die nächste Volksversammlung vor.

Bei diesen Gelagen und Festen findet auch die einzige Art von Schauspielen statt, die sie kennen und bei allen Versammlungen wiederholen: der Schwertertanz nackter Jünglinge, die sich mit freudigen Sprüngen unter gezückten Schwertern und Frameen tummeln (Germ. K. 24). Übung hat hierin Kunstfertigkeit, Kunstfertigkeit Schönheit entwickelt: nicht um Lohn oder Gewinn treiben sie das Spiel, nur die Freude der Zuschauer ist Vergelt des kühnen Übermutes; außerdem frönen sie mit blinder Leidenschaft dem Würfelspiel".

Die Speisen waren einfach wie das ganze Leben und die Wirtschaft. Selbstverständlich lieferte die Jagd – (deren eifrigen Betrieb Tacitus, Germ. K. 15 mit Unrecht leugnet, muß er doch selbst das „frisch erlegte Wild" als einen Hauptbestandteil der Volksnahrung bezeichnen, Germ K. 23) – in den von eßbaren Tieren aller Art wimmelnden Urwäldern reiche Beute, wichtigen Beitrag zur Tafel.

Außerdem werden angeführt die wildwachsenden Obstarten und dicke Milch. Zwar denkt Plinius (Hist. nat. XI 96) wohl auch an die Germanen, wenn er den „von Milch lebenden Barbaren" den Käse ganz abspricht: „Sie verdichten die Milch nur zu angenehmer Säure und fetter Butter (butyrus), ein Schaum (spuma) dichter als Milch und zäher als Molke" (serum) – aber wohl mit Unrecht. Natürlich verwendete man Gerste und die übrigen Getreidearten zum Brotbacken, Hafer zum Breikochen; seltener als Wild wurden die Herdentiere, deren Milch zu Butter und Käse, deren Wolle und Haut zu Kleidern und Schuhen verwertet wurden, verzehrt; vielmehr nur in den Opferschmäusen, wobei außer Rindern, Schweinen, Hammeln zumal Pferde geschlachtet und gern verspeist wurden.

Entsprechend dem starken Betrieb der Viehzucht bildete das „kostbarste Nahrungsmittel" (lautissimus cibus) der Barbarenvölker, worunter alle Barbaren des Nordostens, also zumal auch die Germanen, zu verstehen sind, Butter (butyrum): aber doch wurde sie nicht in solcher Menge gewonnen, daß auch das arme Volk sie regelmäßig hätte genießen können; vielmehr galt der Genuß als Vorzug der Reichen. Plinius berichtet, daß sie meist aus der Milch von Kühen (bubulis, daher will er den Namen erklären), die fetteste von Schafen bereitet werde, auch aus Ziegenmilch, im Winter aus gewärmter, im Sommer aus der frisch gemolkenen, die in länglichen Gefäßen mit enger Öffnung, durch die der Lufthauch eindringt, häufig geschüttelt wird, unter Beimischung von etwas Wasser, um das Sauerwerden zu bewirken. Die am meisten geronnenen Teile schwimmen oben, werden herausgenommen, gesalzen und Sauermilch genannt: der Rest wird in Häfen gesotten und das hier oben schwimmende ist ölig. Sauermilch, sehr gut für den Magen, wird auch bereitet, indem man zu frisch gemolkener Milch Essig gießt (XXVIII, 35).

Einen wie bedeutenden Teil der Volksnahrung noch in der zweiten Hälfte des dritten Jahrhunderts die Herden lieferten, lehrt eine merkwürdige Angabe des Trebellius Pollio (Aurelian. K. 10) zum Jahre 255 bis 256. Aurelian, der spätere Kaiser, bekämpfte damals die Goten in Illyricum mit Erfolg und vermochte mit den ihnen abgenommenen Herden (und Sklaven, Gefangenen) das vielfach entleerte Thrakien wieder zu füllen. In welch gewaltigem Maße der Volkswohlstand der Goten in Herden bestand und wie außerordentlich die von den Römern erbeuteten Waffen waren, erhellt daraus, daß der Feldherr auf ein einziges Landgut Valerians aus der Beute

---

1 Die Motivierung ist wieder echt taciteisch, rednerisch. *germ.* K. 22.

nicht weniger abzugeben vermochte als tausend Stuten, zweitausend Kühe, zehntausend Schafe und fünfzehntausend Ziegen: Zugleich ersieht man, welchen Umfang damals einzelne römische „Latifundien" hatten.

„Als Getränk dient ein Naß aus Gerste oder anderem Getreide, durch Gärung in eine gewisse Ähnlichkeit mit Wein verdorben": so schildert Tacitus (K. 23) das Bier: doch kaufen die dem Rhein nächsten Stämme auch Wein, dessen Einführung wohl nur vorübergehend und erfolglos die Sueben verboten hatten.

X. Ansiedlung. Landteilung. Umgestaltung der Ansiedelung und folgeweise des Staatsverbandes und der Verfassung durch Zunahme der Bevölkerung seit Übergang zu seßhaftem Ackerbau. Völkerausbreitung, später Völkerwanderung, durch Übervölkerung herbeigeführt

Am Eingange dieses Gebietes begegnet uns die berühmte, auch heute noch keineswegs ausgetragene Streitfrage, ob die Grundlage des wirtschaftlichen Lebens der Germanen zu der Zeit, da uns Cäsar die ersten eingehenderen Berichte über sie aufzeichnet (ca. 50 v. Chr.) und Tacitus die Germania schrieb (99 n. Chr.), seßhafter Ackerbau oder schweifende Viehzucht und Jagd gewesen sei.

Das Richtige ist, schon zu Cäsars Zeit *beginnendes* Überwiegen seßhaften Ackerbauer anzunehmen, das in den anderthalb Jahrhunderten oder sechs Menschenaltern, die ihn von Tacitus trennten, immer noch zunahm, wobei aber die alten Überlieferungen, Gewährungen und Neigungen, bei irgendwelchem Anlasse die Wohnsitze zu verändern, unvergessen nachwirkten.

Denn die sogenannte Völkerwanderung, die man im vierten Jahrhundert n. Chr. beginnen läßt und die vielmehr ein allmähliches Ausbreiten als ein plötzliches Wandern und wenigstens ebensosehr ein Geschobenwerden als ein Schieben war, erscheint nur als die letzte Nachwirkung, als der letzte, stark aufrauschende Wellenschlag einer Bewegung, welche die Germanen von Asien bis nach Gallien und an die Alpen geführt hatte.

Schon vor der Scheidung der Völker arischer Rasse in Asien hatte die gesamte indogermanische Gruppe die Anfänge des Ackerbaus gekannt, wie die urgemeinsame Benennung eine Anzahl von Fruchtarten und Geräten beweist.

Es war aber dieser Ackerbau ein sehr wenig tiefgreifender, er war keineswegs der überwiegende Nahrungszweig der Völker: nur im Vorüberziehen gleichsam säte und erntete man unter jenem milderen Himmelsstrich ohne viele Mühe des Menschen gedeihende Fruchtarten. Der Ackerbau schließt, unter solchen Verhältnissen betrieben, durchaus die Seßhaftigkeit nicht ein; es war vielmehr ein nur im Anhange zu Viehzucht und Jagd im Wandern betriebener Ackerbau, der nach Ausbeutung von Jagd- und Weidegrund ohne Opfer weiterrückte; und es wäre wohl der Untersuchung wert, wo die am frühesten angebauten Gewächse nicht ganz ebensosehr den Tieren zur Nahrung bestimmt waren, mit Halm und Korn, als den Menschen.

Kurz, der Fruchtbau war damals nur ein nebensächliches Anhängsel der Viehzucht und Jagd: man brachte keine großen Opfer in Urbarmachung[1] für den oberflächlich nur die Scholle ritzenden Holzpflug, weder pflanzten sie Gärten mit Edelobst noch sorgten sie für deren künstliche Bewässerung noch grenzten sie

---

1 Tac., Germ. K. 26: nec enim cum ubertate et amplitudine soli labore contendunt.

Wiesengründe ab[1]; und wenn die Erschöpfung der Jagd und Weide, Übervölkerung oder das Nachdrängen übermächtiger Nachbarn ein Fortrücken in noch unberührte, unerschöpfte oder auch in fruchtbarere oder endlich in minder bedrohte Gegenden wünschenswert machte, so packte man Weiber, Kinder, das wenige Acker-, Jagd- und Weidegerät sowie Schmuck und Gewänder auf die leicht gezimmerten Zeltwagen, führte die Unfreien und trieb die Herden mit sich und suchte, ohne Heimweh die bisherigen Siedlungen aufgebend, günstigere Sitze. Denn aller germanische Hausbau war ganz ausschließlich Holzbau (oben Seite 61); erst von Kelten und Römern am Rhein und in den Alpen haben die Germanen den Bau steinerner Häuser sehr langsam sich angeeignet. Jahrhundertelang wird alle Steinarbeit von den romanischen Knechten besorgt, wie ja heute noch der Romane durch vorzügliche Kunst und Werthaltung des Steinbaues sich von dem deutschen Nachbarn abhebt, überall wo Bajuwaren und Alemannen mit Italienern grenzen. Wulfila hat noch Ende des vierten Jahrhunderts für die griechischen Bezeichnungen des Häuser- und Städtebaues kein anders Wort als „timbrjan" = zimmern; gleichzeitig haben die Christengemeinden unter den Westgoten sogar für ihre Kirche nur ein Zelt (σκήνη): und selbst die Befestigungen der germanischen Stämme, die sie gegen die römischen Legionen verteidigen, sind im Gegensatz zu keltischen Städten und rhätischen Felsburgen nur Holztürme, Holzringe und Schanzen, oft nur die ineinandergefahrenen Häuserwagen, d. h. die Wagenburg; im Walde dann Verhack und Verhau, durch ausgestochene Gräben und Rasenwälle und roh zusammengeschichtete, aber nicht behauene Steine, ohne Ziegelbau, gestärkt.

Das urgermanische Holzhaus war also leicht übertragbar: Es berührte, wie sich das aus anderen Gründen bei Scheunen und Heuschobern in Deutschland bis heute erhalten hat, an den vier Ecken nur mit den Pfosten den Boden, auf der Leiter nahte man dem erhöhten Eingang. Der große breite Wagen paßte genau unter den etwa vier Schuh von der Erde erhöhten Boden und führte, mit vielen Rindern bespannt, das Holzzelt leicht dahin, über dem sich das schräge Dach von Leder oder Wollzeug dreieckig spannte. Alte Abbildungen zeigen uns solche Barbarenzelte auf der Wanderung, von den berittenen Männern umkreist.

Eine Nachwirkung dieser uralten Gewöhnung, alle Häuser als hölzernes Gezimmer, also auch als beweglich und verbrennbar anzusehen, tönt in einem Rechtssprichwort lange fort. Während das Recht des Römers das Steinhaus für so unbeweglich erklärt wie den Grund, auf dem es sich erhebt, sagt das deutsche Recht jahrhundertelang: das Haus ist Fahrhabe, denn es kann davonfahren oder verbrennen; „was die Fackel verzehrt, ist Fahrnis", also das Holzhaus ebenso wie z. B. der Holztisch.

Eine Folge dieser Wirtschaft, die vor allem auf Jagd- und Weidegründe bedacht sein mußte, war, daß die germanischen Stämme über ganz unvergleichlich mehr Landraum[2] mußten Verfügung suchen, als zur Ernährung der gleichen Kopfzahl bei überwiegendem und tiefer greifendem Ackerbau erforderlich gewesen wäre.

Hierauf, d. h. auf das Bedürfnis nach weitgestreckten gemeinsam benutzen Jagd- und Weidegründen, neben denen die Bedeutung des für die einzelne Sippe bestimmten Ackerlandes, ja anfangs auch für die Stätte des beweglichen Hauses zurücktrat, ist das Verfahren bei der Niederlassung der germanischen Einwanderer in

---

1 Tac., Germ. K. 26.
2 Tac., Germ. K. 26: facilitatem partiendi camporum spatia praebent ... et superest ager.

Europa zurückzuführen: und diese Niederlassungsweise, diese Art der Ansiedlung, einmal vollzogen und nicht mehr rückgängig zu machen, hat dann auch später, nachdem längst das Wandertum der Seßhaftigkeit gewichen und der Ackerbau mehr als die Jagd, auch mehr als die Viehzucht, die Grundlage des wirtschaftlichen Lebens der Deutschen geworden war, noch jahrhundertelang nachgewirkt. Es erklären sich aus jenen Zeiten der vorherrschenden Jagd und Viehzucht der weite Umgang und die hohe Bedeutung der *Allmende*, d. h. der unverteilten Gemeindewälder und -weiden; im Zusammenhang damit stand dann die große Brache, die Dreifelderwirtschaft, der Flurzwang und der Felderwechsel[1]; die sich ebenfalls bis auf unsere Tage erhalten hatten.

Rückte bei der Einwanderung ein germanischer Stamm (oder Gau – die Verhältnisse wechseln dann nur den Maßstab) von Osten nach Westen, etwa von Pannonien her, die Donau herauf, so bemächtigte er sich zunächst im Wege der Eroberung oder der unbestrittenen Besitznahme *für die Gesamtheit*[2] („in völkerrechtlichem Akt, nicht in privatrechtlichem", würden wir das heute ausdrücken) eines so weitgestreckten Gebietes, als er konnte und mußte: d. h. bei Abmessung des zu besitzenden Raumes waren bestimmend: die eigene Volkszahl[3], die Rücksicht auf die Widerstandsfähigkeit der Verdrängten in den nunmehr von ihnen noch festgehaltenen Gebieten, ferner die Erlangung günstiger natürlicher Grenzen wie Ströme, Gebirgskämme, undurchdringliche Sümpfe, schwer durchdringliche Urwälder. Das ganze so in Anspruch genommene Gebiet wurde nun in feierlichen, den Stammesgöttern, dann auch den Landesschutzgeistern und den Grenzgottheiten geltenden Weihehandlungen, die wenigstens zum Teil zugleich Rechtshandlungen waren, *für das Volk* in Besitz genommen. Es begegnen dabei als sinnbildliche Handlungen das Umreiten, Umfahren, Umziehen der Marken, Anzünden von Feuern (Opfer für die Grenzgötter), Aufwerfen von Wällen, Ziehen von Landgräben (natürlich vor allem als Befestigung), Aufrichten von Grenzsteinen, Einritzen, Einschneiden, Einbrennen von Markstrichen (Runen) an Bäumen, Felsen usw.

Das weitere Verfahren hing nun davon ab, ob man bereits ausgerodetes und ausgesumpftes, in Höfen und Dörfern schon von Kelten, Germanen, Römern bewohntes Land vor sich hatte oder noch wüst liegendes.

Ersterenfalls war man darauf bedacht, diesen wichtigsten Teil des besetzten Gebietes (also Höfe, Dörfer, Ackerland, Garten, entwaldete Wiesen) möglichst in das Herz, in die Mitte des Gesamtgebietes zu verlegen, um hier die Stärke der Ansiedler zusammenzuschließen, namentlich aber um diesen wertvollsten, reichsten, fruchtbarsten Teil des Bodens am weitesten von der Gefahr feindlichen Überfalls, dem Heeren und Brennen, zu entrücken. Schon von den früheren Siedlern war der günstigst gelegene, dankbarste Boden zuerst zur Ansiedlung verwertet, unter Pflug und Sichel genommen worden.

Dazu kam, daß in den meisten Fällen bei der Eroberung schon gerodeten Landes keineswegs, wie man früher allgemein angenommen, die Besiegten sämtlich entflohen, auswanderten oder getötet wurden: sie blieben. Sie konnten, je reicher ihr Bildungsgrad und je wertvoller der bereits gewonnene Besitzt an Boden, Häu-

---

1 Arva per annos mutant Tac., Germ. K. 26: hier ist nur die Lesart „in vices" (eine Variante: in vicem) handschriftmäßig, in vicis aber nicht.

2 Tac., Germ. K. 26: agri ab *universis* occupantur: nicht von jedem Hausvater für sich.

3 l.c. pro numero cultorum.

sern, Gerät, Vieh war, sich immer schwerer davon losreißen und dem Elend der Flucht in die Urwälder, in einen rechtlosen wie hilflosen Zustand, sich aussetzen. Ihre Lage, wenn sie blieben, gestaltete sich mit der fortschreitenden Sittigung der germanischen Einwanderer immer günstiger. Diesen fiel es längst nicht mehr ein, die sich Unterwerfenden zu töten: mochten etliche Gefangene als Menschenopfer dem Siegesgott oder den Grenzgöttern bluten, mochten die Fürsten, Häuptlinge, Edlen, die kühnsten Krieger, die auch als Unterworfene noch allzu gefährlich schienen oder die Unterwerfung verschmähten, im Kampfe lassen, den Tod suchen oder flüchten oder auch nach dem Siege und der Unterwerfung um ihrer Gefährlichkeit willen getötet werden – weitaus der größte Teil der Besiegten suchte und fand Schonung. Die Unfreien der Besiegten wechselten nur den Herrn. Weiber und Kinder waren eine gesuchte Siegesbeute, die auch bei bloßen Einfällen nicht getötet, sondern gefangen, fortgeführt und verkauft oder zu eigenem Dienst verwendet wurden: auch viele freie Grundbesitzer blieben, wurden verknechtet und arbeiten nun für den Herrn, der sich oft mit einem mäßigen Fruchtzins begnügte.

Daß ganz allgemein so verfahren wurde[1], erhellt, abgesehen von dem unverkennbaren Einfluß der Mischung mit Kelten und Römern nach der Farbe der Haut, Haar und Augen, aus dem zahlreichen Stande der Unfreien, der schon in der Urzeit bei allen Germanenstämmen begegnet; er war aus Kriegsgefangenen (zum allergrößten Teil) erwachsen. Wir dürfen annehmen, daß dies Verbleiben der Besiegten in den späteren Jahrhunderten immer häufiger wurde: je grausamer noch das Kriegsrecht der Eroberer, je härter noch die Knechtschaft der Unterworfenen, je wertloser noch der Besitz der Heimatstätte, je weniger noch diese von der Wildnis unterschieden war, desto stärker war der Antrieb zur Flucht, desto schwächer die Neigung zu bleiben. Je gelinder das Los der Unterworfenen, je wertvoller Haus und Habe, je stärker die Scheu vor der Flucht in die Wildnis geworden war, desto häufiger mußten die Besiegten verweilen.

Vor den Hunnen freilich flüchtet, was flüchten kann von Germanen, aber als die Bajuwaren die Voralpen besetzten, bleiben die romanischen Bauern in dichten Scharen, und die „Walen" geben dem „Walchensee" den Namen. Bis ins zehnte Jahrhundert begegnen dort häufig die Namen der römischen Sklaven und Kolonen; und die reichen Städte an Donau und Rhein zu verlassen, Augsburg, Regensburg, Trier, Köln, dann in Gallien die unabsehbare Menge von Städten, kommt der weitaus größten Zahl der Bevölkerung gar nicht in den Sinn: sie bleiben und unterwerfen sich den obzwar heidnischen Alemannen und Franken und den ketzerischen Goten.

Bis ins fünfte Jahrhundert hinab haben wir hier vorgegriffen, wir kehren zu der ersten Ansiedlung zurück.

Auch wenn bisher unbebautes Land besetzt wurde, verfuhr man ähnlich, d. h. man suchte, ging man nun nach der staatlichen Besitzergreifung an dem gesamten Gebiet zur Verteilung desselben unter die Hausväter über[2], das für Anlage der Dörfer und Höfe sowie für den Pflug, kurz für den Sonderbesitz bestimmte oder besonders geeignete Land möglichst in die geschützte Mitte der Siedlung zu verlegen, während als unverteiltes Allmendeland der Natur der Sache nach der Urwald, die

---

1 Dahn, von Wunn und Weide, Bausteine III. Berlin 1881.
2 Agros ab universis occpatos mox se ... partiuntur.

Weidewiese, aber auch der Sumpf, der See, der Fluß oder Bach, das Hochgebirge
dienten.

Man sieht also, gewisse Teile der Allmende, Urwald, Gebirge, Sumpf, große Gewässer, waren zugleich bestimmt, als natürliche Schutzwehren, als Sicherungen des
Grenzgebiets zu dienen – das urgermanische Wort marka heißt zugleich Wald (d. h.
ungerodetes Grenzland, Urwald an der Grenze) und Grenze altnordisch mörk, gotisch marka, angelsächsisch mearc, altsächsisch marka, althochdeutsch marc, marcha
= Grenze = Wald = Allmende. (Vergleiche zend. merczu = Grenze; ob auch lateinisch margo?)

Daraus erklärt sich nun auch eine schon Julius Cäsar zugekommene, aber von
ihm bei seiner Unkenntnis der Rechtsverhältnisse schief aufgefaßte und unrichtig
wiedergegebene Mitteilung, die, so wie sie bei Cäsar steht, in der Tat gar keinen
Sinn hat.

Cäsar war auf seine staatlich-kriegerischen Erkundigungen über die Sueben, mit
welchen er zu kämpfen hatte, berichtet worden, es dünke den einzelnen Völkerschaften höchster Ruhm, rings um sich recht ausgedehnte unbewohnte Einöden mit
wüst gelegten Grenzgebieten zu haben, das gelte als Zeichen der gefürchteten Tapferkeit, daß die Nachbarn, vertrieben aus ihren bisherigen Sitzen, wichen und daß
doch nicht andere wagten, sich in diesen geräumten Gebieten niederzulassen; zugleich glaubten sie auch dadurch mehr gesichert und der Gefahr plötzlicher Über-
fälle entrückt zu sein.[1]

Kurz vorher hatte er von dieser allgemeinen Regel ein einzelnes Beispiel zu erzählen gehabt: die Sueben nämlich hatten sich vor dem drohenden Angriff Cäsars zurückgezogen an die äußersten Nordostgrenzen ihre Gebiets, dort liege ein Urwald
ungemessener Größe, „Bakenis" (der Harz), der sich noch weit in das Innere des
Landes erstrecke und „wie eine natürliche Scheidewand zwischengeschoben" die Sueben von den nordöstlicher hausenden Cheruskern[2] trenne. Und an einer dritten
Stelle sagt er wieder von den Sueben: diese Völkergruppe gelte als die bei weitem
mächtigste und kriegerischste von allen Germanen, hundert Gaue (Staatsgebiete)
vereinen sie, Ackerbau treiben sie wenig, Sondereigentum an Grund und Boden haben
sie nicht, keiner darf länger als ein Fruchtjahr die gleiche Scholle bebauen. Nicht von
Getreide in nennenswertem Umfange leben sie, sondern von Viehzucht und Jagd
(Milch, Fleisch der Haustiere, Wild): die Jagd, die einen großen Teil ihrer Zeit aus-
füllt, dient einmal dem Unterhalte, dann der Übung und Abhärtung der Körperkraft:
sie sind daher (d. h. weil sie nicht dem Ackerbau, sondern der Viehzucht und Jagd
obliegen) auch ein ganz ausgezeichnetes Reitervolk, das die „Sattelreiter" verachtet.
Für ihren Staat, fährt Cäsar fort, erachten sie als höchsten Ruhm, daß das Land so viel
als möglich rings um ihre Grenzen unbebaut und unbewohnt sei (vacare): das zeige,
daß eine große Zahl von Nachbarstaaten ihrer (der Sueben) Macht nicht habe stand-
halten können, und es solle wirklich nach der einen (d. h. der den westlich von den
Sueben am Rhein wohnenden Ubiern entgegengesetzten) Richtung (d. h. also nach
Osten) das Land ungefähr sechshunderttausend Schritte leer und öde liegen.[3]

Man sieht, Cäsar hielt hier alle Trümmer in der Hand – es fehlte ihm leider nur der
Rechtsverband, der innere notwendige Zusammenhang.

---

1 Bellum gallicum VI, 23.
2 VI, 10.
3 IV, 1–3.

So gut wie kein Ackerbau, fast ausschließend Viehzucht und Jagd: große Volkszahl, starke Pferdezucht, daher Bedürfnis sehr weitgestreckter Wald- und Weidegründe; kein dauerndes Sondereigentum der einzelnen an Grund und Boden, Feldwechsel,
nicht langes Verweilen auch der Völkerschaft auf demselben Sitze, sondern häufiges
Wechseln der Jagd- und Weidegründe innerhalb des gesamten von den Sueben einmal
besetzten weiten Gebietes; Verdrängung zahlreicher Nachbarstämme aus ihren Sitzen, Fernhaltung etwaiger Neuanzügler durch die Furcht vor den suebischen Waffen,
Benutzung der so hergestellten unbewohnten und unbebauten Strecken von Wald
und Weide zu Jagd und Viehzucht und zugleich zur natürlichen Schutzgrenze.

Gerade in diesem Übergang traf und schilderte Cäsar die Germanen etwa 50 Jahre
v. Christus. Noch ist die Lebensweise eine unstete im Gegensatz zu der späteren, in
fester Ansiedlung gebundenen. Noch besteht kein *dauerndes* Grundeigentum des
einzelnen. Noch ist der Stamm nicht an ein für immer festzuhaltendes Gebiet, noch
der Gemeindegenosse nicht an eine bestimmte Ackerhufe gekettet, noch ist für den
Stamm neues Land um die bloße Mühe der Besitzergreifung zu gewinnen, noch besteht für den Einzelnen, wenigstens bei den Sueben, kein erbliches Eigentum an
Ackerland: der Ackerbau wird ohne Absicht ständiger Niederlassung betrieben. Noch
gewähren Viehzucht und Jagd, nicht der Pflug, die Hauptmasse der Nahrung: „gleichsam auf dem Schritt, diese Lebensweise zu verlassen"[1], findet sie Cäsar. Als hundertundfünfzig Jahre später Tacitus sie schildert, war jener Schritt längst geschehen.

Den „Beschluß", seßhaft zu werden, nicht weiterzuwandern, hatten die Germanen nach der Ankunft in Deutschland durchaus nicht gefaßt, man dachte nur in
unbestimmter Weise die bisherigen Wanderungen – und zwar gegen Westen in wär-
mere, reichere, wirtlichere Lande, ohne Umkehr nach Osten – fortzusetzen. So waren Kimbern und Teutonen der Übervölkerung wegen nach Südwesten gewandert;
so breiteten sich die Oberdeutschen bereits über den Rhein, und ohne Cäsars Einschreiten würden Ariovist oder seine Nachfolger die über den Rhein gedrängten
Kelten sicher auch über die Loire und Rhône gedrängt haben. Wie jener *vereinzelte
Wanderzug* durch Marius, so wurde durch Cäsar diese *allgemeine Ausbreitung* der
Oberdeutschen gehemmt.

Die mangelnde Vollseßhaftigkeit, der geringe Wert, der immer noch den Holz-
häusern beigelegt wurde, erschwerte allerdings den Römern die Unterwerfung: „das
Volk war nirgends zu treffen, wenn es nicht wollte:"[2] die Herden wurden in die
Wälder getrieben, die Vorräte vergraben und nun das Gebiet dem Feinde preisgegeben, bis ihn der Herbst zum Rückzug zwang. Übergang von überwiegender Viehzucht und Jagd mit unseßhaftem Ackerbau zu überwiegendem und immer mehr seßhaft werdendem Ackerbau war der Zustand, in welchem Cäsar die Germanen fand;
anderthalb Jahrhunderte später findet Tacitus die Seßhaftigkeit fast vollendet.

Anschaulich und zutreffend ist die Schilderung, die zwischen Cäsar und Tacitus,
ungefähr sechzig Jahre nach jenem, achtzig vor diesem Strabo (VII, 291) zunächst
von den Sueben entwirft, aber offenbar in der Meinung, Ähnliches gelte von allen
Germanen (ἅπασι τοῖς ταύτῃ): „Gemeinsam ist allen Völkern in jenen Landstrichen
der leichte Entschluß zur Änderung des Wohnsitzes, vermöge der schlichten Le-

---

1 So fein zutreffend *Zeuß*, Die deutschen und die Nachbarstämme, München 1837, S. 52, der nur
  irrig annimmt, „die Obrigkeiten halten das Volk von jenem Schritte zurück, damit nicht die
  alte Kraft vom Volke weiche" – was Cäsar schildert, sind uralte im Volksleben wurzelnde
  Sitten, nicht künstliche neuere Anordnungen von oben.
2 *Arnold*. Deutsche Urzeit, Gotha 1879.

bensweise, ohne Ackerbau und Speichervorrat, leben sie doch in Zelthütten, die der Tag wie aufschlägt so abbricht, zumeist von ihren Herdentieren, wie Wanderhirten, nach deren Art sie denn auch ihre Holzhäuser auf ihre Wagen heben und dann mit ihren Weidetieren davonziehen, wohin es ihnen beliebt."

Zum Teil waren jene „agri vacantes" gewiß Allmenden der suebischen Gaus, im Eigentum des „pagus" – wie Cäsar das nennt –, zum Teil aber mag allerdings in Wahrheit herrenloses Land gemeint sein, ein „debatable ground", „Grenzwald", aus dem die Sueben die Nachbarn verscheucht hatten, ohne es in Sondereigentum oder auch nur förmlich in das *Privat*eigentum ihrer Gaue zu erwerben: nur ihre *staatliche* Gewalt erstreckten sie insofern über diese Waldungen – denn auch bewohnt gewesenes Land muß sich als „ager vacans" bald wieder mit Wald überziehen –, als sie die Ansiedlung anderer darin verwehrten. Sie behielten sich solche herrenlose Waldstrecken vor, einmal als verstärkten Schutzwall, dann auch, um von der eigentlichen Allmende aus in dieses Versteck des Wildes zu streifen, endlich aber, um nach Bedürfnis, bei zunehmender Bevölkerung, bei abnehmendem Wildstande, bei abnehmendem Allmendewalde diesen bisher nur staatsrechtlich überherrschten Raum selbst allmählich in Allmende zu verwandeln, wann die alte Allmende immer verzehrender durch den unvermeidlichen Mehrbedarf an Sondereigentum dem Umfang nach verringert, durch die fortgesetzte schonungslose Ausbeutung der Holzungs-, Jagd- und Weide-Rechte dem Holz- und Wild-Erträge nach immer eindringlicher erschöpft wurde.

Dann griff man zu dem der Allmende zunächst liegenden Waldgürtel von unbewohntem, bisher fast unbenutztem, nur durch den gefürchteten Namen und den Schrecken der Waffen behauptetem „debatable ground", von dem man Nachbarn und Neuanziehende ferngehalten hatte, und machte ihn zur Allmende, wie man allmählich die anfängliche Allmende in Sondereigentum verwandelt hatte. Ursprünglich mochte man den bei der Menge unbeanspruchten Landes einen neuen Gürtel von schützendem „debatable ground" schaffen, später aber – und je mehr man sich einerseits im Westen keltischen und römischen Besitzungen näherte, andererseits von Osten her germanische und nicht-germanische Stämme, immer dichter aufgerückt, nachdrängten – wurde diese ganze Bewegung eine Zeitlang, ca. 50 vor Christus bis ca. 250 (schon 150 für die Goten) nach Christus, zum Stehen gebracht. Das Umherschweifen, das Vorrücken gegen Westen, das unbeschränkte Besetzten von Urwald, das Umwandeln desselben in Allmende, von Allmende in Sondereigen: all das mußte nun ein Ende nehmen, bis endlich dem unablässigen Druck der selbst durch Nachschiebende und durch Übervölkerung vorwärts Gedrängten die morsch gewordenen und nicht mehr genügend verteidigten Mauern des Römerreiches, der „Limes", der Ister, der Rhein, die Alpen sogar nachgaben, einfielen, sich überbrücken und übersteigen ließen und nun in die römischen Provinzen Dakia, Moesia, Pannonia, Illyricum, Epirus, Achaia, Noricum, Vindelicia; Rhaetia, Germania, endlich auch Belgica, Galliae und Italiae die Völker der gotischen Gruppe, dann Alemannen, Burgunder, Franken, Langobarden, Bajuwaren sich ergossen.

Der letzte Grund dieser unwiderstehlichen Bewegung lag in der bei allen Germanenstämmen seit dem Übergange von überwiegendem Wanderhirtentum mit Jagd und Viehzucht zu überwiegendem seßhaftem Ackerbau eintretenden raschen Zunahme der Bevölkerung, bald der Übervölkerung und der Landnot.[1]

---

1 Dahn, Altgermanische Übervölkerung und Auswanderung. Bausteine VI. Berlin 1884; Die Landnot der Germanen. Leipzig 1889 (Festgabe für Windscheid).

Ein Naturgesetz, zahlenmäßig nachweisbar, waltet hier; oder, anders ausgedrückt, eine bisher in allen beobachteten Fällen eingetretene Bewegung der Bevölkerungszahl.

Die Gründe dieser Erscheinung sind vor allem die ganz im allgemeinen nach allen Richtungen des Volkslebens eintretende Hebung der Gesittung überhaupt, die mit dem Übergange zu seßhaftem Ackerbau sich einfindet. Im einzelnen mag nur an die sorgfältigere Pflege auch der schwachen und kränklichen Kinder erinnert werden, welche die Mutter am dauernden Herde zu heilen und am Leben zu erhalten, zu kräftigen und aufzuziehen vermag, während der schweifende Jäger und Hirt die hoffnungsarme Belastung seines Wagens leichter aussetzt.

Es leuchtet ein, daß diese Wirkung natürlich nicht sofort bei dem Sieg der Seßhaftigkeit eintreten kann, sondern erst in dem vierten oder fünften Geschlecht, das aber ist genau die Zeit, in der die sogenannte „Völkerwanderung" ihre ersten Wellen ausbreitet bei den Germanen.

Die Tatsache dieser unverhältnismäßigen Vermehrung der Bevölkerung aber erhellt aus den Zahlen, die uns die römischen und griechischen Quellen in immer steigenden Maßen angeben bezüglich der Stärke der Heere und Flotten, der Erschlagenen und Gefangenen, die seit Ende des zweiten Jahrhunderts Markomannen, Quaden, Alemannen, Franken, Ostgoten, Westgoten, Vandalen und die kleineren gotischen Völker unerschöpflich immer wieder, ungeachtet unerhörter Verluste, wider die Dämme des römischen Reiches werfen – in der Tat ein brandendes Meer von Menschen.

Diese starke Zunahme der Bevölkerung bei allen Germanen also im Zusammenhang mit dem Drucke der nachdrängenden Hunnen und Slawen hat das bewirkt, was man die Völker„wanderung" nennt, aber viel richtiger eine Völker„ausbreitung" nennen würde: denn auch bei den Völkern, die am meisten gewandert sind, den Vandalen, die von Schlesien nach Ungarn, von Ungarn bis Afrika, den Langobarden, die von der Elbe an die Theiß, von der Theiß an den Po und zuletzt an den Garigliano ziehen, war dieses „Wandern" ein äußerst langsames, allmähliches Sichvorschieben, Hin- und Herschieben nach Richtungen, welche die eigene freie Wahl am wenigsten bestimmte, am meisten der Hunger und der übermächtige Druck anderer auf Rücken oder Flanken.

Wahre Völker mit Weibern, Kindern, Knechten, Mägden, Wagen, Pferden, Herden und Hausrat sind es gewesen, die sich in solcher Weise, oft ziellos, fortwälzten, wandernd, kämpfend, lagernd, säend, erntend, wiederaufbrechend, wenn das Land ihrem ungeschickten Ackerbau, der noch immer der Raubbau des Hirten war, nicht mehr genug Ertrag lieferte oder wenn ein stärkerer Nachdränger scheuchte oder Hoffnung auf reichere römische Lande lockte oder der Verrat und das Ränkespiel römischer Machthaber sie einlud.

Allerdings war die Stärke dieser wandernden Haufen entfernt nicht so groß, wie man bisher allgemein annahm, ihre Kopfzahl war gering im Vergleiche mit den römischen Einwohnern: die frühe und starke Verrömerung der Goten, Burgunder usw. und die Schonung, welche die Provinzialen fast überall erfuhren, wird dadurch erklärt. Aber immerhin waren es sich ausbreitende Völker – dieser begriffliche Unterschied ist wichtig – nicht „Gefolgschaften" oder „bandes", wie unsere Nachbarn zu sagen lieben – Völker, die ihre Götter (oder ihren arianischen Gott), ihr Recht, ihre Sitte, ihre einheitliche Sprache wie ihre Weiber und Kinder mit sich umherführten; das erklärt, daß sie auch nach harten Niederlagen sich behaupten konnten, daß sie nicht spurlos aufgesogen wurden (mit Ausnahme der Vandalen in Afrika), wie der Tropfen auf dem heißen Stein in dem Südlande weit überlegener Bildung und weit überlegener Bevölkerung, daß sie vielmehr so viel volkstümliche Widerstandskraft hatten, bei ihrem Aufgehen in der Überzahl diese doch so mächtig zu beeinflussen, daß durch die geringe germanische Zutat drei neue Bevölkerungen: Franzosen, Spanier, Italiener, hervorgingen, keineswegs die alten römischen oder provinzialen Bevölkerungen unverändert im Lande blieben.

Gefolgschaften ohne Ehefrauen, „Banden", hätten weder der Menge noch der Eigenart nach dies vermocht.

Außer der sogenannten Völkerwanderung also, dieser zunächst nach außen gerichteten Wirkung, hat aber der Übergang zu überwiegendem Ackerbau und die daraus rasch erwachsene Übervölkerung auch im Inneren eine höchst bedeutsame Wirkung geübt, eine Umgestaltung der Verfassung in doppeltem Betracht: einmal die Herstellung größerer Staatsverbände, genauer ausgedrückt die Ausdehnung des Umfangs an Land und Leuten für den germanischen Staatsbegriff; und zweitens, Hand in Hand hiermit schreitend, bedingend und bedingt, die Verdrängung der früher sehr stark überwiegenden königlosen Verfassung durch das nunmehr fast ausschließend werdende Königtum.

Der germanische Staatsgedanke[1] fing mit dem denkbar kleinsten Verbande an, er beschränkte sich ursprünglich auf den kleinsten Kreis, aus welchem er hervorgewachsen war: auf die Familie. Sibja heißt zugleich Familie, Geschlecht, gens, und Friede, Rechtsschutz, pax (vgl. altnordisch sifgar, femin. plur. die Gesippen, gotisch sibja das verwandte Geschlecht, die Verwandtschaft = „Freundschaft", Gemeinschaft; altsächsisch sibbja, mittelhochdeutsch Sippe = Friede, Bund, Verwandtschaft. sanskrit sabhâ, communitas, daher sabhya zu einer Gemeinschaft gehörig, dann gesittet, anständig).

Ursprünglich erstreckte sich Gerichtsbarkeit und Rechtsschutz nur auf die „Gesippen", d. h. die Glieder *eines* Geschlechts; unter ihnen sollte unverbrüchlicher Friede walten, kein Streit unter Brüdern, Vetter, Magen sollte durch Fehdegang, jeder Streit durch Urteil, gefunden von den Rechtsgenossen, entschieden werden. Daher erscheint es in der nordischen Auffassung als Vorzeichen des „Götteruntergangs"[2], d. h. als Auflösung der heiligsten Bande unter den Menschen, wenn Bruder dem Bruder nicht mehr trauen darf, wenn sich Gesippen befehden und morden.

Als man später auch auf Ungesippen, Fremde, den Rechts- und Friedensschutz ausdehnen wollte, wagte man noch nicht gleich, mit dem alten Grundsatz zu brechen. Man half sich, indem man sie in den Schutz eines Gesippen stellte oder vielleicht durch Wahlkindschaft mittels sinnbildlicher Handlungen durch einen Gesippen (Waffenleihe, Bartabscherung).

Auch als mehrere Sippen sich zur Horde vereinten – noch kann von „Gemeinden" nicht gesprochen werden: sie setzt Ackernachbarschaft, Seßhaftigkeit voraus und diese Entwicklungen haben sich bei den Germanen offenbar vor dem Übergang zur Seßhaftigkeit vollzogen – wurde darin grundsätzlich nichts geändert; gegen nicht zur Horde gehörige Feinde hielt man zusammen, gemeinsame Opfer feierte man, die Gefahren des Weges, des Waldes, des Wolfes teilte man; auch entwickelte sich für die verschiedenen Sippen der Horde ein einheitliches Privat-, Straf- und Verfahrensrecht, für den Fall, daß bei einem Streit von Angehörigen verschiedener Sippen der

---

1 Dahn, Der Werdegang des Staatsgedankens bei den Westgermanen. Annalen des Deutschen Reiches 1891, S. 500 f.

2 *Götterdämmerung* beruht auf Mißverständnis.

Rechtsweg gewählt wurde: aber eine Nötigung, den Rechtsweg zu wählen, bestand nicht in diesem Falle, wie sie bei Streit unter Gesippen bestand. Es konnte auch unter den Sippen derselben Horde statt des Rechtsweges der Waffenweg[1] gewählt werden: „Fehde" (wie bei Streit unter mehreren Horden statt friedlicher Schlichtung der Krieg gewählt werden mag von jeder), ohne daß die Horde als Gesamtheit ein Recht hätte, sich einzumischen; nur bei Verbrechen gegen die Götter und gegen die Gesamtheit übt die Gesamtheit ein Strafrecht.

Diese Anschauungen wurden auch bei dem Übergang zur Seßhaftigkeit nicht aufgegeben; auch nachdem an die Seite des rein persönlichen Verbandes der Verwandtschaft unter den Hordegenossen der räumliche Verband zusammenhängenden Grundbesitzes trat, also auch im Gemeindestaate, blieb das Fehderecht erhalten.

Mehrere Horden und Gemeinden schlossen sich später zum Gau, pagus, herad, zusammen: Ausbreitung der Bevölkerung und des Landbesitzes, Zusammenfließen mit benachbarten befreundeten Gemeinden mochte dazu geführt haben. Dieser Gauverband bleibt offenbar jahrhundertelang der eigentliche Staat, auf ihn beschränkt sich der Staatsverband. Er zerfällt manchmal (keineswegs immer) in Hundertschaften, diese in Dörfer und Höfe; aber die mehreren Gaue der Völkerschaft bilden noch keinen Einheitsstaat, meist nur einen lockeren Staatenbund, der rechtlich – abgesehen von den gemeinsamen Stammesheiligtümern – nur völkerrechtlich verbunden ist. Daher kann es kommen, daß die Gaue desselben Stammes auch wohl untereinander Krieg führen, daß sie dritten, z. B. dem Römerreich gegenüber, verschiedene Haltung einnehmen. Das auffallendste Beispiel bietet die Völkerschaft der Cherusker, bei der jedenfalls mehr als drei Gaue nachweisbar sind, und von diesen Gauen hat bei der allgemeinen Erhebung so zahlreicher Germanenvölker gegen Rom im Jahre 9, die der Cherusker Armin leitete, nicht nur ein Gau auf Seiten der Römer gegen die andern Cherusker fechten wollen, – es war, was bei der allgemeinen Aufregung in ganz Germanien noch viel erstaunlicher ist, ein Gau unbeteiligt geblieben und diese Zurückhaltung von Römern und Germanen geachtet worden. Der Versuch auch des gefeiertsten Helden seines Volkes, diese Zerspaltung, welche die Volkskraft auf das verderblichste lähmte, zu beseitigen und an der Stelle der kleinen Gaukönige wenigstens für seine Cherusker das Völkerschaftskönigtum aufzurichten, kam noch zu früh; er scheiterte, und Armin der Befreier wurde von seinen Verwandten und Stammgenossen „im Namen der alten Freiheit" ermordet.[2]

Es scheint gerade dieser Übergang vom Gau zur Völkerschaft als Grundlage des Staats sich nur schwer, langsam und blutig vollzogen zu haben.

Indessen, seit dem Anfang und der Mitte des zweiten Jahrhunderts wirkten äußerer Druck und innere Entfaltung zusammen dahin, die Trennung der Gaue unhaltbar, das Zusammenfließen der Gaue einer Völkerschaft zu einem Völkerschaftsstaat notwendig zu machen.

Der äußere Druck war die immer dringender im Südwesten von den Römern drohende Gefahr, dann der drängende Nachschub anderer germanischer und ungermanischer Nachbarn von Osten, dem nicht mehr durch Wandern, durch Verschieben der Sitze auszuweichen war, denn nun fehlte es an Raum. – Daß es aber am Raum zu mangeln begann, daß man nicht mehr neuen Urwald zu Grenzwald, Allmende und

---

1 Dahn, Fehdegang und Rechtsgang der Germanen. Bausteine II. Berlin 1880.
2 So erntete schon der erste germanische Staatsmann, von dem wir erfahren, der Befreier seines Volkes, für seine Einungsbestrebungen schwärzesten Undank – wie noch heute (1897).

Sondereigen beliebig besetzen konnte, das hatte, wie wir sahen, seinen Grund in jener inneren Entfaltung, in der raschen Zunahme der Bevölkerung.

Vergegenwärtigen wir uns, welche Wirkung das Anwachsen der Bevölkerung in einer Dorfgemeinde zunächst haben mußte: für die größeren Verbände, Gaue und fernerhin auch für die Völkerschaft konnte sich nur in größerem Verhältnisse das Gleiche wiederholen.

Der Maßstab der Landzuteilung zu Sondereigen bei der ursprünglichen Niederlassung hat der Natur der Sache nach kein anderer sein können als das Bedürfnis[1] des einzelnen selbständigen Gemeindegliedes. Ganz undenkbar wäre gewesen, daß z. B. der Gemeinfreie, der mit Weib und einem Sohn, einem Knecht, einer Magd und sechs Häuptern Vieh einherzog, ebensoviel Land erhalten hätte, als der Edle oder Gemeinfreie, der außer dem Weibe vier Söhne und drei Töchter, zwanzig Knechte und zehn Mägde, dazu eine Anzahl von Freigelassenen und vielleicht eine Gefolgschaft von dreißig Freien unterzubringen hatte in dem eigenen Gehöfte und Nebengebäuden und sie zu ernähren.

Was man von einer „Verlosung" bei der Landnahme vernimmt, kann also schlechterdings nicht den gewöhnlich angenommenen Sinn haben, daß das zu Sondereigentum bestimmte Land in soviel gleiche Teile zerlegt worden wäre, als selbständige Gemeindeglieder zu versorgen waren und daß dann das Los jedem das ihm zugewiesene, das gleiche Maß bestimmt hätte.

Zum Teil erklären sich die fraglichen Stellen daraus, daß das germanische Wort, das unser modernes „Los" ist (altnordisch hlutr, angelsächsisch hlyt, althochdeutsch hluz), keineswegs nur Los, sondern vielmehr ursprünglich nur „Teil", „Anteil" bedeutet und daß ganz ebenso das lateinische sors in der Sprache jener Zeit nicht Los, sondern Teil = pars bedeutet: es wurde also gar nicht „gelost", nur „geteilt". In andern Fällen, in welchen wirklich gelost wird, sind die Losteile nicht einzelne Grundstücke, sondern römische Provinzen und die Losenden nicht einzelne Hausväter, sondern germanische Stämme: so entschieden die Vandalen, die selbst in die asdingischen und silingischen Vandalen mit zwei Königen gegliedert waren, die Alanen und Sueben im Jahre 411 durch das Los, welche der römischen Provinzen[2] Spaniens jedem einzelnen dieser Völker zufallen solle.

Auch den alttestamentlichen Ausdruck im Latein der Bibelübersetzung, „funiculo hereditatis terram sorte dividere", haben die lateinischen Quellen der Zeit ohne weiteres auf Fälle angewendet, in welchen, wie wir wissen, an eine Verlosung nicht zu denken war.

Nur insofern wäre hin und wieder eine wirkliche Verlosung anzunehmen, als man, um Streit und Vorwurf der Parteilichkeit abzuschneiden, je nach der Kopfzahl der Sippe einerseits die Losberechtigten, andererseits die Landstrecken in Schichten teilte und innerhalb der Schicht, z. B. der Güter für zwanzig Köpfe, die Sippen, welche zwanzig Köpfe zählten, nur die einzelnen „Zwanzigköpfegüter" verlosen ließ untereinander.

Hierbei mag dann auch das Maß des „Hammerwurfs", das schon bei der ursprüng-

---

1 Tac., Germ. K. 26: (agros) mox inter se *secundum dignationem* partiuntur; diese „Würdigung" schloß *jedes* in Frage kommende Moment ein – auch den Stand. Aber nur *mittelbar*, sofern der Edle in dem allermeisten Fällen mehr Häupter von Menschen und Tieren zu versorgen hatte als der Gemeinfreie.

2 *Drosius* VII, 43: habita sorte – diviserunt.

lichen Landnahme begegnet, angewendet worden sein. Freilich ist dieser offenbar höchst altertümliche Maßstab, der wohl mehr der Sage als der Geschichte angehört – obwohl er auch geschichtlich nachgewiesen ist – nur unter Voraussetzung fast unbeschränkter Landnahme anwendbar gewesen.

Der „Staat" also, d. h. die Gemeinde, d. h. die Gesamtheit, teilte dem selbständigen Gemeindegliede – wir wollen ihn „Faramannus" nennen – so viel aus dem von der Gemeinde besetzten Lande zu Sondereigentum für Haus, Hofraum, Garten und Ackerland, als sein Bedürfnis, zumal nach der Kopfzahl der Sippeglieder und Unfreien und dem entsprechenden Herdenbesitz, erheischte.

An der Allmende, d. h. dem unverteilten Urwald, der Waldweide, Heide und Steppe, dem Gebirge und dem Gewässer, hatten die Gemeindeglieder dingliche Nutzungsrechte, die als solche an das Sondereigentum, an einen Hof in der Gemeinde, geknüpft waren.

Allein offenbar fand in dieser Beziehung in der Urzeit nur sehr geringe Beschränkung statt.

Einmal durfte gewiß der „Faramannus" das ihm zustehende Nutzungsrecht, z. B. das Jagdrecht, auch durch alle zu seiner Fara gehörigen Männer ausüben lassen. Denn es war zweitens auch sachlich, dem Umfange nach, nicht beschränkt; es durfte also ursprünglich gewiß der Jagd-, Holzungs- und Weideberechtigte so viele wilde Tiere erlegen, so viele Bäume fällen, so viele Herdentiere auf die Weide treiben, als er konnte und wollte.

Man muß sich vergegenwärtigen, daß ursprünglich bei dieser Einwanderung der germanische Siedler noch einen harten Kampf ums Dasein kämpfe mit dem Urwald selbst und seinen Bewohnern, noch war ja jeder gefällte oder verbrannte Baum, jeder erlegte Bär, Wolf, Eber und Ur ein Fortschritt der Gesamtheit, ein Sieg der Kultur, der der ganzen Siedlung zustatten kam, und des Holzes und Wildes war übergenug; die Allmende verlief in den Grenzwald. Freilich, völlig unbeschränkt war dieses Holzungs- und Rodungsrecht nicht: den Allmendewald niederbrennen oder auch den zum Schutz bestimmten Grenzwald durfte der einzelne nicht.

Als nun die Bevölkerung zunahm und z. B die herangewachsenen Enkel des ursprünglichen Faramannus mit ihren Zugehörigen nicht mehr Raum und Unterhalt fanden auf dem noch so reichlich für ihn in Erwägung der Zahl seiner Söhne zugemessenen Sondergut, so wurde man wohl mehrerer Menschenalter lang dadurch mitnichten in Verlegenheit gesetzt: man griff zur Allmende und später, nach deren Erschöpfung, zu dem Grenzwald und schnitt aus demselben neue Sondergüter heraus, indem man den Jungbauer die Rodung, etwa mit Unterstützung seiner schon ansässigen Gesippen, überließ.

Aber freilich, einmal mußte der Zeitpunkt kommen, da es mit dem „et superest ager" ein Ende nahm, da Allmende und Grenzwald in Wild- und Holzbestand bei Fortsetzung unbeschränkter Nutzung bedroht, da die Gemeindeweiden nicht mehr fähig gewesen wären, Herden in beliebiger Stärke zu nähren.

Nun begann man in dem Gemeindeding das Maß der Holzungsrechte und der Weiderechte genau festzustellen: wieviel jeder an Bauholz und Brennholz beziehen, wie viele Tiere er auf die Gemeindeweide treiben durfte; in letzterer Hinsicht wurde der Umfang der Stallräume maßgebend; „soviel der Bauer überwintern kann, so viel darf er übersömmern", d. h. den Sommer über auf die Weide treiben. Für die Holzungsrechte wurden häufig die „Feuerstellen" entscheidend, d. h. nicht alle Gebäude des Bauers, sondern nur solche kamen dabei in Betracht, in welchen Herdfeuer gezündet werden konnte.

Auch begann man nun die Nutzungsrechte der Zahl nach zu begrenzen und dieselben mit den Althöfen zu verknüpfen; Jungbauern, Neuanziehende erhielten
nicht mehr oder nur noch in geringerem Umfang die Nutzungsrechte an der
Allmende.

Es ist bekannt, wie grausam die Strafen sind, welche die germanische Bauernschaft
für Flur- und Feldfrevel, für Überschreitung des zugebilligten Umfangs der Nutzungsrechte, für Abpflügen von der Allmende, für Markverrückung, aber auch für
Baumschändung aufstellte: Eingraben bis an den Gürtel und Entzweipflügen, Auf-
schlitzen des Leibes und Bedeckung der geschälten Baumstellen mit den Eingewei-
den des Baumschänders und ähnliche Strafen, die, vielleicht nie wirklich angewendet,
nur als rechtliche Vogelscheuchen aufgestellt, jedenfalls aber dem grauesten Altertum angehörig sind.

Eine sehr wichtige Folge jedoch mußte die Verwandlung der Allmende in Sondereigentum und des Grenzwaldes in Allmende oder doch die bedeutende Verdünnung
des Gürtels, den Allmende und Grenzwald um die Sondergüter gezogen hatten, zur
Befriedigung der stark nachwachsenden Bevölkerung vorgenommen, in der Richtung
nach außen haben. Es fielen, es verschwanden die trennenden Schranken, die unweg-
samen Urwälder und Sümpfe, die, regelmäßig nur von seltenen Straßen durchschnitten, Gau von Gau, Völkerschaft von Völkerschaft getrennt hatten; unmittelbare
Nachbarn waren nun geworden mit Ackerbau und Weideland, in friedlicher oder auch
feindlicher Berührung ununterbrochen aufeinander hingewiesen, Nachbarn für Pflug
und Herde, für Jagd und Krieg, Gaue und Gemeinden, die früher durch meilenbreite
Wildnis voneinander geschieden gewesen.

Die Wirkung mußte eine außerordentliche sein. Die Entfernungen verschwanden,
in ähnlicher Weise, wie in unseren Tagen Eisenbahnen und Telegrafen, freilich mehr
plötzlich, die Entfernungen unter den Stämmen des deutschen Volkes verringert, die
Berührungen gesteigert und damit das Zusammenfließen der bisher Geschiedenen
beschleunigt haben, so mußte die Zunahme der Bevölkerungen, folgeweise das Zu-
sammenrücken der Siedlungen, die Lichtung der Grenzwälder, das Zusammenrinnen
der zahlreichen allzu klein gesplitterten Gruppen der germanischen Verbände erleichtern, sei es in friedlichem Zusammenschluß, sei es in dem nunmehr von dem
Schwächeren viel schwieriger abzuwehrenden gewaltsam heranzwingenden Anziehen der mächtigeren größeren Gruppen.

So ist es zu erklären, daß seit dem dritten Jahrhundert in den lateinischen und
griechischen Quellen die zahlreichen Namen der kleinen Völkerschaften nicht mehr
gehört werden, indem wenige umfassende Gesamtnamen auftauchen, innerhalb deren wenigstens der Ausländer und Feind die Namen der kleineren Verbände nicht
mehr unterschied; so ist die Entstehung der Gruppennamen zu erklären: der *Franken, Thüringer, Alemannen, Bajuwaren, Sachsen, Friesen.*

Schon früher war bei den gotischen Völkern dieselbe Bewegung eingetreten; ja
zum Teil wenigstens hatten einzelne Völker schon zur Zeit Cäsars sich in solche
Staatenbündnisse vereint, ohne die Sondernamen und den Sonderbestand aufzugeben; so die große Gruppe der Sueben, ein Staatenbündnis mit gemeinsamen Opfern
mit zahlreichen gemeinsamen Einrichtungen, auf gemeinsame Verteidigung gerichtet; die Namen einzelner zu diesem suebischen Gesamtnamen gehörigen Völkerschaften drangen noch an des Römers Ohr, von andern wußte er nur, daß sie zu den
Sueben gehörten.

Hand in Hand mit dieser Zusammenschließung kleinerer Verbände zu größeren
ganzen ging nun auch die Verdrängung der königlosen durch die Königsverfassung.

Der Hauptunterschied lag in der freien Wahl der Grafen einerseits und einem gewissermaßen erblichen Anrecht des Königshauses auf den Königsstab andererseits.

Es leuchtet nun ein, daß der Zug zur Zusammenschließung und der zum Königtum in Wechselwirkung standen. Denn einerseits wurde es immer untunlicher, die umfangreicher gewordenen Staatsgebiete nur mit der Gewalt oft wechselnder Grafen zusammenzuhalten im Frieden und erfolgreich zu verteidigen im Krieg. Und andererseits war das Königtum an sich darauf angewiesen, durch Eroberung, durch Zusammenfassung der nahestehenden Volksteile und erfolgreiche Verteidigung des so Geschützten kriegerischen Glanz und Ruhm zu gewinnen, und endlich war es durch die Erblichkeit, durch die nie fehlende kriegseifrige Gefolgschaft in den Stand gesetzt, eine bestimmte Staatskunst nach außen einheitlich im Auge zu behalten und mit überlegener Kraft des Angriffs zu verfolgen. Gewiß hat diese Entwicklung von innen heraus mindestens ebensoviel als die äußere Nötigung – der durch die Römer im Südwesten und durch die von Osten her nachdrängenden größeren Volksverbände geübte Druck, dem man nur durch Zusammenschließung zu stärkeren Verbänden Widerstand leisten konnte – dazu beigetragen, daß wir den von Armin noch vergeblich versuchten Übergang vom Gaustaat zum Völkerschaftsstaat jetzt fast überall vollzogen sehen, daß sich auch die Völkerschaften der einzelnen Volksgruppen (oder, auch ohne Rücksicht auf stammtümliche Zusammengehörigkeit, Nachbarn zur Abwehr gemeinsamer Gefahren) nunmehr untereinander mit einheitlichem Namen in Staatenbündnissen verbanden, ganz ähnlich wie ursprünglich die Gaue einer Völkerschaft sich zu Staatenbündnissen versammelt hatten. (Nur bei den Sachsen, die nicht wanderten und von der römischen Gefahr nicht mehr berührt wurden, ähnlich bei den Friesen erhielten sich die alten Zustände, das „in Pace nullus communis magistratus", bis auf die Tage Karls des Großen.)

Auch sonst hat man sich vor falscher Verallgemeinerung, vor Annahme zu gleichmäßiger Durchführung der im ganzen freilich gleichartigen Bewegung bei allen Völkerschaften und in allen Fällen zu hüten.

Es ist nicht unwahrscheinlich, daß bei manchen Völkern ein Gesamtname angenommen, ein Bündnis gegründet wurde, ohne daß die Gaustaaten zu Völkerschaftsstaaten zusammengefaßt wurden; so scheint bei der sächsischen Gruppe die Zusammenfassung des Sachsennamens, dann der Ostfalen, Engern und Westfalen (diese nur landschaftliche, nicht staatliche Gliederungen) ohne Vermittlung von Völkerschaftsstaaten gleich auf den Gauen beruht zu haben.[1]

Auch bei der aus markomannischen Bezirken hervorgegangenen Gesamtgruppe der Bajuwaren ruht vielleicht das Volkskönigtum nicht auf Völkerschaften, sondern unmittelbar auf Gauen; die fünf Geschlechter bajuwarische Volksadels haben wenigstens teilweise ihre Namen in „Gauen", „pagi" fortgeführt und waren vielleicht alte gaukönigliche Geschlechter.[2]

Abgesehen aber von solchen Abweichungen im einzelnen ist im ganzen der Gang der Bewegung zum Zusammenschluß sehr durchsichtig; bei Westgoten und Vandalen, bei Markomannen und Quaden ist nachgewiesen[3], wie allmählich aus dem Gaukönigum das Völkerschaftskönigtum erwachsen ist.

Bei den Alemannen und Franken können wir zusehen, wie im Laufe weniger Men-

---

1 S. Band IV.
2 S. Band IV.
3 Dahn, Könige der Germanen, V.

schenalter die eine Zeitlang noch gesehenen Völkerschafts- und Gaukönige dem alleinigen *Volkskönig* weichen. Als nämlich jene Völkergruppen sich bildeten, wurde anfangs eine große Zahl von Völkerschaftskönigen noch nebeneinander anerkannt.

In der Zeit der großen Alemannenschlacht bei Straßburg im Jahre 357 hat es Julian noch mit mehr als zwölf reges, reguli, regales der Alemannen zu tun, die bald nur einen pagus, bald mehrere pagi unter sich haben; Gaukönigtum und Völkerschaftskönigtum scheint hier noch nebeneinander zu stehen; an einen Volkskönig aller Alemannen zu denken, fällt offenbar noch niemand ein.[1]

Aber hundertundvierzig Jahre später steht den Franken nur ein Alemannenkönig gegenüber in der großen Alemannenschlacht von (ungefähr) 500: wenige Geschlechter haben bei der sehr stark einheitlichen Strömung einer Zeit, die kleine Körper wie Sandkörner zerrieb, genügt, hier alle die Kleinkönige verschwinden zu lassen. Ein Volkskönig der Alemannen steht den Franken entgegen, und als er gefallen ist, unterwirft sich sofort das ganze hier kämpfende Volksheer. Die entfernter wohnenden Alemannen, die offenbar ohne eigene Völkerschafts- oder Gaukönige, nur locker dem Volkskönig untergeordnet waren, vermögen sich doch nur durch Auswanderung und Aufnahme in ostgotischen Schutz der durch jene eine Schlacht und den Fall des Königs entschiedenen Unterwerfung zu entziehen.[2]

Bei den Franken selbst aber können wir, dank Gregors von Tours, im hellen Licht der Geschichte zusehen, wie die beiden Hauptstämme der salischen und ripuarischen Franken noch von einer Mehrzahl von ursprünglichen Gau- und Völkerschaftskönigen beherrscht werden – denn die Namen „salische" und „Uferfranken" sind offensichtlich erst spät entstandene landschaftliche Zusammenfassungen von alten Völkerschaften – bis *einer* der salischen Kleinkönige mit allen Mitteln der Gewalt und List seine Mitkönige in beiden Stämmen beseitigt und es durchsetzt, daß ihn endlich alle Träger des fränkischen Namens beider Landschaftsgruppen als alleinigen *Volkskönig* der Franken anerkennen.[3]

Aber der gewaltige Zug jener Zeit zur Einheit kommt nicht zur Ruhe, bis der fränkische Volkskönig ein *Reichskönigtum* aufgerichtet hat. Alemannen und die unter dem Namen Thüringe zusammengefaßten alten hermundurischen Völkerschaften und die nun als Bajuwaren auftauchenden Markomannen im Osten, aber auch die Burgunder im Südwesten werden zunächst hereingezogen; und als es Karl dem Großen gelungen, auch die heidnischen Friesen und Sachsen im Norden und das langobardische Reich im Süden in seiner Einherrschaft zu vereinen, wird sogar die volkstümliche fränkische und germanische Grundlage verlassen und ein fast weltbürgerliches Kaisertum aufgerichtet, eine Fortsetzung des abendländischen römischen Kaisertums, aber mit wesentlich theokratischer christlicher Grundlage, mit der Berechtigung und Verpflichtung zur Schirmvogtei der gesamten abendländischen Christenheit.

Dieses Reich, in welches Völker der verschiedensten Bildungsstufen und Stammesmischungen durch die Überlegenheit eines Mannes waren zusammengeschmiedet worden – dieses Reich bezeichnet den Gipfel einer großartigen Einigungsbewegung, das aus dem germanischen Geschlechter- und Gemeindestaat von etwa zwan-

---

1 Band II, S. 280.
2 Band III, S. 52.
3 Band III, S. 64.

zig Gehöften zu dem abendländischen Kaisertum geführt hatte, das von Saragossa bis Pest, von Benevent bis zum Danevirke reichte.

Dieses Reich ohne einheitliche Volksgrundlage wurde gesprengt durch die Gegenwirkung der Bildungsstufen und der Stämme: Romanen und Germanen, stark und wenig veränderte Germanen, Ialiener, Franzosen, Deutsche brachen auseinander, und innerhab dieser drei Nationen hub nun aufs neue ein mächtiger, alles überwuchernder, die Einhei⸱ zerstörender oder doch fliehender Zug an, der Italien dauernd zerriß und der Fremdherrschaft unterwarf, Frankreich bis auf die Zeit Ludwigs IX. noch schwerer als Deutschland mit der Auflösung in eine Anzahl von selbständigen Vasallenländern bedrohte und das Deutsche Reich zuletzt in einen locker verbundenen Bundesstaat abschwächte. Erst seit *1812* beginnt wieder eine entgegengesetzte Strömung, gerichtet auf Einigung der deutschen Stämme, die in der glorreichen Herstellung unseres Reiches *1871* ihren sieghaften Abschluß fand.

XI. Recht und Verfassung vor der Wanderung

1. Einleitung

Es ist bereits dargestellt, in welch mannigfaltige weitere und engere Ringe die große Kette der Germanen bei ihrer Verbreitung über Europa sich gliederte. Wir sahen (oben S. 22), daß die umfassendste stammtümlich wohlbegründete Haupteinteilung der *Völkerzweige* (nach den Söhnen des Mannus usw.) rechtlich und auch staatlich ohne Bedeutung war.

Enger ist der Verband der *Völkergruppe,* wie ihn schon Cäsar in *einem* Beispiel, dem der Sueben, kennt und nennt: diese enthielt eine große Zahl, angeblich hundert, Gaue. Eine solche Gruppe war aber kein staatsrechtlicher Verband, kein Bundesstaat, ja nicht einmal ein unverbrüchlicher Staatenbund: gemeinsame Abstammung, Nachbarschaft, Opfergemeinschaft, die Verehrung gewisser diesem Verbande gemeinsamer, besonders gefeierter Götter waren die Grundlagen, aber es fehlt an einer Bundesverfassung, einem Bundeshaupt; nicht einmal gegen äußere Feinde findet *notwendig,* bundesgemäß in *allen* Fällen gemeinsame Kriegführung statt. Solche kommt häufig vor, vielleicht sogar regelmäßig, aber nicht immer, nicht als Folge des Bundes, sie muß in jedem Fall besonders beschlossen werden, Kriege suebischer Völkerschaften untereinander, auch im Bunde mit nicht suebischen, sind nicht ausgeschlossen.

So war denn nicht staatliches Werkzeug, sondern gemeinsames Opferfest jene große Versammlung, die in dem heiligen Hain der Semnonen, regelmäßig wiederkehrend wie es scheint, stattfand. Beschickt von Staatsvertretern, beliebig besuchbar von Angehörigen aller suebischen Völkerschaften, die Semnonen galten als die älteste, daher edelste dieser Völkerschaften, als der Ursprung des ganzen Verbandes, in jenem Walde wurde wohl auch räumlich der Ursprung der ohne Zweifel halbgöttlichen ersten suebischen Geschlechter gesucht. Die *sakrale* Opfergemeinschaft war die einzige *äußerlich* zusammenhaltende Form des Verbandes.

Gewiß gab es auch innerhalb anderer Völkerzweige schon in jener Zeit ähnliche Völkergruppen; in diesem Sinn sind wohl manche z. B. innerhalb des gotischen Zweiges begegnende Gesamtnamen (z. B. Vandalen) zu verstehen wie auch später im Norden.

Und in ähnlicher Weise beruhen die in und nach der Wanderung neu gebildete Völkergruppen der Franken, Sachsen, Friesen, Thüringer, Alemannen und Bajuwaren zum Teil auf näherer Stammverwandtschaft. Nur zum Teil, denn auch andere Momente haben hier mitgewirkt: Nachbarschaft, landschaftliche Gliederungen, dauerndes Waffenbündnis, manchmal auch Eroberung und Unterwerfung.

Die Glieder dieser Völkergruppen sind die *Völkerschaften* (civitates, gentes), z. B. Cherusker: *ihre* Namen, der Völkerschaften, sind es, welche und in den Berichten der Römer (bis circa 200–250) regelmäßig entgegentreten. Selbstverständlich bestanden diese Namen innerhalb der Völkergruppe fort, ja auch in den neuen in und während der Wanderung entstandenen Völkergruppen, z. B. der Franken und Alemannen werden offenbar lange Zeit noch die Namen der einzelnen Völkerschaften gehört, im

Verhältnis derselben untereinander vor allem; ob auch der Römer sich an den für ihn wichtigeren *Gesamt*namen hielt, wie etwa die Franzosen *1870* regelmäßig nur von „Allemands" sprachen, obzwar sie wußten, daß Preußen, Bayern, Sachsen usw. unter jenem Gesamtnamen als Sondernamen fortbestanden.

Um nicht zu verwirren, nicht die klare Übersichtlichkeit zu stören, sei hier nur kurz bemerkt, daß hier und da zwischen der Völkergruppe und der Völkerschaft (oder auch zwischen der Völkerschaft und dem Einzelgau) *Mittelglieder* begegnen, die *nicht alle* Völkerschaften der Gruppe, *nicht alle* Gaue der Völkerschaft umfassen, aber eine *Mehrzahl* von Völkerschaften oder von Gauen: das Gemeinsame für solche Mittelglieder war vermutlich in den allermeisten Fällen Nachbarschaft, d. h. die gemeinsame Niederlassung in natürlich abgegrenzten Landschaftsrahmen, z. B. an einem Fluß, in einem Gebirgstal, auf einem Höhenzug, wie dies später bei den Nordgermanen, auch bei Angelsachsen, oft begegnet. Solche Mittelglieder waren dann gerade durch die Landesbeschaffenheit enger aufeinander angewiesen, zumal für Landesverteidigung: klare Beispiele sind als Mittelglieder zwischen Völkergruppe (Franken) und Völkerschaft (Sugambern, Marsen usw.) z. B. *Salier,* die an dem Sale-Rhein wohnenden, *Ripuarier,* die an den Ufern des Mittelrheins wohnenden; Beispiele von Mittelgliedern zwischen Völkerschaft und Einzelgau sind minder klar: aber die *Bataver,* ein „*Teil der Chatten",* waren, wie ihre Volkszahl zeigt, nicht nur *ein* pagus, wie etwa die kleineren Kanninefaten. Mittelglieder waren auch die wiederholt begegnenden Teilungen in „Große" und „Kleine": Großchauken und Kleinchauken, Großfriesen und Kleinfriesen, je nachdem man in diesen Namen ursprünglich Völkerschaften oder, was wohl richtiger, damals schon Völkergruppen erblickt, Verbände mehrerer Gaue oder mehrerer Völkerschaften. In beiden Fällen schied ein Fluß die „Großen" und „Kleinen". Diese Scheidung begegnet z. B. auch bei „Goti", wo freilich nur die „minores" begrenzt sind, die aber doch notwendig „Goti majores" voraussetzen. Vielleicht ist nun, dies vorausgeschickt, das folgende nicht allzu kühn. Die Hermun-Duren waren nach ihrer Macht, nach der Ausdehnung ihrer Sitze nicht eine einzelne Völkerschaft: hermun = ermin heißt „groß", „allgemein": vielleicht sind schon bei dem ersten Auftreten des Namens Duri magni, Duri majores, Duri umniversales (vergl. Ala-manni) zu scheiden von (allerdings nicht ausdrücklich bezeugten) Duri minores; jedenfalls erklärt sich bei dieser Annahme leicht, daß später der Zusatz „Hermun" = „groß" wegfallen und die schon ursprünglich bei der Bildung des Namens als Hauptglied geltene Bezeichnung Duri allein (Thuringi) übrigbleiben konnte. Ein klares Beispiel solchen Mittelgliedes zwischen Völkergruppe und Völkerschaft sind die Marko-manni: sie gehörten zur suebischen Gruppe, umfaßten aber durchaus nicht *alle* suebischen Völkerschaften. Einzelnamen der markomannischen Völkerschaften sind uns nicht erhalten. Das Gemeinsame, was ihnen den Namen gab, was die innerhalb der suebischen Gesamtgruppe näher verband, war die (ursprüngliche) Siedlung an der Westmark am Main, also auch hier wie bei Saliern, Ripuariern usw. Mit der Annahme solcher Mittelglieder mit eigenen Namen scheint gar manche Schwierigkeit der Quellen beseitigt, nicht nur Widersprüche in den *Namen,* sondern Schwierigkeiten in den wirklichen Machtverhältnissen und Ausbreitungen über weite Gebiete, die für eine Einzelvölkerschaft zu groß wären: Markomannen, Hermunduren kann man nicht mit *einer* Völkerschaft wie Fosi, Kanninefaten auf *eine* Stufe stellen – und doch sind sie nicht Völkergruppen wie Sueben, Franken: es sind *landschaftliche* Zusammenfassungen wie etwa später Salier, Ripuarier.

Aber nicht ein solches Mittelglied (z. B. Markomannen), ja nicht einmal die Völkerschaft civitas (z. B. Cherusker) bildet einen Einheitsstaat: ja nicht einmal einen

Bundesstaat, sondern nur einen locker gefügten Staatenbund, völkerrechtlichen, nicht staatsrechtlichen Verbandes, vergleichbar etwa dem Deutschen Bund *1815–1866*, nur daß unter den verschiedenen pagi nicht einmal der Krieg ausgeschlossen, nicht einmal die äußere Staatsleitung in Krieg und Frieden für alle Bundesglieder *notwendig* gemeinsam war.

Der wahre Staat, der Einheitsstaat, ist von Cäsar und Tacitus bis ins dritte Jahrhundert vielmehr der Gau, pagus. Die civitas Cheruscorum, d. h. der Staatenbund der Cherusker, besteht aus einer Zahl selbständiger cheruskischer pagi, deren Selbständigkeit durch den Staatenbund beschränkt, aber durchaus nicht aufgehoben ist. Nicht notwendig durch ausdrücklichen Vertrag ist das Verhältnis entstanden, vielmehr wahrscheinlicher dadurch, daß aus den ursprünglichen nur *einen* Gau – den ältesten – füllenden Geschlechtern allmählich viele Gaue füllende Geschlechter hervorgingen, die alle, ohne daß es bei ihrer allmählichen Entfaltung eines Vertragsschlusses bedurft hätte, durch den gemeinsamen Ursprung, gemeinsame Heiligtümer, engste Nachbarschaft zusammengehalten werden für gewisse – aber nicht alle – gemeinsame Zwecke. Es tagt allerdings ein ungebotenes und ein gebotenes Ding für alle Gaue der Völkerschaft, wo, bei gemeinsamem Opfer, Krieg, Friede, Bündnis gegenüber anderen Staaten beraten, die Rechtsstreitigkeiten zwischen Angehörigen verschiedener Gaue oder den Gauen selbst entschieden werden (wenn diese nicht statt des Rechtsgangs den Fehdegang wählen): Handlungen der freiwilligen Gerichtsbarkeit können hier vorgenommen werden, ihnen hohe Feierlichkeit, weitere Öffentlichkeit, Volkskundigkeit zu geben (Verlobung der Königssöhne oder Töchter, Schwertleite der königlichen und edlen Jünglinge, Auflassungen großer Grundbesitzungen). Regelmäßig werden alle Gaue der Völkerschaft gemeinsam nach außen auftreten: aber notwendig ist dies nicht: wie im vierten Jahrhundert einzelne alemannische Völkerschaften oder Gaue innerhalb der Völkergruppe mit den Römern Frieden und Bündnis schließen, während andere den Kampf fortführen, so konnten sogar im Jahre der fast allgemeinen Erhebung gegen Rom selbst in der führenden Völkerschaft, unter den Cheruskern Armins, nicht nur der Gau des Segest zu den Römern stehen und nur widerwillig in den Kampf mitfortgerissen werden: – es kann sogar, was höchst bezeichnend, ein cheruskischer Gau, der des eigenen Oheims Armins, in dieser gewaltigen Erregung, wie wir sahen, unbeteiligt bleiben! Krieg, Fehde unter den Gauen *einer* Völkerschaft ist um so weniger ausgeschlossen, als ja sogar die Sippen *eines* Gaues vollfreie Wahl zwischen Fehdegang und Rechtsgang haben.

Jeder Gau hat das Recht, für sich Krieg und Frieden zu machen, sollen alle zusammen handeln, so bedarf es besonderen Beschlusses, bei welchem ein Mehrheitsbeschluß, so scheint es, ausgeschlossen, Einwilligung erforderlich ist, den einzelnen zu verpflichten; *rechtlich* nicht anders, wenn eine *Völkerschaft* mit anderen *Völkerschaften* sich zu gemeinsamer Kriegführung verbindet, nur *tatsächlich* war aus naheliegenden (schon kriegerischen) Gründen Gemeinsamkeit die Regel, Trennung die Ausnahme.

Rechtspflege und, sofern sie überhaupt vorkommt, Verwaltung bewegt sich innerhalb des Einzelgaus völlig vollständig, nur soweit z. B. Deichbau gegen gemeinsame Gefahr nur von mehreren oder allen Gauen wirksam beschafft werden kann, erstreckt sich die „Verwaltung" über mehrere oder alle Gaue.

Die Gaue führen eigene Namen und können sich wohl auch aus dem Verband der Völkerschaft durch Wanderung völlig lösen: so ziehen Bataver und Kanninefaten aus Land und Verband der Chatten für immerdar den Rhein hinab. Auch ohne Veränderung der Sitze mochte Gleiches geschehen. Daher können andererseits einzelne, nächst benachbarte Gaue der Völkerschaft (unter besonderem Namen für solche Mittelgruppierung) ein engeres Bundesverhältnis eingehen, geschichtlich erwachsen oder durch Vertrag, dauernd oder vorübergehend, für viele oder für nur einzelne Zwecke (z. B. Deichbau).

Selbstverständlich haben also in dieser Zeit die verschiedenen Gaue der Völkerschaft ein gemeinsames Oberhaupt oder eine gemeinsame Obrigkeit im Frieden *nicht:* „in pace nullus communis magistratus"; diesen Zustand haben nicht wandernde Völker (Sachsen und Friesen) von der Zeit Cäsars bis auf Karl den Großen eingehalten.

Nur für den Krieg wählen die *Gaue,* die denselben gemeinsam führen *wollen,* einen gemeinsamen Oberfeldherrn, dux, für den sich das Wort Herzog eingebürgert hat, nicht anders, als wenn mehrere *Völkerschaften* für einen gemeinsamen Feldzug einen gemeinsamen Oberfeldherrn bestellen. Armin war Herzog der gegen Rom kriegenden Gaue der Cherusker und vielleicht zugleich Herzog aller mit den Cheruskern hierfür verbündeten Völkerschaften. Im Frieden aber gab es in der Urzeit regelmäßig weder Könige noch Grafen der ganzen Völkerschaft, nur Könige oder Grafen der einzelnen, manchmal wohl auch mehrerer Gaue: also nur Gaukönige, Gaugrafen, nicht einen Völkerschaftskönig, Völkerschaftsgrafen.

Regelmäßig: denn vor jeder ausnahmslosen Verallgemeinerung, die dies gleichmäßig auf alle Völker anwenden wollte, muß man sich sorgfältig hüten.

Wir bestreiten daher nicht die Möglichkeit, daß auch damals schon bei manchen Völkern Grafen für alle Gaue (princeps civitatits) gewählt wurden, während es feststeht, daß bei Völkern mit Königen (Goten, Sueben) damals schon, aber freilich als seltene Ausnahme, Könige vorkamen, die alle Gaue dieser Völkerschaft beherrschten, auch fremde Völker unterworfen hatten (Ermanarich, siehe unten).

Aber solches Königtum über eine ganze Völkerschaft erscheint in jener Zeit als seltenste Ausnahme von der Regel, als spärliche Vorwegnahme einer Entwicklungsstufe, die – als Regel – erst viel später auf dem blutigen Weg einer langwierigen Entwicklung erreicht wurde, weniger vermöge schwerer Nötigung von außen, als vermöge zwingender Entwicklung von innen heraus, niemals aber ohne zähen Widerstand.

Noch Armin ging an dem verfrühten Versuch unter, an Stelle der mehreren Gaukönige der Cherusker, das einheitliche Königtum über alle Gaue der cheruskischen Völkerschaft zu gewinnen.

Noch im vierten Jahrhundert stehen in der Völkergruppe der Alemannen Gaukönige (reguli) neben Völkerschaftskönigen (reges), erst im fünften Jahrhundert sind beide verschwunden vor *einem* Volkskönig der Alemannen; ganz ebenso bei salischen und ripuarischen Franken. Selbstverständlich sind jene Schritte der Entwicklung (Gau – Völkerschaft – Volk) keineswegs gleichzeitig bei allen Stämmen geschehen, z. B. viel früher bei gotischen und suebischen als bei anderen Völkern; und bei Sachsen und Friesen gar nicht.

Eine berühmte Streitfrage, ob der Gau die engste Gliederung oder ob unterhalb desselben die sogenannte „Hundertschaft" noch als kleinerer staatlicher Verband bestanden habe, entscheiden wir dahin, daß Hundertschaften keineswegs bei allen Germanen *für die Urzeit* bezeugt sind, sondern nur bei Goten; auch nicht für die *Urzeit* bei Franken, bei welchem vielmehr erst im neunten Jahrhundert „Centena" als räumlicher Begriff begegnet.

Die gotische Hundertschaft war eine persönliche, eine Heeres-, nicht eine räumliche Einteilung. Mögen aber Hundertschaften innerhalb des Gaues auch bei Westgermanen vorgekommen sein, jedesfalls hatten sie nicht die Bedeutung von selbständigen Staaten, nur von größeren Gemeinden innerhalb des Gaustaates. Gleichviel, ob man hundert Wehrfähige (was das Ältere und bei den Goten die ausnahmslose Regel) oder hundert Grundeigentümer darunter versteht, was für die Westgermanen anzunehmen ist.

Ganz irrig aber ist es, die pagi des Cäsar und Tacitus als Hundertschaften zu denken: es ist dargetan[1], daß ein solcher pagus *63 250* Menschen zählen kann, denn die civitas (Völkerschaft) der Helvetier zählt in vier pagi *253 000* Köpfe! Da begreift sich die staats- und völkerrechtliche Selbständigkeit eines solchen *Gaues*. Ebenso unrichtig ist die Annahme, jede Völkerschaft habe nur je *einen* Gau gehabt: nach Tacitus verlassen die Chatten ihre „pagos", haben die Gugerni „pagos".[2]

Also: die Völkerschaft (civitas) zerfällt in mehrere selbständige Gaue (pagos), der Gau zerfällt bei einigen, nicht allen, Germanen in Hundertschaften (centenas), die anfangs nur Heeresabteilungen, später gemeindliche, niemals aber staatliche Verbände waren.

2. Die Stände

a) Die Gemeinfreien

Das Volk besteht aus den *Gemeinfreien;* deren oberste glänzendste Schicht sind die *Edelfreien;* nicht zum Volk gehören die *Unfreien*. Halbfreie, d. h. Schutzhörige sind für die älteste Zeit kaum nachweisbar, doch mögen Reste besiegter im Lande verbliebener Völker in solche Stellung schon damals versetzt worden sein. Auch Freigelassene minderen Rechts zählen vielleicht insofern hierher, als in ältester Zeit die Freilassung wohl nur den bisherigen Knecht durch Verzicht des Herrn aus dessen Eigentum hob und der *privaten* Rechte (Vermögens- und Familienrechte), nicht aber der staatsbürgerlichen Rechte vollfähig machte.

Gemeinfreiheit ist das Normalmaß des Rechts. Auf den Gemeinfreien ruht die Verfassung. Gemeinfreiheit ist erforderlich und genügend, die vollen Rechte in Gemeinde und Staat zu begründen. Außerdem wurde bald – aber doch nicht, bevor die Seßhaftigkeit sehr feste Wurzeln geschlagen hatte – Grundbesitz in der Genossenschaft als Voraussetzung der Ausübung der wichtigsten Bürgerrechte in den Volksversammlung aufgestellt: die Gemeinfreien machen das Volk aus, sofern nämlich der Adel nur als oberste Schicht der Volksfreien erscheint. Erworben wird die Gemeinfreiheit durch eheliche Abstammung von gemeinfreiem Vater, dann (beschränkt) durch Freilassung; verloren geht sie durch Kriegsgefangenschaft, durch Verknechtung zur Strafe oder durch Vertrag (z. B. im Würfelspielvertrag) oder als Vollstreckung eines Urteils bei Zahlungsunfähigkeit.

b) Der Volksadel

Es ist ein Wortstreit, ob in der ältesten Zeit der Adel als „Stand" bezeichnet werden darf: unseres Erachtens insofern zu bejahen, als der Adel ohne Zweifel erblich und mit wenigstens *einem* Vorrecht, dem auf höheres Wergeld, ausgerüstet war, auch der Anspruch, bei Aussterben oder bei (außerordentlicher) Übergehung des Königs-

---

1 Dahn, Könige der Germanen I, S. 11.
2 Ebenda S. 14.

geschlechts vor gemeinfreien Sippen zur Krone gerufen zu werden, war, wenn nicht ein zwangsrechtlicher, doch jedenfalls ein durch die Anschauung des Volkes und stete Gepflogenheit stark gefestigter. Dagegen ist für jene Zeit durchaus nicht anzunehmen, daß zwischen Adel und Gemeinfreien Ehegenossenschaft nicht bestanden hätte, so daß der Volksedle mit der Tochter des Gemeinfreien eine ebenbürtige Ehe nicht hätte eingehen, der Sohn aus solcher Ehe den Stand des Vaters nicht hätte teilen, des Vaters Erbe nicht hätte nehmen können. Die Adelsgeschlechter waren (oder galten doch für) die ersten, d. h. ältesten Geschlechter des Verbandes, von welchen der Gau, die Völkerschaft, der Stamm ausgegangen: das edelste, weil älteste, Adelsgeschlecht, ist das königliche. Da die Stämme und Völkerschaften ihren Ursprung auf die Götter zurückführten, galten die Adelsgeschlechter als die, weil ältesten, den Göttern nächst verwandten, das königliche geradezu als von den Göttern entstammt.

Wie das Königtum ist auch der Volksadel ein Urbesitz der Germanen, in vorgeschichtlicher Zeit aus dem Geschlechterstaat notwendig erwachsen, so alt als der aus den Geschlechtern erwachsene Staat selbst. Weder Amt noch erbliches Heerführertum noch Kriegsruhm noch Priesterschaft noch Gefolgsherrschaft noch Stammesunterschied und Eroberung, noch großer oder bevorrechteter Grundbesitz mit zahlreichen Knechten und Schutzhörigen noch überhaupt Reichtum sind Grundlage oder Charakter dieses Adels – obzwar alle diese Momente *tatsächlich* sich häufig und im Vorzug von den Gemeinfreien mit dem Adel verbinden mochten. Manchmal mögen schon damals wie später bei Bajuwaren und Alemannen die Geschlechter ehemaliger Gaukönige, sofern sie nicht ausgerottet worden, neben und nach dem siegreichen Königsgeschlecht, das alle oder doch mehrere Gaue der Völkerschaft sich unterwarf, als solcher Volksadel fortgestanden haben.

In der Natur des wirklichen oder sagenhaften Vorzugs, auf welchem dieser Adel ruhte, liegt es begründet, daß er niemals in einem Volke zahlreich sein konnte: der allerältesten götterentstammten Geschlechter konnte es immer nur wenige geben.

Auch hieraus erklärt sich die Erscheinung, daß dieser alte *Volksadel* überall sehr früh verschwindet, ausstirbt, untergeht oder doch unterscheidungslos übergeht in den während und nach der Wanderung aufkommenden neuen Adel, den *Dienstadel*, der auf ganz anderen Grundlagen beruht: auf Königsamt, Königsgefolgschaft, Königsland.

Die geringe Zahl der volksedlen Geschlechter wird dadurch bestätigt, daß in dem sehr großen Volke der Bajuwaren nur fünf solcher Sippen bestanden – wenigstens nach der Einwanderung in Bayern.

Diese von Anfang an kleine Zahl der Volksedlen wurde fortwährend verringert durch die vernichtende Ehrenpflicht, stets im Vorderkampf, an der Spitze des Keils, im Heerbann und an der Spitze der Gefolgschaften zu fechten, wo Schwert und Pilum der Legionen mörderisch unter ihnen aufräumten.

Schließlich aber vollendete die Staatskunst der Könige in den auf römischem Boden gegründeten Reichen diese Ausrottung. Denn der alte Volksadel, der in der Verfassung der Volksfreiheit dicht neben dem König stehend, am meisten Einfluß und Ehre, noch vor den Gemeinfreien, in den alten Rechtszuständen besessen hatte, war schon aus Gründen eigenen Vorteils wie seiner stolzen Überlieferungen der eifersüchtigste Wächter dieser Volksfreiheit. Er konnte, auf der Höhe des Volkes stehend, lange vor den Gemeinfreien die Versuche der Könige erkennen und bekämpfen, Rechte, die sie über die Provinzialen übten, auch über ihre germanischen Untertanen auszudehnen.

Daher finden wir in den meisten dieser Reiche kräftigen Widerstand der alten Adelsgeschlechter gegen die beginnende Unbeschränktheit des Königtums: bei Vandalen, Ostgoten, Westgoten bricht des Königum durch Hinrichtung und Vermögenseinziehung in Hochverratsverfahren, auch durch Mord, diesen Widerstand, die Folge ist das Verschwinden jenes alten Adels.

Bei anderen Völkern findet man nach der Wanderung nur mit Anstrengung noch Spuren des alten Adels; er ist aus der großen Menge des Dienstadels, der das Palatium des Königs füllt, kaum auszuscheiden, in diesem ist er unter- und aufgegangen. Denn *wenn* solche altedle Geschlechter sich dem Königtum fügten, hatten sie freilich vor den Gemeinfreien Aussicht, durch die Gunst des Herrschers Ämter und Land zu erlangen; dann traten sie aber völlig in den neuen Adel ein, und ihre ehemalige Angehörigkeit zum alten verlor jede Bedeutung, ihr Glanz und Ansehen ruhte dann wie bei allen Gliedern des neuen Adels auf deren neuen Grundlagen – etwa wie im späten Mittelalter der alte Landadel in den neuen Hofadel überging. Die lateinischen und griechischen Bezeichnungen des alten Adels weisen deutlich auf dessen *Erblichkeit:* nobilis, nobilis genere, splendor natalium, εὐγενεῖς, εὐπατρίδαι; daher gibt es auch edle *Frauen:* da es auf *Amt* usw. nicht ankam.

c) Die Freigelassenen

Obzwar die Darstellung des Tacitus im Gegensatz zu den römischen Zuständen scharf *absichtlich* zugespitzt ist, mag man ihm glauben, daß die Freigelassenen nicht eben viel von den Unfreien sich abheben, selten im Hause, niemals im Staate von Einfluß sind. Dies bestätigt in anderer Wendung unsere Annahme, daß die Freilassung ursprünglich nur die privatrechtlichen Rechte des Herrn zerstörte, den Freigelassenen der Familien- und Vermögensrechte nach Volksrecht fähig, im Gebiet des öffentlichen Rechts aber ihm zwar wohl wehr*pflichtig* und deshalb wohl auch dingfähig machte, ohne ihm jedoch die staatsbürgerlichen Rechte, zumal Stimmrecht in der Volksversammlung, zu verleihen. Ward er wehrpflichtig, so stand er also den noch nicht auf eigenen Grundbesitz ansässigen Freien in der Volksversammlung gleich. Die Wehrpflicht der Freigelassenen ist aus Gründen des Bedürfnisses kaum zu bezweifeln, sie schließt dann wenigstens das *Erscheinen* im Ding ein. Will man ihnen die Wehrpflicht, so muß man ihnen auch die Dingfähigkeit absprechen und dann etwa Vertretung im Ding durch den Freilasser annehmen. Auch das darf man ungeachtet der hier noch gesteigerten Absichtlichkeit Tacitus glauben, daß in den Völkerschaften mit Königen die Freigelassenen *tatsächlich* Freigeborene und selbst Edle an Einfluß überragten, da ja der König sie ohne Zweifel in seine Gefolgschaft aufnahm und diese stark abhängigen Männer sogar vorzugsweise zu Grafen und Heerführern wird ernannt haben, um den dem königlichen Geschlecht nahestehenden, die alte Volksfreiheit eifersüchtig hütenden Volksadel zurückzudämmen und um so ohne, später auch wohl gegen Adel und Gemeinfreie seinen Willen durchzuführen. Bei den königlosen Völkerschaften stellt sich die strenge Volksfreiheit auch darin dar, daß die Freigelassenen (und auch noch ihre Kinder: libertini, wenn Tacitus den strengeren Sprachgebrauch einhalten wollte) den Freigeborenen nicht gleichstehen.

3. Volksversammlungen. Rechtspflege. Strafrecht

Mit Fug nennt man die Zeit vor und während der Wanderung – bis zur Umwandlung des altgermanischen Königtums auf römischem Boden und durch römische Einflüsse – die Tage der „Volksfreiheit".

Denn in den Völkern mit Königen nicht minder als in den Völkern mit Grafen liegt die Staatsgewalt in der Gesamtheit der Gemeinfreien, die sie in der Volksversammlung (Ding, concilium) ausüben.

Der Unterschied jener beiden Verfassungsreformen besteht wesentlich nur darin, daß die Grafen ohne Rücksicht auf ein bestimmtes Geschlecht völlig frei geboren werden (ungewiß, ob auf Lebenszeit oder bestimmte Amtsdauer), die Könige dagegen auf Lebenszeit aus dem königlichen Geschlecht; nicht ohne dringende Not geht das Volk in der Wahl von dem Königsgeschlecht ab. (Mehr hierüber unten S. 107.)

Aber auch bei den „königlichen" Völkern – der Ausdruck, den „königlichen Skythen" des Herodot nachgebildet, sei der Kürze wegen verstattet – hat nicht der König, sondern die Volksversammlung der Gemeinfreien (seit fester Seßhaftigkeit: der Grundeigentümer) die staatliche Vollgewalt. Die Entscheidung über Krieg, Friede, Waffenstillstand, Vertrag, Bündnis, Verbescheidung von Gesandten, die Entscheidung aller anderen Fragen des Staatslebens, z. B. Verlassen der Wohnsitze, Auswanderung mit oder ohne Vorbehalt der Gebietshoheit an dem Land und des Sondereigentums einzelner (Vandalen a. 405), ja etwa auch bedingte Zuteilung von beiden an zurückbleibende Reste oder an Nachbarn (Langobarden a. 568), Bestimmung des Wanderungsziels; aber auch die Wahl des Königs, der Grafen, der Vorsteher der Hundertschaft, des Dorfes, der Höfergenossenschaft (Germ. K. 12), die Gesetzgebung, sofern in jener fast nur durch Gewohnheitsrecht fortschreitenden Rechtsbildung davon die Rede sein kann; von der *Gerichtshoheit* wenigstens die Findung (althochdeutsch „Thuom": noch neuenglisch to doom) des Urteils, wenn auch der „*Bann*", d. h. die Eröffnung, Hegung (d. h. Leitung), Schließung des Gerichts und die Vollstreckung des Urteils sowie die Einziehung der vom Volk im Strafverfahren etwa erkannten öffentlichen Vermögensstrafe (Wette, Friedensgeld) dem König zukam. *Verwaltungshoheit* kam wie *Finanzhoheit* nur erst in wenig entwickelten Anfängen vor, soweit sie aber vorkamen, standen sie der Volksversammlung zu: diese regelte den Schutz gegen die Elemente (Deichbruch), wilde Tiere, die Art und das Maß der Bewirtschaftung der Allmende; die Amtshoheit stand dem König sofern zu, als er einzelne Beamte und Führer für Frieden und Krieg ernannte; jedoch gab es auch Beamte, die königliche Bestätigung das Volk wählte, und neue Ämter konnte nicht der König, nur die Volksgemeinde schaffen. Von *Kirchenhoheit* kann noch nicht gesprochen werden, doch vertritt der König wie der Graf das Volk auch gegenüber den Göttern, indem er für das Volk betet, opfert, den Götterwillen erforscht, ja unter Umständen sich selbst als Opfer darbringt.

Die Grundauffassung von Recht und Gericht beruht auf dem Gedanken des *Genossenrechts* und *Genossengerichts,* auch in den „königlichen" Völkern. Dies ist mit Recht von jeher als Wahrzeichen zugleich und Schutzwehr germanischer Freiheit geschätzt worden.

Recht ist, was der Kreis der Lebensgenossen (also Volk, Völkerschaft, Gau, Hundertschaft; Dorf- oder Höfergemeinde, Sippe, später dann die Geburts- oder Berufsstände in viel- und kleingliedrigster Abstufung) *für Recht hält,* und dadurch, daß sie es für Recht halten. Es lebt das Recht also auch noch unausgesprochen, ungeübt in der Rechtsüberzeugung des Volkes und ist dadurch schon Recht: die Aussprechung, Übung, ist nur Ausdruck, Erkennungsmittel des bereits vorhandenen Rechts.

Tiefsinnig sagt die deutsche Rechtssprache daher: „das Urteil wird gefunden, das Recht wird gefunden, gewiesen, geschöpft", es ist vorher schon da, es ruht in dem Quickborn der Volksseele, die Urteilfinder haben es nur daraus hervorzuschöpfen. Daher kann, neuzeitlich ausgedrückt, die Volksversammlung in *einem* Akt zugleich richterliche und (scheinbar) gesetzgeberische Tätigkeit üben: ist der Fall noch nicht vorgekommen, bedarf aber der Entscheidung, so stellt ihn die Volksversammlung unter ihre neugebildete Rechtsüberzeugung, sie schafft den Rechtssatz und wendet ihn sofort an. Z. B. es war noch kein Römer erschlagen worden, seitdem Römer als geschützte Glieder des Staates galten. Die Volksversammlung hält das halbe Wergeld eines freien Germanen für angemessen und spricht es im ersten vorgekommenen Falle zu. Folgeweise wächst das Recht von unten aus der Volksanschauung unwillkürlich hervor: kristallisierte Sitte.

Wenn ausnahmsweise, was in jenen Zuständen nur selten vorkommen konnte, das Bedürfnis sofortige bewußte Aufstellung einer Rechtsnorm erheischte, so mußte selbstverständlich die Volksversammlung, um ihren Willen, ihre Überzeugung befragt, diese Rechtsnorm aufstellen – Gesetzgebung, wie sie den Einzelfall unter die schon bestehenden Rechtsüberzeugungen einordnete, d. i. Urteilsfindung: „Tuom", wohl zu scheiden vom Gerichtsbann, der dem König (oder dessen Beamten) oder Grafen zusteht: auf der Spaltung in *Bann* und *Tuom* beruht alle germanische Rechtspflege. Daher kann der Richter, die Obrigkeit, das Recht nicht auflegen, bringen, machen, nur das bereits von ihm vorgefundene, das die Lebensgenossen weisen, zur Anwendung, zur Durchführung bringen.

Daher das uralte Institut der *Weistümer*, der *Rechtsweisung*. Da das Recht, nur mündlich fortgepflanzt, im Bewußtsein des Volkes lebte, ohne Aufzeichnung, wurde durch Wiederholung von Zeit zu Zeit, alle Jahre etwa, in der Volksversammlung für die Erhaltung desselben im Gedächtnis des Volkes gesorgt: in Gesprächsform, in der Form von Fragen des Richters und Antworten des ganzen Volkes oder erkorener Schöffen oder besonders rechtskundiger Männer (lögsöghumadr oder â sega [â = Ehe = Ewa = jus]) wurde der wichtigste Inhalt des Rechtsbewußtseins meist in stabreimenden Sprüchen, oft rhythmischer Form, abgefragt und aufgesagt.

Höchst bezeichnend hierfür ist ein spätes Weistum vom Rhein: wenn ein neu ernannter Richter einreiten will in den Gau, sollen die freien Bauern mit Blumen und Kränzen, aber auch mit ihren Waffen ihm bis an die Grenze entgegenziehen. Bevor sie ihn hereinlassen, sollen sie fragen, welches Rechts er walten wolle: solches Rechtes, das er bringe, oder solches Rechtes, das er finde? Spreche er: solches Recht, das er finde, so sollen sie ihn und sein Roß mit Kränzen und Blumen schmücken und ihn ehrenvoll an den Dingplatz führen, spreche er aber: des Rechts, das er bringe, so sollen sie ihre guten Waffen erheben und solchen Grafen durchaus nicht einreiten lassen.

Ursprünglich wurde das Urteil gefunden von allen stimmberechtigten Gliedern der Volksversammlung, erst Karl der Große übertrug – in wohlwollender Absicht – dies einem von und aus den Gemeinfreien gewählten Ausschuß, der den größten Grundbesitzern angehörte, d. h. den *Schöffen.*

Die übrigen, in dem Einzelfall nicht die Schöffenbank füllenden Gemeinfreien bilden den *Umstand,* d. h. die um die sitzenden Schöffen Herstehenden.

Übrigens ist es grundsätzlich keine Abweichung, wenn ein besonders Rechtskundiger im Namen und in Gegenwart der Gesamtheit das Urteil ausspricht, das diese billigen oder verwerfen, wenn Schelte gegen dasselbe von einer Partei oder auch von einem Manne des Umstandes erhoben wird.

Dem Grundsatz gemäß findet nun solche Versammlung statt, aufsteigend vom engsten menschlichen und räumlichen Verband zu immer weiterem. Gericht und Rat der *Sippe,* die älteste dieser Versammlungen (ursprünglich die einzige neben der der Horde), besteht auch nach der Ansässigmachung für den Verband der Gesippen, selbstverständlich nun nicht mehr mit staatlicher Bedeutung, vielmehr dem Staat, der Gemeinde eingeordnet, untergeordnet, fort.

Der engste räumliche Verband ist das Dorf oder die Genossenschaft der *Einzelhöfer:* die freien Bauern des Dorfes oder die Höfer bilden die Dorf- oder Höferversammlung unter Vorsitz des von ihnen gekorenen Bauermeisters vielnamiger Bezeichnung.

Darauf folgt – wo dieses Mittelglied vorkommt – die *Hundertschaft,* mehrere Dörfer oder Höferschaften umfassend: hier tagen die Hundertschaftsglieder unter Vorsitz des von ihnen frei gewählten Centenars.

Darauf folgt der *Gau,* pagus, mehrere Hundertschaften umfassend: die gemeinfreien Grundbesitzer tagen hier unter Vorsitz des frei von ihnen gewählten Grafen. In den „königlichen" Völkern des Gaukönigs, denn in dieser Zeit ist regelmäßig noch der Gau der Verband des Staates: die mehreren Gaue *einer* Völkerschaft sind selbständige Staaten, nur durch Blut- und Opfergemeinschaft und Verträge zu einem locker gefügten Staatenbund verknüpft. Seitdem später mehrere Gaue von einem König zu einem Staat zusammengefaßt wurden, ernennt, wie es scheint, der König die Königsgrafen der einzelnen Gaue.

Darauf folgt die *Völkerschaft:* die Könige oder Grafen der Gaue, welche die Völkerschaft ausmachen, aber auch jeder gemeinfreie Grundbesitzer in einem der Gaue, hat das Recht, das „concilium civitatis" zu besuchen: schon um der großen Opfer und der damit verbundenen Märkte willen suchten nicht nur Könige, Grafen, Edle und die durch ein Rechtsgeschäft dahin genötigten Parteien diese große zur Sommer- (und [oder] Winter-?) Sonnenwende tagende Versammlung, auch viele andere Freie. Hier wurde beredet und beschlossen, was über die Grenze des Einzelgaues hinaus die ganze Völkerschaft betraf: also vorab Krieg, Friede, Bündnis, die doch regelmäßig, obzwar freilich nicht immer, von allen Gauen der Völkerschaft gemeinsam beschlossen und geführt wurden.

Endlich fehlt es auch nicht an regelmäßig wiederkehrenden, geschweige denn an außerordentlich angesagten Versammlungen von Vertretern *aller Völkerschaften des gleichen Volkes,* Stammes oder Bundes oder der zwischen Völkerschaft und Stamm manchmal begegnenden Mittelgruppen: Versammlungen von Königen, Grafen, Priestern, Edlen und auch beliebigen Gemeinfreien der Sueben, der *lugischen, gotischen* Völkerschaften, der *Friesen, Chauken* (großen und kleinen), *Sachsen,* der *Markomannen, Chatten, Hermunduren* (später kann der *Salier, Ripuarier; Alemannen*), zu gottesdienstlichen oder (und oft fällt beides zusammen) staatlichen, kriegerischen Zwecken – für letztere natürlich auch außerordentlich angesagte – sind teils ausdrücklich bezeugt, teils mit großer Wahrscheinlichkeit anzunehmen.

Nicht zu verwechseln mit solchen dauernden Verbänden sind Bündnisse zwischen näher verwandten oder auch nicht näher verwandten Völkerschaften, Gruppen, vorübergehend für bestimmte Zwecke eingegangen, wie z. B. der unter Armins Heerbefehl gegen Rom Verbündeten.

Wahres Stimmrecht in allen diesen Dingen hatten früher (vor der Ansässigkeit) nur die *vollselbständigen Sippehäupter,* die an der Spitze einer Sippe standen oder doch, weil frei von jeder Mundschaft, stehen *konnten*. Später, es ist nicht zu sagen, seit wann (bei den verschiedenen Stämmen wohl nicht zu gleicher Zeit, natürlich aber erst, seitdem das Sondereigen an Grundstücken wertvollste Grundlage der Volkswirtschaft und der Verfassungspflichten und -rechte in Gemeinde, Hundertschaft, Gau geworden war, die auf (einem Mindestmaß von) *Grundeigentum* in Gemeinde, Hundertschaft, Gau ansässigen Gemeinfreien.

Da nun aber der Jüngling Grundeigen erst spät (fast nie schon bei der Schwertleite) erwarb, wohl meist erst bei der späten Verheiratung, so ist ganz verkehrt die Folgerung, daß die noch nicht auf Grundeigen ansässigen, aber waffenreifen Jünglinge die Volksversammlung gar nicht hätten besuchen dürfen, war doch die Volksversammlung zugleich Heeresversammlung, aus der oft sofort in den eben beschlossenen Krieg aufgebrochen wurde – wie hätte man die Blüte der jungen Mannschaft vom fünfzehnten bis dreißigsten Jahre hiervon ausschließen können? Vielmehr hatte jeder junge Freie von der Waffenfähigkeit an das Recht, die Volksversammlung zu besuchen, sich hier durch Anhören der Reiferen in die öffentlichen Dinge einführen zu lassen – aber kein Stimmrecht. Unbenommen blieb ihm, ohne wahre Stimmabgabe, einzelne Vorschläge und den gefaßten Endbeschluß mit Beifallrufen oder Unwillen, mit dem Waffenlärm, zu begleiten.

Das Ding war nicht nur staatliche, gesetzgebende, Heer- und Gerichtsversammlung – es war auch Opferfest. Schon deshalb konnten die noch nicht Stimmfähigen und die Frauen nicht völlig ausgeschlossen werden, jedoch hatten nur die stimmfähigen Männer den eigentlichen, durch Schwüre, Schranken abgeschlossenen, umhegten Dingplatz kraft eigenen Rechts zu betreten und hier das Wort zu führen. Nur vertreten durch solchen Volldingmann mochten Frauen, Fremde, Halbfreie, Knechte in eigener Sache zugelassen werden, um Aussagen, Zeugnisse abzugeben.

Die Frauen und fremde Gäste – abgesehen von Gesandten – begleitet von Freigelassenen, Unfreien lagerten in gemessenem Abstand von der eigentlichen Dingstätte in Wald und Wiese, entlang dem Strom oder Bach, auf Wagen, in Zelten, Bretter- und Zweighütten, und hier wurde lebhafter Tauschhandel getrieben. So wurde das Götter- und Opferfest, zu welchem, wer konnte, auch aus großer Entfernung, gern herbeikam – es waren die einzigen Volksfeste und Volksspiele – zugleich zum Jahrmarkt, unser Wort „Dult" ist nicht aus dem lateinischen indultum (sc. forum) „gestattete Märkte", entstanden, schon Wulfila nennt die religiösen Volksfeste und Versammlungen der Juden „dulths".

Das Ding ist *„ungeboten"*, d. h. es wird ohne besondere Ansagung je nach einer Zahl von Nächten nach Mondvierteln abgehalten[1] oder *„geboten"*, d. h. außerordentlich angesagt. Später änderte sich der Sinn dieser Ausdrücke ins Gegenteil: das gebotene Ding ist später das, zu welchem jeder erscheinen *muß*, und das waren gerade die alten ungebotenen, im Gegensatz zu dem besonders angesagten, zu welchem nur erscheinen *muß*, wer besonders geladen.

Die großen ungebotenen, mit Sonnwendfesten zusammenfallenden Dinge währten mehrere Nächte, was, abgesehen von geschichtlichen Belegen aus dem Norden und den mehrere Tage umfassenden christlichen Festen, die an Stelle der heidnischen traten, schon daraus hervorgeht, daß die Leute, die in sehr unlöblichem Mangel an Zucht, in noch sehr wenig gezogenem Freiheitssinn erst am zweiten oder dritten

---

1 Tac., Germ. K. 11: Coeunt, nisi quid fortuitum et subitum incidit, certis diebus, cum aut inchoatur luna aut impletur ... nec dierum numerum, ut nos, sed noctium computant.

Tage eintrafen, gleichwohl die Versammlung noch tagend und nachtend, richtend, beratend, opfernd, schmausend antrafen (Tac., Germ. K. 11).

Die Abgrenzung der Zuständigkeit dieser verschiedenen Dinge in aufsteigender Richtung ergibt sich von selbst aus ihrer Zusammensetzung. Es leuchtet ein, daß in der Dorfversammlung nicht der Streit von Angehörigen zweier Dörfer, sondern nur der Angehörigen des gleichen Dorfes entschieden, jener vielmehr vor der Versammlung des nächst höheren Verbandes, also der Hundertschaft, fehlte solche, gleich des Gaues, gebracht werden mußte.

In späterer Zeit waren schwere Straffälle, wichtigere bürgerliche Sachen vor die Versammlungen der größeren Verbände verwiesen. Gewiß bestand schon seit sehr alter Zeit eine solche Abgrenzung der Zuständigkeit auch nach der Schwere des Falls, so daß z. B. Friedlosigkeit nicht von der Hundertschaftsversammlung (geschweige gar von der Dorfversammlung) verhängt werden konnte, obgleich alle Beteiligten einer Hundertschaft (oder einem Dorf) angehörten; in der ältesten Zeit des Sippestaates freilich mußte die Sippe als einziges Gericht jede Strafe verhängen dürfen.

In allen diesen Versammlungen konnten auch Handlungen der *freiwilligen* Gerichtsbarkeit vorgenommen werden. Schwertleite, Verlobung, Auflassung, gerichtliche Verträge aller Art. Aber während hier für Angehörige oder Sachen eines Dorfes z. B. die Dorfversammlung allerdings genügte, liebte man es doch, um der größeren Feierlichkeit und um der so wichtigen Volks-, d. h. Gerichtskundigkeit willen, die Handlung in einer Versammlung der weiteren Verbände vorzunehmen: nicht der kleine arme Bauer seinem Knaben die Schwertleite in der Dorfversammlung geben, der Sohn des Reichen, des Edlen, vollends des Königs beging Schwertleite und Verlobung gewiß zum mindesten im Gauding, wenn nicht im Völkerschaftsding.

Geringere Fragen (die „laufenden Geschäfte", neuzeitlich ausgedrückt) beraten die Könige und Grafen der Völkerschaft allein, wichtigere die Versammlung der Völkerschaft; doch werden auch solche selbstverständlich von jenen Großen (vorher allein) gründlich durchberaten, schon deshalb, weil sie fast immer in der Volksversammlung die Anträge stellen, die Verhandlung und die Beschlußfassung bestimmen.[1]

Dem Römer fiel das Ordnungslose in diesen Versammlungen auf: das häufige Verspäten, das Niederlassen an jedem beliebigen Platz im Ding (Tac., *Germ.* K. 11). Die strenge Ordnung der Hegung des Dings, das äußerst genau geregelte Vorschreiten jeder Handlung im gerichtlichen Verfahren blieb ihm unbekannt.

Das Recht, in der Volksversammlung zu sprechen, Anträge zu stellen, abzustimmen stand jedem gemeinfreien Grundbesitzer zu, wenn auch tatsächlich der König, der Graf, die Edlen, die Ältesten oder die durch Kriegsruhm oder Beredsamkeit Angesehensten am häufigsten das Wort ergriffen, der Beratung die Richtung gaben: wie sie ihre Vorschläge wohl meist durchsetzten, aber doch immer nur als Vorschläge und Ratschläge, nicht als Gebote. (Tacitus scheint freilich *nur* dem König oder Grafen das Wort einräumen zu wollen; dann irrt er eben.)

Das stolzeste wichtigste Zeichen und Schutzmittel der Freiheit ist das *Waffenrecht*. Die in der Schwertleite empfangenen Volkswaffen (im Gegensatz zu den verpönten Mordwaffen) legt der freie Mann im Leben nicht wieder ab, ja, sie begleiten ihn, wie beim Gelage und bei der Verhandlung von Geschäften (*Germ.* K. 22), so in

---

1 Liest man auch *Germ.* K. 11 mit Müllenhoff *pertractentur* statt *praetractentur* – die Sonderberatung der Häuptlinge ging gewiß der Volksversammlung voraus, folgte nicht dem entscheidenden Beschluß erst nach.

den Hügel und nach Walhall. Bewaffnet erscheinen sie in der Versammlung, die ja zugleich Heerversammlung ist (Tac., *Germ.* K. 11).

„Das Zusammenschlagen der Waffen ist das ehrenvollste Zeichen des Beifalls für einen Vorschlag, eine Rede. Keine öffentliche oder private Verrichtung nehmen sie vor ohne ihre Waffen. Doch darf der Knabe oder Jüngling nicht willkürlich die Waffen anlegen; in der Versammlung der Gemeinde oder des Gaues (Tacitus scheint an die *Völkerschaft* zu denken, in deren Versammlung freilich die Schwertleite vorgenommen werden *konnte* [und oft wurde], aber schwerlich *mußte*) wird (siehe oben) der Jüngling von einem Grafen oder Gefolgsherrn oder den Verwandten oder dem Vater (also muß es nicht ein Beamter sein) mit Schild und Framea geschmückt; dies ist bei ihnen die „Toga virilis", die früheste Ehre der Jugend; bis dahin gehören sie nur der Sippe an, von da ab wenigstens nach Waffenrecht und Heerbannpflicht und Teilnahme an der Volksversammlung (aber noch ohne wahres Stimmrecht) der Gesamtheit; höchster Adel oder große Verdienste des Vaters lassen auch den Knaben bereits die Schwertleite empfangen, oft in der Weise, daß ein Gefolgsherr sie vornimmt und sofort den etwa Fünfzehnjährigen schon in sein Gefolge einreiht; er wird dann den schon Kräftigeren, bereits früher Bewährten beigesellt. Und dies ist auch für die Söhne so hervorragender Sippen um so weniger unehrenhaft, als ja die Gefolgschaft Grade hat, nach Abstufung durch den Gefolgsherrn; daher wetteifern die Gefolgen gewaltig, in der Würdigung des Herrn die erste Stufe zu gewinnen. Ebenso die Gefolgsherrn, recht heldenhafte und recht viele Gefolgen zu gewinnen, denn das verleiht Ehre und Macht zugleich, stets von einer Schar erlesener Jünglinge umgeben aufzutreten, im Frieden der Glanz, im Krieg der Schutz des Gefolgsherrn. Dies gewährt nicht nur im eigenen Volk, auch bei den Nachbarstämmen großen einflußreichen Namen und Ruhm, über ein durch Heldentum und Zahl ausgezeichnetes Gefolge zu verfügen. Fremde Völker schicken an einen solchen Gefolgsherrn Gesandte und reiche Geschenke: – vor allem ihre Mitwirkung bei Kriegen zu gewinnen, die der Staat des Gefolgsherrn nicht teilt; ja, durch das bloße Gerücht, daß solche Gefolgsherrn für eine Kriegspartei eintreten würden, ist schon der Ausbruch eines Krieges verhütet worden, – durch Einschüchterung der Gegner. In der Schlacht ist es für den Gefolgsherrn schimpflich, an Heldenschaft von der Gefolgschaft übertroffen zu werden, für die Gefolgen, es dem Gefolgsherrn nicht gleich zu tun. Ehrlos aber für das ganze Leben und schmachbedeckt ist, wer, den Fall des Gefolgsherrn überlebend, aus der Schlacht entfloh; ihn verteidigen, ihn schützen, eigene Heldentat nur ihm zum Ruhm anrechnen, das ist der Hauptinhalt des Gefolgen-Eides. Hat der Heimatstaat gar zu lange Frieden und Waffenmuße, so suchen die edlen Jünglinge an der Spitze ihrer Gefolgschaften häufig freiwillig solche Stämme auf, die in Krieg begriffen sind, einmal weil diesem ganzen Volk die Ruhe verhaßt ist, dann, weil sie nur im Krieg sich durch Heldentum berühmt machen, endlich weil sie eine zahlreiche Gefolgschaft nur durch den Krieg nähren und beisammenhalten können. Denn sie erwarten, aus der freigebigen („milden") Hand des Herrn nicht nur Streitroß und die siegreichen Waffen als Geschenk zu empfangen, auch, an Soldes statt, Schmaus und zwar einfache, aber reichliche Verpflegung. Die Mittel für solche Gaben gewähren Krieg und Raub." Schon diese Schilderung widerlegt, von anderem zu schweigen, die Ansicht, wonach nur die Könige und die Grafen Gefolgschaften halten durften, und die in Kap. 12 erwähnten hundert Gehilfen des Grafen aus dem gemeinen Volk eben die Gefolgschaft gewesen sein sollen. Die Gefolgschaft ist bald klein, bald groß – jene Zahl dagegen ist auf hundert bestimmt (wobei Tacitus das germanische Zahlwort für die Hundertschaft in Verbindung brachte mit einer uns sonst nicht bekannten [vielleicht den späteren „Schöffenbaren", aus welchen im Einzelfall die Urteiler genommen wurden, verwandten] Einrichtung); an jene hundert Plänkler aus jedem Gau, die zwischen den Reitern fechten, ist dabei vollends gar nicht zu denken. In die Gefolgschaft treten auch die alleredelsten Jünglinge – jene hundert Beiständer jedoch werden „ex plebe" genommen. An der Spitze der Gefolgschaft denkt sich Tacitus gewiß ganz richtig die edlen „Jünglinge" – zu Königen und Richtern, Grafen hat man aber doch wohl weniger Jünglinge als reife und alte Männer gekoren. Endlich ist es doch nicht möglich, daß der Graf, der auch im Frieden in der Heimat ganz unentbehrlich ist, schon weil er alle vierzehn oder achtundzwanzig Nächte Gericht zu halten hat, so oft auf Krieg und Raubfahrt auszieht und seine Rechtsbeistände (consilium et auctoritas) durch Kriegsbeute und Raub ernährt: – das paßt doch nur auf amtlose junge Helden, die in Abenteuern erst Ruhm suchen, nicht auf den zu Hause unentbehrlichen, an Jahren reifen Richter! Und besonders von dieser kriegs- und fahrtenfrohen Jugend gilt, daß sie lieber den Feind herausforderte und sich Wunden holte, als den Acker bestellte und der Ernte wartete, daß sie es für faul und schwächlich hielt, durch Schweiß der Arbeit den Lebensunterhalt zu verdienen statt durch Blut und Waffen (Germ. K. 14).

Kaum kann man von *Finanzwesen* jener einfachen Staatsverbände sprechen. Die wichtige Ausgabe, die für das Heer, fiel weg, da der Wehrpflichtige auch für Waffen und Ausrüstung zu sorgen hatte. Andere Ausgaben gab es kaum: die Bewirtung fremder Gesandten und die herkömmlichen Ehrengeschenke bestritten die Könige aus dem eigenen Hort: ein Besteuerungsrecht war so wenig anerkannt, daß die Einführung der römischen Grundsteuer z. B. in der folgenden Zeit von Franken- und Goten-Königen nur mit großer Mühe durchgesetzt werden kann; sie galt als Anmutung der Knechtschaft oder doch als Bestreitung des Volleigens, da nur der Knecht oder der auf fremder Scholle Sitzende zinste.

Nur freiwillige Geschenke von Vieh und Früchten wurden den Königen und Grafen dargebracht, aber nicht von den Gauen als solchen, sondern von den einzelnen Grundeigentümern; diese Ehrengaben dienten dann auch dem Bedürfnis der königlichen Halle, die ja zum Teil auch für den Staat Ausgaben zu machen hatte.

Noch in der folgenden Zeit werden viele Bedürfnisse, für deren Befriedigung der heutige Staat Geld bezahlen muß, das er durch Steuern erhebt, durch Naturallieferungen und Arbeit der Staatsgenossen gedeckt. Das galt in noch höherem Maß von den ohnehin noch viel selteneren Bedürfnissen, die der Staat vor der Wanderung überhaupt befriedigte; die allermeisten überließ er ja noch der Hundertschaft, dem Dorf, der Sippe, dem Gehöft. Die spärlichen Straßen z. B. baute und erhielt nicht der Staat; sogar der Deichschutz war, wie es scheint, privaten Verbänden überlassen, die sich freilich vermöge der Natur der hier zu bekämpfenden Gefahr oft über mehrere Gaustaaten hin erstrecken mußten. Die Schanzen und die sehr häufig in den Römerkriegen erwähnten Waldverhaue, die Grenzwälle, z. B. der Angrivaren, wurden aus dem in Überfluß vorhandenen Holz und Rasen des Grenz- und Allmendewaldes von den Heerleuten selbst, jedesfalls unter starker Verwendung der Unfreien, hergestellt.

Auch benachbarte Völker und Fürsten vermehrten durch Geschenke, die man als ehrenvolle Zeichen der Anerkennung für Macht, Ruhm, Heldenschaft sehr gern annahm, den Hort des Königs. Nicht nur einzelne, sondern die Staaten schicken solche Geschenke: so erlesene Rosse in köstlicher Aufzäumung (daß man schön gezäumte, aufgeschirrte Rosse sehr liebte und gern als Geschenke empfing, zeigt auch die Erwähnung derselben unter den Verlöbnisgaben, Tac., *Germ.* Kap. 18), gewaltige Waffen, Ketten, Halsringe, Armringe; von solchen Dingen, zumal Waffen, Schmuck, Gerät, haben wir uns gefüllt zu denken schon in dieser Zeit den Hort der Könige, der dann in den Reichen der Völkerwanderung, mit gemünztem Metall gemehrt, eine so wichtige Rolle spielt. Natürlich nahmen sie alsbald auch römisches Geld (*Germ.* K. 15).

4. Die Sippe

Wir sahen, in welchem Sinn in der Zeit zwischen Cäsar (50 v. Chr.) und Tacitus (100 n. Chr.) Ackerbau und Grundbesitz für Leben und Wirtschaft der Germanen mehr und mehr Grundlagen geworden sind.

In gleichem Schritt wurden sie auch allmählich Grundlagen der Verfassung.

Es hat unbestreitbar eine Zeit gegeben, in der nicht die Gemeinde den Rahmen des Staates bildete, nicht bilden konnte – weil sie noch gar nicht bestand: die *Land*gemeinde, um die allein es sich bei Germanen handelt, setzt als wichtigste Grundlage der Genossen seßhaften Ackerbau voraus.

Vor dem Übergang in diesen Zustand – also in Asien und noch jahrhundertelang während und nach der Einwanderung in Europa – war der Rahmen des Rechtsverbandes die *Sippe*, das Geschlecht: in diesem Sinn mag man jenen *vorgeschichtlichen* germanischen Staat einen „Geschlechterstaat" nennen. Sibja ist Geschlecht und Friede, denn nur innerhalb des Geschlechts waltete unverbrüchlicher Rechtsschutz, Rechtsfriede. Ungesippen auch des gleichen Staates durften, wenn sie wollten, ihren Streit statt durch Rechtsverfahren (Rechtsgang) durch Krieg der Sippen entscheiden (Fehdegang).[1]

Aber auch nachdem die Germanen seßhaft geworden waren und Gemeinde oder Gau den Rahmen ihres Staates ausmachten, wirkte der alte Geschlechterverband in wichtigen Äußerungen noch Jahrhunderte fort.

Nicht nur erhielt sich Fehdegang und Blutrache als Recht und Pflicht so zähe, daß, nachdem schon Karl der Große sie hatte verbieten wollen, nicht einmal sieben Jahrhunderte später der „ewige Landfriede" sie ausrotten konnte: auf dem Geschlechterverband ruhte die Ansiedelung, die Landverteilung im Frieden – die Nachbarn sind zugleich die Gesippen – und die Gliederung des Heerbannes im Kampf; die nächsten Verwandten fechten nebeneinander, und die römischen Legionen haben es so oft erfahren, wie diese natürlichen Verbände in gegenseitiger Beschirmung oder Rächung wirkten.

Da nun die nächsten Nachbarn und Lebensgenossen, d. h. eben die Gesippen, auch Glaubhaftigkeit, Ehrlichkeit des Mannes am genauesten kennen konnten und mußten, wandte man sich an die Gesippen, wenn es galt zu erhärten, ob jemand zum Eid gelassen werden könne in eigener Sache: d. h. die Gesippen sind zugleich *Eidhelfer*, die beschwören, daß der Eid des Hauptschwörers glaubhaft (daß er „rein, nicht mein", d. h. *megin*, d. h. ungeheuer, d. h. Frevel sei.[2]) Endlich ist das gesamte *Erbrecht* nur ein auf den Todesfall angewendetes Familienrecht.

---

1 Vergl. die Rechtszustände im Geschlechterstaat und dessen allmählichen Übergang in den Gemeindestaat in: Dahn, Fehdegang und Rechtsgang der Germanen. Bausteine II. Berlin 1880.

2 Über die privatrechtlichen Befugnisse und Pflichten der Sippe s. später Privatrecht.

5. Das Königtum[1]

Soweit unsere Berichte zurückreichen, von dem ersten Auftreten germanischer Stämme an, zur Zeit (der Bastarnen?), der Kimbern und Teutonen, wie zur Zeit des Cäsar, erscheinen Spuren von Königtum bei den Germanen. Tacitus fand neben der häufigeren königlosen Verfassung doch bei so zahlreichen Stämmen das Königtum vor, daß er bei Schilderung allgemeiner germanischer Staatsverhältnisse seine Ausdrücke in einer Weise zu wählen pflegt, die beide Formen in sich schließt. Beide Formen sind echt und ursprünglich germanisch; die Frage, welche die ältere sei, läßt sich aus den Quellen nicht beantworten. Nicht mehr Forschung, nur allgemeine Vermutung mag, über die geschichtliche Zeit sich hinauswagend, annehmen, daß, da die Gemeinde aus der Familie erwachsen, die väterliche Gewalt des Geschlechterhauptes sich eine Zeitlang auch über die zur Gemeinde erweiterte Sippe mag behauptet und so einen vorgeschichtlichen Grund abgegeben haben für das später hieraus erwachsene Königtum.

Denn fragen wir nach Eigenart und Entstehung dieses ältesten Königtums, so müssen wir uns hüten, irgendeine einzelne der demselben zukommenden Verrichtungen willkürlich herauszugreifen und zum Ausgangspunkt oder zur Erklärung der ganzen vielseitigen Einrichtung zu machen.

Gewiß, die Könige hatten größeren *Grundbesitz* als die einfachen Freien: aber die Adelsgeschlechter desgleichen, und nicht auf dem Grundbesitz ruht das Wesen des Königtums. Der König stand an der Spitze einer zahlreichen und geehrten *Gefolgschaft;* aber hierin mochte ihm mancher Edle, mancher reiche Gemeinfreie nahe kommen, und nicht aus der Gefolgschaft ist das Königtum erwachsen. In der Zeit der Wanderung sind vielfach *Herzoge* oder Gefolgsführer von Römern und Griechen Könige genannt worden: aber ihnen kommt das für das Königtum Bezeichnende nicht zu, und keineswegs ist aus ihnen das Königtum erst hervorgegangen. Der König hat wichtige *priesterliche* Verrichtungen, aber ebenso hatte sie der Graf. Er führt sein Volk im Krieg an, und etwas Heldentümliches ist seiner Gewalt eigen, aber auch der Graf und der Herzog hat diese *Kriegsgewalt:* und weder die *richterliche* noch die *kriegerische* Würde macht den König zum König.

Mit keinem der hervorragenden Ämter, mit keinem der erwähnten Dinge, die in der Verfassung jener Zeit Macht und Auszeichnung gewährten, zeigt das Königtum einen solchen Zusammenhang, daß es von demselben sein Wesen hergenommen hätte. Das einzige bestimmt Auszeichnende desselben ist eine eigentümliche *Erblichkeit.* Und nur mit einer anderen Einrichtung jener Zeit hängt das Königtum aufs innigste zusammen, der einzigen, die auch erblich ist, deren Wesen aber auch gerade in der Erblichkeit liegt: nämlich mit dem *Adel.*

Wie der Adel ist das Königtum, aus echter Wurzel germanischen Lebens und germanischen Rechtsgefühls erwachsen, ein Urbesitz dieser Stämme. Sie treten mit ihm in die Geschichte ein. Die Quellen finden es als ein längst bestehendes vor. Wie der Adel beruht es nicht auf einem einzelnen, mit Bewußtsein verliehenen Recht, ist es nicht aus einer einzelnen rechtlichen Aufgabe, aus einem Lebensverhältnis entstanden, sondern ein unwillkürliches unmittelbares Erzeugnis der Gesamtentwicklung germanischen Wesens in Götterglauben, Sitte, Leben und Recht, in Geschlecht, Gemeinde und Staat. Damit ist aber auch die Frage nach seiner Entstehung und seinem ursprünglichen Wesen beantwortet, es beruht, wie der Adel, auf

---

1 Vergl. Könige I, S. 247

der dem Germanen mächtig innewohnenden Verehrung und Liebe für Geschlecht (*adal* = Geschlecht), für die heiligen Bande des Blutes, die der staatlichen Genossenschaft zugrunde liegen. In dem Adel verehrte jeder Stamm seine ältesten *Geschlechter*, von denen er, mit dem guten Glauben der Sage, seine Entstehung ableitete; in der Wirklichkeit haben vielleicht oft gar verschiedene Gründe im einzelnen Fall die Erhebung eines oder des andern Geschlechts bewirkt: Reichtum, Eroberung, wiederholte Auszeichnung seiner Häupter; aber in der Auffassung des Volkes ist das bis zu den Göttern hinanreichende Alter des Geschlechts der Grund seines Vorzugs. Das edelste nun dieser edlen Geschlechter ist das königliche, und der Grund seiner mit freier Hingebung verehrten Gewalt ist eben die liebevolle Ehrfurcht vor dem Alter dieses Geschlechts, dem Ursprung zugleich des ganzen Stammes. In merkwürdiger Weise belegt – in größerem Kreise – diese Bedeutung des ältesten Geschlechts der Bericht des Tacitus von der suebischen Völkerschaft der Semnonen. Diese Völkerschaft gilt als die edelste, weil als die älteste der Sueben: die Völkerschaft, von welcher die übrigen ausgegangen sind oder zu sein glauben, hat den Vorrang im Völkerverband wie innerhalb der Völkerschaft dasjenige Geschlecht, von dem sich die andern der gleichen Völkerschaft ableiten. Und wie sich bei der altedelsten Völkerschaft der Völkergruppe die „Anfänge des Volkes" finden, und „dort der Gott, der König über alle, dem alles andere untertan und gehorsam", so stammt der Begründer der Völkerschaft, der König, unmittelbar von den Göttern. Und wie der Völkerbund in dem Heiligtum der Hauptvölkerschaft, so findet die Völkerschaft ihren religiösen Mittelpunkt, ihre gemeinsame Vertretung gegen die Götter in den priesterlichen Verrichtungen des Königs. Und in diesem Sinne sind Ingve, Isto, Hermino, die Söhne des Mannus, des Sohnes des Tuisko, die „Anfänger und Gründer des Volkes", wenn nicht selbst die ersten Könige doch deren Ahnherrn und Vorbilder zugleich.

In diesem seinem ältesten Geschlecht knüpft sich der Stolz des Stammes an die Götter selbst, und der erste König, der erste Ahn des Volkes ist vielfach der Sohn eines Gottes, ein Halbgott. So ist die Eigenart des ältesten Königtums eine sagenhafte, halbgöttliche, geschlechterhafte. Das Haupt des ältesten Geschlechts, das sich zur Gemeinde erweitert, durch eigene Vermehrung wie durch Zuwanderung Fremder, wird auch in diesem erweiterten Kreise noch ein ehrwürdiges Ansehen behaupten. Es wird die Opfer für die Gemeinde, wie früher als Hausvater für die Familie, zu bringen, es wird den Rat und das Gericht der Gemeinde, wie früher des Geschlechts, zu berufen und zu leiten haben; es wird, bei körperlicher Rüstigkeit, die Anführung der Genossenschaft im Kriege, wie früher der Sippe in der Fehde, haben; freiwillige Ehrengeschenke werden ihm dargebracht werden, und vor allem wird dieser Vorzug, weil er ja auf dem Geschlechte ruht, erblich sein. Dies das Geschlechthafte. Hat sich nun dieses eine Geschlecht dergestalt erweitert, daß zahlreiche neue Sippen daraus hervorgegangen sind, ist durch Aufnahme von zugewanderten Sippen die Vorstellung von der unmittelbaren Geschlechtseinheit der ganzen Genossenschaft unhaltbar geworden, dann werden diejenigen Sippen, die sich nicht auf die Sippeneinheit zurückführen können, in der ältesten königlichen Sippe die Wiege des Ganzen, die von den Göttern stammenden Ahnen der Völkerschaft finden, und so wird das Sagenhaft-Halbgöttliche hinzutreten. Andere Geschlechter, die nach der ersten für die ältesten gelten, werden als Adelsgeschlechter erscheinen; oder man wird umgekehrt denjenigen Sippen, die sich auch später erst durch Reichtum, Krieg, Glück und Glanz hervortun, sagenhaft älteste Abstammung andichten. – Dies sind Betrachtungen, die sich an das Erwachsen der Gemeinde aus der Sippe bei *allen* Völkern, nicht nur bei den Germanen, knüpfen lassen. Vielfach finden wir daher ähnliche sagenhaft-halb-göttliche und geschlechterhafte Züge in dem Königtum anderer Völker. Aber daß sich diese allgemein menschlichen Züge hier eben in der bestimmten Weise entwik-kelt haben, wie sie uns in dem germanischen Königtum entgegentreten – davon liegt der Grund in dem Geheimnis, das wir die Eigenart eines Volkes nennen und in seiner hiervon zur einen Hälfte abhängigen Geschichte.

Allein vor *einem* Mißverständnis dieser Auffassung muß nachdrücklich gewarnt werden. Vergessen wir nicht, daß hier nur von der vorgeschichtlichen *Vorgeschichte* des germanischen Königtums die Rede ist. Viele Jahrhunderte liegen zwischen jenem Übergang der Einherrschaft über das noch nicht seßhafte Geschlecht in das erste Königtum über die Gemeinde, zwischen jener Entstehung des Königtums und den ersten *Erscheinungen* desselben, denen *wir* in der Geschichte begegnen. Deshalb ist auch keineswegs die beschränkte Gewalt, die diesem Königtum über die Freien zu-steht, mit der strengen Mundschaft zu vergleichen, die das Haupt der Sippe über die von ihm vertretene Glieder übt.

Eine solche Gewalt ist schon bei der ersten Erweiterung der Sippe in eine Reihe von selbständigen Geschlechtern, ist bei dem ersten Übergang in eine Gemeinde nicht mehr möglich. Es ist bereits hervorgehoben, daß auch in den Völkerschaften mit Königen das staatliche Schwergewicht in der Volksfreiheit lag; nur gewisse for-male, aber durch fromme Verehrung geheiligte Rechte und ein hohes sittliches Anse-hen hat der König. Also nicht dem Inhalt seiner Kraft nach ist das geschichtliche Königtum ein sippenhaftes, so daß die Freien wie Unmündige in der Mundschaft des Königs stünden, sondern der Überlieferung seiner Entstehung nach. Und lange ge-nug hatte jenes vorgeschichtliche Königtum bestanden, um auf die viel später aus mannigfaltigen Gründen erwachsenen geschichtlichen Königsherrschaften noch die Weihe und den Schimmer der Heiligkeit jener uralten geschlechterhaften und sagen-haften Würde zu werfen. Deshalb gelingt es auch jedem Adelsgeschlecht, das durch Kriegsruhm, Glück, Wanderung, Gefahr des Volkes begünstigt, ein Königtum be-gründet, so leicht, sich erblich zu machen; deshalb umkleidet der Glaube des Volkes, gewöhnt, im Königtum den Ruhm seiner Stammesgeschichte, seinen Zusammen-hang mit den Göttern zu verehren, auch ein neu aufgekommenes Königsgeschlecht mit einem Kranz von Sagen, der es mit den Anfängen des Stammes verknüpfen soll. Deshalb wird auch dem spät entstandenen Königtum eine heilige Verehrung erwie-sen, wie sie das Volk seit Urzeiten seinem Königtum zu erweisen gewöhnt ist. Und diese sittliche Macht des Königtums in der Verehrung und treuen Anhänglichkeit des Volkes war es, welche die an sich sehr beschränkte königliche Gewalt, wenn getragen von einer kraftvollen Erscheinung wie Theoderich oder Chlodovech, so stark und eindringlich machte.

Schon Tacitus berichtet uns von einzelnen größeren Königsherrschaften, die zu seiner Zeit errichtet wurden und vielfach von jenem alten Königtum sich unterschie-den. Gleichwohl behielten selbst die späteren, durch römische und andere Einflüsse mannigfach umgestalteten Königsherrschaften wesentlich die Eigenart des alten Kö-nigtums bei; und einzelne Züge davon haben sich bis ins späte Mittelalter erhalten. Der Unterschied der königlichen Gewalt von der der Grafen, „*principes*", liegt nun nicht so fast in den einzelnen Rechten, die beiden im Gegenteil völlig gemeinsam, als vielmehr in der *Erblichkeit* und in der gerade auf die Geschlechtsherrlichkeit gestütz-te Heilighaltung des Königtums im Gegensatz zu den Grafen, die vielleicht nur auf bestimmte Amtszeit, nicht aus einem bestimmten Geschlecht, mit völlig freier Wahl des Gaues erhoben werden. Aus diesem Grund ist der Gegensatz zwischen Graf und

König gleichwohl ein sehr bestimmter im Bewußtsein des Volkes und sehr zu Unrecht glaubt man, daß ein Graf sich auch König hätte nennen können. Sprache und Leben gewährten hier offenbar deutliche Gegensätze. Auch in Staaten mit Königen besteht ein Wahlrecht des Volkes: es äußert sich hier und da in dem völligen Absehen von dem königlichen Geschlecht, wenn einerseits Bedürfnis und Gefahr, andererseits Untüchtigkeit oder auch nur Unmündigkeit der Glieder desselben dazu auffordern; ferner in der Entscheidung zwischen mehreren gleichberechtigten Bewerbern: – denn nirgends (außer bei den Vandalen in Afrika) entwickelt sich eine Erbordnung für die einzelnen Glieder des königlichen Geschlechts: das Recht auf den Königsstab kommt dem Geschlecht als solchem zu, und jedes Glied desselben kann es unter Umständen geltend machen; endlich in einer Art von Genehmigung, Bestätigung, freiwilliger Anerkennung und Unterwerfung, die häufig auch bei ganz unbestrittener Nachfolge die Freiheit des Volkes betätigt und der gegenüber das Erbrecht des königlichen Hauses nur ein beschränktes ist, mehr ein sittlicher Anspruch, der freilich nicht ohne triftigen Grund übergangen wird; dies gestaltete sich sehr verschieden bei den einzelnen Stämmen.

Absetzung des Königs, Erhebung eines anderen Geschlechts kommt wohl vor; aber die Geschichte der Cherusker, Heruler, Ostgoten wird uns andererseits lehrreiche Beispiele der tief eingewurzelten Anhänglichkeit an das königliche Geschlecht zeigen. So wenig mit dem Königtum eine Freiheitsminderung verbunden ist, so scharf wird es doch im Bewußtsein des Volkes von der königlosen Verfassung unterschieden – eben wegen jener erblichen ehrwürdigen Eigenart. Abschaffung oder Einführung des Königtums, durch Volksbeschluß in bestimmter. Rechtshandlung erfolgt, wird daher als wichtigste Staatsveränderung empfunden.

Die einzelnen Rechte des Königs waren nun folgende: gewisse priesterliche Verrichtungen – Opfer, Befragung des Götterwillens, feierliche Umzüge – Berufung und Leitung der Volksversammlung; Vollzug der Gerichtsbeschlüsse in eigenem Namen – „Gerichtsbann" –, Bezug der verwirkten Friedensgelder, die in königlosen Staaten an die *civitas* fallen; Anführung des Volksheeres – „Heerbann" –, Ernennung von Feldherren, Vertretung des Gaues auf der Völkerschaftsversammlung; vorläufige Verhandlung mit anderen Völkern. Sehr früh mußte der König tatsächlich die Leitung der äußeren Beziehungen erwerben, d. h. einer beliebten Persönlichkeit leistete die Volksversammlung hierin wohl regelmäßig – es gibt auch Ausnahmen – Folge, ohne grundsätzlich ihr Entscheidungsrecht aufzugeben. Kam die Rechtsfrage zur Besprechung, so hatte freilich das Volk das Bewußtsein, seinen Willen mit Recht gegen den König durchsetzen zu können; allein es kam eben selten zu einem solchen Widerstreit. Ferner kam dem König zu: Entscheidung geringerer Angelegenheiten, Bezug freiwilliger Ehrengeschenke, lang herabwallendes Haar und ehrenvolle Abzeichen in Tracht und Waffen. Zweifelhaft jedoch erscheint, ob der König damals schon das Recht hatte, Vorsteher der Landschaften, Grafen, zu ernennen. Wo sich, zum Teil mit Kriegsgewalt, neue größere Königreiche gebildet hatten, wie das des Marobod, mögen gewiß Kriegs- und wohl auch Rechtsbeamte vom König bestellt worden sein; ob aber auch in dem alten eng begrenzten Gaukönigtum, ist doch fraglich. Vielmehr war es später zugleich eine Hauptursache und eine Hauptwirkung von dem Übergang des staatlichen Schwerpunkts auf das Königtum, daß nach der Wanderung der König ganz allein die Beamten ernennt, die dann in seinem Namen die Urteile im bürgerlichen und im Strafverfahren vollstrecken; dies Recht, *duces* und *comites* zu bestellen, wurde durch das Vorbild der römischen Imperatoren mächtig gefördert, wie denn das ganze Beamtenwesen zum größten Teil aus dem römischen Staat herübergenommen wurde.

Das in diesen Hauptzügen geschilderte Königtum nun, zur Zeit des Tacitus noch nicht die üblichste Verfassungsform, hat allmählich bei fast allen Stämmen die königlose Form verdrängt. Wenn auch äußere Gründe, wie die Römerkriege, die Gefahren und Kämpfe der Wanderung, hierzu vielfach beigetragen haben, so liegen doch dieser Veränderung wesentlich auch innere Ursachen zugrunde. In dem staatlichen Entwicklungsgang dieser Stämme ist offenbar vom ersten bis vierten und fünften Jahrhundert ein bedeutsamer Fortschritt wahrzunehmen: ein Fortschritt vom Vereinzelten zum Einheitlichen, ein Streben, anstelle der engen, unbedeutenden, fast gemeindehaften Gaustaaten größere, mehr wahrhaft staatliche Verbände zu setzen. Nicht mehr in den kleinen Gauen der Völkerschaft vollzieht sich ein notdürftiges staatliches Leben – die Völkerschaft als solche wird jetzt die vorausgesetzte staatliche Einheit, in welche die Sondertümlichkeit der Gaue aufgegangen. Eine der wichtigsten Umgestaltungen, welche die deutschen Stämme je erfahren, hat sich in diesen dunklen, nur vom Schimmer der römischen Waffen erhellten Jahrhundert vollzogen; nur aus den Ergebnissen können wir vermutungsweise auf den Hergang schließen. Die verschiedenen Wege, welche die einzelnen Stämme dabei eingeschlagen haben, möglichst genau zu verfolgen, ist unsere unerläßliche Aufgabe. Außer Wanderung, Krieg und Gewaltsamkeit jeder Art mag häufig auch Erbschaft die Versammlung mehrerer Gaue unter *eine* Hand bewirkt haben; die Könige der gotischen, alemannischen, fränkischen Gaue finden wir häufig verwandt und verschwägert.

Die Hauptursache war aber offenbar nicht eine äußere, sondern eine innere, nicht eine gewaltsame, sondern eine friedliche, nicht eine plötzliche, sondern eine allmählich wirkende: die gleiche Ursache, welche die sogenannte „Völker*wanderung*" herbeiführte, nämlich die durch den Übergang zu seßhaftem Ackerbau bewirkte Übervölkerung, die, Grenzwald und Allmende durchdringend, allmählich Gemeinde an Gemeinde, Gau an Gau stoßen ließ, die früher durch Wald und Ödland geschieden waren; größere kräftigere Gaue und Könige übten nun auch unwiderstehliche Anziehung im Frieden, Druck im Kriege, die räumlich getrennten Verbände schmolzen räumlich und infolgedessen bald auch rechtlich in eins zusammen.

Bald aber genügte auch die Völkerschaft nicht mehr diesen Anforderungen der Ausbreitung und den Gefahren einer sturmbewegten Zeit, in welcher kleinere Körper zertrümmern und nur größere die Widerstandskraft, sich zu erhalten, besitzen. Auch die Völkerschaften verschwinden allmählich mit Namen und Wesen, und ganze Gruppen von Völkerschaften, Völker, treten, freilich oft noch in sehr lockerer Zusammenfügung, als Bündnisse, auf. Eine solche Zeit mußte die alten königlosen Verbände beseitigen; das Bedürfnis einheitlicher, fester, dauernder Führung mußte überall das Emporkommen des ja ohnehin nicht fremdartigen Königtums begünstigen. Die langobardische Königssage, die westgotische Geschichte zeigen, daß es für ruhmvoll, für angemessen der kriegerischen Kraft eines Volkes galt, eigene Könige zu haben: Wenn die Völker sinken, büßen sie das Königtum ein, wenn sie steigen, richten sie es auf. Schon von Mitte des ersten Jahrhunderts ab treffen wir häufig Spuren von Versuchen, statt der Gaugrafschaft oder des Gaukönigtums ein Völkerschaftskönigtum zu gründen. Erst später gelingen diese Versuche und führen noch später zur Bildung von Völkergruppen (Alemannen, Franken usw.). Eine Zeitlang erhalten sich innerhalb dieser noch besondere Völkerschaftskönige; aber der Zug und Drang der Zeit neigt zur Beseitigung aller solcher Sonderungen, und bald erscheint an der Spitze der Franken, der Alemannen, der Bayern (?) nur ein Herrscher, bis zuletzt der Frankenkönig wie die Völkerschaftskönige und Gaukönige der Salier und Ripuarier, so die Volkskönige der Alemannen, Thüringer, Bayern (?) beseitigt und diese ganze Entwicklung in dem *Reichskönigtum der fränkischen Einherrschaft ihren großartigen Abschluß findet* (siehe oben).

Das königliche Geschlecht ist nun, wie gesagt, nur das edelste erste Adelsgeschlecht; es gilt für das älteste oder doch eines der ältesten Sippen, aus welchen der Verband (von Volk oder Völkerschaft oder Gau) erwachsen, daher folgerichtig von den Göttern entstammt; die Grundlage des Königtums ist wie der homerischen „Basileia" eine sagenhaft-halbgöttliche, eine geschlechterhafte. Ohne Zweifel gelten Ingo, Isto, Irmin, die Stammväter der Stämme, die Göttersöhne, für Könige. Die angelsächsischen Könige Hengist und Horsa sind Söhne Wodans: Halbgötter (*anses*) sind die ältesten Könige der Ostgoten, Gapt, der älteste in ihrer Geschlechterfolge, der Begründer des Volkes; im Norden sind die Inglinger und die Skioldungen wie die Wälsungen Söhne Odhins; und in eifrig christlicher Zeit führt man die Frankenkönige, denen wir im hellen Licht der Geschichte zuschauen können, wie sie sich aus Königen eines salischen Gaues zu Volkskönigen beider fränkischer Mittelgruppen, der Salier und der Uferfranken, emporarbeiten, auf einen Meerwicht zurück.

Aus dieser Auffassung des königlichen Geschlechts und des Königtums folgt selbstverständlich, daß die Germanen das Königtum wie den Adel als einen vorgeschichtlichen Urbesitz des Geschlechterstaats schon mit aus Asien nach Europa brachten und daß keineswegs daran zu denken ist, daß erst durch erfolgreiche Gefolgsherren oder gar durch Entlehnung von den Römern, oder „durch Abschluß des Dienstvertrages mit dem Imperator" das Königtum entstanden sei.

Die Rechte des Königs in der Verfassung der Volksfreiheit sind sehr gering.

Das königliche Geschlecht als ganzes (im Mannesstamm) hat das Anrecht auf die Krone; dieser Anspruch ist ganz allgemein an das königliche Blut geknüpft; es gibt keine Thronfolgeordnung, vielmehr muß in jedem Fall der Thronerledigung Volkswahl aus der Zahl der Männer des Königshauses den König berufen; letztwillige Verfügung des Königs ist ausgeschlossen; sogar der einzige waffenfähige Sohn des verstorbenen Königs wird erst durch Wahl König. An sich *kann* das Volk, ohne auf Gradnähe des verstorbenen Königs irgend zu achten, jeden Mann des Königshauses wählen; tatsächlich wird der bereits *waffenfähige* älteste Sohn wohl nicht leicht ohne besondere Gründe übergangen, aber häufig wird dem noch nicht waffenfähigen Sohn ein berühmter Held, ungeachtet seiner nur *ferneren* Verwandtschaft mit dem verstorbenen König, vorgezogen. Dieser Mangel jeder Erbordnung hatte die böse Folge, daß bei jeder Thronerledigung jedes Glied des Geschlechts sich Hoffnung auf den Königsstab machen, wenigstens den Versuch wagen konnte, die Mehrzahl des Volkes für sich zu gewinnen. Daher die so häufigen Thronfolgekriege unter Brüdern, Vettern, Oheim und Neffe noch in später fränkischer Zeit.

Einsichtige Könige suchten noch bei ihren Lebzeiten die Nachfolge durch Vorbefragung des Volkes *einem* Sohne oder anderen Verwandten zu sichern, was freilich keineswegs immer den Erbkrieg auszuschließen vermochte. Mit großer Klugheit führte König Geiserich in Afrika eine bestimmte Folgeordnung ein, den Seniorat, den er von den Mauren entlehnte.[1]

Der König hatte nun als rechtliches Mittel für Ausübung seiner Verrichtungen das *Bannrecht*, das heißt das *jus sub multa jubendi et vetandi*, das Recht, unter Androhung einer Geldstrafe zu gebieten und zu verbieten, dem römischen *imperium* ähnlich.

So übte er vor allem den *Heerbann* und den *Gerichtsbann*, d. h. er hatte das Recht,

---

1 Könige I, S. 230. – Bausteine II, S. 213

das Volksheer aufzubieten und in dem vom Volk (nicht vom König) beschlossenen Krieg zu befehligen; er hatte das Recht, gebotene Dinge anzusagen; wer diesem Aufruf zu Heer oder Ding ohne „echte (d. h. gesetzliche, von dem Volksrecht, *êwa*, anerkannte) Not" nicht Folge leistete, ebenso wer ungenügend bewaffnet erschien, zu spät erschien, zu früh das Heer verließ, hatte die *Heerbannbuße* an den König verwirkt, desgleichen wer ungehorsam auf Ladung des Königs vor Gericht ausbleibt oder dem rechtskräftigen Urteil nicht nachkommt, die *Gerichtsbannbuße*. Diese Bußen bilden die einzige rechtsnotwendige Einnahme des Königs; von einem „*Finanzbann*" kann in der Urzeit noch nicht gesprochen werden. Ebensowenig hat der König gesetzgebende Gewalt; diese steht der Volksversammlung zu, in welcher der König, wie jeder andere, nur *eine* Stimme hat – freilich eine schwer wiegende. Und tatsächlich, aber nicht rechtlich, übt der König vorzugsweise die Antragstellung.

Erzener Hammer.
Bei Langensalza gefunden.
Stab 45 cm, Hammer 39 cm lang.

Selbstverständlich konnte der König den Königsbann nur anwenden innerhalb des Rahmens der Verfassung und des Gewohnheitsrechts. Das Königtum wäre ja unbeschränkte Einherrschaft gewesen, hätte der König unter Strafandrohung gebieten und verbieten können, was ihm beliebte. Sofern also in jener Zeit von „Verwaltungshoheit" und von „Verordnungsrecht" gesprochen werden darf, konnte der König beide mittels seines Bannrechts nur in jenen Schranken ausüben. Daher werden noch unter Karl dem Großen durch Reichsgesetz die Zwecke aufgezählt, zu deren Verfolgung allein der König bannen darf. Folgerichtig bewegt sich die Entwicklung zu Unumschränktheit hin auf dem Wege, daß nicht etwa nur die Zahl dieser Zwecke und die Höhe der Bannbuße gesteigert werden, sondern zuletzt – und damit ist auch gesetzlich das Königtum unumschränkt geworden – dem König freigestellt wird, *welche* Zwecke er durch das Mittel des Königsbanns verfolgen will.

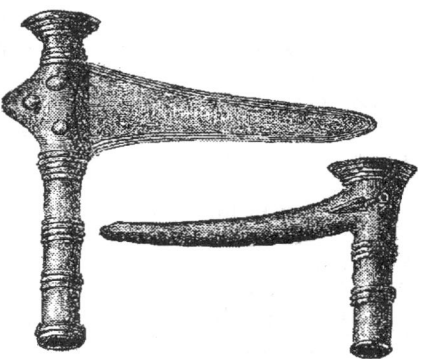

Königsstäbe aus Erz.
Gefunden im Mansfeldischen.

Heerbann und Gerichtsbann erschöpfen die wesentlichen Rechte des Königs. Er opfert wohl auch für das Volk, aber nicht anders als der Hausvater für das Haus; und diese priesterlichen Verrichtungen des Königs bilden durchaus nicht Grundlage oder Wesen oder auch nur Färbung des Königtums. Die *Amtshoheit* übt er, sofern er etwa die Grafen seiner Gaue ernennt; dagegen die Vorsteher der Hundertschaften werden noch im fränkischen Reich, also gewiß in der Urzeit, vom Volke gewählt.

Aber, rechtlich eng beschränkt, war sittlich und tatsächlich die Macht, mehr noch das Ansehen des Königs sehr hoch, sehr ehrwürdig: in der Regel wird er in der Volksversammlung seinen Willen zumal, was die Leitung der äußeren Dinge betrifft, durchzusetzen verstanden haben.

Ein reich gefüllter *Königshort* in Waffen, Schmuck, Gerät, Geschirr, später auch in Geld bestehend, eine starke treu ergebene *Gefolgschaft*, großer, von Unfreien, Halbfreien, Freigelassenen bevölkerter *Grundbesitz, freierer Blick* über die Marken des Gaues, der Völkerschaft hinaus, bald Schulung in römischer Bildung in Frieden und Krieg, eifrig gepflegter Verkehr mit benachbarten Fürsten gab viel Überlegenheit an Klarheit der Zwecke wie an Fülle der Mittel. Dazu trat die fromme Verehrung, die das Volk den götterentstammten Königsgeschlechtern entgegentrug, und die Gewalt, die Heldentum über die kriegerischen Herzen übte. Eine tüchtige Persönlichkeit konnte in der Stellung des germanischen Königs tatsächlich sehr viel durchsetzen – eine untüchtige so gut wie nichts, denn das Recht gewährt ihm nur den Vollzug der Beschlüsse des wahren Trägers der Vollgewalt in diesen Staaten, d. h. der Volksversammlung der Gemeinfreien.

Durch äußere Ehrenzeichen in Tracht und Erscheinung unterschied sich der König kaum: den Stab teilte er mit dem Richter, das lang wallende Haar mit allen Freien (wurde vielleicht auch auf die Pflege besonderes Gewicht gelegt: *reges criniti*), den erhöhten Ehrensitz im Ding mit den Grafen, in der Halle mit jedem Hofherrn. Der Purpur jedenfalls, auch die Krone, wurde erst von den Imperatoren entlehnt; noch bis Ende des sechsten Jahrhunderts unterschied sich sogar bei den früh und stark verrömerten Westgoten der König in der äußeren Erscheinung nicht von den reichen Vornehmen des Volkes.

Während nun zur Zeit des Tacitus nur sehr wenige Völker Könige hatten (die gotischen, einzelne suebische, siehe die Zusammenstellung aller Spuren Könige I, S. 133), weitaus die meisten Grafen, kamen während und zum Teil schon vor der Wanderung Könige immer häufiger auf, so daß nach der Wanderung nur bei Friesen und Sachsen noch die alte königlose Verfassung bestand, alle anderen Völker aber Könige statt der Grafen hatten.

Die Gründe dieser Verfassungsveränderung sind zahlreich, äußerliche fehlen nicht, so das Bedürfnis, der stets drohenden römischen Gefahr gegenüber eine bessere Leitung der äußeren Dinge zu gewinnen als die vielköpfige, stürmische, ohne Möglichkeit des Geheimnisses tagende Volksversammlung, das Bedürfnis, einen „Herzog" nicht für einen Sommerfeldzug zu wählen, sondern für die ganze Kriegsgefahr unbestimmter Dauer beizubehalten; umgekehrt hat manchmal römische Staatskunst ergebene Männer, auch zuweilen Gefolgsherren, zu Königen eingesetzt. Aber diese äußeren Gründe sind eben nur äußerliche, sehr nebensächliche.

Der tiefere innere Grund lag in den Umgestaltungen, welche die Zunahme der Bevölkerung und folglich der Fortschritt der Waldrodung bewirkten: Der Zug, der den Gaustaat zum Staat der Völkerschaft, den Staat der Völkerschaft zum Volksstaat machte, ging gleichen Schrittes mit dem Zug, der die Grafen durch die Könige ersetzte; Ausdehnung des Staatsgebietes, Aufsteigen der Volkskraft und Befestigung der Staatsgewalt gingen Hand in Hand. Daher eben nehmen Völker aufsteigender Erfolge das Königtum mit bewußter Verfassungsänderung an (die Langobarden, Band IV), daher müssen durch Niederlage geschwächte Völker darauf verzichten, das Königtum aufrecht zu erhalten.[1]

---

1 Bausteine I, S. 467 f.

XII. Bildung

Sprache. Dichtung. Runen. Musik. Wissen

Die Sprache der Germanen steht in engster Verwandtschaft mit der der Letto-Slawen, der Kelten, der Graeco-Italiker, weiter mit Sanskrit und Zend; alle diese Zweige erweisen sich als dem gemein-arischen Stamm entsprossen, und gerade die Sprachenverwandtschaft ist ja der Hauptbeweis für die Zusammengehörigkeit der fraglichen Völker.

„Die Verwandtschaft der Sprachen zeigt sich in der Gemeinsamkeit der meisten Wurzeln, in der übereinstimmenden Weise der Wortbildung und Wortbiegung (starke und schwache Deklination, Bindevokal zusammengesetzter Wörter); ja zwischen einigen Gliedern des großen Stammes in einer geregelten Veränderung der konsonantischen Laute, wie dergleichen sonst nur zwischen Mundarten einer und derselben Sprache zu walten pflegt."[1]

Übrigens nahm bereits auch inmitten der allgemeinen Gleichmäßigkeit eine Trennung verschiedener Mundarten ihren Anfang, wie es scheint, zunächst nur noch eine zwiespältige, ähnlich dem späteren Gegensatz ober- und niederdeutscher Rede. Die Hauptmerkmale sind der Wechsel von ê und â und, wo jenes gesprochen wird, der stärkere Hauchlaut *ch* statt des sonst gebräuchlichen *h*: wo aber *a* gesprochen wird, dasselbe *ch* statt der Tenuis *c*: ein Fürst der Chatten hieß Bacrumêr, ein König der Cherusker Chariomêr, ein alemannischer Chnodomâr.[2]

Später ergaben sich dann folgende Zungen: Altnordisch, Gotisch (dazu auch Vandalisch); (Burgundisch, Langobardisch) Althochdeutsch; (Altfränkisch); Altniederdeutsch; (Altfriesisch, Altsächsisch, Angelsächsisch).

Vier Züge eignen der germanischen Sprache: *Stabreim, Sinnbetonung, Ablaut, Lautverschiebung. Der Stabreim* ist Übereinstimmung des Anlauts der Hauptwörter in der dichterischen Strophe, wobei jeder Selbstlauter im Anlaut gleich gilt, z. B. altnordisch *Völuspá* III, 1-4:[3]

> ár var alda
> par er Ymir bygdi,
> vara sandr né saer
> né svalar unnir.

---

1 W. *Wackernagel*, Geschichte der deutschen Literatur. II. Aufl. besorgt durch Martin. I, 1. Basel 1877, S. 4, welchem Werk hier meist gefolgt wird.

2 *Wackernagel* I, S. 5 J. Grimm, Deutsche Grammatik, Vorwort LI stellt gotisch und hochdeutsch, nordisch und niederdeutsch zusammen, andererseits aber gotisch, hoch- und niederdeutsch scharf dem nordischen gegenüber, siehe Zeuß, S. 79: „Die Westgermanen unterscheiden sich von den Ostgermanen (Goten und Skandinaviern) allerdings auch durch das konsonantische Auslautgesetz, wonach s nach langem Vokal oder Konsonant im Wortende getilgt wird, sowie durch mehrere Neuerungen in der Wortbiegung und Wortbildung."

3 Herausgegeben von Munch. Christiania 1847.

Der *Stab*reim ist entstanden durch den Gebrauch der Buch*staben*, der „Runenstäbe", das heißt der Stäblein von Buchenrinde, in welche die heiligen Runen geritzt wurden. Daher noch neuenglisch *to write* = schreiben, d. h. ritzen (altr. *wrîtan*, althochdeutsch *rîzan*; vergl. neuhochdeutsch „Riß", „Grundriß", „Reißzeug"; daher malen, *meljan*, Zeichen machen; siehe unten „Runen"). Diese Stäbe dienten dem Zwecke der Weissagung: das Los entschied, welche zwei bis drei (vier bis sechs) Stäbe aus der Zahl aller vierundzwanzig hingeworfenen (daher unser „entwerfen") im Einzelfalle auf „gelesen" (daher unser Lesen, zugleich sammeln) und als Ausspruch der Götter ausgelegt werden sollten. Die entscheidenden Worte mußten bei Verlesung des Götterspruchs lauter gesprochen, der Anlaut stärker betont werden, um den Hörern deutlich einzuprägen, daß die Worte wirklich anlauteten mit den durch das Los bezeichneten Runen.

Übrigens bediente man sich des Stabreims nicht nur für Weissagung, Zauber (siehe Runen) und Dichtung[1], auch die Rechtsformeln[2] waren in kurzen stabreimenden Sprüchen, in „gestabten Worten", ausgeprägt, und das Sprichwort und Kinderspiel haben bis heute den Stabreim als Lieblingsform bewahrt, obzwar die Dichtung, zuerst wohl bei Rheinfranken und Alemannen, den Stabreim mit dem aus dem Kirchenlatein entnommenen Endreim vertauschte.

Die *Sinn*betonung, d. h. die Verlegung des Hochtons (auf dasjenige Wort im Satz, das den *Sinn* trägt und) im Worte auf die *Wurzel*silbe, nicht auf die gebeugte Endsilbe, war zum Teil äußerlich durch den Stabreim bedingt. Aber innerlich und tiefer durch die Eigenart des germanischen Geistes, der überall mit stürmendem Hauch (–„Wotan"–) das *Wesentliche*, das inhaltlich entscheidende betont, die Form darüber mehr vernachlässigend. Daher die Abschleifung der Endungen und Silben der Beugung.

Gewissermaßen als Ersatz der eingebüßten Beugungsunterscheidungen, als „innere Beugung" diente der *Ablaut*, zumal der starken Zeitwörter, der den Stammselbstlaut wandelt, nach den verschiedenen Zeiten als eine „Tonleiter" derselben (klinge, klang, geklungen), im Griechischen λείπω, λέλοιπα, ἔλιπον und Lateinischen *tango*, *tetigi*, *tactum*, nicht ganz fehlend, aber mehr als Umlaut denn als Ablaut und neben Augment (ἔλιπον) und Reduplikation (*tetigi*) überflüssig für die Unterscheidung der Zeiten, während das Germanische den rasch absterbenden Reichtum der Wandlungsformen durch den Ablaut ersetzte.

Von den abgelauteten Zeitwörtern (binde, band, gebunden) wurden dann aber auch neue Formen der Hauptwörter gebildet (die Binde, das Band, der Bund, das Bündnis), und so mächtig beherrschte dies Gesetz die Sprache, daß es auch lateinische Redewortstämme, die entlehnt worden waren, ergriff und ablautete, als ob sie

---

1 Z. B. in der Stammsage: Ingo, Isto, Irmino, in der Schöpfungssage: Wodan, Wili, We, Ask und Embla; in den Geschlechtertafeln: Hengist und Horsa, Scyld und Sceáf, Finn und Folkvald: auch die Personennamen innerhalb der Sippe wählte man gern im Stabreim: Armin – Inguiomer, Segimer – Sesithacus, Thusnelda – Thumelicus, Audoin – Alboin, Geiserich – Genzo, Gelimer – Walamer – Widemer, Gibich – Gunther – Gerenot – Giselher. Häufig wird das Hauptwort der Namenbildung wiederholt. *Thôrr* = steinn, *Thôr* = kel = modhr, = brand, Âs = laug = hild.

2 „Hand wahre Hand", „Was die Fackel verzehrt, ist Fahrnis", „Haus und Hof", „Wunn und Weide", „Eigen und Erbe", „Vieh und Fahrnis", „Bann und Gebot", „Bausch und Bogen", „Buße und Besserung", „Friede und Freundschaft", „Hand und Halfter", „Haut und Haar", „Leib und Leben", „Hund und Horn", „Schutz und Schirm", „See und Sand", „huldig und hörig", „hausen und hofen", „tragen und treiben", „Geld und Gut".

gute germanische waren (schreibe, schrieb, pfeife, pfiff, preise, pries); der Ablaut hat unserer Sprache wenigstens einigermaßen die Musik wechselnder Selbstlauter gerettet, gegenüber dem fast allein herrschend gewordenen stummen E-Laut in Beugung und Wandlung.

Das Gesetz der Lautverschiebung („halb erraten von Rask" 1818) ist dann mit genialem Blicke von *Jakob Grimm* vollständig[1] entdeckt worden. Die stummen Mitlaute (nicht auch die flüssigen l m n r) in den gemeinarischen Wörtern werden von dem Germanischen nach bestimmtem Grundsatze verschoben; wie das Slawische und Keltische hatte das Germanische die uralte Hauchung der Weichlaute (bh, dh, gh) verloren; es war der Weichlaut (b, d, g) geblieben; diese verschärft nun das Germanische zum Scharflaut (p, t, k) und diesen abermals zum Hauchlaut (ph = f, th, kh = ch).[2] Erste Lautverschiebung; d wird t, t wird th, b wird p, p wird ph (f). Dies war die erste Lautverschiebung, durch die das Germanische[3] sich von den übrigen arischen Sprachen schied; sie ist zu einer Zeit eingetreten, da noch alle Zweige der Germanen ungeschieden waren, denn sie hat die Sprachen aller Zweige ergriffen, also sehr früh, vielleicht zu der Zeit der beginnenden gemeinsamen Wanderung in Asien gegen Nordwesten; wenigstens würde dies die Lösung von dem Spracheinfluß der nächsten Nachbarn (im Nordosten der Slawen und im Südwesten der Kelten) erklären. Die Wandlung trat mit solcher Mächtigkeit ein, daß sie nur wenige Wörter (als Ausnahmen) nicht ergriff.

Offenbar muß auch die Bewegung sehr beträchtlich lange Zeit angedauert haben: vielleicht eben die sehr lange Periode gemeinsamer Westwanderung in Asien. Die Annahme Jakob Grimms, die Bewegung sei erst gleichzeitig mit der sogenannten Völkerwanderung im vierten Jahrhundert entstanden und sie deute auf das Vorwärtsdrängen der Germanen, das sich bis in die innersten Laute der Sprache erstreckt habe, zuerst die westlichen, später die östlichen Stämme ergreifend, ist unvereinbar mit der Gleichmäßigkeit der Erscheinung auch bei den Nordgermanen in Skandinavien, die diese (spätere) Völkerwanderung des vierten Jahrhunderts nicht mitmachten. Also wohl auf eine Wanderung, aber auf die älteste, von allen Germanen gemeinsam begonnene, ist die Bewegung zurückzuführen.

Diese Annahme schließt von selbst die Erklärung aus, daß erst an der Ostsee durch Einfluß der Finnen (weil diese weder Hauchlaut noch ausgebildete Unterscheidung von Scharflauten und Weichlauten kannten) die Lautverschiebung begonnen habe, waren doch keineswegs *alle* Germanen Nachbarn der Finnen und findet

---

1 Deutsche Grammatik I, 1822, S. 581. 584.

2 Aspirata bei Grimm, jetzt adfricata, durch Reibung hervorgebracht und auch s, ß, z umfassend.

3 „Urverwandte Worte sind (nach diesem Gesetze) von der griechisch-römischen zu der germanischen Form ebenmäßig denselben Stufengang der Verhärtung, der Verschärfung, der Erweichung gegangen, den sie ein halb Jahrtausend später von der ... gotischen zu der althochdeutschen gehen" ... *Wackernagel a. a. O. S. 4*
Das Althochdeutsche verhält sich hiernach zum Gotischen wie dies zum Gräco-Lateinischen: ... es entspricht in Worten, welche die germanischen Sprachen mit dem Griechischen und Lateinischen teilen, dem griechisch-römischen Scharflaut (p, t, k) im Gotischen der Hauchlaut (ph, th, ch), im Althochdeutschen der Weichlaut (b, d, g), der griechisch-römische Weichlaut im Gotischen der Scharflaut, im Althochdeutschen der Hauchlaut, dem griechisch-römischen Hauchlaut endlich im Gotischen der Weichlaut, im Althochdeutschen der Scharflaut: z. B. lateinisch *tacere* (schweigen), gotisch *thahan*, althochdeutsch *dagên*, griechisch-lateinisch ἔδειν, *edere*, (essen), gotisch *itan*, althochdeutsch *ezan* (statt *ethan*: denn z ist der hochdeutsche Zungenhauchlaut: z. B. *Zor* für altnordisch *Thôrr*).

sich doch die Lautverschiebung auch bei den diesem Volk fernsten Germanenstämmen. Solche Nachbarschaft *tiefer*stehender Völker und die doch immer geringe Zahl
finnischer Gefangener kann schwerlich so tiefgreifende Wirkung auf die Sprache
geübt haben. Bei Annahme solchen Einflusses müßte z. B. das Bajuwarische und
Alemannische von dem Latein des weit überlegenen Römervolkes und den sehr zahlreichen Kolonen, die im Lande verblieben, doch geradezu verrömert worden sein.

Sehr geraume Zeit erst nach Abschluß der ersten Lautverschiebung erfolgte eine
zweite, aber nicht mehr allgemein, sondern nur bei dem oberdeutschen Zweig, ausgehend von Alemannen und Bajuwaren und von da in geringerer Stärke übertragen auf
die Mitteldeutschen (Thüringer); nun wurde der Scharflaut in den Hauchlaut, dieser
in den Weichlaut verschoben; zweite Lautverschiebung: t wird th, th wird d, p wird
(ph) f, (ph) f wird b. Bestimmt und für immer scheiden sich dadurch die Hochdeutschen von den Niederdeutschen, also auch vom Englischen, d. h. Angelsächsischen.

Das Oberdeutsche stand zwar vor seiner Lautverschiebung dem Gotischen näher,
war aber nie mit ihm eins, wie schon die schwachformigen Mannsnamen auf a im
Gotischen, auf o im Oberdeutschen dartun.

Diese zweite (deutsche) Lautverschiebung wurde also von Sachsen, Friesen und
Franken ursprünglich nicht vollzogen; dem Altsächsischen schloß sich das Altfrän-
kische zunächst an, wie die Eigennamen und die Abschwörungsformel zeigen. Die
zweite Lautverschiebung ergriff vielmehr nur die „Oberdeutschen": Hermionen;
Bajuwaren, Alemannen (und Schwaben), sowie die Thüringer, westlich bildet die
Mosel die Grenze.

Diese zweite Lautverschiebung nun steht allerdings der Zeit und wohl auch der
Ursache nach im Zusammenhang mit der (zweiten) Völkerwanderung: sie beginnt
mit dem fünften Jahrhundert und findet ihren Abschluß nicht vor dem zehnten; sie
ging aus von den Völkern, die am weitesten gegen Süden und Westen[1] vorgedrungen
waren, wurde von dorther nach dem Norden fortgetragen, aber bei jedem Schritt von
ihrem Brennpunkt hinweg nach Norden mit sinkender Kraft; sie beherrscht unsere
Schriftsprache, das „Hochdeutsche", seit Luthers Bibelübersetzung, da diese das
Hochdeutsche, wie es in der kaiserlichen (*österreichischen*) *Kanzlei* geschrieben und
von der kursächsischen nachgeahmt wurde, zugrunde legte – wie weit sie die *Volks*-
sprache im Obersächsischen ergriffen hatte, ist zweifelhaft.

Übrigens ist diese zweite Verschiebung keineswegs so regelstreng wie die erste
unter den Stämmen, die sie überhaupt ergriff, durchgeführt, und sie bewirkte (anders
als auf der gotischen Stufe) eine Störung des Sprachlebens. Denn während nach einem allgemeinen auch im Gotischen fast ausnahmslos gewahrten Gesetz hinter langen Selbstlauten und Doppellauten nur einfache Mitlauter gestattet sind, werden
jetzt hinter solchen auch Doppelmitlauter geduldet, da der Scharflaut zum Hauchlaut wird, die im Hochdeutschen den Wert eines Doppelmitlauters hat: gotisch lei-
kan, sêtun, hropjan waren noch organisch, althochdeutsch lîhhan, sâzun, hruofan
sind bereits unorganisch.[2]

Gewissermaßen den Übergang der ungebundenen Sprache zur Dichtung bezeichnen Bildung und Stoffwahl der *Personennamen*, denn dichterisch empfunden und
ausgedrückt sind diese Bezeichnungen manchmal von Göttern[3], von mutigen den

1 Vorher schon waren Goten und Nordgermanen räumlich und geschichtlich von den Südgermanen geschieden.
2 (Vergl. Wackernagel I, 2. S. 113.)
3 Thôrr: Thorr-steinn, = Kel=; Âs = laug: z. b. auch Regin- (die Waltenden).

Göttern geweihten Tieren[1], am häufigsten aber und zwar auch Frauennamen von Kampf und Sieg[2] hergenommen.

Geschlechternamen gab es nicht; nur drückte man ableitend die Abstammung von einem gemeinsamen Ahnherrn aus (-ing, -ung; Ingl-ing, Nibel-ungen); man liebte es, Enkel oder Neffe nach Großvater oder Oheim zu benennen, auch wurde der Vater häufig durch Zusatz mitgenannt, z. B. Sigurdar-sohn, was sich bekanntlich bei Skandinaviern und Niederdeutschen (-sen) bis heute erhalten hat.

Die älteste germanische Dichtung haben wir uns meist als Hymnenpoesie zu denken, in der sich Anrufung und Erzählung mischten und die von einer schreitenden oder tanzenden Menge vorgetragen wurden, wobei allerdings auch einzelne vorsingen mochten („chorische Poesie").[3]

Schon Tacitus weiß, daß Überlieferung und Geschichtserzählung bei den Germanen (wie dies bei allen Völkern in der Unmittelbarkeit gilt) sich nur in der Form „alter Lieder" bewegte. So bezeugt er die Stammsage des Gesamtvolks von Tuisto, Mano und seinen Söhnen als in solcher Liedform überliefert und lebend. Schon hier geht die Göttersage in die Heldensage über und dient zur Erklärung geschichtlicher Zustände: der Völkerverteilungen.

Daß Odysseus auf seiner Irrfahrt zur See nach Germanien gekommen sei, Asciburgium am Rhein gegründet und benannt habe – wie denn ein ihm geweihter Altar mit Beifügung des Namens seines Vaters Laertes dort einst gefunden worden sei, haben „einige", natürlich nicht Germanen, sondern Römer oder Griechen geglaubt – schon Tacitus verhält sich zweifelnd zu diesem Bericht. Daß an der Grenze zwischen Germanien und Rätien (d. h. an der Rhône?) Denkmäler und Grabhügel mit griechischen Buchstaben noch zu seiner Zeit vorhanden sein sollen, läßt er auch dahingestellt – es ist sehr wohl denkbar bei den Handelsreisen von Griechen aus Marseille – steht aber mit jener Odysseusfabel[4] in keinem Zusammenhang.

Doch auch geschichtliche Helden werden im Liede gefeiert, so Armin noch siebzig Jahre nach seinem Tode, so Theoderich der Große, Alboin der Langobarde. Ferner berichtet Tacitus, daß sie als ersten aller Helden einen Halbgott, den er Hercules nennt, feiern und von ihm beim Aufbruch in die Schlacht in den *Schlachtgesängen* rühmen.

Von diesen Gesängen zu Ehren Donars (?) unterscheidet Tacitus den eigentlichen *Schlachtgesang, barditus,* durch welchen die Kampflust gesteigert und durch dessen Klang der Ausgang der beginnenden Schlacht erraten wurde: „Sie geraten nämlich in Zuversicht oder in Zagen, je nachdem der Schlachthaufen singt, indem darin eine Probe nicht so sehr der Stimme als des Mutes vernommen wird. Man legt dabei (*Germ.* K. 3) besonderes Gewicht auf die Rauheit des Schalles und ein gebrochenes Gemurmel; sie halten die Schilde vor den Mund, auf daß die Stimme durch den Wiederhall voller und tiefer anschwelle." (*barditus* = Schildgesang, *bardi* altnord. Schild; davon will man den römischen „barritus" scheiden).

Vor der Schlacht in Erwartung des Kampfes und nach dem Sieg tönten nächtelang die drohenden und jauchzenden Weisen.

---

1 Wolf, Bär, Ar.

2 Sig-frid, -hild, -bathu, -vic. Frauennamen werden oft mit run (geheime Ratschläge, weiser Rat) zusammengesetzt: Alb-run, Gud-run, Sig-run.

3 Martin bei *Wackernagel* I, S. 6 nach *Müllenhoff,* De antiquissima Germanorum poesi chorica, Kiel 1847.

4 Die Orendelsage findet in dieser angeblichen Odysseusmythe Müllenhoff.

Neben diesen Kampf und Sieg feiernden Gesängen fehlten Lieder des Friedens nicht: bei *Hochzeiten, Opfern, Leichenbestattung*. Uralt ist bei Festen der *Wettgesang*, die im Scherz (aus dem Stegreif) herausfordernde *Neckrede*, die freilich oft in *Schmählieder* und dann in Totschlag ausläuft. Auch *Rätselfragen* werden oft um die Wette gefragt, gelöst, gedeutet. *Die Tiersage* war schon aus Asien mitgewandert, oft zum *Schwank* gestaltet.

An einen bestimmten Stand, etwa von Priestern, war das Dichten durchaus nicht gebunden; die „Barden" sind keltisch, nicht germanisch. „Skalde" mochte werden, wer wollte und konnte. Der oberste Gott und Lehrer der Dichtkunst ist der Gott der Begeisterung, des Geistes selbst: Wuotan; nur eine wiederholte Ausprägung *einer* Seite des Vaters ist der Sohn *Bragi*, als Sondergott der Dichtkunst; die Dichtung hat, wie viele Sagen feiern, zaubergleiche Wirkung.[1]

Die ausnahmslos angewendete Form des Stabreims mußte zu der in zwei gleiche Teile zerfallenden Langzeile führen, die dem saturnischen Verse der Römer sich vergleicht. Und ohne Zweifel hat der Stabreim auch auf die Ausdrucksart gewirkt, sofern er zur Häufung verwandter Ausdrücke, zur Bindung fester Formeln neigte.

Außer der Dichtkunst ist *Musik* durch das älteste germanische Tonwerkzeug, die Harfe, erwiesen; Gesang und Tanz war selbstverständlich älter. Dabei wurden Gesänge an die Götter und Lieder zum Ruhme der Helden zur Harfe vorgetragen von tanzenden oder doch rhythmisch schreitenden Scharen, die mit der lyrischen Anrufung epische Erzählung verbanden.[2]

Die Schrift war unbekannt, erst von Römern und Griechen lernte man die Buchstabenschrift.[3]

Die vorher allein üblichen Runen dienten nicht der Buchstabenschrift, sondern als Wortzeichen Weihezwecken: der Befragung des Götterwillens (Tac., *Germ.* K. 10), auch wohl im Los dem Gottesurteil[4] und dem erlaubten „weißen" wie dem verbotenen „schwarzen" Zauber, dem „Geheimnis".[5]

„Buchstabe", gemein germanisch, beweist gerade diese Verwendung der Runen auf Stäbchen von Buchenholz, aber eben nicht zur Schrift, sondern zu Zauber und Weissagung.[6]

Nordalbingische, nordgermanische, angelsächsische Gedichte begleiten jeden Runennamen (feu, Geld; ûr, Auerstier; thurs, Riese) mit Versen, die, wie diese Runen auf„gelesen" wurden, zu Weissagung und Los dienen konnten.

Auch die zur Schrift verwendeten Runen wurden doch vor allem lange Zeit wohl ausschließlich zu Segen- und Zaubersprüchen, Bier-, Buch-, Hilf-, Kraft-, Recht-,

---

1 „Dichten" aus lateinischem *dictare*; „singen" hat *eine* Wurzel mit *siuwan*, englisch *to sew*, nähen: die Grundvorstellung ist also verbinden, verknüpfen; ebenso im Griechischen: ῥάπτειν ἀοιδήν, ῥαψῳδός. Der älteste Name des Dichters ist althochdeutsch *scof*, altsächsisch, angelsächs. *scop*, „Schöpfer": ebenso griechisch ποιητής Poet, „Macher".

2 *liuthon* ist singen, *laikan* hüpfen (im Tanzspiel): daher der Unterschied des epischen reinen Gesanges „Lied" und des musikbegleitenden Tanzes „Leich"; außer der Harfe kannten die Goten das Horn und die Schwegelpfeife (*sviglo*?). Heerespauken begegnen bei den Kimbern.

3 Tac., *Germ.* K. 19; was auch *literarum* „*secreta*" hier des weiteren bedeuten mag

4 Siehe *Dahn*, Bausteine II. Berlin 1880.

5 *rûna* = Geheimnis; erst von altnordischem *raun*, Erprobung abgeleitet?

6 Über das Verhältnis des nach den Runen angenommenen *europäischen Alphabets* zu jenen siehe *Wackernagel*, 1, 1, S. 11. *Arnold* S. 44. Jedenfalls wurde dadurch der Eintritt in die Bildung der Griechen und Römer erleichtert.

See-, Siegrunen, zu Inschriften auf Waffen und Gerät[1] gebraucht; wie ja häufig eine Rune auch die Hausmarke[2] war, d. h. jenes einer Sippe oder einem Sippezweig eigene Zeichen, das wie den First (und Herd?) des Hauses, so die Fahrhabe als zugehörig zeichnete: Herdentiere, Waffen, Werkzeuge, Gerät, Schiff, Ruder.

Entstehung, Herkunft der Runen ist immer noch lebhaft bestritten. Während man sie früher als germanische Erfindung (Odhins, nach der Edda) in Anspruch nahm oder, ohne Entlehnung, als ein Stück des gemein arischen Bildungsbestandes anführte, wird in neuerer Zeit germanische Entlehnung von Römern angenommen,

	Namen	Runen[3]			Italisch
		altnord.	angelsächs.	älteste	römisch
f	fê				F
u	ûr				V
th	thorn, thurs				D
a (o)	ans (ôs, äsc)				A
r	reidh				R
k	kaun				C
h	hagal				H
n	naudh				Λ
i	îs				I
(â)	jêr (âr)				X
s	sôl				S
t, d	tyr				T
b, p	biörk				B
l	lögr				L
m	madhr				M Ʌ/V
y-r	yr				
d					
g					
p					
e					
ae, oe					
h					

1 Nordische, gotische, burgundische, alamannische, fränkische, sächsische Runendenkmäler, auf Gerät, Metall, Holz, große nordische Inschriften auf Stein.
2 Vergl. *Homeyer*, Die Haus- und Hofmarken. Berlin 1870.
3 Nach *Weinhold*, Altnordisches Leben.

indem „das größere gesamt germanische Runenalphabet von vierundzwanzig Zeichen auf der lateinischen Buchstabenschrift der Kaiserzeit beruht, die durch Vermittlung keltischer Völker zu den Germanen gelangte, wo sie für das Einritzen auf Holz bequemer gemacht, einige Zeichen auch mit Benutzung von anderen Zeichen neu gebildet wurden. Das nordische Runenalphabet von sechzehn Zeichen hat sich erst später im Norden selbst aus diesem reicheren entwickelt", indem einige Namen seit Ende des achten Jahrhunderts sich verloren[1], zuletzt wurde das nordische Runenalphabet wieder bis zu dreiundzwanzig erweitert. Das Angelsächsische hat einige Zeichen des Altgermanischen auf andere Laute übertragen, für neu entstandene Selbstlauter neue Zeichen gebildet, die Zahl auf achtundzwanzig, ja in anderen Fassungen auf dreiunddreißig vermehrt.[2]

Das ursprüngliche Gesamtalphabet ergeben der Bracteat von Vadstena auf Schonen und die burgundische Spange von Charnay, nur sind in beiden wegen Raummangels die letzten Runen fortgeblieben.

Eine heilige Schrift waren die Runen, sofern sie nur Weihezwecken dienten, eine Geheimschrift nicht, da sie außer den Priestern wohl der König, die meisten Hausväter, viele Frauen[3] kannten.

Die Zeichen und Namen der Runen sind nach zum Teil abweichender Fassung die folgenden: ᚠ *faihu*, Vieh (Vermögen, Geld); ᚢ *ûrus*, Auerstier; ᚦ *thiuth*, Gut? altnordisch *thurs*, Riese, angelsächsisch *thorn*, Dorn; ᚨ *ans*, Obergott; ᚱ *raida*, Wagen; < *giba*, Gabe; ᚺ *hagls*, Hagel; ᚾ *nauths*, Not (auch ᛇ); ᛁ *eis*, Eis; ᛃ *jêr*, Jahr (*iuja*, Eibe); ᛊ *sôjil*, Sonne (auch ᛉ); ᛏ *Tjus*, Kriegsgott; ᛒ *bairka*, Birke; ᛗ *manna*, Mann (auch ᚤ und ᛘ); ᛚ *lagus*, See; ᛒ *pairtha*, ein Spielgerät?; ᛞ *dags*, Tag (auch ᛤ).

Von der Zeitrechnung wissen wir wenig. Man rechnete nach Nächten, nicht nach Tagen wie die Römer, was vielleicht damit zusammenhängt – es ist, so weit ich sehe, unbemerkt geblieben –, daß für die wichtigsten, periodisch eintretenden Geschäfte, d. h. für die ungebotenen *Volksversammlungen* nach *Mondvierteln* gezählt wurde: bei Neumond oder Vollmond kam man zusammen, diese Zeit galt als die von den Göttern am meisten gesegnete, Opfer durften ja dabei nicht fehlen. Die Nacht galt daher als die erste Hälfte des Tages; so wurde gerechnet, so die Frist bestimmt. Diese Worte des Tacitus (*Germ.* K. 11) sind noch über ein Jahrtausend gültig geblieben, noch zur Zeit des Sachsenspiegels rechnete man „over virtein nacht".

Während man in Asien nur Ost und West und bloß zwei Jahreszeiten (höchstens drei) unterschied, Sommer und Schneezeit (etwa noch Frühling), werden nunmehr von allen Germanen die Himmelsgegenden und die Tages- und Jahreszeiten reicher gegliedert: Nord und Süd, Morgen, Mittag, Abend, Mitternacht, Monat: Herbst[4], die Zeit der nunmehr bedeutender gewordenen Ernte, und Winter, dem kälteren Himmelsstrich entsprechend, treten hinzu.

Indessen der „Morgenstern" (und Regenbogen), gewiß auch in Asien nicht unbekannt und allen Germanen gleich bezeichnet, warnt, diese Wortbildungen sämtlich

---

1 Sophus *Bugge*, Abhandl. der Gesellsch. der Wissenschaft in Christiania. 1873.

2 *Wimmer*, Runeskriftens Oprindelse og Udvikling i Norden. Aarböger for nordisk Oldkyndighed og Historie. *1874.*

3 Viele Frauennamen lauten auf -run aus: Gud-run, Alb-run: Weissagung, Zukunft-Forschung war ja besonders Frauengabe.

4 Es ist ein Widerspruch mit des Tacitus eigenem Bericht über germanischen Getreidebau, wenn er meint (*Germ.* K. 26), vom Herbst kennen sie weder Namen noch Gaben, nur Winter, Frühling (?) und Sommer haben für sie Bedeutung und Benennung.

allzu spät anzusetzen. So wenig man annehmen darf, daß erst jetzt das Reiten erfunden worden sei, weil die Wörter Sporn, Sattel, Zügel, Zaum nur den Germanen gemein sind! Auch das Schmieden hatte bereits in Asien begonnen, wenn auch Draht, Kette, Meißel, Schere, Waffe, Zange nur unter Germanen gemeinsame Namen erhalten.

Die *Heilkunde* wurde wie bei allen Völkern der Unmittelbarkeit in unlösbarem Zusammenhang mit abergläubischen Vorstellungen und Gebräuchen gepflegt. Eins der ältesten, vielleicht das älteste Zeugnis der germanischen Volksheilkunst gewährt Plinius, der als Mittel gegen die schädliche Quelle im Lande der Friesen das Kraut Britannias nennt, heilsam nicht nur für Krankheiten des Mundes und für die Nerven, auch Schlundentzündung und Schlangenbiß, mit länglichen schwarzen Blättern und schwarzer Wurzel, aus der ebenfalls der Saft gepreßt wird. Die Blüte heißt *vibo* (germanisch?); gepflückt, bevor man den ersten Donnerschlag des Jahres vernahm, und verzehrt, sichert sie für das ganze Jahr vor Halsentzündung – dieser Zug ist echt germanisch, überhaupt echt volkstümlich, für abergläubische Volksheilkunde höchst bezeichnend; die Blüte war vielleicht Donar oder einer Frühlingsgöttin geweiht. – „Die Friesen, ein damals uns treu ergebenes Volk, bei welchem das Heer lagerte, zeigten das Kraut, und ich wundere mich über den Namen, wenn ihn nicht die Küstenbewohner am britannischen Ozean vermöge der Nachbarschaft wählten. Denn daß das Kraut nicht deshalb benannt worden, weil es in Britannien am häufigsten vorkäme, erhellt daraus, daß diese Insel damals noch frei war." (XXV., 6. Man erklärt die Pflanze für den Wasserampfer *„rumex aquaticus".*)

XIII. Götterglaube und Götterverehrung

Grundlage der germanischen Religionsvorstellungen und Religionsgebräuche war Verehrung und Feier der segnenden Mächte des Lichts, in vollster Übereinstimmung mit den übrigen Völkern des arischen Stammes, den Indern (vor ihrer Wanderung vom Indus an den Ganges), den Persern, Armeniern, Hellenen, Italikern, Kelten, Letto-Slawen.

Unverkennbar ist die ursprüngliche Einheit der Haupt-Götter und -Göttinnen der Germanen mit denen der Inder, Hellenen usw.

Ohne Zweifel wurden jedoch die Religionsvorstellungen der Germanen seit und mittels ihrer Wanderung aus Asien nach Westen, zuletzt in das rauhere Land und Klima von Ost- und Nordeuropa ganz entsprechend, nur eben in entgegengesetztem Sinn, verändert wie die der Inder durch die Wanderung nach Südosten in das erschlaffende Klima und Land der Gangestäler.

Wie den Indern durch diese Einflüsse die alten Götter des Fünfstromlandes umgestaltet oder ganz verdrängt wurden durch Vertreter der neuen Naturerscheinungen, wie in der die Tatkraft ausspannenden Luft das Tugendvorbild sich änderte und nicht mehr der König, Ritter und Held, sondern der Priester, Weise und Büßer den höchsten Kranz zu tragen schien – so wurden sicher die Götter der Germanen rauher, ungeschlachter, dann wieder (Odhin) geheimnisvoller, „nordischer" möchten wir sagen, durch die Wanderung aus den Palmen des Indus unter die Eichen Deutschlands, die Föhren Skandinaviens.

Schriftliche Quellen über germanischen Götterglauben besitzen wir nur für die Nordgermanen in den Liedern der Edda und den dazugehörigen Sagenaufzeichnungen. Bei aller Verwandtschaft der Nordgermanen mit den Südgermanen darf nun aber (schon um der Unterschiede der Himmelsstriche willen) nicht in so unterscheidungsloser Weise die ganze Götterwelt der isländischen Edda auch bei den Südgermanen vermutet werden, wie dies noch Meister Jakob Grimm in seinem für alle Zukunft grundbauenden Werk getan hat. Ganz anders doch wirkte der harte Kampf ums Dasein, den der Isländer mit dem neun Monate langen Winter, mit Eis und Feuer des Hekla, mit Hungers- und Meeresnot zu kämpfen hatte, auf Gemütsart, Sitte und auch Religion als etwa das Leben in den früh gelichteten, von den Kelten schon angerodeten Wäldern des Rheins oder der Donau. So viele Namen für Eis-, Schnee-, Flocken-, Wirbel-Elben oder -riesen, wie die Edda aufzählt, kannte der Ubier oder Sugamber gewiß nicht. Dazu kommt, daß die stammtümliche *Eigenart* der Nordgermanen sich – bei aller Verwandtschaft – doch als eine höchst bestimmte, ganz erheblich abweichende von der der Goten und Westgermanen darstellt, wie vor allem die Sprache dartut, die der gotischen immerhin noch bedeutend näher steht als den westgermanischen Mundarten, wobei dahingestellt bleibt, wie weit jene Eigenart der (späteren) Skandinavier von Anbeginn vorhanden, wie fern sie erst nach der endgültigen Trennung von Goten und Westgermanen seit der Überwanderung nach Skandinavien unter dem Einfluß der dortigen Natur und dadurch bedingten Wirtschafts- und Lebenszustände ausgebildet worden war. Es ist, abgesehen von den allgemeinen Grundzügen der Anschauung und den Hauptgöttern, völlige Übereinstimmung im einzelnen nicht ohne weiteres anzunehmen, sondern in jedem Stück erst zu untersuchen und zu erweisen. Auch haben auf die *Aufzeichnung*, die Fassung und wohl auch auf die *Färbung* des *Inhalts* der Eddalieder, die ja erst in christlicher Zeit geschah, christliche Lehren ohne Zweifel Einfluß geübt, auch auf die der allgemeinen Schätzung nach älteste dieser Aufzeichnungen, die *Völuspá*. Wie weit dies geht, ob die ganze Lehre von der Welterneuerung in schuldlosem Himmel, die Auffassung Odhins als Allvater christlichen Einfluß oder gar ganz christlichen Ursprung trägt – wird noch zu untersuchen sein.[1]

So eindringlich nun aber auch vor dem Irrtum zu warnen ist, daß einzelne der Eddadarstellungen, von welchen sehr vieles bloße Kunstdichtung einzelner Skalden, nicht im Volksglauben lebende Überlieferung ist[2], ohne weiteres als gemein germanisch anzunehmen, immerhin dürfen wir voraussetzen, daß die mythologischen Grundanschauungen und die wichtigsten Göttergestalten der Nordgermanen allerdings bei Süd- und Westgermanen, auch bei den Goten, im wesentlichen übereinstimmend vorkamen; die Übereinstimmung oder doch Ähnlichkeit in Sprache, Recht, Sitte rechtfertigt solche Annahme.

Hiernach darf man von den religiösen Vorstellungen aller Germanen in gedrängter Kürze die folgenden Grundzüge entwerfen.

Der Lichtverehrung entsprechend spaltet die germanische Religion (ähnlich der persischen) das Weltall und alle seine Mächte zweiteilig in die Gewalten des Lichtes –

---

1 Diese Auffassung habe ich, angeregt durch mündliche Andeutungen Konrad v. Maurers, lange vertreten, Jahrzehnte bevor die Arbeiten von Sophus Bugge (einstweilen angekündigt von K. v. Maurer, Sitzung der K. Akad. der Wissensch. zu München, philol.-histor. Klasse vom 6. Dezember 1879) mir bekannt wurden. Daß z. B. Baldur den entsprechenden Namen auch südgermanisch sei, war mir sehr zweifelhaft, seit eine Reihe von Ortsnamen, die J. Grimm auf Baldur = Pfohl zurückgeführt hatte, sich mir unzweifelhaft zu „Pfahl", d. h. dem römischen Pfahlgraben, *limes*, gehörig erwiesen. Nun wird in dem Merseburger Zauberlied zwar Phol genannt, daß er aber mit dem darauf folgenden Baldur identisch sei, von Bugge scharfsinnig bestritten (*beldera* = angelsächsisch *baldor*, Herr, Fürst: = Wodan). – Daß die *Völuspá* und andere Eddalieder, unter der vollen Herrschaft des Christentums *aufgezeichnet*, wenn auch viel früher *entstanden*, in ihrer uns vorliegenden Fassung von christlichem Einfluß nicht frei geblieben sind, ist schon lange vermutet worden: so auch die *Gestaltung* wenigstens des Weltunterganges und der Welterneuerung: die Grundanschauung kann deshalb doch germanisch-heidnisch sein. Jüdisch-christlicher Einfluß ist also zweifellos anzunehmen; dagegen sind die Aufstellungen Bugges über hellenisch-römischen Einfluß (Apollo, Achilleus, Patroklus = Baldur, Önone = Nanna) zu verwerfen. Das Gleiche gilt von der Abhandlung Dr. A. Chr. *Bangs*, Voluspaa og de Sibyllürske Orakler (vergl. Zarnckes liter. Centralbl. 1880, Nr. 2; deutsch durch Poestion, Wien 1880), in welcher mit Gelehrsamkeit und Scharfsinn der Nachweis versucht wird, die eddische *Völuspá* sei den sibyllinischen Orakeln nachgebildet. Das Übereinstimmende geht doch kaum weiter, als in dem Wesen von Weissagungssprüchen überhaupt liegt. Und wäre selbst die Einführung jener Sibyllensprüche durch keltisch-deutsche Vermittlung in den Norden wahrscheinlicher, als die Darlegung Bangs ihn zu machen vermocht hat, so würde doch, auch Nachbildung in der *Form* zugegeben, über den Inhalt der *Völuspá*, d. h. über dessen Mischung aus germanisch-heidnischem mit griechisch-römischem Heidentum, Jüdischem und Christlichem dadurch noch immer nicht entschieden sein. Einfluß des *Christlichen* auf *Färbung* und *Fassung* soll nicht bestritten werden (das Hellenisch-Römische scheint mir *nicht* nachgewiesen), über Maß und Grad der Einflüsse wird man weitere Untersuchungen abzuwarten haben. (An diesen Aufstellungen haben die Forschungen der letzten zwanzig Jahre nichts zu ändern vermocht. 1897.)

2 Siehe Dahn, Walhall, Germanische Götter- und Heldensagen. 9. Aufl. Leipzig 1889. S. 127 f.

die guten, menschengünstigen, schaffenden, schützenden, erhaltenden – und der Finsternis – die bösen, menschenfeindlichen, zerstörenden.

Die lichten Götter heißen mit bedeutungstiefem Namen Asen = *Anses*, die Tragbalken, Stützen des Himmels, der natürlichen und sittlichen Ordnung der Welt zugleich.[1]

Den Gegensatz der lichten Asgardhgötter bilden die Riesen (nordisch *thurs* von *thaurs*, durstig? und *iötun* von *eta*, essen, also: die Fresser?), die Vertreter der dumpfen, der Durchgeistigung unfähigen, dem Menschen schädlichen oder doch seiner Wirtschaft widerstrebenden Naturgewalten. So sind die starren Felsgebirge, die des Pflanzenwuchses entbehren, dem Pflug des Menschen trotzen, seinem Leben nichts gewähren, echte Vorbilder riesischer Art; daher liegt mit ihnen Donar (altnordisch *Thôrr*) in ewigem Kriege, der Gott des Gewitters und der Schützer des Ackerbaues. Mit dem Blitzstrahl, seinem Hammer[2], zerschlägt er die harten Riesenbergen und Bergriesen die felsenharten Häupter, der Gewitterregen zermürbt sie, verwittert sie zur Ackerkrume, auf daß der Mensch mit seinem Pfluge Korn daraus gewinne und sie seiner Wirtschaft dienstbar mache.

Jedoch waren die Riesen auch (als Vertreter bloßer Naturgewalten) selbst Götter einer älteren einfacheren Religion; erst später trat mit der Vergeistigung der Menschen auch das Bedürfnis nach Göttern auf, die mit ihrer Naturgrundlage geistige Bedeutungen und Verrichtungen verbanden (Riesen und Asen verhalten sich hiernach wie Titanen und Olympier). Noch ist nicht jede Spur dieser älteren Stellung der Riesen verschwunden, schlichte Treue, dann auch uralte Weisheit, friedlicher Reichtum, wird ihnen nachgerühmt, wenigstens einzelnen.

Nach der Sage entstand die Welt dadurch, daß der unendliche, ursprünglich leere Raum, „das Gaffen der Gähnungen" (*Ginungagap*), sich allmählich füllte. An dem Nordende des Weltraums liegt das finstere und kalte *Niflheim*; von hier flossen aus einem Brunnen *Hvergelmir* (der rauschende Kessel) zwölf Ströme, die zu Eis gefroren. Aber von der Südseite, *Muspelheim*, die heiß und hell, flogen Funken herüber; als diese Glut dem Reif und Dunst über dem Eise begegnete, erhielten die Reiftropfen Leben, und es entstand ein menschenähnliches Gebilde, der Stammvater aller Riesen, *Ymir*, der Rauschende, oder *Örgelmir*, der gärende Lehm, der Urstoff aller Materie. Im Schlaf wuchsen ihm unter seinem Arm hervor Sohn und Tochter, die Ahnherren aller Reifriesen. Neben Ymir war auch eine Kuh entstanden, *Audhumbla*, die schatzfeuchte, diese beleckte die salzreichen Eisblöcke; da wuchs aus diesen ein Mann hervor, schön, groß und stark, der hieß *Buri*. Er gewann einen Sohn (mit welchem Weib wird nicht gesagt) *Bör*. Dieser vermählte sich mit *Belsta*, der Tochter eines Riesen, und dieses Paares Söhne, *Odhin, Wili, Wê* sind die obersten Götter, die Himmel und Erde beherrschen. Sie töteten den Riesen Ymir und schufen aus seinem Leibe den jetzt bestehenden Kosmos (aus seinem Blute das Meer, aus seinen Knochen die Berge usw.) Das Weltmeer, die Midhgardhschlange, zog sich kreisförmig um die Erde wie der Okeanos. Diese, *Midhgardh* (althochdeutsch Mittilagart), aus Augenbrauen des Riesen gewölbt, wurde der Wohnsitz des *Menschen*, den die drei Brüder aus Esche und Erle (Ulme?): *askar* und *embla*) schufen, wie sie auch (aus Ymirs Fleisch) die *Zwerge* gebildet hatten.

Das Weltall wird vorgestellt unter dem Bild eines ungeheuren Eschenbaumes *Ygg-*

---

1 Neuere wollen *anses* als „Groß-Götter" fassen.
2 Miölnir, dem Malmer, der nach jedem Wurf in seine Hand zurückfliegt.

drasil (Träger des Schrecklichen, d. h. Odhins). Neun Welten bauen sich an diesem Stamme empor: Niflhel, Niflheim und Svart-alfa-heim unter der Erde, Riesenheim, Midhgardh und Wanenheim auf der Erde, Muspelheim, Ljos-alfa-heim und Asgardh über der Erde. Die *Wanen* von *van*, glänzend, hold (der Stamm steckt auch in *Venus*, *venustus*) sind eine besondere Gruppe von Göttern, erst durch Vertrag und Verschwägerung mit den Asen verbunden, vielleicht eine Erinnerung an ältere gemein arische oder doch den Germanen mit einzelnen Ariern gemeinsam vorarische Götter (friesische und sächsische an der Nordsee). Die Lichtelben und Dunkelelben sind zwischen Göttern und Menschen in der Mitte stehende Wesen von mehr als menschlicher Macht und Kunst, zumal Zauberkunst; aber das Brotbacken müssen die Dunkelelben (Zwerge) von dem Menschen lernen. Und ganz wie in dem griechischen Glauben sind Luft, Erde (Wald, Baum, Busch, Berg, Fels), Wasser, Feuer von solchen Mittelwesen in unermeßlich wimmelnder Zahl erfüllt. In Asgardh haben die Hauptgötter und Hauptgöttinnen (zwölf) besondere Burgen, Hallen, Säle.

Bezeichnend für die germanische Götterlehre im Gegensatz zu der episch-idyllischen der Griechen ist die dramatische und zwar tragische[1] Eigenart. Zwar auch die Olympier hatten mit Giganten und Titanen um die Herrschaft zu ringen, aber nun sind diese Kämpfe für immer ausgekämpft und nur wenig gestört durch vorübergehende Händel einzelner Götter und Göttinnen untereinander (zumal wegen verschiedener Parteinahme für und gegen Menschen) tönt das ewige selige Lachen der unsterblichen Olympier bei Lyraklang, Nektar und Ambrosia durch die goldenen Säle.

Anders die germanischen Götter: sie stehen in unablässigem Kampf mit den Natur und Bildungsordnung bedrohenden Riesen; diese sind in der Zeit, die uns hier beschäftigt, unzweifelhaft die Vertreter der dem Menschen und seiner Wirtschaft schädlichen oder gefährlichen Naturkräfte, z. B. des öden, unwirtlichen Felsgebirges, des Weltmeeres mit seinen Schrecken, des Winters mit seinem Gesinde von Frost, Eis, Schnee, Reif, des Sturmwindes, des Feuers in seiner verderblichen Wirkung usw. Die Asen dagegen, die lichten Walhallgötter, sind nach ihrer Naturgrundlage die dem Menschen wohltätigen, freundlichen Mächte und Erscheinungen der Natur, z. B. das Gewitter nach seiner segensreichen Wirkung, der Frühling, der Sonnenstrahl, der liebliche Regenbogen. Dann aber sind sie auch Vertreter geistiger, sittlicher Mächte und Schützer, Vorsteher menschlicher Lebensgebiete, also Götter und Göttinnen z. B. des Ackerbaus, des Krieges und des Sieges, der Liebe und der Ehe und anderes. Jener Kampf der Götter und der Riesen, ursprünglich von dem Ringen und Wechsel der Jahreszeiten und der bald freundlichen, fördernden, bald furchtbaren, verderblichen Naturerscheinungen ausgegangen, wurde später auf das Gebiet des Geistigen und Sittlichen übertragen. In diesem Kampf den Göttern beizustehen legt allen Menschen und allen guten Wesen Pflicht und eigener Vorteil auf.

Anfangs nun lebten die Götter harmlos und schuldlos in kindlicher Heiterkeit: „Sie spielten" – sagt eine schöne Stelle der Edda – „Sie spielten im Hofe heiter mit Würfeln und kannten die Gier des Goldes noch nicht." Damals drohte ihnen von den Riesen noch keine Gefahr. Allmählich aber wurden die Götter mit Schuld befleckt. Zum Teil erklärt sich dies aus ihren Naturgrundlagen, zum Teil aber auch aus den anthropomorphistischen und aus den rein ästhetisch spielenden Dichtungen der sagenbildenden Einbildungskraft Sie brechen die während der Kämpfe hin und wieder

---

1 *Dahn*, Das Tragische in der germanischen Mythologie. Bausteine I. Berlin 1879.

geschlossenen Verträge und Waffenruhen mit den Riesen, trotz eidlicher Bestärkung, auch im Verkehr untereinander, mit den Menschen und mit anderen Wesen, machen sie sich gar mancher Laster und Verbrechen schuldig: Bruch der Ehe und der Treue, Habsucht, Bestechlichkeit, Neid, Eifersucht und, aus diesen treibenden Leidenschaften verübt, Mord und Totschlag müssen sich die zu festlichem Gelage versammelten Götter und Göttinnen vorwerfen lassen. Wahrlich, wenn nur die Hälfte von dem ihnen (von Loki) vorgehaltenen Sündenverzeichnis in Wahrheit begründet und durch im Volke lebende Geschichten verbreitet war, so begreift sich, daß diese „Asen" „anses", d. h. Stützen und Balken der natürlichen und sittlichen Weltordnung, die in ihrem Namen ausgedrückte Aufgabe nicht mehr erfüllen konnten.

Und darin liegt die richtige, die tiefe Erfassung von „Ragnar-rökr"[1], der Verfinsterung der herrschenden Gewalten. Diese Verfinsterung bricht nicht erst am Ende der Dinge in dem großen letzten Weltkampf plötzlich und von außen, als eine äußere Not und Überwältigung über die Götter herein – die Götterverfinsterung hat vielmehr bereits mit der frühesten Verschuldung der Asen ihren ersten Schatten auf die lichte Walhallawelt geworfen, und forschreitend wächst diese Verdunkelung mit jeder neuen Schuld dem völligen Untergang entgegen. Schritt für Schritt verlieren die Götter Raum an die Riesen, denn mit ihrer Reinheit nimmt auch ihre Kraft ab. Lange Zeit zwar gelingt es noch Odhin und seinen Genossen, das heranschreitende Unheil zurückzudämmen; sie fesseln und bannen die riesigen Ungeheuer, die Götter und Menschen, Himmel und Erde mit Vernichtung bedrohen, den Fenriswolf, die Midhgardhschlange, den Höllenhund, den bösen Feuerkönig Loki, Surtur und Muspells Geschlecht und andere. Aber im Kampf mit diesen Feinden erleiden sie selbst schwere Einbußen an Waffen und Kräften; ihr Liebling Baldur, der helle Frühlingsgott, muß – ein mahnendes Vorspiel des großen allgemeinen Götterverfinsterungstodes – zur finsteren Hel hinabsteigen, und immer näher rückt der unabwendbare Tag des großen Weltenbrandes. Wann bricht dieser herein? Wann ist die Stunde der „Götterdämmerung" gekommen? Antwort: Alsdann, nicht früher, aber alsdann auch unentrinnbar, wenn die „Äsir", die Tragbalken der natürlichen und sittlichen Weltordnung, d. h. die Götter selbst völlig morsch und faul geworden, wenn die Bande der Weltordnung völlig aus den Fugen gelöst sind, wenn das Chaos über Natur und Geist hereinstürzt.

Dem Ausbrechen des letzten Kampfes geht zugleich die *Zerrüttung* der *Natur*, des wohltätigen Wechsels der Jahreszeiten voraus – („der große, schreckliche Winter, Fimbulwinter, der drei Jahre, ohne Unterbrechung durch einen Frühling währt, denn die Sonne hat ihre Kraft verloren") – und die äußerste *Verwilderung* der *Sitten*, indem sogar der unverbrüchliche Friede der Sippe, des blutsverwandten Geschlechtes, germanischer Auffassung nach das heiligste Band, nicht mehr geachtet wird.

Als Ausdruck aber zugleich der unendlichen Ferne der Zeit, in welche dieses Verhängnis gerückt steht, und als Gradmesser der äußersten sittlichen Verderbnis, an deren Höhepunkt jenes Gerücht geknüpft scheint, dient die Sage von dem Schiff Naglfar. Dieses Schiff baut sich aus den Nägeln der Toten, die man diesen unbeschnitten an Händen und Füßen läßt, und erst dann, wenn dieses Schiff fertig und flott geworden ist, so daß es den Reiffriesen Hrymr und seine gesamte Heerschar aufnehmen und zum Kampfe gegen die Götter heranführen kann – erst dann bricht

---

1 Man hat neuerlich die Berechtigung dieser Auffassung bestritten und röck = Schicksal, Ende angenommen. Aber daneben steht röckr, gotisch rikvis = Verfinsterung.

der Göttersturz herein. Die fromme Pflege und Bestattung der Leichen ist, wie wir sahen, hohe sittliche und religiöse Pflicht germanischen Heidentums –, dann also ist das höchste Maß sittlichen Verderbens gefüllt, wenn die Ruchlosigkeit der Menschen so massenhaft die heiligste Liebespflicht unerfüllt läßt, daß sich ein ungeheures Kriegsschiff als Denkmal ihrer Pflichtvergessenheit aufbaut.

Alsdann sprengen die riesigen Ungetüme alle die Bande, mit welchen die Götter sie bis dahin zu fesseln vermocht: die Berge stürzen zusammen, die Bäume werden entwurzelt, Mond und Sonne werden jetzt endlich von Wölfen eingeholt und verschlungen, die ihnen seit Anbeginn nachgejagt und manchmal sie schon teilweise erreicht und mit ihren Rachen ergriffen hatten (die Mond- und Sonnenfinsternis), alle Ketten und Bande brechen und reißen, der Fenriswolf wird daher los und fährt mit klaffendem Rachen einher, daß der Oberkiefer an den Himmel, der Unterkiefer an die Erde rührt und – fügt die Edda naiv hinzu – wäre „Raum dazu, er würde ihn noch weiter aufsperren". Die Midgardhschlange (der Gürtel des Okeanos) überflutet das Land, die Reifriesen fahren von Osten auf dem Unheilsschiff heran, Loki, Surtur und Muspels Söhne, als die zerstörenden Mächte der Feuerwelt, ziehen vom Süden einher zum letzten Entscheidungskampf gegen die Asen. Auch diese, die Walhallgötter, rüsten sich zum Streit: Heimdall, ihr Wächter an Bifröst, der Regenbogenbrücke, stößt in das gellende Horn, alle Götter und die Einheriar, die im Krieg gefallenen Helden, ziehen den Riesen entgegen auf die große Ebene Wigridh vor Walhalls Toren. Hier reiben sich nun in ungeheurem Kampfe die beiden feindlichen Heere vollständig auf; alle Götter und Riesen fallen, und zuletzt entzündet sich das gesamte Weltall an der Glut der Feuerriesen und verbrennt mit allem, was es getragen hatte – ein ungeheures Brandopfer sittlicher Läuterung.

Aber den Gedanken der Vernichtung vermag das religiöse Bewußtsein nicht zu ertragen; es findet darin keine Versöhnung, deshalb hat es[1] an den fünften Akt des großen Trauerspiels, die Weltvernichtung, ein idyllisch-paradiesisches Nachspiel gefügt von musikalisch empfundener harmonischer Verklärung. Aus der Asche nämlich, in welche die alte, schuldbefleckte Welt versunken, hebt sich, verjüngt und makelfrei, eine neue Welt, eine zweite Erde und ein junger Himmel, bewohnt von einem wieder erstandenen Menschengeschlecht ätherischer Natur – „denn Morgentau ist all ihr Mahl" – und nicht mehr von den alten Göttern, sondern von deren Söhnen, die als unbefleckt von Schuld zu denken sind. Die Söhne Thors, Modi und Magni (Mut und Kraft), haben des Vaters Hammer gerettet und geerbt, die Söhne Odhins, Baldur, der Fleckenlose, und dessen Bruder, der blinde Hödur, der ihn ohne Verschulden getötet hatte, kehren wieder aus dem Reiche Hels; und in seligem Frieden, ohne Schuld und Leidenschaft, leben sie fortan in der erneuten Walhall, dem Idafeld. Da werden sich – und das ist ein reizender Zug – auch jene goldenen Scheiben im Grase wiederfinden, mit welchen dereinst, d. h. vor ihrem Sündenfall, die Asen heiter gespielt hatten.

Es leuchtet ein, daß sich hier der Götterglaube eines alten Lieblingsbehelfes bedient: die Söhne der Götter sind die Vertreter der Götter, ja gewissermaßen diese selbst, deren Wiederholung, nur frei von den Flecken, die auf die Väter Sage und Kunstdichtung gehäuft hatten. Das drückt sich am naivsten aus bei der Sonne, von der es heißt: „Und das wird dich wunderbar dünken, daß die Sonne eine Tochter geboren hat, nicht minder schön als sie selber; die wird nun die Bahn der Mutter wandeln." Rührend ist die Treue, mit welcher der Hammer des Tor von der treuen

---

1 Allerdings vielleicht unter christlichem Einfluß.

Sage gerettet wird. Die geliebte Volkswaffe mag der Nordländer auch in dem neuen Himmelsleben nicht missen, obwohl es keine Riesen mehr zu zerschmettern gibt. So mag der Hammer in den Händen der Erben friedlichen Weihezwecken (Brautweihe, Hausweihe unter anderen) dienen.

Von dem Leben und Walten dieser neuen Götter in dem neuen Himmel erfahren wir nun aber nichts weiter. Die Muse der sagenbildenden Einbildungskraft schweigt hier. Und zwar ganz notwendig. Denn wollte sie abermals anheben zu erzählen – sie müßte es in der alten Weise, und der Kreislauf, den wir eben abgeschlossen, er müßte von neuem anheben; denn abermals würde diese anthropomorphe und freie, nur das Schöne suchende Muse die gegebenen, abermals vielgötterischen Vorstellungen zu Gebilden aus- und umgestalten, die abermals dem Bedürfnis des Religionstriebes nach Einheit und Heiligkeit des Göttlichen widerstreiten und zuletzt eine Wiederholung der Götterdämmerung notwendig machen würden.[1]

An der Spitze der Götterwelt steht, dem philosophischen und sittlichen Zuge zum Glauben an *einen* Gott entsprechend, der keiner noch so bunt vielgötterischen Religion völlig gebrechen kann, ein oberster höchster Gott, der Götter und Menschen Vater und König, der Vorkämpfer und Vorsorger für die gegen die Mächte der Zerstörung: *Odhin, Wuotan.*

Die Naturgrundlage dieses Gottes ist wie bei Zeus und Jupiter die „Himmelsluft" – deswegen wohl, besonders aber auch wegen des *keltischen Teutates*, eines Gottes des Verkehrs, der in der Tat viel mit Mercurius gemein hatte[2], und mit dem germanischen Obergott von den Römern verwechselt wurde, fanden die lateinischen Schriftsteller Odhin-Wotan in Merkur in durchaus unzutreffender Deutung.

Sein Name, aus dem Stamme vadan, lat. *vadere,* neuhochdeutsch nur in (durch)„waten" erhalten, durchdringen, durchgehen und durchwehen, bezeichnet die alles durchdringende Luft. Wotan ist nun aber die Luft in allen ihren gelinden, geheimen und gewaltigen, furchtbaren Erscheinungen; er ist in dem gelinden Säuseln und im brausenden Sturm. Und wie Hellenen und Italikern ἄνεμος, Wind, zugleich *animus, anima,* Gemüt, Seele (auch altnordisch *odr für vôdr* von diesem Stamm – auch das Eigenschaftswort *odr* (got. *vodh*) wie unser wütig, Wut – dagegen „Geist" verwandt mit „Gischt" stammt von *gisan, cum impetu ferri,* brausend wehen; Seele von *saivala*), ist auch den Germanen die Luft, der Hauch, das Bild des Geistes und daher Wotan nach seiner geistigen Grundlage der Gott des Geistes und der Begeisterung, wie der kriegerischen – „Wuotan" ist der Ausdruck jenes *furor teutonicus,* jenes wütigen Heldengeistes, der die Germanen immer und immer wieder gegen den ehernen Wall der Legionen trieb, bis er endlich brach – so der dichterischen: Odhin hat den Trank der Dichtung den Göttern zugebracht, aber der „grübelnde Ase", der unersättliche Forscher, der die Runen erfunden, ist auch der Gott aller Weisheit und Wissenschaft. Er ist auch der Gott der Staatskunst, zumal der arglistigen: er hat Armin den Plan eingegeben, der Varus verdarb und die Legionen. Denn als König von Walhall hat er den Wunsch, daß viele blutige Schlachten geschlagen werden, viele Helden den Bluttod, nicht den Strohtod, sterben, weil nur solche als Einheriar in Walhall eingehen und sein Heer im Kampf gegen die Riesen

---

1 Siehe das Tragische oben.

2 *Cäsar b. G.* VI, 17 von den *Galliern:* Deum maxime Mercurium colunt ... (hunc viarum atque itinerum ducem, hunc ad quaestus pecuniae mercaturasque habere vim maximam arbitrantur). Hiernach wörtlich *Tacitus* Germ. K. 9 von den *Germanen:* ... Deorum maxime Mercurium colunt ... Ebenso später Paul Diac. I., 9: Wodan ... ipse est qui apud Romanos M. dicitur.

verstärken. Er streut Zwietrachtsamen unter die Könige und Völker. Aber als Verleiher aller Zaubergaben, zumal Zauberwaffen (sein Siegesspeer wird im Schwank zum Knüppel aus dem Sack), der unsichtbar machenden Tarnkappe, des durch die Lüfte tragenden (Wolken-) Zaubermantels, des stets neue Goldringe träufelnden Zauberringes ist er der „Wunsch", d. h. der Erfüller aller Wünsche, der Verleiher alles Glückes. In Odhins Gestalt hat die ganze Herrlichkeit, Tiefe und Fülle des germanischen Geistes sich selber dargestellt. Unsere großen Staatsmänner, Könige, Feldherren, Helden, Dichter, Philosophen – sie alle haben in Odhin ihr Vorbild.

Dicht neben Odhin steht *Thôrr, Donar*, der Donnergott, zugleich der Gott des Ackerbaus und aller Gesittung, auch der Verträge und des Rechtsbandes, das sein Hammerschlag weiht.

Der Sondergott des Krieges *Tyr* (Ziu, Eru – daher Die(n)stag = Ziestag, Ertag in Bayern) wird von den Römern richtig mit Mars wiedergegeben (Tac., *Germ*. K. 9). Er war recht eigentlich der Schwertgott, wurde unter dem Zeichen des Schwertes (*eru, hairus*, der *Saxnot, Saxneát*, der Sachsen) verehrt (so von den Quaden) und war einarmig, „weil das Schwert nur *eine* Klinge hat". Die Göttersage muß nun erklären, wie er den anderen Arm eingebüßt hat, und berichtet, er hat ihn als Pfand dem Fenriswolf in den Rachen gesteckt, der ihn abbeißt, wie er den Zaubertrug des ihm übergeworfenen Netzes merkt. Ihm und Thôrr (Donar) wurden genau bestimmte Opfertiere dargebracht (Tac., *Germ*. K. 9)

Die „Isis", die ein Teil der Sueben verehrt, war die Göttermutter *Nerthus*. Tacitus selbst sagt, daß er über Grund und Ursprung dieser Verehrung eines „fremdem Heiligtums" wenig erkundet habe; er folgerte die Fremdheit irrig aus dem Wahrzeichen der Göttin, einem Schiffe vergleichbar den (dalmatinischen) „Liburnen"[1]. Sie ist *Frigg*, Odhins Gemahlin (Frau Holle, Berahta, die Berchtfrau, *Frouwa*), die Göttin der Ehe, des häuslichen Herdes, der Fruchtbarkeit. Manchmal wird mit ihr identifiziert die (Wanin) *Freyja*, eine Göttin der Liebe, der Schönheit, des Liebreizes.

Von den übrigen Göttergestalten sollen hier nur noch erwähnt werden *Heimdall*, der Wächter an der Regenbogenbrücke (*Bif-röst*, „der bebenden Rast"), die von Midhgardh nach Asgardh führt, *Baldur*, der Gott des Frühlingslichts, der deshalb am Tage der Sommersonnenwende (24. Juni) stirbt und auf dem Scheiterhaufen verbrannt wird (Johannisfeuer), *Bragi*, der Gott der Dichtung, *Loki*, der dämonische Feuergott, der später *gegen* die Asen auftritt, von den Wanen ein Sonnengott, *Freyr*, manchmal verwechselt mit dem auf goldborstigem Eber reitenden Gott des Erntesegens *Frô;* dann die ursprünglich nicht als schädlich gedachte Göttin der Unterwelt *Hel*, die drei *Nornen* (Urdhr, Verdandi, Skuld), die das Schicksal weben, und die *Walküren*, Wunschmaide, Schildjungfrauen Odhins, welche die gefallenen Helden von der Walstatt empor nach Walhall tragen.[2]

Es ist zunächst im Vergleich mit dem tempel- und bilderreichen Götterdienst der Griechen und Römer gesagt, wenn Tacitus von den Germanen berichtet: „Zwar verehren sie die Isis unter dem Sinnbild eines Schiffes, jedoch halten sie es der Größe der Himmlischen nicht entsprechend, die Götter in Wände einzuschließen oder in menschenähnlicher Gestalt darzustellen: Haine und Wälder weihen sie ihnen und nennen mit göttlichen Namen jenes Geheimnisvolle, das sie nicht mit Augen schauen, nur in Ehrfurcht ahnend erfassen."[1]

---

1 Germ. K. 9
1 Germ. K. 9
2 Dahn, Über die Göttinnen der Germanen. Nord und Süd. 1896.

Daß es gleichwohl an Altären, Heiligtümern mancher Art, Götterbildern und Götterwahrzeichen keineswegs völlig fehlte, geht aus nordgermanischen Überlieferungen hervor: auch Tempel, freilich nur von Holz (wie der „heilige Baum" [das Symbol der Weltesche] Irminsul, *universalis columna* oder Säule des Irmin?), werden den Südgermanen so wenig wie den skandinavischen völlig gefehlt haben.

Menschenopfer (Gefangene, Unfreie, Verbrecher) bluteten an bestimmten Festnächten dem Wotan.[1]

Untrennbar von dem Dienst der Götter war die Weissagung, die Erforschung der Zukunft aus den Götterzeichen, zumal mittels der „Losung"; sehr eifrig betrieben sie, wie übrigens alle arischen Völker, diese Dinge.

Die Form der Losung ist einfach. Der Zweig eines fruchttragenden Baumes („ekernder": Buchen oder Eichen) wird in kleine Stäbe geschnitten; diese werden mit gewissen Zeichen (den Runen) unterschieden und wahllos verstreut über ein weißes Gewand geworfen. Der Priester der Völkerschaft bei stattlicher, der Hausvater bei privater Zeichenerforschung hebt dann unter Gebet und mit zum Himmel gerichteten Augen – um jedes willkürliche Aussuchen auszuschließen – die Stäblein auf und deutet den Sinn nach den rohen eingeritzten Zeichen. Verwehren diese, so darf am gleichen Tage über die gleiche Frage nicht nochmal geforscht werden; günstigen Falles werden noch zur Bekräftigung wahre Götterzeichen verlangt. Auch hier – wie in Rom – werden die Stimmen und der Flug der Vögel um Auskunft gefragt. Eigentümlich dagegen ist den Germanen (wie den Persern), daß sie auch von Pferden Weissagung und Warnung einholen. Auf Staatskosten werden diese unterhalten in den gleichen heiligen Wäldern und Hainen, in welchen die Götter wohnen und die Feldzeichen und Tierbilder im Frieden aufbewahrt werden, schneeweiß und nie durch Fron in Menschendienst entweiht. Nur vor den heiligen Wagen eines Gottes oder einer Göttin werden sie geschirrt, und der Priester, König oder Graf der Völkerschaft begleitet sie bei diesem Umzug und achtet auf das Wiehern und Schnauben. Keinem Götterzeichen wird höherer Glaube geschenkt nicht nur von der Menge, auch von den Vornehmen und den Priestern, denn letztere, die Priester, erachten sich nur als die Diener, die heiligen Rosse aber als die Vertrauten der Götter.

Noch eine andere Zeichendeutung wenden sie an, den Ausgang schwerer Kriege zu erforschen. Sie machen irgendwie einen Angehörigen des zu bekämpfenden Volkes zum Gefangenen und lassen ihn mit einem erlesenen ihrer eigenen Krieger kämpfen, jeden mit seinen Volkswaffen: der Sieg des einen oder anderen gilt als Vorbedeutung.[2]

Die Sittlichkeitslehre, die mit dieser religiösen Weltanschauung unscheidbar zusammenhängt, ist zwar die rauhe eines Heldenvolkes auf der Stufe einfacher Gesittung – aber wir werden nicht das glaubenswütige Wort eines heiligen Kirchenvaters – Augustin – auf sie schleudern dürfen: „Die Tugenden der Heiden sind nur glänzende Laster." Es ist wahr: nicht ganz nur um ihrer selbst willen wird die Heldenehre gesucht, auch mit der Hoffnung auf die Freuden Walhalls. Aber auch andere Religio-

---

1 Germ. K. 1

2 Daß dies nicht ein Gottesurteil in juristischem Sinne, darüber siehe Dahn, Bausteine II. Berlin 1880 (Gottesurteile.)

nen lassen es ja an solchen Reizmitteln zur Tugend wahrlich nicht fehlen[1]; nur philosophische Sittlichkeit fordert die Pflichterfüllung allein um der Vernunftnotwendig-
keit willen. Sieht man von jener „eudämonistischen" Färbung der Sittlichkeit ab und
begreift man ferner, daß die Einschärfung der *Rachepflicht* aus dem Stolz, der Ehre
des Helden, zum Teil aus der Sippentreue so notwendig folgte wie aus den rauhen
Zuständen der Gesellschaft überhaupt, so wird man der Sittlichkeit des germanischen Heidentums Liebe und Bewunderung nicht versagen können: *Heldentum*,
freudiges Fallen für Sippe und Volk, für die eigene Ehre, das eigene Recht oder
freilich auch den eigenen Mannestrotz; *Treue* gegen den Freund, Gesippen, Gemahl,
strengste *Keuschheit* des Weibes – das sind die heidnischen Tugenden, die der große
Römer an unseren Ahnen bewundert; sie haben unser Volk zuerst in der furchtbaren
römischen Gefahr gerettet – mit jener Lehre von der dem zweiten Schlage darzubie-
tenden anderen Wange wären sie vor den „Söhnen der Wölfin" übel gefahren! – und
ihm zuletzt die Weltherrschaft genommen.

---

1 Siehe Band III über die Sittlichkeitslehre Gregors von Tours und der fränkischen Kirche überhaupt.

Erster Teil

Die Ostgermanen:
Die Völker der gotischen Gruppe

Allgemeines

Aus dem in der „Einleitung" über die Verbreitung der Germanen durch Europa Erörterten erklärt sich, daß die Völker der gotischen Gruppe bedeutend später als andere Germanen in nähere und dauernde Berührung mit den Römern traten. Während seit der Eroberung Galliens durch Julius Cäsar und der rätischen Alpen durch die Stiefsöhne des Augustus die friedlichen oder feindlichen Beziehungen zu den Rhein- und Donau-Germanen nie wieder völlig abrissen, waren die gotischen Völker durch ihre ursprünglichen wie durch die nach der Wanderung gen Südosten eingenommenen Sitze längere Zeit den Römern fern gerückt.

Man darf um dieser Sitze willen die Goten Ostgermanen nennen.

Bis vor kurzem glaubte man der Goten Namen bereits in dem ältesten Bericht, welcher die Germanen überhaupt erwähnt, überliefert zu finden. Der Grieche *Pytheas* aus *Massalia*, der, ein Zeitgenosse Alexanders des Großen, die nördlichen Meere bis zur Insel Thule hin (nicht Island, sondern die Shetlandinseln) bereiste, sollte sie als Bewohner der Küste des Busens Mentonomon genannt haben. Neuerdings ist aber höchst wahrscheinlich gemacht worden, daß hier von Plinius fälschlich „Gutones" für „Teutones" gelesen wurde und daß das von Pytheas geschilderte Bernsteinland keineswegs an (und in) der Ostsee, sondern an der Nordsee zu suchen ist. Gleichwohl bleiben auch hiernach die Ostseeküste, die Gebiete der Weichselmündung als die ältesten Sitze der Goten unbezweifelt. Plinius und Tacitus[1] kennen und nennen sie hier.

Sehr zweifelhaft ist, ob die Gauten in Skandinavien mit den Goten in Zusammenhang stehen. Nordische Forscher halten die skandinavischen Gauten für ursprünglich (deutsche) West-Germanen, die erst später von den einwandernden Nordgermanen vertrieben oder eingeengt worden seien. Allein obwohl einzelne Gotenvölkerschaften von der Südküste der Ostsee aus nach „Scantinavia" – dunkel und schwankend wird der Name gebraucht, bald für Inseln, bald Halbinseln, bald für Festland – übergesetzt sein mögen und obwohl die gotische Sprache der altnordischen am nächsten steht, so ist doch gerade der Abstand bei den Sprachen zu groß, um Einheit der norddeutschen Gauten mit den Goten annehmen zu lassen.[2] Der Name „Goten" umfaßt als Gruppenbezeichnung eine Mehrzahl von Völkern, nicht, wie etwa „Cherusker" oder „Sugambern", eine einzelne Völkerschaft. Die Grundlage dieser Gemeinschaft war aber nicht eine politische, nur das Bewußtsein näherer Verwandtschaft, gemeinsamer Abstammung, wie sie durch die nur mundartlich verschiedenen Sprachen der einzelnen gotischen Völker zweifellos dargetan wird.

Daher wurden die Goten so wenig wie die Nordgermanen in die ethnogonische Sage der Westgermanen mit aufgenommen, als Ingwäonen, Istwäonen, Herminonen;

---

1 *Germ.* K. 43, geschrieben 99 n. Chr.

2 „Goten" mit kurzem Vokal (von *giutan*, gießen, erzeugen), daher Verdoppelung der Dentale bei Lateinern: *Guttones* und Γότϑοι bei Griechen.

als diese Sage entstand, waren also Westgermanen und Goten zeitlich und räumlich schon so lange und so weit getrennt, daß die Zusammengehörigkeit nicht mehr empfunden wurde.

Wir dürfen, was Tacitus ergänzend zu jener Abstammungssage bemerkt – daß nämlich noch andere Wendungen umliefen, nach denen Gott Tuisto außer Mannus noch andere Söhne gehabt habe, auf die andere Völker unmittelbar ihren Namen und Ursprung zurückführten[1] – namentlich auch auf die Goten anwendbar denken: wie z. B. auch die Gruppe der Sueben eine solche Sondersage für sich entwickelt hatte.

Wo die Trennung zwischen Goten, Nord- und Süd- (oder West-)germanen stattgefunden hat und wann, das entzieht sich der Ermittlung.

Schon klassische Schriftsteller haben die Goten für eins gehalten mit den ebenfalls im Osten der Griechen und Römer seßhaften *Geten*, und einer der hervorragendsten Gelehrten des erlöschenden Altertums, der mit seinem zusammenfassenden Wissen einer der Hauptlehrer des Mittelalters wurde (vor Isidor von Sevilla), *Cassiodorus Senator*, der einflußreichste Staatsmann des Ostgotenreiches in Italien (gestorben nach 536), hatte bei seinem staatlichen Hauptbestreben, der Vermittlung und Versöhnung zwischen dem Königshaus der Amaler und dem Kaiser zu Byzanz, den gotischen Einwanderern und der italienischen Bevölkerung, dringendste Veranlassung, jene Einheit von Goten und Geten, von der er gewiß aufrichtig überzeugt war, auf das eifrigste zu betonen, sie in den Vordergrund seiner „Geschichte der Goten" zu stellen.

Waren die Goten die alten Geten, so waren sie nicht mit den übrigen verhaßten und verachteten Barbaren den Germanen des Nordens, auf eine Stufe zu stellen, so waren sie ein Volk uralter, hervorragender Bildung, den Griechen und Römern als solches wohlbekannt, verehrt, befreundet; durch „Philosophie", „Grammatik" und andere Wissenschaften, durch Lehrer wie Dikeneos und andere ausgezeichnet; mit einem solchen Volke sich zu verbinden, war für den Kaiser in Byzanz nicht anstößig, mit einem solchen Volke sich in Italien zu teilen, für die Römer minder hart.

In den unselbständigen Auszug, den *Jordanis* aus des Cassiodorus uns verlorenem Werke fertigte (etwa im Jahre 551), ging dann jene Anschauung mit fast unveränderter Absicht über; die Annahme pflanzte sich von da in viele mittelalterliche Wiederholungen fort, auch von neueren Schriftstellern wurde sie hier und da wieder aufgenommen.

Aber sie schien wahre Bedeutung und den Sieg gewinnen zu sollen, als *Jakob Grimm* sie mit der ganzen ihm eigenen eindringlichen Beredsamkeit in seinen ehrwürdigen Schutz nahm. Mittel genialer Erratung, dichterischer Gestaltung und ausgebreitetster Gelehrsamkeit wurden in einer Reihe von glänzenden, großartigen Ausführungen zur Verteidigung eines Schoßkindes seines Sinnes verwertet. Ein wichtiges Werk, die „Geschichte der deutschen Sprache"[2], verfolgt als einen Hauptzweck die Durchführung jenes Lieblingsgedankens. Tiefste Verehrung und dankbarste Begeisterung für den poesievollsten aller Meister der deutschen Sprache darf uns nicht abhalten, in jener Vermutung einen gegen den Gang aller Geschichte verstoßenden Irrtum zu erblicken: Es ist völlig unvereinbar mit allem, was wir sonst von germanischen und zumal gotischen Zuständen wissen, und unvereinbar mit den We-

---

1 Tacitus, *Germ.* K. 2
2 Erste Auflage, Leipzig 1848.

gen der Entwicklung dieses Volkes – wie aller Völker –, anzunehmen, einmal, daß die Goten (als Geten) allein unter allen ihren germanischen Nachbarn und Stammgenossen auf völlig unbegreifliche Weise bereits viele Jahrhunderte vor Christus eine hohe Bildung sollen erreicht, eine von aller germanischen Art abweichende Priester- und Weisen-Herrschaft sollen errichtet und dann in ebenso unbegreiflicher Weise wieder so völlig, bis zum Vergehen und Verlöschen jeder Erinnerung und Spur, sollen eingebüßt haben, daß sie mit den anderen Germanen, als ob jene Höhe nie erreicht worden wäre, wieder ganz auf der gleichen Stufe barbarischer Unmittelbarkeit stehen, mit allen Anzeichen eines Volkes, das noch gar nie in die Bildung eingetreten ist, also namentlich *mit der gleichen jugendfrischen Entwicklungsfähigkeit.* Dies letztere wiegt am schwersten; wohl sinken Völker von höheren Bildungsstufen in Barbarei zurück, aber alsdann können sie jene Vorgeschichte nicht verleugnen und ihr greisenhaft verknöchertes Wesen, erschöpft und neuer Gestaltungen unfähig, zeigt nicht jene freudige, kraftvoll treibende Jugendfrische, die aus den Goten Wulfilas, Alarichs, Theoderichs uns entgegenknospt.

Zahl und Namen der Völker, die zur gotischen Gruppe gehören, sind für die wichtigsten ganz sicher, für andere dunkel, schwankend und bestreitbar. Der Geschichtsschreiber Prokopius[1], der Gelegenheit hatte, mit vielen Hunderten von Ostgoten, Vandalen, Rugen, Hérulern, Gepiden zu verkehren, bezeugt es[2], daß von jeher eine Vielzahl von Völkern unter dem Namen „Goten" zusammengefaßt wurde und zu seiner Zeit noch werde, daß unter diesen die größten und bedeutendsten sind die *Ostgoten* (die er einfach Γότϑοι nennt), die Vandalen, die *Westgoten* (Oὐσιγότϑοι) und die *Gepiden.* Er hätte noch als gotische Völker nennen können: die *Héruler, Rugen, Skiren, Túrkilingen,* die *kleineren Goten,* die *Mösoengoten,* die *tetraxeritischen Goten, Taifalen, Viktofalen; Greuthungen* und *Thervingen* sind nur andere Namen für Ost- und Westgoten.

Er führt an, vor alters habe man diese Völker auch „Sarmaten" genannt, ja einige hätten sie mit dem Namen „getische Stämme" bezeichnet – beide Verwechslungen „wären vorgekommen, da Griechen und Römer östliche Barbaren ohne genauere Unterscheidung mit jenen Ausdrücken" belegten. Darauf fährt Prokop fort: „Alle diese unterscheiden sich, wie bemerkt, durch Sondernamen, aber in allen Dingen durchaus nicht: die Körperart ist allgemein, alle sind von weißer Haut- und blonder Haar-Farbe, von hoher Gestalt und schöner Gesichtsbildung; ihre Rechtseinrichtungen sind die gleichen, auch ihr Bekenntnis, das arianische. Auch ihre Sprache ist eine und dieselbe, die sogenannte gotische. Nach meiner Ansicht bildeten sie ursprünglich alle *ein* Volk und haben sich erst später durch Sondernamen unterschieden, je nach den Führern der einzelnen Gliederungen."

Diese letztere Erklärungsweise, obzwar haltlos, war bekanntlich bei den klassischen Ethnographen allgemein herkömmlich. Wir werden sehen, in welchem Prokop freilich sehr fern liegenden Sinn sie in diesem Fall gewissermaßen zutrifft.

Bei einigen anderen Völkern erscheint es sehr zweifelhaft, ob sie überhaupt zu den Germanen gezählt werden dürfen; sind sie (Peukiner, Bastirnen), aber Germanen, so sprechen ihre ältesten Sitze für Verwandtschaft mit der gotischen Gruppe.[3]

---

1 Dahn, Prokopius von Cäsarea. Berlin 1865.

2 *De bello Vandalico* ed. Dindorf 1833. I, 2.

3 *Gegen* germanisches Volkstum von Bastirnen und Alanen siehe Dahn, Die Könige der Germanen. I. München 1861, S. 98. 261.

Die Verteilung der gotischen Völker in ihren nordöstlichen Sitzen war in späterer Zeit – und wir haben keinen Grund, anzunehmen, daß sie seit der Einwanderung wesentlich gewechselt habe – vielleicht die folgende. Am weitesten östlich auf dem rechten Weichselufer an den Küsten des Frischen und des Kurischen Haffes und in deren Hinterland schweifen die unter dem Namen „*Gottones*" damals ohne genauere Bezeichnung angeführten Völker; sie wurden bereits von „*Sarmaten*" (Slawen, *Vénedae*, Wenden) nach Westen gedrängt; ihnen zunächst auf dem linken Weichselufer von Danzig bis gegen Pommern hin folgen die *Skiren*; nordwestlich von diesen längs der pommerschen Küste von Stolpe bis Stralsund ziehen sich in mehreren Völkerschaften die *Rugen* hin, die auch auf Rügen und den übrigen Inseln (*Holmrugen*, *Inselrugen*) wohnen; darunter an beiden Ufern der Oder die *Túrkilingen*; südlich von den Rugen, mehr im Binnenlande, vom linken Ufer der Weichsel bis weit über das linke Ufer der Elbe hin, zumal an beiden Ufern der Oder – in Schlesien – die mehrfach gegliederten *Vandalen*[1], welche hier im Südwesten mit den (nichtgotischen) *Langobarden*, im Südosten von Oder bis Weichsel mit den (nichtgotischen, aber den Goten sprachlich wie den Vandalen räumlich[2] nahe stehenden) *Burgundern* grenzen; weiter nordwestlich dürfen wir auf den dänischen Inseln *hérulische* Scharen annehmen, während südöstlich von der Weichsel, in der Richtung nach dem Schwarzen Meer hin, andere gotische Völker verschiedener, schwankender Benennungen saßen, die zuerst dem Druck der beginnenden Wanderung nach Süden nachgaben.

Wir müssen uns begnügen, in allem Wesentlichen gleiche Zustände und Einrichtungen anzunehmen, wie wir sie bei den Westgermanen kennen lernen werden. Von Geschichte, Verfassung und Bildung der Goten zur Zeit dieser ihrer Siedelung im Norden wissen wir sehr wenig.

Doch berichtet Tacitus[3] bedeutsam, daß die östlich von den „Lygiern" (Ligiern) – ebenfalls eine Gesamtbezeichnung wie Goten, Sueben – wohnenden „Gotones" unter Königen stehen, während zu seiner Zeit die königlose Verfassung noch bei weitem die häufigere war (nämlich bei den südwestlichen Germanen, über welche die Römer am besten unterrichtet waren), und daß diese Könige schon etwas straffer, als es die übrigen Germanen vertragen, die Zügel der Herrschaft anziehen, jedoch durchaus nicht so, daß die Volksfreiheit darunter litte; auch von den Rugen (und Lemovii), die er nicht zu den Goten zählt, führt er an, daß für alle diese Völker (aber nicht für seine „Ligier", denen er das Königtum der Goten entgegenstellt) bezeichnend seien: runde Schilde, kurze Schwerter und – „besondere Verehrung für ihre Könige" – eine Wahrnehmung, deren Richtigkeit die gesamte spätere Geschichte der Goten bestätigt.[4]

Außerdem erfahren wir aus jenen Zeiten von den Goten nur noch[5], daß ein edler

---

1 Unrichtig zählt man die Vandalen zu den „ligischen", „lugischen" Völkern und meint, dieselben hätten von jeher am Nordrande Böhmens gewohnt und nur statt des alten Namens Dunische Lygier (Ptolemäus, um das Jahr 140) den neuen Vandali angenommen, wobei man Vandali und Vindili unterscheidet: so *Zeuß*, Die Deutschen und die Nachbarstämme. 1. Aufl. München 1837, S. 444.

2 Deshalb wohl werden sie von Plinius den Vandalen geradezu beigezählt.

3 *Germ*. K. 43

4 Auch *Germ*. K. 1 sagt er, der Krieg habe den Römern an der Meeresküste einige germanische Völker „*und Könige*" bekannt gemacht, während er bei den binnenländischen Germanen nur ausnahmsweise Könige kennt.

5 Tac., *Ann. II*, 62.

Markomanne (nach anderen selbst ein Gote) Katwalda, von Marobod vertrieben, „zu den Goten" flüchtete und von hier aus in das Reich des strengen unbeliebten Herrschers, dessen Macht durch schweren Kampf mit den Cheruskern und deren Verbündeten unter Armin bereits erschüttert war, mit bewaffneter Hand zurückkehrte; er gewann die Edelen für sich, überfiel die Königsstadt und nahm die Burg des Marobod (in Böhmen) weg, der Zuflucht bei den Römern suchte. Wir können daraus für die Gotengeschichte wenigstens soviel entnehmen, daß die Goten nicht, wie man behauptet hat, von marobod unterworfen waren – sonst konnte man nicht vor Marobod zu ihnen flüchten – und daß wenigstens einzelne gotische Völker (welche ist nicht gesagt) nicht allzu fern von Böhmen müssen gewohnt haben, wenn sie auch keineswegs an Marobods Reich grenzten; denn gar zu entfernt von Stadt und Burg des Markomannenkönigs dürfen wir uns den Ausgangspunkt der auf Raschheit berechneten Unternehmung Katwaldas wohl nicht denken. Nach der Darstellung des Tacitus war Böhmen von den Goten nordöstlich durch die zahlreichen „ligischen" Völker getrennt, die wohl zum Teil von Marobod in Abhängigkeit gebracht waren, nordwestlich durch die dem Marobod feindlichen Semnonen und Langobarden. Da nun Marobudum ziemlich am Nordrand Böhmens, am Fuß der Sudeten lag, darf man vielleicht annehmen, daß der überraschend schnelle Stoß auf diese Burg von Norden, von der oberen Oder her geschah; alsdann wären jene „Goten", bei welchen Katwalda Zuflucht gefunden, die Vandalen gewesen.[1]

Das war im Jahr 19 nach Christus.

Von da ab vernehmen wir nichts mehr von den Goten, bis sie zwei Jahrhunderte später an den Mündungen der Donau und auf der Nordküste des Schwarzen Meeres auftreten.

Die unzweifelhafte Tatsache dieser Rückwanderung von der Weichselmündung bis an das Schwarze Meer verliert ihr Befremdliches unter folgender Erwägung. Wir haben gesehen, welch große Zahl von Völkern, deren Gesamtkopfzahl viele Millionen betrug, unter dem Namen „Goti" begriffen wurde. Welche von diesen Völkern unter denjenigen Goten zu verstehen sind, die Plinius und Tacitus an der Ostsee siedelnd wissen, ist nirgends erschöpfend gesagt. Wir sind also nicht gehindert, nur diejenigen Gotenvölker dorthin zu versetzen, deren Zusamenhang mit dem Norden bezeugt ist, also die Ostgoten, Heruler, Rugen, Vandalen. Wir dürfen uns aber vorstellen, daß von diesen nach Südosten hin Ring an Ring von gotischen Völkern sich reihte – obzwar mit mancher Durchbrechung von seiten ungotischer und auch schon ungermanischer Stämme –, so daß, abgesehen von jenen nördlichsten Vorposten des rechten Flügels, der rechte und der linke (südliche) Flügel der gotischen Völkeraufstellung in gerader Linie südlich von der Weichsel bis nahe an das Schwarze Meer hin reichen mochte. Bei diesen fällt alsdann jede auffallend weite Rückwanderung weg.

Und unmöglich ist auch nicht, daß von Anfang der Einwanderung aus Asien nach Europa gotische Völker, die südlichste linke Flanke der Einwanderer, gleich in jene Gebiete der großen Ströme, die sich von Norden her in den Pontus ergießen, des Bug, des Dnjestr und des Pruth, abgezogen und hier heimisch geblieben sind, während die Mitte und der rechte nördliche Flügel der Einwanderer den Weichselquellen abwärts nach Norden folgten. Die Sitze der (gotischen) Gepiden reichen gerade von der oberen Weichsel bis an den oberen Dnjestr; hier lag der Scheideweg zwischen

---

1 Daß Katwalda nicht, wie andere annehmen, ein Gote war, darüber siehe Dahn, Könige der Germanen. I. München 1861, S. 108. (Doch ist es nicht zweifellos, Dahn, Forschungen z. d. Gesch. 1880.)

dem Baltischen und dem Schwarzen Meer, hier vielleicht eine von jeher festgehaltene Brücke zwischen Nordgoten und Südgoten.

Bei einzelnen Völkern werden von sagenhafter Überlieferung besondere Gründe des Aufbruchs aus den nordischen Sitzen angegeben: Überschwemmungen, Heimsuchung durch giftige Beißwürmer, Seuchen, Mißwachs, *Hunger*, meistens aber *Übervölkerung*.

Das letztere trifft den Kern der Sache.

Die Germanen waren, wie wir sahen (Einleitung), von dem ehemaligen schweifenden Hirtentum mit Jagd und Viehzucht und einem nur im Vorüberziehen getriebenen Ackerbau nach der Einwanderung in Europa notgedrungen allmählich zu überwiegendem Ackerbau mit nur wenig mehr wandelbaren Sitzen übergegangen. In diesem Erdteil machten (abgesehen von den unübersteigbaren Schranken, die im Süden und Westen das Römerreich, im Norden das Meer und in Skandinavien die Kälte weiterem Vordringen entgegenstellten, während im Osten die nachdrängenden Slawen die Rückkehr verwehrten) die Bodenverhältnisse, der Mangel an Steppen und weiten Weideflächen, die durch Berg, Urwald oder Sumpf überall beschlossenen Landgliederungen eine Lebensweise unmöglich, wie sie in Asien in jahrhundertelanger Umherwanderung war eingehalten worden. Man mußte in dem einmal besetzten Gebiet seßhaft werden, diese Nötigung ließ dann bald auch die Vorteile des damit vollzogenen Gesittungsfortschritts erkennen.

Nun ist es aber ein überall beobachtetes Gesetz, daß nach der Zeit einiger Geschlechter, nachdem ein Volk zu seßhaftem Ackerbau übergegangen ist, eine sehr starke Zunahme der Bevölkerung plötzlich eintritt. Der Ursachen für diese Wirkungen solchen Überganges lassen sich viele anführen; es genügt, den Fortschritt in der dauernden *Sicherung* aller Lebensverhältnisse, zumal aber die Zunahme an *Regelmäßigkeit* und *Menge* der nunmehr periodisch gewonnenen *Lebensmittel* hervorzuheben.

Da nun der Übergang zu seßhaftem Ackerbau selbstverständlich nicht bei allen Stämmen gleichzeitig, aber doch bei den meisten in der Zeit vor Tacitus vollzogen war, so ergibt sich, daß etwa um das Jahr 150 nach Christus die Wirkungen dieser Wandlung fühlbar werden mußten.

Es ist das nun aber gerade die Zeit, in der bei einer Reihe von Völkern jene Bewegungen beginnen, welche die Überlieferung, also sicher mit gutem Grunde, auf Übervölkerung zurückführt. Mark Aurel bereits hat (circa 165) Vandalen und andere Goten an der Donau abzuwehren (siehe unten).

Es ist dieselbe Zeit, in der bei anderen Völkern, denen das Wandern durch übermächtige Nachbarn, vor allem durch das Römerreich, verwehrt oder doch sehr erschwert war, ebenfalls als Folgen der starken Zunahme der Bevölkerung, andere große innere Veränderungen, Verfassungsumgestaltungen von großer Bedeutung, eintreten.

Erstes Buch

Die Vandalen

Erstes Kapitel

Vorgeschichte: bis zur Gründung des Reiches in Afrika

Von den nördlichen Sitzen zwischen Elbe und Weichsel[1] waren die Vandalen auf ziemlich geradem Wege, vermutlich dem Lauf der Oder stromaufwärts folgend, in langsamer Wanderung[2] nach Süden abgezogen. Noch in die Zeit vor diesem Abzug würde fallen der Kampf, den die langobardische Wandersage bei Paulus Diaconus in die Landschaft *Skoringen* verlegt. Die Vandalen, die durch große Kriegserfolge auf alle ihre Nachbarn Druck üben, fordern auch von den angeblich aus Skoringen gewanderten *Langobarden* Schatzung unter Drohung des Krieges, werden aber für ihren Übermut durch Hilfe Friggas und Wotans mit schwerer Niederlage gestraft. Bemerkenswert ist immerhin in der Sage die Überlieferung einer den wenig zahlreichen Langobarden überlegenen Macht der Vandalen in jenen nördlichen Sitzen, dann die Zweizahl der Heerführer der Vandalen, *Ambri* und *Assi,* stabreimend benannt wie später *Raus* und *Rapt.*[3] Sie siedeln nun vorübergehend am Nordabhang des „askiburgischen Bergwalds", der um dieser ihrer Niederlassung willen zur Zeit des Cassius Dio (155–230) den Namen „vandalisches Gebirge" führte; von da reichten sie von Anfang oder zogen sie später an den römischen „*limes*", d. h. an die Donau.

In beiden Sitzen grenzten sie zuerst im Süden, dann im Westen mit den (herminonischen, oberdeutschen) *Markomannen*, die Marobod wenige Jahre vor Christi Geburt aus ihren alten Sitzen am Ober- und Mittel-Main nach Böhmen geführt hatte. In dem großen markomannischen Krieg standen die Vandalen 171–173 mit ihren mächtigen Südnachbarn zusammen gegen Rom. Kaiser Mark Aurel befreite Pannonien von ihren Einfällen, ohne sie freilich zu „vernichten", wie sein Biograph ruhmredig meint.

Unter dem Gesamtnamen „Vandalen" begriff man von Anfang (bis zum Jahre 418) eine Mehrzahl von Völkerschaften, jedenfalls zwei, die *Silingen* (silingischen Vandalen) und die *Asdingen* (asdingischen Vandalen). Beide hatten besondere Könige; das Königsgeschlecht der asdingischen Vandalen führte den gleichen Namen wie die Völkerschaft selbst, „Asdingen" – eine schwerwiegende Bestätigung unserer Grundanschauung von Ursprung und Wesen des Königtums bei den Germanen. Das

---

1 Wo sie Plinius (Hist. nat. IV, 28 um das Jahr 77) und Tacitus noch um das Jahr 100 nach Christus nennt: Vandalus, Vandilii, Βάνδιλοι.

2 Es ist also durchaus nichts „Fabelhaftes" (Papencordt, Geschichte der vandalischen Herrschaft in Afrika, 1837) daran, daß sie auf diesem Zuge vom Ocean an den „*limes*" den Weg kaum in einem Jahre zurückgelegt, wie Dexippus bei Cassiodor-Jordanis (Kap. 21) berichtet; bei unserer Auffassung der Art dieser Wanderungen mit Wagen und Herden und häufigen Halten erklärt sich diese wie ähnliche Angaben des Paulus Diaconus über Wanderungen der Langobarden und anderer sehr wohl.

3 Daß übrigens der Stabreim nicht immer auf rein sagenhafte Erfindung hinweist, zeigen die zahlreichen, aus der Art der vorherrschenden Namen erklärlichen geschichtlichen Fälle im Stabreim benannter Brüder, Mitkönige, Sippegenossen, z. B. Guntherich und Geiserich bei den Vandalen, Theoderich und Theodemer, Theoderich und Theodahad, Chlodjo und Chlodovech.

königliche Geschlecht galt als das edelste (älteste) Adelsgeschlecht, und diese Geschlechter des alten Volksadels (im Gegensatz zu dem erst später entstandenen Dienstadel) galten als die ältesten, begründenden Geschlechter der Völkerschaft oder des Stammes. Das Königsgeschlecht vermittelte den Zusammenhang mit den Göttern, auf welche sich das Volk zurückführte; es galt für götterentstammt, *„adal"* heißt nichts anderes als „Geschlecht", und auch „Asdingen" hat den gleichen Sinn, denn es geht zurück auf *azd*, Art, Geschlecht. Die Asdingen sind also die „Geschlechtlinge", die Söhne des ältesten Geschlechts im Volk.[1]

Es gelang in dieser Zeit den Römern, die asdingischen Vandalen auf ihre Seite zu ziehen; unter Anführung zweier Heerführer, *Raos* und *Raptos*[2] hatten diese erfolgreiche Angriffe auf die (nicht germanischen) Costoboken, mißlungene auf die (vielleicht germanischen) Lakringen gemacht und erbaten nun und erhielten in dem früher von ihnen bedrohten Dakien von den Römern Wohnsitze gegen Kriegshilfe wider die Markomannen. Diese asdingischen Vandalen waren es daher wohl, die bei dem Friedensschluß vom Jahre 181 von den Römern geschützt wurden, indem diese den Markomannen die Verpflichtung auferlegten, so wenig wie die anderen Verbündeten der Römer in diesem Krieg, die (sarmatischen) Jazygen und die (wohl germanischen) Buren, die „Vandilen", zu bekriegen, was eben wegen dieses Bündnisses mit den Römern zu befürchten gewesen wäre. So waren es wohl andere Vandalen, die Caracalla mit ihren „bisherigen Freunden und Verbündeten, den Markomannen" verzwistet zu haben sich berühmte.[3]

Über zwei Menschenalter verlautet von da ab nichts mehr von den Vandalen, die damals die später im sechsten Jahrhundert von den Gepiden besetzten Gebiete in Dakien bewohnten, im Westen von den Markomannen, im Norden von den Hermunduren (?), im Osten von den Goten, im Süden von dem linken Donauufer begrenzt. Im Jahre 271 aber wurden heerende Scharen dieses Volkes von Aurelian gegen Gewährung friedlichen Abzugs und Verstattung des Handelsverkehrs auf der Donau zum Frieden gezwungen. Wir erfahren dabei, daß sie zweitausend Reiter zur Kriegshilfe zu stellen hatten – in Tausendschaften erscheint das Volksheer gegliedert, und die Reiter der Vandalen waren berühmt –, daß zwei Könige (βασιλεῖς) den Frieden schließen (vermutlich die alte Zweiteilung von Asdingen und Silingen, daher wohl auch je *eine* Tausendschaft), daß diese beiden Könige ihre Kinder vergeiseln, ebenso die den Königen Nächststehenden, d. h. also ein alter Volksadel der Vandalen, daß unter den Königen Heerführer stehen (ἄρχοντες, vermutlich aus jenem Volksadel hervorgegangen) und daß, als einer dieser Heerführer auf dem Rückweg unter Verletzung des abgeschlossenen Friedens römisches Gebiet verwüstet, er von seinem König[4] erschossen wird – was wir vielleicht nicht als Handlung des Zornes, sondern als Übung der in Heerzeit verschärften Strafgewalt des Königs deuten

---

1 Diese Deutung Jak. Grimms, Grammatik I, S. 126, 1070 ist seiner späteren = *haddinjar, capillatiu*, die Langhaarigen, vorzuziehen; des Jordanis (Kap. 22) Wort: „Das Geschlecht, welches unter ihnen hervorragt und Heldenstamm bezeichnet", *genus bellicosissimum* stimmt hiermit, ohne wörtliche Übertragung von *asdingi* enthalten zu müssen; noch andere Erklärungen bei Diefenbach, Vergleichendes Wörterbuch der gotischen Sprache, I. Frankfurt am Main 1851, S. 76; siehe Dahn, Könige I, 186.

2 Cassius Dio 71, 12.

3 Cassius Dio 77, 20. Andernfalls müßte man Wiederaussöhnung zwischen beiden in den Jahren 181–211 annehmen.

4 *Τῷ βασιλεῖ*: also nicht von einem beliebigen der beiden Genannten, sondern von demjenigen, der den Heerbann über ihn hat.

dürfen. Aurelian führte in seinem Triumph vom Jahre 274 auch gefangene Vandalen auf.

Nicht das ganze Volksheer dieser an der Donau siedelnden Vandalen, sondern abenteuernde Scharen, vielleicht Gefolgschaften, die in die Ferne ausziehen, sind es, die wir wenig später weitab westlich am Rhein und in Gallien im Kampf mit Aurelians Nachfolgern finden.

Probus (276–282 schlägt im Rheinland verbündete burgundische und vandalische Scharen, die er zu unbesonnenem Angriff verleitet hatte, züchtigt den Bruch des Friedens durch neue Schläge und sendet zahlreiche Gefangene nach Britannien, wo man Vandelsborough (Vandelsbury) bei Cambridge auf diese Ansiedlung zurückführen zu können glaubte.[1] Auch Maximilian (285–309) hat am Rhein gegen Vandalen zu kämpfen, ohne daß man deshalb in diesen Ländern seßhafte Teile des Volkes annehmen müßte.

Wenig später kommt es zu einem Zusammenstoß der Vandalen in der Heimat mit ihren Nachbarn im Osten, den Goten, die unter König Geberich (331–337) ihre Macht angreifend ausbreiten. Lange wogte unentschieden die Schlacht an den Ufern der Marosch; endlich fiel *Visumer*, der asdingische Vandalenkönig:[2] ihm folgte ein großer Teil seines Heeres in den Tod. Der Rest des Volkes fühlte sich zu schwach, die bisherigen Sitze auf dem linken Donauufer gegen das Drängen der übermächtigen Goten zu behaupten: die Vandalen erbaten und erhielten von Konstantin schützende Aufnahme auf dem rechten Ufer des Flusses (bedeutend weiter nordwestlich und stromaufwärts) in Pannonien, selbstverständlich in Unterwerfung unter das Imperium, dem sie Soldtruppen, besonders Reiter zu stellen hatten; wenigstens berichtet die gegen Ende des Jahrhunderts verfaßte Notitia Dignitatum von dem achten Reitergeschwader der Vandalen, das unter dem Comes von Ägypten stand.

Abermals zwei Menschenalter, sechzig Jahre verstrichen, bis das Volk zu neuen Bewegungen erstarkte: ein Angriff auf Gallien, das Gratian zwischen 375 und 383 abzuwehren hat, war wohl wieder nur von streifenden vandalischen Gefolgschaften ausgegangen. Aber zu Anfang des fünften Jahrhunderts brach der größte Teil des Volkes, *Asdingen* und *Silingen*, mit den *Alanen*, deren ungermanische Abstammung sicher ist[3], und mit einer zu der großen Gruppe der *Sueben* gehörenden Völkerschaft – vermutlich einer markomannischen (denn die nächsten Sueben waren die nun wieder im Nordwesten als Nachbarn siedelnden altbefreundeten Markomannen aus jenen Sitzen in Pannonien auf und zog gen Westen, an den Rhein: ein kleiner Teil der Vandalen blieb zurück und besetzte und bewirtschaftete (einer Überlieferung nach, die zwar nicht Geschichte, aber auch nicht Fabel, sondern vandalische Volkssage, also Spiegelung geschichtlicher Verhältnisse ist) auch der Ausgewanderten Land,

---

1 C. Camden, *Britannia*. London 1607, S. 82. – Zosimus, *ed. Mendelssohn I*,68; ob Vopiscus *Vita Probi Scriptores historiae Augustae ed. Peters 1865* K. 18 dieselben Kämpfe im Westen meint, ist nicht zweifellos, da er daneben die Gepiden und Greuthungen, die Nachbarn der Vandalen im Osten, nennt; der gefangene Heerführer Igillos, Eigil, kann Vandale oder Burgunde sein; Igila heißt ein Ostgote ums Jahr 550.

2 Ein anderer wird nicht genannt, aber noch war die Verschmelzung mit den Silingen nicht eingetreten; sein Fall konnte die Schlacht entscheiden, wenn auch ein Silingenkönig neben ihm focht, was anzunehmen freilich nicht notwendig ist. Jord. K. 22

3 Siehe Könige I, 261 die Zusammenstellung der Gründe für und wider: gegen Prokops Zeugnis, der sie zu den Goten zählt, entscheidet die Sprache, deren erhaltene Trümmer, freilich nur Eigennamen, nicht germanisch sind. Jak. Grimm fand in den Alanen einer seiner Lieblingsvermutung willkommene Vermittlung zwischen Geten (Goten) und Skythen.

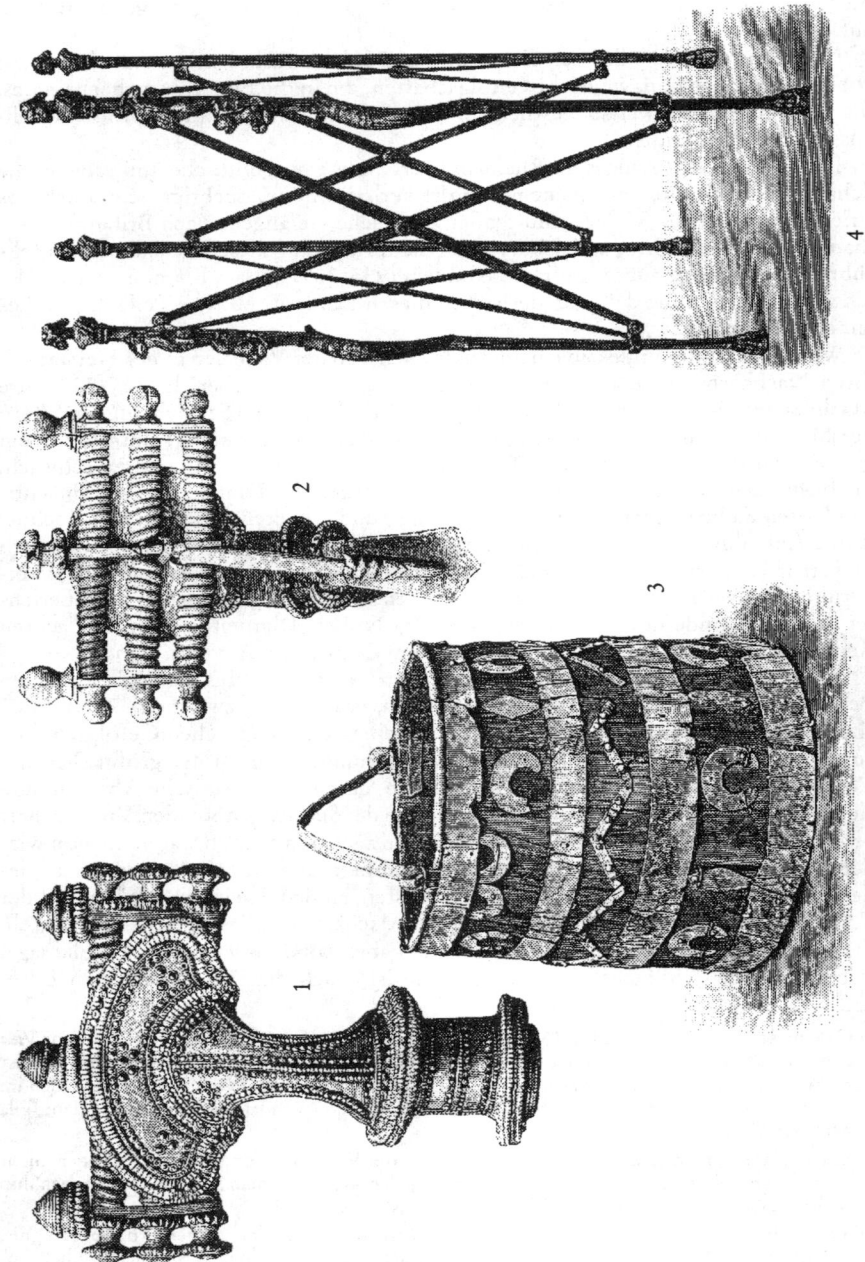

Aus dem Grabfund von Sackrau in Schlesien (nordöstlich von Breslau).
(Breslau, Museum schlesischer Altertümer.)

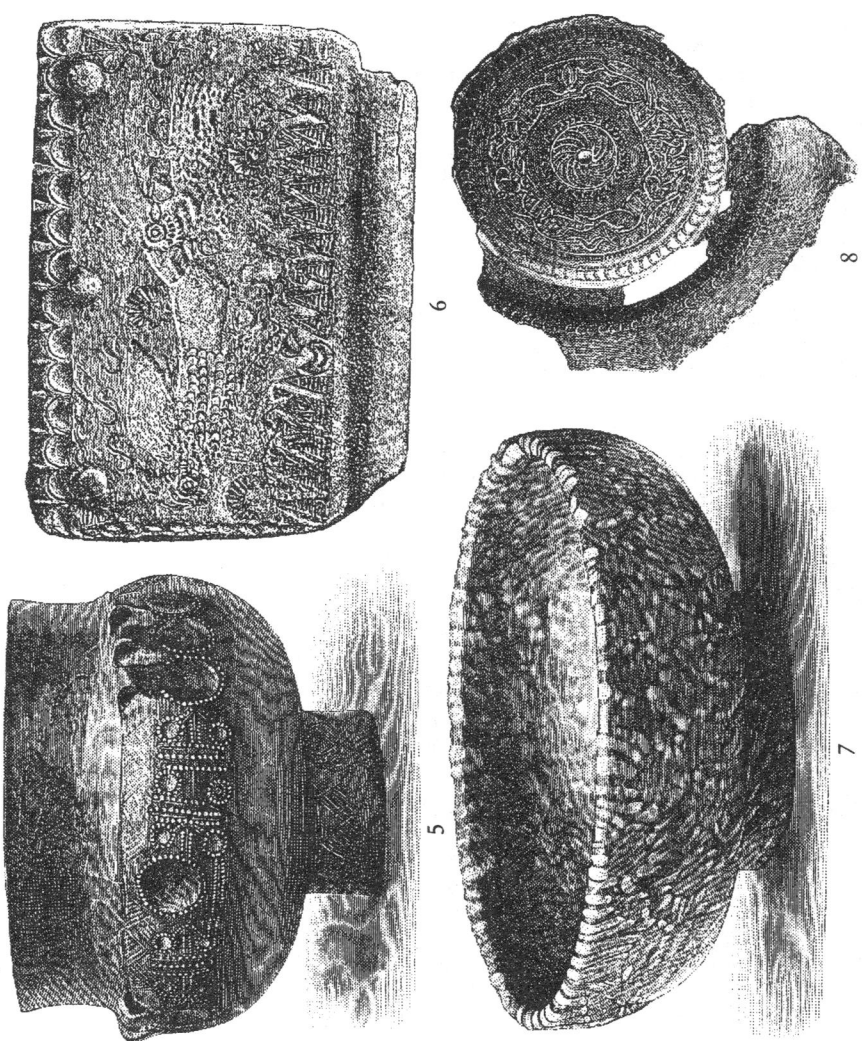

Aus dem Grabfund von Sackrau in Schlesien (nordöstlich von Breslau).
(Breslau, Museum schlesischer Altertümer.)

1. *Fibula*, mit drei Drahtspiralgewinden. Silber, mit Goldblechen plattiert und mit Goldknöpfchen verziert. 75 mm lang.
2. *Fibula*, mit drei Drahtspiralgewinden: *Unterseite*. Silber mit Goldblechen plattiert. 65 mm lang.
3. *Eimer*. Taxusholz; Reifen, Bügel und Verzierungen Bronze. 265 mm hoch, oberer Durchmesser 240 mm, unterer Durchmesser 270 mm.
4. *Gestell zur Aufnahme eines (Opfer-?) Gefäßes*. Spätrömisches Erzeugnis, auf einem Haken der Fabrikstempel AVITVS. Bronze. Mittels der beweglichen acht Schienen zum Einstellen auf verschiedene Weiten und zum Zusammenlegen eingerichtet. Auf den beiden vorderen Eckstäben die Inschrift NVM AVG. Satyrfiguren mit Bocksohren, Bacchusbüsten und Pantherköpfe zieren die Eckstäbe. Ein ähnlicher Vierfuß ist nur noch im alten Carnuntum gefunden. Die Vorderstäbe 101 cm, die Hinterstäbe 107 cm hoch.

ohne jedoch deren Eigentum als erloschen anzusehen. Doch hat sich dieser Zurückgebliebenen Name nicht erhalten: schon zu Prokops Tagen war er dort in Pannonien[1] erloschen durch Untergang oder Verschmelzung der schwachen Überbleibsel
mit benachbarten Völkern.

„Hungersnot" , d. h. Übervölkerung wird als Ursache auch dieser Wanderung
angegeben, und wie bei den Langobarden zieht daher nur ein Teil des Volkes aus.
Von den Verbleibenden wird berichtet, daß es ihnen nach dem Abzug der Wanderer
„reichlich erging" – d. h. nunmehr ist mehr als genügend Land zur Ernährung der
Verbleibenden vorhanden.[2]

Diese allgemeine Ursache der zahlreichen Bewegungen jener Zeit reicht völlig,
aus: und es ist weder notwendig, mit Gibbon (History of the Decline and Fall of the
Roman Empire I. 1776) und Maskou (Geschichte der Teutschen I. 1726) den Auf-
bruch der Vandalen in Zusammenhang zu bringen mit dem Einfall des Radagais in
Italien, noch Orosius zu glauben, die Vandalen seien von ihrem Stammgenossen
Stilicho verräterisch nach Gallien gerufen worden.[3]

Ein König *Godigisel* herrscht bereits in Pannonien über Vandalen und erscheint
als Hauptführer, wenn auch nicht als einziger, der Wanderer, bei denen auch später
noch für Asdingen, Silingen, Alanen und Sueben je ein König besteht.

Der nächste Weg von Pannonien an den Rhein führte donauaufwärts längs dem
von den befreundeten Markomannen besetzten Böhmen. Vielleicht schlossen sich
hier jene (markomannischen) „Sueben" den Wanderern auf dem Durchmarsch an.
Darauf zog man wohl durch das Gebiet der Hermunduren: die Wege, die nach dem
Rhein führten, kannten die Vandalen aus früheren Raubzügen gut; was der Wanderung die Richtung gerade gegen Gallien gegeben, ist nicht zu ermitteln; möglich
immerhin, daß die Entblößung dieser Provinz ihnen bekannt geworden, die durch
die Abberufung der Legionen zum Schutz Italiens gegen Radagais eingetreten war.

Aber ob Römer nicht mehr den Rhein bewachten, er war deshalb nicht unbehütet:
die *Franken* auf beiden Ufern des Stromes wehrten dem Anzug. Es scheint, daß die
Alanen unter einem König Respendial (ein anderer Alanenkönig, Goar, zweifelhaft,
ob des gleichen Zuges, hatte sich den Römern angeschlossen) den Rhein bereits

---

1 Nicht an der Mäotis, wo Prokop, *Bellum vandalicum* I, 22 irrig die Wanderer aufbrechen läßt,
(man will sie in den Gottscheern finden).

2 Könige I, 224 f.

3 Daß Stilicho und sein Vater einem Königsgeschlecht der Vandalen mögen angehört haben,
aber nicht Könige waren, darüber siehe Könige I, 142.

---

5. *Gefäß*. Grauer, feinsandiger Ton. Glänzend schwarz. An drei Stellen des weiten Bauches sind je drei zusam-
mengehörige Henkel angebracht. In Handarbeit verziert durch eingedrückte kreisrunde Vertiefungen, Linien und Punktreihen. 265 mm hoch, oberer Durchmesser 310 mm.

6. *Gürtelbeschlag*. Silber, unter Aussparung der beiden Tierkörper mit Goldblech plattiert. Der lederne Gürtel, von dem noch Reste vorhanden, durch drei silberne Nieten mit der Zierplatte verbunden. Ornament:
ein Adler, den Schnabel nach links, beide Fänge nach rechts gewendet, und ein Tier mit mächtigem Geweih.
45 mm lang, 33 mm breit.

7. *Schale*. Millefiori= (Tausendblumen=)Glas. Grundton: dunkles Rot-Violett; um die ziegelrote, gelb gerän-
derte Mitte aller Blümchen sechs grüne gelbumränderte Blütenblättchen, um diese ein Kreis von je 10
kleinen Blumenblättern in ganz hellem Rosarot. 35 mm hoch, oberer Durchmesser 100 mm.

8. *Teller oder Gefäßboden*. Bronzeblech. Ornament, graviert und gepunzt, zwei Tierpaare: ein geflügelter
Greif, der einen Elch anspringt, und ein Panther einer Elchkuh entgegenjagend. Beide Elche und der Pan-
ther haben breite Gurte um den Leib. Durchmesser des Bodens 130 mm. (Nach Grempler, Fund von
Sackrau.)

erreicht hatten, als sie von schwerer Bedrängnis der noch weiter zurückgebliebenen Vandalen durch die Franken des rechten Rheinufers vernahmen. König Respendial eilte vom Rheine wieder zurück den Genossen zu Hilfe, schon war Godigisel mit zwanzig Tausendschaften vor den Franken gefallen, den Rest der Vandalen retteten die Alanen vor Vernichtung und nun, an dem letzten Tag des Jahres 406, überschritten die wandernden Völker zusammen den Rhein, vermutlich auf der bequemen Brücke des Eises.[1]

Fast zwei Jahre lang verheerten die Wandervölker nun das flache Land Galliens, das von den Römern nicht mehr, von Germanen noch nicht verteidigt wurde: die Westgoten kamen erst 412 aus Italien und die Burgunder 443 vom Rhein her. Bis an die Pyrenäen wälzte sich sofort ungehemmt der Strom: der erste Versuch, auch gleich in Spanien einzudringen, scheiterte: die baskischen Hirten verteidigten siegreich ihre Bergpässe. Hier zurückgestaut, überfluteten die Barbaren Gallien, besonders eben, der Natur der Sache nach, Südfrankreich bis an die Loire: hier, bei Orléans, finden wir noch fünfzig Jahre später zurückgebliebene Teile der Alanen.

Aber im Herbst des Jahres 409, zwischen dem 28. September und dem 13. Oktober, gelang es den vereinten Wanderen, das früher mißlungene Unternehmen, in Spanien einzudringen, dessen reiche, blühende Provinzen bisher noch fast gar nicht unter feindlichen Einfällen gelitten hatten. Während der Empörung des Gerontius wider Kaiser Konstantin riefen germanische Söldner, aus der Leibwache des Kaisers Honorius, die „Honorianer", die jetzt statt des Aufgebots der Berghirten die Pyrenäenpässe bewachen sollten, die stammverwandten Barbaren, die damals Aquitanien durchstreiften, herbei und öffneten ihnen die Pässe: wie berichtet wird, um sich so der römischen Bestrafung ihrer eigenen Plünderungen zu entziehen.

Anfangs trat nun eine sehr schlimme Zeit für die von den Barbaren durchzogenen Landschaften ein: wie immer, wenn es zu einer vertragsmäßigen Regelung der Verhältnisse, zu einer von der römischen Staatsgewalt anerkannten Niederlassung und Landteilung nicht kam. In Spanien war niemand, der das Reich mit genügender Kraft in Krieg oder Frieden hätte vertreten mögen. So ergossen sich denn zwei Jahre lang die Eingedrungenen verheerend durch das flache Land, hin und wieder belagernd oder brennend die Städte und Kastelle, in denen obenein wüste Zügellosigkeit und Druck der meisterlosen Soldaten walteten. Die Folge der Verheerungen des Ackerlandes war Hungersnot, die Folge der Hungersnot Seuche. Endlich nach zwei Jahren traten ruhigere Zustände dadurch ein, daß die vier Völkerschaften der Barbaren sich in die von ihnen bewältigten Landschaften der Halbinsel teilten, in denselben ansiedelten und nun selbst Schutz und Gedeihen derselben wünschen mußten.

Vermutlich um Streitigkeiten über Umfang und Güte der zu verteilenden Gebiete im voraus abzuschneiden, beschlossen sie, nach altgermanischer Sitte das Los über die Landverteilung entscheiden zu lassen: aber, wohlverstanden, nicht unter den einzelnen Hausvätern und nicht über das private Sondereigentum derselben, das ist nirgends und niemals bei den Germanen der Völkerwanderung geschehen. Vielmehr wurden hier nur vier *Provinzen*, die vermutlich für gleich groß und gleich gut galten, unter die vier Völkerschaften durch das Los verteilt.

Der nordöstliche Teil der Halbinsel, die Tarraconensis provincia, war noch im Besitz der Römer: die Sueben unter König *Hérmerich* und die asdingischen Vandalen

---

1 Bruchstück aus *Renatus Profuturus Frigeridus bei Gregor. Tur. Hist. eccles. Francor. ed. Arndt et Krusch 1884 (Monumenta Germaniae historica. Scriptorum rerum Merovingicarum I. 1)*. Über den Ort der Frankenschlacht und des Rheinüberganges verbietet sich jede Vermutung.

unter König *Gúntherich* erhielten zusammen Galläcien im Nordwesten, die Alanen unter König *Atax* Lusitanien im Südwesten und Carthagena, die silingischen Vandalen, vermutlich unter König *Fridibald*, das südöstlich hiervon gelegene, vom Bätis (Guadalquivir) durchströmte und nach ihm Bätica benannte Land.

Eine Zeitlang hatten, vermöge ihrer stärkeren Volkszahl, die Alanen das Übergewicht über Sueben und Asdingen im Norden: Eine Reihe von Kastellen und Städten, die sich noch gehalten hatten, öffneten sich nun den Barbaren, und es ward der Kaiser zu (einer freilich von seiner Seite nur als vorübergehend gemeinten) Anerkennung des tatsächlichen Besitzstandes der vier Barbarenvölker in Spanien bewogen gegen deren Verpflichtung, das Land unter römischer Oberhoheit wider andere Barbaren zu verteidigen – also ungefähr das gleiche Verhältnis, wie es Rom mit anderen Germanen, zumal Goten, damals häufig eingegangen. Auch etwaige Kämpfe unter den vier Völkern sollten an diesen Beziehungen zu Rom nichts ändern. Doch aus der Anordnung des Kaisers, daß in die Frist der Klageverjährung (von dreißig Jahren) „die Vandalenzeit" nicht sollte eingerechnet werden, erhellt deutlich, wie Rom diese germanische Niederlassung nur als eine vorübergehende, bald wieder abzuschüttelnde betrachtete. Die römischen Gerichte sollten in der Zeit nach dem (erhofften) Wiederabzug der Vandalen die Zeit ihres Aufenthaltes in der Provinz nicht einrechnen, wenn sich ein Käufer, der von einem Barbaren Land erworben, auf Klageverjährung berufen wollte gegenüber dem ehemaligen römischen Eigentümer, dem der Barbar sein Grundstück entrissen. Der Käufer sollte durch Kauf und Übergabe Eigentum nicht erworben haben und auch nicht durch Klageverjährung gedeckt werden, wenigstens nicht die „Vandalenzeit" in jene Frist sich einrechnen dürfen. Das Gesetz spiegelt noch ganz das Selbstgefühl der ewigen Roma, die kein Privateigentum der Barbaren an römischem Boden anerkennt und die baldige Wiederaustreibung derselben als selbstverständlich voraussetzt.

Obwohl es zu einer Landteilung mit den Grundeignern nicht kam, traten doch jetzt friedlichere Zustände ein; ja manche Provinzalen schlossen sich freiwillig den Barbaren an, dem Steuerdruck der römischen Verwaltung zu entgehen. Wir dürfen auch einem zeitgenössischen spanischen Schriftsteller glauben, daß die Germanen, die ja von Anbeginn Land, Ackergrund für den Pflug, ausreichenden Boden für die wachsende Volksmenge gesucht hatten, deren Verfassung auf Gemeinden von Grundeignern sich aufbaute, als sie nun in Spanien gesicherten und genügenden Boden erlangt, sich eifrig der Ackerwirtschaft zuwendeten.

Aber wir dürfen nicht vergessen, daß der lusitanische Priester *Paulus Orosius*, der uns in seinem „wider die Heiden" geschriebenen Geschichtswerk diese Dinge schildert, sie sehr in absichtsvoller Weise darstellt. Wie sein großer Lehrer Augustin sucht er in ein Philosophie der Geschichte vom christlichen Standpunkte aus die Leitung der Weltgeschichte durch Gott nach einem hohen einheitlichen Plan zu beweisen und, wie Augustin, die Anklagen der Heiden zu widerlegen, daß erst seit Aufhebung der Verehrung der alten Götter alles Unheil über die Römer hereingebrochen, daß die Verwüstung der Provinzen durch die Barbaren eben eine Strafe der Götter für den Abfall von ihren Altären sei. Demgemäß stellt er die Zustände der Gegenwart als viel erträglicher dar denn die Leiden früherer Jahrhunderte der heidnischen Zeit.[1]

---

1 *Pauli Orosii* presbyteri Hispani adversus paganos historiarum libri VII, ed. Langemeister, Corpus scriptorum ecclesiasticarum V. 1882 (Sonderabdruck 1890). – *Moerner*, De Orosii vita eiusque histor. 1. VII. Berolini 1844. – Ebert, Geschichte der christlich–lateinischen Literatur von ihren Anfängen bis zum Zeitalter Karls des Großen. Leipzig 1874. – Die Barbaren um ihrer

Nicht lange währte die Freundschaft zwischen Rom und den vier Barbarenvölkern: getreu der alten Römerweisheit, Germanen durch Germanen zu verderben, schloß (im Jahre 416) der Patricius Konstantinus Frieden und Bündnis mit den Westgoten, die im Jahre 415 von Gallien aus in Ostspanien eingedrungen waren,[1] und verpflichtete diese, für Rom gegen jene vier Barbarenvölker zu kämpfen. Der Gotenkönig Walja wandte sich zunächst gegen die Silingen in Bätica, nahm durch List deren König Fridibald gefangen und schickte ihn, getreu dem Vertrag, dem Kaiser (416): die Reste des durch Niederlagen in den folgenden Jahren geschwächten Volkes verzichteten darauf, wieder einen König zu wählen – eine Erscheinung, die wir bei sinkender Volkskraft wiederholt antreffen, während emporsteigende Völker statt der Herzoge und Grafen gern einen König sich geben – und verschmolzen mit den asdingischen Vandalen, deren König sie sich unterwarfen. Zu dem gleichen Schritt sahen bald auch die Alanen sich gedrängt, nachdem sie ihren König Atar und einen großen Teil ihrer Streitkräfte in einer unglücklichen Schlacht gegen die Goten verloren (418); die Könige der Asdingen führten seither bis zum Untergang dieses Reiches und Volkes in Afrika den Titel „König der Vandalen (so Asdingen und Silingen zusammenfassend) und Alanen".

Diese Zusammenschließung der Kräfte, ganz besonders aber der Abzug der überlegenen Goten aus Spanien nach Gallien (Ende 418) erklärt es, daß nun plötzlich die Macht der Vandalen steigt, nachdem sie die Sueben angegriffen und ein Jahr lang in den „Nervasischen Bergen" zwischen Oviedo und Leon eingeschlossen gehalten hatten: erst 419 wichen sie, von dem Comes des römisch verbliebenen Teiles von Spanien, Asterius, bedrängt, aus den gefährdeten nördlichen Siedlungen in Galläcien und zogen gen Süden ab, nach Bätica, in das Gebiet der Silingen, das nun für beide Völkerschaften ausreicht (420). Der römische Magister militum Castinus, unterstützt von westgotischen Hilfstruppen, griff sie hier an, aber er erlitt eine schwere Niederlage – den ausgezeichneten Feldherren Bonifacius hatte er aus Eifersucht von dem Zuge fern gehalten, auch sollen die Goten ihn im Stich gelassen haben – nach Verlust von beinahe zwanzigtausend Mann floh er nach Tarracona zurück (422). Dieser Sieg erhob die Vandalen zu der herrschenden Macht auf der pyrenäischen Halbinsel, drei Jahre darauf eroberte König Guntherich die beiden wichtigsten, bis dahin noch von römischen Besatzungen behaupteten Städte der Landschaft Bätica: Hispalis (Sevilla) und Carthagena.

Es bezeugt die Macht und Einsicht der beiden Brüder, die als König und, wie wir wohl vermuten dürfen, als des Königs Feldherr die Vandalen leiteten, daß das Volk, sowie es durch die Beherrschung des Guadalquivir das Meer erreichte, sofort eine Seemacht schuf und verwendete.

Als nämlich König Godigisel gegen die Franken gefallen war (406), hatten die Vandalen seinen noch nicht waffenreifen Sohn echter Ehe, *Guntherich*, zum König gekoren, aber dessen unechter Bruder *Geiserich*[2], ein gewaltiger Krieger und ein hervorragender Geist, führte wohl, bis der Knabe herangewachsen war, für ihn Königs-

---

Tugenden willen preisend schreibt auch *Galvian*, der Priester aus Massalia: *Salviani libri qui supersunt ed. Halm. Mon. Germ. hist. Auctor. antiquissimor.* I. 1, 1877: er spricht aber nicht von den Vandalen, sondern von den Westgoten.

1 Über die Beweggründe, die sich an die Person der Placidia, der Schwester des Kaisers Honorius und seit Herbst 415 Witwe des Königs Athaulf, knüpften, siehe Westgoten.

2 Dahn, Bausteine II. Berlin 1880, S. 215.

stab und Schwert, und auch unter und neben dem Herangereiften nahm der ältere Bruder entscheidenden Teil an der Leitung des Volkes in Frieden und Krieg. (So sind die widersprechenden Berichte der Quellen am füglichsten zu vereinigen.[1] Vielleicht war es Geiserich, der alsobald die gefürchtete Seekönig, der Schrecken der Inseln und Schiffe des Mittelmeeres werden sollte, der zuerst das Reiterheer der Vandalen an die Rosse des Meeres gewöhnte. Noch im Jahre der Eroberung von Sevilla segelten vandalische Raubschiffe den Bätis hinab und verheerten die Balearischen Inseln im Osten; ja auch die künftige Heimat des Volkes, Afrika, ward damals bereits von den Vandalen heimgesucht und auf der mauretanischen Küste geheert. Es wurde von größter Bedeutung für die Geschichte des Volkes, daß so früh die Bedeutung einer Kriegsflotte von den asdingischen Fürsten erkannt wurde: man darf behaupten, die unbegreifliche Vernachlässigung der See durch die Langobarden trug ganz entscheidend dazu bei, daß dies kriegerische Volk trotz aller Anstrengungen nie die Eroberung Roms und der ganzen italischen Halbinsel durchzusetzen vermochte: Italien, Spanien und Nordafrika können nur durch eine Kriegsflotte dauernd behauptet werden.

Vielleicht war Geiserich der Führer jener Seefahrten gewesen, vielleicht hatte er damals schon den Reichtum Mauretaniens, neben Sizilien und Ägypten der „Kornkammer" der alten Welt, kennengelernt, vielleicht auch hatte ihn damals schon der römische Statthalter (Comes) von Afrika, der vorhin erwähnte Bonifacius, würdigen gelernt. Wie dem sei – zwei Jahre darauf lud dieser die beiden asdingischen Brüder, den König und den Feldherrn der Vandalen, durch geheime Boten ein, Spanien mit Afrika zu vertauschen und sich mit ihm unter völlig gleicher Machtstellung in diese römische Provinz zu teilen (in *drei* Teile: Geiserich sollte selbständiger König eines Teils der Vandalen werden). Der Beweggrund zu diesem verhängnisvollen Schritt war angeblich das Ränkespiel seines großen Nebenbuhlers Aëtius: dieser hatte ihn fälschlich bei der Kaiserin Placidia, der Mutter Valentinian III., des geplanten Hochverrats geziehen. Als Beweis führte Aëtius an, falls man jenen aus Afrika an den Hof nach Ravenna entbiete, werde er, im Bewußtsein seiner Schuld, gewiß nicht kommen. Die Kaiserin machte die Probe und berief Bonifacius: Aëtius aber ließ ihn heimlich warnen, ja nicht zu folgen, da sein Untergang beschlossen sei und er den Hof nicht wieder verlassen würde. Bonifacius trotzte dem Berufungsbefehl (427), ward deshalb als Verräter abgesetzt und sollte mit Gewalt zur Strafe gezogen werden. Eines ersten Heeres unter drei uneinigen Anführern erwehrte er sich glücklich, als aber nun der Kaiser neue Scharen, namentlich gotische Soldtruppen unter einem (gotischen) Comes Sigisvult absandte und zugleich die maurischen Nachbarn das Land verheerten, rief Bonifacius in dieser Bedrängnis die Vandalen ins Land, durch ihre Hilfe zugleich sein Leben und seine Machtstellung zu retten.

So der Bericht Prokops, der freilich nicht ohne Unwahrscheinlichkeiten ist und wiederholt angezweifelt ward; doch bestätigt eine andere Quelle, daß die Weigerung, nach Italien zu kommen, den Grund der Verfolgung des Bonifacius abgab.

Sein Antrag gelangte an die Brüder im Jahre 427 und ward, wie es scheint, von beiden sofort angenommen, aber zur Ausführung gelangte die Überwanderung unter Geiserich allein. König Guntherich, „der seit der Plünderung der katholischen Kirchen bei der Einnahme von Sevilla durch Strafgericht Gottes von einem Dämon besessen war", fiel Ende des Jahres 427 im Kampf gegen Franken, die, vielleicht als

---

1 Siehe Könige I. S. 143, 144.

Verbündete der Sueben, in Spanien eingedrungen waren:[1] nun wurde Geiserich, der schon bei Lebzeiten seines Halbbruders eine sehr hervorragende Stellung in Reich, Rat und Heer eingenommen haben muß, obwohl nur der Sohn einer Unfreien, mit Übergehung der wahrscheinlich noch waffenunreifen Söhne Guntherichs, zum König gekoren. Der Anspruch auf die Krone haftete ja nur an dem königlichen Blut überhaupt. Uneheliche Geburt, unebenbürtiger Stand der Mutter schloß nicht aus, eine bestimmte Folgeordnung fehlte, und die Wahl des Volkes entschied in jedem Einzelfall unter den Männern des Königshauses ohne Rücksicht auf die Gradnähe der Verwandtschaft mit dem letzten König. – Während der Vorbereitungen zu der Übersiedlung nach Afrika, die jedenfalls von dem Volksheer der Vandalen genehmigt werden mußte, nicht von den Brüdern allein hatte beschlossen werden können, waren die Sueben in das bisher von den Vandalen besetzte Gebiet eingedrungen, die bereits zur Einschiffung aufgeboten waren. Aber auf die Nachricht von jenem Einfall machte Geiserich Halt, wandte sich rasch, eilte zurück und schlug bei Merida die alten Feinde, deren König auf der Flucht in den Fluten des Anas (bei Guadiana) ertrank: Beweggrund war vielleicht Blutrache für Guntherich.[2] Hierauf führte Geiserich das gesamte Volk – nicht nur das Heer – der Vandalen und Alanen, verstärkt durch gotische Scharen, die sich freiwillig anschlossen, auf den von Bonifacius gesendeten und auf eigenen Schiffen über die Meerenge nach Afrika (Mai 429): die Angaben über die Seelenzahl schwanken zwischen fünfzig- und achtzigtausend.[3]

---

1 Prokop, *B. V.* I, 5. Γερμανοί sind ihm Franken: vielleicht läßt sich durch obige Annahme die Vermutung Könige I, S. 149 stützen.
2 Über andere, irrig angenommene Beweggründe siehe Könige I, S. 151, 152.
3 Könige I, S. 153.

Zweites Kapitel

Äußere Geschichte des Vandalenreiches in Afrika

König Geiserich ist eine der gewaltigsten Gestalten der heldenreichen Zeit der Völkerwanderung. Nahe liegt der Vergleich mit dem weisen Gotenkönig, dem großen Theoderich, aber der Vandale steht ihm gegenüber wie dem milden Tag die blutige Nacht, ein Gerücht belastet ihn mit dem Vorwurf des Brudermordes; er war kurz von „Gestalt, seit einem Sturz mit dem Pferde hinkend, verhalten, wortkarg, abgehärtet, jähzornig, habgierig, „höchst geschickt, unter die Menschen den Samen der Zwietracht zu werfen" – ein Zug, der an Odhin erinnert –, rascher mit der Tat fertig als andere mit dem Entschluß. Mit Arglist, Treubruch und Verrat entreißt er den Römern seines Reiches künftige Hauptstadt Karthago, die Wälle anderer Städte werden geschleift, spätere Empörung unmöglich zu machen. Ohne geregelte Landteilung nimmt er so viel Land für sich und seine Vandalen, als er braucht, den Einwohnern, die erschlagen, vertrieben und, wenn sie blieben, von dem arianischen Herrscher um ihres katholischen Bekenntnisses willen grausam verfolgt werden; Empörungen im eigenen Volk werden blutig niedergeschlagen; alle erreichbaren Küsten und Inseln des Mittelmeeres werden geplündert. Wenn sein gefürchtetes Raubschiff in See sticht, bezeichnet er dem fragenden Steuermann kein bestimmtes Ziel, sondern läßt sich von Wind und Welle gegen solche Menschen tragen, „denen Gott zürnt" – ein echt sagenhafter Zug, der die Auffassung der Zeit hier widerspiegelt –, wie sein schrecklicher Bundesgenosse, der Hunne Attila, auf dem Festland, so ward der vandalische Seekönig ein Schrecken der Völker, eine Geisel für die Meere: wie ein Sturm braust seine Gestalt über die Nachbarn hin, verderblich, zerstörend, nicht erhaltend oder schaffend – aber von kurzer Dauer der Nachwirkung. Theoderich ein weiser König des Friedens, Geiserich ein furchtbarer König der Schrecken.

Dieser Gewaltige betrat nun die römische Provinz Afrika, die ein Zeitgenosse „die Seele des Staates" nennt. Nach Abzug der Übertreibung bleibt wahr, daß das Land nicht nur für die Verpflegung von Italien, vorab der beiden großen Städte Rom und Ravenna, von höchster Bedeutung war – zumal die andere Kornkammer des Reiches, Ägypten, seit der Erhebung von Byzanz zur zweiten Hauptstadt ganz von dieser in Anspruch genommen ward –, daß es sich auch bis dahin einer sonst selten gewordenen Ruhe und Sicherheit erfreute: die römische Bildung, lang und tief eingewurzelt in Nordafrika, trieb dort noch eine Spätblüte.

Auch nach dem Sinken der römischen Macht war die Provinz durch ihre Lage vor den Angriffen der Germanen, wenigstens vor dauernder Niederlassung, so gut geschützt, daß nur die Insel Britannien noch längere Zeit – zwanzig Jahre – vor ihnen gewahrt blieb. Fränkische Seeräuber hatten im dritten Jahrhundert vorübergehend an den Küsten geheert: aber seither galt das Land als so sicher, daß aus dem bedrohten Italien und Spanien viele vornehme Familien mit ihrem Vermögen hierher übergesiedelt hatten. Die Versuche der Westgoten Alarich und Walja, von Italien 409 und Spanien 416 aus das reiche Kornland zu gewinnen, waren gescheitert.

Die natürliche Fruchtbarkeit des Bodens – in Byzacena trug das Korn hundertfünfzigfach – war schon zur Zeit der Karthager durch sehr vollendet betriebenen

Anbau erhöht und ausgebeutet worden: die römische Herrschaft schützte und berei-
cherte das Land, das einem Garten glich und mit Villen übersät war. Außer Korn
wurden Öl und Brennholz für die öffentlichen Bäder aus Afrika nach Rom in großen
Mengen eingeführt.[1]

Seit der neuen Einrichtung der Beamtungen durch Diokletian und Konstantin war
Afrika in sechs Provinzen gegliedert: die frühere Provinz Mauritania Tingitana im
äußersten Westen, durch die Wüste von Mauretanien geschieden, war mit der nahe
gegenüberliegenden Provinz Hispania (Bätica) verbunden worden (der kirchlichen
Einteilung aber gehörte Tingitana zu Mauritania Cäsareensis). Die hierauf weiter
östlich folgende alte Provinz Mauritania war geteilt worden in die neue Mauritania
Cäsareensis im Westen mit der Hauptstadt Cäsarea im Norden an der Küste, und
Mauritania Sitisensis weiter südöstlich mit der Hauptstadt Sitisis im Binnenlande;
daran schloß sich, unverändert, gegen Osten die alte Provinz Numidia; die hierauf
wieder weiter nach Osten folgende alte Prokonsularprovinz war gegliedert worden
in die Provincia zeugitana (mit Karthago) und südöstlich hiervon Byzacene, während
jenseits der kleinen Syrte die Provincia tripolitana den östlichen Abschluß bildete.

Südlich von dem schmalen Küstensaum römischer Eroberung und Gesittung hau-
sten die unabhängigen nomadischen Reitervölker der maurischen, eigentlich berberi-
schen Stämme, in selten unterbrochenen Raubzügen das reiche Land der Provinzialen bedrohend.

Die Provinz Afrika gehörte zu der Präfäktur Italia. Unter dem Präfectus Italiae
stand der Prokonsul von Afrika, unter dessen Stellvertreter (Vicarius Africae), die
beide zu Karthago ihren Amtssitz hatten, die Consulares und Praesides der fünf
anderen Provinzen.

Die Militärmacht in Afrika stand unter dem Comes von Afrika zu Karthago, dem
die Duces von Mauretanien und Tripolis untergeben waren; außerdem befehligten
besondere Führer in den Kastellen, die an der Südgrenze der Provinz den römischen
Limes (wie in Germanien) entlang den Gebirgszügen, zumal in den Aurasischen
Bergen, deckten und über die hier angesiedelten Grenzerkolonien von Soldaten (Mi-
lites limitanei), die das Vorland bebauten und gegen die Mauren verteidigten.

Die früher hier allein lagernde dritte Augusteische Legion war seit dem vierten
Jahrhundert durch zahlreiche „föderierte Barbaren" verstärkt worden: so standen
z. B. in Hippo föderierte Goten.

Alsbald nach der Landung der Vandalen hatte sich nun Bonifacius mit der Kaiserin unter Beweis seiner Unschuld wieder versöhnt, aber vergeblich bemühte er sich,
den furchtbaren Feind, den er in das Land gerufen, auf gütlichem Wege zur Umkehr
zu bewegen. Anstatt in Spanien Goten, Sueben und Römer hatte Geiserich in dem
viel reicheren Afrika nur die Römer zu bekämpfen und er richtete nun seine Waffen
wider *alle* Römer.[2] Da strafte sich die List des Mißtrauens, aus welcher die Imperatoren den meisten Städten in Afrika keine Mauern und Wälle gegönnt hatten – drei
gefährliche Empörungen waren seit 375 von dieser Provinz ausgegangen –, ohne
Widerstand ergossen sich die Vandalen, die in der Tingitana gelandet sein mochten,
der Küste entlang über die beiden mauretanischen Landschaften Cäsareensis und
Sitisensis mit großen Verheerungen. Es ist bezeichnend, daß die arianischen Ketzer
von Anfang an über die Gebäude, die Bischöfe, Priester, Mönche und Nonnen der
katholischen Kirche mit besonderer Grausamkeit die Schrecken des damaligen

---

1 Cod. Theodos., ed. Gothofred. XIII, 5. 10. XIV, 15, 1. 3.
1 Prokop, B. V. 1, 3.

Kriegsrechtes ergehen lassen, mag auch manche Übertreibung bei diesen Schilderungen der Heimgesuchten und ihrer Glaubensgenossen mit unterlaufen.

An der Grenze von Mauretanien, wohl um Numidien zu decken, trat Bonifacius an der Spitze der Römer den Barbaren entgegen, erlitt aber eine solche Niederlage, daß er die ganze Landschaft preisgeben und sich bis an ihre Nordecke in das feste Hippo Regius zurückziehen mußte (430, wohl Ende Mai).

In dieser Stadt war Bischof der hochbetagte und hoch gefeierte *Augustinus*: er hatte die Priester der mauretanischen Kirchen zu standhaftem Ausharren bei ihren bedrohten Gemeinden verpflichtet und handelte nun selbst nach seinen Worten.[1] Er blieb in der Stadt, welcher der Angriff der Vandalen zunächst drohte: im Juni begann bereits die Belagerung, in deren dritten Monat der große Kirchenvater starb (28. August 430). Hippo zwar, von Bonifacius selbst verteidigt, blieb für diesmal unbezwungen. Nach einer Einschließung von vierzehn Monaten, in welcher der Stadt auch die Zufuhr von der See her abgeschnitten worden war – also verfügte Geiserich damals schon über eine Flotte in Afrika: dieselbe offenbar, welche die Überschiffung bewirkt hatte – hoben die Vandalen, selbst von Hunger bedrängt, die Belagerung auf (Juli 431). Aber inzwischen hatten sich seit jenem Sieg an der numidischen Mark andere Tausendschaften der Vandalen über alle übrigen Teile des römischen Afrika ergossen, so zwar, daß bei dem Tode Augustins außer Hippo nur noch Cirta (in Numidien) und Karthago unversehrt waren unter all den zahlreichen Bischofssitzen in Afrika. Diese überraschende Angabe wird bestätigt durch eine anderweitige Mitteilung, wonach während der Belagerung von Hippo auch schon Städte in der Prokonsularprovinz wie Uricita und in der Byzacena wie Vita in die Gewalt der Barbaren fielen. Die raschen Reiter der Vandalen durchflogen das flache Küstenland ohne Widerstand, und ihre Schiffe sperrten die Häfen der umschlossenen Städte, bis sich die Tore der Erschrockenen öffneten, freilich war die Zahl der Eindringlinge viel zu gering, alle diese Punkte bereits auf die Dauer besetzt zu halten. Im Februar 430 waren die genannten beiden Provinzen von den Vandalen noch nicht erreicht, wie die von diesem Monat datierten Gesetze Valentinians beweisen.[2]

Als im Jahre 431 Bonifacius Verstärkungen von Rom und unter dem besten Feldherren von Byzanz, Aspar, auch aus dem Ostreich erhalten hatte, griff er die Germanen nochmals im freien Felde an. Aber nach einer Niederlage, in der viele Römer, darunter angeblich der spätere Kaiser Marcian, gefangen wurden, kehrte Aspar nach Byzanz zurück: Bonifacius ward abberufen und fiel 432 im Kampfe gegen seinen alten Feind Aëtius.

Jetzt ward Hippo, von seinen Einwohnern verlassen, von den Vandalen mit Feuer verwüstet. Im Jahre 434 erschien Aspar, der Konsul dieses Jahres, wieder in Afrika (in Karthago), aber im Jahre darauf schloß er in dem noch halbverbrannten Hippo einen Friedensvertrag mit den Vandalen, der diesen ihre bisherigen (*dauernden*) Eroberungen überließ: die Tingitana ganz, die beiden Mauretanien stückweise, Ostnumidien ganz, Stücke der Prokonsularprovinz (aber nicht die Stadt Karthago), Teile der Byzacena, nicht aber Tripolis. Dafür hatten die Vandalen jährliche Abgaben, wahrscheinlich an Getreide, nach Rom zu liefern. Kriegsdienste wie andere Germanen übernahmen sie nicht. So war der Vertrag in Erwägung des Reichtums der überlassenen Länder nicht ungünstig für Geiserich, der die Gefahr eines vereinten An-

---

1 Epistola 228.
2 *Cod. Theod.* VII, 13. 22. XII, 1. 7. 33.

griffs beider Kaiserhöfe auf sein kühn mitten in die römische Welt hineingebautes Reich wohl würdigen mochte.[1] Geiserich stellte, vielleicht nur auf kurze Zeit, seinen Sohn *Hunerich* als Geisel.

Das römische Leben in dem kaiserlich verbliebenen Afrika versank, sowie die Waffen ruhten, sofort wieder, zumal in Karthago, in die sprichwörtlich gewordene Üppigkeit. Der Gegensatz zwischen den Barbaren und den Provinzialen äußerte sich aber auch im Frieden in der Verfolgung der Katholiken durch die arianischen Vandalen im Bereich ihrer Macht. Der König sandte vier Römer aus Spanien, die sich weigerten, den Arianismus anzunehmen, aus ihrer angesehenen Stellung an seinem Hofe in Verbannung, ja, als sie standhaft blieben, in den Tod. Bald darauf ergriff Geiserich die gute Gelegenheit der Gefahren, die den jetzt einzigen Schirmer des Reiches, Aëtius, in Gallien beschäftigten, mitten im Frieden Karthago arglistig wegzunehmen. Er verlegte nun (wahrscheinlich aus Hippo) seine Residenz hierher: Karthago, „das

Reste des alten Seetores von Karthago.

afrikanische Rom", ward nun die Hauptstadt des Vandalenreiches (Oktober 439).[2]

Dieser Schlag geschah mit aller Härte damaligen Kriegsrechts: die Theater, der Tempel der Memoria, die Straße der „himmlischen Göttin" wurden zerstört, viele Einwohner wurden getötet, verknechtet, in Flucht und Verbannung getrieben, Geld und andere wertvolle Habe mußte abgeliefert werden, die katholischen Kirchen wurden geplündert, zerstört oder den Arianern überwiesen; die senatorischen Geschlechter und die geistlichen, die Träger des nationalen und religiösen Widerstandes, zugleich die reichsten und gefährlichsten Gegner, wurden am härtesten verfolgt.

---

1 Prok. I, 4; *Epitoma Chronicon* (sogenannter „*Prosper Tiro*") ed. *Mommsen, Monum. Germ. histor. Auctor. Antiquissi.* I. S. 341 f.; gegen Papencordts Auslegung S. 71 und 343 Könige I. S. 153.

2 Nach Jord. am 19., nach Marcellinus Comes (siehe Wattenbach) a. a. O., S. 56 am 23. Oktober 439.

Die kecke Tat mußte neuen Krieg mit den Römern bedeuten. Jetzt ward Geiserich der gewaltige *Seekönig*, „der König des Festlandes und der See", wie er sich selbst mit stolzem Wort benannte, vor welchem alle Küsten und Eilande des Mittelmeeres erbebten. Alsbald rüstete er seine Flotte und griff Sizilien an, die feste Brükke zwischen Afrika und Italien. Er eroberte Lilybäum, den Afrika zugewendeten Kopf dieser Brücke, belagerte Panormus (Palermo), bedrohte Unteritalien: Kaiser Valentinian erließ einen Aufruf, der eine Art Landsturm aller waffenfähigen Italier schaffen wollte[1], und verhieß Hilfe von dem oströmischen Kaiser Theodosius II. Diese Hilfe erschien im Jahre 441; eine Flotte von elfhundert Schiffen trug ein Heer von Byzantinern unter zwei Führern, Areobindos und Ansila, nach Sizilien; aber die Griechen wurden in ihrer tatlosen Unentschlossenheit „mehr eine Last für Sizilien, als eine Hilfe für Afrika" und kehrten, da hunnische Scharen die Provinzen des Ostreiches verheerten, im folgenden Jahre (442) zur Beschirmung der eigenen Heimat zurück.

Nun auf die eigenen Kräfte angewiesen, schloß Valentinian alsbald einen Frieden mit den Vandalen, der, um den gefürchteten Seeraub abzukaufen, in Afrika den Besitzstand der Germanen anerkannte und erweiterte: Karthago, die Prokonsularprovinz, die ganze Byzacena blieb oder verfiel jetzt ihren Händen; die Römer behielten nur Westnumidien mit Cirta und ihre noch behaupteten Städte in beiden Mauritanien; auch in der Tripolitana wurde wohl der Besitzstand aufrechterhalten. Die Erwerbung Karthagos und deren Anerkennung durch den Frieden von 442 erschien den Zeitgenossen und den nächstfolgenden Chronisten so bedeutsam, daß sie erst von da ab die „Regierung" Geiserichs datierten. Freilich betrachtete Rom auch diesen Vertrag nicht als endgültig. Bei allen notgedrungenen Abtretungen von römischem Boden an Barbaren schwebte stets der stillschweigende Vorbehalt vor: „bis auf Wiederkehr besserer Zeiten." So erließen die Kaiser gleich nach diesem Frieden (wie vorher) Gesetze[2] behufs Erleichterung für Schuldner und Bürgen in der bedrängten Provinz, die nur gelten sollten, „bis die ersehnte Wiedergewinnung des Landes glücklich eintrete[3], bis unter Gottes Hilfe der Rückfall Afrikas gelinge". Geiserich ließ inzwischen seine Schiffe nicht feiern. Im Jahre 445 plünderten sie, die alten Feinde, die Sueben, heimsuchend, die Küste des spanischen Galläciens.

Vielleicht sind in diese Jahre (446–450) mehrere vereinzelt und ohne Zeitangabe erzählte Ereignisse zusammenzufassen, die ihrer Art nach füglich in innerer Verbindung stehen könnten. Es wird berichtet, daß der Adel der Vandalen gegen den auf Grund solcher Erfolge die Zügel der Königsgewalt über Gewohnheit und Gebühr straff anziehenden Herrscher eine Empörung plante, die aber von Geiserich entdeckt und so blutig gestraft wurde, „daß ihm die Hinrichtungen mehr Männer kosteten als eine verlorene Feldschlacht"; vermutlich hängt hiermit zusammen die Hinrichtung der Witwe und der Kinder Guntherichs, die bei einer Erhebung gegen den Schwager und Oheim als Anstifter oder als Werkzeuge leicht beteiligt sein oder scheinen konnten. Daß der Fluß Ampsaga, in welchem die Witwe ertränkt wurde, damals noch in römischem Gebiete floß, kann kaum dawider sprechen, vielleicht hatte sie zu

---

1 *Novella 20 Cod. Theodos. de reddito iure armorum*; der Ahnherr Cassiodors zeichnete sich in jener Gefahr aus (*Variarum* I, 4).

2 Z. B. 19. X, 443.

3 *Novellae Valentin. III et Theodos. (ed. Mommsen, Monum. German. histor. Auctor. antiquissim.* XII, 1894) 22, p. 11; andere Gesetze aus den Jahren 441, 450, 451 betreffs der Vandalen siehe Könige I, S. 155.

Ruinen des Amphitheaters in Catana.

den Römern flüchten wollen. Und vielleicht steht diese wirkliche oder vorgebliche Verschwörung von Gliedern des Königshauses in Zusammenhang mit der barbarischen Strafe, die der gereizte Herrscher über eine andere Fürstin seines Hauses verhängte. Er hatte seinen Sohn Hunerich mit der Tochter des Westgotenkönigs Theoderich vermählt, aber nun beschuldigte sie der argwöhnische König, sie wolle ihn vergiften, und mit abgeschnittener Nase schickte er sie ihrem Vater zurück.

Die damals neu erstarkende Macht der Westgoten[1] (siehe unten), mit Rom im Bunde, hätte wohl vermocht oder doch versuchen können, diese Schmach zu rächen. Aber Geiserich „machte hier sein Meisterstück in der Staatskunst, die Völker aufeinander zu hetzen" – so meint die Überlieferung einer Zeit, die große Gegensätze der Völker und Reiche auf die Leidenschaften und Künste einzelner zurückzuführen liebt und auf die offenbar die unheimliche, die dämonische Gestalt des Seekönigs in ihrer Mischung von tiefverschlagener Arglist und wildem Heldentum einen mächtigen Eindruck gemacht hatte.

Durch „reiche Geschenke" soll Geiserich, um die Rache des schwer gekränkten Vaters von sich abzuwenden, den großen Hunnen-Khan, seinen fürchterlichen Verbündeten *Attila*, zu dem Angriff auf die Westgoten und die Römer vom Jahre 451 bewogen haben.[2] Aber diese großartige, Völker mit fortwälzende Bewegung Attilas gegen das Westreich und Gallien erklärt sich aus großartigeren Gründen der gesamten damaligen Weltlage[3] (siehe unten), nach welcher Westgoten (Sueben), Römer auf der einen Seite, Hunnen und Vandalen auf der anderen stehen *mußten*.

Wenn Geiserich den Hunnen Mitwirkung gegen Rom zugesagt, was zweifelhaft, so hat er sie jedenfalls – nicht ausgeführt: das ist sicher. Und als nun die Gottesgeisel auf den Feldern Châlons zerbrochen und Rom dieses Feindes erledigt war, da ergriff der kluge Vandale Maßregeln, die aus dem Bestreben, sich jetzt gerade gut zu stellen mit dem westlichen Kaiserreich, sich wenigstens am besten erklären: er unterbrach damals die Katholikenverfolgung. Als aber im Jahre darauf Rom durch Ermordung des Kaisers Valentinian (10. März 450) und Erhebung des Maximus verwirrt und uneins war, sollte die ewige Stadt abermals, wie unter dem Goten Alarich, germanische Eroberer in ihren Mauern sehen. Nach einer nicht ausreichend verbürgten Überlieferung hätte Eudoxia, des ermordeten Witwe, die Maximus zur Ehe gezwungen, selbst den furchtbaren Seekönig zur Rache herbeigerufen; vielleicht ist so viel richtig, daß Geiserich, um in Rom die Parteiungen zu mehren und den Widerstand zu schwächen, als Rächer Valentinians, mit welchem er nicht nur jenes Friedensbündnis geschlossen, sondern sogar im Jahre 440 Verhandlungen über eine Heiratsverbindung zwischen beiden Geschlechtern gepflogen hatte, als Befreier seiner Witwe auftrat.[4]

Seine starke Flotte landete in dem damaligen Hafen der Stadt, Portus. Rom war durch Parteihader zerrissen, von Schrecken gelähmt: Maximus ward in einem Straßenauflauf erschlagen: nicht einmal einen Versuch des Widerstandes leisteten die Römer, die doch den Goten wiederholt lange Zeit hinter den festen Mauern Aurelians getrotzt; vielleicht gingen germanische Söldner zu den Volksgenossen über, wenigstens soll ein Burgunder den Eindringenden als Wegweiser gedient haben. An-

---

1 Könige V, S. 76.

2 Des Jordanis (*Romana et Getica ed. Mommsen, Monumenta Germaniae historica Auctor. antiquissim.* V. 1. 1882) Neigung zu einer persönliche Beweggründe hervorsuchenden Darstellung ist bezeichnend: er folgte jedoch wohl auch hierin Cassiodor.

3 Könige V, S. 77.

4 Die Belege siehe Könige I, S. 155.

fang Juni hielt Geiserich durch die Porta portuensis (?) seinen Einzug: eine legen-
denhafte Überlieferung, die den Vorgang zwischen Papst Leo und Attila wiederholt,
läßt die Fürbitte des römischen Bischofs Feuer und Blutvergießen von der Stadt der
Apostelfürsten abwenden.

Indessen, Geiserich wollte und konnte Rom weder behalten noch zerstören. Er
wollte es nicht, denn noch gefährlicher, noch schwieriger als die Behauptung Afrikas
wäre die Aufgabe, Rom zu behaupten, gewesen. Byzanz, Italien und das ganze römische, von Geiserich nicht beherrschte Abendland würden diese herausfordernde
Stellung immer wieder und wieder angegriffen haben. Noch war Italien nicht durch
die Zwischenherrschaft germanischer Söldner vorbereitet, den Boden für ein germanisches Reich zu bilden, und Geiserich war kein Theoderich: ihn reizte nicht die
Friedensaufgabe der Beschirmung römischer Bildung; er war unfähig der edlen Strebungen, freilich auch ledig der argen Selbsttäuschungen des großen Gotenkönigs.

Aber Rom zerstören – ein lächerlicher Einfall, ein unmögliches Beginnen! –, so
mußte jeder sagen, der Rom gesehen: Vierzehn Jahrhunderte haben nach Geiserich
nicht vermocht, Rom zu zerstören, die Vandalen aber weilten nur vierzehn Tage in der
Stadt.

Da immer noch in Italien, Frankreich und England, aber auch in deutschen Büchern, die teilweisen Zerstörungen Roms auf die germanischen Besetzungen der
Stadt durch Westgoten, Vandalen, Ostgoten zurückgeführt werden, muß eingeschärft werden, daß erst die mittelalterlichen Adelsgeschlechter Roms in ihren Par-
teikämpfen, in der Erbauung ihrer Burgen aus dem Gestein der Tempel und Paläste,
in ihren Straßengefechten und Belagerungen mit Feuer und Schwert den allergrößten
Teil der antiken Bauten der Stadt zerstört haben: *„quod non fecere barbari, fecere
Barberini"*, sagt ein Sprichwort in Rom, d. h. „was die Barbaren nicht getan, das taten
die Barbarini", eines jener Adelsgeschlechter des Mittelalters. Der Zustand, in dem
noch hundert Jahre nach der vandalischen Heimsuchung Rom in den Schilderungen
Cassiodors erscheint (siehe unter Ostgoten), widerlegt am schlagendsten jene Übertreibungen: der Name der Vandalen ist ohne Grund zur Bezeichnung der rohesten
Zerstörungswut gebraucht worden.

Ausdrücklich wird bemerkt, daß die Vandalen nur einzelne Häuser durch Brand
schädigten: die Stadt blieb mit solchen verschwindenden Ausnahmen vom Feuer
verschont. Geplündert wurde allerdings; zumal aus dem Kapitol wurden entführt die
von früheren Beraubungen noch übriggelassenen Schätze, darunter der Sage nach die
heiligen Geräte, die Titus aus dem Tempel zu Jerusalem hierher geschleppt und die
nach abergläubischer Meinung jedem Bewahrungsort Verderben bringen sollten, bis
sie wieder in ihre ursprüngliche Stätte zurückkehrten; auch die Hälfte des stark ver-
goldeten Daches, das Domitian auf dem kapitolinischen Tempel gelegt, wurde abge-
tragen; wertvolle Bildsäulen, auch Gold- und Silbergeräte aus den katholischen Kirchen[1] mitzuführen besannen sich die arianischen Sieger freilich nicht. Auch mehrere
Tausende von Gefangenen, die Schönheit oder Kunst oder Handgeschicklichkeit be-
gehrenswert machte – letzteres weist doch besonders auf Sklaven hin –, auch die

---

1 Doch vermutet man mit Grund, daß die damaligen Hauptkirchen der Stadt, der Lateran, Sankt
  Peter und Sankt Paul, vielleicht auf besondere Fürbitte des Papstes oder aus Scheu vor dem
  Zorn dieser Heiligen verschont blieben; wenigstens konnte der Papst nach dem Abzug der
  Barbaren sechs große Gold- (oder Silber-)Vasen, Geschenke Konstantins an jene Kirchen,
  einschmelzen lassen, um aus dem Erlös anderer Kirchen den Verlust an geraubten Gefäßen zu
  ersetzen.

Kaiserin *Eudoxia* mit ihren beiden Töchtern, der Sohn des Aëtius und eine Anzahl von Senatoren teilten dieses Geschick: all dieser Beuteraub ward glücklich in Afrika gelandet, ausgenommen ein Schiff voller Bildsäulen, das im Sturm versank.[1]

Während nun die vandalischen Triéren langsam ihren Rückweg entlang den unverteidigten Küsten Italiens nahmen, die Uferstädte Campaniens und Neapel plündernd, Capua und Nola zerstörend, hatten die entarteten Römer die Schmach bereits wieder verschmerzt: mit ausgelassener Lust gaben sie sich sofort wenige Tage nach der Entfernung der Feinde, am Fest der Apostelfürsten, 29. Juni, dem Zirkusspielen hin – wohl auch ein Beweis, daß die Stadt nicht allzu schwer gelitten! – und Papst *Leo* (I., 440–461), predigte acht Tage später voll Eifer wider ihren Aberglauben, der die Errettung aus der Hand der Barbaren, statt auf die Gnade des Christengottes, auf die in der Not heimlich wieder angerufenen alten Heidengötter und den Gang der Sterne zurückführte.

Die Bemühungen der Bischöfe, in echt christlicher Erfüllung ihrer Hirtenpflicht sich ihrer Herde und der Gefangenen anzunehmen – Bischof Deo Gratias von Karthago veräußerte die Gold- und Silbergeräte seiner Kirche, kaufte die Gefangenen los und gewährte ihnen Zuflucht in den Hallen der Basiliken – verherrlicht die Legende vom Bischof *Paullinus von Nola* in Campanien, der, um den einzigen Sohn einer armen Witwe aus der Gefangenschaft zu lösen, sich selbst als Sklave gestellt, aber von den Vandalen, die solchen Opfermut bewunderten, die Freigebung erlangt haben sollte.

Nach Karthago zurückgekehrt, benutze Geiserich ungesäumt die Meisterlosigkeit des weströmischen Reiches, die bis dahin noch von römischen Besatzungen behaupteten Städte und Gebiete[2] zu erobern und „ganz Afrika", d. h. die ganze ehemalige römische Provinz dieses Namens, zu unterwerfen; er trat dadurch an allen Grenzen seines Reiches in unmittelbare Nachbarschaft und, wie es scheint, anfangs in Freundschaft mit den eingeborenen „maurischen" Stämmen; wenigstens verstärkte er sein Heer durch zahlreiche maurische Söldner. Schon an dem Zug gegen Rom hatten sich viele Mauren beteiligt, mit denen dann nach der Heimkehr zu Karthago die Gefangenen und die Beute geteilt wurden, und bei der Eroberung der letzten römischen Besitzungen in Afrika werden diese den Römern widerwillig unterworfenen oder offen feindlichen Barbaren die vandalischen Angreifer vermutlich unterstützt haben.

Die Höfe von Byzanz und Ravenna bemühten sich zunächst, die Freilassung der kaiserlichen Frauen zu erwirken, die zu Karthago in Haft gehalten wurden. Zuerst forderte Kaiser *Marcian* (450–457) durch zwei Gesandtschaften – die letzte vertrat ein Bischof Bleda, von dessen arianischem Bekenntnis man sich großen Einfluß auf Geiserich versprechen mochte – die Freilassung der Kaiserin *Eudoxia* und ihrer Tochter *Placidia*: die zweite, *Eudokia*[3], hatte Geiserich mit seinem Sohne Hunerich vermählt.[4] Auf die Ablehnung hin griff Marcian nicht zu den Waffen; die Untätigkeit

---

1 Diese Nachricht hat *Hermann Lingg* den Stoff zu einer der schönsten Schilderungen in seinem Gedicht von der Völkerwanderung gegeben.

2 Nämlich die drei Mauritanien, Tripolis, den Rest von Numidien; damals gewannen die vandalischen Flotten wohl auch die zwischen Westafrika und Europa gelegenen Inseln: die beiden Balearen (Majorica und Minorica), Korsika, Sardinien und ein weiteres Stück von Sizilien.

3 Wohl irrig im *Chronicon paschale, ed. Paris*, S. 320. honorica genannt.

4 Nicht mit Tharasamund (wie die sogenannte Historica miscella des *Landulfus Sagat. ed. Eyssenhardt*, Berlin 1869; siehe aber Battenbach, Deutschlands Geschichtsquellen im Mittelalter I. 6. Auflage Berlin 1893. S. 166) und nicht mit Genzo (*Hydatii Lemici continuatio ed. Mommsen l. c. Chronicorum Hieronymianorum, Chronicor*. II, 1892). – Das Richtige bei Proc., B. V. I 5 (schon bei Priscus) und Victor von Tunnuna, S. 343.

des sonst tüchtigen Kriegers gegen die Vandalen gab Anlaß zu der erklärenden Sage, Marcian sei während seiner Gefangenschaft in Afrika von Geiserich als künftiger Kaiser geweissagt[1] und deshalb unter der Bedingung freigegeben worden, nie wieder gegen die Vandalen anzutreten.

Als hierauf der Kaiser des Abendlandes Avitus (453 bis 457) Geiserich an den mit dem Westreich geschlossenen Vertrag von 442 erinnerte und für den Fall der Ablehnung seiner Forderungen – Freigebung der Gefangenen und Schonung des römischen Gebietes – einen Angriff mit allen Kräften des Reiches drohte, kam Geiserich trotzig zuvor, führte seine Flotte aus dem Hafen von Karthago und heerte auf Sizilien und an den Küsten Italiens.

Nun zog freilich der tatsächliche Herr des Abendlandes, der Kaisermacher Rikimer, ein Suebe und von der Mutterseite her ein Enkel des Westgotenkönigs Walja, ein gewaltiger Held, selbst gegen die kühnen Seeräuber, schlug sie auf dem Festlande von Sizilien[2] bei Agrigent und auf der Höhe von Korsika ihre sechzig Segel starke Flotte (456); diese Erfolge wurden dem Westgotenkönig Theoderich, der natürlich auf Seiten der Gegner Geiserichs stand, durch besondere Gesandte gemeldet: allein wenn der Eidam des Kaisers, Apollinaris Sidonius, diesem bereits die Wiedereroberung Afrikas prophezeite, so irrte sich der geistreiche, aber noch mehr phrasenreiche Bischof,

Säule des Kaisers Marcian in Kostantinopel; weißer Marmor, fünftes Jahrhundert.

---

1 Der König hatte die Kriegsgefangenen in den Hof des Palastes führen lassen, sie zu mustern und so zu verhüten, daß ein Hervorragender gegen Gebühr einem allzu geringen Vandalen als Knecht zugeteilt werde. Marcian hatte sich dabei zu ruhen niedergelegt, und während alle anderen Gefangenen unter der afrikanischen Sonne in dem offenen Hof zu leiden hatten, schwebte über Marcians Haupt ein Adler, mit unbeweglich ausgespannten Schwingen sein Haupt beschattend; daran erkannte der kluge Vandale den künftigen Kaiser. Proc., B. V. I, 4.

2 Apollinaris Sidonius ed. *Lütjohann*, Monumenta Germaniae historica Auctores antiqissim. VIII, 1887, *carmen* II, 366 sg.

den man in seiner „Memoiren"-Schriftstellerei mit allen Vorzügen und Schwächen
französischen „Esprits" den ersten Franzosen nennen darf; schon im Oktober des
gleichen Jahres setzte Rikimer Avitus ab und erhob *Majorian* zum Kaiser (April
457–461); nun ließ Apollinaris Sidonius, unbeirrt durch diesen Personenwechsel,
Afrika von dem neuen Herrscher Erlösung erbitten; es ward auch abermals eine
vandalische Flotte an der Küste von Sinuessa bei der Mündung des Liris geschlagen
(459), der Anführer, der Schwestermann Geiserichs, getötet[1] und Majorian rüstete
mit Westgoten, Burgunden und anderen Germanen eine gewaltige Unternehmung
zur Eroberung Afrikas: – die Sage berichtet sogar von einer abenteuerlichen Aus-
kundschaft der vandalischen Macht und der Stimmung der Mauren, die der Kaiser
verkleidet in Karthago gewagt –; Geiserich versuchte zuerst die Westgoten von dem
römischen Bündnis auf seine Seite zu ziehen; als aber dies Verhältnis nach kurzer
Dauer wieder umschlug[2] und Verhandlungen mit dem Kaiser in Spanien nicht ohne
vorübergehenden Erfolg, scheiterten, rüstete der Vandale mit wilder, rascher Kraft
die Gegenwehr.

Um der gefürchteten Flotte der Feinde möglichst geringe Gelegenheit zum Eingreifen zu bieten, hatte Majorian beschlossen, von Spanien, von der Reede von Carthagena bei Alicante, die schmale Meerenge zu überschreiten und mit den in Westafrika gelandeten Truppen gegen Osten hin den Stoß auf Karthago zu führen.

Aber Geiserich hatte diesen Plan durchschaut: ohne Besinnen ließ er die eigenen
Landschaften (Mauritanien) durch Verheerung, zumal durch Verschüttung der
Brunnen, in eine unwegsame Wüste verwandeln, und da es dem Listig-Raschen
glückte, die bei Carthagena ankernden römischen Triéren zu überfallen und zum
großen Teil davonzuführen, war Majorian genötigt, Friede zu schließen (460). Im
August des folgenden Jahres ward Majorian von Rikimer entthront, ermordet und
durch Severus (461–465) ersetzt.

Marcians Nachfolger in Byzanz, Leo I., erreichte endlich durch wiederholte Gesandtschaften im Jahre 462 die Freigebung der Eudoxia und ihrer Tochter Placidia,
gegen schweres Lösegeld und gegen Abtretung eines Teiles des Nachlasses Valentinians III. für dessen mit Hunerich vermählte Tochter Eudokia. Auch von dem weströmischen Kaiser forderte Geiserich, der „habgierige König", den im Abendland verbliebenen Nachlaß jenes Kaisers und überdies das Erbe Aëtius, offenbar für dessen
zu Karthago gefangen gehaltenen Sohn *Gaudentius*. Die Ablehnung dieser Forderungen gab den Vorwand, den Frieden von 460 zu brechen und abermals jedes Frühjahr sobald die See wieder fahrbar, an allen Küsten Italiens und Siziliens zu heeren.
Wichtiger war, daß der schlaue, in jeder Ränkekunst gewandte Geiserich dem gefährlichsten Feind, Rikimer, gegenüber in die Parteiungen des Westreiches unmittelbar
einzugreifen verstand. Jene Verschwägerung mit dem Hause Valentinians hatte er
tief planend herbeigeführt, und nach allen Seiten wußte er sie zu verwerten. Er weigerte dem neuen Geschöpf Rikimers auf dem Kaiserthrone, *Severus*, die Anerkennung und forderte die Krone für den römischen Senator *Olybrius*, mit welchem Placidia, die andere Tochter Eudoxias, vermählt war. Sofort trat Rikimers starker Feind,
der Statthalter (Comes) Galliens *Ägidius*, der Rächer Majorians, mit dem Vandalenkönig in Verbindung wider den Erheber und Verderber so vieler Kaiser. Byzanz hatte
nur Gesandte, keine Krieger nach Karthago zu schicken.

---

1 Welcher aber wohl nicht der *cognatus* regis Sersaon (*Victor Vitensis*, Historia persecutionis
  Africanae provinciae ed. Halm, Monum. Germ. hist. Auctor. antiquissim. III, 1. 1879, I. 11) ist.
2 Könige I, S. 157. V, 85.

Eine 466 von Rikimer gegen Afrika ausgerüstete Unternehmung kam nicht zur Ausführung: Sturm und Wetter hielten die Schiffe bei Sizilien zurück. Als nach dem Tode des Severus (465) Kaiser Leo im Einvernehmen mit Rikimer seinen Feldherren Anthemius auf den weströmischen Thron erhob und durch Gesandte dessen Anerkennung und Schonung für Italien von Geiserich verlangte, versagte dieser beides und ließ seine Raubschiffe außer Italien und Sizilien auch die Küsten des oströmischen Reiches heimsuchen: Griechenland, Epirus, den Peloponnes, Illyrien. Wilde Grausamkeit begleitete die Heerungen; aus Zorn über einen abgeschlagenen Angriff auf das Vorgebirge Tänarum liefen die Vandalen die Insel Zante (Zakynthos) an, mordeten, was ihnen in den Weg kam, schleppten fünfhundert der Angesehensten als Knechte mit sich fort, töteten aber dann auch diese und warfen ihre zerstückten Glieder weithin ausstreuend in die See; selbst Alexandria galt als bedroht, und die Insel Sardinien ward nicht nur geplündert, sondern erobert und behauptet. Dabei traf die grausamste Behandlung, wie im vandalischen Reiche selbst überall, bei diesen Landungen die katholischen Kirchen und Geistlichen.

Endlich beschlossen auf Betreiben des Kaisers Leo beide römische Reiche eine gemeinsame, großartige Unternehmung gegen den fürchterlichen Meerkönig; man hoffte, ihn und sein Seeräuberreich zu vernichten; Byzanz bemannte über tausend Schiffe mit einem Landungsheer von hunderttausend erlesenen Kriegern. Dreizehnhundert Zentner Goldes betrugen die Kosten der Rüstung: keine gleich großartige Unternehmung hat das Ostreich später mehr ins Werk gesetzt. *Basiliskus*, Kaiser Leos Schwager, sollte als Oberfeldherr bei Karthago landen und diese Hauptstadt erobern, ein zweiter Feldherr, *Heraklius*, bei Tripolis ausschiffen und vom Osten her auf Karthago ziehen, *Marcellinus* endlich von Dalmatien aus mit den weströmischen Truppen Sardinien zurückerobern. Die Gefahr war groß, und der mehrseitige Angriff schien gelingen zu sollen. Marcellin gewann Sardinien, Heraklius die Städte von Tripolis und zog auf dem Landweg gegen Karthago, Basiliskus war von Sizilien aus (wie später Belisar) bei Mercurius, zweihundertachtzig Stadien östlich von Karthago, gelandet und hatte bereits glückliche Gefechte geliefert, da erbat Geiserich eine Waffenruhe von fünf Tagen, welche die Anführer törichterweise – man flüsterte auch von Verrat arianisch gesinnter Byzantiner und von Bestechung – gewährten. Der Seekönig wartete aber nur auf das Eintreten günstigen (West-)Windes, rüstete Brander, bemannte seine Schnellsegler und griff (wohl in der Nacht) während die erwartete Brise sich erhob und die Brander unter die schwerfälligen, dicht gedrängten Triéren der Byzantiner trieb, mit allen seinen Kriegsschiffen an. Eine furchtbare Katastrophe traf die stolze Armada; sie ging, trotz heldenhaften Widerstandes einzelner Schiffsführer, in Flammen und Blut unter. Umsonst bot *Genzo*, des Königs Sohn, Schonung dem tapferen Legaten *Johannes*, der zuerst sein Schiff vom Vordeck aus auf das grimmigste wider die Enterer verteidigte, sich zuletzt in der schweren Rüstung vom Mastkorbe aus in die Wellen gestürzt hatte und mit dem Rufe untersank, niemals ergebe er sich Hunden.

Basiliskus entfloh mit den Trümmern der Flotte nach Byzanz und ward nur durch das Zufluchtsrecht der Sophienkirche und den Einfluß der Kaiserin der Strafe entzogen; Heraklius mußte sich nun ebenfalls einschiffen, und da Marcellin von seinen Mitfeldherren auf Sardinien war ermordet worden (August 468), gewannen die Vandalen auch dieses Eiland wieder.

Die außerordentliche Anstrengung der Römer war mit dem Verlust des halben Heeres gescheitert, und Geiserichs Rache traf nun erst vollends ungehindert die Inseln und Küsten beider Reiche. Er schloß 470 ein Bündnis mit dem Westgotenkönig

Eurich (vielleicht auch damals mit den Ostgoten) zu gemeinsamen Angriffen gegen Rom und Byzanz. Die Vandalen landeten in Epirus und eroberten Nikopolis im Jahre 475.

Kaiser *Zeno*, Leos Nachfolger, suchte den Frieden, und sein Gesandter, der Patricius *Severus*, vermochte in der Tat durch seine ausgezeichnete Persönlichkeit, aber wohl noch mehr, weil der altgewordene Meerkönig allmählich selbst nach Ruhe verlangte und sein Reich durch Verträge gesichert seinem Sohn vererben wollte, den Abschluß des sogenannten „ewigen Friedens" herbeizuführen. Hiernach sollten fortan zwischen den Kaisern zu Byzanz und den Vandalenkönigen alle Feindseligkeiten für immerdar ruhen. Darin lag also eine nochmalige Anerkennung des vandalischen Besitzstandes durch den Kaiser, und mit Grund beriefen sich die Nachfolger Geiserichs auf diesen Frieden, als spätere Kaiser den rechtmäßigen Bestand des Vandalenreiches bestritten. Gegenüber solcher Anerkennung verpflichtete sich Geiserich, den Katholiken in Karthago die geschlossenen Kirchen wieder zu öffnen und die verbannten Geistlichen zurückkehren zu lassen.

Im gleichen Jahre sicherte der König sein Reich auch gegenüber der westlichen Kaisergewalt durch Frieden und Bündnis mit *Romulus Augustulus*, dem letzten abendländischen Kaiser, oder vielmehr mit dessen Vater und Minister, dem Patricius *Orestes:* und als bald hierauf der Führer germanischer Söldner, *Odovakar*, dem weströmischen Kaisertum ein Ende und sich zum Herren Italiens machte, schloß Geiserich mit ihm einen Vertrag, in dem er jenem den größten Teil von Sizilien abtrat: eine jährlich den Vandalen hierfür zu entrichtende Abgabe hatte wohl die Bedeutung eines Loskaufs von den früheren Plünderungen; nur einen Teil der Insel, wahrscheinlich die Afrika zugekehrte Westspitze, behielt sich Geiserich vor (476). Im Anfang des nächsten Jahres (25. Januar 477) starb der greise König des Meeres, nachdem er ein halbes Jahrhundert die Krone getragen, siebenunddreißig Jahre, drei Monate und sechs Tage, nachdem er Karthago gewonnen. Welch gewaltigen Eindruck er bei den Zeitgenossen hinterlassen – und nur seine Feinde haben seine Geschichte geschrieben – erhellt daraus, daß er bis zum Untergange des von ihm verwegen mitten in die römische Welt hineingebauten Reiches als Begründer aller vandalischen Verhältnisse galt. Auf die von ihm mit Byzanz geschlossenen Verträge beruft man sich gegen Justinian; Geiserichs Heldenruhm durch Tapferkeit zu wahren, ermahnt der letzte Vandalenkönig sein Volk und der Geschichtsschreiber des Untergangs der Vandalen preist an Belisar vor allem, daß er den Enkel Geiserichs bezwungen, „des neben Theoderich dem Goten unstreitig größten Königs der Barbaren"[1]. Wenn ihn leidenschaftliche Gegner beschuldigen, mit seinem ganzen Volke in Üppigkeit versunken zu sein, so bezeugt eine andere Quelle im Gegenteil, daß er die Schwelgerei verschmähte, und er selbst hat gegen die Ausschweifungen der Römer Maßregeln ergriffen. Er verstand, Hochsinn zu würdigen und zu erwidern: als der Edle Severus statt des üblichen Gastgeschenkes Befreiung seiner gefangenen Landsleute sich erbat, entließ Geiserich ohne Lösegeld alle Gefangenen aus seinem und seines Geschlechtes Eigentum. Noch sterbend empfahl er seine Freunde seinem Sohn und Nachfolger *Hunerich*.

Dieser, sein ältester Sohn, 477–484, hatte nur die Grausamkeit, nicht die Größe des Vaters geerbt. Gleich nach der Thronbesteigung geriet er in Streit mit Byzanz

---

1 Prokop, *B. G.* III, 1 (Prokop ist von hier ab für die Vandalengeschichte Hauptquelle, meist einzige).

wegen des Erbes seiner Gemahlin Eudokia, die schon im Jahre 472 aus Karthago und
der aufgezwungenen Ehe entflohen und bald darauf zu Jerusalem in frommen Übungen der Andacht gestorben war: in diesem Streit wurden – das Gegenteil der Tage
Geiserichs – die Schiffe karthagischer Kaufleute von den Byzantinern geplündert.
Jedoch in den Verhandlungen mit den Gesandten des Kaisers Zeno, einem Hausmei-
ster der Placidia, der Schwester der Eudokia, zeigte Hunerich die größte Nachgiebigkeit; er verzichtete auf alle Ansprüche auf das Erbe Eudokias und alle älteren Forderungen Geiserichs, sogar auf Ersatz für seine ausgeraubten Untertanen, und beteuerte durch Gesandte zu Byzanz, daß er alles das aus Freundschaft für die Römer und
aus Dankbarkeit für die ehrenvolle Behandlung Placidias am kaiserlichen Hofe bewil-
lige. Aber zu Byzanz erkannte man als Grund solcher Nachgiebigkeit das Gefühl der
Schwäche. Die Kraft der Vandalen sank rasch, seitdem sie die üppige Lebensweise
der afrikanischen Provinzialen, der berüchtigten Schwelger des römischen Reiches,
angenommen hatten; darauf führte der wohlunterrichtete Augenzeuge ihres Untergangs, Prokop, das Verderben des Volkes zurück.

Dieses Sinken der vandalischen Kriegskraft zeigt sich alsbald nach dem Tode Geiserichs in dem Umschlage der Waffenerfolge gegenüber den Mauren. Diese, von
Anfang durch die vordringenden Germanen überall in die Wüste gescheucht und,
soweit sie nicht entwichen, zur Unterwerfung gebracht, suchten nun, ihrerseits angreifend, in unablässigen Überfällen die vandalischen Gebiete heim; und nachdem
diese Grenzkriege lange mit wechselnden Erfolgen und Niederlagen geführt worden,
gelangten sie unter Hunerich zu vorläufigem Abschluß dadurch, daß seine nächsten
Nachbarn, die Mauren auf dem Berge *Aurasius* (heute Aurès), sich von den Vandalen
völlig unabhängig machten und in dieser Freiheit von Hunerich anerkannt werden
mußten: zur Zeit der Katholikenverfolgung (483–484) sind Vandalen und Mauren
befreundet.

Schon unter Hunerich beginnen die blutigen Bruderkämpfe im Königshaus der
Asdingen, die später den Vorwand zur Einmischung Justinians boten. Geiserich
hatte den Mangel einer Thronfolgeordnung in den Königsgeschlechtern der Germanen als traurige Ursache zahlreicher Kronkriege wohl erkannt; er lernte bei den
Mauren das „Seniorat" kennen, fand es zweckmäßig, weil es Waffenunfähige (und
folgeweise zu Bevormundende) so lange als möglich vom Throne ausschloß und
führte es als Erbfolgegrundsatz in seinem Hause ein (siehe unter Verfassung). Aber
die blutigen Vorgänge, die er dadurch fernhalten wollte, traten doch in anderer
Richtung ein. Hunerich wollte seinem und der Eudokia Sohn, *Hilderich*, die Krone
zuwenden. Da er nun keineswegs der älteste Abkömmling Geiserichs war, dessen
Anordnung offen zu brechen man nicht wagte, räumte er die Glieder seines Hauses
hinweg, die Hilderich den Weg zum Throne versperrten: das waren sein Bruder
Theoderich und dessen sowie des verstorbenen Bruders *Genzo* Gesippen. Theoderichs kraftvolle und deshalb gefürchtete Gemahlin wurde nach falscher Anklage
hingerichtet, desgleichen ihr hochgebildeter ältester Sohn: Theoderich und den ältesten Sohn Genzos, *Gódegis*, traf Verbannung, der jüngere Sohn Theoderichs (und
zwei Töchter) sollten wohl durch Ehrenstrafen von dem Throne ausgeschlossen
werden: auf Eseln ließ sie der König schimpflich durch die Straßen der Hauptstadt
führen. Die alten Freunde Geiserichs und Gesellen seines Reichsbauwerks wurden,
nur weil sie treu zu den verfolgten Zweigen des Königshauses standen, auf das
grimmigste mitverfolgt, der Patriarch *Jocundus*, das Haupt der arianischen Kirche
in Afrika, ward mitten in Karthago verbrannt, desgleichen die Gattin des höchsten
weltlichen Würdenträgers unter Geiserich, des Kanzlers *Héldiko*, dieser selbst ward

enthauptet, sein Bruder *Kamut*, dem das Zufluchtsrecht einer Kirche das Leben gerettet, verknechtet.

Ward so gegen (Arianer und) Vandalen gewütet, so begreift sich, daß die Verfolgung der (Römer und) Katholiken nach anfänglicher Schonung (den Katholiken Karthagos war das Recht der Bischofswahl wiedergegeben worden) heftiger als je zuvor erneuert ward. Nachdem anfangs nur die Habgier des Königs reiche Katholiken wieder von grundsätzlicher Glaubensverfolgung getroffen: sie wurden für unfähig erklärt, Hof- oder Staatsämter zu bekleiden, die Hofbeamten, die den Übertritt zum Arianismus weigerten, unter Vermögensentziehung nach Sizilien oder Sardinien verbannt, Nachlaß und Vermögen verstorbener oder vertriebener Bischöfe eingezogen (doch gab man dies Verfahren aus Besorgnis der Wiedervergeltung im byzantinischen Reich wieder auf, ebenso die Erhebung von fünfhundert Goldsolidi für jede Neuwahl), im Jahre 483 fast viertausend Bischöfe, Priester und Laien zu den Mauren in die Wüste verbannt. Endlich aber schien der König durch ein unter dem Druck seiner Gewalt zu Karthago mit dem arianischen Bischöfen abzuhaltendes Glaubensgespräch dem gesamten katholischen Episkopat die Wahl zwischen Übertritt oder Vernichtung stellen zu wollen. Das Ergebnis war jedoch nur eine Reihe neuer Bedrückungen gegen die Katholiken (siehe unter Verfassung): zugleich forderte der König, seine anderen Zwecke verfolgend, von den katholischen Bischöfen den Eid, seinen Sohn Hilderich als König anerkennen und keine briefliche Verbindung mit „überseeischen Ländern" – also Rom und Byzanz – unterhalten zu wollen. Manche Bischöfe (die „schlaueren", „astutiores", sagt der Amtsgenosse Victor von Vita) weigerten diesen Eid, weil Christus überhaupt das Schwören untersagt habe, andere leisteten ihn, jene wurden nach Korsika verbannt, dort wie Knechte für die Flotte Bäume zu fällen, diese wurden unter höhnischem Vorwurfe, daß sie das Schwurverbot Christi verletzt, in der Nähe ihrer Bischofsitze als Kolonen zu knechtlicher Arbeit auf den königlichen Gütern angehalten. Auch die katholischen Laien wurden, zumal in der Prokonsularis, wo die Vandalen am dichtesten wohnten, beraubt und verknechtet, getötet jedoch äußerst wenige, weil man den religiösen Gegnern den Ruhm der Bekennerschaft nicht gönnte. So wurde von den vierhundertsechsundsechzig Bischöfen des Reiches nur *einer* zum Glaubensopfer: *Lätus von Leptis*, der am 24. September verbrannt wurde. Vergebens bemühte sich auf Anrufen des Papstes Felix (III., 483–492) Kaiser Zeno, diese Verfolgungen durch Gesandtschaften zu hemmen: in Gegenwart seines Gesandten *Reginus* war zu Karthago am Himmelfahrtstag 483 (19. Mai) die Verordnung des Königs öffentlich verlesen worden, die das Glaubensgespräch auf den 1. Februar 484 ansetzte: und einem zweiten Gesandten, *Uranius*, zum Trotz ließ der König die Hinrichtungen und Folterungen von Katholiken gerade in denjenigen Straßen vollziehen, die der Gesandte auf dem Weg zu dem Königspalast durchschreiten mußte. Die Furcht vor Byzanz hielt also nicht mehr jene dumpfe grausame Glaubenswut zurück, und die rohe Habgier, die nicht nur den König, die auch Priester und Volk der Vandalen ergriffen hatten, ähnlich, wie wir das bei den Franken der Merowingerzeit antreffen, hatten die vorgefundenen Laster römischer Überbildung sich der Roheit des mitgebrachten Barbarentums vermischt und – in Verdrängung altgermanischer Tugenden – üppige Lüste und wilde Blutgier – wie so oft – als Geschwister erzeugt.

Hunerich starb am 11. Dezember 484 an einer Krankheit, welche kirchliche Schriftsteller (Prokop sagt davon nichts) der des Antiochus Epiphanes oder des großen Ketzers Arius vergleichen und als Strafe Gottes für die Katholikenverfolgung auffassen.

Ihm folgte, dem „Testament" Geiserichs gemäß, sein Neffe *Gunthamund*, der Sohn des vorverstorbenen Genzo, 484–496; er gewährte, im Gegensatz zu seinem Vorgänger, den Katholiken größere Freiheit, ließ den verbannten Bischof Eugenius von Karthago heimkehren und gab ihnen eine der ersten Kirchen der Hauptstadt zurück. Dem Vordringen der Mauren aber vermochte der König nicht zu wehren: das Ergebnis mehrerer Feldzüge war nach wechselndem Glück der Schlachten, daß diese alten Herren des Landes sich nicht nur an der ganzen Südmark des Vandalenreiches wieder in unabhängigen Niederlassungen behaupteten, sondern von da tief in die von den Germanen besiedelten Provinzen eindrangen, z. B. in Byzancena, und, daraus vertrieben, immer bald wiederkehrten. So im Inneren bedrängt, suchte Gunthamund die Stütze des weit überlegenen Ostgotenreiches in Italien: er verzichtete in einem im Jahre 491 mit dem großen *Theoderich* geschlossenen Vertrag auf die sizilische Schatzung, die Odovakar entrichtet hatte, und versprach, das Eiland auch ohne diese Loskaufsumme mit den früheren Heerungen zu verschonen.

Einiges Licht wirft auf diese Regierung das uns erhaltene Gedicht eines am Hofe Gunthamunds lebenden Poeten *Dracontius*.[1] Derselbe hatte sich die Ungnade des Königs zugezogen, weil er, obwohl von dessen Tafel zehrend, einen Fremden (vielleicht den Kaiser) in seinen Versen gefeiert hatte, statt den König und dessen Sippe zu loben. Dafür hatte nicht nur ihn Gefängnis und wohl auch Vermögenseinziehung getroffen, sondern auch seine Familie hatte schwer gelitten: um den Zürnenden zu versöhnen, schrieb er nun im Kerker ein „Reugedicht" (satisfactio), worin er die Milde des Königs gegen Gefangene und die „in des Herren Abwesenheit" von dem Feldherren erfochtenen Siege zur See (wohl nur über Seeräuber): den Kriege Gunthamunds mit Byzanz, Italien oder Spanien sind nicht bezeugt) und über die Mauren feiert.

Als er (am 21. November 496) gestorben war, bestieg nach dem Senioratsprinzip sein Bruder *Thrasamund* den Thron (496–523). Dieser Fürst, dessen Schönheit, Geist und Bildung gepriesen werden, hob noch einmal das Reich Geiserichs zu einigem Glanze durch enge Verbindung mit dem schimmervollen italischen Gotenstaat unter *Theoderich* dem Großen: offenbar die einzige Staatskunst, die das allseitig vereinzelte Vandalenvolk etwa hatte halten können und die sein Nachfolger zum Verderben des Reiches in das Gegenteil verkehrte. Nachdem Thrasamund in unbeerbter Ehe seine erste Gattin verloren, vermählte er sich mit Theoderichs eben verwitweter Schwester *Amalafrida*: der Gotenkönig war ganz planmäßig bestrebt, durch solche Verschwägerungen mit germanischen Fürsten Bündnisse zu knüpfen. Die um ihre Weisheit gefeierte Amalungentochter brachte einen für das Vandalenreich höchst wertvollen Brautschatz zu: den dem westlichen Afrika zugewandten Teil von Sizilien mit dem wichtigen Lilybäum (heute Marsala), den also Gunthamund, wie es scheint, an Theoderich abgetreten hatte. Eine Tausendschaft erlesener Goten, der fünftausend Bewaffnete folgten, geleitete die Braut und wenigstens ein Teil derselben blieb im Vandalenreich. Alsbald wandte Theoderich eine von dem Westgotenkönig *Alarich II.* her den Vandalen drohende Gefahr ab, wie er sich gelegentlich einer Spannung berühmt, die bald darauf das gute Einvernehmen zwischen Ravenna und Karthago vorübergehend trübte. Thrasamund hatte nämlich *Gesalich*, einen Bastard Alarichs und Feind Theoderichs, der den echten Sohn Alarichs (mit Theoderichs Tochter *Theodegotho*), *Amalarich*, vom Throne hatte ausschließen wollen, als er von Theoderichs Feldherren aus

---

[1] Gefunden und Herausgegeben von *Arevalo* zu Rom 1791, der es aber irrig für an Guntherich in Spanien gerichtet erklärte. Die Begründung der richtigen Ansicht siehe Könige I, S. 160; vergl. unten.

Spanien vertrieben war[1], an seinem Hofe aufgenommen und unterstützt (510). Dafür machte ihm Theoderich in einem uns erhaltenen Schreiben Cassiodors sehr ernste Vorbehalte, eifrig suchte Thrasamund durch Gesandte und reiche Geschenke den Zürnenden zu versöhnen; der Gotenkönig antwortet beschwichtigt: „Wenn ein König sich entschuldigt, ist jede Beschwerde gehoben", doch die Geschenke lehnt er ab: „Um Recht, nicht um Gold sei es ihm zu tun gewesen, der Ruhm aber der hochsinnigen Handlungsweise beider Könige solle die Welt erfüllen."[2]

Auch mit Kaiser Anastasius zu Byzanz hielt Thrasamund gutes Einvernehmen. Aber gegen die Mauren focht auch er unglücklich. Kurz vor seinem Tode erlitten die Vandalen eine schwerere Niederlage als je zuvor durch diese Feinde. Der Maurenfürst Kabaon in der Tripolitana benutzte den Abscheu der Pferde vor den Kamelen – Anblick und Geruch derselben vermochten wenigstens *ohne Gewöhnung*[3] die Rosse der Vandalen nicht zu ertragen – zu einer verderblichen Kriegslist. Er stellte seine zahlreichen Kamele verdeckt auf, und als der Stoß der nur zu Pferde fechtenden Vandalen seine Knäuel traf, entblößte er plötzlich jene lebende Schutzwehr: die Rosse der Angreifer scheuten, bäumten, stiegen, überschlugen sich, und auf der Flucht erlitten die Vandalen durch die verfolgenden Mauren blutige Verluste.

Auf Thrasamund (gestorben am 26. Mai 523) folgte nun endlich jener *Hilderich* (523 bis August 530), Hunerichs und Eudokias Sohn, den der Vater zum unmittelbaren Nachfolger gewünscht hatte. Die Abstammung von der Katholikin und die schwache Natur des Thronfolgers ließen Thrasamund besorgen, jener werde allzu nachgiebig gegen die Katholiken regieren. Er ließ sich daher noch auf dem Sterbebett versprechen, daß Hilderich während seiner Regierung nicht den Katholiken ihre Kirchen und Rechte wieder einräumen werde.

Denn gebildet und geistvoll, wie Thrasamund gewesen, hatte er doch die Verfolgung des Katholizismus durchaus nicht aufgegeben, was immerhin dafür spricht, daß dies Bekenntnis bei der Hinneigung zu Byzanz eine staatliche Gefahr für das Reich der arianischen Vandalen enthielt – wie für die arianischen Goten in Italien –, doch vermied der feinere Sinn des Königs gern die rohe grausame Gewalt: er begünstigte nur die zum Arianismus Übertretenden mit Ehren und Gaben, verachtet oder überging hartnäckige Katholiken und benützte seine theologische Bildung zu verfänglichen Fragen an die Rechtgläubigen, um dann ihre Verlegenheit zu verspotten und zu erklären, daß nur sein Bekenntnis die Widersprüche löse. Den gelehrtesten Bibelkenner der Katholiken, Bischof *Fulgentius von Ruspe*, ließ er aus der Verbannung zu einem Glaubensgespräch zurückrufen und verlangte schriftliche Beantwortung der ihm vom König vorgelegten Fragen. Doch enthielt er sich auch der Strenge nicht ganz: er verbannte wieder den gefährlichen Bischof Eugenius von Karthago, verbot, an Stelle der versterbenden Bischöfe neue zu wählen, und als die Bischöfe von Byzacena im Jahr 508 gegen dies Verbot neue Bischöfe wählten, strafte er in lebhaften Zorn hundertzwanzig Bischöfe mit Verbannung nach Sardinien.

Hilderich nun leistete das verlangte Versprechen, um es sofort mit echt theologischer „Distinktion" zu umgehen. Noch *bevor* er nämlich die Regierung durch die

---

1 Siehe unten Westgoten.

2 Könige I, S. 162. Cassiodor, *Var.* V. 43, 44; auch mit dem Bischof *Ennodius* von *Pavia* stand Tharasamund in Briefwechsel.

3 So ist wohl das Auffallende zu erklären, daß zahlreiche Quellen, gesammelt bei Gibbon XLI, 44, diese natürliche Scheu berichten, während erfahrungsgemäß Pferde und Kamele der Araber usw. längst ohne Störung nebeneinander hergehen.

Thronbesteigung angetreten, berief er die verbannten Bischöfe zurück und verstatte-te Neuwahlen für die erledigten Sitze: so hatte er es freilich nicht „*während* seiner Regierung" getan. Dieses Stücklein genügt, den Fürsten zu kennzeichnen, unter dem und durch den der Untergang seines Reiches gezeugt, wenn er auch erst unter seinem Nachfolger geboren wurde. Die von den Byzantinern gepriesene Milde des unseligen Herrschers kann das Urteil über ihn nicht ändern: die gleichen Quellen berichten, daß diese Milde Schwäche, daß er von geringer Begabung überhaupt und namentlich jeder Spur von Kriegertum und Heldenschaft ledig war.

So war es nun nicht mehr ihr König, der die Vandalen in den Kampf führte, diese stolzeste Pflicht germanischen Königtums hatte der Schützling der Byzantiner ein für allemal einem anderen übertragen, seinem Vetter *Hóamer*, einem tüchtigen Kriegsmann, den man, das heißt die Schmeichelei der römischen „Dichter", am Hof, den „Achilleus der Vandalen" nannte, was ihn vor einer empfindlichen Niederlage durch die Mauren nicht schützte. Hilderich, „der von Krieg nicht einmal reden hören konnte" – ein verwundersamer Enkel Geiserichs! –, kennzeichnet die Entartung, die das Volk der Vandalen verweichlicht hatte; die Versenmacher am Hof von Karthago, die ihrerseits den Verfall der lateinischen Sprache und Dichtkunst durch ihre (in der „Anthologie" gesammelten) Geschmacklosigkeiten bekunden, preisen freilich seine „ungeheuren Taten", aber die außerhalb seiner Macht lebenden Schriftsteller nennen seine Schwäche beim rechten Namen.

Jedoch mehr als Schwäche, blindeste Torheit war es, daß der reichsverderbliche Fürst mit allen Überlieferungen Geiserichs und Thrasamunds brach und, im vollem Gegensatz zu beiden, die Freundschaft mit den Ostgoten in bitterste Feindschaft verkehrte. Der große Theoderich und Thrasamund hatten erkannt, daß unter allen Germanenvölkern die ohnehin stammverwandten Vandalen, Ostgoten und Westgo-ten, zugleich die Nächstbenachbarten, gegen Byzanz und gegen die Franken notwen-dige Verbündete waren; zumal aber der allzu waghalsig, von jeder Verbindung mit anderen Germanen getrennt, in einem fremden Erdteil, mitten in einer eigenartigen römisch-afrikanischen Welt errichtete Staat der Vandalen war auf die Hilfe der Vet-tern in Italien (und Spanien) dringend angewiesen: Sizilien bildete die natürliche Brücke für beide Reiche. Schwerlich wäre *Belisars* mit höchst geringen Mitteln aus-gerüstetes Unternehmen wider die Vandalen gelungen, ja es wäre vielleicht unver-sucht geblieben, hätte Byzanz neben den vandalischen Schiffen die Flotte der mäch-tigen Ostgoten auf der See, nach der Landung deren starke Tausendschaften neben den Fahnen Geiserichs als Feinde zu treffen besorgen müssen. Anstatt dessen wurde gerade das gotische Sizilien die Angriffsgrundlage für Belisar, anstatt dessen unter-stützten gerade die Goten von Sizilien aus die Byzantiner mit allem, was sie für Schiffe und Reiterei besonders brauchten und – folgenschwerer noch – mit den wich-tigsten Auskundschaftungen über die Stellung der gefürchteten vandalischen Flotte.

Unter Hilderich nun und schwerlich ohne sein Verschulden kam es zu dem ver-derblichen Bruch zwischen Ostgoten und Vandalen. Amalafrida, Thrasamunds Wit-we, ward gefährlicher Umtriebe gegen König und Reich beschuldigt; was diese be-zweckt haben sollen, wird nicht angedeutet; an Eroberung Afrikas durch die Goten ist entfernt nicht zu denken, eher vielleicht an Verdrängung Hilderichs, dessen zu Byzanz neigende Politik die volkstreue Partei beunruhigen mußte – von einem Sohn Amalafridens geschieht allerdings nicht Erwähnung. Die Fürstin suchte Schutz, indem sie zu den Mauren flüchten wollte, ward aber – so scheint es – unter-wegs eingeholt; die treuen Goten, die sie geleiten und verteidigen wollten, wurden in einem Gefecht bei Capsa überwältigt; die Fürstin ward gefangen, sie starb bald

Kaiser Justin
Mosaik in der Kirche San Vital

MAXIMIANVS

d Gefolge.
venna; Mitte des VI. Jahrhunderts.

Stammtafel der Asdingen

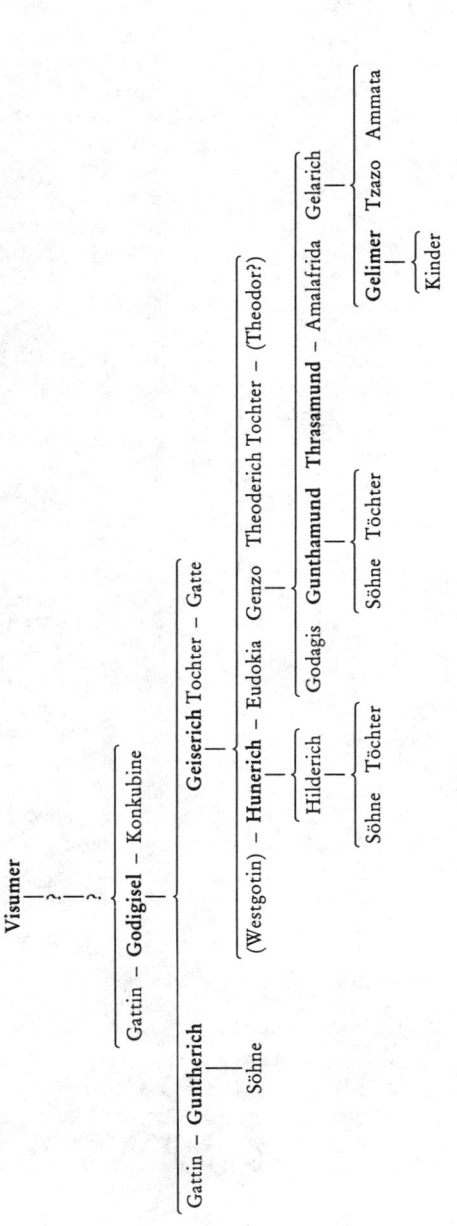

Verwandte der Asdingen in nicht näher nachweisbarem Verhältnis

Sersaon, Cognatus Genserici Vict. Vit. I, 11
Hoamer und dessen Bruder Euages
Gibamund, Gunthimer
Verschiedene ἀνεψιοί Hilderichs und Gelimers und ein ἀδελφιδοῦς

Zeittafel

Bisumer 330	Geiserich 428–477	Thrasamund 496–523
Godigisel 406	Hunerich 477–484	Hilderich 523–530
Guntherich 406–428	Gunthamund 484–496	Gelimer 530–534

darauf, wahrscheinlich ermordet, im Kerker, die noch übrigen Goten ihres Geleits wurden getötet. Theoderichs Nachfolger war zu schwach, zumal in Ermangelung ausreichender Seemacht, die Verwandte zu rächen: aber der vorwurfsvolle Brief *Athalarichs* an den Vandalenkönig stellt die Rache Gott anheim. Hilderich glaubte an *Justinian*, mit dem er, schon vor dessen Thronbesteigung befreundet, Briefe und Geschenke wechselte (daß er aber zu Byzanz gelebt oder dort erzogen worden sei, ist nirgends gesagt: nur ein Gastbesuch läßt sich etwa annehmen), und an *Justinus I.* Stützen gegen alle Gefahren gewonnen zu haben. Aber gerade diese Lehnung an Byzanz, der Bruch mit den Goten, die Kriegsuntüchtigkeit des Königs, die mit schnöder Umgehung seines Eides den Katholiken gewährte Begünstigung mußte den Fürsten bei dem Kern des Volkes verhaßt machen: an die Spitze der unzufriedenen, wandalisch gesinnten Partei trat *Gélimer*[1], der durch Geiserichs Gesetz zur Thronfolge berufen war, ein Sohn *Gélarichs*, des Sohnes von Genzo, also ein Urenkel Geiserichs: der Geschichtsschreiber seines Überwinders Belisar, *Prokop*, nennt ihn den größten Helden seines Volkes. Allerdings schilt er ihn auch böse, gefährlich, habgierig, neuerungssüchtig. Mag persönlicher Ehrgeiz unter den Beweggründen Gelimers nicht gefehlt haben, immerhin bleibt ihm das Verdienst, die von Justinian her drohende Gefahr erkannt und an der Spitze seines Volkes mit einer Kraft bekämpft zu haben, die nur noch dem Hause, nicht mehr dem ganzen Volke Geiserichs eigen war; er und seine Brüdern und seine Vettern treten allein in den kurzen Kampf als Helden hervor.

Gelimer, sagt der ihm feindliche Bericht, begnügte sich in seinem Ehrgeiz nicht mit der Erwartung der Krone: schon jetzt maßte er sich Rechte, Handlungen, Ehren eines Königs an. Der Schwäche des Königs gegenüber scharte er eine Partei um sich, von der der Feind selbst einräumt, daß sie alles Edelste im Vandalenvolk einschloß. Wohl nicht ohne Grund warnte Gelimer vor der Gefahr, der König werde das Reich dem Kaiser in die Hände liefern –: (ließ er doch bereits auf seinen Münzen nur noch das Bild des Kaisers, nicht mehr das eigene, prägen, während seine Vorfahren alle mit eigenem Bild und der Umschrift: „Dominus noster", ja mit stolzem Titel: „Augustus" gemünzt hatten –): er fügte bei, damit die Krone nur nicht auf ihn und die jüngste Linie von Geiserichs Geschlecht übergehe; das sei das Geheimnis und der wahre Zweck der vielen Gesandtschaften, die zwischen Karthago und Byzanz verkehrten. Als nun Gelimer einen Sieg über die Mauren davongetragen, stieg sein Ansehen gegenüber dem waffenscheuen, von diesen Feinden besiegten König so hoch, daß der Thronfolger es wagen konnte, die Herrschaft an sich zu reißen: er setzte Hilderich, Hoamer und dessen Bruder *Euages* gefangen und ließ sich zum König ausrufen.

Sofort griff Justinian, seit April 527 (als Nachfolger seines Oheims Justinus I.) Kaiser, mit beiden Händen begierig nach dem willkommenen Vorwand zur Einmischung in das Königshaus und Reich der Vandalen. Der ehrfürchtige Mann erkannte nicht die von Osten, von Asien her, seinem Reiche drohende Gefahr – obwohl die *Perser*, deren er sich mit allen Anstrengungen seiner großen Feldherren Belisar und Narses nicht erwehren konnte, sie ihm deutlich genug vor Augen führten! Er trachtete vor allem nach dem Ruhm als Eroberer die an die Germanen verlorenen Länder des Westreiches, Afrika und Italien, ja auch Spanien, wieder mit dem Ostreiche zu vereinen. Dazu kam, daß Justinian, wie schon sein Vorgänger Justin, im Gegensatz

---

1 Dahn, Bausteine. Berlin 1880, S. 226.

zu dem ketzerischen Kaiser Anastasius, seine Herrschaft auf den eifrigen Schutz des rechtgläubigen Katholizismus baute: wie im byzantinischen Reich der Arianismus verfolgt wurde, so trat der Kaiser auch nach außen als Erretter der Katholiken aus der Zwingherrschaft der arianischen Vandalen (und bald auch der Goten) auf. Von Anbeginn gab Justinian seinem Auftreten gegen Gelimer und die vandalische Volkspartei eine stark religiöse Färbung, und wenn andererseits Hilderich, sein „Freund", zugleich ein Begünstiger der Katholiken in Afrika gewesen war, so richtete sich die nun im Vandalenreich herrschend gewordene Strömung zugleich gegen Byzanz und den Katholizismus. Der Kaiser der Pandekten bewährt übrigens seine juristische Redeweise und seine hervorragende äußere Staatskunst auch in den Verhandlungen, die er dem Angriff vorhergehen ließ. Mit großer Feinheit sucht er Gelimer den Boden unter den Füßen, die volkstümliche Grundlage seiner Stellung, hinwegzuziehen, indem er ihn den Vandalen selbst als „Tyrannen", das heißt in der Sprache jener Zeit, als unrechtmäßiger Herrscher, als Anmaßer und Durchbrecher der Satzungen Geiserichs hinstellt. In einem sehr maßvoll gehaltenen Schreiben fordert er Gelimer auf, sich mit der tatsächlichen Macht der Herrschaft zu begnügen, mit der Annahme des Königsnamens aber zu warten bis zu dem Tode des alten Mannes, nicht aber solle er diesen, seinen Verwandten, gefangenhalten, den – wenn irgend Geiserichs Beschlüsse Geltung hätten – rechtmäßigen König der Vandalen. Statt aller Antwort läßt Gelimer Hoamer, den er als kriegerische Stütze des Entthronten am meisten zu scheuen hatte, blenden und nimmt Hilderich und Euages in noch engere Haft – all dies unter Beschuldigungen der geplanten Flucht nach Byzanz. Auch daraufhin wagt oder vermag der Kaiser noch nicht, entscheidende Schritte zu tun, sein Heer stand fern in Asien im Krieg mit den Persern, und es zeigte offen, in Erinnerung an die Niederlage des Basilikus, die größte Scheu vor einem Feldzug in Afrika gegen die Germanen. Besonders fürchteten die Byzantiner noch immer wie zu Zeiten Geiserichs die Flotte der Vandalen und noch nach Eröffnung der Kämpfe glaubte Belisar, sich für den Fall einer Seeschlacht durchaus nicht auf seine Truppen verlassen zu können.

So trat denn Justinian noch immer viel gelinder auf als bald darauf gegen die Ostgoten. Noch einmal erläßt er eine schriftliche Mahnung: er will die einmal ergriffene Herrschaft Gelimers anerkennen. Nur möge dieser – das wird unter Androhung von Zwang gefordert – Hilderich und Hoamer nach Byzanz entlassen: das sei der Kaiser dem in ihn gesetzten Vertrauen schuldig. Und nun schließt ein bedeutender Satz das Schreiben: mit diesem Verlangen und etwaiger Kriegsführung zu dessen Erzwingung breche der Kaiser nicht etwa den „ewigen" mit Geiserich geschlossenen Frieden, denn er würde dabei den rechtmäßigen Nachfolger Geiserichs nicht bekämpfen, sondern vielmehr beschützen.

Allzu deutlich verriet diese Wendung, daß der Kaiser nicht Gelimer, sondern Hilderich als König der Vandalen anerkannte, daß er diesen nur deshalb nach Byzanz entlassen sehen wollte, um an ihm einen lebendigen Vorwand zur Einmischung bereit zu haben, seine Wiedereinsetzung zu fordern, der nur vorläufig geduldeten Herrschaft Gelimers und der Selbständigkeit, vielleicht dem Bestand des Barbarenreiches in Afrika mit Waffengewalt ein Ende zu machen – dazu war dann nur bessere Gelegenheit abzuwarten.

Aber mit dem vollen Selbstbewußtsein seines im Volk wurzelnden Rechts weist Gelimer diese Versuche zurück. „König Gelimer an König Justinian" – im Griechischen jener Zeit bezeichnet „Basileus" den germanischen König wie den byzantinischen Imperator –: so lautet die stolze Aufschrift seiner Antwort. Vor allem stellt er die Rechtmäßigkeit seiner Regierung gegen die Anfechtungen des Juristenkaisers fest: nicht durch Gewalt habe er sich des Thrones bemächtigt, nicht er habe an seinem Oheim Frevel geübt. Vielmehr habe diesen das Volk der Vandalen abgesetzt, weil er böse Pläne wider das Haus Geiserichs im Schilde geführt (– Änderung der Thronfolgeordnung behufs Gelimers Ausschließung –) und ihn habe dann auf den erledigten Thron das Alter nach Geiserichs Gesetz berufen. Wenn daher der Kaiser Krieg beginne, so breche er die Friedesverträge; Gelimer werde sich dann nach Kräften verteidigen und bei Gott die Eide anrufen, die in Anerkennung der vandalischen Herrschaft in Afrika Kaiser Zeno geschworen, von dem sich auch Justinians Herrschaftsrecht ableite.

Triumphbogen in Tripolis.

Justinian erkannte, daß hier durch Verhandlungen nichts mehr zu erreichen sei: er schloß Friede mit den Persern, Herbst 531, um Feldherrn und Truppen gegen die Vandalen verwenden zu können. Allein Hof[1] und Heer scheuten das abenteuerliche Unternehmen; die Kräfte und der Schatz waren durch die unaufhörlichen Perserkriege erschöpft, und man fürchtete, wie gesagt, die Seemacht der Vandalen; schon schwankte Justinian oder gab vor zu schwanken, da trat, vielleicht auf des Kaisers Anstiften, die glaubensverfolgerische Färbung des geplanten Krieges in den Vordergrund: ein katholischer Bischof aus dem Morgenland erschien vor Justinian und teilte ihm mit, Gott habe ihm im Traum[2] seinen Zorn verkündet, daß der Kaiser die beschlossene Vernichtung der Irrgläubigen in Afrika nicht durchführe, „und doch, fügte Gott im Traumbild bei, werde ich ihm darin beistehen und Afrika unterwerfen."

Nach dieser unmittelbaren Aufforderung und Verheißung Gottes, die freilich der Kaiser vielleicht bestellt hatte, gab es kein Bedenken mehr: als ein Kreuzzug, als ein heiliger Krieg ward der Kampf gegen die Arianer begonnen.[3] Belisar, der *magister*

---

1 Staatsrat (*Consistorium principis*).

2 So Prokop. Nach einer anderen Quelle ist der unter Hunerich als Märtyrer gestorbene Bischof Lätus von Leptis dem Kaiser selbst im Traum erschienen, ihm den Krieg auftragend.

3 Die Kirche wirkt dabei in sehr absichtlicher Feierlichkeit mit, die Bedeutung des heiligen Krieges möglichst bestimmt auszuprägen: Erzbischof *Epiphanius* von Byzanz spricht bei der Einschiffung das Gebet für das Heer und geleitet selbst auf das Feldherrnschiff einen eben erst zum Katholizismus Übergetretenen – zu günstigem, Gottes Segen herniederziehenden Zeichen. Justinian selbst hat amtlich und ohne Zweifel in gutem Glauben die heilige Weihe dieses Religionskrieges (seine Gebete und Fasten für den frommen Zweck nicht vergessend) ausgesprochen *Novella* XXX c. 11 § 1 und *Codex* I, 27. Frömmigkeit und Eroberungsgier mischten sich unscheidbar in ihm, wie in Karl dem Großen.

militum per Orientem, erhielt Befehl, sich einzuschiffen, und ausgedehnteste Vollmachten zur Durchführung des Krieges.

Sofort bei Beginn des Krieges wirkten in bedeutungsvoller Weise die beiden Ursachen, die den Untergang des Vandalenreiches hauptsächlich herbeiführen sollten: die gotische Feindschaft und der Übergang der Provinzialen.

Auf der Insel Sardinien empörte sich der vandalische Statthalter, der *Gote Goda,* und erklärte, er wolle nur dem Kaiser dienen; er nahm Namen und Haltung eines Königs an, umgab sich mit einer Leibwache und erhielt Truppen von Byzanz, deren Feldherren er als entbehrlich zurücksandte: er wollte sich eine möglichst selbständige Stellung gründen.

Zugleich ward in Afrika selbst *Tripolis* von einem vornehmen Provinzialen *Prudentius* den Byzantinern übergeben: vandalische Streitkräfte standen nicht in der Provinz; so gewann eine vom Kaiser vorausgesandte kleine Schar ohne Widerstand die wichtige Landschaft. Gelimer fand nicht mehr Zeit, dieses Gebiet wieder zu unterwerfen, er suchte durch Hinrichtung vornehmer Römer und Einziehung ihres Vermögens durch seinen Kanzler *Bonifacius* das Umsichgreifen dieser Gefahren im Innern zu ersticken.

So begann Belisar, Juni 533, unter den günstigen Umständen ein Unternehmen, das er mit geringen Streitkräften (– er hatte außer seiner ausgezeichneten Leibwache, den Speerträgern [„Doryphoren"] nur elftausend Mann Fußvolk und fünftausend Reiter eingeschifft –) rascher und leichter zu siegreichem Ende brachte, als er selbst und ganz Byzanz gehofft. Seine Flotte bestand aus zweiundneunzig kampffähigen Schnellseglern, bemannt mit (angeblich nur) zweitausend Seesoldaten aus Byzanz und aus fünfhundert Lastschiffen mit ägyptischen, ionischen, kilikischen Seeleuten.

Aus dem Hellespont segelte Belisar über Perinthos und Abydos nach Sigeum, umschiffte die Vorgebirge des Peloponnesos, Malea und Tänarum, und machte Halt bei Methone, um die Frachtschiffe, namentlich die Brotlieferungen aus Byzanz, nachkommen zu lassen. Die Gewissenlosigkeit der Beamten versah jedoch die Flotte mit so schlechten Nahrungsmitteln, daß böse Seuchen ausbrachen und viele Leute hinrafften. Von Methone fuhr man nach Zakynthos, frisches Wasser aufzunehmen, aber eine Windstille von fünfzehn Tagen fesselte hier die Schiffe; das Wasser verdarb, und der Angriff auf Afrika unmittelbar von der griechischen Küste aus wäre wohl fast unmöglich gewesen.

Aber die verderbliche Verfeindung der Vandalen mit den Ostgoten rächte sich nun verhängnisvoll.

Sizilien, in ostgotischem Besitz, war von der Königin *Amalaswintha,* der Tochter Theoderichs und Nichte der ermordeten Amalafrida, schon vor Ausbruch des Krieges mit all den reichen Mitteln des Eilands dem Kaiser als Stützpunkt des Angriffs angeboten worden: und in dem gotischen Sizilien fand nun Belisar die Mittel zu der Unternehmung, die, wie die ersten Anfänge gezeigt hatten, von den byzantinischen Küsten aus kaum hätte ins Werk gesetzt werden können.

Belisar landete auf Sizilien an einsamer Küste am Fuße Ätna, sandte von dort aus seinen Rechtsrat *Prokopius von Cäsarea,*[1] der als Augenzeuge die Feldzüge gegen die Vandalen und Ostgoten beschrieben hat, nach dem belebten Hafen von Syrakus, indes er selbst mit der Flotte nach *Katana*[2] segelte. Prokop sollte von den Goten und

---

1 Dahn, Prokopius von Cäsarea. Berlin 1865.

2 Wohl richtiger als Kaukana, wie bei Prokop verschrieben steht, vergl. *Mahon, Life of Belisarius,* S. 88, dem auch Papencordt S. 142 folgt.

Eingeborenen Nachrichten einziehen über die Zustände und Verteidigungsregeln im Vandalenreich, namentlich aber über die Flotte, von der man einen plötzlichen Überfall aus einem Versteck während der Überfahrt besorgte. Der Vertraute Belisars vollzog seinen wichtigen Auftrag mit größter Geschicklichkeit: mit List brachte er den Sklaven eines befreundeten Kaufmanns, der eben erst nach einer dreitägigen Fahrt von Karthago gekommen war, auf sein Schiff und fuhr dann mit dem Überraschten davon, ihn selbst zu Belisar zu führen. Der Sklave berichtete zuverlässig das Allergünstigste. Die gefürchtete Flotte, einhundertzwanzig der besten Schiffe und den Kern des Heeres, fünftausend erlesene Krieger, hatte der König unter seinem Bruder *Tzazo* nach Sardinien entsandt, – sehr zur Unzeit! – dieses Eiland wieder zu unterwerfen: die vandalische Seemacht war also nicht imstande, Überfahrt und Landung zu hindern. Der König ahnte nichts von der Annäherung der Byzantiner, hatte keine Maßregeln zur Verteidigung der Häfen getroffen und weilte vier Tagemärsche von der Küste in der Provinz Byzacena: man konnte also den Landungsplan an der ganzen Küste beliebig wählen.

Belisar richtete die Fahrt über Gozo und Malta (Melite): ein günstiger Ostwind führte die Flotte bei Caput Vada (heute Kap Vada, Capudia) in die Nähe der Küste; der Feldherr ließ Anker werfen und entschied in dem Kriegsrat, hier zu landen und auf dem Landweg nach Karthago zu eilen, indes die Flotte längs der Küste segelnd den Zug der Truppen begleiten sollte. Diesen Entschluß faßte Belisar gegen die wohlbegründeten Einwände seines Kriegszahlmeisters *Archelaos* (der vorschlug, mit der Flotte das Heer sofort gegen Karthago zu führen, indem er den Wassermangel des Küstenwegs, den Hafenmangel des Seewegs im Fall eines Sturms hervorhob), besonders deshalb, weil er immer noch besorgte, das Heer auf den Schiffen von der heimkehrenden Flotte der Vandalen angegriffen zu sehen, in welchem Fall er von der Mutlosigkeit der Soldaten – die offen erklärten, in einer Seeschlacht gegen die Vandalen die Waffen wegwerfen zu wollen – das Äußerste besorgte. Er wußte dagegen, daß er sich in einer Landschlacht auf seine Altgedienten fest verlassen konnte; und schlimmsten Falls, d. h. wenn die Schiffe den Vandalen oder dem Sturm erlagen, blieb ihm für das gelandete Heer der sichere Rückzug in die Provinzen Tripolis und Kyrenaika.

So schiffte Belisar seine Truppen hier nahe der Ankerstelle aus und schlug, sie gegen einen plötzlichen Angriff zu decken, sofort ein befestigtes Lager auf. Mit seinem kleinen Heer den übermächtigen Feind zu bezwingen, konnte er nur hoffen, wenn die Provinzialenbevölkerung Afrikas zu ihm übertrat: auf diese Voraussetzung war das Unternehmen gebaut, vollständig traf sie ein. Den Soldaten wurde strengste Manneszucht eingeschärft gegenüber den „Römern", die „befreit", nicht bekämpft werden sollten. Das Landungsheer rückte nun auf der nahe an der Küste sich hinziehenden Straße nach Karthago vor. Zunächst ward die Stadt *Syllectum* (heute Sallekto) durch einen Handstreich überrumpelt: bei Sonnenaufgang drangen Vortruppen Belisars, die sich die Nacht über in der Nähe der Stadt versteckt gehalten hatten, als die Tore geöffnet wurden, Bauernwagen einzulassen, mit diesen ein, verkündeten dem Bischof, den Vornehmen, den Bürgern ihre „Befreiung" und sandten die Schlüssel Belisar entgegen. Hier wurden die Pferde einer königlichen Poststelle erbeutet. Schlau versuchte man durch einen Vandalen, der gefangen und durch Geld bestochen wurde, unter den Germanen Zwist und Abfall zu säen. Belisar ließ durch ihn einen kaiserlichen Brief unter dem Adel der Vandalen verbreiten, der beteuerte, das Heer komme nicht, die Vandalen zu bekriegen oder den „ewigen Frieden" mit Geiserich zu brechen, sondern einen Anmaßer zu stürzen, der Geiserichs Gesetz verletzt und gegen dessen Nachkommen gewütet habe. Die Vandalen sollten also Belisar helfen, den Gewaltherrscher zu beseitigen, um sich dann des Friedens und der Freiheit zu erfreuen, die er – Gott solle sein Zeuge sein – ihnen gewähren werde. Aber diese heuchlerischen Zusagen und Verlockungen blieben ohne Wirkung; nicht *ein* Vandale trat auf des Kaisers Seite.

Von Syllectum aus zog Belisar, täglich etwas achtzig Stadien[1] zurücklegend, die Nacht in Städten oder in verschanzten Lagern ruhend, weiter gegen Karthago und erreichte über Leptis und Hadrumetum Grasse, ein königliches Lustschloß, dreihundertundfünfzig Stadien von der Hauptstadt (das heutige Hammamet oder das alte Aphrodisium).[2]

In steter wohlbegründeter Besorgnis, auf dem Weg plötzlich von mehreren Seiten angegriffen zu werden, hatte Belisar eine sehr vorsichtige Zuordnung getroffen: die Straße ging von Ost nach West dicht am Meer hin, das zur rechten Hand lag. Hier begleitete die Flotte den Zug des Heeres; die linke Flanke deckten zwanzig Stadien (fast eine Stunde) seitwärts die vorzüglichen massagetischen Reiter Belisars; ebenso weit eilte eine Vorhut, dreihundert berittene Leibwächter unter dem Lagermeister Johannes der Hauptmacht voraus, während Belisar selbst mit auserlesenen Truppen als Nachhut den Rücken deckte.

Nur diesen weisen Vorsicht und dem überstürzten Eifer der Feinde war es zu danken, daß der wohlgeplante Angriff Gelimers scheiterte. Der König hatte die Hauptstadt seinem Bruder *Ammata* anvertraut und durch diesen Hilderich, Euages und deren römische Anhänger hinrichten - Hoamer war bereits gestorben – und byzantinische Kaufleute, die sich bei Ausbruch des Krieges in großer Zahl in Karthago befanden, unter der Beschuldigung, sie hätten daheim zur Kriegserklärung geschürt, verhaftet auf die Burg bringen lassen: sie sollten offenbar nicht zu Hause über die Aufstände und Pläne der Vandalen berichten, eine Gefahr, die, wie wir sahen, gleichwohl nicht abgewendet worden war.

Gelimer hatte einstweilen im Lande die Tausendschaften zum Angriff gesammelt und lange Zeit den Marsch der Byzantiner bloß in so weiter Entfernung begleitet, daß nur die auf der Spähe streifenden Reiter beider Heere manchmal Fühlung aneinander gewannen. Der König hatte Zeit und Ort für den umfassenden Angriff so vortrefflich gewählt, daß Prokop erklärt, wenig habe ihm daran gefehlt, das marschierende Heer in das Meer zu werfen. Von Grasse ab konnte die Flotte den Zug des Heeres nicht mehr wie bisher auf der rechten Flanke deckend begleiten: die in dem Vorgebirge des Merkur (Kap Bon) spitz endende Halbinsel nötigte hier die Schiffe zu einer Umsegelung in weitem Bogen in die offene See: von da ab konnten also die ins Meer gedrängten Landtruppen keine Aufnahme durch die Schiffe finden. Vier Tagesmärsche von Grasse, in der Nähe von Decimum, d. h. dem zehnten Meilenstein von Karthago, wo Hügel, die heute den Namen von Arriana führen[3], die Aussicht hemmen, sollte der klug ausgesonnene Stoß von drei Seiten zugleich die Byzantiner auf dem Marsch überraschen. *Gunthimer* und *Gibamund*, zwei Neffen Gelimers, sollten von der linken Flanke her, gleichzeitig *Ammata* von der Straße von Karthago her die Stirn und der König mit der Hauptmacht der Vandalen die Nachhut der Kaiserlichen angreifen. Aber im Eifer allzu verwegener Kampfbegier greift Ammata

---

1 Ein Stadium hundertfünfundachtzig Meter oder sechshundertfünfundzwanzig römische Fuß.

2 Falbe, *Recherches sur l'emplacement de Carthage*. Paris 1835, S. 69.

3 So mit Recht Papencordt, S. 147, gegen Falbe, *Recherches sur l'emplacement*, S. 71 der Decimum in die Nähe von Hammam el Enf verlegt.

zu früh, schon um Mittag, und mit zu schwacher Macht an: nur wenige Reiter hatten seinem Roß von Karthago bis Decimum folgen können. Nachdem er allein, heldenhaft kämpfend, zwölf der tapfersten Massageten erlegt, fällt er. Seine fliehenden Begleiter reißen das auf der Straße nachrückende Fußvolk mit fort, und die Massageten verfolgen bis vor die Tore der Hauptstadt. Nun trifft der Flankenangriff Gibamunds, vierzig Stadien links von Decimum auf dem „Salzfeld", heute Sebka de Sukara, ununterstützt auf die Massageten Belisars: er wird geschlagen und getötet. Dem König aber gelingt es, zwischen den Massageten und dem Haupttheer unbemerkt in die Burg einzubrechen, eine vor Belisars Lager, fünfunddreißig Stadien vor Decimum, vorrückende Schar durch rasche Vorwegnahme eines beherrschenden Hügels zu schlagen und in wilder Flucht mehr als sieben Stadien weit auf Belisar und Nachhut zurückzuwerfen: achthundert Leibwächter vermochten nicht, sie aufzunehmen und wurden mitfortgerissen.

Und nun hätte, sagt Prokop, der König nach seiner Wahl, sich gegen Karthago wendend, die Hunnen und Massageten abschneiden und erdrücken oder sogar Belisars verwirrte Reihen aus dem Lager werfen und die heransegelnde Flotte, deren einzelne Schiffe nur je fünf Bogenschützen Bemannung hatten, wegnehmen können. Aber er tat keines von beiden. Er fand die Leiche seines heldenhaften Bruders Ammata: in Wehklagen und in der Sorge für die Bestattung verlor er den entscheidenden Augenblick. Der große Feldherr Belisar hatte rasch seine Scharen wieder geordnet und führte sie zum Angriff: geschlagen, floh Gelimer auf der von Hadrian erbauten, von Karthago nach Theviste führenden Straße nach Numidien, die Stadt Karthago preisgebend: er durfte sich den unzuverlässigen Mauern, den byzantinisch gesinnten Bewohnern nicht anvertrauen.

Die Sieger, auch die zur Hauptmacht zurückgekehrten Vortruppen und Massageten, übernachteten auf dem Schlachtfeld bei Decimum. Am Abend des folgenden Tages erreichten sie die Hauptstadt: Belisar rückte aber nicht ein, obwohl die Einwohner die Tore öffneten und die Häuser festlich beleuchteten. Die wenigsten noch in der Stadt verbliebenen Vandalen suchten die Zuflucht der Kirchen. Er befürchtete einerseits einen Hinterhalt, andererseits nächtliche Plünderungen durch seine Soldaten.

Erst am anderen Morgen[1] zog Balisar, noch immer voller Kriegslist fürchtend, in voller Schlachtordnung in der Stadt ein: die Karthager hatten aber selbst die Eisenketten ihres Hafens entfernt, als sie die Flotte der Byzantiner heransegeln sahen; der Kerkermeister der Hofburg entließ die Gefangenen, zumal die Kaufleute aus Byzanz, gegen die Zusage, sich für ihn zu verwenden. Belisar schärfte seiner Truppe nochmals strengste Mannszucht ein, indem er mit gutem Grund die bisherigen Erfolge auf die Unterstützung der Bevölkerung zurückführte, zu deren Befreiung sie gekommen. In der Tat waren die Byzantiner seit der Landung „wie durch Freundesland gezogen": die Einwohner hatten ihnen Lebensmittel und jeden Bedarf an die Straße gebracht. Mit Ausnahme der Plünderung der Kaufleute am Hafen durch die Bemannung eines kaiserlichen Schiffes ward die Ordnung denn auch nicht gestört, Handel und Wandel durch die mit „Quartierbilletten" in die Häuser gelegten Byzantiner nicht unterbrochen. Die Bedeutung des Unternehmens als Glaubenskrieg wird scharf durch das Wunderhafte bezeichnet, das man in den einfachen Zufälligkeiten erblickte. Die Vandalen hatten schon unter Hunerich unter anderen Kirchen die Basilika des heiligen *Cyprian* den Katholiken entrissen und dem arianischen Gottesdienst geweiht:

---

1 Den 15. September: über die Zeitbestimmung siehe Papencordt, S. 152.

der Heilige war seiner bekümmerten Gemeinde im Traum erschienen und hatte ihnen – ziemlich unchristlich und unheilig! – Rache zugesagt, auf die seither die Frommen immer warteten. Jetzt endlich traf sie ein: die arianischen Priester hatten am Tag der Schlacht die Basilika mit allen ihren Schätzen, Lampen und Geräten festlich geschmückt, den erhofften Sieg der Vandalen zu feiern. Als sie nun aber flüchten mußten, feierten in der von ihnen erleuchteten und geschmückten Kirche die Katholiken den Sieg des Kaisers – und Sankt Cyprian war gerächt.

Belisar setzte nun vor allem Karthago in Verteidigungszustand, erst durch Graben und Pfahlwerk, dann durch Ausflickung des eingestürzten Mauerwerks und sandte seinen Unterfeldherrn *Salomon* an den Kaiser mit der Nachricht der bisherigen Erfolge: sofort verfügte Justinian, bevor noch der Feldherr beendet, seinen Titeln die Namen „Vandalicus", „Alancius", „Africanus" bei. Die Maurenhäuptlinge hatten von Belisar Anerkennung ihrer Würden und Verleihung der herkömmlichen Abzeichen erbeten, ohne jedoch ihre Neutralität aufzugeben.

König Gelimer machte inzwischen alle Anstrengungen, den so ungünstigen Gang des Krieges zu wenden.

Er hatte den Westgotenkönig Theudis im nahen Spanien um Hilfe angegangen: allein dieser, durch ein rasches Handelsschiff von dem Fall Karthagos noch vor dem vandalischen Gesandten unterrichtet, entließ sie mit ausweichender Antwort: sie kehrten nach Karthago zurück und wurden dort gefangen.

Eilig berief Gelimer ferner den tapferen Tzazo mit seiner Kernschar und der Flotte aus Sardinien zurück, welches Eiland ohne Mühe wieder gewonnen worden war – der Empörer Goda ward gefangen und mit dem Tode bestraft; zu spät erkannte er, wie verderblich die Verwendung bester Kräfte auf einen Nebenzweck gewesen war. Der Brief Gelimers an seinen Bruder und das Wiedersehen der Brüder nach Tzazos Heimkehr – er war wohl bei dem Vorgebirge Hippi in der Nähe von Hippo gelandet – auf der Ebene von *Bulla*, vier Tagereisen von Karthago ist von Prokop offenbar nicht „völlig" erfunden, sondern nach vandalischen Überlieferungen verfaßt, welche die Eigenart der beiden asdingischen Fürsten in anziehender Weise beleuchten. Tzazo erscheint als der einfache tapfere Kriegsmann, der an Unsieg seines Schwertes nicht glauben kann, Gelimer als eine „komplizierte Natur", mit einem Zug der Weichheit, der sich auch sonst an ihm verrät und die dichterische Ader des Königs bekundet, der sein eigen Schicksal mit Harfenschlag besingt.

Vereint mit Tzazo rückte nun Gelimer mit allen vandalischen Truppen gegen Karthago, die Stadt einzuschließen. Vergebens bemühte sich der König, die Häuptlinge der Mauren zu gewinnen: nur einzelne Krieger schlossen sich ihm an. Dagegen gelang es ihm, durch reiche Geschenke die Provinzialen auf dem Flachland zu bewegen, vereinzelte Byzantiner zu überfallen und manche zu töten (er zahlte hohen Preis für jeden eingelieferten Kopf) und, was wichtiger war, geheime Verhandlungen mit den massagetischen Söldnern Belisars anzuknüpfen, die tief darüber erbittert waren, daß man sie, anstatt sie vertragsgemäß aus den Perserkriegen in ihre Heimat zu führen, nach Byzanz und von da in den neuen Krieg nach Afrika gebracht hatte. Zwar nachdem Belisar einen der Verschworenen vor der Stadt hatte pfählen lassen, brachen die anderen die Verhandlung mit den Vandalen ab, erklärten aber, in der bevorstehenden Entscheidungsschlacht neutral bleiben und erst nach dem Sieg die Partei des Siegers ergreifen zu wollen. Daß Belisar sich dies bieten ließ, beweist, wie schwach seine Kräfte waren: er wollte oder konnte Zwang nicht wagen. – Gelimer hatte gehofft, die Arianer in der Stadt, selbst im Heer der Byzantiner, würden sich für ihn erklären. Ähnliches sollte ja dereinst die Unternehmung des Basiliskus haben scheitern lassen: er schonte daher die Ländereien der Bürger vor der Stadt und zerstörte nur, um Wassermangel in Karthago herbeizuführen, die großartige Wasserleitung, deren Trümmer noch nachweisbar sind. Da jedoch weder Massageten noch Arianer sich rührten und die durch Belisar angelegten Befestigungen durch Sturm nicht zu nehmen schienen, gab der König die Einschließung auf und zog nach Südwesten ab. Belisar sandte den Armenier *Johannes* mit der Reiterei nach, Fühlung am Feind zu suchen, fünfhundert Reiter und das Fußvolk führte er selbst am folgenden Tage nach. Bei Trikámeron, einem nicht mehr auffindbaren Orte, einhundertvierzig Stadien südwestlich von Karthago, stieß *Johannes* auf das Lager der Vandalen: auch er schlug ein Lager, den Angriff erwartend: ein unbedeutender Bach trennte beide Heere. Am anderen Morgen – die Byzantiner kochten eben das Frühstück ab – rückten die Vandalen in voller Schlachtordnung aus ihrem Lager gegen den Bach: schweren Herzens sah Johannes nach Belisar aus, der gerade recht, aber nur mit seinen Reitern eintraf.

Belisar ordnete seine bloß fünftausend Mann zählenden Truppen, links die „Föderati", d. h. barbarische Söldner, rechts die kaiserliche Reiterei, im Mitteltreffen seine Leibwachen, unter Johannes mit dem Hauptbanner, dem *Bandon*. Die Massageten hielten sich abseits, die Entscheidung erwartend. Gelimer hatte das Mitteltreffen Tzazo und dessen erlesenen Scharen anvertraut, auf den rechten Flügeln befehligten die Tausendführer je drei Tausendschaften, als Rückhalt waren die maurischen Reiter aufgestellt. Gelimer selbst durcheilte alle Glieder, einzugreifen, wo Gefahr drohte; er hatte befohlen, weder Lanze noch Wurfgeschoß zu brauchen, nur mit dem Schwert anzugreifen – das galt offenbar als besonderes Heldenstück, erwies sich aber als sehr verderblich. Die Entscheidung lag im Mitteltreffen, und hier begann der Kampf. Johannes machte einen leichten Vorstoß über den Bach, der durch einen heftigen Gegenangriff zurückgewiesen ward. Eine zweite, durch Garden Belisars verstärkte Schar ward von Tzazo ebenfalls zurückgeschlagen und, als sie wich, bis in die Mitte des Baches hinein verfolgt. Jetzt faßte Johannes alle verfügbaren Kräfte des Mitteltreffens zusammen und ging mit ihnen zum drittenmal zum Angriff vor, die Entscheidung nahte. Die Schlacht stand, die Byzantiner gewannen nicht Boden, da fiel Tzazo, der heldenhaft gekämpft hatte, der dritte Asdinge in diesem Krieg, um ihn her die Tapfersten der Seinen, wohl seine Gefolgschaft, da wankte das Mitteltreffen der Vandalen, und da gleichzeitig beide Flügel der Byzantiner den Bach überschritten und die ihnen gegenüberstehenden Tausendschaften zurückgedrängt hatten, wich das ganze Heer, nunmehr auch von den Massageten eifrig verfolgt, in sein Lager zurück. Dieses zu stürmen wagte jedoch Belisar nicht, obwohl es nicht befestigt war: hatte er doch nur Reiter zur Verfügung. Das Treffen war an sich nicht bedeutend, es waren nach Prokop kaum fünfzig Byzantiner und etwa achthundert Vandalen gefallen; dieser starke Verlust war die Folge davon, daß sie gegen Pfeile, Wurfspeere und Lanzen nur das Schwert gebraucht hatten. Aber dieser Tag entschied das Schicksal des Vandalenreiches; der Tod Tzazos hatte große Entmutigung verbreitet: Gelimer wagte oder verstand nicht, seine (angeblich zehnfache) Übermacht zu brauchen, Belisar zu erdrücken, der, als gegen Abend sein Fußvolk auf dem Schlachtfeld eintraf, dasselbe sofort zum Sturm auf das Lager führte. Es ward genommen im ersten Anlauf, das Heer der Vandalen stob zersprengt nach allen Richtungen auseinander; Gelimer entkam mit wenigen Verwandten und Dienern auf der Straße nach Numidien. Die ganze Nacht hieben die verfolgenden Reiter Belisars nach: die im Lager gefangenen Männer wurden erschlagen, Weiber und Kinder verknechtet. Das war die Schlacht von Trikameron (Mitte Dezember 533), die das Reich Geiserichs zerbrach.

Die Sieger waren in der Plünderung des reichen Lagers in solche Auflösung geraten, daß Belisar für den Fall eines Angriffs das Schlimmste befürchtete: mit Mühe stellte er am folgenden Morgen die Ordnung her. Die Verfolgung des Königs übertrug er Johannes dem Armenier mit zweihundert Leibwächtern. Als aber jener durch einen Zufall – der Germane Uliaris, auf einen Vogel schießend, traf den tapferen Führer – den Tod fand, gewann während der Pflege und Bestattung desselben Gelimer solchen Vorsprung, daß er nicht mehr einzuholen war. Belisar, der mit dem Heere nachrückte erfuhr in *Hippo regius*, daß der König in das Gebirge *Pappua* entkommen war, an der äußersten Nordgrenze Numidiens gegen die See hin – heute Edough.[1] Dort weilte er in der Stadt *Medeos* am Südhang des Gebirges bei befreundeten Mauren: er hatte zu dem Westgotenkönig Theudis nach Spanien fliehen wollen, wohin er auch für den Fall einer Niederlage den Königsschatz zu flüchten seinen Kanzler Bonifacius angewiesen hatte. Das Gebirge Pappua liegt gerade Sardinien gegenüber, hier war vermutlich Tzazo gelandet, deshalb fand wohl Belisar in dieser Gegend, in Hippo viele vornehme Vandalen, die nun in seine Hände fielen; aber auch den Königsschatz spielte ihm das Glück zu. Bonifacius war zwar sofort nach der Schlacht von Trikameron mit dem Hort davongesegelt, aber widrige Winde nötigten ihn, den Hafen von Hippo wieder anzulaufen, wo ihm Belisar nun gegen Auslieferung des Schatzes das Leben schenkte und das eigene Vermögen beließ, das er angeblich aus dem Königsgut stark vermehrt hatte.

Die Jahreszeit machte unmöglich, in die Berge einzudringen. Belisar schickte den Heruler *Fara* – Heruler stellten dem Kaiser sehr häufig Söldner – mit ausgewählten Truppen auf Wache an einen Vorsprung des Gebirges, wo er sowohl das Entweichen Gelimers in das Innere, als die Zufuhr von Lebensmitteln abschneiden konnte: da Entrinnen zur See nicht befürchtet wurde, scheint auch die Flotte Tzazos bei Hippo in die Hände der Byzantiner gefallen zu sein. Der Oberfeldherr kehrte zu Anfang des neuen Jahres (534) nach Karthago zurück; er richtete das eroberte Gebiet als römische Provinz ein und brachte mit leichter Mühe durch entsendete Streitscharen die noch nicht besetzten Teile des zerstörten Vandalenreiches in seine Gewalt. Eile tat nur deshalb Not, weil die Mauren sich anschickten, diese tatsächlich herrenlosen Stücke wegzunehmen; die ganze Mauritania Sitisensis überfluteten ihre raschen Reiter, und in Mauritania Cäsariensis besetzten noch gerade zu rechter Zeit die von Belisar entsendeten Schwärme Fußvolk die Hauptstadt Cäsarea Tripolis, das von Prudentius und Tattimuth für den Kaiser gehalten, aber stark von den Mauren bedrängt wurde, erhielt Verstärkung. Von großer Wichtigkeit für Byzanz war aber die Wiedergewinnung der Inseln jener See, von welchen die Vandalen das Meer beherrscht hatten. Daher eilte Belisar, diese zerstreuten, schwimmenden Zubehörden des afrikanischen Reiches einzusammeln: *Sardinien*, die Eroberung Tzazos, ward zur Ergebung gebracht, indem das Haupt Zazos als stummes Zeichen des Sieges von Trikameron vorgezeigt wurde; von Sardinien aus ward *Korsika* besetzt; an der Meerenge von Gibraltar ward der wichtige Brückenkopf zum Übergang nach Spanien, *Septum*, jetzt Ceuta, eingenommen, bald sollte von hier aus das Westgotenreich auf der pyrenäischen Halbinsel bedroht werden; die *Balearen* nahm für den Kaiser der Italier *Apollinaris* in Pflicht, ein Günstling des entthronten Hilderich, der nach Byzanz entkommen und nun mit dem Angriffsheer nach Afrika zurückgekehrt war. Ja auch den ehemals vandalischen Teil von *Sizilien*, vor allem das wichtige Vorgebirge *Lilybäum*, nahm Belisar in Anspruch und drohte sofort mit Krieg, als die ostgoti-

---

1 Vgl. Papencordt, S. 160 und die Karte von v. Spruner-Menke, Europa II, 2.

schen Befehlshaber die Übergabe verweigerten: Amalaswintha rief die Entscheidung des Kaisers an. Schon jetzt konnte sie einsehen, wie ihr die so wertvolle Hilfe bei Vernichtung des Vandalenreiches gelohnt werden würde: bald gab Lilybäum dem Kaiser einen Vorwand für den Krieg mit den Ostgoten. Zu spät sollten die Goten erkennen, daß sie durch Unterstützung des Feldzuges gegen die Vandalen den Angriff auf ihr eigenes Reich vorzubereiten geholfen hatten.

Unterdessen hatte Fara, nach einem blutig abgewiesenen Versuch, die Felsenjoche von Pappua mit Sturm zu nehmen, die Zugänge zu dem Gebirge streng bewacht, so daß alsbald großer Mangel unter den Eingeschlossenen ausbrach, den die Mauren, durch die Wüste an das begnügsame Leben mit geringster Nahrung gewöhnt, leichter ertrugen als die Vandalen, die sich seit der Eroberung des Landes in äußerster Verweichlichung allen Genüssen dieser verrufenen üppigsten römischen Südprovinz hingegeben hatten. Drei Monate hindurch blieb der König allen Entbehrungen gegenüber standhaft: die Aufforderungen Faras zur Ergebung wies er, in königlicher Sprache, im Vollgefühl des ihm vom Schicksal wider Recht auferlegten Leidens, zurück; nur erbat er sich von dem Stammesvetter – die Heruler gehörten zur gotischen Gruppe – drei Dinge: einen Schwamm, seine kranken Augen zu waschen, ein Stück Brot, davon er lange nicht mehr genossen, und – eine Harfe, damit ein Lied zu begleiten, das er auf sein Geschick gedichtet. Wäre uns doch dies Klagelied des letzten Vandalenkönigs erhalten! Wir besitzen keinerlei dichterisches Überbleibsel in den gotischen Sprachen. – Die Bitte ward erfüllt, die Einschließung streng fortgeführt. Schon waren mehrere Gesippen Gelimers dem Mangel erlegen. Unentwegt hielt dieser stand, bis ein einzelner zufälliger Anblick des eigenartig weichbesaiteten Helden, den von Stimmungen beherrschten seltsamen Enkel Geiserichs erschütterte. Er sah, wie sein eigener Neffe, ein Knabe, sich mit einem Maurensohn auf das grimmigste raufte um ein Stück elenden Gebäcks, eines Kuchens, den ein maurisches Weib nach ihrer Sitte in heißer Asche geröstet; der asdingische Prinz mußte wiedergeben, an den Haaren gezerrt, was er noch glühend heiß verschlungen. Das brach den Widerstand des Königs. Er schrieb an Fara, er wolle sich ergeben unter edlicher Zusicherung der früher von Belisar gestellten ehrenvollen Bedingungen; Fara ließ den verlangten Eid leisten, und alsbald ward Gelimer und sein schwaches Geleit gefangen nach Karthago gebracht, wo ihn Belisar in der Vorstadt *Aklas* in Empfang und ehrenvolle Haft nahm. Mit dem hellen, bitteren Lachen der Verzweiflung an dem Wert der menschlichen Dinge und an einer gerechten Weltleitung schritt Gelimer durch die Straßen seiner Hauptstadt: hatte er doch Justinian und Belisar gegenüber immer wieder auf die gerechte Sache der Vandalen, die Ungerechtigkeit dieses Angriffs und den Schutz des Rechtes durch den Himmel hingewiesen.

Ungefähr im Mai schiffte sich Belisar mit den Gefangenen und der Beute nach Byzanz ein. Dort ward ihm die Ehre eines Triumphes bewilligt, seit mehr als einem halben Jahrtausend war dies ein Vorzug der Kaiser gewesen. Und zwar hielt er diese Feier zweimal ab: zuerst indem er zu Fuß von seinem Hause nach der Rennbahn sich begab, wo das Kaiserpaar thronte. Zur Schau getragen wurde der vandalische Königshort, wie er wohl zum größten Teil von Geiserich war zusammengeraubt worden; darunter prangten goldene Throne, ferner zumal die goldenen Wagen der vandalischen Königinnen, Schmuck von Gold und Edelsteinen, Becher, Geschirr und Gerät von Gold. Darauf wurde die Silberbeute offen einhergetragen, viele tausend Talente. Endlich die aus Rom entführte Beute, darunter der Tempelschatz, die Geschirre von Jerusalem: – Titus hatte sie nach Rom, Geiserich nach Karthago, Belisar nun nach Byzanz gebracht, aber Justinian ließ sie nach Jerusalem zurückschaffen, da eine jüdische Weissagung jedem Ort Verderben drohte, wo der Tempelraub geborgen werde, bis er an seine rechtmäßige Stätte zurückgewandert sein würde. Dort, zu Jerusalem, ist er verschwunden, vermutlich von Arabern oder Sarazenen geraubt. Als Gefangene wurden Gelimer, seine Gesippen und die schönsten, stattlichsten Vandalen aufgeführt. Der König war in ähnlich verzweifelt entsagender Stimmung, wie da er in Karthago eingebracht wurde. Aber statt zu lachen, sprach er jetzt wiederholt das Wort Salomos (Prediger I, 2) vor sich hin: „Eitelkeit der Eitelkeiten, alles ist eitel."

Vor dem Kaiserthron mußten Belisar wie Gelimer die Proskynese leisten, d. h. niederfallen: jener als Untertan, dieser als Gefangener. Die Kinder des Römerfreundes Hilderich und die übrigen mit Eudokia Verwandten erhielten von dem Kaiserpaar reiche Geschenke: auch Gelimer (für sich und seine Gesippen) Landgüter in Galatien, aber das andere Versprechen, das ihm Belisar gegeben hatte, die Erhebung zum Patricius, ward nicht erfüllt, da er sich weigerte, zum katholischen Bekenntnis überzutreten. Später hielt dann Belisar als alleiniger Jahreskonsul (von 535) nochmals einen Triumph in alter Weise: er fuhr auf einem von Gefangenen gezogenen Wagen und streute Silber und Gold aus der vandalischen Beute unter das Volk. Justinian ließ Siegesmünzen prägen, die des Kaisers Bildnis mit der Umschrift Gloria Romanorum zeigten. In Afrika brach noch während Belisars Rückfahrt ein Aufstand aus. Maurische Häuptlinge, meuterische Söldner, zersprengte Vandalen hatten sich vereinigt, nicht ohne Anstrengung ward die Ruhe hergestellt. Wiederholt hat man in angeblich blonden und blauäugigen Bewohnern einzelner afrikanischer Gebiete – auch in den Guanchen auf den Kanarischen Inseln! – Nachkommen der Vandalen erblicken wollen: aber jedesmal erwies sich der Einfall als unhaltbar vor geschichtlicher und volkskundiger Prüfung. Spurlos sind die Vandalen in Afrika verschwunden.

Ihr allzu kühn gebautes Reich ging nach kurzem, meteorgleichem Glanz rasch unter; beschleunigt wurde der Fall durch die Katholikenverfolgung, die Verfeindung mit den Ostgoten und die Verweichlichung des Volkes in afrikanischer Üppigkeit. Nur das Königshaus der Asdingen stellt die Helden in dem kurzem Kampf; das Volk in seiner Erschlaffung und Leichtüberwindbarkeit bildet einen merkwürdigen Gegensatz zu dem großartigen Widerstand, den die Ostgoten über zwei Jahrzehnte denselben Angreifern leisten.

Drittes Kapitel

Innere Geschichte des Vandalenreiches in Afrika

1. Verfassung

Die Grundlagen des wirtschaftlichen Lebens und der gesellschaftlichen Zustände waren im römischen Afrika selbstverständlich die gleichen wie in den übrigen Provinzen, und die vandalische Einwanderung änderte daran sehr wenig, ebenso wie dies in allen von den Germanen auf römischen Boden errichteten Reichen der Fall war. Frühere Auffassungen stellten sich die durch Aufnahme der Germanen herbeigeführten Umgestaltungen viel zu bedeutend vor: schon die geringe Zahl der Einwanderer, die alte tief gewurzelte Festigkeit und die unvergleichliche Überlegenheit der römischen Bildung und deren Vorteile für die Eroberer selbst, schlossen solche Umwandlungen aus. Dazu kam, daß beinahe in allen Fällen die Ansiedelung der Germanen nicht Folge bloßer Eroberung, sondern durch Vertrag mit dem Kaiser geordnet war, die den Schutz der römischen Bevölkerung bedangen. Aber stärker noch als Verträge schützten, wie gesagt, die römischen Gesittungszustände die Unfähigkeit der Barbaren, sie zu entbehren oder gar zu ersetzen und deren eigener Vorteil. Wie ihre Könige den Provinzialen gegenüber einfach an die Stelle der Imperatoren traten, so stellten sich die Edlen und Freien des Volkes neben die Vornehmen und die kleineren römischen Grundbesitzer: jene durch römische Sklaven und germanische Unfreie den größten Teil der wirtschaftlichen, der Erwerbsarbeit besorgend, diese allerdings selbst mit Hand legend an den Ackerbau. Wie im römischen Leben jener Zeit unter den Freien Reichtum und Armut den Hauptunterschied ausmachte für Gesellschaft und Wirtschaft und mittelbar auch für die rechtliche Stellung, die Beteiligung am Staatsleben, ganz ähnlich gestaltete sich dies bei den Germanen, so daß die Unterscheidung von *maiores, medii, infimi* nach dem Vermögen und folgeweise der ganzen Lebensstellung sich gleichmäßig durch die germanische wie die römische Bevölkerung dieser Reiche hinzog.

Die *ständische* Gliederung der Vandalen war die gleiche wie die aller Germanen der Zeit. Vandalische *Knechte* neben römischen Sklaven wurden allerdings ausdrücklich erwähnt. Die Menge des Volkes bestand aus den *Gemeinfreien*: sie sind es, welche die Tausendschaften füllen. Über den Gemeinfreien steht ein *Adel* oder richtiger gesagt ein alter und ein neu sich bildender. Der alte oder *Volksadel* rührte aus der Urzeit her; wie überall war er auch bei den Vandalen der eifersüchtige Wächter der hergebrachten Freiheit gegen die Übergriffe des Königtums, dem dieser Adel in bedrohlicher Nähe stand, den Grund des Ehrenvorzuges des Königsgeschlechtes, nur in geringem Maße, teilend; dieser Volksadel hatte ja in der Urzeit die meisten Vorteile aus der Volksfreiheit genossen, er hatte die Geschicke des Volkes neben dem König gelenkt. Durch Herstellung der Einherrschaft war dieser Adel am schwersten in seiner bisherigen Macht- und Ehrenstellung bedroht. Daher traf in allen diesen Reichen das Königtum den Uradel als Hauptvorkämpfer der bisherigen Verfassung, als Hauptkämpfer der einherrschaftlichen Neuerungen auf seinem Wege, so bei den West- und Ostgoten, so bei Vandalen, daher verschwindet dieser alte Adel überall, wo das Königtum sieghaft erstarkt. „Da Geiserich (nach der Eroberung von Afrika) hochfahrend gegen seine Volksgenossen auftrat, verschworen sich einige seiner

Großen wider ihn. Aber der König entdeckte die Bewegung und ließ viele grausam strafen und hinrichten. Andere planten darauf das Gleiche, aber da brachte der Argwohn des Königs so viele zum Verderben, daß er durch diese Sorge für Leben und Thron mehr Streitkräfte verlor, als wenn er in einem Kriege erlegen wäre."[1] Nach diesem zweimaligen Blutbad war der alte Adel, der in keinem Volk sehr zahlreich sein konnte, bei den Vandalen wohl fast (aber auch später werden doch noch edel *Geborene* erwähnt[2], neben dem Königsgeschlecht) ganz ausgerottet. An seine Stelle war der neue Adel, der *Dienstadel*, getreten, der auf ganz anderer Grundlage als jener, zum Teil gerade auf dessen Kosten, sich erhoben und dem Königtum überall als Hauptmittel zur Aufrichtung stärkerer Gewalt, zur Zurückdrängung der Volksversammlung und der Gemeinfreien, zur Vernichtung des widerstrebenden Volksadels gedient hatte. Denn diesen neuen Adel konnte man auch *„Königsadel"* nennen. Eine nähere Beziehung zur Person des Königs war die Grundlage seiner Bevorzugung: *Königsgefolgschaft, Königslandleihe, Königsdienst* im *Hof* oder auch – was nicht unterschieden ward – Königsamt im *Reich*. Diesem neuen Dienst-, Amt-, Hofadel gehören an (zum allergrößten Teil) die unter Geiserichs Nachfolgern häufig erwähnten „Vornehmen", „Großen", „Archonten" (die Beamten im Krieg und Frieden) der Vandalen, die im Palast, am Hof (*aula*) des Königs dienen (*ministeria exercent*), es sind die „Hausbeamten", *domestici*, vandalisch übereinstimmend *gardingi* (von gards; *domus, aula*), die *„comites Vandalorum"*; mit ihnen pflegt der König die Tafel zu teilen.

Wenden wir uns nun zu den ständischen Gliederungen der *römischen* Bevölkerung.

In Afrika wie in allen Provinzen des römischen Reiches dieser Zeit waren die wichtigsten Stände die *Geistlichkeit* unter Leitung ihrer Bischöfe und der *weltliche Adel* der sogenannten „senatorischen Geschlechter", d. h. der durch großen Grundbesitz reichen und mächtigen Familien, die, zwar nicht rechtlich, aber tatsächlich in fast ausschließendem Besitz der städtischen Würden und Ämter, den *„senatus"* die *„curia"* der Stadt erfüllten und den größten Teil des Landes in dem Gebiet der Stadt besaßen, die sie durch Kolonen und Sklaven bebauen lassen, sie hießen als grundsteuerpflichtige Inhaber dieser *„possessiones" possessores*. Der Grundbesitz der Provinzen war in der Hand dieser großen reichen Familien, „Latifundien" nannte man ihre weitgestreckten Ländereien und bezeichnete sie mit Fug als eine Hauptursache des wirtschaftlichen Verfalls Italiens und der Provinzen. Weniger hatte es geschadet, daß schon seit Ende des Freistaates diese großen Adelsgeschlechter weite Strecken Landes dem Pflug entzogen und Gärten, Parks, namentlich aber, um der Jagd willen, in Wald und Ödland verwandelten; viel verderblicher mußte es wirken, daß ein Stand mittlerer und kleiner *freier* Bauern fast spurlos verschwand und das dem Pfluge verbliebene Land nun von Kolonen und Sklaven bebaut wurde. Sklavenarbeit ist bekanntlich die schlechteste, die es gibt. Auch die Kolonen hatten kein Interesse, dem Boden mehr abzugewinnen, als ihr Lebensunterhalt erheischte: den Überschuß verschlangen die Abgaben an den Herrn und die längst untragbar gewordenen Steuern.

Die beiden herrschenden Stände, Geistlichkeit und Adel, hatten alle Vorteile, die das römische Staatswesen und die bestehende Ordnung der Dinge den Untertanen überhaupt noch gewährte: Sie waren zugleich die Träger der christlichen und der

---

1 *Prosperi chronicon continuatum*, l. c.
2 Prokop, *B. V.* II, 6.

Überbleibsel der griechisch-römischen Bildung; sie hielten in jenen Zeiten die Provinz aufrecht, auch wenn die Hilfe an Truppen, Geld, Beamten aus Rom oder Byzanz durch Bürgerkriege oder Barbareneinfälle abgeschnitten war; sie waren daher auch in Afrika die eifrigsten Gegner der ketzerischen und barbarischen Eindringlinge und, nach deren Sieg, die Hauptopfer des Hasses, des Mißtrauens, der Habsucht der Eroberer.

Dazu kam, daß, während die anderen Germanen, die auf römischem Boden Reiche errichteten (ausgenommen nur noch die Langobarden), durch Vertrag mit dem Kaiser aufgenommen und dadurch zur Schonung der Provinzialen, zur Einhaltung vertragener Bedingungen genötigt waren, Geiserich in Afrika lediglich als Eroberer auftrat, durch keinerlei Vertrag gebunden: ja, er mochte sich über römischen Vertragsbruch beklagen, da Bonifacius, der ihn gerufen, nun wider ihn focht; erst im Jahre 476 ward ein vertragsgemäßes Abkommen mit Byzanz getroffen.

So hielt keine Schranke die Vandalen ab, alle Schrecken des damaligen Kriegsrechtes, wie es ja auch die Römer furchtbar übten, über die als Andersgläubige noch besonders verhaßten Provinzialen zu verhängen und zwar besonders über die reichsten, mächtigsten, gefährlichsten Stände: Geistliche und Adel.

Die Rückkehr nach Europa, nach Spanien, war so gut wie unmöglich: die Vandalen mußten untergehen oder sich in Afrika behaupten, und hierfür schafften sie Raum und Gewalt.

Eine *Landteilung*, welche die Vandalen über alle eroberten Gebiete Afrikas verteilt hätte, etwa unter Abtretung von je einem oder zwei Dritteln je eines römischen Besitztums (*possessio*), wie bei anderen Germanen, fand nicht statt. Klüglich beschloß Geiserich, sein Volksheer nicht über die weiten, durch die Wüste getrennten Landstrecken des Erdteiles zu verstreuen, sondern sie dichtgedrängt beisammenzuhalten in der Nähe seiner Hauptstadt Karthago: so wurden die Vandalen alle angesiedelt in der Prokonsularprovinz. Raum für sie schaffte rücksichtslose Gewalt; die römischen *prossessores* hier wurden getötet, vertrieben, ihre Güter eingezogen und als „*Lose* (d. h. Teile) der Vandalen", *sortes Vandalorum*, an die freien selbständigen, d. h. nicht in Mundschaft stehenden Männer verteilt.

Zwar ist es nicht richtig, daß man den Römern alles Grundeigentum abgesprochen und nur ausnahmsweise solches belassen hätte: vielmehr wurden nur in der Prokonsularprovinz so viele römische *possessores* getötet, vertrieben, verbannt oder auch als Kolonen auf ihrem bisherigen, nun schwer mit Abgaben an den vandalischen Herren belasteten Eigentum belassen, als erforderlich war, um die Vandalen hier anzusiedeln. Im übrigen kam es weder zu einer Landteilung nach Dritteln noch zu einer Enteignung der Römer; in den anderen Landschaften Afrikas finden wir nur vereinzelte Vandalen angesiedelt. In der Prokonsularprovinz nahm aber Geiserich auch für sich und seine Söhne Hunerich und Genzo große Güter, so die ganze Umgebung der Stadt *Abara*, einen herrlichen Park zu *Grasse*; andere fast die ganzen Provinzen umfassende Besitzungen eignete die Krone in Byzacium südöstlich, in Numidien westlich von der Proconsularis und in Gätulien. Endlich in den äußersten, feindlichen Angriffen mehr ausgesetzten Provinzen blieb das Eigentum den Provinzialen und verbündeten Mauren, ward aber schwer mit Abgaben belastet, die, fast mehr von privatrechtlichem Gesichtspunkt denn als Staatssteuer erhoben, den König als Gutsherren auch dieser römischen Ländereien erscheinen ließen. So erklärt es sich, daß „die Lose der Vandalen" ein zusammenhängendes Gebiet bilden, in dem z. B. katholischer Gottesdienst verboten werden kann, d. h. in dem Flachland der Proconsularis (in Karthago blieben katholische Kirchen, mit seltenen Unterbrechungen, geöffnet), so kommt es, daß dagegen in Tripolis gar keine Vandalen siedelten, in Byzacium, in Cäsariensis wenigstens vandalische Beamte nicht erforderlich sind, daß Geiserich ohne Besinnen ganz Mauritanien in eine Wüste verwandeln mag, den römischen Angriff zu hemmen. Jene königlichen Güter, z. B. die Wälder auf Korsika, wurden wie zur römischen Zeit verpachtet, andere von Knechten des Königs verwaltet, z. B. auch Fischereien in Teichen, wieder andere von den früheren Eigentümern nunmehr als Kolonen bewirtschaftet. Ohne Zweifel verfügten auch die anderen Vandalen in dieser dreiartigen Weise über ihre Grundbesitz.

Das *Königtum* der Asdingen war in Afrika noch mehr als bereits in Spanien in der gleichen Weise umgestaltet, wie die königliche Gewalt in allen diesen, auf römischen Boden errichteten Germanenreichen: das heißt, es war verwandelt und erstarkt durch *Verrömerung*.

Der *römischen* Bevölkerung gegenüber trat der König als Nachfolger des Kaisers, ohne Vertrag, durch Eroberung, dann später unter vertragsgemäßer Anerkennung durch Byzanz, in alle Hoheitsrechte ein, die über sie bisher der Imperator geübt hatte. Der König bediente sich zur Ausübung dieser Rechte auch der vorgefundenen *römischen Ämter*, die im ganzen regelmäßig erhalten blieben, ausgenommen die Kriegsämter und die gefährlichsten, weil machtvollsten Oberbehörden, die Provinzialhauptstellen. Also nicht nur die *Gerichtshoheit* und, soweit er wollte, die *Kriegshoheit*, auch die *Amtshoheit*, die *Verwaltungshoheit*, die *Finanzhoheit* mit allen ihren Regalien, die *Vertretungshoheit* und, mehr in Unterdrückung als in Schutz angewendet, die *Kirchenhoheit*.

Den *Vandalen* gegenüber war durch die Wanderung und Neuansiedlung rechtlich zunächst nichts geändert. Aber es konnte nicht ausbleiben, daß die Könige die gleichen Rechte, die sie über die Römer ausübten, nun auch über ihre Germanen auszudehnen trachteten. Diese Entwicklung sehen wir in allen diesen Staaten ziemlich gleichmäßig sich vollziehen, und mehr oder weniger gelingt dieses Bestreben allmählich überall, weniger bei kurzer Lebensfrist der Staaten wie des vandalischen, mehr bei längerer Dauer.

Der König hatte bezüglich der Vandalen den *Heerbann* und den *Gerichtsbann*, Anfänge des *Amtsbannes*, des *Verwaltungsbannes* und der *Vertretung* mitgebracht. Er erwarb den *Finanzbann* über die Vandalen, von den Römern ihn übertragend, und die *Kirchenhoheit* hinzu und erweiterte, verstärkte, vervielfältigte die Anwendungen der Amts-, Verwaltungs- und Vertretungs-Hoheit über seine Germanen in einer Weise, die das frühere Maß, die früheren Formen völlig verließ.

Nach der germanischen Grundauffassung von Recht und Gericht als *Genossenrecht* und *Genossengericht* (siehe oben Einleitung) konnten Volksfremde ursprünglich nur als rechtlos gelten. Hatte man aber durch Vertrag oder Eroberung Stammfremde in den Staatsverband aufgenommen, so ließ man jeden noch seinem angeborenen Stammesrecht leben und gerichtet werden.

Dieser Grundsatz der „*persönlichen Rechte*" hatte die Folge, daß die Römer nach römischen, die Vandalen nach wandalischem Recht lebten.

An der römischen *Gerichtsverfassung* und Rechtspflege wurde nichts geändert für rein römische Fälle, d. h. wenn im bürgerlichen oder Strafverfahren beide Parteien oder Angeklagter wie Verletzter (Ankläger) Römer waren. Nur die eine Änderung wurde vorgenommen, daß der König zu einer regelmäßigen Stellvertretung in Ausübung der Gerichtshoheit und der Gerichtsbarkeit im letzten Rechtsgang in der Hauptstadt Karthago einen besonderen hohen Beamten bestellte: den *praepositus iudiciis romanis in regno Africae Vandalorum;* an ihn gingen auch die Beschwerden über die Behörden. Die Gemeindeverfassung der Städte mit den Kurien, den Senaten blieb ebenfalls erhalten: diese führten durch Einträge in ihr „Album" die freiwillige Gerichtsbarkeit.

Die von ihnen gewählten Zweimänner oder Viermänner, *duumviri, quatuorviri*, bildeten die erste, die *iudices provinciarum* die obere Behörde im bürgerlichen und Strafverfahren.

In rein vandalischen Fällen (beide Parteien sind Vandalen) wurde wandalisches Recht angewendet. Wir dürfen vielleicht vermuten, daß das altgermanische Genossengericht und die Spaltung der Rechtspflege in den *Bann* und den *Tuom*, die Hegung des Gerichts durch den königlichen Beamten und die Fällung des Urteils durch die Rechtsgenossen auch in diesem Reiche fortbestand, denn wir finden noch Spuren der Volksversammlung, die leichter und häufiger als in den anderen Germanenstaaten hier zusammentreten konnte, da fast alle Vandalen in *einer* Landschaft siedelten, der Richter war in Karthago wohl der König selbst in seinem Palatium oder ein von ihm ernannter Beamter, in dem Flachland der Graf (*comes*); vielleicht hatten auch hier wie bei den Westgoten die Zahlenführer vom Tausendführer bis zum Zehnführer wie im Krieg den Befehl, im Frieden die Gerichtsbarkeit über ihre Zahlengruppen.

In gemischten Fällen, d. h. wenn Vandale gegen Römer im bürgerlichen oder Strafverfahren auftrat, kann es in diesem Reich nicht anders gewesen sein als in den anderen, von denen wir heute besser unterrichtet sind, nämlich so, daß der germanische Beamte unter Zuziehung eines römischen *iudex* richtete, und zwar nach dem ausdrücklich oder stillschweigend gewählten Recht, im bürgerlichen Verfahren wohl meist nach dem unvergleichlich reicher ausgebildeten römischen Recht; aber auch im Strafverfahren mochte dann das römische Recht vorwiegen, das der König im Strafrecht überhaupt bevorzugte.

Jedoch gab es im Staat neben der Regel des Grundsatzes der persönlichen Rechte ausnahmsweise auch *Landrecht*, das auf alle Untertanen des Könige, Vandalen und Römer, gleichmäßig angewendet wurde: nämlich die *Gesetze* und *Verordnungen*, welche die Könige, zumal in Ausübung der Kirchenhoheit, erließen.

Sehr willkürlich durchbrachen aber diesen Bau des Rechts und der Rechtspflege *Übergriffe* der Könige, die, zumal in Strafsachen, gegen Katholiken oder angebliche Hochverräter und Verschwörer, ohne ordentliches Verfahren, ohne Beweis oder Verteidigung, vandalische oder römische Strafen über Römer oder Vandalen verhängten, die Todesstrafe in römischen oder vandalischen oder beiden Rechten gemeinsamen Formen: Ertränken, Verbrennen, wilden Tieren vorwerfen, Schleifen durch den Hof; von den zahlreichen Leibesstrafen ist Verstümmelung, Blendung und zumal die Prügelstrafe zu erwähnen.

Andere Strafen sind Verknechtung, Fronarbeit, Einsperrung, Verbannung: an Ehrenstrafen die römische Infamia und die germanische schimpfliche Verscherung mit schmerzhaftem Herausreißen der Haut des Vorderkopfes (turpiter decalvari). Neben kleineren Vermögensstrafen steht die Einziehung, welche die Verbannung und die Todesstrafe zu begleiten pflegt. Zuflucht gewährten nur arianische Kirchen: die Wirkung war aber bloß Ausschließung der Todesstrafe, nicht anderer schwerer Strafen.

In der *Verwaltung* blieben die römischen Einrichtungen, z. B. das Postwesen, ebenfalls erhalten.

Im Gebiet der *Finanzhoheit* das Besteuerungsrecht über die Römer auch auf die Vandalen zu erstrecken, dazu fehlte es den Königen an Bedürfnis und Zeit. Die Vandalen wurden nicht wie Goten, Franken und andere Germanen der Grundsteuer,

noch weniger der Kopfsteuer unterworfen: die „Lose der Vandalen" blieben von
jeder Steuer frei; desto schwerer wurden, diesen Ausfall zu decken, die den Provinzialen verbliebenen Grundstücke belastet. Der Reichtum des Königshauses muß sehr
groß geworden sein, einen bedeutenden Anteil aller Kriegseroberung von Land und
Kriegsbeute an Fahrhabe nahmen sie in Anspruch: daher der ausgedehnte, ganze
Landschaften, ja fast Provinzen umfassende Grundbesitz des Königs wie seiner Söhne. Bei der Wegnahme von Karthago ließ Geiserich unter schwerer Bestrafung der

Vandalische Münzen

Verheimlichung alles Gold und Silber, alle Edelsteine
und köstlichen Gewänder einliefern, der größte Teil
verfiel gewiß dem Schatz. Denn auch bei der Einnahme von Rom behielt Geiserich den Löwenanteil der
Beute, vielleicht alles öffentliche, kaiserliche Gut für
sich, so den ganzen Tempelschatz von Jerusalem; aus
dieser römischen Beute stammte weitaus das meiste
des vandalischen Königshortes. Auch von den
Kriegsgefangenen war eine große Zahl dem König
verknechtet, aber nicht die Gesamtheit. Geiserich
kauft viele Gefangene einzelnen Vandalen nachträglich ab, ihnen die Freiheit schenken zu können.

Regelmäßige *Einnahmen* des Königs bildeten, außer der *Grundsteuer* der Provinzialen mit dem Zins
der Kolonen aus den Domänen, die *Zölle* und das
Münzrecht; erhalten sind nur vierzehn Bronze- und
Silbermünzen der Könige Hunerich (drei), Gunthamund (zwei), Thrasamund (drei), Hilderich (vier)
und Gelimer (zwei), in Gold prägten die Vandalenkönige nicht. Münzfuß und Gepräge blieben die römischen: es ist sehr bezeichnend für Macht und Politik der verschiedenen Herrscher, daß Gunthamund,
Thrasamund und Gelimer mit „Dominus noster rex"
ohne Erwähnung des Kaisers, Hilderich aber mit
dem Namen des Kaisers allein, ohne Andeutung des
Vandalenkönigs, gemünzt haben.

Die *Strafgelder,* zumal während der Katholikenverfolgung, bildeten eine regelmäßige, die Einziehungen sehr reichfließende außerordentliche Einnahmen.

Zahlreiche Bedürfnisse in Krieg und Frieden, die
der heutige Staat durch bezahlte Arbeit befriedigen
muß, fanden in den Reichen jener Zeit ihre Deckung durch *Fronden,* d. h. unentgelt-
liche Dienste, und *Zinsen,* d. h. Leistungen von Naturalien aller Art von seiten der
Untertanen.

Eine scharfe Scheidung zwischen dem Vermögen des Königs und seines Hauses
einerseits und dem Staatsvermögen andererseits begegnet in allen diesen Germanenstaaten nicht (mit einziger Ausnahme des westgotischen, unten): vielmehr flossen
Einnahmen staatlicher Art, z. B. die Steuern, und Erträgnisse des Privatvermögens
des Königs, z. B. die Pachtgelder von seinen Gütern, ohne Unterscheidung in eine
Kasse, obwohl mit verschiedenen Abteilungen derselben behufs rechnerischer Ordnung. Manche Einnahmen, so die Ehrengeschenke fremder Fürsten, hatten an sich

einen halb privaten, halb öffentlichen Charakter, ähnlich der große Beuteteil des Königs.

Aus diesem Königs- und Staatsgut ungeteilt wurden denn auch die *Ausgaben* bestritten: die rein privaten des Königs, z. B. sein Unterhalt, die halb privaten, halb öffentlichen, z. B. der Unterhalt des ganzen Palatiums, d. h. des Hofes und die Ehrengeschenke an andere Fürsten, endlich die rein öffentlichen, z. B. die Kriegsrüstungen.

Eine höchst wichtige Rolle spielte wie in allen Germanenreichen jener Zeit der *Königshort*, der Schatz, thesaurus regius, auch Schatz der „Vandalen", „Goten", denn obwohl im Eigentum des Königs, diente er vor allem den Zwecken des Volkes. Er bestand aus gemünztem Gold und Silber, aber zum größten Teil aus Schmuck, Gerät, köstlichen Waffen aller Art, wie sie Erbeutung, Geschenke, Kauf, Handarbeit der Königsknechte und römischer Fabriken herstellten und im Lauf der Jahrhunderte zusammenbrachten. Aus dem Königsschatz „mit milder Hand" zu schenken, erheischt Klugheit und Ehre des Königs; fremde Fürsten, deren Räte und Feldherren werden dadurch gewonnen oder in der Freundschaft bekräftigt oder bestochen – Gott und die Heiligen nicht minder! – und treue Dienste der eigenen Großen, Beamten und Gefolgen belohnt. So hatte durch Geschenke aus seinem Schatz Geiserich (angeblich) Attila zum Krieg gegen die Westgoten, Eurich zum Krieg gegen die Römer gewonnen; die Plünderung von Karthago und von Rom hatte dessen Schatz mächtig gefüllt; Thrasamund bietet den Ostgoten, Hilderich Byzanz Geschenke aus dem Schatz, Gelimer setzt daraus Preise auf die Köpfe der Feinde; eifrig sucht er den Schatz, der der Hauptstadt an Wichtigkeit gleichgestellt wird, zu bergen: die Erbeutung und triumphierende Aufführung desselben durch Belisar wird besonders gerühmt. Auch bei Ost- und Westgoten werden Krone, Reich und Schatz stets zusammen genannt.

Von jeher üben die Vandalenkönige den *Heerbann:* schon die ersten Vorfahren Geiserichs sahen wir an der Spitze ihres Volksheeres kämpfen und fallen; auch Unterfeldherren ernennt der König für Flotte und Landmacht. Daß König Hilderich in Person gar nicht zu Felde zieht, gilt als unwürdiger Abfall von alter Königspflicht, der seinen Thron untergräbt. Die Waffenpflicht ruht richtiger Ansicht nach nicht nur auf den Grundeignern, sondern auf allen waffenfähigen Freien.

Das Heer der Vandalen war wie das der Ost- und Westgoten nach der Zehnzahl gegliedert in Zehnschaften, Hundertschaften, Tausendschaften. Geiserich hat diese gemein gotische, alte Einteilung nicht neu geschaffen, sondern nur nach der Landung in Afrika neu gestaltet: er gab achtzig Scharenführern den Namen Tausendführer (Thiliarchos, Millenarius), um den Schein zu erregen, das Heer zähle achtzigtausend Mann, welche Zahl es, auch unter Beirechnung der Alanen und einzelner Goten und anderer Germanen, wohl nicht erreichte. Der König ernannte diese Führer. Daß sie auch im Frieden obrigkeitliche Gewalt über ihre Leute hatten wie bei den Goten ist wenigstens sehr wahrscheinlich. Die Römer wurden in das Landheer nicht regelmäßig aufgenommen; jedoch die Entfaltung der höchst bedeutenden Seemacht des Reiches alsbald nach der Landung setzt ohne Zweifel starke Verwendung der im Hafen von Karthago in großer Zahl vorgefundenen römisch-afrikanischen Steuerleute, Lotsen, Matrosen, voraus; die Ruderknechte waren wohl fast ausschließlich römische Sklaven. Maurische Hilfsvölker erscheinen bei der Einnahme von Rom und dem Seezug von 459, wobei die Vandalen die Schiffe bewachen, die maurischen Reiter das Land durchstreifen. Sie waren teils von unterworfenen Stämmen gestellt, teils bei befreundeten gegen Gold geworben und bildeten unter Geiserich eine bedeutende

Verstärkung. Später aber machten sich die Unterworfenen unabhängig, die Benachbarten plünderten im vandalischen Gebiet, und Gelimer vermag nur wenige Mann – ohne ihre Sheiks – gegen Belisar ins Feld zu führen.

Wie in allen diesen Reichen, erwarb auch im Vandalenstaat der König früh die sogenannte „*Vertretungshoheit*", d. h. die Entscheidung über Krieg und Frieden, die Abschließung von Bündnissen, die Leitung der äußeren Staatskunst. Hatte schon in der Zeit vor der Wanderung der König in der Volksversammlung tatsächlich in diesen Fragen regelmäßig – an Ausnahmen fehlt es nicht – die ausschlaggebende Stimme, so war wohl schon während der Gefahren und Stürme der Wanderungen auch das Recht der Entscheidung auf die Krone übergangen. Die Volksversammlung alter Art war überall fast verschwunden, und nur der Herrscher konnte rasch, geheim, listig genug der überlegenen Macht und Staatskunst begegnen, dem Ränkespiel der Parteien an den Kaiserhöfen folgend. Allerdings durfte der König große Entschließungen, die über das ganze Geschick des Volkes entschieden, wie die Wanderung nach Afrika, der „ewige Friede", der Krieg gegen Justinian, nicht fassen oder doch nicht durchführen ohne Zustimmung des Volkes. Aber dies machte sich von selbst: Der Dienstadel gab den Ausschlag bei den Versammlungen in der Hauptstadt, im Palast des Königs, die Gemeinfreien folgten des Königs Willen, des Adels Vorgang. Bezeichnend für den entscheidenden Einfluß des Königs und seines Hauses auf die Geschicke des Volkes ist die Einwirkung der Verschwägerungen der Asdingen auf die gesamte Leitung des Reiches: die Verschwägerung mit Olybrius, die Vorenthaltung des Vermögens der Eudokia, die Verschwägerung mit den Amalern, die Verfeindung mit den westgotischen, später auch mit dem ostgotischen Königshaus, die Freundschaft Hilderichs mit Justinian bestimmten die wechselnden Verhältnisse des Staates nach außen.

Auch im Inneren ist die Person und der *Palast* des Königs der Schwerpunkt des Staates geworden an Stelle der (fast) verschwundenen Volksversammlung. In dem Palatium in der Residenzstadt Karthago steht der Thron des Königs, hier hält er das höchste Gericht. Hier versammeln sich die geistliche und weltliche Adel des Reiches, die arianischen Bischöfe und die obersten vandalischen und römischen Beamten, mit welchen der König aus dem erbeuteten kostbaren Geschirr tafelt; hier strömen die fremden Gesandten, Gäste, Flüchtlinge aus den Nachbarreichen zusammen, hier wird der Schatz aufbewahrt, hier drängen sich vornehme und geringe, freie und unfreie Diener. Der Eintritt in den Palast eröffnet den Weg zu Glück und Glanz; auch an Hofdichtern fehlt es nicht, die diese Herrlichkeit in schwülstigen Versen feiern: leider nur in lateinischen.

Die Träger und Vollstrecker des königlichen Willens sind die kraft seiner *Amtshoheit* vom König ernannten *Beamten*. Der ganze Bestand der römischen Beamten blieb erhalten, wie er vorgefunden war; dies erhellt aus den Kirchengesetzen Hunerichs, in denen die gleichen römischen Beamten vorausgesetzt werden, wie in den byzantinischen Gesetzen gegen die Arianer. In den äußeren, von Vandalen nicht bewohnten Provinzen finden sich nur römische, nicht vandalische Beamte. Die ganze römische Städteverfassung bestand ebenfalls fort mit ihren decuriones, senatores, procuratores, z. B. in Thelepte, aber auch die staatlichen Beamten: die praesides, praefecti, judices provinciarum mit ihrem gesamten Personal (officiales), die Finanzbeamten, die Verwalter der Regalien (z. B. der Bergwerke, der Purpurerzeugung). In der Hauptstadt ist ein Römer, vir spectabilis, als proconsul von Stadt- und Landgebiet Karthagos bestellt, vielleicht eins mit dem praepositus judicii romani in regno Africae Vandalorum, der an die Spitze der ganzen *römischen* Rechtspflege gestellt und namentlich auch für die Beschwerden gegen die Beamten zuständig war. Hofbeamte sind die domestici und die königliche Kanzlei wird von notarii versehen, unter denen wir auch Vandalen begegnen.

Vandalische Beamte sind außer den Zahlenführern vor allem die *Comites:* In allen Germanenreichen dieser Zeit finden wir dieses Amt, das im Frankenstaat auch mit dem Namen Grafen bezeichnet wird. In allen diesen Reichen führten die gleichen Voraussetzungen und Bedürfnisse in gleicher Weise zu der Errichtung dieses aus germanischen und römischen Bestandteilen zusammengesetzten, über Germanen und Römer die königliche Gewalt übenden Amtes. Die germanischen Könige brachten Beamte mit, die in ihrem Namen den Heerbann und Gerichtsbann übten – wir wollen Sie „Grafen" nennen. In den römischen Provinzen fanden Sie vor „Comites": römische Beamte, welche die kaiserlichen Hoheitsrechte im Gerichts-, Polizei-, Finanzwesen ausübten. Die Könige verschmolzen nun mit den germanischen Grafen diese römischen Comites zu *einem* Amte, meist ihre treu erprobten Grafen zu römischen Comites machend, später wohl auch Römer zu diesem Amt ernennend. Der Comes-Graf übte nun über die Germanen die bisherigen königlichen Gewalten, Heerbann und Gerichtsbann, über die Römer die bisherigen kaiserlichen, beides im Namen des Königs. Da nun aber die innere Entwicklung des Staates jener Zeiten großenteils darin besteht, daß der König die ausgedehnten imperatorischen Rechte, die er über die Provinzialen von Anfang übte, zumal Finanz- und Verwaltungshoheit, allmählich auch auf seine widerstrebenden Germanen ausdehnte, so war das Doppelamt des Grafen-Comes recht eigentlich der bezeichnende Träger und Ausdruck dieser Umwandlung.

Auch bei den Vandalen ist der Graf der Königsbeamte im vorzüglichen Sinne. Außerhalb ihrer ordentlichen Zuständigkeit erhalten sie vom König besondere Aufträge: So werden zwei Grafen vom König bestellt, die verbannten Katholiken in die Wüste fortzuschaffen, sie machen dabei Bekehrungsversuche im Sinne des Königs; ein Graf wird in eine Stadt entsendet, um die Katholiken zu strafen, die gegen das Verbot öffentlichen Gottesdienst gehalten. Gewiß war der Graf der ordentliche Richter in rein vandalischen und in gemischten Fällen für je seine Stadt und ihr Gebiet, auch die übrigen Hoheitsrechte der Krone in Verwaltung und Finanzen hatte er auszuüben, im Heerbann war er vermutlich dem Tausendführer übergeordnet. Die Grafen werden neben den „Nobiles", aus welchen sie gewiß sehr oft hervorgingen, als ziemlich zahlreich vorausgesetzt. Der oberste germanische Beamte war der bereits erwähnte *praepositus regni*, vielleicht den kirchlichen praepositi nachgebildet. Er führt das Prädikat „Magnificentia", wie die höchsten byzantinischen Reichsbeamten, und bezeichnend genug überträgt ihn eine fränkische Quelle mit „major domus". Als erster Minister des Königs verhandelt er mit den Bischöfen, veröffentlicht die Beschlüsse des Herrschers, nimmt die Bitten der Untertanen entgegen. Hunerich beseitigte vor allem diesen mächtigen Beamten, um den gesetzlichen Thronfolger ausschließen zu können.

Was die *gesetzgebende Gewalt* betrifft, so war der König darin den Römern gegenüber in die Stellung des Imperators nachgefolgt, d. h. er konnte Gesetze und Verordnungen allein erlassen, durch keine verfassungsrechtliche Schranke gehemmt: von einer Mitwirkung, auch nur von Begutachtung der Römer, des Volkes oder der Großen ist keine Rede. Dagegen den Vandalen gegenüber ist Gesetz und Verordnung zu unterscheiden. Verordnungen erläßt der König mit voller, die Vandalen verpflichtender Wirkung allein, aber Gesetze, d. h. allgemeine Rechtsgebote, zumal Änderungen der Verfassung, bedurften der Zustimmung des Adels und des Volkes. Wenigstens

die Regelung der Landteilung und Niederlassung und die Thronfolgeordnung Geiserichs müssen wir als von dem Volk genehmigt annehmen. Zwar wird von einer
Volksversammlung alter Art, die regelmäßig zusammengetreten wäre, nichts berichtet. Jedoch das Heer, das mit dem Volk eins war, war häufig genug versammelt; auch
abgesehen hiervon war eine Berufung der Vandalen zu außerordentlicher Versammlung nach Karthago sehr erleichtert durch die geschlossene Ansiedlung des Volkes.
Und eine merkwürdige Nachricht, die Prokop überliefert, ist zwar schwerlich Geschichte, wohl aber echte vandalische Volkssage und deshalb auf die wirklichen Verhältnisse gegründet. Unter Geiserich sollen nämlich Gesandte der in Pannonien zurückgebliebenen Teile der Vandalen in Karthago erschienen sein, hier in großer Versammlung von König *und Volk* Abtretung der in der Heimat noch immer für sie
vorbehaltenen Landesteile an die Zurückgebliebenen zu fordern, da die Ausgewanderten doch nie mehr in die Lage kommen würden, das gewaltige und blühende
Reich in Afrika aufzugeben und in die pannonische Heimat zurückzukehren. Und
der König und das ganze versammelte Volk der Vandalen will die Forderung erfüllen.
Da erhebt sich aber ein alter, ob seiner Weisheit berühmter Edler, mahnt an die
Unbeständigkeit aller irdischen Dinge und warnt, eine Zufluchtsstätte für den Fall
des Unterganges des afrikanischen Reiches aufzugeben; ein Rat, der zwar vom Volk
in seinen stolzen Übermut verlacht, vom König aber befolgt wird. Die Sage (denn
daß mehrere Geschlechter hindurch in dem viel umstrittenen Pannonien für die ausgewanderte große Zahl von den geringeren Splittern der Zurückgebliebenen deren
Landesteil hätte behauptet werden können, ist schwerlich geschichtlich) zeigt uns
noch ein Bild der Volksversammlung, die freilich dem Willen des Königs nachgibt,
wo es sich nur um scheinbar überflüssige Vorsicht in Wahrung eines Rechtes des
Volkes handelt. Aber sicher hätte der König nicht umgekehrt auf jenes Heimatrecht
Verzicht erklären können, wenn das Volk sich für Aufrechterhaltung ausgesprochen
hätte.

Und so müssen wir auch annehmen, daß Zustimmung des Volkes unentbehrlich
war, als Geiserich die *Thronfolge* in seinem Geschlecht durch Gesetz feststellte. Bisher hatte es bei den Vandalen wie bei allen Germanen königlicher Verfassung an
solcher Folgeordnung gefehlt. Nur an den Mannesstamm des königlichen Hauses
überhaupt hatte das Anrecht auf die Krone gehaftet, in jedem Einzelfall hatte die
Wahl des Volkes aus den mehreren an sich zur Krone Berufenen den diesmal zu
Erhebenden bestimmt, ohne Rücksicht auf Gradnähe der Verwandtschaft mit dem
letzten Throninhaber. Geiserich mochte die Nachteile, die Gefahren solcher Unbestimmtheit klar durchschaut haben, die bei jedem Thronwechsel jeden Fürsten des
Hauses nahelegte, den Versuch zu machen, ob er nicht mehr Anhänger finde als sein
Gegner, und mit den Waffen seine Erhebung durchzusetzen, war er doch selbst,
obwohl unecht geboren, höchstwahrscheinlich wegen der Waffenunfähigkeit seines
jüngeren, echt geborenen Bruders, wenn nicht König, doch tatsächlich Herrscher der
Vandalen geworden. Gerade die Fälle, da der König noch waffenunreif war, erschienen erfahrungsgemäß als die stärksten Versuchungen für einen herrschsüchtigen älteren Prinzen, sich als König oder Mundwalt mit Gewalt der Herrschaft zu bemächtigen. Deshalb beschloß Geiserich diejenige Folgeordnung zu wählen, die Minder-
jährige so selten als möglich auf den Thron berief: das System des *Seniorats*
(selbstverständlich im Mannesstamme), wonach stets der älteste Mann des Königshauses, ohne Rücksicht auf Zweig- oder Gradnähe der Verwandtschaft mit dem letzten Inhaber berufen werden sollte. Übrigens hat Geiserich diese Folgeordnung nicht
erfunden, sondern entlehnt von den Mauren, bei welchen sie damals wie von jeher

den Sheik oder Emir berief. In Frieden und Krieg lernte ja der Vandalenkönig alsbald die Einrichtung seiner eingeborenen Nachbarn genau kennen. Der Byzantiner Prokop bezeichnet zwar die Form der Einführung dieser Folgeordnung als letztwillige Verfügung, Testament *(διαϑήχη)*[1], wir dürfen aber bestimmt annehmen, daß, mag der König in einer letztwilligen Anordnung die Einhaltung des Beschlossenen eingeschärft haben – ein „Testament" im römischen Sinne war nach germanischem Recht damals undenkbar –, nicht ohne Zustimmung des Volkes eine so tiefgreifende Verfassungsneuerung eingeführt werden konnte.

Eine ganz neue Gewalt hatten die Vandalenkönige wie alle diese Germanenkönige erworben seit dem Übertritt des Volkes zum Christentum: nämlich die *Kirchenhoheit*, ebenfalls nach dem Vorbild des Imperators, der seitdem das Christentum Staatsreligion geworden, als Beschirmter der Kirche und des rechten Glaubens in die Kirchenverfassung durch Ernennung und Absetzung von Patriarchen, Metropoliten, Erzbischöfen und Bischöfen fast unbeschränkt eingriff und auch in das Bekenntnis insofern, als er von seinem Glauben Abweichende mit weltlichen Strafen verfolgte. Die Vandalen nun hatten wie alle Völker der gotischen Gruppe, das Christentum nicht in dem römisch-katholischen, sondern in dem ketzerischen Bekenntnis des Arius angenommen. Der Hauptunterschied lag darin, daß die Arianer Christus zwar als eine Gott dem Vater höchst ähnliche *(ὁμοιούσιος)*, aber doch nicht mit ihm dem Wesen nach „eine" *(ὁμοούσιος)* Person auffaßten. Wir wissen nicht genau, wann die Vandalen Christen wurden und nicht, warum und wie sie Arianer wurden. Doch dürfen wir annehmen, daß es ungefähr zur gleichen Zeit geschah, auch in gleicher Weise und aus gleichen Ursachen, wie die neue Lehre bei den anderen gotischen Völkern der unteren Donau Eingang fand, nämlich um die Mitte und gegen das Ende des vierten Jahrhunderts. Damals war Kaiser Valens ein eifriger Verbreiter seines, des arianischen Bekenntnisses, der z. B. bei den Westgoten als Bedingung der Aufnahme in das römische Gebiet und damit der Rettung vor den Hunnen die Annahme seines Glaubens aufgestellt hatte und die arianische Bekehrung bei allen verbündeten Barbarenvölkern auf römischem Boden leidenschaftlich betrieb. Mochten den Vandalen vielleicht schon bei der Ansiedlung in Pannonien durch Konstantin christliche Sendlinge mit Erfolg das Evangelium verkündet haben, der Übertritt der Massen erfolgte doch erst, als gerade der Arianismus der vom Hof begünstigte, das athanasinische Bekenntnis das hart verfolgte war. So erklärt sich die Wahl *dieses* Bekenntnisses sehr einfach aus äußerlichen Gründen, und nicht wird man auf den inneren Grund Gewicht legen dürfen, der Arianismus sei dem Vielgötterglauben der Germanen näher gestanden, da er verstattete, Christus eher wie einen Halbgott aufzufassen, während die Rechtgläubige Dreieinigkeitslehre ihnen zu hoch und fern gelegen wäre. Die Masse des Volkes war offenbar unfähig, die haarspalterischen Unterscheidungen von „Homoioufios" und „Homooufios" zu verstehen; sollten sie vom Väterglauben lassen, so folgten sie demjenigen Bekenntnis, das König und Adel wählten, und diese wurden von den arianischen Lehrern gewonnen, „die Kaiser Valens schickte". Die Germanen nahmen das Christentum an als römische Staatsreligion. Wäre diese der Isisdienst gewesen, so hätten sie den Isisglauben angenommen (siehe B. III, „Franken"), hätte Valens katholische Priester geschickt, wären sie katholisch geworden.

Schon in Gallien und Spanien hatten die Vandalen die katholischen Kirchen und Priester verfolgt, wobei von Anbeginn staatliche Beweggründe viel mehr als Glau-

---

1 Dahn, Geiserichs Testament. Bausteine II. Berlin 1880, S. 213.

benshaß wirkten. Und in Afrika begann Geiserich, den nur gehässige Erfindung zum
Abtrünnigen und Verführer seines Volkes zum Arianismus gemacht hat, alsbald jene
grundsätzliche Verfolgung der Katholiken, die während der ganzen Dauer seines
Reiches nur selten ruhte. Nicht Habsucht allein oder Glaubenshaß, weit überwiegend Argwohn, wohlbegründetes Mißtrauen verleiteten den Herrscher zu einem
Verfahren, das freilich, da man doch unmöglich den Katholizismus im Lande völlig
ausrotten konnte – ein Plan, der dem König nur angedichtet wird –, den Haß der
katholischen Provinzialen gegen die ketzerischen Barbaren, die Sehnsucht nach Befreiung durch die byzantinischen Waffen nur steigern mußte. Wie wir sahen, war der
massenhafte Übertritt der Katholiken ein Hauptgrund der raschen und leichten Erfolge Belisars. So verwerflich jene Glaubensverfolgung vom Gesichtspunkt der Klugheit wie der Sittlichkeit war, zu verkennen sind nicht die großen Gefahren, die das
Vandalenreich durch den Katholizismus bedrohten, und begreiflich sind jene Schritte allerdings, auch wenn man davon absieht, daß die Katholikenverfolgung im Vandalenreich ausgesprochenermaßen nur Wiedervergeltung der Arianerverfolgung im Byzantiner Reich sein sollte.

Die katholische Kirsche in Afrika erfreute sich bei der Ankunft der Vandalen
hoher Blüte. einer der größten Lehrer der Kirche, Augustin, hatte ihr durch unermüdliche Arbeit seines hervorragenden Geistes eben neues Leben eingehaucht; er starb zu
Hippo während der vandalischen Belagerung. Aber sein Geist war nicht aus seiner
Kirche gewichen, die alsbald mit bewundernswerter Bekenntnistreue zahlreiche Bekenner und Blutzeugen aufwies. Die kleinen, sehr dicht über die Provinz gestreuten
Bistümer – fast jedes Städtchen hatte seinen episcopus: es wurden fünfhundert gezählt – waren reich ausgestattet mit Grundbesitz, Kolonnen und Sklaven. Gefährlicher aber als durch Reichtum war die Kirche durch ihre fest und weise gegliederte
Verfassung, durch den Zusammenhang der Bischöfe untereinander, mit dem in seiner
Überordnung bereits anerkannten römischen Stuhl und dem Kaiser zu Byzanz. Daher trifft der Druck der Verfolgung vor allem die Bischöfe, die freilich oft genug den
Befehlen des Königs offen Trotz bieten. Weigern sie den Übertritt, so werden sie
ihrer Kirchen beraubt und, um jenen gefährlichen Zusammenhang mit ihren Spren-
geln und den Nachbarbischöfen abzuschneiden, verbannt. in die Wüste, auf vandalische Inseln, ins Ausland. Von Römern, welche sich dem Hofe ergeben zeigen, wird als
Besiegelung ihrer Treue Annahme des Arianismus verlangt; auch bewährte Anhänger
werden im Fall der Weigerung bis zum Tod verfolgt, so die Spanier Arkadius, Probus,
Paschalis und Eutychius. Das arianische Bekenntnis wird wiederholt als Voraussetzung der Dienstfähigkeit in Hof und Heer aufgestellt, aber aufrechthalten ließ sich
diese Bedingung nicht. Wie sehr die Katholikenverfolgung auf staatlichen Gründen,
auf der Furcht vor Verschwörung mit Byzanz beruht, erhellt daraus, daß das bessere
Verhältnis zum Kaiser immer auch, auf dessen Verwendung, eine mildere Behandlung
der Katholiken zur Folge hat, wie umgekehrt die Vandalenkönige die Arianer im
byzantinischen Reich gegen die Ketzergesetze zu schützen trachten. So verstattet
Hunerich die Wiederbesetzung des Bistums Karthago auf Wunsch des Kaiser nur
unter der Gegenleitung, daß die arianischen Priester im römischen Reich in jeder
Zunge sollten Gottesdienst halten dürfen. Die Beraubung der katholischen Kirchen
war übrigens nicht lediglich Folge der Habgier der Könige, die arianische Kirche
mußte im Lande neu gegründet und ausgestattet werden und es schien jener Zeit am
natürlichsten, daß dies geschehe auf Kosten der verhaßten Kirchen der besiegten
Römer. So gab Geiserich die Hauptkirchen von Karthago dem arianischen Klerus und
stattete sie mit den eingezogenen Gütern vertriebener römischer possessores aus; ja

Hunerich verlieh dem Grundsatz nach alle katholischen Kirchen den Arianern – eine Drohung, die nie völlig zur Ausführung kam. Ohne Zweifel schürte die arianische Geistlichkeit, die an Bildung und Sittenstrenge von der katholischen übertroffen wurde – das dürfen wir aus den zahlreichen Belegen folgern, obwohl nur die *katholischen* Berichte uns erhalten sind –, Haß und Argwohn der Könige.

Schon vor der Eroberung von Karthago hatte Geiserich eine planmäßige Verfolgung der Katholiken begonnen: nach Einnahme dieser Hauptstadt traf die Unterdrückung besonders die Kirche dieses Sprengels, aber auch die übrigen Bistümer sollten, falls sie durch Tod oder Vertreibung der Bischöfe erledigt waren, nicht wieder besetzt werden, nur ausnahmsweise erhielt Adrumetum im Jahre 453, Karthago 454 auf Wunsch des Kaisers wieder einen Bischof. Bei dem sogenannten ewigen Frieden von 475 übernahm der König die Verpflichtung, die geschlossenen Kirchen der Hauptstadt wieder zu öffnen und die verbannten Priester zurückkehren zu lassen, so daß im Jahre 483 von den vierhundertsechsundsiebzig Bistümern Afrikas nur zehn unbesetzt waren. Auch Hunerich schonte anfangs der Katholiken, er wollte es mit Byzanz nicht verderben. So erlaubte er auf des Kaisers und Placidias Verwendung die Wahl eines Bischofs von Karthago 479. Später aber, nach Befestigung seiner Macht, begann er eine Verfolgung der Manichäer und bald darauf der Katholiken, die seinen Namen mit dem Vorwurf düsterer Grausamkeit befleckt hat, seine Handlungsweise scheint weniger von staatlichen und volkstümlichen Beweggründen als von Habsucht und wildem Glaubenshaß geleitet. Er schloß die Katholiken von allen Ämtern des Hofes und Staates aus, verhängte Einziehungen und Verbannungen in weitester Ausdehnung: so wurden im Jahre 483 fast viertausend Menschen auf einmal in die Wüsten verbannt; er ließ Kirchen zumauern oder schenkte sie den heidnischen Mauren und war nur durch Furcht vor Byzanz abzuhalten, den Nachlaß aller sterbenden Bischöfe einzuziehen und Neuwahlen bei hoher Geldstrafe zu verbieten. Im gleichen Jahre begann aber auf Betreiben der arianischen Priester jenes Verfahren, das allen Katholiken grundsätzlich nur die Wahl des Übertrittes oder der allgemeinen gesetzlichen Unterdrückung übriglassen sollte. Am Himmelfahrtstag (19. Mai) wurde in der Kirche zu Karthago eine Ladung aller katholischen Bischöfe verlesen und durch die Reichspost im ganzen Land verbreitet, am 1. Februar des nächsten Jahres in einem öffentlichen Glaubensgespräch in der Hauptstadt gegenüber den arianischen Bischöfen die Übereinstimmung ihrer Lehre mit der Schrift zu beweisen, weil sie sich gerühmt hatten, gegen die Gesetze wiederholt in Mitte der Vandalen lose Versammlungen gehalten, Messe gelesen und die Alleinrichtigkeit ihres Glaubens bewiesen zu haben.

Die Bischöfe durchschauten, daß der Zweck dieses Gespräches nicht die – unmögliche – Verständigung, sondern die Anbahnung allumfassender Unterdrückungsgesetze sei. Um von Anfang gegen die Beschlüsse jener Versammlung Rechtsverwahrung zu gewinnen, sich möglichst an die übrige katholische Kirche zu lehnen, die drohende Verfolgung weltbekannt zu machen und so leichter das Einschreiten des Kaisers herbeizuführen, stellten die afrikanischen Bischöfe eine Forderung, deren Undurchführbarkeit sie sehr wohl kannten. Sie erklärten, über eine so wichtige Glaubensfrage könne nicht ein Nationalkonzil, nur ein allgemeines Konzil entscheiden, und verlangten die Berufung aller Bischöfe des römischen Reiches, namentlich aber des Papstes, der das Haupt aller Kirchen sei. Voll Unwillens ließ ihnen der König sagen, sie sollten ihm erst die ganze Welt unterwerfen, dann wolle er ihre Forderung erfüllen. Zwar beharrte der kluge und mutige Leiter der afrikanischen Kirche, *Eugenius von Karthago,* auf diesem Verlangen und erbot sich, die fremden

Bischöfe herbeizuschaffen; er hoffte, dadurch unabhängige und deshalb desto kühnere Genossen heranzuziehen.[1] Jedoch es blieb dabei, daß nur Bischöfe aus Afrika und den vandalischen Eilanden zugelassen wurden, gleichwohl betrug ihre Zahl vierhundertfünfundsechzig. Der König hatte einige durch Bildung und Kraft hervorragende vorher verbannt und über *Lätus von Nepte* sogar den Feuertod verhängt. Aber die übrigen verloren den Mut durchaus nicht. Sie wählten aus ihrer Mitte zehn Vertreter, „auf daß die Arianer nicht sollten behaupten können, durch die große Überzahl der Katholiken werde die freie Rede unterdrückt", und diese Vertreter erschienen mit vielen Priestern und katholischen Laien bei der anberaumten Versammlung. Aus dem Bericht des katholischen Victor von Vita geht nun zwar hervor, daß bei diesem Religionsgespräch die Rechtgläubigen sich keineswegs aller ordnungswidrigen Schritte und priesterlicher Schlangenklugheit enthielten, aber andererseits ist dem durchaus parteiischen amtlichen Bericht der vandalischen Regierung der Glaube zu versagen, der alle Schuld den Katholiken allein aufbürdet. An den ersten Tag wiesen die Rechtgläubigen die Zumutung, die Beschlüsse der ketzerischen Konzilien von Ariminum und Seleucia anzunehmen, selbstverständlich zurück. Am zweiten Tag aber erhoben sie plötzlich formale Einwendungen, nachdem sie sich doch am ersten bereits auf die Verhandlungen eingelassen. Sie bestritten dem arianischen *Patriarchen Tyrila* den Vorrang und den Vorsitz – den in Wahrheit der königliche Kanzler führte –, fielen letzterem sofort ins Wort, als er seine Rede mit den Worten Begann: „der Patriarch Tyrila", bestritten diesem Haupt der vandalischen Kirche diesem seinen verfassungsmäßigen Titel und forderten Beweise aus der Schrift für solche Benennung. Die in der Versammlung weitaus die Mehrzahl bildenden Katholiken begleiteten solch überkühnes Auftreten mit lärmenden Beifall; der Kanzler wollte die Menge hinausschaffen lassen, aber die Bischöfe widersetzten sich. „Da bedrohte man alle Söhne der katholischen Kirche mit hundert Prügelstreichen": die Rechtgläubigen ließen nun unter Klage über Gewalt ihre formalen Einwendungen fallen und forderten Tyrila auf, die Vorträge zu beginnen. Dieser suchte den mündlichen Redekampf, dem er sich nicht gewachsen fühlen mochte, durch das Vorgeben zu vereiteln, er sei des Lateinischen nicht mächtig. Die Katholiken hatten dies vorausgesehen und wohlweislich eine Denkschrift aufgesetzt: ein Glaubensbekenntnis nebst Beweisen für die Wesenseinheit Christi mit Gott Vater, das sie nun überreichten. Allein die Arianer berichteten, jedenfalls mit arger Übertreibung, zum Teil mit Lügen, dem König, der ihnen gern glaubte, was er zu hören wünschte, die Katholiken hätten durch Lärm jede Verhandlung unmöglich gemacht, und sofort wurden die längst geplanten Maßregeln getroffen. Alle katholischen Kirchen im Reich wurden an einem Tage geschlossen, ihr und der Bistümer Vermögen den arianischen Kirchen überwiesen und durch Verordnung vom 25. Februar die byzantinischen Gesetze wider die Arianer und andere Ketzer im Wege der Wiedervergeltung auf die Katholiken im Vandalenreich angewandt.

Die Schließung der Kirchen sollte so lange währen, bis die Katholiken, die durch Lärm das Glaubensgespräch vereitelt hätten, sich zur Wiederaufnahme der Verhandlungen bereit erklärten. Jene Gesetze verboten nun bei Vermögenseinziehung die

---

[1] Ausdrücklich hebt der Geschichtsschreiber dieser Tage, Victor von Vita, voll Selbstgefühls hervor, nicht das Bedürfnis wissenschaftlicher Unterstützung habe bei jener Forderung mitgewirkt, die Kirche hätte in Afrika Männer genug gehabt, die arianischen Theologen zu widerlegen.

Errichtung neuer Kirchen, bei Geld- und Verbannungsstrafe die Taufe, die Ordination von Priestern, die Abhaltung von Streitgesprächen, befahlen die Verbrennung aller katholischen Bücher, entzogen den Katholiken jederlei Erbrecht und die Fähigkeit, Schenkungen zu geben oder zu nehmen, sowie die Fähigkeit, im Palatium zu dienen, da sie mit Infamia belegt wurden. Außerdem werden sie (aufsteigend von den circumcelliones und plebeii bis zu den spectabiles und illustres) mit Geldstrafen von zehn Pfund Silber bis zu fünfzig Pfund, im Fall hartnäckigen Beharrens im Irrglauben mit Vermögenseinziehung und Verbannung bedroht. Die Verbergung zu Strafender wird mit Geldbußen, die Nichtanwendung dieser Gesetze an den Richtern und obersten Beamten mit Tod oder Ächtung gestraft. Doch soll das Gesetz nur diejenigen treffen, die nicht bis zum 1. Juni des laufenden Jahres den Arianismus angenommen haben würden. Der König wies eine Bitte um Zurücknahme dieses Gesetzes heftig ab, stellte jedoch später die Aufhebung in Aussicht unter zwei Bedingungen: die Bischöfe sollten, in Unterstützung des Planes des Herrschers, dessen Sohn Hilderich unter Verletzung der Thronfolgeordnung Geiserichs zum Thronfolger zu machen, eine hierauf zielende Bittschrift einreichen und diesen Wunsch, sowie den Verzicht auf jeden brieflichen Verkehr mit dem Ausland, d. h. vor allem mit Byzanz und Rom, eidlich bekräftigen. Dieser Vorschlag war jedoch eine Falle, wie sich bald zeigte, denn als die Klügeren (astutiores) unter den Bischöfen jenen Eid unter Berufung auf das biblische Schwurverbot – andere Eide leisteten sie unbedenklich – weigerten, wurden sie, „weil sie dem Sohn des Königs widerstrebten", zu schwerer Sklavenarbeit in Verbannung nach Korsika geschickt, und diejenigen, welche, in der Hoffnung auf Beseitigung der Februarverordnung, den verlangten Eid leisteten, wurden mit grausamem Hohn wegen Verletzung eben jenes Verbotes, gleichfalls mit Verbannung, jedoch gelinderen Grades, bestraft.

In jene Tage fallen nun auch die zahlreichen Mißhandlungen der Katholiken, die über die gesetzlichen Strafen hinaus in ganz Afrika von dem arianischen Pöbel unter Begünstigung der vandalischen Beamten verübt werden. Doch währte diese heftige Verfolgung nur einige Monate, bis zum Tode Hunerichs am 13. Dezember 484. Sein Nachfolger Gunthamund stellte alsbald die Unterdrückung ein und hob die Februarverordnung ausdrücklich auf: er rief den Bischof von Karthago zurück, gab den dortigen Katholiken das Coemeterium des heiligen Martyrs Agilius 487 und verstattete durch Verfügung vom 10. August 494 unter Wiedereröffnung aller Kirchen die Rückkehr aller verbannten Priester. Unter Thrasamund verschlimmerte sich die Lage der Rechtgläubigen wieder: er verbannte aufs neue ihren durch Geist, Bildung, Mut hervorragenden Führer, Bischof Eugenius von Karthago, verbot die Wiederbesetzung durch den Tod erledigter Bistümer und schickte, als die Bischöfe von Byzacena in offenen Trotz gegen dies Gesetz gleichwohl Wahlen vornahmen, hundertzwanzig derselben in Verbannung nach Sardinien. Der begabte und fein gebildete Herrscher suchte aber mehr als durch Gewalt durch allerlei kluge Kunstmittel zu erreichen, er strafte nicht, aber er übersah die Beharrlichen, entfernte sie aus dem Palast, belohnte die Übertretenden, erließ sogar Verbrechern die Strafe im Falle der Bekehrung. Zugleich erforschte er selbst auf das eifrigste die Streitfragen der sich bekämpfenden Bekenntnisse und trachtete nach dem Ruhm, durch die Künste seiner Redegewandtheit im Glaubensstreit mit Katholiken zu widerlegen, zu verwirren, zu beschämen, ja sogar den größten Bibelkenner der Rechtgläubigen, den heiligen Fulgentius, forderte er zu einer Art Federkampf heraus, indem er ihn Fragen aus der Schrift zur Beantwortung vorlegte, worin aber der Herrscher samt seinem ketzerischen Bischof den kürzeren zog, zur größten Ergötzung seiner katholischen Untertanen, deren Bericht über jenen Wettstreit wir freilich nicht durch Vergleichung eines arianischen prüfen können. Der König ließ sich vor seinem Tode von dem im Ruf des heimlichen Katholizismus stehenden Thronfolger einen Eid leisten, daß er nicht während seiner Regierung den Orthodoxen ihre Kirchen und Vorrechte wieder verleihen würde. Der fromme Hilderich, der Freund Justinians, leistete den Eid: wir sahen, wie er sich zu helfen wußte mit einer „Mentalreservation", die zeigt, daß es schon vor Loyola Jesuiten gab. Er „*hielt*" seinen Eid, indem er nicht erst *während* seiner Regierung, schon *vor* dem feierlichen Antritt derselben, sowie Thrasamund die Augen geschlossen, die katholischen Priester zurückrief, öffnete ihre Kirchen und ließ den Stuhl von Karthago wieder besetzen.

Verfolgung oder Schonung der Katholiken entspricht in der Folge dieser Herrscher stets ihrer Machtstellung, zumal dem Verhältnis zu Byzanz. Geiserich verfolgt und schont, je nachdem er Krieg oder Friede mit den Kaisern hat; Hunerich schont, solange er sich für noch nicht befestigt und den Kaiser für gefährlich hält; Gunthamund, von den Mauren bedrängt, schont die gleich ihm selbst von Hunerich Verfolgten; Thrasamund, mächtig durch den Bund mit den arianischen Goten, braucht keine Rücksicht zu nehmen; Hilderich, der Sohn der Römerin Placidia, der Freund Justinians und Schützling von Byzanz, begünstigt die seinem Volk Verhaßten so sehr, daß er selbst für einen Katholiken galt; Gelimer, der sich auf das Volk und den Haß gegen Byzanz stützt, hätte sicher die Verfolgung erneut, wäre ihm Zeit geblieben. Natürlich finden wir seine katholischen Untertanen auf seiten Belisars und ebenso natürlich beginnt der Katholizismus, sowie er durch den Sieg der Kaiserlichen die Macht dazu erlangt hat, nun seinerseits die Arianer in Afrika zu verfolgen, wie dies von je im übrigen Gebiet des Reiches geschehen war.

2. Die Bildung im afrikanischen Vandalenreich

Von der vandalischen Bildung, welche die Eroberer aus den pannonischen Sitzen mit nach Spanien und Afrika trugen, sind uns Zeugnisse nicht erhalten. Wir dürfen annehmen, daß sie die gleiche war, wie sie bei den übrigen Germanen, zumal der gotischen Gruppe, vor der Wanderung bestand (siehe Westgoten). In Spanien wird der eifrige Ackerbau der germanischen Einwanderer gerühmt. In Afrika trat sehr rasch, wie wir gesehen, eine Verrömerung der Vandalen wenigstens insofern ein, als die Sieger die üppige, weichliche Lebensweise, die sie bei den Provizialen vorfanden, annahmen. Das wichtigste Zeugnis hierüber gibt Prokopius ab (B. V. II. 6): „Die Vandalen sind das üppigste unter allen Völkern, die wir kennen. Seitdem sie Afrika gewonnen, genossen sie täglich des Bades und der erlesensten Tafelfreuden. In reichstem Goldschmuck, in medischen (d. h. seidenen) Gewändern verbrachten sie den Tag in den Theatern, den Rennbahnen und anderen Lustbarkeiten, zumal aber (und das ist noch germanische Weise) auf Jagden. Tänzer, Gaukler und Schauspieler, Tonkunst und was nur Aug' und Ohr erfreut, verwandten sie zu ihrer Ergötzung. Viele wohnten in Landhäusern mit Gärten und Hainen, reich an Brunnen und Bäumen (der herrlichste dieser Lustgärten, die Prokop je gesehen, war der königliche Park zu Grasse; aber auch der eines Vornehmen, Fridamal, wird begeistert geschildert [Anthologia VI, 17]). Unablässig hielten sie Trinkgelage, und mit großer Leidenschaft ergaben sie sich den Werken der Aphrodite."

Zahlreiche Quellen bezeugen die alle anderen Provinzen und selbst Rom übertreffende Sittenverderbtheit der Afrikaner, besonders zu Karthago, zumal in geschlechtlichen Ausschweifungen. In dieser Stadt wurde wie zu Rom ein besonderer, dem König streng verantwortlicher „tribunus voluptatum, ein Präsident der Vergnügungen", vom Volk gewählt und die kleineren Städte hatten auf ihre Kosten in der Hauptstadt Spiele abzuhalten. Geiserich schritt mit strengen Gesetzen wider die Unzucht aller Art im Lande ein: er schloß die öffentlichen Häuser, verbannte die Sodomiten in die Wüste, zwang die Dirnen zur Ehe und bedrohte deren Rückfälligkeit mit den schwersten Strafen. Eine Zeitlang wirkten diese Maßregeln so stark, daß ein katholischer Zeuge die ketzerischen Vandalen den Römern als Muster der Keuschheit aufstellen konnte. Jedoch offenbar währte der Widerstand, den germanische Tugend und des Königs Gebot den ansteckenden Einflüssen der Provizialen entgegenstellten, nur kurze Zeit. Geiserich selbst wird beschuldigt, in späteren Jahren in Lüste versunken zu sein: von seinem Volk bezeugt das nicht nur Prokop, im einzelnen schildern es die Gedichte des *Luxorius*. (Anthologia II, 580 f.). Geiserich hatte durch scharfe Verbote auch jene Leidenschaft zu zügeln versucht, die von Byzanz und Rom aus alle Städte der Römerwelt in Gegensätze spaltete, die sich auf den Straßen in blutigen Kämpfen bekriegen: die unsinnige Parteinahme für die Wettspiele in der Rennbahn. Ein solcher Streit zwischen den Grünen und den Blauen drohte Justinian in Byzanz Thron und Leben zu kosten. Der König entzog denjenigen Städten für immer Circus[1] und Theater, in denen dreimal in einem Jahr bei den Spielen die öffentliche Ordnung gestört wurde, forderte gerichtliche Verantwortung der Beamten, die diese Spiele zu leiten hatten und bedrohte sie für fahrlässige Amtsführung mit Strafarbeit in den Bergwerken, Verstümmelung und den Scheiterhaufen.

Diese Verweichlichung war nicht Folge besonderer Stammesanlage der Vandalen, sondern Folge der größeren Fruchtbarkeit des Bodens, des heißeren, mehr erschlaffenden Himmelstriches und der hierdurch seit Jahrhunderten erzeugten ärgeren Sittenverderbnis der Provinzialen, welche die Vandalen – im Vergleich mit anderen germanischen Einwanderern in römischen Provinzen – vorfanden und die notwendig auf sie wirken mußten.

Die Ergiebigkeit des Bodens, von Karthagern und Römern durch sorgsamen, wissenschaftlich vollendeten Anbau gesteigert, hatte Nordafrika neben Sizilien und Ägypten zu Kornkammern des Reiches gemacht. Seit der römischen Eroberung war, soweit die römische, durch Kolonien immer mehr ausgedehnte Herrschaft reichte, das Land vollständig, allerdings mehr im Osten als in Mauritanien, von der römischen Bildung überdeckt, wie Gallien und Spanien; viele römische Adelsgeschlechter hatten hier großen Grundbesitz erworben. Der sehr rege Handel, die zahlreichen Beamten, die Heerführer und Gemeinen verbreiteten überallhin römische Sitte bis in die Wüste und die Gebirge, wo allein die Mauren Zuflucht fanden. Ja, während in Italien das römische Geistesleben verfiel, erlangte es hier wie in Gallien und Spanien eine eigenartige Blüte: Aus der heidnischen in die christliche Zeit zieht sich ein Gewinde von römisch-afrikanischen Schriftstellern wie *Apulejus*, *Tertullian*, *Arnobius*, *Augustin*, *Fulgentius*, *Victor von Vita* und *Victor von Tunnuna*, mit einer zwar minder reinen und feinen, mehr barbarisch rauhen, aber auch kräftigeren Sprache als die der Künsteleien gallischer Redekünstler, Brief- und „Memoiren"-Schreiber.

---

1 Sehr häufig erwähnen die afrikanischen Dichter jener Zeit des Circus und der Circusparteien: so eines Wagenrennens der „Grünen".

Die geistige wie die staatliche Hauptstadt des Landes war Karthago. Aber auch die anderen Städte (bis auf die kleinsten herab) erfreuten sich jener Kurialverfassung, die, so schwer sie von kaiserlichen Absolutismus als Verwaltungs-, d. i. Bedrük-kungs- und Aussaugungs-Mittel, mißbraucht und jeder staatlichen Bedeutung entkleidet war – immerhin als Trägerin und Erhalterin antiker Bildung mitten unter der Herrschaft der Barbaren von höchsten Wert und überhaupt für das griechisch-römische Leben unentbehrlich war.

Das Hauptwerkzeug der Stadt (civitas, municipium) war die von den Bürgern aus den großen Grundbesitzern (possessores) gewählte curia, der senatus. Die Glieder der curia (decuriones, senatores) bilden den städtischen Adel: durch ihren großen, von Kolonnen und Sklaven bebauten Grundbesitz in der Umgebung der Stadt (territorium) beherrschten sie auch das Flachland; schon vermöge dieser Voraussetzung

Reste des Aquäduktes von Khartago.

der Wählbarkeit wurde *tatsächlich* der Dekurionenstand erblich in den reichsten Geschlechtern, und diese domus senatoriae wurden seit der Erhebung des Christentums zu Staatskirche auch domus infulatae, d. h. auch die Infula des Bischofs, der bald in der Stadt auch in weltlichen Dingen eine höchst einflußreiche Stellung einnahm, war *tatsächlich* – obwohl die Wahl des Bischofs im Grundsatz anerkannt blieb – erblich in den gleichen vornehmen Geschlechtern, deren weltliche Glieder als Senatores die Geschicke der Stadt lenkten. So zählten beispielsweise in Tours alle Bischöfe (bis auf fünf) von Errichtung des Bistums bis Ende des vierten Jahrhunderts zu dem Geschlecht, aus welchen auch Bischof Gregor, der Geschichtsschreiber der Franken, hervorgegangen war. Diese Häuser, oft untereinander verschwägert, führten, sich ergänzend, die Herrschaft in den Städten. Oft verteidigt der eine Bruder die Wälle gegen die Barbaren, sein Schwager, der Bischof, verkündet ein Wunder, das zum Ausharren begeistert, bis ein zweiter Bruder oder ein Vetter Ersatz von außen herbeiführt.

Der senatorische Stand war aber in viel höheren Maß eine Bürde denn eine Würde. Die Kaiser und deren Provinzialbeamten bedienten sich dieser Werkzeuge der *Selbstverwaltung* mit härtesten Druck zu den Zwecken der *Staatsverwaltung:* namentlich mußten die unseligen Dekurionen mit ihrem eigenen Vermögen dafür haften, daß Stadt und Weichbild das vom Staat auferlegte, von der Kurie verteilte Steuermaß richtig und rechtzeitig entrichteten. Diese Last und andere ähnliche drückten so schwer auf die Dekurionen, daß dieselben mit jeden erdenklichen Mittel, Flucht in die Wüste, zu den Barbaren, ja Selbstverknechtung sich und ihre Kinder von der Fessel jenes Standes zu befreien trachteten, während die Gesetzgebung der Kaiser bemüht ist, ihnen diese Wege zu versperren und den Stand der Dekurionen dadurch zu erhalten und zu mehren, daß Verbrecher zur Strafe darunter versetzt oder verbrecherische Dekurionen zwar alles anderen Rechts verlustig, aber für immer, d. h. vererblich, als Senatoren erklärt werden.

Wenn die Vandalenkönige diese Ämter der städtischen Selbstverwaltung fortbestehen ließen, so geschah es vor allem, um sich derselben in der hergebrachten Weise zu Finanz- und Verwaltungszwecken zu bedienen.

Die Senatoren der gesamten Städte einer Provinz berieten auf Landtagen (conventus) die Wohlfahrt der Provinz.

Während in den übrigen Provinzen die neuen Magistrate ohne Mitwirkung des Volkes auf Vorschlag der ausscheidenden Beamten von dem Senat allein gewählt wurden, hatte sich in Afrika bei diesen Wahlen Mitwirkung des ganzen in Gilden, Innungen und Zünfte gegliederten Volkes erhalten.

Ackerbau und *Landwirtschaft* in Afrika hatten ohne Zweifel durch die Vandalen sehr gelitten; nicht nur während und infolge des Eroberungskrieges, auch nach der vollendeten Unterwerfung des Landes durch die zahlreichen Verbannungen der römischen possessores. Während anderwärts die germanische Einwanderung und Landteilung wegen Zerschlagung der schädlichen Großgüter und vermöge des Fleißes der neuen Erwerber vorteilhaft wirkte, scheint dies in Afrika nicht der Fall gewesen zu sein, da die Vandalen in ihrer weichlichen Üppigkeit, ihrem Luxusleben von Spiel, Fest und Jagd sich wohl um den Landbau wenig kümmerten, diesen vielmehr den Sklaven und zu Kolonnen Herabgedrückten ehemaligen possessores überließen.

Der *Handel* der afrikanischen Häfen war wenigstens in der kriegerischen Zeit von Geiserichs Regierung in hohen Maß gestört und unterbrochen worden: die Schiffe aus Gallien wagten sich nicht mehr nach Afrika aus Furcht vor dem Seeräuberkönig, der alles Gut unter römischer Flagge als gute Beute aufbrachte. Die Kaiserlichen übten dann wohl Vergeltung an afrikanischen Schiffen und Waren. Aber nach dem Frieden mit Zeno wurde nicht nur die Ausfuhr von Getreide, edlen Marmorarten, vortrefflichen Waffen aus *vandalischen* Fabriken (vandalischer und römischer Arbeiter), zumal Schwertklingen, aber auch metallene Heerpauken, (Victor von Vita I, 10. Kassiodor Var. VII, 11), Purpur und Sklaven jeder Farbe wieder eifrig betrieben, es lagen auch im Hafen von Karthago viele byzantinische Kauffahrer, die zumal Seide einführten, ein von den verschwenderischen Vandalen viel getragener, damals noch sehr kostbarer Stoff (Gedicht an Thrasamund, Anthologia II, 268. Prokop II, 6).

Nicht den Zwecken des Handels und des Privatverkehrs diente die in der vorgefundenen römischen Einrichtung erhaltene *Reichspost*, die Gesandte, Boten, Beamte, Befehle des Königs durch die Provinzen zu befördern hatte: in den wichtigsten Städten hielten Postmeister (veredarii, Prokop I, 26) fiskalische Pferde (aus dem keltischen „para veredi" entstanden) stets zum Dienst bereit. So ließ Hunerich seine Glaubensverordnung durch die Post verbreiten (Victor von Vita II, 13 veredariis currentibus). In *Maß, Gewicht* und *Münzen* blieben die römischen Einrichtungen erhalten.

Setzt nun auch der Genuß der *Theater* (allerdings überwogen hier Pantomimen und Tänze weit die Dramen; von einer Tänzerin wird berichtet, daß sie immer nur wieder Andromache oder Helena darstellte) und Musik (siehe auch Gelimers Harfe) starke Romanisierung voraus, so hatte doch das Reich zu kurzen Bestand, als daß es schon völlige Verdrängung vandalischer Eigenart hätte erleben können.

Zwar lernten alle vornehmeren, reicheren Geschlechter Latein (selten Griechisch) – die ihnen in dieser Sprache gewidmeten Schriften in Prosa und in Versen beweisen das und mancher Vandale schrieb Latein –, aber die vandalische Sprache blieb doch in lebendiger Übung.

Daß die *Sprache* der Vandalen eine gotische Mundart war, wird durch die erhaltenen Wörter bestätigt. Die Eigennamen enthalten gotische Stämme, stimmen oft mit ost- und westgotischen völlig überein (Hilds- -munt -reiks -gunth -giba -mer -gisal- azd- ing- gards-; Vandalen führten aber auch griechische und lateinische Namen; Euagees, Ammatas (= amatus?), Cyrila, Jocundus, Antonius); auch die wenigen erhaltenen Wörter eines vandalischen Gebetes sind gotisch. Die vandalische Sprache lebte sonder Zweifel im Volk fort. Nicht nur Geiserich antwortet den Bischöfen durch einen Dolmetscher, noch unter Hunerich kann Bischof Cyrila vorgeben, er verstehe nicht Latein zu sprechen; der arianische Gottesdienst war in vandalischer Sprache gehalten, ihre Bibeln waren vermutlich der westgotischen des Wulfila nachgebildet, man liebte, die Evangelien kostbar auszustatten (aber die von Belisar nach Byzanz gebrachten, mit Gold und Edelsteinen verzierten Bibeln waren gewiß nicht vandalische, sondern hebräische und griechische).

Neben ihrer Muttersprache lernten jedoch viele Vandalen, vor allem die Vornehmeren, Latein. In dieser Sprache schrieben selbst Könige der gemeinsamen gotischen Zunge ihre Briefe aneinander, z. B. die ostgotischen Herrscher an Thrasamund. Latein war die Geschäftssprache des Verkehrs mit anderen Höfen; ein Grenzstein, der das gotische von dem vandalischen Sizilien schied, trägt lateinische Inschrift; die Verordnungen Hunerichs (wie der Ostgotenkönige) und die Bekenntnisschriften der katholischen Bischöfe sind lateinisch abgefaßt. Zumal am Hof, in der königliche Familie mußten die Sprachen der antiken Bildung gelernt werden. Ein Enkel Geiserichs heißt „litteris institutus"; Thrasamund studiert die schwierigen lateinischen und griechischen Kirchen-Schriftsteller der Katholiken; das von ihm in Karthago gebaute Bad trägt eine lateinische, „akrostichische" Inschrift; an ihn wie an Gunthamund, Hilderich und vornehme Vandalen werden lateinische Gedichte gerichtet; die von den Vandalen eifrig besuchten Schauspiele werden in lateinischer Sprache aufgeführt, und Kenntnis homerischer Gedichte oder doch den trojanischen Krieg betreffender Dichtungen setzt es voraus, wenn Held Hoamer der vandalische Achilleus genannt war – schwerlich doch nur von den Römern.

Daß die vandalischen Priester meistens beide klassische Sprachen lernen mußten, machten die ältere theologische Literatur und die zahlreichen damals entstehenden katholischen Streitschriften unvermeidlich. Erwähnt wird eine Schrift des arianischen Bischofs *Pinta,* des Beraters Thrasamunds, gegen das katholische Bekenntnis, das darauf Fulgentius verteidigte. Der größte Teil der im vandalischen Afrika blü-henden Literatur bestand überhaupt in theologischen Werken: *Vigilius* von *Thapsus,* ein Zeuge des Glaubensgespräches von Karthago, schrieb zwölf Bücher über den Hauptstreitpunkt zwischen Katholiken und Arianern, die Dreieinigkeit, und zwar unter dem Namen des großen Athanasius, den er auch in einer Bekämpfung gegen Arius streiten läßt (das unter seinen Büchern mit abgeschriebene Zwiegespräch des arianischen Diakons Varimad ist in Neapel und nicht von Vigilius verfaßt). Aus den minder berühmten katholischen Schriftstellern jener vandalischen Periode ragt *Ful-gentius* (unter Thrasamund) hervor; aus dem vierzehnten Regierungsjahr dieses Kö-nigs stammt eine Abschrift der Werke des heiligen Hilarius, die man der gleichen Streitfragen halber eifrig verwertete. Auch die Bücher katholischer Priester in jenem Reich, die nicht Streit- oder Lehr-Schriften sind, haben überwiegend kirchenge-schichtlichen Inhalt: so des Victor von Vita Darstellung der „vandalischen Verfol-gung" und das „Leben des heiligen Fulgentius" (von einem seiner Schüler, wahr-scheinlich dem Diakon der Kirche zu Karthago, Sankt *Ferrandus),* das ein einzelnes Beispiel und Opfer solcher Verfolgung herausgreift. Unter Geiserich wurden auch zwei Abhandlungen über die Berechnung der Osterzeit und über den Stammbaum der jüdischen Erzväter verfaßt.

Von weltlicher Literatur im Vandalenreich ist nicht viel zu rühmen. Karthago erfreute sich mehrerer gelehrter Schulen; auch in anderen Städten wurden von den Provinzialen neue Schulen errichtet und die Lehrer an denselben von den Bürgern (Stiftern) ernannt, sogar unter Geiserichs Regierung. Das Leben des heiligen Fulgen-tius zeigt uns das Auffallende, daß die Knaben in einem römischen Adelshaus zuvor griechisch und hierauf erst Latein lernten; erst nachdem er den ganzen Homer aus-wendig gelernt und mehrere Komödien des Menander gelesen, war der Heranwach-sende in eine Lateinschule gegeben.

Unter den Versemachern – denn Dichter kann man sie nicht nennen – wie Luxo-rius, Felix, Florentianus, die, wenn nicht am Hofe der Könige Thrasamund und Hil-derich, doch in Karthago lebten und in afrikanisch schwülstigen gespreizten Bauten, den Tag der Thronbesteigung und andere die Herrscher betreffende Ereignisse ver-herrlichten, ragt nicht unbedeutend hervor *Blossius Ämilius Dracontius* unter Gunth-amund. Er hatte in seinen Versen nicht, wie wohl von ihm wie von den anderen „Sängern" erwartet wurde, den König, sondern einen Fremden, wahrscheinlich den Kaiser oder einen kaiserlichen Feldherrn oder Beamten, gepriesen. Dadurch hatte er sich die Ungnade des Königs in so hohem Maß zugezogen, daß ihn Kerker und Vermögenseinziehung, auch die Seinigen schwere Strafe traf. Im Gefängnis nun rich-tete er an den König ein uns erhaltenes Reugedicht (satisfactio)[1], in dem er Verzei-hung erbittet und künftig nur den König und sein Haus zu besingen verspricht. Er hielt auch sofort sein Wort, indem er die Milde Gunthamunds gegen Gefangene preist und die (freilich in seiner Abwesenheit) von den Vandalen erfochtenen Siege zur See und über die Mauren. Im Kerker schrieb Dracontius auch das Werk „de Deo" zum Lobe Gottes in drei Büchern. Außerdem besitzen wir von ihm (in Überarbei-tung durch den Bischof Eugenius von Toledo) ein Gedicht über die Tage des Schöp-fungswerkes (Hexa-emeron).[2]

---

1 Vergl. über dasselbe und die viel bestrittenen Angaben sowie über die Entstehungszeit dessel-ben Könige I, S. 160.
2 Über das Verhältnis beider Schriften zueinander siehe Ebert I, 367 f.

Vandalische Volks- und Kunst-Poesie ist uns leider nicht erhalten. Daß es auch an letzterer nicht fehlt, beweist König Gelimer, der in der höchsten Not der Bedrängung ein Lied über sein Schicksal dichtet und zur Harfe singt.

Von Werken der bildenden Kunst sind nur Bauten zu erwähnen: so die Warmbäder Thrasamunds (die dieser in einem Jahre vollendete) und Hilderichs; Thrasamund baute auch eine Basilika und einen Palast und in der Nähe von Karthago eine Stadt Alikana (das „Akle" Prokops II, 7). Man liebte, den bunten Marmor Afrikas bei Gebäuden zu verwerten. Auch Bildsäulen, Reliefs, Gemälde werden angeführt, und, wie das von einem Sarkophag erzählt wird, verwandte man wohl oft genug Bestandteile antiker Gebäude für Neubauten.

Der Darstellung der Glaubens- und der kirchlichen Verhältnisse ist nur wenig noch beizufügen. Die arianische Kirche der Vandalen war vollständig wie die katholische eingerichtet. Katholische Vandalen werden nur ganz ausnahmsweise erwähnt: so zwei unter Geiserich übergetretene (Victor von Vita V, 10). Ihr erster Bischof, der zu Karthago, führte den Titel Patriarch: er trat an Stelle des römischen Bischofs, dessen Vorrang die Arianer natürlich nicht anerkannten; unter ihm stehen die anderen Bischöfe, Presbyter, Diakonen, Mönche, seinen Einfluß muß sogar der König scheuen (Victor II, 5). Angesehene Vandalen hielten sich besondere Hauspriester, so wenigstens ein Sohn Geiserichs (a. a. O. I. 14). Die Katholikenverfolgungen waren zumal auf Antreiben dieser Geistlichkeit ins Werk gesetzt; die Könige übertrugen ihr die Vollstreckung, wie sie auch sonst in Glaubensfragen sich ihrer Mitwirkung zu versichern pflegten. Übrigens vertrieb Hunerich auch die *manichäischen* Anschauungen zuneigenden Vandalen aus dem Lande. Die *Donatisten* stimmten nach dem Zeugnis Augustins in der Lehre von der Dreieinigkeit mit den Katholiken überein, und nur einzelne aus ihnen verleugneten hierin die Lehren ihrer Sekte, die Gunst der Arianer zu gewinnen.

Die Könige der Vandalen glaubten nur in Arianern wahrhaft ergebene Diener zu haben: sie forderten den Übertritt, ausgedrückt in nochmaliger Taufe (die den Rechtgläubigen als schwerste Sünde galt, da sie die katholische Taufe als nichtig voraussetzte), als Zeichen wahrer Treue und wollten wiederholt alle Katholiken aus dem Palatium entfernen. Argwöhnisch – und nicht ohne Grund – beaufsichtigten sie das Benehmen der katholischen Priester in allen Provinzen, überall Verschwörung und Verbindung mit auswärtigen Feinden besorgend. So verbannt Geiserich Bischof Felix von Adrumetum bloß deshalb, weil er einen Priester aus dem Kaiserreich beherbergt. Übrigens verstanden es die Geistlichen schon damals vortrefflich, unter dem Namen alttestamentlicher Tyrannen und Glaubensfeinde wie Pharao, Nebukadnezar, Holofernes, die Herrscher ihrer Zeit zu schmähen; Geiserich verbot diese Anführungen bedenklicher Gelehrsamkeit bei Strafe der Verbannung. Aber gerade die verbannten Bischöfe, die zu Byzanz, Rom und in Gallien lebten, unterhielten untereinander, mit den in Afrika verbliebenen, mit dem Kaiser und anderen Feinden der Vandalen gefährliche Verbindungen. Der Erfolg der gewaltsamen und der geistlichen arianischen Bekehrungsversuche war jedoch immer gering. Im ganzen hielten die Katholiken Afrikas, würdige Schüler Augustins mit rühmlicher Treue an diesem Glauben; einzelne Abtrünnige (lapsi) gab es freilich, nicht nur unter den Laien, auch unter Diakonen, und sogar unter den Bischöfen, wie aus dem Schreiben von Papst Felix III. auf dem Konzil zu Rom (3. März 487) erhellt, das wegen Behandlung dieser lapsi aus Afrika gehalten wurde. Eine Wirkung der arianischen Verfolgung war gerade die engere Verbindung der afrikanischen Bischöfe mit dem Papst, lebten sie doch vielfach in Rom oder Italien oder auf Sardinien und

Korsika in Verbannung; der schon früher in Afrika anerkannte Vorrang des römischen Stuhles war dadurch noch befestigt.

Anhang

Die Alanen

Die Alanen, nicht germanischen Ursprunges, heimisch an den Nordosthängen des Kaukasus, noch gegen Ende des vierten Jahrhunderts schweifend umherziehend, zerfielen in mehrere Stämme. Eine Gruppe des Volkes war von den Hunnen unterworfen und nach Auflösung des Hunnenreiches von Byzanz in Untermösien angesiedelt. Hier hat sich alanische Herrschaft bis Ende des sechsten Jahrhunderts erhalten:

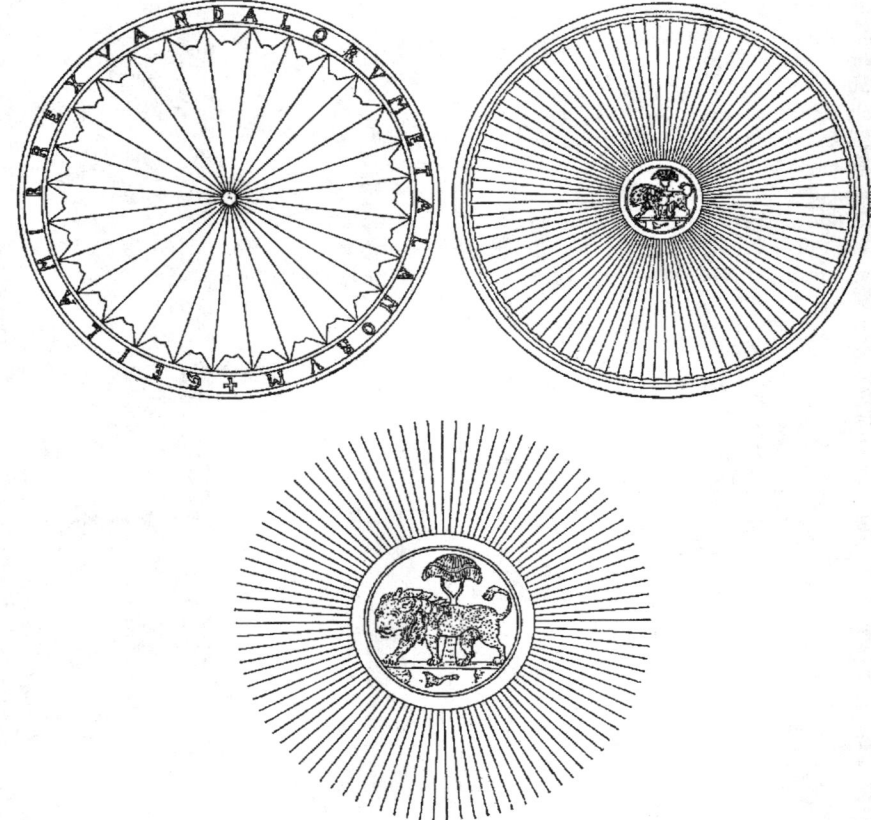

Missorium von Gelimer.
Metallschild mit dem afrikanischen Löwen im Zentrum. Im Rande der Rückseite die Umschrift:
† GEILAMIR REX VANDALORUM ET ALANORUM.

Jórdanis, der Geschichtsschreiber der Ostgoten, war Enkel eines Alanen *Peria,* der an dem Hof des alanischen Königs die Stelle eines Notarius bekleidete.

Ein anderer Teil des Volkes hatte sich den Vandalen und Sueben bei der Wanderung von 406 aus Pannonien über den Rhein angeschlossen. In Gallien angelangt, trennten sich diese Alanen. Eine Gruppe trat in römischen Dienst und erhielt dafür Land an der Loire, ein Fürst dieser „föderierten" Alanen, *Goar,* hatte 412 den Kaiser Jovinus im Bund mit den Burgundern erhoben, um die Mitte des Jahrhunderts werden die Könige *Sangiban, Eochar, Beogar* bei diesen gallischen Alanen genannt: Sangiban, der auf Attilas Seite hatte treten wollen, war von den Römern und Westgoten in die Mitte genommen und genötigt, gegen die Hunnen zu kämpfen, 451. Bald darauf wurde durch die Franken jedoch diesem Reich der Alanen ein Ende gemacht, nachdem sie, bei einem Einfall in Oberitalien 462 bei Bergamo schwer geschlagen, ihren König *Beogar* und einen großen Teil ihrer Streitbaren verloren hatten.

Schon 406 aber hatten andere Horden der in Gallien eingedrungenen Alanen, während Goar zu den Römern übertrat, an den Vandalen festgehalten und diese vor Vernichtung durch die Franken gerettet. Dieser Haufe war es nun wohl, der auch später mit den Vandalen und Sueben zusammen nach Spanien abzog und dort bei der Länderteilung durch das Los Lusitanien und Carthagena erhielt. Eine Zeitlang behaupteten hier diese spanischen Alanen, von Vandalen und Sueben unterstützt, ein selbständiges Reich und sogar das Übergewicht über die Westgoten, bis sie, von diesen entscheidend geschlagen, ihren König *Atax* verloren hatten.

Da gaben sie es auf, ihren selbständigen Staat fortzuführen, unterwarfen sich aber nicht den Siegern, sondern schlossen sich den altbefreundeten Vandalen an, deren Könige seither den Titel Vandalorum et Alanorum rex führten; vor kurzem ward bei Triest eine Schale Gelimers mit dieser Umschrift gefunden. Sie zogen mit nach Afrika und teilten die Unterwerfung und Vernichtung der Vandalen durch Belisar.

Zweites Buch

Die Ostgoten

Erstes Kapitel

Die Vorgeschichte bis zur Gründung des ostgotischen Reiches in Italien

Unter den Völkern der gotischen Gruppe nehmen durch Macht, durch Glanz und durch tragische Größe ihrer Geschicke einen hervorragenden Platz ein die edel begabten Ostgoten; Prokop nennt sie „die Goten" schlechthin, allerdings wohl auch deshalb, weil mit ihnen, nicht mit den „Wisigoti" seine Kriegsgeschichte sich beschäftigt.

Nach unsrer Annahme ist die Wandersage des Volkes, sofern sie dasselbe zuerst aus Skandinavien nach dem Südosten ziehen läßt, unbegründet und die Namensverwandtschaft mit den schwedischen *Gauten* eine zufällige: nordische Forscher nehmen immer noch Einwanderung auf dem Nordweg aus Rußland nach Skandinavien, Einheit der Gautar und Goten und teilweise Übersiedlung an die deutschen Ostseeküsten an.

Jedesfalls erfolgte von den deutschen Ostseeküsten, von dem Land auf dem rechten Weichselufer, wo wir unter dem Gesamtnamen „Guttones" gewiß die Ostgoten mitenthalten annehmen dürfen, eine Rückwanderung in der Richtung nach Südosten, in der von der Mitte des zweiten Jahrhunderts ab – Ptolemäus nennt sie noch an der Weichsel – das Volk allmählich an das Schwarze Meer gelangte, an dessen Küsten sie als „Goti" von Caracalla (215) bekämpft werden. Wo sie die Bezeichnung Ostgoten im Gegensatz zu den Westgoten erwarben, läßt sich nicht angeben; wiederholt finden wir sie, das Amalungenvolk, östlicher angesiedelt als die Vettern: es kann ebensowohl schon an der Weichsel wie an der Donau, ja es kann schon früher während der Einwanderung in Europa diese östlichere Stellung des amalungischen Volkes erfolgt und bezeichnet worden sein. Jedoch vermutlich entstand die Bezeichnung erst bei der Niederlassung der beiden Gruppen am Schwarzen Meer, wo sie vom Don bis an die Donaumündungen und die südwestlichen Abhänge der Karpathen reichten: das Ostland dort ist sandige Steppe, das Westland dichter Wald. Dem würde entsprechen, daß die im Osten wohnenden den Namen *Greutungen*, (von griut, gries, Sand), die im Westen wohnenden die Bezeichnung *Thervingen* (von triu, Baum) erhielten: Benennungen, die mit der Unterscheidung von Ost- und Westgoten zusammenfallen. Trebellius Pollio nennt bereits Greutungen, d. h. Austrogoti, und Thervingen, ebenso Claudian Ostrogoti. Der Name des Königs Ostrogota (circa 240) setzt schon längere Dauer des Volksnamens voraus. („Wisigoti" begegnet erst später: zuerst im sechsten Jahrhundert bei Sidonius Apollinaris, abgekürzt Vesus = Wisi = Wisi-goti: dies erst bei Cassiodor und Prokop. Griechisch und römisch schreibende Zeitgenossen verwechseln die Goten bei ihrem ersten Auftreten am Pontus mit den Geten, durch Namensähnlichkeit und Nachbarschaft getäuscht, auch Skythen nannte man sie, mit der alten Bezeichnung für Völker des fernen unbekannten Nordostens.)

Unter Severus Alexander (222–235) werden Jahrgelder an sie bezahlt für Schonung und Verteidigung der Grenzen; aber bald darauf unter Maximus und Balbinus (238) beginnt der sogenannte „skythische Krieg" an jenen Marken, unter dem die

Römer die fast nicht mehr unterbrochenen Einfälle der Goten verstanden. Unter Gordian (243), der sich „Besieger der Goten" nennen ließ, wird als Führer der Feinde ein Skythenkönig *Argunthis* genannt, vielleicht derselbe, der gegen Philippus Arabs (244 bis 249) unter dem Namen *Argait* mit einem anderen Feldherren *Guntherich* von dem Gotenkönig *Ostrogota* über die Donau geschickt wird, Mösien und Thrakien zu verheeren. Der Name dieses Königs (der natürlich nach dem Volke benannt ist, nicht, wie die Sage es darzustellen liebt, umgekehrt dem Volk den Namen gab) läßt voraussetzen, daß schon geraume Zeit diese Gruppe der Goten den Sondernamen Ostgoten führte. Ostrogota ist die erste *geschichtliche* Gestalt in der Reihe der Könige der Ostgoten aus dem Hause der *Amaler* (von ambl, sich mühen, also „die mühevollen Helden"); seine Vorgänger im Reich sind keine Amaler und seine Vorgänger in der Stammtafel der Amaler sind wohl größtenteils sagenhaft. Er hatte das längere Zeit friedliche Verhältnis zu Rom gelöst wegen Vorenthaltung der vertragsmäßigen Jahrgelder. Er schlug auch den König der stammverwandten und benachbarten *Gepiden,* der Abtretung von Grenzland hatte erzwingen wollen. Sein Nachfolger *Kniva,* aus anderem Geschlecht, schickte ein Heer abermals nach Mösien und ist mächtig genug, mit einem zweiten dem Kaiser Decius entgegenzutreten, welcher bei Abrittum (November 251) Sieg und Leben verliert; vergeblich suchte Kaiser Gallus (251–253) durch Jahrgelder Ruhe zu erkaufen. Vielmehr begann von da ab, nachdem die zunehmende Schwäche des Weltreiches erkannt war und die Bevölkerung in der seßhaften Lebensweise gewaltig wuchs, eine Reihe selten unterbrochener Heerzüge der Goten in die Provinzen des Reiches; und zwar nicht nur auf den Landwegen, sondern das Volk, das später nur selten Seetüchtigkeit bewährt, rüstete damals starke und zahlreiche Raubschiffe – ein Zeichen nicht geringer Macht und Bildung, denn nicht alle diese Fahrzeuge doch waren den Römern abgenommen – es suchte in verwegenen Fahrten die Inseln und die Küsten des Kaiserreiches heim. Neben germanischen *Hérulern* (und *Peukinen:* Goten auf der Insel Peuke?) waren auch nicht germanische Nachbarvölker, *Boranen* und *Karpen,* bei diesen Kriegen Verbündete der Ostgoten: in die Jahre 255 bis 268 (unter den Kaisern Valerianus und Gallienus) fallen mehr als fünf solcher Kriegszüge.

Nachdem die *Boranen,* zuerst vielleicht noch ohne Beteiligung der Goten, gen Osten über das Schwarze Meer gesegelt waren und Trapezunt und Pithus erobert und geplündert hatten, drangen gemischte Haufen dieser Völker westlich gegen Byzanz, erstürmten Chalkedon und verheerten das Flachland von Kleinasien. Unter Gallienus (253–268) lief eine barbarische Flotte von nicht weniger als tausend Segeln in den Archipel, verbrannte Ephesos und Kyzikos, wandte sich dann gegen Attila, und den Peloponnes, wo Athen, Argos und Sparta heimgesucht wurden, und nahm den Rückweg mit unablässigen Verheerungen entlang der illyrischen Halbinsel. Unter Claudius (268–270) rüsteten Goten, Heruler, Peukinen eine doppelt (oder gar sechsfach) so starke Flotte auf den Dnjester (Danastrus) – das Heer wird auf dreihundertunddreißigtausend Mann angegeben, – segelten ungehindert aus dem Schwarzen Meer an Byzanz vorbei in den Archipelagus, plünderten die Inseln Rhodos und Kreta, landeten dann auf dem Rückweg bei Thessalonika und zogen gen Nordwesten tief ins Innere dem Kaiser Claudius entgegen, der sie zwar bei Naissus in Dardanien nach lange schwankender Schlacht durch seine überlegene Strategie schlug (269: er hatte die Barbaren trotz ihrer Übermacht zugleich im Rücken zu fassen verstanden; ihr Verlust wird auf fünfzigtausend angegeben, darunter viele gefangene Frauen), aber erkrankt, sie nicht mehr über die Donau zu drängen vermochte. Erst seinem Nachfolger Aurelian (270–275) gelang dies, der aber doch Dakien den Goten und ihren Nachbarn belassen mußte.[1] Dadurch wurde für mehr als vierzig Jahre Ruhe gewonnen: Erst unter Konstantin (321) fielen die Goten unter *Rausimuth* – echt germanisch, nicht sarmatisch, wie Zosimus meint; im achten Jahrhundert begegnet ein Rausmut – wieder in Thrakien und Mösien ein, wurden aber zurückgewiesen, und als später ein gotischer Häuptling *Aliquaka* in dem Kampf zwischen Licinius und Constantin jenen durch Hilfstruppen unterstützt hatte, zog der Sieger Constantinus über die Donau und zwang den König *Ariarich* im eigenen Land zum Frieden (336).

Dessen Nachfolger *Geberich* behauptete und erweiterte den gotischen Besitz in Dakien durch einen großen Sieg über die Vandalen, die er völlig aus dem Lande drängte, circa 337. Dadurch war genügend breiter Raum für das große Volk gewonnen. Vielleicht erklärt sich hieraus wie aus der jetzt günstigen Verteidigungslinie des Reiches, daß die Angriffe auf das römische Gebiet längere Zeit ruhten. Denn fast will es scheinen, als ob jene mit so großen Massen unternommenen Züge in die römischen Provinzen nicht nur Plünderung, sondern dauernde Niederlassung gesucht hätten für die zu Hause nicht mehr zu ernährende Volksmasse. Die in so bedeutender Zahl mitgeführten Frauen (nach der Schlacht bei Naissus kamen auf jeden einzelnen römischen Soldaten zwei bis drei gotische Weiber als Beuteanteil), bei den Landheeren die unabsehbaren Wagenreihen lassen nicht nur streifende Heere, sondern wandernde Volksgruppen annehmen, und man besorgte vor Claudius, man müsse diese gotischen Eindringlinge wegen der Dauer ihrer Festsetzung bereits als „Insassen des Reiches" ansehen. Im vierten Jahrhundert wandten sich die Waffen der Ostgoten siegreich gegen ihre germanischen und nicht germanischen Nachbarn im Westen, Norden und Osten: so maßlos die Heldensage Macht und Umfang des Reiches, das der Eroberer *Ermanarich*[2], Geberichs Nachfolger, ca. 350–370 gründete, ausdehnt – fest steht immerhin, daß dieser „Herrlichste der Amaler" (seit Ostrogota wieder der erste König aus diesem Hause), eine große Zahl benachbarter Völker in volle oder lockere Abhängigkeit gebracht hat. Wohl nur ein leichtes Band der Bundesgenossenschaft hatte die Westgoten mit dem Reich des Amalers verknüpft; aber die raschen ebenfalls gotischen *Heruler* wurden durch Krieg unterworfen und viele *finnische* und *slawische* Völkerschaften (Veneti, Antes, Sklaveni) mußten die Oberhoheit des Ostgoten anerkennen, dessen Ansehen, wenn auch nicht, wie die Sage berühmte, im Sinne der Herrschaft, bis zu den fernen Esten an der Ostsee reichte. Jordanis freilich, ins Ungemessene übertreibend, läßt den Amaler „alle Nationen Skythiens und Germaniens beherrschen".

Gegen das Ende seines Lebens aber trübte sich der Stern des mächtigen Herrschers. Die Westgoten hatten nach einem Zerwürfnis mit den Ostgoten ihre Abhängigkeit bis auf das geringste Maß gelockert, roxalanische (rosomonische?) Fürsten erfolgreich sich empört, mag auch die Verwundung des Königs durch *Sarus* und *Ammius*, die bluträchenden Brüder der Fürstin dieses Volkes, *Svanhild*, die der König aus Zorn über Abfall und Flucht ihres Gatten von wilden Hengsten habe zerreißen lassen, lediglich Sage sein, die überhaupt Ermanarichs Ende mit ihrem Efeugerank geschmückt zugleich und verhüllt hat. Denn über das Reich des Amalers ergoß sich nun zunächst die furchtbare Woge der *hunnischen* Reitervölker.

---

1 In seinem Triumph zog der Kaiser auf das Kapitol auf einem von vier Hirschen gezogenen Wagen, der einem gotischen König gehört hatte: das Gespann war Jupiter geopfert.

2 Dahn, Bausteine II. Berlin 1880, S. 188.

Dies häßliche Geschlecht greulicher Mongolen erfüllte bei seinem ersten Erscheinen die edlere germanische Art mit solchem Abscheu zugleich des Entsetzens, des Hasses und der Furcht, daß die Sage entstand, das Volk der Unholde sei entsprossen aus der scheußlichen Umarmung der bösen Geister der Steppe und verworfener Zauberweiber, der *Alraunen*, die einst ein Gotenkönig *Filimer* wegen teuflischer Künste aus des Volkes Gemeinschaft verstoßen und in die Wüste verjagt habe. Aus solch unreiner Vermischung erzeugt, habe die Heunenbrut häßlich und elend, nur durch die Stimme sich als menschlich bekundend, zuerst in den Sümpfen zunächst der Mäotischen See gehaust, von Jagd ohne irgend andere Arbeit lebend. Allmählich zu zahlreichen Stämmen herangewachsen, störten sie durch Raub und listigen Überfall aller Nachbarvölker Frieden. Endlich aber nahm einer der bösen Geister, von denen sie entstammt, die Gestalt einer Hirschkuh an, lockte hunnische Jäger auf der Flucht weiter und weiter nach Westen, warf sich endlich vom Ostufer des Mäotischen Sumpfes in die Flut und zeigte, dieselbe durchwatend, den Verfolgern die Furt, den Weg nach Europa: zum Verderben aller Völker. Denn alsbald setzten die Jäger nach, erkannten den Reichtum des Westlandes und bewogen, zu den Ihrigen zurückgeeilt, das ganze Volk zum Vordringen durch die Sümpfe nach Westen. Alles, was das gräßliche Geschlecht auf seinem Wege vorfand, war geschlachtet oder verknechtet. Entsetzen vor den unwiderstehlichen Unholden lähmte die Völker und wie eine Lawine wälzte sich der dämonische Strom vorwärts, anschwellend im Lauf durch das Gewicht unterjochter und mit fortgerissener Nationen. Auch in einem anderen Bericht spiegelt sich das Grauen, das Germanen und Römer vor den tierisch rohen Reiterhorden ergriffen hatte.

Die gotische Sage ertrug es nicht, das Erliegen des Volkes vor den Hunnen lediglich aus deren Übermacht zu erklären. Das Siechtum des Königs seit jener Wunde gibt erst den Feinden Mut zum Angriff. Ermanarich, unfähig, diesen Anprall abzuwehren, an der Wunde, dem Gram und dem höchsten Greisenalter leidend, stirbt einhundertundzehn Jahre alt. Und erst nach dem Tode des Königs gelingt den Hunnen die Unterjochung des Volkes. Die Westgoten retten sich durch Preisgebung ihres Landes und Übertritt auf römisches Gebiet: wir lassen sie einstweilen ihres Weges ziehen, später die Geschichte der Wanderer verfolgend.

In jener Sage, daß erst nach dem Tod des Königs die Unterwerfung des Volkes gelingt, ruht der gute Kern, daß die Erhaltung der Volkseigenart der Ostgoten in der Tat durch die Erhaltung des eigenen Königtums unter hunnischer Oberhoheit gerettet wurde, bis die Zeit für Abschüttelung des hunnischen Joches gekommen war. Die Unterworfenen behielten ihre bisherigen Wohnsitze und ihre Könige, diese wurden aber abhängig von dem Khan der Hunnen, hatten ihm unbedingt Heeresfolge – auch, wie wir sehen werden, gegen die eigenen Stammesbrüder, die Westgoten – und vermutlich Schatzung zu leisten. Zwar der nächste Nachfolger Ermanarichs, *Winithar*[1]; ebenfalls ein Amaler, versucht noch der hunnischen Herrschaft sich zu entziehen: er bricht in das Land benachbarter, wohl früher dem Reiche Ermanarichs unterworfener Slawen, schlägt sie und tötet ihren König mit seinen Großen, das Ansehen gotischer Herrschaft zu behaupten (ca. 380). Aber der Hunnenkhan *Balamer* duldet so selbständiges und kriegerisches Auftreten nicht. Im Verein mit einem anderen Amaler, *Sigismund,* und einem großen Teil der Ostgoten, die streng an der hunnischen Herrschaft hielten oder durch Furcht und Zwang gehalten wurden, griff er den Vorkämp-

---

1 Dahn, Deutsche Biographie XLIII.

fer gotischer Freiheit an: erst nach langem rühmlichen, von der Sage gefeiertem Widerstand in zwei Siegen (oder Niederlagen) fällt Winithar in einem dritten Kampf und
mit ihm der Rest gotischer Unabhängigkeit. Der Khan nimmt *Waladamarka,* des
Gefallenen Nichte, zur Ehe und beherrscht nunmehr alle Ostgoten durch deren Könige. Der Nachfolger Winithars wird aber nicht jener Sigismund, sondern *Hunimund*
(ca. 390), ein Sohn Ermanarichs, dessen Name vielleicht die Gewalt der Sieger andeu-
ten soll. Diesem „großen Helden hoher Schönheit" folgt sein jugendlicher Sohn *Thorismund*[1], der im zweiten Jahre seiner Regierung (ca. 400) einen glänzenden Sieg über
die benachbarten Gepiden gewinnt (vielleicht um hunnischem Dienst, dieses Volk dem
Khan zu unterwerfen), aber bald durch einen Sturz vom Pferde stirbt. Die Sage läßt
die Goten nun vierzig Jahre ohne Könige verbringen, aus Trauer um den Verlorenen,
„auf daß sein Andenken immer unter ihnen lebendig bleibe und auf daß die Zeit
herankomme, da *Walamer* (ca. 440–470), der Sohn von Thorismunds Vetter, *Wandalarius,* den Mannsstamm der Amaler erneue." Das Ungeschichtliche der Sage verrät
sich hier schon durch die Zeitangabe, die doch zu dem angegebenen Zweck in keinem
Verhältnis steht: vielleicht wollte die Volksüberlieferung in solcher Weise die längere
Unterbrechung in der Königsreihe beschönigen und den wahren Grund verhüllen, das
heißt den stärkeren Druck der hunnischen Herrschaft, die angestammte Könige nicht
mehr duldete. In diese königlose Zeit ca. 390–440 fällt ein Ereignis, das Cassiodorius
nur kurz andeutet, das aber die Heldensage zur Verherrlichung früh anlocken mußte.
Der nächste Erbe des kinderlosen Thorismund war ein unmündiger Neffe, *Walamer.*[2]
Aller Anhänglichkeit an das Geschlecht der Amaler unerachtet, wollten die Ostgoten
statt des noch waffenunfähigen Knaben einen waffentüchtigen Mann, *Gensimund,*
zum König wählen: in solchen Fällen wich man am ehesten von dem Königshaus ab,
das ja keineswegs in dem Sinn ein ausschließendes Recht auf den Königsstab besaß,
daß die Wahl des Volkes nicht einen anderen hätte berufen dürfen. Aber Gensimund,
durch Waffenleihe in die Sippe der Amaler als Wahlsohn aufgenommen (wahrscheinlich durch Walamers Vater) erfüllte in edelster Treue die Pflicht, die ein solches
Verhältnis auferlegte: er schlug die Krone aus und wandte sie dadurch dem Knaben zu.
   Nach langer Unterbrechung der Königsreihe besteigt nun Walamer, der älteste
Sohn Wandalars, des Sohnes Winithars, nachdem er waffenreif geworden, den
Thron: zwei jüngere Brüder, *Theodemer*[3] (ca. 475) und *Widemer* (ca. 473)[4], führen
zwar nicht den Königsnamen, solange Walamer lebt, aber sie helfen dem König regieren, indem sie wahrscheinlich eigene Landschaften und Volksteile im Namen und
Auftrag des ältesten Bruders mit gewisser Selbständigkeit beherrschen. Jordanis
weiß das schöne Verhältnis der drei Brüder, ihre Eintracht, die freiwillige Unterordnung der Jüngeren, die Fürsorge des Ältesten nicht genug zu rühmen; sie bilden das
Gegenstück zu der Zwietracht der Söhne Attilas, die alle die Herrschaft einbüßen,
weil sie alle herrschen wollen. Aber zunächst dauert die strenge Unterwerfung unter
das hunnische Joch fort. Als Attila seinen großen Heereszug gegen die Römer und
Westgoten in Gallien unternimmt, müssen die Ostgoten gegen diese ihre eigenen
nächsten Stammesbrüder unverzüglich Heeresfolge leisten, und der König der Westgoten fällt in der Schlacht auf den katalaunischen (richtiger „mauriacensischen") Fel-

---

1 Dahn, Deutsche Biographie XXXVIII, S. 180.
2 Dahn, Deutsche Biographie XXXVII, S. 188
3 ebenda
4 Dahn, Deutsche Biographie XLV, S. 340

dern (451) durch den Speer eines Ostgoten *Andages*. Erst als nach dem Tode Attilas (453) dessen Söhne zugleich in blinder Härte die unterworfenen Völker reizen, indem sie dieselben wie Sklaven unter sich verteilen wollen und in törichter Zwietracht untereinander hadern, gelingt es, nach dem Vorgang der Gepiden, auch den Ostgoten, sich von dem zerfallenden Hunnenreich loszureißen. Wie sehr sie aber herabgedrückt gewesen waren, erhellt daraus, daß Jordanis, trotz seiner Vorliebe für das Volk der Amaler, neben den Römern die Westgoten „das erste Volk" jener Tage nennen muß und daß bei der Erhebung gegen die Söhne Attilas die Gepiden, nicht die Ostgoten, der Zeit und der Bedeutung nach die ersten sind. Da nun die nach Osten zurückgeworfenen Hunnen in die bisherigen Sitze der Ostgoten einströmen, weichen letztere und lassen sich von Rom Land in der Provinz Pannonien einräumen. Dies war um so lieber bewilligt, als tatsächlich die Römer diese Provinz nicht mehr behaupten konnten. Gegen reiche Jahrgelder (annonae: das Wort ist in den gotischen Sprachschatz aufgenommen worden: Wulsila überträgt Lohn mit „annô") verpflichtete sich das Volk offenbar, Mannschaft zu stellen und jene Landschaften zugleich für sich selbst und den Kaiser gegen andere Barbaren zu verteidigen. Diese Aufnahme in römisches Bündnis und Land erleichterte die Losreißung von den Hunnen, und statt der drückenden Herrschaft der tief unter den Goten stehenden Mongolen war die nur formale Oberhoheit Roms eingetauscht, die noch immer in gewissem Sinn für ehrenvoll galt.

Hier in Pannonien trat nun eine räumliche Teilung der Herrschaft ein, die vielleicht schon früher auch am Pontus bestanden und eine Teilung des Volkes zur Grundlage gehabt hatte.

Walamer nahm seinen Sitz zwischen Saritza (Scarniunga) und Raab (aqua nigra), *Theodemer* am See Pelsodis (Neusiedler See), *Widemer* in der Mitte zwischen beiden im Land zwischen Drave und Save. Den Königstitel führt immer noch Walamer allein: aber die Gebiete sind so entlegen, daß die Hunnen versuchen können, Walamer anzugreifen, ohne daß ihm die Brüder Hilfe zu bringen vermögen. Dieser Versuch der Söhne Attilas, die Goten „wie entlaufende Knechte" in ihre Gewalt zurückzuzwingen, war der letzte. Walamer erwehrte sich allein des Angriffs, und am Tage, da die Nachricht dieses Sieges in der Halle Theodemers eintraf, war diesem von einer Buhle, *Ereliva*, ein Knabe geboren, der spätere *Theoderich* der Große (circa 454).

Die günstigen Verhältnisse zu Byzanz wurden etwa sieben Jahre später getrübt durch die Nebenbuhlerschaft eines anderen gotischen Häuptlings, *Theoderich des Schielers (Strabo)*, des Sohnes von *Triarius*, der für sich und seinen Anhang nun die jährlichen Spenden von Geld und Getreide gewann, die Byzanz vertragsgemäß den Amalern schuldete. Es verfolgte wieder einmal die alte römische Staatskunst, sich einer Germanengruppe durch die andere zu erwehren. Durch kriegerischen Angriff auf Illyricum nötigten die Amaler den Kaiser, den Vertrag zu erfüllen, das Geschuldete nachzuzahlen: jährlich dreihundert Pfund Gold waren zu entrichten. Dafür verpflichteten sich die Brüder, diese Grenzen zu verteidigen, und Theodemer stellte, obwohl sehr ungern, dem dringenden Wunsch König Walamers nachgebend, den etwa achtjährigen *Theoderich* als Geisel in Byzanz (ca. 462), der alsbald die hohe Gunst des Kaisers Leo gewann, „weil er ein feiner Knabe war" („quia puerulus elegans erat"). Diese Erziehung des jungen Theoderich am Hofe der Kaiserstadt, vom achten bis zum achtzehnten Jahre, wurde entscheidend für seine Zukunft: hier sog er früh in die empfängliche Seele die Bewunderung für die griechisch-römische Bildung, für Kunst, Wissenschaft und Staatswesen des Römertums, die er später als Beherrscher Italiens großartig betätigt hat.

Inzwischen kämpften die amalischen Brüder zugleich im Dienste Roms und in Behauptung und Ausdehnung ihrer Macht gegen fast alle ihre Nachbarn: *Satagen*, *Hunnen* und *Sarmaten*, aber auch gegen die germanischen *Skiren, Rugier, Gepiden, Sueben* und *Alemannen:* den Besiegten legten sie Schatzung auf, da die kaiserlichen Jahrgelder und, wie es scheint, auch der Ertrag des eingeräumten Landes nicht ausreichten, das zahlreiche Volk zu nähren.

Als Walamer im Kampf gegen die Skiren gefallen, tritt *Theodemer*, „die Abzeichen des Königtums anlegend", an seine Stelle, Widemer bleibt untergeordnet. Während der Vater gegen Sueben und Alemannen ausgezogen ist, kehrt der junge Theoderich aus der Vergeiselung zu Byzanz heim (ca. 472) und ergreift, erst achtzehn Jahre alt, sofort die Gelegenheit, selbständig Kriegsruhm zu gewinnen. Er sammelt aus Gefolgsleuten des Königs, Freiwilligen und Kolonen eine Schar von nur sechstausend Mann, überschreitet die Donau, überfällt und tötet einen alten Feind der Goten, den Sarmatenkhan *Babai*, der in jüngster Zeit, seit er römische Truppen geschlagen, eine unerträglich hochmütige Haltung angenommen. Siegreich brachte der Jüngling dem überraschten Vater Schatz und Sippe des Sarmaten: aber die Stadt *Singidunum* behielt er für sich, statt sie den Römern herauszugeben, denen sie erst kürzlich entrissen worden war – ganz ähnlich wie er später Italien Odovakar entreißt, aber zu eigenem Recht behält. Vielleicht trug dies zu dem Bruch mit Byzanz bei, der bald darauf erfolgte. Das Volk der Goten war unzufrieden mit seinen Wohnsitzen und Zuständen: Es litt Mangel an Nahrung und Kleidung, der Ackerbau mochte unlustig betrieben werden oder der Boden in der Tat nicht genügen. Durch Plünderung der oft schon heimgesuchten Nachbarn war nichts mehr zu gewinnen, so nötigte die Menge „mit großem Geschrei" den König, diese Sitze und Verhältnisse zu verlassen. Der König gibt nach: Nur auf Kosten der beiden römischen Reiche konnten bessere Länder gewonnen werden. So veranlaßt er seinen Bruder Widemer, fortan als selbständiger Führer seiner Gaue – den Königstitel geben ihm aber auch jetzt die Quellen nicht – gen Westen zu ziehen und Italien anzugreifen; er selbst als der Mächtigere wollte sich gegen das Ostreich wenden, das also – eine denkwürdige Angabe! – schon damals als der stärkere Teil des Imperiums galt, der denn auch, dank vor allem der unvergleichlichen Lage seiner Hauptstadt, das Westreich um ein Jahrtausend überdauert hat. Der Grund der Trennung der gotischen Gaue war wohl die erkannte Unmöglichkeit, die vereinten Massen auf dem Zug zu verpflegen.

Es gelang dem westlichen Kaiser Glycerius, durch reiche Geschenke Widemer von Italien abzuhalten und statt dessen nach Gallien abzulenken (474), wo diese ostgotischen Gaue mit den daselbst vorgefundenen Westgoten verschmolzen, in deren Volk und Reich sie aufgingen.

Theodemer aber zog im Kampf mit Römern und Sarmaten in die Provinz Mösien, entriß dem Kaiser die Städte *Naissus* und *Ulpiana*, starb jedoch bald darauf (474 oder 475), nachdem er seinen Sohn dem Volk als seinen Nachfolger empfohlen hatte. Die Goten erhoben denn auch den Einundzwanzigjährigen, den das Blut der Amaler und früh erworbener Ruhm auszeichneten, zu ihrem König. Die nächsten dreizehn Jahre waren für Theoderich eine schwere Lehrzeit. Sein Volk hatte auch in den neuen Sitzen keinen gesicherten Bestand, er war immerhin auf Byzanz angewiesen, wenn er nicht wieder auf das Nordufer der Donau und in den Kampf mit all den dortigen Barbaren treten wollte. Die Staatskunst von Byzanz aber mußte darauf gerichtet sein, die gotischen Waffen gegen geringsten Entgelt möglichst für den kaiserlichen Dienst auszubeuten, bis man sie entbehren oder gar vernichten konnte. Dabei wurde die Stellung des Königs in diesem Schachspiel sehr verschlimmert durch die Nebenbuhlerschaft jenes früher genannten gotischen Häuptlings *Strabo*, der, in ganz ähnlicher Lage, vom Kaiser bei jeder Gelegenheit gegen die Amaler verwertet werden konnte. So dreht sich die Schaukelkunst jener Jahre stets um die angedeuteten Angeln. Strabos Vater, *Triarius*, mochte in der Schar von Ostgoten, die unter *Alatheus* und *Safrach* vor den Hunnen über die Donau geflüchtet waren (siehe unten, Westgoten), als Edler und zumal als Gefolgsherr hervorgeragt haben, den Königsnamen führte weder er noch sein Sohn. Dieser forderte vom Kaiser Erbschaft und Amt seines jüngst ermordeten Verwandten *Aspar*, das „magisterium praesentis militiae": Aufnahme seiner Scharen in Thrakien, ein Jahrgeld von tausend Pfund Gold und Verleihung des Namens eines „Königs der Goten" – hierin sehr verschieden von Theoderich, der, unzweifelhafter König seines Volkes, zwar römische Würden vom Kaiser fordert, aber Anerkennung oder gar Verleihung des Königtums von Byzanz natürlich nicht zu fordern braucht.

In den Jahren bis zum Tode Strabos trachtet nun Kaiser Zeno (474 bis 491), die beiden gotischen Häuptlinge gegeneinander ins Spiel zu bringen, der „Schieler", was ihm an Glanz und Macht gegenüber dem Volkskönig, dem Amaler, gebricht, durch kaiserliche Mittel zu ersetzen, endlich Theoderich, der König, stark, aber auch gebunden dadurch, daß er ein Volk vertritt, dies Volk zugleich so unabhängig und so begünstigt von Byzanz hinzustellen, als erreichbar.

Zeno war durch einen Anmaßer, *Basiliskos*, unter Strabos Hilfe vertrieben worden (475–476). Theoderich hatte für des Kaisers Wiedereinsetzung (auch gegen gemeinsame äußere Feinde, die *Bulgaren*) gekämpft und zur Belohnung Geld, die Würde des Patriciats, die Annahme zum Sohne durch Waffenleihe erhalten. Jedoch sicherte er für alle Fälle sich und sein Volk, indem er, sehr weislich der Dauer byzantinischer Gunst und Dankbarkeit nicht trauend, ohne Bewilligung des Kaisers und zum Teil mit Gewalt wider dessen Truppen, an der unteren Donau Stellung nahm: *Novae* unterhalb Singidunum war sein Hauptsitz. Strabo bemüht sich lange vergebens, den Kaiser gegen diesen gewalttätigen undankbaren Waffensohn aufzubringen, der immer noch sein Feldherr und Freund heiße; er wird, nachdem ein Versuch, in Byzanz einzudringen, entdeckt und vereitelt worden, zum Feind erklärt. Zwar schüchtert der kühne Parteigänger die Hofburg durch starke Rüstungen ein – auch viele Krieger Theoderichs treten damals zu ihm über, der Kaiser will sich mit ihm auf Kosten des Königs verständigen. Aber die Maßlosigkeit Strabos, der die Hauptstadt selbst zu gewinnen trachtet, läßt diese Verhandlungen scheitern: Zeno muß abermals Theoderichs Hilfe gegen Strabo anrufen. Der König läßt sich diesmal geloben, daß Kaiser sich nie wieder mit dem Schieler versöhnen werde, und nur auf dies eidliche Versprechen hin zieht Theoderich dem Feind entgegen an den Hämus (Balkan), wo ihn ein byzantinisches Heer erwarten sollte. Aber statt dieser fest zugesagten Hilfstruppen findet er nur seinen stark gerüsteten Gegner, der ihn gefährlich bedroht und zugleich auffordert, sich mit ihm gegen das verräterische Byzanz zu wenden, das sie nur gegenseitig aufzureiben trachtete.

Erbittert über die Treulosigkeit des Kaisers und halb gezwungen von seinem durch Strabo geschickt bearbeiteten Volksheer, das sich weigert, gegen Stammesbrüder für Verräter weiterzukämpfen, geht der Amaler auf die Vorschläge ein, und beide Goten wenden sich nun drohend gegen Byzanz. Jedoch bald gelingt es Zeno, dieses höchst gefährliche Bündnis zu lösen. Strabo, eifersüchtig auf die wieder steigenden Kräfte des Königs, macht seinen Frieden mit dem Kaiser, der ihm seine Ämter zurückgibt, den Amaler aber aller seiner Würden entsetzt; dieser in kaiserlichem Dienst gestanden, zu erneuten Feindseligkeiten, die ihm als Preis des Friedens gebotene

Landschaft *Pantalia* ausschlagend, entschließt sich aber, da der tüchtige Feldherr Sabinianus ihm mit Erfolg entgegentritt, zu neuen Verhandlungen. Er fordert die Strabo gewährte Feldherrnstelle und völlige dauernde Aufnahme in den Reichsverband. Dafür erbietet er sich, unter Vergeiselung sogar von Mutter und Schwester, sofort vorzügliche Krieger dem Kaiser zu stellen, den Rest des Volkes in einer anzuweisenden Provinz anzusiedeln und später nach dessen Wahl sich gegen Strabo in Thrakien zu wenden oder – und hier taucht der Gedanke an das herrenlose Italien zum erstenmal auf, wie es scheint, bei Theoderich früher als bei dem Kaiser – den vertriebenden weströmischen Kaiser *Nepos*, den Schützling Zenos, in dessen Auftrag aus der Verbannung in Dalmatien auf seinen Thron nach Rom zurückzuführen. Man sieht, der König muß vor allem stets Wohnsitze für sein Volk suchen, das eben in Wahrheit ein Volk war, während die Scharen abenteuernder „Condottieri", wie Strabo oder Sidimund, Weiber und Kinder gar nicht oder doch, ähnlich wie die Landsknechte des Mittelalters, nur in viel geringerer Zahl mit sich führten. Während des Waffenstillstandes dieser Verhandlungen schlägt Sabinianus in verräterischem Überfall die Nachhut des Königs unter dessen Bruder *Theodemund* bei *Lychnidus*, erbeutet zweitausend Wagen des ungeheuren Trosses und macht fünftausend Gefangene. Der Kaiser, diese Vorteile überschätzend, verwirft Theoderichs Vorschläge und läßt den Kampf fortsetzen (479). Als sich nun aber zwei Rebellen, *Prokopius* und *Romulus*, wider ihn erheben, erkauft er mit großen Opfern den Beistand Strabos; der jedoch zweideutig auch einen der Rebellen bei sich aufnimmt und abermals einen Versuch auf Byzanz wagt (481). Als er bald darauf durch Zufall den Tod findet (481), hebt sich Theoderichs Stellung: er wird dem Kaiser als Feind gefährlicher, hat als Freund keinen gotischen Wettbewerber mehr. Denn auch in den nächsten Jahren schlägt das Verhältnis stets in schroffe Gegensätze über: Im Jahr 482 zieht der König verheerend durch Thrakien, im Jahr darauf 483 wird er Consul designatus für 484 und erhält Teile von Dakien und Mösien, 484 das Konsulat, 486 unterdrückt er mit den Waffen die Erhebung des *Illus* und *Leontius* wider den Kaiser und erhält zum Dank die Ehre des Triumphes und einer Reiterstatue zu Byzanz. Aber schon im folgenden Jahr (487) rückt der Gote feindlich gegen die Tore derselben Hauptstadt, und erst die Ablenkung nach Italien macht diesen Schwankungen zwischen offener Feindschaft und Ehrenbezeigungen ein Ende. Die Anregung zu diesem Plan ging gewiß vom Kaiser aus. Denn ganz im Geist altrömischer Staatskunst und zugleich nur Wiederholung des in dem letzten Jahrzehnt getriebenen byzantinischen Spieles war es, einen Germanenfürsten durch den anderen zu verderben: statt Strabos bediente sich nun Byzanz *Odovakars* gegen Theoderich. Denn das Danaergeschenk Italien mußte sich der Beschenkte erst erobern: er sollte es dem Arm Odovakars entreißen, der sich in langjährigem Kampf als ebenbürtigen Gegner des Amalers erwies.

Das weströmische Reich hatte durch einen Söldneraufstand ein, man möchte sagen, zufälliges Ende gefunden (siehe: Odovakar), wenigstens war kein Plan auf dies Ergebnis gerichtet gewesen. Die germanischen Söldner hatten ihre Ansprüche von Jahrhundert zu Jahrhundert gesteigert. Das Mittel, ihnen neben Geldlohn und Naturalverpflegung Land zur Bebauung zugleich und Verteidigung anzuweisen, war ungefährlich, solange das Reich stark genug war, diese Barbaren als echte „Grenzer" – ganz ähnlich der erst in unseren Tagen aufgehobenen „Militärgrenze" Österreichs – auf die äußersten, gefährdetsten Ränder der Monarchie zu beschränken. Hier haben sie jahrhundertelang dem Reich gute Dienste geleistet in Fernhaltung anderer Barbaren. Als aber diese Söldner der sinkenden Macht des Imperiums gegenüber es durchzusetzen wußten, daß sie auch in den inneren Provinzen des Reiches angesiedelt wurden, und zwar nicht nur als Nießbraucher, als Eigentümer eines Bodendrittels, da drohte die Gefahr der Barbarisierung des Reiches. Odovakar war von Byzanz nicht anerkannt worden: nunmehr sollte Theoderich ihn vernichten und als kaiserlicher Statthalter Italien für Byzanz verwalten, zugleich sein Volk in dem Land ansiedelnd. Vielleicht war dabei von Anfang bedungen, daß zu diesem Zweck nur die „sortes Herulorum", d. h. die bisher von den Söldnern besetzten Bodendrittel verwendet werden sollten. Mochte Theoderich, mochte Odovakar erliegen, jedenfalls gewann der Kaiser: Er entledigte sich eines gefährlichen Nachbars oder eines Anmaßers, er wurde der Goten ledig, oder er gewann Italien dem Reich zurück. Der Plan war echt byzantinisch schlau, aber er übersah die große Herrscherseele Theoderichs und den Rückhalt, den ihm als Sieger sein Volkskönigtum gewähren mußte.

Die Zustimmung des Volkes mußte der König freilich einholen zu dem schicksalvollen Schritt: sie war gern erteilt. Die Goten waren unzufrieden mit den Wohnsitzen und den stets schwankenden Verhältnissen zu dem treulosen Byzanz. Noch im Jahre 488 geschah der Aufbruch, nachdem die über weite Landschaften verstreuten Siedler zusammengezogen waren, abermals ging das Volk mit Weib und Kind, Knechten und Mägden, mit Wagen, Rossen und Rindern auf Wanderschaft. Die Kopfzahl zu schätzen ist sehr schwer. Früher wurden alle diese Germanenvölker der Wanderung zu hoch geschätzt. Da jedoch unter Witichis und Totila hundertfünfzig- bis zweihunderttausend Krieger aufgestellt werden können, allerdings nach starker Vermehrung der Bevölkerung, wird man die Zahl der Einwanderer auf circa zweihundertfünfzigtausend anschlagen müssen. Manche Goten blieben freilich zurück: so *Bessa,* der später im Heere Belisars gegen seine Volkgenossen befehligte. Dafür aber begleiteten einzelne Byzantiner den Zug, und auf dem Wege schlossen sich starke Bruchteile der *Rugier* an. Von *Novae,* dem Hauptlager des Königs in diesen letzten Jahren, nördlich von *Nikopolis,* hart an der Donau ging der Zug den Strom aufwärts auf dem rechten, dem römischen Ufer des Stromes über *Singidunum* und *Sirmium:* in ununterbrochenen Gefechten mit Bulgaren und „*Sarmaten*", d. h. wohl meist Slawen. Des Königs persönliche Tapferkeit entschied den schweren Tag, an dem die *Gepiden* dem altverfeindeten Volk den Weg versperrt hatten. In höchst beschwerlichem Wandern gelangten die Goten, zugleich von den Schrecken des Winters, des Hungers und böser Seuchen bedrängt, die *Save* aufwärts auf gefährlichen Bergwegen auf den Kamm der Alpen und erreichten endlich den *Isonzo,* der die Grenze Italiens bildete. Hier, an der Schwelle seines Hauses, trat ihnen sofort Odovakar entgegen: aber die Goten erzwangen den Flußübergang (28. August 489). Vier Wochen darauf (30. September) lieferte ein zweiter, blutig bestrittener Sieg bei *Verona* diese starke Festung, die Etschlinie und *Mailand* den Goten aus. Odovakar will nach Rom eilen, aber schon schließt ihm seine Hauptstadt die Tore, dem im Auftrag des Kaisers auftretenden Feind zufallend. Nun wirft sich Odovakar in seine zweite Hauptstadt *Ravenna,* eine für die Belagerungsmittel jener Zeit durch Sturm nicht bezwingbare Festung der Sümpfe. Und da *Classis,* der Kriegshafen der römischen Adriaflotte, die Verpflegung der Stadt von der Seeseite sicherte, blieb, solange der Belagerer der Schiffe für eine Hafensperre entbehrte, auch Aushungerung ausgeschlossen. Ravenna war, gleich Venedig in unseren Tagen, eine Wasserstadt, in deren Lagunen Gondeln den Verkehr vermitteln: ein kunstvolles Netz von Kanälen des Po machte auf den drei Landseiten den Gewaltangriff fast unmöglich. Das flache Land freilich meinte Odovakar nicht mehr halten zu können, vollends seit sein Feldherr Tusa zu den Goten übergetreten war. Aber sei es, daß dieser Übertritt von Anfang eine List zu Gunsten Odovakars war[1], sei es, daß der Abgefallene reuig zum alten Herrn zurückkehrte, Tusa brachte Theoderich in große Gefahr dadurch, daß er, zu Odovakar zurückfallend, die ihm untergebenen gotischen Heerführer gefangen auslieferte. Nun ging Odovakar seinerseits zum Angriff über, *Cremona* und *Mailand* fielen ihm wieder zu, und Theoderich war gezwungen, sich mit den Seinen in die Mauern *Pavias* zurückzuziehen, wo er nun seinerseits eingeschlossen war – die beste Warnung gegen Überschätzung der Zahl der Einwanderer, die neben den bisherigen Einwohnern also sämtlich in einer Mittelstadt Raum fanden. Die Lage der Eingeschlossenen ward sehr bedenklich: nur treue Freundeshilfe der nahe verwandten *Westgoten* brachte Rettung. Diese fanden ein starkes Heer zum Entsatz: nun vermochte Theoderich wieder das offene Feld zu nehmen, und er schlug die Feind in einer dritten Schlacht um einen Flußübergang[2], an der Adda (11. August 490). Abermals war Odovakar genötigt, sich in Ravenna zu bergen und hier von drei gotischen Lagern auf der Landseite umschlossen, während Theoderich, selbst oder durch gotische und römische Führer, Rom und ganz Italien bis auf *Ariminum* und *Cäsena* gewann. Die italische Bevölkerung fiel ihm fast ausnahmslos zu und beseitigte gemäß geheimer Verschwörung an *einem* Tag gleichzeitig im ganzen Land die widerstrebenden Anhänger Odovakars mit blutiger Tat: einer Art „Vesper". Inzwischen hatte dieser mit zähem Heldenmut sich auf das grimmigste verteidigt, in sehr häufigen nächtlichen Ausfällen die Werke der Belagerer zu sprengen und zumal ihre wichtigste Stellung, das feste Lager in der *Pineta,* zu überraschen versucht. Als der letzte, überaus heftige Angriff auf dasselbe, freilich nur mit alleräußerster Not, durch Theoderichs eigenes Schwert abgeschlagen war (10. oder 15. Juli 491), umschloß der Sieger die erschöpften Söldner noch enger und sperrte, seit er in dem eroberten Hafen von *Ariminum* eine Flotte gewonnen, auch von der Seeseite die Zufuhr ab (28. August 492). So zwang der Hunger die Stadt zur Ergebung: nach tapferstem, drei Jahre hindurch fortgeführtem Widerstand schloß Odovakar unter Vermittlung des Bischofs von Ravenna einen ehrenvollen Vertrag (27. Februar 493), wonach er gegen Vergeiselung seines Sohnes *Thela* Leben, Freiheit, königliche Ehren gleich Theoderich selbst zugesichert erhielt. Aber leider hat uns die Geschichte nicht zu rühmen, daß die beiden großen Helden diesem Vertrag und ihrer Hoheit gemäß nun in guten Treuen nebeneinandergelebt: ein blutiger Fleck entstellt das sonst so edle Bild Theoderichs. Theoderich besorgte alsbald – ob in Wahrheit oder zum Schein, und, ersterenfalles, ob mit Recht oder Unrecht, ist nicht zu ermitteln – Nachstellungen Odovakars gegen sein Leben, denen er zuvorzukommen beschloß. Bald nach seinem Einzug in Ravenna (5. März 493) lud er ihn zum Mahl in den Palast *Lauretum* zu Ravenna und stieß ihn hier mit eigener Hand nieder: auch sein Sohn und seine Gefolgschaft teilten den Untergang des Helden.[3]

---

1 Spuren dieser Vorgänge sind in der Heldensage wahrzunehmen.
2 Die drei von der Natur gegebenen Verteidigungslinien Nordostitaliens: Isonzo, Etsch und Adda waren gehalten und genommen worden.
3 Dahn, Theoderich der Große und Odovakar. Bausteine II. Berlin 1880, S. 272. – Odovakar, Deutsche Biographie XXIV, S. 154.

Zweites Kapitel

Äußere Geschichte des ostgotischen Reiches in Italien unter Theoderich dem Großen (493–526)

Die Darstellung dieses Reiches ist deshalb schwierig, weil nicht nur die heutigen Auffassungen der Zustände, nicht bloß die alten Quellen, vielmehr die Verhältnisse selbst reich an Widersprüchen sind.

Einerseits ein Barbarenvolk, ein Barbarenkönig, durch Eroberung tatsächlich Herren Italiens und der Nebenländer und so wenig abhängig von Byzanz, daß es zum offenen Kampf zwischen beiden kommen kann, der als Krieg, nicht als Empörung gilt.

Dabei aber andererseits in der Form die größte Schonung nicht nur der Italier, auch der Beziehungen Italiens zum Kaiserreich, feierliche Erklärungen, wonach das Land als zum Kaiserreich gehörig, das Gotenvolk als Teil des Imperiums bezeichnet wird, in ausdrücklichen Gegensatz zu den Königen und Völkern der Barbaren, denn freilich: im Auftrag des Kaisers war ja Theoderich ausgezogen, Italien von einem Anmaßer zu befreien, nicht, um es für sich zu erobern und kraft eigenen Rechtes zu beherrschen.

Der letzte Grund dieser Widersprüche lag darin, daß der schlaue byzantinische Plan die Rechnung ohne den Wirt gemacht hatte, das heißt, man hatte die Herrschernatur Theoderichs nicht erwogen und nicht die vom Kaiser und von Italien unabhängige Macht, die ihm sein alt begründetes Königtum an der Spitze seines Volkes sichern mußte.

Alsbald nach Odovakars Untergang war Theoderich durch sein Volk zum „König" ausgerufen, natürlich nicht der Goten, was er bereits war, sondern Italiens oder „der Italier"; das heißt eigenen Rechtes, kraft der Eroberung, als Ausdruck seines Sieges, nicht als Beamter des Kaisers sollte und wollte er herrschen in dem bemeisterten Land. Das war freilich gegen Zenos Plan, wohl auch gegen die Abrede. Dies meinen später die Byzantiner, wenn sie der Goten Recht im Lande bestreiten, wenn sie sagen, Theoderich habe in Italien nur *einen* Anmaßer („Tyrannos") Odovakar durch den anderen – sich selbst – ersetzt, er habe das Land für sich, statt für den Kaiser erobert und behalten. Denn daß sein Volk im Land sollte wohnen dürfen, war ja selbstverständlich und vorbedungen; nur die Herrschaft kraft eigenen Rechtes statt als kaiserlicher Beauftragter enthielt die „Anmaßung".

Schon während des Kampfes mit Odovakar, nach dem Sieg an der Adda, hatte Theoderich das Haupt des Senates, Festus, nach Byzanz geschickt, von Kaiser Zeno die „vestis regia" zu erbitten, das heißt selbstverständlich nicht die Abzeichen der *gotischen* Königswürde, die er längst besaß, vom Kaiser weder erbitten noch erhalten konnte und gegenüber den Italiern nicht brauchte, sondern den Purpur: als Zeichen der von Byzanz anerkannten Herrschaft über Italien, um die damals noch schwankenden Italier zu gewinnen. Bevor aber diese Anerkennung erfolgte, war Odovakar vernichtet, und nun riefen die Goten, ohne die Antwort von Byzanz, wo inzwischen auf Zeno *Anastasius* (491–518) gefolgt war, abzuwarten, ihren König zum König von Italien aus. Dies nahm der Kaiser gewaltig übel und erst nach mehreren Jahren (498) erfolgte Aussöhnung und Anerkennung jenes eigenmächtigen und die ursprüngliche Absicht der Kaiser durchkreuzenden Schrittes. Anastasius sandte die Kleinodien des

Palastes von Ravenna, die Abzeichen des abendländischen *Kaisertums,* die Odovakar anfänglich in Anerkennung der Oberhoheit des oströmischen Kaisers nach Byzanz geschickt hatte, an Theoderich zurück. Daher die „kaiserliche" Würde, die der Gote gegenüber anderen Germanenkönigen, aber freilich nicht gegen den Imperator zu Byzanz, in Anspruch nimmt.

Von früheren Beispielen, da ebenfalls germanische Helden an der Spitze ihrer Scharen in Italien in des Kaisers Namen gewaltet, von der Stellung eines *Stilicho, Aetius, Rikimer,* unterschied sich Theoderichs Stellung sehr wesentlich dadurch, daß hinter ihm nicht bloße Söldnerhaufen, sondern ein mit Weib und Kind, Unfreien und Herden eingewandertes und nun angesiedeltes Volk stand.

Diese Ansiedlung, gewiß unter Beibehaltung der Gliederung in Sippen, so daß die nächsten Verwandten auch die nächsten Nachbarn wurden, geschah ohne neue Landteilung; vielmehr rückten die Goten nur an Stelle der in dem langen und blutigen Kampf gefallenen Anhänger Odovakars in die „sortes Herulorum" ein. Alle Führer und Vornehmen, das heißt also alle größeren Grundherren unter diesen, hatten Leben und Eigentum verloren, das Land war entvölkert, die weitgestreckten Großgüter boten Raum genug für die neuen Ankömmlinge, obwohl deren Kopfzahl viel bedeutender sein mußte als die der Söldner. Jedoch nicht einmal über Italien verbreiteten sich die Goten in gleichmäßiger Dichte, und in den Nebenländern Gallien, Spanien haben wir als Regel Besatzungen, nicht Ansiedlungen, anzunehmen.

Den Ostgoten hatten sich auf dem Zuge Gepiden angereiht, zumal aber mehrere geschlossene Gaue der Rugier, die auch in Italien sich zwei Menschenalter hindurch unvermischt mit Goten erhielten. Gerade dies beweist, daß die Ansiedlung nach Sippschaften erfolgt war; was man den geringen Splittern eines Nebenvölkleins verstattet hatte, war gewiß von dem Hauptvolk sorgfältig gewahrt worden. Manche Erscheinungen des großen Krieges gegen Byzanz erklären sich nur unter solcher Voraussetzung.

Es sind nun in dem Reich Theoderichs die beiden Volksgruppen, aus welchen es sich zusammensetzt, zu unterscheiden: die *Römer* (und Provinzialen) einerseits, die *Goten* andererseits. Was jene betrifft, war die ganze bisherige Verfassung, der Bau der Staatsämter und die Gemeindeverfassung der Städte, die mit allen Rechten der Magistrate, Korporationen und der einzelnen aufrechterhalten, selbstverständlich auch mit den bisherigen Pflichten, zumal den Steuerlasten; nur war an die Stelle des Kaisers nunmehr der König als Träger der entsprechenden Forderungen und staatsrechtlichen Befugnisse getreten: ob kraft eigenen Rechts, oder ob nur in Vertretung des Kaisers – darüber waltete, wie gesagt, ein wechselndes Dunkel.

Für die Goten bestand dem Grundsatz nach ebenfalls die bisherige Verfassung fort, die sie mit nach Italien gebracht. Theoderich blieb an ihrer Spitze als Träger des alt angestammten Königtums: eine Erinnerung der alten Zustände und ein bedeutsames Zeichen des Verhältnisses zu den Italiern bildete das ausschließlich aus Goten bestehende *Heer;* nur ausnahmsweise wurden einzelne Byzantiner und Römer durch besonderes Vertrauen des Königs als Anführer zugelassen. Indessen, die bisherige Verfassung hatte doch sehr wesentliche Veränderungen erfahren müssen, schon durch das Nebeneinander der römischen Einrichtungen, zumal der römischen Ämter. Der König versuchte, wie die Herrscher in allen diesen auf römischem Boden gegründeten Reichen, die Rechte, die er als Nachfolger des Imperators gegen die Römer hatte, auf seine germanischen Untertanen auszudehnen, zumal das Besteuerungsrecht; und in diesem Trachten, das nicht nur als Ausfluß von Herrschsucht, sondern als ein Streben nach Herstellung mehr ausgebildeter Staatszustände, zumal einer stärkeren Staatsgewalt gegenüber dem ungebändigten Unabhängigkeitsdrang des germanischen Wesens aufzufassen ist, war die Krone, wie regelmäßig sonst, auch in diesem Reich erfolgreich. Ein Hauptgrund ihrer Erfolge war, daß das Volk den wichtigsten Träger der alten Verfassung, die große Volksversammlung, in der gleichen Zeit einbüßte, da das Königtum in der überreich ausgebildeten Gliederung der römischen Ämter die mannigfaltigen und erprobten Mittel des imperatorischen Einherrschertums gewann.

An die Stelle der alten Volksversammlung, die, bei der Zersplitterung der Heermänner über ein Gebiet von Syrakus bis Innsbruck und von Belgrad bis Toledo, schon aus räumlichen Gründen in der alten Weise nicht mehr möglich war, trat nun das „palatium regis" und die Person des Königs: von ihr strahlt nun alle Ehre, alle Bedeutung im Staat aus. Damals konnte der Reichskanzler Theoderichs schreiben: „Eher könnte die Natur irre gehen, als daß der Staat nicht das Gepräge seines Fürsten trüge" und: „Fast einem Toten ist gleich, wer seinem König nicht bekannt ist, bar aller Ehre lebt, auf wen seines Königs Auge nicht leuchtet".

Die äußere Haltung des Reiches war bestimmt durch die wechselnden Beziehungen zu den beiden mächtigsten Staaten der Zeit: dem *Kaiserreich* im Osten und dem *Frankenreich* im Norden.

So eifrig Theoderich auch gutes Vernehmen mit Byzanz pflegte, schon um seiner römischen Untertanen willen, so höflich er sich in Briefen an den Kaiser und sein Reich als „Teil des Imperiums" bezeichnete, er zeigt zu Byzanz an, daß er den Gallier Felix zum Konsul für das Jahr 511 ernannt, und erbittet Bestätigung; er besinnt sich doch nicht, der Festsetzung der byzantinischen Macht an seiner übel gedeckten Ostgrenze sofort mit den Waffen entgegenzuschreiten. Kaiser Anastasius hatte einen angeblichen Abkömmling Attilas, *Mundo,* der in jenen Grenzlanden einen kleinen Räuberstaat errichtet hatte, angreifen und in einer alten Feste als letztem Zufluchtsort hart bedrängen lassen. Da eilte Theoderichs Feldherr, *Pitza,* der in der Nähe gegen die Gepiden focht, herbei (504), erklärte den Abenteurer für einen Schützling seines Königs und, da die Byzantiner hierauf keine Rücksicht nahmen – der alte Feind und glückliche Bekämpfer der Goten, Sabinianus, führte den Befehl, griff sie Pitza an, schlug sie samt ihren bulgarischen Hilfsscharen und befreite die Belagerten. Drei Jahre währte hierauf offener Kriegszustand zwischen dem Kaiser und seinem angeblichen Statthalter in Italien. Anastasius brauchte seine Überlegenheit zur See und ließ, als die Goten in Gallien (507–508) alle Hände voll zu tun hatten (siehe Westgoten), durch seine Flotte die gotischen Küstenstädte von Calabrien angreifen und – sehr unkaiserlich – ausplündern. Daraufhin rüstete Theoderich mit Kraft und Eile eine Flotte, eine Maßregel, die nur gegen Byzanz gerichtet sein konnte. Doch wurde der Streit ohne weitere Feindseligkeiten beigelegt, wie denn der König nach Vernichtung Odovakars eine höchst friedliche Staatskunst verfolgte und nur notgedrungen zum Schwerte griff – ein Zug, den die Heldensage in Dietrich von Bern mit Nachdruck hervorhebt –, mochte diese Friedensliebe von eigener Neigung und Weisheit oder von geheimer Erkenntnis der inneren Schwäche seines Reiches eingegeben sein. Der Krieg war ihm aufgezwungen durch seine bitterbösen Nachbarn im Norden, die gefährlich aufstrebende jugendliche Macht der *Franken,* seit diese in dem Merowingen *Chlodovech* einen kühnen, listigen und gewissenlosen Führer zu gewalttätigem, schonungslosem Angriff gewonnen hatte (siehe Franken). Theoderich hatte des Stammes und seines Königs bedrohliche Art klar durchschaut, er hatte sie neben Byzanz als den lauernden Feind seines Reiches erkannt. Wider Chlodovech war daher gerichtet die mit größter Sorgfalt systematisch getriebene Staatskunst des

Friedens gegenüber allen kleineren Fürsten, die er, ohne eine staatsrechtliche oder auch nur völkerrechtliche Form dafür zu finden, in einer tatsächlichen Schutzhoheit, in einer Art Oberleitung unter seinem väterlichen, sittlichen Ansehen zu versammeln trachtete. Außer Geschenken und Gesandtschaften bediente er sich zu diesem Zweck zumal des Mittels der Verschwägerungen, indem er die Frauen seines Hauses mit benachbarten Fürsten vermählte. Er selbst hatte nach dem Tod seiner ersten Gemahlin Chlodovechs Schwester *Audefleda* zur Ehe genommen: von seinen Töchtern, *Theodegoto* und *Ostrogoto*, vermählte er die erste mit *Alarich II.*, dem König der Westgoten, die zweite mit *Sigismund*, dem König der *Burgunden*. Da ihm ein Sohn nicht geboren wurde, suchte er seiner Tochter *Amalaswintha* die Krone dadurch zu sichern, daß er sie mit einem Angehörigen des amalischen Königshauses, *Eutharich*, verheiratete, der bis dahin bei den Westgoten in Spanien gelebt hatte. Dieser war von Kaiser *Justinus* (518–527) zum Waffensohn angenommen und 519 zum Konsul ernannt. Seine glänzende Schwester *Amalafreda* gab er *Thrasamund*, dem glänzenden König der benachbarten *Vandalen* in Afrika, seine Nichte *Amalaberga Hermanfrid*, dem König des Thüringerreiches im Herzen Deutschlands, zur Ehe und den König der *Heruler* nahm er durch Waffenleihe zum Waffensohn an. Bis zu den fernen *Esten* an der Ostsee war der Ruhm seines Namens gedrungen: sie schickten durch Gesandte Bernstein als Ehrengeschenk.

Der Merowinger ließ sich jedoch weder durch die Schwägerschaft noch durch die Furcht vor dem Goten von seinen Eroberungsgedanken abbringen. Mit Mühe gelang es Theoderich, die unabhängigen Reste der *Alemannen* auf dem rechten Rheinufer, denen er nach Chlodovechs Sieg über das Volk in Graubünden Zuflucht gewährt hatte, vor weiterer Verfolgung durch den Franken zu schirmen: durch Unterwerfung des größten Teils des Alemannengebietes waren nun Goten und Franken unmittelbare Nachbarn geworden.

Vergeblich aber blieben alle Anstrengungen Theoderichs, Chlodovech von dem lang geplanten Angriff auf die *Westgoten* in Südgallien abzuhalten, deren arianische Ketzerei die dem jüngst erst katholisch gewordenen Franken erwünschte Heiligung der Raubgier gewährte. Der König schrieb höchst eindringliche Briefe an seinen Schwager, den Franken, und an seinen Eidam, den Westgoten, sie zur Erhaltung des Friedens zu bewegen; auch an die befreundeten Fürsten der *Burgunder*, *Thüringer*, *Warner*, *Heruler* richtete er Mahnungen, sich mit ihm zur Zügelung der Frankenmacht zu verbinden. Aber Chlodovech zog die Burgunder auf seine Seite und griff an: der Westgoten König verlor auf den *vocladischen Feldern* (507) Sieg und Leben, sein Knäblein *Amalarich*, Theoderichs Enkel, wurde von einem Bastardbruder in der Thronfolge bedroht, Franken und Burgunder eroberten den größten Teil der westgotischen Besitzungen in Gallien.

Notgedrungen mußte da der friedfertige König mit den Waffen einschreiten, seinen Enkel zu schützen und Gallien nicht völlig den Siegern preiszugeben. Spät, aber mit Nachdruck und Erfolg, griffen die ostgotischen Heere ein. Vermutlich war die drohende Bewegung der kaiserlichen Seemacht gegen die Küsten Italiens im Jahre 507 im Einvernehmen mit den Franken und Burgundern erfolgt und hatte die gotischen Truppen einige Zeitlang in der Heimat festgehalten. Zur Sommersonnenwende 508 war nun das gotische Heer versammelt, Graf *Ibba* führte es über die Seealpen, entsetzte *Arles* (Arelate), das *Thulun*, ein Verschwägerter des amalischen Hauses, glänzend verteidigt hatte, schlug die verbündeten Franken und Burgunder, drang über den Rhône und brachte auch hier den belagerten Städten, zumal *Carcassonne*, das einen Teil des westgotischen Schatzes bewahrte, Entsatz. Es war die einzige völlige Bezwingung, welche die gegen alle anderen Feinde sieghafte Frankenmacht erlitt. Dies spiegelt sich in der Sigfridsage darin, daß nur Dietrich von Bern den unbezwingbaren „Helden von Niederland" besiegen kann – denn die salischen Franken waren die Helden von Nieder(Rhein)land. In dem hierauf 509 geschlossenen oder tatsächlich eintretenden Frieden bewährte Theoderich wieder seine weise Mäßigung: er verfolgte die errungenen Vorteile nicht weiter, übernahm aber nunmehr die Aufgabe, den Franken (und Burgundern) in Südgallien Widerpart zu leisten; er verleibte das Land zwischen *Rhône, Durance* (Druentia) und dem Meer (mit den wichtigen Städten *Marseille, Arles* und *Avignon)* seinem Reich ein (Odovakar hatte es den Westgoten überlassen) und schloß damit die Franken von den Seealpen ab, während er von dieser vorgeschobenen Stellung aus stets einen höchst gefährlichen Stoß in das Herz ihrer Macht führen konnte. Zugleich ordnete der König das tief erschütterte Westgotenreich auch in Spanien: *Ibba* ging über die Pyrenäen, vertrieb zuerst, vernichtete dann nach seiner Wiederkehr aus Afrika den Anmaßer *Gesalich* (511) und befestigte Amalarichs nun unbestrittene Herrschaft. Für diesen übernahm Theoderich selbst die Regierung des Westgotenreiches, wobei sich freilich sein Statthalter, der Ostgote *Theudis,* allmählich zum tatsächlichen Gebieter des Landes aufschwang. (Über das Nähere siehe *Westgoten).*

Nur einmal noch griff Theoderich zu den Waffen, abermals in aufgezwungener Abwehr der Franken. Angebliche Frevel im Königshaus der Burgunder gaben den Söhnen Chlodovechs Vorwand zur Einmischung in die burgundischen Dinge, und diese Einmischung wie die Ermordung seines Enkels (von der verstorbenen Ostrogoto) durch den eigenen Vater König Sigismund (auf Anstiften eines zweiten Weibes) nötigte auch Theoderich, einzuschreiten. Graf Thulun rückte (523) in das Land und der Nachfolger des einstweilen von den Franken vernichteten Sigismund entledigte sich dieses neuen Feindes durch bedeutende Abtretungen im Südwesten des Reiches. So mochte Theoderich die voraussichtliche Teilung des noch übrigen unter die Franken herankommen lassen – er hatte seine Verteidigungslinie dementsprechend wieder weiter in das Herz von Gallien vorgeschoben.

Mit diesen Erfolgen war der Scheitelpunkt von Theoderichs Machtstellung nach außen gekrönt.

Groß war Rum und Glanz seines Reiches. Die inneren Schäden und Gefahren desselben blieben noch verhüllt, kaum etwa dem Kaiser und den Merowingen erkennbar. Alle anderen Stämme bewunderten den Beherrscher Italiens, den Nachfolger der Imperatoren in dem Lande der Weltherrschaft und der Weltbildung. Er selbst unterschied sich mit Selbstgefühl von den übrigen „Barbarenkönigen" und suchte seine Ehre darin, diese mit der römischen Gesittung bekannt zu machen, die er, soweit sein Einfluß irgend reichte, hoch verehrend und liebend in ihren Überbleibseln schützte und seinen Goten wenigstens in der staatlich wichtigsten Seite, in der Staatsauffassung und in dem Rechtsleben, anzueignen trachtete: sein Volk und Reich sollte zwischen Byzanz und der Germanenwelt eine vermittelnde Brücke bilden. Als er seine Nichte dem König der Thüringer als Braut zusendet, schreibt er: „Das glückliche Thüringen wird fortan mit dem Mädchen sich schmücken, welches das reiche Italien zu Wissenschaft und seiner Art herangebildet hat": dem König der Burgunder schickt er auf dessen Wunsch kunstvolle Uhren samt den Werkmeistern. „In deiner Heimat sollst du fortan besitzen, was du zu Rom bewundert, Burgund soll nun die feinsten Wunderdinge kennen und die Erfindungen der Alten preisen lernen; durch seinen König lege dein Volk die barbarische Lebenssitte ab, und was uns Goten alltäglich, möge den Burgundern als Wunder nahe Treten". Dem gelehrten *Boethius* erteilt er den Auftrag dieser Sendung und auch die Sendung eines Sängers an den Frankenkönig. Hierbei sagt er, Boethius werde dabei dem Orpheus gleich durch holde Weisen den Sinn der Barbaren sänftigen. Ausdrücklich legt er sich nicht nur königliche, sondern *kaiserliche* Würde bei, nicht etwa wegen der Annahme zum Waffensohn durch Kaiser Zeno, sondern weil er sich als Beherrscher von Rom und Italien als Nachfolger der Imperatoren dachte – ähnlich wie später bei Karl dem Großen diese Beherrschung Roms und Italiens ganz wesentlich als Rechtfertigung des angenommenen Kaisertitels galt. Dem Thüringerfürsten schreibt er bei der Vermählung mit Amalaberga: „Ihr, von *königlichem* Geschlecht entsprossen, sollt fortan durch den Glanz *kaiserlichen* Blutes noch weiterhin als bisher Schimmer verbreiten".

Für das Rechtsleben wurde die Aufnahme des römischen Grundsatzes durch einen bestimmten Rechtsausbruch bezeichnet: „civilitas, civiliter vivere" das heißt nach dem Recht, als Bürger, nicht durch Fehdegang und Rache, Streitigkeiten entscheiden. Der weise König erkannte die Gefahr, welche die Anwendung des alten Waffenrechts durch seine Goten wider die Italiener für sein auf die Eintracht beider Nationen gegründetes Reich bedeutete. Mit aller Strenge unterdrückte er deshalb jene volkstümliche Rechtssitte seiner Germanen. Streit untereinander oder mit Italiern sollte nur durch Richterspruch, nicht mehr durch Fehdegang entschieden werden: in diesem Sinn rühmt er von seinen Goten: „laus Gotorum civilitas custodita", „der Ruhm der Goten ist die Erhaltung des Rechtsfriedens"; sie haben mit der Kraft der Barbaren die Einsicht verbunden, die Verständigkeit, die sie von den Römern sich aneigneten. Den Römern, die, verwildert durch die langen Unruhen, selbst zu den Waffen zu greifen neigten, sagt er: „Nehmt doch nicht Sitten an, die ihr andere (d. h. meine Goten) ablegen seht", und endlich zu seinen barbarischen (nicht gotischen, wohl gepidischen) Untertanen in Pannonien spricht er: „Was greift ihr zum Zweikampf, da ihr doch unbestechliche Gerichte habt? Woran soll man erkennen, daß Friede waltet, wenn unter der Herrschaft der Gesetze doch gefochten wird? Ahmt meinen Goten nach, die im Felde den Mut, daheim den friedlichen Gehorsam gegen das Gesetz bewähren".

An Goten und Römer zugleich wendet er sich mit den Worten: „Das Recht, nicht der Arm entscheide den Streit. Warum solltet ihr zur Gewalt greifen, da ihr doch Gerichte habt? Ergibt sich ein Rechtsstreit, so nehme niemand zu Gewalt die Zuflucht, begnügt euch mit der Entscheidung des Rechts". Und seinen Goten erteilt er das Lob: „Das ist es, was den übrigen Barbarenvölkern fehlt, wodurch ihr einzig dasteht, daß ihr kampfrüstig seid und doch mit den Römern nach den Gesetzen lebt".

Diese friedliche Weisheit, die strenge Pflege des Rechtes – denn der Neigung zur Fehde mußte die Ausrede benommen werden, daß schlechte oder langsame Staatshilfe nötigte, sich selbst Recht zu schaffen –, das gleichmäßige Wohlwollen für Römer und Goten, die unablässige Bemühung (siehe Verwaltung), Bildung und Wohlstand seines Landes zu heben, die er mit Karl dem Großen auch in dem Zug teilt, daß er selbst für das kleinste Einzelne der Verwaltung Auge und Eifer hat – nicht einmal die Marmorstücke, die unverwertet im Feld liegen, entgehen ihm auf seinen Reisen –, war trotz der argen Verwüstung des Landes durch die vorhergegangenen Kriege offenbar von schönen Erfolgen gekrönt und begründete des großen Königs wohlverdienten Ruhm, der zu seinen Lebzeiten zu allen Völkern drang und bald nach seinem Tod in Sage, Sprichwort und Volksglaube gefeiert wurde. Die Römer selbst, die ihm und seinen Nachfolgern später so undankbar vergalten, priesen sein Wohlwollen, seine Sorge für den Landfrieden, seine sparsame und freigebige Hand, seine Duldung gegen Andersgläubige, seine Güte gegen die Römer, die er mit ihren geliebten Zirkusspielen erfreute, „wie ein echter Imperator", wie Trajan und Valentinian, denen er nachstrebte. „Er kam nach Rom und lebte dort mit den Römern wie ein Vater mit seinen Kindern." Die Sage schildert seine Rechtspflege als so unfehlbar, daß man Gold auf die Heerstraße legen und nach Jahr und Tag wieder aufheben konnte, niemand wagte, daran zu rühren, aus Furcht vor den „Sajonen" und der Strafe des Königs. Bezeichnend ist auch die echt sagenhafte Geschichte, wie ihm eine arme römische Witwe klagt, daß sie jahrelang bei den faulen und bestochenen Richtern kein Recht habe finden können. Erzürnt befiehlt der König den Richtern, das Urteil binnen eines Tages fertig ihm vorzulegen, sonst werde er ihnen das Haupt abschlagen. Und als die erschrockenen Richter sich beeilen, das Urteil zu Gunsten der Witwe noch vor Ablauf dieser Frist einzureichen, läßt sie der König erst recht hinrichten, indem er spricht: „Ihr habt gezeigt, wie rasch ihr hättet dem Recht zum Sieg helfen können".

Die überlegene Weisheit des Königs bewährte sich besonders auch in seiner klugen und edlen Duldung gegen Andersgläubige. Während im römischen Reich Arianer und andere Ketzer, im Vandalenreich die Katholiken, im Westgotenreich erst Katholiken, dann Arianer und Juden grausam verfolgt wurden, schützte Theoderich in seinem Reich die Katholiken und die Juden und zwang die Christen, welche die Synagogen verbrannt hatten, sie auf eigene Kosten wieder aufzubauen; ja als bei zwiespaltiger Papstwahl die Katholiken sich in den Straßen Roms bekämpften, waren es die ketzerischen Goten, welche die Ordnung aufrechterhielten (siehe unten: Kirchenhoheit).

Gleichwohl konnte der König nicht verhindern, daß gerade von dem Gegensatz der Bekenntnisse der Widerstreit ausging, der gegen Ende seines Lebens den Frieden seiner Regierung stören und das bald nach seinem Tod ausbrechende Kampfgewitter vorverkünden sollte.

Unter den selbst ketzerischen Neigungen zugewandten Kaisern Zeno und Anastas war der Gegensatz der arianischen Goten zu dem römischen Stuhl weniger lebhaft empfunden worden, als aber *Justin I.* und sein einflußreicher Neffe und Nachfolger *Justinian* die volle Versöhnung der kaiserlichen Herrschaft mit der abendländischen Kirche hergestellt, ihre innere Staatsleitung ganz wesentlich auf das Bündnis mit den rechtgläubigen Bischöfen und die Bekämpfung aller Ketzerei begründet und alsbald gerade die Arianer, auch die zahlreichen Goten dieses Bekenntnisses, in ihrem Reich heftig zu verfolgen begonnen hatten (seit 523–524); war das Verhältnis der arianischen Goten zum Papst, zum Kaiser, zu den katholischen Italiern wesentlich verschlimmert. Enge und geheime Verbindungen der Senatoren und Bischöfe in Italien mit dem Kaiserhof wurden geknüpft, eine Stimmung verbreitete sich immer weiter im Gotenreich, in der man die Befreiung der rechtgläubigen Romanen von der Herrschaft der Barbaren und Ketzer durch die Waffen des rechtmäßigen und rechtgläubigen Herrschers, des Kaisers zu Byzanz, zuerst herbeiwünschte, allmählich herbeizuführen trachtete. Theoderich suchte durch eine Gesandtschaft den Kaiser von diesen Arianerverfolgungen abzubringen. Es ist merkwürdig, daß er an die Spitze dieser Gesandtschaft trotz seines Sträubens den römischen Bischof *Johannes I.* (523–526) stellte: derselbe sollte wohl die bisherige Duldung des Königs gegen die Katholiken zu Byzanz bezeugen und zugleich mit der Wärme eigensten Vorteiles vor der Wiedervergeltung warnen, die – bei Fortsetzung der Arianerbedrückung – von seiten Theoderichs gegen die rechtgläubige Kirche zu besorgen war. Die Gesandtschaft erreichte, unerachtet mancher Zugeständnisse des Kaisers im einzelnen und in

Worten, im ganzen und in Wirklichkeit die Zwecke Theoderichs nicht. Der Papst, zu Byzanz mit starker Absichtlichkeit empfangen – die ganze Stadt, voran die Geistlichkeit, hatten ihn eingeholt, der Kaiser, der sich nochmals von ihm krönen ließ, hatte das Knie gebeugt, und Wunderzeichen blieben nicht aus – fand bei seiner Rückkehr die Gärung gefährlich gesteigert. Mißtrauen und Zorn des Königs empfingen ihn, die Senatspartei, der römische Adel, neben der Geistlichkeit Führer der Auflehnung wider die Barbaren, hatte sich inzwischen gefährlich bloßgestellt. Ein vornehmer Römer, *Albinus*, war 524 von einem dem König treu ergebenen Amtsgenossen *Cyprianus* hochverräterischen Briefwechsels mit Byzanz angeklagt worden. Als der von Theoderich reichgeehrte (er verlieh 510 ihm, 522 seinen beiden Söhnen vor dem gesetzlichen Alter den Konsulat) *Boethius* in herausfordernder Kühnheit erklärte, wenn Albinus, seien auch er selbst und der ganze Senat schuldig, dehnte der schwergereizte König die Anklage auch auf den schroffen Verteidiger aus: er und der eben zurückgekehrte Papst wurden verhaftet. Johannes starb bald darauf (18. Mai 526) im Gefängnis. Der „Tyrann" aber, der Barbar Theoderich, stellte Boethius vor den verfassungsmäßigen Richter, den Senat, und dieser Senat selbst, vor dem Zorn des Königs erzitternd, verurteilte sein Mitglied mit verkürzter Verteidigung zum Tod! Der „Tyrann" begnadigte den Verurteilten zu Verbannung. Erst als die Auflehnung im Lande noch immer stieg, ließ er das Todesurteil vollstrecken, bald darauf auch an des Boethius Schwiegervater *Symmachus:* beider Güter wurden – dem *römischen* Strafrecht gemäß – eingezogen. Mitten in der schwülen Zeit dieser starken Spannung, der den Losbruch drohenden Aufregung der Stammes- und Glaubensgegensätze, starb plötzlich Theoderich (26. oder 30. August 526).

Bald nach seinem Tode dichtete ihm der Parteihaß die Absicht an, er habe an *einem* Tage alle Kirchen den Katholiken entreißen und den Arianern einräumen wollen, wie der Glaubenswahn die Fabel erfand, Reue über den Tod des Symmachus habe seinen plötzlichen Tod herbeigeführt (er soll bei dem Anblick eines auf die Tafel gestellten Fisches entsetzt ausgerufen haben: „Das ist des Symmachus Haupt!") und die Kirchensage, ein frommer katholischer Einsiedler habe die Seele des Ketzerkönigs zu Strafe seiner Verfolgungen gegen die Rechtgläubigen in einem Feuerpfuhl unter den (vulkanischen) Liparischen Inseln leiden und jammern hören. Die germanische Heldensage aber hat ihn als ihren Liebling und Wunschsohn Odhins durch dessen schwarzes Roß von der Königstafel im Palast zu Ravenna abholen und entrücken lassen aus den Augen der Menschen für immerdar, das heißt nach Walhall zu den Einheriar; selbstverständlich hat das Christentum dann Odhin durch den Teufel ersetzt, der das schwarze Roß sendet oder selbst in diesem steckt.

Drittes Kapitel

Theoderichs Nachfolger bis zum Untergang des Reiches (526–555)

Das Reich war in diesem Augenblick von gärender Parteiung im Inneren, von dringenden Gefahren von außen her, von Byzanz und von den Franken, schwer bedroht: der Erbe Theoderichs war ein Kind, *Athalarich,* der achtjährige Sohn des früh (522) verstorbenen Eutharich und Amalaswinthens: Theoderich hatte unter Zustimmung des gotischen Adels und der ganzen Bevölkerung von Ravenna angeordnet, daß diese seine reich begabte, fein gebildete und kraftvolle Tochter die Regentschaft führen solle, bis der Enkel zu seinen Jahren und Waffen gekommen wäre. Mit Klugheit und Raschheit wußte die Regentin den bei dem Thronwechsel gefürchteten Gefahren zuvorzukommen. Sofort wurden Römer und Goten in allen Landschaften für Athalarich vereidigt, der seinerseits den Schwur leistete, in seines Großvaters Geist herrschen, zumal die Römer schützen zu wollen; bezeichnend ist, daß man in Gallien auch Römer und Goten einander gegenseitig Treue schwören ließ.

Man wollte offenbar beide Völker zum Frieden untereinander und zu gemeinsamer Anhänglichkeit an den jungen König verpflichten, den Abfall der Romanen zu Franken oder Westgoten verhüten. Behufs Beilegung der Glaubenskämpfe wurden die katholischen Bischöfe überall besonders vereidigt.

Die Stellung Amalaswinthens blieb gleichwohl eine gefährdete, auch abgesehen von den Romanen: die Weiberherrschaft, germanischer Sitte unerhört, war dem trotzigen gotischen Adel verleidet. In auswärtiger Staatskunst vermochte die Regentschaft nichts Kräftiges zu leisten, durch den Tod Theoderichs erlosch die ostgotische Herrschaft über das Westgotenreich in Spanien. Als *Amalarich* dort durch die Franken angegriffen und getötet war (531), konnte die Regentin dies ebensowenig hindern oder rächen als die Ermordung ihrer Muhme im Vandalenreich (527) oder die Vernichtung des nahe verschwägerten thüringischen Königshauses durch die Franken (530). Die feingebildete Frau, verletzt durch den Widerstand, den sie bei dem rauhen gotischen Adel fand, durch die antike Feinbildung völlig geblendet und ihrem Volk entfremdet, stützte sich nicht nur im eigenen Reich auf die mit größter Milde behandelten Römer. Als zu Byzanz Justinian I. (527–565) den Thron bestiegen, suchte die Tochter Theoderichs Schutz gegen die gotische Volkspartei bei eben dem Kaiser der die Wiederverbindung Afrikas und Italiens, bald auch Spaniens, mit seinem Reich als höchstes Ziel seiner Staatskunst im Abendland anstrebte.

Die Sprache ihrer Schreiben nach Byzanz ist bis zur Unterwürfigkeit schmeichelnd. Zugleich suchte man die Römer zu versöhnen durch Steuernachlässe, durch zahlreiche Beförderungen der Senatoren zu hohen Würden, durch Rückgabe der eingezogenen Güter des Boethius und Symmachus an deren Erben, durch Freigebung verhafteter Angeschuldigter. Aber diese starke Hinneigung zu den Römern steigerte die Unzufriedenheit der gotisch Gesinnten: sie brach in offene Auflehnung empor aus Anlaß der völlig verrömerten Erziehung, in der die Regentin ihren Sohn, statt zu gotischem Heldentum, von Schulmeistern in griechisch-römischer Bildung unterrichten ließ. Als der Knabe von einigen vornehmen Goten getroffen wird, wie er, wegen kleinen Fehls von der Mutter geschlagen, weinend entläuft, bricht der langverhaltene Zorn hervor: trotzig verlangen und erzwingen die gotischen Edlen von der

Regentin, daß sie, die Erziehung des Sohnes ändernd, ihn statt mit den betagten Lehrern mit jungen Goten umgebe. Diese aber verderben den Jüngling alsdann mit allerlei Ausschweifung und hetzen ihn gegen die Mutter auf, ihr die Herrschaft zu entreißen. Jedoch Amalaswintha wehrte sich männlichen Mutes ihres Königsstabes: sie suchte zuerst den Widerstand des gotischen Adels dadurch zu entkräften, daß sie die drei Häupter desselben unter dem Vorwand, die Grenzen zu schützen, an drei verschiedene Orte in den Marken entsendete. Allein da diese Führer durch ihre Gesippen Verbindung untereinander behalten und den Widerstand fortsetzen, beschließt sie die Ermordung der drei Gegner, zugleich aber für den Fall des Mißlingens die Flucht nach Byzanz. Mit Freuden versprach Justinian die für diesen Fall geheim erbetene Zuflucht: er ließ zu *Epidamnos* ein Haus für die Tochter Theoderichs prachtvoll einrichten: was konnte ihm erwünschter sein, als tief klaffende Parteiung im Volk der Goten – wie kurz zuvor der Vandalen, schroffe Trennung der Regentin von ihrem Volk durch blutige Taten? Schon hatte die Fürstin ein Schiff, mit dem Königsschatz reich beladen, nach Epidamnos vorausgesandt. Als aber der dreifache Mordanschlag vollkommen gelungen war, rief sie das Fahrzeug zurück und führte zu Ravenna die Herrschaft fort, besser befestigt als früher. Inzwischen hatte der Kaiser mit einem anderen Glied des Amalungenhauses geheime Verbindungen angeknüpft, einen großen Teil von Italien zu gewinnen. In Tuscien lebte Amalaswinthens Vetter *Theodahad*, nicht unvertraut mit klassischer Bildung, aber unkriegerisch bis zu arger Feigheit und von der Leidenschaft der Habgier so völlig beherrscht, daß er, durch alle Mittel der Gewalt und List seinen hohen Rang mißbrauchend, den größten Teil von Tuscien an sich gerissen hatte. Denn „Nachbarn zu haben, d. h. seinen Grundbesitz beschränkt zu sehen, schien Theodahad eine Art von Unglück", sagte der Zeitgenosse *Prokop*, der Rechtsrat *Belisars*, der diese Dinge aufgezeichnet hat.

Er haßte die Regentin, weil diese wiederholt ihn genötigt hatte, seinen Landraub herauszugeben, und er beschloß, ganz Tuscien dem Kaiser in die Hand zu liefern, um dann, mit großen Schätzen und der Senatur belohnt, in Byzanz zu leben. Er verhandelte darüber mit katholischen Bischöfen, die der Kaiser in kirchlichen Fragen an den neuen Papst *Johannes II.* (532–535) geschickt. Ein weltliches Glied der Gesandtschaft, der Senator *Alexander*, nahm aber gleichzeitig auch die Verhandlungen mit Amalaswintha wieder auf. Öffentlich tauschte man Beschuldigung und Verteidigung wegen Grenzverletzungen und anderer Streitfragen, geheim aber erbot sich die betörte Tochter Theoderichs, dem Kaiser ganz Italien preiszugeben, denn ihre Lage hatte sich wieder verschlimmert. Athalarich war infolge seiner Ausschweifungen in tödliche Krankheit verfallen, und sie mußte nach seinem Tode nicht bloß für ihre Herrschaft, für ihr Leben von dem gotischen Adel das Äußerste befürchten. So war das Gotenvolk doppelt von zwei Gliedern seines Königshauses an den lauernden Erbfeind verraten. Mit Eifer und Eile ergriff Justinian die Gelegenheit, nun auch das Gotenreich durch Spaltungen unter den Fürsten und geheimes Einverständnis mit denselben zu zerrütten und zu gewinnen, wie er soeben durch solche Mittel das Königshaus und das Reich der Vandalen gestürzt hatte. Er sandte nach Italien einen verschmitzten byzantinischen Rhetor *Petros*, welcher mit Amalaswintha und Theodahad getrennt verhandeln sollte; aber Petros erhielt noch von anderer Hand als vom Kaiser Winke zu Byzanz, nämlich von jenem schönen Dämon, der Kaiserin *Theodora* – sie war, des Löwenwärters im Zirkus Töchterlein, schon als Knospe verderbt, eine gemeine Buhldirne gewesen, hatte sich aber durch Reiz, Mut und Geist aus dem tiefsten Schmutz zur Gemahlin und Beherrscherin Justinians aufgeschwungen, dem sie in großen Gefahren kräftig und kühn zur Seite stand. Dieses Weib fürchtete für

KARTE
des
**OSTGOTHISCHEN
REICHES**
(c. 500)
Entw. von Felix Dahn.

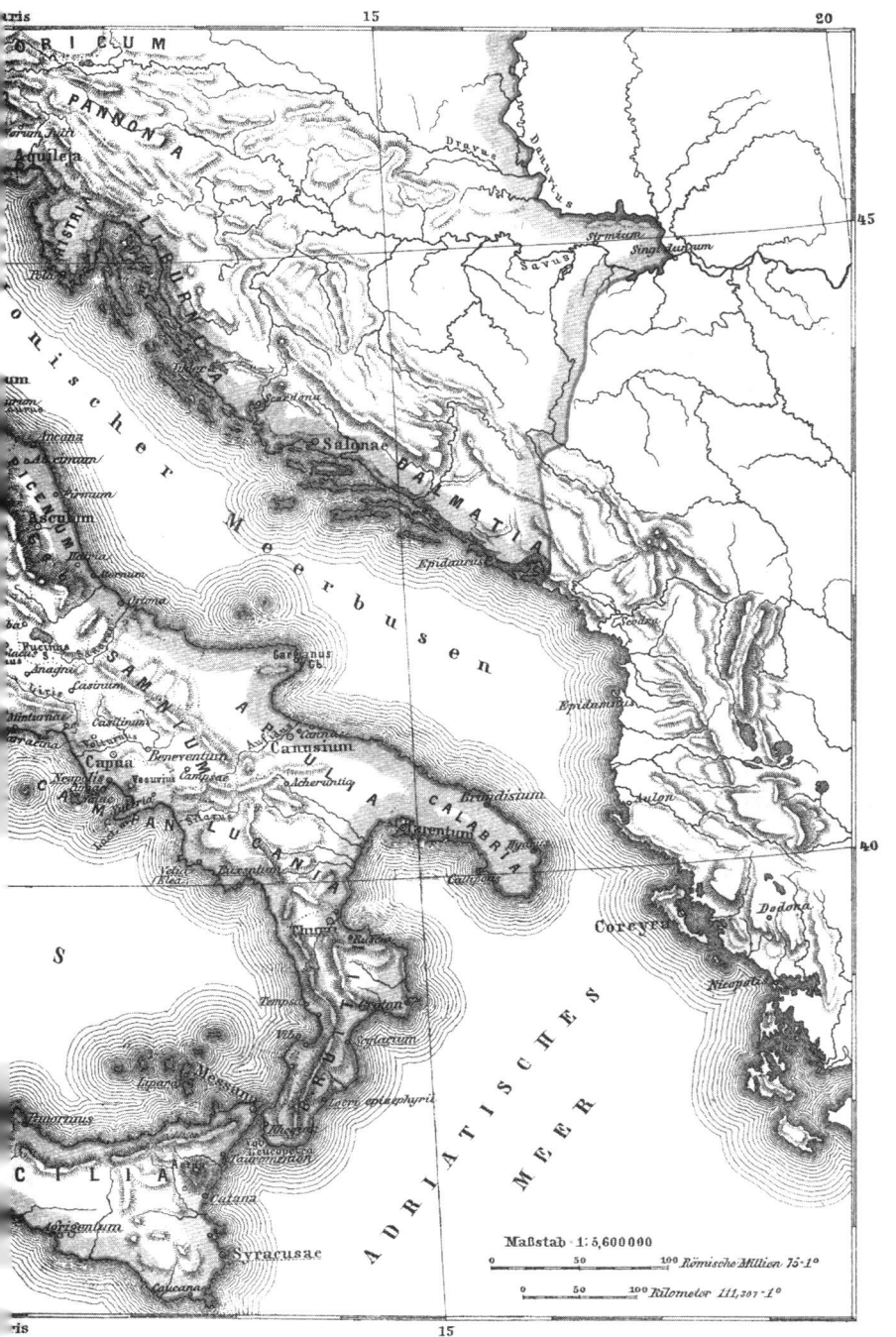

ihre Gewalt über den Kaiser, wenn die schöne und hochgebildete Tochter Theoderichs am Hof erschiene: sie beschloß, Amalaswintha vorher aus der Welt zu schaffen. Sie war es gewesen, welche die Wahl des Kaisers auf Petros gelenkt; durch große Versprechungen, der Würde eines Magisters und mächtigen Einflusses, gewann sie diesen, ihren Willen zu tun. In Italien angelangt, fand aber der Gesandte den jungen König bereits verstorben (534) und Theodahad als seinen Nachfolger auf dem Thron. Die Regentin selbst hatte, erkennend, daß der gotische Adel der Weiberherrschaft müde sei, ihres Vetters Erhebung bewirkt, von dem sie sich freilich durch schwere Eide hatte geloben lassen, daß er sich mit Namen und Schein des Königtums begnügen, ihr aber die Ausübung der Gewalt überlassen werde. Der Treulose schwur mit falscher Seele alles, was sie verlangte, verband sich jedoch sofort nach seiner Krönung, die Amalaswintha durch Gesandte dem Kaiser anzeigte, mit ihren bittersten Feinden, ließ einige Männer ihres Anhanges töten und sie selbst gefangen in ein festes Schloß auf einer Insel des Bolsener Sees in Tuscien bringen. Besorgt vor Justinian schickt auch er nun Gesandte, die diese Schritte rechtfertigen sollten. Sie trafen in *Aulon* auf Petros, dem bereits die erste Gesandtschaft alles mitgeteilt hatte, was sie zum Vorteil ihrer Absenderin hatte verschweigen sollen. Der Kaiser, durch seinen Sendling vortrefflich unterrichtet, nützte die verworrene Lage geschickt zu äußerster Zerrüttung des Gotenreiches aus; er versicherte Amalaswintha schriftlich seines Schutzes und befahl Petros, diesen seinen Willen den Goten laut zu verkünden. Gerade dies mag den Untergang der unseligen Fürstin beschleunigt haben. Die Gesippen der von ihr ermordeten drei Edelen bestimmten den alten Haß des Königs, ihrer Blutrache die Tochter Theoderichs zu opfern und, wenn Prokop in seiner Geheimgeschichte die Wahrheit berichtet, betrieb Petros gerade in dem Augenblick, da er drohend Justinians Einschreiten für Amalaswintha verkündete, insgeheim mit deren Feinden ihre Ermordung, die alsbald auf jener einsamen Insel geschah. Diese Tat, die Vernichtung der eifrigen Römerfreundin, erregte Furcht und Bestürzung unter den Italiern; in Rom kam es zu Unruhen, als der König Truppen in die Stadt legen wollte, schloß sie die Tore. Der Kaiser aber trat sofort als Rächer der Amalungentochter auf und erklärte um ihrer Ermordung willen Theodahad und den Goten den Krieg.

In diesen alsbald ausbrechenden und mit kurzen Unterbrechungen über zwanzig Jahre fortgeführten Krieg hat das edel begabte Volk Theoderichs höchstes Heldentum bewährt, das seinen Untergang verklären, aber nicht abwenden konnte. Der Verrat und Abfall der Italier, die überlegene Führung der Byzantiner durch *Belisar* und *Narses*, die noch immer unerschöpfte Übermacht des Ostreiches und zumal auch innere Spaltung der zum Teil von Verrömerung und Hinneigung zu Rom-Byzanz ergriffenen Goten machten, zusammenwirkend, diesen Ausgang unvermeidlich.

Der Kaiser, der mit dem Angriff auf die Vandalen lange sich bedacht, ging hier so rasch vor, weil er, ohnehin ermutigt durch den leichten Erfolg in Afrika, Belisar und das siegreiche Heer zu freier Verfügung hatte und, als Rächer Amalaswinthens auftretend, bestimmt auf Parteiungen im Gotenvolk zählte. Zugleich suchte er durch Geschenke und Versprechungen die alten schlimmen Nachbarn der Goten, die *Franken*, auf seine Seite zu ziehen, indem er, auch diesen Krieg wie den vandalischen für einen Glaubenskrieg ausgebend, zu gemeinsamem Angriff gegen die ketzerischen Arianer aufforderte. Die Merowingen aber nahmen von beiden Parteien Geld, verkauften und versagten beiden ihre Hilfe und brachen später in Italien ein, für sich selbst zu heeren und zu erobern.

Der byzantinische Angriff erfolgte (erstes Kriegsjahr 535/36) nach wohlbedachtem Plan von zwei Seiten zugleich: während ein kleineres Heer im Osten in *Dalmatien* eindrang, die Goten bei *Salona* schlug und so von Norden her Ravenna bedrohte, landete Belisar mit der Hauptmacht auf *Sizilien* und gewann diese wichtige Insel ohne Mühe durch den sofortigen Abfall der Bevölkerung: auch der gotische dux *Sinderich* zu Syrakus ergab sich. Diese Erfolge genügten dem gewandten Petros, der auch nach der Kriegserklärung noch bei Theodahad weilte, den von Natur aus feigen König dermaßen in Furcht zu setzen, daß er in erster Linie einen demütigenden Vertrag mit dem Kaiser anbot, nach welchem er unter offener Anerkennung byzantinischer Oberhoheit noch eine Scheinherrschaft geführt haben würde. Da aber Petros auch diese Bedingungen noch als möglicherweise ungenügend und für den Fall ihrer Verwerfung den Krieg als unvermeidlich erklärte, bot Theodahad, „der von Krieg gar nicht reden hören konnte", insgeheim seine volle Unterwerfung und die Auslieferung des Gotenreiches an, wobei er sich einfältigerweise einbildete, der byzantinische Sendling werde seinem Herrn diese weitergehenden Zugeständnisse erst dann mitteilen, wenn dieser den erstangebotenen Vertrag verwerfe. Selbstverständlich verwarf der Kaiser die Abschlagsleistung, da ihm Petros vertraute, daß er alles fordern könne. Während nun aber Petros nach Italien zurückkehrte und mit dem König den Preis des Reichsverrates – gewisse kaiserliche Ländereien – verhandelte, hatten die Goten in Dalmatien einige unerhebliche Vorteile erfochten. Diese Nachricht genügte für den nach allen Seiten treulosen Theodahad, vom Vertrag zurückzutreten und sogar die kaiserlichen Gesandten zu verhaften, die freilich bei Enthüllung seiner Falschheit einen Versuch gemacht hatten, durch Verlesung kaiserlicher Briefe, die für diesen Fall mitgebracht worden waren, den gotischen Adel dem König abspenstig zu machen. Als aber Justinian sofort Belisar den Befehl erteilte, in Süditalien zu landen und durch ein zweites nach *Dalmatien* gesandtes Heer vermöge des allgemeinen Abfalls der Bevölkerung jenes ganze Gebiet im Nordosten bis gegen Ravenna hin gewann, versuchte Theodahad, in die alte Angst zurückgeworfen, den Kaiser durch ein elendes Mittel feiger Grausamkeit zum Frieden zu bewegen, denn er durfte nicht hoffen, daß Byzanz mit ihm die Verhandlungen wieder aufnehmen werde. Da erpreßte er von den Senatoren Roms ein Bittschreiben an den Kaiser, Friede zu machen, weil sonst Theodahad und die Goten sie mit Weib und Kind ermorden würden, und er zwang Papst *Agapet* (535–536), dieses Schreiben nach Byzanz zu bringen. Aber Justinian achtete nicht darauf und ließ Belisar gewähren. Dieser gewann, sowie er bei *Regium* (Frühjahr 536, zweites Kriegsjahr 536/37) gelandet, durch Abfall der Bevölkerung alles Land weithin. Es wohnten hier wenige Goten; aber auch des Königs Eidam, *Ebrimuth*, mit Truppen gegen Regium gesendet, trat mit den Seinen über, ward mit hohen Ehren in Byzanz aufgenommen und mit dem Patriciat belohnt. In jeder Weise – und nicht, wie bei den Vandalen, ohne Erfolg – versuchte Justinian, gotische Überläufer zu gewinnen.

Von Regium aus zog Belisar durch *Bruttien* und *Lucanien* gegen *Neapolis*: er forderte die Stadt zur Übergabe auf, aber obwohl auch hier eine Partei geneigt war, die „Freiheit und den Segen byzantinischen Kaisertums" vorzuziehen, überwogen doch die gotisch gesinnten Bürger, von denen unterstützt die schwache gotische Besatzung einundzwanzig Tage tapfersten Widerstand leistete, zumal mit Hilfe der Juden, die dankbar der schützenden Milde Theoderichs gedachten und die kaiserlichen Erpressungen scheuten; Theodahad sandte, obwohl auf das dringendste bestürmt, keinerlei Hilfe. Da entdeckte ein isaurischer Söldner Belisars, daß die Wasserleitung, nachdem die Belagerer sie draußen durchbrochen und das Wasser abgeschnitten, einen Zugang in die Stadt gewährte: auf diesem Weg drang Belisar ein. Furchtbar war

Kaiserin Theod
Mosaik in der Kirche San Vital

das Los, das über die römische Stadt die „römischen Befreier", das heißt die Hunnen und Massageten Belisars, verhängten: sie schlachteten ohne Schonung von Geschlecht und Alter, sogar die Kirchen gewährten keine Zuflucht vor diesen wilden Mongolen. Erst spät setzte Belisar der Plünderung ein Ziel. Von den beiden Führern der gotischen Partei in der Bürgerschaft starb der eine, vom Schlage gerührt, bei der Nachricht von der Einnahme der Stadt, der andere ward von dem verzweifelten Volk buchstäblich in Stücke gerissen. Die gefangenen Goten der Besatzung, nur acht Hundertschaften, nahm Belisar in ehrenvolle Haft.

Die Nachricht von dem Fall Neapels, der dritten Stadt des Reiches, trieb die Goten zur Selbsthilfe wider ihren feigen, verräterischen König. Ihr in und bei Rom versammeltes Volksheer, schon bisher über die Untätigkeit Theodahads empört, schöpfte jetzt endlich Argwohn des Verrats: sie gaben ihm die Schuld aller bisherigen Mißerfolge und beriefen nach altgermanischer Weise eine Volks- und Heeresversammlung auf das Gefilde *Regeta* zwischen *Anagni* und *Terracina*, von dem Flüßchen *Ufens* oder *Decemnovius* durchströmt. Hier entsetzten die Goten den Verräter Theodahad und wählten zu ihrem König *Witichis*, einen ihrer Heerführer, der nicht von edlem Geschlecht, aber durch Heldenruhm im Gepidenkrieg ausgezeichnet war. Man sieht, in der Gefahr erinnert sich das Volk seiner alten Rechts- und Machtstellung über dem Königtum, der freien Wahl des Königs, die in der Not des Augenblicks sich auch hinwegsetzt über den regelmäßig anerkannten Voranspruch des Adels, bei Abweichung vom bisherigen Königsgeschlecht, bei Neuverleihung der Krone berücksichtigt zu werden. Nicht als Bruch, als Ausübung des Rechts ward von der Volksversammlung die Absetzung und Wahl des Königs empfunden; die drohende Gefahr hat die langjährige stark verrömerte Königsgewalt der Amaler hinweggefegt. Es ist altgermanisches Königtum, voll Anerkennung der Volksfreiheit und von kriegerischer Begeisterung getragen, was selbst in Cassiodors lateinischer Schönrednerei aus dem ersten Aufruf des Witichis zu uns spricht: „der unter den Heereswaffen auf den Schild erhoben worden nach der Sitte der Väter, so daß dem Mann, dessen Ruhm der Krieg gegründet, die Waffen die höchste Ehre geben. Nicht in engen Gemächern, in weit offenem Gefild, nicht unter nahen Geflüster der Schmeichler, beim Schall der Kriegsdrommeten ward ich gekoren, auf daß unter ihrem Klang das Volk in seinem Verlangen nach gotischem Heldentum den rechten König finde." Theodahad floh auf diese Nachrichten aus dem nahen Rom, sich in das feste Ravenna zu werfen. Aber er ward verfolgt von *Optari*, einem Goten, dem er, durch Gold bestochen, die schöne Braut entrissen, sie einem anderen zu vermählen. Dieser, von Witichis nachgesendet, das verratene Volk mit dem eigenen Schmerz zu rächen, heftete sich dem Flüchtigen unablässig Tag und Nacht an die Fersen, holte ihn ein, warf ihn zur Erde und erstach ihn „wie ein Opfertier".

Witichis mußte viel mehr als seine Vorgänger, die Amaler, mit ihrer byzantinisch gefärbten Macht, den Volksadel und die Volksversammlung bei wichtigen Beschlüssen zu Rate ziehen, so bei der den kampfbegierigen Germanen schwerfallenden Verschiebung des Angriffs und Räumung des größten Teils von Italien, die der Vorsichtige als unvermeidlich erkannt hatte. Mit gutem Grund mißtraute er der Bewohnerschaft Roms, zumal der katholischen Geistlichkeit; mit Zustimmung des Volksheeres zog er ab nach *Ravenna*, dort die Rüstungen zu vollenden, nach Verständigung mit den Franken, die gotischen Truppen aus Gallien heranzuziehen und dann erst mit voller Wucht die Byzantiner anzugreifen. In Rom ließ er nur vier Tausendschaften unter *Leudaris* zurück, vereidigte Bischof, Senat und Volk der Stadt, unter Erinnerung an die Milde der Goten und alle Wohltaten Theoderichs, zur unverbrüchlichen Treue, führte aber eine Anzahl Senatoren als Geiseln mit sich. In Ravenna vermählte er sich, trotz ihres Widerstrebens, mit *Mataswintha*, Athalarichs Schwester, in der Hoffnung, dadurch den Anhang der Amaler und Befestigung seines Königtums zu gewinnen, und betrieb eifrig die Rüstungen. Um aber vor den Franken, die Scharen von Alemannen und Burgundern in das gotische Gallien verheerend hatten einbrechen lassen, Ruhe zu erhalten und die gegen sie verwendeten Truppen heranziehen zu können, bestätigte er, unter Zustimmung des Adels, einen schon von Theodahad mit den merowingischen Königen geschlossenen Vertrag, in welchem jenen der von Theoderich eroberte gotische Besitz in Südgallien abgetreten wurde, wofür Hilfstruppen wider Byzanz versprochen wurden, nicht aus dem fränkischen Heerbann selbst – denn die merowingischen Fürsten hatten ja auch von Justinian Gold genommen und diesem Hilfe wider die Goten zugesagt! –, sondern aus unterworfenen Stämmen, deren Unternehmungen dann als eigenmächtige ausgegeben werden sollten. Während nun Witichis die gallischen Besatzungen heranzog, geschah zu Rom, was er vorhergesehen: Trotz der von ihm geschworenen feierlichen Eide drängte vor allem der Bischof der Stadt, Papst *Silverius* (536–537 [?]), zum offenen Übertritt auf die Seite des rechtgläubigen Kaisers, und durch eine feierliche Gesandtschaft, von vornehmen Römern angeführt, ward Belisar ausdrücklich eingeladen, von der Stadt Besitz zu ergreifen.

So zog er denn auf der Via latina heran und (9. Dezember 536) durch das Asinarische Tor in die Stadt, während die gotische Besatzung zum Flaminischen Tor hinaus abzog nach Ravenna. Der Feldherr Justinians erkannte sehr wohl die hohe Bedeutung der Wiedergewinnung Roms. Er sorgte angelegentlich für Behauptung der Stadt, besserte die vielfach verfallenen Mauern Aurelians aus, ja legte in der ganzen Umgebung überall bis an den Tiber hin Befestigungen an, ließ Getreidevorräte aus *Sizilien* und der *Campagna* kommen und machte Rom zum Ausgangspunkt der Unternehmungen für seine Unterfeldherren, die allmählich ganz Mittelitalien gewannen. Der Süden, Calabrien und Apulien mit dem festen *Benevent*, durch Besatzungen oder Ansiedelungen von Goten nicht im Zaum gehalten, hatte sich schon vorher freiwillig angeschlossen; in dem gegen die Küste hin gedehnten Samnium trat sogar ein Teil der hier wohnenden Goten über: „Pitza und die mit ihm wohnenden bis zu dem Flusse hin, der die Landwirtschaft durchzieht: die jenseits des Flusses Angesiedelten aber wollten von Pitza und der Ergebung durchaus nichts wissen"; man sieht, wie die Ansiedelungen nach Geschlechterverbänden erfolgt waren und wie diese Verbände auch in der großen Kriegsgefahr den Ausschlag gaben für die Haltung. Die Städte Tusciens öffneten ihre Tore, so das außerordentlich starke *Narnia* einem Feldherren Belisars ostgotischer Abstammung *Bessa* – von jenen Splittern des Volks, die bei der Wanderung nach Italien in Thrakien zurückgeblieben waren –, *Spoletium*, *Perusia* und andere Städte *Constantinus*. Ein Versuch zweier gotischer Führer, *Perusia* wieder zu gewinnen, ward abgewiesen, die beiden Führer, *Unila* (lateinisch Hunila) und *Pissa*, wurden gefangen. Da beschloß Witichis, nicht länger zu Ravenna auf das Eintreffen der Truppen aus Gallien zu harren, die *Markja* heranführte, sondern, nach sorgfältiger Vollendung seiner Rüstungen, weiteren Fortschritten der Feinde entgegenzutreten. Er sandte zwei Führer, *Asinarius* (man bemerke den römischen Namen des doch wohl gotischen Mannes) und *Uligisal*, mit einem starken Heer nach *Dalmatien*, das der Byzantiner *Constantianus* bis nach *Liburnien*, dem Küstenstrich südöstlich von Istrien, gewonnen hatte, jene Landschaft, zumal die Hauptstadt *Salona* (damals Salonae) wieder zu erobern. Um diese Stadt auch von der Seeseite einzuschließen, sandte er zahlreiche Linienschiffe in den Ionischen Busen. Er selbst aber

führte die gotische Hauptmacht, die von Prokop auf hundertundfünfzig Tausendschaften geschätzt wird, darunter die meisten (?) gepanzert, sogar auf gepanzerten
Rossen, gegen Belisar und Rom. „Wie ein grimmiger Löwe" kam der Gotenkönig,
nach langer Sammlung der Kräfte, „nun endlich rasch heran, und groß war, unerachtet
der bisherigen ununterbrochenen Erfolge im byzantinischen Heer, die Furcht vor
dem unvergessenen germanischen Heldentum. Der Schreck vor den Goten war so
betäubend, daß die von Belisar zur Deckung der *Tiber*- und *Anio*übergänge in einem
Brückenturm aufgestellten Wachen bei der Annäherung der Feinde ohne Schwertstreich flohen, aber, Strafe und Schande fürchtend, nicht nach Rom, sondern nach
Campanien. So stieß Belisar ungewarnt bei einer Kundschaftung bei dem Brückenturm auf die Goten, die bereits den Fluß überschritten hatten. Sein Mut und Kamp-
feseifer riß ihn fort, im Handgemenge mitzukämpfen. Da Überläufer ihn erkannten
und alle Goten aufforderten, insgesamt den Reiter des schwarzen Pferdes mit wei-
ßem Kopf (Phalion griechisch, gotisch Balan = Fahl? Scheck?) anzugreifen, geriet er
in brennende Gefahr. Nur durch die aufopfernde Treue seiner Leibwächter gerettet,
gelangte er, hart verfolgt, mit Mühe in die Stadt, die sofort von den Goten mit sieben
Lagern umschlossen war. In diesem Gefecht hatte sich auf Seite der Germanen zumeist ausgezeichnet *Wisand,* der Bannerträger (Bandalarios), der von dem Eindringen auf Belisar erst mit der dreizehnten Wunde abließ, für tot auf der Wahlstatt
liegen gelassen, aber nach drei Tagen noch lebend gefunden und hergestellt wurde.
Unter den Byzantinern war der Schrecken dieser Niederlage so groß, daß sich das
Gerücht verbreitete, die Goten seien durch das *Pankratische* Tor mit eingedrungen.
Schon wollten sie die Stadt räumen: mit Mühe hielt Belisar sie zurück. Witichis aber
ließ durch einen Edlen, Herzog *Wachis*, den Römern am *Salarischen* Tor wohlbegründete Vorwürfe über ihren Verrat machen: die Griechen würden sie nicht schützen können, aus deren Mitte von je nur Gaukler und Kleiderdiebe nach Italien gekommen seien.

Es begann nun die denkwürdige erste Belagerung Roms in diesem Kriege (Februar
537). Die damaligen *Aurelianischen*, durch Belisar ausgebesserten Mauern der Stadt
zählten vierzehn größere und einige kleinere Tore. Den Raum zwischen den fünf
größten Toren, vom *Flaminischen* bis zum *Pränestinischen*, umschlossen die Goten
mit sechs Lagern auf dem linken Tiberufer. Um die Belagerten zu wehren, die *milvi-
sche* Brücke zu zerstören und so den Angreifern den freien Verkehr von einem Ufer
zum anderen zu hemmen, errichteten sie ein siebentes Lager auf dem rechten Tiberufer, auf dem sogenannten „*Felde des Nero*", um jene Brücke zu beherrschen; von
hier aus bedrohen sie das *Aurelische* und das *Transtiberinische* Tor. In diesem Lager
befehligte *Markja* die von ihm aus Gallien herangeführten Besatzungen, in den sechs
übrigen der König und fünf von ihm ernannte Heerführer. In der letzten Zeit ihrer
Niederlassung im Reiche und ihres Waffendienstes für die Römer hatten die Goten
auch einiges von römischer Lagerkunst erlernt; sie hatten jedes Lager mit Gräben
umzogen, die ausgeschaufelte Erde als Wall aufgeworfen und auf der Krone mit Pali-
saden wie Festungswerke verstärkt. Darauf durchschnitten sie alle die vierzehn Wasserleitungen, die damals noch von allen Seiten der Campagna her nach der Stadt
zusammenführten. Belisar aber entfaltete in der Verteidigung Roms alle Mittel seiner
großen Feldherrnschaft mit Umsicht und Ruhe; er übernahm in Person den Schutz
des *Pincianischen* und des *Salarischen* Tores, weil dort die Mauer am leichtesten zu
ersteigen und zugleich die günstigste Stelle für Ausfälle lag, die anderen Tore vertraute er je einem der Führer des Fußvolkes. Das *Flaminische* Tor ward völlig zuge-
mauert, weil dort ein gotisches Lager die Stadt am nächsten bedrohte. Er ließ, wohl

eingedenk, auf welchem Weg er in Neapel eingedrungen, auch die Mündungen der vierzehn Wasserleitungen sorgfältig und stark vermauern; da die Mühlen nach Absperrung des Wassers ihren Dienst versagten und für Radmühlen die Zugtiere brachen, gerieten die Belagerten in Verlegenheit, wie sie das Korn mahlen sollten. Da erfand er die Schiffsmühlen, indem er Kähne nebeneinander im Tiber verankerte. Den Belagerern gelang es, diese Vorrichtung zu zerstören, indem sie Baumstämme und Leichen gefallener Römer oberhalb in den Strom warfen und gegen die Kähne treiben ließen; da sperrte Belisar durch quergezogene Ketten den Oberlauf des Flusses, dadurch zugleich das Übersetzen der Barbaren auf Booten zu erschweren. Zwei Schiffsmühlen befriedigten nun das Bedürfnis während der ganzen Belagerung; Brunnen in der Stadt gewährten außer dem Strom Trinkwasser. Für das den Römern fast unentbehrliche Bad reichten jedoch die Brunnen nicht. Alsbald wandte sich die Stimmung unter den Leiden der Belagerung gegen Belisar, dem Volk und Senat vorwarfen, daß er mit zu geringer Macht in Italien aufgetreten und sie „unverschuldet diesen Drangsalen aussetze". Witichis, durch Überläufer hiervon unterrichtet, suchte durch Gesandte (darunter „Alb"), die nur vor dem Volke mit dem Feldherren verhandeln sollten, die Unzufriedenheit zu steigern. Sie stellten den Römern die Belagerung als Folge ihres Undanks und Verrats dar; aber Belisar wies die Gesandten ab, den Goten jedes Recht auf Rom trotzig absprechend. So rüstete denn der König den Sturm. Was man den Römern an Belagerungskunst abgelernt, ward redlich und eifrig verwertet; außer Sturmleitern und Faschinen zur Ausfüllung der Gräben wurden vier Widder, von je fünfzig Mann bedient, und hölzerne Türme, so hoch wie die Mauern, von Rindern gezogen, hergestellt. Aber Belisar spottete der ungeschlachten Anstalten. Er fuhr auf den Wällen Ballisten auf und „Wildesel" (Schleudermaschinen) und deckte die Tore durch „Wölfe": Fallgitter mit spitzen Pfählen und Klingen. Am achtzehnten Tage der Einschließung, bei Sonnenaufgang, führte Witichis sein Heer zum allgemeinen Sturm. Entsetzen ergriff die kriegentwöhnten Bürger Roms. Jedoch Belisar lachte und ermutigte die Verzagten, indem er selbst mit sicherem Schuß wiederholt gepanzerte Heerführer an der Spitze ihrer Scharen durchbohrte. Darauf befahl er, auf die Rinder zu zielen, welche die Türme zogen; sofort fielen alle, und die Türme samt ihrer Bemannung standen unbeweglich und unnütz. Belisar hatte vorausgesehen, daß die Maschinen, durch langsame ungedeckte Tiere gezogen, niemals bis an die Wälle gelangen würden. Das *Pankratische* und das *Flaminische* Tor ließen die Goten wegen des schwierigen Zuganges unbestürmt; aber der gefährlichste Angriff traf das *Aurelische* Tor auf dem rechten Tiberufer und das *Grabmal Hadrians*, welches dasselbe deckte. Die Stürmenden waren, verborgen durch den Säulengang von *Sankt Peter*, überraschend so schnell genaht, daß sie die nur waagerecht schießenden Ballisten unterliefen; gegen die Pfeile und Wurfspeere hatten sie sich durch ein Dach von ungeheuren Schilden gedeckt. Schon stiegen sie auf Leitern die Zinnen hinan, als die verzweifelten Verteidiger, in Ermangelung von anderen Geschossen, die zahlreichen Marmorstatuen, die das Grabmal zierten, zerschlugen, und mit den hinab geschleuderten Trümmern die Stürmenden unter dem zerschmetterten Schilddach begruben. Hier fand man später den schlafenden Faun, ein berühmtes Werk der antiken Marmorplastik, jetzt in der Münchener Glyptothek. Das *Pincianische* Tor blieb diesmal wie bei allen anderen Versuchen, obgleich dort die Mauer bedenkliche Sprünge zeigte, unbehelligt, was die Römer auf den besonderen Schutz des Apostels Petrus zurückführten. Am *Salarischen* Tor wurden die Angreifer abgeschreckt durch die furchtbaren Geschütze auf dem Turm zur Linken, deren eines einen edlen Goten, der, durch Tapferkeit und volle Rüstung ausgezeichnet, abseits von den Gliedern stehend, die Zinnen mit Pfeilen säuberte, Panzer und Leib durchbohrend, an einen Balken nagelte. Aber an dem *Vivarium* drohten die Goten einzudringen: dieser Zwinger für Löwen und andere Zirkustiere hatte einen Zugang von außen und hinter niedriger Außenmauer nur schwachen Innenwall. Witichis ließ durch Maschinen die Außenmauer erschüttern und an zahlreichen Stellen erklimmen. Belisar, von seinen verzagenden Unterführern vom *Salarischen* Tor zu Hilfe herbeigerufen, ließ die Goten absichtlich in den engen Zwinger eindringen, dann seine Kernscharen, nur mit dem Schwerte bewaffnet, plötzlich einen Ausfall auf die Überraschten machen, die hilflos und regungslos zusammengedrängt, sämtlich niedergehauen wurden. In Verfolgung ihres Vorteiles schlugen die Sieger auch die vor dem Zwinger haltenden hinteren Reihen der Barbaren in die Flucht und verbrannten die verlassenen Maschinen. Das gleiche Ende ward durch einen Ausfall dem Angriff auf das *Salarische* Tor bereitet: hoch schlugen auch hier die Flammen der angezündeten Sturmmaschinen in die Luft. Der allgemeine Sturm war überall abgeschlagen, und zwar mit furchtbarem Verlust der Goten, deren dichte Sturmkolonnen anfangs kein Geschoß verfehlt, deren fliehende Scharen zuletzt das Schwert des Ausfallenden vom Rücken her niedergemäht hatte. Von Tagesanbruch bis zum Abend hatten die Germanen das Beste geleistet an todverachtender Kühnheit, und ihre eigenen Führer gaben ihren Verlust auf dreißigtausend Tote und mehr als sechzigtausend Verwundete an.

Belisar aber schickte einen großen Teil der wehrunfähigen Einwohner Roms zu Schiff nach Neapel und Sizilien, der Gefahr der Aushungerung zu begegnen: erst nachdem dies geschehen, besetzte Witichis den Hafen *Portus*, den Belagerten den Seeweg für Zufuhr abzuschneiden. In den folgenden Ausfällen und Gefechten, die oft auf dem *Neronischen Felde* spielten, erlagen die Goten meistens den berittenen hunnischen Bogenschützen, denen sie eine gleiche Waffe nicht entgegenzustellen hatten: ihre Pfeilschützen fochten nur zu Fuß. Sie vermieden daher zuletzt alle Kämpfe und trachteten nur, durch sorgfältige Absperrung aller Lebensmittel die Stadt zur Übergabe zu zwingen. Auch stieg im Laufe des Sommers die Not in Rom gewaltig an durch Seuchen und Hunger: da gelang es dem Geschichtsschreiber dieses Krieges, *Prokop*, den Auftrag Belisars, unterstützt durch dessen Gattin *Antonina*, erfolgreich durchzuführen, Schiffe mit Lebensmitteln von Neapel nach *Ostia* zu bringen, die durch die Reihen der durch Ausfälle beschäftigten Belagerer hindurch und glücklich in die Stadt geschafft wurden. Die Goten, durch das Schwert, mehr noch durch Seuchen und Hunger (drittes Kriegsjahr, 537/538) furchtbar gelichtet, suchten vergeblich durch Gesandte zu Byzanz, die eine römische Abordnung begleitete, günstigen Frieden zu erwirken. Ein für die Dauer dieser Verhandlungen geschlossener Waffenstillstand ward von den Barbaren sehr unklug, von Belisar aber klug ausgenützt und zuletzt von beiden Teilen gebrochen. Inzwischen hatte ein kleines byzantinisches Heer, unter Führung des kraftvollen *Johannes*, Rom verlassen, das *Picentinische* durchstreift, *Ulitheus*, den Oheim des Königs, der mit einer Schar Goten entgegentrat, geschlagen und getötet, im Rücken die Verbindungen der Belagerten mit Ravenna bedroht und, nachdem *Ancona* und *Ariminum* gefallen war, jene Hauptstadt gefährdet, in der sich Mataswintha, von Witichis zum Ehebund genötigt und deshalb ergrimmt, ähnlich wie ihre Mutter und Theodahad, mit Byzanz in Verbindung setzte. Sie verhandelte heimlich mit Johannes über Verrat und Vermählung mit einem Byzantiner. Da hoben die Goten, durch Mangel an Lebensmitteln in der völlig ausgesogenen Campagna schwer bedrängt und besorgt um Ravenna, die Einschließung von Rom auf. Ein Jahr und neun Tage hatte sie gewährt: Februar 537 bis März 538; neunundsechzig Stürme, Ausfälle, Gefechte waren in dieser Zeit gezählt worden. Witichis wich mit den Trümmern seines Heeres nach Ariminum, diese Stadt wieder zu gewinnen, aber nicht auf dem nächsten Weg, der *Flaminischen* Straße, die ihm *Narnia, Spoletium* und *Perusia*, im Besitz der Kaiserlichen, sperrten. Kleine Besatzungen ließ er in *Clusium, Urbs vetus, Petra, Tudertum, Auximum, Urbinum, Cäsena, Mons feretrus*. Belisar aber sandte von den Hafen von Rom eine Flotte mit Truppen aus, die, in *Genua* gelandet, *Pavia* (*Ticinum*) bedrohten, ein gotisches Heer vor den Mauern dieser Stadt schlugen, dann ohne Schwertstreich *Mailand* und ganz Ligurien, *Bergamo, Como, Novara* und andere Städte gewannen. Er selbst zog um die Sommersonnenwende gegen Witichis, der noch immer *Ariminum* und *Ancona* belagerte: ohne Widerstand ergaben sich (viertes Kriegsjahr 538/539) die gotischen Besatzungen von *Clusium* und *Tudertum*. Belisar schickte sie nach Neapel und Sizilien, er erhielt aus Byzanz neue Verstärkungen unter *Narses*, dem nachmaligen Besieger der Goten, darunter zweitausend Söldner aus dem (gotischen) Volke der *Heruler*, die zu *Firmum* zu ihm stießen. Mit dieser Macht zog Belisar, zur Beobachtung der Goten in *Auximum* nur eine kleine Abteilung zurücklassend, zum Entsatz des Johannes in *Ariminum*. Die Goten hoben die Belagerung der schwer bedrängten Stadt auf und wichen nach Ravenna. Belisar gewann *Urbinum*, dessen Besatzung sogar in seinen Dienst trat, Johannes *Forum Cornelii* und die ganze *Ämilia*: aber die Belagerung von *Urbs vetus* (Orvieto), um die Wintersonnenwende begonnen, hielt den Oberfeldherrn lange fest.

Im folgenden Sommer (539) entstand große Hungersnot in allen vom Krieg heimgesuchten Landschaften der Halbinsel, in welchen die Bestellung der Felder unterblieben war: in der *Ämilia*, als welcher die Bewohner nach *Picenum* wanderten, wo dann fünfzigtausend Bauern Hungers starben, und noch mehr jenseits des Ionischen Busens. In Tuscien fristeten die Leute in den Bergen mit Eicheln das Leben: der Hunger und die widernatürliche Nahrung erzeugten darauf furchtbare Krankheiten. Auch zu Menschenfleisch griff man: in einem Dorf bei Ariminum waren nur zwei römische Weiber zurückgeblieben, diese töteten im Schlaf und verzehrten nacheinander siebzehn Wanderer, die bei ihnen einkehrten, erst der achtzehnte erwachte unter ihren Händen und brachte sie zur Bestrafung.

Inzwischen trafen die von dem Merowingen *Theudibert* den Goten zu Hilfe gesandten Burgunder in Italien ein. Von ihnen verstärkt zwang ein gotisches Heer unter *Uraia* die Besatzung von *Mailand* nach langer Einschließung durch Hunger zur Übergabe in Kriegsgefangenschaft. Von den Einwohnern aber, etwa dreißigtausend, wurden die Männer getötet, die Weiber den Burgundern in Knechtschaft geschenkt, die Stadt ward gründlich zerstört: die arge Treulosigkeit der Mailänder hatte die Goten stark erbittert. Darauf gewannen sie durch Ergebung der Besatzungen in den übrigen Städten ganz Ligurien zurück (539). Aber Witichis erkannte, daß die Entscheidung zu Ravenna lag und daß er dem zum Frühling drohenden Angriff Belisars nicht gewachsen sein werde. Er suchte Bundesgenossen; von den Franken, deren Untreue man hinlänglich kennengelernt, erwartete man im bestenfalls Neutralität; den *Langobardenkönig Wachis* forderte er vergeblich unter glänzenden Geldgeschenken zur Waffenhilfe auf, der hatte mit Byzanz enges Freundschaftsbündnis geschlossen. In dieser Not befragte der König die älteren Männer seiner Umgebung um Rat. Man beschloß, den alten Feind Justinians, den Perserkönig Chosroës, zur Erneuerung des Krieges gegen Byzanz aufzufordern, um die kaiserlichen Waffen zur Verteidigung des Reiches im Osten unentbehrlich zu machen: zwei ligurische – wohl arianische – Priester übernahmen gegen reichen Lohn die weite Reise und erreichten wirklich, daß Chosroës den Krieg wieder begann. Justinian rief Belisar mit seinem

Heer aus Italien ab, die Perser abzuwehren, und entließ die noch zu Byzanz weilen-
den Gesandten des Witichis mit dem Bescheid, er werde sofort Botschafter nach
Ravenna schicken, einen für beide Parteien billigen Frieden abzuschließen. Bevor
jedoch Belisar dieser Befehl erreichte, hatte er (Frühjahr 539) selbst *Auximum* eingeschlossen, ließ durch eine andere Abteilung *Fäsulae* belagern, während bei *Dertona*
ein drittes Heer die Annäherung der Goten von *Pavia* her beobachten und abwehren
sollte. Diese byzantinischen und gotischen Truppen wurden nun von dem verräterischen Doppelangriff des Merowingen *Theudibert* getroffen, der, während die beiden
Kriegsparteien sich aufrieben, beiden einen großen Teil der Beute, das heißt Italiens,
zu entreißen trachtete. Ohne der Eide zu gedenken, die er beiden geschworen, drang
Theudibert mit seinem Heere von fast hunderttausend Mann über die *Seealpen* in
Ligurien ein – „denn die Franken", sagt Prokop, „sind das treuloseste unter allen
Völkern" –; nur das Gefolge des Königs war beritten und führte Speere, die große
Menge, das Fußvolk, Schild, Schwert und das Wurfbeil, die gefürchtete fränkische
Volkswaffe, die „*Fráncisca*". Von den Goten, die wähnten, nun endlich Erfüllung der
alten fränkischen Verheißungen und Vernichtung der Byzantiner zu erleben, auf das
freudigste empfangen, enthielten sie sich jeder Gewalttätigkeit, solange sie durch
Ligurien zogen, um unter gotischer Hilfe den Po zu überschreiten. Kaum aber hatten
sie bei Ticinum (Pavia) diesen Fluß durch eifrige Mitwirkung der Goten überschritten, als sie die dort vorgefundenen Weiber und Kinder der Goten ergriffen, den
Göttern als Opfer schlachteten und als Erstlinge des Krieges in den Fluß warfen.
„Denn diese Barbaren sind zwar Christen geworden, halten aber noch an den meisten
Stücken ihres alten Glaubens fest, indem sie Menschen und andere unheilige Opfer
schlachten und Zukunftsspähungen treiben." Entsetzt über solchen Verrat flohen
die begleitenden Goten in die Stadt Ticinum zurück, die Franken aber zogen nach
dem gotischen Lager auf dem rechten Ufer des Po. Hier wurden ihre ersten kleinen
Haufen als Bundesgenossen freudig aufgenommen. Als die Hauptmacht erschien,
begannen sie plötzlich, ihre Wurfbeile zu schleudern, die überraschten Goten flohen
nach großem Verlust in der Richtung gegen Ravenna an dem Lager des byzantinischen Beobachtungsheeres vorbei, dessen Besatzung wähnte, Belisar habe die Barbaren besiegt, zog dem vermeintlichen Sieger freudig entgegen, stieß auf die Franken
und ward von diesen so völlig geschlagen, daß sie sich nicht mehr nach ihrem Lager
zurückziehen konnte, sondern sich in wilder Auflösung fliehend über *Tuscien* ergoß
und hier Belisar von ihrer Niederlage berichtete.
    Jedoch konnten die Sieger nicht weiter vorrücken; es fehlte an Verpflegung, nur
die halbwild weidenden Rinderherden boten Fleisch, und das statt des mangelnden
Weines in Unmaß getrunkene Powasser verbreitete Durchfall und Ruhr in solcher
Heftigkeit, daß mehr als der dritte Teil des Heeres den Seuchen erlag und der Rest,
krank und matt, keine Bewegung ausführen konnte. Diese Schwächung und die grol-
lende Stimmung seines Heeres bewogen den Frankenkönig wohl ungleich mächtiger
als ein abmahnender und mit der Rache des Kaisers drohender Brief Belisars, mit dem
Rest der Seinen aufzubrechen und schleunigst nach Hause zurückzukehren. Bald
darauf ergaben sich, da von der Hauptstadt der Goten aus Ravenna kein Entsatz
nahte, zuerst die gotischen Besatzungen von *Fäsulae*, und, als deren Führer gefangen
den Verteidigern von *Auximum* vorgeführt worden, auch diese nach höchst ehrenvol-
ler hartnäckiger Gegenwehr. Wie sehr es an einem allbesiegenden Volksgefühl gebrach, erhellt daraus, daß diese hervorragend tapferen Goten sich gleichwohl entschlossen, nachdem sie zuerst freien Abzug nach Ravenna verlangt, zuletzt einen
Vertrag anzunehmen, wonach sie gegen Belassung der Hälfte ihrer Habe – die andere

forderten die Scharen Belisars als Belohnung für die sehr anstrengende Belagerung – unter den Fahnen des Kaisers gegen das eigene Volk zu fechten sich verpflichteten. Bezeichnend für die Zustände unter den kaiserlichen „Soldateska" ist, daß ein Söldner, der, von den Goten bestochen, zweimal heimlich Briefe aus dem belagerten *Auximum* an Witichis nach Ravenna und dessen Antworten zurückgebracht hatte, nach seiner Überführung von Belisar den Truppen zu beliebiger Bestrafung überlassen – von diesen lebendig verbrannt wurde. Nach Einnahme der lange belagerten Städte *Fäsulae* und *Auximum* zog Belisar mit der Hauptmacht gegen Ravenna, das nur durch Hunger zu bezwingen war. Die Zufuhr von der Seeseite war der Stadt abgeschnitten durch die das Meer beherrschende kaiserliche Flotte. Eine große Menge von Getreideschiffen, die Witichis in *Ligurien* befrachtet und vorsorglich auf den Po gebracht hatte, fiel vermöge besonderer unglücklicher Zufälle in die Hände der Byzantiner: der Fluß, „als ob er auf die Römer habe warten wollen", ward plötzlich so seicht, daß die Schiffe nicht von der Stelle konnten. Da nun die Frankenkönige vernahmen, daß Ravenna, vom Hunger bedrängt, bald werde fallen müssen, suchten sie nochmal aus der Not der Goten Vorteil zu ziehen und wenigstens ein Stück des gierig begehrten reichen Südlands zu gewinnen. Sie wollten abermals Witichis durch Gesandte bewegen, sich mit ihnen in Italien zu teilen: dafür boten sie wieder Waffenhilfe an. Belisar erfuhr davon: mit jedem Mittel mußte ein Bündnis der beiden Germanenvölker verhütet werden. Er schickte ebenfalls Gesandte nach Ravenna und erinnerte an die wiederholte unerhörte Treulosigkeit der Merowingen. Witichis beschloß, nach langer Beratung mit dem Adel des Volksheeres, die Franken abzuweisen und sich lieber mit dem Kaiser zu verständigen. Während aber Gesandte zwischen den Goten und den Belagerern hin und her gingen und über den Frieden verhandelten, brachte Belisar durch Streifscharen *Venetien* und die Kastelle in den *kottischen Alpen* in seine Gewalt. Aus einer Schar von vier Tausendschaften, mit welchen Uraia von *Ligurien* her Ravenna Entsatz bringen wollte, ging nun ein sehr großer Teil der Mannschaften zu den Byzantinern über: es waren die Besatzungen jener Kastelle gewesen, in welchen ihre Weiber und Kinder in die Hände der Kaiserlichen gefallen: zugleich bedrängte er die in Ravenna Eingeschlossenen von Tag zu Tag stärker durch Hunger: beide Ufer des Po hielt er besetzt und sperrte jede Zufuhr von der Flußseite ab. Die nicht geringen Vorräte von Getreide, die König Witichis sorgsam in den Magazinen der Stadt barg, gingen plötzlich nachts in Flammen auf. Belisar hatte Ravennaten zu dieser Brandstiftung, die auf Blitzstrahl zurückgeführt wurde, durch Geld gewonnen, auch die Königin Mataswintha soll die Hand im Spiel gehabt haben. Belisar erwartete, die Stadt werde sich demnächst bedingungslos ergeben und er, wie kurz vorher den König der Vandalen, nun den König der Ostgoten kriegsgefangen im Triumph nach Byzanz führen können. Da (fünftes Kriegsjahr 539/40), sehr zur Unzeit für den Ehrgeiz des Feldherrn, erschienen in seinem Lager zwei Gesandte des Kaisers, die alsbald den Belagerten in der Stadt einen, verglichen mit der bedingungslosen Unterwerfung, sehr günstigen Frieden antrugen, den die bedrängten Goten mit Freuden annehmen zu wollen erklärten: das bisherige Gotenreich sollte durch die Polinie geteilt, Witichis auf das Gebiet nördlich von diesem Fluß beschränkt, das Land südlich vom Po dem Kaiser zinspflichtig und auch der gotische Kronschatz zur Hälfte zwischen dem Kaiser und dem König geteilt werden. Justinian war des Gotenkrieges müde und wollte Heer und Feldherr im Morgenland verwenden, wo er sie allerdings dringend zur Verteidigung des Reiches brauchte. Aber Belisar verhinderte den Abschluß des Vertrages, indem er sich weigerte, die Urkunde zu unterzeichnen, was die Goten, nicht ohne Grund argwöhnisch, zur Bedingung gemacht hatten. Als man ihm dann bemerkte, sein Ungehorsam gegen die Befehle des Kaisers werde den Verdacht erwecken, als ob er etwas gegen denselben plane, ließ er in einem Kriegsrat unter Zuziehung der Gesandten feststellen, daß alle Heerführer einstimmig erklärten, sie seien unfähig, den Krieg durch völlige Bezwingung des Feindes zu beenden, und es sei am besten, nach dem Vertragsentwurf des Kaisers Friede zu schließen. Offenbar wollte der ehrfürchtige Mann – seine oft eifersüchtigen und unbotmäßigen Unterfeldherren mußten jene Erklärung sämtlich unterschreiben – feststellen, daß alle seine Nebenbuhler sich der Besiegung des Feindes nicht gewachsen fühlten, den er alsbald zur bedingungslosen Ergebung zu zwingen hoffte. Und anderenfalls wollte er sich vorsichtig gegen die zu erwartenden Vorwürfe decken, daß er auf Grund der kaiserlichen Bedingungen abgeschlossen habe, obwohl er wissen mußte, daß bedingungslose Unterwerfung der Goten zu erreichen gewesen wäre. Er schob die Entscheidung hinaus, da er wußte, jeder Tag des Hungers mußte die Lage in Ravenna verschlimmern und vielleicht zu einer überraschenden Wendung führen. Diese trat dann auch ein. Die Großen im gotischen Volksheer, durch Hunger und Leiden aller Art entmutigt, waren schon lange mit der sieg- und glücklosen Regierung des Witichis unzufrieden, scheuten aber andererseits die einfache Unterwerfung, da sie besorgten, aus Italien fortgeführt und zu Byzanz in Gefangenschaft gehalten zu werden. Da kamen sie auf den jener Zeit nicht so befremdlich wie uns scheinenden Gedanken[1], *Belisar*, ihren Besieger, dessen Kriegskunst und Kriegsglück ihnen großen Eindruck gemacht hatte, aufzufordern, sich in Italien zum Kaiser des Abendlandes zunächst aufzuwerfen, dann wollten sie sich ihm unterwerfen. Dabei sollte dieser Kaiser des Abendlandes zugleich König des Gotenvolkes werden. Als Witichis von diesem Vorhaben erfuhr, erklärte er sich sofort bereit, dem großen Feldherren die Herrschaft abzutreten. Belisar aber ging zum Schein auf diese Anträge ein, indem er sich vorsichtig gegen eine Anklage auf Hochverrat dadurch den Rücken deckte, daß er den Gesandten des Kaisers und allen seinen Heerführern die Frage vorlegte, ob es nicht höchst wünschenswert sei, Witichis und alle Goten kriegsgefangen zu machen, den *ganzen* Schatz und *ganz* Italien wiederzugewinnen – statt, muß man hinzudenken, auf die vom Kaiser bewilligten Bedingungen hin abzuschließen: eine Frage, die Verneinung ausschloß. In diesem Sinne nun handelte Belisar. Freilich spielte er dabei ein unwürdiges und gefährliches Spiel; er entfernte unter Vorwänden des Nahrungsmangels Narses und drei andere ihm feindlich gesinnte Heerführer, damit diese weder bei den Goten noch im eigenen Heer seine Pläne durchkreuzen könnten, und täuschte die Gesandten der Barbaren, wobei er von eidlicher Beteuerung nicht zurückschreckte. So zog er mit diesen Gesandten in Ravenna ein, nachdem er durch die Flotte Nahrungsmittel nach der Vorstadt *Classis* hatte schaffen lassen. Anstatt nun aber die Krone Italiens und des Gotenvolks aufzusetzen, nahm er Witichis, weil noch den Schein wahrend, in ehrenvolle Haft und entfernte die gefährliche Übermacht des gotischen Heeres aus der Stadt, indem er sie in ihre Besitzungen auf dem rechten Poufer entließ. Hier, wo das kaiserliche Heer das Land in der Gewalt hatte, konnten sie, vereinzelt, nicht gefährlich werden. Jetzt, nach Abzug dieser Scharen, bemächtigte er sich des Schatzes im Palatium, wie die Goten glaubten, um ihn, dem Vertrage gemäß, für sich zu behalten, in Wahrheit aber, um ihn dem Kaiser zu bringen. Nun ergaben sich die gotischen Besatzungen zahlreicher und fester Burgen, immer noch in

---

1 Etwas ganz Ähnliches scheint circa 460 zwischen dem römischen Feldherrn Ägidius und fränkischen Gauen in Gallien vereinbart worden zu sein. Dahn, Deutsche Geschichte II. Gotha 1888, S. 45.

dem Glauben an die Treue Belisars: so *Treviso* und andere Schlösser Venetiens. Zuvor schon war die letzte Feste der Ämilia, *Cäsena*, gefallen. Die Befehlshaber aller dieser Burgen eilten nach Ravenna zu Belisar als ihrem vermeintlichen König: nur *Ildibad*, der Befehlshaber von *Verona*, vermied mißtrauisch diesen Schritt, da ihm seine zu Ravenna vorgefundenen Söhne nicht freigegeben wurden; so hatte Belisar durch die lange Zeit sehr geschickt, aber mit abscheulicher Falschheit, fortgespielte Rolle die Hauptstadt, den König, die Schätze, die Führer und Häupter des Heeres und die schwer bezwingbaren Kastelle in seine Gewalt gebracht, das gotische Heer aus Ravenna zerstreut und widerstandsunfähig gemacht. – Den getäuschten Goten gingen die Augen erst auf, als der Feldherr auf den Befehl des Kaisers, der ihn nach Persien abrief, gehorsam alle Anstalten zum Aufbruch aus Italien traf: alles Land südlich vom Po lag wehrlos unter der Hand der Byzantiner; aber die Goten nördlich vom Po und von Ravenna eilten nach *Ticinum* zu des Witichis Oheim, *Uraia*, und forderten von ihm unter schmerzlichsten Klagen, er solle sich an ihre Spitze stellen und sie in den Kampf der Verzweiflung führen; auf seinen Rat wählten sie jedoch Ildibad zum König, zumal weil dieser die Hilfe seines Oheims, des *Westgotenkönigs Theudis*, gewinnen werde. Ildibad, von Verona nach Ticinum gerufen, nahm die Krone an, versuchte aber nochmals, unter Zustimmung der Seinen, Belisar zur Erfüllung seiner feierlichen Versprechungen zu bewegen. Doch dieser erklärte, er werde niemals, solange Justinian lebe, nach der Krone greifen, wies das Anerbieten Ildibads, ihm den Purpur zu Füßen zu legen und ihm als Beherrscher der Goten und Italier zu huldigen, schroff zurück und schiffte sich nach Byzanz ein (sechstes Kriegsjahr 540/41), Witichis, Mataswintha und viele aus dem Adel des Gotenvolks sowie den Königsschatz mit sich führend: ein Triumph wurde ihm zwar diesmal nicht vom Kaiser bewilligt, aber doch erfüllte die ganze Hauptstadt der Ruhm des Mannes, „der wie Geiserichs so des großen Theoderichs Reich zerstört habe".

Letzterer Ruhm war nun zwar freilich nicht begründet. Noch war das Gotenreich nicht zerstört, wie stark es diesen Anschein hatte: vielmehr leistete es noch viele Jahre heldenhaften Widerstand, und nicht Belisar sollte sein Zerstörer heißen.

Als Ildibad die Absicht des Feldherrn erfuhr, ergriff er das fast hoffnungslose Werk, das Gotenreich wieder aufzurichten, mit höchstem Mut und Eifer. Anfangs hatte er nur tausend Mann in *Ticinum* bei sich und von allen Städten und Kastellen Italiens nur diese eine Stadt.

Allmählich schlossen sich ihm die in *Ligurien* und *Venetien* zerstreuten Goten an. Und schon begann, obzwar nur in geringem Maß erst, jener Umschlag in der Stimmung der Italier sich vorzubereiten, der später die Erfolge des genialen *Totila* ganz wesentlich förderte. Die Nachfolger Belisars im Befehl, nur bedacht, sich zu bereichern, plünderten die Bevölkerung und verstatteten den Truppen gleiche Ungebühr. Schlimmer aber noch als diese ungesetzliche war die gesetzliche Aussaugung der Italier durch die kaiserlichen Finanzbeamten, die den Truppen überall auf dem Fuße gefolgt waren und nun alle Künste byzantinischen Steuerdrucks gegen die durch Krieg, Hunger, Seuchen erschöpften Italier spielen ließen, die jetzt mit Seufzen der väterlich milden Verwaltung Theoderichs, der Schonung seiner Tochter gedachten. Einer der schlimmsten jener Finanzmänner war der Oberrechnungsmeister *Alexandros*, der den Beinamen „Kneifzange" erhalten hatte, weil er Goldstücke so kunstvoll am Rande zu beschneiden verstand, daß man den Abgang kaum merken konnte. Er erbitterte nicht nur die Truppen durch Verkürzung des mit Wunden verdienten Soldes, er trieb die Italier zur Verzweiflung, indem er eine Nachprüfung der Finanzverwaltung unter den Gotenkönigen vornahm, zahlreiche wohlhabende Leute, die nie mit dieser Verwaltung zu tun gehabt, fälschlich der Unterschlagung der öffentlichen Gelder beschuldigte und die angeblich veruntreuten Summen von ihnen einzog. Der einzige Feldherr, der in richtiger Würdigung der drohend wachsenden Gefahr, im Vertrauen auf seine starken herulischen Soldscharen etwas gegen Ildibad unternahm, *Vitalius*, ward bei *Tarvisium* aufs Haupt geschlagen; sehr viele Heruler fielen hier mit ihrem Führer *Wisand*. Zunächst nun zwar hemmten Haß und Mord unter den Häuptern der Goten deren weitere Fortschritte. Des Uraia Gattin hatte, reich geschmückt, auf dem Wege zum Bade Ildibads Königin in unscheinbarem Gewande getroffen – denn der Königsschatz der Goten lag ja in Byzanz! – und durch den Hohn wenig ehrerbietigen Grußes gekränkt. Tränen seines Weibes zu rächen, verdächtigte der König zunächst *Uraia* des Verrats und ließ ihn bald hernach ermorden. Die allgemeine Entrüstung der Goten ermutigte einen Privatfeind des Königs zur Rache; *Wila*, ein junger Gote, in dessen Abwesenheit der König die Braut einem anderen vermählt hatte, schlug Ildibad, als er mit den Vornehmen beim Mahle saß, plötzlich mit einem Schwertstreich das Haupt vom Rumpf, daß es auf dem Tisch flog. Nun erhoben jene *Rugier*, die mit Theoderich in Italien eingewandert, aber gesondert (wir wissen nicht, wo) angesiedelt waren und durch Vermeidung von Mischehen ihre Stammesart von den Goten getrennt erhalten hatten, in der durch jenen Mord herbeigeführten Verwirrung *Erarich*, einen ihrer Stammgenossen, zum gemeinsamen König (siebentes Kriegsjahr 541/42). Das gefiel den Ostgoten wenig, und sie gaben schon fast die von Ildibad erregte Hoffnung auf Erneuerung des Reiches auf. Aber bereits nach fünf Monaten tatenloser Regierung ward der Rugier beseitigt. Ein Brudersohn Ildibads, *Totila*, befehligte die Besatzung von *Tarvisium*; Geist und Tatkraft hatten ihm höchsten Ruhm in seinem Volk erworben. Dieser Held, der alsbald die Sache der Goten in sich verkörpern und verherrlichen sollte, war schon im Begriff gewesen, auf die Nachricht von der schmählichen Ermordung seines Oheims sich und seine Schar mit der Festung Treviso dem kaiserlichen Feldherrn zu Ravenna zu ergeben. Da trugen ihm die Goten zu *Ticinum*, mit dem rugischen König immer mehr unzufrieden – er war dem Krieg mit den Kaiserlichen nicht gewachsen, laut warfen sie ihm vor, daß er ihre Hoffnungen vereitelt –, einstimmig durch Boten die Krone an; voll Sehnsucht nach Ildibad hofften sie, auf seinen Neffen werde sein Geist und sein Stern übergehen. Offen legte ihren Gesandten Totila seine Verhandlung mit den Feinden dar: Schon war der Tag bestimmt, an dem ein Vertreter des kaiserlichen Feldherrn zu Treviso erschienen und die Ergebung von Stadt und Besatzung entgegennehmen sollte. Würde vor diesem Tag Erarich beseitigt, so sei Totila bereit, die Ergebung abzulehnen, die hoffnungsarme Krone und den Krieg zu übernehmen – es ist bezeichnend für die starke Bedeutung des Sippeverbandes und die, hiermit verglichen, abgeschwächten Volks- und Staatsgefühle, daß ein Held wie Totila solche Gesinnungs- und Handlungsweise hegen und seinem Volk, ohne sich dadurch irgend in dessen guter Meinung zu schaden, offen legen kann. Erarich aber leistete nichts im Feld und erwies sich als Verräter wie Theodahad: unter Zustimmung der Goten forderte er durch Gesandte vom Kaiser den Frieden unter den Witichis gewährten Bedingungen, nämlich Abtretung von Italien bis an den Po. Insgeheim aber wollte er nur den *einen* Zweck, dem Kaiser ganz Italien in die Hand zu spielen, wofür er sich Reichtum und die Würde des Patriciats ausbedang. Während diese verräterischen Verhandlungen schwebten, ward er von den Goten ermordet und Totila nahm der Verabredung gemäß die Krone an.

Auf die Nachricht von diesen Vorgängen machte der Kaiser seinen Feldherren in Italien sehr begründete Vorwürfe über ihre strafbare Untätigkeit. Darauf setzten sich endlich die Byzantiner mit zwölftausend Mann in Bewegung, zunächst *Verona* zu gewinnen. Wirklich ward durch Verrat eine kaiserliche Schar unter tapferem Führer zur Nacht in die Stadt gelassen, welche die überraschten Goten räumten, aber von dem Hügel an der Etsch aus die Schwäche der Feinde gewährend, gewannen sie Verona wieder und rieben die Eingedrungenen größtenteils auf. Die zehn anderen Führer aber verloren die Zeit, die Stadt zu besetzen und ihrem Vortrab zu helfen, indem sie, über die Teilung der Beute in Streit geraten, den Vormarsch unterbrachen. Bei offenem Angriff von den nun gewarnten Goten kräftig zurückgeschlagen, gingen sie wieder über den Po und bis nach *Faventia* (*Faënza*) (einhundertundzwanzig Stadien von Ravenna) zurück. Totila aber zog einen großen Teil der Besatzung von Verona an sich – auch nach dieser Verstärkung hatte er nur fünftausend Mann unter der Fahne – und rückte, von Ticinum aufbrechend, kühn zum Angriff wider die große Übermacht der Byzantiner bis Faënza. Unterstützt durch eine klug angeordnete Umgehung, schlug der König die Feinde unter großen Verlusten von Gefangenen und Toten in so schmähliche Flucht, daß er *alle* Feldzeichen der Kaiserlichen erbeutete: „was den Römern nie zuvor geschehen", sagt entrüstet Prokopius. Als bald darauf sein Heerführer ein zweites römisches Heer bei *Mucella* in gleich schimpfliche Flucht zerstreuten, schlossen sich die kaiserlichen Feldherren, jedes Zusammenwirken aufgebend, jeder in eine feste Stadt, besorgt sich gegen Totilas Angriff verschanzend. Dieser aber nahm durch Hochherzigkeit die Gefangenen so sehr für sich ein, daß die meisten unter seinen Fahnen Dienst nahmen – waren es doch Söldner, Landsknechte aus allen Völkern, welche die kaiserlichen Scharen füllten und ohne viel Bedenken auch gegen Byzanz zu fechten bereit waren. Der König nahm darauf (achtes Kriegsjahr 542/43) *Cäsena* und *Petra*, überschritt den Tiber, vermied einstweilen noch Rom, wandte sich nach *Campanien* und *Samnium*, gewann das starke *Benevent*, das er schleifte, Festsetzung der Feinde darin zu verhüten – man sieht, seine noch geringe Truppenzahl reichte nicht aus, auch nur die wichtigsten Festungen zu besetzen –, nahm andere Kastelle und *Cumae*. Hier gerieten außer vielen Schätzen die Gemahlinnen der schlimmsten Gotenfeinde, der Senatoren Roms, in seine Gewalt; er entließ sie ungekränkt in Freiheit, was ihm allgemein bei den Italiern den Ruhm der höchsten Milde zugleich und Klugheit erwarb. *Bruttien, Lucanien, Apulien, Calabrien* fielen ihm zu. In allen diesen Landschaften richtete er als Beherrscher Italiens wieder die gotische Verwaltung ein, erhob die Steuern und ließ von den Pächtern, Kolonnen und Sklaven der nach Byzanz geflüchteten römischen Großen die diesen geschuldeten Pachtgelder und andere Zinse an die gotische Staatskasse entrichten: die kaiserlichen Truppen aber erhielten jetzt, da die italischen Steuern ausblieben, ihren Sold weniger als je, erwiesen sich deshalb ihren Offizieren unbotmäßig und weigerten sich, die festen Städte zu verlassen, wie *Ravenna, Rom, Spoletium, Florenz, Perusia*, wohin sich die Führer nach den beiden Niederlagen geflüchtet. *Neapel* ward eingeschlossen und durch Hunger hart bedrängt.

Der erste Feldherr, den der Kaiser absandte, als Praefectus Praetorio Italiae an die Spitze der uneinigen Feldherren zu treten, wagte, seiner Unfähigkeit bewußt, lange Zeit *Epirus*, dann *Sizilien* gar nicht zu verlassen; der zweite verlor bei einem Versuch, Neapel zu entsetzen, durch einen Angriff der raschen Schiffe Totilas seine ganze Flotte mit allen Vorräten und Mannschaften: eine zweite Flotte ward durch den Sturm an die Küste bei Neapel geworfen und fiel ebenfalls in die Hände der Goten: Totila zeigte den Verteidigern von Neapel die gefangenen Feldherren: sie wollten die Stadt übergeben, wenn in dreißig Tagen kein anderer Entsatz käme: lachend bewilligte ihnen Totila die dreifache Frist: er war gewiß, daß kein Entsatz kommen könne, und noch vor dem vertragenen Tag ergab sich die Stadt (neuntes Kriegsjahr 543/44). Gegen die ausgehungerte Bevölkerung und Besatzung erwies der König eine Herzensgüte, wie sie weder von einem Barbaren noch von einem Feind überhaupt erwartet werden konnte. Mit rührender Sorgfalt überwachte er, daß die Hungernden zwar sofort Nahrung erhielten, aber nicht zu viel auf einmal, da einzelne durch Übermaß sich geschadet; dem Feldherren und der Besatzung gewährte er nicht nur freien Abzug, er ermutigte die Verzagten, verpflegte sie lange Zeit und beförderte jene, die nicht unter ihm dienen wollten, mit Reisegeld, Rossen und Gespannen ihrem Wunsche gemäß unter sicherem Geleit nach Rom. Die Wälle Neapels aber ließ er, wie die Benevents, schleifen: er scheute die Belagerungen, durch Witichis' Beispiel gewarnt. Einen hervorragend tapferen Goten aus seiner Gefolgschaft ließ er, weil er der Tochter eines Calabriers Gewalt getan, unerachtet aller dringendsten Fürbitten des Heeres, hinrichten und sein Vermögen der Geschädigten überweisen: „Wir müssen durch strengste Gerechtigkeit", sprach er, „den Himmel und die Italier für uns gewinnen: darauf beruht die Hoffnung unseres Sieges." Gleichzeitig ergaben sich die kaiserlichen Feldherren, die dem Kaiser ausdrücklich schriftlich erklärten, sie seien den Goten nicht gewachsen, samt den Truppen in den Städten dem liederlichsten Leben und plünderten und mißhandelten die Bevölkerung, die nun die Barbaren herbeisehnten. Totila forderte, während er *Hydrunt* (Otranto) in *Calabrien* belagern ließ, wiederholt durch nächtlich in Rom angeschlagene Briefe die Stadt auf, ihm die Tore zu öffnen. Der kaiserliche Feldherr wies die arianischen Priester aus, die er beargwöhnte, diese Briefe angeschlagen zu haben. Da nun der Gotenkönig auf Rom zog, rief der Kaiser *Belisar* aus dem freilich durchaus nicht abgeschlossenen Perserkrieg ab und übertrug ihm wieder den Befehl in Italien. Aber schlecht ausgerüstet – seine vortreffliche Leibwache hatte er in Persien lassen müssen – brachte Belisar zunächst nur viertausend Mann zusammen: er ging nach *Salona* in *Dalmatien*, doch ließ er dem belagerten Hydrunt sofern Entsatz bringen (zehntes Kriegsjahr 544/45), als er die alte halbverhungerte Besatzung durch eine frische, für ein Jahr mit Lebensmitteln versehene erlöste, wobei freilich die Byzantiner im offenen Felde abermals eine Schlappe erlitten. Von Salona segelte Belisar nach *Pola*, sein Heer zu gliedern, dessen Schwäche Totila durch listig verkleidete Späher hier vollständig erkundete. Da der König *Tibur* (*Tivoli*) durch Verrat der Einwohner gewonnen hatte – die übrigens samt ihrem katholischen Priester und einem sehr vornehmen Römer von den Goten getötet wurden –, sperrte er die Zufuhr, die aus *Tuscien* den Tiber herab die Hauptstadt verpflegte. Belisar segelte nun nach *Ravenna* und versuchte vergeblich, die dortigen Italier und Goten zum Kriegsdienst zu gewinnen: nicht *ein* Mann trat unter seine Fahne: ja alle illyrischen Söldner entliefen seinem Heer und eilten in die von den Hunnen bedrohte Heimat. Zu ihrer Entschuldigung ließen sie dem Kaiser sagen, sie hätten in der ganzen Zeit ihres Dienstes in Italien keinen Sold erhalten. *Bononia* (Bologna) zwar gewann ein Führer Belisars; aber bei dem Versuch, *Auximum* (Osimo) zu Hilfe zu kommen, bereitete Totila den Byzantinern eine empfindliche Schlappe, brachte (elftes Kriegsjahr 545/46) *Firmum, Asculum* und *Spoletium* in seine Gewalt und wandte sich nun gegen Rom. Dabei mahnte er die Bauern in der *Campagna* wie in ganz Italien, ruhig ihre Felder zu bestellen, und schützte sie hierin vor jeder Störung: nur die Grundsteuer erhob er und, an Stelle der ausgewanderten Gutsherren, die Pachtgelder und Zinse. Wie die gesamte Kriegsleitung Totilas viel mehr klug anstellige Findigkeit und rasche Beweglichkeit bekundet als die des Witichis – neben erlaubten Kriegslisten und Hinterhalten verschmähte er allerdings auch die Ermordung hervorragender feindlicher Heerführer nicht –, so

zumal die nun beginnende Einschließung und Belagerung Roms. Die Lust zu Ausfällen verleidete er den Verteidigern sofort, indem er ihnen gleich bei dem ersten durch
einen Hinterhalt blutigste Verluste beibrachte. Da sich nun niemand mehr aus den
Toren wagte, Vorräte zu erbeuten, stiegen alsbald Mangel und Hunger über die Mauern. Die Zufuhr von der See aber schnitt Totila der Stadt vollends dadurch ab, daß er
sofort nach der Einnahme von Neapel zahlreiche kleine Schiffe auf der dortigen
Reede und bei den „Inseln des *Äolos*" kreuzen ließ, die alle für Rom bestimmten
Vorratsschiffe aus Sizilien samt der Bemannung aufbrachten. So namentlich auch
einen großen von dem Papst *Vigilius* aus *Sizilien* nach dem Hafen *Portus* gesendeten
Transport: einen hierbei gefangenen Bischof ließ Totila wegen lügnerischer Aussagen die Hände abhauen. Und nun verfügte der König bereits über so viele Mannschaft, daß er gleichzeitig *Piacenza*, die letzte von den Feinden besetzte Stadt der
Ämilia, belagern und durch Hunger zur Übergabe bewegen lassen konnte. Belisar
fürchtete lebhaft für Rom und den Ausgang des ganzen Krieges: umsonst forderte er
vom Kaiser dringend Verstärkungen. Er verließ ungeduldig Ravenna und ging nach
Apidamnus, den sehnlich erwarteten Nachschüben näher zu sein. Endlich sandte
Justinian einige Truppen, zumal berufliche Söldner. Sofort ließ Belisar die Hafen-
stadt Roms, *Portus*, durch erlesene Leute (nur fünfhundert) besetzen, die aber bald
bei einem Angriff auf das gotische Lager, von dem lässigen Kommandanten Roms,
Bessa, nicht unterstützt, den Tod fanden. Die Besatzung Roms zählte dreitausend
Mann, was Prokop sehr ansehnlich findet: – ein Beweis von der geringen Ausdehnung der Werke. Die Not der Bewohner in der Stadt stieg furchtbar (zwölftes
Kriegsjahr 546/47). Bessa, seine Unterführer und die Soldaten benutzten sie, ihre
Vorräte den Römern zu Hungerpreisen zu verkaufen: der Scheffel Getreide ward zu
sieben, ein vor den Toren erbeutetes Rind zu fünfzig Goldsolidi verkauft; das Aas
gefallener Pferde galt als Leckerbissen; die Menge lebte von den Brennesseln, die in
dichter Fülle um die Mauern der veröden Stadt wuchsen. Da die Römer kein Geld
mehr hatten, gaben sie ihre kostbarste Habe für die Tagesspeisung hin, die ihnen die
Soldaten abließen. Erst nachdem auch Hunde und Mäuse verzehrt, Selbstmord und
Tod aus Hunger sehr häufig geworden waren, ließen die Kaiserlichen die meisten
Römer aus der Stadt: bis dahin hatten sie den Opfern ihrer Erpressung den Abzug
verwehrt. Endlich waren in Epidamnus die lang erwarteten Verstärkungen eingetroffen, mit welchen Belisar *nach Portus*, dem Hafen Roms, segelte, nachdem er durch
eine Bewegung gegen *Hydruntum* zunächst diese Festung entsetzt hatte. Sein Unter-
feldherr *Johannes* überraschte die Goten in *Calabrien*, gewann dort wie in *Bruttien*
und *Lucanien* die Bevölkerung, die nur widerstrebend und durch die Mißhandlungen
der Kaiserlichen gezwungen zu den Ketzern und Barbaren abgefallen war, durch
Zusicherung besserer Mannszucht wieder für die Byzantiner: er besetzte *Brundusium* und *Canusium*. Aber Belisars Versuch, den Strom hinauf Vorrat in die Stadt
Rom zu schaffen, scheiterte durch Fehler seiner Heerführer und die Untätigkeit des
elenden Befehlshabers von Rom, der immer noch die Belagerung in die Länge zu
ziehen suchte, durch Verkauf von Getreide zu den höchsten Hungerpreisen seine
Reichtümer zu mehren. Endlich verrieten vier *isaurische* Söldner das ihnen anvertraute *Asinarische* Tor und ließen, als der Abend dunkelte, die Goten ein: ohne Widerstand zu wagen, flohen Bessa und die Truppen fast sämtlich aus der Stadt. Nur wenige suchten in den Kirchen Zuflucht, wie die auf fünfhundert Köpfe zusammenge-
schmolzenen Bewohner der Weltstadt: der Rest war dem Hunger erlegen oder
abgezogen. Der erste Gang des (doch arianischen!) Gotenkönigs, als der Tag an-
brach, galt der Peterskirche, wo er sein Dankgebet verrichtete. Er befahl, Leben, Leib

und Freiheit der Besiegten zu schonen (nur sechsundzwanzig Soldaten und fünfzig
Bürger waren bei der ersten Verbreitung der Goten durch die Stadt erschlagen worden), gebot, die seltensten Kostbarkeiten für den erst wieder zu füllenden Kriegs-
schatz vorzubehalten – er fand in dem Hause des Bessa alle die Schätze, die dieser
den hungernden Römern abgepreßt – verstattete im übrigen Plünderung, schützte
aber *Rusticiana*, des Symmachus Tochter, des Boethius Witwe, welche angeklagt
wurde, die Bildsäulen Theoderichs in der Stadt haben niederwerfen zu lassen, vor der
Rache der Goten, die ihren Tod forderten, und ebenso die Ehre aller Frauen in der
Stadt, wofür er reichen Dank und Ruhm erntete.

Mit weiser Mäßigung benutzte der Sieger diesen Erfolg: dem Volk und, in härte-
ren Worten, dem Senat von Rom hielt er ihren schmählichen Undank und Verrat
gegen die Goten vor, den byzantinischen Druck mit den Wohltaten der Amaler ver-
gleichend. Den Kaiser aber bat er durch römische Gesandte um Frieden und forderte
ihn auf, das Verhältnis, wie es zwischen Anastasius und Theoderich bestanden, zu
erneuern: dann werde er dem Kaiser als seinem Vater gegen alle Feinde Waffenhilfe
leisten: den Gesandten schärfte er ein, der Kaiser möge nicht durch Verweigerung
des Friedens ihn nötigen, die Senatoren hinzurichten, Rom der Erde gleich zu machen und den Angriffskrieg in das Illyricum zu tragen. Und da der Kaiser ihn ab-
schlägig an Belisar verwies und eine Schlappe der Goten in *Lucanien*, wo der Feldherr
Johannes durch Hilfe eines großen Grundherrn *Tullianus* die Landbevölkerung für
die Byzantiner unter die Waffen brachte, ihn erbitterte, soll er, so berichtet wenigstens Prokop, in der Tat beschlossen haben, seine Drohung an Rom wahr zu machen
und erst durch eindringliche Mahnung Belisars davon abgebracht worden sein: die
Wahrheit ist wohl, daß er nur die Mauern und weitere Verteidigungsmittel Roms,
wie anderer Städte, z. B. auch *Spoletiums* zerstören wollte, da er die Stadt weder
Belisar preisgeben noch ausreichend besetzen konnte. Den dritten Teil der Umwallung ließ er in der Tat niederwerfen: d. h. im ganzen, nicht an *einer* Stelle, sondern an
verschiedenen Orten; „die herrlichsten Gebäude zu verbrennen und die Stadt zu
einer Viehweide zu machen", hätte wohl allzuviel Zeit und Mühe gekostet! Er ließ
einen Teil seines Heeres bei Rom einhundertundzwanzig Stadien westlich („in algi-
do") stehen, zu verhüten, daß Belisar von *Portus* aus die Stadt besetze, die fast völlig
leer stand, da Totila die Senatoren als Geiseln mit sich führte, das übrige Volk aber
nach *Campanien* wandern hieß. Man sieht, er wollte verhüten, daß, durch die Bevölkerung herbeigerufen, abermals die Byzantiner in jenen schwer zu bezwingenden
Mauern sich festsetzten. Da der Gotenkönig mit dem kleineren Teil seines Heeres
gegen *Johannes* und den *lucanischen* Landsturm anrückte, wichen die Byzantiner eilig
nach *Hydrunt zurück*, *Tullianus* entfloh, die Bauern legten die Waffen nieder und
kehrten zu ihrer Feldarbeit zurück: die in Totilas Gewalt befindlichen Senatoren, die
großen Grundherren Lucaniens, vom König wieder als Eigentümer anerkannt, mußten ihre Kolonen beschwichtigen.

Nachdem Totila das Kastell *Acherontis* an der Grenze von Lucanien und Calabrien
besetzt und die römischen Senatoren als Geiseln in Campanien unter Bedeckung
zurückgelassen, wandte er sich gegen *Ravenna*, diese stärkste Festung Italiens wieder
zu gewinnen. Belisar aber besetzte Rom und beschloß, es mit aller Macht zu behaupten: in fünfundzwanzig Tagen ließ er die teilweise zerstörten Mauern durch unablä-
sige Arbeit seines ganzen Heeres wieder notdürftig herstellen, die Bevölkerung kehrte aus der Campania nach der Stadt zurück, die von der See her tiberaufwärts reichlich mit Vorräten versehen ward. Der König mochte nun seinen Fehler erkennen,
Rom preisgegeben zu haben – seine Großen machten ihm heftige Vorwürfe, daß er es

verschont –, eilig zog er heran, die Stadt zu nehmen, bevor die zerstörten Tore hergestellt wären. Aber der erste ungeordnete Angriff ward während eines ganzen Tages
abgeschlagen, ebenso der des folgenden Tages – in einem dieser Gefechte stürzte der
Bannerträger Totilas tödlich getroffen vom Pferd; die Seinen retteten die Fahne,
indem sie der Leiche die linke Hand abhieben, um auch sein Abzeichen, ein goldenes
Armband, nicht in Feindes Hände fallen zu lassen – und die Goten sahen sich genötigt, zum drittenmal in diesem Krieg die Stadt Rom zu belagern, deren Schlüssel
Belisar abermals an den Kaiser senden konnte. Totila zerstörte die Tiberbrücken,
erneuerte und besetzte das von ihm zerstörte Kastell von *Tibur*, zog dann aber (drei-
zehntes Kriegsjahr 547/48) ab, das schon hart bedrängte *Perusia* zu erobern. Von da
an machte er einen raschen Zug nach Lucanien, den Feldherrn *Johannes* zu strafen,
der, nach glücklichem Gefecht, in *Capua* römische Senatoren und zumal viele Frauen
derselben in den Städten Campaniens befreit hatte; aber allzu hastiger Ungestüm der
Goten ließ, obwohl der Überfall gelungen, die Feinde mit geringem Verlust nach
Hydrunt entkommen. Byzantinische Verstärkungen wurden gleich nach ihrer Landung bei Brundusium geschlagen und nach *Tarent* geworfen. Eben dorthin trachtete
Belisar, von Portus absegelnd, nach Befehl des Kaisers mit dessen Verstärkungen den
Angriffskrieg in Calabrien zu eröffnen: er landete bei *Kroton*, wo er die Truppen von
Tarent und Hydrunt an sich ziehen wollte, blieb hier mit dem Fußvolk und schickte
seine Reiterei landeinwärts, die Pässe am Eingang von Calabrien zu besetzen. Als
aber diese durch einen kleinen Erfolg übermütig und sorglos gemacht, in ihrem Lager
von Totila überfallen und fast aufgerieben ward, schiffte sich Belisar eilig ein und
wich sogar ganz aus dem Festland Italiens: er ging nach *Messina* und sandte seine
Gemahlin *Antonina* nach Byzanz, bei ihrer Freundin, der allmächtigen Kaiserin
Theodora, eine kraftvollere Kriegsführung durchzusetzen. Von Sizilien aus machte er
mit inzwischen (vierzehntes Kriegsjahr 548/549) eingetroffenen Verstärkung aus
Byzanz nochmals einen vergeblichen Versuch, das von Totila belagerte Kastell
Ruscia zu entsetzen. Er segelte nach *Hydrunt*, dann nach *Kroton*, aber er wagte ange-
sichts des in Schlachtordnung an der Küste aufgestellten gotischen Heeres gar nicht
zu landen, kehrte vielmehr unverrichteter Dinge nach Kroton und von da vollends
nach Byzanz zurück.

Denn Antonina hatte die Kaiserin nicht mehr lebend angetroffen und nun beim
Kaiser, statt der Verstärkung, vielmehr die heiß ersehnte Abberufung Belisars betrieben und endlich durchgesetzt, dessen man im Morgenlande gegen die Perser
dringend bedurfte. Nach Belisars Abfahrt ergab sich das Kastell *Ruscia*, Totila bewies auch bei dieser Gelegenheit seine edle und kluge Milde. Die Besatzung hatte
einen früheren Ergebungsvertrag, ermutigt durch den Anblick der nahenden Entsatzflotte, gebrochen und zitterte jetzt vor der Rache des Siegers: der König strafte
aber nur die Anstifter jenes Treubruches und stellte den übrigen, wie er es immer
zu tun pflegte, frei, ob sie zu dem nächsten kaiserlichen Lager abziehen oder bleiben und unter ihm dienen wollten, nur achtzig Mann wählten das erstere. Es zeigt
von Mut und Unparteilichkeit, daß Prokop den Abzug seines Helden aus Italien, ja
seine ganze Tätigkeit in den fünf Jahren seines zweiten Feldzuges als unrühmlich
darstellt in seinem für die Öffentlichkeit bestimmten Werk – noch viel härter verurteilt er ihn freilich in der erst nach seinem Tode herausgegebenen Geheimgeschichte: „Unrühmlich kehrte Belisar nach Byzanz zurück: fünf Jahre lang war er dermaßen von Italien ausgesperrt, daß er es nicht vermochte, auf dem Festland einher zu
ziehen, vielmehr segelte er verstohlen und flüchtig während dieser ganzen Zeit immer von einem Küstenkastell nach dem anderen längs dem Gestade hin, so daß die

Feinde Roms und alles andere wieder gewannen und gerade während seiner Rückfahrt Perusia mit Sturm nahmen."

Darauf sandte Totila einen gefangenen und in seine Dienste eingetretenen Lanzenträger (Leibwächter) Belisars, *Ilauf*, mit Truppen und Schiffen nach *Dalmatien*,
wo er *Muicurum* bei *Salona* eroberte, bei *Laureata* die kaiserliche gegen ihn gesandte
Flotte schlug, hierbei alle Dromonen wegnahm und sie dem König zuführte, der nun
(fünfzehntes Kriegsjahr 549/550) mit allen Truppen gegen Rom zog, die Stadt zum
zweitenmal zu belagern. Da er bald den Hafen *Portus* gewann, vermochte er die
Eingeschlossenen wirksam zu bedrängen und, durch die einfache Kriegslist eines
Scheinangriffes die Besatzung nach dem Tiber ablenkend, drang er durch das *Tor des
Apostels Paulus* in die Stadt; abermals ließen *isaurische* Söldner, unzufrieden wegen
nie bezahlten Soldes und ihre reich belohnten Landsleute in Totilas Dienst benei-
dend, die Goten ein. Totila hatte an der Straße nach *Centumcellä*, dem einzigen noch
von den Byzantinern besetzten Ort in der Nähe, vorschaulich einen Hinterhalt gelegt, in welchem der größte Teil der nun aus Rom flüchtenden Besatzung den Untergang fand. Sechshundert Reiter, die sich in das *Grabmal Hadrians* geflüchtet und
hier tapfer verteidigt hatten, ergaben sich am folgenden Tag und nahmen, obwohl
ihnen der König die Rückkehr nach Byzanz freigestellt, grollend über den vieljähri-
gen Soldrückstand, Dienste bei den Goten (mit Ausnahme der Führer, die Totila mit
Reisegeld und mit Wegegeleit in ihre Heimat entsandte), ebenso vierhundert andere
Soldaten, die in die Kirchen geflüchtet waren. Der König beschloß aber, diesmal
Rom nicht wieder zu räumen, sondern als seinen Herrschersitz neu zu heben, und
lud Goten und Römer, zumal die Senatoren, ein, sich hier niederzulassen. Er ließ
herstellen, was bei der früheren Einnahme zerstört worden war, Lebensmittel in die
Stadt schaffen, die in Campanien verwahrten Senatoren und andere Bürger zurückführen und hielt glänzende Zirkusspiele ab. Er wollte sich so aller Welt (nicht nur,
wie Prokop meint, dem Frankenkönig, der ihm früher die Tochter verweigert, weil er
damals durch Preisgebung Roms seine Schwäche verraten) als den Herrn Italiens und
der Hauptstadt in gesicherter Herrschaft darstellen. Gleichwohl suchte er wohlweislich den Frieden, dem Kaiser abermals Waffenhilfe gegen alle Feinde anbietend. Jedoch Justinian ließ seinen Gesandten gar nicht vor und weigerte jede Antwort, denn
am Hofe zu Byzanz arbeiteten mächtige Einflüsse wider jeden Ausgleich mit den
Goten: die Häupter der beiden Stände, die den stärksten Vorteil bei der Austreibung
der ketzerischen Barbaren aus Italien hatten, der katholischen Priester und des römischen Adels, der Papst *Vigilius* (ca. 537 bis 555) und der Patricier und Konsular
Gothigus (alias *Céthegus*). So schroff zurückgewiesen, suchte der König aufs neue
den Frieden durch Krieg zu erzwingen: er beschloß, die Insel *Sizilien*, die gleich am
Anfang des Krieges verloren worden, wiederzugewinnen und sie zum Stützpunkt der
Angriffe auf das Festland des Ostreichs zu machen, durch die er den Kaiser zum
Friedensschluß nötigen wollte. Eine starke kaiserliche Flotte großer Schiffe, die aus
dem Morgenlande nach jenen Gewässern unter Segel war, hatte er mit der ganzen
Bemannung und allen Vorräten aufgebracht. Außer dieser rüstete er vierhundert
kleinere Fahrzeuge behufs der Landung auf Sizilien. Inzwischen nahm er das Kastell
von *Tarent*, ließ Ravenna einschließen und durch Hunger zur Ergebung drängen,
andere gotische Truppen gewannen das wichtige *Ariminum* und vernichteten bei
Ravenna einen kaiserlichen Feldherren samt seinen auserlesenen Scharen, mit welchen er das *Picenum* hatte wiedererobern wollen. Totila aber landete auf Sizilien,
zwang die kaiserliche Besatzung, sich in dem belagerten *Messina* einzuschließen, und
durchzog, ohne Widerstand zu finden, die ganze Insel.

Der Kaiser hatte bisher durch Unschlüssigkeit in der Wahl eines neuen Feldherrn für den Gotenkrieg viel Zeit verloren: jetzt (sechzehntes Kriegsjahr 550/551) traf er eine sehr glückliche Wahl, indem er seinen Bruderssohn *Germanus* ernannte: dieser tüchtige Mann hatte sich mit Theoderichs Enkelin Mataswintha vermählt – Witichis war gestorben und vielleicht schon vorher die von ihm der Fürstin aufgezwungene Ehe für nichtig erklärt worden –, und so groß war immer noch die Bedeutung des Amalungengeschlechts für das Volk Theoderichs, daß sehr viele Goten im Heere Totilas schwankten, ob sie gegen des Amalers Großeidam fechten dürften. Die Byzantiner in Ravenna, Centumcellä und den wenigen anderen von ihnen noch behaupteten Festungen Italiens schöpften neuen Mut des Widerstandes und zahlreiche Söldner und Landsknechte barbarischer, namentlich auch germanischer Stämme drängten sich unter die Fahnen des freigebigen Prinzen. Schon musterte derselbe zu *Sardica* in *Illyricum* sein Heer, als sein plötzlicher Tod (an einer Krankheit) Totila eines gefährlichen Gegners entledigte. Der König kehrte nun, nachdem er ganz *Sizilien* durchzogen und in vier Festungen Besatzungen belassen, mit außerordentlich reicher Beute und großen Vorräten nach Italien zurück, dem von Dalmatien her drohenden Angriffe des verwaisten Heeres des Germanus zu begegnen. Jedoch für die nächste Zeit scheiterten oder ruhten die Unternehmungen wider die Goten. Eine kaiserliche Flotte ward durch Sturm nach dem Peleponnes zurückverschlagen, die Streitkräfte zu Land hielten Einfälle der *Slawen* (Slavenen nennt sie Prokop) beschäftigt, die vielleicht der Gotenkönig zu diesen Unternehmungen gewonnen hatte. Erst im Jahre 551 ward der Nachfolger des Germanus ernannt, *Narses der Eunuch*, ein ausgezeichneter Feldherr – gewiß nicht ein läppisches Orakel aus der Zeit Theodahads: „ein Eunuch werde den Herrn Roms besiegen", bestimmte des Kaisers Wahl, sondern die Zuversicht, daß sich die eifersüchtig hadernden Unterfeldherren der Überlegenheit dieses Mannes unterordnen würden. Narses hatte erkannt, daß mit den geringen Belisar bewilligten Mitteln der Gotenkrieg nicht zu beenden war, und hatte die Gewährung großer Summen und eines starken Heeres zur Bedingung der Übernahme des Befehls gemacht. Nicht, wie Belisar bei seinem ersten Feldzug, von Süden nach Norden, umgekehrt von Nordosten nach Süden beschloß er, seinen Angriffskrieg zu führen. *Salona* in Dalmatien machte er zum Ausgangspunkt: hier vereinigte er sich mit den schon seit früher in dieser Landschaft stehenden Truppen. Totila gedachte kühn, die Verteidigung durch den Angriff zu führen, dies heißt durch Bedrohung des oströmischen Reiches im Inneren die Rückberufung des zu Salona sich rüstenden Heeres zu erzwingen. Er schickte (siebzehntes Kriegsjahr 551/552) eine Flotte von dreihundert Kriegsschiffen in die Gewässer von *Kerkyra* mit dem Befehl, die dortigen Inseln und das Festland der Provinz *Epirus* anzugreifen. Die Mannschaft landete auf Kerkyra, verheerte dieses Eiland und die benachbarten *Sybotischen* Inseln, segelte dann nach dem Festland, streifte bis weit in das Innere gegen *Dodona* hin, überfiel besonders *Nikopolis* und *Anchisus*, segelte dann die ganze Küste entlang und brachte zahlreiche Kauffahrer, darunter auch für Narses bestimmte Frachtschiffe auf.

Zugleich hatte der König ein Belagerungsheer gegen Ancona gesandt und den Hafen durch siebenundvierzig Kriegsschiffe eingeschlossen. Aber von Salona her kam eine byzantinische Flotte von dreißig Segeln zum Entsatz heran, und die gotischen Schiffe, welche dieselbe bei *Senagallia* angriffen, erlitten vermöge arger Ungeschicklichkeit im Manövrieren, eine vernichtende Niederlage. Sechsunddreißig Fahrzeuge wurden unter sehr starkem Verlust von Mannschaft genommen oder in den Grund gebohrt, die elf geretteten verbrannten die Flüchtlinge selbst, nachdem sie

gelandet, sie nicht den Feinden in die Hände fallen zu sehen, die Einschließung von
Ancona auch auf der Landseite ward aufgehoben, und die Goten flüchteten aus ihrem Lager nach *Ariminum*. Dieser schwere Schlag erschütterte den Mut der Goten:
die erlesensten Krieger ihres Heeres waren hier in großer Zahl gefallen. Gleichzeitig
waren die schwachen gotischen Besatzungen auf *Sizilien* durch Hunger zur Ergebung gezwungen worden. Wiederholt suchte Totila Frieden zu Byzanz: seine Gesandten führten aus, daß einen sehr großen Teils Italiens, die *Seealpen*, viele Städte
Liguriens, fast ganz *Venetien* die Franken besetzt hätten, der Rest sei durch den Krieg
verwüstet. Gleichwohl wollten die Goten „für diese Wüste" jährlich Tribut und Steuer zahlen, die allein noch unversehrten Landschaften, *Sizilien* und *Dalmatien*, räumen, dem Kaiser in allen Kriegen Hilfe leisten und auch sonst seine Oberhoheit
anerkennen. Aber Justinian hat alle Gesandten abgewiesen, denn er „haßte den Namen der Goten und sann darauf, sie völlig aus dem Reiche zu vertreiben". Er trachtete abermals, die Franken zur Teilnahme an dem Krieg zu gewinnen. Aufs neue versuchte daher Totila, durch Angriffe auf oströmisches Gebiet die drohende, langsam
zu *Salona* vorbereitete Unternehmung von Italien abzulenken – diese Vorbereitungen durch das kräftigste Mittel, d. h. durch einen Kriegszug gegen Dalmatien selbst
zu verhindern, dazu fehlte es ihm wohl an ausreichender Macht, namentlich zur See,
da zu Salona, Ancona, Ravenna kaiserliche Flotten lagen. Er ließ durch Flotte und
Heer *Korsika* und *Sardinien* besetzen und völlig in gotische Steuerverwaltung nehmen. Der kaiserliche Magister Militum in Afrika sandte zwar Schiffe und Truppen,
letztere Insel wieder zu erobern, aber bei dem Versuch, die Hauptstadt *Karalis*
(nicht, wie Prokop, Karnalis) zu belagern, wurden jene Scharen durch Ausfall der
gotischen Besatzung schwer geschlagen und auf die Schiffe gejagt, die nach Afrika
zurückkehrten.

Allein diese kleinen Nebenerfolge vermochten nicht, die drohende Hauptent-
scheidung zu wenden. Justinian, ausnahmsweise standhaft, ließ sich nicht bewegen,
Feldherr und Herr aus *Dalmatien* abzurufen. Narses hatte zu Salona seine großartig
angelegten und sorgfältig durchgeführten Rüstungen vollendet: er führte nun das
Verderben über das Gotenreich herauf. Mit erdrückender Übermacht trat er auf. Er
hatte den geizigen Kaiser dahin gebracht, ihm die immer noch gewaltigen Geldmit-
tel des Ostreichs in Fülle zur Verfügung zu stellen, neue Söldner zu werben, den
seit Jahren geschuldeten Sold zum in Dalmatien und Italien dienenden Heer endlich
zu bezahlen, viele wegen dieser Soldrückstände zu den Goten übergetretene Soldaten zurückzugewinnen. Aus der Besatzung von *Byzanz*, aus *Thrakien* und *Illyrien*
wurden starke Truppenmassen zu dem von Germanus geworbenen Heer, sowie zu
den schon früher in Dalmatien stehenden Besatzungen gezogen, dazu kamen zahlreiche *Hunnen* und *Perser*, zumal aber *germanische* Hilfstruppen: fünftausend *langobardische* Söldner, dreitausend *herulische*, vierhundert *Gepiden* unter *Asbad* (der den
tödlichen Streich gegen den Gotenkönig führen sollte), lauter auserlesene Krieger.
Abermals sollte nach alter Imperatorenkunst germanisches Heldentum durch Germanen unter überlegener römischer Führung niedergeworfen werden. Dazu kam,
daß Narses, dessen Freigebigkeit weithin berühmt war, zahlreiche Führer und
Mannschaften aller Völker aus seinen Privatmitteln in Dienst nahm: das Lands-
knechtswesen solche Söldner war damals sehr ausgebildet, schon unter Belisar hatten diese „Lanzenträger", „Leibwächter", als erlesene Truppen das Beste gegen die
Goten geleistet.

Narses brach nun von Salona auf und zog durch *Liburnien* und *Istrien* nördlich
um den Ionischen Meerbusen nach *Venetien*. Die fränkischen Grafen verweigerten

den von Narses gemäß der Freundschaft beider Reiche geforderten Durchzug auf der nächsten Straße unter dem Vorwand, daß die Langobarden in seinem Heer ihre Hauptfeinde seien. Der wahre Grund jedoch war die Erwägung, daß nach Vernichtung der Goten die siegreichen Byzantiner fränkische Herrschaft auf der Halbinsel nicht lange dulden würden. Inzwischen hatten die Führer der Goten unter Totilas Oberleitung umsichtige Maßregeln getroffen. Dieser hatte den größten Helden seines Volkes, den späteren König *Teja*, mit auserlesenen Truppen nach Verona geschickt, die Straßen nach Süden zu sperren. Das hatte Teja so vollständig bewirkt, daß Narses in die größte Verlegenheit geriet; zumal die Poübergänge hatte Teja bald durch Verhacke, bald durch Gräben, bald durch Vertiefung der Furten undurchschreitbar gemacht: hinter der Polinie erwartete er den Heranzug der Feinde, zur Schlacht bereit. Totila hatte darauf gerechnet, daß nur auf der einen so gesperrten Binnenstraße, an *Verona* vorbei, der Feind vorrücken könne; der Weg längs der Küste war von zahlreichen breiten Flüssen in ihrem Unterlauf durchschnitten; zur See auf einmal das ganze Heer über den Ionischen Busen zu setzen, dazu gebrach es Narses an Fahrzeugen, und die Landungsversuche kleinerer Abteilungen mochten die Goten leicht abwehren. Aus arger Ratlosigkeit – denn der Angriff auf Tejas Stellung schien untunlich – befreite den Feldherren der Vorschlag eines ortskundigen Heerführers, das Heer zu Lande der Küste entlangzuführen, die durch die von den Byzantinern besetzten Festungen beherrscht war, und die häufigen Flußübergänge durch einige mitgetragene Schiffe und zahlreiche Nachen zu bewerkstelligen. Diesen Rat befolgend, gelangte Narses auf dem Küstenweg nach Ravenna: von da brach er nach neuntägiger Rast gegen *Ariminum* auf, dessen kühner Befehlshaber *Usdrila* ihn mit hochfahrenden Worten zum Kampf aufgefordert hatte. Auch auf dieser kurzen Strecke hatte das Heer mehrere kleinere und größere Flüsse, den *Utens, Bedesis, Sapis* und *Rubico,* zu überschreiten. Der tiefe und breite Ariminus bei der gleichnamigen Feste, auch unverteidigt schwer zu überschreiten, hemmte den Vormarsch sehr bedenklich; als aber Usdrila in einem Scharmützel mit herulischen Vorposten gefallen war, vermochte die verwaiste Besatzung nicht, den Brückenschlag und den Übergang der Byzantiner zu hindern. Die bequeme, nun erreichte Flaminische Straße konnte jedoch Narses nicht benützen: die Feste *Petra Pertusa* sperrte sie völlig; er hielt sich daher abermals zur Linken und zog an der Küste dahin.

Totila hatte zuerst bei Rom das Eintreffen von Tejas Heer abgewartet, dessen Aufstellung ja nun umgangen war: dann auf die Nachricht von dem Vorbeimarsch des Feindes an Ariminum eilte er durch *Tuscien* entgegen und nahm Stellung am Fuß des *Apennins* bei dem Städtchen *Taginas.* Alsbald erschien auch das kaiserliche Heer auf dem Apennin und schlug, nur hundert Stadien weiter bergaufwärts, Lager an einem Ort, welcher den Namen „Brandstätte der Gallier" führte, weil hier Camillus dereinst diese Kelten geschlagen hatte, deren Leichen dann verbrannt worden. Narses forderte den Gotenkönig auf, die Waffen zu strecken und an Frieden, d. h. Unterwerfung zu denken, da er doch mit seinem schwachen, plötzlich zusammengerafften Häuflein dem römischen Weltreich nicht widerstehen könne; anderenfalls möge er den Tag der Schlacht bestimmen. Totila verschmähte zornig den Antrag der Unterwerfung und bestimmte den neunten Tag für den Kampf. Vorsichtig rüstete sich Narses schon für den kommenden Tag zur Schlacht, und wirklich erschien, das Gerücht seiner Annäherung überholend, schon am folgenden Tag das ganze Gotenheer und nahm Stellung zwei Bogenschüsse vor dem kaiserlichen Lager. Eine das hügelige Schlachtfeld und das Flüßchen *Clasius* beherrschende Anhöhe hatte Narses, den Goten zuvorkommend, nächtlicherweise besetzt durch eine erlesene Schar, die vier

Angriffe der gotischen Reiter abwies: der Besitz dieses Hügels sicherte die Byzantiner vor der nur an dieser Stelle möglichen Umfassung. Am folgenden Tag stellten beide Feldherren ihre Heere in Schlachtordnung mit sehr tiefen Gliedern. Narses lehnte seinen linken Flügel an jenen Hügel; er selbst befehligte hier den Kern seiner Truppen, darunter seine Leibwachen und die Hunnen; in das Mitteltreffen stellte er die Heruler, Langobarden und andere Barbaren und ließ ihre Reiter absitzen, sie sollten nicht aus Verrat oder Feigheit leichte Flucht ergreifen. Auf dem rechten Flügel befehligten seine Unterfeldherren. Die große Stärke seines Heeres erhellt schon daraus, daß er von den leichten, den Goten stets so verderblichen Bogenschützen je viertausend Mann auf jeden Hügel zu verteilen vermochte. Tausend Reiter sandte er dem gotischen Fußvolk in die Flanke, eintausendfünfhundert hielt er zurückgenommen hinter dem linken Flügel, mit dem Auftrag, wenn irgendwo eine Abteilung weiche, sie aufzunehmen und dem Verfolger sich entgegenzuwerfen. Er zeigte auf hohen Speeren seinen goldgierigen Landsknechten Armringe, Halsketten, Zügel von Golde schimmernd, und andere Dinge, wonach der Soldknechte Herz begehrte. Totila sprengte durch alle Reihen seines schwachen Heeres und mahnte zur Tapferkeit durch das wahre Wort, daß dieser Tag das Schicksal der Goten entscheide. Da er aber da Eintreffen von zweitausend Reitern abwarten wollte, bevor die Schlacht beginne, suchte er Zeit zu gewinnen durch ein glänzend Waffenspiel: das sollte zugleich den Feinden zeigen, „welch ein Mann er sei". In goldschimmernder Rüstung auf herrlichem Roß ritt er zwischen beiden Heeren, von Lanze und Wurfspeer flatterten Purpurwimpel in echt königlichem Schmuck, so tummelte er das Pferd, nach allen Seiten kunstvoll verschlungene Kreise reitend. Dabei warf der die Lanze hoch in die Luft, fing die zitternde in schnellem Ritt in der Mitte, abwechselnd mit beiden Händen und zeigte durch andere Reiter- und Waffen-Künste mehr seine wunderbare Gewandtheit und Übung. Nachdem er in solchem Spiel den ganzen Morgen verbracht – man sieht, trotz seiner Übermacht wollte der vorsichtige Byzantiner nicht angreifen und damit den Vorteil seiner klug gewählten Stellung aufgeben – forderte er, immer nur um Zeit zu gewinnen, eine Unterredung, die nunmehr Narses ablehnte. Endlich waren gegen Mittag jene erwarteten Reiter eingetroffen. Totila führte das ganze Heer in das Lager zurück, ließ abkochen und die Truppen speisen. Dann führte er sie plötzlich, auf Überraschung hoffend, zum Angriff. Aber Narses hatte, diese Absicht durchschauend, sein Heer bewaffnet in Reih und Glied nur einen Imbiß nehmen lassen, stets den Feind und sein Anrücken im Auge. Dabei hatte er aber die gefürchteten Bogenschützen von den Flügeln gegen das Mitteltreffen hin gezogen, von beiden Seiten den Angriff der Flanken der gotischen Reiterei gegen seine Stirnseite zu bestreichen. Nach Prokop hätte Totila den Befehl gegeben, in dieser Schlacht weder der Pfeile noch des Schwerte, nur der Lanze sich zu bedienen – da er Ähnliches von der Vandalenschlacht Gelimers berichtet, wird die Angabe zweifelig. Die gotische Reiterei verlor schon beim Ansprengen durch das Kreuzgeschwirr der Pfeile viele Leute und Pferde, so daß sie beim Zusammenstoß mit dem feindlichen Fußvolk blutig abgewiesen und in solcher Auflösung zurückgeworfen ward, daß sie auf der Flucht ihr eigenes Fußvolk niederritt und in völliger Verwirrung mit sich fortriß; die Fliehenden wurden im Gedränge untereinander handgemein, und ohne Erbarmen schlachteten die Verfolger bei der einbrechenden Dunkelheit der Nacht die Widerstandslosen, von blindem Schrecken Betäubten. Sechstausend Goten und früher übergetretene Byzantiner fielen, die Gefangenen wurden nach der Schlacht ebenfalls getötet. Auch der König fand, im Finstern mit nur fünf Begleitern fliehend, den Tod – durch einen Germanen: der Gepide *Asbad* durchbohrte ihm, ohne ihn zu erkennen, die Schulter, *Skipuar*, ein oft in diesem Kriege genannter Gotenheld, verwundete, seinen König rächend, den Gepiden und ward selbst verwundet. Ein Knabe seines Gefolges und drei andere Goten retteten ihren Herrn und brachten ihn in eiliger Flucht nach vierundachtzig Stadien weit bis *Caprä;* dort pflegten sie seine Wunde, mußten aber bald seine Leiche begraben. Sein mit Edelsteinen geschmückter Helm und sein blutgeflecktes Gewand traf im August zu Byzanz als Siegeszeichen ein – also ist sein Tod wohl in den Juli (oder Ende Juni) zu verlegen. Die Byzantiner wußten nichts von seinem Tode, bis ein Weib ihnen den Grabhügel wies: ungläubig öffneten sie ihn, erkannten den König und bestatteten ihn wieder, Narses die Nachricht meldend. Nach einer anderen Nachricht soll Totila nicht in königlichen Waffen, sondern in gewöhnlicher Rüstung gleich im Beginn der Schlacht durch einen Pfeil schwer verwundet und das Heer dadurch in Furcht und Flucht geschreckt worden sein.

Narses schaffte sich vor allem seine wilden Bundesgenossen, die *Langobarden*, wieder von der Seite, welche die Häuser niederbrannten und die in die Kirchen geflüchteten Frauen vergewaltigten: reichlich beschenkt entließ er sie aus dem Lande.

Die aus der Schlacht von Taginas geretteten Goten flohen gen Norden über den Po nach *Ticinum:* dort wählten sie den tapferen *Teja* zum König; noch immer gab das Volksheer den jetzt freilich hoffnungslosen Kampf nicht auf. Teja versuchte, mit den zu Ticinum gehobenen Geldern des von Totila gesammelten Schatzes abermals die Hilfe der Franken zu erkaufen, zog schleunig alle gotische Mannschaft zusammen und rüstete aufs neue den Widerstand.

Narses ließ ein Heer am Po zur Beobachtung dieser Rüstungen und Verhinderung des beliebigen Zusammenströmens der Goten stehen: er selbst zog durch Tuscien, wo *Narnia* und *Perusia*, später *Nepa* und *Petra Pertusa* fielen, *Spoletium* mit neuen Mauern versehen und besetzt ward, auf Rom. Die Goten in dieser Stadt waren viel zu schwach, die ganze Umwallung zu verteidigen. Bei dem ersten Anlauf erstiegen die Byzantiner die Mauer an einer völlig unverteidigten Stelle; bald darauf ergab sich auch die in das *Grabmal Hadrians* geflüchtete Besatzung, sowie der Hafen *Portus*, und Narses konnte abermals – zum fünftenmal – die Schlüssel der Stadt an den Kaiser nach Byzanz senden. Jetzt nahm der Kampf die Färbung eines Vernichtungs-, eines Rassen-Krieges an. Die Goten in *Campanien* und den übrigen Landschaften, verzweifelnd, Italien behaupten zu können, töteten alle Patricier und Senatoren, die sie fanden; auch die von Totila angeblich als Höflinge, in Wahrheit als Geiseln um seine Person gescharten, zuletzt über den Po geschickten Söhne dieser Adelsgeschlechter, dreihundert an der Zahl, ließ Teja töten. Narses wandte sich nun gegen *Cumä*, in dessen festem Schloß *Aligern*, Tejas Bruder, befehligte und den größeren Teil des von Totila wieder gesammelten Königsschatzes bewachte. Teja erkannte, daß von den Franken keine Hilfe zu erwarten sei, und eilte, Cumä zum Entsatz heran. Zwar suchte Narses ihm den Weg zu verlegen, indem er zwei Feldherrn in *Tuscien* lagern ließ, aber es gelang Teja, diese zu täuschen, indem er die kürzesten Straßen, die sie sperrten, rechts liegen ließ, und, ähnlich wie früher Narses, an der Küste des Ionischen Busens hin in klug gewählten Märschen unvermerkt bis nach Campanien zog. Dort schlug er in trefflich gewählter Stellung am Fuße des Vesuvs ein verschanztes Lager, der kleine Fluß *Drako* (Sarnus?) trennte beide Heere. Narses hatte seine Kräfte herangezogen und lagerte trotz großer Übermacht den Goten zwei Monate lang gegenüber, ohne einen Angriff zu wagen, als aber der Befehlshaber der Flotte, die bis dahin von der See her die Goten verpflegt hatte, alle seine Schiffe verräterisch den Feinden übergab und nun auch eine kaiserliche Flotte das Meer sperrte, mußte Teja, vom Hunger gedrängt, jene Stellung räumen; auf dem dem Vesuv gegenüber liegenden Milchberg (*mons lactarius*) fanden die Reste des Gotenvolks die letzte Zuflucht. Die Feinde wagten keinen Angriff auf die steilen Felsen, aber der Hunger bedrohte die Eingeengten auch hier. Da beschlossen sie, im freien Heldentod der langen Not ein Ende zu machen, und brachen plötzlich zum Angriff gegen die überraschten Byzantiner vor. Abermals ist es der feindliche Geschichtsschreiber, Prokop, der, wie bei Taginas des Totila, so beim *Vesuv*, in der letzten Schlacht des Ostgotenvolks, König Tejas Heldentum bezeugt und verherrlicht. „Ich werde nun", hebt er an, „den höchst denkwürdigen Kampf schildern, in welchem sich Teja den größten Heroen an Heldenkühnheit gleich erwies. Die Goten spornte die Verzweiflung, die Römer die Scham, der Minderzahl zu erliegen. Früh am Morgen begann der Kampf: Teja stand, allen sichtbar, mit dem Schilde gedeckt, den Speer zückend als der Vorderste mit wenigen Begleitern vor der Schlachtreihe der Seinen. Wie ihn die Byzantiner erblickten, stürmten die Tapfersten in großer Zahl insgesamt gegen ihn allein vor, in der Erwartung, mit seinem Fall werde die Schlacht zu Ende sein. Sie alle drangen mit Speeresstoß und Lanzenwurf auf ihn ein, er aber fing alle Speere mit dem Schild, sprang dann plötzlich vor und erschlug sehr viele; so oft sein Schild ganz von Lanzen gespickt war, gab er ihn seinem Schildträger ab und ergriff einen anderen. Als er so volle acht Stunden gekämpft, konnte er wieder einmal den von zwölf Lanzen starrenden Schild nicht mehr handhaben, noch die Angreifer damit abwehren. Eifrig rief er seinen Schildträger herbei, aber nicht um eines Fingers Breite wich er vom Ort, nicht den Fuß setzte er zurück, nicht im mindesten ließ er den Feind vordringen, wich auch nicht, den Schild auf den Rücken werfend, zur Seite oder nach rückwärts, sondern wie in die Erde gemauert stand er fest mit seinem Schilde, mit der Rechten die Angreifer niederstreckend, mit der Linken sie abwehrend und den Waffenträger mit Namen herbeirufend. Als dieser ihm den frischen Schild brachte und der König den von Lanzen beschwerten wechselte, gab er einen Augenblick die Brust bloß: da durchbohrte ihn ein Wurfspeer und er starb sofort.[1]" Die Byzantiner zeigten sein abgehauenes Haupt auf einem Schaft beiden Schlachtreihen, die Ihrigen zu ermutigen, die Goten zur Waffenstreckung zu schrecken. Aber ingrimmig setzten die verzweifelten Goten den Kampf fort, bis die Nacht ein Ende machte. Mit gleicher Wut kämpften sie den ganzen folgenden Tag vom frühesten Morgen bis in die Nacht unter großen Verlusten auf beiden Seiten. Denn die Germanen wußten, das sei ihr letzter Tag, und die Byzantiner wollten den Resten der Vernichteten nicht weichen. Endlich sandten die Goten einige ihres Adels an Narses, mit der Erklärung: „Wir erkennen an dem bisher Erfahrenen, daß wir Gott gegen uns haben, wir spüren die gegen uns entscheidende Macht, wir wollen vom Kampfe lassen; niemals aber werden wir uns dem Kaiser unterwerfen, sondern wollen unabhängig mit anderen Germanen außerhalb Italiens leben." Sie forderten freien Abzug mit ihrer in verschiedenen Städten hinterlegten Habe als Wegegeld. Auf den Rat seines ersten Unterfeldherrn willigte Narses in diese Vorschläge. Man vermied es, den Kampf mit den Verzweifelten, die nur noch das Leben zu verlieren hatten, fortzusetzen. So zogen denn die letzten Goten – es waren nicht mehr tausend Mann! – aus ihrem Lager ab, Waffen und Habe mit sich tragend; sie wanderten durch die ganze Halbinsel nach Pavia, dann über den Po und überschritten die Alpen, die Italien von anderen Germanen scheiden; fast ohne Spur verschwanden diese Reste.

---

1 September 552.

Hier schließt Prokop seine Darstellung des achtzehnjährigen „Gotenkrieges". Doch waren mit dieser ergreifenden Entscheidung des großen Schauspiels noch nicht alle Zuckungen und Erschütterungen im Lande zu Ruhe gekommen, vielmehr hat von solchen sein Fortsetzer *Agathias* zu berichten.

Die übrigen Goten, die in *Tuscien* und *Ligurien*, sowie nördlich vom Po in Venetien in den noch unbezwungenen Städten und Kastellen lebten, hatten sich anfänglich auf die Nachricht von dem Untergang des Königs und seines ganzen Heeres unterworfen. Aber so unerträglich schien ihnen die Herrschaft der verhaßten Byzantiner, daß sie abermals Hoffnung schöpften, durch Hilfe der Franken den Krieg um die Freiheit erneuern zu können. Die Goten in Venetien schickten Gesandte an den jungen Frankenkönig *Theudibald* (548–555), der seinem Vater *Theudibert* (534–548) gefolgt war, und riefen ihn um Rettung an. Die Rede, die Agathias ihnen in den Mund legt, weist sehr geschickt auf die nach völliger Vernichtung der Goten dem Frankenreich drohende Gefahr eines byzantinischen Angriffs. Mit großer Sachlichkeit schildert der Grieche die Scheinheiligkeit und Treulosigkeit byzantinischer Staatskunst, die unter falschem Vorwand, uneingedenk der Verträge mit Zeno, die Goten angegriffen, sowie sie sich stark genug glaubte: „auch euch anzugreifen wird es diesen immer Gerechten und Gottesfürchtigen an einem Vorwand alsbald nicht fehlen, wie dereinst die alten Römer seit Cäsar sogar das Land über dem Rhein unter schönen Vorwänden unterwarfen."

Den jungen König nun zwar vermochten die Gesandten zur Kriegserklärung nicht zu gewinnen, aber er konnte oder wollte es nicht hindern, daß zwei mächtige alemannische Herzöge, *Leuthari* und *Butilin*, auf eigene Faust einen Heereszug unternahmen, in welchem die Hochfahrenden ganz Italien und Sizilien dem verachteten Weichling Narses zu entreißen sich berühmten. Nicht weniger als zweiundsiebzigtausend Alemannen und Franken brachten sie zusammen und drangen, von den in *Venetien* bereits festgesetzten Franken ohne Zweifel gefördert, in Oberitalien ein. Narses war, als er diese Nachricht erhielt, immer noch vor Cumä festgehalten, welche Schatzburg der Gotenkönige Aligern, Tejas Bruder, mit heldenhafter Kühnheit verteidigte; auch ein Plan des großen Feldherren, durch die Grotte der berühmten Sibylle einzudringen, scheiterte. Narses ließ jetzt nur ein Einschließungsheer vor Cumä zurück, die Feste auszuhungern. Schon fast ein Jahr währte die Belagerung; mehrere Unterfeldherren, darunter der Führer der Heruler, *Bulkari*, sandte er schleunig über den Apennin an den Po, diese Flußlinie wo möglich gegen die Alemannen zu halten: er selbst folgte langsam, die noch unbezwungenen Städte Mittelitaliens zu gewinnen, bevor sie den neuen Feinden Stützpunkte werden könnten, gegen die Versicherung, daß ihnen nichts Übles widerfahren sollen – denn sie, Überläufer und römische Bürger, mochten die Rache des Kaisers für ihren Anschluß an Totila fürchten –, ergaben sich *Florenz*, *Centumcellä*, *Volaterra*, *Luna* und *Pisa*. Nur vor *Luca* ward Narses durch hartnäckige Verteidigung festgehalten; die Stadt hoffte auf die Alemannen und Franken, die bereits den Po überschritten und *Parma* genommen hatten. Als bei dieser Stadt der tollkühne Bulkari mit seinen Herulern und vielen Byzantinern in einem Hinterhalt Butilins den Tod gefunden, erhoben sich die Goten in der *Ämilia* und in *Ligurien* aufs neue und schlossen sich den germanischen Stammesgenossen an, so daß die Unterfeldherren des Narses bis nach Faënza und Ravenna zurückwichen: dadurch geriet Narses vor dem immer noch trotzenden *Luca* in bedenkliche Lage: als sich endlich nach drei Monaten die Stadt ergab, zog auch er in die Winterquartiere nach *Ravenna*.

Einen Winterfeldzug gegen die nordischen Feinde, die in einem italischen Winter sich sehr wohl befanden, wollte er vermeiden: er zählte auf die Hitze des beginnenden Sommers, die ihnen Fieber und Erschlaffung zu bringen drohte. Aligern aber, der unbezwungene Verteidiger von Cumä, ergab, als er von den Fortschritten der Franken in Italien vernahm, nun sich, sein Heer, die Feste und den gotischen Schatz dem kaiserlichen Feldherrn, denn er erkannte, daß die Franken im Fall ihres Sieges den Goten in Italien fränkische Herrschaft und Gesetze aufzwingen würden. Sollte aber das Land seinem Volke doch verloren sein, so wollte er lieber, daß Land und Leute dem alten Herrn Italiens, dem Kaiser, als jenen treulosen Merowingen dienen sollten. Narses brachte den Franken bei *Ariminum* durch verstellte Flucht eine Schlappe bei und verbrachte den Rest des Winters zu Rom, während die Barbaren im Winter und Frühjahr über diese Stadt hinaus, entlang der Ost- und der Westküste Italiens, weit nach Süden vordrangen, das flache Land verheerend: *Butilin* mit dem größeren Teil entlang dem Tyrrhenischen Meer durch Campanien, Lucanien, Bruttien bis an die Meerenge von Regium, *Leuthari* mit dem kleineren Haufen an der Küste des Ionischen Busens durch Apulien und Calabrien bis Hydruntum: dabei schonten die katholischen Franken die Kirchen, während die noch heidnischen Alemannen heilige wie weltliche Gebäude behandelten. Leuthari nun beschloß, mit seiner reichen Beute nach Hause zu ziehen und von dort aus, nach Bergung des großen Raubes, seinem Bruder ein Hilfsheer zu schicken; denn Butilin hatte sich den Goten verpflichtet, mit denen den Kampf gegen Narses auszufechten; sie verbreiteten, er werde nach dem Sieg der Goten Königtum in Italien wieder aufrichten. Leuthari verlor auf dem Rückweg im *Picentinischen* an dem Saume der Küste bei *Pisaurum* durch Überfall einen großen Teil seiner Vorhut, wandte sich dann westlich, zog entlang den Apenninen in die *Ämilia*, überschritt mit Mühe den Po, ward aber zu *Ceneta* in Venetien mit seinem ganzen Heere von bösen Fieber und Seuchen dahingerafft. Inzwischen zog Butilin aus dem verheerten Süden wieder die Halbinsel aufwärts, seine Scharen wurden gelichtet – es war Spätsommer – durch die Ruhr, die unmäßiger Genuß von Trauben und Most erzeugt hatte: bei *Capua* am *Casilinus* schlug er ein verschanztes Lager: obwohl er von dem Geschicke seines Bruders, dessen versprochene Hilfsscharen ausblieben, Übles ahnte, hoffte er doch, auch allein mit seinem dreißigtausend Mann starken Heer Narses zu schlagen, der mit nur achtzehntausend ihm gegenüber lagerte.

Aber Narses ließ die Lebensmittel holenden Streifscharen überfallen, einen Holzturm auf der Brücke über den Fluß durch angezündete erbeutete Heuwagen in Brand stecken und die Brücke besetzen: zornig griffen die Barbaren zu den Waffen trotz der Warnung alemannischer Seher (vielleicht weiblicher? „weiser Frauen"), wenn sie an diesem Tage kämpften, würden sie alle untergehen. Überläufer hatten mitgeteilt, die herulischen Söldner hätten sich empört und würden nicht fechten: daß der Empörer sich inzwischen wieder Narses gefügt, war jenen Überläufern unbekannt. Butilin führte seine Scharen im Keil („deltaförmig, dem Haupt eines Ebers vergleichbar", sagt Agathias) zum Angriff und, wie so oft in den Schlachten der Römer und Germanen, gelang es in der Tat dem furchtbaren Stoß des Keiles, die Aufstellung der Byzantiner zu durchbrechen, zumal die Heruler noch nicht ihre Stellung im Mitteltreffen eingenommen hatten. Aber nun ließ Narses beide Flügel einschwenken und den germanischen Keil von beiden Flanken fassen. Die berittenen Bogenschützen streckten in der dicht gedrängten Masse der fast völlig nackten, nur durch den Schild gedeckten Germanen, wo kein Schuß fehlte, von zwei Seiten her im Kreuzgeschwirr die Ratlosen nieder, und nun erschienen plötzlich die Heruler und faßten die Alemannen unerwartet von vorn: „Wie in ein Netz verstrickt wurden die Barbaren gewürgt"; Butilin und sein ganzes Heer fand den Tod, nur fünf Mann entkamen. Narses verlor bloß achtzig Mann, die bei dem ersten Ansturm des Keiles gefallen waren. Am meisten zeichneten sich *Aligern*, der Ostgoten-, und *Sindual*, der Heruler-Führer aus – abermals hatten Germanen bei Vernichtung von Germanen das Beste getan. Siebentausend Goten, die in anderen Kriegsschauplätzen die Franken unterstützt und sich in die steile Burg *Campsä* (wohl Conza in Samnium) geworfen hatten, ergaben sich im folgenden Frühjahr (zwanzigstes Kriegsjahr: 554/555) nach Verlust ihres Anführers und wurden nach Byzanz abgeführt. Der oben erwähnte Herulerführer Sindual versuchte später die wirren Zustände in dem durch langen Krieg erschütterten Lande zu benützen zur Aufrichtung einer unabhängigen Herrschaft im äußersten Norden Italiens, in den Bergen der Breuni, *Brenti* (Breonen am Brenner), ward aber von Narses geschlagen, gefangen und mit dem Galgentod bestraft.

Damit erlosch der letzte Funke des gewaltigen Brandes, der zwei Jahrzehnte lang die Halbinsel durchlodert hatte. Der Name der Ostgoten war ausgetilgt unter den Völkern, ganz Italien gehorchte dem Kaiser zu Byzanz. Aber nur dreizehn Jahre währte diese Herrschaft. Schon im Jahre 568 erschienen, von Pannonien her in Venetien eindringend, die *Langobarden*. Wir sahen, dieselben hatten an der Vernichtung Totilas eifrig mitgearbeitet; dabei hatten sie die Herrlichkeit des schönen Südlandes kennengelernt. Sie wollten nun die Erbschaft der Goten antreten. Im Laufe von wenigen Jahren entrissen die den Byzantinern den größten Teil von Italien, nur Ravenna und die Südspitze der Halbinsel verblieb dem Kaiser; in Rom aber gewannen die mutvollen und klugen Bischöfe allmählich zwischen dem fernen Kaiser von Byzanz und den Langobardenkönigen in Pavia eine selbständige Stellung, die, von fränkischen Waffen geschützt, von höchster Bedeutung für die Geschichte des ganzen Mittelalters wurde. (Siehe Langobarden und Franken.)

Viertes Kapitel

Innere Geschichte des Ostgotenreiches in Italien

a) Recht und Verfassung

1. Vor der Einwanderung

Von den Verfassungszuständen des Volkes vor der Einwanderung in Italien wissen wir nur weniges. Nach der Wandersage zogen nicht nur Ostgoten, auch andere Völker der gotischen Gruppe, Westgoten und Gepiden, miteinander aus der Halbinsel Scanzia nach dem Schwarzen Meer: erst unterwegs blieben die „langsamen" Gepiden zurück. In den neuen Wohnsitzen waren es vorübergehend wenigstens Ost- und West-Goten („Greuthungen" „Sand-", d. h. Steppenmänner) und Westgoten („Thervingen", d. h. Waldleute) eng verbündet, wenn auch nicht in *einen* Staat zusammengeschlossen. Schon vor dem Ansturm der Hunnen hatten sich aber Ostgoten und Westgoten in innerem Hader getrennt: die Westgoten wichen vor jenem Andrang aus den bisherigen Sitzen und erlangten Aufnahme und Schutz im Gebiet des römischen Reiches. Die Ostgoten, von da aber für immer staatlich von den Westgoten geschieden, blieben und unterwarfen sich den Hunnen, ihr altes Königtum – mit kurzer Unterbrechung –, freilich in Unterordnung unter den Hunnenkhan, beibehaltend.

Die Volkssage hatte das spätere Königsgeschlecht der „Amaler", d. h. der mühevollen, emsigen Helden, in graue Vorzeit hinauf verfolgt, und was die naive Überlieferung begonnen, vervollständigte später absichtliche und gelehrte gekünstelte Darstellung. In dem italischen Gotenreich des sechsten Jahrhunderts trachtete der gelehrte Staatsmann *Cassiodor* die Gegensätze zwischen den gotischen Barbaren und den Römern, zwischen dem Gotenkönig und dem Imperator zu Byzanz dadurch zu versöhnen, daß die Goten für das alte Kulturvolk der Geten erklärt und die Amaler als unvordenkliche Könige dieses Volkes mit den römischen Herrschern vielfach verbunden gefeiert wurden. Die Gotengeschichte Cassiodors ist uns nicht erhalten, aber ein von dem Bischof *Jordanis*[1] gefertigter Auszug läßt noch deutlich jene Absichten erkennen: die Verschwägerung des amalischen Königshauses mit dem kaiserlichen Justinians – Mataswinthens mit Germanus – erschien dieser Geschichtsauffassung als versöhnender Abschluß gotischer und römischer Vergangenheit. Beseitigt man die Ranken jener Volkssage und das Gerüst dieses Gelehrtenaufbaus, streicht man dreizehn getische, fälschlich den Goten zugeteilte Könige, so ergibt sich, daß auf den sagenhaften Stammvater des ganzen Gotenvolkes „Gapt" und zwei Zwischenglieder *Amala*, der angebliche Namengeber des Königshauses, folgt, dessen Enkel *Ostrogotha*, der Sohn *Isarnas*, wohl der erste geschichtliche Amaler und der erste jedenfalls amalische König ist, circa 240. Vor ihm herrschten *Berich*, vier Ungenannte und *Filimer*; die nächsten vier Könige nach Ostrogotha sind wieder nicht Amaler, aber erst von *Ermanarich* ab läuft ununterbrochen bis auf *Theodahad* die Reihe amalischer Ostgotenkönige, freilich in verschiedenen Linien des Geschlechts.

---

1 Bausteine VI. 1834. S. 116 f.

Dieses Königtum ist, wie alles Altgermanische, zugleich an Geblüt gebunden und durch Wahl übertragen und enthält offenbar die gleiche Eigenart und den gleichen Inbegriff von Hoheitsrechten oder Bannen wie bei den anderen Germanen, nur „etwas straffer angezogen". Zunächst dem Thron steht auch hier ein alter Volksadel, der sich als Blüte und Steigerung der Gemeinfreien, als edel-frei darstellt.

Diese gemein germanischen Verfassungselemente: Königtum, Volksadel, Gemeinfreie wurden nun seit und vermöge der Ansiedelung in Italien in mannigfaltiger und zwar sehr starker, umfassender Weise durch die neuen Verhältnisse durch die römischen Einflüsse umgestaltet.[1]

2. Das Volk

Den Einwanderern, zum weitaus größten Teil Ostgoten, hatten sich beim Aufbruch etliche Römer des byzantinischen Reichs und unterwegs einzelne Gepiden angeschlossen: in größerer Zahl rugische Scharen. Dagegen waren auch manche Goten in den thrakischen Sitzen zurückgeblieben.

Nach dem vollendeten Siege geschah die Ansiedelung und Niederlassung der Ankömmlinge in großer Ordnung und Ruhe. Das Band bildete wohl fast überall die Sippe: wie die *gentes et cognationes*, die φύλαι bis zur Einwanderung in Italien nebeneinander gesiedelt und gekämpft hatten, so wurden sie nun geschlechterweise über die Halbinsel verteilt. Dies beweist das Beispiel der Rugier, die bis 541 sich unvermischt mit Goten oder Italiern erhalten konnten – was offenbar Nachbarschaft voraussetzt. Auch ist das Sippegefühl noch zu Ende des Reiches sehr lebhaft, ja lebhafter als das Nationalgefühl: trotz des Gesetzes besteht Blutrache in vollem Schwung, und die allertüchtigsten Männer des Volkes, Uraia, Totila fassen, offen und unter voller Billigung des Volkes ihre Entschlüsse, mehr fast nach sippehaften als nach nationalen Beweggründen. Daher erklärt es sich auch, daß bei dem ersten Vordringen Belisars von Regium gegen Rom die einzelnen Landschaften gruppenweise, d. h. geschlechterweise ihre Entscheidung über Widerstand oder Unterwerfung treffen.

Für den Gegenstand der Landabteilung bildete den Grundsatz die *„hospitalitas"*, anders als bei den Vandalen. Da die Goten den Italiern gegenüber nicht als Eroberer, sondern als Befreier erschienen und mit Erlaubnis des Kaisers in dem Land angesie-

---

1 Th. Mommsen, Ostgotische Studien. Neues Archiv der Gesellschaft für ältere deutsche Geschichtskunde. XIV, 2. 4. XV, 1. 1889. (Die teils billigende, teils ablehnende Auseinandersetzung mit den von ihm vertretenen Ansichten muß der in Vorbereitung begriffenen zweiten Auflage von Könige II und III überwiesen werden.) Unsere Ausstellungen (Könige II-IV, 1862-1866, Urgeschichte I, 1. Auflage 1881) und Ergebnisse über das Verhältnis Theoderichs zu Byzanz haben sie im wesentlichen lediglich bestätigt: die Kaiser betrachteten jenen, in seiner Stellung zu den Italiern nur als ihren Beamten, ja sie erkannten ihn zeitweilig auch als solchen nicht mehr an: – kam es doch wiederholt zum Kriege zwischen beiden – (505 und 508, was Mommsen S. 248 seltsamerweise leugnet), offenbar, weil Theoderichs Auftreten in Italien, zumal die Annahme des Namens König von Italien, als Bruch des Vertrages von 488 mit Zeno erschien. Theoderich andererseits suchte, indem er die Zugehörigkeit seines Reiches zu dem Imperium und folgeweise – insofern – seine Unterordnung als Beamter unter den Imperator wiederholt ausdrücklich anerkannte, gleichwohl über die Italier wie über seine Goten als „König" – kraft eigenen Rechts – zu herrschen, ein Selbstwiderspruch, an dem das ganze Staatswesen krankte. Unter Amalaswintha und Athalarich konnte jener Versuch eigenrechtiger Herrschaft nicht fortgeführt werden. Witichis und seine Nachfolger wurden in Byzanz als „Tyranni", d. h. als unrechtmäßige Gewaltherrscher angesehen.

delt werden sollten[1], führte man dies wichtige grundbauende Werk mit sorgsamer Schonung der römischen Bevölkerung in strenger Regelmäßigkeit durch: Theoderich mußte das größte Gewicht darauf legen, mit möglichst geringer Belastung und Reizung der alten Eigentümer die Teilung zu regeln. Ein Ausschuß, an dessen Spitze ein vornehmer Römer, *Liberius*, auch dem König wegen seiner Treue gegen Odovakar wert, gestellt wurde, löste die schwierige Aufgabe mit Umsicht und mit großer Milde gegen die Italier. Solche Glimpflichkeit ward dadurch erleichtert, daß zur Unterbringung der Goten nochmalige Beraubung der Grundeigentümer nicht nötig war: man verwendete dafür die sogenannten „Lose der Heruler", d. h. jenes Drittel italischen Landes, das die Söldner gefordert und durch Odovakar erhalten hatten. Diese „Lose" waren herrenloses Gut, denn die allermeisten der Anhänger Odovakars waren in dem langen blutigen Ringen gefallen oder nachträglich ermordet worden.

Regelmäßig wurden die selbständigen gotischen Sippenhäupter durch die „delegatores", d. h. die Ausführungsbeamten des Ausschusses, durch Urkunden (pictacia) je auf ein solches „herulisches Los" verwiesen: der Umfang des einzelnen Loses ward, wie in allen diesen germanischen Ansiedlungen (vgl. Vandalen in Spanien), nach dem Bedürfnis bemessen. Die Ungleichheit im Vermögen bestand bei den Goten schon bei der Einwanderung, obzwar das Vermögen nur Fahrhabe war, bei der Ansiedlung und Landverteilung ward dieser Unterschied von Reichen und Armen, der hier, wie in allen Germanenreichen dieser Zeit, sehr bedeutsam hervortritt, nicht nur beibehalten, sondern gesteigert und auf den Grundbesitz übertragen. Der König vor allen erwarb alles Land, das dem Fiskus, Odovakar, und den mit Hinrichtung und Vermögensentziehung getroffenen reichsten Anhängern desselben gehört hatte. Übrigens waren die Goten keineswegs gleichmäßig über alle Teile des Reiches in Ansiedelungen verteilt: vielmehr fehlte es auf Sizilien und im Süden der Halbinsel, dann auch (nach 508) in Südgallien an landläufiger gotischer Bevölkerung fast völlig; dagegen in dichten Gruppen saßen sie im Norden und Osten Italiens und in Dalmatien und Savien; erst in Mittelitalien stößt Belisar bei seinem Siegeszug vom Süden her auf stärkeren Widerstand angesiedelter Goten. Diese Erscheinung erklärt sich daraus, daß die „herulischen Lose" größtenteils im Norden und Osten des Landes waren wirklich *verteilt* worden: Odovakar hatte seine Söldner keineswegs tatsächlich über ganz Italien verstreut, sondern die allermeisten in seiner Nähe behalten. Verona und Ravenna waren die Hauptsitze seiner Macht, Rimini sein südlichster Stützpunkt gewesen. Es war dies eine Folge der steten Bedrohung Italiens gerade von Norden und Osten her, der zu begegnen schon seit geraumer Zeit die Kaiser ihren Sitz von Rom nach Ravenna verlegt hatten; im Süden und Westen war die Drittelteilung zu Gunsten der Söldner nicht durchgeführt worden: daher auch die Nachfolger der Söldner, die Goten, hier nur spärlich angesiedelt wurden: wohl aber bildeten sie Besatzungen der wichtigeren Städte.

Jene von Liberius geleitete Teilung galt fort und fort als die Rechtsgrundlage aller Bodenbesitzverhältnisse, von dem Augenblick, da Theoderich den Grenzfluß Italiens, den Isonzo, überschritten hatte, August 489, betrachtete er sich als Herrn des Landes, nicht erst von der Unterwerfung Odovakars, Februar 493; und von da ab soll

---

1 Über die Rechtsstellung der Goten in Italien *nach der Auffassung der Byzantiner* siehe Mommsen a. a. O., S. 525. Aber die Theoderichs selbst schon und seiner nicht-amalischen Nachfolger war eine erheblich andere, wurde auch die byzantinische immer in der Form und in der Not von den schwachen Nachfolgern Theoderichs – nicht von Totila auf der Höhe seiner Erfolge – selbst tatsächlich anerkannt.

nur die Landanweisung als Rechtstitel für die Germanen gelten, nicht Bemächtigung und hinzutretende Verjährung.

Der König ging nun überall von dem Streben aus, seine *römischen Untertanen* möglichst geringe Veränderung in allen bisherigen Zuständen fühlen zu lassen. Die Ersetzung des Kaisers durch den Gotenkönig sollte nur ein Wechsel in der Person des Herrschers sein, im übrigen sollten alle Rechtszustände unverändert fortbestehen: die Hoheitsrechte des Imperators über die Römer wurden nur fortan durch den Amaler geübt, der den Titel „König der Goten und Italier" führte – letzteres freilich gegen die Abrede mit Byzanz, das ihn über Italien nur als Statthalter des Kaisers hatte herrschen wissen wollen. So bestanden die Hauptämter zu Ravenna und Rom, der *praefectus praetorio*, die Einteilung in *provinciae* mit ihren *duces, rectores, praesides* und die für das antike Leben so unentbehrliche Gemeindeverfassung der Städte[1] mit ihren *curiae, curiales, defensores* unverändert fort.

Das Recht und der Zustand des *Gotenvolkes* wurden in dem italischen Reich viel wesentlicher als die Verhältnisse der Italier verändert. Die alte Verfassung der Volksfreiheit ward verdrängt durch die außerordentlich verstärkte königliche Gewalt. Das wichtigste Werkzeug jener Volksfreiheit, die allgemeine Volksversammlung, war weggefallen, schon aus äußerlichen Gründen: die Zerstreuung der gotischen Heermänner in Besatzungen und Siedelungen vom Ebro bis zum Ister, von Sizilien bis Tirol machte solche Versammlung unmöglich. In der ganzen Zeit der Herrschaft der Amaler begegnet man keiner allgemeinen Versammlung, erst die Not treibt zu der Versammlung des Volksheers zu Regeta, und erst von Witichis bis Teja – während des Krieges – werden häufig wichtige staatliche Fragen dem Heer zur Entscheidung vorgelegt, wie überhaupt unter diesen Wahlkönigen die Macht des Volkes wieder mehr hervortritt. Aber unter den Amalern ist das Palatium des Königs an Stelle der Volksversammlung getreten, und in diesem Palatium waltet der *neue Dienstadel*, der, auf Hofamt und Staatsamt gegründet, Römer wie Goten umfassend, durch reiche Gaben des Königs und reichen Grundbesitz ausgezeichnet, an Stelle des *alten Volksadels* getreten ist. Zweifellos bestand bei den Ostgoten ein solcher Uradel, als dessen glänzende Krone das amalische Haus erscheint; noch im italienischen Reich wird das „altedele Geschlecht", der „vererbte Adel" eines Grafen *Vinsivad*, auch einer edelen Frau *Theodegundis* gerühmt. Aber, wie in allen diesen Reichen, geht der alte Volksadel, dessen Geschlechterzahl bei allen Völkern nur eine geringe gewesen sein konnte, alsbald tatsächlich unter und auf in dem neu sich bildenden Dienstadel, dessen Grundlage Königsdienst in Hof- und Staatsamt war. Bei den Ostgoten lassen sich nicht, wie bei den Westgoten, Ähnlichkeit des fränkischen Benefizialwesens – Landleihe gegen Waffendienst – und auch eine Gefolgschaft des Königs läßt sich nicht nachweisen; nur vermuten dürfen wir, daß wenigstens Theoderich eine Gefolgschaft mitgebracht hatte, und Reichtum an Grundbesitz, zumal wohl auch durch königliches Lohngeschenk, war gewiß tatsächlich in den meisten Fällen mit der Auszeichnung in Königsdienst verbunden. Ohne Zweifel waren die alten Adelsgeschlechter in diesen neuen Adel miteingetreten, doch kennen wir Beispiele, daß aus niederer Geburt schlichte Gemeinfreie zu den höchsten Stufen dieses neuen Adels sich durch treuen Dienst in Krieg und Frieden emporgerungen haben: so Graf *Thulun*, der nach ausgezeichneten Taten gegen die Bulgaren und in zwei Feldzügen wider die Franken der Verschwägerung mit dem Königshaus „gewürdigt" und in der gefährlichen Zeit der Thronbesteigung Athalarichs als dessen Leiter berufen ward. Er war schon unter

---

1 Mommsen, a. a. O., S. 494.

Theoderich der erste Mann im Staat. Cassiodor darf zu schreiben wagen: er beherrschte den König.

Dieser neue Adel, der den alten in sich aufgenommen, füllte das palatium des Königs und die Ämter der Herzöge und Grafen, auch römische Würden: dieser neue Adel ist gemeint, wenn Prokop so häufig von den δόκιμοι, λόγιμοι, πρῶτοι, ἄριστοι der Goten spricht, die, zumal als Heerführer, die Wahlkönige seit Witichis umgeben, unter deren Beirat die wichtigsten Entschlüsse in Kriegführung und äußerer Leitung des Staates gefaßt werden.

Diesem gotischen Adel zur Seite steht der vorgefundene und in den Grundlagen seiner Macht und in seinen Ehren und Rechten unverändert belassene *römisch-italische Adel*: jene „senatorischen Geschlechter"[1], die wie in Rom so in den anderen Städten Italiens und der Provinzen seit vielen Menschenaltern im Besitz der „Senatorenstellen" in den *curiae* waren, so daß sie tatsächlich, obzwar nicht rechtlich, erbliche Gewalt, entscheidenden Einfluß in ihren Heimatstädten behaupteten. Das flache Land beherrschten sie durch ihre Großgüter, die Pächter, Kolonen, Freigelassene, Sklaven für sie bebauten. Der Reichtum dieser Familien war sehr groß: so versah das Haus Cassiodors das Heer in großem Maß mit edlen Rossen, schenkungsweise. Wie denn Verwendung des Vermögens zum Vorteil des Staates und der Städte immer noch als Ehrensache dieser Adelsgeschlechter gilt; vielfach untereinander verwandt, wurden diese Familien in ihren Spitzen sogar „der Verschwägerung mit dem Königshause gewürdigt", so die Anicier. Aus diesen Adeligen erwählen die Könige fast ausnahmslos die Beamten für die höchsten Würden des Staates. Die meisten Ernennungsurkunden Cassiodors rühmen die edle Abkunft, die rechtswissenschaftliche, grammatische, rhetorische Bildung des Kandidaten. Es war für den Untergang der Goten entscheidend, daß dieser Adel, der weltliche wie der geistliche der Bischöfe, der oft aus denselben Häusern hervorging, vom Anfang bis zum Ende des langen Kampfes mit Byzanz überall und mit allen Mitteln für den Kaiser auftrat. So undankbar dies gegenüber der Milde, ja Schmeichelei der Amaler erscheint, so begreiflich ist es, denn diese senatorischen Geschlechter waren, wie in den Provinzen so in Italien, die Träger der altrömischen Überlieferungen, in ihnen lebte mit der antiken Bildung der Haß, die Verachtung gegen die Barbaren fort, nicht in dem niederen Volk, dieses, zumal die Pächter und Kolonen, von dem Druck byzantinischer Steuereinkünfte am schwersten getroffen, wurde vielmehr leicht für die milderen Goten gewonnen, zumal durch den genialen Gedanken Totilas, die adeligen Landflüchtlinge, die in Byzanz unablässig zur Fortführung des Krieges schürten, dadurch zu strafen und zugleich zu entkräften, daß ihr Grundbesitz vom Staat eingezogen, den Pächtern und Kolonen zum Eigentum übertragen oder doch beschlagnahmt ward. Aber sie hatten die Pachtzinse nicht mehr an die Grundherren, sondern an den König zu entrichten, wenn die Senatoren nicht in bestimmter Frist aus Byzanz an den Hof nach Rom zurückkehrten. Diese Patricier und Senatoren mit ihren Familien hatten so schwerwiegende Bedeutung in der Schätzung der Zeitgenossen, daß Prokop wiederholt den Lauf seiner Erzählung durch Berichte über ihre Schicksale, Flucht, Verbannung, Vergeiselung, Gefangennehmung, Tötung unterbricht.

Gotischer und romanischer Adel, durch Amt, Vermögen, zumal Grundbesitz ausgezeichnet, bildete zusammen unter den Namen *maiores, honestiores, potentiores*, gegenüber den *humiliores, viliores, inferiores*, d. h. den wenig bemittelten Gemeinfreien eine hervorragende Schicht der Bevölkerung. Auch im Recht äußerte sich solcher

---

1 Mommsen a. a. O., S. 485, der römische Senat und die Verwaltung von Rom und Ravenna.

Vorzug darin, daß die Reichen für viele Vergehen mit Geldstrafen abkommen, für die den Armen, sofern sie die Geldstrafe nicht zahlen können, Verknechtung, Verbannung, Vergeiselung droht. Theoderich fand diese Unterscheidung im römischen Strafrecht vor: er konnte sie nicht beseitigen, suchte sie aber zu mildern. Tatsächlich spielen diese Vornehmen, im Frieden Römer und Goten, im Kriege selbstverständlich nur die letzteren die entscheidende Rolle im Staat; sie sind an die Stelle der alten Volksversammlung getreten, sofern entscheidende Beschlüsse erst nach ihrer eingeholten Zustimmung gefaßt werden.

Die Menge der gotischen *Gemeinfreien* ist durch den König und sein Palatium sowie durch die römischen wie die gotischen Vornehmen in den Hintergrund gedrängt: erst in den letzten Zeiten des Reiches, da das ganze Volk oder doch sehr große Teile desselben in dem den König umgebenden Heer zusammentreten, entscheidet wieder wie in der Urzeit das ganze Volksheer Fragen von Krieg, Frieden und Bündnis. Auch ist das stolze Selbstgefühl der Freien, der „Männer unverschorenen, lang wallenden Haares" – „capillati" – keineswegs völlig erloschen, „unserer Goten", wie Theoderich sie ehrend nennt – noch immer ist die Unterscheidung freien und unfreien Standes die wichtigste. Zwischen den Gemeinfreien und den Unfreien stehen die *Halbfreien*: Kolonen, originarii, an die Scholle gebundene „rustici": ohne Erlaubnis des Herrn dürfen sie dessen Grundeigen nicht verlassen und können mit diesem, als dessen Zubehörden sie gelten – aber freilich nicht, wie Sklaven, *ohne* das Grundstück – veräußert werden; vermutlich traten gotische Freigelassene häufig in ähnliche Verhältnisse als Hintersassen auf den Ländereien ihrer ehemaligen Herren.

3. Das Königtum

Der König ist, wie in allen diesen Germanenreichen, gegenüber seinen römischen Untertanen in die Rechte eines Imperators eingetreten. Gegenüber seinen Goten ursprünglich auf die geringe Macht germanischen Königtums beschränkt, trachtet er danach, auch auf die Germanen seines Reiches die imperatorischen Rechte zu erstrecken, und fast in allen Stücken erreicht er, getragen von den gesamten Zuständen in dem Reiche, dieses Ziel. Denn der einmal erkannte römische Staatsgedanke, die fortbestehenden Einrichtungen des voll entwickelten Römerreiches mußten den noch wenig entfalteten germanischen Staat so notwendig verdrängen, wie die antike Bildung im allgemeinen die Germanen in Italien, Gallien verrömert hat.

Am wenigsten wirkten die römischen Einflüsse, der Natur der Sache nach, auf das *Heerwesen* der Goten, die *Kriegshoheit* des Königs ein. Die Goten allein bilden das Heer; Römer werden nur ganz ausnahmsweise durch besonderes Vertrauen als Anführer genommen[1], waren doch die Goten von Anbeginn als angesiedelte Landsknechte, als „foederati" in das Reich aufgenommen worden. Mißtrauen und wohl auch geringere Waffentüchtigkeit der Italier schloß sie aus den Reihen der gotischen „Tausendschaften", denn wie Westgoten und Vandalen gliederten auch Ostgoten das Heer nach der Zehnzahl. Wehrpflichtig sind alle Wehrfähigen. Eine Neuerung gegenüber dem altgermanischen Kriegswesen sind die ständigen Besatzungen der wichtigsten Festungsstädte und die Ausrüstung und Bewaffnung der Truppen aus (ursprünglich römischen) Zeughäusern; häufige Musterungen und Waffenübungen, denen Theoderich gern beiwohnte, erhielten die Kriegstüchtigkeit der Truppen. Auch

---

1 Mommsen a. a. O., S. 497.

eine Kriegsflotte von tausend Dromonen ließ der König bauen. Heerführer waren die *duces, comites, millenarii,* Tausendführer, die, wie bei Westgoten, Hundertführer voraussetzen lassen, dann die *saiones.* In den Palästen zu Rom und Ravenna dienten, wie zur Zeit der Imperatoren, besoldete Leibwachen. Die Provinzen, in denen gotische Truppen marschierten oder standen, sollten zwar grundsätzlich deren Verpflegung tragen: allein der König nahm ihnen fast immer diese Last wenigstens zu großem Teil ab, schon um Streit zwischen den Germanen und Provinzialen auszuschließen, eine Gefahr, die dieses Reich unaufhörlich bedrohte. Eigentlichen Sold erhielten die Heermänner nicht, wohl aber jährliche *donativa,* die der König bei Musterungen zu Ravenna oder den seinem sonstigen Aufenthalt nächsten Scharen persönlich zu verteilen liebte, abgestuft nach der kriegerischen Tüchtigkeit der Empfänger. Vor allem wehrpflichtig sind die Eigentümer der „Gotenlose": die noch nicht auf eigenem Grundbesitz ansässigen Jünglinge waren zwar sicher nicht dienstfrei: aber die *possessores* bilden den Rahmen des Heeres: vielleicht hatten sich die zu ihrer Sippe gehörigen, noch nicht selbständigen jüngeren Leute der Nachbarschaft mitzustellen.

In der *Rechtspflege* und der *Gerichtshoheit* des Königs treten römische Einflüsse hoch bedeutsam hervor: germanischer Bann und römisches Imperium vereint der König: sein Hofgericht (*comitatus, palatium*) bildet das höchste Gericht, an das man sich im Wege ordentlicher Rechtsmittel und in außerordentlichen Fällen wendet. Er überwacht die strenge, reine, rasche Gewährung der Rechtshilfe; sehr früh hat die Sage diese Tugend, diesen Eifer des Königs verherrlicht, der freilich durch sein ganzes Trachten gefordert war. Wollte er den Landfrieden aufrecht halten, wollte er seine Goten zwingen, jeden Rechtsanspruch nicht mit den Waffen und Fehdegang zu verfolgen, sondern durch Klage vor dem Richter – wie er einmal sagt: der Ruhm der Goten ist, daß sie den Rechtsgang wahren, nach Gesetz und Recht mit den Römern leben – dann mußte er auch durch Sorge für rasche und reine Rechtspflege die Ausrede abschneiden, daß man zu den Waffen greifen müsse, weil man vor Gericht spät oder gar nicht zu seinem Recht gelange. Ein großer Teil der „Varien" Cassiodors, d. h. der zahlreichen Erlasse, die er in Theoderichs und seiner Nachfolger Namen in verschiedenen hohen Ämtern erließ und die uns gesammelt erhalten sind[1], bezweckt diese Sicherung des Landfriedens und rascher Rechtshilfe. Daher hat alsbald die Sage berichtet, in König Theoderichs Land habe man Gold und Silber auf des Königs Heerstraße streuen und sicher nach Jahr und Tag wieder auflesen können: niemand wagte es zu berühren, aus Scheu vor dem König.

Auch ein dem Salomonischen Urteil ähnlicher Bescheid wird ihm von der Sage zugeschrieben: Eine Witwe hat sich verlobt und verleugnet ihren aus der Fremde heimkehrenden Sohn erster Ehe. Der König durchschaut die Wahrheit, droht, sie müsse diesen Fremdling heiraten, falls es nicht ihr Sohn sei, und bringt sie so zum Geständnis. Dieser hier sagenhafte Zwang zur Ehe wird übrigens von seinen Nachfolgern (Theodahad, Witichis, Ildibad) wie in anderen Germanenreichen wirklich geübt. Auch sonst greift der König gerade zum Schutze des wirklichen Rechts manchmal recht willkürlich in die Rechtspflege ein, obzwar auch der König oder der Fiskus Recht zu geben und zu nehmen sich nicht weigert und Eigentum der Untertanen, dessen der Staat bedarf, nur gegen volle Entschädigung entzogen wird. Der „Grundsatz der persönlichen Rechte", wonach jeder, der überhaupt rechtsfähig war – der Fremde war ursprünglich rechtlos gewesen –, nach dem ihm angeborenen Rechte lebte, der Römer nach römischem, der Germane nach germanischem Recht, war das

---

1 Theodor Mommsen, Mon. Germ. histor. Auctor. antiquissim. XII. 1894.

Herrschende auch in dem Ostgotenstaat der „Edikte"[1], die Theoderich circa 503 und Athalarich zwischen 527 und 533 erlassen, als „Landrecht" in allen Fällen, rein gotischen, rein römischen und gemischten, zur Anwendung kommen. Der Umfang beider war freilich nur knapp: tatsächlich besonders wichtige, häufiger kommende, für das Verhältnis beider Völker bedenkliche Streitfälle des bürgerlichen und des Strafverfahrens (Landfriede, Grundbesitz, Frauen, Sklaven) waren hier geregelt mit römischen, oft geschärften Bestimmungen.

Im übrigen ward auf Römer römisches, auf Goten gotisches Recht angewendet: in gemischten Fällen entscheidet für Privatrecht ausdrückliche oder stillschweigende Beredung, mit starkem Übergewicht des viel reicher und feiner ausgebildeten, in Formelsammlungen für alle Arten von Rechtsgeschäften bequem gemachten römischen Rechtes, das auch Strafrecht und Verfahren der Goten sehr stark durchdrungen hatte. In rein römischen Fällen bleiben die römischen Gerichte zuständig, an deren Einrichtung unter Odovakar und Theoderich nicht gerührt worden war: in rein gotischen Fällen und in gemischten richtet der Gotengraf, in letzteren unter Zuziehung eines römischen Rechtsverständigen.

Das Hofgericht des Königs (*comitatus noster*)[2] bildet im römischen Verfahren die Berufungsbehörde. Oft aber wenden sich die Parteien, zumal Römer gegen gotische Bedränger, mit Überspringung der niederen Gerichte sofort an den König, der dann die Sache an die ordentliche Behörde verweist oder eine außerordentliche bestellt, z. B. einen Ausschuß von Senatoren, manchmal auch selbst durch bedingten Befehl an den Beklagten oder an den ordentlichen Richter entscheidet, selten werden unbedingte Bescheide erlassen: Rechtspflege und Verwaltung sind hierbei nicht geschieden. Auch Rechtsbelehrungen erläßt der König und abgeschlossene Rechtsgeschäfte beurkundet er feierlich – wie er Begnadigung im Einzelfall und für ganze Reihen von Verurteilten, z. B. zur Osterfeier, ausspricht. Germanischer Einfluß bildete die im römischen Recht bereits begründete Obervormundschaft des Königs weiter aus, und zwar weit über die ursprüngliche privatrechtliche Bedeutung. Der König sorgt nicht nur für Bestellung von Pflegern für solche, die wegen Jugend usw. des Vormundes bedürfen, und überwacht die Führung der Vormundschaft – ganz allgemein gilt er als Schirmherr der Schwachen, Geringen, die sich selbst nicht helfen können gegen den Druck der Mächtigen und Vornehmen. Solche Unterdrückung lag in den vorgefundenen Zuständen der römischen Gesellschaft begründet – schon früher hatte das römische Recht die Abtretung einer Forderung an eine *persona potentior* verboten, die Lage des abgetretenen Schuldners nicht zu verschlimmern – und in der Einwanderung der Goten lag wahrlich nichts, was diese Verhältnisse bessern konnte, vieles, was sie drückender machen mußte.

In allen diesen Germanenreichen – bei Westgoten und Franken verstatten die reichlicher fließenden Quellen genaue Verfolgung der Vorgänge im einzelnen – vollzog sich nun eine gesellschaftliche und wirtschaftliche Veränderung der Standesverhältnisse in der Richtung, daß die mittleren und kleineren Gemeinfreien, die ursprünglich die Masse des Volkes gebildet hatten, an Zahl gewaltig abnahmen, sie sanken unter dem Druck der Zeit, namentlich der so oft zu leistenden Wehrpflicht, zu Halbfreien oder gar zu Unfreien herab; letzteres häufig, weil sie eine Vertrags- oder Strafschuld nicht zahlen konnten und nun in Schuldknechtschaft gerieten. Oder sie behaupteten zwar ihren persönlichen Freiheitsstand, traten aber in Schutz und Ab-

---

1 Beide herausgegeben in Könige IV, 1866. Vgl. Mommsen a. a. O., S. 517.
2 Über die Hofdienerschaft und das Gefolge im Palast Mommsen, a. a. O., S. 512.

hängigkeit von einem geistlichen oder weltlichen Großen, der sie vor Gericht vertrat, gegen Gewalt schützte. Häufig saßen solche Schützlinge auf der Scholle ihrer Schützer, indem sie von diesen Land erhielten oder das bisherige Allod diesen zu Eigentum übertragen und zu Nießbrauch zurückempfangen hatten. So gab es im Staat neben dem König nur noch eine Macht: den geistlichen und den weltlichen Adel, der auf großem Grundbesitz ruhte. Die Gemeinfreien waren verschwunden oder doch meist völlig abhängig von ihren „Brotherren". Dem Throne drohte diese Entwicklung die größte Gefahr: bei Westgoten und Franken unter den Merowingen ist der Dienstadel dem König über die Krone gewachsen, das eine Hauptstreben Karls des Großen war darauf gerichtet, durch Schutz und Entfaltung der kleinen Freien diesen rasch versinkenden Stand zu erhalten; der „Königsschutz" gewann als Mundschaft aller Hilfsbedürftigen so auch die hohe staatliche, nicht nur privatrechtliche Bedeutung.

Die gleichen Zustände und Übelstände tauchen auch in dem kurzlebigen Ostgotenreich auf und schon drei Jahrhunderte vor Karl hat Theoderich der Große die gleiche weise innere Staatskunst verfolgt: Schutz der kleinen Freien, der Schwachen und Hilflosen gegen die großen Bedränger. Ein Hauptbeispiel des Druckes eines solchen Vornehmen, der mit allen Mitteln der List und Gewalt die Güter all seiner kleineren Nachbarn an sich reißt und zuletzt fast ganz Tuscien besitzt, liefert Theodahad, dessen Raubgier die Regentin Amalaswintha wiederholt wehren muß. So ist der König der allgemeine Schirmherr der Schwachen. Diese allgemeine Schutzpflicht des Königs wird nun aber in einzelnen Fällen gleichsam besondert und gesteigert: der König nimmt durch Bevorrechtung bestimmte Personen in seinen *besonderen* Schutz. Die Rechtswirkungen solcher *„tuitio regia"* waren gefreiter Gerichtsstand vor dem Hofgericht oder die Empfehlung des Schützlings durch den König an einen Beamten, meist einen „saio", bewaffneten Fronbeamten, der auch als Bedeckung in das Haus gesandt werden kann, oder – wie im Frankenreich – Androhung einer Geldstrafe für Verletzung des Schützlings. Lehrreich ist es zu sehen, wie die ähnlichen Verhältnisse in all diesen Germanenreichen, ohne Entlehnung, ähnliche Bildungen hervortrieben: bei den Ostgoten ließ der kurze Bestand des Reiches diesen Königsschutz nicht zu reicherer Ausgestaltung gedeihen, während er im Frankenreich hohe Bedeutung gewann (als *„mundeburdis regia"*).

Die *gesetzgebende* Gewalt übt der König auch über Goten so unbeschränkt wie der Imperator: von Mitwirkung des Volkes oder auch nur des senatorischen oder gotischen Adels findet sich bei Erlaß beider Edikte keine Spur.

Desgleichen ist die *Finanzhoheit* des Kaisers auf den König übergegangen. Wie im römischen unbeschränkten Einherrscherstaat werden Privatvermögen des königlichen Hauses und Staatsvermögen nicht geschieden – der überfeinerte Cäsarenstaat war hierin dem noch so wenig entwickelten altgermanischen Königtum vollständig gleich. Die Einnahmen bestanden vor allem in den Erträgnissen der königlichen Krongüter, der *„praedia nostra"*, Landgüter, Wälder, die auch meist das Schiffsbauholz für die Flotte liefern, Weinberge, Bergwerke: dann in den zugehören Sklaven. Diese Güter, durch Einziehungen häufig gemehrt, wurden verpachtet an die *conductores domus regiae* gegen einen Pachtschilling, dessen Mindestbetrag der Finanzminister (*comes patrimonii*) und dessen Schatzmeister (*arcarii*) feststellten: oder unter Leitung von *actores, procuratores*, Verwaltern, durch Kolonen und Knechte der Krone bewirtschaftet. Übrigens hatten *conductores* wie *actores* eine gewisse niedere Polizeigewalt und das Recht des ersten Angriffs, d. h. Ergreifung der nächstgebotenen Maßregeln nach Entdeckung eines Verbrechens.

Es gelang dem König, die Finanzrechte, die er als Folger des Kaisers gegen die

Römer übte, auch auf seine Goten zu erstrecken, aber allerdings nicht ohne Widerstreben der letzteren. Sie leisten, wie die Franken, wiederholt heftigen Widerstand gegen Erhebung der *Grundsteuer*. Durch Androhung sogar der Einziehung der „Gotenlose" muß dieser Trotz gebrochen werden, der sich sehr wohl begreift. Der altgermanische Staat hatte keine Steuerpflicht gekannt. Wenig gefiel es den Kriegern, von der Scholle, die sie mit dem Schwert erkämpft, Schatzung zahlen zu sollen, sie, freie Langhaarträger (capillati), während sonst nur der Knecht oder wer auf fremdem Boden saß, zinste; sie mochten in dieser Forderung der Krone einen Versuch erblicken gegen ihre Gemeinfreiheit oder doch gegen ihr Volleigen an Grund und Boden. Daß dieser Widerstand gleichwohl gebrochen ward, bezeugt die Kraft des Königtums. Im Zusammenhang mit der Grundsteuer, die nach hergebrachter römischer Weise nach „Judiktionen" in drei Jahresraten erhoben wurde von allen *possessores*, auch von Krongütern und Kirchen – von letzteren werden nur ausnahmsweise einzelne aus frommer Gnade des Königs befreit - steht die *tertia*, wahrscheinlich eine Abgabe, die von einer *possessio* erhoben wurde, die nicht ein Drittel einem gotischen *hospes* hatte abtreten müssen. Es scheint, daß diese Drittelteilung nicht im ganzen Lande durchgeführt zu werden brauchte, da die (circa dreihunderttausend?) gotischen Einwanderer nicht so viel Raum bedurften. Italien allein – ohne die Nebenländer des Gotenreiches, Dalmatien, Istrien, Rätien usw. – ernährte vor Abtretung von Nizza und Savoyen auf 5772 Quadratmeilen über siebenundzwanzig Millionen Einwohner. Auf den dritten Teil, auf 1924 Quadratmeilen, hätte man also dreißigmal so viele Köpfe unterbringen können, als eingewandert waren. Auch unter Berücksichtigung der heutigen Großstädte und der stärkeren Dichtigkeit der Siedelung leuchtet ein, daß also keineswegs wirkliche Bodenteilung aller Besitzungen erforderlich war; die davon verschonten belegte man mit der „Drittelsteuer". Handel und Gewerbe trafen das „*siliquaticum*", eine Verkaufsabgabe von einer siliqua = $^1/_{24}$ von jedem solidus = circa vier Prozent, erhoben von dem „comes siliquatariarum", der zugleich Hafenbeamter war; dann die *auraria*, eine Gewerbesteuer; sehr einträglich war das „*monopolium*", d. h. das gegen hohen Pachtschilling verliehene Recht, gewisse Waren, zumal Lebensmittel, in gewissen Gegenden, besonders den großen Städten, ausschließend feilbieten zu dürfen. Außerdem werden Hafengelder und Zölle erhoben. Königliche Bergwerke bauten in Dalmatien auf Eisen, in Bruttien auf Gold. Auch das *Münzregal* ward als Einnahmequelle verwertet: Silber- und Kupfermünzen fast aller Könige haben sich erhalten. Goldmünzen durften nur mit Namen und Bild des Kaisers geprägt werden: so tragen die in Arles, Mailand, Rom, Ravenna geprägten Goldmünzen Namen und Bild von Anastas und Justinus, doch erlaubt sich Theoderich, sein Monogramm beizusetzen. Totila prägt zur Zeit seiner höchsten Macht, wohl nachdem Byzanz alle seine Anträge verworfen, Silbermünzen, die seinen (statt des Kaisers) Kopf und Stirnband und Namen tragen, Kupfermünzen mit seinem Brustbild und mit geschlossener Krone. Bezeichnend ist, daß nur Athalarichs, nicht Amalaswinthas Name begegnet, Witichis aber auch Mataswinthas Namen auf Silbermünzen setzte. Der Fiskus nahm nach römischem Recht erbloses Gut und erhielt einen Teil des Schatzfundes. Verwaltungs- und Verbrechens-Strafen mußten viel einbringen, zumal Einziehungen. Außerordentliche Einnahmen waren die Ehrengeschenke fremder Könige und Völker: sogar die fernen Esten sandten ihren Bernstein, was Cassiodor in seinem Dankschreiben zu einer gelehrten Erörterung über dieses Meerharz Anlaß gibt. Solche Gaben flossen in den königlichen Schatz, „*thesaurus Gothorum*", „*thesaurus regius*", der in allen diesen Reichen eine wichtige Rolle spielt. Er bestand aus Geld, ungemünztem Gold und Silber, Waffen, Gerät, Kleinodien; Amalaswintha kann vier-

zigtausend Pfund Gold daraus entnehmen; Theoderich hatte den vorgefundenen
Schatz der Kaiserpaläste, soviel Odovakar davon übriggelassen, durch den aus Carcassone nach Ravenna verbrachten westgotischen vermehrt: so begreift sich, daß
Justinian im Jahre 539/540 die Teilung des Hortes als eine Hauptbedingung des
Friedens aufstellte und die Erbeutung desselben Belisar besonders hoch angerechnet
ward. Bitter entbehrt den Königsschatz Ildibad. Totila vermag in den elf Jahren seiner Regierung einen neuen zu sammeln, der so bedeutend ist, daß Teja durch dessen
Deckung seinen Kriegsplan bestimmen läßt: dieser Schatz vor allem hatte die Alemannen zu ihrem Einfall angelockt, und Narses darf hoffen, die Erbeutung desselben
durch die Byzantiner werde jene zum Rückzug vermögen.

Was die *Ausgaben* betrifft, so wurde im römischen und in den germanischen Reichen jener Zeit gar manches Bedürfnis, für das der heutige Staat Geldzahlung leisten
muß, durch Naturalleistungen und durch Arbeit der Untertanen befriedigt: die Unterbringung und Verpflegung der Truppen, der Bau von Straßen, Brücken, Kanälen
usw. Den größten Teil der Staatsgelder nahmen die Besoldungen der Beamten, die
Spenden von Lebensmitteln und Geld an das Heer in Anspruch, aber auch Bauten,
Spiele, die Reichspost, die starken Anforderungen an die Freigebigkeit des Königs in
Geschenken an Kirchen, an fremde Fürsten erforderten große Summen. Gleichwohl
war die Sorge des Königs auf diesem Gebiet viel weniger auf Eintreibung der Steuer-
schulden als auf Linderung des schweren Druckes gerichtet, der nach den vorgefundenen römischen Einrichtungen auf den Untertanen lastete. Unablässig ist die gotische Regierung bemüht, die Übel, die in den Grundsätzen selbst begründet lagen,
und die durch habsüchtige Beamte verschuldeten Mißbräuche der Grundsätze zu
bekämpfen. Gerade diese Bemühungen, z. B. die häufigen Steuernachlässe, stellten
den schroffsten Gegensatz dar zu der erdrückenden Finanzverwaltung im Byzanti-
nerreich: diese Bestrebungen gewannen die Herzen der Italier, soweit sie zu gewinnen waren, einem Theoderich und Totila.

Das gleiche wohltätige, segensreiche Streben durchdringt die gesamte Tätigkeit
Theoderichs und seiner Tochter auf dem Gebiet der *Verwaltung* – unter den späteren
Königen macht der Krieg solche Bestrebungen fast unmöglich, und unsere Quelle,
Cassiodors Variensammlung, versiegt unter Witichis. Von Totila hat Prokop ganz
ähnliche Bemühungen bezeugt; die Ruhe, die Blüte, die Italien unter den Amalern
wieder gewann, ist der weisen und milden und emsigen Sorge zu danken, mit der
Theoderich die vorgefundenen römischen Ämter, die Mittel römischer Verwaltung
handhabe: sein Geist verfolgt zugleich die höchsten Ziele der äußeren und inneren
Staatsleitung und beachtet dabei alle die Geringfügigkeiten seiner Umgebung: nicht
einmal die Marmortrümmer entgehen seinem Blick, die ungenützt neben der Straße
auf den Feldern liegen.

Dieser zugleich auf das Größte und auf Kleines gerichtete Sinn des sorgenden
Herrschers ist wieder ein Zug, den Theoderich mit Karl dem Großen teilt.

Seinen Goten mag freilich bevormundende Vielregiererei, die mit den zahlreichen
römischen Ämtern stets in bester Absicht, aber oft willkürlich in alle Verhältnisse
eingriff, recht befremdlich erschienen sein, und Spuren des Widerstrebens fehlen
nicht. Der Gedanke des römischen Staates, die *salms publica,* wird mit den Mitteln
dieses römischen Staates überall durchgeführt, und zwar oft mit Rücksichtslosigkeit
der römischen unbeschränkten Einherrschaft. Doch Segensreiches ward in dieser
Weise geleistet. Der König richtet sein Auge auf jede Art der Urerzeugung: vom
Bergbau bis zum Fischfang, zumal aber auf dem Ackerbau. Am Trockenlegen der
pontinischen und umbrischen Sümpfe wird gearbeitet, die für Italien so wichtigen

Wasserleitungen werden aus diesem Verfall gehoben; der Getreideertrag des Landes steigt. Freilich konnten die Folgen jahrhundertelanger Schäden – der Großgüter und der Sklavenwirtschaft – nicht in einem Menschenalter beseitigt werden. Die Verpflegung der großen Städte Rom, Ravenna, Mailand ist auf Einfuhr fremden Getreides gewiesen. Der Pöbel macht Lärm, sowie die Kornpreise steigen, und muß durch Getreidespenden aus den königlichen Speichern beschwichtigt werden, dabei behielt aber die Regierung die verwerfliche römische Einrichtung der Höchstpreise für die wichtigsten Lebensmittel bei. Für den *Handel* sorgte der König durch Ausbesserung der Straßen, Schutz der Messen und Märkte, Herabsetzung der Hafenzölle – die *kaiserlichen* Häfen fürchteten die Schiffer mehr als den Sturm und Schiffbruch! – durch Hebung der Flußschiffahrt auf Tiber, Mincio, Arno, Allia – diese soll auch den Postdienst erleichtern, der, wie im Römerreich überhaupt, ausschließlich vom Staat in Anspruch genommen wird.

Untrennbar von römisch-imperialistischer Verwaltung, von dem Bilde glücklich friedlicher Herrschaft war nach der Vorstellung dieser Tage die Abhaltung von *Zirkusspielen*: Pantomimen, Wagenrennen, Kämpfe wilder Tiere untereinander und mit Menschen: Kämpfe von Gladiatoren untereinander waren abgeschafft. Gegen weisere Einsicht macht der König der Leidenschaft des Volkes das Zugeständnis, große Ausgaben auf diese Spiele zu wenden: er schützt die „Zirkusfreiheit", und seltsam nimmt es sich aus, wenn der Barbarenkönig römischen Senatoren eine Lehre darüber erteilt, was einerseits die Würde der Kurie erheische, wenn sich die „Väter" unter das Volk mischen, wieweit andererseits die berechtigte Freiheit der Zuschauer in den Äußerungen ihrer Parteileidenschaft müsse gehen dürfen. Der König schützt die Partei der „Grünen" – der kaiserliche Hof zu Byzanz begünstigte meist die „Blauen". Die Römer betrachten als das echte Zeichen, als die Ehrenpflicht eines wahren Beherrschers Roms die Abhaltung solcher Zirkusspiele. Deshalb gab Eutharich, der Eidam des Königs, der ausersehen war, für den unmündigen Athalarich nach Theoderichs Tod die Regentschaft zu führen, und zum Konsul des Jahres 519, zum Wahlsohn angenommen, zur Feier seines Konsulates höchst glänzende Spiele zu Rom, deren Pracht, vermehrt durch die von den Vandalenkönigen geschenkten Wüstentiere Afrikas, alles überbot, was die Römer seit Jahrhunderten im Zirkus geschaut: „Die Zeiten Trajans oder Valentinians schienen erneut", sagt ein Zeitgenosse. Und auch Totila will seine befestigte und glückliche Herrschaft über Rom durch Zirkusspiele darstellen, welche die Herzen ihm zuwenden sollen.

Die tief gesunkene *Wissenschaft* jener Zeit des Verfalls vermochte kein Eingreifen der Staatsgewalt zu heben: doch begünstigte diese bei allen Anstellungen die durch Bildung in Rechtswissenschaft und Redekunst ausgezeichneten Bewerber, sie sorgte, daß den „Doctores eloquentiae" und den Professoren der gelehrten Schulen zu Rom die herkömmlichen halbjährlichen Bezüge, die vorenthalten oder verkürzt worden, wieder voll ausgezahlt wurden – mit der ausdrücklichen Betonung, wenn man so viel Geld auf Zirkusspiele verwende, dürfe man doch die Wissenschaft nicht darben lassen – und suchte Verbauerung der Knaben des Landadels zu verhüten.

Außerordentliches leistete Theoderich, offenbar indem er auch tiefer eigener Neigung dabei folgte, für *Erhaltung und Wiederherstellung der Werte alter Kunst* in ganz Italien, zumal Rom, Ravenna und den anderen großen Städten. Es ist ergreifend, den Germanenkönig, der in den zehn Jahrhunderten zu Byzanz gerade für die Kunst besondere Begeisterung eingesogen, unablässig und in jeder Weise für die Rettung der von den Römern bedrohten und vernachlässigten Denkmale wachen und wirken zu sehen. So wenig ist es wahr, daß die Goten die klassischen Kunstwerke zerstörten,

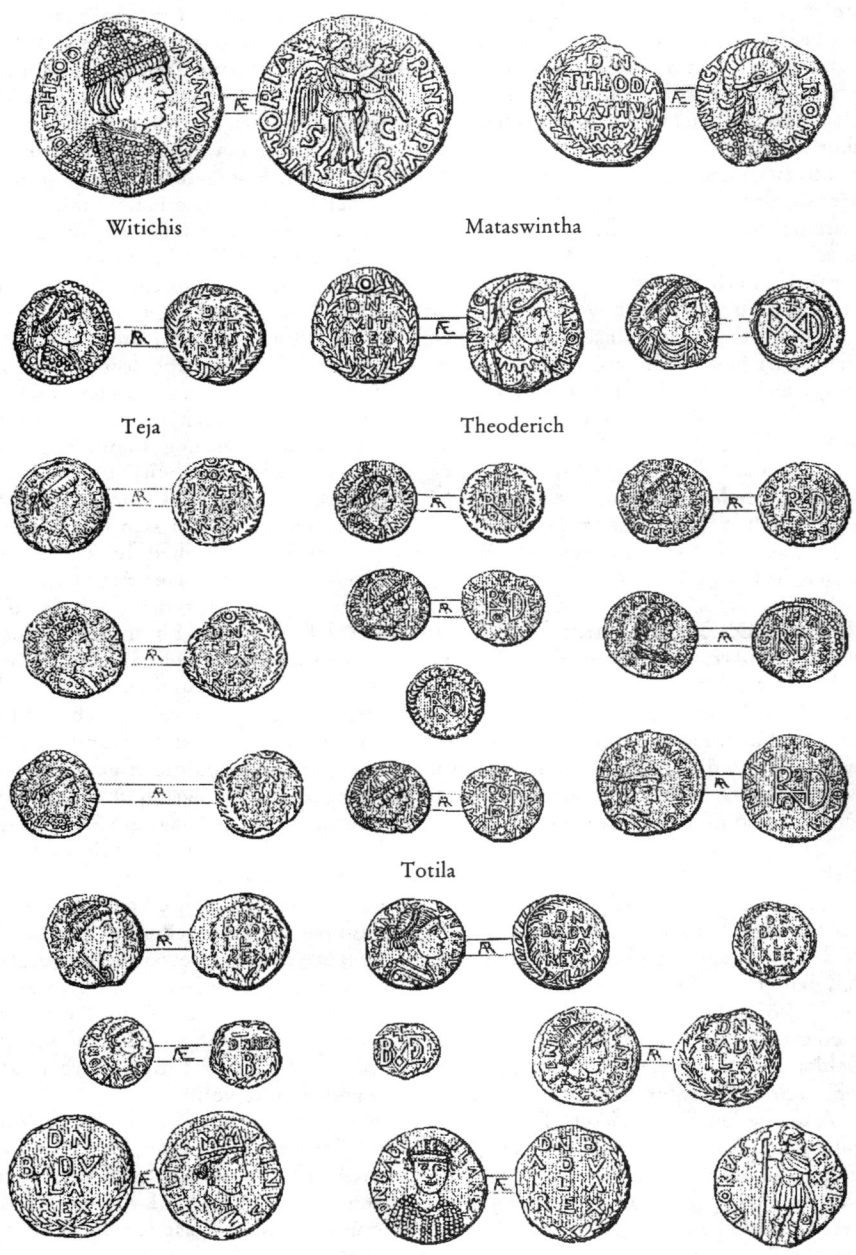

Münzen der Ostgoten

Athalarich.

Rom.

Angebliche Münze
Geiserichs.

Karthago.

Ravenna.

Münzen der Ostgoten

soweit dies Sturm und Eroberung oder Abwehr nicht mit sich brachte, daß man vielmehr Theoderich für Erhaltung derselben zu danken hat. Ein besonderer Beamter, der *custos palatii,* Palastwart zu Ravenna, hat diese gesamte Tätigkeit des Königs in Erhaltung, Pflege, Wiederherstellung der antiken Werke und die Herstellung von Neubauten zu leiten – er soll letztere so schön ausführen, daß sie von den klassischen nicht zu unterscheiden sind – eine freilich unerschwingliche Leistung! Zunächst soll er den Palast zu Ravenna in Stand halten, schmücken und verschönern: das Bild desselben aus dieser Zeit hat das Mosaik in einer Basilika erhalten (siehe unten). Aber er soll auch, unter treuer Verwendung der vom König dafür ausgeworfenen Gelder, das ganz große Heer von Baumeistern, Bildhauern, Erzgießern, Mosaikarbeitern überwachen und beschäftigen, dem König die Pläne für alle Bauten zu Kriegs- und Friedenszwecken vorlegen.

Neben der eigenen Begeisterung leitete den „Freund der Bauten, den Wiederhersteller der Städte", wie ihn Zeitgenossen nannten, auch hier, wie bei der Abhaltung von Zirkusspielen, eine staatliche Absicht. Glück und Glanz seiner Herrschaft sollte sich seinen römischen Untertanen in der Pracht seiner Neubauten, seine Verehrung für die Größe Roms in seiner Bemühung um Erhaltung der antiken Werke darstellen: „Es ist eines großen Königs würdig," sagt er, „seine Paläste durch Bauten zu schmük- ken. In unserer Zeit sollen die Werke der alten nicht zerfallen, unsere Tage sollen der Herrlichkeit der Alten nicht nachstehen, denen sie an Wohlfahrt nicht nachstehen. Das Glück der durch uns (von Odovakars Gewaltherrschaft) befreiten Städte stelle sich in ihren Bauten dar. Das Altertum lebe unter unserem Königsstabe wieder auf; zu Dank und Lob wollen wir die Manen der alten Kaiser verpflichten, deren Bauten wir die Jugend wiedergeben: die Wunderwerke der Alten sollen, durch uns der Zerstörung entrissen, unseren Ruhm erhöhen."

So muß der Barbarenkönig vor allem die römischen Kunstwerke beschützen gegen die Barbarei der Römer, die schon seit Constantin die schönen alten Bauten zu zerstören pflegten, um geschmacklos neue daraus zu machen oder auch, um die Steine zu Privatzwecken zu verwenden. Cassiodors Wunsch: die Schönheit Roms sollte zur Zerstörung nicht erst durch Nachtwachen geschirmt werden müssen, durch die Aufsicht der Römer allein sollte sie ausreichend behütet sein – blieb unerfüllt. Der König bedroht Raub und Zerstörung der Kunstwerke mit Strafe, zahlt Stadtpräfekten von Rom jährlich hohe Summen für Ausbesserung der Gebäude, unterstützt Private in solchem Tun – „denn hier müssen *alle* Häuser prangen, auf das nicht neben herrliche Kunstwerke häßliche Schutthaufen den Genuß des Beschauers stören, unvergleichlich sind ja die Bauten Roms von den höchsten Kuppeln bis zu den tiefsten Kloaken". Die Stadt soll glänzen durch wiedererstandene Prachtwerke. Vornehme, die, Symmachus, hierzu beitragen, bewähren sich so durch echte Vaterlandsliebe würdig, inmitten solcher Herrlichkeit zu wohnen. Diese Herrlichkeit zu preisen ermüdet der König so wenig als sie zu erhalten: „ganz Rom ist ein Wunderwerk!" Ein besonderer Baumeister wird für die Erhaltung der römischen Denkmale bestellt, mehr als für alle anderen Befehle fordert der König für diese Anordnungen Gehorsam. So frohlockt ein Zeitgenosse: „Rom, der Städte ehrwürdige Mutter, ist wieder jung geworden und mag zum anderenmal die Luperkalien feiern." Als der Glaubenshaß des christlichen Pöbels eine Synagoge zu Rom niederbrennt, droht der König tief entgrimmt: „Wisset: heftig hat uns geschmerzt, daß in jener Stadt, in der wir alles aufs herrlichste prangend wünschen, des Volkes blinde Wut sich bis zur Zerstörung von Bauten vergangen hat." Eine vergoldete Bildsäule, die der Senat dem König errichten ließ, soll ihm besonders für seine Verdienste um die Bauten Roms zuerkannt worden sein. Übrigens waren ihm mehrere Standbilder in Rom errichtet, welche die Witwe des Boethius nach Belisars Einrücken hatte umstürzen lassen. Auch in Neapel stand seine Bildsäule, nach dem Ungeschmack der Zeit aus mehrfarbigen Marmorstücken zusammengesetzt, die stückweise zerbröckelte. (Auch unter den Nachfolgern des Königs geschah noch manches in dieser Richtung.) Noch immer werden zu Rom Ziegel mit dem Monogramm Theoderichs gefunden: er verwendete für die Stadt jährlich deren außerordentlich viele und zweihundert Pfund Gold. Da einmal diese Summe unterschlagen worden, zahlt sie der König nochmals. Als Neubauten und Wiederherstellungen zu Rom werden genannt: ein Theater, die Wasserleitungen, die Kloaken, andere Gebäude, ein Tor (Theodahad); zu Ravenna: die Wasserleitung Trajans und anderer, der Hauptpalast und ein kleinerer, ein Säulengang, Bäder, die Taufkirche (der Arianer), die Basilika des Hercules und zahlreiche andere Kirchen. Theoderich ließ von Rom gewandte Marmorarbeiter, namentlich für Sarkophage, nach Ravenna kommen. Unter und nach Theoderich führten auch arianische Bischöfe zu Ravenna mehrere Bauten aus: so „das Kloster Mariens zum Andenken des Königs Theoderich". Außer dem großen von Amalaswintha aus einem Monolith errichteten Grabmal Theoderichs werden noch ein anderes Grabmonument (Kenotaph) mit einer Reiterstatue erwähnt und noch zwei Standbilder. Aber auch andere Städte seines Reiches schmückte der König durch Erhaltung und Neuerrichtung von Bauten jeder Art: so Pavia durch einen Palast, Bäder, ein Amphitheater, Gerüste für das Volk, anderen Spielen zuzuschauen, Erneuerung der Wälle; auch hier stand eine Bildsäule Theoderichs; in Verona weilte er so häufig, daß er in der Heldensage Dietrich von Bern heißt (vielleicht auch wegen des Sieges über Odovakar): auch dieser Lieblingsstadt, die zugleich als Beobachtungsposten wider die Barbaren im Norden der Alpen von großer Wichtigkeit war, verstärkte er die Mauern und verschönerte sie durch ein Palatium, einen Säulengang von diesem Palast bis zu einem Tor und durch Bäder, die er auch zu Abanum und Spoleto erbaute. Wasserleitungen und Kloaken gab er Parma, militärische Bauten führte er aus zum Schutz von Arles, Dertona, Terracina, Catania, Syrakus; im Gebiet von Trient ward „eine ganze Stadt" neu angelegt – vermutlich eine größere Befestigung. In fast allen größeren Städten Italiens erbaute er sich Palatien, z. B. in den kühler gelegenen, „Sommerpaläste".

Die Durchführung dieser ausgedehnten verwickelten Verwaltung in römischer Weise war nur ermöglicht durch Beibehaltung des ganzen römischen *Ämterwesens*[1], dessen Erhaltung durch die Sammlung Cassiodors bewiesen ist, der die Formeln für Bestallung all dieser Ämter mitteilt: der König übt als Nachfolger des Kaisers die *Amtshoheit* in vollem Umfang in Ernennung, Besoldung, Versetzung, Überwachung, Bestrafung, Absetzung der Beamten, der römischen *militia*, vom *praefectus praetorio*,[2] *praefectus urbi, quaestor sacri palatii*,[3] dem *consul*[4] (ein Scheinamt, das zu kost-

---

[1] Mommsen a. O. S. 460; auch die römischen Rangklassen dieser Ämter wurden beibehalten, S. 509 f.

[2] Mommsen a. O. S. 642.

[3] Mommsen a. O. S. 453.

[4] Über die Erneuerung der Konsuln und die Veröffentlichung der Ernennung siehe *de Rossi*, Inscriptiones Christianae urbis Romae I. 1861 und jetzt *Mommsen*, Ostgotische Studien, Neues Archiv XIV. S. 225, vergl. oben die Anmerkung S. 288. Mommsen gelangt, zum Teil abweichend von Rossi, zu dem Ergebnis, daß das Recht, Konsuln zu ernennen als auf (Odovakar und ?) Theoderich (nicht auf den Senat) übergegangen von Byzanz anerkannt wurde. So ernennt Theoderich wohl nach vorgängiger Befragung des Kaisers beide Konsuln des Jahres 522,

spieligen Spenden und Spielen verpflichtete) bis herab zu den niedersten Stufen des Ämteraufbaus. Der Mißbrauch der Amtsgewalt in allen denkbaren Richtungen war im römischen Staat alt eingerostet: der König wird nicht müde in seiner Überwachung und Bestrafung solcher Vergehen zum Vorteil der einzelnen bedrückten Untertanen und der Wohlfahrt des Reiches. Häufig bedient er sich außerordentlicher Sendboten, die er zur Prüfung, Berichterstattung, kräftiger Abhilfe vom Hof aus in die Provinzen abschickt. Ein großer Teil der Arbeit für den Staat, z. B. Einbringung der Steuern, örtliche Verwaltung ward durch die völlig erhaltenen Municipalämter der Städte verrichtet.

Gotische Beamte sind die „duces" der „Provinzen", die *comites* der Städte (auch comites Gothorum) und deren Vollstreckungswerkzeuge, die Sajonen, Fronboten, die übrigens auch häufig vom König selbst unmittelbar in außerordentlicher Sendung mit besonderen Aufträgen betraut werden, z. B. zur wirksamen, nötigenfalls gewaffneten Gewährung des Königsschutzes: sie sind gleichsam das Schwert in der Hand des Königs, stets bereit, gewaltsamen Widerstand gegen sein Gebot gewaltsam und schneidig zu brechen.

Sehr merkwürdig ist die *Kirchenhoheit*, die der arianische König wie über seine arianische so über die katholische Kirche übt, auch hierin als Nachfolger des Kaisers auftretend. Mit äußerster Duldung, mit beflissener Ehrerbietung begegnete Theoderich der rechtgläubigen Kirche, ebenso hochherzig als klug die Verfolgungen vermeidend, die Vandalen- und Westgotenkönige, allerdings nur im Wege der Wiedervergeltung und schwer gereizt, wie durch die Kaiser, so durch Verrat und Unbotmäßigkeit ihrer katholischen Untertanen, zumal der Bischöfe, verhängten.

Gesteigert wurden die Schwierigkeiten der Handhabung der Kirchenhoheit gegenüber der rechtgläubigen Kirche durch einen ketzerischen König, als jene Kirche bis in ihre Grundlagen hinein erschüttert ward durch zwiespältige Papstwahl: mit Feingefühl, mit Schonung und Unparteilichkeit, aber auch mit fester Stärke, die den hergebrachten Rechten der Staatsgewalt gegenüber der Kirche nicht das mindeste vergab, löste Theoderich die heikle Aufgabe ganz vortrefflich. Und nicht seine Schuld war es, daß in den allerletzten Tagen seiner Herrschaft das Verhältnis zur katholischen Kirche, d. h. vor allem zu dem Papst, getrübt wurde.

Die katholische Kirche blieb nach der gotischen Einwanderung in ihrer Verfassung und Rechtsstellung, wie sie dieselbe im Römerreich gewonnen, unangetastet: sie lebte nach ihren Canones, in zweiter Reihe nach römischem Recht. Der König hatte von Anfang ihren Bischöfen ehrerbietig das Ohr geliehen: wie der Bischof von Ravenna den Übergabevertrag zwischen Theoderich und Odavakar vermittelt hatte, erwirkten die Fürbitten der Bischöfe die allgemeine Begnadigung für die Anhänger Odavakars nach dessen Untergang. Durch Frömmigkeit, Bildung, sittliche Tüchtigkeit hervorragende Glieder des katholischen Episkopats wie *Johann III. von Ravenna*, *Epiphanius von Pavia*, *Victor von Turin*, *Laurentius von Mailand* wurden hoch vom König geehrt und vieles erlangten von seiner Gnade diese natürlichen Vertreter der römischen, der katholischen Bevölkerung des Reichs. Die ehrenvolle und einflußreiche Stellung, die das römische Recht den Bischöfen in Verhütung und Vermittlung und schiedsrichter-

---

Symmachus und Boëthius; in dieser Zeit ward häufig nur ein Konsul ernannt. Wie in den nicht zum Reiche gehörigen Staaten der Vandalen, Franken wird datiert nach Konsuln, dann nach der römischen Indiktion: aber nur bei den Ostgoten wird nach den Regierungsjahren des Kaisers gerechnet, sogar während des ganzen letzten Krieges, nie nach denen des Königs, ausgenommen im westgotischen Spanien unter Theoderich 516, 517, 525. Mommsen a. O. S. 240 f.

licher Beilegung von Streitigkeiten beigelegt hatte, wonach sie als geistliche und zum
Teil auch weltliche Vertreter ihrer Städte erschienen, namentlich in Fällen, wo zugleich
kirchliche, religiöse Gebote in Frage kamen, z. B. gegen Wucher, verblieb ihnen. Ja die
Bedeutung der Bischöfe in den Germanenreichen stieg, da sie gegenüber dem meist
arianischen und barbarischen *comes civitatis* die römische Bevölkerung zu schützen
hatten, eine Aufgabe, die sie oft mit Wut und Kraft erfüllten.

Der bedeutende Reichtum der Kirchen wurde durch häufige Schenkungen der
Könige vermehrt, durch Steuerbefreiungen geschont.

Auch das Zufluchtsrecht der katholischen Kirche wird in dem vorgefundenen
Umfang anerkannt: so einem Totschläger um der Zuflucht willen die verwirkte Todesstrafe in lebenslängliche Verbannung gemildert.

Aber die Gerichtsbarkeit über die Kirche und die Geistlichen wird, obzwar in
ehrerbietiger Weise, unbeschränkt aufrechterhalten: der König richtet über einen
fälschlich des Landesverrats beschuldigten Bischof und setzt ihn in den einstweilen
entzogenen Stuhl wieder ein. Gerne versucht der König, um das Ansehen der Kirche
zu schonen, durch bedingte Befehle einem längeren Verfahren zuvorzukommen, wo
Kirchen oder Geistliche durch Laien belangt werden; auch schiedsrichterliche Stellung oder Vermittlungsversuche werden den Bischöfen vom König übertragen. Aber
durch solche ehrerbietige *Ausübung* wird doch die *Wahrung* der Gerichtshoheit über
die Kirche keineswegs beschränkt. Auch in Ehesachen erteilt der König, nicht der
Papst, Entbindung: z. B. für Eheschließung unter Geschwisterkindern. Über Zauber
richtet nur der weltliche Richter, ohne irgendwelche Mitwirkung der Kirche – bald
wurde das anders in Rom! Auch seine eigene Kirche, die arianische, bindet den König
streng an das Recht: die erbetene Steuerbefreiung wird einer arianischen Kirche versagt, ein arianischer Bischof angewiesen, einen zweifelhaften Anspruch lieber fallen-
zulassen als zu verfolgen, letzterenfalls aber nicht durch Selbsthilfe, sondern vor
Gericht sein Recht zu suchen. Von der Kirche der Ketzer, ihrem Besitz und ihren
etwaigen Schriftwerken haben die Katholiken nach dem Untergang der Goten keine
Spur übriggelassen – ähnlich wie in Afrika und Spanien. In größeren Städten muß
man, wie in Rom und Ravenna, arianische Bischöfe und Kirchen annehmen: mögen
manche der letzteren neu errichtet und viele schon unter Odavakar, dessen Söldner
gewiß meist Arianer waren, den Katholiken entzogen worden – ganz ohne Zuteilung
orthodoxer Kirchen an die gotischen Arianer wird es nach der Einwanderung nicht
abgegangen sein. Daß dies Verfahren jedoch auf das Unentbehrliche beschränkt
blieb, erhellt, in schroffem Gegensatz zu den Vandalen, aus dem Fehlen jedes derarti-
gen Vorwurfs in den katholischen Quellen. Nur der in den letzten Zeiten seiner
Regierung gereizte Glaubenshaß der Katholiken dichtete Theoderich die Absicht an,
alle Kirchen den Rechtsgläubigen zu entziehen und den Arianern zu verleihen, welchem Plan nun sein plötzlicher Tod zuvorgekommen sei. Bezeichnend für die von
den Zeitgenossen anerkannte edle Gesinnung Theoderichs ist die Sage, er habe einen
Katholiken, der, um sich einzuschmeicheln und glänzende Laufbahn zu machen, zum
Arianismus übergetreten, enthaupten lassen.

In einer Zeit, da die christlichen Bekenntnisse sich untereinander und die Juden
grausam verfolgen, schützt Theoderich auch letztere vor dem christlichen Pöbel. Er
schirmt die Juden von Mailand im Besitz ihrer Synagoge gegen die Geistlichkeit;
christliche Sklaven haben zu Rom ihren jüdischen Herrn ermordet. Ihre Bestrafung
erbittert christliche Eiferer zu wildem Straßentumult, wobei die Synagoge verbrannt
wird: streng schreitet der König ein. Freilich, Cassiodor beklagt dabei, daß der Jude
die Seligkeit im Himmel verschmähe, aber auf Erden soll ihm sein Recht werden, der

Staat und sein Gericht muß Juden und Christen mit gleichem Maße messen, er kann und soll den Glauben nicht vorschreiben – man sieht, die Juden von Neapel wußten wohl, was sie taten, als sie ihre Stadt für die Goten gegen die Byzantiner bis aufs äußerste verteidigten.

Staatsrechtlich das Wichtigste ist das Verhältnis des Königs zu dem römischen Stuhl, zumal zur Papstwahl. Eine Doppelwahl, eine Kirchenspaltung, infolge derselben Unruhen in Rom machen das Einschreiten des Königs nötig, das, so zartfühlig und maßhaltend es vorgeht, bereits den Trotz des römischen Bischofs gegen die Staatsgewalt herausfordert: der früheste Zusammenstoß germanischer Staatsgewalt mit dem Papsttum. Schon zeigte er, wie vorbildlich, die Kämpfe des Mittelalters, aber noch beherrscht die Zeit der allmächtige *Staatsgedanke der Römer*, nicht die Auffassung Sankt Augustins vom Verhältnis von Staat und Kirche, und mit jenem *römischen* Staatsgedanken und mit römischer *Staatsgewalt*, nicht gelähmt durch Lebewesen, bezwingt der germanische König die Überhebung der Kirche.

Theoderich trat gegenüber dem Papst in folgenden Besitzstand der Staatsgewalt an Rechten und tatsächlicher Gepflogenheit ein.

Die römischen Bischöfe, Untertanen der weströmischen Kaiser, sollten nach der Kirchenlehre gewählt werden von Geistlichkeit, Senat und Volk von Rom, waren aber häufig von den Kaisern einseitig ernannt worden. Odovakar hatte außer dem Verbot der Veräußerung von Gütern der römischen Kirche, die gerade bei Papstwahlen, behufs Bestechung, manchmal verschleudert wurden, eine Verordnung erlassen, kraft welcher der Nachfolger des von ihm vorgefundenen und ihm gefügigen Papstes *Simplicius* (467–482) nicht ohne seine Bewilligung sollte gewählt werden – einen feindlich gesinnten Mann auf dem römischen Stuhl konnte das wenig befestigte Söldnerreich nicht ertragen.

Als der gemäß dieser Verordnung (483) gewählte Papst *Felix III.* 492 starb, hatte Rom Odovakar bereits die Tore gesperrt, Theoderich war mit Bezwingung Ravennas beschäftigt: so wurde *Gelatius I.* (492–496) ohne Beteiligung der Staatsgewalt gewählt. Dieser kräftige Mann – aus Afrika stammte sein heißes Blut –, der gelegentlich Duldung gegen die Ketzer für verderblicher erklärt als die schreckliche Verheerung des Landes durch Barbaren, der seine Amtsgenossen in Afrika anfeuert, die Drohungen der (arianischen Vandalen-) Könige und die Satzungen der wütigen Barbaren zu verachten, trat auch gegen Theoderich sehr kraftvoll auf. Er schrieb ihm, er vertraue „der König werde die Gesetze der römischen Kaiser, die er in weltlichen Dingen befolgt wissen wolle, gewiß noch viel sorgfältiger aufrechthalten bezüglich der Ehrerbietung gegen Sankt Petrus, im Interesse seiner (irdischen) Wohlfahrt". Die himmlische Seligkeit bleibt natürlich dem Ketzer verschlossen; er droht einem Bischof mit Absetzung, der ohne Erlaubnis des Papstes an den Hof des Königs gereist sei, gegen die Canones, die in diesem Stück übrigens weder der König noch auch andere Bischöfe beachteten. Der König vermied jeden Anlaß zu Streit, er ließ den Papst ungehindert mit Byzanz verkehren und enthielt sich, klüger als der Kaiser, die Einmischung in zahlreiche Kirchenversammlungen, die der Papst über wichtige Fragen abhielt.

Ohne Spur einer Mitwirkung Theoderichs ward 496 *Anastasius* (–498) gewählt. Eine Gesandtschaft, die dieser, (betreffs der eutychianischen Ketzerei und des Konzils von Chalkedon) an den Kaiser sandte, ließ der König durch einen Gesandten seiner Seite, den Patrizier *Festus*, begleiten. Aber dieser Senator ließ sich im geheimen von Kaiser *Anastasius* gewinnen: er versprach diesem, er werde den Papst zu voller Nachgiebigkeit in dem erwähnten Streite bringen. Dieser Schritt des Festus führte alsbald zu heftigen und langen Wirren in der römischen Kirche. Denn bei seiner Rückkehr fand er den milden Papst Anastasius gestorben und von dem von der Mehrzahl des Klerus in Rom aufgestellten Bewerber, dem Diakon *Symmachus* (498–514), war nicht zu erwarten, daß er den von den Päpsten bisher streng festgehaltenen Rechtsboden gegenüber Byzanz verlassen werde. So bewirkte Festus durch starke Bestechungen die Wahl des vorher für seine Pläne, d. h. die Nachgiebigkeit in dem Streit mit Byzanz gewonnenen Archipresbyter *Laurentius* (498, gest. nach 502); dieser war ohne Frage ein Anmaßer, da schon zuvor, obzwar am gleichen Tage (dem 22. November), von der Mehrheit Symmachus gewählt worden war. Zwischen den Anhängern der beiden Gegner kam es wiederholt zu blutigen Zusammenstößen in den Straßen Roms, wo Laurentius zwar nur den kleineren Teil des Klerus, aber den Senat und auch im niederen Volk starken Anhang für sich hatte. Endlich wandten sich beide Parteien „freiwillig" an Theoderich, einen „*Schiedsspruch*", nicht ein „Urteil" kraft seiner anerkannten Gerichtshoheit – erbittend, und der König entschied nach der Gerechtigkeit für Symmachus als den von der Mehrheit und zuerst gewählten – sein Vorteil wäre vielmehr gewesen, den ketzerischen Laurentius einzusetzen und damit den römischen Stuhl von den übrigen Bischöfen des Reichs zu trennen. Symmachus berief nun eine Synode nach Rom, die das Recht der Papstwahl ausschließlich der Geistlichkeit von Rom zusprach, König, Senat und Volk von Rom stillschweigend von jeder Mitwirkung ausschließend. Theoderich übersah absichtlich dies Vorgehen; hätte jene Verordnung Odovakars *für immer* dem Herrn Italiens ein Genehmigungsrecht wahren wollen, schwerlich hätte der König die Aufhebung eines so wichtigen Rechts geduldet.

Bis dahin hatte Theoderich äußerste Zurückhaltung beobachtet, nur auf Anrufen beider Parteien, nur als Schiedsrichter, nicht kraft seiner Gerichtsbarkeit und Kirchenhoheit, hatte er gehandelt. Aber nun ward er genötigt, als Staatsoberhaupt einzuschreiten, und als jetzt der Papst sein Recht bestritt, erzwang er sich volle Anerkennung. Die Unruhen in Rom dauerten fort, wieder kam es 499 und 500 zu Staßenkämpfen zwischen den Anhängern der beiden Päpste, und die Partei des Laurentius erhob jetzt peinliche Anklage wider Symmachus beim König. Nicht bloß geistliche Verfehlungen, daß er Ostern nicht zu gleicher Zeit mit der Gesamtheit gefeiert und Kirchengut verschleudert habe, auch das (zugleich) weltliche Verbrechen des Ehebruchs wird ihm vorgeworfen. Und der König besinnt sich keinen Augenblick, einzugreifen: Er lädt den Papst vor sein Hofgericht nach Ravenna, der auch ohne Weigerung sich aufmacht, vielleicht weil der König ihm zunächst nur den Osterstreit als Gegenstand der Verantwortung bezeichnet hatte. Aber unterwegs zu Rimini erfährt Symmachus, daß der König auch die Anklage wegen Ehebruchs untersuchen lasse; er trifft die Frauen, die als seine Mitschuldigen nach Ravenna geladen sind. Sofort flieht der Papst heimlich zur Nacht nach Rom zurück und schließt sich in den Peterskirche ein. Man hat darin einen Beweis seines bösen Gewissens erblickt: aber wahrscheinlicher ist, daß der Papst, der wohl tatsächlich beschuldigt war und die Untersuchung nicht zu scheuen hatte, sich um des Grundsatzes willen der von ihm nicht anerkannten Strafgerichtsbarkeit des Königs entziehen wollte. Jedoch dieser Schritt der Heimlichkeit und des Ungehorsams reizt Theoderichs Argwohn und Zorn, er braucht nun sein Königsrecht mit Nachdruck. Er bestellt den Bischof *Petrus von Altinum* zum „Visitator" in der ganzen Sache, der im Auftrag des Königs eine Synode zu Rom versammeln, mit dieser über Symmachus richten und einstweilen die römische Kirche verwalten soll, von der also Symmachus enthoben erscheint. Petrus kam (Ostern 501) nach Rom, berief in des Königs Namen die Synode und übergab mehrere dortige Kirchen den Laurentianern. Die sehr stark kirchlich gefärbten Protokolle dieser Synode stellen nun zwar den Verlauf so dar, als ob der König nur auf Wunsch des Papstes selbst die Synode berufen habe und nur deshalb die Bischöfe bereit gewesen seien, den Papst, mit dessen eigener Zustimmung, zu richten, weil er auf sein von Concilium anerkanntes Recht, nicht gerichtet werden zu können, verzichtet habe. Aber die Tatsachen, die sie berichten müssen, widerlegen jene Anschauungen. Denn als der Papst erklärt, er werde sich nur richten lassen, wenn vorher der „Visitator" zurückgerufen und den Laurentianern die verliehenen Kirchen abgenommen seien, befiehlt der König, unter Verwerfung dieser Forderungen, der Synode, das Gericht zu eröffnen. Symmachus, kein unwürdiger Vorgänger der späteren Päpste, die mutvoll germanischen Königen trotzten, weigerte sich, auf seine Unrichtbarkeit zu verzichten; die Bischöfe seiner Partei verließen hierauf die Synode und reisten ab. Der König, der einen scharfen Kampf mit dem rechtgläubigen Bischoftum und die darin seinen Ketzerstaat, seine Versöhnungspläne schwer bedrohende Gefahr vermeiden wollte, wählte den klugen Ausweg, der Synode zu verstatten, auch ohne förmliches Gericht die Sache beizulegen: damit war doch *sein* Gebot als das oberste gewahrt und jener Anspruch der Unrichtbarkeit abgewiesen. Dadurch gewann er die mächtige Mittelpartei, die zwischen dem starren Papalismus und den Laurentianern stand; die zweite Sitzung beschloß, jenen Ausweg *nicht* wählend, über den Papst zu richten, und lud ihn vor. Und der Papst – gab nach. Er ließ jene Ansprüche fallen und begab sich von der Peterskirche auf den Weg nach dem Sitzungsort der Synode, der Basilika des Kreuzes von Jerusalem. Da erfolgte, wie so oft in der Geschichte des Papsttums, ein Umschlag zu Gunsten des Papstes durch die rohe Gewalttätigkeit seiner Gegner. Symmachus ward auf dem Wege nach der Synode von den Laurentianern überfallen und so übel zugerichtet, daß drei gotische Heerführer nur mit Mühe sein Leben und seinen Rückzug nach der Peterskirche deckten. Gotische Schilde schützen den römischen Bischof vor den Dolchen der Römer – ein denkwürdiges Bild aus den Straßen Roms!

Meisterhaft verstand auch dieser Papst, wie so mancher nach ihm, die durch solche Roheit ihm geschaffene günstige Lage zu nützen. Er weigerte sich, nochmals zu erscheinen, um sich richten zu lassen, die „*Gewalt*" habe ja der König über ihn. Die Synode wählt jetzt den vom König verstatteten Ausweg, das Gericht zu unterlassen, da der Papst, der sich habe stellen wollen, als ungehorsam nicht betrachtet, also nicht in Abwesenheit gerichtet und auch nicht mit Gewalt herbeigeschafft werden könne – „zumal es etwas ganz Neues sei, daß ein Papst von Bischöfen gerichtet werde" – vor kurzem hatte sie diese „Neuheit" nicht abgehalten. So möge er ihnen denn verstatten, abzureisen. Sie wüßten nichts mehr zu beschließen, nachdem sie Festus, die Senatoren, die Laurentianer zum Gehorsam gegen Symmachus furchtlos aufgefordert „der Schlauheit der Weltleute (Festus) sei priesterliche Einfalt nicht gewachsen" – was wohl zu viel Bescheidenheit ist! Der König antwortet ziemlich ungehalten (1. Oktober 501): zu richten brauchten sie nicht, aber zu Ende müßten sie die Sache führen. Er *wolle* sich nicht einmischen, sonst hätte er es mit seinen Großen unter Gottes Hilfe wohl fertiggebracht. So treten denn die Bischöfe zu der „palmaris" genannten Synode (in dem „Portikus der Basikila s. Petri quae appellatur *adpalmaria*") zusammen (23. Oktober 501), erklären, die Anklagen gegen Symmachus dem Gerichte Gottes überlassen zu wollen, ermahnen den Senat, sich zu fügen und setzen *nach den Befehlen des Fürsten,* der uns diese Gewalt übertragen", Symmachus in die entrissenen Kirchen wieder ein. Damit war für den König die Sache zu Ende, er hatte die Durchführung des Gerichts aufgegeben, aber durchgesetzt, daß nur *er* dies zu entscheiden habe, hatte die Unrichtbarkeit des Papstes nicht anerkannt. Und Papst und Bischöfe beruhigen sich hierbei. Strenge Eiferer außerhalb des Gotenreiches, wie *Avitus von Vienne*, tadelten deshalb die Palmaris, daß sie den Befehl des Königs, über den Papst zu richten, angenommen. (Da nun aber Laurentius noch nicht ruhte, vielmehr den Papst der Verschleuderung von Kirchengut beschuldigte, berief dieser selbst eine Synode [6. November 502] in der Peterskirche. Hier ward jene Verordnung Odovakars über Unveräußerlichkeit von Kirchengut verlesen und als Anmaßung eines Laien, über Kirchengut zu beschließen, verworfen; jene andere über die Papstwahl wird nur gelegentlich von *einem* Bischof als unkanonisch bezeichnet, sie galt ja nur für *einen* Fall und um Papstwahl handelte es sich diesmal gar nicht, worauf Symmachus „zur Beschämung seiner Ankläger" selbst der Synode Vorschläge macht über Beschränkung des Papstes in Veräußerung des Kirchengutes, mit deren Annahme die Synode schließt.[1]) Aber nun griffen die Laurentier in Rechtsverwahrungen gegen die Palmaris und ihre „ungehörige Freisprechung" den König selbst an, der nicht alle Bischöfe geladen, nicht alle Ankläger des Papstes zugelassen habe. Bischof *Ennodius von Pavin* schrieb hiergegen eine Verteidigung der Palmaris (und Symmachus berief eine neue Synode, in welcher natürlich Papst und Bischöfe, beide angegriffen, in eifrigster Eintracht jene Einwürfe widerlegten.[1]) Theoderich befahl Festus, die immer noch vorenthaltenen Kirchen herauszugeben: der Senator wagte nicht, länger zu trotzen, und gewährte auf seinen Gütern Laurentius Zuflucht bis zu dessen Tod (nach 502). Der König war vermöge kluger Mäßigung aus dem Kampf mit dem „unrichtbaren Papst" ohne diese Anmaßung anzuerkennen, hervorgegangen. Er übte auf Wahl des neuen Papstes *Hormisda* (514–523) keinen nachweisbaren Einfluß. Er vermied, sichtlich, seinem ganzen Trachten gemäß, den Streit mit der Kirche, solange dies seine Staatsweisheit erheischte. Aber sobald diese das Gegenteil forderte, besann er sich nicht, den Willen des Papstes zu brechen, Gerichtsbarkeit, und zwar allein und unmittelbar, ohne Synode, über den Papst zu üben, einen Papst mit Ausschluß jeder Wahl zu ernennen.

Als gegen Ende von Theoderichs Regierung im Ostreich die schwere Arianerverfolgung begann, zwang der König den, wie es scheint, auch ganz frei gewählten Papst *Johannes I.* (523–526) trotz seines heftigen Widerstrebens „und großen Weinens" zu der für das Oberhaupt der rechtgläubigen Kirche allerdingst höchst unerquicklichen Sendung, mit zwei Senatoren nach Byzanz zu eilen, um den Kaiser von diesen Verfolgungen abzubringen. Und da er ohne Erfolg zurückkehrte, in der Zeit der höchsten Erbitterung Theoderichs gegen den Undank und Verrat der Italier, ward er von dem Argwohn des Königs getroffen und in Untersuchungshaft genommen, in welcher er bald, natürlichen Todes, starb. Schwerlich hätte der König diesmal eine Synode über die Anklage gegen den Papst richten lassen. Und in der jetzigen gefährlichen Lage seines Reiches, da von außen Byzanz, im Inneren Verrat der Italier droht, zögert er nicht, in *Ernennung eines Papstes* sein Königsrecht zu üben, wie es vor ihm so mancher Kaiser und selbst Odovakar geübt. In diesem Augenblicke konnte er auf dem römischen Stuhl nur einen ergebenen Mann brauchen. Er ernannte, ohne sich im mindesten um jenen Synodalbeschluß über die ausschließende Wahlberechtigung der Geistlichkeit zu kümmern, den er damals einer Zurückweisung für bedürftig nicht erachtet hatte, den milden *Felix IV.* (526–530), ohne daß damals oder in den folgenden Zeiten der Bischöfe irgendwelche Verwahrung gegen diesen Schritt erfolgt wäre.

Theoderich starb schon sechs Wochen darauf: Athalarichs Regierung stand mit den Päpsten und Bischöfen auf gutem Fuße. Ausdrücklich jedoch nennt Athalarich das „Befehlsrecht" des Königs den Rechtsgrund der Einsetzung des Papstes und er

---

1 Die Echtheit der Akten dieser beiden Synoden von 503 und 504 ist sehr zweifelhaft; siehe Könige IV. 190. Vgl. Pfeilschiffer, Der Ostgotenkönig Theodor (!) der Große und die katholische Kirche 1896.

übt in Kirchensachen allein, ohne Papst oder Konsul, das Gesetzgebungsrecht in einem scharfen Gesetz gegen Simonie und Verschleuderung von Kirchengut. Papst *Bonifacius* (530–532) erkennt ausdrücklich an, daß ein Versuch, seinen Nachfolger ohne Zuziehung des Königs wählen zu lassen, eine Verletzung der Hoheitsrechte des Königs (crimen laesae maiestatis) sei. Theodahad zwingt Papst *Agapet*, wie früher Theoderich Johannes, als Gesandter nach Byzanz zu gehen, und übt, während der Wahl der nächsten Nachfolger des Felix *(Bonifacius II.* 530–532, *Johannes II.* 532–535, *Agapet I.* 535–536) kein Eingreifen der Krone sichtbar wird, nach Agapets Tod wieder gleich Theoderich das Ernennungsrecht, indem er *Silverius* (536–537?) einsetzt. Und weder gegen den König noch gegen den Papst wird um deswillen von irgendwelcher Seite Einwand erhoben, auch später nicht, da des Papstes wechselvolles Geschick und vielfache Anfeindung es so nahe gelegt hätten, die Rechtmäßigkeit seiner Wahl anzufechten.

Obwohl gerade Silverius vor allem Rom an Belisar ausgeliefert hatte, ward er doch unter dem Vorwand, er habe die Stadt an Witichis verraten wollen, von Belisar auf der Kaiserin Betreiben gerichtet, abgesetzt und gefangen nach Griechenland geschickt: sein Gegner *Vigilius* (537–555) wird ebenso einseitig von Belisar auf Betreiben der Kaiserin eingesetzt, dessen Nachfolger *Pegalius I.* (555–560) auf Befehl Justinians gewählt und bei der Wahl von Pegalius II. (478–590) ausdrücklich bemerkt, daß sie „ohne Befehl des Kaisers" nur deshalb erfolgt sei, weil die Langobarden die Stadt eingeschlossen hielten.

So war die Einsetzung des Papstes wieder, gegen den Synodalbeschluß von 502, ganz in die Hand der Staatsgewalt gekommen.

Der Verrat gegen die Goten rächte sich, wie an den Italiern überhaupt, so am schwersten am römischen Stuhl: während die Gotenkönige nur aus zwingender Not ausnahmsweise die als Regel beobachtete schonendste Zurückhaltung überschritten, sprangen Kaiser, Kaiserin und Belisar auf das schroffste und leichtfertigste in Entsetzung, Bestrafung, Einsetzung mit den Päpsten um, zum Teil um ihre ketzerischen Bestrebungen sogar in den *Glaubenslehren* durchzusetzen, an welche die arianischen Goten nie gerührt.

Bezeichnend ist, daß Papst Vigilius, der Kaiserin Geschöpf und Werkzeug, als Totila Rom gewonnen, diesen durch den Frankenkönig warnen lassen will vor der Einmischung in die ihm *„fremde"* Kirche. Unter Justinians und Theoderichs Knechtung der Kirche konnte der Papst nicht wohl wagen, wie weiland Papst und Synoden unter Theoderich, die Einmischung der Staatsgewalt in die Kirche überhaupt zurückzuweisen. Obwohl in der letzten Zeit des Krieges auch unter dem milden Totila die Erbitterung der Goten die katholische Priesterschaft, deren Verrat neben dem der Senatoren zum Untergang ihres Reiches am meisten beigetragen, oft grausam traf, hat doch König Totila noch Papst Pelagius hoch geehrt und den großen katholischen Wundertäter, den *heiligen Benedikt*, den Stifter des Benedikterordens, aufgesucht.[1] Und nach der Einnahme von Rom eilt er, der Arianer, vor allem in die Peterskirche, dort sein Dankgebet zu verrichten.

Die Mischung von altgermanischem Königtum unter der vollen Anerkennung gotischer Volksfreiheit mit der von den Imperatoren überkommenen Unbeschränktheit, die für die Verfassung dieses Reiches so bezeichnend ist, erscheint besonders deutlich in der Ordnung der *Thronfolge* und in der *Vertretungshoheit*, und zwar ist unter den

---

1 Sind auch die Einzelheiten dieses Besuches – so des Heiligen Weissagung – „Legende", d. h. Kirchenfabel.

persönlich stark verrömerten und in der Herrschaft wohlbefestigten Amalern die römische Machtunbeschränktheit, unter den nach Theodahad folgenden Königen die germanische Volksfreiheit überwiegend. Theoderich und Amalaswintha verfügen ziemlich einseitig über die Thronfolge, den Großen und dem Volk bleibt nur vorweggenommene Zustimmung, während Witichis und seine Nachfolger völlig durch freie Wahl des Volksheeres berufen werden. Ebenso leiteten Theoderich, Amalaswintha und Theodahad die Haltung des Staates nach außen allein, ohne Befragung des Adels oder gar der Gemeinfreien, die letzten beiden sogar entschieden gegen den Willen des gotischen Adels und Volkes. Dagegen Witichis und seine Nachfolger legen die wichtigsten Beschlüsse in Leitung des Krieges, in Verhandlungen mit Byzanz und den Franken, den Großen ihrer Umgebung, manchmal auch dem gesamten Volksheer, zur Genehmigung vor: die Not hatte dieses Stück alter Volksfreiheit wieder erweckt.

b) Die Bildung im italischen Ostgotenreich

1. Die Literatur

Selbstverständlich konnte der Niedergang antiker Bildung, der sich in Italien wie im ganzen römischen Reich vollzog, nicht aufgehalten werden durch die hohe Verehrung der Amaler und die große Bildungsfähigkeit ihres Volkes. Aber immerhin hat die Gunst des amalischen Hauses und die Blüte seiner friedlichen vierzigjährigen Regierung wohltätig auf die Pflege der Literatur gewirkt. Amalaswintha sprach beide Sprachen der antiken Bildung und Theodahad forschte (soweit ihm seine Habgier Zeit lassen mochte!) eifrig in Platon, vermutlich doch in der Ursprache. Latein blieb die Geschäftssprache des Staatsdienstes (dagegen der Befehl des Heeres mußte gotisch sein): folglich mußten alle Goten, diese Sprache zu erlernen suchen; die in Italien geborenen Kinder des gotischen Adels wurden ohne Zweifel auch im Lateinischen unterrichtet.

„Das ostgotische Reich, so kurz es dauerte, bildet doch ein sehr wichtiges Mittelglied zwischen der antiken Welt und dem Mittelalter, welche sich in ihm auf merkwürdige Weise berühren. Der gotische Stamm war einer der begabtesten, bildungsfähigsten deutschen Stämme. Er allein, nebst den Angelsachsen, hat von Anfang an auch die Muttersprache ausgebildet, nicht nur in Lied und Gesang, sondern auch zu wissenschaftlichem Gebrauch: außer Wulfilas Bibelübersetzung haben sich auch Fragmente einer Evangelienharmonie erhalten (Skeireins). Getrennt von der herrschenden Kirche feierten sie den Gottesdienst in ihrer eigenen Sprache, und deren Gebrauch war dadurch bei ihnen wie später bei den Slawen besser gesichert als in der römischen Kirche … Theoderichs Reich ist merkwürdig als ein Versuch, die neuen Elemente mit den alten zu vereinen und die Herrschaft in den alten Formen fortzuführen; an seinem Hof hörte man noch die alten gotischen Heldenlieder, aber es sammelten sich dort auch die noch übrigen Träger der alten Bildung; hier entstanden mehrere der Werke, welche die Elemente der alten Kultur dem Mittelalter überlieferten, aus denen es seine Kenntnis des Altertums schöpfte und zugleich den gezierten dunklen Stil lernte, der damals in den Schulen der Rhetoren und Grammatiker für schön galt."[1])

Das ist recht eigentlich die Bedeutung der hier zu betrachtenden Schriftsteller: sie haben nichts Eigenartiges von Wert geschaffen, aber sie haben die antiken Überliefe-

---

1 *Wattenbach*, Deutschlands Geschichtsquellen im Mittelalter § 4.

rungen gesammelt, freilich in der geschmacklosen Form ihrer Zeit, dem Mittelalter überliefert, und so sind diese Gelehrten des Vormittelalters die Lehrer und Muster der folgenden Jahrhunderte bis auf die Tage der Wiedergeburt des Altertums geworden.

Die Schulung der Antike und die beginnende kirchliche Geistesbildung zugleich faßt zusammen Magnus Felix *Ennodius*, „der zugleich Rhetor und Bischof, Prosaiker und Poet war". Wahrscheinlich aus Südgallien stammend, geboren circa 473, fand er nach frühem Verlust der Eltern in einem großen, sehr eifrig christlichen Haus Aufnahme und in der Tochter des Hauses eine reiche Gattin.

Erst durch „Schicksal" ward er der heidnisch-weltlichen Richtung entzogen: als Priester überwandt er durch Fürsprache des heiligen Victor eine tödliche Krankheit, gelobte nun der weltlichen Schriftstellerei zu entsagen und verfaßte nach dem Vorbild der „Bekenntnisse" Augustins eine reumütige Beichte über sein früheres Leben. Seine hervorragende rednerische Begabung und Ausbildung trug wohl dazu bei, ihm vom Diakonus zu Mailand zum Bischof von Pavia (Ticinum) zu erheben (511); zweimal ward er von Papst Hormisdas nach Byzanz geschickt, Verständigung mit der dortigen Kirche anzubahnen; er starb 521. Seine beiden Bücher „carmina" sind ohne jegliche dichterliche Ader, bloße Versverfertigung, wie sie etwa zur Sprachübung in unseren Schulen aufgegeben wird. Der Inhalt ist dem Verfasser und den Lesern fast gleichgültig gewesen: neben Gelegenheitsgedichten, neben Satiren, welche im Stil Martials natürliche und unnatürliche Laster in für uns höchst anstößiger Unverhülltheit erörtern, stehen nur einzelne Gedichte über kirchliche Gegenstände, in welchen aber die Götter des Olympos von dem Diakon ganz ebenso, wie wenn er Heide wäre, verwertet werden. Neben diesen weltlichen carmina werden Ennodius zwölf gleich poesielose Hymnen zugeschrieben. Unvergleichlich höher steht seine Prosa: in „dictiones" (controversiae ethicae) stellte er Muster für weltliche und geistliche Beredsamkeit auf, die, wie die Formelsammlungen für Briefe und Rechtsgeschäfte, in den folgenden Jahrhunderten wohl immer wieder verwertet wurden. Geschichtlich wertvoll sind seine Verteidigungsschrift für die römische Synode von 501 und seine zwischen 504 und 508 verfaßte Lobrede auf Theoderich, der wir manche Nachricht über die Einwanderung in Italien und die Kämpfe mit Odovakar verdanken; sie zeigt offenbar den Gipfel der Leistungsfähigkeit des Mannes und enthält neben argem Schwulst manchen kräftigen Gedanken und manche geistvolle Wendung. Auch seine Biographie des *heiligen Epiphanius* (gestorben 496), eines früheren Bischofs von Ticinum, der in die Wirren Italiens wiederholt erprießlich eingegriffen, gewährt manche wichtige geschichtliche Angabe, seine Beschreibung des Lebens des Mönches *Antonius von Lerinum* ein Bild aus dem Leben der damaligen Kirche, während seine zahlreichen Briefe (gesammelt in neun Büchern) leider nicht so reiche bildungsgeschichtliche Fülle bieten, wie z. B. die des jüngeren Apollinaris Sidonius. Eine kurze „paraenesis didascalica", für zwei junge Freunde verfaßt, soll in Versen und Prosa das Verhältnis der „Güter", der Tugenden und der Wissenschaften untereinander darstellen.

Wenn schon in dieser winzig kleinen Schrift das Bedürfnis der Zeit nach Zusammenfassung des Gegebenen sich vernehmlich machte, so fand dieses Begehren einer abnehmenden Geisteskraft nach bequemer erleichternder Abkürzung, nach klarer Gliederung des unübersehbar gewordenen Bildungsstoffes der Vorzeit großartigen Ausdruck durch die umfassenden Werke von zwei Männern dieser Zeit, die beide handelnd und leidend in die Geschichte des amalungischen Reiches in Italien tief, untrennbar verflochten sind: Boethius und Cassiodorus[1], von welchen jener mehr

---

1 So (nicht wie eine Zeitlang, Cassiodorius) liest nun wieder Mommsen.

nach der heidnisch-philosophischen, dieser mehr nach der christlich-kirchlichen Seite der Zeitbildung gewendet steht; denn dieser große Gegensatz erforderte irgendwelche Ausgleichung in den Gedanken. Es fehlte nicht an christlichen Eiferern, die folgerichtig die ganze heidnische Bildung, zumal ihre Philosophie, als sündhaft verwarfen; wirkliche Versöhnung, innerliche Verschmelzung beider vielfach feindlicher Anschauungen war, wenn der Menschheit überhaupt, jedesfalls jener abgelebten Römerwelt nicht erreichbar. Die Tüchtigsten, Kenntnisreichsten brachten es nur zu einer äußerlichen Nebeneinanderstellung der weltlichen Wissenschaften und der geistlichen Lehren, wobei im Fall des Widerspruchs selbstverständlich die durch den Sündenfall verdunkelte Vernunft vor der Offenbarung zu verstummen hatte. Nur die Art, in welche diese Nebeneinanderstellung sich vollzog, war bei den verschiedenen Schriftstellern verschieden.

Aber das Bedürfnis der Abkürzung, der Zusammenfassung des Wichtigsten aus einem unbeherrschbar angewachsenen Stoff machte sich auch in den einzelnen Wissenschaften fühlbar; sind doch aus dem gleichen Begehren im Gebiet der römischen Rechtswissenschaften allein nicht weniger als vier solcher Zusammenfassungen im fünften und sechsten Jahrhundert hervorgegangen, zwei Privatsammlungen und zwei kaiserliche Rechtsaufzeichnungen. Ganz dieselbe Erscheinung begegnet uns in allen anderen Fächern, und die Sammelwerke, welche Martianus Capella, Boethius, Cassiodorus, Isidorus von Sevilla verfaßten, sind die Lehr- und Lernbücher der kommenden Jahrhunderte geworden: sie bargen den geretteten Schatz der antiken Bildung, freilich in geschmackloser Fassung, unter stärkstem Einfluß kirchlicher Lehren, aber doch so überlegen an Geist, daß sie die ganze mittelalterliche Bildung beherrschten, Selbständigkeit eigenen Denkens, ja sogar das Zurückgreifen auf die ursprünglichen Quellen ausschließend. Das Mittelalter schöpft aus diesen Handbüchern und ihrer Überlieferung, nicht aus den Quellen – bis erst die Wiedergeburt des klassischen Altertums, dann die Reformation dieser echt mittelalterlichen Abhängigkeit von den Vorgängern erst auf weltlichem, dann auf kirchlichem Gebiet ein Ende machen.

Anicius Manilius Severinus *Boethius*, geboren circa 480, aus der berühmten, stets in den höchsten Ehrenämtern bewährten Familie der Anicier, erzogen in der vollendetsten Bildung seiner Zeit, zumal auch in der griechischen Wissenschaft, vermählt mit *Rusticiana*, der Tochter des Konsulars Quintus Aurelius Anicius *Symmachus*, befreundet mit Ennodius und Cassiodorus, gewann vermöge seiner hervorragenden Kenntnisse früh die besondere Gunst Theoderichs, der ihm schon 501 das Konsulat verlieh und sein Wissen auch zu allerlei ehrenden Aufträgen verwertete: Verbesserung des Münzwesens, Auswahl von Sängern, von Wasser- und Sonnenuhren zu Geschenken an die Könige der Franken und der Burgunder. Seinen Untergang, den er, wenn nicht verschuldete, doch herausforderte, haben wir kennengelernt. Die Kirchenfabel machte ihn zum katholischen Blutzeugen; als solcher ward er zumal in der Stadt seines Todes, Pavia, gefeiert. Er ward zu einem wichtigsten Lehrer des Mittelalters, zumal in der Logik, durch seine auf den Schulzweck gerichteten Erklärungen und Übersetzungen Aristotelischer Schriften: de interpretatione (die er zweimal, kurz für Anfänger, eingehend für Fortgeschrittene, bearbeitete), der Kategorien, dann der Isagoge des Porphyrius, „eins der Hauptschulbücher des Mittelalters", aber auch über Arithmetik, die Geometrie des Euklid, die Astronomie des Ptolemäus, die Mechanik des Archimedes erstreckte sich seine Tätigkeit als Übersetzer und Erläuterer. Diese Arbeiten sind uns meist verloren; erhalten blieben und Grundlage der mittelalterlichen Kenntnis und Fortbildung in antiker (hellenischer) Harmonik wurden seine fünf Bücher über Musik. Aber noch wichtiger für Bildungs- und Literaturgeschichte des Mittelalters als diese gelehrten Fachbücher wurde seine berühmte im Kerker verfaßte Schrift über die „Tröstungen der Philosophie" (de consolatione philosophiae), die in der damals beliebten Form des „Satyricon" Prosa und eingeschaltete Gedichte verbindend in edel volkstümlicher Sprache Philosophie, Liebe, Glück, Seligkeit, das Böse und seine Strafe, die Tugend und deren Lohn, Zufall, Freiheit, Notwendigkeit, Allwissenheit Gottes behandelt. Obzwar Christliches mittelbar und unmittelbar starken Einfluß übt, ist doch die wissenschaftliche Grundlage die neuplatonische Philosophie, und, was die praktische Absicht betrifft, die römische Sittenlehre, die stoische Verherrlichung unerschütterlicher Charakterstärke der Hauptinhalt. Man hat ihn in diesem Sinn den letzten Römer, auch den letzten Philosophen genannt. Bald nach seinem Tode wurden durch Justinian die Philosophenschulen geschlossen.

Eine bedeutend mehr auf das Praktische, auch auf der Wissenschaft praktische Verwertung gerichtete Geisteskraft eignete des Boethius Amtsgenossen, Magnus Aurelius *Cassiodorus Senator*, dessen Ahnherr, Großvater und Vater bereits im Staatsdienst hervorragende Stellungen bekleidet hatten: sein Vater, schon unter Odovakar im Amt, stieg unter Theoderich zum Praefectus praetorio. Wahrscheinlich zu Scyllacium in Bruttien geboren, gewann er durch Begabung und vielseitige Bildung die Gunst des Königs schon sehr früh, ward Quästor, Konsul und bekleidete dreimal die prätorische Präfektur. Er ergriff mit solcher Begeisterung Theoderichs hohe Ziele der Verschmelzung von römischer Bildung und gotischer Kraft und gab in den uns erhaltenen zahlreichen amtlichen Erlassen jenen Plänen der Amalungen so beredten Ausdruck, daß er die Hauptquelle unserer Kenntnis jener Strebungen und der gesamten Rechtszustände im italisch-gotischen Reich geworden ist; er lieh jenem edlen Willen des Königs und seiner Tochter Amalaswintha das edle Wort. Als unter Witichis durch den Abfall der Italier zu den Byzantinern bitterer Haß zwischen Goten und Römern entbrannte und jenes Ziel der Versöhnung beider Völker ganz unerreichbar geworden schien, zog sich Cassiodor, sechzig Jahre alt (540), von den Staatsgeschäften zurück in das von ihm auf seinem bruttischen Gütern gegründete Kloster Vivarium, wo er noch bis in sein dreiundneunzigstes Jahr (circa 570) in geistlicher und weltlicher Wissenschaft eine für die Folgezeit höchst fruchtbare Tätigkeit entfaltete. Er trug durch jenes Musterkloster wesentlich dazu bei, daß diese nach der Regel *Sankt Benedikts von Nursia* bald in größerer Zahl gestifteten Anstalten nicht nur der müßig frommen Beschaulichkeit oder der körperlichen Arbeit, auch der geistigen Mühung, der Bildung, dem Unterricht diensam wurden. Unzählige Klosterbücher und Klosterschulen sind nach Cassiodors Vorgang eingerichtet worden. Seine enzyklopädische Richtung will auch geistliche und weltliche Wissenschaft als zusammengehörig umfassen („institutiones divinarum et saecularium lectonum sive litterarum" in zwei Büchern circa 544). Im Kloster begann er die höchst umfassende Erläuterung der Psalmen, wobei Neigung zu spielender Zahlensinnbildlichkeit stark hervortritt (z. B. der vierte Psalm steht an vierter Stelle, weil er der *Welt* gepredigt wird, die vier Winde, vier Jahreszeiten, vier Angelpunkte usw. hat), und in den Gestalten des Alten Testaments gern Vorbilder für Christi Geschichte gesucht werden; auch die Briefe, die Geschichte der Apostel und die Offenbarung Johannis hat er erläutert. Die Schrift „Über die Seele" enthält Sitten- und Seelenlehre auf christlicher Grundlage. Von seinen Lobreden auf die amalischen Herrscher haben sich nur Bruchstücke erhalten. An der sogenannten „dreigeteilten Geschichte" (historia tripartita) hat er nur geringen Anteil; er ließ zur Ergänzung der Kirchengeschichte die griechischen Fortsetzungen des Eusebius, die Sokrates, Sozomenos und Theoderetos unabhängig voneinander bis circa 430 fortgeführt, ins Lateinische übertragen und ergänzte sie untereinander.

Seine „Chronik der Goten"[1], gewidmet Eutharich, dem Eidam Theoderichs, im Jahre seines Konsulats (519), ist wesentlich eine Konsularliste, wobei die Absicht, Goten und Römer von Anfang an in nicht-feindlichen Beziehungen untereinander und beider Völker als aufeinander hingewiesen darzustellen, sich durch Weglassungen und Zusätze stark fühlbar macht.

Verloren ist uns leider seine ausführliche „Geschichte der Goten", und wenig werden wir für diesen Verlust entschädigt durch den dürftigen Auszug, den uns *Jordanis*[2] überliefert hat. Dieser Enkel des Kanzlers (notarius) des Alanenkönigs Kandac in Mösien betrachtet sich als Goten, sein Geschlecht war mit den Amalern geschwägert; ursprünglich ebenfalls „Notarius" trat er später in den geistlichen Stand (der *katholischen* Kirche) ein. Während er, wohl zu Byzanz, an einem Abriß der Weltgeschichte arbeitete, in dem er ohne Selbständigkeit die älteren Chroniken ausschreibt und äußerlich aneinanderreiht (de regnorum et temporum successione), erhielt er von einem Freund die Aufforderung, die große Gotengeschichte Cassiodors aus ihren zwölf Büchern (Ländern) in einem knappen Auszug zusammenzufassen. Dieser Auszug ist die kleine Schrift „de origine actibusque Getarum" (verfaßt 551–552). Ohne eigene Geistesarbeit überliefert sie uns die Grundauffassungen Cassiodors: die Einheit der Geten und Goten, die Freundschaft und Zusammengehörigkeit der Goten, zumal der Amaler, mit den Kaisern von Rom und Byzanz. Da jedoch im Jahre 551–552 das Gotenreich unter Totila im heftigsten Kampf mit Byzanz lag, konnte der in dieser Hauptstadt schreibende katholische Geistliche (vielleicht Bischof) unmöglich in Totila das Haupt des Volkes erblicken; er findet vielmehr in der Ehe der Amalungentöchter Mataswintha mit des Kaisers Justinian Neffen Germanus und in dem gleichnamigen Sohn aus dieser Ehe den versöhnenden Abschluß der Gotengeschichte und die „Zukunftshoffnung beider Völker".

Außerdem sind von Schriftstellern aus der Gotenzeit noch zu erwähnen der Leibarzt Theoderichs, Diakon *Elpidius*, ein Freund des Ennodius. Im Alter zog er sich nach Spoleto zurück, für welche Stadt er manche Huldspende des Königs erbat. Er starb daselbst 533. Außer Gedichten über Gegenstände beider Testamente (die ihm mit zweifelhaftem Recht zugeschrieben werden), hat er ein Lobgedicht auf die Wohltaten Christi verfaßt. Ebenfalls ein Freund des Ennodius, aber etwas jünger als Elpidius war *Arator*, aus einer angesehenen Familie Liguriens, zu Mailand gebildet. Als Jurist vertrat er eine Sache der Dalmatiner vor Theoderich, ward unter Athalarich „comes domesticorum", dann „rerum privatarum". Nach Ausbruch des Krieges trat er, vielleicht während der Belagerung Roms durch Witichis, unter dem Einfluß des Papstes Vigilius in den geistlichen Stand und ward Subdiakon der römischen Kirche. Sein dem Papst gewidmetes Gedicht über die Taten der Apostel hat er auf „Wunsch des Dedikatars und aller Litteraten Roms" in der Kirche Petri ad vincula 544 öffentlich vorgelesen, wozu vier Tage erforderlich waren: so häufige Wiederholungen einzelner Abschnitte des Werkes forderte der laute Beifall der Hörer. „In solcher Umwandlung hatten sich also noch die Versrecitationen des alten Roms erhalten, wie ja auch der Sinn für rhetorische Deklamationen noch immer fortlebte."[3]

---

1 Ed. Mommsen, Mon. Germ. hist. Auct. antiquiss. A. Chronica minora I, 2, frühere Sonderausgabe: Abhandlungen der königl. sächsischen Gesellschaft der Wissenschaften VIII, 1861.

2 Ed. Mommsen, Mon. Germ. hist. Auctor. antiquiss. V.1.1882. Siehe Dahn, „Jordanis" in der Allgemeinen Deutschen Biographie, Leipzig 1881.

3 Ebert a. O. S. 491.

2. Die bildende Kunst

Das Rühmlichste hat im Gebiet der bildenden Kunst die gotische Regierung Ialiens durch ehrfürchtige *Erhaltung* der alten Bauwerke und Bildsäulen geleistet. Doch fehlt es auch nicht ganz an Neuschöpfungen, und sind die meisten der von Theoderich und seinen Nachfolgern ins Leben gerufenen Bauwerke untergegangen, so haben sich doch einige höchst bedeutsame erhalten.

Hier sind die zu Ravenna noch heute ragenden Denkmäler hervorzuheben.[1] Die erste Glanzzeit der Stadt, seit 404 Residenz des Westreiches, fällt in die erste Hälfte des ersten Jahrhunderts, als Galla Placidia, die Tochter des großen Theodosius und Mutter Valentinians III., für diesen von Ravenna aus das Reich regierte. Die Basili-

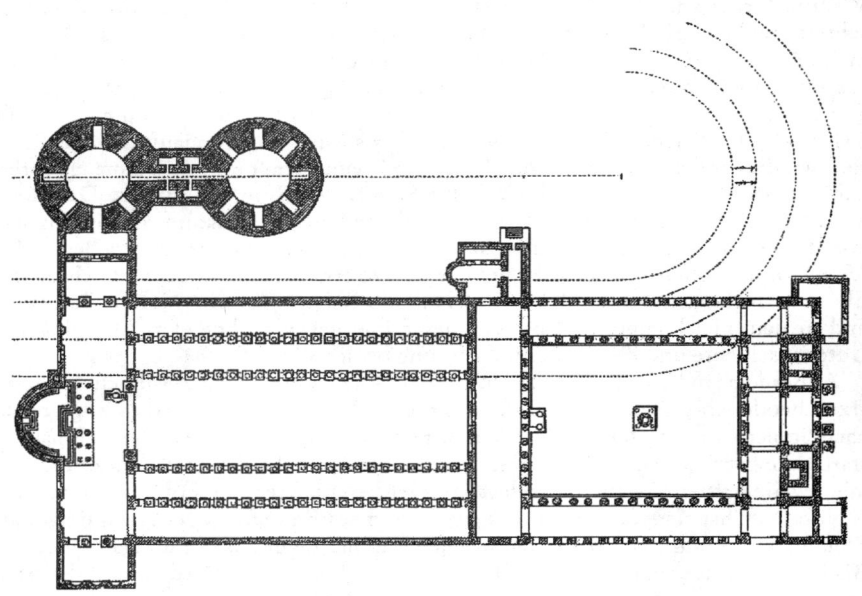

Grundriß der alten Peterskirche in Rom;
die punktierten Linien bezeichnen den Cirkus des Nero, neben dem sie erbaut.

ken S. Agata (circa 420) und San Giovanni Evangelista (nach 425) entstanden in dieser Zeit; das *Baptisterium* der Orthodoxen neben dem (im vierten Jahrhundert gegründeten, im achtzehnten von Grund aus umgebauten) Dom wurde vor 396 begonnen und 425 erneuert: „das wichtigste Denkmal für das Ornament des fünften Jahrhunderts, das letzte Echo pompejanischer Dekoration".[2] Dahin gehört auch das Grabmal der Kaiserin (SS. Nazario e Celso) circa 450.[3] Diese Gebäude wurden viel-

---

1 *v. Quast*, Die altchristlichen Bauwerke von Ravenna. Berlin 1842 fol. Dann Kugler, Handbuch der Kunstgeschichte, 2. Auflage Stuttgart 1848. Burkhardt, Der Cicerone. Basel 1855, denen diese Darstellung überall folgt.

2 *Burkhardt* S. 90

3 Bedeutender als das Figurenwerk daran ist das herrliche farbige Ornament auf dunkelblauem Grund. *Burkhardt* S. 732.

fach die Vorbilder für die in der Gotenzeit ausgeführten, nämlich für die ursprünglich *arianischen* Basiliken – wollte man für den Gottesdienst der Goten sorgen, ohne,
wie von Vandalen und Westgoten geschah, die Katholiken ihrer Kirchen zu berauben, so mußte man Neubauten unternehmen, zu welchen die kunstsinnigen Amaler,
Vater und Tochter, ohnehin eifrig neigten. Dahin zählt die Basilika *San Teodoro* oder
Santo Spirito; dagegen ist nicht ganz gewiß, ob die sogenannte *Basilika* des *Hercules*
(so genannt von einer Bildsäule dieses Halbgottes auf einem Brunnen vor der Kirche), von der nur noch eine Säulenstellung von acht Säulen erhalten ist, ursprünglich
ein kirchliches Gebäude war. Dazu kommt das Baptisterium *Santa Maria in Cosme-
din*, dem von San Giovanni in Fonte nachgebildet.

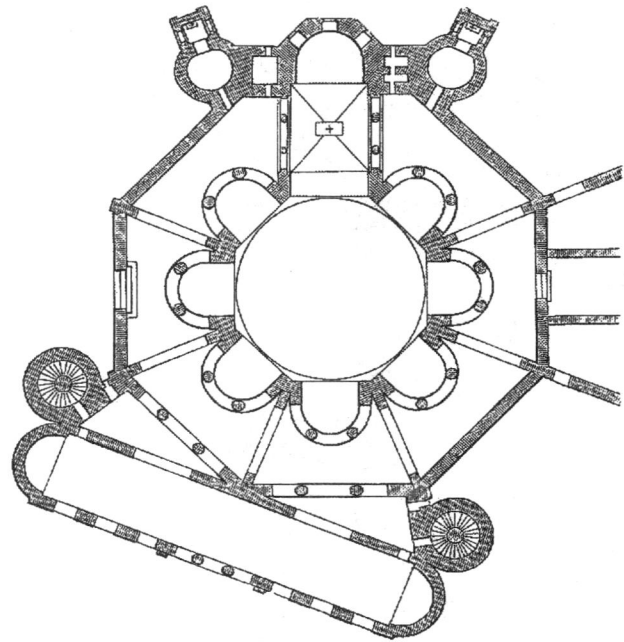

Grundriß der Kirche San Vitale in Ravenna.

In dem Todesjahr Theoderichs ward begonnen der Bau der berühmten Kirche *San
Vitale*, vollendet unter Witichis 539, eingeweiht für den katholischen Gottesdienst
547 nach Einnahme der Stadt, ein achteckiger Bau echt byzantinischer Weise, in
Nachahmung zentraler Kirchen des Morgenlands: acht Pfeiler, durch Halbkreisbo-
gen verbunden, über ihnen ruht die erhöhte Kuppel, der Leichtigkeit wegen aus tö-
nernen Hohlkörpern. Zwischen den Pfeilern (ausgenommen bei dem Raum vor der
Altarbühne) tribünenähnliche Nischen mit halbem Kuppelgewölbe, getragen von
zwei übereinander gesetzten offenen Säulenbogengängen; die jetzige Vorhalle ist
nicht die ursprüngliche. Die oberen Arkaden bilden wie in der wenige Jahre jüngeren
Sophienkirche zu Konstantinopel eine Galerie oberhalb des Umgangs der Pfeiler.
   Der Fußboden und die Wände (unten) sind oder waren auf das reichste eingelegt.
Die Kapitäle sind übrigens vielleicht aus morgenländischen Bauhütten bezogen: der

Wanddekoration im Katholischen Baptisterium in Ravenna.

Marmor ist oft prokennesischer aus der Propontis, und sie tragen ein reiches und kunstvolles Zierwerk von Blättern. *San Apollinare nuovo*, die bedeutendste Basilika in der Stadt, 553–556 vollendet, ist vielleicht auch schon in der Gotenzeit begonnen, aber ihre vierundzwanzig Säulen stammen aus Byzanz. In der nunmehr spurlos verschwundenen, einst so volk- und segelreichen Hafenvorstadt *Classe*, zwei Miglien vor der Stadt, ward nach 534 begonnen und 549 geweiht die mächtige *Basilika San*

Innere Ansicht der Kirche San Vitale in Ravenna.

Apollinare, das edelste der erhaltenen Denkmäler Ravennas: mit geschlossenem Vorbau, drei Schiffen und drei Tribünen (von denen die beiden Seitentribünen vielleicht jünger); die Säulen von grauem weißgeadertem Marmor sind nicht entlehnt, sondern für die Kirche in Ravenna selbst gearbeitet. Von dem *Palast Theoderichs* ist nur eine

Ansicht vom Palast des Theoderich.
Mosaik in der Kirche San Apollinare nuovo in Ravenna.

Seite, als Vorderbau des Klosters bei San Apollinare erhalten. Die Anordnung erinnert lebhaft an Dioclețians Villa zu Salona: auch hier als Wandschmuck eine Bogenstellung auf Halbsäulen: in der Mitte des oberen Stockwerks eine offene, halbrunde Loge, ähnlich wie in den Kaiserpalästen des Palatins zu Rom. Die Mosaiken in San Apollinare nuovo zeigen, wie das noch Vorhandene nur der ärmlichste Rest des Ganzen ist.

Das Grabmal Theoderichs bei Ravenna.

Das merkwürdigste der ravennatischen Denkmäler ist das noch bei Lebzeiten des Königs erbaute Grabmal Theoderichs, heute als Kirche Santa *Maria della Rotonda* genannt: eine runde, nach außen zehneckige Kapelle mit flacher Kuppel auf mächtigem zehneckigen Unterbau; die vortretende Terrasse dieses Unterbaues der das Gruftgewölbe enthält, trug ohne Zweifel eine (längst verlorene) Säulenstellung, die das Grabmal von außen umgab. Die Behandlung der architektonischen Gliederungen wird als eine höchst merkwürdige, den römischen Gewölbebau eigenartig fortbildende gerühmt, die, von byzantinischem Einfluß frei, hier und da bereits an die späteren *romanischen Stil* erinnert und auf die großartig frische Belebung des schon fast erstorbenen römischen Wesens durch Theoderich zurückgeführt wird, wie Cassiodor „den Pomp der lateinischen Rede" zur Verherrlichung der Amaler braucht. Die Technik an diesen Bauten gilt als sehr gediegen und eine hohe Leistung der Mechanik

Thron des Erzbischofs Maximian.
Mit Skulpturen in Elfenbein. In der Sakristei des Doms in Ravenna.
4.–6. Jahrh.

ist es, daß die ganze Kuppel aus einem von Thrakien hergebrachten Felsblock von vierunddreißig Fuß Durchmesser gearbeitet ist.[1] Im Gebiet des *Kunsthandwerks* ist zu rühmen der prachtvolle mit Elfenbeinreliefs belegte Thron des Erzbischofs Maximian (546–556) in der Sakristei des *Doms* von *Ravenna* von drei verschiedenen

Aus der Basilika San Apollinare in Classe.

Künstlern des vierten bis sechsten Jahrhunderts, die den allmächtigen Verfall des Stils, ein Herabsinken von dem lebensvollen Ausdruck der noch klassischen Zeit näherstehenden Tage in die zwar zierliche, aber leblose Art der Byzantiner deutlich vor Augen führen.[2] Von höchster Bedeutung für die Entwicklung des altchristlichen

---

1 Angeblich ist der in dem Palast Theoderichs in der Stadt eingemauerte Porphyrsarkopharg der usprünglich in der Rotonde verwahrte Sarg des Königs, dessen Gebeine bei dem Sturz des Reiches geraubt worden seien.

2 Bereits sehr roh sind die beiden getrennt im Chorumgang des Domes eingemauerten Hälften des runden Ambons aus der Zeit des Erzbischofs Agnellus (554 bis 569) mit flachen Tierfiguren in viereckigen Feldern. Am besten erhalten ist das Ambon in San Apollinare nuovo auf vier Säulen, mit reichem römischem Detail in barbarischer Anwendung.

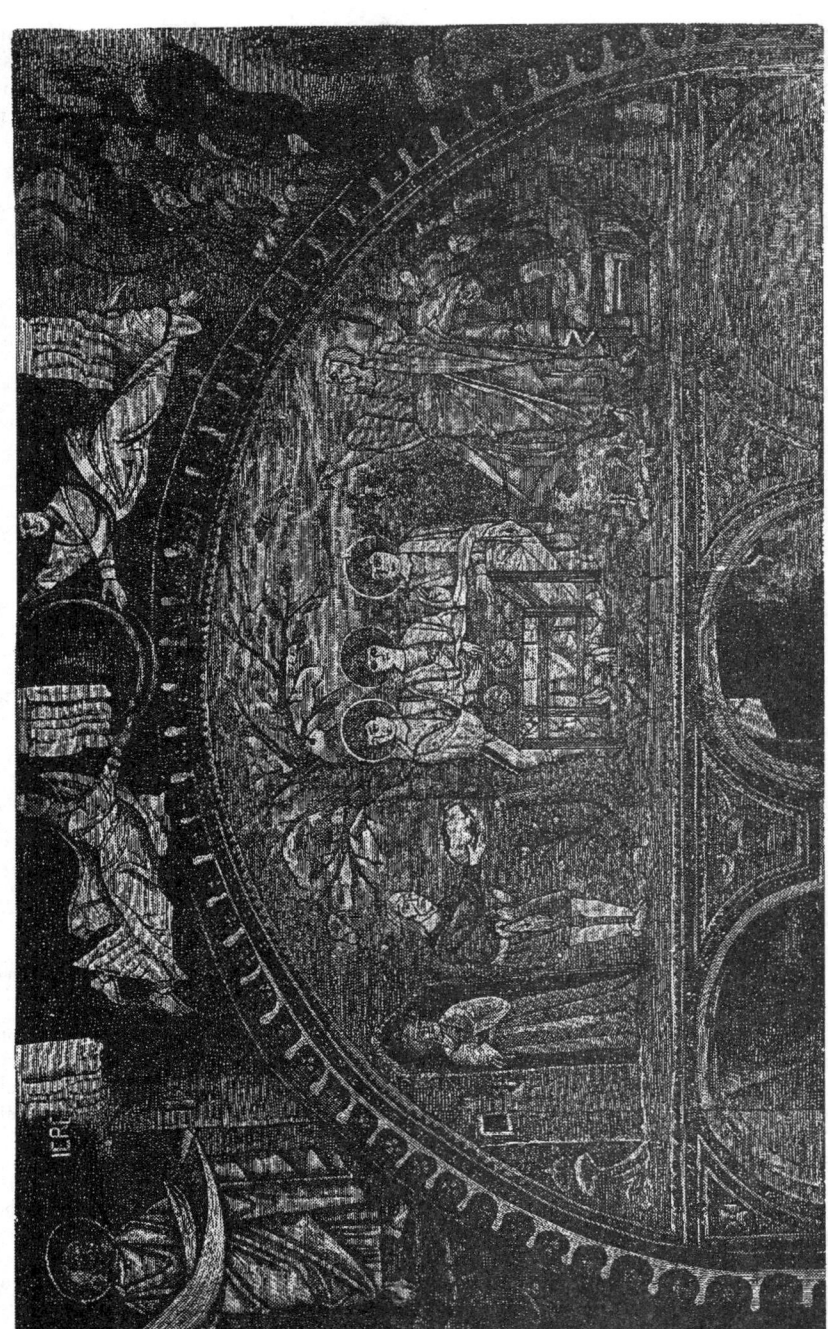

Abrahams Opfer. Mosaik in der Kirche San Vitale in Ravenna.

Reste vom Palast Theoderichs zu Ravenna.

Stils sind die *Mosaiken* in diesen Basiliken von Ravenna, wie die Gebäude selbst und späteren Wiederherstellungen unberührt erhalten: es sind außer den Kuppeln der beiden Baptisterien zu nennen *San Apollinare nuovo* mit charakteristischen Sinnbildern und zumal die Chornische von *San Vitale*, die geschichtliche Gestalten in die sinnbildlichen Darstellungen aufnimmt und ausgezeichnete künstlerische Behand-

Die Basilika San Apollinare in Classe.

lung aufweist. Ein glänzendes Geprägebild stellt Justinian und seine Gemahlin Theodora dar, wie sie mit reichem Gefolge von Geistlichen, vornehmen Laien und Frauen des Palastes zur Kirche gehen: „wobei freilich die sachliche Merkwürdigkeit den

Innere Ansicht der Basilika San Apollinare in Classe.

Kunstgehalt weit übertrifft"; an den Wänden sind dann die blutigen und unblutigen Opfer des Alten Bundes (Abel, Engelbesuch bei Abraham, Isaaks Opferung usw.), die Geschichte des Moses, Bilder von Propheten dargestellt. An Masse das bedeutendste Mosaikwerk Italiens nach der Markuskirche sind die beiden großen Friese mit Heiligenaufzügen an den Obermauern des Mittelschiffs von San Apollinare nuovo (453–566). Von den Städten Ravenna und Classis, aus welchen sie hervorschreiten, ist jene vertreten durch die hoch merkwürdige Darstellung des jetzt bis auf geringen Rest verschwundenen Palast Theoderichs. Dagegen wird in den wenig späteren Mosaiken der Kapelle des erzbischöflichen Palastes (circa 570) und in den wohl

Christus vor Pilatus; Mosaik in San Apollinare nuovo zu Ravenna.

hundert Jahre jüngeren (circa 675) in San Apollinare in Classe[1] schon der innere Zerfall der Kunst bemerkt. Der Geschmack versinkt in Manier: gesuchte Zierlichkeit, hergebrachte Geschicklichkeit tritt an Stelle künstlerisch lebendiger Auffassung.

---

1 Außer Wiederholung der alttestamentlichen Opfer aus San Vitale auch hier ein kaiserliches Zeremonienbild, dann die altchristlichen Embleme in vollständigster Sammlung. Die Reihe von Bildnissen der Erzbischöfe, die als Fries darüber hingehen, ist fast das einzige Beispiel solcher Porträtfolgen frühmittelalterlicher Kirchen. Der Altar links gehört erst dem neunten Jahrhundert an. Über das gotische und das heutige Ravenna, die dortigen Erinnerungen an die Gotenzeit siehe die ausführliche Darstellung Dahn, Bausteine III. Berlin 1882. S. 279–309 und Dahn, Erinnerungen III. Leipzig 1893. S. 300 f.

Der Gute Hirt. Mosaik aus dem 5. Jahrhundert im Mausoleum der Galla Placidia in Ravenna.

Drittes Buch

Die Westgoten

Erstes Kapitel

Die äußere Geschichte von der Trennung von den Ostgoten bis zur Errichtung des Reiches von Toulouse

Wir haben gesehen, wie die Westgoten oder Thervingen in den Pontusländern einige Zeit dem unter der Herrschaft ostgotischer Könige stehenden gotischen Gesamtreich angehört hatten. Nach Ostrogota (circa 250) waren sie aus diesem Verband geschieden und lebten unter Baukönigen, Baugrafen, Sippehäuptern (φυῶλν ἄρχοντες) selbständig: der Eroberer Ermanarich hatte an diese inneren Gliederungen nicht gerührt, als er (circa 350) die verschiedenen Baue der Westgoten in ein abhängiges Bundesverhältnis mit Verpflichtung zur Waffenhilfe brachte, das sich jedoch schon vor dem hunnischen Angriff wieder gelöst hatte. So standen um die Mitte des viertes Jahrhunderts mehrere westgotische Gaurichter nebeneinander: Athanarich (366-381) war seinem Vater *Rotesthes* (circa 340) in solcher Stellung gefolgt; vielleicht begann sich also ein erbliches Königtum hier zu entwickeln. Jedenfalls waren diese westgotischen Gaue von den Ostgoten damals unabhängig genug, für sich allein Krieg zu führen und Friede zu machen mit den Römern. Athanarich hatte im Kampf gegen Kaiser Valens einen Anmaßer Prokopius unterstützt (Mai 366): nach dessen Untergang widerstand er in drei Feldzügen (367-369) den kaiserlichen Waffen mit so gutem Erfolg, daß Valens gern Friede schloß und sich sogar behufs der Verhandlungen, da Athanarich vermöge eines (vielleicht nur angeblich) seinem Vater geleisteten Eides römischen Boden nicht betreten zu können erklärte, zu einer Zusammenkunft zu Schiff mitten in der Donau bequemte. In den nächsten Jahren (369-372) hatte Athanarich einen anderen westgotischen Gauvorstand, *Fridigern*, zu bekämpfen, der nach verlorener Schlacht auf römisches Gebiet – dem seine Gaue näher lagen als die mit den Ostgoten grenzenden Gaue Athanarichs – geflüchtet, von den kaiserlichen Grenztruppen unterstützt wurde und (wohl von Valens für das arianische Christentum gewonnen) eifrig die Verbreitung des Christentums trieb. Athanarich mußte derselben, die auch in seine Gaue getragen wurde, entgegentreten, da sie mit den alten Göttern zugleich die volkstümliche Selbständigkeit bedrohte: wie so oft gingen auch damals Einführung des Christentums und der Fremdenherrschaft, hier der römischen, Hand in Hand. Dieser Widerstand des Volkes ward dem Fürsten von den kirchlichen Quellen als grausame und gottlose Christenverfolgung angerechnet (siehe: innere Geschichte).

Wenige Jahre nach diesen durch einen Frieden zwischen Athanarich und Fridigern beigelegten Händeln traf der Stoß der hunnischen Völkerwoge die Goten: die zunächst angegriffenen Ostgoten blieben und erlagen. Die Westgoten suchten ebenfalls standzuhalten: wenigstens der mächtigste ihrer Fürsten, Athanarich, wich zögernd zuerst nur hinter den Dnjestr und, als die schnellen kleinen Hunnengäule den Strom in nächtliche Stille bei Mondlicht überraschend durchschwommen hatten, hinten den Pruth. Aber der größte Teil seines Volkes glaubte, in Entsetzen vor den mongolischen Unholden, sich nur unter dem Schild und auf dem Boden des Römerreichs geborgen und flüchtete, sich dem Christen Fridigern, Alaviv und anderen

Häuptlingen anschließend, nachdem endlich die lange verzögerte Erlaubnis des Kaisers eingetroffen war, über die Donau. Versuche, mit Gewalt den Übergang zu erzwingen, waren abgewehrt worden. Athanarich, der Feind des Kaisers und des Christentums, der sich einst geweigert, römischen Boden zu betreten, durfte nicht Aufnahme hoffen: er zog mit den ihm treu Verbliebenen nach Nordwesten in die Gebirge des Hochlandes („hauhaland"), d. h. nach Siebenbürgen ab. Die große Zahl der Eingewanderten, zweihunderttausend Waffenfähige, gewiß im ganzen eine Million Köpfe, sollte in Thrakien gegen Kriegsdienst angesiedelt werden (376). Auch bei gutem Willen wäre die geregelte Verpflegung solcher Massen von hungernden Barbaren schwierig gewesen. Die Habsucht der römischen Statthalter, Maximus und Lupicin, drängte aber die Einwanderer zur Verzweiflung, indem sie den Hilf- und Ratlosen die elendsten Lebensmittel zu Hungerpreisen verkauften, d. h. ihnen alles, was sie mitgebracht an Gold, Waffen, Knechten, ja selbst die freien Weiber und Kinder, römischen Lüsten zum Opfer, abnötigten. Der lange brütende Haß entlud sich zur Rettung der Goten in zornigem Ausbruch. Lupicin hatte Fridigern und Alaviv zum Gastmahl in die Stadt Marcianopel geladen: die Goten vor den Toren gerieten in Streit mit den Wachen, die ihnen den Eintritt und Ankauf von Lebensmittel wehrten, und erschlugen sie. Lupicin erfuhr hiervon ohne Wissen seiner Gäste und ließ, aus Zorn oder Furcht, die Gefolgen der Fürsten, die diese bis an den Palast geleitet, niederhauen. Das Mordgeschrei warnte Fridigern: durch Geistesgegenwart – er erklärte friedlich, nur in Person könne er weiterem Blutvergießen vorbeugen – rettete er sich und die anderen Führer vor dem gleichen Geschick. Glücklich gelangten die Gäste durch die Straßen zu den Ihrigen, die vor den Toren lärmten. Dieser blutige Tag verwandelte einen verderblichen Frieden, der die Goten durch Hunger und Mangel und Tatenlosigkeit würde vernichtet haben, in rettenden Krieg. Fridigern, obzwar Christ und alter Verbündeter des Kaisers, mußte nun für sein Volk handeln und sorgen: er schlug Lupicin und belagerte ihn in Marcianopel. Alsbald strömten ihm alle die zahlreichen Volksgenossen zu, Ostgoten, Westgoten, Taifalen, die früher, einzeln oder in Scharen, in römischen Kriegsdienst getreten, vor den Hunnen geflüchtet oder in der Not des Hungers als Sklaven verkauft worden waren. In solchen Augenblicken erwahrte sich freilich, wie gefährlich für das Reich die seit Jahrhunderten immer massenhafter erfolgte Aufnahme von Germanen in die Grenzen und Dienste des Staates war: trat ein germanischer Führer erfolgreich im Lande auf, so wurden, wie mit natürlicher Notwendigkeit, alle dort aufgenommenen Germanen, einzeln und in ganzen Gruppen, von solchem Haupt angezogen. Thrakien wurde nun von den lange Zeit mißhandelten Goten in ihrem Rachezorn schwer getroffen: die Hungernden nahmen jetzt mit Gewalt, was sie brauchten: und mehr. Nach langen Verhandlungen und mehreren kleineren Gefechten verlor Kaiser Valens, der zur Hilfe herbeigeeilt war, in der großen Schlacht bei Adrianopel (am 3. August 378) Sieg und Leben; zwei Drittel seines Heeres fielen: „ein zweites Cannä" nannten die Römer den Schlag. Die Folge war der Verlust des ganzen Flachlandes aller Nachbarprovinzen Thrakiens: von Perinth bis Byzanz und vom Pontus bis zu den Julischen Alpen, nur in den festen Städten behaupteten sich die römischen Truppen.

Damals meinte ein gotischer Häuptling, er müsse sich über die Unverschämtheit der Römer wundern, die noch immer den Sieg träumten und das Land nicht räumen wollten, obwohl sie vor den Goten fielen wie die Schafe, so daß ihn oft Überdruß des Schlachtens ankomme. Erst als Theodosius der Große zum Kaiser des Ostreiches erhoben worden (Januar 379), stockte diese Hochflut gotischer Überschwemmung. Er stellte durch strenge Zucht und kleine glückliche Gefechte Haltung und Mut der

Legionen wieder her, handelte mit überlegener Feldherrnschaft und, was das Wirksamste war, es gelang seiner Staatskunst, die lockere Verbindung und trotzige Eifersucht der zahlreichen Häuptlinge und Geschlechte im Barbarenheer zu verderblichen Spaltungen zu steigern. Fridigern hatte nun tatsächlich die Führung der durch die Not zusammengehäuften Scharen, keinerlei königliche oder amtliche Gewalt über die außerhalb seines Gauverbandes stehenden Goten. Jetzt, da die Siegeserfolge fehlten, trennten sich die rechtlich ihm keineswegs untergeordneten Häuptlinge der anderen Gruppen: diejenigen Ostgoten, die sich angeschlossen hatten, machten ihren Frieden mit dem abendländischen Kaiser und zogen nach Pannonien ab (380); aber auch westgotische Scharen traten zu den Römern über und brachten in nächtlichem

Schild des Theodosius.
Flachrelief, darstellend den Kaiser Theodosius inmitten seiner Söhne Honorius und Arkadius thronend; darunter die ruhende Gestalt der Abundantia. Silber. Durchmesser 76 Zentimeter. Madrid.

Überfall den eigenen Stammgenossen blutige Verluste bei. Fridigern starb 380 oder 381, wie es scheint, auf einem Zug durch Epirus, Thessalien und Achaja. In seine Stellung trat sein alter Gegner Athanarich, der, durch innere Spaltungen aus seinen Sitzen in Siebenbürgen vertrieben, gegen den früher vorgeschützten Eid nun durch die Not auf römischen Boden über die Donau gedrängt wurde. Als Nachfolger Fridigerns und Haupt der verwaisten Scharen schloß er mit Theodosius Frieden und Bündnis, wonach fortab bis zu Alarichs Erhebung das Verhältnis der Westgoten zum Reich beruhte. Der Kaiser legte mit gutem Grund großes Gewicht auf diese Befestigung der lange Zeit drohenden Gefahr. Er suchte das neue Haupt der Goten in jeder Weise durch außerordentliche Ehren fester an sich zu knüpfen: er lud den alten

Römerfeind nach Byzanz ein, veranstaltete ihm einen prachtvollen Einzug, ging ihn dabei eine Strecke weit entgegen und setzte ihm, da er schon zwei Wochen darauf starb, nach königlicher Bestattung eine Ehrensäule. Der Anblick der Hauptstadt des Ostreiches hatte auf den Goten den mächtigsten Eindruck gemacht. Als er die unvergleichliche Lage der Stadt, das Gewimmel der Schiffe im Hafen, die berühmten Gebäude, das Gewoge der verschiedenen Völker auf den Straßen, die in Reih und Glied aufziehenden Legionen erblickte, rief er aus: „Wahrlich, der Imperator ist ein Gott auf Erden, und wer wider ihn die Hand erhebt, dem Tode verfallen." Die Äußerung ist bezeichnend; sie zeigt, daß nunmehr in Athanarich jene Richtung im Gotenvolk die Herrschaft gewonnen hatte, die unter dem Eindruck der Bildung, des Reichtums, der Macht des Kaiserreiches nur in dem Dienst, nicht in der Bekämpfung dieses Staates das Heil für das heimatlos gewordene Wandervolk erblickte. Auch nach Athanarichs Tod (25. Januar 381) blieb die Friedenspartei die herrschende in dem Volk, das, nun geraume Zeit ohne König, unter einer Vielzahl gleichstehender Grafen und Geschlechtshäupter in Thrakien gegen kaiserliche Jahrgelder und für Kriegsdienste wider die Barbaren an den Grenzen angesiedelt wurde; das von Athanarich abgeschlossene Bündnis ward feierlich erneuert (Oktober 381). Außer dieser in Thrakien seßhaft gewordenen Hauptmasse der Westgoten dienten aber in allen Provinzen und Lagern beider Kaiserreiche zahlreiche Glieder des Volkes, einzeln oder in Gruppen, als Heerführer, Beamte, Söldner; auch Volksedle wie Alarich traten so in römischen Dienst, ohne dadurch ihre Stellung als Grafen, Edle, Geschlechtshäupter aufzugeben. Klug verstand es der Kaiser, die Führer der widerstrebenden kriegerisch gesinnten Partei durch treu ergebene Anhänger Roms zu bekämpfen. So ward ein trotziger Häuptling *Eriulf* von seinem römisch gesinnten Nebenbuhler *Fravitta* in Byzanz ermordet, der Mörder durch Vermählung mit einer vornehmen Römerin und den höchsten Staats- und Ehrenämtern belohnt und noch fester an den Hof gefesselt.

Mag jene Häupter der rauheren und roheren, der römerfeindlichen Partei Raubsucht und Kampfbegier mitbestimmt haben, immerhin muß anerkannt werden, daß sie, obzwar vielleicht ohne klares Bewußtsein, das höchste Gut der Goten, ihr Volkstum, schützten und vertraten. Denn in jenen Jahren war dies Volk schwer von der Gefahr bedroht, der schwersten, die einem Volk das oberste aller Güter rauben will, seine Sonderheit als Volk einzubüßen und in einem staatlosen Landsknechtwesen, in römischen Söldnerdienst auf- und – als Volk – unterzugehen. Vielen gotischen Edlen und Häuptlingen geschah es so. Sie verloren den Zusammenhang mit dem Volksstaat, damit den Boden unter den Füßen und wurden als vereinzelte Abenteurer von dem großen Weltreich aufgesogen. Nicht so der junge Alarich: entsprossen aus dem alten Geschlecht der Balten, d. h. der „Kühnen" (vergl. neuenglisch bold), das gotische Überlieferung in Geschichte und mehr noch in Heldensage nach den (ostgotischen) Amalern als das edelste Adelsgeschlecht der Goten feierte, geboren zwischen 370 und 375 auf der Donauinsel Peuke, war auch er sehr jung in römischen Dienst getreten. Seine Abstammung erklärt es wohl neben seinen Verdiensten, daß er noch nicht fünfundzwanzig Jahr alt 394 eine starke Gotenschar befehligte, wobei er sich im Kampf bei Aquileja gegen den Anmaßer Eugenius für Kaiser Theodosius hervortat. Mit dem Tode dieses „Freundes der Goten" änderten sich die bisherigen guten Verhältnisse der Germanen zu Byzanz. Zwar dauerte auch unter seinem schwachen Nachfolger im Ostreich, dem Knaben Arkadius, zunächst noch das Födus fort: aber einerseits fühlten die Germanen bald heraus, daß an Stelle einer weisen und festen Staatsleitung das Ränkespiel hadernder Hofparteien getreten war, andererseits wurden ihnen die vertragsmäßigen Leistungen nunmehr ganz vorenthalten oder doch verkürzt und nur mit Haß und Mißgunst entrichtet. Im ganzen Ostreich brütete damals eine Schwüle von Haß, Furcht und Verachtung vergiftete Erbitterung gegen die leidigen barbarischen Gäste. Eine Rede des Synesius gibt dieser Stimmung bezeichnenden Ausdruck, lag ihr doch die Einsicht oder die Ahnung zugrunde, daß Bestand und Römergeist des Reiches – soviel von solchem Geist überhaupt noch übrig war – auf das äußerste bedroht wurden durch die massenhafte Aufnahme dieser Goten wie anderer Germanen in alle Provinzen, Städte, Friedens- und Kriegsämter des Staates. Hören wir den Redner selbst, denn solche Stimmen von Zeitgenossen der sogenannten Völkerwanderungszeit sind von höchstem Wert, weil sie zeigen, wie wechselnd auf römischer und auf germanischer Seite das Verhältnis der großen Völker- und Bildungsgegensätze aufgefaßt wurde. Lange Zeit hatten die Lobredner der Kaiser darüber frohlockt, wie der trotzige Germane, in das Reich aufgenommen, aus einem Feind in einen Wächter des Staates verwandelt worden –; nachgerade aber gingen den Römern die Augen auf über die Doppelschneidigkeit dieses Verfahrens: „Ehe man duldet, daß diese Skythen (die Westgoten) hier im Land in Waffen einhergehen, sollte man alles Volk der Römer zu Schwert und Lanze rufen. Eine Schmach ist es, daß dieser menschenreiche Staat die Ehre des Krieges anderen überläßt, deren Siege uns beschämen, selbst wo sie uns nützen. Diese Bewaffneten werden unsere Herren spielen wollen, und alsdann werden wir, die Waffenentwöhnten, mit Waffengeübten zu kämpfen haben. Wir müssen den alten Römergeist wieder erwecken, unsere Schlachten selbst schlagen, mit Barbaren keine Gemeinschaft pflegen, sie aus allen Ämtern vertreiben, zumal aus dem Senat, denn sie schämen sich insgeheim dieser Würden, die wir Römer von je für die höchsten erachten. Themis und Ares müssen das Antlitz verhüllen, sehen sie diese Barbaren, in Felle wilder Tiere gehüllt, Männer in römischer Kriegstracht befehligen oder ihr Schafvlies abwerfen, rasch die Toga umschlagen und so mit römischen Magistraten zusammen beraten das Wohl des römischen Reichs; wenn diese Barbaren den Ehrensitz einnehmen von edlen Römern, dicht neben dem Konsul, wenn sie, sobald sie die Kurie verlassen, wieder ihre Wildschur umwerfen, unter ihren Stammgenossen die Toga verlachend, in welcher man, wie sie höhnen, das Schwert nicht ziehen kann. Diese Barbaren, bisher brauchbare Knechte unserer Häuser, wollen nun unseren Staat regieren! Wehe, wenn ihre Heere und Häuptlinge in unserem Solde sich empören und ihre zahlreichen Volksgenossen, die als Sklaven in unserem ganzen Reich verbreitet sind, zu ihnen strömen. Der starke Heldenjüngling (– Arkadius! –) soll diese aus ihrer eigenen Heimat vertriebenen barbarischen Sklaven, die des Theodosius großherziger Gastfreundschaft mit undankbarem Übermut vergelten, gleich Heloten zum Frondienst am Pfluge zwingen oder sie über ihren Ister zurückjagen, den Schrecken des römischen Namens bei ihren Landsleuten aufs neue zu verbreiten.“

Das war ohne Zweifel ein guter Rat: nur kam er um Jahrhunderte zu spät, nur war ein Arkadius nicht der Kaiser, waren seine Minister und Höflinge nicht die Männer, den alten Römergeist zu betätigen und die Germanen mit Gewalt zu bezwingen.

Vielmehr trieben die Leiter der beiden Kaiserknaben an den Höfen zu Byzanz und zu Ravenna ein frevelhaftes und reichsverderberisches Ränkespiel widereinander und wider die Gegenpartei im eigenen Palast, dabei auch die Germanen und ihre Führer zu ihren selbstischen Zwecken mißbrauchend. Um ihre Gunst zu gewinnen, legte der allmächtige Minister von Ostrom Rufinus bei einem Besuch in ihrem Lager die germanische Tracht an, eine Unsitte, die Honorius ohne Erfolg verbot, so daß sie im sechsten Jahrhundert sehr häufig war. Byzanz war nach Zeitgenossen eine Barbarenstadt geworden, und die Römer selbst sagten, sie seien nur noch die Weiber, die Goten die Männer im Reich. Demgegenüber war in der Bevölkerung des Reiches die von *Synesius* ausgesprochene Abneigung gegen die Barbaren im Lande weit verbreitet und so heftig, daß sie gelegentlich in einer Art von „Sizilianischer Vesper" sich Luft machte, indem man in einzelnen Städten plötzlich mit heimtückischer Gewalttat über die eingelegten Germanen herfiel und sie ermordete. Dem entsprach denn der verhaltende Groll der Goten, der endlich das lange brütende, schwüle Gewölk in kräftiger volkstümlicher Erhebung gewittergleich zerriß. Das Volk gab sich in Alarich dem Balten wieder einen Gesamtkönig und trat damit, wie Germanen jener Jahrhunderte so häufig, aus einer Zeit der Schwäche, Zersplitterung und Unterordnung unter fremde Überlegenheit wieder in eine Zeit des Aufschwungs, der Sammlung und der Befreiung: man hatte das Volk seit Theodosius Tod durch vielfache Mißhandlung gereizt, man erbitterte den jungen Balten, der schon jenem großen Kaiser nicht immer willig gedient, durch Verweigerung eines höheren Heerbefehls. So empörten sich (395) die Westgoten, d. h. der weitaus größte Teil derselben gegen Byzanz, verwarfen das von den Römern vielfach blutig gebrochene Födus und erhoben Alarich zu ihrem König und Heerführer in dem nun erneuten Kampf gegen Rom. Vorher war Alarich nicht wie Theoderich der Ostgote König, auch nicht Gaukönig, gewesen, und erst nachdem sein Versuch, in römischem Kriegsdienst eine größere Machtstellung zu gewinnen, als er schon mit zwanzig Jahren besessen, gescheitert war, griff er zu dem Mittel, im Kampf gegen Rom und als volkstümliches Haupt seine Ziele zu erreichen. König Alarich führte den Krieg in ähnlicher Weise wie weiland Fridigern: er mochte die Unfähigkeit seiner Germanen, römische Festungen zu erobern, richtig würdigen. Daher rief er den Seinen zu: „Friede mit den Mauersteinen!" und durchzog, Belagerungen vermeidend, das flache Land, durch Beute seine hungernden Scharen zu ernähren zugleich und zu bereichern. So gelangte er von Thrakien aus durch Mazedonien, Thessalien, Allyricum, Arkadien. Kaiserliche Truppen wagten fast nie, das Feld gegen ihn zu behaupten, nicht einmal die Thermopylen oder der Isthmos von Korinth wurden ernstlich verteidigt. So drangen denn die Goten beinah ohne Widerstand in Griechenland ein. Theben ward durch seine starken Mauern gerettet, aber Sparta, Korinth, Argos, Tegea, Megara wurden ohne Gegenwehr eingenommen, auch Athen ward besetzt. Die hellenische Sage berichtet zwar, daß Athena oder Achilleus von der Akropolis herab dem Germanenkönig drohend erschienen sei und ihn hinweggescheucht habe, was auch von Apollon als Beschirmer von Delphi erzählt wird, aber die Einnahme der Stadt steht fest. Vergebens erbot sich *Stiliko*, der tapfere und kluge Germane, der in des Honorius Namen das Abendreich verwaltete, mit Flotte und Heer dem Ostreich zu Hilfe kommen: Rufinus fürchtete und haßte seinen Kollegen zu Ravenna mehr denn die Goten. Mißtrauisch lehnte er die angetragene Unterstützung ab, bis endlich die Byzanz selbst bedrohenden Fortschritte Alarichs nötigten, ein Jahr darauf die verschmähte Hilfe anzurufen. Stiliko landete denn (396) auf dem Isthmos bei Korinth, und seiner überlegenen Feldherrnschaft gelang es, die Goten, die, ein Volk auf der Wanderung, in allen Bewegungen durch den ungeheuren Troß von Wagen (mit Weibern und Kindern) und Herden gehemmt, entfernt nicht wie ein römisches Kriegsheer auftreten konnten, in das Gebirge Pholoë und in eine so verzweifelte Lage zusammenzudrängen, daß ihnen nach Abschneiden aller Zufuhr nur die Wahl zwischen dem Hungertod und der Ergebung übriggelassen schien. Aus dieser dringendsten Gefahr ward Alarich, wie es scheint, nicht ohne Zustimmung Stilikos befreit: dieser mochte zögern, durch völlige Vernichtung der Goten seinen Feind Rufin allzu mächtig werden zu lassen. Dazu kam aber, daß inzwischen die Stellung der Einschließenden durch Sorglosigkeit und Üppigkeit der Truppen minder günstig geworden war und ein Gewaltangriff auf die immer noch durch doppelte Gräben und ihre Wagenburg gedeckten Goten eine höchst blutige Aufgabe gewesen wäre. Der genaue Zusammenhang ist nach unseren Quellen nicht mehr zu ermitteln. Jedenfalls zog Alarich mit seinem Volk kraft Vertrages mit Stiliko (und Rufin?) frei aus dem Peloponnes an nach Epirus; und der Hof von Byzanz, sei es durch seine Zustimmung zu jenem Vertrag gebunden, sei es durch die Not nun erst gezwungen, bewilligte alle seine Forderungen, ihn zu beschwichtigen zugleich und zu entfernen. Er ward zum dux (vielleicht sogar magister militum) per Illyricum ernannt, verpflegte und bewaffnete sein Volk aus den kaiserlichen Vorräten und Zeughäusern und nahm an der Grenzscheide beider Reiche – denn West-Illyricum gehörte zum Abendreich – eine beide Staaten beobachtende Stellung ein, bereit, sich, falls die doch nur vorläufig gewonnenen Sitze ungenügend oder gefährdet würden oder andere lockende Aussichten sich darböten, gegen Ost oder gegen West zu wenden. Was ihn schließlich bewog, gegen Italien aufzubrechen, ist schwer zu sagen. Die heimlichen Hetzereien des Rufinus würden jedoch schwerlich ausgereicht haben, hätte nicht die Abwesenheit Stilikos, des gefürchteten Wächters Italiens, in gallischen und rätischen Feldzügen günstige Gelegenheit gegeben, die ungleich reicheren und seltener ausgeplünderten Landschaften des Westreiches heimzusuchen: die Alpenpässe aber waren Alarich schon im Jahre 394 vertraut geworden, als er bei Aquileja für Theodosius focht. Das einzelne der Kämpfe in Italien, namentlich die Zeitfolge, ist sehr dunkel. Alarich war im Spätherbst 400 aufgebrochen, die seinen Nordländern so verderbliche Hitze des italienischen Sommers zu vermeiden. Am Geburtstag des heiligen Felix (14. Januar) des Jahres 401 hat *Paullinus* von Nola tief in Campanien bereits von Gefechten und Schrecknissen des Krieges zu klagen. Stiliko war fern in Rätien; durch einen Sieg bei Aquileja erzwang Alarich den Übergang über den Timavus: er zog verheerend durch Ventien über den Po, wandte sich dann gegen Ligurien und Tuscien und ließ seine leichten Reiter bis tief nach Süden vorausschwärmen, so daß man in Rom ängstlich die Mauern Aurelians verstärkte. Des Kaisers Person war so ohnmächtig, daß man nicht einmal weiß, wo er sich versteckt hielt, während der Sturm über die Wiege des Reiches hinbrauste. Endlich traf der Erretter Stiliko, nachdem er die Barbaren der Nordgrenzen von Rätien abgewehrt und seine Rüstungen vollendet hatte, in dem schutzlosen Italien ein, bahnte sich der Weg über die von den Feinden besetzte Adda, wobei er dem (wohl in Mailand) eingeschlossenen Kaiser Entsatz brachte und griff am Ostertag (19. März) 402 die an diesem Festtag seines Kampfes gegenwärtigen Goten in ihrem Hauptlager bei Pollentia an. Nach den glaubhaften Quellen gewann er wenigstens für diesen Tag den Sieg: er muß doch mindestens das Schlachtfeld behauptet und (vielleicht nur vorübergehend) das Lager der Feinde eingenommen haben, da zahlreiche von den Goten mitgeschleppte Gefangene befreit, dagegen viele Goten, auch Weiber und Kinder, gefangen wurden. Auch könnte doch unmöglich der christliche Poet *Prudentius* gegenüber dem Vorwurf des *Symmachus* und anderer Anhänger des Heidentums, der Abfall von den alten Göttern habe die Bestrafung Italiens durch Alarich zur Folge gehabt, den Tag von Pollentia als einen Sieg des Honorius (!) durch Christus feiern, wenn nicht dieser Tag wenigstens den römischen Waffen günstiger als den gotischen gewesen wäre. Aber freilich war der Sieg – und das erklärt wohl die entgegengesetzte Auffassung – ohne Entscheidung für den Fortgang des Krieges. Denn Alarich, obwohl unmittelbar nach der Schlacht auf das westliche Poufer ausgewichen, konnte sehr bald diesen Fluß wieder überschreiten und sogar gegen Rom vordringen. Unbekannte Ursachen, vielleicht Mangel an Lebensmitteln oder Abfall einzelner Führer, zwangen den König, abermals über den Po zurückzuweichen. Es begannen Friedensverhandlungen, während deren die Goten sich nördlich gegen die Alpen zogen, sich einen Ausweg zu sichern; ein während dieser Verhandlungen auf Verona gewagter sehr gefährlicher Handstreich ward durch Stiliko siegreich abgewehrt, und nun wurden abermals wie einst in Pholoë die eingeschlossenen Goten durch Hunger, auch durch Seuchen und zahlreiche Überläufer auf das äußerste geschwächt und gefährdet. Und abermals ließ Stiliko den Gotenkönig entweichen: derselbe zog nach Illyrien ab, wo Ämona den wichtigsten Punkt der Lagerungen und Siedelungen der Westgoten bildete. Ohne Zweifel hatte Stiliko sich Zusicherungen für die Zukunft von dem verschonten Gegner geben lassen. Zwar die Vorwürfe sind nicht nachweisbar begründet, daß der Minister des Abendlandes Alarich gewonnen habe, Ostillyrien den Byzantinern zu entreißen oder gar ihm beizustehen, seinen Sohn *Eucherius* zum Kaiser des Ostreiches zu erheben. Aber richtig ist, daß der Vandale Stiliko seine Macht wesentlich auf die *germanischen* Kräfte in Hof, Heer, Reich stützte, seine Feinde am Hofe des Honorius zugleich die Bekämpfer des germanischen Einflusses im Reiche und gerade deshalb Alarich und die Westgoten Stilikos natürliche Verbündete waren, wenn sie nur nicht kriegerisch gegen das Reich antraten, sondern wieder bei dem „Födus" sich beruhigten. Vielleicht also[1], hat Stiliko danach gestrebt, Alarich aus einem Kriegsfeind wieder in einen Verbündeten und dienenden Wächter der römischen Welt zu verwandeln, dabei aber ihn von dem Dienst im Ostreich herüberzuziehen in den Dienst des von Stiliko regierten Weltreiches, hierdurch das Germanische im Abendreich außerordentlich zu kräftigen und, äußersten Falls, in dem wiederholt zu Dank verpflichteten Gotenkönig einen gewaltigen Verbündeten zu gewinnen sowohl gegen Rufinus in Byzanz als wider die feindliche Hofpartei zu Ravenna. Diese Auffassung machte Stiliko durchaus nicht zum Verräter des Reiches: er hielt – und mit bestem Fug – die Erhaltung seiner Macht im Abendland für eins mit dessen Wohlfahrt, und wenn er den gefährlichen Balten in eine Stütze seiner Macht, aus einem Verheerer in einen Beschirmer Italiens zu verwandeln vermochte, so war damit wie Stiliko so dem Kaiser und Italien aufs Beste gedient. Zunächst wollte Stiliko sich der gotischen Waffen – zugleich sie dadurch von Italien ablenkend – dazu bedienen, Gallien, das der Empörer *Constantin* von Honorius losgerissen, wieder zu unterwerfen. Als Preis für diesen Feldzug forderte Stiliko vom römischen Senat vierzig Zentner Silber für Alarich. Es war das letzte, was er durchsetzte: gerade diese enge Verbindung mit dem mächtigen Gotenkönig trieb Haß, Mißtrauen, Argwohn seiner Gegner, der Barbarenfeinde, auf den Gipfel. *Sarus*, ein westgotischer Heerführer und alter Feind des Balten, betrieb nun auf das leidenschaftlichste Stilikos Sturz, und endlich gelang es, dem elenden Honorius die Zustimmung zur Ermordung des Mannes – seines Schwiegervaters – abzuringen, der allein das Reich zu beherrschen und schützen verstand.

Die Verordnungen, die sofort nach Stilikos, seines Sohnes Eucherius und seiner meist aus Germanen bestehenden Leibwachen blutigem Untergang (23. August 408) erlassen wurden, vor allem das Verbot, Heiden oder Arianer in römischen Dienst zu nehmen, zeigen, daß die Bluttat einen Sieg der Barbarenfeinde, der eifrig römischen

---

[1] Könige V. 1870, S. 42 ist dahin zu ergänzen; ich war auf diesen sehr wahrscheinlichen Zusammenhang damals noch nicht merksam geworden.

und christlich-rechtgläubigen Partei, bedeutete. Er hatte aber nur die Wirkung, das gefährliche Haupt der Barbaren im Reich, Alarich, zu verstärken. Denn als die Nachfolger Stilikos in Ravenna, wie zu erwarten war, Alarichs alte und neu erhobene Forderungen – Auszahlung der bewilligten Gelder, Geiselstellung, Ansiedelung in Pannonien – abschlugen und der Gotenkönig nun zu Ende des Jahres wieder als Feind in Italien eindrang, strömten alle diese barbarischen Abenteuer, Heerführer, Beamte, Söldner, die von der siegreichen Partei entlassen und verfolgt worden waren, in hellen Haufen zu seinen Fahnen. In diesem Sinn konnte Alarich allerdings als „Rächer Stilikos" gelten, und das genügte, um Stilikos Witwe hinrichten zu lassen. Der Gotenkönig aber zog „wie auf einem Triumphzug" ohne Widerstand zu finden – denn die Nachfolger Stilikos hatten nicht seine Heldenschaft geerbt – die ganze Halbinsel entlang: über den Po, durch Tuscien über Ariminum und das Picentinische – nur die Felsenburg Narnia trotzte seinem Angriff – bis vor die Tore Roms, die seit Hannibal einen auswärtigen Feind nicht mehr gesehen. Er vermied einen Sturm auf die festen, seither wiederholt verstärkten Mauern Aurelians. Da er die Hafenstadt Portus einnahm und Rom so auch die Zufuhr von der See her abschnitt, konnte er mit Sicherheit zählen, die Stadt durch Hunger zur Übergabe zu zwingen – ein Entsatzheer hatte er ja nicht zu fürchten! Hatte auch die ehemalige Weltstadt entfernt nicht mehr die eine Million übersteigende Bevölkerung der Zeit von Augustus bis Trajan, immerhin war sie noch groß genug, den Fall der Stadt in Bälde unvermeidlich zu machen, und wenn die Senatoren in einer Gesandtschaft im Gotenlager mit der Volkszahl prahlten und drohten, so verdiente diese Torheit in der Tat zur Antwort, die der Balte ihnen gab: „Je dichter das Gras, desto besser das Mähen." Bald mußten denn auch die Senatoren alle seine Friedensbedingungen annehmen: anfangs hatte er außer allem Gold und Silber in der Stadt – sehr bezeichnend! – Freilassung aller Sklaven barbarischer Abkunft gefordert. Auf die Frage der Römer, was er ihnen denn hiernach noch lassen wolle, wenn er all dies genommen, antwortete er verächtlich: „Das Leben." Doch ermäßigte er später seine Forderungen und begnügte sich mit der Loskaufsumme von fünftausend Pfund Gold, dreißigtausend Pfund Silber, viertausend seidenen, dreitausend Purpur-Gewändern und dreitausend Pfund Pfeffer, einem damals höchst kostbaren Gewürz. Dafür hob er die Einschließung Roms auf und bezog Winterquartiere in Tuscien, wo große Massen entlaufener, wohl meist germanischer Sklaven, angeblich vierzigtausend, ihn und die Freiheit aufsuchten. Man fragt billig, was denn all diese Zeit über der Herr und Beschirmer Roms, der Kaiser Honorius, bei solchen Nöten und Verträgen der Welthauptstadt gesagt und getan? Nichts, als daß er sich hartnäckig weigerte, unerachtet alles Flehens des Senates und des Bischofs von Rom, irgendwelchen Frieden mit dem Gotenkönig zu schließen.

Ebensowenig ergriff er aber irgendwelche staatliche, geschweige kriegerische Maßregel, die Stadt zu schützen, den Feind aus Italien zu vertreiben. Sein Leben und seine Freiheit wußte er in dem festen Ravenna gesichert: so überließ er lieber Rom und Italien ihrem Schicksal, als daß sein bequemer Eigensinn, vielmehr seine Stumpfheit sich dem Einfluß der germanenfeindlichen Partei, die ihn seit Stilikos Untergang völlig beherrschte, entzogen hätte. Sein Minister *Jovius*, ein Bekannter Alarichs, war anfangs bereit gewesen, auf dessen Forderungen einzugehen: er kam mit ihm zu Ariminum zusammen und gelangte zu völliger Vereinbarung. Da aber der Kaiser die Genehmigung in einem hochfahrenden Schreiben verweigerte, erkannte der Minister, daß die barbarenfeindliche Partei seinen Herrn völlig beherrschte und daß er selbst sich nur halten könne, wenn er mit, nicht entgegen dieser Strömung segelte.

Mit entschlossenem Umschwung trat nun Jovius selbst an die Spitze dieser Richtung, und um derselben sicheren Rückhalt zu geben, ließ er das ganze Heer den von ihm selbst bei dem Haupt des Kaisers geleisteten Eid: „Ewigen Krieg den Goten!" mit schwören.

Es ist lehrreich, die Forderungen Alarichs zu prüfen. Sie gehen vor allem auf Gewährung sicherer Lebensmittel – Land, Getreide, Geld – für sein Volk, erst in zweiter Linie auf Einräumung hoher römischer Würden für den König: solche, waren für seine Machtstellung im Reich neben und gegenüber anderen barbarischen Häuptlingen dringend wünschenswert. Aber Alarich ist doch nicht nur ein volksloser Abenteurer in römischem Solddienst wie so viele andere Barbaren, auch so manche Goten: wie Eriulf, Tribigild, Kaina, Sarus, wie bei den Ostgoten Theoderichs Strabo gegenüber Theoderich dem Amaler; vielmehr unterschied gerade das den Balten und den Amaler von anderen germanischen Führern im Kaiserreich und Kaiserdienst, daß sie als verantwortliche Häupter an der Spitze des Westgotenvolkes stehen. Darin liegt zwar vielfach eine Beschränkung ihrer Entschlüsse – nicht ohne der Freien Zustimmung können sie über deren Geschicke: Krieg, Frieden, Bündnis, Wahl und Aufgebung von Wohnsitzen, entscheiden und für das Volk vor allem müssen sie den Verhandlungen mit Rom Bedacht nehmen. Allein in dieser volkstümlichen Grundlage ist auch die Gewähr ihrer dauernden, im Notfall von römischen Gnaden und Würden unabhängigen Macht fest verankert; solche germanischen Führer, selbst Männer wie der Vandale Stiliko und der Suebe Rikimer – sie haben geraume Zeit sogar das Reich geleitet –, die ohne Zusammenhang mit einem Volk in römischen Ämtern, auch den höchsten, aufgingen, gingen bald auch darin unter: Staatsmänner, Feldherren, die, Wallenstein vergleichbar, ohne den Schutz ihres Volkes, dem Haß der Gegenparteien und dem Argwohn und Neid der von ihnen geretteten Herrscher erlagen. Es ist notwendig, diesen Gegensatz hervorzuheben, weil eine geistreich verfochtene, aber völlig unhaltbare Ansicht aus dem Abschluß solcher Soldverträge mit den Kaisern das germanische Königtum hervorgehen ließ, das doch eine uralte germanische Überkommenschaft und von römischem Dienst ganz unabhängig ist.

Alarich hatte für sich gar nichts, nur für sein Volk Gewährungen verlangt: Jahrgelder, Getreide, Land in Venetien, Dalmatien, Noricum. Der schlaue Jovius hatte geraten, dem König das „magisterium utriusque militae" des Abendlandes zu verleihen: dann würde er vielleicht von jenen Forderungen für sein Volk etwas nachlassen. Aber Alarich verzichtete umgekehrt sofort auf die Übertragung jener Würde, als der Kaiser Schwierigkeiten machte, ja auch auf die Jahrgelder und Venetien und Dalmatien; nur auf Getreidelieferungen bestand er – sie waren für das landlose Volk unentbehrlich – und um diesem Volk nur wieder Land zu verschaffen, dem das sieghafte Schwert auf die Dauer doch keineswegs die Pflugschar zu ersetzen vermochte, wollte er Friede gewähren, wenn ihm nur für dies sein Volk das keineswegs reiche, aber in seinen Bergpässen leicht zu verteidigende Noricum zur Ansiedelung gegeben würde.

Wie anders hätte sich die Geschichte nicht nur der Westgoten, auch der deutschen Völker gestalten können, wäre diese Forderung erfüllt worden: dann wären die Westgoten, statt in der Vereinzelung im fernen Südfrankreich und Spanien den Mauren und der Verrömerung zu erliegen, in den sicheren Alpen die Nachbarn der Ostgoten und statt der Franken wären vielleicht die verbündeten Goten die Träger der germanischen Geschichte in Europa geworden. Aber der Eigensinn des Honorius zwang Alarich, den Krieg zu erneuen. Jener „in Christus gewaltige Kaiser", zu dessen Verherrlichung leider der letzte römische Dichter *Claudianus* seine sehr beachtenswerte Begabung abmühte: er hat immer nur das hartnäckige Zuhausebleiben seines Helden hinter den sichersten Wällen zu preisen.

Alarich mußte um jeden Preis wieder eine Heimat für sein Volk gewinnen. Er wollte oder konnte nicht in das Ostreich zurück; im Westreich ohne Verleihung eines Kaisers im Kampf mit der ganzen römischen Bevölkerung und mit den Heeren des Honorius zugleich behaupten, durfte er nicht hoffen. So wählte er den naheliegenden Umweg, anstatt des Kaisers in Ravenna, der jeden Frieden weigerte, einen anderen Kaiser zu erheben, der, sein Geschöpf und Werkzeug, ihm bewilligen mußte, was er brauchte. Dann stand zu hoffen, daß auch ein Teil der römischen Bevölkerung, namentlich der immer noch sehr angesehene Senat von Rom, sich mit den Goten vertragen, den erhobenen Gegenkaiser anerkennen und Honorius, der sie ihrem Schicksal überlassen hatte, gleiches vergelten würde. So geschah es in der Tat: und Honorius mochte nun erkennen, daß sein bequemes Neinsagen doch auch unbequeme Folgen haben könne.

Alarich zog zum zweitenmal vor Rom und zwang durch Bedrohung mit Sturm oder Hunger den Senat, Honorius für abgesetzt und den bisherigen Stadtpräfekten von Rom, *Attalus*, aus altem senatorischem Adel, zum Kaiser des Abendlandes zu erklären.

Auf die Frage, weshalb Alarich überhaupt dem Römertum gegenüber so viel Rücksicht nahm, weshalb er einen Kaiser ernannte, um von ihm sein Recht abzuleiten, ist zu erwidern: weil er nicht anders konnte. Rom stand zu Anfang des fünften Jahrhunderts den eingewanderten Germanen noch im Schimmer viel gefürchteterer Macht gegenüber als etwa ein Jahrhundert später: und doch hat auch ein Jahrhundert später Theoderich nur als Beauftragter und unter Zustimmung des Kaisers in Italien herrschen zu können geglaubt. Alarich aber konnte weder das Römerreich durch ein Gotenreich verdrängen, noch auch nur in jenem Römerreich für sein ruhebedürftiges Volk eine „quieta patria" zu finden hoffen ohne kaiserliche Gutheißung und ohne den Anschluß an wenigstens *eine* römische Partei. Wir dürfen nicht in den oft begangenen Fehler verfallen, aus unserer Kenntnis des Ausgangs der Kämpfe zwischen Rom und den Germanen die Anschauungen der damals in diesen Kämpfen begriffenen Mächte uns zurechtzulegen. Wir wissen, daß Westrom schon sieben Jahrzehnte nach Alarich unterging: aber zu Alarichs Zeit glaubten das weder Germanen noch Römer bevorstehend. Nur etwa bei christlichen Büßern (oder Glaubensschwärmer, wenn man lieber will) findet sich hier und da eine Redensart, die den nahen Untergang des immer noch heidnischen Rom verkündet. So sagt Salvian einmal (VII. 151): „Rom war nie so üppig und nie so elend wie heute: es hat vom sardonischen Kraute genossen: es lacht und lacht – bis es stirbt!" Aber solche vom Haß eingegebene Weissagungen hatte das Christentum nun schon bald vier Jahrhunderte verkündet, ohne daß des Menschen Sohn in den Wolken niedergestiegen wäre. Dagegen die Römer des *Staates* Rom glaubten durchaus nicht an einen bevorstehenden Untergang:

Lerne die Furcht vor Rom, wahnwitzige Welt der Barbaren!

Mit diesem stolzen Wort schließt jener letzte bedeutende römische Dichter, Claudian, seine Verherrlichung römischer Siege – freilich hatte sie der Germane Stiliko erfochten.

Sich selbst zum Kaiser erheben zu lassen, wie vierhundert Jahre später Karl der Große, fiel dem Goten nicht bei. Er war nicht Herr des Abendlandes wie Karl, nur eines kleinsten Teiles von Italien, die Römer des Abendlandes würden ihn nicht anerkannt haben. Er war nur gotischer Volkskönig, nicht er, der Ketzer, zugleich wie Karl Oberhaupt der rechtgläubigen Christenheit.

Alarich bewog sogar den neuen Kaiser, der bis dahin Katholik, vielleicht Heide gewesen, den Arianismus anzunehmen – ein grober Fehler, der allein dem Gegenkaiser dauernde Herrschaft abschneiden mußte. Der König mochte den Glaubensgenossen sich desto ergebener wähnen - eine täuschende Voraussetzung. Nachdem Attalus von dem gotischen Bischof *Sigisar* in den Arianismus eingeführt war, wurde eine sorgfältig alle imperatorische Formen wahrende Krönung und Bekleidung mit allen kaiserlichen Abzeichen an ihm vorgenommen. Er ernannte nun Alarich zum „magister militum", dessen Schwager *Ataulf*, der aus Germanien Verstärkungen zugeführt hatte, zum „comes domesticorum": welche Wohnsitze die Goten erhalten sollen, stand damals noch nicht fest, jedenfalls die besten verfügbaren. Für die Treue der Römer ließ sich Alarich Geiseln stellen, unter welchen der noch knabenhafte *Aëtius*, der spätere große Feldherr, sich befand. Anfangs erkannte auch außerhalb Roms die italische Bevölkerung zu großem Teil Attalus an, nämlich soweit Alarich herrschte oder doch gefürchtet wurde. Das wichtige Afrika jedoch, für die Verpflegung Roms unentbehrlich, stand unter dem Mörder Stilikos, *Heraclian*. Dieser natürlich hielt an Honorius und der germanenfeindlichen Staatskunst fest; gegen ihn wurden römische Truppen des Attalus übersetzt. Alarich zog mit den Goten gegen Ravenna, den Sohn des Theodosius in seine Gewalt zu bringen. Schwer bedrängt, von manchem seiner Heerführer und Beamten verlassen, verzagte Honorius. Er bot dem Gegenkaiser Teilung des Abendlandes an, und da ihm Attalus nur das Leben, jedoch in Verbannung und „nicht ohne Verstümmelung" gewähren wollte, beschloß der Belagerte, Italien aufzugeben und nach Byzanz zu entfliehen. Da ward er durch anderer Leute Erfolge gerettet. Heraclian hatte die Truppen des Attalus geschlagen: er schickte mit dieser Siegesbotschaft Geld nach Ravenna, das von der Hafenseite nicht eingeschlossen war.

Zugleich bedrängte der Statthalter von Afrika die Stadt Rom durch Vorenthaltung der Getreideschiffe so sehr, daß die Bevölkerung, durch Furcht vor Hunger für Attalus gewonnen, nun durch wirklichen Hunger wieder auf Seite des Honorius gezogen wurde – Alarich war ja vor Ravenna beschäftigt. Aber der Gotenkönig fand auch keinen Grund mehr, Attalus zu halten, der ihn vielfach gehemmt und erbittert hatte. Es ist bezeichnend für den unauslöschlichen Gegensatz des Imperiums zu dem Barbarentum, daß sogar eine bloße Truppe in der Hand des Germanenfürsten alsbald dem Herrn, Halter und Meister widerstrebt, sobald sie den Purpurmantel umgeworfen erhält. Attalus wollte durchaus nicht gefügiges Werkzeug Alarichs bleiben. Hochfahrend und eigensinnig handelte er wider des Goten Willen und schickte, verleitet von einem einfältigen Orakel, das ihm kampflosen Sieg verheißen, Feldherren fast ohne Truppen nach Afrika, die natürlich vernichtet wurden; ja er machte Miene, sich als Vertreter des Römertums gegen Alarich zu kehren, vergessend, daß dieser Arm allein ihn hielt. Er zog unfähige Römer den von den Balten empfohlenen Goten vor, versprach dem Volk von Rom die Wiederherstellung seiner Weltherrschaft und schien Alarich geradezu den Untergang zu planen. Da ließ ihn der Gotenkönig fallen und suchte abermals Verständigung mit Honorius, dessen von Sümpfen und Lagunen geschütztes Zufluchtsnest zu bezwingen er nicht vermochte. Ebenso feierlich und öffentlich aber, als er Attalus erhoben hatte, setzte er ihn nunmehr in feierlicher Handlung vor allem Heer und Volk zu Ariminum ab und sandte als Wahrzeichen, daß er diesen Gegenkaiser für immer aufgegeben, Diadem und Purpur des Entthronten mit neuen Friedensvorschlägen in die Stadt Ravenna an Honorius. Aber dieser, durch einen Sieg des Sarus bestärkt in seinem Eigensinn – denn Heldenmut kann man dies Ausharren hinter sturmsicheren Wällen nicht nennen –, wies sie ab. Alarich hob die Einschließung der Lagunenfestung auf. Da er das Meer nicht beherrschte, konnte er auf Aushungerung nicht rechnen, und zog zum drittenmal vor Rom, die Hauptstadt nicht des Attalus, aber seinen Willen wieder zu unterwerfen. Die Quellen lassen ungewiß, ob Verrat oder Gewaltangriff die Tore öffnete (26. August 410); ebenso gehen die Berichte über den Umfang und das Maß an Zerstörung, Beschädigung und Plünderung in der Stadt weit auseinander; sie sind parteiisch gefärbt und absichtlich: die den Goten oder Stiliko und der Germanenpartei, als deren Rächer Alarich immer noch galt, Feindlichen übertreiben das Maß der Verwüstung bedeutend. Aber auch die Anhänger der alten Götter gefallen sich darin, die gotische Verheerung als Strafe des Abfalls von dem Väterglauben grell auszumalen, während die eifrig Christlichen das Unglück abzuschwächen suchen im Vergleich mit Schlägen, welche die Stadt unter dem Schutz des kapitolonischen Jupiters betroffen. Ferner läßt Gunst oder Abgunst gegenüber Honorius das von ihm abermals preisgegebene Rom leichter oder schwerer heimgesucht werden. Im ganzen muß man die rednerischen Übertreibungen damaliger Schriftstellerei fast jeder Art in Anschlag bringen: derselbe Zeuge stellt in verschiedener Absicht das Unheil bald geringer, bald größer dar. Jedenfalls wurden durch Brand nur wenige Häuser zerstört, und das Zufluchtsrecht der obzwar doch katholischen Kirchen ward den arianischen Siegern geachtet. Zwar ist es nur Kirchenfabel, daß Alarich die Aufforderungen, die Peterskirche zu plündern und zu zerstören, mit den Worten zurückgewiesen habe: „Mit den Römern führe ich Krieg, nicht mit den Aposteln des Herrn", doch steht fest, daß die Kirchen nur wenig erlitten und das Geraubte meist in Bälde zurückerhielten.

Alarich konnte nicht an langen Aufenthalt in der Stadt denken, der das dem Honorius ergebene Afrika sofort wieder das Brot absperrte, sobald sie in den Händen der Goten war. Er verweilte daher nur drei bis sechs Tage am Tiber und zog durch Campanien, wo der Bischof *Paullinus* von Nola gefangen fortgeführt ward – seine übrigen angeblichen Schicksale, seine Selbsthingebung in Gefangenschaft an Stelle des Sohnes einer Witwe beruhen auf Kirchenfabel – durch Bruttien nach Regium, um von da zunächst nach Sizilien, von dieser Insel aber nach Afrika überzusetzen.

Dieser Plan war in den damaligen Verhältnissen durchaus nicht abenteuerlich, sondern wohlbegründet. Dachte auch Alarich nicht an Errichtung eines Reiches in jenem Erdteil, wie sie ein späterer König seines Volkes bezweckte und die Vandalenkönige wenige Jahre darauf durchführten – wollte er auch nur Rom dauernd beherrschen, Ravenna zur Übergabe drängen oder doch von Honorius Einräumung der lange begehrten Wohnsitze für sein Volk im Westreich erzwingen –, immer mußte er sich Afrikas bemeistern und die dortigen Anhänger des Kaisers unschädlich machen. Denn die Erfahrung hatte wiederholt gezeigt, daß, wer über Afrika, auch über Rom gebot: selbst für Ravenna war der Besitz von Afrika und Sizilien von hoher Bedeutung.

Aber den Westgoten sollte bei zweimaligem Versuch nicht gelingen, was die Vandalen erreichten. Ein Sturm vernichtete in der Meerenge von Messina die Schiffe, die der König offenbar nur mit Mühe in den italischen Häfen für das schwierige Unternehmen zusammengebracht hatte. Nach Zerstörung dieser Flotte war eine zweite nicht aufzubringen: den Goten gebrach es vielmehr so bitter an Fahrzeugen, daß ihre Reiterei versuchte, römischen Flüchtlingen, die nach den nächsten Inseln segelten, mit schwimmenden Rossen in das Meer hinein nachzusetzen. Auf die Römer machte das Erscheinen einer Barbarenmacht im tiefsten Süden der Halbinsel gewaltigen Eindruck. Seit den Tagen Hannibals war kein barbarischer Feind so tief hinab in Italien gedrungen, aber das Scheitern jener Überfahrt hob wieder das Selbstvertrauen des „weltherrschenden" Volkes. Die Sage von der redenden Marmorstatue, die den König vor dem Versuche warnt und Unheil weissagt, ist ebenso der Ausdruck *altrömischer* Empfindung der Zeitgenossen, wie *althellenisches* Gefühl, Athena, Apollon und Achilleus die Goten von dem Parthenon und von dem delphischen Heiligtum hatte hinwegscheuchen lassen.

Bald darauf starb der kühne, gewaltige Mann, in der Blüte der Jahre, „während noch die Jugendlocken seine Schultern blond umgaben".

Es ist bekannt, in welch poesievoller Weise, übrigens nur in Anwendung alten germanischen Gebrauchs, die Goten ihren König bestatteten: sie leiteten den Fluß Busento bei Cosenza aus seinem Bette, legten die Leiche mit Waffen und Schätzen darein und lenkten nun die Wogen wieder in die alte Richtung. Die (gefangenen) Sklaven, welche die Arbeit verrichteten, wurden getötet, und niemand vermochte nun den Römern die Leiche und die Schätze zu verraten. Das Grabmal des ersten germanischen Eroberers von Rom dauernd durch ein in Italien zu errichtendes Gotenreich zu schirmen, dazu fühlte man sich nicht stark genug. Vielmehr gab *Ataulf* (410–415), der Bruder der Gattin Alarichs, der nun zum König erkoren wurde, nach dem Urteil seiner Feinde und nach dem Gesamteindruck seiner Taten ein nicht nur durch Tapferkeit, ebenso durch Geist und Klugheit hervorragender Mann – auch seine Schönheit wird gerühmt – den Gedanken, Sizilien und Afrika zu gewinnen und so Italien zu behaupten, auf. Die nächsten Jahre waren ausgefüllt mit Verhandlungen, dann wieder durch Kämpfe mit Honorius, wobei Ataulf aber immer mehr aus dem Süden Italiens, auch Rom aufgebend, zurückwich in den Norden und Westen der Halbinsel – offenbar um im Notfall den Rückzug über die Alpen zu sichern. Bei diesen Verhandlungen spielte eine sehr bedeutende Rolle des Kaisers schöne und geistvolle Schwester, *Placidia*, die schon seit 408 als Gefangene, zugleich aber als Vermittlerin dem Heerlager der Goten folgte und deren Person alsbald der Mittelpunkt weiterer Verwicklungen und eifersüchtiger Kämpfe werden sollte. Im Jahre 412, zog Ataulf mit dem Volksheer aus Italien über die Seealpen ab nach Gallien, ohne Zweifel, um unter endgültigem Verzicht auf Italien hier jene sicheren und ausreichenden Wohnsitze zu gewinnen, die das Wandervolk nun schon so lange Zeit suchte. Nach dem Stand der Quellen ist nicht zu entscheiden, ob hierbei mit Honorius ein Vertrag geschlossen wurde, in welchem der Kaiser Auftrag und Ermächtigung zur Niederlassung in Gallien erteilte. Spanische Schriftsteller legten ehemals auf die feierliche Überweisung Galliens an die Westgoten großes Gewicht, weil sie dadurch dem spanisch-westgotischen Königtum die Vorzüge höheren Alters und rechtmäßigen Ursprungs gegenüber Frankreich und dem Deutschen Reich beweisen zu können wähnten. Unwahrscheinlich ist es übrigens nicht, daß Honorius dem Westgotenkönig vertragsgemäß solche Vollmacht erteilte, natürlich nur, um sie bei günstiger Gelegenheit als ungültig zu erklären: er würde hierbei ganz ähnlich gehandelt haben, wie später Byzanz, da es den Ostgoten Italien überwies, das sie erst Odovakar entreißen mußten. Denn Gallien war damals für Honorius verloren: Nicht nur tobte durch die Landschaften der Aufruhr der „Bagauden", d. h. der unfreien und halbfreien Bauern, die, durch Aussaugungen der Großgrundbesitzer und der Beamten zur Verzweifelung getrieben, sich in einer Art Bundschuh wider diese Dränger erhoben – ein Anmaßer *Jovinus*, von Burgunden und Alanern unterstützt, beherrschte die Provinz, soweit sie kaiserlichen Geboten zugänglich war. Honorius konnte also nur dabei gewinnen, die Goten mit dem Danaërgeschenk gallischer Sitze aus Italien zu entfernen: mochten an Rhône und Loire Ataulf oder Jovinus erliegen, der Kaiser fand in jedem Fall Vorteil hierbei.

Ataulf sucht jedoch, auf Betreiben des Attalus, der als Privatmann dem Heere seiner gotischen Beschützer immer noch folgte, sich mit Jovinus zu verständigen. Während dieser Verhandlungen überfiel und vernichtete Ataulf mit erdrückender Übermacht jenen *Sarus*, den alten Nebenbuhler der Balten, und, wie es scheint, ganz besonders seinen persönlichen Feind, der, von Honorius wegen Ermordung eines Gefolgen abgefallen, sich nach Gallien und zu dem Gegenkaiser gewandt hatte. Der Gotenkönig hatte sich wohl mit Jovinus in die Provinz teilen wollen, denn, als dieser statt dessen seinen Bruder *Sebastianus* zum Mitkaiser annimmt, tritt Ataulf sofort wieder auf die Seite des Honorius, dem er die Köpfe beider „Tyrannen" in Bälde nach Ravenna einzuliefern verheißt. Jetzt kam unzweifelhaft ein Vertrag mit dem Kaiser zustande: Ataulf versprach, außer der Bekämpfung jener Gegenkaiser, Freigebung Placidias: dafür sollten die Goten Getreidespenden und, vermutlich stillschweigend zugestanden, Wohnsitze in Gallien unter kaiserlicher Duldung erhalten.

Ataulf ließ es an seinem Teil an Erfüllung des Vertrages nicht fehlen, er rückte mit dem Honorius treu verbliebenen Präfekten *Dardanus* gegen die Empörer, eroberte Valence, während Dardanus Narbonne bezwang, und die Köpfe der beiden in diesen Städten gefangenen Brüder Jovinus und Sebastian wurden versprochenermaßen nach Ravenna geschickt. Gleichwohl beschuldigte der Kaiser den Gotenkönig, den Vertrag nicht erfüllt zu haben, und die Getreidespenden zurückbehielt. Dadurch wurde das heimatlose Wandervolk, das ohne bestimmt angewiesene Wohnsitze sich durch den Pflug nicht ernähren konnte, wie jedesmal zwar in größte Not gedrängt, aber wie jedesmal mußte es sich natürlich auch jetzt durch Plünderung im Kriege zu verschaffen suchen, was friedlich zu erwerben man ihm versagte. Ataulf gab nun seinerseits Placidia nicht heraus. Ein Handstreich auf die mit Vorräten und Waren aller Art reich gefüllte Handelsstadt Marseille schlug ihm fehl: blutig wies der hervorragende Feldherr *Bonifacius* den Angriff ab; Ataulf selbst ward dabei verwundet. Aber im Herbst desselben Jahres gelang es durch List, Narbonne zu gewinnen, zur Zeit der Weinlese war es. Die Winzer des Weichbildes fuhren in die offenen Tore der Stadt auf breiten, mit Reblaub überdeckten Erntewagen: jedoch unter den Reben lagen gotische Krieger verborgen, die, so ohne Widerstand in die Tore der Vorstädte gelangt, alsbald herabsprangen und die Stadt besetzten. Von Narbonne aus ward Toulouse bezwungen und durch Vertrag Bordeaux gewonnen.

Unerachtet dieser Erfolge suchte Ataulf immer wieder Verständigung mit der römischen Welt. Wie sein Vorgänger in Italien, so konnte er in Gallien dauernde und sichere Niederlassung nur erhoffen, wenn er den Provinzialen nicht als Feind, sondern als Freund der immer noch ganz unvergleichlich überlegenen Bildungs-, Staats- und Waffengewalt des Kaiserreichs gegenübertrat. Ganz ähnlich sehen wir geraume Zeit später seine Nachfolger, dann auch die Könige der Burgunden handeln; selbst die Franken, obwohl unvergleichlich stärker und zahlreicher, weil nicht eine Völkerinsel, sondern in stetem Zusammenhang mit den Überrheinern, wagen es erst am Ende des Jahrhunderts, lediglich als Eroberer in Gallien aufzutreten. Zu ihrer Zeit bestand kein weströmisches Reich mehr, und mit dem oströmischen in gutem Einvernehmen zu stehen, bemühten sich auch die Merowingen sehr eifrig.

Versagte dem Gotenkönig der Kaiser im unerreichbaren Ravenna, so hatte er in seiner Gewalt, in seinen Zelten des Kaisers durch Geist und Schönheit glänzende Schwester Placidia. Die Tochter des großen Theodosius mochte den Provinzialen gegenüber füglich als Vertreterin der rechtmäßigen Kaisergewalt, des Kaiserhauses, der römischen Herrschaft gelten – gelang es, sie zu gewinnen, so war nahezu ein Ersatz für die versagte Zustimmung des Kaisers zu der Niederlassung in Gallien erlangt. Ataulf weigerte sich also wiederholt, sie herauszugeben. Aber gerade an dieser Weigerung scheiterten die Verhandlungen mit Ravenna. Denn dort war der Nachfolger des Stiliko in Beherrschung des Kaisers der Feldherr *Constantius* geworden, und dieser suchte in der Vermählung mit Placidia das Unterpfand der Dauer für seine Machtstellung. So war denn in dieser Zeit nicht Honorius, sondern Constantius der wahre, der unversöhnliche Feind Ataulfs, und der Preis des Kampfes zwischen beiden war die Hand Placidias: Nur dieser bisher verkannte Zusammenhang erklärt die Ereignisse der nächsten Jahre. Ob Ataulf dabei ebenfalls eine Stellung gleich der Stilikos anstrebte – als Leiter des Kaisers und des ganzen Weltreiches aber, im Unterschied von Stiliko, gestützt auf ein Volkskönigtum und die Beherrschung Galliens –, das erscheint zweifelig.

Galla Placidia u. ihr Sohn
Valentinian III.
Relief auf einem elfenbeinernen Diptychon.
Aus dem fünften Jahrhundert. Monza.

Der Gotenkönig wagte den kühnsten Schritt: es gelang ihm, Placidia zu bewegen, ihm die Hand als Gemahlin zu reichen. Seine Gattin früherer Ehe, eine Ostgotin, von welcher er sechs Kinder hatte, ward damals vielleicht verstoßen, wenn sie nicht vorher verstorben war. Es hatte sich wiederholter Werbung und eifriger Bemühung eines Römers *Candidianus* bedurft, die Kaisertochter zur Einwilligung zu stimmen – Gewalt, auch nur der Schein von Nötigung, mußte ausgeschlossen bleiben, sollte das Ereignis den beabsichtigten Zweck erreichen. Als ein hoch Bedeutsames erschien es den Zeitgenossen; mit Berechnung, mit Sorgfalt ward es auch in allen *Formen* als eine sinnbildliche Handlung gefeiert: in dem Hause eines vornehmen Römers *Ingenius* ward zu Narbonne (Januar 414) das Hochzeitsfest begangen. Dabei wurde nicht, wie es sonst bei Mischehen Rechtssatz war, das Recht des Bräutigams, in dessen Recht die Braut regelmäßig eintrat, angewendet, sondern gewissentlich wurden in allen Stücken die *römischen* Hochzeitsgebräuche eingehalten: Placidia erschien in römischer Brautkleidung, ein römischer Hochzeitsreigen durchschritt das Gemach, geführt von dem ehemaligen Kaiser kurzer Tage, von Attalus. Aber auch der Gotenkönig hatte die germanische Waffentracht abgelegt und römische Gewandung angetan, er nahm nicht den ersten, sondern den zweiten Platz ein: die „Imperatrix" saß zur Rechten. So sollte Ataulf durch diese Ehe als dem Hause des Theodosius angehörig, kraft des Rechts seiner Gemahlin als rechtmäßiger Beherrscher auch der Römer in Gallien erscheinen. Diese Vermählung sollte die innigste Verschmelzung des Römertums mit den Westgoten als den Vertretern des in das Reich aufgenommenen Germanentums sinnbildlich darstellen, und viele Zeitgenossen glaubten in der Tat damit die

Prophezeiung Daniels erfüllt „von der Verbindung des Herrschers im Osten mit dem König aus Norden".

Jedoch Honorius oder richtiger Constantius mußte durch diese Eindrängung des Barbaren in das Haus des Theodosius mehr als je zuvor erbittert werden. Ataulf verzichtete nun so völlig auf Aussöhnung mit seinen unfreiwilligen Schwager, daß er sogar Attalus zum zweiten Male als Gegenkaiser aufstellte, der auch willig abermals diese Puppenrolle spielte und sich mit einem kaiserlichen Hofstaat umgab; so bestellte er *Paullinus Pelläus*, der eine Dichtung über diese Zeitläufe verfaßt hat, zu seinem Schatzmeister, aber der Schatzmeister war widerwillig, und der Schatz war leer. Denn des Gotenkönigs Lage war durchaus nicht günstig, sein Volk litt Mangel, von ruhigem Ackerbau konnte keine Rede sein, da der Krieg mit den Anhängern des Kaisers niemals aufhörte und die römische Flotte, die See beherrschend, alle Zufuhr aus Italien oder Afrika abschnitt. Wahrscheinlich um diesen Übelständen abzuhelfen, wandte sich Ataulf nach Spanien: er ließ in Narbonne, seiner bisherigen Hauptstadt, nur Besatzung zurück, und auch diese zog dem König nach über die Pyrenäenpässe, als Constantius von Arles aus mit überlegener Macht herandrang.

Es scheint fast, die Goten gaben damals die Hoffnung auf, Gallien zu behaupten. Sie verheerten im Abzug das flache Land, plünderten auch die Städte, die sie räumten, wie Bordeaux. Bazas war von dem gleichen Geschick bedroht: die Barbaren verbanden sich hier, wie das auch sonst vorkam, mit entlaufenen, empörten Sklaven. Sie wollten die „Senatoren" der Stadt heimsuchen, die wohl zu Honorius und Constantius hielten, da gelang es dem widerwilligen Schatzmeister des Attalus, Paullinus, die bisher den Goten ebenfalls widerwillig verbündeten *Alanen*, die nun die sinkende Sache Ataulfs verließen, zu bewegen, die Gärten der Vorstadt im Einvernehmen mit den Bürgern zu besetzen und vor dem Angriff der Germanen zu schützen. Die sehr bezeichnende Einzelheit hat uns Paullinus selbst berichtet. Paullinus folgte gleichwohl Ataulf, der die Ausschreitungen seiner Truppen gegen die Römer also wohl nicht billigte; er verließ den „tyrannus" Attalus, der bald darauf von den Honorianern gefangen und nach Ravenna gesendet ward, wo ihm das Schicksal wiederfuhr, das er einst dem Sohne des Theodosius zugedacht: Verstümmelung und Verbannung.

Der Gotenkönig hatte inzwischen in Spanien von Barcelona aus die damals in römischem Waffendienst (foedus) fechtenden Vandalen bekämpft. Ein Knabe, den ihm hier Placidia gebar, erhielt den Namen „Theodosius" – in zwiefach sinnvoller Bedeutung: man scheint neue Hoffnung einer Versöhnung der Goten mit Honorius und der römischen Welt auf das Haupt des Kindes gestützt zu haben, dessen baldiger Tod als ein Unheil betrachtet ward. Bald nach des Knaben feierlicher Bestattung in silbernem Sarg fiel Ataulf durch Meuchelmord: August oder September (415 vor dem 24. September). *Eberulf*, vielleicht mit lateinischem Doppelnamen *Dubius*, der Gefolge eines alten Feindes, vielleicht des Sarus, war in des Königs Dienste getreten; er erstach diesen nun, in Blutrache für seinen früheren Herrn und aus Zorn, weil der hochgewachsene Balte über seine kleine Gestalt gescherzt hatte.

Glaubhaft hat uns ein Zeitgenosse (*Orosius*) die Staatsgedanken des bedeutenden Herrschers überliefert. Der König hat es selbst wiederholt ausgesprochen, wie er ursprünglich – im überschwellenden Kraftgefühl der Jugend, dürfen wir einschalten – das ganze Römertum habe austilgen und durch ein Weltreich seines Volkes ersetzen wollen, so daß der Gotenkönig an die Stelle des Cäsar Augustus getreten wäre. Durch reiche Erfahrungen aber habe er gelernt, daß dies Ziel vor allem deshalb nicht zu erreichen sei, weil sein unbändiges Volk nicht fähig sei, die hierfür erforderliche straffe Zucht unbeschränkter Herrschaft zu ertragen, ja nur, dem Fehdegang entsagend, dem Richterspruch sich zu fügen: die „civilitas custodita", wie sie ein Jahrhundert später der große Theoderich seine Ostgoten mühsam lehrte. Seitdem habe er im Gegenteil all seinen Ruhm darin gesucht, durch die Kraft seines Volkes die Römerwelt neu zu heben und zu schützen, auf daß er, da er nicht der Vernichter Roms werden konnte, als der Wiederhersteller des Reiches in der Geschichte fortlebe.

Dieser Ausspruch, durch Ataulfs ganzes Verhalten, die Vermählung mit Placidia, die Wiedereinsetzung des Attalus, die Namenswahl für den Sohn bekräftigt, ist von hoher Bedeutung. Er zeigt, daß damals einem Gotenkönig Ähnliches vorschweben konnte, was vier Jahrhunderte später der große Frankenkönig in anderer Form erreichte, daß nämlich anstelle der Romania eine Francia trete – Ataulf hatte eine Gotia dafür schaffen wollen. Karl der Große hat die beiden widersprechenden Pläne Ataulfs in gewissem Sinne vereinigt: er ward in Wahrheit der „restaurator" des Römerreiches, nur ließ er dabei die Franken an der Römer Stelle treten, er schuf ein heiliges römisches Reich fränkischer Nation.

Die Goten aber, aller Stämme, hatten in der Weltgeschichte weder Glück noch Stern oder doch nur kurz blühendes Glück, rasch verlöschenden Stern.

Ataulf war ganz wider Willen – durch des Constantius Eifersucht und durch des Honorius Eigensinn – in Kampf mit Rom gedrängt worden. Immer wieder hatte er den Frieden gesucht. In seinem Volk aber war immer noch jene alte römerfeindliche Partei sehr mächtig, die zum Teil wohl aus barbarischer Lust an Krieg und Kriegsraub, zum Teil aber doch auch aus ganz gesundem Gefühl das „foedus" mit Rom haßte und zu zerstören unablässig trachtete: denn dieses „foedus" bedrohte ohne Zweifel nicht nur die Freiheit, auch die Volkseigenart mit rasch vorschreitender Verrömerung. Mag die Ermordung Ataulfs zunächst aus Beweggründen persönlicher Rache geschehen sein – immerhin bewirkte sie einen Umschlag zugunsten der Römerfeinde. Der König hatte sterbend seinem Bruder, den er als seinen Nachfolger betrachten mochte, Friede mit Rom und Freigebung der römischen Kaisertochter ans Herz gelegt. Aber statt jenes Bruders ward ein Bruder des alten Baltenfeindes Sarus, der zuletzt sich gegen Honorius gewendet hatte, mehr durch Gewalt als durch Wahl und recht auf den Thron erhoben, und dieser neue König, *Sigrich*, ließ die Kinder Ataulfs aus früherer Ehe ermorden und zwang Placidia, mit anderen Kriegsgefangenen vor seinem Rosse her zwölf Miglien zu Fuß einherzugehen: der wilde Haß gegen Rom also hatte gesiegt. Die Fabel, Ataulf sei von den Goten ermordet worden, weil er dereinst die Stadt Rom verschont und nicht ihnen zur Zerstörung preisgegeben habe, wurzelt wenigstens in einer wahren Empfindung, wie die andere ebensowenig beglaubigte Angabe, die Ermordung Sigrichs, die schon sieben Tage darauf folgte, sei geschehen, weil auch dieser König sich Rom mehr zugeneigt habe, als die Kriegspartei ertrug. Sein Nachfolger *Walja* (415 bis 419) hielt zwar Placidia noch als Geisel gefangen, doch hatte er gleich bei seinem Herrschaftsantritt der Tochter des Theodosius wieder bessere Behandlung gewährt. Er mußte, in dem Bestreben, Raum zu gewinnen, nicht nur die germanische Feinde des Kaisers in der Halbinsel, sondern allerdings auch die römischen Besatzungen bekämpfen: so focht er zugleich für und wider Honorius und drang von Barcelona entlang der Südküste bis nach Cadix vor. Hier kam er auf den Plan Alarichs zurück, nach Afrika überzusetzen, das damals noch nicht von den Vandalen, nur von schwachen römischen Besatzungen verteidigt war, und die schmale Meerenge schien kein großes Hemmnis: jedoch abermals scheiterten die ersten Versuche durch Stürme und abermals gebrach es den Goten an Schiffen, die verlorenen Fahrzeuge zu ersetzen. Und schon zog Constantius, die wieder freigewordene Hand Placidias zu gewinnen, mit einem Heer aus Gallien über die Pyrenäenpässe: da beeilte sich Walja, den Weg einzuschlagen, den Ataulf gerade die umstrittene Kaisertochter versperrt hatte; er hatte keinen Grund, die Witwe zurückzuhalten. Gegen ihre Freigebung erhielt der König außer einer starken Getreidelieferung (sechshunderttausend Scheffel Weizen), wie es scheint, die kaiserliche Anerkennung des gotischen Besitzstandes in Spanien: das foedus war erneuert und die Westgoten traten nunmehr in die Stellung, welche bisher (circa 412–515) Vandalen, Alanen und Sueben auf der Halbinsel eingenommen hatten, d. h. sie schützten – und zwar gerade gegen die genannten Völker – die noch römischen Landschaften und Städte. Daher galten die Siege, die Walja (416–418) gegen diese Barbaren erfocht, als Siege des Kaisers, dem er die gefangenen Könige der Vandalen zuschickte (417). Jedoch im folgenden Jahre zogen die Goten wieder aus Spanien ab, und erhielten von den Römern in Gallien die Provinz Aquitania Secunda nebst einigen Städten in benachbarten Provinzen: von der wichtigsten Stadt *Toulouse* (bald der Hauptstadt) führte dieses gallische Gotenreich den Namen das „tolosanische Reich", das Reich von Toulouse. Zur Zeit der größten Ausdehnung dieses Begriffes umfaßte das Septimanien (der Name rührt nicht von „sieben Städten" her, welche die Goten damals erhalten hätten oder von der hier stehenden siebenten Legion, sondern von der schon bei Plinius genannten Völkerschaft der Septumani bei Beziers) genannte Gebiet die Bischofssitze und Stadtgebiete von Aix, Apt, Riez, Fréjus, Sistéron, Arles (Carcassonne, Nîmes), Marseille, Toulon, Digne, Grasse, Vence, Glandève, Senez, Nice (und Toulouse). Die Gründe dieser Rückwanderung lassen sich nicht genau angeben, doch lag die Anregung gewiß auf römischer Seite: vielleicht wollte man die Goten in der entlegenen Halbinsel nicht allzu selbständig werden lassen; vielleicht auch begegnete man sich hier mit einem Wunsche Waljas selbst, denn Spanien war schwerer mitgenommen als das lachende, „üppige Land der goldenen Garonne". Nach der begeisterten Schilderung der Zeitgenossen galt Aquitanien als die „Perle Galliens", Fruchtbarkeit und Schönheit des Landes waren gleich gefeiert: „nicht einen Teil der Erde, ein Stück des Paradieses glaubten die Bewohner daran zu besitzen. Rebgelände wechselten mit goldenen Saaten, blühende Fluren mit Obstgärten und lieblichen Hainen, von Quellen durchrieselt, von Flüssen durchströmt; und man wandelte noch immer mit frohen Liedern unter den Myrten und Lorbeeren von Bordeaux".[1]

---

1 Könige V, 69 f.

Zweites Kapitel

Das Reich von Toulouse (418–507)

Die Geschichte des Reiches von Toulouse wird bis gegen sein jähes Ende durch die Franken von zwei einander entgegenwirkenden Kräften bewegt. Einerseits mußten die Goten trachten, die allzu schmalen, ihnen von den Römern absichtlich mit Abschneidung von beiden Meeren und mit ungünstiger Umschließung von allen Seiten zugemessenen Gebiete zu erweitern und im Süden bis an die Rhône und das Südmeer, im Norden bis an die Loire und das Nordmeer sich auszudehnen; solche Erweiterung konnte nur im Kampf mit Rom und, bei der noch lange fortdauernden römischen Übermacht, fast nur bei Gelegenheit innerer Wirren in Italien oder Gallien erreicht werden. Andererseits waren aber Goten und Römer in Gallien zu dringend aufeinandergewiesen durch gemeinsame Verteidigung gegen gemeinsame Feinde, als daß das „foedus", so oft es auch gebrochen ward, nicht alsbald wieder hätte hergestellt werden müssen. Denn an völlige Austreibung der Goten konnten die Römer, an Vernichtung der Römermacht in Gallien die Goten nicht denken; erst den Franken sollte es gelingen, nach dem Erlöschen des Westreiches die letzten Inseln römischer Herrschaft im Lande zu überfluten und sehr bald hiernach auch den Goten den weitaus größten Teil ihrer gallischen Besitzungen zu entreißen. Die einstweilen in Spanien gewonnene Machtstellung ermöglichte, nach dem Untergang des „Reiches von Toulouse" den Staat als das „Reich von Toledo" fortzusetzen.

König Walja starb schon bald nach der Rückwanderung nach Gallien; er hinterließ, wie es scheint, keinen (waffenfähigen) Sohn; seine Tochter ward die Mutter des gewaltigen Kaisermachers und Kaiserbeherrschers Rikimer. Das Volk wählte *Theoderich (I.)* zum König, der in seiner langen Regierung (419–451) die Macht der Goten nach außen ansehnlich erweiterte und den Staat im Inneren festigte.

Seine Aufgebote fochten zwar circa 422 gemäß dem foedus an der Seite der Römer wider die Vandalen in Spanien; als aber wider den Nachfolger des Honorius, Valentinian III., in Gallien ein Gegenkaiser auftrat; (425) benützte Theoderich die Gelegenheit, scheinbar für den rechtmäßigen Kaiser und in Erfüllung des foedus, in Wahrheit aber für sich selbst nach der wichtigen Stadt Arles zu greifen. Dieses „gallische Rom" war seit 418 als Hauptstadt der sieben gallischen Provinzen anerkannt worden, indem die jährliche Versammlung von geistlichen und weltlichen Großen in die zu Ehren des Constantius Constantina beibenannte Stadt verlegt ward. Jedoch dieser erste Versuch auf Arles scheiterte: der Feldherr *Aetius*, als dessen Waffengenosse gegen die Hunnen der König später fechten und fallen sollte, hatte sich gegen Valentinian erklärt, traf aber nun auf dessen Seite zurück und sühnte seinen Fehler sofort dadurch, daß er die Goten vor Arles überfiel und nachdrücklich schlug; ihr Führer *Aonulf* ward gefangen; der König traf erst nach der Schlacht ein; Aetius hatte wohl durchschaut, daß Arles nicht für Valentinian erobert werden sollte. Das Födus ward jedoch erneuert, wobei auch Rom Geiseln zu stellen sich nicht mehr schämen durfte; 427 fochten die Goten wieder für den Kaiser in Spanien. Aber allzu wichtig erschien für den König Arles, der Schlüssel des Rhônetales: als 429 die Römer durch die Franken ausreichend beschäftigt schienen, streckte er abermals die Hand danach aus; jedoch abermals erschien rechtzeitig Aetius und wehrte ihn ab. Daher erklärt es sich sehr wohl, daß in dem einige Jahre später zwischen diesem und Bonifacius ausbrechenden Bürgerkrieg um die leitende Stellung im Westreich, die Goten gegen Aetius Partei ergriffen. Denn er war es, der mächtig den Schild über die römische Herrschaft in Gallien hielt; seine Gemahlin war zwar eine gotische Fürstentochter, doch gehörte sie wohl nicht dem Geschlecht des Theoderich an, eher dem der Balten, da Aetius als Knabe im Lager des Alarich vergeiselt, von diesem „wie ein Sohn" war gehalten worden. Gemäß dem Födus fochten dann gotische Hilfstruppen unter Bonifacius gegen die Vandalen in Afrika (436). Im folgenden Jahre verbanden sich die beiden römischen Feldherren in Gallien, Aetius und *Litorius*, zu kräftigem Zusammenwirken gegen das treulose Gotenvolk, dessen immer wiederholte Ausbreitungsversuche – ebenso viele Vertragsbrüche – die Römer allerdings erbittern mußten. Theoderich ward abgewiesen, als er Narbonne, daß schon Ataulfs Besitztum gewesen war und als der Schlüssel Spaniens galt, gewinnen wollte. Und nun zogen Litorius von Süden, Aetius von Norden her in das gotische Gebiet; letzterer benützte seine Beziehungen zu hunnischen Häuptlingen, Söldner dieses grausigen Volkes gegen die Germanen zu verwerten. Er schlug sie (*damals?* am Natternberg „der giftigen Natter aufs Haupt tretend"), daß sie acht Tausendschaften verloren: seine Hunnen unter *Gausarich* belagerten jedoch vergeblich die Goten in Bazas.

Gleichzeitig umschloß Litorius den König in Toulouse, verwarf die gotischen Friedensanträge und hoffte siegesgewiß – die Lorbeeren des Aetius ließen den Eifersüchtigen nicht schlafen –, den Barbarenkönig alsbald in dessen bezwungener Hauptstadt zum Gefangenen, vielleicht dem Gotenreich ein Ende zu machen. Aber ein verzweifelter Ausfall der hart Bedrängten verjagte die Belagerer und führte Litorius gefangen nach Toulouse. Sehr lehrreich ist es, hierbei die kirchlichen Quellen sämtlich *für* den arianischen König gegen den römischen Feldherrn Partei ergreifen zu sehen: jener war immerhin Christ, eifriger Christ, und soll bis zur Stunde des Ausfalls auf den Knien und von dem Bußgürtel umschlungen gebetet haben, während Litorius, heidnischem Aberglauben ergeben, die Vermittlungen der Geistlichen, zumal des heiligen Bischofs *Orientius von Auch*, mit schnödem Hochmut abweist, da ihm seine Wahrsager verheißen hatten, er werde in Bälde in Toulouse einziehen – er zog dann auch ein, aber als Gefangener.

Jetzt verwarf Theoderich seinerseits alle Friedensanträge und glaubte ohne Widerstand sein Reich bis an die Rhône ausdehnen zu können: nur mit Mühe soll damals *Avitus*, Präfekt von Gallien, dem König von früher her befreundet, die Wiederherstellung des Födus durch briefliche Vermittlung erreicht haben. Demgemäß focht 446 gotische Truppen wieder unter den Römern gegen die Sueben in Spanien. Bald darauf aber verband sich Theoderich mit eben diesen Sueben. Ihr König *Rekiar* hatte die Macht seines Volkes kräftig gehoben (siehe unten: Suebenreich in Spanien); nun gab ihm der Gotenkönig die Tochter zur Ehe und empfing 449 den Besuch des Eidams zu Toulouse, dem sogar, als er den Römern Saragossa und Illerda entriß, gotische Hilfstruppen nicht fehlten. Der Versuch Theoderichs, durch Vermählung seiner zweiten Tochter mit dem Sohne Geiserichs in Karthago sich auch mit den Vandalen zu befreunden, schlug freilich durch die grausame Bestrafung der Fürstin für ein wohl nicht begangenes Verbrechen in das Gegenteil um. Vielmehr sah sich der Gotenkönig alsbald durch eine furchtbare Bedrohung wieder auf die engste Verbindung mit Rom und Aetius hingewiesen: nämlich durch den alle christliche und römische Bildung wie alle germanischen Völker des Westens bedrohenden Angriff *Attilas*.

Es entspricht der kindlichen, alle großen Wirkungen auf Beweggründe und Leidenschaften einzelner Persönlichkeiten zurückführenden Geschichtsauffassung jener Zeit, wenn *Jordanis* jene gewaltige Völkerwoge und ihre Zurückdämmung lediglich aus Rache, Furcht und Klugheit bestimmter Fürsten ableitet. Um die Verstümmelung der Tochter zu rächen, soll Theoderich mit Römern und Sueben im Bund eine Landung in Afrika geplant, andererseits Geiserich, um diese Feinde am eigenen Herd zu bedrohen, „durch reiche Geschenke" Attila zu dem Zug gegen Gallien bewogen haben.

Die Wahrheit ist vielmehr, daß das bisher von den Hunnen heimgesuchte Ostreich nunmehr durch Kaiser *Marcian* kräftig verteidigt ward und die bisher von ihnen noch nicht geplünderten Reichtümer Westeuropas die räuberischen Mongolen mächtig anziehen mußten. Bei den so häufigen Verletzungen des römisch-gotischen Födus konnte Attila nicht ohne Grund hoffen, die Westgoten auf seine Seite zu ziehen – folgten doch deren nächste Stammesvettern, die Ostgoten, seinen Fahnen. Aber diese Versuche scheiterten gleichwohl: Westgoten und Römer mußten doch wohl die Gemeinsamkeit der sie bedrohenden Gefahr erkennen; gewiß war auch der gemeinsame Christenglaube, unerachtet des Gegensatzes von Katholizismus und Arianismus, ein mächtiges Bindeglied. Nachdem der gemeinsame Widerstand gegen die Hunnen beschlossen war, kostete es dem überlegenen Feldherrengeist des Aetius doch noch große Mühe, die Goten auch zu gemeinschaftlichem Auftreten im Felde zu bestimmen. Theoderich hatte lange Zeit das ganze römische Gallien den mongolischen Reiterschwärmen preisgeben oder nur von den Römern verteidigen lassen wollen: erst an der Garonne wollte er die Hunnen – eben von dem gotischen Gallien – abwehren. Endlich gelang es, durch Hilfe einflußreicher Römer den König zu bewegen, diesen törichten Plan der Kräftezersplitterung aufzugeben und mit den Römern und deren übrigen Verbündeten den Hunnen nach Nordost entgegenzuziehen. Diese anderen Verbündeten der Römer waren, freilich fast gezwungen, die *Alanen*, ferner aus früheren Kämpfen mit den Hunnen geretteten Reste der *Burgunder*; sodann *sächsische* Stämme vom Niederrhein, die *Uferfranken* vom Mittelrhein – andere Franken fochten gezwungen auf hunnischer Seite – endlich außer anderen *germanischen* und *keltischen* Völkerschaften (z. B. den *Aremoricani* in der Bretagne) auch die Bergvölker der *rätischen* Alpen (z. B. die *Breonen* vom Brenner) und slawische „*sarmatische*" Söldner. Attila wälzte unter der Oberhoheit seiner Hunnen ebenfalls „Sarmaten" heran, aber auch in großer Zahl unterworfene *germanische*, besonders *gotische* Völker; so die *Ostgoten* und *Gepiden*, die *Rugier* und die *Skiren*, gewiß auch *suebische* Stämme, endlich die vielleicht erst auf diesem Zug unterworfenen *Thüringer* und die rechtsrheinischen *Franken*. Die Angreifer waren (auf dem vermutlichen Weg: Koblenz, Trier, Metz, Oulchy an der Aisne, Troyes und Orléans) bis an die Loire vorgedrungen, wichen aber nun aus dem vorübergehend besetzten Orléans vor den anrückenden Verteidigern wieder zurück bis an die Seine und Marne, wo auf den catalaunischen (richtiger mauriacensischen) Feldern, fünf Miglien vor Tropes, Anfang Juli die Entscheidungsschlacht geschlagen wurde: die römische Feldherrnkunst des Aetius und das germanische Heldentum der Westgoten retteten die römische und christliche Kultur und die germanische Zukunft Europas. Als der greise König Theoderich, wie er die Seinen zu Angriff führte, im Vorderkampf des Reitergefechtes gefallen war, warfen sich die Seinen mit dem ganzen Zorn der Rache auf den Feind. Endlich ward Attila genötigt, das offene Schlachtfeld zu räumen: er warf sich „wie ein wunder Löwe" mit dem Rest seiner Völker in die feste Wagenburg. Vor seinen Augen vollzogen die Goten unter den Totenliedern ihres Volkes die feierliche Bestattung des gefallenen Königs, zu dessen Nachfolger sie sofort auf dem Schlachtfeld seinen Erstgeborenen *Thorismund* (451–453) ausgerufen hatten. Aetius bewog diesen jungen

Helden, von der Vernichtung Attilas abzustehen und nach Toulouse zurückzueilen, um seinen dort zurückgebliebenen fünf Brüdern in etwaigen Griffen nach der Krone zuvorzukommen: als Beweggrund des römischen Staatsmannes wird angegeben, er habe allzu gefährliches Anwachsen der Gotenmacht durch völlige Beseitigung des hunnischen Gegengewichts besorgt. Jedoch ist unverkennbar, daß die Eroberung der hunnischen Wagenburg, wenn überhaupt, nur mit den furchtbarsten Opfern zu erzwingen gewesen wäre: die Abwehr des Angriffs auf Gallien war gelungen und mochte genügen.

Die Besorgnis Thorismunds vor den Brüdern war nicht unbegründet: wenigstens wurde er schon zwei Jahre danach auf Anstiften seiner Brüder *Theoderich* und *Friederich* ermordet. Die Beweggründe oder doch Vorwände waren wohl, daß er sowohl das römische Födus als die noch behaupteten Reste der Volksfreiheit verletzt hatte. Er war mit Aetius über Teilung der großen hunnischen Beute in Streit geraten und hatte dabei, abermals vergeblich, wie sein Vater, einen Angriff auf Arles gemacht. Ja er wollte im Kampfe gegen Rom noch weitergehen, den Widerspruch einer römischen Partei im Volk mit schroffer Härte brechen. Da verbanden sich die Brüder und die übrigen Goten, die auf dem Schlachtfeld zu Châlons nicht mitgewählt hatten und sich also bei der Unbestimmtheit germanischen Thronfolgerechts nicht als verpflichtet ansehen mochten, mit den römisch Gesinnten zum Verderben Thorismunds: ein Diener wartet den Augenblick ab, da der eine Arm des Königs durch Aderlaß kampfunfähig ist, entfernt die Wachen aus dem Gemach, stürzt, Gefahr meldend, scheinbar in Treue besorgt, herein, führt aber in Wahrheit selbst die Verschworenen über die Schwelle. Der König erschlägt in Ermangelung des Schwertes mit dem Schemel mehrere der Angreifer, bis er nach tapferer Gegenwehr fällt (eine ähnliche Ausschmückung wie bei der Ermordung des Langobarden *Alboin*). Sein Nachfolger *Theoderich II.* (453–466) mußte dem Teilnehmer an der Tat, seinem Bruder *Friederich*, die nächste Stellung am Thron als Feldherr einräumen: entsprechend seiner römerfreundlichen Gesinnung ließ er 454 durch diesen Bruder in Spanien die gegen die Römer empörten Bauern unterwerfen. Der Präfekt von Gallien, Avitus, bemühte sich, diese Römerfreundlichkeit des gotischen Machthabers in Bestand und Eifer zu erhalten, er hielt, von Theoderich und Friederich begleitet, feierlichen Einzug in Toulouse.

Als hier die Nachricht von den Wirren in Rom – der Ermordung des Kaisers *Maximus* und der Einnahme der Stadt durch die Vandalen – eintraf, wiederholten die Gotenfürsten die Versuche von Alarich und Ataulf; sie setzten den ihnen befreundeten *Avitus* auf den Kaiserthron, wobei übrigens die Stimmung von Volk, Heer und Adel in Gallien mächtig mitwirkte. Je mehr die zusammenhaltende Kraft in Rom erlahmte, je weniger die von Wirren aller Art erschütterte Hauptstadt die Provinzen leiten und schützen konnte, desto dringender ward gerade für Gallien der Antrieb, gelöst von Rom, für sich selbst zu sorgen – wie dies schon im dritten Jahrhundert, ja bereits in den Tagen von Vitellius und Vespasian geschehen war. Gemäß dem erneuten Födus bekämpften nun die Goten die Sueben in Spanien wegen ihrer Plünderungen in römischem Gebiet: nach einem Sieg bei Asturica (Astorga) am 5. Oktober zog Theoderich in der suebischen Hauptstadt Bracara ein (28. Oktober) und setzte an Stelle des gefangenen und hingerichteten Königs Rekiar – seines Schwagers – einen von ihm abhängigen Fürsten aus dem Volk der Warnen (siehe unten: „Sueben"). Theoderich ward aber aus Spanien nach Hause gerufen durch die Nachricht, daß der von ihm erhobene Kaiser Avitus in Italien abgesetzt worden sei. Der König wollte zunächst dessen Nachfolger *Majorian* nicht anerkennen, führte den Krieg in Spanien nunmehr im eigenen Interesse fort und machte, wie sein Bruder und sein Vater, abermals einen vergeblichen Griff auf Arles (459). Nach einer Niederlage durch *Ägidius*, der jetzt als Nachfolger des Aetius die Verteidigung Galliens leitete, mußte der König das Bündnis mit Majorian erneuern: abermals fochten gotische Scharen mit den Römern zusammen in Spanien gegen die Sueben (Juni 461). Als aber (7. August 461) an Stelle des von seinem allmächtigen Minister *Rikimer* ermordeten Majorian

Aetius. Relief auf einem elfenbeinernen Diptychon aus dem 5. Jahrh. Monza.

Severus Kaiser geworden, wollte Ägidius diesen nicht anerkennen. Während er einen Angriff gegen Rikimer vorbereitete, verrieten Parteigänger des Severus aus persönlichem Haß die wichtige Stadt Narbonne an die Goten. Ägidius mußte bis über die Loire nach Nordosten zurückweichen; hier aber, bei Orléans, wandte er sich plötzlich, griff die ungestüm nachdrängenden Goten überraschend an und schlug sie so kräftig aufs Haupt – ihr Feldherr Friederich fiel –, daß er, alsbald durch fränkische und alanische Scharen verstärkt, wieder die „viel umstrittene Loire" angreifend überschreiten konnte.

Nach dieses bedeutenden Feindes plötzlichen Tode (463) konnte Theoderich sofort wieder wie gegen die Sueben in Spanien so gegen die Römer an der Loire mit mehr Erfolg auftreten: da „büßte er, wie er gefrevelt", d. h. er ward von einem Bruder ermordet (zu Toulouse: Anfang 466).

Dieser Bruder, *Eurich* (466–485), ebenso gewaltig als Krieger wie verschlagen, schlau und zäh als Staatsmann, schuf seinem Volk die glänzendste Machtstellung, die es überhaupt erreichen sollte. Mehr, als seine Vorgänger angestrebt, erlangte er an Landbesitz in Gallien und Spanien; er beseitigte auch den Schein römischer Oberhoheit, der in dem Födus seinen Ausdruck gefunden hatte. Diese Erfolge sind zum Teil seiner ganz hervorragenden Persönlichkeit, zum Teil aber auch der nun rasch sinkenden Widerstandskraft Roms zuzuschreiben. Treffend drückt dies das Wort des Jordanis aus, „Eurich sah den häufigen Wechsel der römischen Kaiser und das Schwanken des Reichs: da beschloß er, Gallien sich zu eigenem Recht zu unterwerfen." Zunächst suchte er freilich Verbindung mit Byzanz. Als aber diese Verhandlungen scheiterten und der oströmische Kaiser *Leo* mit dem weströmischen *Anthemius* einen Angriff auf das Vandalenreich rüsteten, verbündeten sich Eurich und *Geiserich*. Die Zerrüttung in Gallien bezeichnet es, daß sogar der römische Präfekt *Arvandus* mit dem Gotenkönig über Pläne verhandelte, die der Reichsregierung höchst gefährlich waren; freilich kann man es den verzweifelnden Provinzialen kaum verdenken, daß sie, in Ermangelung römischer Hilfe, zu jedem Mittel der Selbsterhaltung, auch zum Anschluß an die Barbaren, griffen. In den nächsten Jahren (466–474), wurde ein beträchtlicher Teil der damals besprochenen Pläne verwirklicht. Eurich brach mit Byzanz, griff die Anhänger des Anthemius auf beiden Seiten der Pyrenäen an, entriß den Sueben Merida und Lissabon, den Römern Tarraco,

Sevilla und Coïmbria, schlug die keltischen Bundesgenossen der Römer in Aremorica, die Bretonen, an der bisherigen Nordgrenze der Goten bei Déols an der Indre und nahm ihnen die Stadt Bourges, zog auch die Burgunder von dem Födus mit Rom ab und erweiterte das gotische Gebiet in Gallien schon damals sehr beträchtlich.

Nur eine höchst wichtige Landschaft, das waldige Hochland der Auvergne, mit ihrer tapferen Bergbevölkerung und ihrer festen Hauptstadt Clermont-Ferrand, die sich wie eine Insel aus dem grünen Becken der Limagne (Niederauvergne) hebt, stand diesen Fortschritten noch sehr unbequem im Wege, trennt sie doch wie ein Keil, wie ein vorspringender Winkel sperrend die nördliche von der südlichen Hälfte des gotischen Gebiets. Das Wachstum gotischer Volkskraft (dessen steigendes Verlangen nach Ausbreitung über ein weiteres Gebiet offenbar dem ununterbrochenen Drängen all dieser Könige als treibende Kraft zu Grunde lag – denn nicht lediglich auf Kriegslust der Fürsten sind diese opferreichen Bewegungen zurückzuführen) ward durch jenes lästige Hemmnis scharf eingeschnürt.[1] In den nächsten Jahren ward die Hauptarbeit des Königs der diplomatische und der Waffenkampf um dieses Land: es werden uns der Angriff und der Widerstand von einer der mithandelnden – freilich mehr noch mitleidenden! – Persönlichkeiten in zahlreichen Briefen geschildert, von *Apollinaris Sidonius*, dem Bischof (seit 471/72) der Hauptstadt Clermont: er war der Eidam des Kaisers Avitus und so der Schwager von dessen Sohn *Ecdicius*, der die kriegerische Verteidigung gegen die Goten nicht nur leitete, sondern zum guten Teil auch aus eigenen Mitteln ins Werk setzte. Man kann den Bischof von Clermont füglich den ersten „französischen" Schriftsteller nennen. In der gleichen Art von Briefwechsel und Erinnerungen, in der die Franzosen später so Glänzendes leisteten, bewährt er eine lebhafte Beweglichkeit des Geistes, eine Anlage und Neigung zu prickelnden und anmutig spielenden Wendungen und Witzen, eine Freude am anmutigen Ausdruck, die man als echt „französisch" bezeichnen könnte, wenn man für jene Zeit schon von Franzosen sprechen dürfte. Durch seinen Briefwechsel brausen alle Stürme der Zeit und der Nachbarschaft: mit allen bösen Königen des alten Bundes vergleicht er den Gotenfürsten, und er kann sich über dessen Erfolge auf Erden nur mit seiner sicheren Verdammnis im Jenseits einigermaßen trösten. Ein mächtiger Grund dieses Hasses war allerdings der Zorn gegen die arianische Ketzerei – Eurich heißt, meint er, noch richtiger König seiner Sekte als König der Goten. Aber bei dem sehr weltlichen Bischof war auch der Haß gegen die „Barbaren" äußerst lebhaft: sogar die Burgunderfürsten, seine unentbehrlichen Schützer gegen die Goten, schilt er „Tyrannen".

Der König trachtete mit allen Mitteln seiner zugleich leidenschaftlichen und zähen, ungestümen und schlauen Persönlichkeit nach dem für die Entwicklung seines Staates unerläßlichen Erwerb. Seine wiederholten Angriffe trafen das Flachland der Auvergne und die eroberten Städte auch anderer Gegenden mit solchen Verheerungen, daß Hungersnot nicht selten war – in den veröden Straßen von Vienne liefen die Hirsche umher. Aber das feste Clermont konnte nicht bezwungen werden; es bewährt sich hier wie so häufig in diesem Jahrhundert[2], daß, nachdem die Reichsregierung zu Ravenna die Verteidigung der Außenprovinzen: Gallien, Spanien, Noricum gar nicht mehr oder nur noch sehr mangelhaft zu führen vermochte, weil Offiziere, Beamte, Geld, Truppen fehlten oder in Italien gebraucht wurden oder nicht

---

1 Könige V, 92.

2 Vergl. Gesellschaft und Staat in den germanischen Reichen der Völkerwanderung, Dahn, Bausteine I. Berlin 1879

über die Alpen oder Pyrenäen zu gelangen vermochten, diese Provinzen sich selbst gegen die Barbaren zu schützen mit löblichem Mut versuchten und mit dauerndem Erfolge vermochten. Es war der Provinzialadel, der im Bunde mit dem sehr eng verwandten Episkopat diese Verteidigung aus eigenen Mitteln, durch Bewaffnung seiner Freigelassenen, Klienten, Kolonen, Sklaven übernahm und dabei bewies, daß kriegerische und staatliche Tugenden noch keineswegs ausgestorben waren in diesen aus römischen und keltischen Blut gemischten Geschlechtern; dieser Adel hatte allerdings auch die stärksten Gründe, mit der eigenen Freiheit und dem eigenen Reichtum die bisherigen römischen Zustände zu verteidigen, aus denen dieser Stand die größten Vorteile gezogen hatte. Zugleich war dieser Stand der Träger der Bildung, der Überlieferungen und des Stolzes besserer Zeiten. Daraus erklärt es sich, daß, als sogar der viel bedrängte Kaiser *Glycerius* in seiner Ohnmacht Stadt Clermont und Landschaft Auvergne dem Gotenkönig förmlich abgetreten hatte, Ecdicius, ohne sich daran zu kehren, den Widerstand fortsetzte.

Auch der Bischof will lieber alle Schrecken des Krieges als solchen Frieden tragen; und fast (denn allerdings gab es auch eine gotisch gesinnte Partei) der ganze weltliche Adel war entschlossen, der gotischen Besitzergreifung auf das kräftigste zu widerstreiten, äußersten Falles aber sich der Rache des Königs durch massenhafte Auswanderung oder Eintritt in den geistlichen Stand zu entziehen – die „Heimat oder die Haare zu opfern", meint, auch im Zorn und Schmerz immer noch witzig, der „französische Memoiren"-schreiber.

Aber auf die Dauer konnte die von Rom aufgegebene Landschaft sich doch gegen die gotische Übermacht aus eigenen Mitteln nicht behaupten. Auch der Nachfolger des Glycerius, *Julius Nepos*, suchte Frieden mit Eurich, der die ersten beiden Gesandtschaften abwies, trotz ihrer gesteigerten Zugeständnisse, auf Abtretung der Auvergne unerbittlich beharrte und sie dann auch gegenüber der dritten, die *Epiphanius* von Pavia führte, glücklich durchsetzte; Rom hoffte durch dieses Opfer Ruhe vor den Goten an den bereits bedrohten gallisch-italischen Grenzen, den Seealpen, zu erkaufen. Jetzt floh Ecdicius zu den Burgundern, Sidonius ward in seiner Bischofsstadt, die nun die Tore endlich öffnete, verhaftet und nach Livia bei Narbonne abgeführt. Der einflußreiche Minister *Leo* erwirkte jedoch bald seine Freilassung. Nun erschien der Geschmeidige am Hof Eurichs zu Bordeaux und bat um die Erlaubnis der Rückkehr nach Clermont. Aber der König, der aus besten Gründen den Verkehr der katholischen Bischöfe untereinander und mit allen seinen Feinden sehr argwöhnisch betrachtete – er befahl, Reisende und Boten nach verdächtigen Briefschaften zu durchsuchen – ließ ihn lange bitten und harren: erst nach zwei Monaten ward er vorgeladen, und viele Briefe und Verse mußte der geistreiche Stilist jetzt in einem dem früheren Schelten und Poltern gerade entgegengesetzten Sinne schreiben – es ward dem leicht beweglichen nicht allzu schwer! –, bis er Erhörung fand.

Eurich aber sah kaum sein Ziel in Gallien erreicht – eine vortreffliche Abgrenzung des gotischen Gebietes zwischen Loire, Rhône und beiden Meeren, – als er sofort Gleiches, ja noch Höheres jenseits der Pyrenäen anstrebte und gewann. Dort in Spanien hatten die Goten schon jetzt Walja den Sueben im „Auftrag des Kaisers", aber auch der Provinzialen – Truppen standen nur in ganz geringer Zahl auf der Halbinsel – sehr gegen Willen der wechselnden Kaiser – eine beträchtliche Zahl von Städten und Kastellen entrissen; als nun Kaiser Nepos durch *Romulus Augustus* verdrängt (28. August 474) und bald darauf durch *Odovakar* dem westlichen Reich ein Ende gemacht ward, benutzte der Gotenkönig die allgemeine Verwirrung vielleicht unter dem Vorwand, durch den Vertrag mit Nepos dessen Nachfolgern (und Feinden) nicht verpflichtet zu sein, in Spanien einzudringen und (477) Pampelona und Saragossa zu nehmen und die zusammengerafften Haufen, die der Adel der Provinz Tarraco aus eigenen Mitteln in Verteidigung des Landes ihm entgegenführen wollte, rasch zu vernichten. Und nun entrissen die Goten von den gewonnenen festen Stützpunkten aus in raschem Vordringen den Sueben und den Provinzialen die ganze Halbinsel – ausgenommen den nordwestlichen Saum, Galläcien, in dessen Bergen sich die Sueben behaupteten (siehe diese unten). Schon in den nächsten Jahren erneute der Sieger auch seine Angriffe in Gallien, überschritt die Rhône, nahm (480?) das von seinen Vorfahren so oft vergeblich bestürmte Arles, dann Marseille (481) und die ganze Provence bis an die Cottischen Alpen; der Beherrscher Italiens, Odovakar, trat ihm nicht entgegen, ja er scheint sogar ausdrücklich diese Erwerbungen der Goten in Gallien anerkannt zu haben. König Eurich schützte kräftig sein weites so zusammengebrachtes Gebiet gegen *sächsische* Seeräuber (aus England?) und gegen die schlimmsten aller Nachbarn, die *Franken*, denen freilich schon sein Sohn erlegen sollte.

Unter diesem König hatte das Westgotenreich den Scheitelpunkt der Kraftentfaltung erreicht. Er war unstreitig der mächtigste Fürst des Abendlandes: denn das Westreich war erledigt, Ostgoten und Franken kamen noch nicht in Vergleich. An seinem Hofe drängten sich um Gehör Gesandte zahlreicher Völker, nicht nur der germanischen Nachbarn, auch der Römer, und sogar, wegen gemeinsamer Feindschaft gegen Byzanz, der fernen Perser in Asien.

Der glückliche Eroberer wandte übrigens seine Sorge auch der Pflege des inneren Lebens seines Staates zu: er zuerst ließ westgotisches Gewohnheitsrecht aufzeichnen. Daß er der römischen Bildung nicht feindlich gegenüberstand, vielmehr deren Überlegenheit zu würdigen wußte, seine römischen Untertanen nicht als Römer bedrückte, geht wohl daraus hervor, daß sein mächtigster Minister, *Leo*, ebenso ein Römer war wie der Statthalter *Victorinus*, dem er die eben erst gewonnene, unsichere Auvergne anvertraute. Der Druck, den er nach des Bischofs von Clermont leidenschaftlichen Anklagen gegen die Römer übte, galt diesen nur, sofern sie zugleich als katholische Eiferer gefährlich waren: und nicht aus arianischen Glaubenshaß, aus sehr wohl begründetem staatlichen Mißtrauen überwachte und verfolgte er seine katholischen Bischöfe, deren Verrat alsbald den Fall seines Sohnes, den Untergang des tolosanischen Reiches, herbeiführen sollte. Der scharfblickende Herrscher durchschaute diese Gefahr: da ist es kein Wunder, wenn ihm, wie Apollinaris meint, schon das Wort „Katholik" wie Essig Miene und Herz zusammenzog. Sein Sohn *Alarich II.* (485–507) von *Ragnachild*, einer Königstochter unmittelbaren Stammes, geriet alsbald in Streit mit den *Franken* – dem glänzend begabten Volk, welchem eine Reihe von zusammenwirkenden Gründen (siehe Band II, Franken) die Führerschaft über alle seine germanischen Nachbarn, den Erwerb von ganz Gallien, ja die Erbschaft des westlichen Kaisertums zuwenden sollte. Ihr jugendlicher König *Chlodovech*, der gleichsam vorbildlich alle Vorzüge und alle Frevel seines Volkes in sich vereinte, machte 486 dem letzten Überbleibsel der Römerschaft in Gallien ein Ende. Durch seinen Sieg über *Syagrius* bei Soissons gewann er das Land von dieser Stadt bis an die Loire: so waren die Westgoten hier die unmittelbaren Nachbarn der Franken geworden, von denen ein Sprichwort aussagte, sie seien gut als Freunde, schlimm als Nachbarn. Sofort erwies sich, daß es Alarich an Kraft und Selbstvertrauen gegenüber den Merowingen gebrach. In Fesseln lieferte er Syagrius, der an seinem Hof Zuflucht gesucht, dem Frankenkönig auf dessen Verlangen aus. Einige Zeit gelang es noch der weisen Bemühungen *Theoderichs des Großen*, zwischen dem Merowinger, seinem Schwager, und Alarich, seinem Eidam, den Frieden zu erhalten, entsprechend jenem Streben der Vermittlung, das der große König von Italien zu eigenem Vorteil und dem aller kleineren Staaten gegenüber der gefährlich um sich greifenden Frankenmacht verfolgte.

Aber seitdem Chlodovech das Christentum in dem katholischen Bekenntnis angenommen und dadurch den Frankenkönig zum Vorkämpfer der rechtgläubigen Kirche in ganz Gallien gemacht hatte, fand der brennende Eroberungsdrang der Merowingen einen neuen mächtigen Vorwand und einen entscheidenden Bundesgenossen zugleich in dem „unterdrückten" Katholizismus in der Arianerstaaten. Es war die Wahl des rechtgläubigen Bekenntnisses eine Tat von höchster, von weltgeschichtlicher Bedeutung (siehe unten Franken): zunächst war damit den arianischen Germanenkönigen der Boden unter den Füßen, d. h. die Anhänglichkeit ihrer römischen Untertanen entzogen und im Inneren ihres Hauses dem fränkischen Einbrecher ein Gehilfe gewonnen, der die Türe selbst öffnete. Der burgundische Bischof *Avitus von Vienne* ruft dem Neubekehrten zu: „*Dein Glaube ist unser Sieg*" und *Gregor von Tours* sagt es mit schlichten Worten: „Seitdem wünschten alle mit Sehnsucht und Liebe die Herrschaft der Franken. Viele Leute in allen Teilen Galliens verlangten seither mit heißester Sehnsucht die Franken zu Herren zu gewinnen." Diese staatsgefährliche Sehnsucht seiner katholischen Untertanen loderte hier und da schon im offenen Aufstand gegen Alarich auf; umsonst suchte er die Führer der Bewegung, die Bischöfe, unschädlich zu machen, indem er die einflußreichsten, *Cäsarius von Arles*, *Volusian* und *Verus von Tours* absetzte und in andere Städte verwies. *Quintian von Rhodez* entfloh und ward später von dem Sohne Chlodovechs zum Bischof von Clermont ernannt: „denn um seiner Liebe zu uns willen war er vertrieben worden"; ja, einer dieser Seelenhirten, *Galactorius von Bearn*, war so streitbar, daß er bei Ausbruch des Krieges sich in Waffen an die Spitze seiner aufgebotenen Diözesanen stellte und dieselben dem Angreifer zuführen wollte: doch ward er von des Königs Reitern eingeholt, angegriffen und fiel, das Schwert in der Hand. Gegenüber solcher Gesinnung fruchtete der arianischen Regierung auch die oft versuchte Milde nicht: umsonst versuchte der König die Römer zu gewinnen durch eine für sie sehr wohlwollende Aufzeichnung des römischen Rechts (s. unten „Verfassung"), umsonst behielt er die römischen Minister seines Vaters, zumal Leo, bei, umsonst nahm er das Geschlecht des Bischofs von Clermont, Apollinaris, der so leidenschaftlich der gotischen Eroberung sich widersetzt hatte, in wärmste Gunst, umsonst verstattete er der katholischen Kirche freieste Bewegung – noch ein Jahr vor seinem Untergang ließ er das Konzil zu *Agde* tagen –, ja er nahm gütig die von anderen arianischen Germanenkönigen, den Vandalen in Afrika vertriebenen katholischen Priester auf und ließ nicht weniger als sieben katholische Bischofsstühle, die sein strenger Vater hatte verwaist stehen lassen, wieder besetzen: die „Befreiung" durch die katholischen Franken blieb der heißeste Wunsch seiner römischen Untertanen.

Als Chlodovech im Jahre 500 den Burgundenkönig *Gundebad* angriff, verriet Alarich zwar seine Neigung, diesem beizuspringen (und reizte dadurch den Merowinger noch mehr, alsbald die Westgoten anzugreifen), aber er fand nicht den Mut der Tat. Gundebad erlag, und als nun wenige Jahre darauf die Reihe des fränkischen Angriffs die Goten traf, fochten die Burgunder, bei denen einstweilen der Katholizismus starke Fortschritte gemacht hatte, auf seiten Chlodovechs. Dieser erklärte 507 den Goten den Krieg, wie es scheint, ohne auch nur sich die Mühe eines Vorwandes zu machen, als einen wahren Kreuzzug des Katholizismus: „Sehr schwer liegt es mir auf der Seele", sprach er zu seinen Franken, „daß diese Arianer ein Stück von Gallien innehaben: gehen wir mit Hilfe Gottes, schlagen wir sie und nehmen wir ihnen das Land ab." Solche Aufforderung zu Krieg und Frömmigkeit zugleich ließen sich schon damals die tapferen Ahnen der tapferen Franzosen nicht zweimal sagen: eifrig folgten sie ihrem vom Kriegsglück begünstigten König zu einem Unternehmen, das Ruhm, Beute und obendrein der Heiligen Wohlgefallen und Segen verhieß. Auch in dem Führer Chlodovech mischten sich, wie der kindlich-offene Bericht Gregors von Tours erkennen läßt, Kriegslust und Frömmigkeit, Schlauheit und Begeisterung in seltsamer Weise. Rasch, wie seine und seines Volkes Art war, traf er auch diesmal sein Opfer. Alarich, obzwar er diesen Angriff längst voraussehen mußte, war mangelhaft vorbereitet: er schaffte sich Geld durch Münzverschlechterung, durch Zwangsanlehen nötigte er auch die widerwilligen Römer zum Kriegsdienst. Gleich von Anfang mußte er alles Land bis Poitiers preisgeben: dem Doppelangriff der Franken, die vom Norden her über die Loire, und der Burgunder, die vom Osten her durch die Auvergne den Goten in die rechte Flanke vordrangen, war Alarich auch den Streitkräften nach nicht gewachsen, tiefer im Inneren seines Reiches wollte er desto früher die Verstärkung durch die erwarteten ostgotischen Hilfstruppen heranziehen. Inzwischen aber wirkte die religiöse Färbung, die Chlodovech mit lärmender Absichtlichkeit seinem Unternehmen zu geben verstand; er gelobte den Apostelfürsten für den Fall seines Sieges eine Kirche, er schickte an das Grab des heiligen Martin zu Tours, das damalige Orakel des christlichen Westens, um von dieser geweihten Stätte ein Zeichen des Ausgangs des Krieges zu erlangen; seine Boten wurden gemahnt, auf den Sinn des Psalms zu achten, der bei ihrem Besuch in der Kirche werde gesungen werden, und siehe: es war Psalm 17, 39–40, 18, 40–41: „Du hast mich gerüstet mit Stärke zum Streit und wirst unter mich werfen, die sich wider mich setzen: du gibst mir meine Feinde in die Flucht, daß ich meine Hasser verstöre."

Solcher Verheißung sich würdig zu zeigen, befahl Chlodovech aufs strengste, aller Kirchen und Geistlichen und Angehörigen der Kirchen und deren Schützlingen, Jungfrauen und Witwen, zu schonen. Die Belohnung blieb nicht aus: durch die angeschwollene Vienne zeigt eine von den Heiligen gesendete Hinde dem frommen König die Furt, und auf dem Marsch gegen Poitiers leuchtete den Franken eine Feuersäule auf der bischöflichen Kathedrale, der Kirche des heiligen Hilarius, wegweisend und bewillkommend entgegen.

Die Goten aber wollten nicht länger untätig die reißenden Fortschritte der Franken und die Verheerung ihres Landes mit ansehen: sie drängten ihren König gegen bessere Einsicht, wie seine feste Stellung, so seinen sicheren Plan aufzugeben, die Entscheidung erst nach dem Eintreffen von Theoderichs Hilfsheer zu suchen; er zog dem Feinde entgegen und verlor Sieg und Leben auf den „vocladischen Feldern" (am Flüßchen Clain, zwei Meilen nordwestlich von Poitiers). Folgerichtig faßte man die Schlacht als „ein Gottesurteil und den Untergang Alarichs als Strafe seines Ketzerglaubens".

Drittes Kapitel

Das Reich von Toledo

a) Die arianische Zeit (507–587)

Diese *eine* Schlacht entriß den Westgoten den weitaus größten Teil ihres Besitzes in Gallien für immer: ja ohne die spät eintreffende Hilfe der Ostgoten hätten die Franken damals schon das ganze Land bis an die Pyrenäen gewonnen. Der Widerstand der Geschlagenen ward erschwert durch zahlreiche zusammenwirkende Umstände, vor allem durch den Übertritt der Katholiken in fast allen Städten und Landschaften. In Poitiers, Saintes, Bourges, Bazas, Eauze, Lectoure öffneten Bischöfe, Priester, Laien die Tore, nur das Bergland der Auvergne, deren tapfere Männer, geführt von dem Sohne des Apollinaris Sidonius, in der Schlacht Treue und Ehre der Katholiken auf das rühmlichste gewahrt hatten, mußte mit Gewalt von Franken und Burgundern zur Unterwerfung gebracht werden; gleichzeitig gewann Chlodovech, mit dem Hauptheer Aquitanien und Perigord durchziehend, alles Land bis an die Garonne und die wichtigste Stadt jener Gegenden: Bordeaux. Einstweilen beschäftigte Streit um die schwer gefährdete Krone die gotischen Kräfte: Der echte Erbe Alarichs, der Enkel Theoderichs des Großen, *Amalarich* (507–531), war ein fünfjähriges Kind; da geschah denn, was in Ermangelung fester Thronfolgeordnung der germanischen Königsgeschlechter in solchen Fällen gar oft vorkam: ein waffenreifer, obzwar unechter Sohn des letzten Königs, *Gesalich*, griff nach der Krone und fand Anhang, der hinreichte, wenigstens das Reich auf die Dauer schwer zu verwirren, wenn auch nicht das Reich zu retten oder auf die Dauer zu behaupten. Während Amalarich von seinen Getreuen vor den Franken und vor seinem Stiefbruder über die Pyrenäen geflüchtet ward, ließ sich dieser zu Narbonne krönen. Der reiche Königsschatz ward aus der Hauptstadt Toulouse zum großen Teile, darunter der Sage nach die Kleinodien König Salomos, die Titus aus Jerusalem nach Rom gebracht, wo sie Alarich I. erbeutet haben sollte, in das feste Carcassonne geschafft, um dessen steilen Fels in tiefe Aude schäumend zieht: zwei Belagerungen trotzte die Festung. Im folgenden Jahre, 508, öffnete Bischof *Heraclian* den Franken die Tore der Hauptstadt Toulouse. Bald darauf wiederholte sich bei Angoulême das Wunder von Jericho, d. h. bei dem Anblicke des frommen Merowingers stürzten die Wälle – von innen nach außen – zusammen. Da hatte es St. Martin von Tours, der größte Heilige jener Zeiten zu Gallien und weit darüber hinaus, wohl verdient, daß der König ihm aus der Beute die reichsten Schenkungen weihte, war doch der Heilige sein wirksamster Bundesgenosse gewesen.

Da nun Gesalich nichts wider die Angreifer ausrichtete, vielmehr nach starken Verlusten nach Spanien floh und in Barcelona sich einschloß, gewannen Chlodovechs tüchtigster Sohn, *Theuderich*, und *Gundebad* der Burgunde noch 508–509, wo der Kampf zumal um die Rhônebrücke zwischen der Oststadt und der Weststadt tobte, während Chlodovech noch einmal die Schatzburg Carcassonne angriff.

Da erschienen endlich die langersehnten ostgotischen Truppen in Gallien – der drohende Angriff byzantinischer Schiffe hatte sie im Jahre 507/508 in Italien festgehalten: vermutlich war der Kaiser nicht ohne Einverständnis mit Franken und Bur-

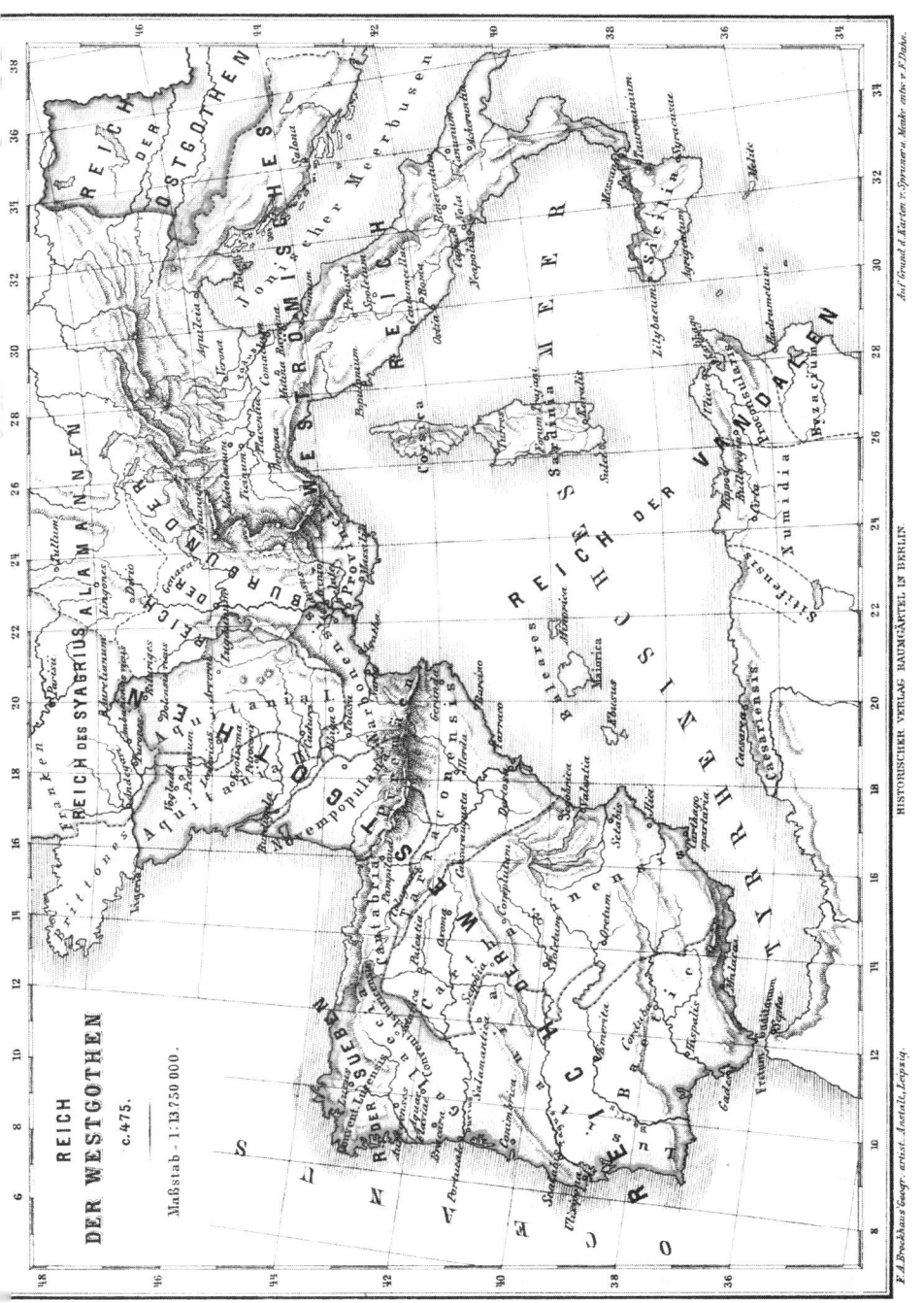

gundern gerade damals feindlich aufgetreten – und sofort hemmten sie und warfen bald darauf zurück die bisherige reißende Flut der fränkischen Siege. Wir sahen bereits, daß dieser Feldzug der einzig größere Krieg war, zu dem der friedfertige „Dietrich von Bern" sich entschloß: er konnte ihn nicht vermeiden, sollte, abgesehen von seines Enkels Thron und Rettung, Gallien nicht ganz den Franken zufallen.

Der kluge König hatte zum Oberfeldherren nicht einen Arianer, sondern einen eifrigen *Katholiken*, den tapferen Herzog *Ibba*, gewählt: dadurch war vermieden, daß die Provinzialen Galliens einen Feind ihres Glaubens in ihm fürchteten. Auch Ibba sorgte mit frommem Eifer für die katholischen Kirchen: der bisherige Vorteil Chlodovechs war dadurch aufgewogen und ohne Frage galt Theodrichs Herrschaft mit recht als die mildeste aller germanischen Regierungen über Römer. Ibba trat gegen die Provinzialen mit großer Schonung und Güte auf – nur die Stadt Arausio (Orange) ward, wohl wegen Verrates, bestraft – und mit starker erfolggekrönter Kraft gegen Franken und Burgunder: er warf vorerst Lebensmittel und Truppen in das tapfer verteidigte Arles, brachte Carcassonne Entsatz, schlug Franken und Burgunder aus der Provence und dem Gebiete des wieder eroberten Narbonne hinaus, griff dann den Usurpator Gesalich in Spanien an, schlug ihn bei Barcelona (510), vertrieb ihn nach Afrika und tötete ihn bei versuchter Wiederkehr (511), während andere ostgotische Feldherren endlich die Feinde zwangen, die Einschließung von Arles völlig aufzuheben.

Nach solchen Erfolgen der Ostgoten gaben die Franken den weiteren Kampf auf. Mit Grund hat die Sage Herrn *Sigfrid von Niederland* nur durch den spät und zögernd zum Schwerte greifenden *Dietrich von Bern* besiegen lassen: von Niederland kam die jugendlich aufstrebende Macht der Franken, und siegreich über alle Feinde erlag sie nur Theoderich dem Großen. Dieser, obzwar sonst nicht geneigt, sein italisches Reich zu vergrößern, behielt doch einen großen Teil des eroberten Landes für sich, den Rest der westgotischen Besitzungen in Gallien nahm er wie Spanien für seinen waffenunreifen Enkel Amalarich in vormundschaftliche Verwaltung. Es ist nicht leicht abzugrenzen, welche Stücke von Südgallien damals den vier Völkern verblieben oder zukamen. Weite Gebiete beließ Theoderich den Franken: Aquitanien, die Auvergne, alles Land nördlich der Garonne, südlich derselben Toulouse, die Gascogne und Guyenne. Noch im achten Jahrhundert bezeugen hier gotische Namen wie Alarich, Amalarius die Fortdauer gotischer (freilich wohl meist westgotischer) Bevölkerung. Auch als der Tod Chlodovechs (November 511) die Widerstandskraft der Franken vorübergehend lähmte, benutzte dies Theoderich nur zu einer leisen Verbesserung seiner Grenze, indem er Rhodez und Rovergue besetzte und die Linie der Durance befestigte, die als die für die Verteidigung wichtigste Grenze erscheint. Ostgotisch waren, wie die Unterschriften der Bischöfe auf den ostgotischen Synoden dartun, noch nach Theoderichs Tod die Städte Cavaillon, Apt, Orange, Carpentras, Gap, Embrun. Hauptstadt des westgotischen Landrestes in Gallien ward nun Narbonne.

Auch nachdem Amalarich waffenfähig geworden – seit 522 heißt er rex und zählt dies als sein erstes Regierungsjahr – führte Theoderich die vormundschaftliche Regierung des ganzen Westgotenreiches fort, offenbar weil er gegen die fränkischen Gefahren selbst den Schild über Gallien halten wollte. Als seinen Statthalter hatte er den Ostgoten *Theudis* nach Spanien geschickt, auch Steuern bezog er aus dem Westgotenreich, wie er über das Heer dieses Volkes die Kriegshoheit übte. Seitdem jedoch Theudis eine der reichsten Erbtöchter des römischen Adels der Halbinsel geheiratet und dadurch Verfügung über weiten Grundbesitz und zahlreichen Kolonen und

Schutzhörige erlangt hatte, umgab er sich mit einer Leibwache und nahm tatsächlich die Herrschaft über Spanien in die eigene Hand. Vergeblich lud ihn der König mit den höchsten Ehren nach Ravenna, Theudis ging nicht in die Falle. Jedoch erkannte er der Form nach Theoderichs Herrschaft an und entrichtete die Steuern regelmäßig. Ja, als Theoderich starb (526), wagte Theudis nicht, den jetzt vierundzwanzigjährigen Erben auszuschließen: *Amalarich* (522, resp. 526–531) übte nun ungehindert die Regierung; er war in Narbonne, wohl unter ostgotischer Aufsicht und Beschirmung, erzogen worden. Nun fand zwischen beiden jungen Vettern, Amalarich von Spanien und *Athalarich* von Italien, eine Auseinandersetzung statt: letzterer oder vielmehr für ihn seine Mutter, die Regentin *Amalaswintha* erkannte die Selbständigkeit des Westgotenreiches an, gab den von Carcassonne nach Ravenna geflüchteten Königsschatz heraus und verzichtete auf die bisher in Amalarichs Reich erhobenen Steuern. Jedoch traten damals die Westgoten das Land zwischen der Rhône und den Seealpen – ungefähr die alte römische „Provincia" – an die Ostgoten ab, so daß jener Strom nun die Grenze der beiden Gotenvölker in Gallien ward. Mischehen waren in den siebzehn Jahren von Theoderichs Verwaltung häufig in diesen Gegenden geschlossen worden zwischen ostgotischen Männern und westgotischen Frauen und umgekehrt. Jetzt, bei der neuen Abgrenzung, erhielt der Ehemann in solchen Fällen das Wahlrecht, an dem Wohnort seiner Frau und damit unter Herrschaft *ihres* Landesherrn zu bleiben oder sie in das Land und unter die Staatsgewalt *seines* Königs mitzunehmen; wahrscheinlich hatte noch Theoderich selbst für den Fall seines Todes diese sorgfältig gedachten Anordnungen getroffen. Des mächtigen ostgotischen Schildes beraubt suchte Amalarich sich mit den bösen Nachbarn, den Merowingen, möglichst freundschaftlich zu stellen: er vermählte sich mit *Chrotichildis*, der Tochter Chlodovechs, des Verderbers seines Vaters. Aber der ebenso staatlich wie sittlich verwerfliche Glaubenshaß ließ auch diese Verbindung statt zur Stütze zum Verderben des Königs ausschlagen.

Anfangs zwar verstattete er der katholischen Kirche ziemlich freie Bewegung – er ließ 527 das zweite Konzil zu Toledo zusammentreten –, aber bald begann er mit roher Gewalt der eifrig katholischen Merowingentochter seinen Glauben aufzwingen zu wollen. Ein Tuch, befleckt mit ihrem unter des Gatten Schlägen vergossenen Blut, sollte ihren Bruder *Childibert I.* zu Paris mit stummer Beredsamkeit mahnen, die Schwester zu schützen und zu rächen. Eilfertig zog der Franke, dem der fromme Einsiedler *Eusicius* Sieg geweissagt hatte, heran und schlug bei Narbonne Amalarich, der in dieser erstürmten Stadt, bevor er die Zuflucht einer katholischen Kirche erreicht, oder nach anderem Bericht in Barcelona durch sein meuterisches Heer den Tod fand. Mit reicher Beute (unter der sich vielleicht der „silberne Codex" – Vulfilas Bibelübersetzung – befand, mit anderen Beutestücken an französische Klöster verschenkt – im sechzehnten Jahrhundert liegt er im Kloster Werden in Westfalen: siehe unten) und der befreiten Schwester, die aber auf dem Rückwege starb, kehrte Childibert nach Hause (Grenzveränderungen traten damals nicht ein: auch Narbonne ward nicht behauptet). Nun schwang sich *Theudis* (531–548) auf den (vielleicht nicht ohne seine Mitwirkung bei jener Meuterei) erledigten Thron. Da seine „Hausmacht" in Spanien lag, überließ er das gallische Gebiet („Septimania", Gallia Gotica) einem zu Narbonne sitzenden Statthalter; er selbst weilte meist in Barcelona, um den Pyrenäenpässen und der von daher stets drohenden fränkischen Gefahr nahe zu sein (in Spanien gab es noch keine Hauptstadt: vielleicht erst unter Leovigild gewann Toledo diese Bedeutung). Denn unablässig trachteten die Nachkommen Chlodovechs, das Werk ihres Ahnherrn zu vollenden und Frankreich seine „natürliche Westgrenze", die Pyrenäen zu gewinnen. 533/534 griffen sie wieder an – eine Kriegsursache wird uns nicht angegeben: den Franken genügte die Nachbarschaft als Kriegsgrund und die „Ketzerei" der Nachbarn würzte und heiligte den Kampf –, eroberten ein Stück Landes bei Beziers und sicherten dessen Besitz durch Austreibung der angesiedelten Goten; 542 drangen Childibert I. und *Chlotachar II.* durch die Pyrenäen, eroberten Pampelona und bestürmten Saragossa, das aber durch das auf den Wällen in Umzug umhergetragene Gewand seines Schutzheiligen *Sankt Vincentius,* gerettet wurde.

Auf dem raubbeladenen Rückzug hätten die Franken in den Pyrenäenpässen von dem Feldherrn *Theudigisel* vernichtet werden können, wenn nicht der durch Geld Bestochene ihnen einen Tag und eine Nacht unverfolgten Abzugs gegönnt hätte. Immerhin holten die Goten, wohl vom König geführt, noch die Nachhut ein und rieben sie auf. Bald darauf (544) unternahm Theudis einen Feldzug in Afrika, der weniger Angriff als vorbeugende Verteidigung bedeutete. Er hatte die Vandalen nicht gegen die überraschend schnellen Erfolge *Belisars* unterstützt: Karthago war bereits gefallen, als ihre Gesandten seine Hilfe erbaten. Aber da *Justinian* nach Vernichtung des Vandalenreiches sich alsbald auf die Ostgoten in Italien gestürzt hatte und sie auf das schwerste bedrängte, mochte Theudis besorgen, daß nach der Zerstörung dieses zweiten Germanenreiches die Reihe an seinen Staat kommen werde. Leicht war von Afrika aus die schmale Meerenge überschritten, wenn der Kaiser auch die verlorene Provinz Spanien wieder zum Reiche sammeln wollte. So beschloß er, selbst Ostgote und Verwandter *Ildibads,* vielleicht auch um den Seinen in Italien durch solche Beschäftigung der Byzantiner im eigenen Lande Luft zu machen, den Kaiserlichen vor allem den festen Brückenkopf der Meerenge auf afrikanischer Seite, die Hafenstadt Ceuta, zu entreißen, was seiner persönlichen Führung auch beim ersten Angriff gelang (542). Da nach seiner Heimkehr die Festung wieder von den Kaiserlichen genommen ward, schickte er nochmal ein Heer nach Afrika. Als aber dies, während es der Sonntagsfeier oblag und an solchem Tage keinen Kampf erwartete, gleichzeitig durch einen Ausfall der Belagerten und eine byzantinische Entsatzflotte überfallen und vernichtet ward, gab er den Plan auf (544). Vier Jahre danach (548) wurde er, wie so viele Westgotenkönige, vor und nach ihm, ermordet (zu Sevilla): der Mörder heuchelte Wahnsinn.

Sein Nachfolger, der oben erwähnte Feldherr *Theudigisel,* fand schon nach siebzehn Monaten (549) das gleiche Ende. Er scheint die Katholiken bedrückt zu haben, wenigstens spottete er über ein katholisches Wunder, das er „ein Stücklein der Römischen" nannte. Da er die Männer der Frauen, denen er nachstellte, umbringen ließ, verschworen sich die Rächer zu seinem Verderben. Als der König mit seinen Freunden fröhlich zechend an der Abendtafel saß in seinem Palast zu Sevilla, löschten plötzlich die Lichter und durchbohrten ihn mit dem Schwert. Mit tiefer Entrüstung tadelt der Franke *Gregor von Tours,* in dessen Staat zwar der Königsmord auch nicht selten war, aber unter Beibehaltung des Geschlechtes (dessen Glieder sich selbst untereinander am häufigsten nach dem Leben trachteten), „diese abscheuliche Angewöhnung der Westgoten, wenn ihnen der König nicht gefiel, ihn mit dem Schwert anzufallen und sich einen anderen zum König zu setzen". Und in der Tat hat der Königsmord, der von Amalarich ab die Krone nie drei Geschlechter in *einem* Hause dauern ließ, durch fast völligen Ausschluß jeder auch nur tatsächlichen Erblichkeit des Königtums diesen Staat zerrüttet und geschwächt. Die Herrscher aber wurden durch diese stete Bedrohung zu gewaltherrlicher Launetat, zu argwöhnischem Mißbrauch der immer gefährdeten Macht verleitet.

Gegen seinen Nachfolger *Agila* (Oktober 549–554) empörten sich, wie es scheint, zumal die Katholiken in und um *Córdoba:* wenigstens wird die empfindliche

Niederlage, die er hier erlitt – sein Sohn fiel, sein Schatz ward erbeutet – als Strafe der Heiligen für die (wohl arianische) Verachtung Christi und Verletzung des Grabes des katholischen Märtyrers *Sankt Acisclus* aufgefaßt. Damit stimmt auch zusammen, daß der Führer des Aufstandes, der altem Adel entsproßte *Athanagild*, die Hauptbeschirmer des rechten Glaubens, die Byzantiner, vaterlandsverräterisch in das Reich rief. So ward die von Theudis geahnte und bekämpfte Gefahr durch gotische Männer selbst ins Land geholt. Kaiser Justinian, der damals (554) nach eben vollendeter Vernichtung des Ostgotenreiches in Italien Feldherren, Truppen und Geld zur Verfügung frei hatte, ergriff mit beiden Händen die seiner Staatskunst so gelegene Aufforderung zur Einmischung in Thronstreitigkeit und Parteiung des Westgotenvolkes. In ganz ähnlicher Weise hatten ja die Parteiungen der Vandalen und Ostgoten Byzanz und das Verderben in ihre Reiche gerufen: jetzt schien die ganz ebenso veranlaßte Einmischung in Spanien zu der Vernichtung des dritten Germanenreiches auf altrömischen Boden führen zu sollen. Alsbald landete eine byzantinische Flotte ein Heer unter dem Patricius *Liberius*. Freudig begrüßten die Katholiken, die Römer diese Truppen als Befreier und öffneten ihnen die Tore in den meisten Seestädten der Ostküste, die nun über zwei Menschenalter im Besitz der Kaiser blieben. Schon schien es, als Agila vor *Sevilla* von den vereinten Byzantinern und Rebellen geschlagen ward, daß alsbald auch das Westgotenreich den Untergang finden solle. Da ermordeten den König, der zu *Merida* neue Rüstungen betrieb, seine eigenen Anhänger und erkannten Athanagild an (554–567). Dieser wandte sich zwar nun sofort gegen die gefährlichen Gehilfen, die er mit frevelhafter Torheit ins Land geladen, vermochte aber, unerachtet im offenen Felde germanisches Heldentum sich meist den kaiserlichen Söldnern überlegen erwies, die starken Festungsstädte, Seeburgen und Häfen nicht wieder zu erobern, welche von *Sucruna am Mittelmeer* bis zum *Heiligen Vorgebirge am Atlantischen Ozean* mit zahlreichen Binnenstädten innerhalb diese Küstenstriches in die Hände der Byzantiner gefallen waren. Da damals die *Sueben*, von ihrer bisherigen Ohnmacht erholt, den Katholizismus annahmen, besorgte der König eine drohende Verbindung dieser Nachbarn mit Franken und Byzantinern. Er versuchte die gefährlichsten dieser drei katholischen Mächte, die Merowingen, für sich zu gewinnen, indem er seine Tochter *Brunichildis*, „die neue Perle, die Spanien gebar", wie *Venantius Fortunatus* sie begrüßt, mit König *Sigibert von Austrasien* zu Metz vermählte. Winter 506/507 ward sie über die Pyrenäen abgeholt: der Bräutigam „wollte durch die Ehe mit der gotischen Königstochter seine Brüder vollends überstrahlen, die mit unfreien Weibern in Buhlschaft lebten". Da freite sein Bruder, der geistreiche, aber bösartige *Chilperich von Soissons*, um Athanagilds zweite Tochter, *Gaileswintha*, die „als Mundschatz und Morgengabe" die schönen Städte und Landschaften, Bordeaux, Limoges, Cahors, Bearn und Vigorre erhielt.

Der Braut Chilperichs ahnte Unheil. Mit Gewalt hatte man sie aus den Armen der Mutter reißen müssen; den Bräutigam ließ man auf heilige Überbleibsel schwören, sie solange er lebe nie zu verstoßen. Der Merowinge hielt seinen Eid: denn er ließ sie alsbald um seiner Buhle *Fredigundis* willen – erdrosseln. An ihrem Grabe geschahen Wunder: in Spanien wird sie als Heilige verehrt; die Rache übernahm ihre Schwester Brunichildis. Athanagild war vorher (567) in seinem Palaste zu *Toledo*, wo er gern weilte und den Heiligen *Justa* und *Rufina* eine Kirche gebaut hatte, „friedlichen Todes", was als Ausnahme besonders hervorgehoben wird, gestorben. Nach seinem Tode konnten sich die ehrgeizigen Edlen, die lieber Könige werden oder morden, als Könige wählen wollten, fünf Monate lang über seinen Nachfolger nicht verständigen, und als endlich (April 568) der langjährige Statthalter des westgotischen Galliens, *Leova*, zu *Narbonne* gewählt wurde, vermochte er die Losreißung Spaniens nur dadurch zu verhindern, daß er seinen jüngeren Bruder *Leovigild*, der durch Vermählung mit Athanagilds Witwe *Godiswintha* seine Macht im Lande begründet oder verstärkt hatte, als Mitherrscher (für Spanien als alleinigen Herrscher) und als Nachfolger für das ganze Reich anerkannte: schon 572 starb Leova und Leovigild war Alleinherrscher.[1] Während wir von den meisten der bisherigen Westgotenkönige außer dem Namen nur etwa noch die Art der Ermordung wissen, gewähren von nun ab die reichlicher fließenden Quellen genauere Kenntnis: Leovigilds Eigenart und Absichten treten uns klar entgegen.

Es schienen alle den vielgefährdeten Staat bedrohenden Wetterwolken über die Krone gerade auf seinem Haupte verderblich sich entladen zu wollen. Seit Athanagilds Tod hatten alle Feinde des Reiches, innere und äußere, Fortschritte gemacht und sich in höchst gefährliche Verbindung miteinander gesetzt. Im Osten griffen die katholischen Franken immer wieder nach Septimanien, im Norden brachen die katholischen Sueben aus ihren Bergen herab in die reicheren Niederungen, im Südosten aber hatten die katholischen Byzantiner inzwischen bedeutende Fortschritte gemacht und – was das brennendst Gefährliche – überall im Osten, Norden und Südosten hatten diese katholischen Feinde sich mit der katholischen Bevölkerung, ebenso mit den Bauern auf dem Lande wie mit den Städtern, in eifrigste Verbindung gesetzt. Überall zugleich loderte auch der Aufstand der Römer, der Rechtgläubigen, von den Waffen der drei feindlichen rechtgläubigen Nachbarn unterstützt, empor. Diesen schweren Gefahren hatte Leovigild sehr wenig entgegenzuführen außer seiner eigenen Kraft: denn das gotische Volksgefühl war durch fortschreitende Verrömerung geschwächt, die arianische Geistlichkeit konnte sich an Bildung mit der katholischen schwerlich messen, der weltliche Adel war statt einer Stütze eine ständig lauernde Bedrohung des in seiner Sippe gefestigten Thrones. Dieser meisterlose Adel, dem die Empörung, der Königsmord zur Gewohnheit geworden, war zur Treue gar nicht, zum Gehorsam nur durch den Schrecken zu bringen. Unermüdlich und unverzagt hat in den nächsten acht Jahren Leovigild gegen alle diese Feinde das Königsschwert geschwungen, in allen Teilen der Halbinsel suchte er den zum Teil sehr starken Widerstand der verbündeten inneren und äußeren Gegner auf und brach ihn siegreich nieder.

Gleich im ersten Jahre (569) wandte er sich nach Süden und drängte die byzantinische Ausbreitung im Gebiet von *Baëça* und *Malaga* durch einen Sieg im offenen Felde zurück: im folgenden Jahre (570) entriß er den Kaiserlichen durch Einverständnis mit den gotischen Einwohnern die Stadt *Medina Sidonia (Assidunia)*; aber das ganze Jahr 571 widerstand die Hauptfestung, die den *Bätis (Guadalquivir)* an seinem Mittellauf beherrscht, das stolze und eifrig kaiserliche *Cordoba*, das seit Agila, d. h. seit zwei Jahrzehnten sich der gotischen Herrschaft entzogen hatte. Die Bauern der *andalusischen* Berge beunruhigten die Belagerer, während die Bürger und eine gewiß starke byzantinische Besatzung die hohen Wälle hartnäckig verteidigten. Endlich erschloß die Tore wie die Assidonias nächtlicher Verrat: blutige Bestrafung der Bürger und Bauern, wiederholte Siege über die kaiserlichen Truppen schreckten damals viele Nachbarstädte in Unterwerfung. Im Jahre 572 eilte der König nach dem Norden, wo, wie die Byzantiner im Süden, die suebischen Waffen die Aufständischen

---

1 Dahn, Leovigild. Bausteine VI. 1884 S. 283.

stets zu unterstützen bereit waren; so überraschend schnell stand er an der Grenze der Sueben, daß diese keine Hilfe den empörten Städten und Landschaften *Aregia* und *Sabaria* zu bringen wagten, deren Unterwerfung nun leicht gelang. Die folgenden Jahre (573/574) sahen den König im Osten in *Cantabrien*, wo Amaja bezwungen ward; gleich darauf flog er in die aregischen Berge zurück, eine jetzt von den Sueben unterstützte Wiedererhebung zu strafen; im Jahre 578 warf er zweimal Erhebungen der Städte und der Bergbauern in der Landschaft *Orospeda* nieder.

Damit konnte der König zunächst das Schwert in die Scheide stecken. Aber nun begann er den Königsstab zu schwingen. Der Staat war nicht nur durch die äußeren Angriffe und durch die römische katholische Erhebung gegen die barbarische, ketzerische Regierung dauernd bedroht gewesen, schlimmer noch wirkte das meisterlose Junkertum des gotischen Adels selbst, der dem König nur ein armes Mindestmaß von Macht, Vermögen, Sicherheit gönnte und nicht so fast, wie etwa der alte Adel Roms oder Englands, im Staat selbst herrschen, als vielmehr keinerlei Herrschgewalt im Staate dulden wollte. Erinnern wir uns, daß seit Eurichs Tod kein gewaltiger Fürst mehr dieses Reich geleitet hat: denn Theoderich saß fern in Ravenna, griff in die spanischen Dinge nicht ein, und sein Statthalter Theudis, durch seine Heirat selbst unter die großen Landherren der Halbinsel getreten, konnte wohl seine Unabhängigkeit von dem König nur durch seine enge Verbindung mit dem Adel des Landes erkaufen. Dazu kam, daß die Natur der von Gebirgen durchgliederten Halbinsel schon von jeher, d. h. seit den Tagen der Karthager, eine große Sondertümelei für sich abgeschlossener Täler, fest umgrenzter Landschaften begünstigt hat, in denen dann eine reiche landmächtige Sippe erbliche, befestigte Gewalt, eine tatsächliche Fürstenschaft gewinnt, in Schutz und Vertretung der Landschaft aus eigener Kraft gegen alle Feinde, namentlich aber auch in Auflehnung wider jede Gesamtherrschaft. Solche Stellungen hatten schon in römischer Zeit zahlreiche Geschlechter eingenommen: die Familie des *Theodosius*, die Brüder *Didymus* und *Verinianus* 411, der Adel von Tarracona 471, Theudis 520; erst kürzlich hatte Leovigild einen solchen Provinzialfürsten *Aspicius* als die Seele der Empörungen aus *Cantabrien* fortführen müssen.

In diese vorgefundenen Verhältnisse des eingeborenen war nun auch der gotische Adel getreten, und draußen in ihrer Landschaft spielten diese gotischen wie die römischen Großen nicht nur Könige im kleinen, sie trotzten auch offen dem schwachen Königtum und hatten die „abscheuliche Gewohnheit angenommen, jeden König, der ihnen nicht gefiel, in rascher ‚Palastrevolution' zu ermorden". Dieser reichsverderberische Adel zog Reichtum und Macht aus der Aussaugung und Unterdrückung der kleinen Freien seiner Nachbarschaft, die durch alle Mittel der List und Gewalt, unterstützt durch die steigende Not der kleinen Besitzer, deren Grundstücke Krieg und Aufstand unaufhörlich verwüstete, in volle Knechtschaft oder doch in Halbfreiheit, in Schutzhörigkeit zu drängen verstand.[1] Es war daher nicht „Neid, Geiz, Herrschsucht", was wie kirchliche Quellen angeben, den König bewog, mit eherner Wucht diese Junkernwirtschaft zu zermalmen – persönliche Leidenschaften mögen nur etwa bei *Ausführung* dieser Strebungen mitgewirkt haben –, vielmehr traf er sie wie mit der vollen Kraft, so mit dem vollen Recht des Königtums, das in jener Zeit eins war mit dem Staate überhaupt. Denn die alte Volksfreiheit war unwiederbringlich dahin und es konnte sich nur darum handeln, ob die Staatsgewalt von dem selbstischen Adel ausge-

---

1 Ganz ebenso wie der fränkische Adel im Merowingenreich; Band III.

beutet und zerrissen oder von dem Königtum zum Heile der Gesamtheit geübt werden
sollte, zum Heile vor allem der kleinen Gemeinfreien, der Menge des niederen Volkes,
dessen Freiheit und Recht nur durch den König geschirmt werden konnte.

So war die innere Staatskunst Leovigilds echt königlich, echt staatsmännisch und
echt volksfreundlich zugleich. Mit schlichten Worten sagt das derselbe Gregor, der
jene „abscheuliche Gewohnheit" gerügt hat: „Leovigild tötete alle, die sich angewöhnt hatten, die Könige zu ermorden, nicht einen ihres Mannesstammes ließ er
leben." Und ein katholischer Bischof, den dieser König in Verbannung geschickt hat,
der ehrliche *Johannes von Valclara*, bringt die andere Seite dieser Staatslenkung zum
Ausdruck: „Leovigild überwand überall im Lande und rottete aus die ‚Tyrannen', die
gewaltsamen Bedrücker Spaniens und schaffte so Ruhe für sich selbst und für das
Volk" – kein besseres Lob könnte für einen König jener Tage ersonnen werden, als
hier ein kirchlicher Gegner, ein Verfolgter, dem Herrscher, dem Verfolger, bezeugt.

Leovigild suchte nun zunächst die tatsächlichen Grundlagen des Königtums zu
heben. Es hatte bisher an einem ausreichenden Königsschatz gefehlt, manches Stück
daraus mochte 507–526 an Franken, Burgunder, Gesalich, Ostgoten verloren gegangen sein, es fehlte an einem erblichen Hausschatz eines dauernden Königshauses zur
Ergänzung des Staatsschatzes. Der König füllte daher jetzt planmäßig den leeren
Schatz nicht nur aus der Beute, sondern durch Erhöhung der Steuern und Einziehung der Güter des empörerischen Adels. Mit jener Armut mag es zusammenhän-
gen, daß bis dahin Tracht und äußere Erscheinung des Königs sich vor dem Volk
nicht auszeichnete; es war bei dem gewaltigen Kriegsmann und gedankenreichen
Staatsmann gewiß nicht Eitelkeit, sondern die tiefe Absicht, das Königtum auch
äußerlich über den hochfahrenden Adel zu erhöhen, weshalb er königliche (d. h.
wohl Purpur-)Kleider anlegte und seinen Sitz auf einem Throne nahm. Auch gab er
der Regierung einen festen räumlichen Mittelpunkt, indem er *Toledo*, gerade im Herzen der Halbinsel gelegen, mit weisem Blicke zur Residenz des Reiches wählte; seine
Vorgänger hatten, ohne ständige Residenz, viel in Barcelona oder Sevilla verweilt.[1]
Von höchstem Wert aber war es, daß es dem klugen und kraftvollen Herrscher gelang, wenn nicht die Krone für immer in seinem Hause erblich zu machen, wenigstens für die nächste Thronerledigung die Gefahren einer Königswahl dadurch auszuschließen, daß er schon jetzt die Anerkennung seiner beiden Söhne erster Ehe,
Hermenigild und *Rekared*, als Mitherrscher durchsetzte (572). Daß schon damals das
Reich in drei Stücke geteilt und für *Hermenigild Sevilla*, für *Rekared* die neu in Celti-
berien gegründete und zu seinen Ehren *Rekopolis* genannte Stadt als Herrschersitz
bestimmt worden sei, ist eine vielleicht aus fränkischen Teilungen übertragene Auffassung (Gregors von Tours).

Nachdem der König durch solche Erfolge und Anordnungen sich und dem Lande
Ruhe geschafft, wollte er, wie schon seine Vorgänger versucht hatten, die immer
drohende fränkische Gefahr durch abermalige eheliche Verbindung mit dem merowingischen Hause abschwächen, mit welchem er durch seine zweite Ehe bereits verschwägert war. Aber unheilvoll wie die früheren merowingischen sollte gerade diese
Heirat die schlimmste Spaltung im Reich, die des Bekenntnisses, wieder aufreißen
und Haus und Staat des Königs durch die abscheulichste Empörung, die des Sohnes
gegen den Vater, zerrütten. Leovigild war ursprünglich durchaus kein Gegner des
Katholizismus: dies beweist seine erste Ehe mit *Theodosia*, der katholischen Tochter

---

1 Nur Athanagild auch schon in Toledo.

eines vornehmen Byzantiners *Severianus* aus Carthagena, deren Bruder *Leander*, später Metropolitan von *Sevilla*, gleich stark geneigt wie begabt, die Seelen sich in strenger Glaubenszucht zu unterwerfen, vermutlich früh den beiden arianisch getauften Schwestersöhnen gute und hohe Meinung von dem katholischen Bekenntnis beigebracht hatte.[1]

Seitdem Leovigild den Thron bestiegen und nun überall die katholischen Verschwörungen mit Byzantinern und Sueben und die gewaffneten katholischen Erhebungen gegen den Staat zu bekämpfen hatte, mochte seine Stimmung gegen diese das Reich fortwährend gefährdende Kirche – darauf ist wohl mehr als auf seine Heirat in zweiter Ehe mit der eifrig arianischen Witwe Athanagilds, *Godiswintha*, Gewicht zu legen – wohl strenger geworden sein, aber zu irgendwelcher Verfolgung kam es vor der Empörung seines älteren Sohnes nicht. Dieser, Hermenigild, ward 580 vermählt mit *Ingundis*, der Tochter Sigiberts und Brunichildens, also mit seiner Stiefnichte, der Enkelin seiner Stiefmutter Godiswintha. Brunichildis hatte vor allem die Verbindung betrieben. Verwitwet seit 576 – König Sigibert war durch Fredigundis ermordet worden (siehe unten, Franken) – und von vielen Feinden bedrängt, suchte die Gotin im Gotenreich Rückhalt. Im September 580 ward die Braut mit reicher Ausstattung über die Pyrenäen geleitet: ihr Weg führte über *Agde*, wo Bischof *Fronimius* sie eifrig bestärkte, an ihrem Glauben festzuhalten und das Gift der Ketzerei zu verabscheuen. Die gotische Regierung hatte aber vermutlich ihren Übertritt zum Arianismus ebenso vorausgesetzt, wie die beiden Töchter Athanagilds zum Katholizismus übergetreten waren. Enttäuschung und Erbitterung mußte es also am Hofe zu Toledo erregen, als Ingundis standhaft jede solche Zumutung zurückwies; ihre eigene Großmutter, die eifrige Arianerin, soll zuletzt, da Worte nicht halfen, zu Schlägen gegriffen haben. Indessen hat

Goldmünze von Hermenigild.

hier die dramatische Färbung der parteiischen Quellen viel Übertreibung beigemischt und auf persönliche Leidenschaften zurückgeführt, was in den staatlichen Parteiströmungen begründet war; so ward gegenüber der alten bösen, einäugigen – zur Strafe für die Katholikenbedrückung hatte Gott sie auf einem Auge erblinden lassen – Stiefmutter Ingundis jung, schön, unschuldig, verfolgt, fast zu dem rührenden Schneewittchen des Märchens. Aber die katholische Kronprinzessin war nicht ungefährlich und nicht bloß leidend. Der König, weit entfernt, sie zu zwingen, hatte, den brennenden Hader aus seinem Hause zu bannen, das junge Paar nach *Sevilla* zu eigener Hofhaltung in höchst ehrenreiche Absonderung verwiesen. Hier ruhte Ingundis nicht, bis sie mit Hilfe ihres mütterlichen Oheims Leander, der mittlerweile (579) Metropolitan von Sevilla geworden, durch unablässigen Zuspruch ihren Gemahl dahin gebracht hatte, ebenfalls zum Katholizismus überzutreten. Er ließ sich, was den Arianern wie den Katholiken ein besonderer Greuel war, weil die erste

---

1 So viel wird an den Verwandtschaftsverhältnissen dieses Hauses des Severianus geschichtlich sein: Legende, Selbsttäuschung und bewußte Erfindung haben eine üppige Wucherung von Unrichtigem um diese Gestalten oder Namen gerankt, welche die Wissenschaft wegschneiden muß; an falschen und halbwahren Stammbäumen hat die spanische Überlieferung aus Nationaleitelkeit auch sonst Erstaunliches geleistet; siehe darüber ein für allemal Könige V, Beilagen.

Taufe dadurch als nichtig gebrandmarkt wurde, nochmal taufen und nahm statt seines gotischen Namens den Bibelnamen *Johannes* an.[1]

Dieser Schritt war nun nach obigem ein Versuch der Vereitelung aller Erfolge, der Durchkreuzung aller Herrschergedanken Leovigilds: er war zugleich Gefährdung des Staates und Empörung gegen den Vater. Selbst die eifrigsten Feinde des Arianismus, katholische Bischöfe, wie Gregor von Tours, Johannes von Valclara, wagen nicht, Hermenigild zu rechtfertigen: so gewaltig war die Persönlichkeit des Königs, so großartig sein staatsmännisches Werk, so klar sein Recht und so grell der staatliche Frevel des Sohnes. Mag dieser aus religiöser Überzeugung gehandelt – lange hatte er sich gesträubt gegen die Bestürmungen von Weib und Oheim –, und mag er anfangs nicht den Sturz des Vaters beabsichtigt haben – sofort, noch im Jahre 580, sieht er sich in das Bündnis mit allen schlimmsten Feinden des Reiches gedrängt, mit Sueben, Byzantinern, den katholischen Bischöfen und ihren grollenden Gemeinden in allen Provinzen. Hermenigild konnte sich ja in die Gewalt des Königs begeben und nun für seinen neuen Glauben standhaft leiden – das wäre die Handlungsweise des echten Bekenners gewesen. Aber der Prinz zog es vor, jetzt in unverhüllter Empörung den Königstitel anzunehmen, mit Sueben, die von Nordwesten, Byzantinern, die von Süden in das Reich einbrachen, sich zu verständigen; ja schon schlug er Münzen mit einer geflügelten Siegesgöttin und dem eigenen Brustbild und trachtete nun dem Vater nach dem Leben.

Später hat man in Spanien in Hermenigild den „katholischen Blutzeugen" gefeiert, die Empörung des Sohnes, des Reichsverderbers, gegen den Vater, den Reichserhalter, aber übersehen. Ein katholischer Zeitgenosse, dem damals doch der Zorn des Königs sein Bistum kostete, der wackere Johannes von Valclara, nennt den „Blutzeugen" beim rechten Namen: „tyrannus", d. h. Anmaßer, und sein Tun „rebellare".

Im Anfang schienen die Wogen der hochgehenden Empörung auch über eines Leovigild hoch getragenem Königshaupte zusammenzuschlagen: die Wucht des überraschenden Streiches hatte die Krone schwer getroffen. Überall loderten die mühsam gedämpften katholischen Erhebungen neu empor, der katholische Kronprinz, ja „König", erschien als das natürliche Haupt der Katholiken. Außer *Sevilla* erklärten sich noch „sehr viele Städte und Burgen" für den Verbündeten des Kaisers; das feurige andalusische Roß *Cordoba* schüttelte den eben erst wieder aufgezwungenen Zaum der gotischen Herrschaft ganz ab und rief einen byzantinischen Statthalter herbei.

Leovigild erkannte, daß nicht mit dem Schwert allein diese Gefahren bekämpft werden konnten. Er trachtete durch kluge Milde, durch gerechte Behandlung, ja durch versöhnliches Entgegenkommen gemäßigte Katholiken zu gewinnen. Als seine Truppen in einem katholischen Kloster geplündert haben und nun ein Wunder erfolgt, läßt er das Entwendete zurückerstatten: ein gefeierter katholischer Einsiedler, *Sankt Nunctus*, wird vom König durch Spenden erhalten, die heilige *Eulalia* und deren Überbleibsel werden tief von ihm verehrt. Auch Bestechung verschmähte er nicht. Besonders aber machte Eindruck, daß er sein arianisches Bekenntnis milderte; ausdrücklich erklärte er, sich von der Gleichheit Christi mit Gott dem Vater nun vollständig überzeugt zu haben, nur daß auch der Heilige Geist wesenseins mit Gott dem Vater sei, könne er nicht annehmen, da keine einzige Stelle der Heiligen Schrift

---

1 Gegen die Anzweifelung dieser Überlieferung durch Dr. Görres siehe Dahn, Bausteine VI, S. 301.

dies bezeuge: eine Verwerfung der Überlieferung und Betonung der ausschließlichen Beweiskraft der Bibel, die an Luther erinnert. Da nun der König ferner eifrig und oft seine Andacht in katholischen Kirchen verrichtete, schien es wirklich, als ob er durch solche „Kunstgriffe" manchen Rechtgläubigen beirre und auf seine Seite ziehe, wie sich Gregor von Tours damals mit lebhafter Sorge um das Ausharren des „Christus", d. h. der Katholiken in Spanien, von einem Durchreisenden berichten ließ. Gegen die Anstifter der Empörung, maßlose und gefährliche Bischöfe, ward allerdings eingeschritten; doch hat man die damals verhängte „Katholikenverfolgung" wie üblich sehr übertrieben. Ein Priester, der Geschenke des Königs (Bestechungsversuche) zurückweist mit den Worten: „Wie Kot achte ich deine Gaben", wird freilich gegeißelt und verbannt. Verbannung traf auch, selbstverständlich, Leander von Sevilla; desgleichen seinen Bruder *Fulgentius von Astigi*, dann den Bischof von Carthagena und *Johannes von Gerunda*, der später Valclara (Biclaro) stiftete. Fronimius von Agde, der Ingundis wohl zuerst auf Bekehrung ihres Gatten verpflichtet, jedesfalls auf Festhalten am Katholizismus, floh vor angeblicher Bedrohung mit dem Tode unter den Schutz der Frankenkönige. In *Merida* ward neben den eifrig katholischen *Mausona* ein arianischer Bischof gestellt; mit Gewalt leisten die Katholiken Widerstand, als der Arianer einige Kirchen beansprucht. Der König ordnet richterliche Entscheidung an, ruft Mausona an den Hof und fordert die Herausgabe des Gewandes der heiligen Eulalia. Der Bischof behauptet die Unmöglichkeit, zu gehorchen, da er das Heiligtum verbrannt und die Asche verschluckt habe: in Wahrheit trug er es, während er dies sprach, um den Leib geschlungen! – Er wird nun auf drei Jahre in ein Kloster verbannt. Nach der Kirchenfabel hatte man ihn auf ein wildes Pferd gesetzt, das ihn herabschleudern und töten sollte: durch ein Wunder wird es plötzlich lammfromm. Hätte er die unglaublichen Schmähworte dem König wirklich ins Gesicht gesagt, welche die fromme Sage von ihm rühmt, er wäre wohl nicht so glimpflich abgekommen.[1]

Bevor Leovigild die Waffen gegen den Sohn ergriff, suchte er durch ein weiteres kluges Entgegenkommen zahlreiche Katholiken zu gewinnen, wenigstens von offenem Abfall abzuhalten. Er berief ein Konzil der arianischen Bischöfe nach Toledo, das den Übertritt erleichtern sollte. Die Katholiken hatten sich dabei zumal daran gestoßen, daß Wiederholung der Taufe verlangt wurde. Von jetzt an sollte an Stelle der Taufe bloße Handauflegung treten und eine bei der Kommunion zu sprechende Formel, die an sich jeder Rechtgläubige hätte sprechen können, wenn sie nicht eben die Bedeutung der Übertrittserklärung hätte!

Die goldene Brücke der Versöhnung blieb nicht unbetreten, auch Geistliche, sogar Bischof *Vincenz von Saragossa*, wählten, zwischen Verfolgung und Übertritt gestellt, zumal wenn Bestechung nachhalf, den letzteren: die Zahl derer, welche die Verfolgung vorzogen, war klein.

Erst jetzt begann der König seinen Feldzug: er wandte sich gegen den Süden, *Bätica* und *Hispalis*, wo die Empörung ihre natürliche Anlehnung an die Byzantiner und in der Residenz Hermenigilds, Sevilla, ihre Hauptstadt besaß. Schon zog Leovigild über das eroberte Merida gegen den Bätis (Guadalquivir), als die Verbündeten seines Sohnes diesem durch drei Angriffe zugleich Luft zu schaffen suchten.

---

1 Die heilige Eulalia versprach in Gestalt einer weißen Taube ihrem Liebling baldige Rückkehr und, eine resolute Heilige wie sie war, bewirkte sie die Sinnesänderung des Königs durch nächtliche Heimsuchung in seinem Bett – mit Prügeln und Stößen.

Die Sueben drangen von ihren Bergen im Nordwesten in das gotische Gebiet, im Nordosten erhoben sich *Cantabrien* und *Vasconien* und im Südosten rüsteten die merowingischen Könige *Guntchramn von Orleans* und Chilperich von Soissons, ihre Nichte Ingundis zu rächen und das lang begehrte Septimanien zu erobern. Der klugen Staatskunst Leovigilds gelang es, zunächst diese Gefahr aufzuhalten: er wußte Chilperich für den Plan zu gewinnen, dessen Tochter *Rigundis* mit Rekared zu vermählen.[1] Eifrig gingen damals Briefe und Gesandte hin und her zwischen Goten und Merowingen. Gregor von Tours, dessen Stadt sie berührten, schildert, wie gespannt man auch außerhalb des Gotenreiches den Kampf zwischen Vater und Sohn verfolgte, war es doch zugleich ein Kampf der beiden Bekenntnisse, deren Gegensatz wieder wie zur Zeit Chlodovechs auf das schroffste anwuchs: dabei sind die Katholiken stets in Angriff gegen den „Schmutz", „Kot", die „Scheußlichkeit" der Ketzer. Guntchramn von Burgund konnte nicht losschlagen, seit er für diesen Fall einen Angriff Chilperichs im Rücken zu erwarten hatte. So war Leovigild der fränkischen Sorge ledig. Er warf sich (582) rasch und wuchtig auf die Empörer im Nordosten, trieb die *Basken* durch blutige Strenge zur Auswanderung in Masse über die Pyrenäen und legte mitten in ihrem Lande, die räuberischen Berghirten zu bändigen, eine feste Stadt an, der er, obzwar noch in vollem Kampf mit den Feinden ringsum, den stolzen Namen „Siegesstadt" verlieh. Von da eilte er zur Belagerung von Sevilla an den Guadalquivir zurück: immer enger umschloß er die trotzige Stadt. Da zog der Suebenkönig *Miro* zum Entsatz heran, seinen Glaubensgenossen zu helfen und das übermächtige Gotenreich zu brechen durch den Sturz des größten Königs, den es seit Alarich I. und Eurich besessen. Aber Leovigild stürmte, ohne übrigens die Einschließung von Sevilla aufzugeben, mit dem größeren Teile seiner Truppen dem Entsatzheer entgegen, und bald war dasselbe durch überlegene Feldherrnschaft dermaßen umstellt – wir wissen nicht, wo: vermutlich als es die Engpässe des *Mons Marianus* durchschreiten wollte –, daß König Miro froh war, sich freien Rückzug durch eidlich bestärkte Unterwerfung erkaufen zu dürfen.

Goldmünze von König Leovigild

Nun kehrte Leovigild mit dem siegreichen Heer in das Lager vor Sevilla zurück und bedrängte die Stadt mit Macht. Er sperrte sie durch Schanzwerke vom Fluß und aller Zufuhr ab, wobei er Reste der alten Siedelung *Italica* mit verwertete; nur von Byzanz konnte noch Hilfe kommen. Aber diese blieb aus, so eifrig dort Leander in den Kaiser drang; endlich fiel die Stadt durch Sturm. Hermenigild und Ingundis waren zu den Byzantinern nach *Cordoba* entkommen. Der König schlug Siegesmünzen zur Feier des Erfolges (cum Deo obtinuit Spalim), eroberte die kleineren Städte und Burgen der Empörung, so das feste Kastell *Osser* (*Ossetum*, heute *San Juan de Alfarache*) und erschien alsbald vor Cordoba. Der Präfekt übergab die Stadt gegen ein Bestechungsgeschenk von dreißigtausend Solidi. Hermenigild hatte die Zuflucht einer Kirche gewonnen und rief von da aus die Gnade des Vaters an; in dessen Auftrag erschien sein Bruder Rekared und bewog ihn unter eidlichen Zusicherungen (des Lebens?), freiwillig die Zufluchtstätte aufzugeben. Er ward nach Toledo gebracht,

---

1 Übrigens kam dieses Verlöbnis nicht zur Ausführung: Chilperich ward während der Prinzessin Reise nach Spanien ermordet, Rigundis von dessen Feinden angehalten und ihrer Mutter zurückgeschickt: Leovigild legte nun wohl kein Gewicht mehr auf die Verbindung.

dann nach *Valencia* verbannt; seine Güter wurden natürlich eingezogen, sein Hofstaat auf einen Diener beschränkt, die bisher eingeräumte Mitherrschaft hatte notwendig ein Ende und ebenso die Thronfolge. Sonst traf ihn keine Strafe; nur ausländische, parteiische Quellen sprechen von Ketten, vom Abreißen der königlichen Kleider; Purpur durfte er freilich nicht mehr tragen, wenn er ihn, wie den Königstitel, schon angenommen hatte.

So hatte Leovigild eine vielfache Bedrohung seines Staates, die gefährlichste seit der Schlacht von Voulon, sieghaft durch Kraft und Klugheit niedergeworfen; im gleichen Jahre (585/585) bot sich gerechter und erwünschter Anlaß, dem Suebenreich ein Ende zu machen, das von jeher in feindseliger Nachbarschaft dem Gotenstaat in jeder Bedrängnis einen Flankenstoß gegeben hatte: Leovigild verleibte es seinem Reich ein, den letzten Suebenkönig in ein Kloster schickend. (Siehe unten.)

Im nächsten Jahre ward Hermenigild zu *Tarraco* mit dem Beil enthauptet. War ihm das Leben eidlich zugesichert worden – und nach gotischem Zufluchtsrecht ist das anzunehmen –, so traf ihn der Tod wohl nicht für die alte, sondern eine neue Schuld. Worin diese bestand, ist nicht zu ermitteln. Daß er von Valencia nach Tarraco geflohen sei, dort eine zweite Empörung zu wagen, ist eine späte Vermutung; vielleicht erblickte man in seiner standhaften Weigerung, gegen Wiederverleihung des Thronfolgerechtes seinen Glauben abzuschwören, ausreichende Schuld. Die spanische Kirchenfabel (der Vater soll nach ganz späten Glaubenseiferern den Sohn mit eigener Hand getötet haben, während die gleichzeitigen Quellen den Grafen und die „apparitores" nennen), hat sich Hermenigilds als einer Lebensgestalt bemächtigt; Wunder, die an seinem Grabe geschehen, sollen die nun bald folgende Bekehrung der Goten bewirkt haben; seine Überbleibsel wurden unter neuen Wundern nach *Saragossa* verbracht. Auf Bitten Philipps II., des Vaters des Don Carlos, sprach Papst Sixtus V. ihn heilig; die Kirche begeht sein Fest am 13. April, seinem vermutlichen Todestag: es war der Ostersonntag des Jahres 585, und er hatte sich geweigert, zu Ostern das Abendmahl von einem arianischen Bischof zu empfangen. Höchst auffallend ist nun aber, daß die eifrig katholischen Bischöfe und Geschichtsschreiber, der Zeitgenosse Johannes von Viclaro und der nur siebzig Jahre jüngere *Isidor von Sevilla*, den späteren Heiligen rückhaltlos als rebellis und tyrannus verurteilen, nicht als Blutzeugen feiern, und seinen *Übertritt zum Katholizismus gar nicht erwähnen*. Gleichwohl darf man die Tatsache nicht bezweifeln: die Bischöfe schwiegen davon, nicht, wie man gemeint, weil sie die reichsverräterische Verbindung mit Sueben und Byzantinern nicht von einem Katholiken erzählen wollten, sondern weil sie, nachdem der Katholizismus Staatsreligion geworden, nicht gern an die ersten Versuche einer Erhebung erinnerten, die zugleich die tief von ihnen mißbilligte Empörung des Sohnes gegen den Vater enthielt. In Sevilla zeigt man Hermenigilds Kerker an der porta cordubana: unseres Wissens war er zu Sevilla nie gefangen.

Ingundis war von den Byzantinern auf der Flucht nach Gallien (oder zu Cordoba?) ergriffen und festgehalten worden: vielleicht als Geisel für die Verpflichtungen ihres Bruders *Childibert*, der große Summen von Byzanz für Bekämpfung der Langobarden erhalten, aber sich nicht gerührt hatte. Nach Hermenigilds Tode schifften die Kaiserlichen die Witwe ein, um sie nach Byzanz zu bringen. Sie starb unterwegs, nur ihr Knabe *Athanagild* gelangte an den Hof. Briefe Brunichildens und Childiberts an der Kaiser und die Kaiserin sind erhalten, die gütige Behandlung und einmal auch Freigebung für ihn erbitten.

Diese Merowingen zwangen den greisen König, noch einmal die Waffen zu ergreifen: abermals zu einem Siege. Bei dem blutigen Haß, der das fränkische Herrscherhaus spaltete, verstand sich von selbst, daß die Annäherung Leovigilds an Chilperich und Fredigundis ihm Brunichilds, deren Sohn Childibert von Metz und dessen schützenden Oheim Guntchramn von Orléans tief verfeinden mußte: Dazu kam noch, daß die Witwe und der Sohn Sigiberts Ingundis, die Tochter und Schwester, zu rächen hatten, während Guntchramn, der nächste Nachbar des gotischen Besitzes in Gallien, der natürliche, d. h. der meistbeteiligte Träger der alten Chlodevechischen Staatskunst war, welche die Pyrenäen als „natürliche Südwestgrenze" des Frankenreiches forderte. Fast mit den Worten des Ahnherrn („unleidlich ist es, daß sich das Gebiet dieser abscheulichen Goten nach Gallien herein erstreckt") rüstete er einen Doppelangriff, der ernster gemeint war als die meisten früheren fränkischen Einfälle. (Childibert war vorläufig noch mit einem Kriege gegen den Langobardenkönig beschäftigt, den er im Bunde mit Byzanz und mit byzantinischen Geld führte.) Er schickte auf zwei Straße zwei Heere gegen *Nîmes* und *Carcassonne*, während eine Flotte in Spanien an der *galläcischen* Küste landen, die Goten im eigenen Land beschäftigen, vielleicht eine Erhebung der kaum erst einverleibten Sueben veranlassen und unterstützen sollte. Aber während diese Schiffe bei ihrem Landungsversuch durch Leovigild überfallen und so übel zugerichtet wurden, daß nur wenige von der Bemannung auf Kähnen sich mit der traurigen Botschaft nach Hause retteten, trieb der Thronerbe die beiden fränkischen Heer aus Septimanien zurück: von Nîmes mußten sie unverrichteter Dinge abziehen, Carcassonne, das sich ergeben, ward ihnen wieder entrissen, ihr Feldherr, *Graf Terentiolus von Limoges*, fiel im Gefecht, und schwerere Verluste als durch das Schild der Goten erlitten die Flüchtigen durch Hunger (und folgeweise Seuchen), den sie selbst durch die barbarischen Verwüstungen bei ihrem Anmarsch sogar im eigenen Lande auf den veröteten Straßen ihres Rückzugs herbeigeführt hatten. Rekared verfolgte sie bis an die Grenze, nahm ihnen die fortgeschleppte Beute und drei Burgen an der Rhône ab. Während der durch neue Gefechte, neue gotische Siege unterbrochenen Friedensverhandlungen starb der König (13. April oder 21. Mai 586) zu Toledo.

Leovigilds Regierung bezeichnet den letzten Versuch, das gotische Reich nach seiner hergebrachten Eigenart, durch kräftige Anspannung aller gegebenen Mittel gegen die gleichfalls hergebrachten Gefahren zu befestigen: Bekämpfung des Katholizismus, Bändigung des Adels, Erkräftigung des Königtums, Abwehr der feindlichen Nachbarn. Und man muß einräumen, daß der König Großes geleistet hat: mehr freilich durch das, was er verhütet und niedergekämpft, als durch das, was er erreicht und aufgerichtet hat, wiewohl die Unterwerfung der Sueben und Zurückdrängung der Griechen nicht gering anzuschlagen ist. „Er hat sich des größten Teiles von Spanien bemächtigt, denn vor ihm war das Gotenvolk in enge Grenzen eingezwängt", sagt eine fast gleichzeitige Quelle mit Fug.[1]

Leovigild hat als Grundlage des Staates noch streng die alte gotische Volkstümlichkeit erhalten, wie sie sich durch Sprache, Sitte, Glaube den Romanen entgegenstellte. Letzterer Gegensatz, der des Bekenntnisses, wurde von diesem Stamme mit einer besonderen angeborenen oder doch früh durch seine Geschichte anerzogenen Leidenschaftlichkeit erfaßt: ein verhängnisvoller Zug, der die Westgoten, von den Verfolgungen Athanarichs und Fridigerns und den Parteiungen unter Theodosius anhebend, durch die bereits geschilderten Katholikenverfolgungen hindurch zu den alsbald sie ablösenden Arianer- und Juden-Verfolgungen begleitet, eine Sinnesart,

---

1 Vergl. Könige V, 150.

die das innere und das äußere Verderben, die Unterjochung der Krone durch die Bischofsmütze und die Hereinziehung des Islam zur Folge gehabt hat, eine Glut der Empfindung, die dann zwar in den langen Kämpfen zwischen Mauren und Christen die schöne Blüte kastilischen Rittertums trieb, aber nach dem Sieg des Christentums in ungezählten Scheiterhaufen aufloderte, deren dicht gestreute Asche das schöne Land und das edele Volk auf Jahrhunderte hinaus, für freie Geistesbildung unempfänglich machend, überdeckt hat. Dabei ist jedoch hervorzuheben, daß geschichtliche Gründe – so früher die Herrschaft der Bischöfe und später der Rassenkampf gegen die Mauren – zu einer so maßlosen Ausbildung dieses Hanges mächtig beigetragen haben, ja, daß von Anbeginn der Glaubensgegensatz dadurch vergiftet worden ist, daß er jedesmal eine Staatsgefahr in sich schloß. Der Zufall aber, daß sich das Wort „bigott" aus „Visigot" entwickelt hat, ist, wenn auch ein blinder, kein ganz ungerechter.

b) Die katholische Zeit (586–711)

König Leovigild hatte den hergebrachten Gotenstaat erhalten wollen und die meisten Taten seiner tatenreichen Herrschaft hatten mit äußerster Strenge und Anstrengung den Arianismus zwar nicht als Staatsbekenntnis, aber doch als Merkmal des Gotentums zu behaupten bezweckt: es ist anzunehmen, daß er mit Bewußtsein damit die Grundlage der ungemischten Volksart wahren wollte.

Das erste, was sein Sohn und Nachfolger, *König Rekared I.* (21. April [oder Mai] 586 bis 31. Mai 601) tat, war nun aber, daß er, im schärfsten Gegensatz zu seinem Vater, selbst zum Katholizismus übertrat und, soviel er irgend konnte, sein Volk zu diesem Bekenntnis hinüberdrängte.[1]

Dieser Schritt ist im Hinblick auf die Vergangenheit dieses Königtums so überraschend, im Hinblick auf seine Zukunft so entscheidend, daß die Erforschung seiner Gründe und Zusammenhänge unsere unerläßliche Aufgabe wird.

Wohl ist anzunehmen, daß Rekareds eigene Überzeugung mitgewirkt, daß er von seiner katholischen Mutter her eine Neigung zu diesem Glauben empfangen und still bewahrt habe. Aber dies reicht entfernt nicht zur Erklärung aus. Denn besonders stark und zwingend muß die katholische Gesinnung Rekareds doch nicht eben gewesen sein, die er, solange sein Vater lebte, auf sorgfältigste verbarg, die ihn nicht abhielt, nach Kräften eine Staatskunst zu unterstützen, die vom Arianismus aus und gegen den Katholizismus mit Strenge vorging, ihn nicht hinderte, dem Untergang eines Bruders im Kampf für eine gemeinsame Überzeugung zuzusehen, ja zu dessen Bewältigung selbst das Schwert zu führen.

Wenn eine bisher so vorsichtige Gunst so kühne Umwälzungen wagt, wird es erlaubt und geboten sein, sich nach äußeren, nach staatlichen Gründen umzusehen, die jener inneren Neigung zu Hilfe kamen.

Der König mochte die geistige Überlegenheit des Katholizismus, seine siegreiche Folgestrenge erkennen oder doch fühlen.

Diese Lehre war dogmatisch der folgerichtigste, sie war hierarchisch der am machtvollsten gestaltete Ausdruck der christlichen Vorstellungen: jene Überlegen-

---

1 Diese wichtigste Wendung in der Geschichte des westgotischen Staates wird hier dargestellt nach Könige V: ich vermöchte nichts daran zu bessern.

heit bewährte sich nicht nur in Gallien, Italien und im ganzen Morgenlande, sondern in Rekareds eigenem Reich, in Spanien selbst. Trotz der Verfolgung hatte der Katholizismus nicht an Boden verloren, trotz der Begünstigung durch die Krone der Arianismus nicht Raum gewonnen. Ja, während die nichtgotischen Einwohner an ihrem Katholizismus unerschütterlich festhielten und lieber das Land als den Glauben aufgaben, machte der verfolgte Glaube unter den Westgoten selbst Fortschritte. Dies beweist nicht nur der nicht unbedeutende und immer stärker werdende gotische Bestandteil in den katholischen Erhebungen, namentlich der letzten unter Hermenigild, mehr noch beweist dies der verhältnismäßig geringe Widerstand, auf den Rekareds Bekehrungen jetzt stießen: die Mehrzahl der Goten war innerlich für diesen Schritt reif und vorbereitet. Besonders ist beachtenswert und doch noch völlig unbeachtet, daß sich schon vor der Gesamtbekehrung *edel geborene Goten* in den *katholischen* Bischofsstellen finden, z. B. circa 570 *Berchtramn von Cadix*, dann *Mausona von Merida, Bado von Illiberi* circa 575 (Granada). Diesen Stand der Dinge erkannt und in dieser Erkenntnis entschlossen mit der bisherigen Richtung gebrochen zu haben, ist kein geringes staatsmännisches Verdienst. Mit Recht hat man bemerkt, daß einerseits das Schwanken in der Behandlung des Katholizismus auf seiten der Fürsten – bald Druck, bald Duldung –, das Schwanken der arianischen Geistlichkeit, die fortwährend in ihren Lehren Zugeständnisse und die Festigkeit der Überzeugung untergrabende Änderungen machte, und die großartige Folgestrenge des Katholizismus andererseits, der unter allen Bestürmungen nicht ein äußerstes Vorwerk des meisterhaft gebauten Systems preisgab, den Übertritt aber den Ketzern weislich nicht zu schwer machte, daß durch die Einverleibung des suebischen Reichs die Zahl der Katholiken – und zwar durch den Goten näherstehende Germanen – im Gotenstaat wesentlich erhöht worden war.

Sollte das Bekenntnis fort und fort die so dringend wünschenswerte Verschmelzung beider Germanenstämme und die immer noch fehlende Ehegenossenschaft mit den Romanen verhindern?

Aber noch ein entscheidender staatlicher Beweggrund trat hinzu: das Königtum griff nach einer Stütze gegen den weltlichen Adel, diese gewährte der geistliche Adel, der Episkopat.

Wir haben gesehen, wie es erst Leovigild einigermaßen gelungen war, das Königtum über den weltlichen Adel zu erheben, mittels blutiger Gewalt, die nicht stetig angewendet werden konnte und nur half, solange sie schreckte. Rekared suchte gegen den Laienadel die Hilfe der größten Macht in seinem Staat: der Kirche, die, durch Verfassung, Bildung und Reichtum, sittlichen Einfluß, Schlagfertigkeit bedeutend stärker als die Krone, alleinige Trägerin der Bildung die Zeit zu beherrschen berufen und dem weltlichen Adel mehr als gewachsen war. Dies wurde jedoch das Verderben des Reichs. Denn ersetzen konnte das Priestertum die Kraft des Königtums doch mitnichten, und der Bischofstab zerbrach, als er im Kampf gegen die Araber für Schwert und Zepter gelten sollte.

Wie klar jeder dieser Gründe dem König vorschwebte, ist um so weniger festzustellen, als der unwillkürliche Glaubensdrang, den wir nicht bezweifeln, die staatliche Erwägung erwärmte, aber auch trübte; unbewußt war gewiß jeder derselben tätig.

Da nun aber der beabsichtigte Schritt den schroffen Bruch mit allen bisherigen Überlieferungen dieser Krone und zumal mit der Staatslenkung des eben geschiedenen gewaltigen Herrschers enthielt, da es immerhin eine starke Partei eifriger Arianer gab, die, voraus die Geistlichkeit dieser Kirche, plötzlich aus Unterdrückern zu Unterdrückten werden sollte – denn Duldung verstanden diese Goten nicht, wie ihre

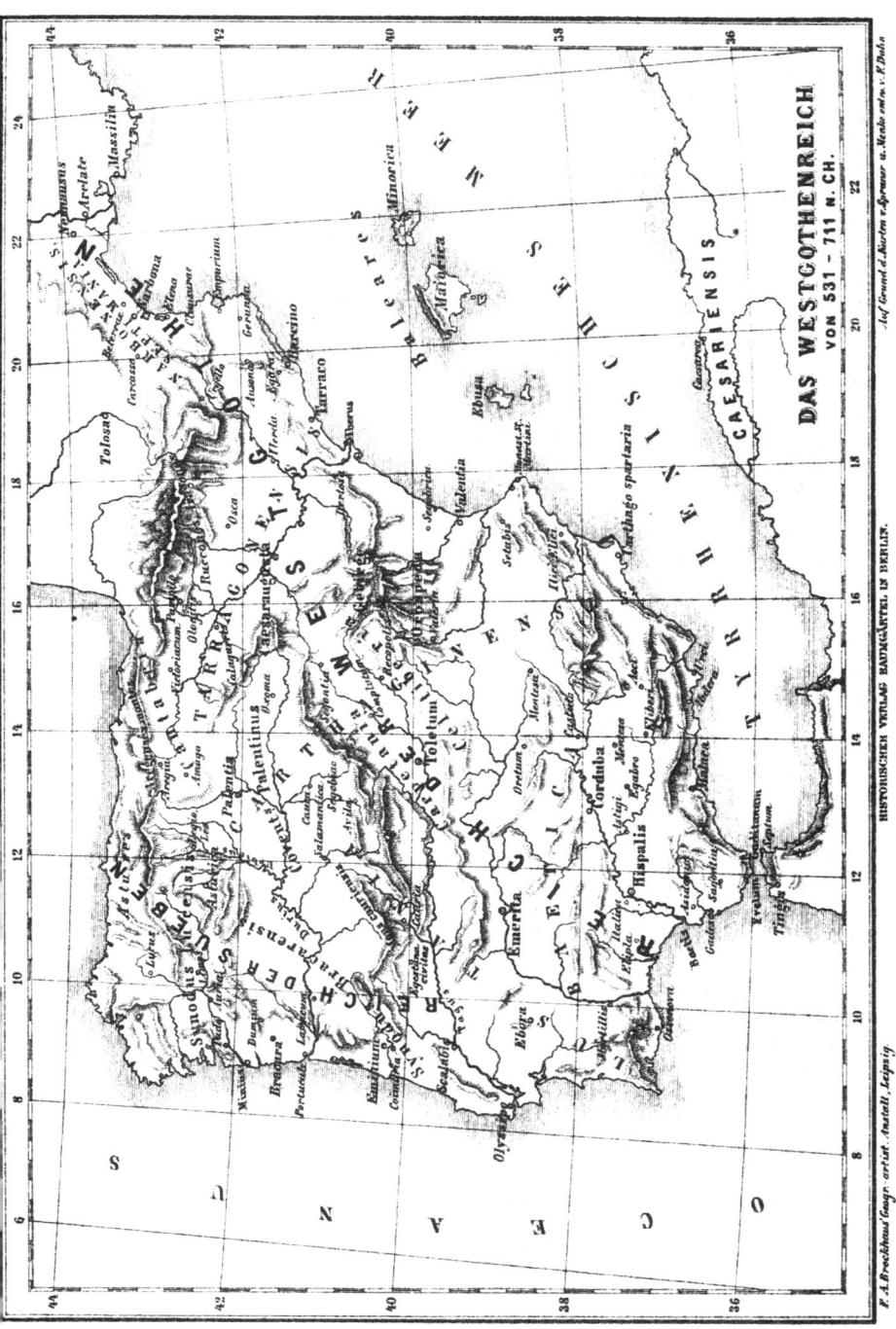

DAS WESTGOTHENREICH
VON 531 – 711 N. CH.

Auf Grund d. Karten v. Spruner u. Menke entw. v. K. Dohn

HISTORISCHEN VERLAG RADACKETEL, IN BERLIN.

F. A. Brockhaus Geogr.-artist. Anstalt, Leipzig

Brüder in Italien, zu üben –, und da die Germanen im Reich nicht ohne Grund eine Bedrohung oder doch Verleugnung ihrer Volksart darin erblicken konnten, ging man mit einer aufhorchenden, vortastenden Klugheit zu Werke, in deren vorsichtig gewählten Schritten für ein geübtes Ohr der altübliche Leisegang katholischer Priesterschaft nicht zu verkennen ist (Ähnliches beobachtet man vor und bei der Taufe Chlodovechs, siehe Buch II und bei der Thronbesteigung Pippins Buch III).

Vor allem mußte das Ärgernis des Abfalls von des Vaters und den eigenen bisherigen Grundsätzen beseitigt oder geschwächt werden. Dazu gab es kein besseres Mittel, als die Umkehr durch König Leovigild selbst schon vorbereitet darzustellen. Anknüpfend an die glaubhafte Tatsache, der Greis habe auf dem Sterbebett die Hinrichtung seines Erstgeborenen bereut, verbreitete man das sich sehr leicht hieran schließende Gerücht – zuerst bei Gregor dem Großen, dem *Freund Leanders*, taucht es auf –, er habe auch seine Katholikenverfolgungen, von welchen jene Tat nur die blutige Folge, bereut und verworfen. Von da war nur ein kleiner Fortschritt zu dem Beisatz, er habe sich selbst heimlich dem unterdrückten Glauben zugewendet, „und dies nur aus Furcht vor seinem Volk nicht offen zu tun gewagt" – Leovigild freilich sehr unähnlich! – ja er habe sogar befohlen, seinen Erben Rekared in diesen Lehren zu unterweisen, und zwar habe er zu diesem Geschäft erkoren – denselben Leander von Sevilla, der die Seele der Handlungen Hermenigilds und einer der gefährlichsten Feinde des Königs gewesen war! So erzählt zuerst abermals – Papst Gregor.

Diese Vorgänge, zu frühest nur von dem Leander nahe befreundeten Haupt der katholischen Kirche, gewiß in bestem Glauben, berichtet, passen so ausgesucht zu der vorbereiteten Maßregel und passen so entschieden nicht zu Leovigilds gesamter Königs- und Helden-Gestalt, daß wir aus dem feinverschlungenen Gewebe nur den einen Faden, diesen aber ganz sicher, herausgreifen: auch bei diesen Vorbereitungen und Ausstreuungen spielte der geistvolle Leander die Hauptrolle; alle Tatsachen, alle Zeitgenossen weisen darauf hin. Er war der erste in der stolzen Reihe von spanischen Kirchenfürsten, die von da ab so oft an der Könige Statt die Geschicke des glaubenseifrigen Volkes geleitet und beherrscht haben.

Im Zusammenhang mit diesen Gerüchten von Leovigilds Umstimmung stand ein weiterer, ebenfalls sehr wohl berechneter Schritt: der König ließ bald nach seiner Thronbesteigung an demjenigen, der bei der Hinrichtung Hermenigilds am meisten beteiligt war, einem gewissen *Sisbert*, eine beschimpfende Todesstrafe vollziehen.

Denn die Erinnerung an Hermenigild mußte bei dem vorgesteckten Plane für Rekared wahrlich nicht eben günstig sein: er hatte den Bruder durch eidliche Zusicherungen in des Vaters Namen aus seiner Zufluchtsstätte entfernt und, wenn er auch den blutigen Ausgang nicht zu verantworten hatte, beschämend war es doch, daß er jetzt zu demselben Glauben übertrat, für den er, trotz seines Eides, untätig jenen hatte sterben sehen. Hermenigild galt den Katholiken als ein Blutzeuge: in der Bestrafung seines Mörders leistete Rekared gewissermaßen Sühne für die frühere Haltung, bewährte seine brüderliche Liebe, bekräftigte jene Gerüchte von des Vaters Sinnesänderung und zeigte Katholiken und Arianern ermutigend und einschüchternd seine Gesinnung.

Endlich begünstigte man wohl auch die Verbreitung der abergläubischen Erklärungen von Landplagen und schreckenden Naturereignissen, die bald nach Hermenigilds Tod eingetreten waren: ein großes Erdbeben, das die Felsen der Pyrenäen durchschütterte, verderbliche Heuschreckenschwärme, welche die Saaten um die Königsstadt Toledo zerstörten, galten den geängsteten Gemütern als Strafgerichte Gottes für die Verfolgung der Bischöfe, für das Blut des königlichen Heiligen.

Da gleichwohl arianischer Widerstand, der kirchlich und staatlich zugleich werden konnte, im Inneren zu erwarten war, strebte Rekared nach Frieden, ja Bündnis (foedus) mit den bisherigen Glaubens- und Reichsfeinden im Ausland, den bis dahin alleinigen Verfechtern des Katholizismus, den Frankenkönigen. Seine Stiefmutter Godisvintha (die Mutter Brunichildens, Großmutter Childiberts), mit der er sich eng verband – sie versöhnte sich scheinbar mit dem so lange verfolgten rechtgläubigen Bekenntnis – sollte das vermitteln. Rekared wollte dabei auch die bisherige Stellung des gotischen Hofes zu den merowingischen Hausparteiungen vollständig umkehren.

Guntchramn zwar hatte seine empfindlichen Schläge und die Begier nach dem schönen Septimanien noch nicht vergessen. Er ließ die Gesandten Rekareds gar nicht vor – sie gelangten nur bis *Mâcon* –, woraus neuer Groll zwischen Goten und Burgundern erwuchs. Eine Zeitlang ward der Reise- und Handelsverkehr der beiden Grenzlande gesperrt – ja die Goten drangen unter Verheerungen bis zum zehnten Milienstein vor *Arles*.

Aber mit Childibert kam schon jetzt ein enges Freundschaftsbündnis zustande, schwerlich ohne geheime Mitteilung des bevorstehenden Glaubenswechsels.

Denn nun gingen König Rekared und Leander an das Werk. Noch im ersten Jahre seiner Regierung lud der Sohn Leovigilds die arianischen und die katholischen Bischöfe zu einem Glaubensgespräch nach Toledo, in welchem beide Teile ihre Lehren vortragen und begründen sollten. An wirkliche Bekehrung der gesamten einen Partei glaubte dabei niemand; der Ausgang, den dieser Redekampf nehmen sollte, war im voraus festgesetzt: der König erklärte sich – „durch schwere Gründe, himmlische und“ – setzte er, aufrichtig genug, hinzu – „*irdische*, bewogen“ für die katholische Lehre.

Bei diesem freimütigen Bekenntnis waren wir gewiß berechtigt, uns nach den „irdischen“, d. h. den staatlichen Gründen des folgenden Schrittes umzusehen.

Sehr viele gotische Laien aus dem Adel traten schon jetzt mit dem König über, andere, die große Menge des Volkes, folgten dann allmählich nach.

Mit großer Klugheit erleichterte die Kirche den Übertritt, indem sie sich mit der segnenden Handauflegung eines rechtgläubigen Priesters begnügte, von einer zweiten Taufe jedoch, an die viele Anstoß genommen haben würden, Umgang nahm.

Auch der König ließ sich bekreuzen und salben. Daß aber auch die Mehrzahl der anwesenden arianischen Bischöfe schon damals übertrat, erklärt sich, im Zusammenhalt mit den späteren Widerstrebungen, nur durch die Annahme, daß die eifrigsten Arianer bei einer Versammlung gar nicht erschienen waren, deren Zweck und vorbestimmten Ausgang sie wohl erkannt hatten. Immerhin zeigt dieser Verlauf der Dinge, welch starke Fortschritte der Katholizismus im stillen bereits gemacht hatte.

Alsbald ging eine zweite Gesandtschaft an Childibert ab, die den vollzogenen Übertritt anzeigte und unter reichen Geschenken (zehntausend Solidi) für Rekared um die Hand der *Chlodosvintha*, der Schwester Childiberts und der Ingundis, warb.

Welche große Bedeutung in diesen Verbindungen dem Bekenntnis zukam, zeigt die auffallende Tatsache, daß Childibert sich auf jene Nachricht hin entschloß, sein Königswort, mit dem er die Schwester bereits dem arianischen Langobardenkönig *Authari* verlobt hatte, zu brechen und sie dem katholischen Freier zuzusagen – vorbehaltlich der Zustimmung Guntchramns, seines Ohms. Dieser aber war fürs erste noch nicht zu gewinnen. Er wies die Brautwerber mit der Erklärung ab, er könne den Goten nicht mehr trauen, die Ingundis der Gefangenschaft und dem Tod in der Fremde, – vergebens erbot sich Rekared seine Unschuld an deren Schicksal durch

Eid oder jedes andere Mittel zu erhärten –, ihren Gatten dem Henker preisgegeben; er habe jene Frevel noch zu rächen und werde bis dahin keinen Gesandten Rekareds annehmen. Und er ergriff eifrig jede Gelegenheit, diese Rache ins Werk zu setzen.

Gegen die Adelsempörungen der kleinen „Tyrannen" wahrte Rekared Macht und Ansehen der Krone mit Nachdruck: man begreift, daß solche Empörung sich nunmehr in der Regel mit Wiedererhebungen der Arianer verbanden. Denn der König, welcher den Glaubenswechsel ja auch aus „irdischen" Gründen beschlossen, wollte denselben eben aus diesen irdischen Gründen im ganzen Reich in Bälde durchgeführt sehen: es sollte keine Arianer mehr geben. Die hierfür getroffenen scharfen Maßregeln – Verbrennung aller arianischen Bücher (wir dürfen deshalb den Arianismus nicht so sehr tief unter die Bildung der katholischen Geistlichen stellen, wie man sich versucht fühlt und zum Teil auch berechtigt ist durch den Mangel an hervorragenden arianischen Schriftstellern, weil ja die Leistungen der Arianer durch ihre Gegner aus der Welt geschafft wurden), Ausschluß der Arianer von allen Hof- und Staats-, Heer- und Friedensämtern – mußten leidenschaftlichen Widerstand herausfordern. Drei arianische Erhebungen folgten rasch aufeinander, jede begreiflichermaßen von Bischöfen geleitet. Zuerst in dem immer unsicheren Septimanien. Viele dortige Goten hatten auf die Einladung des Königs den Katholizismus angenommen, aber an die Spitze der Beharrenden trat Bischof *Athalokus* (Athalaiks?), um seines Eifers und seiner Gelehrsamkeit willen ein zweiter Arius genannt; zwei Grafen, *Granista* und *Wildigern*, leiteten die kriegerische Bewegung, die Rekareds Sturz anstrebte. Da ließ sich der so eifrig katholische Guntchramn von Burgund durch seinen Haß gegen die „abscheulichen" Ketzer durchaus nicht abhalten, die Empörung der arianischen Septimanier wider den katholischen König mit den Waffen zu unterstützen, um dabei ein Stück des unablässig angestrebten Rhônelandes zu erschnappen. Aber rasch war der Aufstand niedergeschlagen, viele von Guntchramns Leuten wurden gefangen, auf den Plätzen der spanischen Städte feierte man Siegesfeste; Athalokus brach der Schmerz über den Abfall der Gläubigen und den Untergang seiner Kirche das Herz. Fast gleichzeitig hatten sich die Arianer in und um *Merida* empört, geführt von *Sunna*, dem Bischof dieser Stadt, und drei Grafen *Segga, Witterich* und *Vakrila*. Allein der katholische Bischof von Merida, jener Mausona, jetzt siegreich zurückgekehrt aus der Verbannung, unterdrückte rasch und klug mit einem Herzog *Claudius* die Empörung, die zugleich den Thron und die Kirche, nun die engsten Verbündeten, bedrohte. Zeichen und Wunder kamen wieder dem Schützling des heiligen Eulalia zu Hilfe: Graf Witterich fühlte in dem Augenblick, da er Mausona vor dem Tor seiner Basilika erstechen sollte, plötzlich den Arm gelähmt und verriet die Verschwörung.

Dem gefangenen Sunna bot man, falls er überträte, Begnadigung und einen neuen Bischofssitz. Er aber sprach: „Reue kenne ich nicht, katholisch werde ich nicht, sondern lebe und sterbe mit Freuden für das Bekenntnis, dem ich von Jugend auf gedient." Für solche „hartnäckige Bosheit des Teufels" ward er in einem morschen Schiff im Meer ausgesetzt, gelangte aber glücklich nach Afrika, bekehrte dort viele zu seinem Glauben und starb friedlich in Frankreich.

Im gleichen Jahr brach die dritte Arianerempörung aus, geführt von der glaubenswütigen Arianerin Godisvintha. Die Königin-Witwe hatte anfänglich, Rekared nachgebend, den Katholizismus angenommen, jetzt aber unter der Mahnung des Bischofs *Uldila* wollte sie wie Hermenigild und Ingundis auch ihren zweiten Stiefsohn verderben: Guntchramn von Burgund leistete abermals eifrig Hilfe. Aber nach Entdeckung der Verschwörung ward Uldila verbannt, die leidenschaftliche Greisin gab sich selbst den Tod (oder starb vor zornigem Schmerz; an Hinrichtung ist bei dem allerdings dunklen Ausdruck „vitae terminum dedit" *nicht* zu denken), und der letzte und mächtigste Versuch Guntchramns auf Septimanien ward so großartig abgeschlagen, daß man in dem Sieg Rekareds den Lohn Gottes für seinen Übertritt erblickte. Sechzigtausend Mann hatten die fränkischen Feldherren *Austrovald von Toulouse* und *Boso* in das gotische Gallien geführt und wieder hatte sich *Carcassonne* ergeben. Aber nachdem Boso schon früher gefallen, lockte bei dieser Stadt der obenerwähnte Herzog Claudius Austrovald in einen Hinterhalt, in welchem dieser mit dem größten Teil seines Heeres den Tod fand (fünftausend oder neuntausend Tote, zweitausend Gefangene); die Flüchtigen wurden bis tief in fränkisches Gebiet verfolgt, Rekared schlug Siegesmünzen; von da ab gaben Guntchramn und seine Nachfolger die Angriffe auf Septimanien auf. Der König hatte nach diesem großen Erfolge nur selten mehr das Schwert zu ziehen. Die Erhebung eines gotischen Grafen *Argimund* ward leicht unterdrückt, die ausgewanderten Basken, die nun nach dem Glaubenswechsel aus Frankreich wieder in ihre alten, einstweilen anderen Ansiedlern verliehenen Sitze zurückkehren, und nach versagter Erlaubnis, Gewalt brauchen wollten, wurden aufgehalten und zur Rückkehr gezwungen; die Kämpfe gegen die Byzantiner im Süden der Halbinsel schliefen allmählich (ohne ausdrücklichen Friedensschluß, wie es scheint) von selbst ein, da letztere jetzt durchaus nicht mehr, wie vor dem Glaubenswechsel, an den katholischen Bischöfen der gotischen Nachbarstädte Verbündete, sondern vielmehr sehr eifrige Freunde der Gotenherrschaft fanden. Der König wandte sich einmal an *Papst Gregor*, mit der Bitte, ihm die weiland zwischen Justinian und dem Gotenreich (wohl unter Athanagild) abgeschlossenen Verträge zu verschaffen – vermutlich über die Gebietsabgrenzung zwischen Byzantinern und Goten in Spanien. Der Papst antwortete aber, das fragliche Archiv sei abgebrannt und überdies wolle er durchaus nicht dem König „ungünstige" Urkunden ans Licht ziehen, d. h. doch wohl, der jetzige Besitzstand sei für die Goten vorteilhafter als die damalige Grenzregulierung – was nach den Eroberungen Leovigilds sehr glaubhaft. Der Verkehr zwischen Rekared und dem großen Papst war ein höchst freundschaftlicher. Die Freude zu Rom über die Bekehrung der Goten war begreiflichermaßen sehr lebhaft: von allen Germanen gehörten jetzt nur noch die Langobarden (und an ihrer Katholisierung arbeitete bereits der Papst im Bunde mit seiner Freundin, der Königin *Theodelindis*, mit Eifer und Erfolg), dem verhaßten Bekenntnis an, das bis auf Chlodovech, d. h. vor etwa neunzig Jahren, alle ihre Stämme umfaßt hatte, die nicht noch Heiden waren. Bezeichnend sind die Geschenke, die Papst und König tauschen. Dieser schickte dreihundert Kleider für Arme und Mönche und einen kostbaren mit Edelsteinen besetzten Kelch; der Papst schenkte ein Stück von der Kette Petri, einige Haare Johannes des Täufers, Splitter vom Kreuze Christi und – das Pallium für Leander, den gewaltigen Metropolitan von Sevilla, den Gregor während dessen Verbannung zu Byzanz näher kennengelernt hatte. Dieser kluge, mutige, seelenbeherrschende Priester sah nun nach langen, schweren Kämpfen seine kühn erfaßten Ziele glänzend erreicht: er war offenbar von Hermenigilds Bekehrung an der geistige Leiter der Katholisierung gewesen, die nun, trotz allen Anstrengungen und Siegen eines großen Königs, vollständig gelungen war. Wahrlich, wohl verdient war es, daß Rekared dem Papst Leander zu hoher Auszeichnung empfahl, der die Freundschaft zwischen ihnen beiden vermittelte; der König nennt seinen früheren Glauben eine „fluchwürdige Ketzerei" und erbittet für sich und seine Völker den Segen des Papstes. Dieser wird ihm denn auch zuteil: aber der Papst kann es nicht unterlassen, ihn zur „Demut" zu ermahnen, und Leander weist er an, den König, am „gemeinschaftlichen Sohn", streng zu überwachen.

Die innere Geschichte dieses Reiches hat darzustellen, in wie zahlreichen Richtungen die Regierung dieses Königs eine entscheidende Wendung bezeichnet. Alle diese Erscheinungen sind zurückzuführen auf den Zweck, der auch dem Glaubenswechsel zu Grunde lag, möglichste Annäherung der beiden Völker des Reichs: „Er stellte", sagt ein Chronist, „Spanier und Römer in volle Rechtsgleichheit mit den Goten." Dabei suchte die Krone, wie bemerkt, ein Gegengewicht wider den weltlichen Adel in den Bischöfen: dementsprechend wurde das dritte Konzil von Toledo, das (589) unter Vorsitz Leanders und Mausonas zweiundsechzig Bischöfe vereinigte, der Ausgangspunkt einer neuen, verhängnisvollen Entwicklung: *das Konzil ward Reichstag*. Auf diesen Versammlungen mußte aber der Episkopat mit der Priesterschaft, abgesehen von seiner überlegenen Bildung und seinem hohen Ansehen, schon vermöge des Zahlenverhältnisses die volle Übergewalt über den Laienadel bieten, denn das Verhältnis war ungefähr wie fünf oder vier zu eins. Jenes Konzil bestätigte feierlich die Verwerfung des Arianismus, dessen Bekenner verflucht wurden; König, Königin, die anwesenden Edlen legten das rechtgläubige Bekenntnis ab. Das Konzil erließ aber auch bereits außer kirchlichen rein weltliche Rechtsordnungen, die der König zum Teil in sein Gesetzbuch aufnahm. Durch die Bischöfe bändigte der König fortan freilich den junkerlichen, meisterlosen Adel, aber die Bischofsmütze wuchs alsbald über die Krone hinaus. *Die Bischöfe haben fortab diesen Staat beherrscht*: sie haben ihm ein ganz geistliches Gepräge aufgedrückt, haben ihm wenigstens in seiner Gesetzgebung, wenn nicht in seinem wirklichen Leben, allerdings eine bedeutend höhere Bildung angezwängt, als in den anderen Germanenstaaten erreicht wurde, aber eine zu gutem Teil gekünstelte, greisenhafte Bildung. Sie haben den größten Teil der kleinen Freien in Knechte oder Halbfreie der Kirche verwandelt, die Könige wie Unmündige gegängelt oder, falls sie widerstrebten, beseitigt; sie haben diesen Staat beherrscht, entnervt und zu Grunde gerichtet. Das Wunschbild kirchlich mittelalterlicher Stellung des Episkopats zum Staat wurde hier sehr früh erreicht: hundert Jahre genügten diesem System, den Staat vom Herzkern aus zu verrotten.

Es ist ja vielleicht möglich, daß der gotische Staat alten Schlages nur durch so gewaltige Helden- und Herrscher-Kräfte fortgeführt werden konnte, wie sie Leovigild ausgezeichnet hatten; jedenfalls aber hat Rekared, so wohlmeinend und begabt er war, in schroffstem Umsprung aus der Richtung seines Vaters in die Bahnen gelenkt, die das Reich zum Untergang geführt haben. Zeitgenossen empfanden den Gegensatz von Vater und Sohn sehr scharf, und selbstverständlich kommt bei dem Vergleich der letzte Ketzerkönig übel genug weg: Seine reichsrettende Kraft und Strenge wird als Härte, seine Sparsamkeit und planmäßige Thronbereicherung als Habgier, seine aufgeklärte Auffassung des Verhältnisses von Staat und Kirche als Glaubenslosigkeit, seine Bekämpfung der katholischen Empörungen als Glaubensverfolgungen dargestellt, während an Rekared die Milde, die Freigebigkeit, mit der er Kirchen und Klöster gründete oder beschenkte, nicht genug gepriesen werden können. „Er war ganz entgegengesetzt dem Vater; dieser höchst kriegsgewaltig, aber ohne Glauben, der Sohn groß im Frieden und gläubig fromm, der Vater des Volkes Reich durch die Waffen erweiternd, der Sohn es durch Ruhm des Glaubens erhöhend; schon sein Antlitz spiegelte so viel Güte, daß er selbst die Bösen zur Liebe zwang, er, der seine Schätze in dem Dank der Armen anlegte." Seinem Leben entsprach sein gottseliges Ende, begleitet durch öffentliches Bekenntnis seiner Sündenreue.

Ihm folgte durch Wahl, nicht kraft Erbgang, den Bischöfe und Adel nicht aufkommen ließen, sein Sohn *Leova II.* (Mai 601–603); der zwanzigjährige Jüngling gelangte nicht dazu, die guten Eigenschaften zu bewähren, welche die dankbaren Freunde seines Vaters, die Priester, von ihm rühmten; schon nach achtzehn Monaten empörte sich gegen ihn der erwähnte Graf *Witterich*, nahm ihn gefangen und ließ ihn nach abgehauener Schwerthand töten. *Witterich* (Dezember 603 bis Oktober 610) vertrat den weltlichen Adel, der die Bischofsherrschaft nicht willig ertragen mochte: dies genügt, seine Strenge gegen die Kirche zu erklären – er ließ in den sieben Jahren seiner Herrschaft kein Konzil abhalten –, ohne daß man der unwahrscheinlichen Angabe einer späten Quelle Glauben zu schenken braucht, er habe den Arianismus wiederhergestellt. In wiederholten Feldzügen gegen die Byzantiner vermochte er nur *Segontia* (Gisgonza am Guadalete) zu erobern. Eine merowingische Heirat fiel abermals unglücklich aus. Er hatte seine Tochter *Herminberga* vermählt mit dem Nachfolger Guntchramns, *Theuderich II.*, dem Sohne Childiberts und Enkel Brunichildens. Aber der schickte die Gotin, der er eine Buhle hatte opfern müssen, nach einem Jahre unberührt, doch aller mitgebrachten Schätze beraubt, zurück (607). Diese Schmach zu rächen, verband sich Witterich mit den beiden anderen Merowingenkönigen und mit den Langobarden zum Kriege gegen Theuderich, der jedoch aus unbekannten Gründen nicht zum Ausbruch kam. Bald darauf ward Witterich bei einem Gastmahl ermordet, vielleicht von Verschworenen der bischöflichen Partei. Sein Nachfolger *Gunthimar* (Oktober 610 bis 14. August 612) war den Priestern ergeben; er belagerte ohne Erfolg einige byzantinische Städte, wehrte baskischen Räubereien und, als heidnische *Avaren* das fränkische Ostland bedrohten, unterstützte er Theuderich durch Geldsendungen und Kirchengebete gegen den Sieg der heidnischen Unholde über christliche Völker – eine damals noch sehr seltene Äußerung des Gemeingefühls christlicher Staaten gegen heidnische Barbaren. An seinen Namen knüpfen sich Fälschungen, Erfindungen und echte, aber schwer deutbare Urkunden (Könige V, 176). Sein Nachfolger *Sisibut* (612–620) ließ durch seine Feldherrn *Svinthila* und *Rekila* Empörungen in den asturischen und baskischen Bergen dämpfen, er selbst aber betrieb mit bestem Erfolg die Bekämpfung der Byzantiner. Durch die Avaren auf der Balkanhalbinsel stark beschäftigt, konnte Kaiser *Heraklius* für die Truppen in Spanien nicht viel tun. In zwei Schlachten geschlagen, hielt sich der Statthalter *Cäsarius* nur mit Mühe in den Küstenburgen, zumal der König durch ausgesuchte Milde (Loskauf von Gefangenen aus dem Königsschatz) die Bevölkerung des griechischen Gebietes überall zu sich gewann, war doch mit dem Arianismus die schlimmste Scheidewand zwischen Goten und Romanen gefallen, und beliebt war die byzantinische Herrschaft wohl nirgends. Durch Vermittlung eines vom König gefangenen und freigegebenen Bischofs, dem sich dann noch ein Priester und ein Römer, sowie zwei vornehme Goten anschlossen, ward über Frieden und Abtretung bedeutender Strecken kaiserlicher Gebiete verhandelt.

Die Byzantiner hatten damals noch zwei Gruppen von Besitzungen in Spanien: westlich der Meerenge am Atlantischen Ozean die äußerste Südspitze des heutigen *Portugal* (*Algarbien*) mit *Lacobriga* und *Ossonoba*, dann östlich der Meerenge, am Mittelmeer, einen viel größeren Küstenstrich von *Colopona* im Westen bis Sucruna im Osten. Diesen weit bedeutenderen Teil seines spanischen Gebietes trat Kaiser Heraklius dem ihm persönlich bekannten König im Frieden von 615/616 ab: manche der verhaßten Kastelle wurden sofort von den Goten geschleift. Sisibut war mit der Bildung seiner Zeit in seltenem Maß vertraut. *Isidor von Sevilla*, der ihm eine philosophische Schrift zugeeignet hat, bezeugt das ausdrücklich: der König hat selbst eine noch erhaltene Lebensbeschreibung des heiligen *Desiderius* verfaßt und die gefeierte Basilika der *heiligen Leokadia* zu Toledo gebaut; seine Chronik der Goten ist leider verloren, seine barbarisch-geschmacklosen Disticha sind leider erhalten: sie sind auch einem Helden und König schwer zu verzeihen! In den Briefen dieses gelehrten Fürsten, dessen Güte und Milde gepriesen wird, atmet aber eine wilde Leidenschaft – die des Glaubenshasses – und unter seiner Regierung beginnen die maßlos glaubenswütigen Judenverfolgungen, die nun die Katholiken- und Arianer-Verfolgungen ablösen und wahrscheinlich zu dem Verderben des Reiches stark beigetragen haben. Die Juden hatten durch ihren, oft wohl wucherisch erworbenen und rücksichtslos mißbrauchten Reichtum Neid und Haß der Christen erregt. Die Kirche aber war es, nicht der Staat, die den Anstoß zu der Verfolgung gab, und ganz besonders gilt das von Gesetzen zur Bekämpfung der Ketzer und Juden; die niedere Geistlichkeit, die Beamten und der Pöbel haben dann freilich in der Ausführung dieser Gesetze das von Episkopat und König gewollte Maß oft gröblich überschritten. Bis auf Rekared hatten die Juden, durch die römische Gesetzgebung nur wenig belastet, in Spanien eine sehr günstige Stellung genossen. Sie hatten nicht nur christliche Ehefrauen und Sklaven, sie bekleideten Finanz- und Richter-Stellen; ein sehr reicher vornehmer Jude, dem halb Minorca eigen gehörte, war comes, „Graf", auf dieser Insel. (Die Geschichte der Judenverfolgungen wird unten im Zusammenhang dargestellt werden.)

Übrigens vergab der König bei aller Frömmigkeit den Rechten der Krone gegenüber dem Episkopat nichts, dessen Zurückdämmung von der Vollherrschaft über diesen Staat, die Aufgabe jedes tüchtigen Nachfolgers Rekareds sein mußte. Einen scharfen Verweis erteilt er dem Bischof *Eusebius von Tarraco*: kaum mit dem Finger habe er an dessen Schreiben rühren mögen; der Bischof halte es mit elenden, aufgeblasenen Leuten, treibe Kult mit den Knochen der Toten, versäume darüber die Pflicht gegen die Lebenden, gebe sich den Stiergefechten mit blinder Leidenschaft hin usw.; er zwingt ihn, den vom König Vorgeschlagenen als Bischof von *Barcelona* anzuerkennen. Als er bald darauf starb, 620, dachte man – sehr bezeichnend – sofort an Vergiftung; sein Sohn, Mitregent und Nachfolger *Rekared II.* starb bald darauf (16. April 621). Nun ward der tapfere Feldherr *Svinthila* zum König erhoben (624–631), der zunächst einen neuen Einfall der *Basken* abwährte und das Herr dieser „bergedurchschweifenden Stämme" in den Schluchten von *Alava* und *Rioja* so geschickt umzingelte, daß sie freien Abzug erkaufen nur durch völlige Unterwerfung und Übernahme der demütigenden Verpflichtung, an der Festung *Oligitum*, die zu ihrer Bändigung bestimmt war, selbst mitzubauen. Darauf erwarb er sich den hohen Ruhm, zuerst ganz Spanien unter das gotische Zepter zu bringen, indem er den Byzantinern auch ihre letzten Besitzungen entriß. Mit der ihm eigenen Raschheit griff er sie plötzlich an, schlug sie in offenem Felde, nahm den einen Patricius gefangen, gewann den anderen für sich und bedrängte die führerlosen und hoffnungslosen Truppen so lange, bis sie sich in den letzten Seehäfen Algarbiens einschifften: achtzig Jahre lang hatte sich Byzanz, an den Küsten festgeklammert, behauptet. Aber dieser verdienstreiche Herrscher sollte nicht auf dem Thron geduldet werden. Er hat es verständigermaßen durchgesetzt, seinen Sohn *Rikimer* (als Mitherrscher und) Nachfolger anerkennen zu lassen, scheint aber kein Freund des Episkopats gewesen zu sein, da er, im Widerspruch mit wiederholten feierlichen Kirchenbeschlüssen, in zehn Jahren kein Konzil zusammentreten ließ, diese gefährlichen geistlichen Heeresmusterungen, welche die Macht des Episkopats jedesmal schon durch seine Schaustellung vermehrten.

Da nun ferner der tüchtige König sich mit kräftigem Schutz der kleinen Gemeinfreien gegen den Druck des reichen Adels annahm – „Vater der Armen" nannte ihn das Volk –, verfeindete er sich auch die weltlichen Großen: und dem Bündnis von Episkopat und Adel war das schwache gotische Königtum nie gewachsen. Die Strenge, mit der er Adelsverschwörungen durch Todesstrafen und Einziehung ahndete, genügte der Priesterschaft, gegen den ihr verhaßten König den Vorwurf der Grausamkeit zu verbreiten, und die späten, trüben, ausschließlich kirchlichen Quellen berichten von „Freveln" (scelera) – der Hauptfrevel war wohl die Nichtabhaltung von Konzilien. Es spricht stark für den König und gegen seine Feind, daß diese nur durch Hilfe des fränkischen Erbfeinds und Preisgebung eines ruhmvollen altgotischen Kleinods zu siegen hofften. In dem stets unsicheren Septimanien empörte sich Graf *Sisinanth*, ließ sich krönen und erkaufte die Waffenhilfe des Merowingen *Dagobert I.*, des Enkels Fredigundens, durch das edelste Stück des gotischen Königshortes: ein fünfhundert Pfund schweres Goldbecken, das Held Thorismund dereinst (451) von den Römern als seinen Anteil an der hunnischen Siegesbeute ertrotzt haben sollte. Gierig griff der Merowinge mit beiden Händen zu und schickte zwei Feldherren mit zahlreichen Truppen: Sisinanth zog mit ihnen über die Pyrenäen, die Feinde des Königs schlossen sich überall an, und bevor es bei *Saragossa* zur Entscheidung kam, trat das ganze Heer, auch sein eigener Bruder *Gaila*, zu dem Empörer über. Man sieht, die Wühlereien der Gegner waren schlangenklug, wie gewöhnlich, und erfolgreich gewesen. Svinthila und sein Sohn wurden in ein Kloster gesteckt, ihr und ihrer Sippe Güter eingezogen. Die Goldschüssel ward den Gesandten Dagoberts übergeben, aber die Goten konnten das Kleinod nicht verschmerzen und nahmen es mit Gewalt zurück, worauf Sisinanth eine unglaublich hohe Geldsumme als Ersatz zahlte, angeblich zweihunderttausend Solidi.[1] Sisinanth war lediglich ein Werkzeug der Bischöfe: die Herstellung ihrer Vollherrschaft war der Zweck seiner Erhebung gewesen. Das vierte Konzil von Toledo (633) bestätigte gesetzlich diese Unterwerfung des Zepters unter den Bischofsstab: der gelehrte Isidor von Sevilla, Leanders Bruder und Nachfolger, führte den Vorsitz. Er hatte den „Vater der Armen" mit seinem Lob in den Himmel gehoben – jetzt fand er nicht Worte genug, ihn zu schmähen. Aber freilich: „Sisinanth flehte, vor den geistlichen Vätern kniend, in unterwürfigster Haltung des ganzen Leibes unter Schluchzen und reichen Tränenströmen um Fürbitte bei Gott" – vielleicht regte sich ihm doch das Gewissen wegen seines Treubruchs. Kurz und deutlich sagt eine andere Quelle: „Er regierte drei Jahre, hielt eine Versammlung der Bischöfe, war willfährig und befolgte die rechtgläubigen katholischen Vorschriften." Einen solchen Fürsten mußte der Episkopat freilich gern auf dem Thron befestigen. Der Verräter Gaila wollte, scheint es, den Sturz seines Bruders durch neue Verschwörung für sich verwerten, das Konzil strafte ihn durch Entziehung seiner Würden und Einziehung seiner Güter. Außerdem bedrohte die Versammlung Empörung gegen den König mit dem Kirchenbann und wahrte und regelte eifrig das Wahlrecht der Bischöfe und Großen – zum deutlichen Beweis, welcher Geist, welche Absicht das Konzil leitete. Der kraft dieses Wahlrechts gekorene Nachfolger *Kindila* (März 636 bis 640) war selbstverständlich wieder ein blindes Werkzeug der Bischöfe, von ihm wird, seine Herrschertaten erschöpfend, gesagt: „Er hielt sehr viele Synoden mit den Bischöfen und kräftigte das Reich durch den Glauben." Leider war das Gegenteil der Fall: um den „Glauben" handelte es sich gar nicht, sondern um die schrankenlose Herrschaft der Bischöfe über den Staat, um die alleräußerste Durchführung der theokratischen Grundsätze Augustins, wonach der Staat nur Mittel der Kirche ist und nur so viel Gültigkeit für seine weltlichen Gesetze

---

1 Dritthalb Millionen Mark!

fordern kann, als die Kirche ihnen beilegt: „nur so viel justum und legitimum enthält die lex temporalis, als ihr aus der lex aeterna, welche die Kirche auslegt, zufließt." Entmannt und entnervt hat diese Art Konzilienweisheit den Gotenstaat: dumpfer, süßlicher Weihrauchqualm erfüllt ihn, unter dessen Gewölk die scheußlichsten Verbrechen im Namen Gottes und der Kirche teils heuchlerisch, teils in überzeugtem Glaubenswahn verübt werden. Nicht einmal der ehemalige Kirchenstaat, höchstens der Staat der Jesuiten in Paraguay, gewährte so völlig das Bild einer Priesterherrschaft wie seit dem dritten Konzil von Toledo dies unselige Reich der Helden Alarich, Eurich, Leovigild. Gleich im ersten Jahr seiner Regierung beruft der König ein Konzil nach Toldeo (das fünfte: 636), das seine Wahl bestätigt, seine Herrschaft durch Bannflüche gegen Empörung, Zauberworte, Wahl eines Gegenkönigs sichert, auch seine Kinder durch Strafandrohungen schützt. Schon anderthalb Jahre darauf wiederholt das sechste Konzil (638) von Toledo jene Beschlüsse und erklärt, jeder Thronfolger und der Adel habe die Ermordung des Königs zu rächen – nur dadurch könnten sie den Verdacht der Mordschuld von sich abwälzen, eine sehr bezeichnende Begründung! Die Bischöfe können die Verdienste des Königs nicht hoch genug preisen: hatte er doch kurz und bündig den Rechtssatz aufgestellt: „In meinem Reich darf niemand *leben*, der nicht katholisch" – eine sehr genaue Fassung des Grundsatzes der Glaubenseinheit. Den Sohn eines solchen Fürsten, *Tulga*, wählten die Bischöfe natürlich gern zu seinem Nachfolger, aber nur kurze Zeit regierte er (20. Januar 640–641); *Kindasvinth*, ein gewaltiger Greis, ein Herrschergeist von dem Schlage Leovigilds, steckte den Jüngling mit geschorenem Haar ins Kloster und bestieg den Thron. Dieser schritt war nicht lediglich Empörung aus persönlicher Herrschsucht – neunundsiebzig Jahre zählte der Mann, als er nach der Krone griff –, er bedeutete eine grundsätzliche Umwälzung: es war die Ermannung des weltlichen, des eigentlich staatlichen Elements im Reich gegen die priesterliche Gängelung.

Denn zwar hatte der weltliche Adel sich dem Episkopat angeschlossen, eine so kräftige Herrschergewalt, wie sie Svinthila geführt, zu stürzen; aber nun, nach dem Siege, mochte er erkennen, daß er doch von der Beute, d. h. von der Gewalt im Staat, im Vergleich mit den frommen, aber klugen Verbündeten allzuwenig davongetragen hatte. Dazu kann die Einsicht getreten sein, daß diese Bischofsgängelung Volk und Heer entmannte. Der stets wachsende Reichtum der Kirche an Grundbesitz drohte allen spanischen Boden zu verschlingen, die Zahl der kleinen Gemeinfreien, die als Knechte in das Eigentum der Kirche und damit aus den Reihen der Heerbannpflichtigen traten, schwoll erschreckend an, die Wehrkraft des Staates nach außen sank, und im Inneren betrieb das Reichskonzil neben den Judenverfolgungen eine Gesetzgebung, die das Germanische völlig durch römische und kanonische Satzungen verdrängte und dem Westgotenrecht zwar früh eine unvergleichlich feinere Ausbildung verlieh, als die anderen Germanenreiche der Zeit ihren „Volksrechten" geben konnten, zugleich aber Züge des Überreifen, Altklugen, Gekünstelten, Verknöcherten, des durch und durch Ungesunden und Unvolkstümlichen. Phrasenhaft, unwahr, unmännlich, greisenhaft ist dieses Gesetzbuch und krankhaft dieser ganze bigotte Staat, in welchem die Bischöfe allen Beamten in das Amt greifen und der Krummstab Zepter und Schwert ersetzen sollte.

Neben etwaigen persönlichen Beweggründen, die aber mehr für seinen Sohn als für den hochbetagten Vater die Krone mußten der Empörung Wert erscheinen lassen, waren es gewiß solche grundsätzlich staatliche, volkstümliche Erwägungen, die Kindasvinth auf den Thron drängten: er war, bei früheren Adelserhebungen oft beteiligt, in Kenntnis solcher Umtriebe ergraut. Er berief sehr viele Senatoren, d. h.

jene Edlen, die regelmäßig zu dem Reichskonzil geladen wurden, und handelte mit ihrer Zustimmung bei Absetzung des Pfaffenkönigs. Mit eiserner Kraft führte der harte Greis, Leovigild vielfach ähnlich, seine Besserungen durch: aber nicht nur die Bischöfe, auch jene störrigen junkerlichen Adelsgeschlechter bändigte er schonungslos, die bisher kräftige Könige zu morden gepflegt hatten.

Fredigar schildert diese Schritte Kindasvinths in seiner Weise: „Der König hatte die böse Sitte (morbus) der Goten in Entthronung ihrer Könige erkannt: war er doch selbst oft Teilnehmer solcher Pläne gewesen – daher kannte er genau die trotzigen Geschlechter, von denen Gefahr drohte, und sicher wußte er sie zu treffen. Da ließ er denn alle, die sie früher bei Vertreibung der Könige beteiligt hatten oder in Verdacht der Empörung standen, mit dem Schwert ausrotten oder verbannen: zweihundert der Vornehmsten, fünfhundert der Geringeren soll er auf diese Weise getötet haben; ihre Frauen und Töchter und ihr Vermögen wurden den Anhängern des Königs zugeteilt: da flohen viele, die ähnliche Strafe fürchteten, aus Spanien zu den Franken oder nach Afrika, riefen dort um Hilfe und trachteten von da aus, mit den Waffen zurückzukehren und Rache zu nehmen. Der König aber ließ nicht nach, bis er durch diese Strenge im ganzen Reich den Geist der Empörung gebrochen; die Goten waren von ihm gebändigt und wagten nicht mehr gegen ihn, wie sie es mit ihren Königen pflegten, sich aufzulehnen: dies Volk ist nämlich störrisch, wenn es nicht ein starkes Joch auf dem Nacken fühlt." Diese Worte des Zeitgenossen sind höchst bezeichnend.

Der König berief 646 das (siebente) Konzil nach Toledo: aber nur eine weltliche Frage ward ihm vorgelegt: es bedrohte auf Antrag des Königs mit Verbannung und Vermögenseinziehung jene gefährlichen Flüchtlinge, jene Empörer (tyranni) voll Hochmutes (superbia), die Provinzen vom Reich abzureißen trachten, den Heerbann unaufhörlich ermüden, zuletzt ins Ausland entweichen; auch Geistliche waren unter diesen Flüchtlingen, welche die unter der Gewalt des Königs Stehenden nun absetzen; jeder Verkehr mit ihnen wird als Hochverrat bestraft. Überhaupt bändigt der König nicht nur den weltlichen Adel: auch die Bischöfe und Priester zwingt er, gegen alles Sträuben, vor dem weltlichen Richter Recht zu geben. Ganz besonders nimmt er sich aber der von den weltlichen und geistlichen Großen bedrängten kleinen Gemeinfreien an. Eine umfassende Besserung des Gerichtswesens und des Verfahrens, eine ganz außerordentlich verschärfte Strafgesetzgebung bedroht den stolzesten Palatin z. B. mit den gleichen Todes-, Ehren-, Leibes-Strafen, wie den ärmsten Freien, sorgt für rasche Durchführung der Urteile gegen den trotzigen Ungehorsam der Großen, ja die Richter werden angewiesen, die hohen Geldstrafen zu mildern, wenn kleine Gemeinfreie dadurch betroffen werden, deren Freiheit oder Vermögen durch Vollzahlung der hohen Bußsätze bedroht würde; daran schließt sich dann die wohlwollende Gesetzgebung zum Schutz der Unfreien und Halbfreien gegen Grausamkeit und Willkür der Herren. Von größter Bedeutung endlich war es, daß Kindasvinth mit dem bisher wie in allen diesen Reichen auch im Westgotenreich geltenden Grundsatz der persönlichen Rechte brach, wonach die Goten nach gotischem, die Römer nach römischem Recht lebten, und statt dessen, unter Aufhebung des Breviars Alarichs II. und des römischen Rechts überhaupt, sein Gesetzbuch als westgotisches Landrecht in dem Sinne einführte, daß es nicht bloß, wie bisher für Goten, sondern auch für Römer und überhaupt für alle Reichsangehörigen gelten sollte, eine Tat, die immerhin ein starkes Staatsgefühl ausdrückt und wohl auch eine Abwehr der Verrömerung, die alles Germanische in diesem Reich zu verschlingen drohte. Aber freilich das Gotenrecht war selbst schon sehr stark verrömert: nur deshalb konnte man die Römer demselben zu unterstellen wagen.

Diese umfassenden Gesetzesarbeiten schon lassen erkennen, daß auch die ersten, kämpfereichen Jahre, in denen die Meisterlosigkeit und Überhebung der Großen mit eiserner Gewalt gebändigt werden mußte, eine mehr friedliche Zeit dieser Regierung folgte. Der König hatte Sinn für Wissenschaft und Kunst, er sandte einen Priester, *Tajo*, von Saragossa nach Rom, dort Werke Gregors des Großen zu kaufen, die im Gotenreich nicht mehr zu haben waren; er verkehrte viel mit dem als Gelehrten und Dichter gefeierten *Eugenius von Toledo*, dem er auftrug, die Gedichte Dracontius (siehe oben Vandalen) verbessert herauszugeben.

Auch der Kirche gegenüber setzte zwar der kräftige König seinen Willen durch, er erhob eben diesen Eugenius vom Archidiakon des Bischofs *Braulio von Saragossa* trotz dessen Beschwerde, er könne in seinem hohen Alter dieser Stütze nicht entraten, zum Metropolitan von Toledo. Geistvoll und höflich zugleich erwiderte er dem wackeren Braulio, gerade sein Bittschreiben bezeuge durch Gedankenfülle und Kraft des Ausdrucks, daß er einer Stütze durchaus nicht bedürfe. Dabei bekundete er aber durch viele reiche Geschenke an Kirchen und Klöster seine fromme Gesinnung: nicht die Kirche, nur ihre Herrschaft über den Staat bekämpfte er. Manche seiner angeblichen Klostergründungen sind freilich nur Legende[1]: so wahrscheinlich auch die von Sankt Roman (zwischen *Toro* und *Tordesillas* am *Duero*, wo die Mönche noch im siebzehnten Jahrhundert eine ausführliche, aber falsche Lebensbeschreibung des Königs und seiner erdichteten Genossen *Sankt Roman* und *Otho* vorwiesen). Er sollte das Kloster als seiner Begräbnisort gebaut haben; jedenfalls ward er noch im späten Mittelalter hier als Heiliger verehrt. Sicher hatte es der gewaltige Herrscher auch um die Kirche nicht verdient, daß derselbe Eugenius von Toledo, der seinen Gönner, Freund und Wohltäter, solange dieser lebte, in seinen Versen mit Lob überschüttet hatte, undankbar und falsch dem toten Löwen in seiner Grabschrift eine Schmähung nachrief:

> Chindaswinthus ego, noxarum semper amicus,
> Patrator scelerum, Chindaswinthus ego,
> Impius, obscoenus, probrosus, turpis, iniquuus,
> Optima nulla volens, pessima cuncta valens.
> Nulla fuit culpa, quam non committere vellem,
> Maximus in vitiis et prior ipse fui etc.

Aber freilich sollte bald zu Tage treten, daß die heuchlerische, salbungsvolle „Theologenmoral", welche die westlichen Gesetze, die kirchlichen Canones und die ganze Literatur dieses Reiches widerlich durchzieht, gerade in den Priestern am wenigsten männliche Tugend erwecken und ersetzen konnte, vielmehr für die scheußlichsten Taten die stets bereite Redewendung der Verhüllung und Beschönigung darbot.

Kindasvinth hatte 649 seinen Sohn *Rekisvinth* als Mitherrscher und dereinstigen Nachfolger anerkennen lassen, wie es heißt, auf Anraten von geistlichen und weltlichen Großen, aber die wahre Anregung wird wohl auf den Vater oder den Sohn zurückzuführen sein; von da ab überließ der Hochbetagte die Herrschaft dem Sohne

---

1 Und manche der ihm zugeschriebenen Privilegien sind Fälschungen: so das für das Kloster des heiligen *Fructuosus in Bergido bei Complutum*, das noch von spanischen Gelehrten unserer Zeit als echt angesehen wird.

fast allein; er starb, neunzig Jahre alt, am 1. Oktober 652. Rekisvinth (Oktober 652–672) war eine milde, für seine Herrscheraufgaben nur allzu milde Natur:[1] Er gab von seinem gewaltigen Vater für das Königtum in heißem Kampf gewonnene Vorteile, unter Mißbilligung der Härte Kindasvinths, wieder an Bischöfe und Adel verloren. Wir können daher, unter Anerkennung seiner Tugenden als Mensch, Rekisvinth als König das Lob durchaus nicht erteilen, das ihm von der herrschenden Auffassung, namentlich in Spanien, aber auch noch von den neuesten deutschen Forschern gespendet wird, wir können ihn nicht zu der Reihe der Kräftiger, sondern nur zu der der Auflöser der Kronengewalt und damit des Staates und des Heiles der Westgoten stellen.

Denn in diesem Reiche konnte zunächst nur ein unerschütterlich befestigtes Königtum die angeborenen und durch die Geschichte anerzogenen Fehler der Nation heilen; der Adel vertrat nicht etwa, wie dies in anderen Staaten jener und späterer Tage der Fall war, die alte germanische Volksfreiheit gegen ein unbeschränktes Königtum – jene alte ehrwürdige Freiheit war den Goten längst abhandengekommen –, sie verfocht nur ihre selbstischen Standesvorteile, ihren eigenen Trotz nach oben und Druck nach unten und das Gegenteil allen Staatsgeistes: die meisterlose und pflichtlose Selbstherrlichkeit des Junkers. Rekisvinth gewährte nicht nur dem Adel und der Priesterschaft alle Forderungen, er beantragte selbst auf der Versammlung zu Toledo Straflosigkeit für alle überwiesenen Empörer und forderte die Aufstellung von Schiedsrichtern für Beschwerden einzelner gegen den König, denen sich die Krone unweigerlich unterwerfen müsse.

Wenn dies das Ansehen des Thrones, das wahrlich ohnehin nie groß war in diesem Staate, herunterziehen mußte, schwächte ein bedeutender Steuernachlaß die Mittel der Regierung, und auch eine weitere Anordnung, die unter anderen Umständen die Kräftigung der Krone hätte herbeiführen mögen, konnte, ja sie *sollte* in dem Zusammenhang, in dem sie auftritt, mitnichten also wirken. Da nämlich die Macht des Adels wesentlich auf seinem Reichtum, vorab Grundbesitz mit Hintersassen, beruhte, hätte das Königtum, neben der Gewalt, die ihm das Recht zumaß, durch Ansammlung eines bedeutenden Kronguts, an Stelle der fehlenden Hausmacht eines erblichen Geschlechts, ein tatsächliches Gegengewicht anstreben sollen. Statt dessen verordnete der König – oder besser gesagt das Konzil und der Reichstag –, daß bei dem Tode des Königs nur, was er nachweisbar bei dem Regierungsantritt schon mitgebracht, seinen Erben verbleiben, alles andere aber, also nicht bloß die Krongüter, sondern, wenigstens dem Wortlaut nach, auch alle Errungenschaft der königlichen Privatvermögens seinem Nachfolger zufallen solle. Daß man hierbei nicht die Bereicherung des *Throns*, sondern die Beraubung des *Königs* bezweckte – man wollte Bereicherung der Königshäuser auf Kosten und aus den Mitteln des Fiskus verhindern –, erhellt aus der engen Verbindung dieser Bestimmung mit der feierlichen und umständlichen Anerkennung des unbeschränkten Königswahlrechts des geistlichen und weltlichen Adels, zu welcher sich Rekisvinth verstand. Wenn er damit auch nicht „das von seinem Vater schon zu einem erbreich gemachte Land" – so weit war Kindasvinth entschieden nicht gekommen – wieder zu einem Wahlreich machte und dadurch den „Grund zum Untergang des blühenden Königreichs legte", so bekräftigte er doch dadurch aufs nachdrücklichste den Verzicht auf die von Kindasvinth

---

[1] Bezeichnend ist die späte Überlieferung, er sei zum Geistlichen bestimmt und bereits geschoren gewesen: sein Stil, z. B. in dem frommen Briefwechsel mit Bischof Braulio, unterscheidet sich von der markigen Schreibweise des Vaters durch leidigen Schwulst.

und allen besseren Herrschern erreichten oder erstrebten Ziele und verriet damit
einen Mangel an Einsicht oder an Kraft, den alle seine viel gerühmten Verdienste um
das friedliche Aufblühen des Staates nicht aufwiegen können.[1]

Rekisvinth hat nicht nur sehr zahlreiche Einzelgesetze erlassen, – es spricht auch
große Wahrscheinlichkeit dafür, daß auf ihn die letzte wichtigste Gesamtveröffent-
lichung des ganzen westgotischen Gesetzbuchs zurückzuführen sei.[2] Kriegerischen
Ruhm hat er nicht angestrebt. Gleich im Anfang seiner Regierung hat er einen räuberischen Baskeneinfall, diesmal geführt von einem verbannten oder geflüchteten
gotischen Vornehmen *Froja*, der dabei nach der Krone trachtete, aber den Tod
fand, zurückgewiesen: bis an den *Ebro* waren sie schon vorgedrungen, *Saragossa*
(Caesaraugusta) hatten sie hart umstürmt (in den Nächten jener schlimmen Tage
schrieb damals *Tajo* in der belagerten Stadt die „Sentenzen" Gregors des Großen
ab, die er aus Rom geholt). Dagegen ward dem König die Auszeichnung, daß ihm
und dem Bischof *Hildifuns die heilige Leokadia* erschien: als Wahrzeichen wird heute noch in Toledo ein Stück ihres Schleiers gewiesen, das der Bischof mit dem
Dolchmesser, das ihm der König dazu reichte, abschnitt; den Bischof belohnte später eine Erscheinung der Himmelskönigin selbst dafür, daß er ihre Jungfräulichkeit
gegen die Irrlehrer verteidigte, die behaupteten, sie habe nach Christus Joseph Kinder geboren. Rekisvinth baute Kirchen (z. B. die zu *Bagnos*, beschenkte sie reich
mit kostbaren Geräten, verschärfte die Judenverfolgung, hielt zahlreiche Konzilien
ab und verbot jede Anfechtung der katholischen Lehre in Wort und Schrift, was
zumal gegen die jüdischen Gelehrten gerichtet war, bei den schweren Strafen von
Amtsverlust, Verbannung und Vermögenseinziehung. Sonst ist aus seiner zwanzig-
jährigen Regierung keine Tat zu verzeichnen. Rühmt eine Quelle von ihm: „Er liebte alle sehr und wurde von allen sehr geliebt, denn er war so mild und demütig, daß
er unter seinen Untertanen wie einer ihresgleichen schien", so ist das für einen König dieses von Priestern und Junkern geknechteten Staates ein übles Lob. Er starb
am 1. September 672 in der Villa *Gerticos* bei *Salamanca*, wohin er sich in der
Schwäche hohen Alters zurückgezogen hatte.[3]

Wohl stärker als die Teilnahme hatte die Vorschrift des Wahlgesetzes, daß der
Nachfolger an dem Sterbeorte des Vorgängers zu wählen sei, die weltlichen Großen
in reicher Zahl in die entlegene Villa gezogen. Dort ward einer von ihnen, *Wamba*
(672–680), ein sehr tapferer Kriegsmann, gekoren und am 19. September 672 zu
Toledo von dem Metropolitan *Quiricus* in der Basilika von Petrus und Paulus gesalbt.[4]

Alsbald erhob sich gegen in eine Empörung in Septimanien: Graf *Hilderich von
Nîmes* hatte Strafe zu befürchten, weil er, gegen die Gesetze, die Juden in Septimani-

---

1 Vergl. Könige V, 201.

2 Diese schon 1871, Könige VI (1. Auflage) und 1874 (Westgotische Studien) von mir aufgestell-
te Annahme ist nun allgemein anerkannt, so auch in der vorzüglichen Ausgabe von Rekisvinths Lex Visig. in den Monumenta Germaniae historica von Zeumer 1894.

3 Ganz mit Unrecht hat man dem König eine „Buhlerin im Purpur" angedichtet: die purpurata
meretrix ist nicht von Fleich und Blut, nur das apokalyptische Weib. XVII, 4.

4 Sehr früh hat Sage und absichtliche Erfindung jene Vorgänge mit üppigem Schlinggewächs
umzogen, das, wie die mit dem sagenhaften *Don Pelayo* zusammenhängenden angeblichen
Brüder Rekisvinths, *Theudefrid* und *Favila*, von kritischer Forschung einfach wegzuschneiden,
aber von den spanischen Gelehrten zum Teil noch heute festgehalten ist.

en geduldet hatte. Sich der Ahndung zu entziehen, griff er nach der Krone. Das gotische Gallien war um so leichter gegen Wamba zu gewinnen, als es bei seiner Wahl nicht vertreten gewesen war. Hilderich verschmähte die Hilfe der alten Reichsfeinde, der Franken, nicht: da der Bischof seiner Stadt, *Aregius*, standhaft an dem rechtmäßigen König festhielt, schickte er ihn in Ketten nach Frankreich, ihn durch den Abt *Ranimer* ersetzend, denn die Städte waren durch bischöflichen Einfluß am sichersten zu beherrschen. So hatte er vorher schon den *Bischof von Magelona, Gumild*, gewonnen. Wamba, durch Empörung der Basken und Asturier in Spanien festgehalten, schickte zur Unterwerfung von Septimanien, das sich zum großen Teil dem Empörer angeschlossen, seinen Feldherrn *Paulus*, von byzantinischer Herkunft, ab. Da aber dieser Verräter mit seinen zahlreichen Truppen an die Spitze der Aufständischen trat, nahm der Krieg große Verhältnisse an, die Tatkraft des Königs auf schwere Probe stellend. Paulus hatte wohl längst schon im stillen nach der Krone getrachtet; noch in Spanien bereitete er alles sorgfältig vor: auf dem Zug durch Tarraconien gewann er den Herzog dieser Provinz, *Ranosind*, den *Garding Hildigis* und andere Große; die baskischen Stämme um *Alava* und *Bureda* wurden durch Geld, das man zum Teil den Kirchen entriß, in der Empörung bestärkt, mit den merowingischen Königen wurden geheime Bündnisse geschlossen.

Scheinbar voll Eifers gegen die Empörer hob Paulus auf dem Wege noch neue Truppen aus und forderte und erlangte, in Septimanien angelangt, immer noch im Namen König Wambas, Einlaß in die Hauptstadt *Narbonne*. Vergeblich hatte sich der Bischof der Stadt, *Argibaud*, vor seinen Plänen gewarnt, widersetzt. Jetzt warf Paulus die Maske ab, erklärte vor seinen Heerführern und dem Adel von Tarracon, der ihm gefolgt war, die Wahl Wambas (vielleicht wegen Nichtbefragung Septimaniens?) für nichtig und forderte zur Wahl eines anderen Königs auf. Nach der Verabredung schlug Ranosind nun Paulus vor, der sofort, jeder Abstimmung zuvorkommend, die Versammelten für sich vereidigte; der Graf von Nîmes und dessen Anhang schlossen sich dem unvergleichlich mächtigeren, neuen Anmaßer an. Da nun gleichzeitig die Basken, die Catalonier und manche Städte von Tarraconien sich gegen König Wamba erhoben, sah dieser alles Land nordöstlich vom Ebro in flammender Empörung. Aber der tapfere Mann verzagte nicht. Er verwarf den Rat seiner Feldherren, zunächst nach Toledo zurückzukehren, um dort stärkere Rüstungen zu betreiben, beschloß vielmehr, durch Schnelligkeit und Kühnheit, was ihm an Truppen fehlte, zu ersetzen und die Feinde, durch blitzgeschwinde Schläge überraschend, niederzuwerfen. Mit der geringen Macht, mit der er zur Bekämpfung der baskischen Räuber ausgezogen war, als er die Nachricht von allen neuen Empörungen empfing, brach er zuerst rasch die steilen Burgen jenes Gebirgsvolkes auf ihren fast unersteiglichen Porphyrnadeln, erschien dann plötzlich vor den empörten Städten Tarraconiens und schreckte sie, zumal *Barcelona* und *Gerunda*, zur Unterwerfung. Nachdem kaum die nötigste Ruhe den Truppen gegönnt war, eilte der König mit seinem in drei Haufen geteilten Heer auf drei Straßen über die Pyrenäen: auf der alten Römerstraße dem Meer entlang der rechte Flügel, in der Mitte der König selbst durch die Schluchten (clusurae) von *Ausonne* (Vich), der linke Flügel unter Herzog *Desiderius* durch die *Cerdagne* und deren Hauptstadt *Julia Livia* (Puigcerda). Überall wurden, zum Teil nach erbitterter Gegenwehr, die Bergkastelle gestürmt, welche die Pässe sperrten: der „Geierhorst" (*Bulturaria*, heute Oltrera), *Caucoliberi*, *Sordonia* im Tale von *Carol*: der linke Flügel trieb die Verteidiger, *Herzog Araugisel* und *Bischof Hyakinthus von Urgel*, der König aber *Ranosind* und *Hildigis* von Stellung zu Stellung und endlich, den Abhang der Pyrenäen herunter, vor sich her in die septimanische Ebene, wo sich nun die drei

Abteilungen vereinigten und auf Narbonne zogen. Gleichzeitig erschien die königliche Flotte, die, von spanischen Häfen ausgelaufen, den Marsch des rechten Flügels begleitet hatte, in der *Aude* und trug wesentlich zur Eroberung der Stadt bei, die nach dreistündigem Stürmen gelang. *Herzog Witimer* ward, nachdem er zuvor die Wälle tapfer verteidigt, in einer Kirche nach verzweifelter Gegenwehr mit einem Brett niedergeschlagen und gefangen unter Geißelhieben durch die Straßen geführt. Darauf wurden *Agde, Beziers* und durch die Flotte *Magelone* zur Übergabe gezwungen, dessen Bischof Gumild, ein Hauptanstifter der Empörung, nach Nîmes entkam. Diese alte Stadt hatte Paulus zum äußersten Widerstand eingerichtet, die römischen Werke verstärkt, Lebensmittel für eine noch so lange Einschließung aufgehäuft: Bürger und Besatzung ermutigte er durch Hinweis auf ein großes Heer der Franken, das bereits durch die Täler der *Garonne* und der *Aude* zu ihrer Hilfe heranziehe. In der Tat teilte der König, diesen fränkischen Entsatzversuch abzuwehren, sein Heer: etwa einen Nachtmarsch vor der Stadt bezog er ein festes Lager, den Anmarsch der Franken aufzuhalten und den Belagerungstruppen den Rücken zu decken, die er, dreißig Tausendschaften stark, unter vier duces vorausschickte. Die anschauliche Schilderung des Angriffs und der Vertreibung zeigt, daß die Goten in dem seit Jahren fortgeführten Belagerungskrieg gegen die byzantinischen Städte Spaniens in der Tat einiges gelernt hatten. Unter Schirmdächern führen sie den Widderkopf gegen die Wälle, suchen die Tore in Brand zu stecken, die Zinnen durch Geschosse aller Art von Verteidigern zu säubern und dann auf Sturmleitern die Mauerkrone zu ersteigen, während die Belagerten durch Wurfgeschosse, Steine, Brände die Stürmenden und ihre Maschinen fernzuhalten oder zu begraben drohen. Der Sturm des ersten Tages ward abgeschlagen; am zweiten Tag schickte Wamba frische Tausendschaften unter *Herzog Wandimer*, und nun ward die Stadt genommen: unter großem Blutvergießen, da die Einwohner in dem falschen Glauben, von den Empörern verraten zu sein (oder vielleicht umgekehrt) mit diesen selbst in Kampf gerieten, während gleichzeitig die Königlichen auf die Belagerten ohne Unterschied einhieben.

Paulus warf sich in das großartige römische Amphitheater und leitete in dieser „Arenaburg" (castrum arenarum) – noch 1809 stand ein angebauter Gotenturm (tours des Goths) daselbst – den letzten Widerstand. Der *Bischof von Narbonne, Argibald*, vermittelte (1.–3. September 673) zwischen dem König und dem um Gnade flehenden Anmaßer. Es bezeugt des Königs Machtgefühl und Großmut zugleich, daß diese Begnadigung gewährt wurde: nur empfindliche Ehrenstrafen wurden verhängt, die künftige Wiedererhebung unmöglich machen sollten. Paulus und sechsundzwanzig andere (meist gotische, wenig römische Namen) wurden, ersterer an den Haaren, von zwei berittenen Herzögen durch die Stadt und das ganze Heer in das Lager vor den König geführt: Paulus warf sich dem König zu Füßen, gürtete sich den Schwertgürtel ab (ein Zeichen des Verzichts auf das Waffenrecht, das Gegenstück der Schwertleite), und alle bekannten sich undankbaren Eidbruches schuldig. Nach Verlesung der Gesetzesstellen, die solche Empörung mit dem Tode bedrohten, begnadigte der König alle zu lebenslänglicher Haft mit Ehrverlust. Darauf richtete er das zerrüttete Septimanien wieder auf, stellte die Mauern von Nîmes, das schwer gelitten hatte, wieder her, beschenkte reich die Stadt sowie die übrigen geschädigten Gemeinden, gab den Kirchen die von den Empörern geraubten Schätze wieder und kehrte nach halbjährlichem Feldzug im Triumph in die Hauptstadt Toledo zurück. Ein fränkisches Heer, geführt von *Lupus*, dem dux des gallischen *Vasconiens*, war zwar in Septimanien eingefallen und bis in die Gegend von *Beziers* unter Plünderungen vorgedrungen: aber vor den entgegengeschickten Goten hatte es nicht standgehalten, sondern unter Verlust von Gefangenen und Vorräten in schleunigem Rückzug das Land geräumt. Vornehme junge Franken, meint Austrasier, sogar Sachsen, die – als Geiseln für Erfüllung der merowingischen Versprechungen – im Lager der Rebellen mitgefangen worden waren, gab der König ohne Lösegeld frei.

Seit Kindasvinth hatte das gotische Königtum solche Kraft nicht bewährt. Wamba, der ausgezeichnete Feldherr, dessen Anwesenheit im Heere der Anmaßer Paulus an den vortrefflichen Anordnungen erkennt, nahm sofort nach seiner Rückkehr eine durchgreifende Besserung der Wehrverfassung vor: dabei mußte er – ein erschreckendes Zeichen der schleichenden Krankheit in den gesellschaftlichen, wirtschaftlichen Zuständen des Reiches – in schroffster Verleugnung einer Grundlage altgermanischen Rechts, *Unfreie* in ausgedehntem Umfang in den Heerbann einstellen. Nicht weniger als neun Zehntel aller Knechte sollten fortan ins Feld ziehen, nur ein Zehntel zu Hause bleiben, den Acker zu bestellen! Diese wahrhaft bestürzende Maßregel

Reste des Amphitheater in Nîmes.

erklärt sich durchaus nicht aus Abnahme der Bevölkerung überhaupt – wir sahen, welch starke Waffen in der eben niedergeworfenen Empörung auf beiden Seiten aufgetreten waren –, sondern aus der Abnahme der *freien* Bevölkerung. Eine von Geschlecht zu Geschlecht anwachsende Masse von kleinen Freien vermochte den wirtschaftlichen Kampf um das Dasein nicht fortzuführen, die Pflichten, welche die Gemeinfreiheit auferlegte, nicht mehr zu tragen, dem Druck, den die weltlichen, und der Versuchung, welche die geistlichen Großen ihnen gegenüber übte, nicht mehr zu widerstehen: in Masse gaben sie die erdrückende Freiheit auf und traten in sehr verschiedene Rechtsformen (siehe unten Verfassung) als Knechte oder doch Schutzbefohlene in Eigentum oder doch in Schutzgewalt eines weltlichen Edlen, mit ganz besonderer Vorliebe aber einer Kirche oder Klosters, unter Hingabe der kleinen Scholle an den weltlichen Schutzherrn, lieber aber noch an den Schutzheiligen der Kirche. Daß so viel häufiger geistlicher Schutz aufgesucht wurde, erklärt sich nicht nur zum guten Teil aus dem Glauben, durch solche Hingebung von Person und Gut den Schutz des Himmels und Lohn für eine gottgefällige Tat auch im Jenseits zu erwerben, auch aus den weltlichen Gründen der besseren, sorgfältigeren, friedlicheren Wirtschaft der geistlichen Großen und der mächtigen Stellung der Bischöfe und Äbte in diesem Reich.

Wenn jetzt der König neun Zehntel aller Unfreien für kriegspflichtig erklärte, so bewog ihn gewiß zunächst das Bedürfnis, die Tausendschaften, welche die Freien nicht mehr genügend füllten, durch dies Mittel zu verstärken. Vielleicht aber wirkte auch die feinere und tiefere staatliche Absicht mit, dem Eintritt in die Knechtschaft einen Hauptbeweggrund zu entziehen. Denn gerade um dem drückenden Kriegsdienst zu entgehen, hatten wohl viele Freie die pflichtenreiche Freiheit hingegeben und dafür die schützende Knechtschaft eingetauscht.

Und so sehr hatte unter den Freien der Eifer abgenommen für Erfüllung der Waffenpflicht gegenüber dem Staat – der Adel verloderte seine Kraft lieber in Fehden der Geschlechter und Landschaften untereinander oder gar in Erhebung wider die Krone –, daß der König die Nichtleistung mit Ehrlosigkeit bedrohen mußte. Aber so entmannt war dieser Priesterstaat bereits, so wurzeltief das alte gotische Heldentum erkrankt, daß der schwächere Nachfolger Wambas das scharfe Mittel diese Gesetzes wieder aufhob und zwar mit rückwirkender Kraft, denn, sagt er, bei Anwendung jener Strafe würde der größte Teil des Volkes bereits die Ehrlosigkeit sich zugezogen haben!

Jenes Wehrgesetz wurde dem trefflichen König zum Verderben, denn es hatte ihm die kirchliche Partei, d. h. also den wahren Machthaber dieses Staates verfeindet. Der König hatte für die Unfreien der Kirche – weitaus die größte Zahl im Lande – eine Ausnahme von der Kriegslast nicht gewähren können. Das genügte, die Bischöfe zu bewegen, sich nach einem gefügigeren Fürsten umzusehen. Seine sonst bewährte Frömmigkeit, auch die gesetzentsprechende Judenverfolgung in Septimanien konnte ihn nicht schützen vor der Herrschsucht und Rache der in ihrer Habsucht verletzten Prälaten. Rühren, wie manche Handschriften bezeugen, die Gesetze des Westgotenrechts V, 1, 6 und 7 über die Zügelung der Bischöfe wirklich von ihm her, durch welche die Erpressungen und Übergriffe der hohen Priesterschaft, der Bischöfe und Äbte in das Vermögen der ihnen anvertrauten Kirchen bekämpft werden, so erklären sie noch weiter den Zorn der Partei, die den undankbaren Günstling bei dem Sturze seines Wohltäters, König Wambas, auf das mächtigste unterstützte, eines der abscheulichsten Verbrechen mit dem Segen der Kirche weihte und von dem Siege des Heuchlers die reichsten Vorteile zog.

Unter Kindasvinth war ein vornehmer Byzantiner, *Ardebast*, an den Hof von Toledo gekommen und hatte eine Verwandte (Schwestertochter) des Königs geheiratet. Den Sohn desselben, *Ervich*, hatte König Wamba vor allen Großen ausgezeichnet, er hatte ihn zum Comes gemacht und mit anderen Würden und Ehren erhöht, sein Vertrauen hatte er allen Palatinen vorgezogen. Zum Danke reichte ihm der Byzantiner einen Trank, der ihn töten sollte, aber den kräftigen Mann nur in eine dem Tod ähnliche Betäubung zu versetzen vermochte.

In diesem Zustand ward der Unglückliche zum Mönch geschoren und in eine Mönchskutte gesteckt, 14. Oktober; Ervich aber ergriff sofort (15. Oktober 680; 687) die Zügel der Regierung und ward von den Bischöfen zum König gesalbt. Wamba starb nicht, machte aber auch nicht den mindesten Versuch, aus der Stille seines Benediktinerklosters *Pampliega* in *Burgos* wieder hervorzutreten und dem frommen Giftmischer die gestohlene Krone abzukämpfen, was sich bei dem machtvollen

Kriegsmann, der einst drei- und vierfach züngelnden Abfall und Verrat sieghaft niedergerungen, wohl nur daraus erklärt, daß er den Thronräuber in unangreifbarer Übermacht wußte. Diese Übermacht gewann Ervich durch die Kirche; und die Kirche gewann er durch Preisgebung aller Errungenschaften Wambas für den Staat.

Eine Versammlung zu Toledo, in der nur fünfzehn weltliche Edle, aber eine ganz außerordentliche Menge von Prälaten erschienen, hatte die Aufgabe, die schmähliche Tat zu rechtfertigen: sie löste sie vortrefflich. Den Vorsitz führte derselbe *Julian von Toledo*, der während Wambas Herrschaft eine höchst schmeichlerische Lebensbeschreibung dieses Königs verfaßte, dann aber vor allen an seinem Sturz gearbeitet und nun diesen Streich zu beschönigen die Aufgabe hatte. Da die übrigen Glieder der Versammlung entweder mitverschworen oder getäuscht waren, gelangte man leicht zum Einverständnis. Bezeichnend für diese Art von Theologenjurisprudenz, deutlicher gesagt, für die empörende Mischung von Heuchelei und Pfiffigkeit, sind die drei Gründe, die man für die Beseitigung Wambas und Erhebung Ervichs aufbaute: 1. Wamba habe durch die Scherung die Fähigkeit verloren, König zu sein: – ein bequemes Mittel, mit der Haarschere einem Schlafenden alle Rechte abzuschneiden; 2. Wamba habe Ervich unter Zustimmung der Großen zu seinem Nachfolger erhoben: – das war gewiß erlogen und wenn nicht erlogen, verfassungswidrig und nichtig. Endlich 3. Julian habe auch Ervich schon gesalbt – eine Handhabung, die staatsrechtliche Nichtigkeiten nicht heilen konnte und juristisch nur *eine* Bedeutung hatte: – die des Verbrechens, des Hochverrats. Julian von Toledo beherrschte durch den Schattenkönig das Reich.

Er war ein bekehrter Jude – „wie die Rose aus Gedörn erblüht", meint ein späterer Chronist – und zeigte den ganzen Eifer eines Bekehrten. Julian ist nicht die kleinste unter den großartigen Gestalten spanischer Kirchenfürsten, die von Leander bis auf *Sindred von Toledo* so gewaltig in die Geschichte dieses Reiches eingegriffen haben. Eine lebhafte Schriftstellerei – besonders gegen sein früheres Bekenntnis gerichtet – ließ ihm doch Zeit genug, Kirche, König und Staat zu beherrschen: seine hochfahrende strenge Leistung ward von den Priestern schwerer ertragen als von dem schon an geistliche Herrschaft gewöhnten Staat.

Das eben geschilderte zwölfte (681) und das (683) folgende dreizehnte Konzil von Toledo sind zwei verhängnisvolle Marksteine der fortschreitenden Vergewaltigung des Reiches durch die Kirche. Priester und Adel teilten sich in den zerrissenen Purpur des Königtums; aufs neue wurden ihre Vorrechte und ihre tatsächliche Macht vermehrt. Was seit Kindasvinth und Wamba Gutes war erbaut worden, wurde planmäßig niedergerissen: junkerliche Ungebühr, meisterlose Gesetzesverachtung, Überhebung und Parteiung des Adels, die Wamba so kraftvoll gebändigt, wuchsen dem König über Haupt und Krone; der nahe bevorstehende Untergang des Gotenreiches, die Unterwühlung seiner Kraft zu erfolgreichem Widerstand – eine Schlacht warf es in Trümmer – ward in diesen Zeiten der heimlich schleichenden Ränke, der Palastrevolution und ihrer heuchlerischen Rechtfertigung vorbereitet.

Die Spießgesellen des Paulus wurden in allen Ehren und Rechte wieder eingesetzt von dem König, der in den Feinden Wambas seine Stützen erblicken mochte. Der Dank für solch törichte Schwäche der Krone blieb nicht aus; so zahlreich und gefährlich loderten neue Verschwörungen und Empörungen des Adels empor, daß nicht nur die Person des Königs feierlich für unverletzlich erklärt, sondern – seine Frau und Kinder *dem Schutze der Kirche* unterstellt wurden! So weit war es also in diesem Staat gekommen mit dem Heldentum, ja mit dem Mannesbewußtsein des Königs, daß er, der in anderen Staaten Schirmherr der waffenlosen Kirche war, die Erfüllung der heiligen *Mannes*pflicht: den Schutz von Weib und Kind, der Kirche empfahl. Deutlicher konnte die Entmannung des Staates, die Abdankung des Königtums zu Gunsten der Kirche nicht ausgesprochen werden. Mit Bewußtsein wird die Schutzgewalt des Episkopats über das Königtum angerufen, mit Bewußtsein gegen den Adel die Kirche als alleinige Beschirmerin um Hilfe angefleht. Der Krummstab sollte leisten, was das Königsschwert eingestandenermaßen nicht mehr vermochte. Aber der Säbel des Mauren zerschlug auf den ersten Streich den Krummstab und dies ganze verrottete Pfaffenreich.

Auch sonst fehlt es nicht an Zeichen der Ohnmacht, der Furcht, vielleicht des quälenden Gewissens. Eine Äußerung von Reue ist vielleicht darin zu finden, daß Ervich mit Umgehung seiner „Kinder" den Neffen Wambas *Egika*, zu seinem Erben einsetzte: er vermählte ihn mit seiner Tochter *Cixilo* (möglich allerdings, daß ihm [waffenreife] *Söhne* fehlten, obzwar immer von filiis, Kindern? gesprochen wird). Er verzichtet auf alle Steuerrückstände, was starken wirtschaftlichen Verfall infolge des Untergangs der kleinen und mittleren Freien und Überhandnahme der verderblichen Sklavenarbeit annehmen läßt. Er schwächte das kraftvolle Wehrgesetz Wambas bis zur Unkenntlichkeit ab, namentlich der Kirche gegenüber, und zwar mit rückwirkender Kraft: anders gewendet, er begnadigte alle, die nach jenem Gesetz bereits die Ehre verwirkt hatten. Das Wichtigste aus seiner Regierung ist die scheußliche Judenverfolgung, die er, Julians Willen erfüllend, ins Werk setzte. Denn dieser Bekehrte glaubte durch greuelvollen Glaubenshaß, durch maßlose Mißhandlungen der Bekenner seines alten Glaubens dartun zu müssen, daß er in Wahrheit Christ geworden und daß es ihm ernst sei mit seinem neuen Glauben. Gleich im Anfang von Ervichs Regierung begann auf dem Konzil jene abscheuliche Gesetzgebung. Es war den Juden gelungen, unter dem schwersten Druck, der seit Rekared auf ihnen lastete, gleichwohl eine eigenartige Bildung und Wissenschaft zu pflegen: ihre Gelehrten verteidigten ihren Glauben und griffen dabei wohl auch christliche Lehren an. Julian hatte gegen diese jüdische Literatur geschrieben: aber er fand es noch einfacher, sie zu verbrennen als sie zu widerlegen, und er verfaßte jene achtundzwanzig Gesetze Ervichs, die alle früheren Glaubensverfolgungen in diesem Reich an Grausamkeit furchtbar übertreffen. Sie atmen eine bis ins Kleinlichste bohrende Bosheit: ihre mit lauernder Bevormundung durchgeführten Quälerei für Leib und Seele kennzeichnen den Geist derjenigen Macht, die sie dem gehorsamen Staat eingehaucht hat: Verrat, die schlimmste Angeberei unter den nächsten Verwandten, unter Herrschaft und Gesinde, Habsucht, Rachsucht, Selbstsucht in jeder Richtung wurden durch diese „christlichen" Gesetze entfesselt.

Nach einigen Jahren legte der König, von Krankheit, Aberglauben und wie es scheinen will, auch von Gewissensangst gepeinigt, das Zepter nieder, das er ebenso verwerflich geführt wie erlangt hatte, und ging in ein Kloster wo er alsbald starb (15. November 687). Sein Nachfolger *Egika*, der Neffe Wambas, war nicht so ganz nur blindes Werkzeug der Priester, sollte aber dafür gar bald erfahren, daß die Bischöfe jede Regung königlicher Kraft bereits als unerträgliche Anmaßung betrachteten und mit Verschwörung und Empörung beantworteten. Er ließ durch das (fünfzehnte Konzil) von Toledo (688) vor allem einen Widerstreit von Eiden lösen, der ihn in wichtigen Handlungen lähmte. Bei seiner Vermählung mit Ervichs Tochter hatte er jenen schwören müssen, dessen Haus zu schützen und nichts zu schädigen, bei seiner Thronbesteigung aber hatte er den verfassungsmäßigen Königseid geleistet, gegen alle Untertanen Gerechtigkeit zu bewahren. Unter Ervich waren nun manche Vornehme, wahrscheinlich Anhänger Wambas und vielleicht Gegner der Kirchenherrschaft, ungerechtermaßen in Hochverratsprozessen samt ihrem (eigezogenen) Vermögen Gliedern des Königshauses als Knechte zugesprochen worden. Wollte nun Egika nach der Gerechtigkeit diese Unschuldigen retten, so mußte er freilich jene Verwandten Ervichs „schädigen". Das Konzil behandelte diese Aufgabe mit sichtbarer Vorliebe: das Staatsrecht „moral-theologisch" auszulegen war offenbar das höchste Vergnügen für diese Versammlung, deren widersprüchliche Doppelart das Wort „Staatskonzil" am besten bezeichnet. Man entband den König des nur privaten obzwar früheren Eides, sofern er ihn von Erfüllung des obzwar späteren Schwures öffentlich rechtlichen Inhalts abhalten müßte. Übrigens scheint Egika bei aller Frömmigkeit und aller Verehrung der Kirche, die er in reichen Geschenken bewährte, doch nicht ganz so willenlos gegenüber dem Episkopat gewesen zu sein wie Ervich oder doch nicht so, wie es Julians Nachfolger auf dem Stuhle von Toledo, *Sisbert*, wünschte. Dieser Sisbert ist ein anderer merkwürdiger Schlag westgotischen Bischoftums. Hatte Julian die Schärfe und Schlauheit und lodernde Glut des Juden mit der Glaubenswut des Neubekehrten verbunden, so trat in Sisbert der unabhängige Stolz des hohen weltlichen und der geistliche Hochmut des geistlichen Adels zugleich zu Tage. Einem der vornehmsten Adelsgeschlechter entsprossen, hatte der nicht minder hochstrebende als hochgeborene Mann die geistliche Laufbahn wohl nicht aus geistlichen Beweggründen eingeschlagen, sondern aus der Einsicht, daß der Mächtigste in diesem priestergegängelten Staat nicht der vornehmste Edle, auch nicht der König, sondern der Metropolitan von Toledo war. Man beschuldigte Sisbert, seinen Weg zu diesem Ziel mit musterhafter Verstellung, mit trefflich geheuchelter Demut und tief geplanten Ränken verfolgt zu haben. Jetzt aber, im Vollbesitz der Macht, warf er diese angenommene Bescheidenheit ab. An der Spitze der kirchlichen Partei und als echter Ausdruck ihrer Herrschsucht zeigte er, daß diese Priester nicht etwa nur verweltlicht, sondern entschlossen waren, keine andere Stellung gegenüber dem Staat einzunehmen als die der Herrschaft über den Staat. Aber auch geistlicher Hochmut erfüllte diesen gotischen Edeling so stark, daß er dadurch sogar das fromme Volk und die niedere Geistlichkeit empörte, legte er doch in übermütigstem Stolz das heilige Gewand an (die sancta cuculla), das die Himmelskönigin selbst dem heiligen *Hildifuns* aus den Wolken herab gebracht hatte und das bis dahin von keinem Sterblichen war getragen worden. Mit diesem Gewand bekleidet betrat er die bis dahin nie wieder beschrittene Kanzel, auf der die Jungfrau dem Heiligen erschienen war: für Sisbert von Toledo sollte nicht Himmlisches und Irdisches zu hoch sein. Und da der König sich nicht so fügsam erwies, wie sein Metropolitan wünschte, z. B. die Juden im Anfang seiner Regierung schonte, griff dieser zu dem herkömmlichen Mittel der Verschwörung und Palastrevolution. Eidlich verpflichtete er die Verschworenen zum Geheimnis: Gift und Dolch sollten den König, seine Familie, seine treuesten Palatinen beseitigen, um einem Fürsten von Sisberts Gnaden und Wahl Platz zu machen. Von dem Palast zu Toledo reichten die Fäden der Verschwörer bis in entlegene Provinzen mit solcher Übermacht entgegen, daß sie sich unterwarfen oder das Land räumten. Das (sechzehnte) Staatskonzil zu Toledo (693) richtete über Sisbert nach den wiederholt verschärften Strafsätzen gegen Hochverrat: neben der Exkommunikation traf ihn Absetzung, Vermögenseinziehung, Verbannung in ein Kloster – ein Laie wäre dem wohlverdienten Tode nicht entgangen. Aufs neue wiederholt die Versammlung de Bedrohung der unausrottbaren Verschwörung und Empörung.

Aber schon im nächsten Jahre (694) mußte das (siebzehnte) Konzil zu Toledo richten über eine neue Verschwörung sehr berechtigter Empörer: es waren die zur äußersten Verzweiflung getriebenen Juden. Um dem grausamen Druck der gesetzlichen Verfolgung zu entgehen, waren in den letzten Jahren viele Israeliten in die Staatskirche eingetreten, widerwilligen, empörten Herzens. Andere waren nach Nordafrika geflüchtet, wo sie unter den byzantinischen Statthaltern jedenfalls unvergleichlich besser daran waren, als unter dem Joch der gotischen Bischöfe, welche die Ausführung der Verfolgungsgesetze zu überwachen hatten. Die römischen Judengesetze waren an Strenge mit den westgotischen nicht zu vergleichen und wurden überdies in jenem entlegenen Teile des Reiches nur ganz ausnahmsweise einmal (unter Kaiser Heraklius) genau angewendet. Diese nordafrikanischen Juden erfreuten sich aber eines höchst glücklichen Umschwungs ihrer Lage, seit der *Islam*, seit die *Mauren* das Land erobert hatten. Der geistverwandte strenge Monotheismus und bilderlose Gottesdient stellte die Juden dem Islam näher als die Christen. Gegen den geringen Kopfzins aller Andersgläubigen gewannen die Juden in Afrika völlig freie Bekenntnisübung mit Aufhebung aller bisherigen Lasten. Die spanischen Juden, die in lebhaftem Handelsverkehr und anderen Verbindungen mit den überseeischen Glaubensgenossen standen, mußten seufzende Vergleiche anstellen: an Freiheit, Ehre, Gewissen, Leben, Habe fortwährend bedroht, konnten sie den Gotenstaat nur als lebenslängliche Strafgefangenschaft, ohne Verbrechen, betrachten. Angeblich – denn bewiesen ist es nicht, aber es wäre sehr begreiflich – verschworen sich nun die spanischen Juden mit den afrikanischen Juden – vielleicht auch mit deren maurischen Gebietigern: und der Zweck solch geheimer Verbindung konnte nur gerichtet sein auf Erleichterung des Joches der gotischen Gesetze, vielleicht – denn, wie gesagt, an Beweisen fehlt es – durch eine gewaffnete Erhebung, unterstützt durch die Juden und etwa auch Mauren aus Afrika. Derartige Briefe der spanischen Juden wurden entdeckt, und nun brach, nachdem Egika sie glimpflicher behandelt, z. B. ihnen, gegen das Gesetz, christliche Knechte zu halten verstattet hatte, eine Verfolgung über sie herein, die nichts Geringeres bezweckte, als alle Juden sofort oder spätestens in einem Menschenalter entweder zu Christen oder zu Sklaven zu machen.

Das Konzil beschloß: Verknechtung aller erwachsenen Juden, Verteilung derselben unter die Christen, Einziehung ihres Vermögens, Trennung aller Judenkinder von mehr als sechs Jahren von ihren Eltern, Verheiratung derselben mit Christen nach streng christlicher Erziehung. So wären denn die Juden in dem nächsten Menschenalter in Christen verwandelt worden, hätte das Gotenreich noch lange genug bestanden, die Durchführbarkeit solcher Gesetze zu erproben.

Aber es ging zu Ende mit dem Priesterstaat.

Die Vorgänge auf diesem siebzehnten Konzil sind die letzten sicher beglaubigten Tatsachen in seiner Geschichte; für die letzten siebzehn Jahre seines Bestandes besitzen wir nur späte, abgerissene Nachrichten, von Sage und Kunstdichtung duftig umrankt zugleich und verhüllt, von Gelehrtenfabeln wie von Spinngeweben überzogen, von absichtlicher Fälschung entstellt (vgl. Könige V, 223).

Egika starb (15. November 701 zu Toledo), nachdem es ihm gelungen war, schon bei Lebzeiten seinen Sohn Witika vielleicht als seinen Mitherrscher – er hatte seinen Sitz zu *Puy*, die unruhigen Sueben im Auge zu behalten – jedenfalls als seinen Nachfolger anerkennen zu lassen.

Über diesen vorletzten König der Westgoten besitzen wir nur dürftige späte, widerspruchsvolle Angaben. Die Verhandlungen des achtzehnten, von ihm nach Toledo berufenen Konzils, welche die besten Aufschlüsse würden gewährt haben, sind uns verloren: sie wurden nach dem Sturz des Königs und dem Scheitern seines Besserungsversuchs von der siegreichen Priesterschaft vernichtet. Es ergibt sich nur etwa folgendes: der König war bei dem niederen Volke sehr beliebt, bei der Geistlichkeit in hohem Grade verhaßt; er hat also wohl einen Versuch gemacht, das Joch des Episkopats von dem Nacken seines Staates zu schütteln. Dabei verdarb er es aber auch mit mächtigen Häusern des Adels: er war nicht frei von der Unsittlichkeit des Volkes, die seit zwei Menschenaltern – trotz der stärksten Gewalt der Kirche über den Staat und der alles beherrschenden geistlichen Zucht! – erschreckend zunahm, er kränkte durch Ausschweifungen – so berichtet *späte* Sage – einzelne dieser Adelshäuser und übte dann gegen ihre Empörung gesetzliche oder vielleicht auch das Gesetz überschreitende Gewalt mit starker Strenge. Es spricht sehr stark zu Gunsten des Königs, daß die ältesten, seiner Zeit nächsten, also glaubhaftesten Quellen von all' den später gegen ihn geschleuderten Anklagen nicht wissen. Er erteilte zahlreiche Begnadigungen, vernichtete ungerechte Urteile und von seinen Vorgängern abgezwungene Schuldurkunden und machte seine Herrschaft im ganzen Reiche beliebt.

Erst ein Jahrhundert später taucht in einer ausländischen entlegenen Quelle, der *Chronik von Moissac* (circa 818), die Beschuldigung auf, er habe durch seine geschlechtlichen Leidenschaften Priestern und Laien ein böses Beispiel gegeben – dessen sie nach Ausweis der Synodalakten wahrlich nicht noch bedurften! – und nun wachsen von Jahrhundert zu Jahrhundert die Anklagen bergsturzartig an. Je jünger, also je unglaubhafter, desto stärker gefärbt sind die Berichte: in der Chronik von *Albayda* (833), bei König *Alfons* († 912), *Lucas von Tuy* († 1250), während der diesem gleichzeitige Erzbischof *Roderich von Ximenez* († 1247) sich durch Unterscheidung einer besseren Anfangszeit und eines späteren Umschlags in das Böse zu helfen sucht. Außer jenen Ausschweifungen werden ihm nun vorgeworfen: Zerrüttung der Kirchenzucht, Aufhebung des Eheverbots für die Priester, Verfolgung des besseren Teils der Geistlichkeit unter Mitwirkung des Metropolitans *Sindred* von Toledo, Trennung der spanischen Kirche von Rom unter der (unmöglichen) Drohung, als Eroberer in der Stadt des Papstes einzuziehen, Gleichstellung der zurückberufenen Juden mit den Christen, Verbot des Waffentragens, Brechung aller Stadtmauern im Lande (außer *Toledo, Leon, Astorga*) (– diese Maßregeln, gegen die Untertanen gerichtet, sollte dann das schmählich rasche Erliegen vor den Mauren erklären, was der spanische Ritterstolz späterer Jahrhunderte allzu schmerzlich fand) – endlich Verfolgung des Adels, zumal des Geschlechts Kindasvinths, und dessen Führers, des großen Volkshelden *Pelayo*, der früh von der Sage gefeierten, wenn nicht völlig erfundenen Vorkämpfers und Erretters des in die Berge geflüchteten Christentums und Gotentums gegenüber dem Islam. Witika starb natürlichen Todes im ruhigen Besitz der Macht (Februar 710), die entgegengesetzten Berichte sind späte Erfindungen. Sein Nachfolger, der letzte Westgotenkönig, *Roderich*, gehört fast nur mit seinem Namen der Geschichte an: die Handschriften des Gesetzbuches, die in den Königsverzeichnissen ihn nennen, sind die einzigen sicheren Belege, daß er überhaupt geherrscht hat. Fälschungen sind seine angeblichen Münzen und seine Grabschrift (zu *Viseu* in Portugal). Der Eifer und die Eifersucht spanischer Altertumsforscher, die Frankreich nicht den Ruhm gönnten, die älteste christliche Einherrschaft zu heißen, hat im späteren Mittelalter zahllose und ganz ungeheuerliche Fabeln teils mit Bewußtsein erfunden, teil mit falscher Gelehrsamkeit und in äußerster Urteillosigkeit zusammengeschmiedet. Spanische Könige des siebzehnten Jahrhunderts sollten nicht nur von „Don Pelayo" und Kindasvinth, sondern von Theudis, Theoderich, Kaiser Theodosius abstammen; so hat diese verrückt gewordene Stammbaumsweisheit zwischen Witika und Roderich einen *König Acosta* eingeschoben, der lediglich ein Lesefehler (für a causa) ist, aber auch mit Gattin und Kindern beschenkt wurde! (vergl. Könige V und Anhang.)

Alles, was sich an den Namen König Roderichs, „Don Rodrigos", knüpft, ist früh umrankt und umwoben von dem ebenso reizenden als undurchdringlichen Schlinggewächs spanisch-christlicher und maurischer Volks- und Kunstdichtung, von einer ritterlichen Romantik, die ihre duftigen Blüten um diese Gestalten geflochten hat. Wie frische Waldblumen zu gemachten Flitterkränzen verhält sich jene Dichtung zu den gelehrt erkünstelten Geschlechterfabeln, die spätere Volkseitelkeit mit der staubigen Zurüstung gefälschter Stammbäume um die letzten beiden Gotenkönige geheftet hat.

Roderich, der Sohn eines tapferen Herzogs *Theudifrid* eines Enkels oder Sohnes Kindasvinths), den Witika geblendet, schwingt sich nach dessen Tod mit Ausschluß der Königssöhne auf den Thron. Diese Prinzen und der Statthalter in Afrika, *Graf Julian*, den der König durch Verführung seiner schönen Tochter, *Dona Cava* oder *Florinda* zu tödlicher Rache getrieben, rufen insgeheim die Araber ins Land. In der Entscheidungsschlacht – auf einem Wagen, mit acht weißen Zeltern bespannt, fährt der König in den Kampf! – gehen die Verräter, denen die Flügel des Christenheers anvertraut, zum Feind über und Schlacht und Reich der Goten ist verloren, König Roderich verschwindet. Im Schilf am Flusse findet man seine Schuhe.

So die Sage. Die Geschichte weiß nur zu sagen, daß das Gotenreich zum Falle längst gereift war, als der Islam im Siegeslauf seiner jugendlichen Begeisterung in Nordafrika erschien und alsbald den leichten Sprung über die schmale Meerenge wagte.

Die alten inneren Schäden des Staates: Adelsparteiung, Thronstreit, Kampf von Staat und Kirche, waren unter den letzten Königen wieder blutend aufgebrochen; dazu trat ein immer anwachsendes Hauptgebrechen: es fehlte an einem starken gemeinfreien Mittelstand, die Verfassungsgeschichte wird das Verschwinden des kleinfreien Mittelstandes dartun. Die gotischen Bauern – ein gotischer Handels- und Gewerbestand hatte nie geblüht – waren ratlose Schutzhörige und rechtlos Unfreie des geistlichen und weltlichen Adels geworden, ohne Verständnis und Teilnahme für den Staat, dessen Geschichte von den Konzilien und im Palatium zu Toledo entschieden wurden, wo nur jener doppelte Adel vertreten war; ohne dessen Leitung zu handeln hatten jene Massen längst verlernt.

Das ganze Volk aber war und die herrschenden Stände zumeist in seiner kriegerischen – Wamba muß den Mut bei Prügelstrafe befehlen – und sittlichen Kraft durch die priesterliche Gängelung erschlafft, durch die Adelsgeschlechter im Kampf um die Krone tief gespalten und durch die Mischung mit den entarteten Romanen verderbt. Es scheinen in der Tat geschlechtliche Laster häufig geworden zu sein: dem Fall des Reichs fast gleichzeitige Quelle fassen diesen Schlag als Strafe solcher Ausschweifungen. Man sieht, die Sage hat vorbildlich den letzten Königen Witika und Roderich die verhängnisvollen Verirrungen des ganzen Volkes: Ausschweifung und Parteihader, beigelegt – das ist die *geschichtliche* Bedeutung jener Überlieferungen. Bezeichnend ist die Klage schon Isodors, der doch so selten das Auge auf die Gegenwart wirft, über den zunehmenden Prunk der Frauen.

Die Darstellung der maurischen Eroberer liegt nicht in der Aufgabe dieses Werkes: ihre reißenden Fortschritte, nach einer einzigen Feldschlacht bei *Xerez de la Frontera am Guadalete*, bezeugen die äußerst geringe Widerstandskraft des tief gespaltenen Reiches. Das Königtum fällt mit dem König. Roderich erhält seinen Nachfolger: in wenigen Tagen tränken die Mauren, unaufhaltsam von Südwest nach Nordost über die Halbinsel hinbrausend, ihre Rosse in den Fluten des Guadalquivir, der Guadiana, des Tajo: rasch nacheinander fielen die festen Städte *Sidonia*, *Eciga*, *Cordoba*, *Malaga*, *Illiberis* (Granada): ohne Widerstand öffnete das stärkste Bollwerk, die gefeierte Hauptstadt des Gotenreichs, die wohlgefügten Tore, und siegreich wehte bald die grüne Fahne des Propheten von den Zinnen des alten Königsschlosses zu *Toledo*.

Erst in der harten Zucht eines Verzweiflungskampfes, eines Rassen- und Glaubensstreites, unter den Entbehrungen und Gefahren des Gebirgskrieges in den Felsschroffen der Sierren und Nevaden, wider verhaßte Unterdrücker, wie ihn Spanien dreimal gesehen hat – gegen Römer, Mauren und Franzosen – wurde das Volk in seiner Mischung von Romanen und Goten zu neuer Kraft und Tüchtigkeit gestählt, aus welcher es, unter dem sinnbildlichen Zusammenschluß durch ein neu aufsprossendes Königtum, im glorreichen Ringen die schöne Blüte des castilischen Reichtums entfaltet und schließlich nach siebenhundertjähriger Herrschaft den Halbmond wieder ganz von der pyrenäischen Halbinsel vertrieben hat. Der neue Staat dieses neuen Volkes – Spanier, keine Goten mehr – war der Lehensstaat, nicht mehr das altgotische Königtum.[1]

---

1 Über einige Königsnamen auf kürzlich gefundenen westgotischen Münzen siehe unten Münzwesen.

Viertes Kapitel

Innere Geschichte der Westgoten bis zur Gründung des gallisch-spanischen Reiches

1. Die Verfassung

Das Wenige,[1] was wir von westgotischen Verfassungszuständen vor dem fünften Jahrhundert wissen, stimmt mit den uns bei anderen Germanen, zumal Goten, bekannt gewordenen Einrichtungen (Siehe Einleitung und „Goten") überein und berechtigt uns, solche Übereinstimmung wohl auch in denjenigen Rechtsgestaltungen anzunehmen, für welche die Belege fehlen.

Wir finden auch hier eine Mehrzahl von Gauen, pagi, aus verbundenen Geschlechtern erwachsen, an ihrer Spitze Gaugrafen, Richter, auch wohl erbliche Gaukönige, reguli. Ein westgotisches Stammkönigtum, das alle Gaue der Westgoten zusammengefaßt hätte, gab es bis auf Alarich I. nicht. Der große ostgotische Eroberer Ermanarich (siehe Ostgoten) hatte die nahe verwandten und benachbarten westgotischen Gauen zur Anerkennung einer lockeren Oberhoheit gebracht, wohl mehr in der Form eines Bündnisses, das zur Heerfolge verpflichtet, als in Gestalt wahrer Unterwerfung: schon vor dem Angriff der Hunnen hatte sich aber dies immer nur leicht geschürzte Band wieder gelöst. Westgotische Gaufürsten wie Athanarich und Fridigern führten untereinander Krieg, befolgten Rom gegenüber ganz verschiedenes Verhalten. Athanarich, der Heide, wird zum Herzog der gegen Valens kämpfenden Gaue erkoren. Fridigern, der Christ, erhält römische Waffenhilfe wider jenen. Beide sind nach der Auswanderung aus den von den Hunnen überfluteten Sitzen nur Anführer einer Mehrzahl von Gauen. Erst Alarich I. gelingt es, ein Volkskönigtum wenigstens über die um ihn gescharten Gaue zu errichten: zahlreiche Westgoten, einzelne und ganze Geschlechter, halten sich auch jetzt in römischem Dienst von jenem Stammkönigtum fern. Westgotischer *Volksadel* (siehe Einleitung) ist nicht nur von dem Geschlecht der Balten sicher bezeugt: Alarich gehörte diesem an, zum Königtum gelangte dasselbe erst durch ihn: ob der Name Balths, der Kühne (vergl. noch neuenglisch: „bold"), dem Geschlecht schon vor oder erst durch Alarich zukam, ist zweifelig. Die *Gemeinfreien* (freis, freihals) nehmen dem König und dem Adel gegenüber anfangs noch die alte stolze Stellung ein: sie schütteln im Zorn das lang wallende Haar, ihrer Freiheit sichtbar Zeichen. Die Byzantiner faßten die einfachen Freien wegen dieser stolzen Haltung als einen Adel auf. Übrigens fehlt es doch schon in dieser Periode nicht an Stellen, die, zumal um der Armut Willen, die kleinen Gemeinfreien mit Ausdrücken, wie plebs, humiles, viles als eine von dem Adel abhängige, arme, hilflose[2] Volksschicht bezeichnen. Es begreift sich, daß seit dem Verlust der Seßhaftigkeit auf eigener Scholle die Abhängigkeit der ärmeren von den reicheren Sippen stark zunehmen mußte, zumal die staatlichen Entscheidungen mußten der Natur der Sache nach jetzt noch viel mehr als in den alten Zuständen den Fürsten und ihrer Umgebung, dem rasch erwachsenden neuen Adel, dem *Dienstadel*, zufallen.

---

1 Aus *geschichtlichen* Quellen: reichere Aufschlüsse gewährt die *Sprache*. Siehe unten.
2 Auch gotische Wörter hierfür begegnen, vergl. Könige VI², 95.

Auch Freigelassene und Unfreie, Knechte und Mägde sind wie durch die Sprache (fralet, skalks) durch die Geschichte bezeugt.

Der König hat zwar nicht von Rechts wegen die Entscheidung über Krieg, Friede, Bündnis, die Leitung der äußeren Staatslenkung, vielmehr steht diese der Versammlung des Volksheers zu. Tatsächlich aber mußte diese Entscheidung seit der Wanderung aus der Heimat bald auf ihn übergehen: im Dienste oder in Bekämpfung Roms konnte nur einheitliche Leitung und stets wachsame Beobachtung der kaiserlichen Pläne das Volk retten. Der König übt den Heerbann über das in Zehn-, Hundert- und Tausendschaften gegliederte Heer (siehe Vandalen) und den Gerichtsbann; z. B. in Bestrafung der mit Rom verschworenen Christen. Er ernennt auch Heerführer und Beamte. Von Erblichkeit des Königtums begegnen nur schwache Andeutungen: vielmehr wird das Wahlrecht – in dieser Zeit von dem Volksheer, später von dem Reichskonzil – sehr bestimmt geltend gemacht, zu großem Schaden des Staates[1]

2. Die Bildung

a) Allgemeines

Was uns von den Bildungszuständen der Goten, zunächst der West- und der sogenannten kleineren Goten (Goti minores), aus diesen Tagen erkennbar, ist fast ausnahmlos zu schöpfen aus dem Sprachschatz des Volkes, wie ihn uns die herrliche Bibelübersetzung *Vulfilas* erhalten hat. Schon deshalb ist das Werk und die eng mit ihm verbundene Verchristenung der Goten hier an die Spitze zu stellen.

Wir dürfen annehmen, daß der Götterglaube der Goten im wesentlichen von dem gemein-germanischen sich nicht unterschied. Die Ausdrücke Vulfilas setzen Tieropfer als allgemeine, häufige Gottesdiensthandlung voraus; er überträgt das griechische Wort für Gottesverehrung im allgemeinen ohne weiteres mit usbloteins, den Gottesverehrer nennt er den „Götter-bluter", d. h. der das Blut der Opfertiere zu Gottes Ehren vergießt, fließen macht: ebenso ist ihm Gottesdienst, „Blutung", d. h. Blutvergießen, Gott verehren ist ihm „bluten machen", für Gott Blut fließen lassen, ganz wie im nordischen Heidentum; Opfer ist Sudopfer, sauþs: d. h. das Schlachten und Sieden des Opfertiers, das zum Opferschmause dient; daher läßt der Heide Athanarich „Sudopfer" darbringen; auch Brandopfer waren nicht unbekannt: wenigstens gerät Vulfila bei dem griechischen Wort Holokautoma (Verbrennung im Ganzen, Ganzbrandopfer) nicht in Verlegenheit: er überträgt es frischweg mit Ala-brunsts. Dagegen das orientalische Räucheropfer war der gotischen Sitte fremd: daher blieb das griechische Wort und ebenso Aroma unübersetzt. Die Opfer wurden auf Altären, d. h. ursprünglich dem Herdstein dargebracht; das gotische Wort für „Tisch", biuds, bedeutet ursprünglich „Altar", auf dem man den Göttern darbietet, Opfertisch, erst später Tisch überhaupt.

Die semitische Gestalt des Beelzebub hatte nichts Entsprechendes im Germanischen: daher der Name unübertragen blieb. Auch der „Diabolos" des Neuen Testaments ist in seiner Eigenart durchaus ungermanisch: daher blieb auch er manchmal unübersetzt. An anderen Stellen wird aber dafür wie für Dämon. Dämonium, Satanas

---

1 Die aus Vulfilas Sprache auf die Rechts- und Verfassungs-Zustände fallenden Streiflichter werden angemessen zum Teil im Zusammenhang mit den Kulturzuständen betrachtet.

der allgemeine Ausdruck „Unhold" gewählt; auch besessen sein heißt: „einen Unhold haben". Dabei ist merkwürdig, daß ohne jede Veranlassung durch das Griechische, ja in Abweichung von demselben, statt des männlichen Geschlechts (oder des sächlichen) das weibliche Geschlecht: die Unhold*in* (unhulþo statt unhulþa) gesetzt wird, so daß man schädliche Gewalten meist als weiblich gedacht annehmen darf. Vulfila hätte gewiß noch gar manchen gotischen Götternamen oder Bezeichnungen für halbgöttliche, elfische, riesische Mittelwesen von übermenschlicher Natur uns nennen, verwandte Vorstellungen, z. B. die Engel Gottes und einmal auch des Teufels (Matthäus XXV, 11), mit den gotischen Ähnlichkeiten wiedergeben können. Aber offenbar vermied er es absichtlich, seinen Goten die alten Götter und deren Namen in Erinnerung zu rufen: die Verchristenung ging trotz des starken Drucks der Kaiser, der unendlichen überlegenen römischen Bildung, der Übermacht der neuen Lehre als Staatskirche des Reiches ziemlich langsam vor sich; noch spät finden wir sogar am Kaiserhof eine starke heidnische Partei unter den Goten. Unübersetzt blieb der Götze des Reichtums Mammon oder er wird übertragen – sehr naiv - mit faihu-þrain, „Vieh-Gedräng", d. h. Vermögens-Fülle. Eine Feuerhölle – gehenna ignis – fehlt der germanischen Götterwelt: daher blieb das Wort unübertragen. Dagegen für den Hades, das Reich der Schatten, wird ganz richtig und feinfühlig das Reich der Göttin Hel, gotisch Hali verwendet: halja: ohne Artikel, wie im Nordischen z. B. fahr zu Hel; auch das Wort für die menschenbewohnte Erde midjungarðs ist ganz das midgarð des nordischen Glaubens. Einmal wird Dämon mit skohls wiedergegeben, was nicht auf den Wald (angelsächsisch scucca), richtiger auf ski, schaden zurückzuführen ist, also nicht Waldgeist, sondern Schädiger bedeutet. Unübersetzt blieben echt jüdische Begriffe, wie Sabbath, Pascha, Psalm, Prophet, Belial, auch das Griechische „Martyr", wegen Mangels entsprechender Wörter. Andere, für welche die Sprache nicht versagt haben würde, blieben unverändert, weil der Übersetzer, der ohnehin aus Gewissenhaftigkeit möglichste Worttreue anstrebte, aus frommer Scheu keine Übertragungen wagte. Dahin gehören Evangelion, Eucharistie, Ekklesia, Episkopos, Apolstolos, Pentekoste: aber auch, wohl aus anderen Gründen, Diakon, Häresie, Synagoge. Die heidnischen Priester hatten geheißen: Gudja (vergleiche die altnordischen Godhen auf Island), dies Wort wird nur für die jüdischen, nicht für die christlichen Priester verwendet, deren griechische Namen Presbyter, Diakon beibehalten werden. Ebenso wird das Wort für den heidnischen Tempel, alhs, nur für den zu Jerusalem gebraucht (manchmal auch gud-husa, alhs guþs), die christliche Ekklesia bleibt unverändert. Die Glaubensfeste der Juden (Pascha, Laubhüttenfest) werden mit dulþs übertragen: dies Wort bezeichnet wohl die großen Volksversammlungen, die ja auch religiöse Weihe hatten, Opfersammlungen waren,

Was wir, abgesehen von diesen Zeugnissen aus Vulfilas Sprachschatz von gotischem Götterdienst wissen, ist leider wenig: doch *ein* Zug bestätigt in sehr erfreulicher Weise die Übereinstimmung des Gotischen mit dem sonst bekannten Germanischen. Bekanntlich ist eine der wichtigsten germanischen Weihdiensthandlungen, daß Götterbilder auf Wagen, vor die geweihte Tiere geschirrt sind, feierlichen Umzug halten durch die Gaue. Wir erfahren nun, daß Athanarich, der Verteidiger der durch die christlich-römischen Bekehrer bedrohten Götter, als Beweis der Treue gegenüber den alten Göttern verlangt, daß vor einem Gottesbild, das auf einem Wagen von Dorf zu Dorf gefahren wird, Opfer dargebracht werden. Wir sehen ferner in der Darstellung der Siege, des Theodosius über die Goten, wie eine gotische Priesterin einen von Hirschen gezogenen Wagen geleitet, auf welchem Götterbilder fahren; ein Hischgespann eignete auch einem gotischen König, den Aurelian besiegte. Der

König hatte priesterliche Verrichtungen für seinen Gau wie jeder Hausvater für sein Haus; er hatte die Verleugnung der Götter zu verhüten oder zu bestrafen, um Zorn und Züchtigung der verletzten Götter von dem Volke fernzuhalten. Daher handelte Athanarich völlig richtig und pflichtgemäß, als er, die zugleich Freiheit und Volkstum bedrohenden christlich-römischen Einflüsse bekämpfend, mit gewaffnetem Gefolge von Dorf zu Dorf zieht, jenes Götterbild mit sich führend, Opfer vor demselben verlangend: alle Dorfbewohner müssen von dem Opferfleisch genießen, d. h. an dem Opferschmause teilnehmen und auch hierdurch ihre heidnische Gesinnung und die Verehrung der Götter bezeugen.

b) Die Verchristenung der Goten. Vulfila und sein Werk

Das Christentum ward den Goten wie den Westgermanen durch Vermittlung des Römerreiches und seiner Bildung bekannt: als Söldner in römischem Dienst, als Nachbarn römischer Grenzländer, in welchen Christen nicht fehlten, durch Gefangene und als Gefangene, z. B. in den Streifzügen in Asien, mußten sie es schon im Laufe des dritten Jahrhunderts kennengelernt haben.

Wenigstens steht fest, daß zu Anfang des vierten Jahrhunderts Zahl und Verfassung der Christen unter den Goten schon ausreichend war, einen gotischen Bischof, *Theophilius*, zu dem Konzil von *Nikäa* 325 abzuordnen. Ein Schüler dieses Theophilus war der gotische Blutzeuge *Niketas*, der in der „Verfolgung" durch Athanarich den Tod fand. Christliche Goten aus jener Zeit erwähnten die Kirchenlehrer wie Athanasius, Cyrillus und andere. Im großen aber ward die Bekehrung erst betrieben, seit Konstantin oder vielmehr richtiger dessen Nachfolger das Christentum zur Staatsreligion erhoben hatten. Man muß sich erinnern, daß gerade dieser Kaiser das Födus mit den Goten schloß, infolgedessen sie lange Ruhe hielten; wer sich den Gewaltigen empfehlen, im kaiserlichen Reich und Dienst gedeihen wollte, mußte in die neue Staatsreligion eintreten.

In die Mitte dieses Jahrhunderts nun fällt die Bekehrungsarbeit des ausgezeichneten Gotenapostels *Vulfila*: ähnlich wie Luther erkannte der wunderbar begabte Mann, welch unvergleichliches Rüstzeug für die Verbreitung des Christentums unter seinen Stammesgenossen die Übersetzung der Bibel, zumal des Neuen Testaments in *ihre*[1] Sprache sein würde, Und man weiß nicht, was man höher bewundern soll: den Mut, mit dem der Gote das außerordentlich schwierige Werk angegriffen, oder den schöpferischen Geist, mit welchem er es vollendet hat. Man erwäge, daß die gotische Sprache bisher nur die heidnische Götter- und Heldensage und Dichtung dargestellt hatte; gotische Prosawerke, ja eine gotische Schrift hatte es nicht gegeben. Und nun sollte in dieser Sprache wiedergegeben werden ein Werk, in dem die höchst fremdartige, jüdische Theologie und der Mystizismus neuplatonischer Vorstellungen vom „Logos", ja spitzfindige haarspaltende Lehren über die schlichten herzerhebenden Worte Christi selbst verschwanden ja vor der Fülle des übrigen höchst schwierigen Stoffes.

Vulfila[2], geboren 318, gestorben siebzigjährig 388 (vielleicht aber richtiger, ge-

---

1 War doch die Kirchensprache dieser gotischen Christen nicht Latein oder Griechisch, sondern Gotisch.

2 Sein Geschlecht stammte aus Sadalgothina bei Parnassus in Kappadokien: doch scheint der gotische Name Vulfila Vermischung dieser kappadokischen Gefangenen (wohl aus den Streifzügen von 253-268), siehe Ostgoten S. 228 f.) mit Goten bezweifeln.

storben 381, geb. 311: denn 330-335 ging er schon mit einer gotischen Gesandtschaft nach Byzanz), hatte erst als arianischer „Lektor", dann seit 341 als Bischof gewirkt, geweiht auf einer arianischen Versammlung zu *Antiochia* von *Eusebius* von *Nikomedien*, einem der Häupter des Arianismus, bevor er, der ersten der gleich zu erwähnenden „Christenverfolgung" Athanarichs (wohl vor 354 begonnen) ausweichend, mit zahlreichen Christen über die Donau ging (ca. 348) und unter dem Schutz der Römer in *Mösien* um *Nikopolis* am Fuß des *Hämus* Zuflucht fand: dort siedelten diese „kleinen Goten", „Möso-Goten" in friedlichem Ackerbau den Römern unterworfen. Noch dreiunddreißig Jahre wirkte er hier als Bischof dieser Auswanderer (nicht des *ganzen* Gotenvolkes), unterschrieb auf der Synode zu Konstantinopel 360 das *arianische* Bekenntnis (was freilich, aber mit Unrecht bestritten wird) und starb daselbst während eines zweiten Konzils, auf dem er eine neu sich bildende Glaubensbewegung zur Ruhe bringen sollte, anno 338.

Die mutvolle Führung seines ausgewanderten Volkes in den schwierigsten Geschicken hatte dem ganz hervorragenden Manne nicht nur unter seinen Stammesgenossen, auch bei dem Kaiser Theodosius und den Römern höchste Ehrung verdient: einen zweiten Moses rühmte man ihn.

Zu seinem Nachfolger[1] konnte ein Volksgenosse gewählt werden, sein „Schreiber" *Selena*, dessen Vater Gote, dessen Mutter eine phrygische Provinzialin war. Neben diesen arianischen Goten bestanden auch Gemeinden katholischer Goten: für diese setzte *Chrystostomos*, seit 397 Patriarch von Konstantinopel, *Unila* als „Bischof von Gotien" ein, der also mit Vulfila durchaus nicht verwechselt werden darf. Diesen katholischen Goten gehörten wohl auch an die eifrigen Bibelforscher *Sunja* und *Frithila*, die sich von Hieronymus Widersprüche der griechischen und der lateinischen Übertragungen des Alten Testament aus dem hebräischen Urtext lösen ließen.

Über das großartige Bibelwerk Vulfilas mag hier das folgende[2] genügen.

Bruchstücke dieser Übersetzung, größeren Teils aus dem Neuen Testament, finden sich durch Europa hin verstreut: in Mailand, in Turin, in Wolfenbüttel, in Upsala: hier die prachtvolle Überrest: Gold und Silberschrift auf purpurfarbenem Pergament, seines silbernen Einbandes wegen Codex argenteus genannt.[3]

Vulfila, der außer dem Gotischen das Griechische und das Lateinische, nicht aber das Hebräische, beherrschte, übertrug das Alte Testament aus der griechischen

---

1 Sein Schüler Auxentius, dessen Schrift über Vulfilas Leben und Werk uns erhalten, war Bischof zu Dorostorum (Silistria).

1 Vergl. *Wackernagel*, Geschichte der deutschen Literatur. Zweite vermehrte und verbesserte Auflage, besorgt durch *Martin*. Basel 1877. I, 20 f.

1 Derselbe ist vielleicht bei einem der zahlreichen merowingischen Raubzügen in dem südgallischen oder spanischen Westgotenreich erbeutet und in ein fränkisches Kloster gebracht worden: so nahm im Jahre 531 Childibert aus dem eroberten Narbonne zwanzig mit Gold und Edelsteinen besetzte Evangelienbände mit, Gregor. Turon. hist. Francor. IV, 10; Vergl. Dagobert I Feldzug 631; allerdings fanden sich aber die späteren Mailänder und Wolfenbütteler Handschriften in dem Kloster Bobbio in Italien, was also auf ostgotische Besitzer deuten würde; auch aus Italien führten ja die Franken häufig Beute nach Gallien; 1563 taucht die erste bestimmte Kunde von der Handschrift auf, 1569 wird sie als in dem Kloster Werden an der Ruhr verwahrt genannt, zu Ende des XVI. Jahrhunderts kam sie nach Prag, wo sie kurz vor Abschluß des Westfälischen Friedens 1648 die Schweden erbeuteten; sie ward der gelehrten Tochter Gustav Adolfs, der Königin Christine, nach Stockholm gesandt.

Übersetzung der sogenannten Septuaginta, das Neues aus den griechischen Text, jedoch unter vielfacher Berücksichtigung der lateinischen Übersetzung. Er übertrug mit geziemender Gewissenhaftigkeit, knechtisch aber nicht; die Beschaffenheit seiner Sprache gestattete ihm noch einen näheren Anschluß an die Urschrift, als Luther im Deutschen möglich war. Doch wich er auch ab, wo die eigene Sprache es verlangte, setzte z. B. den gotischen Dual statt der Mehrzahl im Text. „Eine fast durchaus wohlgelungene Arbeit und zugleich die erste Bibel in germanischer Zunge, die erste germanische Prosa, überhaupt die erste noch erhaltene Schrift und der erste Name unserer ganzen großen Literaturgeschichte ... Und es steht nicht allein: nicht nur Vulfila selbst hat noch anderes gotisch geschrieben und übersetzt, was uns verloren ist, nach ihm (vielleicht erst im sechsten Jahrhundert, von einem Westgoten) ward eine Erläuterung des Evangeliums Sankt Johannis verfaßt unter Benutzung des Kommentars *Theodors* von *Heraklea*, die sogenannte skeireins, die man früher für Vulfilas Werk und für eine Übersetzung des erwähnten Kommentars auch wohl für eine Evangelien-Harmonie gehalten hat."[1]

Hohe Volkommenheit der gotischen Sprache zeigt Vulfilas Werk: „Hier walten noch und entwickeln sich die Sprachgesetze in reichster, aber in festgegliederter Gestalt der Worte": das Gotische kann noch den vierten und fünften vom ersten Fall unterscheiden, den Dual (die Zweizahl) vom Plural (Drei- und Mehrzahl) bei Beiwörtern, Fürwörtern und Redewörtern. Die Sprache gliedert sich in Mundarten (z. B. das Vandalische), und hat in der kurzen Zeit, für die uns Quellen zur Verfügung stehen, eine verändernde Entwicklung erlebt (z. B. im ersten Fall die Endung -s beseitigt) und zahlreiche Fremdwörter aufgenommen: aus dem Hunnischen, vermöge der langen Unterwerfung oder doch Nachbarschaft (Eigennamen), zumal aber aus den beiden Sprachen des Kaiserreichs. Sehr mächtig war dieser Einfluß auf Gestaltung der Schrift der Goten. Das schon vor Vulfila von den Goten auch zu Schriftzwecken verwertete Runenalphabet eignete sich nicht zu leichter Verwendung auf Papyros oder Pergament – die Runen waren ja in Holz oder ähnlich harte Grundlagen „geritzt" worden – und nicht zur Wiedergabe aller im Bibelwerk vorkommenden Laute. Der Übersetzer legte daher zwar das Runenalphabet zu Grunde, ließ z. B. p für w stehen und näherte nur das gotische Th dem griechischen Ψ (Psi), aber er mache alle gotischen Zeichen den entsprechenden griechische-römischen (die freilich unter sich abwichen) ähnlicher und ließ vermutlich statt der eckigen, geraden, für das *Ritzen* in *Holz* bestimmten Linien der Runen rundere, für das Schreiben auf Papyros oder Pergament mehr geeignete eintreten: dann fügte er einige den alten Sprachen entlehnte Zeichen neu hinzu: so das griechische ζ (zeta), $\varkappa$ (kappa), π (pi) und für die Zahl 0 das χ (chi), das lateinische q, h. j (für dies aber g, weil damals die Lateiner g vor e wie j sprachen und vor a wie g): neu erfand er das Zeichen für das im Gotischen sehr häufige hv: endlich führte er an Stelle der gotischen die griechische Reihenfolge des Alphabets ein und brauchte wie die Griechen die Buchstaben in dieser Folge zugleich als Zahlenzeichen (Ziffern). Die Namen aber der einzelnen Buchstaben blieben die altgewohnten gotischen. „Mithin ist Vulfila zwar nicht der Erfinder der gotischen Buchstaben, doch jedesfalls der Schöpfer des Alphabets: man konnte schon vor ihm schreiben; er aber zuerst gab dieser Schrift eine ausgedehnte Anwendbarkeit. Sie blieb nun auch nicht auf Literatur beschränkt: sie diente nun auch dem Alltagsleben, und es bildet sich für dessen Bedürfnisse aus und neben der

---

1 Wackernagel-Martin S. 21

langsamen und schweren „*Uncialschrift*" der Bücher noch eine schneller fließende „*Kursivschrift*", von der sich Beispiele in gerichtlichen Urkunden der italienischen Ostgoten (zu Ravenna, Neapel und Arezzo) erhalten haben" (a. O.)

Es liegt in der Natur der Dinge begründet, daß die für das Christentum durch die Römer gewonnenen Goten in den Römer wie ihre Lehrer so ihre Freunde und Beschützer erblickten. Darin soll kein Vorwurf liegen: es ist vielleicht auch einzuräumen, daß die bekehrten Goten in der Annahme des Christentums und der von demselben unzertrennlichen römischen Bildung einen Fortschritt vollzogen. Aber andererseits leuchtet ein, daß diese Verchristung, die zugleich eine Verrömerung war, diese Hinneigung und Unterordnung die größte Gefahr für Volkstum und Freiheit der Goten enthielt. Die Heiden vertreten in Notwehr der Selbsterhaltung zugleich mit den alten Göttern die alte Freiheit und die gotische Volksart. Dieser Gegensatz wiederholt sich von da ab – es ist das erste Beispiel – durch die folgenden Jahrhunderte bei allen Bekehrungen der Germanen: die Christen sind überall die Angreifer, die Neuerer, die mit Hilfe fremder Waffen die alte Verfassung, die Volksfreiheit und die alte Volksart, die unscheidbar mit dem alten Glauben zusammenhängt, bedrohen.

Die heidnischen Germanen lassen fast ohne alle Ausnahme die christlichen Bekehrer lange Zeit ungestört gewähren. Der Vielgötterglaube kann duldsam sein und ist es meist; er erkennt das Dasein der Götter anderer Völker an. Gewiß ward kein Germane gestraft, der in römischem Waffendienst Jupiter und Mars kennengelernt hatte und auch in die Heimat zurückgekehrt jenen offenbar so mächtigen, Sieg verleihenden Göttern neben Wotan und Ziu Opfer brachte. Nun hatte Rom einen anderen Gott angenommen: unverwehrt blieb es den Goten, diesen neuen Gott zu ehren. Dazu kam, daß bei den Germanen nicht wie bei den Juden, Kelten, zum Teil auch bei den heidnischen Römern ein herrschsüchtiger, macht- oder (bei den Römern) doch einflußreicher Priesterstand waltete, der in der Fernhaltung jeder Glaubensänderung eine Lebensbedingung gesehen hätte. Den heidnischen Germanen war das scheußliche Laster der Heuchelei fremd, denn sie fand keinen Lohn. Endlich: die nur schwach erst entwickelte Staatsgewalt hatte nach germanischer Anschauung zunächst gar keine Zuständigkeit, die Verbreitung neuer Lehren an sich zu hemmen oder zu strafen.

Nur unter zwei Gesichtspunkten konnte, ja mußte auch der damalige Germanenstaat einschreiten.

Einmal, wenn die Christen mittelbar oder wenn sie zweitens unmittelbar den Staat bedrohten oder schädigten: beides taten sie fast ohne Ausnahme in jedem Fall des Bekehrungsbetriebes.

Nicht nur weigerten sie die Beiträge zu den Götterfesten, Opfern, die mit dem Ding verbunden, zugleich staatliche Bedeutung hatten und die Zusammengehörigkeit der Gaue im gemeinsamen Dienst der Stammesgötter zu Ausdruck brachten, sie gingen angreifend vor. Der Eifer der fremden Priester und deren Neubekehrten schalt laut die alten Volksgötter „Götzen", „Lügengötter" (galiuga-guds), leugnete ihr Dasein oder – häufiger – erklärte sie für böse Geister, Dämonen, Teufel. Sie verbrannten die Haine und Holztempel, zerschlugen den Heiden ihre Götterbilder, besudelten ihre heiligen Quellen, hemmten mit Gewalt ihre Opfer.

Kein Zweifel, daß dadurch die Götter furchtbar beleidigt wurden und kein Zweifel, daß sie, blieb solcher Frevel ungestraft, Recht und Neigung hatten, durch Unsieg, Mißwachs, Hunger, Seuchen, Erdbeben, Überschwemmung König und Volk zu strafen, die solche Gotteslästerung duldeten.

Beleidigung der Götter ist daher mittelbar Bedrohung des Staates. Der König darf sie nicht dulden. Wenn der König in anderen Fällen nach offenbaren Zeichen des Götterzorns in Unsieg, Mißwachs usw., falls das Verbrechen oder der Verbrecher unentdeckt blieb, um deswillen die Götter grollen, sich selbst als Opfer darbringen muß, die Götter zu versöhnen, so springt in die Augen, daß er die volkskundigen Götterbeleidiger hemmen und strafen muß – aus gleichem Grunde.

Zweitens aber konnte auch unmittelbarer Landesverrat der Christen kaum ausbleiben: kam es zur Reibung mit den Heiden, so riefen selbstverständlich die Christen ihre Lehrer, Freunde, Glaubensbrüder, die Römer, ins Land, auch um den Preis der Freiheit Schutz ihres Bekenntnisses erkaufend.

Den Römern aber – hieß der Imperator Tiberius oder Constantinus, betete er zum Jupiter des Kapitols oder zu den Heiligen oder zu gar niemandem – war immer und blieb ein Hauptvergnügen und Hauptmeisterstück der Staatskunst, Zwietracht unter den Germanen zu säen oder die ohnehin stets üppig wuchernde zu fördern und in Unterstützung der schwächeren Partei die stärkere zu vernichten, dann aber auch die Schützlinge zu knechten.

Und nun war ja diese Schlauheit des Völkermords vollends ein frommes, Gott und den Heiligen gefälliges Werk geworden: die Vernichtung oder Zwangstaufe der germanischen Heidenschaft und Freiheit sicherte, wie die Herrschaft auf Erden, so zugleich die ewige Seligkeit im Himmel.

Da diese Beweggründe und Vorgänge sich bei allen Germanenbekehrungen zu wiederholen pflegen (ganz ebenso übrigens im Verhältnis des katholischen Bekenntnisses zu dem arianischen: man hat statt Heiden „Ketzer" und statt Christen „Rechtgläubige" zu setzen), werden sie hier ein für allemal erörtert; in späteren Fällen genügt dann die Verweisung auf diese Darstellung.

Ganz wie oben geschildert verliefen die Dinge auch bei der Bekehrung der Westgoten und den hieraus erwachsenen „Christenverfolgungen".

Fridigern, ein Gaukönig oder Gaugraf, dessen Gebiet den Römern näher lag als das seines mächtigeren Nachbars *Athanarich*, geriet mit diesem in Streit, aus unbekannten, wohl aber ursprünglich nicht aus religiösen Gründen. Besiegt floh er über die Donau zu seinen Freunden, den Römern, erbat und erhielt römische Truppen zur Unterstützung und ward von diesen mit Gewalt zurückgeführt und wieder eingesetzt. Ob er schon vorher Christ gewesen oder erst jetzt, während des Aufenthalts im römischen Gebiet Christ wurde, ist nicht zu entscheiden. Jedenfalls wurde von nun an sein christliches Bekenntnis ein wichtiges Band zwischen ihm und Rom; er war es, der die Bekehrung seiner Gauleute ins Werk setzte. Da ist es denn sehr begreiflich, daß Athanarich sich der staatlich für ihn todesgefährlichen Verchristenung nach Kräften zu erwehren sucht: denn Christ werden hieß römisch gesinnt werden. Er läßt den eifrigsten Bekehrer, den Priester *Sansala*, verhaften, zieht mit starken Scharen von Bewaffneten – wohl seine Gefolgschaft als Kern, dem sich Teile des Heerbanns anschlossen – „Räuber" nennen sie die kirchlichen Akten des heiligen *Saba* – von Dorf zu Dorf, befiehlt, vor dem mitgeführten Götterbild zu opfern, von dem Opfertisch zu essen, befragt die Dorfgenossen auf ihren Eid, ob Christen hier wohnten, „befragt diejenigen, welche die volkstümliche Gottesverehrung gestört" (in Verwirrung gestürzt, „vernichtet" ist der Ausdruck der kirchlichen Quelle selbst), verurteilt Priester und Laien, die den Rücktritt in Heidentum weigern, zu Tode und läßt – angeblich – einmal eine ganze Christengemeinde, die in ihr als Kirche dienendes Zelt geflüchtet, samt diesem Holz- und Linnen-Bau verbrennen. Diese Vorgänge *beginnen* vor 355 oder 354, *vor* dem offenen Kampf mit Fridigern.

Als nun dieser Nebenbuhler aus dem römischen Gebiet, wohin zu flüchten Atha-

narich ihn gezwungen, gestützt auf die römischen Waffen, zurückkehrt, lag in dieser
gewaltsamen Wiedereinsetzung eines Feindes durch Rom unzweifelhaft der Bruch
des kurz vorher im Jahre 369 zwischen Rom und Athanarich geschlossenen Friedens.
Es ist den Christen ganz begreiflich und voll begründet, daß nunmehr Athanarich in
den Christen gewordenen Goten zugleich die Römer bekämpft und verfolgt –
370–372; daß er, wie eine kirchliche Quelle selbst sagt, „aus Haß gegen die Römer den
Namen der Christen austilgen wollte aus seinem Volk". Wir verzeichnen dieses Geständnis, daß der Grund der neuen „Christenverfolgung" lediglich ein volkstümlicher und staatlicher war. Sie bezweckte Selbsterhaltung der Freiheit und der Eigenart
des Gotenvolkes. Daraus erklärt sich auch, daß viel schärfer die arianisch als die
katholisch gewordenen Goten verfolgt wurden, so daß die Rechtgläubigen mit einem
gewissen Neid einräumen müssen: „damals gewannen jene Ketzer den Ruhm einiger
Martyrien." Denn Kaiser Valens, der eifrige Arianer, war eben Beschirmer und Bekämpfer der arianischen Goten: diese waren ungleich zahlreicher und staatlich gefährlicher als die wenigen, von Rom minder geschützten katholischen Gotengemein-
den.

Sehr bald sollte der Erfolg lehren, wie begründet die Besorgnis Athanarichs und
der Volkspartei, der Verteidiger gotischer Freiheit, vor der Verbindung der gotischen Christen mit Rom gewesen war: „unter Voraustragung des Kreuzes" erfochten jetzt Fridigern, die gotischen Arianer und die zu ihrer Hilfe das Land überzie-
henden Legionen in offener Feldschlacht durch das Übergewicht römischer Waffen, vielleicht jetzt auch der Zahl, den Sieg. Athanarich muß flüchtig mit wenigen
das Land räumen, und alsbald nimmt die Bekehrung immer größere Verhältnisse
an.

„Als er sich von seiner Niederlage, aber nicht von seiner Gottlosigkeit erholt
hatte" und wieder zurückkehrte, verfolgte er – sehr begreiflich! – das Kreuz, das
Feldzeichen, unter dem ihn seine Feinde geschlagen hatten. Aber bei allen diesen
Verfolgungen hat man wie altüblich die Zahl der Blutzeugen und die Grausamkeit
der Heiden sehr stark übertrieben. Ganz erdichtet sind die zweiundzwanzig gotischen Märtyrer, die unter dem 26. März angeführt werden, wie schon zum Teil ersonnen, zum Teil falsch verstandenen gotischen Namen und die vorausgesetzten
unmöglichen staatlichen Verhältnisse dartun. Glaubwürdig sind die Akten des heiligen Saba viel mehr als die des heiligen Niketas. Wir erfahren, daß ohne irgendwelchen Glaubenshaß die Heiden diese christliche Bekehrung der Sippe duldeten, während ein anderer Teil der Sippenglieder bei dem Glauben der Väter blieb. Als nun
von Staats wegen von den Fürsten und Beamten Verzehrung von Opferfleisch als
Zeichen des Rücktritts in das Heidentum den Getauften auferlegt ward, entziehen
sich sehr viele, auch Priester, dem Martyrium durch Flucht zu den Römern. Ja, von
Glaubenshaß der Heiden und echtem Glaubensmut der Christen ist so wenig die
Rede, daß sehr lange Zeit eine Täuschung vorhält, welche die Gutmütigkeit der
Heiden und die Gewissensverleugnung der Christen miteinander ersonnen haben.
Um die Beamten glauben zu machen, die Getauften seien zurückgetreten, diesen
aber durch Betrug das wirkliche Verzehren von Opferfleisch zu ersparen und sie
gleichwohl der Bestrafung zu entziehen, lassen die Heiden von den Getauften in
Gegenwart der Beamten Fleisch verzehren, das sie für Opferfleisch nur ausgeben,
während die Christen wissen, daß es nicht Opferfleisch! Diese nehmen also keinen
Anstand, ihren Glauben durch eine Handlung zu verleugnen, die den Beamten als
Rücktritt ins Heidentum gilt, während sie dem Christengott gegenüber sich darauf
berufen, daß sie ja in Wahrheit doch kein Opferfleisch genossen. Diese bezeichnen-

de Vorwegnahme späterer „Jesuitenmoral" dauert so lange, bis der wackere Saba in echt christlichem Eifer den Beamten den frommen Betrug anzeigt. Allein die anderen Christen sind mit solcher Wahrheitsliebe schlecht zufrieden: sie vertreiben den allzu Gewissenhaften, rufen ihn aber doch bald beschämt zurück. Als nun König Athanarich auf seiner Rundfahrt vor dem Dorf eintrifft und fragt, ob es Christen enthalte, wollen die gutmütigen Heiden abermals ihre getauften Verwandten retten und schwören, es sei kein Christ unter ihnen. Und die anderen Christen sämtlich lassen sich diese Beteuerung gefallen: nur Saba tritt vor und bekennt mutig seinen Glauben. Der König fragt nach seinem „Vermögen", d. h. nach der Bedeutung des Menschen in der Gemeinde. Als die Heiden antworten: „Herr, er hat nichts als er am Leibe trägt": d. h. also namentlich keinen Grundbesitz, daher keinerlei Einfluß in der Volksversammlung, spricht der König verächtlich: „Ein solcher kann keinen Schaden anrichten", und begnügt sich, ohne ihn irgend zu strafen, ihn aus dem Ding fortzuweisen: nicht einmal aus dem Dorf, denn sein Verbleiben wird vorausgesetzt. Also nur die Einflußreichen, die Grundbesitzer, die staatsgefährlichen Christen verfolgt der König, nicht einen Christen als solchen, trotz herausfordernder Kühnheit. Das war 370 oder 371. Zu Ostern 372 wird Saba allerdings vom König durch Bewaffnete verhaftet: aber wohl nur um dessenwillen, weil er in dem Haus eines christlichen Priesters *Sansala* sich befand, der sich aus dem römischen Gebiet, wohin er entflohen (verbannt?) gewesen, zurückbegeben hatte. Saba wird erst gefesselt, nachdem ihn die Hausfrau der Hütte, wo sie übernachteten, aus leichter Haft heimlich befreit hat. Die Aufforderung, Opferfleisch zu genießen, beantwortet Saba mit unflätigen Schimpfereien wider den König: „Ekel und scheußlich sind diese Speisen wie Athanarich selbst, der sie sendet." Einer der Krieger des Königs (der hier Atharid heißt), empört über diese Beschimpfung seines Herrn, schleudert den Wurfspeer auf Saba. Das Wunder, daß die Spitze diesen unschädlich, „wie eine Wollflocke" berührt, macht aber befremdlichermaßen auf den König so wenig Eindruck, daß er nun die Hinrichtung des Christen befiehlt. Saba verlangt, dann müsse auch der christliche Priester mit ihm sterben, worauf ihm die Gefolgen des König sehr richtig erwidern: „Nicht *deine* Sache ist es, dies zu befehlen." Er verkündet vorher noch dem Herrscher ewige Verdammnis in der Hölle und wird dann in dem Flusse *Musäus* ertränkt. Seine Überbleibsel ließ später der römische Dux der Grenztruppen auf kaiserliches Gebiet bringen. Das Gleiche geschah mit der wunderhaft erhaltenen Leiche des Niketas, der, seines griechischen Namens unerachtet, ohne Zweifel Gote und zwar dem Volksadel angehörig war: der „gottlose und blutgierige" König ließ ihn während des Gottesdienstes ergreifen mit vielen seiner Stammesgenossen und ins Feuer werfen.[1] Ein römischer Freund des Getöteten wünschte die Leiche, die wunderhaft erhalten bleibt, zu holen und über die Donau auf römischen Boden zu schaffen, wagt dies aber nur zur Nachtzeit auzuführen, „aus Furcht vor dem König", der natürlich nicht wünschen konnte, daß Römer und Goten gemeinsame Verehrung der Überbleibsel der von ihm Bestraften noch inniger verknüpfte.

Alsbald machte die hunnische Überflutung den kleinen staatlichen und Glaubensstreiten der westgotischen Fürsten ein gewaltiges Ende.

---

1 Diese dem germanischen Strafrecht zwar nicht unbekannten, aber selten angewendeten Formen der Todesstrafe (Ertränken und Verbrennen statt der gewöhnlichen Form des Hängens) erklären sich daraus, daß die Verbrecher gegen die Götter den Göttern in dieser Weise geopfert werden: Todesstrafe ist Menschenopfer auch hier.

c) Altgotische und römisch-griechische Bildung bei den Westgoten

Es ist oft hervorgehoben, daß die Völker der gotischen Gruppe früher leichter, reichlicher die griechisch-römische Bildung (und im Zusammenhang damit den Glauben der kaiserlich römischen Staatskirche) aufgenommen haben als die anderen Germanen (die den Goten sprachlich nahestehenden Burgunder stehen ihnen auch hierin am nächsten). Bei Vandalen und Ostgoten finden wir diese Verrömerung erst im fünften und sechsten Jahrhundert vor; bei den Westgoten gewährt uns das Bibelwerk Vulfilas Mittel, schon im vierten Jahrhundert und vor dem Verlassen der Donauländer die starke Einwirkung griechischer und römischer Bildung festzustellen: es wird bei den übrigen gotischen Völkern zur gleichen Zeit damit ähnlich bestellt sein, obzwar verschieden abgestuft, je nach der näheren Nachbarschaft mit den Römern.

Auch über den altgotischen Bildungsgrad, der nicht von den Griechen und Römern entlehnt war, gewährt Vulfila einige Aufschlüsse. Das Volk lebt immer noch in der Mitte des vierten Jahrhunderts in leicht gezimmerten Holzhütten von Balken (ansts), und Brettern mit Giebeln (gibla) oder in Zelten (hlija, hleþra): bauen heißt „zimmern" (timbrjan); daher wird die berühmte Bibelstelle (Psalm 118, V.22) von den Bauleuten, die den Stein verwerfen, der dann zum Eckstein wird, übertragen: die „Zimmerer" verwerfen den Stein. Auch der Steinbau und die Burg sind also „gezimmert"; sogar die Kirche der gotischen Christen ist noch nach 372 nur ein Zelt, σκήνη, nicht ein Steinhaus: und für „Ekklesia", Kirche, in jenem Sinn hat Vulfila kein gotisches Wort (aikklesjo). Die Türe (daur) kann auch durch bloßes Gitter (haurds, Hürde, Flechtwerk, clathrum) ersetzt werden: doch ist der Ziegel (skalja), der Eckstein (vaihsastains), der Grundwall, Burgwall (grundavaddjus, baurgs-vaddjus) mit unentlehntem Namen benannt. Der Markt, der Hauptplatz in der Dorfsiedlung, wird kindlich mit „garuns" übertragen: „wo die Leute zusammenrennen" (oder unpassend mit gaggs, der ang, was sonst für die Wegscheide [bivins] verwendet wird). Aber die Breitestraße (πλατεῖα) der Römerstädte fehlte diesen gotischen Dörfern: das Fremdwort wird beibehalten oder durch ungenügende Ausdrücke ersetzt: fauradaurja, „vor den Türen", oder gatvo, die schmale „Gasse". Abgesehen von den Straßen in Dorf und Stadt bezeichnet vigs den (breiteren) Weg, staiga den (schmaleren) Steig.

Die Siedlungen der Goten werden von den griechischen Quellen mit dem griechischen Wort für Dorf (κώμη) bezeichnet: doch war Hofsiedelung nicht ausgeschlossen, wie die Geschichte des heiligen Saba zeigt. Das griechische Wort für Stadt (πόλις) überträgt Vulfila stets mit baurgs: es ist die bergende ummauerte Stadt: (der Turm, πύργος, heißt kelikn, was angeblich aus dem Altgallischen stammen soll); daher heißt auch die Befestigung, das ummantelte Lager: die Beburgung (bibaurgeins). Den Gegensatz zur Stadt bildet das offene Dorf: „haims", dasselbe Wort „him", das in so vielen germanischen, nordischen, deutschen, angelsächsischen (hier „ham" wie in Altbayern zusammengesetzten Ortsnamen begegnet: das unserem „Dorf" entsprechende Wort fehlt nicht, þaurp: doch wird es nur einmal gebraucht und bezeichnet ein andermal das „Feld"; auch die vom griechischen πόλις abgeleiteten Wörter werden gotisch entsprechend von baurgs abgeleitet: und als einmal den griechischen Text in dem Wort κωμόπολις (Dorf-Stadt, Marktflecken) zwei dem Goten unvereinbare Gegensätze verbindet, trennt er, freilich in unrichtiger Übertragung, beide in Dörfer *und* Städte (haimom jah baurgim). Umgekehrt werden die zum Dorf gehörigen Felder von dem Wort haims benannt (haimoþli), und wie sehr das

Dorf ganz allgemein als die vorausgesetzte „Heimat" galt, zeigen die Ausdrücke für abwesend: af-haims, und heimisch ana-haims. Veihs, der geweihte umfriedete Flekken, wird verwendet für Bethlehem: sonst immer auch (wie haims) für κώμη, Dorf, einmal, wo haims früher schon verbraucht war, auch für die Felder (ἄγροι). Außer dem Haus begegnet und noch für Schutzhaus, Vorratskammer (ταμιεῖον) ein gotisches, übrigens noch ungedeutetes Wort (hepjo) und für Scheuer (ἀποθήκη) bansts. Mit gotischen Namen werden die meisten zum Haus und zur Hauseinrichtung gehörigen Dinge benannt, ohne Entlehnung fremder Wörter, so das Haus selbst: razn, oder gards, das Umgürtete, vom Zaun (faþa, Faden) Umhegte, daher ingardis, der Hausgenosse, gardavaldands, der Hausherr; es ist bedeckt vom Dach, hrts (dem „Berußten"?), die Halle (στοά) ist ubizva, die Säule sauils, der Hof, αὐλή, rohsns, der Vorhof, faurgard, der Vorhang, faurhah, die Zwischenwand, miþgardavadjus. Dichterisch, schön sinnlich ist gebildet auga-dauro, Augen-Tor für Fenster.

Die reiche Wörterfülle im Sprachschatz für alle im Ackerbau begegnenden Dinge beweist, wenn es noch des Beweises bedürfte, daß damals (circa 355) schon viele Jahrhunderte den Ackerbau als wirtschaftliche Grundlage des gotischen Volkslebens gesehen hatten: diese Arbeit war so sehr die Hauptarbeit des Lebens, daß der Feldarbeiter (γεωργός) geradezu der Arbeiter überhaupt ist (vaurstva), daß „wohnen" = ist Feld bauen (bauan). Die Goten führen mit gotischer Benennung den Pflug (hoha), düngen den Acker (akrs) mit Mist (maihstus): sie säen (saian) den Samen / fraiv), sie „raufen" (raupjan) die Ähre (ahsa, sie schneiden (sneiþan) mit der Sichel (gilþa) die Ernte (asans): sie sondern die Ähren von der Spreu (ahana), lesen (sammeln) sie in der Scheune (lisan in banstins), dreschen und mahlen: der dreschende Ochse (auhsus þriskandans) tritt auf dem „Gedresch" (gathrask), d. h. der Tenne die Körner aus, während der Esel den Mühlstein (kvairnus) in der Runde in Bewegung setzt, das Mehl zu mahlen,

Den Gegensatz zu dem von Menschen bewohnbaren Boden überhaupt bildet die Wüste, d. h. die Öde: auþida: dagegen den Gegensatz des bestellten Ackerbodens, die Heide (haiþi, daher wild, ἄγριος: haiþivisk), welcher nur Heu (havi) abzugewinnen ist.

Die Bibel bot nur für zwei Getreidearten Anlaß, sie zu nennen: Gerste: baris und Weizen: hvaiteis; daraus wird der Laib: hlaibs gebacken. Zwischen dem Getreide wächst das Unkraut des Gedörns (þaurnus) und der Weg-Distel (viga-geina). Das „ungesäuerte" Brot bleibt unübersetzt oder wird mit baisti gegeben. Gras und Lauch sind Gras, ahs: Getreide: kaurn. Johannisbrot, griechisch Hörnlein, κεράτιον (fälschlich bei Luther „Träbern"), wird wörtlich mit „Horn" gegeben.

Aber auch der Gartenbau ist bekannt: In dem Wurzgarten (aurtja-gards) pflegt der Gärtner (aurtja) seine Pflanzen: für den Lustgarten (παράδεισος) gibt es jedoch kein gotisches Wort: vaggs, Anger (vergl. Angrivarier), im Bayerischen und Alemannischen als -wangen (Feuchtwangen, Ellwangen) in zahlreichen Ortsnamen erhalten, ist der Ausdruck für Gefild, Wiese.

Nur wenige Bäume nennen die erhaltenen Teile der Bibelübertragung: von diesen ist der Name der Olive (alavabagms) aus dem *Latein* in die Volkssprache übergegangen: er tritt an die Stelle des griechischen Namens. (Der *wilde* Ölbaum heißt vilþeisa). Der Name der Feige: smakkabagms, wird von einigen als „schmackhafter" Baum gedeutet, von anderen für Umbildung des griechischen σῦκον erklärt. Die Palme heißt peika-bagms (alemannisch peinikabagms, Phönikerbaum oder peuke [Fichte]). Gotisch heißt der Hartriegel baina (al. baira) – bagms. Das Pfropfen (trusgjan, intrusgjan) war längst, wohl schon in Asien, bekannt. Den Weinbau dagegen hatte man natürlich erst an der Donau von Römern und Griechen gelernt, aber wie es scheint, eifrig betrieben: denn zahlreich Zusammensetzungen des aus dem *Latein* (nicht dem Griechischen) entlehnten Wortes „veina" werden ohne Schwierigkeit gebildet: (v.-basi, v.-gards, v.-tains, v.-triu, usw.). Keltern heißt treten, trudan, weil die Trauben mit den Füßen ausgestampft wurden, wie noch heute in romanischen Ländern. Der Weinschlauch ist der „Balg", balgs. Den aus anderen Früchten bereitete Wein, σίκερα, weiß aber Vulfila nur mit dem allgemeinen Wort für Getränk (leiþus) wiederzugeben: ein Zeichen, daß er weder den Goten altbekannt noch auch als entlehnt häufig in Gebrauch war. Sonst wäre das Fremdwort aufgenommen gewesen. Ganz ähnlich wird die Lilie nur mit dem allgemeinen Wort für Blume wiedergegeben: sie war also weder von jeher bekannt oder doch benannt (wie das Rohr, raus, und der Schwamm, swams) noch nach der durch die Römer vermittelten Kenntnis beliebt. Aus dem Latein wird das Wort für Senfkorn entlehnt, während Milch (miluk) und Honig (miliþ) selbstverständlich gotisch benannt sind. Die Mineralien Gold (gulþ), Silber (silubr), Erz (aiz), Schwefel (svibls) führen die gemein germanischen Namen (siehe Einleitung).

Neben dem Ackerbau gewährt die Viehzucht die wichtigste Nahrung: in den weitgestreckten Ebenen der Donaulande wurden große Herden gehalten: erstaunlich ist die Menge des von den Römern erbeuteten oder als Schatzung auferlegten Viehs: auf der Weide (vinja) pflegt der Hirt (hairdeis, haldans) der Herde (hairda, vriþus): seit der asiatischen Vorzeit schon nannte der Gote mit gotischem Namen den Stier (stiurs), das Rind (auhsus: das Gemästete: alidan: im Joch: juks), die Kalbkuh (kalbo), das Fohlen (fula), das Lamm (lamb), den Widder (viþrus), den Bock (gaits), die junge Ziege (gaieins), das Schwein (svein), den Hund (hunds) und zweifelhaft, ob nicht entlehnt, den Hahn (hana), die Taube (dubo), die Turteltaube (hraiva-dubo, Leichentaube); von wilden ungezähmten oder schädlichen Tieren werden genannt: Die Motte (malo), die Made (maþa), die Heuschrecke (þramstei), der Fisch (fisks), die Schlange (vaurms), die Natter (nadrs), der Fuchs (fauho), der Wolf (vulfs) und von den Vögeln des Himmels (fuglos himinis) der Sperling (sparva) und der Adler (ara): entlehnt ist das Wort für den Skorpion und das Kamel erhält in seltsamer Verwechselung den Namen des Elefanten (ulbandus).

Schafzucht scheint besonders häufig gewesen zu sein: nicht nur wird neben der Herde die Schafherde (aveþi) besonders genannt: – an einer Stelle, wo der Text nur vom Stall (hof) überhaupt spricht, αὐλή sonst gards, wird avistr, Schafstall, gebraucht.

Eine Erinnerung an die Vorzeit, da das gesamte Vermögen beinahe ausschließlich in dem Vieh bestand, ist es, wenn immer noch faihu zugleich Vieh und Vermögen bedeutet: so auch in den an Vermögen geknüpften Vorstellungen: z. B. Schuldner heißt faihu-skula, habsüchtig (silber-liebend, φιλάργυρος) ist viehliebend: faihu-friks, Gelderwerb ist Vieherwerb, viel Geld ist = viel Vieh: das heißt nun immer zugleich Vermögen oder Geld.

Interessant ist es, in das gotische Holzhaus allmählich die römische und die griechische Bildung als Kriegsbeute, Kriegssold, Handelsware ihren Einzug halten zu sehen mit ihren Geräten und Genüssen.

Alle Fremdwörter, deren sich Vulfila bedient, darf man als längst und als völlig in die Redeweise des ganzen Volkes aufgenommen betrachten: es waren nicht etwa Ausdrücke, die nur der Gebildete, Vornehme oder gar nur der Gelehrte, der Priester verstand: denn für sein ganzes Volk – wie Luther – hatte der große Mann sein Werk berechnet.

Da die Goten an den Grenzen des oströmischen Reiches und einer griechisch sprechenden Bevölkerung am nächsten wohnten, muß man Übergewicht der aus dem Griechischen aufgenommenen Wörter vermuten: die findet sich auch bestätigt. Jedoch ist auch eine große Zahl lateinischer Wörter aufgenommen worden, offenbar lange vor der Überwande-rung in römisches Gebiet; dies erklärt sich daraus, daß die amtliche Sprache in Heerbefehl, Kriegswesen und zum Teil auch in der Verwaltung immer noch Latein war: als „foederati", Söldner, aber auch als Nach-barn, von Gefangenen und als Gefangene hatten die Go-ten schon seit ihrem Auftre-ten an der Donau ununter-brochen Latein zu hören be-kommen.

Daher erklärt es sich, daß oft genug griechische Wörter weder durch gotische wi-edergegeben noch beibehal-ten, sondern durch ein latei-nisches, bereits eingebürger-tes, ersetzt wurden.

Die Hellenen selbst wer-den mit ihrem lateinischen Namen Krekos genannt. Wo aber „Hellenen" soviel als Heidenvölker bedeutet, da wird das gotische Wort

Germanische Tracht im fünften bis achten Jahrhundert.
Aus den Darstellungen der Bibel von S. Paolo in Rom.

þiudos, die Völker gebraucht. Lateinisch sind die Wörter anno, Lohn, lukarn, lukarn-staþa, lucerna Leuchte, catillus Schlüssel, carcer Gefängnis, fascia Binde, orale (capillare) urceus Krieg, militon Kriegsdienst leisten, sigljo, cautio, lectio, pondus, pund (für λίτρα), asilus Esel, nobaimbair November (fullo, vullareis der Walker?).

In der lateinischen „arca" (Kiste), liegt der griechische „Balsam", das griechische „Arom"; für die Myrte steht smyrn: zwar die Salbe heißt gotisch Salbo, aber die Narbensalbe, pistikeins (Pistacie) und nardus sowie isop bleiben unübersetzt in der aus dem Griechischen beibehaltenen „Alabaster"-Büchse.

Auch das griechische Wort für den geflochtenen Korb, σπυρίς, ward beibehalten, obgleich die Goten den aus Zweigen geflochtenen Korb (tainjo) und den aus Schnü-ren gefertigten (snorja, die Schnur) mit eigenem Namen benennen konnten.

Die griechisch-römische Sitte, bei dem Mahl (nahta-mal. δεῖπνον) zu liegen, ward gewiß nicht nachgeahmt: daher werden die fremden Ausdrücke „cubitus" und „ana-kumbjan" gebraucht; man saß wohl auf Stühlen (stols) oder Sitzen (sitls); man lag nur in dem Bette (badi), dem Lager (liggrs), mit dem „Wangenkissen" (vaggari). Auf dem gotischen Tisch (mes, biuds) glänzten neben dem gotischen Becher (stikls) und

Gefäß (kas) der römische katils (statt des griechischen χαλκίον) und aurkeis (urceus, statt des griechischen ξέστης).

Über die Tracht gewährte die Sprache folgende Aufschlüsse: der Schuh (skohs, gaskohi, das Paar Schuhe) ward mit Riemen (skaudareips) geschnürt; über dem eng anliegenden Rock (paida, zweifelhaft, ob aus dem Finnischen, entlehnt: vgl. ostpreußisch die Pede, Tragholz, bayerisch das Pfoad = Hemd), der durch den Gürtel (gairda) aus Leder, Fell (fill) um die Hüften zusammengehalten ist, wird der Mantel getragen, vasti, d. h. das Gewand überhaupt das eigentliche, wesentliche Gewand: der Saum des Mantels ist der „Schoß" (skauta); davon wird der vielleicht mit einer Kopfhülle versehene Reisemantel (hakulus) unterschieden: das Wort ist von mythologischer Bedeutung: Odhin, als verhüllter Wanderer, als „manteltragender" Gott heißt „Hackel-berend", manteltragend (altnord. hökull, Mantel, Rüstung): dem Wanderer darf der Ranzen, d. h. der „Eßschlauch" (matibalgs) nicht fehlen. Die gotischen Männer trugen nach altgermanischer Sitte das Haar lang wallend, ungeschoren (scheren heißt, mit sonderbarer Verwendung des lateinischen capillus, Haar: kapillon, also „haaren"): den Byzantinern fiel auf, wie trotzig und wild die freien Männer in der Erregung dieses Gelock schüttelten; die gotischen Frauen trugen das Haar in Flechten (flahto). Von dem Schmuck wissen wir nur, daß sie die Fingerringe „Finger-Gold" (figgra-gulþ) nannten: vielleicht weil Armringe älter und mehr volkstümlich waren; bestritten ist, ob das Wort markareitus für Perle urverwandt oder entlehnt sei.

Zahlreich sind die gotischen Namen für Handwerker, wirtschaftliche Arbeiter aller Art und ihre Geräte: wir treffen bei dem Bau (d. h. dem „Zimmern", timreins) den Zimmerer, der mit der Axt (akvizivi) das Bauholz (timr, noch neuenglisch timber) bearbeitet, sowie den Erz-Schmied aiza-smiþa, auf dem Fischteich (svumsl) der Fischer (fiskja), sein Schiff (skip) mit dem Netzt (nati) und Seil (sail) am Gransen (nota); wir sehen den Töpfer (kasja) seinen Topf (kas) aus Ton (þaho) formen, den Walker (vullareis, römisch?) die Wolle (vulla) bearbeiten; die Frauen pflegen des Spinnens (spinnan) und Nähens mit der Nadel (neþla). Das Öhr darin heißt þairks; aber auch den Zöllner (motareis) an der Zollstätte (mostastaþs) den Zoll erheben; den Geldwechsler an seinem Tisch (mes) stehen und seinen Säckel (sikls) füllen mit Wucher (vokrs). Der Hornbläser (haurnja) stößt in das Tut-Horn (þut-haurn), zum Speile des Schwegelpfeifers (sviglja) wird getanzt (Plinsjan: aber für das hellenische „Choros" steht leiks, Spiel, Springen); der Arzt (leikeis) bekämpft das Gift (lubi) und die „Giftkunde", d. h. Zauberei (ganz wie lateinische maleficus Giftmischer und Zauberer zugleich ist), der Schriftgelehrte, der Bücherer (bokareis) schreibt seine Bücher (bokos); der Lehrer (laisareis) schreibt, d. h. „malt", für den Schüler (siponeis) die Schrift (gameleins) auf die Schreibtafel (spilda, die gespaltene Holzplatte) mit der Tinte (svartizla: aber jota, membrane, lectio der Leseabschnitt, siglja das Siegel wie caution, die Schuldurkunde werden entlehnt). Vorlesen ist „aus dem Buch singen" (saggvs boko, us-siggvan). Die alte Götter- und Heldensage (Mythos ist spill) blühte dereinst so reich, daß noch zu Ende des sechsten Jahrhunderts der verwelschte und verpriesterte Jordanis „manches Reis davon kennt": die Sänger, die „Liederer" (liuþaros) trugen Lied (liuþ, Sang (saggvs) und Loblied (Hymnos, hazeins) auf Götter und Helden vor.

Aber auch in Verfassung und Recht gewährt die Sprache Vulfilas willkommene Ergänzung der für jene Tage so spärlich rinnenden römischen Quellen.

Der Sippenverband , das Sippegefühl sind sehr stark und lebendig: durch Betrug, sogar durch Meineid suchen die Heiden ihre christlich gewordenen Gesippen vor der Verfolgung des Königs zu schützen: sehr zahlreich sind die Ableitungen (und Zusammensetzungen) von dem Wort für „Geschlecht", „Familie": kuni; und deutlich sieht man, daß Blutsverwandtschaft und Volksgenossenschaft in diesen Wortbildungen *zugleich* ausgedrückt werden. Daher ist es denn selbstverständlich, daß, als durch die Wanderung aus den alten Sitzen beinahe Auflösung des *Staats*verbandes bewirkt wird, die Häupter der einzelnen „Geschlechter" (φύλαι), die nur locker erst zum Gaustaat verbunden gewesen waren, die Führung der Wanderer übernehmen.[1]

Der „Haus"genosse heißt nur selten ingardis, häufiger inna-kunds, d. h. *Geschlechts*genosse: eine Erinnerung an die Zeit, da noch nicht das auf Wagen bewegliche Zelt- oder Holzhaus, sondern der Geschlechtsverband den dauernden, wichtigsten, engsten Lebenskreis bildete: dasselbe Wort bezeichnet dann auch den Volksgenossen. Deutlich spiegelt noch Vulfilas Sprache jene Anschauung, jene Zustände, in welchen der Rechtsfriede sich nur auf die Gesippen erstreckte: sibja bedeutet in Ableitung und Zusammensetzung zugleich „Verwandtschaft" und „Friede"; ungesetzlich heißt un-sibis, sibjis aber zugleich verwandt und friedlich: der Gesetzesbrecher ist der un-sibja; die gleichen Ausdrücke bezeichnen die Aufnahme in die Sippe (Wahlkindschaft, Ankindung) und die Befriedung, Versöhnung. Der „Edelgeborene" (Volksadel siehe oben) heißt daher goda-kunds. Die Beratenden dagegen (senatores der Goten, griechisch σύμβουλοι) sind die ragineis: die Großen, Reichen, Mächtigen heißen mikilans, mahteigs, gabigs: im Gegensatz zu den Untersten und Dienenden: afþumistam und andbahts. Letzterer ist der *freie* Diener im Gegensatz zum Knecht (skalks); solche wurden zumal zur Zeit der Ernte, da die Arbeit am meisten drängte, gemietet: dies lehrt uns ihr Name: „Ernter" (asneis, von asans); auch gemietete Schiffsknechte begegnen – unter dem gleichen, seltsam übertragenen Namen: asneis. Das Wort für Lohn ist dem Gotischen mit dem Griechischen urgemein: mizdo, nicht entleht von (μισθός), daneben hatte aber das Gotische laun, anda-launi, anda-vairþi.

Die Hoheitsrechte (valdunfnja) des Königs ermächtigen ihn, Befehle (anabusns) zu erlassen, Gesandte (airus) zu entsenden und zu empfangen; das Heer (harjis) ist nach gemein gotischer Art in Tausendschaften unter dem þusundifaþs, Hundertschaften unter dem hundafaþs, Zehnschaften gegliedert. Die Schar, Rotte (hans) steht unter dem Kriegsgesetz (drauhti-viþod). Das Wort, das Kriegsdienst, Kriegsdienst leisten, Kriegsmann ausdrückt (gadrauhts), weist auf die Gliederung des Heeres als eines durch gemeinsamen Dienst zusammengehaltenen Ganzen hin. Neben den gotische Wörtern begegnen aber gerade für Kriegsdienst das Lateinische militon, und für Sold das lateinische anno (von annona): so große Bedeutung hatte für das Volksleben der seit zwei Jahrhunderten geleistete Waffendienst für Rom und die dafür bezogene Besoldung und Verpflegung durch jährliche Getreide- und Geldspenden. – Die Schutzwaffen hießen skidus brunja, hims; außerdem werden genannt das Geschoß (arhvazna), daß Schwert (meki, hairus) und dessen Scheide (fodr). Fana bedeutete damals nur ein Stück Tuch, statt dessen ostgotisch bei Prokop: bandon; Banner: banda-lari, der Bannertäger. Befestigungen waren nicht unbekannt: aber statt des Walls mit Pfahlwerk wird der einfache „Graben" verwendet: der Torwart fehlt nicht. Zahlreich sind die Ausdrücke für Kampf und Gefecht, und sehr häufig werden von diesen kriegerischen Bezeichnungen Personennahmen gebildet.

Die Gerichtsgewalt (stavos valdufni) wird im Namen des Volkes (oder des Königs) geübt vom Richter (stava), vom Richterstuhl (stau-stols) herab; der Fronbote

---

1 Könige VI, 30.

(andbaths) vollstreckt das Urteil, das aber noch in der Versammlung der Rechtsgenossen gefunden wird: denn Vulfila überträgt nicht nur Synagoge, auch Gericht
(synedrium) mit „ga-kvumþs", d. h. Zusammenkunft. Sehr mit Unrecht hat man um
deswillen, weil im Reiche von Toledo die römischen Strafen für Tötung eingeführt
sind, behauptet, die Goten hätten niemals Privatrache, Fehdegang (neben dem
Rechtsgang mit den Bußplätzen) gekannt: nicht nur begegnen noch im spanischen
Gotenreich Fälle von Wergeld, die Sprache Vulfilas zeigt uns, daß alle Ausdrücke für
„anklagen" auf „vrikan", d. h. rächen zurückzuführen sind. Diese Rache war ursprünglich die außergerichtliche der Fehde, zur Wahl neben die gerichtliche Verfolgung gestellt. Der durch den Gerichtsbann des Königs geschützte Rechtsbestand ist
das „Gewährte" (Garantierte), gavairþ; der Friede (friþus), die Versöhnung ist „Ge-
friedung": Die unsühnbare Verletzung dieses Friedens macht zum vargs, d. h. Wolf,
friedlosen Ächter, Verbannten.

Das wichtigste, weil häufigste, Verbrechen war wohl der Raub: deshalb wird für
das griechische Räuber zwar manchmal þiubs, Dieb, aber auch das allgemeine Wort
„Übeltäter", vai-dedjans, gebraucht. Unter den Strafen (balveins, sleiþa) war Hängen
(ushahan) die gemeine, ordentliche Form der Strafe nach „dem Verurteilen zu Tode"
(gavargjan, dauþau); Fesseln (veda), „Notbande" (nauds-bandja) hindern die Flucht
des in Untersuchungshaft Gehaltenen: aber „karkara", der Kerker, ward von den
Römern entlehnt. Damit stimmt genau der Bericht geschichtlicher Quellen: die ver-
hafteten Christen werden zwar gefesselt, aber nur an die Pfosten eines Hauses gebunden. Gefängnisse waren dem altgermanischen Gerichtsverfahren und Strafrecht
unbekannt. Prügelstrafe, vandum usbliggvans, im spanischen Westgotenreich so
häufig auch Freien gedroht, war damals nur über Unfreie verhängt. Das jüdische
Steinigen, auch das Brandmarken war nicht gotisch, doch vermochte die Sprache
selbstverständlich solche Vorgänge – zum Teil in ziemlich ungelenker Umschrei-
bung – auszudrücken: stainjan, stainam vairpan, gatandjan. Auch das Kreuzigen war
nicht germanisch: zwar wird dafür das Wort hramjan gebraucht, allein dies bedeutet
wahrscheinlich Hängen, und manchmal steht deshalb für Kreuz geradezu galga. Als
Strafe oder Folge der Zahlungsunfähigkeit trat ein Verknechten (ga-þivan).

Das Recht beruht auf Gewohnheit (biuhti) und Sitte (sidus), auf dem von den
Vorfahren Überlieferten, „Empfohlenen" (anafilh). Doch fehlt ein Wort für das Gesetz (der Juden) nicht: es ist vitoþ, das richtet (stojiþ), herrscht (fraujinoþ), dem
man dient (skalkinoþ). Daneben stehen Auftrag (anbusns) und Satzung (gasateins),
das jüdische Gesetz ist „geritzt" (vrit) und „gemalt" (gamelit).

Gesetzgebung im griechisch-römischen Sinn kam wohl nicht vor: deshalb wird
der Begriff umschrieben: „Gesetz-bereiten"; doch war das „Kriegsrecht", „Kriegsgesetz" (drauhtivitoþ), das den Heerbann zusammenhält, so lebendig im Volksbe-
wußtsein, daß es geradezu für „Feldzug" gebraucht wird. – Der allgemeinste Ausdruck für „Beamter" ist „Vorsprecher" (faura-maþleis), wohl deshalb, weil in der
Volksversammlung der Graf, Richter, wie er das Ding eröffnete und zuerst sprach,
auch sonst, indem er das Ding „hegte", jeden Schritt im Verfahren, jeden Fortschritt
in der Beratung durch ein paar Worte leitete; nur in Zusammensetzung oder auch in
Verbindung mit anderen Wörtern begegnet das Wort: faþs, Vorgesetzter: so
þusundi-faþs, hunda faþs, aber auch synagoga-faþs und Bräutigam: bruþfaþs: dann f.
motarje: Oberzöllner, F. þiudos: Vorsteher des Volkes; für den Verwalter, procurator, des Herodes, gebrach es an einem Rechtswort (andstaldan?): daher seht nur das
farblose „Vorgänger" (faura-gaggja). Sehr bezeichnend für die Verpflegung, welche
die Goten so lange Zeit von Rom bezogen hatten, meist in Getreide oder Brot, ist der

Hauptstücke des Goldfundes von Petreosa: sogen. Schatz des Athanarich.
Nach galvanoplastischen Nachbildungen im Königl. Kunstgewerbemuseum in Berlin

sinnliche Ausdruck für die den Beamten gebührenden Reichnisse: „hlaif", d. h. der Laib Brot, wofür ganz das gleiche Wort dient. Die gewöhnliche Abgabe, wie sie unterworfene Völker oder Unfreie zahlten, war alt bekannt und gilstr genannt: aber der dem Kaiser zu zahlende römische census, der auch im griechischen Text beibehalten war ($\varkappa\tilde{\eta}\nu\sigma\sigma\varsigma$), heißt kaisaragild. In dem Hort (huzd) gotischer Könige glänzten seit lange römische Münzen: daher werden Argürion (Silberling), Denar und Mine in gotischen Wörtern ausgedrückt: silubreins, skatts, daila, nur die Drachme und das Aß läßt Vulfila unübersetzt. Der Kodrantes heißt kintus: die Inschrift der Münze Aufmalung (ufar-meleins). Den skilliggs nennen die gotischen Urkunden von Neapel und Arezzo. Vulfila überträgt das griechische $\chi\alpha\lambda\varkappa\delta\nu$, Erz, auch wo es „Geld" bedeutet, mit aiz, Erz.

Höchst lehrreich ist aber Vulfilas Sprache für die Abstufung von Volk, Gau, Geschlecht, Volkskönig, Gaukönig, Geschlechthaupt: sie bestätigt völlig unsere Auffassung der geschichtlichen Quellen, die ja an sich in ihrer Dürftigkeit und Dunkelheit verschiedene Erklärungen zulassen.

Das Volk ist þiuda, der Volksverband (dagegen eine bloße „Menge" oder „Mehrzahl" heißt manageins), daher ist þiudans, der „Volkskönig", das Volkshaupt: so heißt Gott Vater, so auch Christus als Herrscher des himmlischen Königreichs: nie wird ein geringeres Wort als das griechische Basileus, dies aber jedesmal mit þiudans wiedergeben[1]: nur einaml steht þiudinassus für Hegemonia: aber bloß deshalb, weil die Regierungszeit des *Kaisers* gemeint ist, der griechisch ebenfalls Basileus heißt und gotisch natürlich als „Volkskönig" des großen Römerreichs gefaßt ward, daher ebenfalls þiudans heißt. Aber das in der Tat unübertragene „Caesar" (Constantin in dem gotischen Kalender) blieb immer – in neun Stellen – unübertragen wie auch im griechischen Text. Pontius Pilatus, der Statthalter, heißt jedesmal kindins: das war also der gotische Ausdruck für einen hohen Beamten des gotischen Volkskönigs: Ermanarich mochte bei den unterworfenen Völkern manchen solchen kindins bestellt haben: sein Regieren aus Auftrag des Kaisers heißt nur raginon. Vierfürst wird wörtlich übersetzt mit fidurraginja oder taetrarkes wird beibehalten.

Das Gesamtgebiet des Volkes (land) zerfällt in eine Vielzahl von Gauen (gavi): Athanarich war reiks oder stava eines solchen Gaues (gaujis): daher auch der Bezirk der Gergesener in Judäa nur gavi, nicht land heißt. Die Gaugenossenschaft hatte so wichtige Rechtwirkungen – war doch der Gau lange Zeit der Staat! –, daß die Sprache ein besonderes Wort für den „Gaugenossen" gebildet hatte; der gauja. Der Gau umfaßt sowohl öde, unbewohnte Stätten (slaþs auþs) als Dörfer (haimos) und Flecken (veihsa): Städte hatte Sitte und Sprache der Goten nicht gekannt: die griechisch-römischen Städte unterschieden sich von den offenen, zerstreut gebauten Dörfern der Goten vor allem durch Mauer, Graben und Wall, durch Befestigung: daher nennt Vulfila die Stadt baurgs, Burg: wie ja noch im späten Mittelalter für Recht und Volksanschauung den „Bürger und Bauer nichts trennt als die Mauer". Das Gebiet der

---

1 Und so auch in allen Ableitungen: þiudangardi ist Königshaus, Königreich, þiudinassus Königsgewalt: hails þiudan Judaie heil! König der Juden – lautet der Hohnruf an Christus; wer sich selbst zum *Volkskönig* (þiudan) der Juden macht, der erhebt sich gegen den „*Kaiser*" (kaisara). Dagegen „reiks" bezeichnet im Gegensatz zum Volkskönig den „Fürsten", „Herrscher" über eine geringere Macht, über einen Teil des Volkes und sein Gebiet heißt nicht þiudangardi, nur „reiki": so ist der Satan beileibe nicht þiudans – das ist Gott! – , sondern nur „reiks" der Welt, oder des Reiches der Luft. Reiks bedeutet dann jede Obrigkeit, Beamtung: Athanarich war nur reiks nicht þiudans, daher nannte er sich nur „Richter".

Stadt hat eine Markung (gamarko): selbstverständlich ward dasselbe Wort, derselbe Begriff auch gebraucht für die den Goten ursprünglich allein bekannte Siedlung der Dörfer und der Höfer; für den Germanen war das *flache Land* so viel geläufiger als Raumvorstellung und als Gebietsabteilung denn Städte, daß Vulfila eine Stelle, die nur von den *Städten* Sidon und Tyrus, ohne Erwähnung ihres Gebietes, spricht, doch überträgt mit: Tyrus-land und Sidon-land; ähnlich wie „Gota-land": ja die alte Vorstellung der Beweglichkeit des Staates ist noch so lebendig, daß das „Land" genannt wird, wo doch nur die Bevölkerung gemeint ist: „zu Johannes kam *gegangen* Gaddaren*land*", statt der Bewohner: wie ja auch Gau zugleich das Land und die Bewohner ausdrückt: der Gau wird bebaut, aber der Gau wandert auch aus: so tiefe Wurzeln hat die Erinnerung an das alte Wanderleben des Volkes in der Sprache geschlagen.

Fünftes Kapitel

Innere Geschichte des gallisch-spanischen Westgotenreiches

I. Verfassung und Recht

1. Allgemeine Grundlagen

Von größter Wichtigkeit für richtige Würdigung der auf römischen Boden erbauten Germanenreiche, zumal des Verhältnisses der Einwanderer zu den Römern, wäre genaue Kenntnis der Zahl der Germanen. Aber es ist in den meisten Fällen unmöglich, eine auch nur annähernd zutreffende Schätzung aufzustellen: die Quellen schweigen hierüber ganz oder sie sprechen in wertlosen, weil unbestimmten Ausdrücken, oder endlich sie übertreiben maßlos die Zahl der Barbaren, bald den Sieg der Römer zu erhöhen, bald deren Niederlage zu entschuldigen oder auch – die kirchlichen Quellen – den Zorn Gottes in Bestrafung römischer Sündenhaftigkeit oder seine Allmacht und Liebe in Beschirmung römischer Rechtgläubigleit gegen zahllose Heiden oder Ketzer wirkungsvoller darzustellen. Nur als Vermutung kann daher ausgesprochen werden, daß Ataulf nicht über dreißigtausend Krieger, nicht über dreihunderttausend Köpfe nach Gallien geführt haben mag: die Verluste des Wandervolkes seit der Flucht vor den Hunnen in Schlachten, in Hunger und Elend, bei stets gestörtem Ackerbau, in wiederholten Einschließungen durch kaiserliche Feldherren müssen sehr gewaltig gewesen sein. Seit der Rückwanderung nach Gallien unter Walja (418) hat aber in dem fruchtbaren Lande sichtbar rasche erhebliche Zunahme der Bevölkerung stattgefunden: das von den Römern zugemessene Gewand war von Anbeginn zu eng für den wachsenden Leib diese Volks.

Die unablässigen, trotz empfindlicher Schläge rastlos immer erneuten Versuche, sich auszudehnen, weiteres Land in der Nachbarschaft zu gewinnen, sind doch nicht bloß auf die Kriegslust einzelnen Könige zurückzuführen. Diese unaufhörlichen Ausbreitungsbewegungen tragen ähnliche Art wie das frühere Drängen der Germanen gegen Rhein- und Donau-Limes und flossen gewiß aus ähnlicher Quelle: Ungenügen der bisherigen Sitze für die wachsende Bevölkerung. Daß schon von Anfang im Verhältnis zu dem schmalen, von Rom gewährten Lande des Volkes sehr viel war, erhellt aus folgender, bisher noch nicht gewürdigten Tatsache. Die anderen Germanen, die durch Vertrag mit Rom Land angewiesen erhalten, müssen sich mit *einem Drittel* der römischen *sors* begnügen oder begnügen sich, obwohl sie Herren des Landes und der Lage sind, freiwillig damit: so die Söldner Odovakars, so die Ostgoten Theoderichs. Wenn nun Rom den Westgoten 418 freiwillig – denn sie waren nicht in der Lage, das zu erzwingen – *zwei Drittel* gewährte, so muß der Grund wohl die Einsicht gewesen sein, daß das Volk auf *einem* Drittel nicht wäre unterzubringen gewesen. Gegen Ende des siebten Jahrhunderts führt König Wamba vierzig Tausendschaften zum Sturm auf Nîmes: zählt man hinzu die Besatzung seines gegen die heranziehenden Franken errichteten Lagers, die Bemannung der Flotte, die in den spanischen Städten zurückgelassene Besatzung und die Macht der Empörer, so ergibt sich, daß Spanien und Septimanien zusammen gewiß über einhundertdreißigtausend Krieger stellen konnte – allerdings nicht nur Goten (und Sueben), auch Romanen; dies ergibt eine Gesamtbevölkerung von 7 800 000 Köpfen: diese Zahl ist sicher eher zu niedrig gegriffen als zu hoch; heute zählt die pyrenäische Halbinsel allein ohne Septimanien über zwanzig Millonen Einwohner; in der römischen Kaiserzeit (Trajan ungefähr) schätzt man die Bevölkerung Spaniens und Portugals auf circa neun Millionen; trotz mancher Verluste in den Kriegen von 410-680 wird man mit Hinzurechnen von Septimanien ungefähr die gleiche Zahl – acht bis neun Millionen – annehmen dürfen. Die Einstellung der Unfreien in den Heerbann unter Wamba erklärt sich durchaus nicht aus Abnahme der Bevölkerung überhaupt, vielmehr nur aus der quellenmäßig zu erweisenden, erschreckend starken Abnahme der kleine Gemeinfreien, eine Erscheinung, die gleichzeitig (und etwas später) und aus gleichen Ursachen auch im Frankreich auftritt und von Karl dem Großen mit aller Umsicht und Kraft – und gleichwohl vergeblich – bekämpft wird.

In der unruhigen ersten Zeit nach der Einwanderung in Gallien, in Spanien unter Ataulf und bei der Rückwanderung nach Gallien unter Walja kam es zu einer Landteilung mit den Provinzialen nicht. Nur wurden auf die Goten, wenn sie im Födus standen, die für römische Truppen geltenden Vorschriften über Einlagerung und Verpflegung angewendet, freilich ward dies Födus ja viel häufiger gebrochen als gehalten, doch trieben die Goten circa 435 an der unteren Loire Ackerbau. Die Behandlung der Provinzialen wechselte selbstverständlich je nach dem Verhältnis des Königs zum Kaiser: als Ataulf Gallien räumt, von Constantius hart gedrängt, hausen die Goten schlimm in dem Lande: so klagt Paullinus von Pella, daß damals seine und seiner Mutter Güter bei Bordeaux verwüstet, Sklaven und Sklavinnen fortgeführt wurden. Allein er stand im Verdacht des Verrats: und er selbst berichtet manchen Zug überraschender Milde sogar aus jener harten Zeit; sehr oft schützten gotische Hospites das Land ihrer bisherigen Geteilen gegen durchziehende Volksgenossen, die plündern wollten: seinem Vater in Marseille schickt ein ihm völlig unbekannter Gote den Kaufpreis eines Gutes bei Bordeaux, das jener schon für verloren (eingezogen) gehalten hatte, „freilich nicht ganz den wertentsprechenden!" klagt der genaurechnende Römer. Oft hatten sich die Germanen reichen Römern zur Feldarbeit verdungen oder ihnen unentgeltlich dabei geholfen. Später, zur Zeit Eurichs, ist aber eine bereits vollzogene Landteilung in Geltung nachweisbar: ähnlich wie bei den Ostgoten und den Burgundern war jeder selbständige Gote als *hospes* (Gast) auf ein Gut eines römischen Possessor, der ebenfalls hospes (Wirt) hieß, angewiesen; *sors* hieß sowohl der dem Römer verbleibende (ein Drittel), als der dem Goten abgetretene Teil (zwei Drittel); sors auch das ganze, von Rom dem Gotenvolk in Gallien angewiesene Land. An „Verlosung" ist dabei nicht zu denken, den Maßstab bildete lediglich das Bedürfnis, die Kopfzahl der Freien, Unfreien und Herdentiere, welche der gotische *faramannus* (ein burgundisches Wort), das den „Geschlechtsmann", d. h. das Familienoberhaupt, bezeichnet), zu versorgen hatte: je größer diese Zahl, desto größer das römische Landgut, das zugeteilt ward. Übrigens zeigen zahlreiche spätere Gesetze, daß bei den Westgoten diese Landteilung nicht so friedlich und geregelt durchgeführt ward, wie unter Theoderich in Italien. Mancher Gote hatte dem Römer auch das letzte Drittel entrissen, was sich bei dem unaufhörlichen Wechsel von Födus und Krieg mit Rom von 410 bis zum Ende des Westreichs sehr wohl erklärt; erst funfzigjährige Verjährung soll solche Bemächtigung decken, neunundvierzig Jahre lang der beraubte Römer die Rückgabe fordern können. Auch nahm wohl der Gote oder sein Erbe alle Hufen und Rechte, die jemals zu dem Gute gehört hatten, als Gegenstand der Teilung in Anspruch, während andererseits die Römer durch Scheinverkäufe (an Nichtteilungspflichtige, z. B. den Fikus?) sich der Teilung zu entziehen trachteten. Wald und Weide konnten auch ungeteilt und unverzäunt belassen und gemeinsam, aber im Verhältnis jener gedachten Teilung benutzt werden, d. h. der Römer durfte dann z. B. 100, der Gote 200 Schweine zur Eichelmast, die eine große Rolle spielte, in den Wald treiben. Zweifel über die Grenze sollten entschieden werden durch zuverlässige und alterfahrene Nachbarn als vereidigte Grenzmerker unter Leitung des Richters; nur mit Zuziehung des Geteilen (hospes) oder eines solchen Merkers darf der andere Geteile die Grenzsteine rücken.

Mögen auch bei den langen Wanderungen und vielen Teilungen des Volkes die alten Sippenverbände vielfach zerrissen worden, die Heeresgliederungen der Zehnschaft, Hundertschaft usw. an Stelle der weiteren Sippegrade wenigstens bei der Niederlassung getreten sein – immerhn setzt das Recht noch voraus, daß die Nachbarn zugleich Verwandte, Erben sind. Die Pflichten und Rechte der Nachbarschaft – übrigens auch der Römer – sind von erheblicher Bedeutung, z. B. im Zeugnis. Das Nachbartum spielt eine wichtige Rolle, es besteht eine „öffentliche bäuerliche Versammlung der Nachbarn" und die Bewohner einer Ortschaft haben gemeinsame Pflichten.

Das Gebiet des Reiches (regnum, patria Gotorum) ist geteilt in provinciae (die Römer nennen auch das ganze den Goten zugewiesene Land provinciae, terminus, sors Gotorum), deren Namen und Zahl wechseln. Zu den sechs alten römischen Provinzen: Tarraconensis, Carthaginiensis, Lusitania, Galläcia, Bätica (und in Afrika: Tingitana), treten noch die Balearen als siebente. In späterem Sinn sind aber auch provinciae Emerita, Hispalis, Carpetania. Asturia, Cantabria, Vasconia und in Gallien Septimania; dem suebischen Gebiet eigentümlich verbleibt bis auf Idacius (379–468) die Gliederung in „conventis", z. B. lucensis, bracarensis. Die alten Hauptstädte der Provinzen und in der gotischen Verfassung Sitze eines Dux sind: Tarracona, Carthagena, Hispalis (Sevilla: verdrängt durch Toledo), Braga, Merida, Codova (zubenannt: patricia), Narbonne in Gallien und Tanger in Afrika; in dem alten Suebenreich Gallicien ward nach der Einverleibung eine Zeitlang Tuy Amtssitz des gotischen dux. Die provincia zerfällt nicht wie im Frankenreich in Gaue, pagi, sondern in civitates (Städte) und deren Territorium: die Hauptstadt ist Sitz eines dux, meist auch eines Bischofs und comes, in den übrigen Städten der Provinz haben die comites, oft auch Bischöfe ihren Amtssitz. Den Gegensatz zur Stadt bildet das Dorf (vicus) oder der Einzelhof (villa): freilich erwuchsen aus vielen königlichen, kirchlichen, auch rein privaten villae später Dörfer (village), ja Städte (ville). Aber auch castra, castella ragen überall auf den Höhen, nicht nur königliche, auch dem Provinzialadel gehörige.

Das Verhältnis der Goten zu den Provinzialen war wenigstens seit 419 dadurch gemildert, daß ja hier die Germanen nicht lediglich als Eroberer erschienen, wie Vandalen und Langobarden, sondern als „Verbündete" des Kaisers, mit dessen Einwilligung, vertragsmäßig angesiedelt wurden.

Gleichwohl war die Kluft zwischen den beiden Völkern anfangs und sehr lange Zeit – bis zur Katholisierung der Goten, ja noch mehrere Menschenalter darüber hinaus – eine sehr weite. Römer betrachteten sich in einem solchen Germanenreich als „Gefangene", auch wenn sie die machtvolle und ehrenreiche Stellung eines Bischofs einnehmen. Sehr lebhaft ist der römische Hochmut und die Abneigung gegen die „Barbaren" bei dem geistreichen, zierlichen Apollinaris Sidonius: er nennt das föedus ein Unheil, stellt Goten und Sklaven auf eine Stufe, tadelt den Verkehr mit ihnen auf das schärfste. „Du meidest", schreibt er einem Freund, „die Barbaren, wenn sie böse, ich auch, wenn sie gut sind" – was ihn freilich nicht abhielt, den

Königen dieser Barbaren sehr bedeutend und aufdringlich zu schmeicheln. Der Adel der Auvergne droht Auswanderung, selbst ins Kloster, der Gotenherrschaft vorzuziehen; nur ganz ausnahmsweise lernte ein Römer die germanischen Sprachen (so Syagrius burgundisch). Von jeher haben die Südländer das Unmaß im Genuß von Trank noch mehr als von Speise an den Germanen verabscheut – die Unterschiede des Himmelsstrichs und die unter solchem Himmelsstrich vererbte Gewohnheit nicht beachtend. Von zwei alten gotischen Weibern meint Apollinaris Sidonius: „Nie hat es so was Zänkisches, Säuferisches, Speierisches (vomacius: oder voracius, Gefräßiges?) gegeben. Von weitem spürt man am Geruch der genossenen Zwiebeln den Burgunder." Er klagt, daß die sechsfüßigen Verse (Hexameter) ihm nicht kommen wollen: sie fürchten sich vor den sieben Fuß langen Burgundern – die er mit Erbitterung seine Beschirmer (gegen die Goten) nennen muß. Und ganz der gleichen Stimmung entflammt die Klage eines gleichzeitigen anderen Dichters[1], der Lärm der gotischen Zechgelage verscheuche die Muse – der lateinischen Literaturgeschichte ist aber in beiden Fällen nichts Wertvolles entgangen.

Man hat den Bildungsgrad der *Menge* der Westgoten zur Zeit ihrer Einwanderung überschätzt: noch unter Rekisvinth können sogar die gotischen Palatinen nicht schreiben.

Auch im spanischen Reich ist die Neigung der Römer und Provinzialen zu den Byzantinern so stark[2], daß sie eine stete Gefahr der gotischen Herrschaft ist: ganz ähnlich wie Vandalen und Ostgoten drohte im sechsten Jahrhundert den Westgoten das Verderben durch die Staatsränke und die Waffen von Byzanz, unter Verwertung von gotischen Thronstreitigkeiten und Adelserhebungen und der Gunst der römischen, rechtsgläubigen Bevölkerung, zumal der Bischöfe. Erst seit der Katholisierung der Westgoten ergreifen diese machtvollen Führer der römischen, nun auch der gotischen Bevölkerung Partei gegen das oft ketzerische Byzanz, unter dessen Zuneigung auch die Bischöfe streng zu gehorchen hatten, während sie im Gotenstaat herrschten: ja, sogar gegen Rom wahrten später die gotischen Bischöfe wenigstens in *einem* Streitfall die Unabhängigkeit der spanischen Kirche.

Völlig konnte es dabei ohne Eindringen germanischen Wesens in das spanischrömische nicht abgehen. Das zeigt heute noch so mancher Germanismus in Wortschatz und Grammatik der Sprachen auf der Halbinsel: die germanischen Laute, die

---

1 De conviviis barbarorum: *Maßmann* gotica minora aus *Burmanns Anthologie*:

    Inter: „hails Goticum! Skapja matjan jah drinkan!"
    Non audit quisquam dignos educere versus.
    Calliope madido trepidat se jungere Baccho,
    Ne pedibus nom stet ebria Musa suis.

D. h. unter dem lauten Ruf der Goten: „Heil! schaffe zu essen und zu trinken!" kann kein Mensch ordentliche Verse machen: Kalliope scheut sich, dem triefenden Weingott sich zu gesellen, bangend, die Muse möchte, berauscht, nicht mehr auf den eigenen Füßen stehen können. Eine andere Lesart bei Jakob Grimm, Geschichte der deutschen Sprache I, 318.

2 Es sind doch immer nur einzelne – wenn auch nicht wenige –, die damals schon Herrschaft oder Schutz in engstem Anschluß an die Gotenmacht suchten, die „blühten durch die Gunst der gotischen Sonne". Erst eine durch viele Jahrhunderte sich erstreckende, an Gegensätzen, ja Widersprüchen, an Stockungen und Rückschlägen reiche Entwicklung hat allmählich aus den Westgoten und Sueben einerseits, aus der vorgefundenen baskischen, iberischen, keltiberischen, römischen Provinzialbevölkerung andererseits (nach siebenhundertjähriger maurischer Beimischung) das so stark gemischte Volk der heutigen Spanier und Portugiesen hervorgehen lassen.

aushalten zu müssen (sustinere) Sidonius seufzt, verstummen nicht ganz. Derselbe Gewährsmann bezeugt unter herbem Tadel das Eindringen von Germanismen in den „Pomp der lateinischen Rede", und wie die Goten kamen schon auch Römer in der Wildschur und in Waffen – ein Zeichen ihrer steten Bedrohung, aber auch ihrer Verwilderung – zum festlichen Mahl. Steckte doch die germanische Sitte der Blutrache und des Fehdegangs damals nicht nur die römischen Adelsgeschlechter, sogar die friedsamen, durch Handel und Ordnung des Verkehrs allein bereicherten, vielleicht gedrückten Juden an.[1]

Jedoch im wesentlichen war die Verschmelzung beider Völker, wie abermals die Sprache und in geringerem Maß das Recht dartut, eine *Verrömerung der Goten* (und Sueben). Aber freilich: dieselbe geschah langsam. Man darf durchaus nicht aus dem Latein der Schriftsprache der Chroniken und der anderen Schriftsteller der Zeit folgern, die Goten hätten ihre Sprache gegen Ende ihres Reiches völlig aufgegeben: die arianische Kirche bediente sich bis zu ihrer Unterdrückung, wie es scheint, beider Sprachen nebeneinander, und wenn die Reichen und Vornehmen, zumal am Hof und in den großen Städten, von dem Römertum früher ergriffen wurden, so drang doch das römische Wesen mit seinen Bildungsvorzügen und mit seiner Fäulnis erst viel später ein in die armen, niederen Schichten des Volkes, zumal unter den Bauern und kleinen Gemeinfreien auf dem flachen Lande.

Geraume Zeit, bis auf Rekared, Ende des sechsten Jahrhunderts, leistet das Gotische der umsichgreifenden Verrömerung hartnäckig Widerstand.

Die gotische Haar-und Gewandtracht erhält sich. Wie die Goten vor und unter Alarich I. in Wildschur und Pelz einherschreiten, sogar wenn sie römische Friedensämter bekleiden, so tragen sie in dem warmen Südfrankreich noch Ende des fünften Jahrhunderts ihre „Pelze": ihre Haartracht ist so bezeichnend, daß sie 473 nach unglücklicher Schlacht die Köpfe ihrer Toten abschneiden und mitnehmen, die Größe ihres Verlustes zu verbergen, und noch 630 berichtet Isidor von Sevilla von der eigenartigen Haar-und Barttracht (granni, Schnurrbart?) der Goten. Mitte des fünften Jahrhunderts schildert ein Römer die Goten in ihrer Volksversammlung: mager, ärmlich, in schmutzigem Gewand, ihr Pelzüberwurf reicht kaum bis ans Knie, Wadenstrümpfe von Roßleder decken den Fuß nur zum Teil; die bunten oder schillernden Farben (versicolor) ihrer Kleider werden hervorgehoben. Die Jagd ward mit alter Leidenschaft betrieben: Theoderich II. war ein sehr eifriger und glücklicher Jäger. Bezeichnend ist eine Geschichte aus dem Leben des heiligen Cäsarius von Arles: die Mönche und Wirtschafter seines Klosters klagen ihm, daß unaufhörlich die Grafen und Krieger der Goten, Jäger jeder Art, in die Nähe des Klosters kommen wegen der in großer Menge dort hausenden Wildschweine; „und diese Jäger richten uns zu Grunde", d. h. wie man wohl deuten muß, sie lagern sich in die Häuser, verlangen Verpflegung, zertreten das Korn, verlangen von den Bauern Jagdfronden, lassen die Bauern nicht für das Kloster arbeiten. Das Gebet des Heiligen genügt, die Sauen zu verscheuchen – und kein gotischer Jäger naht mehr dem Kloster. Im Frieden gehen, wie aus anderen Erzählungen hervorzugehen scheint, jetzt auch die Goten schon unbewaffnet (freilich trägt der stets von Mord bedrohte König den Dolch sogar in der Kirche); nur der Gotengraf legt das Schwert nicht ab.

In den weltlichen Adel drang die römische Bildung so langsam ein, daß noch um 590 Rekareds erster Palastbeamter, der vir inluster Gussin, und vier andere Vornehme nicht einmal ihren Namen schreiben können. Römische Überhebung mochte

---

1 Dahn, Fehdegang und Rechtsgang. Bausteine II, S, 76. Berlin 1880.

auch damals noch sprechen: „Von Geburt zwar ein Gote, aber an Geist sehr begabt".

Der schroffe Gegensatz der beiden Völker findet seinen scharfen Ausdruck und zugleich eine starke Stütze, ihn aufrechtzuhalten, in dem Verbot der Ehe zwischen Goten und Römern, das bis gegen Ende des Reiches fast bestand. Der äußere Grund dieser Eheverhinderung war die Aufnahme eines Gesetzes von Valentinian und Valens aus dem Jahr des Hunnenreiches 375, das die Verbindung von Römern mit „Barbaren" jedes Stammes mit dem Tod bedrohte. Mag, wie man vermutet hat, der nächste Grund dieser Verordnung die Verhütung der Barbarisierung einzelner Grenzlandschaften gewesen und die Ausdehnung auf das ganze Reich erst später erfolgt sein, immerhin war der letzte Grund der römische Stolz gegenüber den Barbaren. Es bedarf daher besonderer kaiserlicher Entbindung von diesem Gesetz, als der Westgote Fravitta zu Byzanz eine Römerin heiratet. Der Grund, aus welchem Alarich II. jenes Verbot in sein für die Römer bestimmtes Gesetzbuch aufnahm, war wohl der Glaubengegensatz, über den sich aber in anderen Reichen Katholiken und Arianer wegsetzten: die eifrig katholische Königstochter von Burgund reicht ihre Hand sogar dem Heiden Chlodovech! Erwägt man, daß jenes Gesetzbuch als eine Wohltat, ein Versöhnungsversuch gegenüber den Römern gemeint war, so darf man vielleicht annehmen, daß deren Volks- und Glaubens-Bewußtsein durch eine Bestimmung beruhigt werden sollte, welche die Vermischung mit den barbarischen Ketzern ausschloß; auf „gotischen Stolz" gegenüber den Römern ist die Anordnung gewiß nicht zurückzuführen.

Übrigens wurde doch diese Scheidewand schon sehr früh wie im römischen so im gotischen Reich wenigstens gelegentlich durchbrochen, d. h. wo mächtigere Gründe zur Ehe drängten. Mischehen in hervorragenden Geschlechter waren auch nach jenem Verbot nicht selten (Aëtius und eine gotische Fürstentochter, Ataulf und Placidia, Theudis und eine reiche Spanierin, Leovigild und Theodosia, auch sonst begegnet einmal gotischer Vater und römische Mutter, einmal das Umgekehrte). Jedesfalls ersetzte die Buhlschaft mit römischen Weibern vielfach die Ehe.

Entsprechend dieser schroffen Trennung finden wir in den Gesetzen zahlreiche Spuren von gotischer Gewalttätigkeit, zumal bis, aber auch noch nach der Landteilung, und die Neigung der gotischen Beamten, solchen Druck auf die Romanen hingehen zu lassen, auch wohl selbst zu üben. Daher beugen sich denn auch die Provinzialen nur ungern der barbarischen Ketzerherrschaft; unablässig verschwören sie sich mit allen Feinden des Reiches, den katholischen Byzantinern, Franken, Sueben. Immer wieder schärft die Gesetzgebung ein, daß ihre Gebote für Goten und Römer gelten, daß beide Völker als zwei Hälften *eines* Reiches, sich nach außen als zusammengehörig empfinden sollen, aber diese Ausdrücke zeigen nur, was die Krone wünschte, nicht was wirklich geschah. „Brüderlichkeit" soll unter allen Waffengenossen des Heeres walten, aber Haß, Bosheit, Feigheit verleitet oft einen Waffengenossen, den anderen in der Schlacht im Stich zu lassen, den Feinden preiszugeben, Romanen fochten neben Goten im Heer – und diese Beschwerde führt König Wamba, der das Gotische stark vertritt. So lebhaft wie sonst nie tritt unter ihm das echt gotische Volksgefühl im Kampf gegen die Franken hervor. Wohl begründet ist die Klage Kindasvinths, daß er häufiger gegen Empörer als äußere Feinde das Schwert zu ziehen habe.

In Ermangelung aller Zeugnisse läßt sich nicht angeben, seit wann die *gotische Sprache* dem Vulgärlatein wich, offenbar vollzog sich diese Entwicklung sehr langsam; in das Latein der Chronisten dringt schon seit dem fünften Jahrhundert man-

cher Barbarismus ein; die gotische Schrift, eine liberale Majuskel, ähnlich der langobardischen – erst zu Ende des Reiches geht sie hin und wieder in Kursiv-Minuskel
über –, hat sich über den Fall des Staates hinaus erhalten: erst auf dem Konzil zu
Leon von 1091 wurde sie abgeschafft. Sehr bezeichnend ist, daß, während gotische
*Orts*namen nicht vorkommen, obwohl die Könige Burgen und sogar Städte neu anlegen (sie hießen aber: Victoria, Rekopolis), die gotischen Personennamen sich in sehr
großer Zahl in Spanien über die Zeit der maurischen Eroberung hinaus bis ins späte
Mittelalter, ja zum Teil bis heute erhalten haben, obzwar oft in starker Verrömerung
(z. B. noch vollkenntlich Rodrigo aus Rothareiks, aber stark verwischt Alfons aus
Hadu-funs).

Man wird vermuten dürfen, daß die Verrömerung der Goten (und Sueben) auch
die Sprache, von den beiden großen Wendungen an stärker und rascher ergriff, die im
gesamten übrigen Kulturleben dieser Germanen von entscheidender Bedeutung wurden: von dem *Übertritt* zum *Katholizismus* (womit das Gotische als Kirchensprache
in Gottesdienst und theologischer Literatur verschwand, vorausgesetzt, daß einzelne
der damals vernichteten arianischen Bücher gotisch geschrieben waren), und der
Einführung der Ehegemeinschaft, durch die nun zahlreiche Sippen enstanden, in welchen Latein und Gotisch zugleich gesprochen ward. Die Erziehung der Kinder aus
solchen Mischehen mußte sie in Bälde zu Romanen machen, denn die Sprache des
Unterrichts war ausschließlich Latein. Daß aber der Glaubensgegensatz keineswegs
der einzige gewesen war, der die beiden Nationen in scharf empfundenem Zwiespalt
trennte, erhellt aus der merkwürdigen Tatsache, daß noch volle siebzig Jahre nach
der Herstellung der Glaubenseinheit das Eheverbot erhalten blieb; erst Rekisvinth
hob es auf, im Zusammenhang mit seiner gesamten „versöhnenden", d. h. in Wahrheit stark verrömernden Staatsleitung. Er nennt das eine Wohltat für die Zukunft der
Völker; die „angeborene Freiheit soll frohlocken, die Kraft jenes ‚alten Gesetzes'
gebrochen zu sehen, das unpassend zwei Völker von der Ehe abgehalten habe, die
doch gleich ehrenreiche Abstammungen einander ebenbürtig mache": man sieht, römischer Hochmut und gotischer Stolz werden vor Überhebung verwarnt, „deshalb
gestattet die weisere Einsicht des Königs, durch das ewige Jahre geltende Gesetz
(eine aus den Codices der Kaiser entlehnte Unmöglichkeit!) jedem freien Goten und
Römer, nach vorherig eingeholter Zustimmung der Sippe[1] eine Römerin oder Gotin
zu heiraten". Gleichwohl unterschied man auch nach diesem Gesetz noch genau ein-
seitige und zweiseitige gotische und römische Abstammung.

Auch die *Einführung eines gemeinen Landrechts* an Stelle der bisher nach dem
Prinzip der persönlichen Rechte nebeneinander geltenden zwei Gesetzgebungen, des
Breviars Alarich II. für die Römer und der Lex Visigotorum für die Goten, geschah
durch (Kindasvinth und) Rekisvinth, und gewiß blieb auch diese Neuerung nicht
ohne Einfluß auf die Ausgleichung der Volksgegensätze. Indessen, sehr hoch darf
man ihn nicht anschlagen: die Maßregel war vielmehr ein Anzeichen, eine Folge der
hochgradigen Verrömerung, die schon seit Rekared I. gerade das Recht der Goten
ergriffen hatte, denn eine Ursache weiterer Verschmelzung. Es war die bisher für die
Goten allein geltende Lex Visigotorum, die von nun an auch für die Römer an Stelle
des Breviars treten sollte. Diese Anordnung war aber durchaus nicht etwa ein Ger-
manisierungsversuch, eine Bedrückung der Römer, ging sie doch von demselben
stark romanisierenden König aus, der die Ehegemeinschaft einführte. Die Lex Visi-

---

1 Nicht des Grafen! Meine Ablehnung dieser Auslegung in Könige VI, 2, S. 83 hat nun durch
Zeuners Ausgabe *Lex Visig.* II, 1,1 völlige Bestätigung gefunden.

gotorum hatte vielmehr seit Rekared so erdrückend viel geistliches und römisches Recht in sich aufgenommen, daß unsere Forschung wahrhaft Mühe hat, in dem völlig kanonisierten und romanisierten Gesetzbuch noch dürftige germanische Splitter aufzuspüren[1]: so war es für die Römer durchaus keine harte Zumutung, an Stelle des seit anderthalb Jahrhunderten unverändert gebliebenen und deshalb vielfach veralteten Breviars eine durch und durch römische Gesetzgebung anzunehmen, die von den Königen unablässig nach den fortschreitenden Zeitbedürfnissen war umgestaltet worden und deren sehr umfangreicher kanonischer Teil, die auf den Reichskonzilen von den Bischöfen erlassenen Rechtssätze, ohnehin schon für alle Katholiken, also auch für die Römer, gegolten hatte.[2]

Unerachtet solcher Verrömerung der Germanen hieß das Reich bis zu seinem Untergang „Reich der Goten", nicht etwa spanisches Reich, und waren nach den Wahlgesetzen nur Goten wählbar und Wähler bei der Königswahl: nie ist ein Römer gekoren worden. Die Empörung des Paulus, obwohl auch von Goten unterstützt, scheiterte und Ervich, zwar der Sohn eines Byzantiners, hatte wenigstens eine gotische Mutter. Bei der Wahl hatten aber die Bischöfe, die sehr oft Römer waren, auch formell Stimmrecht, und tatsächlich mögen die römischen Palatinen ihre Macht, ihren Reichtum auch zu Einfluß auf die Königswahl verwertet haben.

2. Die Stände

a) Der Adel

Alter Volksadel der Westgoten ist sicher bezeugt, in der königlichen Zeit von 375-395 haben die Häupter der adligen Geschlechter offenbar die Führung nicht nur ihrer Sippen, auch solcher Geschlechter und Gruppen übernommen, die schon vor der Flucht vor den Hunnen, noch auf dem linken Donauufer, als Abhängige, Freigelassene, Nachbarn an das Adelsgeschlecht gebunden gewesen waren oder sich jetzt nach der Wanderung anschlossen; daher die zahlreichen Namen, die neben Fridigern und Athanarich in jener Zeit hervorragen: Alarich der Balte gehörte selbst solchem Geschlecht an. Freilich haben diese Adelshäupter auch, nachdem das Volkskönigtum hergestellt war, ihre unabhängige Macht trotzig festhalten wollen und ihre Sippefehden auch gegen den König in verderblicher Spaltung des Volkes fortgeführt (Sarus gegen Alarich und Ataulf).

Dieser alte Volksadel ist in dem gallisch-spanischen Reich verschwunden, nicht gerade untergegangen, obwohl unter den damals zahlreichen Geschlechtern Krieg, Fehde, Mord, Verfolgung durch den König bis auf Eurich wohl schon stark aufgeräumt hatte, aber seine Reste sind unkennbar aufgegangen in den neuen Adel, der sich im gotischen Staat wie in allen diesen Germanenreichen durch den Eintritt in die römischen gesellschaftlichen, zumal wirtschaftlichen Verhältnisse bildete.

Die Abstammung von den uralten, halbgöttlichen Geschlechter des Volkes konnten in den durchaus christlichen, von römischen Lebenszuständen erfüllten Ländern keine Bedeutung mehr haben; die Germanen traten völlig in die römische Volkswirtschaft ein und die römischen gesellschaftlichen Gliederungen gingen notwendig auf

---

1 Vergl. Dahn, Westgotische Studien, Würzburg 1873.
2 Über die Fortdauer der Lex Visig. als spanischen Landrechts bis ins späte Mittelalter siehe unten: Gesetzgebung.

die Einwanderer über: der Unterschied von Reichtum und Armut war in dieser Welt der für alle Lebensverhältnisse entscheidende. In Gallien und Spanien spielten die herrschende Rolle die reichen „senatorischen" Geschlechter, d. h. der Provinzialadel, der über höchst ausgedehnten Grundbesitz, oft in der ganzen Provinz verstreuten, aber doch meist um das Stammgut abgerundeten, verfügte und über sehr zahlreiche Sklaven, Kolonen, Freigelassene, Abhängige, Schutzbefohlene verschiedener Rechtsnormen. In diesen Häusern waren von Geschlecht zu Geschlecht die höchsten Gemeindeämter, zumal in der Kurie, dem „Senat" der Stadt, tasächlich erblich, und ebenso sehr oft die Bischofswürde, „infulatae domus" heißen deshalb zugleich diese senatorischen Geschlechter: vielfach untereinander verschwägert, beherrschten sie weltlich und geistlich, unmittelbar und mittelbar, amtlich und wirtschaftlich die Grafen- und Bischofs-Stadt und deren Gebiet. Es ist ein weitverbreiteter Irrtum, diesen Provinzialadel als körperlich, geistig, sittlich verkommen darzustellen: vielmehr hat derselbe, nachdem von Rom keine Gelder, Beamte, Truppen mehr zu Hilfe kamen, in mannhafter Weise zur Selbsthilfe gegriffen, die gelähmte Reichsregierung durch landschaftliche Selbstregierung ersetzt und den Barbaren lange Zeit kraftvoll aus eigenen Mitteln Widerstand gehalten. Hatten doch freilich diese Geschlechter bei dem Sieg der Germanen und der drohenden Landteilung am meisten zu verlieren. Dem Sklaven oder Kolonen konnte es, abgesehen vom Glaubensgegensatz, fast gleichgültig sein, ob er für einen römischen oder germanischen Herrn den Acker bestellte und zinste; römisches Staatsbewußtsein lebte nicht in diesen Lasttieren der römischen Gesellschaft, aber hitzig pochte es noch in jenen vornehmen Geschlechtern, die allein auch die Reste der alten Bildung pflegten und die Literatur jener Tage. Die Schrifsteller dieser Zeit, meist, aber nicht immer, Geistliche, gehören mit wenigen Ausnahmen diesen reichen Häusern an. Hatte sich auch ein neues Geschlecht aus niederen Anfängen emporgerungen, bald vererbten sich in demselben Reichtum, Einfluß, Bildung.[1]

In alle diese Lebenszustände traten nun die Germanen ein und zwar völlig den vorgefundenen herrschenden römischen Geschlechtern an die Seite: nur in die städtischen Ämter, in die Bischofssitze und die römische Bildung erst später; doch fehlt es nicht an Goten in arianischen Bischofswürden und in theologischer Schrifstellerei.

Reichtum an Grundbestitz und abhängigen Schützlingen (durch die man in Angriff und Verteidigung Fehde führte, den unsicheren Staatsschutz ersetzte oder auch zerrüttete), ebenso wie die besiegten römischen Adelsgeschlechter zu gewinnen und dadurch den gleichen üppigen Lebensgenuß, aber auch Einfluß im Staat, im Palatium des Königs – das war das allgemeine, mit jedem Mittel angestrebte Ziel aller irgendwie durch alten Adel, Tapferkeit, geistige Begabung Hervorragenden unter den einwandernden Germanen.

Was der einzelne bei der Landteilung erhielt, genügte fast nie, um eine so glänzende Stellung zu gewinnen. Die Macht, die der römische Adel durch städtisches Amt, durch vom Kaiser verliehene Würden, durch altvererbten Grundbesitz im Lande behauptete, konnte hochstrebenden Germanen nur aus einer anderen Quelle ähnlich zuströmen: aus der jetzt Land und Leute beherrschenden Macht des sieghaften *Königtums*. An den König wandte man sich, Belohnung für treue Dienste in Krieg und Frieden zu erlangen; und diese Belohnung bestand in *Königsamt, Königsgefolgschaft, Königsland*.

Obgleich diese obere Schicht des Volkes keineswegs nach unten abgeschlossen

---

1 Vergl. Dahn, Gesellschaft und Staat in den germanischen Reichen der Völkerwanderung. Bausteine I, Berlin 1879, wo zahlreiche Belege angeführt sind.

war, unaufhörlich stiegen neue hervorragende oder vom König bevorzugte Männer in diesen zunächst nur tatsächlichen Adel empor, während die Strafen der unaufhörlichen Verschwörungen und Empörungen: Verbannung und Einziehung, stolze Häuser wieder in Armut herabstürzten – begreift sich doch, daß sehr bald Vererbung jener tatsächlichen Vorzüge und damit der Standesstellung eintrat. Sehr oft wurden jene drei Auszeichnungen verbunden, doch trat das Gefolgewesen, in die römischen Zustände wenig passend, bald zurück, ersetzt durch andere Gestaltung der Umgebung; Begleitung des Königs: das Hofamt im Palatium rückte in gewissem Sinne an die Stelle der alten Gefolgschaft. Das Königland, das aus römischem Fiskalgut hervorgegangen, durch die unaufhörliche Einziehung unablässig vermehrt, neben dem Grundbesitz der Kirchen die größte Grundherrschaft im Reich darstellte, wurde so häufig, so regelmäßig verschenkt, daß die Gesetze diesen Erwerbsgrund eben seiner Häufigkeit wegen als wichtigste Form des Erwerbs durch Rechtsgeschäft unter Lebenden dem Erbgang an die Seite stellen. Übrigens waren diese Vergabungen einfache Schenkungen, die ursprünglich auch (wie die merowingischen) volles Eigentum, vererbliches, unwiderrufliches, übertrugen: von „Benefizialwesen", „Lehnswesen", wie im späten Frankreich, begegnet dabei gar keine Spur. Bei Einziehung wird allerding auch das vom König geschenkte Land genommen, aber nicht anders als anderswie Erworbene und keineswegs bloß wegen Hochverrats.

Der Unterschied von Reichtum und Armut, zunächst nur von wirtschaftlicher und gesellschaftlicher Bedeutung, war aber mittelbar auch von sehr erheblichen Rechtswirkungen begleitet: er durchdrang die ganze römische Welt; er ergriff sofort auch die Germanen; gleichmäßig durch die beiden Völker des Reiches zog sich die dreifache Gliederung des Vermögens folgendermaßen:

Römer	Germanen
Potentiores, meliores	*potentiores, meliores*
medii, mediani	*medii, mediani*
viles, humiles = pauperes	*viles, humiles = pauperes*

Da diese Unterscheidungen ursprünglich römisch waren und ebenso die Gründe der gesellschaftlichen, wirtschaftlichen, dann auch rechtlichen und staatlichen Vorzüge und Vorrechte der reichen Grundbesitzer, erklärt sich, daß wir gleich von Anfang unter dem Adel im Gotenreich Römer ganz ebenso finden wie Germanen: trotz des Mißtrauens, das ihre katholische und kaiserliche Gesinnung verdiente. Es war eben unmöglich, diese reichen römischen Häuser zu vernichten oder – den ganzen Stand – zu berauben; und ihre Bildung, ihre Geschäftskenntnis und Gewandtheit machte sie im Palatium des Königs unentbehrlich. Ein so gewaltiger Bekämpfer Roms wie Eurich hat einen Römer als einflußreichen Minister, und daß dieser katholisch bleiben konnte, zeigt, daß der König nicht aus Glaubenshaß, sondern aus sehr wohlbegründetem staatlichem Mißtrauen den Rechtgläubigen abgeneigt war.

Die Art jenes Reichtums war es nun aber, die diesen Adel wirtschaftlich, gesellschaftlich und staatlich so stark machte, daß er nur zu oft staatsgefährlich wurde. Die weitgestreckten „Latifundien" dieser Häuser fielen häufig, seit alter Zeit wohlabgerundet, mit Bodengliederungen der Landschaft, einer Talmulde, einem Gebirgskessel, einem Abschnitt des Stromgebietes zusammen: Burgen und befestigte Villen krönten manchmal den beherrschenden Hügel, sperrten den Fluß oder die Jochhöhe des Passes in den spanischen Nevaden und Sierras. In den Dörfern und Einzelhöfen aber lebten die „familiae" eines solchen Landherrn: Sklaven, Kolonen, Freigelassene, Schützlinge verschiedener Rechtsstellung mit Weib und Kind, seit Menschenaltern dem gleichen Hause zugetan, und die persönlichen Freien, aber auf der Scholle des Herrn sitzenden, tatsächlich, d. h. vor allem wirtschaftlich, kaum minder abhängig als die Sklaven, und in so großer Zahl, daß solche Große mit ihren bewaffneten „familiae" allein die Vandalen von Spanien abzuwehren vermögen. Die Westgoten abzuwehren versuchten zwei Brüder aus dem Haus des Theodosius allein; dem gewaltigen Eroberer Eurich leistete der Adel der Auvergne, lediglich auf sich selbst gewiesen, geraume Zeit erfolgreichen Widerstand.

Lehrreich ist für diese Verhältnisse die Geschichte des späteren Königs Theudis. Sie zeigt zugleich, wie damals schon, circa 510, die Germanen völlig den Römern gleich in diesen Adel des Grundbesitzes eingetreten waren, der eben nicht die Provinzialen, nur für die Goten ein *neuer* Adel war. Dabei ist jedoch zu erinnern, daß auch in der altgermanischen Verfassung der Volksadel zwar nicht rechtlich auf dem Grundbesitz beruht, aber tatsächlich größeren Grundbesitz als die kleinen Gemeinfreien besessen und auch hierdurch Einfluß geübt hatte, daß ferner ganz allgemein ein gewisses Maß von Grundbesitz Voraussetzung des Volksrechts in der Volksversammlung gewesen, daß Armut, d. h. Mangel an Grundbesitz, von jeher auch mit üblen Rechtsfolgen begleitet war, z. B. der Unfähigkeit zum Unschulds- und Eidhelfer-Eid, der Verknechtung bei Unfähigkeit, verwirkte Bußen oder Vertragsschulden zu zahlen, so daß das wirtschaftliche, ja auch das staatliche Übergewicht der großen Grundbesitzer (obzwar in anderen Formen) auch für die Goten nicht völlig Unerhörtes war. Obwohl ein Ost- nicht ein West-Gote, gewinnt der von Theoderich eingesetzte Statthalter alsbald nicht sowohl durch sein Amt als durch Heirat mit einer reichen, römisch-spanischen Grundherrin solchen Einfluß im Lande, daß er sogar dem König unbezwingbar über die Krone wächst, der es nicht wagt, ihn zur Rückkehr zu zwingen; eben sein weitgestreckter Grundbesitz gibt ihm diese Macht. Denn er kann sich aus seinen Schützlingen und Kolonen eine blindergeben Leibwache von zweitausend Mann bewaffnen, und nachdem er lange Zeit tatsächlich das Land beherrschte, vermag er sich zuletzt sogar auf den Thron zu schwingen.

Nach solchen Vorgängen begreift man sehr wohl, daß solche Landherren, Goten wie Römer, tatsächlich die Herrscher in ihrer Landschaft – die Gliederung Spaniens in zahlreiche abgeschlossene Gebirgstäler oder Hochebenen steht hierbei mit der alten Neigung der spanischen Bevölkerung, sich in Sondergruppen zu splittern, in deutlichem Zusammenhang – dem König, der in diesem Wahlreich so schwachen Krone, häufig gefährlich wurden. Sie sind jene „tyranni", die fast unaufhörlich dem König nach dem Leben trachten, wenn sie im Palatium seinen Gesetzen trotzen und sich selbst auf den Thron zu erheben trachten, wenn sie in ihren Stammsitzen weilen. Meist ist es der junkerliche Trotz, der unter dem Vorwand, die „Freiheit" gegen den Druck des König zu schirmen, jeder Staatsgewalt als solcher Widerstand leistet. Ein solcher Landherr war jener Aspidius, den aus seiner bezwungenen Felsenburg der echt königliche Leovigild gefangen abführte, das waren jene meisterlosen, selbstherrlichen Großen, „die sich angewöhnt hatten, die Könige zu ermorden, sobald sie ih-

nen nicht gefielen", und die Leovigild und Kindasvinth die Schärfe des Königs-
schwertes fühlen ließen.

Die Bedrohung der Krone durch diese Großen stieg aber von Geschlecht zu Geschlecht, da die natürlichen Stützen dse Königtums, die Gemeinfreien, in erschrek-
kender Raschheit an Zahl abnahmen. Die tiefen Schäden zunächst der römischen
Finanzverwaltung, tiefer gefaßt aber der ganzen römischen Volkswirtschaft und Gesellschaft, hatten schon lange vor dem Eindringen der Germanen den freien Bauern-
stand in Italien und den Provinzen nahezu vernichtet. In abhängige Sklaven, Kolonen, Hintersassen jeder Art waren sie verwandelt, die freien republikanischen Bauern
der Vorzeit, der Druck, der auf diesen Hörigen wie auf den Resten der Freien lastete,
war so grausam[1], daß er manchmal die furchtbare gesellschaftlich-wirtschaftliche Bewegung des Bundschuhs ausbrechen ließ: Bagauden nannte man die verzweifelten
Bauern, die sich in Gallien gegen ihre erdrückenden Grundherren erhoben. Diese
vorgefundenen Zustände wurden nur auf kuze Zeit durch germanische Einwande-
rungen insofern einigermaßen gebessert, als durch die Landteilung viele Großgüter
gedrittelt wurden und zahlreiche mittelgroße und kleine Bauernhufen gebildet wurden, zur Versorgung der mittleren und kleinen germanischen Gemeinfreien. Aber
lange währte diese Besserung nicht, denn da alle vorgefundenen römischen Wirt-
schafts- und gesellschaftlichen Zustände (Sklavenarbeit, Druck der Finanzämter auf
die Schwachen usw.) fortbestanden, da die germanischen Vornehmen und Reichen
alsbald ganz ebenso planmäßig ihre Grundherrschaft durch Verwandlung ihrer kleinen Nachbarn in Schutzhörige abzurunden trachteten wie die senatorischen Geschlechter, so wurde der Stand der germanischen mittelgroßen und kleinen Bauern
alsbald ebenso gelichtet, wie früher die römische Bauernschaft. Und es darf nicht
verschwiegen werden, daß die Bistümer und Klöster um die Wette mit den weltlichen
Großen diesen wirtschaftlichen Vernichtungskrieg gegen die kleinen Bauern führten, und mit viel umfassenderen Erfolg. Denn neben den weltlichen Beweggründen
wirkte zu Gunsten der Kirche der Glaube, daß es sich im Diesseits und im Jenseits
vergelte, sich selbst, Weib, Kinder und Hufen dem Schutzheiligen des Klosters zu
eigen oder doch zur Dienstpflicht zu ergeben. Gewiß ist es richtig, daß die Wirtschaft auf den geistlichen Gütern mehr geordnet, mehr entwickelt war, als auf den
weltlichen – die königlichen etwa ausgenommen –, daß überhaupt der Großbetrieb
der Landwirtschaft vermöge der höheren Bildung und der reicheren Mittel der geistlichen, ja auch der weltlichen Vornehmen in mancher Richtung, an sich und rein
volkswirtschaftlich betrachtet, manche große Vorzüge hatte vor dem mühevollen Akkerbau des kleinen Mannes mit ungenügenden Arbeitskräften und Betriebsmitteln,
mit unaufhörlichen Unterbrechungen durch die Verhinderung der kräftigen Männer,
des Vaters und Sohnes, bald sogar der wenigen Knechte des Bauers im Heerbann,
aber viel, viel schwerer wiegt ohne Zweifel der Schade, welcher *staatlich* Volk und
Reich zuging durch die Verwandlung der Gemeinfreien in Kloster- und Adels-
Knechte.

Außer den oben angeführten begegnen uns noch folgende Bezeichnungen des
Adels: primates, primores, summates, honestiores, major, majoris loci persona, oft
mit dem Zusatz „palatii", denn in dem Palast des Königs war die Bühne, wo die
potentiores, seniores palatii (den Gegensatz bilden juniores, pueri: Diener, oft „Unfreie, wie seniores, ohne Beziehung auf das Alter), ihre herrschende Rolle spielen; als

---

1 Die Schilderung Salvians (Anfang des fünften Jahrhundert, siehe Könige VI, 96) ist – nach
  Abzug aller Übertreibungen – noch grauenerregend.

Träger der städtischen Ämter zumal in Gallien und in den ersten Zeiten des Reiches heißen sie senatores, senatores civitatum. Nobilis weist oft, aber nicht immer, auf die Erblichkeit hin (daher auch nobiles feminae) wie auch der Personenname: Adalgoth. Die oberste Schicht der palatini, des ganzen ordo palatinus bilden die gardingi regis, die „Hausleute" des Königs, lateinisch domestici (von gards, Haus, Gehege) die uns auch am Hofe des Vandalenkönigs begegneten.

Erworben wird der alte römische Adel und der alte gotische Volksadel durch Geburt: bald ward aber, aus den angeführten Gründen, auch der neue Dienstadel tatsächlich erblich, der ursprünglich durch Erwerb seiner tatsächlichen Grundlagen, Königsgefolgschaft, Königsamt, reichen Grundbesitz (meist geschenktes Königsland) erlangt wird. Reichtum macht zum honestior, Armut zum humilis; dieser Sprachgebrauch der Gesetze ist in seiner Bedeutung zweifellos. Sie setzen voraus, daß der honestus eine hohe Buße zahlen, der humilis sie nicht aufbringen kann, und schon wird – ein übles Zeichen der Zeit! – der arme Gemeinfreie wie humilis, der „niedrige" so mit herabwürdigendem Klang „vilis", der „geringe", der „schlechte", „verächtliche" genannt. Daraus aber nicht, sondern „villani", Dorfleute, sind die „vilains" des Mittelalters geworden. Lang vergessen waren die Tage, da das selbstbewußte Auftreten der Gemeinfreien, der Träger der Staatsgewalt, das trotzige Schütteln ihres unverschorenen, frei wallenden Gelocks den staunenden Untertanen der byzantinischen Tyrannen den Stolz der Volksfreiheit vor Augen geführt hatte.

Sehr bedeutsam für die Bildungs- und Wirtschaftsgeschichte jener Zeit wäre nun festzustellen, ein wie großes Vermögen als größerer, als mittlerer Reichtum galt oder als ungenügende Bemittelung. Einige Anhaltspunkte gewähren die Gesetze, so das Gesetz, das Höchstmaß des Heiratgutes für den Adel feststellt, ein Verbot der Verschwendung, das den Untergang der vornehmen Häuser durch ihren Wetteifer in maßlos reicher Ausstattung und Mitgift der Töchter verhindern will. Denn die Finanzkunst dieser Reiche wünschte das altvererbte Vermögen in den großen Häusern dauernd gewahrt zu sehen, um die Steuerkraft gesichert und leicht verwertbar zu erhalten.

Dabei erhellt nun, daß bei den primates palatii, den seniores gentis Gotorum ein Vermögen von sechzig- bis achtzigtausend Solidi[1] vorausgesetzt wird. Selbstverständlich gehörten aber nicht alle Eigentümer eines solchen Vermögens zu den primates, seniores: Amt, Ehre mußte noch hinzukommen. Andere Gesetze zeigen, daß zwar wohl auch der Arme noch eine unfreie Magd, aber auch wohl ein Freier nicht fünf Sol. im Vermögen haben mag; ein Mittelreicher kann, wird vorausgesetzt, zwanzig Sol. zahlen, aber mancher Grundeigner ist zu arm, seinen Acker zu umzäunen: dann darf ein Graben den Acker ersetzen. Der Freie kann vielleicht ein Pfund Gold nicht zahlen, dann droht ihm statt der Geld- die Prügelstrafe; von dem Grafen setzt man voraus, daß er drei Pfund bezahlen kann, daß dagegen der Richter fünfhundert Sol. vielleicht nicht aufbringen kann. Vom Thiufad, Quingentenar, Centenar, Dekan werden doch wohl wesentlich nach dem vorausgesetzten, der Rangabstufung entsprechenden Vermögen Bußen von zwanzig, fünfzehn, zehn, fünf Sol. erhoben. Ein Pfund Gold kann, so vermutet das Gesetz, der Thiufad so wenig aufbringen, als der Compulsor und der gemeine, gewöhnliche Wehrmann. Wo die major persona einen Solidus, zahlt die inferior eine Tremisse ($^1/_3$ Solidus). Selbstverständlich haben diese Verhältnisse und Maßstäbe geschwankt: obige Angaben entstammen einer späteren

---

1 Ein Solidus ursprünglich = 12 Mark 60 Pf., also 723 600 bis 964 800 Mark; der byzantinische = 11 11/12 Mark.

Zeit. Lebendigen Sinn erhalten diese Abstufungen erst, wenn man die Kaufkraft des Geldes kennt, wofür das Gesetzbuch[1] ebenfalls Anhalte gewährt, doch muß man dabei von den Anschlägen beträchtlich abziehen: sie sind sämtlich höher gegriffen als der gemeine Tauschwert dieser Güter, da das Gesetz über den vollsten Ersatz des Schadens hinaus auch Buße für den Verbrecher, Schädiger beabsichtet. So wird ein Unfreier vorzüglichster Brauchbarkeit (idoneus, im Gegensatz zu dem bloß als Akkerknecht verwertbaren rusticanus) auf hundert Sol. (was wohl um die Hälfte zu hoch ist), die Leibesfrucht einer Unfreien auf zwanzig Sol., ein fruchttragender Obst (Apfel-) Baum auf drei, ein Olivenbaum auf fünf, ein großer eichel- oder eckerntragender auf zwei, ein kleiner auf einen, andere große Bäume ebenfalls auf zwei, der Traubenertrag von sechs Rebstöcken auf einen Sol. geschätzt. Auch einige Lohnsätze im Freidienstvertrag für wissenschaftliche Leistungen sind uns in gesetzlicher Regelung dieses allbevormundenden Staates erhalten: danach erhält der Arzt für Heranbildung eines famulus, Lehrlings, zwölf, für eine Staroperation fünf Sol.

Da zwar in der Regel die beiden Grundlagen des neuen Adels, Amt und Land, sich vereinten, aber auch getrennt – hohes Amt, Reichtum, bald auch edles Geschlecht werden oft ausdrücklich als zusammentreffend, manchmal auch im Gegensatz zueinander genannt – vorkamen und ausreichten, da ferner alsbald Vererbung dieser ursprünglich rein tatsächlichen Vorzugsstellung eintrat, begreift sich, daß dieser neue Adel im Gegensatz zu dem alten Volksadel sehr zahlreiche Glieder haben konnte: so hält es der Zeitgenosse Fredigar für ganz glaubhaft, daß Kindasvinth zweihundert primates (dagegen dreihundert mediocres) habe hinrichten lassen. Der Reichtum einzelner dieser Häuser war erstaunend: so wird berichtet, daß durch Schenkung seines Vermögens ein Ehepaar zu Merida, das reichste in Lusitanien, den Bischof „mächtiger macht als alle Mächtigen", ja das ganze bisherige Vermögen des Bistums „für nichts zu schätzen war im Vergleich mit dieser Zuwendung".

Dieser Reichtum, die Macht dieser Geschlechter beruhten nun, wie bemerkt, vor allem auf dem weitgestreckten Grundbesitz, der, zum weitaus größten Teil in eigener Verwaltung behalten, unter Leitung eines unfreien, freigelassenen oder freien Verwalters, major, villicus, praepositus, von unfreien Knechten und Mägden, von Kolonen, von persönlich freien, aber an die Scholle gebundenen Schützlingen der verschiedensten Rechtsabstufungen bebaut wurde; Pacht kam (bei Privatgütern) sehr selten vor, nur etwa Erbpacht kirchlicher Güter. Alle diese Verhältnisse und Zustände, auch die Abhängigkeit von Schützlingen mit und ohne Landleihe, auf eigener oder auf Herrenscholle fanden die Germanen als altherkömmlich in den Provinzen, auch auch in Italien vor. Nicht etwa erst durch die germanische Landteilung sind sie geschaffen worden. Ja sogar Waffenhilfe des Schützlings (des auf die Herrenscholle aufgenommenen besitzlosen Zuwanderers wie des kleinen Bauers, der aus Frömmigkeit oder Not, oft um den Dränger in einen Beschützer zu verwandeln, seine Gütchen an Bischof oder Graf hingab, es als „Bittgut", „Prekarie", d. h. auf Widerruf oder auch auf Lebenszeit oder gar vererblich zurückzuempfangen). Hilfe mit den vom Herrn empfangenen Waffen gegen Räuber, Gewalttat des gleichmächtigen Nachbargeschlechts, begegnet uns in jenen Zeiten der Auflösung römischer Staatsgewalt und Staatsordnung als wohl vorbereitete Selbsthilfe schon lange vor dem Eindringen und ohne jeden Einfluß der Germanen, die vielmehr nur in diese Zustände eintraten: zuerst die Edlen und Reichen als Schutzherren, bald auch die Gemeinen und Kleinen als Schützlinge, sowohl germanischer, als römischer, zumal geistlicher

---

1 Vergl. Dahn, Westgotische Studien, Würzburg 1873, Könige VI, 194 f

Schutzherr. Diese Auffassung, die sich zweifellos aus den Quellen ergibt, noch zu wenig gewürdigt[1] , ist von höchster Bedeutung. Wir dürfen annehmen, daß mit geringen Abweichungen die gleichen gesellschaftlichen und wirtschaftlichen Zustände in allen römischen Provinzen von den Germanen vorgefunden wurden: von Vandalen in Afrika, von Ostgoten und Langobarden in Italien, von Westgoten und Sueben in Spanien, von Franken, Burgundern, Westgoten in Gallien. Anders lagen die Dinge auf dem rechten Rheinufer für Franken, Alemannen, Bajuvaren: waren hier auch, sehr vereinzelt, in wenigen Rhein- und Donaustädten, Kirchen erhalten geblieben, so hatten diese doch großen Grundbesitz nie erlangt oder nicht behaupten können. Zwar blieben zahlreiche Römer und Provinzialen und Zehntlandskolonen zurück, auch nach dem Abzug der Legionen, aber die großen Grundbesitzer, deren es in diesen ausgesetzten Grenzlandschaften ohnehin niemals viele und niemals den gallischen, spanischen, italienischen vergleichbar reiche gegeben hatte, waren mit oder bald nach den Truppen abgezogen (nur ganz ausnahmsweise, in Tirol z. B., erhielten sich vereinzelte); bloß Kolonen und kleine Leute blieben im Lande; daher ist es erklärlich, daß in „Austrasien" (dem Ostland des Frankenreiches) große Grundbesitzungen und die daran geknüpften Abhängigkeitsverhältnisse erst so viel später – in der Karolingerzeit – entstanden, während in den Süd- und Westlanden, der Wiege der romanischen Völker die großen Grundherrschaften und die daran geknüpften Abhängigkeitsverhältnisse von den germanischen Einwohnern bereits vorgefunden wurden. Es traten hier jetzt nur die „Königsgüter" an Stelle der römisch-fiskalischen, die Kirchen erweiterten ihren, manchmal schon seit Constantinus Nachfolgern bedeutenden Besitz ganz außerordentlich, und germanische Grundherren stellten sich den römischen an die Seite. Da diese Verhältnisse in den drei späteren romanischen Ländern die gleichen waren, mußten sie hier, wo die reicher fließenden Quellen sie bestimmter als bei den Ostgoten erkennbar machen, ein für allemal dargestellt werden; auf diese Erörterung verweisend, können wir uns bei Franken, Burgundern, Langobarden kurz fassen.

Durchaus nicht soll hiermit der alte Irrtum erneuert werden, das mittelalterliche Lehenwesen auf römische Einrichtungen zurückzuführen. Das Benefizialwesen hat sich vielmehr nur im Frankenreich[2] und zwar aus ganz bestimmten, nur hier auftretenden Gründen selbständig seit dem achten Jahrhundert entwickelt und erst vom Frankenreich aus ist diese bestimmte Form von Landleihe und von persönlicher Abhängigkeit (vassaticum) zu den Langobarden und anderen Völkern getragen worden. Falsch ist es daher, auch bei Westgoten, Burgundern, Langobarden Beneficia und Vassallität als vor oder gleichzeitig den fränkischen Einrichtungen entstanden anzunehmen.

Nur soviel ist richtig, alle Germanen in den später romanischen Ländern fanden einen Adel des großen Grundbesitzes und sehr mannigfaltige Formen von Landleihe und von persönlichen Abhängigkeitsverhältnissen vor, die durch die germanische Einwanderung nicht wesentlich geändert wurden: *ähnliche*, aber doch in ganz bestimmten Rechtserscheinungen verschiedene, Formen von Landleihe und persönlicher Abhängigkeit wie bei den Franken Beneficium und Vassalität hatten sich bereits auch bei Goten, Burgundern, Langobarden entwickelt, und nur die Erhebung

---

1 Zuerst aufgestellt für die Westgoten Könige VI, 125 f.

2 Das Wort beneficium begegnet zwar auch bei der westgotischen Landleihe, aber nur im Sinn von „Wohltat", „Gnade": „leudes" nur einmal unter Kindasvinth und dies gewiß aus fränkischem Einfluß.

des Frankenreichs zur herrschenden germanischen Macht in Europa bewirkte, daß die fränkischen Einrichtungen bei den unterworfenen Burgundern, Langobarden, später auch im ehemals gotischen Septimanien die älteren selbständigen Gebilde ähnlicher Art bei diesen Völkern verdrängten. In der Folge ward der Einfluß des fränkischen, später deutschen Vorbildes im Lehenwesen so mächtig, daß auch die Spanier wie die slawischen und nordgermanischen Nachbarn der Deutschen ebenfalls an Stelle ähnlicher Einrichtungen das langobardische oder das deutsche Lehen einführten.

Diese Verhältnisse müssen eingehend dargestellt werden: sie, nicht das Königtum, enthalten in diesem Reich die treibende Kraft in der staatlichen, wirtschaftlichen und Verfassungsgeschichte. Sie sind das Allerwichtigste in der Entstehungsgeschichte der romanischen Völker, denn in der gleichen Zeit, da aus der Mischung von Provinzialen mit den eingewanderten Germanen die Völker der Franzosen, Italiener, Spanier, Portugiesen hervorgingen, in derselben Zeit fand die Fortbildung dieser alten römischen Zustände unter Einfluß dieser Einwanderung und der mächtig erstarkenden Kirche statt.

Ein solcher römischer oder germanischer Grundherr war bereits im fünften und sechsten Jahrhundert in seinem Gebiet ein König im kleinen: für alle von ihm Abhängigen, auch die persönlich Freien, ungleich wichtiger, im Guten und im Bösen, im Nutzen und im Schaden als der ferne Monarch und dessen Graf. War dieser Graf der Grundherr selbst, so mißbrauchte er sehr oft seine Amtsgewalt, seinen Druck auf die Gemeinfreien noch zu steigern, bis er sie in irgendeine der mannigfaltigen Formen der Abhängigkeit gedrängt hatte.

In Gallien wie in Spanien sind diese Zustände zu Ende des fünften Jahrhunderts schon allgemein verbreitet und, wie man deutlich sieht, tief und alt eingewurzelt, voll anerkannt von der kaiserlichen Gesetzgebung, die westgotischen Könige setzen sie überall voraus und finden sie so wichtig, daß schon die Antiqua ihnen einen ganzen Artikel widmet. Schon um 500 haben in Gallien und Spanien „sehr edel geborene Männer" (nobilissimi) bestimmt abgegrenzte in ihrem oder ihrer Schützlinge Eigentum stehende Gebiete.

Ja, dieser Besitz, possessio, trägt bereits einen von dem herrschenden Geschlecht abgeleiteten Namen: die großen dem Hause des Avitus angehörigen Ländereien heißen „Avitacum". Die ganze Stadt Clermont, die Hauptstadt der Auvergne, gehörte ihm eigen oder doch in seine Schutzgewalt (patrocinium); die Häupter solcher Familien sind die Führer der ganzen Bevölkerung. „Königreichen" vergleicht man die weit gedehnten „bona" eines Paullinus – bonum heißt technisch bereits das *Landgut* – im Gegensatz zu dem kleinen „peculium": dies Wort, ursprünglich nur von dem Haussöhnen und Sklaven eingeräumten Vermögen gebraucht, das im Eigentum des Vaters oder Herren verblieb, wird nunmehr, was höchst bezeichnend ist, auch von der Scholle des geringen Freien gebraucht, offenbar, weil er sie wie der Sklave nur auf Widerruf zu Besitz, nicht zu Eigentum erhalten. Das Gesetz erkennt die Gliederung des Landes in solche possessiones an, es nimmt diese nicht vom Staat gegebene Einteilung der Provinz auf, indem es nach „possessiones" rechnet: z. B. in Vollzug der Ehrenstrafe den Schuldigen durch zehn possessiones führen läßt.

Die unfreien und freien Abhängigen des Herrn bilden einen geschlossenen Kreis, familia; schon finden sich Ansätze zu Erscheinungen wie die fränkischen Immunitäten: die *Unfreien* werden bereits von ihrem Herrn dem Staat gegenüber vertreten, dessen Graf nicht den Unfreien selbst verhaften und vor sein Gericht führen lassen darf, vielmehr dies vom Herrn verlangen muß. Freilich, für die *freien* Schützlinge gilt dies noch nicht, aber die ganze Entwicklung drängt dahin, diese den Unfreien auch hierin gleichzustellen, und in einzelnen wichtigen Dingen ist diese Gleichstellung schon vollzogen; wie andererseits der Grundherr (senior), oder dessen Vertreter bereits vielfach an Stelle des staatlichen Beamten getreten ist: z. B. darf man zugelaufenes Vieh nicht nur der Bauernversammlung oder dem Richter, auch dem Grundherrn anmelden, sich der Strafe der Unterschlagung zu entziehen.

In einzelnen dieser Verhältnisse hat das Gotenreich bereits Rechtsgebilde gezeitigt, die im Frankenreich viel später, ja zum Teil gar nicht, vielmehr erst in mittelalterlichen Staaten auftreten. So erhalten die Unfreien wie die freien Schützlinge von ihren Seniores Waffen: zuerst zu Notwehr, etwa auch zu rechtswidriger Gewalttat; dann aber ruft das Gesetz die bewaffneten Unfreien in den Heerbann, und hier stehen sie wie auch die *freien* Schützlinge, nicht unter dem Grafen, sondern unter ihrem Senior! – im siebten Jahrhundert schon.

Die Verwandlung des größten Teils der kleinen Gemeinfreien in Unfreie oder doch Schutzhörige der großen Grundherren, die wichtigste Veränderung im Leben des Volkes, trat ebenfalls in Spanien fast um zwei Jahrhunderte früher ein als sogar im *neustrischen* Frankenland; noch viel später vollzog sie sich in Austrasien, im späteren Deutschland. Und zwar wurde dies Ergebnis durch eine zweifache Bewegung herbeigeführt: wie von oben so von unten. Es war nicht bloß der planmäßig betriebene Druck der Großen auf die Kleinen, es war auch ein in der wirtschaftlichen Not begründeter Drang der Kleinen, der den Schutz der Großen suchen *mußte*, was zusammenwirkend jene verhängnisvolle Umwandlung vollzog. In den einfachen altgermanischen Verhältnissen, im Waldleben mit Viehzucht und Jagd und einem höchst unbedeutenden Ackerbau, hatte ein *wirtschaftlicher* Kampf ums Dasein gegen Nachbarn gar nicht bestanden. Auch der kleine Freie hatte mit Weib und Kindern in fast vereinzelter Wirtschaft die wenigen Güter, deren man bedurfte: Nahrung, Kleidung, Waffen selbst beschaffen können, das Vieh ernährte die Allmännde, der Wald gewährte Holz, Wild im Überfluß. In Gallien und Spanien aber trat der kleine freie gotische Bauer mit den unendlich überlegenen großen Landherren in den ganz genau gleichen wirtschaftlichen Wettkampf, in dem der römische Kleinbauer bereits erlegen war. Der Druck der Wehrpflicht, die fast jedes Jahr den Kleinbauern vom Pflug hinweg in entlegene Provinzen zu vielmonatiger Abwesenheit rief, mußte ihn sehr rasch wirtschaftlich verderben. Rettung gewährte sofort der Anschluß an den mächtigen Nachbar, der stets so viel Leute auf seinen Gütern zurücklassen konnte, daß sie auch für die im Heerbann Abwesenden die Feldarbeit mitbesorgten; und gab man vollends die lastbringende Freiheit auf, so ward man viel seltener von dem Los des Heerbanns getroffen.

Oft war Verarmung, Überschuldung vorhergegangen, bevor der Freie sich entschloß, Land und Schutz eines Reichen zu erbitten. Sehr häufig war dieser Reiche der bisherige Hauptgläubiger, so daß Isidor von Sevilla in seiner Definition von precarium dies geradezu voraussetzt, was rechtlich ganz unrichtig. Precarium, sagt er, besteht darin, daß der *Gläubiger* dem *Schuldner* verstattet, auf einem dem ersteren gehörigen Grundstück zu leben und die Früchte davon zu beziehen. Sehr lehrreich ist der Inhalt einer Formel für die Empfangnahme einer Prekarie (Mitte des siebten Jahrhunderts).

„Meinem Herrn für immer. Da ich von Tag zu Tag größere Not zu leiden hatte und hierin und dorthin irrte, für meinen Unterhalt zu arbeiten und ihn nicht im mindesten fand, bin ich zum Mitleid eurer Herrschaft gelaufen, bittend, daß du mir auf deinem Gut, das so und so heißt, Land zum Anbau auf Widerruf geben und mir dadurch helfen mögest. Und dies hat auch eure Herrlichkeit (Herrschaft) gewährt und meiner Bitte Erfolg gegeben und mir am genannten Ort, wie mein Begehr war, im Vertrag von so viel Modien, wie ich gesagt, auf Widerruf zu geben sich herabgelassen. Forthin gelobe ich nun durch diese Urkunde meines Leihbesitzes, zu keiner Zeit bezüglich dieser Landstücke euch Schaden oder Nachteil zu bereiten, sondern in allen Dingen für euren Nutzen einzustehen und verspreche Antwort in (gerichtlicher) Verteidigung dafür zu geben. Die Leistung der Zehnten aber und Reichnisse verspreche ich, wie es den Kolonen herkömmlich, in jährlicher Zuführung zu bezahlen. Und wenn ich, uneingedenk dieser meiner Prekarienurkunde, den Inhalt von allem, was ich oben versprochen, auch nur in einem Geringen, zu verletzen suche, schwöre ich und sage bei allem Göttlichen und bei der Regierung unseres ruhmreichsten Herrn König so und so, daß du freie Gewalt haben sollst, mich aus den erwähnten Landstücken zu treiben und dieselben, wie es sich gehört, wieder nach eurem Recht zuzuteilen. In dieser Prekarienurkunde habe ich, gegenwärtig dem Gegenwärtigen, gelobt und versprochen, darunter mit eigener Hand das Zeichen gemacht (– die Formel *setzt voraus*: ein solcher Schützling kann nicht schreiben –) und den von mir geladenen Zeugen zur Bekräftigung zu bestätigen übergeben. Geschehen ...".

Außer Prekarie und Kolonat gab es noch zahlreiche andere Rechtsformen der Abhängigkeit persönlich frei (trotz der Ausdrücke servitus, servitium: das Verhältnis ist auch hier kündbar) verbleibender Schützlinge: der Herr hieß patronus, was keineswegs nur den Freilasser bezeichnet, das Verhältnis patrocinium, zumal sofern der patronus den Schützling vor Gericht, auch im Palast des Königs vertritt; Juden und Frauen ohne Verwandte ergaben, befahlen (se commendare) sich sehr oft in solches obsequium. So schwer lag der Druck der Not, das Gefühl mangelnder Eigenkraft auf dem kleinen Mann, daß ihm das Gefühl der Schutzbedürftigkeit bis in den Himmel folgt und in der Kirchensage Christus im Himmel einen solchen rusticus mit den Worten in seinen Schutz nimmt, die dies irdische patrocinium auf den Himmel übertragen. Geistliche kommendierten sich und ihre Frauen und Kinder mit ihrem gesamten Vermögen „zum Heil ihrer Seelen" an ihre Kirche und erhielten das Land zum Nießbrauch vererblich unter dem Schutz der Kirche zurück. Kirchen und weltliche Große nahmen in Masse landlose, darbend umherziehende suscepti, accolae, auf ihre Güter, oft nur auf je ein Jahr, gaben ihnen Land gegen einen Pachtschilling: Rückstand auch nur *eines* Jahrkanons berechtigt den Schutzherrn zur Abmeierung. Ganz ebenso wie Unfreie wurden auch diese freien Hintersassen vom Grundherrn mit dem Gesamtgut veräußert, d. h. der Erwerber des Gutes trat in die Rechte und Pflichten des Veräußerers gegenüber diesen Kolonen. Übrigens taucht auch hier, schon die bei allem Leihland begegnende Neigung des Besitzers im Gegensatz zum Eigentümer hervor, die fremde Scholle allmählich im Laufe der Geschlechter als Allod, als unbeschränktes Eigentum in Anspruch zu nehmen; zumal trachtete der Pächter, das gepachtete Pflugland auf Kosten von Wald und Weide des Verpächters zu vergrößern oder zu verbessern.

Eine merkwürdige Form der Schützlinge sind die buccellarii, von bucca, Bissen, Brotbissen: sie sind die „Brötlinge", die von dem Brot eines Brotherrn leben (ganz dasselbe, ohne jeden Zusammenhang natürlich, ist angelsächsisch hlaford, Brotherr, woraus später Lord. Schon Aetius hat unter seinen amici, armigeri, einen Buccellarier); es sind dies zuerst im Ostreich, in Kleinasien, dann auch im Westreich begegnende in fremdem Brote stehende Diener. Die Beschäftigung, Verwendung war ursprünglich ohne Bedeutung, für den Begriff gleichgültig: der Narr, Lustigmacher heißt buccellarius wie der Waffenträger; allmählich aber gewann der Name immer mehr ausschließend die Bedeutung von bewaffneten Söldnern, die Private zu ihrem Schutz gegen Raub und Fehde, bald aber auch zur Ausübung von Gewalt gegen die Nachbarn, mieteten.

Eine Verordnung der Kaiser Leo und Anthemius vom Jahre 408 verbietet wegen solcher Mißbräuche jedermann in Stadt oder Flachland, Buccellarier oder Isaurier oder bewaffnete Sklaven zu halten. Bezeichnend ist die Gleichstellung mit den „Isauriern". Dies Gebirgsland lieferte damals und später noch die meisten und gesuchtesten Söldner, wie im späteren Mittelalter die Schweiz: und wie „Schweizer" bedeutete „Isaurier" so viel als Landsknecht, Söldner. Im Gotenreich treten an Stelle der später nicht mehr genannten Buccellarier die „Sajonen". Diese, germanisch benannten, gotischen Fronboten waren vielfach von den Königen als Schutzwachen auf Bitten der Grundbesitzer in deren villae gelegt worden, in Gegenden, in welchen Raub und andere Gewalttaten überhand genommen hatten und die ordentliche Sicherheitspolizei nicht ausreichte. Diese Sajonen erhielten nun, wenn man sie dauernd brauchte, Land und Waffen von dem Grundherrn, den sie schützen sollten, und traten, obwohl königliche Organe der Verwaltung, ganz wie andere Schützlinge in ein dauerndes (obzwar kündbares) Dienstverhältnis zu den Gutsherrn, unbeschadet ihrer persönlichen Freiheit.

Man sieht deutlich, wie hier alles vorbereitet ist zur Ausbildung des Lehenwesens: Landleihe gegen Waffendienst des Schützlings, aber doch kam es erst in den nach Untergang des Gotenreichs neu sich bildenden kleinen christlich-spanischen Staaten zur Gestaltung wahrer Lehen und nun nach fränkisch-deutschem Vorbild. Hätte das Reich von Toledo länger bestanden, das „Benefizialwesen" wäre ähnlich wie im Karolingerreich entwickelt worden. Das Merkwürdige ist hierbei, wie eng an vorgefundene *römische* Zustände und Einrichtungen (tuitio regia, Buccellarien, Schutzwachen gegen Verpflegung) geknüpft wird, nur spät treten Umwandlungen durch die germanischen Einflüsse hinzu: der Sajo verdrängt den Buccellarius, statt der Verpflegung der eingelagerten Isaurier wird dem gotischen Waffenmann Land gegeben, und das Verhältnis gestaltet sich vererblich. Obwohl diese Schützlinge persönlich frei blieben, waren sie doch von dem Schutzherrn *tatsächlich* ganz ebenso abhängig wie die Sklaven. Ja, die Gesetzgebung des Staates muß, in richtiger Erkenntnis der Abhängigkeit, ganz ebenso wie die Sklaven die *freien* Schützlinge für straffrei erklären, wenn sie auf Befehl ihres Brotherrn Totschlag, Land- und Hausfriedensbruch, Heimsuchung, Brandstiftung, Raub verüben: „denn", so sagt das Gesetz, „sie sind nicht schuldig, die nur den Befehl ihres Schutzherrn erfüllen, die Freien, die auf Befehl ihres Oberen gehandelt haben!". Das weitgehende Züchtigungsrecht des Schutzherrn, ähnlich dem des Lehrmeisters gegenüber dem Lehrling, dessen Mißbrauch bis zur Tötung nur sehr gelinde geahndet wird, war keineswegs der einzige Grund einer solchen Gleichstellung mit dem Sklaven, sondern die völlige Abhängigkeit des ganzen, zumal des wirtschaftlichen, Lebens, lag dieser Gesetzgebung zu Grunde.

Damit war nun freilich vom Staate anerkannt, daß der tiefste Grund germanischer Verfassung in diesem Reiche nicht mehr bestand: muß das Gesetz selbst einräumen, daß der freie Gote durch seine Armut und durch die Gewalt eines Schutzherrn, dem Sklaven gleich, unverantwortliches Werkzeug geworden ist, so hat die letzte Stunde der Volksfreiheit längst geschlagen. Vergeblich bemühten sich einsichtige Könige in ganz ähnlicher Weise wie Karl der Große, diese gerade auch die Krone schwer bedrohende wirtschaftliche, gesellschaftliche und bereits auch sehr fühlbar rechtliche Umwandlung zu hemmen. Nur der baldige Untergang des Reiches schnitt die unaufhaltsame Entwicklung durch den Eingriff äußerer Gewalt ab. Hätte der Staat noch wenige Menschenalter fortbestanden, es würde sich der Untertanenverband in private Abhängigkeitsverhältnisse aufgelöst haben, wie es im fränkisch-deutschen Reiche und wie es in den kleinen Staaten der christlichen Spanier geschah.

Vorzug und Übergewicht des neuen Adels lagen zwar viel mehr auf dem gesellschaftlichen und wirtschaftlichen Gebiet als auf dem Rechtsboden, aber mittelbar führte jenes Übergewicht doch auch schon zu sehr starken Vorrechten: das Ungeheuerlichste ist das eben Erörterte, daß Befehl des mächtigen Schutzherrn den *Freien* von Strafe befreit! – und es fehlt auch nicht an einzelnen unmittelbaren Vorrechten, die zum Teil sehr erheblich sind.

Schon im römischen Strafrecht und Strafverfahren bestanden für „honestiores" und „inferiores" – auch diese und sinnähnliche *Bezeichnungen* sind römisch – stark verschiedene Rechtssätze. Zum Teil waren die ungünstigeren Bestimmungen gegen die Geringeren an sich nicht unbillig, sondern darin begründet, daß ihnen der Strafgegenstand fehlte, der bei den Vornehmeren getroffen ward, vor allem Vermögen. Daher der in unzähligen Anwendungen im Westgotenreich nach römischem Vorbild durchgeführte Satz: *an Stelle der Vermögensstrafe bei dem Reichen tritt bei dem Armen, Zahlungsunfähigen, Freien wie Unfreien: Prügelstrafe.*[1] Wo der Vornehme mit einer oft sehr hohen Geldbuße (elffacher Schadenersatz, drei Pfund Gold) abkommt, trifft den Armen eine meist nach der Zahl der solidi abgestufte Zahl der Rutenhiebe: z. B. statt drei Pfund Gold hundert Streiche und dazu noch eine geringe nach dem Maß seines Vermögens vom König abzuwägende Geldstrafe. Der Bischof hat, wo der Graf drei Pfund Gold zahlt und alle von geringerer Rangstufe zweihundert Hiebe erhalten, nur Exkommunikation und Fasten von dreißig Tagen zu tragen. Man sieht, die Kirche hat ihren Einfluß bei der Gesetzgebung trefflich zu nutzen verstanden; auch fand jene Zeit nicht Anstoß daran, was unser Gefühl schwer beleidigt, an Stelle der Geldstrafe bei Ärmeren die Exkommunikation länger dauern zu lassen. Den reichen Bischof trifft eine Strafe von einem Pfund Gold und drei Monaten, den ärmeren statt der Geldstrafe sechs Monate Exkommunikation: also wird die vierteljährliche Ausstoßung aus der christlichen Gemeinschaft einer Buße von *einem* Pfund gleich geschätzt! Jenen Gedanken: „Prügel als Ersatz der uneinbringbaren Geldstrafe" hat nun die von Priestern beherrschte Gesetzgebung mit einer Folgestrenge und gewitzten Fallunterscheidung durchgeführt, die deutlich zeigt, wie völlig jenen meist romanischen Bischöfen das Gefühl für germanische Volksfreiheit und ihre Ehrenherrlichkeit gebrach. Freie Germanen öffentlich prügeln zu lassen, ist eine Ungeheuerlichkeit. Aber diese Priestergesetze bedrohen für erstaunlich viele Vergehen manchmal *alle* Freien, bis zu dem stolzesten Garding und Palatin hinauf, mit dem Stock. Da nun die Prügelstrafe entehrt, muß das Gesetz manchmal diese Wirkung ihres Vollzugs ausdrücklich ausschließen. Immerhin rettete die Körperstrafe den armen Freien vor der Verknechtung in das Eigentum des Fiskus oder des Gläubigers, die sonst Folge der Unfähigkeit war, eine öffentliche Geldstrafe, private Buße oder Entschädigung zu zahlen. Aber bei dieser an sich nicht unbilligen, obzwar die Freien auf die Stufe der Sklaven herabdrückenden Strafumwandlung blieb man nicht stehen: die Geringschätzung der *armen* Freien war schon so stark, daß man ihnen manchmal gar nicht mehr verstattete, sich wie die Reichen durch Geldstrafe zu lösen, sondern sie gleich in erster Reihe der Rutenstrafe unterwarf, auch wenn sie die kleine Buße zahlen *konnten!* Allerdings ist in manchen Fällen nur durch schlechte Abfassung der Gesetze die Voraussetzung der Zahlungsunfähigkeit – der Ausgangspunkt dieser ganzen

---

1 Siehe Dahn, Westgotische Studien, Strafarten, S. 173, 186.

Ersatzstrafe – weggelassen, aber in anderen Fällen geht ohne Zweifel der *Wille* des Gesetzgebers auf diese Härte, ja, manchmal trifft den Armen außer der gleichen (kleinen) Geldstrafe, die er wie der Vornehme zu zahlen hat, noch eine Zahl von Hieben obenein! So verliert bei Zeugnisverweigerung der Nobilis nur die Zeugnisfähigkeit – der geringere Freie erleidet außerdem noch hundert Streiche. Hatte doch auch schon das römische Recht Verbannung statt der infamia nicht den bereits infames gedroht, bei denen die Ehrenstrafe nicht mehr vollstreckbar, weil sie keine Ehre mehr haben, sondern auch geringen Leuten, die zwar noch Ehre haben, „aber den Verlust nicht schmerzlich, nicht als Strafe empfinden würden".

Das Westgotenreich hatte jedoch in seiner Fortentwicklung ganz allgemein Ruten- und andere schwere Strafen nicht nur wegen Zahlungsunfähigkeit den Kleinfreien gedroht, sondern die „Geringheit" geradezu wie einen Straferschwerungsgrund behandelt, nicht nur bedingt – *jedesfalls* trifft den armen Freien die härtere Strafe. Bruch des Gerichtsfriedens büßt der Vornehme mit zwei Pfund Gold: kleine Freie erhalten *ganz wie die Sklaven* öffentlich fünfzig Hiebe. Verbannung, Verknechtung (schonungslos: nicht mehr Rutenstrafe!) Verstümmelung, Auslieferung zu willkürlicher Rache trifft den Kleinfreien statt der Vermögensbuße des Reichen. Wegen geringer Vergehen, z. B. Diebstahl, soll die Folter gegen Vornehme nicht gebraucht werden, wohl aber gegen Kleinfreie, wenn der Wert der Deube fünfhundert solidi übersteigt. Ja, schon haben die Kleinfreien die Ebenbürtigkeit mit den Vornehmen eingebüßt in den hochwichtigsten Rechten: sie dürfen keine Ehe mit den Vornehmen eingehen und können gegen dieselben weder gerichtliches Zeugnis abgeben noch peinliche Anklagen erheben. Sofern dies Recht überhaupt noch Wergeld kennt, hat der Reiche höheres Wergeld als der Arme; Vornehmheit des Verletzten ist ganz allgemein ein Straferhöhungsgrund. Ja ein Konzilienbeschluß (Concilium Toletanum XI can. 5) geht so weit, Fleischesverbrechen der Bischöfe nur dann zu strafen, wenn gegen Adlige (Knaben oder Mädchen oder Frauen) begangen; gehörte das Opfer den Gemeinfreien an, so kam der Bischof wohl sehr glimpflich, d. h. ohne öffentliche Strafe, mit Geldbuße, davon.

So verstanden die Priester, die diese Gesetze machten, die Ebenbildlichkeit aller Menschen mit Gott und das besondere Erbarmen des Christentums mit den Armen, Mühseligen und Beladenen!

Man sieht, diese ganze Entwicklung in Leben und Gesetz drängte zu dem Ziele, die Kleinfreien tatsächlich und rechtlich auf *eine* Stufe mit den Unfreien herabzudrücken.

Demgegenüber wog es leichter und war es selbstverständlich, daß die Großen die Kleinfreien aus den wichtigsten staatsbürgerlichen Rechten verdrängten, daß namentlich das Recht, den König zu wählen, von der Gesamtheit der Freien auf die geistlichen und weltlichen Großen überging. Die Palatinen spielen – nach den Bischöfen – die entscheidende Rolle im Staat: nur sehr wenige kraftvolle Könige vermochten, sich der Herrschaft beider Adelsarten zu entziehen: die meisten erkauften die Zurückdrängung des Adels durch blinde Unterwerfung unter den Krummstab. Die Palatinen bilden den Kriegsrat im Felde, die stete Umgebung der Könige im Frieden: Stoßung aus ihren Reihen ist eine Art staatlichen Todes. Sie leisten besondere Eide der Treue, da sie gewohnheitsmäßig die Königsmörder gestellt hatten. Aus ihnen wählt seit Rekared der König die wenig zahlreichen weltlichen Glieder des Staatskonzils, in welchem die Geistlichen stets für erdrückende Mehrheit sorgen: sie wählen mit den Bischöfen den König, die Kleinfreien sind zuerst tatsächlich, zuletzt gesetzlich vom Wahlrecht, ja, wie es scheint, auch aus der Wählbarkeit verdrängt. An sie verteilen muß der Herrscher den Ertrag der Einziehungen bei Hochverratsurteilen – so sicherten sie sich gesetzlich den Anteil an der Beute, war eine feindliche Adelspartei gestürzt – und nur mit ihnen zusammen darf der König in solchen Fällen Todesstrafe oder Einziehung verhängen, so sicherte sich die gerade herrschende Partei gegen den etwaigen Versuch des Königs, sich durch sich selbst und die ordentlichen Gerichte seiner übermächtigen Palatinen zu entledigen.

Die Großen heißen wegen ihres Druckes nach unten, ihrer Gewalttätigkeit gegen Gleichstehende, ihres Trotzes gegen Gesetz, König und Beamte praesumentes, ihre rechtsverachtende Überhebung praesumtio. Sie verachten die Richter, verhöhnen deren Ohnmacht, stellen sich nicht vor ihrem Stuhl, mischen sich in fremde Verfahren, verfolgen, selbst oder durch ihre actores, an der Spitze ihrer Sklaven oder Kolonen, wirkliche oder angebliche Ansprüche mit gewaltsamer Besitzergreifung: „Gib mir deine Mühle am Fluß Angers", spricht Sichlari, der vornehme Palatin Alarichs II. zu Ursus, dem Abt des Klosters Loches, „daß sie mein eigen sei, und ich zahle dir, was du verlangst: gibst du sie mir aber nicht, so nehme ich sie". Sie bedrohen Freiheit und Leben der Geringeren mit Kerker und Schwert, brechen in fremde Häuser mit gewaffnetem Gefolge – so häufig, daß besondere Formeln für Ersatzforderungen aus solchen Land- und Hausfriedensbruch ausgebildet wurden. Umgekehrt maßen sie sich staatliche Gewalt an, tun, was nur dem Richter und dessen Sajonen zusteht. Sie halten Diebe und andere Verbrecher in Privatkerkern ihrer Paläste und Villen gefangen und strafen sie, wie ihre Sklaven, statt sie dem Richter auszuliefern. Sie versiegeln fremde Häuser ganz in den Formen staatlicher Einziehung und üben durch ihre privaten Sajonen angemaßte Amtsgewalt; sie geben zugelaufene fremde Sklaven nicht heraus, befreien mit Gewalt verhaftete Verbrecher, verhindern mit Gewalt den Richter, Schuldige vor sein Gericht zu ziehen oder zu strafen, schützen Straßenräuber gegen den Grafen des Königs. Ja sogar in die eherne Gehorsamszucht der Kirche greifen sie ein, schirmen entlaufene Mönche gegen ihren Bischof, stützen die Überhebung der niederen gegen die hohe Geistlichkeit. Ist ein solcher Vornehmer zugleich Richter oder Graf, so tritt oft der Mißbrauch der Amtsgewalt noch neben den sonstigen Druck. Es wird *vorausgesetzt*, der Richter, ja sogar der Graf werde einen nobilis nicht von einer widerrechtlich geheirateten Frau zu trennen vermögen; dann soll er den König anrufen, mit dem „minor" wird er ohne Frage fertig. Gewalttat war so häufig, die Rechtsunsicherheit so schlimm, daß in die stehenden Formeln für die Rechtsgeschäfte die Beredung der Ungültigkeit im Fall der Erpressung jedesmal aufgenommen wird. Der Reichtum der Kirchen lockte damals schon die benachbarten Großen zu Raub und Plünderung, aber auch die eigenen Bischöfe und Äbte beraubten oft ihre Bistümer und Klöster.

Die geistlichen und weltlichen Großen im Bunde waren hoch über Thron und Krone emporgewachsen, von ihnen gehen die Palastumwälzungen, die fast zur Regel gewordenen Königsmorde aus. Deshalb denkt das Gesetz nur Bischöfe und Palatinen als die mutmaßlichen Verbrecher gegen das Krongut, deshalb entfernt es Verdächtige beider Stände aus dem Palast. Während die Gemeinfreien einfach an ihrem Wohnort dem neuerwählten König den Treueschwur leisten, muß der Palatin sofort an den Hof eilen, persönlich vor dem König zu schwören. Bleibt er unentschuldigt aus, wird ihm beinahe schon der Plan der Verschwörung zur Last gelegt. Der „unsägliche Hochmut" dieser geistlichen und weltlichen Vornehmen erregt die unaufhörlichen Parteikämpfe und Verschwörungen, zumal auch durch die Versuche der zuletzt erlegenen und verbannten oder geflüchteten Gruppe als echte „Emigrierte" mit Hilfe fremder Waffen zurückzukehren und Rache zu nehmen: diese scandala, conturbationes zerrütteten das Reich. Eisernen Schrittes war der gewaltige Kindasvinth über die Häupter dieses staatsverderberischen Adels hingegangen; seine Gesetze hatten mit Tod, Blendung, Einziehung schon den entfernten Versuch des Hochverrats, ja schon die Auswanderung in feindlicher Absicht bedroht. Wenn im Inland ein Aufruhr entbrennt, gelten die gleichen strengen Pflichten eiliger Waffenhilfe wie bei feindlichem Einfall, ja die Saumsal wird in jenem Fall noch schärfer bestraft und besonders der Bischofstand und der Palastadel bedroht – man wußte wohl warum. Allein es half nicht auf die Dauer. Die Bischöfe und Palatinen hatten der Krone wie das Recht der Verurteilung so das der Begnadigung in Hochverratsanklagen entzogen: nur unter Zustimmung dieser beiden Stände kann der König strafen oder begnadigen. Dies ist sehr bezeichnend: die herrschende Partei der Großen sichert ihre Glieder gegen Sturz und sichert sich den Vollgenuß der Rache an den gestürzten Feinden, nicht um den König, um sich selbst allein handelt es der Partei. Der Grimm der Rache, die Vollkraft des Selbsterhaltungstriebes verfolgt die niedergeworfenen Gegner: Schwäche, Großmut, Klugheit des Königs, der sie als Gegengewicht gegen die Sieger erhalten möchte, soll die Gefallenen nicht retten.

Die Hochverratsanklagen sind nur der rechtliche Ausdruck für die Parteikämpfe des geistlichen und weltlichen Adels: die herrschende Partei schützt und stützt den König, weil er in den allermeisten Fällen ihr willenloses Werkzeug ist, deshalb allein auch bedrohen die Staatskonzilien Angriffe gegen den König und seine Familie gerade unter Ervich und Egika so scharf; andererseits gilt die Empörung meist nur der gerade herrschenden Partei. Der schwache König wird nur deshalb ermordet, um ein Werkzeug der emporstrebenden Partei auf den Thron zu heben, der die Vernichtung der bisher herrschenden Gruppe durchführen soll. Nur gegen Könige wie Leovigild, Kindasvinth, Wamba, die zu stark sind, als Wekzeuge zu dienen, die den Staatsgedanken kraftvoll vertreten. Gegen sie als solche greifen Priester und Junker im Bunde zu Dolch und Gift und offener Empörung: jene, weil sie den Staat der Kirche unterworfen halten, diese, weil sie nicht der Staatsgewalt, nur ihrer eigenen selbstherrlichen Willkür gehorchen wollen. Priester und Junker im Bunde haben das Westgotenreich von innen heraus zerstört.

b) Die Gemeinfreien

Bedeutungslos geworden, ja gegen Ende des Reiches auch der Zahl nach furchtbar geschwächt, war der Stand, auf dem ursprünglich der germanische Staat geruht hatte: der Stand der Gemeinfreien.

Gemeinfreiheit ist im Anfang des Reiches das vorausgesetzte Maß von Freiheit und Recht: auf der Gesamtheit der Gemeinfreien ruht der Staat. Die alten Edelfreien heben sich nur durch höheres Wergeld und den Anspruch auf die Krone, falls das Königshaus bei der Wahl übergangen werden muß (oder soll), aus den Gemeinfreien empor; der neue Adel hatte am Anfang seiner Erhebung nur tatsächliche Vorzüge, keine Vorrechte. Daher geht die Gesetzgebung in ihren Rechtssätzen ursprünglich von den Gemeinfreien aus; dieser Stand wird als gemeint angenommen, wenn das Gesetz von dem Stande schweigt, und die Bestimmung für den Adel einerseits, für Freigelassene und Unfreie andererseits haben die Vorschrift für die Gemeinfreien als Ausgangsgrund, z. B. bei Strafen sind die Bußsätze, die Entschädigungen, die Zahl der Hiebe meist ein Bruchteil oder ein Mehrfaches des für die Gemeinfreien aufgestellten Maßes.

So die *Lehre* des Gesetzes: tatsächlich spielte freilich der unfreie Diener des mächtigen Palatin, geschweige dieser selbst, eine ganz andere Rolle als der kleine Freibauer. Und auch rechtlich trat später an Stelle der alten Volksversammlung, die im gallisch-spanischen Reich nicht mehr begegnet, das weltliche Palatium und das Staatskonzil, in dem der geistliche Adel mit völligem Ausschluß der Kleinfreien herrschte.

Erworben wird die Gemeinfreiheit durch eheliche Geburt von zwei Eltern dieses Standes: (ist einer der Gatten unfrei, folgen die [unehelichen: der Ehe ist der Unfreie nicht fähig] Kinder der „ärgeren Hand", werden also Unfreie des Herren dieses Gatten): durch volle Freilassung, durch Ersitzung der Freiheit (Verjährung der Eigentumsklage des Herrn), durch Rechtssatz zur Strafe für den Herrn in einzelnen Fällen des Mißbrauchs seiner Gewalt; ferner wurden alle Christenknechte jüdischer Herren durch Gesetz für frei erklärt. Verloren wird die Freiheit durch Verknechtung: Kriegsgefangene, zur Strafe (Vermischung mit Unfreien), als Folge der Zahlungsunfähigkeit (Schuldknechtschaft), Widerruf der Freilassung undankbarer Freigelassener. Erhalten haben sich von den alten Rechten der Volksfreiheit das (fast) ausschließliche Recht gerichtlichen Zeugnisses: der Zeuge muß frei (ingenuus, was nicht mehr ausschließend frei *geboren*, auch oft frei *gelassen* ausdrückt) und tüchtig (idoneus, moralisch „tauglich" und wirtschaftlich, d. h. zahlungsfähig sein, wegen des Ersatzes des durch etwaigen Falscheid zugefügten Schadens). Auch der Prügelstrafe und der Folter sind im Anfang des Reiches die Freigeborenen seltener als die Freigelassenen unterworfen. Aber hierin verschlimmert die Gesetzgebung rasch fortschreitend ihre, zumal eben der Ärmeren, Lage und bald werden alle Freien, auch in geringen Strafsachen, dem Gottesurteil der Kesselprobe, nach deren Gelingen der Folter unterworfen.

Der unter Vorbehalt des obsequium Freigelassene darf bei scharfer Strafe nicht mit Freigeborenen Ehe schließen, und da die Freigelassenen sich in bedenklicher Weise überhoben, in Palast und Staat herrschenden Einfluß gewonnen hatten, schließt sie ein Gesetz, und zwar in sehr gereizter heftiger Sprache den Wert der freien Geburt hervorhebend, von den Palastämtern aus.

Endlich baut sich aber das ganze Strafrecht und bürgerliche Recht auf dem Unterschied der Stände auf, da der Unfreie nicht Person, nur Sache, der Freigelassene in wichtigen Dingen dem Freigeborenen nicht ebenbürtig und Unfreiheit ein starker Straferhöhungsgrund ist. Daher führen die Gesetze regelmäßig die ganze Unterscheidung der Fälle in der Person des Klägers und des Beklagten, Verletzten und Verbrechers vollkommen durch, ob die eine oder andere Freigeborener, Freigelassener, Unfreier ist, z. B. die Buße für einen Schlag eines Freien gegen einen Freien wird gehälftet, ist der Geschlagene Knecht (eines Dritten), gedrittelt und mit fünfzig Streichen begleitet, schlägt Knecht den Knecht; schlägt der Knecht einen (fremden) Freien, wird die ganze Buße bezahlt und mit siebzig Hieben begleitet.

Oft trifft den Knecht außer der Ersatzpflicht, die er mit dem Freien teilt, eine Zahl von Streichen, und, will oder kann der Herr für seinen Knecht Schadenersatz und Bußgeld nicht leisten, muß er ihn dem Verletzten abtreten. Indessen dies sind doch nur schwache Reste aus der alten Vollfreiheit, und gerade die gereizte rednerische Sprache des Gesetzes gegen die Freigelassenen zeigt, daß die Verherrlichung der Freigeburt von einer lehrhaften, veralteten Anschauung ausgeht, die von dem wirklichen Leben täglich mehr überwunden ward. Nicht mehr frei und unfrei, reich und arm war die wichtigste Scheidung im Leben: Reichtum erhebt den Freien in den Adel, mittleres Vermögen sogar den Unfreien über den armen Freien. Ein Herrscher wie Kindasvinth, der gewiß in seinem Kampf gegen den Adel die Gemeinfreien nicht herabdrücken wollte, gibt allen Knechten Klagerecht und gewissen Schichten der *königlichen* Knechte sogar Zeugnisrecht gegen die Freien; immer häufiger bedrohen Rute und Folter auch für geringe Vergehen Freie ebenso wie Unfreie. Man kann sagen, die Rechte und Ehrenstellungen, die ehedem allen Gemeinfreien zukamen, sind übergegangen auf den neuen Adel: die Gesetze werden von dem geistlichen und weltlichen Adel allein gemacht und seinen Gliedern allein in Palast oder Basilika verkündet, die allein auch den König wählen. Der Versuch freier Bauern in den Provinzen, dies alte Recht auszuüben, wird scharf zurückgewiesen als „aufrührerischer Lärm bäuerlicher Menge". Auch Unfreie, nicht nur Freigelassene, steigen zu hohen Palastämtern empor, über ihre Herren erhöht durch Gunst des Königs, der ihnen Geheimnisse des Hauses entlockt, dieses durch Hochverratsanklagen zu verderben. Die Aufnahme der Unfreien in das Heer mußte sie den Frieden bedenklich nahe rücken: Unfreie des Königs üben sogar das Amt des Freien, zum Heerbann aufzubieten, und führen ganz wie Freie ihnen zugehörige Sklaven mit ins Feld. Da erscheint es denn freilich begreiflich, daß der Richter sogar seine Unfreien als Stellvertreter bestellen darf, zu richten über freie Goten!

Während die reichen Freien in den Adel aufsteigen, den mittelmäßig begüterten (mediocres) eine der Zahl und dem Einfluß nach nur geringe Bedeutung verbleibt, sinken die armen niederen (viles, humiles) Freien mehr und mehr in die Schicht der Unfreien ab: zumal auf dem flachen Lande, so daß der *rusticus* dem *abjectus homo, pauper* gleich gestellt wird. Zu diesen niedersten Freien zählen die Freien auf fremder Scholle, die *accolae, suscepti*: auch die Kolonen, an die Scholle gebunden, aber persönlich frei. Sie finden sich in Spanien und in großer Zahl in Septimanien, durch das Eindringen der Barbaren in die römischen Provinzen keineswegs, wie man behauptet hat, erst entstanden, wohl aber vermehrt; dann die Schützlinge verschiedener Abstufung, die kein Land empfingen, nur in persönlicher Abhängigkeit, doch nicht in Unfreiheit traten. Das Unterliegen dieser armen, kleinen Freien in dem wirtschaftlichen Kampf ums Dasein, ihr Hinabsinken in Unfreiheit untergrub den Boden des Staates, zumal des Königtums. Deshalb haben, wie Theoderich und Karl die großen, tüchtigen Westgotenkönige – freilich alle ohne Erfolg! – dieser verschlingenden Strömung entgegengearbeitet. Der Ehrenname „Vater der Armen", den ein Svinthila führte, enthält zugleich ein staatliches Lob. Es beweist die Erkenntnis, daß die Krone nicht nur um dieser Armen selbst, daß sie um des Staates willen die Versinkenden retten mußte. Mancherlei versuchen die Gesetze in dieser Richtung. Zwar stellt ihre eigene Sprache bereits die „Mächtigen" einerseits, die „Armen und Unfreien" andererseits zusammen, aber sie suchen doch Mißbrauch und Rechtspflege, zumal der Folter, zu unterdrücken. Die Armen werden in Vorrechten, auch gegen den Mißbrauch der Amtsgewalt, den Kirchen gleichgestellt: sie sollen sich nicht Verwirkung der Freiheit als vertragende Strafe für Verzug in Schuldzahlung auferlegen lassen, ein Kunststück, durch das wohl häufig reiche Darleiher den Schuldner sich verknechteten. Der Versuch der Seniores, persönlich freie Schutzbefohlene als Knechte zu behandeln, wird bekämpft, die Erstreitung der Freiheit (proclamatio in libertatem) tatsächlich in Knechtschaft Lebender erleichtert, umgekehrt die Inanspruchnahme tatsächlich in Freiheit Lebender als Knechte (vindicatio in sevitutem) sehr stark erschwert. So häufig waren die Versuche der Mächtigen, Arme als ihre Unfreien zu behandeln unter Verachtung von Recht und Richter, daß dieser Versuch für sich allein als *praesumtio* mit Strafe bedroht ward. Zumal war es der echt landesväterliche Kindasvinth, der sich einsichtsvoll der Armen annahm, wie er die reichen Junker bändigte. Der Herrscher, vor dessen Strenge die trotzigen Grundherren zitterten, befiehlt den Richtern, „den Bedrängten gottgefällige Hilfe zu gewähren und gegenüber Armen und Geringen die Strenge des Gesetzes zu mildern", d. h. zumal die Geldstrafen herabzusetzen und so die bei Zahlungsunfähigkeit eintretende Verknechtung seltener werden zu lassen. Allein gerade dieses Gesetz bezeugt, wie weit es schon gekommen war; die Armen können also nicht einmal mehr die *richtige* Anwendung der für sie schon gemilderten Gesetze ertragen: man muß, sollen sie nicht ganz erdrückt werden, statt des Rechtes Erbarmung auf sie anwenden.

c) Die Freigelassenen

Wir sahen, wie diese ursprünglich den Freigeborenen in wichtigen Dingen nachstehen, allmählich aber bei dem Sinken des Wertes der Freiheit überhaupt, bei dem Emporsteigen der Unfreien an die Seite der armen Freien, wobei die Freigeburt nicht mehr als stolzer Vorzug empfunden werden konnte, sich jenen völlig gleichstellten: der Übermut und der mißbrauchte Einfluß von Freigelassenen im Palast forderte dann gegen Ende des Reiches ein scharfes Gesetz heraus, das die Freigelassenen und sogar deren Nachkommen von allen Hofämtern ausschloß; schwerlich würde sich das bei längerem Bestande des Staates haben durchführen lassen. Die Formen der Freilassung waren die römischen: in der Kirche durch den Bischof, in Gegenwart des Königs, im Testament oder, da sie als gottgefälliges Werk galt – die Kirche hatte das hohe Verdienst, diese Auffassung zu verbreiten – in Vorbereitung zum Tode: die häufigste Form war die Zustellung eines Freilassungsbriefes (epistola libertatis, manu missionis).

Man darf der Kirche nicht zum Vorwurf machen, daß sie nicht selbst alle ihre Knechte frei ließ, die ganze Volkswirtschaft ruhte auf der unfreien Arbeit, und die Kirche konnte unmöglich die Grundlagen der Gesellschaft ändern: sie hielt aber ihre Unfreien milde und ließ viele frei, allerdings stets mit Vorbehalt des „obsequium", d. h. einer gewissen Abhängigkeit, Dienstpflicht. Dem Freigelassenem ward das „Peculium", das er als Knecht besessen, belassen oder ein solches jetzt erst gegeben, d. h. ein kleines Vermögen im Eigentum des Herrn, in Verwaltung und Fruchtgenuß des Sklaven, das nun in das Eigentum des Freigelassenen überging. Es muß belassen werden bei gesetzlich gebotener Freilassung zur Belohnung des Knechts oder Bestrafung des Herrn. Oft blieb der Freigelassene auf den Gütern und in dem nunmehr *freien* Dienst des Herrn, zumal wenn dieser sich das „Obsequium" vorbehalten. Die Freigelassenen unterschieden sich als Rechtssubjekte, als Glieder des Volks und des Volksrechts fähig, sehr scharf von den Unfreien, die nur Sachen, nicht Glieder des Volkes, des Volksrechts nicht fähig sind. Ehen zwischen Freigelassenen und Unfreien sind verboten und mit Verknechtung des Freigelassenen zu Gunsten des Herrn des unfreien Gatten bedroht: die Kinder folgen der ärgeren Hand.

d) Die Unfreien[1]

(Servus, ancilla, mancipium, auch puer). Die Unfreiheit entsteht durch Kriegsgefangenschaft, durch Abstammung (von auch nur *einem* unfreien Erzeuger), durch Widerruf der Freilassung wegen Undanks, durch Verknechtung zur Strafe oder we-

---

1 Dahn, „Leibeigenschaft", im Staatswörterbuch von Bluntschli und Brater VI. Stuttgart 1861, und Bausteine VI, Berlin 1884.

gen Zahlungsunfähigkeit, endlich durch vertragsmäßige Ergebung in Knechtschaft. Die Unfreien verrichten fast ausschließlich die gesamte volkswirtschaftliche Arbeit (nur die eingewanderten kleineren gotischen Bauern tragen einen Teil des Ackerbaus). Sie sind daher nach den Grundstücken und mit den Herdentieren das wertvollste Vermögen ihres Eigentümers. Deshalb ist die Gesetzgebung unablässig bemüht, diese kostbaren „Kapitalien" ihren Herrn zu erhalten, sowohl gegenüber dem natürlichen Streben der Unfreien, sich durch Flucht der Knechtschaft überhaupt oder doch der Gewalt gerade eines bestimmten Herrn zu entziehen und in die erwünschtere eines anderen zu retten, als gegenüber den sehr häufigen Versuchen der Freien, anderen Freien ihre Knechte und Mägde abspenstig zu machen. Trotz zahlreicher strenger Gesetze hatte das Übel so allgemeine Verbreitung gefunden, daß Egika klagt, es gäbe keine Stadt, keine Burg, kein Dorf, keine Villa, keine Herberge, in der nicht flüchtige Unfreie von Hehlern und Stehlern verborgen gehalten würden. Sie sind ein so wertvoller unentbehrlicher Teil des Volksvermögens, daß ihr Verlauf ins Ausland erschwert wird. Waren sie gefangen vom Feind und werden sie diesem abgejagt, so fallen sie (wie nach römischem Recht) in das Eigentum ihres Herrn zurück: der Befreier erhält ein Drittel ihres Wertes zur Belohnung; auch wer ihre Flucht aus feindlicher Gefangenschaft befördert, wird belohnt. Die Unfreien treiben Handel und Handwerk für ihre Herrschaft, die ganze landwirtschaftliche Arbeit (siehe oben die Ausnahme) ruht auf ihnen. Zu vielen Hunderten leben sie auf Gütern der geistlichen und weltlichen Großen, von einem Freigelassenen oder auch von einem bevorzugten Knecht (procurator, actor villicus) geleitet. Die Gesetze gehen von sehr selbständigem Schalten dieser bäuerlichen Unfreien aus: sie bauen Häuser, legen Weinberge und andere neue Pflanzungen an, dürfen die Erträge der von ihnen erwirtschafteten Güter veräußern – selbstverständlich alles nur für Rechnung des Herrn. Außerdem ersetzen die unfreien Knechte und Mägde in häuslicher Bedienung, in Umgebung, Begleitung auf Reisen, auf der Jagd unser Dienstgesinde. Der Gebrauchs- und Tauschwert der Unfreien war von ihrer Abstammung (von Volksart kann man nicht sprechen, denn sie gehörten *keinem* Volk an) von germanischen, römischen, jüdischen Eltern, von ihrer Gesundheit, Kraft, Geschicklichkeit in Kunst, Gewerk, Feldarbeit, von ihrer Treue abhängig: der rusticanus hat viel geringeren Wert (meritum, utilitas) als der idoneus. Die Gesetzgebung konnte nicht alle Folgerungen aus dem widernatürlichen Satz ziehen, daß die Unfreien keine Menschen, sondern Sachen, nicht Rechtssubjekte, nur Rechtsobjekte seien. So kann der Unfreie zwar keine Vermögensrechte haben, aber sehr oft hat er Besitz, Verwaltung, Fruchtgenuß eines kleinen vom Herrn ihm eingeräumten „Peculiums" (das freilich der Herr jeden Augenblick zurückziehen kann, zumal bei dem Tode des Unfreien heimfällt, wenn es der Herr nicht den Kindern des Verstorbenen neu überträgt), und der Unfreie wird vielfach als Stellvertreter, Bevollmächtigter in Verwaltung des Vermögens des Herrn, auch vor Gericht sogar vermutet. Auch kann der Unfreie wie jedes Haustier veräußert werden mit oder ohne Scholle oder Peculium. Doch wird später der Verkauf ins Ausland verboten, wobei Menschlichkeit und Gründe der Volkswirtschaft, zuletzt auch der Heeresstärke zusammenwirkten. Die Kirche, deren Verdienst um Minderung der Zahl und Milderung der Lage der Sklaven überhaupt sehr hoch anzuschlagen ist – hier liegt eine einmal *wirkliche* Segenswirkung des Christentums vor – mußte vor allem Ärgernis nehmen an dem furchtbaren Satz, daß die Unfreien der Ehe und folglich aller Familienrechte unfähig seien. Sie erreichte auch manches zugunsten der Unfreien: zwar konnten sie nur mit Erlaubnis ihrer Herren in geschlechtliche Verbindung (contubernium: Ehe, matrimonium, blieb ihnen versagt) treten, und wer seinen Unfreien mit fremder Magd (oder umgekehrt) verband, verwirkte zur Strafe das Eigentum an demselben zugunsten des Herren der Magd. Ja der Herr konnte sogar das von ihm verstattete contubernium wieder lösen, aber die Kirche setzte durch, daß dieses Recht an Jahresfrist geknüpft ward, und sie verhütete in manchen Fällen die Losreißung der unfreien Kinder von ihren Eltern.

Anziehend ist die versuchte und doch vielfach aus zwingenden Gründen aufgegebene Durchführung des Grundsatzes, daß die Unfreien bloße Sachen seien, im Strafverfahren. Vergehen gegen den Herrn straft dieser selbst und zwar einschließlich der Todesstrafe: erst Kindasvinth, der sich wie der kleinen Freien auch der Unfreien gegen die Gewalt der Mächtigen annahm, verbietet die Verstümmelung und macht die Anzeige des todeswürdigen Verbrechens des Unfreien bei dem Richter zur Pflicht. Die Vollstreckung des vom Richter gefällten Todesurteils steht aber immer noch dem Herrn zu. Wie hartnäckig die großen Sklavenhalter an dem alten Recht festhielten und der Rechtsbesserung des Königs Widerstand leisteten, erhellt daraus, daß mehrere Handschriften des Gesetzes dem Herrn nur die Anzeige des von ihm gefällten und vollzogenen Todesurteils zur Pflicht machen, und erfährt der Richter von der nicht angezeigten Vollstreckung, kann sich doch der Herr durch Beschwörung todeswürdiger Schuld des Unfreien von jeder Strafe lösen. Bei Vergehen, die der Knecht auf Befehl des Herrn verübt, gilt der Unfreie als ein willenloses widerstandsunfähiges Werkzeug: daher bleibt er straffrei (mit seltenen Ausnahmen bei Hochverrat und schweren gemeingefährlichen Verbrechen), und nur der Herr büßt als Täter. Vergehen, ohne Wissen und Willen des Herrn gegen Dritte begangen, büßt der Unfreie, der ja kein Vermögen hat, stets mit Lebens- oder Leibes-Strafe. Manchmal aber muß der Knecht die Geldstrafe aus seinem „Peculium", also auf Kosten des Herrn, zahlen, in anderen Fällen der Herr die Buße leisten oder den schuldigen Knecht dem Geschädigten ausliefern.

Tatsächlich hing das Schicksal des Unfreien vor allem ab von dem Stande, das heißt dem Vermögen und der Bildung, des Herrn. Hiernach so wie nach den Eigenschaften, der Brauchbarkeit des Knechtes stuft sich seine Behandlung ab. Daher galt es als härtestes Los, Knecht eines Armen zu sein, und bei der Verknechtung wird als Schärfung der Strafe ausgesprochen: Verknechtung in das Eigentum eines ganz Armen. Die oberste, meist bevorzugte Schicht bilden folglich die Kronknechte (servi fiscalini). Daher, als der König eine Domäne einem Mönch schenkt, sprechen die dazu gehörigen Unfreien: „Lasset uns hingehen und den Herrn anschauen, dem wir geschenkt sind", und da sie ihn häßlichen Ansehens, schmutzigen Gewandes finden, rufen sie: „Besser ist es uns zu sterben als solchem Herrn zu dienen!" und sie erschlagen ihn bald darauf. Unter den Fiskalinen ragen wieder die im Palatium zur Bedienung des Königs Verwendeten hervor, sie werden vor den anderen zeugnisfähig und gelten als so wertvoller Besitz der Krone, daß ihnen die Ersitzung der Freiheit untersagt wird, nur durch königlichen Freibrief sollen sie frei werden können. Ihre Gleichstellung und Vermischung mit Freien muß scharf zurückgewiesen werden. Sie haben große „Peculien", Ländereien und selbst wieder Knechte unter sich, veräußern dürfen sie aber nur im Testament zum Heil ihrer Seele an Kirchen. Die zweite Stufe unter den Unfreien nehmen die Kirchenknechte, servi ecclesiastici, ein. In so großer Zahl halten die Kirchen Unfreie, daß auch bei der kleinsten deren neun vorausgesetzt werden.

3. Die Hoheitsrechte des Königtums

a) Heerbann. Kriegswesen

Der König hat den Heerbann, d. h. das Recht, das Volksheer aufzubieten und im Krieg zu befehligen und zu entlassen, er ist der „Beschirmer" gegen äußere Feinde, an ihn gehen die Beschwerden wegen Verletzung der Heerbannordnung, er befiehlt den Herzögen und Grafen, auszuziehen mit dem Volksheer der Goten zum Schutz des Reiches. Die allgemeine Wehrpflicht aller waffenfähigen Freien und die Gliederung des Heeres nach der Zehnzahl blieben bis Ende des Reiches beibehalten. Die Heerführer im Kriege, die Zahlenführer (decanus, centenarius, quingentenarius, Thufadus = millenarius) wie die höheren Befehlshaber, vicarius, comes, dux, sind zugleich Gerichts- und Verwaltungs-Beamte im Frieden für ihre auch räumlich zusammengehaltenen Gliederungen: d. h. wie jeder Thiufadus mit seiner Thiufadia unter dem Grafen einer bestimmten Stadt steht, so waren auch die Glieder der Hundertschaft (welche die Grundzahl bildet, nicht die Tausendschaft oder Zehntschaft) usw. nebeneinander angesiedelt. Die ordentliche Strafgewalt auch im Frieden hat der Graf, der als Richter wie als Befehlshaber über den Zahlenführern steht, durch die er z. B. die Ausreißer oder zu Hause Gebliebenen ermitteln läßt, um sie selbst zu bestrafen: wie viele Thiufadien unter einem Grafen standen, hing wohl in jedem einzelnen Fall von der Größe der Stadt, der Dichte der Bevölkerung im städtischen Gebiet ab. In allen wichtigeren Städten und Kastellen liegen dauernde Besatzungen: von diesen Städten und Burgen aus wird auch die Verpflegung der Truppen im Felde durch den Grafen der Stadt oder besondere Beamte besorgt, die den Bestand der Vorräte im voraus nachzuweisen und auf Beschwerde der Heermänner jede vorenthaltene Tageslieferung vierfach zu ersetzen haben. Die Verteidigung des Landes liegt zunächst dem Heerbann der angegriffenen Provinz unter ihrem dux ob. Der König kann außer und über den ordentlichen Heerführern beliebige außerordentliche Befehlshaber, meist aus den Palatinen, ernennen. Das Aufgebot wird auffallenderweise meist durch königliche Gutsknechte besorgt, die auch den Sammelplatz bestimmen und die Musterung durch Einzählung der Mannschaften je in ihre Tausendschaft und Hundertschaft vornehmen. Während des Feldzugs gelten die römischen Bevorrechtungen für Soldatentestamente und schützt erhöhter germanischer Friede Haus und Habe der Heermänner, bezeichnend für das Nebeneinander römischen und germanischen Rechts in diesem Reich. Im Gegensatz zu Vandalen, Ostgoten, Langobarden wurden die Romanen schon seit Anfang des Reiches von Toulouse (Walja) für wehrpflichtig erklärt. Anfangs wohl dienten sie gesondert in „Kohorten" und „Turmen", später aber, nach 506, wurden sie in die Zehnzahlen des gotischen Heeres aufgenommen: in den unablässigen Kämpfen gegen und für Rom, mit Sueben und Franken war man genötigt alle Kräfte anzuspannen. Eurichs Flotte hatte wie einen Römer zum Befehlshaber so gewiß völlig römische Einrichtung: gegen Chlodovech wurden die Römer des Gotenlandes ganz allgemein aufgeboten, aber noch in römischen Formen, z. B. Avitus wird dem gradus equester zugeteilt vermöge seines Reichtums.

Außer jener Naturalverpflegung (annonae) erhalten die Truppen regelmäßigen Geldsold nicht, nur außerordentliche Geldgeschenke werden erwähnt: Alarichs II. 506 und Theoderichs des Großen. Die Wehrfähigkeit des Staates wechselte nach der kriegerischen Tüchtigkeit der Könige: bis auf Alarich II. war das Reich von Toulouse in selten unterbrochenem Kriegszustand gewesen, aber auch unter Leovigild und

Rekared sind wenigstens die septimanischen, stets von den Franken bedrohten Städte in gutem Wehrstand. Auch die Araber fanden zahlreiche wohlbefestigte Städte und Burgen. Daß König Witika, den Widerstand gegen seine Gewaltherrschaft zu brechen, die Mauern aller Städte bis auf Toledo, Puy und Astorga geschleift habe, ist eine spät erfundene Fabel; der spanische Volksstolz wollte den raschen Sieg der Ungläubigen entschuldigen, und die Priester legten gern dem verhaßten Vorkämpfer für die Staatsgewalt gegen das bischöfliche Joch die Schuld des Reichsverderbens auf. Die Pyrenäenjoche (clusurae) waren die natürlichen Festungen des Reiches: schon vor 711 häufig von Bedeutung in den Kriegen gegen Basken, Sueben, Franken wurden sie nach der Niederlage am Guadalete der Zuflucht der nicht unterworfenen Goten. Zu der Zeit von 375 bis Ataulf wird zumal die Reiterei der Goten gefürchtet, die sogar schwimmend vom Ufer aus fliehenden Ruderern nachsetzt: die Menge der Rosse und der viel genannten Wagen (plaustra) war durch das damalige Wanderleben des Volkes gefordert.

Unter den Pfaffenkönigen trat leicht Verfall des Heerwesens ein: jedoch ist zu erwägen, daß die Wehrpflicht an sich auch ohne Mißbrauch unter den völlig veränderten Verhältnissen für den kleinen Freien eine erdrückende Last werden mußte, und genau die gleichen Übelstände, die gleichzeitig im fränkischen, später im deutschen Heerbann die unablässige Sorge der Gesetzgebung bilden, treten im Westgotenreich auf. Wamba begann eine kräftige Besserung der Wehrverfassung: er beklagte die Abnahme pflichtmäßiger Hingebung, kriegerischer Begeisterung. Nicht nur hatte die Priesterschaft den Heldensinn erschlafft, die selten ruhenden Parteikämpfe im Inneren hatten auch das Gefühl der Zusammengehörigkeit der Volksgenossen gelockert gegenüber den bösen Nachbarn: Byzantinern, Sueben, Franken, mit denen gegen den König sich zu verbinden die ständige Unsitte unzufriedener Adelsparteien geworden war. Wamba machte das sofortige Herbeieilen zur Abwehr feindlichen Angriffs, ebenso zur Unterdrückung von Empörungen allen Freien, auch den Geistlichen (mit ihren gewaffneten Unfreien) unter Androhung schwerer Strafen zur Pflicht: vierfacher Ersatz des vom Feinde angerichteten Schadens, Verbannung, Verknechtung, Ehrlosigkeit, Tod sollen die Verletzung dieser Wehrpflicht ahnden. Zumal aber sah sich Wamba genötigt, wegen der erschreckenden Abnahme der (kleinen Gemein-)Freien auch die Knechte in den Heerbann zu ziehen. Jeder Herzog, Graf, Garding, Gote, Römer, Freigeborene, Freigelassene, Kronknecht, der ins Feld zieht, muß den zehnten Mann aus seinen Unfreien in vorschriftsmäßiger Bewaffnung mit sich führen, und zwar mit Panzer, Schild, Schwert, Kurzschwert (Sachs: scrama), Lanzen, Bogen und Pfeilen und Schleudern, was alles der Herr zu liefern hat. Ervich schwächte das Gesetz ab und zwar mit rückwirkender Kraft: er sagt, bei dessen Durchführung wäre bereits die Hälfte aller Einwohner des Reiches der Ehrlosigkeit verfallen und in manchen Gegenden gar kein zeugnisfähiger Mann mehr aufzutreiben. Wäre das wahr, es würde die Notwendigkeit der Reformen Wambas erst recht dartun, doch liegt wohl starke Übertreibung vor behufs Verhüllung des wirklichen Beweggrundes: der Anmaßer durfte die Leute, die Wamba gegen Paulus oder gegen den Giftmischer im Stich gelassen, nicht bestrafen, er mußte sie vielmehr belohnen. Egika führte die Besserung, jedoch mit bedeutenden Abschwächungen zugunsten der Geistlichen, weiter, und ihre Verschärfung wäre doch so dringend geboten gewesen gegenüber der immer erdrückender anschwellenden Übermacht des ohnehin überlegenen Frankenreichs. Und schon warf der Islam drohende Schatten aus Nordafrika über die schmale Meerenge. Daß man nach Wambas Sturz die Heeresbesserung nur lässig betrieb oder ganz aufgab, hat

wesentlich dazu beigetragen, daß *eine* verlorene Schlacht das Reich Alarichs, Eurichs, Leovigilds umwerfen konnte.

b) Gerichtsbann. Gerichtswesen

Der König hat die Gerichtsbarkeit. In seinem Namen halten die von ihm kraft
seiner Amtshoheit (siehe unten) ernannten Richter in den von ihm geordneten Ge-
richtssprengeln Gericht. Von germanischem Volksgericht oder Schöffengericht begegnet keine Spur: das römische Prinzip ist durchgedrungen, wonach der Richter
Bann und Tuom vereint. Der dux (rector provinciae), comes, vicarius richteten von
jeher über Römer und Goten als Obergericht, als Untergericht der judex und defensor über Römer, der Thiufad und die anderen Zahlenführer über Goten. In Mischfäl-
len galt der Grundsatz, daß der Kläger den Beklagten bei dessen Gericht belangt: also
der Germane den Römer vor dem defensor, judex, rector provinciae, der Römer den
Germanen bei den Zahlenführern, comes, dux; hieran wurde auch nach Einführung
der Lex Visigotorum als allein geltenden Landrechts nichts geändert. Vorher hatten
nach dem Grundsatz der persönlichen Rechte Römer in römischen Fällen nach römischem Recht, seit 505 nach dem Breviar Alarichs II., Goten in gotischen Fällen nach
gotischem Gewohnheitsrecht, seit Eurich und Rekared I. nach den Gesetzen dieser
Könige und ihrer Nachfolger gelebt, in gemischten Fällen entschied für das bürgerliche Verfahren das verabredete Recht, andernfalls (und im Strafverfahren immer)
galten gewiß ähnliche Grundsätze, wie sie in allen diesen Mischstaaten für Mischfälle
angewendet wurden: jeder verteidigte sich z. B. nach seinem Recht. Die Kirche lebte
nach ihren kanonischen Satzungen, vorab nach den Kanones der Staatskonzilien dieses Reichs, in zweiter Reihe nach römischem Recht. Seit Kindasvinth und Rekisvinth
ward vorbehaltlich des Kirchenrechts nur mehr nach der Lex Visigotorum gerichtet
unter Aufhebung des bisherigen Grundsatzes der persönlichen Rechte, auch für die
Sueben, wenn ihnen bei ihrer Einverleibung das suebische Sonderrecht noch verblieben sein sollte. In Septimanien blieb das römische Recht (nach dem Breviar) nach wie
vor in Geltung, was sich daraus erklärt, daß in dem ganz romanischen und von Toledo weit entfernten Land jenes Gesetz der beiden Könige nie ins Leben eingedrungen
war. Als nun seit 711 die gotische Herrschaft hier dem fränkischen wich, fiel die
Geltung der Lex Visigotorum und jenes Kindasvinthischen Gesetzes: dagegen galt
im Frankenreich damals noch der Grundsatz der persönlichen Rechte, und später
gewann das römische Recht nach dem gleichen Grundsatz ausschließende Geltung
im Süden des Frankenreiches, da hier fast nur Römer oder völlig romanisierte Germanen lebten. Da nun das Breviar die ausführlichste und durch die „Interpretatio"
den veränderten Verhältnissen angepaßte Zusammenfassung von römischem Recht
bildete, behauptete es sich nicht nur im ursprünglich westgotischen Südfrankreich,
sondern verdrängte sogar in dem ehemals burgundischen Gebiet die weniger umfassende Lex Romana Burgundionum.

Der König überwacht die Rechtspflege nach allen Richtungen: er straft jede
Amtsverletzung der Richter aus Saumsal, Parteilichkeit, Bestechung, er ordnet alles
einzelne auf diesem Gebiet: sogar die Gerichtsruhen, richtiger die Zeit, in der die
Parteien nicht verpflichtet sind, der Ladung des Richters Folge zu leisten: Sonntage,
die großen Kirchenfeste, die Zeit der Ernte und Weinlese und die Zeit der Heu-
schrecken, d. h. deren Vertilgung bei massenhafter Einschwärmung, die Spanien oft
heimsuchte.

Zwar ist in der starken, oft willkürlichen Einmischung des Königs in schwebende Streitverfahren der allbevormundende Geist der Kirche, die diese Gesetze schuf, nicht zu verkennen: immerhin wirkt darin doch auch der germanische Gedanke des Gerichtsbannes und des Königsschutzes für den Rechtsfrieden. Die ordentliche Berufung geht an den König: doch können die Parteien, mit Überspringung der niederen Gerichte, den Streit sofort dem König vorlegen und dieser selbst oder durch einen von ihm gewählten außerordentlichen Bevollmächtigten entscheiden. Darin lag nun eine große Gefahr der Willkür: nach dem aufgenommenen römischen Recht müssen ohnehin alle schwereren Strafanklagen (gegen Vornehme) dem Herrscher zur Bestimmung der Strafe vorgelegt werden und gerade in Hochverratssachen, wo die Versuchung zu parteiischer Entscheidung am stärksten, ernennt der König sehr oft außerordentliche Ausschüsse: ja diese Ausschüsse greifen nicht bloß in schwebende Verfahren unbeschränkt ein, sie stoßen rechtskräftige Urteile um, wenn eine begünstigte Partei durch königlichen Befehl die Sache zu nochmaliger Entscheidung an sie bringt.

Der König als oberster Schützer des Rechts wird auch häufig angegangen, Handlungen der freiwilligen Gerichtsbarkeit zu üben, Verträge, Testamente zu bestätigen.

Die in das kleinste Einzelne getriebenen Unterscheidungen der Verbote und Strafandrohungen, die diesen byzantinisch und kanonisch, nicht germanisch gearteten Gesetze überall eignet, deckt im Gebiet der Rechtspflege sehr zahlreiche Mißbräuche jeder Art auf, denen der König abzuhelfen sich bemüht. Merkwürdig sind die Gesetze, die gegen das Bestreben der Goten eifern, einige Reste germanischen Rechtswesens und Verfahrens in dem völlig verrömerten Reich festzuhalten: so Versuche, die Gerichtsöffentlichkeit, den Zutritt auch nicht Beteiligter zu den Gerichtsverhandlungen zu wahren, dann den Fehdegang, die Selbsthilfe (ähnlich wie die Ostgoten), das Pfändungsrecht.

Die altgermanische Verpflichtung des Königs, sich der Schutzlosen als oberster Hort des Rechtsschutzes anzunehmen, wird nunmehr christlich gefärbt und über Arme, Witwen, Waisen, vormundlose oder schlecht bevormundete Mündel hinaus zumal auf Kirchen, Klöster, einzelne Geistliche erstreckt.

Merkwürdig sind die Vorschriften zum Schutz der persönlichen Freiheit gegen Mißbrauch der Gerichtsgewalt des Königs, die man die westgotische Habeas Corpusakte nennen möchte. Der König oder vielmehr die gerade herrschende Partei des Adels, stets von Meuchelmord, Palastumwälzung, Empörung der Gegenpartei in den Provinzen bedroht, hatte manchmal die Strafgewalt mißbraucht, ohne Schuld oder doch ohne in geordnetem Verfahren voll bewiesene Schuld die Gegner, ihrer Erhebung zuvorkommend, mit dem zermalmenden (trabale) Druck der Strafgewalt zu treffen. Demgegenüber schützt sich die Partei von Geistlichen und Edlen, die Wamba soeben gestürzt hatte, indem sie dem schwachen König Ervich auf dem dreizehnten Konzil von Toledo ein Gesetz folgenden Inhalts aufnötigte: es soll fürderhin kein Palatin oder Geistlicher auf Betrieb königlicher Arglist oder weltlicher Macht oder sonstiger Bosheit ohne offenen und klaren Beweis seiner Schuld, seines Ranges oder Dienstes im königlichen Haus enthoben oder gefesselt, gefoltert, gepeinigt oder gegeißelt, seines Vermögens beraubt, eingekerkert oder durch rechtswidrige Mittel bedrängt werden, um ihm mit Gewalt, List und Heimlichkeit ein Geständnis abzuzwingen. Sondern der Angeschuldigte behält zunächst seinen Rang, erfährt keine der angeführten Schädigungen, wird in die öffentliche Versammlung der Bischöfe, Senioren und Gardinge geführt und hier nach gehöriger Untersuchung entweder in die gesetzliche Strafe verfällt oder durch das Urteil aller unschuldig erklärt. Bei Gefahr einer schädlichen Flucht ins Ausland oder bei Notwendigkeit strengerer Überwachung wegen drohender Unordnungen im Lande darf eine freie Überwachung, ohne Fesselung, Einschüchterung oder andere Nachteile angeordnet werden. Auch darf die Zeit der Untersuchungshaft nicht absichtlich hinausgezögert werden, um durch die lange Trennung von Weib, Haus und Vermögen ein Geständnis zu erzwingen; ein solches, wenn also erfolgt, ist durchaus ungültig: nur das gilt, was er mündlich vor dem allgemeinen Gericht ablegt. Für die anderen Gemeinfreien, die, ohne Palatin zu sein, diesem Stande angehören, gilt für Hochverratsanklagen (de infidelitatis crimine) dasselbe. Wenn diese, „wie das zu geschehen pflegt", für ganz leichte Vergehen vom König mit Rutenstrafe gezüchtigt werden, soll das weder Ehrlosigkeit noch Vermögenseinziehung zur Folge haben. Verletzung dieser Bestimmung hat Kirchenfluch und ewige Höllenstrafe zur Folge, für den Geschädigten aber keine Rechtswirkung: doch wird dadurch den Fürsten die Zuchtgewalt über ihr Haus nicht entzogen: besonders solchen Laien, denen nicht Hochverrat, sondern Nachlässigkeit, Trägheit, Betrug im Amt und Dienst zur Last fällt, darf der Fürst zwar nicht Ehrlosigkeit oder Einziehung auflegen, wohl aber ihren Dienst verändern und anderen ihr Amt übertragen.

Wie wenig aber diese Schranken von Ervich selbst beachtet wurden, zeigt die Klage seines Nachfolgers, daß sein harter Druck sehr vielen ohne Grund (indebite) Rang und Vermögen und Freiheit entzogen, die er mit Folter und gewalttätigem Verfahren aus Edlen zu seinen Knechten erniedrigt, worüber laut Beschwerde geführt werde.

Andererseits hat der geistliche und weltliche Adel dem König sein früher unbeschränktes Begnadigungsrecht aus der Hand gewunden, um gestürzte Gegner erbarmungslos vernichten zu können und dem König zu verwehren, sich gegen die herrschende Gruppe auf dankbare Reste der Überwundenen zu stützen.

c) Gesetzgebende Gewalt

Während die amalischen Herrscher bei den Ostgoten Gesetze (Edikte) und Verordnungen (Variae) tiefeingreifender Rechtswirkung ohne irgendwelche Beteiligung von Adel oder Volk erlassen, sehen wir das ungleich schwächere Wahlkönigtum der Westgoten bei der Gesetzgebung die Zustimmung der Großen einholen. Als Alarich II. das Breviar für die Römer seines Reiches in Angriff nimmt, läßt er vorher diesen Beschluß durch Bischöfe und Edle (natürlich katholische Bischöfe und römische Große) gutheißen, bildet aus ihnen einen Ausschuß für die Abfassung, der zu Aduris (Aire in der Gascogne) niedergelegt wird, und läßt den Entwurf vor der Veröffentlichung „durch die Bischöfe und erlesenen Provinzialen" genehmigen. Sisibut erläßt sein Judengesetz „mit den gesamten Officium des Palastes". Ervich beruft eine Versammlung von Bischöfen, Senioren, Gardingen, seine Gesetzesumarbeitung zu genehmigen: allerdings wird nirgend gesagt, daß solche Mitwirkung rechtsnotwendig war. In den Konzilien hat der König wie jedes Glied das Recht des Antrags, die Sanktion aber, auch der Beschlüsse rein geistlichen Inhalts der König allein (daß dies nicht etwa unsere obige Darstellung widerlegt und keineswegs Herrschaft der Krone über die Kirche bedeutet, darüber siehe unten).

d) Finanzhoheit. Finanzwesen

Kraft seines Finanzbannes legt der König Steuern und andere Lasten auf, erhöht sie, erläßt sie – ohne Mitwirkung des Staatskonzils – und straft die Verletzung der Finanzgesetze: alles dies ist aus dem römischen Staatsrecht herübergenommen; so auch die Vorrechte des Fiskus.

Im altgermanischen Königtum hatte es eine Trennung von *Privateigentum* und *Staatsgut* nicht gegeben; gar manche Einnahmen von öffentlicher Art gingen in das Privatvermögen des Königs über und wurden mit diesem vererbt; z. B. die Banngelder, Friedensgelder, Bußen, die Geschenke fremder Könige, die Abgaben unterworfener Völker. Andererseits hatte der König aus seinem Privatgut staatliche Ausgaben zu bestreiten: Bewirtung, Verpflegung, Beschenkung fremder Gesandten und ihrer Fürsten. Was in diesem einfachen Staat der Vorzeit aus naheliegenden Gründen niemals geschieden gewesen war, das war in dem hoch entwickelten Absolutismus des Kaiserreiches, nachdem es jahrhundertelang scharf getrennt gewesen im Römerstaat, wieder zusammengeworfen: Fiscus Caesaris und aerarium publicum wurden nicht mehr getrennt. Und so wurden denn in den übrigen Germanenreichen jener Zeit Staatsgut und Königsgut nicht unterschieden.

Da ist es denn sehr merkwürdig, bei den Westgoten allein solche Trennung anzutreffen: keine heutige Staatshaushaltsberatung könnte staatsrechtlich richtiger und genauer in ausführlicher Erörterung die Begriffe und Vermögensarten sondern, als das achte Konzil von Toledo dies getan hat: das Privatgut des zum König Gewählten, sowohl sein ererbtes als sein (vor oder nach[1]) der Wahl errungenes Vermögen, steht zu seiner Verfügung unter Lebenden und auf den Todesfall, vererbt sich auf seine Testaments- oder Familien-Erben; dagegen das Staatsgut (auch das von dem König nach der Thronbesteigung aus rein staatsrechtlichen Mitteln erworbene) geht auf den Nachfolger als solchen über: (non habenda parentali successione, sed possidenda regali congressione). Bei den Westgoten kam es zu dieser Scheidung, weil die Wahl so häufig andere als Verwandte des letzten Königs auf den Thron berief, so daß der Sohn dem Vater selten folgte. Das Vorbild aber war wie in so vielen Dingen dieses Reiches ein geistliches, kirchenrechtliches: die Grundsätze, welche die canones der spanischen Konzilien aufgestellt hatten für Übergang des Privatnachlasses eines verstorbenen Bischofs an dessen Erben, dagegen für Erhaltung des kirchlichen Vermögens, das er nur in Besitz, Verwaltung und fruchtgenuß gehabt hatte, bei dem Bistum, wurden auf das ganz ähnliche Verhältnis der Erben des Wahlkönigs einerseits, des Thronfolgers als Inhabers des Staatsvermögens andererseits angewendet.

Auch für Verwaltung des Staatsvermögens stellten die Gesetze Vorschriften auf, die den canones über Verwaltung des Kirchengutes nachgebildet waren.

Ausschließliche Finanzbeamte gab es übrigens fast gar nicht: jeder Beamte konnte schon wegen der so häufig gedrohten Geldbußen in die Lage kommen, für den Staat Einnahmen zu erheben.

Die *Staatseinnahmen* bestehen einmal aus den Erträgnissen der *Krongüter*: Paläste, Villen, Landgüter mit Wald, Ackerland, Weideland, Garten, Weingärten mit ihrer zahlreichen Bevölkerung von Unfreien, die oft als Zubehörden gelten, Kolonen, freien Pächtern. Der Staat hatte den ganzen ehemalig römischen Fiskus übernommen

---

1 Letzterenfalls aber nur das aus privatrechtlichen Titeln erworbene.

und vermehrte jene Güter durch unaufhörliche Einziehungen in den Hochverratsanklagen der Großen. Beibehalten ward auch die römische Verwertungsart der Krongüter: Verpachtung (oft Emphyteuse) gegen einen in drei Jahreszielen, meist in Naturalien, zu entrichtenden Pachtschilling.

Unter den *Steuern* war die wichtigste die *Grundsteuer*, tributum, die von dem römischen Grundeigentümer, possessor (der Kolone zahlt ein Kopfgeld, capitatio), in der hergebrachten römischen Weise erhoben wurde: die Steuerpflicht haftet auf dem Boden, so daß bei Veräußerungen nicht der Veräußerer sich fortan noch als steuerpflichtig erklären kann. Der Staat hält sich an den Eigentümer des Bodens; der neue Erwerber muß sich in die Steuerliste eintragen lassen und seine Bereitwilligkeit, zu zahlen, ausdrücklich erklären. Das Maß der Steuer kann nicht der oberste Provinzialbeamte, nur der König selbst erhöhen, dieser aber so unbeschränkt wie weiland der Imperator, ohne Zustimmung der Großen, des Reichstags oder Staatskonzils gebunden zu sein. Es scheint, daß wie in der römischen Zeit die Steuer nach

1   2   3

Drei Goldmünzen von westgotischen Königen in Spanien[1]

einer von den Bischöfen und Senioren der Provinz festgestellten Schätzung in Natura entrichtet werden durfte: bei Verwerfung solcher Schätzung mußte in Geld gezahlt werden. Auch Kirchen und Klöster sowie die einzelnen Geistlichen waren

---

1 Es sind Drittel des römischen Solidus, die rohesten aller Münzen, nicht Kopien gleichzeitiger römischer Münzen. 1. Leovigild 573–586. † LEOVIGILDVS RE, das Kreuz, das den Anfang der Umschrift bezeichnet, gilt zugleich für das X von REX. Kehrseite: † RODAS I/I IVSTVS. Auf jeder Seite der Münze das nach vorn gekehrte Brustbild des Königs. Sein Beiwort *Justus* steht hier, wie das Beiwort fast immer auf den westgotischen Münzen, nach dem Namen der Stadt, wo die Münze geprägt ist: Rhoda in der westgotischen Provinz Tarraconensis, jetzt Rohas. – 2. Sisibut 612–621. † SISEBVTVS REX. Kehrseite: EMERETA PIVS. Emerita, Hauptstadt der Provinz Lusitania, jetzt Merida. Es steht Emereta, e und i wechseln zuweilen, z. B. vector statt victor. – 3. Rekisvinth 635–672. † RECCESVINJVS RX. Kehrseite: † TOLETO PIVS. Toledo war Hauptstadt der Provinz Carthaginensis. Auffallend ist das griechische J für TH in dieser lateinischen Aufschrift. Das Kreuz auf Stufen ist römischen Münzen nachgeahmt. Erheblich erweitert ward unsere Kenntnis des westgotischen Münzwesens nach dem Erscheinen der ersten Auflage durch den reichen Fund westgotischer Münzen in dem Gehöft La Capilla, acht Kilometer östlich von Carmona (römische Provinz Bätica) am rechten Ufer des Carbones, am 27. August 1891, Tremissen (Trientes) des Solidus, in Gold: es waren fünfhundertundfünf Stücke, davon gingen die meisten durch Nachlässigkeit der Finder – Arbeiter – verloren: erhalten und bestimmt sind nur siebenundsechzig: und zwar eins von Rekared, fünf von Witterich, eins von Gundemar, neun von Sisibut, achtundzwanzig von Svintila, neunzehn von Sisinand, eins von Leova. Außerdem begegnen noch zwei Namen Juilla (Judila) und Jajita, wahrscheinlich Anmaßer, deren Namen in die Königslisten gar nicht aufgenommen wurden und die, so kurze Zeit sie auch in einzelnen Städten herrschten, doch um sich Geld zu schaffen, münzten. – Genaueres siehe in meinem Aufsatz in Hirths Annalen 1898 über die Schrift von Don Manuel Fernandez y Lopez, El tesoro visigótico de la Capilla. Sevilla 1895.

grundsteuerpflichtig, nur besondere Befreiung konnte sie davon entlasten. Sisinanth entband die geistlichen nur von Fronden und außerordentlichen Auflagen, nicht von der Grundsteuer. Die Goten, ursprünglich steuerfrei, wurden später, die Zeit ist nicht genau bestimmbar, der Grundsteuer ebenfalls unterworfen. Eine außerordentliche *Kriegssteuer* erhob Alarich II. für Vorbereitung der Verteidigung gegen Chlodovech. Sehr viel trugen die *Judengelder* ein: denn das Völklein war sehr reich und die ihnen aufgelegte Last drückend. Die „*Goldsteuer*" (auraria) war eine von Waren im Umsatz erhobene Steuer, nicht zu verwechseln mit den *Zöllen*, die nach römischer Sitte (für jede Provinz?) je auf drei Jahre an den Meistbietenden verpachtet wurden. Auf Überschreitung des Zollsatzes durch den Zollpächter steht Todesstrafe: ein Zeichen, wie häufig und wie groß diese Mißbräuche waren, wenn solche Abschreckung nötig schien. Sehr mannigfaltig sind die *Staatsfronden*, welche die Untertanen mit Hand- und Gespanndienst leisten mußten: z. B. für Beförderung von Beamten und deren Dienstreisen. Reich flossen Einnahmen in die Staatskasse (unmittelbar oder mittelbar, sofern sie die Besoldung der Beamten ersetzten) aus den zahlreich gedrohten *Vermögensstrafen* und verlangten *Gebühren* (z. B. in jedem Strafverfahren der zwanzigste Solidus der Komposition für den Richter, der zehnte Solidus für den Sajo: sie forderten aber den dritten!): so das „*Kettengeld*", catenaticum, für Richter, Häscher, Kerkermeister. Gewaltige Vermögensmassen brachten die *Einziehungen*, welche die gewaltsamen Thronwechsel, die Niederwerfung einer Adelspartei, entdeckte Verschwörungen begleiteten.

Auch das *Münzrecht* wurde als Finanzregal ausgebeutet: Alarich II. suchte durch Münzverschlechterung Geld zur Rüstung gegen Chlodovech zu gewinnen.

Wir besitzen Münzen (meist Gold) fast aller Könige von Athanagild bis zum Ende des Reiches: falsch sind die Walja und Alarich I. zugeschriebenen. Leovigild, von dem noch immer mehr Goldmünzen gefunden werden, soll zuerst die Krone auf seinem Brustbild angenommen haben: manche seiner Münzen deuten Siege über die Byzantiner und Rebellen an (z. B. Cordoba bis obtinuit, Spalis [Hispalis] cum Deo obtinuit, pius Emerita [sic] victor). Rekared I. nennt sich justus pius victor und zahlreiche Städtenamen (darunter Reccopolis, Avenio, Victoria). Der Empörer Hermenigild beeilte sich, zu Cordoba Goldmünzen zu schlagen. Die Roderich zugeschriebenen Münzen sind wahrscheinlich falsch. Das Münzsystem ist das römische: 1 Pfund Gold = 858 Mark = 72 *byzantinische* Solidi, seit Constanin Weltmünze: der Solidus also 11 $^{11}/_{12}$ Mark, die Uncia = 6 Solidi = 71 ½ Mark, der Stater = 3 Solidi = 35 ¼ Mark. Daneben galt eine Silberwährung: 1 Pfund Silber = 20 Solidi: das Verhältnis von Gold zu Silber war also wie 18:5. Ein Solidus = 40 Kupferdenaren, ein Denar (ungefähr) = 2 ½ Pfennig. Ein Solidus = 3 Tremisse, eine Tremisse = (ungefähr) 3 $^2/_3$ Mark. Eine Tremisse = 5 Argentei, ein Argentus = (ungefähr) 60 Pfennige. Die Namen der Münzstätten mögen hier stehen, da sie zugleich die wichtigsten Orte des Reiches sind: Toletum, Cordoba, Hispalis (Sevilla), Emerita (Merida), Reccopolis (Almonacide ?), Tarraco, Ebora, Onoba, Caesaraugusta (Saragossa), Coimbria, Areminium (Aempio ?), Barcino (Barcelona), Barbi (bei Jaen), Beatia (Beaza), Bergio (Berga), Brea (unbekannt), Oldreasio (Ocerna), Salamatica (Salamanca), Braccara (Braga), Bretonia (Bretagna), Caliabria (?), Dertosa (Tortosa), Elbora, Egitania, Elliberi (Elvira), Mentesa, Portuscale (Oporto), Tirasona, Tucci: dann Narbonne, Aire in der Gascogne, Agde, Albi, Avignon, Nîmes. In allen diesen Städten sind vereidigte Münzmeister, monetarii, im Amt: Falschmünzung, Münzbeschneidung werden streng bestraft, die Weigerung, des Königs Münze (wegen Untergewichts) zu nehmen, sogar als Hochverrat. Übrigens befreien sich die Münzen der Westgoten (wie die der Franken und Langobarden) mehr von dem byzantinischen Vorbild als die der Ostgoten und Vandalen: man unter-scheidet drei Zeiten in der Münzgeschichte dieses Reiches: von Leovigild bis Witterich Nachahmung des römischen Vorbildes, von Gunthimar bis Kindasvinth zögernde Entfernung von demselben, von Rekisvinth bis zum Ende des Reiches Neuerungen in mannigfachen Schwankungen.

Ein *Bergregal* des Fiskus hat man mit Unrecht angenommen: der Staat verbietet nur das Schürfen unter Gebäuden im Interesse der Sicherheit.

Als außerordentliche Einnahmen sind anzusehen Kriegsbeute, Geschenke frem-der Fürsten, Aussteuer einheiratender Prinzessinnen, Schätzung besiegter Völker: der Basken, Sueben.

Eine große Rolle spielt auch in diesem Reiche *der Schatz, der Königshort*, thesaurus regius: stets wird er mit Krone, Thron, Volk, Land zusammengestellt. Wie den Thron so den Hort sich zu sichern, eilt Thorismund von der Hunnenschlacht nach Toulouse: nach der Schlacht von Voulon erbeutete Chlodovech einen Teil des Schat-zes; wegen des Restes, der nach Carcassone geflüchtet worden, ward diese Stadt mit großem Eifer belagert und bestürmt: die Ostgoten brachten, nachdem sie die Belage-rer vertrieben, den Hort nach Ravenna in Sicherheit. Althalarich gab ihn seinem Vetter Amalarich zurück, und dieser verlor das Leben, weil er seine Edelsteine noch retten wollte. Von Agila heißt es: er verlor bei Cordoba Heer, Sohn *und Hort*. Der Schatz bestand außer in Münzen in Schmuck, Kleinodien, Gerät, kostbaren Waffen: gern weidet der König (Theoderich II.) in Mußestunden seine Augen an diesem Hort oder an den edlen Rossen des Marstalls. Arabische Übertreibung hat die im Palast zu Toledo erbeuteten Schätze ins Ungemessene vergrößert. Neben dem the-saurus mag die *Bücherei* des Königs genannt werden: da man eine vielgesuchte Hand-schrift – des Buches des Aprincius von Paca über die Offenbarung Johannis – auch in der königlichen Bücherei nicht findet, gibt man die Hoffnung für ganz Spanien auf: verschieden hiervon ist das *Archiv*, in welchem z. B. die Urschrift des Breviars aufbe-wahrt wurde.

Als ordentliche *Staatsausgaben* sind zu nennen die starken Beiträge zur Verpfle-gung des *Heeres*, auch im Frieden der Besatzungen; dann die Kosten der *Verwaltung*, zumal die Gehalte der Beamten, die diese, neben Anteil an Strafgeldern und neben Naturallieferungen der Untertanen, aus der Staatskasse beziehen; als außerordentli-che die „*Donativa*" an das Heer, *Geschenke* an den Papst und fremden Fürsten, die unter Befreundeten ganz regelmäßig erwartet werden und jede Gesandtschaft beglei-ten, die *Aussteuer* der ausheiratenden Prinzessinnen, auf welche die merovingischen Freier größtes Gewicht legen: ganze „thesauri" werden den Bräuten mitgegeben. Gaileswintha wird anfangs von ihren Gemahl sehr geliebt: „*denn* sie hatte große Reichtümer mitgebracht"; ferner die *Kloster- und Kirchen-Stiftungen* und die reichen Geschenke an solche, endlich aber die höchst verderblichen und doch bei der Über-macht des Adels kaum vermeidlichen *Geschenke von Kronland an die weltlichen Gro-ßen*, deren Treue zu belohnen oder zu befestigen; es waren Vergabungen von vollem, vererblichem Eigentum (nicht karolingische beneficia), die, unablässig gespendet, das Krongut erschöpften, die verarmende Krone immer mehr abhängig von den Be-reicherten machen mußten. Mit den römischen Finanzeinrichtungen wurden auch die vielfachen, schweren, damit verbundenen *Mißbräuche* herübergenommen: schon die gesetzliche Steuerlast war kaum zu ertragen, die willkürliche Erhöhung durch habgierige Beamte trieb die Bauern und Bürger wiederholt zu verzweifelter Empö-rung. Feuertod und vierfacher Ersatz muß den Steuerbeamten für Überforderung gedroht werden, die nicht Steuern, sondern Raub erheben.

e) Polizeihoheit. Verwaltung

In ganz unvergleichlich stärkerem Maß und vielfacherer Anwendung als in irgend einem anderen dieser Germanenreiche ward in dem Westgotenstaat die von den Kaisern überkommene Polizeigewalt geübt: auch viel eingreifender als in dem hierin noch am nächsten stehenden Staat Theoderich des Großen. Es war der starke Einfluß der *geistlichen* Anschauungen und der *geistlichen* Rechtsverordnungen, die in die westgotische Gesetzgebung diesen Zug der Allbevormundung brachte, diese unermüdliche Vielregiererei, diese „kasuistische", oft arg gekünstelte Regelung der kleinsten Einzelheiten. Dies gibt der Gesetzgebung und Verwaltung zwar den Vorzug einer unvergleichlich reiferen Bildung, als den schlichten Volksrechten und Lebenszuständen der anderen Stämme eignet: aber zugleich eine überfeinerte, ungesunde, unwahre, d. h. nicht im Volksleben wurzelnde, Künstlichkeit. Etwas Pfäffisches und Greisenhaftes liegt in diesen Vorschriften: in chinesischer Weise regiert der Stock; die Ehre des freien Germanen wird von diesen Priestern unaufhörlich mit der Rute bedroht, und ein finsterer Glaubenshaß quält mit kleinlich höhnender Grausamkeit seine Opfer: die Juden. Indessen: dieser Einfluß der Bischöfe wirkt doch erst seit Rekared I., und schon anderthalb Jahrhunderte vorher müssen ähnliche, obzwar noch nicht so ausgeklügelte und planmäßige Vorschriften bestanden haben. Dies erklärt sich wohl aus der alt und tief gewurzelten römischen Bildung in Südfrankreich und Spanien und aus der schon vor der gotischen Einwanderung gerade durch südgallische und spanische Konzilien stark entwickelten Macht der Bischöfe: an diesen beiden Elementen konnte das Gotentum auch zur Zeit der Kämpfe gegen Westrom (410-476) und des lebhaften Mißtrauens gegen den Katholizismus (bis 586) nichts ändern: die Interpretatio und das Breviar setzten den Fortbestand römischer Verwaltung in allem einzelnen voraus. Die römischen Lebenszustände sind in diesen Ländern durch die gotische Einwanderung nicht in wesentlichem Betracht unterbrochen worden, und die priestergeleitete Gesetzgebung der Staatskonzilien (seit 587) baute auf den alten römischen und den kirchlichen Grundlagen fort.

Daher eine geradezu „vexatorische" Bevormundung, eine in alles vorbeugend und altklug sich mengende Kasuistik des Befehls, des Verbots, der Strafdrohung. Die *Sicherheitspolizei* stellt genaueste Gebote auf gegen Feuergefahr, Baugefahr, Schaden durch Tiere – sehr strenge –, sogar gegen Schaden durch Bienenstiche, Gefahr beim Fällen von Bäumen, Sicherung der Straßen, der Mühlen, zumal zur Nacht. Die *Gesundheitspolizei* befiehlt, der Übernahme der Behandlung durch den Arzt muß ein ausdrücklicher Vertrag vorhergehen, wobei der Arzt Sicherheit stellen und sich zur Heilung verpflichten (!) muß, falls er den Kranken übernimmt; stirbt dieser, darf der Arzt keinen Ehrensold fordern, aber die Sicherheit zurücknehmen: nötigenfalls bestimmt das Gesetz den Ehrensold z. B. für den Starstich. Lähmt der Arzt durch ungeschickten Aderlaß den Kranken, zahlt er hundertundfünfzig Solidi Buße: stirbt der Kranke daran, wird jener der Sippe zu willkürlicher Bestrafung ausgeliefert, wird ein Knecht gelähmt oder getötet, hat der Arzt nur Ersatz zu leisten. Die Ärzte sind natürlich Griechen und Römer. Die *Sittenpolizei* eifert gegen alle Arten von Unzucht: in den Gefängnissen werden die Geschlechter getrennt. Aber auch der Arzt darf selbst in Notfällen nicht ohne Zeugen Aderlaß an einem Weibe vornehmen – bei zehn Solidi Strafe: „weil nicht allzu schwer sich bei solcher Gelegenheit Ungehöriges einschleicht". Sogar *Bevölkerungspolitik* wird betrieben mit starken Eingriffen in die Freiheit: freie Arbeiter dürfen nicht ins Ausland mitgenommen, Unfreie nur beschränkt über die Grenzen verkauft werden; ja das Gesetz will die Fruchtbarkeit der

Ehen befördern, ndem es die Verlobung des jüngeren Mannes mit der älteren Frau geradezu verbietet; auch muß jede Verlobung nach zwei Jahren ehelich vollzogen werden. Die *Landwirtschaftspolizei* zeigt uns den germanischen Bauer fleißig an der Arbeit: es ist ein erfreuliches Bild, ihn in den Eichenwäldern, Kornfeldern, Weinbergen, Wiesen der pyrenäischen Halbinsel wirtschaften zu sehen. Wohltätig hatte die gotische Einwanderung für Belebung und Hebung des Landbaues gewirkt, durch Zerschlagung der römischen Großgüter mit ihrer Sklavenbevölkerung, bis nach einigen Menschenaltern neue Großgüter der Krone, der Kirchen, des gotischen wie des römischen Adels entstanden. Zahlreich sind die Bestimmungen des Gesetzbuches über Grenzstreit, Zaunbruch, Flurfrevel aller Art, schädigende Tiere und ihre Pfändung, Vertilgung der Heuschreckenschwärme, die oft, z. B. um 580 fünf Jahre nacheinander, Septimanien und Carpetanien heimsuchten. Die Pflege der *Viehzucht* befaßt sich vor allem mit der Eichelmast der in größter Anzahl gehaltenen Schweineherden in gemeinsamen oder fremden mit dieser Dienstbarkeit, oft gegen einen Zehnt der gemästeten Tiere, belasteten Wäldern: sie lieferten den weitaus größten Teil der Fleischnahrung. Vieheinstellungsverträge werden sehr oft geschlossen; außerdem werden Rosse, Rinder, Schafe, Haus- und Jagd-Hunde, auch Bienenzucht erwähnt. Die Stiergefechte, aus römischer Zeit überkommen, werden auch damals leidenschaftlich, sogar von Bischöfen, besucht. (Sisibut gegen Eusebius von Tarraco.) Die *Waldpolizei* schützt Eichen und Buchen: Oliven, Äpfel, Feigen, Wein wurden eifrig gepflegt. Bei solcher Sorge um das Geringfügigste muß auffallen, daß die Gesetze von dem in Spanien einst so hoch wichtigen *Bergbau* fast völlig schweigen: Salzbergwerke in Tarraconien arbeiten noch, ein Edelstein, lapis fulminis, wird ausgeführt. Aber aus Isidor darf man durchaus *nicht* folgern, daß *noch zu seiner Zeit* auf Blei, Quecksilber, Obsidian gebaut wurde (seine Begriffsbestimmungen und Schilderungen sind aus alten Schriftstellern zusammengeschrieben, fast immer ohne Blick in die Gegenwart, oft nachweisbar längst Veraltetes noch als bestehend – richtiger ohne Rücksicht auf Bestand – meldend). Er erzählt nur selten ausdrücklich von Gegenwärtigem, so daß der Tajo noch immer reichlich Goldsand dahinwälzt: aber von Goldminen schweigt er. Darf man aus dem Verhältnis der Münzen Schlüsse ziehen, so ward mehr Gold als Silber gewonnen. In der *Wasserpolizei* wird der richtige Grundsatz durchgeführt, daß niemand von seinem Wasserrecht selbstischen Gebrauch machen darf, die nicht von ihm benötigten Wasserkräfte anderen, der Gesamtheit gönnen muß, nicht aus Mutwillen, Trägheit, Bosheit das von ihm nicht benutzte Wasser der Verwertung durch andere entziehen soll. Ableitung des natürlichen oder durch Herkommen oder Vertrag geregelten Wasserlaufs wird mit Geldstrafen bedroht, die nach der Stärke des Wasserarmes und der Dauer des Mißbrauchs in künstlich durchgeführter Fallunterscheidung abgestuft werden, eine Art juristischer Spielerei, die von dieser kanonistischen Gesetzgebung häufig beliebt wird. Die Bedürfnisse der *Schiffahrt* und der *Fischerei*, sowie der Mühlen und anderer Wasserwerke werden abgewogen mit richtiger Wahrung der überwiegenden Wichtigkeit des Verkehrs. Die Bedeutung *künstlicher Bewässerung* und *Wasserleitung* – eine römische Überkommenschaft: noch die Mauren bewunderten die herrlichen Wasserleitungen zu Merida und Tarracona – wurde damals in Spanien richtiger gewürdigt als in manchem viel späteren Jahrhundert. Überhaupt darf man nicht verkennen, daß diese übertrieben bevormundende Gesetzgebung doch gerade im Gebiet der Kulturpolizei manches Gute gefördert hat: sie übertrifft an Fürsorge für solche Dinge weit alle Germanenreiche der Zeit, auch das ostgotische. Erst zwei Jahrhunderte später tritt bei den Franken eine Bildungspflege auf, die dann allerdings großartig und kraftvoll jene kleinlichere Priesterkasuistik unvergleichlich überragt: die Bildungsförderung Karls des Großen. Die *Handelspolizei*[1] tut mancherlei für den Verkehr: der überseeische Handel war von jeher sehr lebhaft gewesen an den Küsten Südfrankreichs und Spaniens, und es bestätigt vollkommen unsere Auffassungen von der durch die „Stürme der Völkerwanderung" nicht unterbrochenen Fortdauer des römischen Lebens, daß auch in der kämpferischsten Zeit dieser Länder der Handel fast ungestört (nur die Raubschiffe Geiserichs, siehe Vandalen, brachten wohl 430 bis 460 manches Kauffahrteischiff auch in den spanisch-afrikanischen Gewässern auf) seinen Fortgang nahm. Zwischen den spanischen Häfen und Marseille bestand die alte regelmäßige Handelsschiffahrt im fünften und sechsten Jahrhundert fort, wie da beide Länder der römischen Herrschaft gehorcht hatten. Auf der Messe zu Saint Denis, in Paris, fehlen nicht (im siebenten Jahrhundert) die Kaufleute aus „Hyspanien", d. h. dem gotischen Septimanien: in Marseille wie in Septimanien treiben sich in der Zeit der ärgsten Wirren, der unablässigen Kämpfe (Eurich) zwischen Goten, Römern, Sueben, Burgundern und unter wechselnden Gegenkaisern zahlreiche syrische, jüdische, griechische Kaufleute um. Anschaulich schildert das der Zeitgenosse Apollinaris Sidonius: ein Geistlicher von Clermont nimmt Geld auf, geht damit, die Gewinnsuche im Einfuhr- und Binnen-Handel, im Großhandel und Kleinhandel ganz regelmäßig betreibend, wann die Handelsschiffe dort einlaufen, nach Marseille, kauft auf dem Hafendamm oder gleich an Bord billig im großen die eingeführten Waren ein und erzielt Verzinsung des Darlehens und Gewinn durch Kleinverkauf in der Heimat. Afrikanische Sterndeuter bieten in Bordeaux (?) circa 480 ihre Schwindelweisheit, karthagische Seefahrer ihre Waren im Palast des Theudis circa 540, griechische circa 650 in Merida feil. In den Häfen und größeren Kaufstädten verstattete man den fremden Kaufleuten die Bestellung einer Art von Handelskonsulaten, vor denen sie Streitigkeiten untereinander nach ihrem Volksrecht führen durften. Goten waren diese Richter nicht, doch dem König zur Einlieferung der von ihren Landsleuten bezahlten Zölle verpflichtet. Wie schon Phöniker und Karthager segelten die Kauffahrer den Ebro und Guadalquivir hinauf bis tief in das Herz des Landes: Seide, Purpur, die Rohstoffe und daraus gefertigte Kleider, Schmuck und Gerät aus Silber und Gold – noch werden als Silber- und Gold-Arbeiter auch Goten vorausgesetzt –, Gewürze, Elfenbein, Kamelhaar einführend. [2] Ausgeführt wurden, zumal nach Nordafrika und Südgallien: Getreide, Metalle, Steinsalz, Wein, Essig, Wachs und Honig. Das Strandrecht wird schon von der Antiqua verpönt. Die *Straßenpolizei* sorgt für Freiheit und Sicherheit der Land- und Wasserstraßen: die Angrenzer dürfen durch Gräben, Zäune, Wolfsgruben, Selbstschüsse den Weg nicht einengen oder gefährlich machen. Versperrung öffentlicher Wege wird verboten, von jedermann straflos beseitigt, nö-

---

1 Vergl. über alles hierher Gehörige *Dahn*, Handel und Handelsrecht der Westgoten. Bausteine II. Berlin 1880.

2 Dabei begegnet ein sehr merkwürdiger, wahrscheinlich ursprünglich gemein-semitischer Rechtssatz der alten Handelsvölker des Mittelmeeres, der, nach dem Grundsatz der persönlichen Rechte, vermutlich zuerst als jüdisches Volksrecht in rein jüdischen Fällen angewandt, später, weil sehr ersprießlich, auf gemischte und rein gotische Fälle ausgedehnt wurde: daß nämlich, wer in gutem Glauben zu unverdächtigem Preise von überseeischen Händlern die regelmäßigen Einfuhrwaren (Kleider, Gold, Silber, Schmuck) gekauft, dieselben dem zurückfordernden Eigentümer nur gegen Erlaß des Preises herausgeben muß: ein für den Handel außerordentlich wichtiger Grundsatz, den wir im Mittelalter in den Rechten sehr vieler Städte antreffen. Daß er *nicht* auf dem germanischen Grundsatz „Hand wahre Hand" beruht, darüber siehe Dahn, Handel und Handelsrecht der Westgoten.

tigenfalls der Versperrende zur Entfernung – der Weg geht dann mitten durch seine etwa hier angelegten Anbauten – unter Geld- und Leibes-Strafen genötigt, und die Buße verfällt nicht etwa dem Aufgehaltenen, sondern dem Staat: denn scharf wird die Wichtigkeit der Freiheit der Wege für den Staat betont, es ist „des Königs Straße" (the Kings high-way). Die Grundfäden des Straßennetzes im gotischen Spanien waren wohl aus dem römischen beibehalten, der mit zweiunddreißig Legionenstraßen die Halbinsel überzogen hatte.[1]

Das römische *Postwesen* wird in den vorgefundenen Einrichtungen fortgeführt: es bestanden Posthaltestellen, oft mit Herbergen, tabernae, verbunden, welche letztere aber der gebildete Reisende gern vermied. Meist ersparte sie ihm die Gastfreundschaft oder man nächtigte unter mitgeführten Zelten im Freien, am Feuer, das die Knechte schürten und bewachten. Nach römischem (und persischem) Recht hatten nur die Beamten des Staates das Recht, sich der Staatspost zu bedienen: nur eine Beförderungsanweisung (evectio) gewährte das Recht auf Postpferde (veredos), Vorspann, Sonderpostpferde (paraveredos), gewöhnliche und außergewöhnliche Spannfronden (angarium, parangarium), und nur für dienstliche Reisen darf eine solche Urkunde ausgestellt werden; städtische Beamte haben den gleichen Anspruch gegenüber der Stadt für Reisen im städtischen Dienst. Es ist eine Empfehlung des Bewerbers um solche Ämter, wenn er im voraus hierauf verzichtet. Die städtischen Behörden haben dem staatlichen Richter Verletzungen der Postordnung anzuzeigen, der für jedes angemaßte Pferd ein Pfund Gold Buße erhebt, aber für betrügliches Einverständnis das Doppelte zahlt. Die Einrichtung war unter Alarich II. 506 so lebendig, daß die Interprettatio jede Erläuterung für überflüssig erklärt; während der ostgotischen Regentschaft vor 526 erließ Cassiodor eine Postordnung für Spanien (und Septimanien): aber noch viel später reisen die Sajonen mit Roß und Gespann.

Die *Fremdenpolizei* nimmt sich gastlich der Reisenden an: da man in die „triefenden" Wirtshäuser am Wege nicht gern eintrat, verstattet das Gesetz, auch vom fremden Holz Feuer zu schüren auf der Straße – nur soll es bei dem Aufbruch sorgfältig gelöscht werden –, Tiere auf Feldern und Weiden, selbst umzäunten, grasen zu lassen: der Eigentümer der Weiden, der die Tiere in seinen Stall führt oder nur vertreibt, wird gestraft. Auch gegen Willen des Eigners dürfen die Reisenden auf solchen Weideplätzen Gepäck ablegen, die Tiere zwei Tage weiden lassen, Äste von den Bäumen brechen, kleine und nicht eckernde Bäume fällen, aber nicht große oder eckernde, und nur zwei Tage an einer solchen Raststelle weilen. Doch überwacht auch die Polizei unbekannte Fremde, zumal wenn sie flüchtige Knechte scheinen: niemand darf solche Unbekannte länger als acht Tage, in Grenzbezirken länger als einen Tag, beherbergen oder als Tagelöhner mieten, ohne Anzeige bei der Behörde, die jeden Unbekannten scharf verhört. Der geheime Verkehr mit dem Ausland wird (auch den Geistlichen) verboten. In unruhigen Zeiten, z. B. unter Eurich, werden die Straßen streng überwacht, auch wohl die Grenzen z. B. gegen die Frankenreiche ganz gesperrt.

Die *Armenpflege* wird fast ausschließend von der Kirche getragen, wie überall seit dem Ausgang der Kaiserzeit bis in das späte Mittelalter. Die Kirche hat auf diesem Gebiet wie auf dem benachbarten der Sorge für die Unfreien ihre höchsten Verdienste aufzuweisen: sie sind mit wärmster Anerkennung zu verzeichnen. Während nur

---

1 Könige VI, 291.

eine dunkle Stelle von *königlichen* Reichnissen an arme Provinzialen spricht, haben Klöster und Kirchen die Pflege der Wohltätigkeit sorgfältig eingerichtet. In der Kirche des heiligen Caesarius von Arles stand immer der Tisch gedeckt für Geistliche und alle Fremden, und solange er lebte, fand jeder in Arles nicht mehr eine Fremde, nein, seine Vaterstadt. Mit Beilen ließ er das Silber und Gold aus seiner Kirche von den Wänden schlagen, mit dem Erlöß Gefangene loszukaufen und die Hungersnot zu lindern: was ihm der König schenkte, verkaufte er zu Gunsten der Armen. In Scharen (schreibt Avitus von Vienne) kommen die Armen an die Pforten der Klöster des heiligen Ämilian. Bischof Mausona von Merida stiftet eine Pflegeanstalt für Kranke und Reisende: er läßt Ärzte und Diener der Kirche unablässig Rundgänge halten und alle Kranken, Juden wie Christen, Knechte wie freie, in dies Gebäude schaffen, sie dort sorgfältig zu nähren, zu pflegen, zu hüten; die Hälfte der besten Naturallieferungen, die ihm gebracht werden, überweist er seinen Kranken. Die Leute aus der Stadt und dem Flachland kommen an das Bischofshaus (atrium) und erbitten sich von Verwaltern (dispensatores) Öl, Wein, Honig in mitgebrachtem kleinem Geschirre: der Bischof läßt ihnen die kleinen zerschlagen und heißt sie mit großen wiederkommen. Patiens von Lyon schickt Lebensmittel in die fernsten Teile Galliens, die durch den Krieg von 430 gelitten. Er meint in seinem Testament, wenn er als Bischof für Fremde und Arme zu sorgen habe, wieviel mehr für fromme Jungfrauen (religioase). Übrigens erachten auch vornehme Laien Aufnahme von fremden Reisenden als Ehrenpflicht, und ihre Wohltätigkeit wird für Gefangene, für welche die gotische Liturgie ein besonderes Gebet enthielt, und Sträflinge in Anspruch genommen[1].

f) Amtshoheit. Ämterwesen

Der König verleiht vermöge seiner *Amtshoheit* die meisten Ämter ganz unbeschränkt, daher sogar an Juden, trotz allem Glaubenshaß: – nur für wenige besteht Wahlrecht des Volkes – und er überwacht die Führung aller Ämter. Die ganze *römische* Ämtereinrichtung wird vom Breviar (506) als fortbestehend vorausgesetzt, ausgenommen die obersten Hauptämter: z. B. der praefectus praetorio Galliarum, an dessen Stelle der König selbst tritt, und die obersten Provinzialstellen. Die *germanischen* Beamten für Gerichts- und Kriegswesen, die Grafen und die Zahlenführer, bestanden fort: erstere erhielten nur die Verrichtungen der vorgefundenen römischen comites hinzu. Der König besoldet, unterweist, überwacht, straft, schützt, belohnt die Beamten: auch außerordentliche Beamte, Sendlinge bestellt er oft für Rechtspflege und Verwaltung. Als Vertreter des Königs haben sie die eindringende, jeden Widerstand brechende Staatsgewalt, die executio: auf das Gebieten, commonere, folgt bei Ungehorsam das distringere, corripere, discuti, Anhalten, Ergreifen, Zwingen: „Gehet hin", spricht der Dux Aram zu Arles in Bestrafung eines katholischen Priesters zu seinen Dienern (pueri), „bindet ihn an Händen und Füßen und schleppt ihn mit Gewalt herbei, auf daß er erkenne, daß ich der Herr bin dieses Landes." Dabei sind die *Hofbeamten* fast ausnahmslos zugleich *Reichsbeamte*, die Verwalter der Krongüter vermöge der Einheit von Königsgut und Staatsgut (unge-

---

1 Doch setzen über zwanzig Stellen des Gesetzes *staatliche* Armenunterstützung voraus, nur nicht gerade aus der Kasse des Königs

achtet des verschiedenen *Erbgangs*) zugleich Staatsbeamte. Die genau geordnete Stufenfolge der Ämter ist: dux, comes, vicarius, pacis, assertor, þiufadus (= millenarius über eintausend Mann), quingentenarius (über fünfhundert), centarius (über hundert), decanus (über zehn).

Neben diesen staatlichen stehen die *städtischen* Beamten: denn das ganze römische Städtewesen blieb bei seiner Gemeindeverfassung, vor allem dem städtischen Senat, der Kurie erhalten, damit blieb aber zugleich die Grundlage und der Rahmen für das römische Bildungsleben in Südgallien und Spanien: das ward von höchster Wichtigkeit; die Romanisierung der Germanen, die Überlieferung römischer Lebenssitte, wie sie der Germane heute noch in den romanischen Ländern in zahlreichen Nachwirkungen mit Staunen bemerkt, war von Erhaltung des römischen Städtewesens bedingt.

Dieses städtische Leben mit seinem Reichtum und Glanz (und mit der erdrückenden Belastung seiner Bürger) gehört daher ganz wesentlich in eine „Urgeschichte der *romanischen* Völker".

Wir finden für fast alle größeren Städte dieses Reiches Belege, daß die römische Bildung mit allen deren Erscheinungen, die städtische Verwaltung in deren wichtigsten Zweigen auch nach der gotischen Eroberung fortwirkte, mit wenigen Veränderungen bis zum Ende des Reiches. Erst die maurische Eroberung hat vielfach die Verfassung der Städte, der Islam mit seiner Bilderfeindschaft die Reste ihrer alten Denkmäler beseitigt. Die städtische Verwaltung hat nach wie vor der germanischen Einwanderung mit Ärzten und Professoren, mit Bildsäulen, Schaubühnen, mit Zirkus, mit Säulengängen, Triumphbogen und Kapitolien, mit Getreide- und Fleisch-Markt, mit Wasserleitungen und Salzbereitung, Brücken und warmen Bädern, mit Häfen und Wasserstraßen, mit Tor und Wall zu schaffen und das städtische Vermögen für diese Zwecke zu verwenden. Dies Vermögen ward allerdings auch von der Landteilung getroffen, aber es blieb immer noch sehr bedeutend: so gehörten noch gegen Ende des fünften Jahrhunderts alle Weinberge bei Marseille dieser Stadt. Cordoba führt noch unter Sisibut den alten stolzen Beinamen patricia.

Die Städte behalten die streitige und die freiwillige Gerichtsbarkeit (Adoption, Emancipation, Testamentseröffnung, Erlaubnis der Veräußerung von Mündelgütern, jus actorum, Einträge von Verträgen, z. B. großen Schenkungen in das Album der Kurie[1]), geübt durch den *Defensor*, der von den Bürgern aus den *Kurialen*, früher auf ein Jahr, später auf Lebenszeit, unter Leitung des Bischofs gewählt und vom König bestätigt wird. Ja, die Zuständigkeit des defensors ist über das römische Maß hinaus in Mündelsachen, im Strafverfahren erweitert, er gilt nun als *senatorischer* Magistrat und ist durch den gotischen Comes weniger als ehedem durch den römischen judex beschränkt. Er ist für rein römische Fälle der ordentliche erste Richter in bürgerlichen und in leichteren Strafsachen: nur dem gotischen Kläger muß der Römer auch in diesem Verfahren sofort vor dem rector provinciae, der sonst das Berufungsgericht, folgen. Vielfach ist die Körperschaft der Kurialen an Stelle des einzelnen Defensors getreten, der übrigens auch besoldeter Anwalt der Stadt ist,

---

1 Erhalten blieben auch die römischen Privilegien der Stadt, z. B. das Verbot, Leichen in ihren Mauern zu bestatten, zumal auch die der Kurie, z. B. Recht auf den Nachlaß eines erblos verstorbenen Kurialen, noch *vor* dem Fiskus, die Unersitzbarkeit ihrer Knechte und Ähnliches. Bei Neugründung von Städten, wie Rekopolis, verliehen die Könige diese althergebrachten, aber wohl auch weitergreifende Vorrechte, Befreiung von allerlei Steuern, Fronden und anderen Lasten.

woher sein Name rührt: noch Mitte des siebenten Jahrhunderts wird seine Tätigkeit bezeugt. Die ehren-, vermögen- und einflußreichsten Bürger der Stadt, die *Honorati*, erlangen durch Bekleidung höherer Reichsämter senatorischen Rang, leiten die Stadt und ihr Weichbild und bekunden durch häufige und reiche Stiftungen zugunsten ihrer Stadt, die als ihre Ehrenpflicht gelten, jenen schönen Bürgersinn (freilich manchmal begleitet durch kleinlichen Kirchturmehrgeiz), der das antike Bürgertum auszeichnete und heute noch in den romanischen Städten den Deutschen ein mehr angestauntes als nachgeahmtes Vorbild zeigt. Die Kurialen waren nun aber, weil sie zahllose Fronden, Naturalleistungen und staatliche Leistungen zu tragen hatten, vor allem, weil sie dem Fiskus für die Steuerausfälle (aber auch sonst haften sie mit ihrem Vermögen für strengsten Vollzug der Staatsgesetze, z. B. über das Postwesen, über Befreiung von Gefangenen) in der Stadt und deren Gebiet hafteten, ein von dem Druck des römischen Staatswesens bis an – und oft genug über – den Rand der Verzweiflung gedrängter Bürgerstand: die Goten brachten ihm keine Erleichterung, da sie das römische Steuersystem beibehielten. Ihr Vermögen wird durch die Lasten ihres Amtes notwendig erschöpft: mit allen erlaubten und unerlaubten Mitteln trachten die Hartbelasteten sich und ihre Kinder ihrem Stand zu entziehen; mit aller Grausamkeit hält sie die Gesetzgebung darin fest und bestraft jene Versuche durch Absprechung der Würden, aber Belassung und Erschwerung der Bürden ihres Standes. Entziehen sie sich der Pflicht in ihrer Geburtsstadt durch Eintritt in eine andere, sollen sie die Last in beiden tragen: Kinder von sieben Jahren hatte man in dies Joch gespannt: fortab soll dies erst im achtzehnten Jahr geschehen. Sogar verurteilte Fälscher beließ man – nach der Folterung! – in diesem Ehren- und Vertrauensamt, – nur die Rechte desselben sprach man ihnen ab.

Um an ihrem Vermögen stets einen Pfändungsgegenstand zu behalten, verbietet ihnen der Staat jede Veräußerung ohne seine Erlaubnis – deshalb soll sie auch „nicht zu leicht" unmäßige Geldstrafe und die Buße nur den Schuldigen, nicht, wie früher, alle seine Amtsgenossen mittreffen – ja sogar preisgeben dürfen sie ihr Vermögen nicht, was sie oft tun wollen, sich der Last ihres Standes zu entziehen; verstatte Veräußerung überträgt die Kurialenlast auf den Erwerber. Um dem Stande neue Glieder zuzuführen, bestimmt das Gesetz, daß uneheliche Väter ihre Kinder nur dann zu Erben einsetzen dürfen, wenn diese Kurialen werden. Wenn die Tochter eines Kurialen einen Kolonen heiratet, wird dieser collegiatus, wenn einen Knecht, wird dieser getötet und die Tochter einem Kurialen vermählt: denn der Stand ist erblich, ist unentrinnbar. Sogar wenn sie den Kurialen aus einer anderen Stadt heiratet, verwirkt sie ein Viertel ihres Vermögens an ihre Geburtsstadt. Selbst als Unfreie ließen sich die Kurialen verkaufen, ihrem Stand zu entfliehen: aber dem Beamten, der dies begünstigt, trifft der Tod. Die Kurialen und ihre Nachkommen sind von jedem anderen Beruf ausgeschlossen: um das Vermögen den Griffen des Staates zu sichern, müssen sie es ihren Söhnen hinterlassen, Töchter müssen Kurialen heiraten bei Verwirkung des vierten Teils ihres Vermögens an den Staat: dies Vermögen, soweit es in Grundstücken und anderen nicht verbergbaren Sachen besteht, wird staatlich geschätzt, über Gold, Silber und Verbergbares muß der Offenbarungseid geschworen werden. Nur wer dreizehn Kinder hat, soll von den Lasten des Standes befreit, aber der Eidam eines Kurialen, der eine kinderlose Frau besitzt, von deren Stand ergriffen werden. Jedoch trotz dieser gewaltsamen Festhaltung in dem Stande und straf- und zwangsweisen Vermehrung seiner Glieder – Geistliche, die wegen Unwürdigkeit abgesetzt sind, werden für die Kurie nicht verschmäht: sogar die tief verhaßten Ketzer werden in dies Ehrenamt gezwungen, „damit es nicht aussieht, als ob wir diesen Fluchwürdigen einen Vorteil zuwenden!", nahm die Zahl der Kurialen so reißend ab, daß man die Dauer einzelner ihrer Ämter verdoppeln mußte; und unter den Söhnen des Theodosius war das Vermögen vieler Städte (doch wohl nicht aller) dermaßen erschöpft, daß der Fiskus ihnen den dritten Teil der Kosten für Herstellung ihrer Bauten abnehmen mußte. Man begreift hiernach das Sprichwort der Juden Palästinas: „Schlägt man dich zum Kurialen vor, so fliehe in die Wüste des Jordans." Und von diesem „Ehrenamt", dem man die Sklaverei vorzieht, rühmt das Gesetz den „Glanz des Standes und der Geburt"!

Diese Verhältnisse verlangen scharfe Beleuchtung, ausführliche Darlegung: denn sie vor allem erklären den Untergang des Römerreiches an den inneren Schäden seiner Volkswirtschaft, seiner gesellschaftlichen Zustände, seiner Verwaltung: blickt man auf die Kraft des Provinzialadels in Selbsthilfe im Kriege, auf seinen römischen Staatssinn, seinen Glanz und Reichtum, sogar seine Bildung, so hält man den Staat für noch rettbar. Aber jener Stand allein war noch – vergleichsweise – gesund, und seine Großgüter trugen doch auch eine Hauptschuld an dem Niedergang des Volkes: denn sie hatten den ganzen Stand kleiner und mittelgroßer Freibauern aufgesogen, auf dem Lande die Verzweiflung der Kolonen, die gesellschaftliche Umwälzung der Bagauden, in den Städten Verarmung der Gemeinde und Verzweiflung und Aussterben der Bürgergeschlechter. Der wirtschaftliche Verderb des Bauern und wirtschaftlicher und gesellschaftlicher Niedergang des Bürgerstandes zerstörte die Volkskraft des Römerstaates, lange bevor die Barbaren seine Legionen überwältigt und seinen limes durchbrochen hatten.

Unter den Kurikalen stehen die *collegiati*, Kleinkrämer und Kleinhandwerker, frei, aber in verachteter Stellung: auch sie werden mit härtestem Zwang in ihrer Stadt und in ihrem Stand festgehalten. Prügel und Todesstrafe trifft den freien und unfreien Gutsverwalter, der der einem zu ihm aufs Land geflüchteten collegiatus heimlich aufnimmt. Sie dürfen nicht außerhalb des Gebietes ihrer Stadt wohnen, nicht Geistliche werden, bei Strafe zwangsweiser Zurückschaffung und Vermögenseinziehung: sogar aus der Zuflucht der Kirche müssen sie zurückgeliefert werden an die Kurie, und diese Klage verjährt erst in dreißig Jahren. Der Grund von alldem ist, daß sie nach Anordnung der Kurialen niedrige Dienste für Staat und Stadt zu leisten haben. Andere altrömische Gemeindeämter, wie quinquevirales, duumviri, decemviri, mögen in den meisten Städten bald nach 506 verschwunden sein. Die plebeji sind, in den Städten, Römer, die nicht zum städtischen Bürgertum, dem ordo, gehören oder, auf dem Lande, an die Scholle gebundene Kolonen.

Von den unmittelbaren königlichen Beamten ist der *rector provinciae* der ordentliche Richter im bürgerlichen und Strafverfahren über die Römer (auch über den Fiskus), er übt ferner über sie die Verwaltungs- und Finanzgewalt des Königs, unterstützt von seinem Amtspersonal (officium) und dem rechtskundigen Rat (consiliarius), den die Bürger wählen; aber schon um 506 ist sein Name durch den des *judex* ersetzt. Dies Wort wird in so verschiedenem Sinne gebraucht, daß schon damals eine amtliche Auslegung erfolgte. Oft ist der *judex* der altrömische *judex provinciae*: doch bestand schon circa 506 in den verschiedenen Provinzen eine verschiedene Abgrenzung seiner Befugnisse gegenüber denen der städtischen Behörden. *Judex heißt* aber auch die ordentliche unter dem Grafen (comes) stehende Behörde erster Stufe für Goten und Römer im bürgerlichen und Strafverfahren, für Verwaltung und Finanz, ganz wie der Graf; nur Stellung im Heere hat er nicht wie dieser. Die Klage gegen ihn geht an den comes oder Bischof: Mittelpunkt seines Gebiets ist nicht notwendig wie bei dem comes eine Stadt: es gibt judices auch außer den Städten und in größeren Städten mehrere judices.

Der judex schreitet nun im Strafverfahren bald von Amts wegen, bald nur auf erhobene Anklage ein, richtet im bürgerlichen Verfahren, übt (mit dem Bischof) freiwillige Gerichtsbarkeit, hat aber auch Verwaltung jeder Art bis ins geringste einzelne zu üben: er verlegt schädliche Bienenstöcke der Bauern, er überwacht den christlichen Wandel zwangsgetaufter Judenkinder, verkauft die Dirnen der Geistlichen, ebenso hat er Finanzaufgaben; ist sein Arm zu schwach, Widerstand gegen das Gesetz zu brechen, ruft er den über ihm stehenden mächtigeren Grafen an.

An der Spitze der Provinz, über allen ihren civitates, territoria und comitatus, als höchster weltlicher Vertreter der Krone in allen ihren Gewalten, steht der *dux*, dux provinciae; vor allem hat er mit seinen comites den Heerbann zu üben gegen Feinde oder Empörer; die Zahl der duces schwankt wie die der provinciae; duces heißen übrigens auch alle außerordentlichen vom König ernannten Heerführer. Unter dem dux über dem judex steht der *comes* (sein Amt ist hier ebenso entstanden wie bei Vandalen und Ostgoten), oft, aber nicht notwendig, aus edlen, sehr frühe schon häufig aus römischen Familien vom König ernannt, mit dem Prädikat vir industrissimus; sein Sitz ist die Stadt der Grafschaft, daher heißt er comes civitatis (auch ein dux kann zugleich comes der Provinzialhauptstadt sein), er hat Beamte (seine homines) unter sich als Boten und Vollstrecker: auch die erogatores, dispensatores annonae sind ihm wohl untergeben, die in Städten und Kastellen für Verpflegung des aufgebotenen Heeres sorgen: als Befehlshaber steht er über den Zahlenführern (zunächst über dem Tausendführer millenarius, þusundi-faþs, þiufaþs[1]), als solcher heißt er comes exercitus: als Beamter hat er Gerichts- und Verwaltungsgewalt, auch Finanzverrichtungen; zumal in der Strafpflege greift er tief und scharf in alle Verhältnisse seiner Amtsuntergebenen; mit Fug heißt er: „der Leiter der öffentlichen Dinge". Außer diesem comes civitatis finden sich aus spätrömischer und byzantinischer Ämtergliederung beibehalten andere comites: patrimonii, cubiculariorum, notarioum, scanciarium, spathariorum, domesticorum stabuli, thesaurorum – vornehme Hofbeamte im Palatium; dagegen ist comes palatii – Begriff und Wort – den Westgoten fremd: zumal Gojarich, der bei dem Breviar Alarichs II. genannt wird, erhielt den außerordentlichen Auftrag bezüglich dieses Gesetzes als einfacher comes. Auch der *vicarius* ist ein ordentlicher, aus der römischen Verfassung überkommener Beamter, er ist vicarius des judex provinciae, nicht eins mit comes oder judex, hat einen festbegrenzten Amtssprengel; aber auch außerordentliche Stellvertreter hießen, scheint es, vicarii.

Denkwürdig ist die Entwicklung, die aus den *actores, procuratores, villici* der königlichen Güter und Villen allmählich öffentliche Beamte gemacht hat: ursprünglich lediglich Verwalter, Oberaufseher dieser königlichen Besitzungen hatten sie, oft Unfreie, ganz wie die gleichnamigen Verwalter der Güter von Privaten aus Auftrag ihres Herrn Aufsicht und Strafgewalt zunächst über die unfreien, dann auch über die halbfreien und freien Bebauer, Bewohner, Hintersassen dieser Ländereien: Finanzverrichtungen in Erhebung der Gefälle der Gutsleute, Verwaltungsrechte in Überwachung ihrer Arbeiten, Fernhaltung von fremden Eindringlingen, auch Sicherheitspolizei an der Spitze der bewaffneten Kolonen und Knechte (juniores, pueri) gegen Räuber, Strafpolizei in Verfolgung und Ergreifung von Verbrechern, endlich Strafgewalt über alle Insassen, später auch Freie, bei Vergehen gegen die

---

1 Dieser wie der quingentenar, centenar, decan, haben zugleich militärische und richterliche und polizeiliche Verrichtungen: sogar der millenarius zählt aber schon zu den villores personae.

Herrschaft oder gegen andere Insassen. Ein solcher rüstiger Gutsverwalter, als Führer seiner gut berittenen und gut bewaffneten Leute mit rasch und scharf eingreifender Gewalt, war nun ein wahrer Helfer in der Not, ein sehr wertvoller Ersatz für den Grafen des Königs in der fernen Stadt. So kam es, daß, gewiß wie zum Vorteil so auf Wunsch der Beteiligten selbst, der actor, procurator, villicus solche Gewalten auch über die nicht auf Kronboden, aber in der Nachbarschaft wohnenden Freien durch das Gesetz übertragen erhielt, als Ersetzer, als Stellvertreter, dann auch als untergeordneter Gehilfe des judex oder comes in *allen* dessen Tätigkeiten: so war aus dem privaten oft unfreien Gutsverwalter ein Staatsbeamter mit Gewalt über freie Goten geworden – eine Umgestaltung, die in den übrigen Germanenstaaten, bei Franken, Langobarden in ganz ähnlicher Weise sich vollzog.

Die *Sajonen*, Fronboten des Richters, nehmen eine ähnliche Stellung ein wie bei den Ostgoten: sie entsprechen den römischen apparitores, executores, compulsores. Der Graf oder Richter bricht durch seine Sajonen den Widerstand der Ungehorsamen, führt durch sie seine Befehle aus, z. B. Versiegelung bei Einziehungen; sogar als Stellvertreter des Richters handelt der Sajo: Eide können vor ihm wie vor dem judex geschworen werden. Oft wurden sie Privaten zum Schutz gegen Raub und andere Gewalt vom König als Schutzwachen in die Häuser, auf die Villen gegeben, dann aber wie die älteren Buccellarien, an deren Stelle sie in dieser Verwendung treten, oft mißbraucht, Gewalt nicht abzuwehren, sondern angreifend zu üben, aber auch der Graf mißbraucht wohl seine Sajonen, Unrecht zu tun statt zu strafen. Mit den Sajonen als eingelagerten Schutzwachen haben die Bestimmung gemein die *pacis assertores* (eirenophylakes), die ursprünglich im römischen Reiche außerordentliche und außeramtliche Beschützer waren, oft alte ausgediente Soldaten: sie hatten sich, auch wohl unter dem Namen villici (eine weitere Verrichtung der obenerwähnten oder ein abweichendes Amt?), bis auf das tolosanische Reich erhalten; später aber werden sie ersetzt durch die buccellarii und sajones und ihr Name bezeichnet seitdem *außerordentliche* (darin liegt der Zusammenhang mit der *älteren* Bedeutung des Namens) Sendlinge des Königs, abgeschickt zur Beilegung einer einzelnen Streitsache oder Herstellung der Ordnung in einer einzelnen Landschaft.

Fiskalische Beamte sind die *tabularii*[1] – der staatlichen wie der städtischen Gewalten – für eine Provinz oder Stadt, unter ihnen stehen die rationales, Rechnungsführer, für die einzelnen officia; die telonarii, Zöllner, sind zugleich manchmal eine Art von Konsuln fremder Völker, zumal der Byzantiner, die Handels- und ähnliche Prozesse solcher Gäste untereinander nach deren nationalem Recht entscheiden.

Wie die Beibehaltung des römischen Finanzwesens Beibehaltung seiner Mängel und Mißstände in sich schloß, so mußte mit dem römischen Ämterwesen auch dessen tiefe Verderbnis beibehalten werden: wie hätten diese Barbarenkönige auch bei bestem Willen und mit aller Heldenkraft jene durch Jahrhunderte eingerosteten Schäden, jene Verrottung und Fäulnis beseitigen können, mit deren Bekämpfung einsichtige Kaiser und Staatsmänner des Reiches seit länger als einem halben Jahrtausend sich erfolglos mühten! Trat doch gerade hier wie in den gesellschaftlichen und wirtschaftlichen Mißständen die heillose Verderbtheit der Römerwelt zu Tage, an der sie von innen heraus zu Grunde gegangen ist, ungeachtet noch gar manche

---

1 Nicht zu verwechseln mit den tabelliones, die zu den Kanzleipersonal, dem (in der ersten Zeit des Reiches wenigstens) überall erhaltenen officium, der römischen Ämter zählten und später cancellarii oder amanuenses hießen.

einzelne Tüchtigkeit, so eine schöne Vaterlandsliebe in kriegerischen Leistungen, sich erwahrte. Der ganze Mißbrauch der Amtsgewalt zu selbstischen Zwecken, der „Druck und Übermut" der Ämter war auch in diesem Staat, richtiger in den von diesem Staat übernommenen römischen Provinzen Südgallien und Spanien erschreckend. Und selbstverständlich kamen durch die veränderten Verhältnisse zahlreiche Gelegenheiten zu neuen Mißbräuchen hinzu. Schon die erst tatsächliche, dann auch rechtliche Trennung von Rom, d. h. die Lösung jeder Aufsicht, Leitung und Strafgewalt der Kaiser und ihrer Reichsbehörden, gab den hohen Provinzialämtern eine tatsächliche Unbeschränktheit, die sie oft schwer mißbrauchten: während in diesen von den Barbaren bedrohten und von Rom preisgegebenen Landschaften und Staaten der weltliche *Adel* und die *Bischöfe* oft sehr Rühmliches an Selbsthilfe leisten im Kampfe und im Frieden, findet sich bei den römischen *Beamten* in dieser Männer heischenden Lage viel häufiger Ausbeutung der Not der Provinz als selbsttätige Abwehr: es war der selbstische Mißbrauch der Amtsgewalt alt überliefert, herkömmlich, gleichsam vom Amt untrennbar und selbstverständlich geworden; er galt nur in den äußersten Fällen für ehrlos und für – unerträglich. Das Bild der Schrecknisse, die der römische Präfekt *Seronatus* über die zitternden Provinzialen verhängt, ist nach Abzug aller Übertreibungen (bei Apollinaris Sidonius) noch grauenhaft genug. Schon unter kaiserlicher Herrschaft war der Mißbrauch der Amtsgewalt so allgemein und so groß, daß die Gesetze den Beamten für ihre Amtsdauer jeden Erwerb durch Kauf, Tausch, Schenkung untersagten: so selbstverständlich schien es, daß sie anderenfalls durch Druck und Erpressung jeder Art unmittelbar und mittelbar sich bereichern würden. Ganz wie von den späteren mittelalterlichen Vögten (advocati), die ihre Schützlinge statt sie zu schirmen unterdrückten und beraubten, sagte man damals von den (städtischen) defensores, daß sie nicht Verteidiger, sondern Verderber (eversores) ihrer Amtsbefohlenen seien. Unaufhörlich hat die Gesetzgebung zu eifern gegen der Staatsbeamten Bestechung, Unterschlagung, Veruntreuung, Fälschung, Parteilichkeit, Willkür (auch gegen die Kirchen, Städte, Kurialen verübt), Gewalttätigkeit, Erpressung ($33^{1}/_{3}$ statt fünf vom Hundert Gebühren), Erhöhung des Steuermaßes, Überforderung von Naturallieferungen und Fronden, Saumsal, Nachlässigkeit, Widersetzung gegen das Recht, Amtserschleichung, Vorgeben geheimer Aufträge des Königs, Erfindung von Erbeinsetzung und Vermächtnissen. Sogar vom Zaubern muß man die Richter abmahnen: sie wollten die Taten von Verbrechern statt durch gerichtliche Untersuchung durch Zauberkünste entdecken; der König muß im Krönungseid Schutz gegen seine Beamten geloben.

Übrigens bedarf diese Darstellung des beibehaltenen römischen Ämterwesens einer Warnung: man darf nicht annehmen, daß dieses System in allen Landschaften des Reiches stets gleichmäßig durchgeführt war. Schon in dem wohlgeordneten Römerreich war die Ämtergliederung, auch die städtische Verfassung, keineswegs überall ohne Abweichungen gestaltet: mit der Trennung vom Kaiserreich nahmen diese Ungleichheiten zu. Die größere oder geringere Zahl gotischer Siedler in den Landschaften mußte z. B. eine größere oder geringere Zahl von Gotengrafen bedingen. In den baskischen Bergen hatte der Gotengraf wohl außer in den Kastellen wenig zu wirken: denn hier wohnten außerhalb der Burgen keine Goten. Dagegen wo viele Goten dicht nebeneinander siedelten, schränkten die Zahlenführer die Tätigkeit des römischen judex ein; wo ein großes Krongut oder bedeutende geistliche oder adelige Besitzungen von machtvollen actores, villici verwaltet wurden, traten die Behörden der Landgemeinden zurück, ja sogar judex und comes wurden durch jene Verwalter ersetzt. Auch waren keineswegs immer alle Stellen der duces besetzt (ausgenommen den septimanischen dux in Narbonne, der stets gegen die Franken die Macht an der Rhône halten mußte): fehlte der dux, so nahmen die Grafen in den Städten eine desto wichtigere Stellung ein.

g) Kirchenhoheit. Kirchenwesen: die Staatskonzilien

Die Geschichte des Verhältnisses von Staat und Kirche in diesem Reiche ist höchst wichtig in doppelter Hinsicht: einmal für diesen Gotenstaat selbst, in dem die Entscheidung und Leitung der Dinge von dem König auf die Bischöfe hinüber glitt: dann aber grundsätzlich. Denn die Weltgeschichte zeigt hier, wie ein Spiegel-bild, die notwendigen Folgen der kirchlichen und deshalb der mittelalterlichen An-schauung überhaupt von der Überordnung des Geistlichen über das Weltliche: vier Jahrhunderte bevor Gregor VII. den Kampf mit dem Staatsgedanken anhub, war hier im Gotenstaat sein Ziel bereits erreicht: die völlige Unterwerfung des Staates unter die Kirche auch in allen weltlichen Dingen; die Folge war die Entmannung des Staates, die Erdrückung germanischen Heldentums unter kanonischer Vor-mundschaft.

Die Verhältnisse auch des inneren Lebens der Kirche, nicht nur ihre wechselnde Stellung zum Staat, müssen hier eingehend dargelegt werden: denn sie gewähren, unscheidbar von diesen Ordnungen des staatlichen und des kirchlichen *Rechtes*, zu-gleich das reichste und lebendigste und bezeichnetst Bild auch der *sittlichen* und der *Bildungszustände* in diesem Reiche, war doch die Kirche fast allein Trägerin der Bil-dung, Übermittlerin – und freilich auch oft Bekämpferin – der antiken Wissenschaft und Kunst, Neugestalterin der christlichen Welt, unerbittliche Zerstörerin des ger-manischen Wesens in seinem echten, d. h. heidnisch-weltlichen, Heldentum.

Von der Verfassung, den Zuständen und den Schriften der *arianischen* Kirche wissen wir fast nichts: der rechtgläubige Zerstörungseifer hat nach der Katholisie-rung die Akten der ketzerischen Konzilien, die Schriften der gegnerischen Theolo-gen vernichtet. Wir dürfen nur im allgemeinen Übereinstimmung mit den katholi-schen Einrichtungen annehmen: bis 587 bestehen in allen größeren Städten ariani-sche und rechtgläubige Kirchen nebeneinander, auch später blieben einzelne noch einige Zeit erhalten: z. B. in Merida. Der König setzt die arianischen Bischöfe ein. Die arianischen Konzilien konnten niemals die staatsbeherrschende Bedeutung der späteren katholischen gewinnen: schützte sie doch nur der König, der strenge Ge-walt über seinen Episkopat übte, gegen die Angriffe des Katholizismus, der die Rolle des verachtungsvollen, seiner geistigen Überlegenheit vollbewußten Angreifers spielte. Zwar muß man nun also erwägen, daß die Rechtgläubigen nach ihrem Siege die Bücher der Überwundenen verbrannten, aber gleichwohl wird man diese bedeu-tende Überlegenheit des Katholizismus anerkennen müssen. Seine Lehre von der Dreieinigkeit war die kühnste und folgerichtigste Gestaltung des christlichen Mysti-zismus, die Gestaltung der Bischofsverfassung, die sich über alle Christenstaaten erstreckte, machte diese Kirche großartig und stark – seit 535 und 550 gab es außer in Spanien keine arianische Kirche mehr – der Anschluß an den römischen Stuhl machte sich bereits mächtig spürbar. Und endlich: die katholischen Priester waren ausnahmslos Romanen, die Bischöfe meist aus reichen, alten, gebildeten Adelsgeschlechtern und überragten so um die ganze Höhe der klassischen in diesen Familien vererbten und immer noch eifrig gepflegten Bildung jene wenig zahlreichen Goten, die in der arianischen Kirche zu höheren Stufen emporstiegen. Dabei begingen die Arianer den sehr groben Fehler des Hochmuts und der Verranntheit, den Übertritt von Katholiken dadurch bedeutend zu erschweren, daß sie eine zweite Taufe forderten, was treuen Katholiken ein Greuel, auch zum Übertritt geneigten aber eine starke Gewissensbeschwerung sein mußte, da es die Nichtigkeit der katholischen Taufe ausdrückte, während die rechtgläubige Kirche in überlegen kluger Geschmeidigkeit sich bei der „Wiederbekehrung" der Arianer mit der schonenden, leichten Form bloßer Handauflegung begnügte.

Die Behandlung der *katholischen* Kirche durch die arianischen Könige war, ähnlich wie bei den Vandalen, stets bedingt durch die staatliche Gesamtlage: bei friedlichen, freundlichen Verhältnissen zu Rom und ruhiger Haltung der Provinzialen glimpflich, ward sie bei drohender Gefahr lediglich aus staatlichen Gründen strenger. Die herausfordernd feindliche Haltung der katholischen Bischöfe erklärt es zur Genüge, wenn König *Eurich* schon der Name „Katholisch" den Mund wie Essig zusammenzog, weigert sich doch *Epiphanius von Pavia*, dem König mit höchsten Ehren aufgenommen und aller seiner Wünsche gewährt, die Tafel mit dem König zu teilen, weil auch arianische Priester an derselben sitzen, ja ein anderer Priester verschmäht Speisen zu berühren, über die ein arianischer nur das Zeichen des Kreuzes geschlagen hat! Aber auch Eurichs Katholikenverfolgung hat man, wie üblich, maßlos übertrieben: sein leidenschaftlicher Feind *Apolinaris Sidonius* läßt freilich die Herden das Gras weiden auf den katholischen Altären und vor den Kirchtüren Dornen wachsen. *Gregor von Tours* läßt ihn dann schon mit Dornen die Kirchtüren verrammen, und während seine Quelle sagt, Eurich ließ die durch natürlichen Tod erledigten Bistümer nicht wieder besetzen, versteht dies Gregor als Hinrichtung der Bischöfe. Nur zwei Bischöfe wurden aber verbannt und Sidonius selbst kurze Zeit gefangen gehalten: den Briefwechsel und Besuche der Bischöfe untereinander und den Verkehr mit ihren Amtsgenossen im Frankenreich argwöhnisch zu überwachen hatte der König allen Grund: ihr Verrat hat den Sieg Chlodovechs mächtig gefördert. *Theoderich der Große* erstreckte seine milde Duldung auch auf das Westgotenreich: unter seiner und *Theudis'* Regierung tagten die Synoden zu *Arles, Lerida, Valencia, Toledo* und *Barcelona* (siehe unten). Letzterer oder *Theudigisel* mißtraute allerdings dem Steigen der heiligen Quellen zu *Oser* zu gewissen Festzeiten: „Das ist ein Stücklein der Römischen!" meint er und läßt den Zugang mit seinem Sigel schließen: natürlich wird er alsbald beschämt. Gregor von Tours klagt, die Goten wollen sich auch durch solche Zeichen nicht belehren lassen: durch „maliziöse Auslegungen" suchen sie die Wunder zu erklären. So meint auch ein Graf, der der katholischen Kirche zu *Agde* ein Stück Land genommen, als er bald darauf an Fieber erkrankt: „Was, glaubt ihr, werden nun die Römischen sagen? Gewiß werden sie sprechen: das sei die Strafe Gottes, während mich die Krankheit doch nur befiel nach der Natur des menschlichen Körpers." Während *Hermenigilds* Empörung loderte der Haß der beiden Bekenntnisse hell empor. Daß damals die Heere des Königs den katholischen Klöstern übel mitspielten, ist ganz glaublich und von den dabei erzählten Wundern wenigstens der Umstand, daß *Leovigild* das Geraubte erstatten ließ. Übrigens ist, wie gesagt, immer der Katholizismus, seiner Übermacht bewußt, der Angreifer, der Arianismus in der Verteidigung: Verachtung ist das Hauptgefühl der Rechtgläubigen gegen die Ketzer: aus visigot ist französisch bigot, *vielleicht* aus canis gothus (Gotenhund) cagot (cahets in

Gascogne, agotes in Navarra, baskisch agotacs) entstanden, die Bezeichnung eines verachteten Menschenschlages in Südfrankreich, aber unbestimmbar ist die Entstehungszeit dieser Ausdrücke: andere leiten Worte und Leute von den Mauren des achten oder den Wadtländern des zwölften Jahrhunderts ab.

Anschaulich spiegelt sich das Verhältnis der Bekenntnisse in den Glaubensgesprächen, die damals Gregor von Tours wiederholt mit gotischen Arianern, zumal mit den nach Orléans oder Paris durchreisenden Gesandten hielt: einer derselben, *Agila*, besucht am Ostersonntag andächtig die katholische Kirche, nur Friedenskuß und Abendmahl teilt er nicht mit den Katholiken: und obwohl wir nur Gregors Bericht von dieser Unterredung haben, spielt doch der Gote – nach unserer heutigen Anschauung - die viel edlere Rolle, was freilich des guten Bischofs Meinung durchaus nicht war: Gregor nennt ihn zwar „herzlich unbedeutend". Jedoch während er selbst nur viele Bibelstellen, aber keine Beweise beibringt und ihn lediglich durch Schmähungen auf den Arianismus bekehren will, erwidert der Gote: „Lästere nicht meinem Glauben, den du nicht teilst: auch wir lästern nicht, was ihr glaubt, ob wir es gleich nicht glauben. Denn also geht ein Spruch in meinem Volk: ‚Es schadet nichts, wenn du, an Altären der Heiden und an Kirchen Gottes vorüberschreitend, vor beiden dein Haupt entblößest! Da erkannte ich, fährt der Bischof fort, seine Torheit und sprach: ‚Ich sehe, Heiden und Ketzer willst du verteidigen!'"

Die Rechte, welche die Krone kraft des allgemeinen Befehlsrechtes, des Bannes, und kraft besonderer Einräumung durch die Reichs- und Kirchengesetze auch gegenüber der katholischen Kirche hatte, würden an sich völlig ausgereicht haben, die Übergriffe der Bischöfe abzuwehren. Ja, es ergibt sich das überraschende Schauspiel, daß in diesem völlig kanonisierten, verkirchlichten, von der Kirche beherrschten Staate nach dem Wortlaut der Gesetze der König auch in rein kirchlichen Dingen eine Gewalt hat, die umgekehrt die Kirche dem Staate zu unterwerfen scheint und von der in anderen Staaten die Kirche mit gutem Recht nicht den kleinsten Teil ertrug: so haben bei *Besetzung* der Bischofsstühle Klerus und Gemeinde nur ein Vorschlagsrecht, der König das Ernennungsrecht. Der König kann auch Bischöfe der Pflicht entbinden, der Berufung des Metropolitanus zum jährlichen Provinzialkonzil Folge zu leisten. Allein das ist eben nur Schein, nur Lehre: tatsächlich war das Königtum mit seltensten Ausnahmen von den Bischöfen so völlig beherrscht – schon um sich des weltlichen Adels einigermaßen zu erwehren, suchte es die Hilfe der Geistlichen –, daß eben in Wirklichkeit nicht der König, sondern der hinter ihm stehende Episkopat die Rechte ausübte, welche die Verfassung der Krone zusprach: nur diese Auffassung ist die richtige, nur sie erklärt die Möglichkeit der nun darzustellenden Rechtssätze.

Das „Staatskonzil" war der Gesetzgeber in diesem Reich: es kam nie vor, daß der König den Mehrheitsbeschlüssen dieser Versammlung die Sanktion verweigerte: allerdings wurden diese Beschlüsse erst durch Aufnahme in die Gesetzsammlung verbindliches weltliches Recht, und diese Aufnahme geschah nur auf Befehl des Königs. Ja sogar in rein kirchlichen Sachen erhält ein Konzilbeschluß Gültigkeit auch für die Kirche nur durch Bestätigung des Königs: der Lehre nach also hatte der König mit dem Recht der Sanktion die höchste Gewalt im Staat, aber tatsächlich hatte er sie nicht: Verweigerung der Sanktion wäre sofort mit seinem Sturz beantwortet worden, deshalb eben wurde sie nie gewagt. Die Macht des Königs scheint unangreifbar dadurch gesichert, daß nur der König das gefährliche Staatskonzil berufen kann: niemals darf es unberufen noch auf Berufung eines anderen, etwa des Metropolitan von Toledo oder der Mehrzahl der Bischöfe, sich versammeln. So scheint also der König der Herr der Lage, indem er ein widerstrebendes Staatskonzil gar nicht zu berufen braucht, auch nicht etwa zur Steuerbewilligung, wie ein heutiger durch die Verfassung beschränkter Einherrscher, berufen muß. Auch das scheint höchst günstig, daß der König fast unbeschränkt ist in Zuziehung weltlicher Großer, also durch eine Art von „Pairschub" sich in der Versammlung die Mehrheit sichern kann. Aber all' dies ist eitel Schein. Tatsächlich *muß* der König das Staatskonzil berufen, so oft es die ihn und das Reich beherrschenden hohen Geistlichen verlangen: stehendes Lob der Priesterergebenen ist, daß sie häufig, stehender Tadel der selbständigen Fürsten, daß sie keine Konzilien beriefen: und die günstigste Zahl weltlicher Großer gegenüber den Geistlichen auf den Konzilien ist etwa zwanzig zu achtzig! In jedem einzelnen Falle setzt also die Geistlichkeit ihren Willen durch, auch wenn alle Palatinen für des Königs Ansicht stimmen.

Nur so erklärt und nur so reimt es sich mit der zweifellosen Priesterherrschaft in diesem Staate, daß das Reichskonzil auch in rein geistlichen Dingen entscheidet und seine Entscheidungen, in die weltliche Gesetzgebung aufgenommen, vom König und den weltlichen Beamten oft ohne Mitwirkung des Bischofs auch gegen Geistliche in Fällen der Kirchenzucht angewendet werden: die Bischöfe waren ja sicher, daß nur Gesetz ward, *was* ihnen gefiel, und das Gesetz nur angewendet ward, *wie* es ihnen gefiel. Daher erklärt sich, daß das Staatskonzil, das ebensosehr Kirchenkonzil als Staatsgesetzgeber war, nicht nur über das Vermögensrecht der Kirchen, auch in Ehesachen Rechtssätze aufstellt über Ehehindernisse, Scheidung, über Geschlechtsvergehen der Geistlichen, die dann der Richter allein anwendet. Ja es werden andererseits geistliche Strafen: Fasten, Klosterhaft, Ausschluß aus der Kirche in die weltlichen Gesetze für weltliche Vergehen aufgenommen und gegen Geistliche wie Laien vom weltlichen Richter ausgesprochen. Man sieht, die Verquickung von Staat und Kirche, die Vergeistlichung des Staates ist eine vollständige: selbstverständlich war die Folge eine maßlose Verweltlichung der Kirche, da ja die Bischöfe, wie wir bald sehen werden, Berufungsgericht und Aufsichtsbehörde über den weltlichen Beamten in deren weltlichen Berufsführung wurden. Verglichen mit dieser tatsächlichen Unterwerfung des Staates waren die einzelnen Vorrechte der Geistlichen, wie sie aus dem Kaiserreich überkommen waren, harmlos: gefreiter Gerichtsstand auch in weltlichen Dingen bei Streit mit anderen *Geistlichen* vor dem Bischof, jedoch nicht im Streit mit Laien, hier muß der beklagte Geistliche dem Laien vor dem Richter folgen, im umgekehrten Fall kann der verklagte Laie zwischen diesem und dem Bischof wählen. Bedeutsamer war, daß viele weltliche Vergehen (zumal geschlechtliche jedes Schweregrades) durch zuvorkommende geistliche Zucht (Klosterhaft) dem weltlichen Richter entrückt werden – der Bischof hat das *Vorrecht,* hier einzugreifen –, daß wegen Verschwörung mit dem Ausland oder bewaffneter Erhebung Geistliche vor dem Staatskonzil, also mit einer erdrückenden geistlichen Mehrheit gerichtet werden, daß wegen Ausschließung aus der Kirche der Geistliche nur an das Konzil, nicht an den König berufen darf. *Bischöfe* waren der Klage vor dem weltlichen Richter ganz entrückt, nur vor das Gericht anderer Bischöfe angewiesen. Endlich ist der geistliche Stand ein sehr starker Strafmilderungsgrund: wo den Laien Tod, trifft den Geistlichen nur Suspension und dreijährige geistliche Buße; wo den Laien Verknechtung oder Geißelung, trifft den Geistlichen nur Verbannung oder Fasten. Wegen bewaffneter Empörung wandert der Laie in den Tod, der Geistliche nur auf Lebenszeit ins Kloster. Daher treten vornehme Laien, wegen Hochverrats mit Anklage bedroht, eilig noch in den geistlichen Stand, dessen Strafe zu gewinnen. Auch sonst schont diese von den Priestern eingegebene Gesetzgebung die Geistlichen und ihren Ruf auf das eifrigste. Unzucht soll ihnen nur durch zwei, ja *drei Zeugen* (!) nachgewiesen werden können, kann der Ankläger diese nicht beibringen, wird er abgewiesen und – aus der Kirchengemeinschaft gestoßen.

Andere Vorrechte der Kirche, die zu schirmen der König besonders verpflichtet wird, sind ihre Vertretung vor Gericht auch durch Unfreie, Unverjährbarkeit ihrer Rechte, Freiheit von gewissen Fronden, Lasten und Steuern (nicht von allen, z. B. nicht von der Grundsteuer), der Priester von der Wehrpflicht, von der Folter (ausgenommen wegen Fälschung), Beschleunigung ihrer Streitverfahren, Erbrecht der Kirchen und Klöster (vor dem Fiskus) gegenüber erblos verstorbenen Gliedern: eine große Wohltat war die Befreiung der Geistlichen von den *städtischen* munera. Auch das Zufluchtsrecht wird nach den vorgefundenen römischen und kirchlichen Vorschriften anerkannt und von den Konzilien weiter entwickelt: nicht nur die Kirche (Altar, Portikus und Chorus), sogar das Haus des Bischofs, das meist dicht neben der Kirche stand, manchmal als Anbau durch einen Gang mit ihr verbunden, gewährt Zuflucht: ja die Schützlinge dürfen sich dreißig Schritt im Umkreis um das schützende Gebäude frei und sicher ergehen. Gewaltsame Entreißung der Flüchtlinge wird mit Geißel und Geldstrafe gebüßt und entzieht jedes Recht gegenüber dem so fortgeschleppten Knecht oder Schuldner. Doch darf der Flüchtling keinen anderen, keinen eigenen Schutz anwenden: wer bewaffnet in die Kirche flüchtet, darf mit Gewalt entfernt und bei Widerstand getötet werden. Der Hauptvorteil war, daß die Geistlichkeit zwischen dem Flüchtling und dem Verfolger vermittelte, dessen Racheglut durch Zeitablauf gekühlt ward; das Leben ist durch die Zuflucht jedesfalls gerettet, es tritt z. B. statt Feuertodes nur Verknechtung ein.

Viel wichtiger als alle diese rechtlichen Bevorzugungen war, wie bemerkt, die tatsächliche Machtstellung der einzelnen Priester, die, zu den nobiliores personae zählend, noch mehr als der weltliche Adel diesen Staat beherrschen. Außer ihrer geistigen und geistlichen Überlegenheit hob sie der gewaltige Reichtum der Kirche, die neben, gegen Ende des Reiches noch vor der Krone die unvergleichlich größte Grundbesitzerin war: das Vermögen bestand vor allem in jenen weiten Ländereien, die von Unfreien bebaut wurden. Daher wird ihr Wohlstand geradezu nach der Zahl ihrer Unfreien geschätzt; auch die kleinste hat, so vermutet das Gesetz, wenigstens zehn; aber ein Bischof von *Dumium* kann deren fünfhundert an Freigelassene verschenken und natürlich doch noch viel mehr im Eigentum behalten. Tributa, fruges, Arbeitserträgnisse der Knechte und Mägde bilden daher die Einkünfte der Kirche. Unablässig rieseln und strömen die Vergabungen und Schenkungen unter Lebenden und auf den Todesfall, diese schon ausgesprochenermaßen als „Seelgeräte", d. h. zum Heile der Seele im Jenseits (scharfe Gesetze gegen Erbschleicherei der Priester bei frommen Frauen werden daher nötig) an die Kirche, oft ganz ungeheuren Betrags, aus Frömmigkeit oder aus Not: außer Land und Leuten bilden Patronatsrechte über Freigelassene, Geld, Gerät, Kirchenschmuck, Handschriften die Gegenstände solcher Spenden. Palastähnliche Häuser haben die Bischöfe. Die Gesetze, geistliche und weltliche, regeln die Verwaltung des Kirchenguts durch die Bischöfe, den Schutz gegen gewaltsame Beraubung durch den Adel, aber auch gegen arglistige Bereicherung der Bischofsfamilien aus dem Kirchen- oder Klostergut. Die Untersuchungen, die Mißstände abschaffen sollten, wurden selbst zur Aussaugung mißbraucht: über fünfzig Pferde forderten die Bischöfe für ihr starkes Gefolge.

Die *Bischöfe* nun sind die Träger dieser Herrschaft der Kirche über den Staat. Sie bilden den sittlichen und geistigen Mittelpunkt ihrer Stadt und ihres Stadtgebiets: Sie sind bis 587 die Beschützer der Katholiken und Römer gegen die arianischen

Gotengrafen. Ihre seelsorgerische Tätigkeit gilt als minder wichtig, denn diese weltliche Aufgabe: „Nicht einen Mönch", heißt es in *Bourges*, „kann man zum Bischof brauchen, der nur im Himmel die Seelen, nein, einen Mann, der Leib und Leben der Seinen vor dem weltlichen Richter vertritt. Er braucht vor Gericht die Klugheit der Schlange und soll den Nacken der Trotzigen beugen unter das Joch des Gesetzes": In jener Zeit fehlt es nicht an scharfen Kämpfen mit gewalttätigen Gotengrafen. Jener früher erwähnte Graf von Agde wird auch durch Erkrankung und Heilung durch das Gebet des Bischofs nicht gebessert. Genesen hält er seinen Raub fest, den mahnenden Bischof fährt er an: „Schweig, schweig, du Krüppel, sonst laß ich dich in Riemen schnüren und auf einem Esel durch die Stadt führen, zum Gespött aller, die dich sehen, solange ich lebe, sollen die Römischen den Acker nicht haben." Aber der Bischof weiß sich zu helfen: Er betet den Grafen wieder krank und läßt sich jetzt durch Erbieten zwiefachen Ersatzes nicht erweichen, ihn nochmals gesund zu beten. Der Graf stirbt, und die Kirche erhält ihr Recht. (So erzählt mit großer Befriedigung Gregor von Tours.) Zwar klagt gelegentlich ein wirklich frommer Bischof, daß die Stürme der Welt ihn seinem geistlichen Beruf allzuviel entziehen. Aber in Wahrheit suchte die Mehrzahl derselben unablässig und oft leidenschaftlich diese Stürme auf, um sie zu beherrschen und zu leiten. Unaufhörlich hat die Gesetzgebung des Staates und der Kirche die arge Verweltlichung der Geistlichen zu bekämpfen: In mancher Stadt üben die Bischöfe geradezu die Rechte der Gemeinde, oder diese übt sie ganz unter deren Leitung. Unbeschränkt herrschend war die Macht, oft auch die Willkür dieser Kirchenfürsten in ihrem ganzen Sprengel. Den Palast des Bischofs vor allem suchen fremde Kaufleute, ihn durch Geschenke zu gewinnen. Er droht einfach, sie nicht mehr nach Hause reisen zu lassen, wenn sie seinen Willen nicht tun: „So hoher Macht können sie nicht widerstreben." Grausam mißbrauchen sie oft in geheimem Strafverfahren die kirchlichen Zuchtmittel, Schläge und Peinigung bis zum Erliegen ihrer Opfer. Aber daneben stehen auch zahlreiche Gestalten von Bischöfen, die in echt christlicher Weise sich der Geringen, Armen, Unterdrückten annehmen.

Jene Verweltlichung war unvermeidlich, da die Gesetzgebung des Staates ihre rein weltlichen Verrichtungen immer mehr häufig und wichtig machte[1] – freilich waren sie, die Bischöfe, selbst die Gesetzgeber. In der Sittenpolizei nicht nur, auch in der Rechtspflege und sogar im Heerwesen haben sie neben und über den weltlichen Beamten einzugreifen, auszuführen (so z. B. alle Judenverfolgungsgesetze), zu überwachen, zu entscheiden. Der Bischof steht mit dem dux auf gleicher Machtstufe und stets über dem comes. Kann der Richter einen Ungehorsamen nicht zwingen, soll er „die höhere Macht des Bischofes oder dux anrufen". Wird der Richter von einer Partei der Ungerechtigkeit verdächtigt, muß er den Bischof beiziehen, mit diesem zusammen das Urteil zu fällen. Ja, der Bischof darf den Richter auffordern, „*ein besseres Urteil zu fällen!*". Weigert sich dieser, fällt er selbst ein anderes und reicht beide Sprüche dem König ein: Der entscheidet dann „nach Rat der Bischöfe". Man

---

1 Selbstverständlich geschah dies in noch stärkerem Grade in allen Fällen, welche, nicht rein weltlich geartet, irgendeine Beziehung zu Moral- und Religionsnormen der Kirche hatten: Wenn also z. B. das Vergehen zugleich „Sünde", weil es irgendwie unter eines der zehn Gebote Mosis gereiht zu werden nur entfernte Möglichkeit gewährt: Geschlechtsverbrechen jeder Art, Reste des Heidentums, Meineid, aber auch sogenannter Funddiebstahl, d. h. Unterschlagung gefundener Sachen, zugelaufener Haustiere, und auch Prozesse um Freiheit, Vormundschaft, alle Testamentssachen.

sieht, die Kirche hatte tatsächlich die Entscheidung aller bürgerlichen und Strafverfahren in diesem Staat. Seit der katholischen Zeit wird aber ganz allgemein (nicht nur in der Rechtspflege) den Bischöfen *Überwachung und abändernde Zurechtweisung aller Beamten in Ausübung aller ihrer Verrichtungen* übertragen mit der Befugnis, im Fall des Ungehorsams des Beamten ihn beim König zu verklagen – und der König entscheidet „nach Rat der Bischöfe oder des Staatskonzils" mit jener erdrückenden bischöflichen Mehrheit. Diese wählt auch den König, diese entscheidet alle Staatsanlagen, diese spricht die Verurteilung wie die Begnadigung von Hochverrätern aus. – Man sieht, hier ist die Augustinische Lehre der Unterordnung des Staates unter die Kirche, die Überwachung des Staates auch in allen weltlichen Dingen durch die Kirche, das Verhältnis beider „wie des Leibes zur Seele" vier Jahrhunderte vor Gregor VII. bereits verwirklicht. Und hundert Jahre dieses Zustandes genügten reichlich, den Staat germanischer Helden so unnatürlich und unmännlich zu machen wie ein verrottetes Mönchskloster.

Die kanonischen Vorschriften über die Besetzung der Bistümer – Wahl durch Bischöfe, Geistlichkeit und Volk der Provinz und Bestätigung durch den König auf Vorschlag des Gewählten durch den „Metropolitan" (dies war der Name statt Erzbischof) – wurden sehr oft verletzt, gerade weil seit der Verweltlichung und der starken Machtstellung dieser Ämter Laien aus vornehmen Häusern aus rein weltlichen Gründen[1] und unmittelbar aus hohen Staatsämtern heraus in die Bischofsstühle sich drängten, mit Umgehung des Metropolitans. Die Bischöfe waren zugleich die z. B. in Gesandtschaften meist verwendeten Staatsmänner im Verkehr mit Gallien, Italien, Byzanz: So vermitteln die Bischöfe von *Arles, Riez, Marseille, Epiphanius* von *Pavia* zwischen Eurich und Rom, Cäcilius von *Mentesa* zwischen Sisibut und Byzanz. Die meisten Gesandten an die Merowingen sind Bischöfe oder Geistliche. Aber auch im inneren Leben des Staates, z. B. in Schürung oder – seltener – in Dämpfung von Empörungen spielen Bischöfe die wichtigsten Rollen. Eben deshalb konnten sich die Könige, wie die fränkischen und später die deutschen, starke Einwirkung auf Verleihung dieser entscheidungsvollen Ämter nicht nehmen lassen. Manchmal versucht aus diesem Grund wohl auch ein kraftvoller König, einen Laien ohne Einhaltung der kanonischen Vorstufen zum Bischof ganz allein zu ernennen – so Eurich, Leovigild, Witterich, Sisibut –, aber auch der eifrig katholische Rekared, so daß das große Konzil von Toledo unter diesem, doch wahrlich frommen Herrscher die Zerrüttung der ganzen Kirche durch solche Mißbräuche beklagt und unter möglichster Schonung des schuldigen Königs – seine unkanonischen Verleihungen bleiben erhalten – für die Zukunft vorbeugt. Alle Ausschließungsgründe werden genau aufgezählt.[2] Ebenso entsetzen und verbannen die Könige manchmal gegen römisches und kirchliches Recht, das diese Befugnis nur den Konzilen gewährte, Bischöfe wegen weltlicher oder auch geistlicher Vergehen. Die räumliche Zuständigkeit der Bischöfe war so gegliedert, daß die Kirchenprovinzen der *Metropolitane*

---

1 Oft auch mit sehr weltlichen Einwirkungen der Wähler: Apollinaris Sidonius erzählt mit Witz, wie von den Bewerbern um ein Bistum der eine sich auf seine vornehme Abkunft beruft, der zweite durch seine feine Küche, der dritte durch Preisgebung des Kirchenvermögens sich den Wählern empfiehlt.

2 Verbrechen, Infamilie, Ketzerei, Verletzung der Ehegesetze, Unfreiheit, Unbekanntheit, Laienstand, staatliches und städtisches Amt, Schreibensunkenntnis, Jugend (unter dreißig Jahren), Simonie, Ambitus, Überspringung der kanonischen Grade, Einsetzung durch den Vorgänger allein oder – wie nur mittelbar angedeutet wird – durch den König allein!

(d. h. Erzbischöfe) mit den staatlichen Provinzen sich deckten: Septimania mit Narbonne (früher von Arles bestritten), Bätica mit Hispalis (Sevilla), Tarracona mit Tarraco, Lusitanien mit Merida, im suebischen Galläcien Bracara, später auch Lugo. In der Karthaginiensis bestritten sich Karthagena und Toledo lange den Vorrang: Während der byzantinischen Beherrschung (554–622), der Küsten und Karthagenas erklärten nämlich die Kaiserlichen diese Stadt, die Goten jene für die Metropole: Seit Vertreibung der Byzantiner behauptet die Königsstadt der katholisch gewordenen Goten den Sieg. Jede solche Kirchenprovinz zerfällt in eine Mehrzahl von Bistümern. Der König gestaltet die umgebildete lusitanische auf Antrag der Bischöfe. Bei dem Glaubenswechsel 589 wurden die arianischen Kirchen den nächsten katholischen zugesprochen. Während den einfachen Bischöfen nur Firmung, Ordination und Kirchenweihe zusteht, berufen und leiten die Metropolitane die jährlichen Provinzialsynoden, bestätigen und weihen ihre Suffraganbischöfe, überwachen deren Kirchenzucht und entscheiden ihre Streitigkeiten: Stellung und Rechte aller Metropolitanen waren gleich, nur das Alter der Weihe gab den Vorrang auf den Staatskonzilien, ein Primat oder Patriarchat kam rechtlich nicht auf: Erst seit 650 gewinnt der Metropolitan von Toledo wichtige Vorrechte und tatsächlich eine Art von Primat.

Dieses *Übergewicht der Metropolitane von Toledo* erklärt sich sehr wohl aus dem steten persönlichen Einfluß auf die Könige, die seit Leovigild hier ihre dauernde Residenz hatten. Wiederholt haben die Kirchenfürsten von Toledo diesen Staat völlig beherrscht. Die benachbarten Bischöfe haben jährlich einen Monat in der Hauptstadt zu verbringen zu Ehren des Königshofes und zur Unterstützung des Metropolitans; seit 681 (zwölftes Konzil von Toledo) übt er, um lange Stuhlerledigungen zu verhüten, das Recht, statt der Provinzialbischöfe allein dem König die zu Ernennenden für Bistümer vorzuschlagen, wodurch er größten Einfluß auf deren Verleihung gewann. Und schon seit 653 führt er, ohne Rücksicht auf das sonst entscheidende Weihealter, den Vorsitz des Staatskonzils zu Toledo (der König bestätigt den Metropolitan von Toledo).

Die spanische Kirche, auf der entlegenen abgeschlossenen Halbinsel *Rom* ferngerückt, hat eine gewisse Selbständigkeit gegenüber dem aufstrebenden *Papsttum* wiederholt mit Erfolg behauptet: Ihre staatbeherrschende Stellung gewährt ihr die Neigung und Gewöhnung der Unabhängigkeit auch gegenüber dem erst allmählich anerkannten römischen Primat, und der spanische Volkscharakter bewährt auch hier schon seinen Grundzug herben Stolzes. Bestritten ist die Echtheit der Bestellung eines päpstlichen Vikars für Spanien durch Papst *Hilarius* 465. Die Einwirkung des Papstes äußert sich in Übersendung eines Palliums durch *Gregor* an Leander, Absendung von Legaten, Entscheidung in letzter (dritter) Instanz. Gar manche Kanones späterer Konzilien in Spanien sind geschöpft aus päpstlichen Briefen, die Kircheneinrichtungen Italiens und Galliens darstellen und Nachbildung in Spanien einschärfen: Schon das dritte Konzil von Toledo bezieht sich auf Synodalbriefe der Päpste, das vierte (von 633) entscheidet eine gottesdienstliche Streitfrage durch Berufung auf apostolische Vorschrift Gregors des Großen, „der nicht nur Italien erleuchtet, auch entlegene Kirchen unterrichtet" und Leanders von Sevilla Anfragen verbeschieden habe. Auf Gregor beruft sich auch das achte Konzil von Toledo (652). Dieser Papst greift auch kräftig in die Jurisdiktion der spanischen Kirche: Er setzt durch seinen Legaten, den *defensor Johannes*, den rechtswidrig abgesetzten Bischof *Januarius von Malaca* wieder ein, straft die Bischöfe, die ihn entsetzt, und erklärt dessen Verdränger für unfähig zu allen Kirchenämtern (603). Aber von da ab werden die Berührungen zwischen Rom und der spanischen Kirche selten. Ja es gebricht nicht an Fällen, in denen letztere sehr kraftvoll, mit hispanischem Stolz und Heißblut, Eingriffe des Papstes bekämpft: So verwirft das fünfzehnte Konzil von Toledo höchst lebhaft die Forderung Roms, das von *Julian* verfaßte Bekenntnis zu ändern und Bischof *Braulio* weist heftig den Vorwurf des Papstes zurück, sie seien in Spanien „stumme Hunde". So üben die Synoden selbst, nicht der Papst, das Recht der Entbindung. Daß *Witika* den Zusammenhang seiner Kirche mit Rom durch Verbot der Berufung abgeschnitten habe, ist eine der bereits erörterten Erfindungen gegen das Andenken dieses Königs.

Von hoher Bedeutung für das Bildungsleben jener Jahrhunderte ist das *Klosterwesen*: Das Bild nicht nur der Kirche, der gesamten geistigen und sittlichen Zustände im Gotenreich wäre unvollständig ohne Einfügung wenigstens einiger bezeichnender Züge. Klosterstiftungen des Königs und anderer Laien, die übrigens der Genehmigung des räumlich zuständigen Bischofs bedürfen, kamen so häufig vor, das besondere Formeln hierfür gefertigt wurden. Der Bischof darf nur unter Genehmigung des Provinzialkonzils eine Kirche seines Sprengels in ein Kloster umwandeln; er setzt den Abt ein, darf aber den Eintritt seiner Geistlichen ins Kloster nicht verbieten, Laien sollen nur behufs der Armenpflege eintreten. Doch sprechen weltliche und geistliche Gebote für weltliche und geistliche Vergehen von Laien und Geistlichen dauernde oder zeitweilige Einsperrung in ein Kloster sehr oft als Strafen aus. Auch Eltern bestimmen ihre Kinder oft schon im zartesten Alter dem Kloster, und zur Erfüllung des Klostergelübdes findet weltlicher Zwang statt. Geistliche und Laien, auch Bischöfe und Könige ziehen sich häufig behufs Vorbereitung zu gottseligem Tode in die Stille der Klöster zurück. Mönchs- und Nonnenklöster sollen gewöhnlich weit voneinander abliegen. Hervorragende Klöster waren das der Nonnen des heiligen *Cäsarius zu Arles*, der Mönche von *Sankt Ämilian zu Cauliana bei Merida*, des *Sankt Donatus* zu *Servia* am *Setabis*, des *Johannes* von *Gerundium* zu *Biclaro* (*Valclara*). *Mausona* stiftete zahlreiche Klöster in Lusitanien. Ein Hauptpflegeort der Bildung war das Kloster *Agalia* in einer Vorstadt von Toledo auf dem Nordufer des Tajo, dessen Äbte und Mönche häufig die Metropolitan- und Bischofsstühle bestiegen, später die Kirche des heiligen *Kosmas* und *Damianus*. Seminarien und Büchereien finden sich regelmäßig in den Klöstern: Unwissende Kleriker sollen hier lesen lernen, Judenkinder im Christentum unterrichtet werden. Doch finden sich die Seminarien auch getrennt von Klöstern, so die gelehrte Schule in *Sankt Jerusalem* zu *Sevilla*, gegründet von Leander und Isidor, in der die hervorragendsten Kirchenfürsten des Reichs gebildet wurden: *Eugenius, Hildifuns, Braulio, Julian*. Zu unterscheiden von den in Klöstern gemeinsam lebenden Mönchen und Nonnen sind einerseits Einsiedler und Einsiedlerinnen – diese bedürfen manchmal der Überwachung –, andererseits Personen, die, ohne in ein Kloster zu treten, einzelne Gelübde, z. B. der Keuschheit ablegen, besonders in schwerer Krankheit. Auch solchen war besondere Kleidung und Haartracht (Tonsur der Männer) auferlegt: Witwen trugen wohl zuweilen während der Trauerzeit diese fromme, darunter aber bunte, weltliche Tracht und beriefen sich auf letztere, wurden sie auf bedenklichen Wegen ertappt. Die Witwe des Königs *muß* solches Religiosenkleid anlegen und auf Lebenszeit ins Kloster gehen – ein Zwang, der zwar in schöne Redensarten der Ehrerbietung gegen den verstorbenen König gehüllt, aber lediglich aus dem rein weltlichen Grund auferlegt wird, die Hand, den Einfluß der Königin dem Wettbewerb der staatlichen Parteiränke zu entrücken: In solchen durch und durch unwahren, bewußt das wirklich Gewollte durch salbungsvolle Worte verheimlichenden Begründungen stehen diese Gesetze unerreicht da: Sie geben Zeugnis von dem Heuchelgeist, der sie geschaffen hat, und sind das anwidernde Gegenteil der mannhaften, obzwar rauhen altgermanischen Rechts- und heidnischen Glaubensgestaltung. Rücktritt in die Welt wird mit Kirchenbann gestraft. Auch Kindaswinth und Ervich hatten, als sie sich aus dem Leben zurückzogen, solche Kleidung angelegt.[1]

Zu den heiligsten sittlichen Glaubens- und Rechtspflichten des Westgotenkönigs gehörte seit der Erhebung des Katholizismus zum allein geduldeten Bekenntnis die *Judenverfolgung*: Die Unterlassung derselben bedroht ihn sofort mit Absetzung durch die Bischöfe. Denn in seinem Königseid hat er ganz besonders die Durchführung der Judengesetze zu beschwören. Daher heißt es von den frommen Königen in stehendem Lob: „Er hielt viele Konzilien mit den Bischöfen und führte die Gesetze gegen die Ungläubigen aus." Die Geschichte dieser Judengesetze ist lehrreich. Sie zeigt, in welcher Weise die Kirche in einem Staat, in dem sie die ihr nach ihrer Lehre zukommende Stellung einnahm, ihre Macht zu brauchen verstand. Denn diese Gesetze sind ausschließend von den Bischöfen nicht nur gemacht, auch ausgeführt. Dies Recht sprachen wenigstens sie sich weislich zu, um zu verhindern, daß Gutmütigkeit und Menschlichkeit – auch wohl Bestechlichkeit – der Könige und weltlichen Beamten, wie sie es in der Tat wiederholt versuchten, in der Ausführung die äußersten dieser frommen Greuel milderten.

Die Lage der Juden in diesem Reich, auf Grund der römischen Gesetze, war ursprünglich eine verhältnismäßig günstige gewesen: Neue Synagogen dürfen sie zwar nicht bauen, – solche werden unter hoher Geldstrafe in Kirchen verwandelt – nur alte herstellen. Und von gewissen Staats- und städtischen Ämtern sind sie ausgeschlossen, zumal des Kerkermeisters, um Bekehrungsversuche an den Gefangenen zu verhüten; auch die Bekehrung christlicher Knechte durch ihre jüdischen Herren wird mit Tod und Einziehung bedroht. Solcher Bekehrungseifer war den Juden Pflicht: Und es ist bewundernswert, daß sie mit solchem Erfolg die Herüberziehung von Christen zu ihrem verachteten und verfolgten Bekenntnis zu betreiben verstanden, daß die Konzilien unablässig dawider ankämpfen müssen. Aber in Glaubensfragen entscheiden ihre Oberen, denen sie sich auch im bürgerlichen Verfahren in rein jüdischen Fällen als Schiedsrichtern unterwerfen dürfen, sonst sind die gewöhnlichen Gerichte zuständig: Der Sabbath soll im Gerichtsverfahren und auch in fiskalischen Anforderungen berücksichtigt werden. Ein Hauptgrund ihrer Macht war ihr großer Reichtum, durch Handel, wohl auch oft durch Wucher gewonnen. Da ihnen die christliche Gesetzgebung viele Erwerbszweige verschloß, warfen sie sich mit gesammeltem Eifer auf den Handel aller Art, zu dem sie ohnehin am meisten Neigung und Begabung hatten. Durch Findigkeit, Fleiß, Nüchternheit, Sparsamkeit, Klugheit und Geduld übertrafen sie gerade auch in diesem Gebiet so unerreichbar hoch die Christen, daß deren roheste und grausamste Gesetze den Unterschied nicht ausgleichen konnten. Nur durch geheime Verwertung ihres Reichtums vermochten die Juden auch später ihr Leben fortzuführen, gegenüber den ihre Austilgung bezweckenden Gesetzen: Könige, Richter, sogar Bischöfe wußten sie zu bestechen, jene Gesetze nicht genau durchzuführen. So groß war ihr Reichtum, daß der Staat vor dem Steuerausfall zittert, der durch die

---

1 Hiervon zu unterscheiden ist die Sitte, daß man in tödlicher Krankheit Bewußtlose auf den Lebens- und Sterbefall verschor: Der Tod in Mönchs- oder Religiosentracht galt als Strafminderungsgrund im Jenseits: Und genas der unfreiwillig dem Religiosenleben Geweihte, – so hatte er darin zu verharren.

beschlossene Einziehung alles Vermögens der Juden droht. Das ist höchst bezeich-
nend: Der gierige Fiskus nimmt alles Gut der Juden. Aber da er es nicht zu verwerten
versteht wie der kluge und fleißige Jude, so wird ihm bang über seinem eigenen Raub.
Übrigens hatten sie nicht nur Fahrhabe: Geld, Waren, Schmuck, Gerät aller Art – auch
Grundbesitz. Auf das tapferste helfen die Juden von Arles (wie von Neapel gegen die
Byzantiner), ihre Mauern gegen die Franken zu verteidigen: Sie wußten wohl, warum.
Die (*arianischen*) Goten waren damals noch viel milder als die (*katholischen*) Merowingen. Ganz besonders reich, glänzend und ehrenvoll war die Stellung der Judenge-
meinde auf *Minorca*, der kleineren der Balearen: Der *Lector Theodor* hat Grundbesitz
auch auf *Majorca* und hat alle städtischen Ämter, auch, wider das Gesetz, das des
defensor bekleidet. Ja ein anderer Jude ist, von den Christen ernannt, rector der
Provinz und comes. – Die älteren Synoden im Westgotenreich brachten den Juden
keinerlei Verschlimmerung ihrer Lage: Sie setzten vielmehr vertrauten Verkehr derselben mit den Christen voraus – nur gemeinsame Mahle wurden wegen der Speise-
wählerei der Juden verboten – und so viel Ehrfurcht und Vertrauen hegten die Christen für alttestamentliche gottesdienstliche Handlungen, Sprüche und Weihungen,
daß ihnen verwehrt werden muß, ihre Saaten durch Juden segnen zu lassen. Sogar
christliche Frauen und Buhlinnen hatten sie, gegen das römische Verbot. Dies wird
durch das Belehrungskonzil von 589 untersagt, das ihnen auch solche Staatsämter
versperrt, kraft deren sie über Christen Verbrechensstrafen zu verhängen haben würden; andere, zumal Finanzämter, dürfen sie immer noch bekleiden; das Provinzialkonzil von Narbonne vom gleichen Jahr verbietet nur Entweihung des Sonntags
durch knechtische Arbeit der Juden und Bestattung jüdischer Leichen in christlichen
Formen. Erst unter *Sisibut* brach plötzlich die Verfolgung über die Juden herein: Ihre
christlichen Knechte werden durch Gesetz für frei erklärt – eine Beraubung höchsten
Grades! – Schenkungen früherer Könige werden als „erschlichen" eingezogen; Zum
Judentum übergetretene Christen werden streng bestraft. Künftige Könige, die diese
Gesetze aufheben oder Übeltäter, die sie brechen, werden „mit den Juden zusammen"
am jüngsten Tage in die Hölle hinein verflucht. Außerdem wurden durch Prügel und
Einziehung die Juden in dichten Scharen zur Taufe gezwungen: viele flohen ins Frankenreich. Das fünfte Konzil von Toledo unter *Sisinanth* verbietet zwar in leider sehr
bald wieder vergessenen Worten für die Zukunft den Zwang zur Taufe, aber die unter
Sisibut zwangsweise Getauften haben Christen zu bleiben. Die Juden werden nun
aller Ämter unfähig erklärt. Rückfällige Juden werden vom Bischof ins Christentum
zurückgezwungen, ihre Kinder ihnen abgenommen und christlich erzogen. Aber das
Konzil wollte die Juden mit dem lebenden Geschlecht aussterben lassen: Es nimmt
allen Juden ihre Kinder, sie in Klöstern oder in christlichen Familien zu Christen zu
erziehen. Einwanderung von Juden wird ebenfalls ausgeschlossen: *Kindila* spricht es
einfach aus (sechstes Konzil von Toledo): Niemand darf im Reiche leben, der nicht
katholisch. An der Wurzel will er mit seinen Priestern den Aberglauben ausrotten:
Gott ist zu danken, daß er diese durchlauchtige Seele geschaffen und mit solcher
Weisheit erfüllt hat. Jeder Nachfolger hat fortan im Königseid die Durchführung aller
Judengesetze zu beschwören und wird für Verletzung mit ewiger Dammnis bedroht.
Es war gleichwohl nicht möglich, diese Glaubenswut aus der Lehre überall ins Leben
zu übertragen. Ervich beginnt aufs neue, „die Pest des Judentums mit der Wurzel
auszureißen". Das sei wichtiger als alles andere. Er erläßt eine große Reihe von Juden-
gesetzen, die das fünfzehnte Konzil von Toledo einzeln prüft und gutheißt. Wir
heben aus der Unzahl von Quälereien, die bis in das kleinste Einzelne geregelt sind,
nur hervor das Verbot, die christliche Lehre in Wort und Schrift anzugreifen, die

jüdische zu verteidigen oder von der Kirche verbotene Bücher zu lesen. Um strengste Durchführung zu sichern, wird bestimmt: Nur Priester haben diese Gesetze anzuwenden, Richter, die sie ohne Zuziehung von Priestern anwenden, werden bestraft. Um aber den Nerv des Widerstandes der Juden, d. h. ihren Reichtum, zu durchschneiden, um ihnen fortan Vermögenserwerb fast unmöglich zu machen, verbietet ihnen der König (sechzehntes Konzil von Toledo), in Geschäften den Hafenplatz der Christen zu betreten oder überhaupt mit Christen irgend welches Geschäft zu treiben: „Denn die Hartnäckigkeit der Juden ist wie die Schuld des Judas mit ehernem Griffel auf demantenem Nagel geschrieben." Das siebzehnte Konzil von Toledo beschloß auf Antrag des Königs sofortige Verknechtung und Vermögenseinziehung gegen *alle* Juden: Man wollte also das Aussterben der Erwachsenen nicht mehr abwarten. Der König gesteht, er habe ihnen im Anfang seiner Herrschaft sogar wider das Gesetz ihre christlichen Knechte zurückgegeben, um sie durch deren Einfluß zu bekehren! Eine höchst verlogene Ausrede. Offenbar hatte Egika jene Vergünstigung aus Milde oder vielleicht bestochen eingeräumt: das sollte nun bemäntelt werden. Sie wurden angeklagt, in ihre alten Gebräuche zurückgefallen zu sein: Sehr glaubhaft, gegenüber der aufgezwungenen Taufe! – und mit überseeischen Glaubensgenossen (wohl in Nordafrika) Verbindungen gegen die Christenheit und ihre Lehre angeknüpft zu haben. Das Konzil erklärt darauf: Das abscheuliche Judenvolk, mit dem Blute Christi befleckt, seine Schwüre unzähligemal brechend, hat nicht nur die Kirche verwirrt (durch Streitschriften), auch dem Vaterland Verderben geplant. Sie seien überführt und geständig, daß sie sich des Thrones bemächtigen wollten. Das ist ganz undenkbar, d. h. die *Überführung*; das *Geständnis* mag die Folter erpreßt haben. Deshalb beschließt das Staatskonzil, da Gottes Wille ihre Strafe gerade *diesem* König zugedacht, der das Kreuz Christi und zugleich den seinem Volk geplanten Untergang rächen will: Alle Juden sind mit Weib und Kind Sklaven des Staats, ihr ganzes Vermögen verfällt an den Fiskus. Um Heiraten und Verkehr unter ihnen unmöglich zu machen, wird sie der König, einzeln über das ganze Reich zerstreut, an Christen verschenken, die sie nicht freilassen dürfen, solange sie Juden bleiben, und ihnen die Übung der Glaubensgebräuche wehren müssen; die Judenkinder werden ihren Eltern im siebten Jahr abgenommen, von eifrigen Christen erzogen und mit Christen verheiratet. Ausgenommen von der Zerstreuung wurden nur die Juden in den Grenzpässen Galliens, die durch Seuchen und häufige Feindeseinbrüche streckenweise verödet sind: Dort *müssen* die Juden beisammen wohnen, in strengster Abhängigkeit von dem dux, aber sie müssen als Christen leben und bei Rückfall Austreibung und Verknechtung gewärtigen. Man sieht, gleichsam zur Strafe werden die zur Taufe gezwungenen zur Wiederbevölkerung und Deckung jener Grenzgebiete dort festgehalten. Da nun aber der Staat zwar den Juden das Geld nehmen, aber doch nicht die von diesem Geld bisher erhobenen Steuern entbehren wollte – er verstand ja nicht, wie die Beraubten, damit zu wirtschaften –, kam er auf den Einfall, einen Teil seines Raubes von ihm ausgewählten ehemaligen Unfreien der Juden als Leihgut zur kaufmännischen Verwertung zu überweisen – offenbar jene Knechten, die früher für ihre jüdischen Kaufherren die Geschäfte geführt –: Und von diesen erhob nun der Staat gleich viel Steuer wie früher von den jüdischen Herren und deren *ganzen* Vermögen![1] – Wahrlich, hätten die Juden in Wahrheit mit dem duldsamen Islam den Umsturz dieses Reiches geplant – es ist nicht

---

1 Daß Witika die Juden begnadigt und milde behandelt habe, ist wohl einer der „Frevel" gegen die Kirche, die er nur nach Anklage der späteren kirchlichen Quellen, schwerlich wirklich, begangen hat.

erweisbar –, zu verargen wäre es ihnen nicht gewesen. Und es begreift sich, daß sie nach der Schlacht am Guadalete in Menge zu den Mauren übertraten, denen sie nach einer Sage, die wenigstens sinnbildliche Bedeutung hat, die Tore von Toledo geöffnet haben sollen.

Diejenige Einrichtung, durch welche die Kirche dieses Reiches von anderen ihre innere Entwicklung mächtig und reich gefördert, dem arianischen Staat Widerstand geleistet und den katholisch gewordenen zuletzt unbeschränkt beherrscht hat, war das *Konzil*, das schließlich als *Staatskonzil* bezeichnet werden muß. Rein kirchlich sind die Anfänge dieser, zunächst nur als Provinzialsynoden auftretenden, erst später das ganze Reich umfassenden Versammlungen. Allmählich aber ziehen sie die höchste Entscheidung in allen weltlichen Fragen an sich. Das Staatskonzil übt nicht nur die weltliche wie die geistliche Gesetzgebung, es ist auch oberster Gerichtshof und bestimmt, unmittelbar oder mittelbar, die innere und die äußere Staatsleitung der Könige. Parteileidenschaft in Wissenschaft und Staatsauffassung hat diese Entwicklung meist falsch dargestellt: Wir wollen die Geschichte der einzelnen Konzilien reden lassen, am Schluß wird sich die richtige Würdigung dann von selbst ergeben.

Die Akten der *arianischen* Synoden wurden nach dem Siege des Katholizismus verbrannt.

Von den katholischen Konzilien seit der Gotenherrschaft behandeln die ältesten nur Kirchliches: Konzil von Agde 9. September 506 unter Alarich II., von Tarracona 6. November 516 und von Gerunda 8. Juni 516 unter Theoderich dem Großen: Das zweite Konzil von Toledo 17. Mai 527 unter Amalarich (Vorsitz: Montanus von Toledo) ist das erste, das Dank gegen den König ausspricht und das Gebet, er möge auch künftig der Kirche Freiheit gewähren. Um 540 tagte ein Provinzialkonzil zu Barcelona unter Theudis. Das dritte Konzil von Toledo tagte am 8. Mai 589 unter *Rekared I.* (Vorsitz: *Leander von Sevilla, Mausona von Merida, Euphemius von Toledo* und siebenundsechzig Bischöfe, dagegen nur fünf weltliche Große). Der König überreicht sein neues Glaubensbekenntnis, es wird durch einen Notar verlesen und von der Versammlung gebilligt: Verworfen wird das „abscheuliche Schriftstück", durch das Leovigild die Katholiken zum Arianismus hinüberleiten wollte. Der König erklärt nun sofort, er habe nicht nur das Leben seiner Völker durch das Recht zu regeln und zu schützen, *sondern auch für den rechten Glauben und das Seelenheil zu sorgen*: Das ist die verhängnisvolle Rechtfertigung des weltlichen Zwanges in Glaubenssachen, der Verquickung von Staat und Kirche, des ungeheuerlichen Begriffs einer Staatskirche und eines Staats von bestimmtem Bekenntnis, während doch die Friedensordnung der Vernunft außerhalb des Glaubensgebietes überhaupt steht. Eine Auffassung, die aber nicht nur das katholische Mittelalter beherrscht, ebenso die Reformatoren, die in Abfall von dem gefundenen Protestantismus, ebenfalls von dem „weltlichen Arm" Schutz der reinen Lehre und Unterdrückung der falschen verlangen. – Es bleibt nun aber im Gotenstaat nicht bei der bloßen Schirmvogtei des Königs über die Kirche gegen weltliche, äußere Bedrückung – vielmehr greift der König als solcher in das innere Leben der Kirche, und das Konzil – heißt dies gut! So entsteht der falsche Schein, der Staat habe umgekehrt die Kirche geknechtet: Aber die Wahrheit dieses Scheins ist das Gegenteil. Denn alles, was der König im Konzil vorschlägt – haben ihm seine geistlichen Ratgeber eingegeben. Da nun diese Vorschläge sich natürlich auch auf Weltliches beziehen, ja die gesamte weltliche Gesetzgebung enthalten, und da *alle* Vorschläge, auch die weltlichen, des Königs an die Genehmigung des Konzils gebunden sind, das z. B. in unserem Fall auf fünf weltliche Große siebenundsechzig Bischöfe zählt, so leuchtet ein, wie so ganz der Episkopat diesen Staat beherrschte. Dem Verordnungsrecht des Königs, ohne Genehmigung des Konzils, blieben nur untergeordnete Gegenstände: Die meisten seiner Verordnungen sind nur Ausführungsvorschriften für die Staatskanones des Staatskonzils. Alsogleich erläßt der König in Erfüllung obiger Pflicht eine rein gottesdienstliche Anordnung. Um den neuen Glauben den Goten zur allgemeinen Kenntnis zu bringen, soll in jeder Kirche vor der Kommunion das Bekenntnis von Konstantinopel verlesen werden: – dieser „Befehl" ward dann freilich von den Bischöfen als bloßer „Vorschlag" dargestellt und – gutgeheißen: so wahren sie täglich auch in der Form ihre Freiheit, wie sie sachlich sich vom König die Abstellung der Mißbräuche geloben lassen, z. B. zwangsweise Verheiratung von Jungfrauen und Witwen trotz ihres Keuschheitsgelübdes, wie sie die Herrscher in Verfolgung ihrer Staatspläne gegenüber den Adelsparteien oft vornahmen. Daß der König selbst der Übeltäter gewesen, wird schonend bemäntelt. Das Wichtigste aber enthält der Kanon achtzehn des Konzils, *der den Bischöfen die Aufsicht über die gesamte Amtsführung der weltlichen Beamten auch in rein weltlichen Dingen* mit der Wirkung überträgt, daß diese Beamten den jährlich im November von dem Metropolitan jeder Provinz abzuhaltenden Konzilien – ohne Stimmrecht! – beizuwohnen haben, um hier die Grundsätze kennenzulernen, nach welchen sie mit den Untertanen verfahren sollen. Aber bei dieser lehrhaften Unterweisung bleibt es nicht. Vielmehr sollen die Bischöfe – zweimal wird der ausdrückliche Befehl des *Königs* eingeschärft – Oberaufseher sein der ganzen Behandlung der Untertanen durch die Beamten: Der Bischof soll die Beamten warnen, tadeln, aus der Kirche stoßen und beim König anklagen, nicht etwa bloß wegen Vergehen gegen die geistlichen Gebote. Bischof (und Adel) stellen auch fest, wieviel die Provinz ohne Schaden zu leiden an Gehalt und Naturalleistungen den Beamten gewähren mag. Bezeichnend für vollzogene Vermischung von Geistlichem und Weltlichem ist, daß am Schluß Geistliche mit Kirchenbann, Laien mit Vermögenseinziehung bedroht werden für Verletzung irgendeiner dieser Vorschriften, ohne Unterscheidung von geistlichem und weltlichem Inhalt. Also den Geistlichen trifft die gleiche Strafe für Verletzung weltlichen Rechts, den Laien weltliche Strafe für Verletzung geistlicher wie weltlicher Gebote. Angehängt ist eine Predigt Leanders, die kühle Klugheit, feuriger Schwung und feinfühlige Enthaltung von jeder Schmeichelei gegen den König auszeichnen.

Nach Vorschrift des Kanon achtzehn dieses Konzils trat am 1. November des gleichen Jahres 589 noch die Provinzialsynode zu Narbonne zusammen (Vorsitz des *Migetius* mit sieben Bischöfen, ohne Laien, d. h. ohne stimmberechtigte Laien): Die vorgeschriebene Anweisung der Richter und anderer Beamten wird weder hier noch in einem der folgenden Konzilien erwähnt, weil sie nicht zu beraten und zu handeln, nur Weisungen der Geistlichen zu empfangen haben. Nur in das Staatskonzil zu Toledo ordnet der König regelmäßig einige stimmberechtigte Laien ab, die daher die Akten mitunterzeichnen. In Provinzialsynoden begegnen nur sehr selten (ein oder zwei) Laien: So auf dem zweiten Konzil von Sevilla 13. November 619. Ein geistreiches Spiel des Zufalls ist es, daß gleich der erste Kanon der ersten Synode nach jenem Konzil, das in Wahrheit die Bischöfe zu den Fürsten dieses Staates gemacht hat, den Geistlichen verbieten muß, Purpurkleider zu tragen, da diese der weltlichen Hoftracht und nicht den Priestern, sondern den mit weltlicher Strafgewalt bekleideten Laien angehörten. Der Verweltlichung der Geistlichen tritt auch das Verbot entgegen, an öffentlichen Plätzen zu wohnen oder sich plaudernd dort umzutreiben. Ferner zeigt die Synode, daß es eben gerade die hohe Geistlichkeit, der Episkopat war, deren Macht nun so hoch gestiegen: Kraftvoll nimmt sie den niederen Klerus, in strenge Verordnung ihn weisend, in Zucht. Gegen jene Begründung des Purpurverbots hätten freilich die Bischöfe die Beschlüsse dieser Synode selbst anführen können. Denn die Vermengung von Staatlichem und Kirchlichem, genauer die gesetzgebende Gewalt der Kirche in Verfügung über rein weltliche Strafen, geht schon so weit, daß die acht Bischöfe dieser Synode (allerdings für kirchliche Vergehen) rein weltliche Strafen auch über Laien verhängen, z. B. für Sonntagsentweihung, heidnische Verehrung des Donnerstags, Wahrsagerei, Zauberei drohen sie Geldstrafen an den Grafen, Prügelstrafe, Freiheitsstrafen; auch wird dem Abt des Klosters, in dem politische Gefangene in Untersuchungshaft oder Einbannung in ein Kloster sich befinden, befohlen, dieselben nach den Weisungen des Bischofs zu behanden.[1]

Einen gewaltigen Fortschritt in der Unterjochung dieses Staates durch die Kirche bezeichnet das vierte Konzil von Toledo vom 5. Dezember 633 unter Vorsitz *Isidors* – selbstverständlich: Da der wackere *Svinthila* wesentlich zu jenem Behuf von den Bischöfen war gestürzt und durch *Sisinanth* ersetzt worden. Dieser Schattenkönig erschien mit weltlichen Großen in der Basilika, wo das Konzil tagte (– auf diese Anwesenheit der Gotenkönige gründete man noch im siebzehnten Jahrhundert das den spanischen vor den französischen Königen zustehende Recht, sich in allgemeinen Konzilien durch weltliche Gesandte vertreten zu lassen –), „warf sich demütig vor den Priestern Gottes zu Boden" („humo": Diese Lesart und dieses Maß der Demütigung wird ausführlich und eifrig von spanischen Schriftstellern gegen versuchte Abschwächung [„homo"] verteidigt), erbat unter Tränen und Seufzern ihre Fürbitte bei Gott – vor allem wohl für den Treubruch gegen seinen König, den er mit Hilfe eben dieser Fürbitter gestürzt! – und forderte sie auf zur Besserung der Kirchenzucht, worauf die Versammlung sofort auch die *„mores"*, d. h. die weltlichen Lebenssitten, auch der Laien, regeln zu müssen erklärt: Hier lag und liegt für die Kirche die stets geschlagene Brücke bereit, auch in Staatsrecht und Strafrecht mit ihrer Gesetzgebung Einzug zu halten.[2] Außer geistlichen Bestimmungen beschließt die Versammlung: An das Staatskonzil soll, weit über die ihm 589 eingeräumte Befugnis hinaus, ganz allgemein Berufung eingelegt werden können gegen Aussprüche nicht etwa nur der Bischöfe, sondern *gegen die Urteile aller weltlichen Beamten*: An diese Versammlungen von achtzig Geistlichen und höchstens sechzehn Laien! Ein königlicher Vollstrecker wird alle Verklagten zwingen, sich dem Konzil zu stellen, dies fällt das Urteil über die Berufung – der König hat dabei keinerlei Mitwirkung – und der „Exekutor" vollstreckt nötigenfalls mit Aufwendung der ganzen Gewalt des Staates dieses Urteil.

Ebenso ist das Konzil zugleich außerordentlicher Gerichtshof (zumal in Fällen der Störung oder Entziehung des Besitzes von Sachen oder Rechten), an den sich jeder wegen irgendwelcher Rechtsverletzung wenden kann, womit unmittelbar die Tätigkeit aller anderen Behörden gehemmt wird. Das heißt also erstens: Die Mehr-

---

1 Die Provinzialsynode vom 1. November 592 zu Tarracona beschäftigt sich mit den katholisch gewordenen Priestern der Arianer. 17. Mai 597 Konzil von Toledo, 1. November 599 zu Barcelona: Sie wehren der Habgier der Bischöfe und dem Eindringen von Laien in die nun so mächtig erhöhten Bischofsstühle. Die Akten der angeblichen Provinzialsynode von Toledo 610 sind gewiß, das angehängte decretum Gunthemari wahrscheinlich gefälscht, wie Könige VI dargetan; die Provinzialsynoden von Tarracona vom 13. Januar 614 und die zweite Synode von Sevilla vom 13. November 619 unter Isidor enthalten nur Kirchliches: Doch läßt dieser große Gelehrte gern seine Kenntnis des weltlichen Rechts leuchten.

2 Nach dem Vaticanum ist derPapst, ex cathedra sprechend, unfehlbar nicht nur de fide, auch de moribus: Also z. B. über das Verhältnis der Kirche zum Staat kann er den Staat „mores lehren".

zahl der Konzilsgeistlichen ist Erstgericht geworden in allen Fällen behaupteter Gewalt und zweitens: Sie ist, in Aufhebung der königlichen Gerichtsbarkeit, ganz allein Zweitgericht in allen Fällen. Der König und seine Beamten haben bei diesem Urteil keine Stimme (– abgesehen von den vom König ernannten weltlichen Konzilsgliedern, die bestenfalls ein Fünftel der Stimmen haben –), müssen aber alle Konzilsbeschlüsse vollstrecken.

Sehr wichtig ist nun der „modus tenendi concilium", – wie wir das nach dem alten englischen modus tenendi parliamentum nennen mögen – die peinlich genaue Geschäftsordnung, welche die Versammlung feststellt und von allen späteren Konzilien eingehalten wird.

Den Geistlichen wird heimlicher Verkehr mit fremden Völkern untersagt – soeben hatte man die Gefährlichkeit solcher Verbindungen erfahren. Richten über solchen Hochverrat soll aber nicht der König, sondern das Konzil. Der König darf auch Geistliche zu Richtern in (anderen) Staatsanlagen bestellen, und jene werden ermächtigt, in bedeutender Erweiterung der Vorschriften des dritten Konzils von Toledo, nicht nur gegen königliche Beamte, auch gegen Große außer Amtes wegen Bedrückung der kleinen Freien einzuschreiten. Gewiß lag hier nicht bloß die einmengerische Herrschsucht der Priester zu Grunde, auch das wohlmeinende Streben, den versinkenden Kleinfreien beizuspringen: Aber daß dazu der König nicht seine Beamten für mächtig genug, sondern das Einschreiten der Kirche für nötig erachtet, zeigt deren steigende Macht, wobei die Bekämpfung der Großen durch die Priester, meist Bischöfe, auch in Bestellung der letzteren zu Richtern in Staatsanlagen hervortritt. Das Konzil unterläßt nicht, auch die rein persönlichen Vorrechte der Geistlichen zu mehren: Wo Laien weltliche Strafen treffen, werden Priestern nur kirchliche gedroht. Von allen Fronden und persönlichen Leistungen werden sie befreit: „Auf Befehl des Königs", wie die Bischöfe *weltlichen* Inhalts stets sorgfältig beifügen. Den Schluß bildet ein großer Kanon (fünfundsiebzig), der von höchster sittengeschichtlicher Bedeutung ist. In teilweise großartiger Sprache – aber diese Wucht ist dem Alten Testament entlehnt –, teilweise mit Feinheit des Ausdrucks, die Isidors Geist und gelehrte Bildung verrät, wird geklagt, „bei manchen Völkern, wie das Gerücht geht, walte solche Treulosigkeit der Herzen, daß sie die ihren Königen geschworene Treue nicht halten". Das religiös und sittlich Verwerfliche solcher Verschwörung und Empörung wird nun hoch feierlich ausgeführt, dem gegenüber ordnungsgemäße Wahl des Nachfolgers durch Bischöfe und Adel – vom Volk ist nicht mehr die Rede – eingeschärft und Treue gegen den König gelobt unter Androhung des Fluches im Angesichte Gottes und seiner Engel und der Ausstoßung aus Kirche und Christenheit. Und nun fährt der Kanon in einem Atem fort: „Über Svinthila jedoch, der aus Gewissensangst vor den eigenen Freveln sich selbst der Krone und der Gewalt entkleidet hat, beschließen wir, daß er, seine Gattin, seine Kinder nie wieder in unsere Gemeinschaft aufgenommen, nie in ihre Ehren wieder eingesetzt werden sollen und in die Güter, die sie (der ‚Vater der Armen!') den Armen abgepreßt haben. Nur was ihnen die Gnade Sisinanths gönnt, soll ihnen bleiben."[1]

Selten ist auch in der an Heuchelei überreichen Geschichte der Kirche ein Beispiel so arger und plumper Heuchelei: Man spricht von der Untreue gegen die Könige, die,

---

1 Das Gleiche ward gegen den Verräter Gaila und dessen Familie verhängt, „der weder das Band noch die unserem Fürsten versprochene Treue geachtet hat".

„wie man sagt", bei *anderen* Völkern bestehen soll, während man nicht den Mut hat – und freilich nicht haben *kann*, nachdem diese Bischöfe fast Tags zuvor durch solche Treulosigkeit den König gestürzt, – dem verräterischen Gotenadel seine eidbrüchige Falschheit vorzuhalten. Alles, was „bei anderen Völkern vorkommen *soll*", hatten Priester und Adel soeben gegen König Svinthila verübt! Darauf wird im widerlichem Schwulst der von den Priestern getragene König gelobt. Zugleich wird ihm die geistliche Überlegenheit in tief verletzender Weise eingeschärft: freilich in Form der Warnung seiner *Nachfolger*. Diese werden für den Fall gewalttätiger Herrschaft in Ausdrücken verflucht, die jeder Achtung vor jeder Krone widerstreiten. Und sofort, vor der allgemeinen Rednerei zur bestimmtesten Betätigung geistlicher Übermacht vorschreitend, entziehen die Bischöfe dem König die Gerichtsbarkeit im Hochverratsverfahren und übertragen sie – dem Staatskonzil. Offene Lüge und Rachsucht werden dem gestürzten König gegenüber nicht verschmäht: Entweiht werden die herrlichen Sprüche des Alten Testaments von der Verantwortung der Herrscher vor Gott, entadelt wird die männlich-edle Weisheit von dem Frevel der Auflehnung gegen den Staat, die der gelehrte Isidor aus den Büchern der freilich heidnischen Römer gelernt hatte.

Ende Juli 636 tagte, wieder in der Leokadienkirche, das fünfte Konzil von Toledo unter Vorsitz von *Eugenius I.* mit dreiundzwanzig Bischöfen und Bischofsvertretern: Justus von Toledo und Isidor von Sevilla waren fast gleichzeitig mit Sisinanth gestorben. Der neue König *Kindila* erscheint mit seinen „Seniores" im Konzil und empfiehlt sich knieend vor den Bischöfen deren Fürbitte: König und Konzil verordnen monatlich dreitägige Bittgänge in allen Städten des Reiches zur Vergebung der überhandnehmenden Sünden. – Der Wahl Kindilas müssen gefährliche, zerrüttende Parteikämpfe vorhergegangen sein: Alle Beschlüsse des Konzils bezwecken Schutz des Königs und seiner Familie gegen Nachstellungen von Kronprätendenten unter Androhung des Kirchenbannes und ewiger Verdammnis, auch gegen Erforschung der Lebensdauer des Königs durch Zaubermittel und hierauf gebaute Pläne. Die feierlichen Verfluchungen des fünften Konzils gegen die Königsfeinde sollen fortan am Schluß jedes Konzils verlesen werden „um der Vergeßlichkeit der Bösen willen". Schon zwei Jahre darauf (Anfang Januar 638) wiederholte das sechste Konzil von Toledo (dreiundfünfzig Bischöfe) diese Beschlüsse und läßt fortab jeden König im Krönungseid Schutz des Glaubens gegen die Juden und Durchführung der Judengesetze beschwören unter Verfluchung als „Futter des höllischen Feuers" für Eidverletzung in sehr starken Worten. Todesstrafe soll fortan nur eintreten, wenn Anklagefähigkeit auch nach *kirchlichem* Recht geprüft ist (Rechtsgläubigkeit usw.), ausgenommen bei Hochverrat und Mordanschlägen gegen den König. Überläufer und Landesverräter werden, abgesehen von der weltlichen Strafe, mit Kirchenbann und langer Buße bedroht, doch soll Zuflucht in der Kirche ihr Los mildern. Das enge Bündnis des geistlichen und weltlichen Adels bezeugt bei Ermahnung des Konzils an die alten und jungen Palatinen, sich gegenseitig mit Wohlwollen und Ehrerbietung zu behandeln. Treue Anhänger des Königs, auch seine Kinder, aber zumal auch der Kirche, werden z. B. in den vom König erhaltenen Geschenken vorbeugend geschützt gegen etwaige Verfolgung durch den neuen König. Abermals werden Verschwörer gegen den König mit Fluch und Hölle bedroht und – ein bezeichnender Zusatz – ebenso jeder Nachfolger, der es unterläßt, den Mord des Vorgängers wie eines Vaters zu rächen (meist war er eben selbst der Mörder). Dabei soll dann die Heldenkraft des ganzen Gotenvolkes Hilfe leisten: „und unterlassen sie (Nachfolger und Volk) das, so sollen sie *nach diesem, unserem Ausspruch* bei den anderen Völkern beschimpft und ehrlos sein." Mit Verpfändung der Volksehre muß diese Priesterschaft Leben und Thron von Fürsten umschirmen, die freilich mehr Könige der Geistlichen als des Gotenvolkes waren und in der Treue und Begeisterung des Volksheeres die Wurzeln ihrer Kraft nicht mehr finden konnten.

Das siebente Konzil von Toledo (18. Oktober 648 unter Vorsitz des *Orontius von Merida*, neununddreißig Bischöfe und Bischofsvertreter) rechtfertigt seine Zuständigkeit in weltlichen Dingen einfach damit, daß die Bischöfe nicht nur für das kirchliche Leben zu sorgen haben, „sondern auch für das Heil des Staats, ohne dessen Wohlfahrt wir nicht ruhig leben können", und wendet sich sofort gegen die Hochverräter, Empörer, Landflüchtigen weltlichen und geistlichen Standes. Es sind die Führer der Priesterpartei, die *Kindaswinth* zu Anfang seiner rechtswidrigen Erhebung zu bekämpfen hatte: „Ihr Trotz schwächt die Kraft des Reiches, legt dem Gotenheere nie endende Anstrengungen auf. Dabei wäre die Verblendung der Laien noch zu ertragen. Aber viel schlimmer ist, daß auch aus geistlichem Stand sich so viele kopfüber in solches Erkühnen gestürzt haben." Man sieht, es war die Geistlichkeit selbst, d. h. der widerstrebende, trotzende, ausgewanderte und bewaffnete Rückkehr drohende Teil derselben, gegen die der König die Mitwirkung des Konzils, d. h. der freiwillig ihm folgenden oder seiner Gewalt unterworfenen Bischöfe, braucht. Die Versammlung bedroht denn mit Entsetzung und Kirchenbann, lebenslänglicher Buße alle hochverräterischen Geistlichen, über Laien verhängt sie außerdem noch Vermögenseinziehung: Also eine rein weltliche Strafe, obwohl nur Bischöfe, nicht ein einziger Laie die Versammlung bilden! Jedoch wahrt das Konzil sehr kräftig die kirchlichen Ansprüche, d. h. die Machtstellung der Bischöfe: Es entzieht dem König das Begnadigungsrecht in Staatsanlagen (nur ein Zehntel des Eingezogenen darf er dem Bestraften zurückgeben) und erklärt, wenn ein Fürst gegen dies Gesetz Begnadigung verleiht, so solle und dürfe kein Priester ihm gehorchen, so wenig wie wenn ein nichtkatholischer Fürst Abfall vom Glauben befehlen sollte: Man wollte sich gegen Parteiwechsel des Königs und gegen anders gesinnte Nachfolger schützen. Ein Bischof, der einem Empörer auf den Thron verholfen, soll gleicher Strafe verfallen: Und läßt sich das (was allerdings zu erwarten war!), solange dieser herrscht, nicht durchsetzen, so soll der Bischof doch gleich nach dem Tode seines Beschützers – eine bezeichnende Maßregel! – dem Kirchenbann verfallen. Jeder König, der diese Vorschriften verletzt, gilt als gebannt und als abtrünnig vom katholischen Glauben. Für Kindaswinth geht die Fürbitte dahin, daß er im katholischen Glauben „*zunehmen*" möge – was bei seinen Vorgängern nicht begegnet. Und ein so kräftiger Herrscher muß doch die Mitwirkung der Bischöfe erkaufen durch starke Beschränkung des so wichtigen Begnadigungsrechts.

Am 16. Oktober 652 tagte das achte Konzil von Toledo (unter Vorsitz des *Orontius* mit einundfünfzig Bischöfen, elf Vertretern von Bischöfen, dreizehn Äbten). König *Rekisvinth* tritt mit siebzehn Palatinen (darunter fünfzehn Goten, zwei römischen Namens[1]) ein, überreicht einen Band mit seinem Glaubensbekenntnis und den

---

1 Die Namen und Würden jener Palatinen sind: *Hodoagrus* comes cubiculariorum et dux, *Offilo* (ebenso c. c. et d.), *Adulfuns* comes scanciarum et dux, *Babilo* comes et procer, *Astaldus* (ebenso), *Ataulfus* comes, *Ella* comes et dux, *Paulus* comes notariorum, *Evantius* comes scanciarum, *Euridus* comes et procer, *Riquira* comes patrimoniorum, *Afrila* comes scanciarum, *Wenedarius* comes scanciarum et dux, *Fandila* (ebenso), *Kumefrendus* comes spatariorum, *Froila* comes et procer, *Riccila* comes patrimoniorum: So zahlreiche den byzantinischen nachgebildete Ämter sind früher, wenn vorhanden, wenigstens nicht bezeugt.

Vorlagen für das Konzil: Dabei wird dasselbe ausdrücklich auch für Umgestaltung der weltlichen Gesetzgebung unter vorbehaltener Zustimmung des Königs für zuständig erklärt. Deshalb wohl sollen diesmal auch weltliche Große mitwirken in größerer Zahl denn je zuvor: Allerdings auch jetzt nur im Verhältnis von siebzehn zu sechsundsiebzig! Als „herkömmlich" – wir haben aber gesehen, daß es nur ausnahmsweise vorkam – läßt sich höchstens anführen, daß der König aus den Palatinen eine Anzahl wählen konnte, als weltliche Glieder am Konzil teilzunehmen. Manches, was der König hierbei anführt, ist im Widerspruch mit den uns erhaltenen Akten der früheren Konzilien: „Ihr edlen Männer", spricht er zu den Palatinen, „die ihr aus den Palastämtern nach altem Brauch (?) dieser heiligen Synode beiwohnt, auf welche euer Adel Antwortschaft gibt (? doch nur, sofern Edle leichter als andere Palatinen werden) und die Erwartung ihrer Billigkeit zu Leitern des Volkes berufen (eine gänzlich sinnlose Redewendung), die ich als meine Gehilfen in der Herrschaft … begrüße …" Sie sollen in innigster Eintracht mit den Geistlichen beraten und beschließen: Der König verspricht, alles, was die Versammlung „mit seiner Zustimmung" – dieser Zusatz hebt freilich den Wert des Versprechens auf – beschließen werde, mit fürstlicher Gewalt durchzuführen.

„Moraltheologische Kasuistik" zu treiben war schon damals ein Hauptvergnügen dieser Gelehrsamkeit. Mit breitem Behagen erörtert man jede derartige Aufgabe, so auch hier. Der König fordert die Geistlichen auf, ihm aus einem sittlichen und Glaubenswiderstreit zu helfen. Nach früheren Eiden sei er verpflichtet, die Hochverräter unnachsichtig zu strafen: Das widerstreitet aber der christlichen Pflicht der Barmherzigkeit. Man sieht hier einmal wieder, welch geringen Wert staatliche Eide haben: Die Stimmung der herrschenden Partei war umgeschlagen, seit an Stelle des gewaltigen Vaters der allzu milde Sohn getreten war. Man *wollte* eben jene Verurteilten jetzt schonen. Deshalb war in dem König ohne Zweifel eben von den Geistlichen durch Berufung auf die Barmherzigkeit jener Widerstreit erweckt worden. Es ist ein *staatlicher* Umschwung, der mit *gottesgelehrten* Redensarten verdeckt zugleich und entschuldigt wird. Das Konzil erklärt die Aufgabe für unlösbar durch menschliche Weisheit, verzweifelt an jeder Entscheidung, ruft in langem Gebet den heiligen Geist um Erleuchtung an und – trifft nun *doch* Entscheidung, setzt also die erbetene Erleuchtung voraus! Selbstverständlich entspricht diese der jetzt im Staate herrschenden Strömung. In den Entscheidungsgründen werden jene Eide getadelt als mehr durch Not erzwungen denn nach weiser Beratung beschlossen: Der voreilige Schwur wird mit dem des Herodes und des Jephta verglichen – die Bibel, zumal das Alte Testament – muß immer für höchst unliebsame Vergleiche aushelfen! – und unter Berufung auf den Papst Gregor und den mit nationalem Stolz gefeierten, jüngst verstorbenen Isidor in echter „Theologenmoral" entschieden: „Die Schuld des sündhaften *Eides* dürfe nicht noch erschwert werden durch sündhaftes *Worthalten*!": Die übrigen Eide sollen aufrecht bleiben, aber die Verstümmelung und Tod drohenden nicht gelten: (wir wissen nichts von solchen). Darauf regelt das Konzil die Königswahl: Schon das vierte Konzil von Toledo hatte die Wählbarkeit ausgeschlossen im Fall geistlichen Gelübdes (mit Scherung und geistlicher Tracht), im Fall der Decalvation, unfreier oder ungotischer Abstammung. Jetzt wird bestimmt: Die Wahl muß geschehen in Toledo oder am Sterbeort unter Zustimmung der Bischöfe und Großen. Vom Volk ist nicht mehr die Rede, im Gegenteil, „die lärmende Erklärung bäuerischer Haufen" in den Provinzen wird als ungültige Wahl verworfen. Dann werden die Pflichten des Königs aufgezählt, die er vor der Thronbesteigung im Königseid zu beschwören hat: Vor allem Schutz des katholischen Glaubens gegen Juden und Ketzer: – „*Bescheidenheit* in Tat, Urteil und Wandel", Vermeidung von Verschwendung und durch diese veranlaßter Erpressung, Verwaltung des Staatsvermögens in Staats-, nicht zu eigenem oder Hausnutzen. Dabei wird über die „furchtbare Habgier der Könige" geklagt. Rekisvinth muß auch dies, wobei sein eigener Vater als ein Haupt-schuldiger ausdrücklich benannt wird, in seinem Namen veröffentlichen: Eine emp-findliche Demütigung des Königtums und des gefürchteten Vaters in dem allzu gefü-gigen Sohn. Er zieht „sich selbst und allen Nachfolgern die Schranke des Gesetzes". Diese Finanzgesetze werden als nicht nur von den Bischöfen, Priestern und dem officium palatinum, auch von der Versammlung der „Höheren und Geringeren" be-stätigt bezeichnet. An eine Volksversammlung ist dabei entfernt nicht zu denken: Höchstens an „Acclamation" des vor der Kirche versammelten Volkes, dem die ferti-gen Beschlüsse behufs Zuruf verkündet werden, wenn nicht die minores nur die minores des palatinum sind. Die Verquickung von Staat und Kirche ist nun so weit gediehen, daß nicht nur der *König* die *geistliche* Strafe des Kirchenbannes und der Verfluchung Geistlichen und Laien für Verletzung der Wahlrechte droht (natürlich unter Zustimmung der Bischöfe: Aber *er* stellt die Strafe auf), daß auch der *heilige* Geist nicht nur die Beschlüsse des Konzils, sondern auch das *weltliche* „Gesetz des Königs erfüllt".

Auch Provinzialsynoden greifen in das weltliche Recht. Sie regeln Erbfähigkeit von Kindern der Geistlichen und Eherecht der Freigelassenen der Kirche: so das neunte Konzil von Toledo vom 2.–22. November 655, weshalb der König durch vier Palatine sich vertreten läßt. Das zehnte Konzil von Toledo vom 1. Dezember 656 erklärt wieder ausdrücklich wie alle, die nicht bloße Provinzialsynoden sind, nach (den Vorschriften der Väter und) Verfügung des Königs zusammenzutreten: Aber das nächst zu nennende setzt das Gleiche auch bei allen Provinzialsynoden voraus; es verhandelt die Selbstanklage eines Bischofs wegen Geschlechtsverbrechen und Streitverfahren über Testamente anderer Bischöfe, auch in weltlichen Fragen rich-tend. Die Provinzialsynode von Merida vom 6. November 666 erkennt an, daß der König auch der kirchlichen Dinge walte – sehr ungefährlich, solange derselbe sogar in weltlichen Dingen nur nach Lenkung der Kirche handelt! – z. B. ordnet er die bestrittenen Grenzen zweier Sprengel. Kräftige Herrscher hätten aus den von der Krone der Kirche eingeräumten Rechten freilich mehr machen können, als der Staat brauchte und sogar die Freiheit der Kirche vertrug. Zum erstenmal (soweit ich sehe) wird in einem germanischen Staat Kirchengebet angeordnet für den König, seine Treuen und sein Heer vom Aufbruch ins Feld an bis zur Rückkehr nach Toledo. Den grausamen und den glaubenswütig-abergläubischen Sinn dieser Priester kennzeich-net das Verbot, daß Bischöfe im Zorn ihre Knechte *verstümmeln*: Der *Richter* soll in solchen Fällen entscheiden und jedenfalls den schuldigen Knecht durch Veräußerung an einen anderen Herrn der späteren Rache des Bischofs entziehen: – „Sorgt der König im weltlichen Gesetz (gemeint ist wohl Lex Visigotorum VI, 6, 13) für die Menschen, so darf die Kirche wohl das Gleiche tun." Ferner, wenn Geistliche be-haupten, von Kirchenknechten krank gezaubert zu sein, sollen sie nicht selbst diese strafen, sondern der Richter (mit ehrbaren Leuten) die Untersuchung führen und nach dessen Antrag der Bischof das Urteil fällen.

Darauf folgen die beiden ungefähr gleichzeitig tagenden Provinzialsynoden von Toledo (Concilium Toletanum XI) vom 7. November 675 und von Braga. Arge Zer-rüttung der Kirchenzucht wird beklagt, und der „fromme, eifrige, kluge" König *Wam-ba* bedankt, daß er wieder einmal ein Konzil berufen: (ohne königliche Berufung wagt man also trotz dringender Veranlassung nicht, sich zu versammeln: Ganz ausschließend übt die Krone das Berufungsrecht. Ein Fall der Auflösung durch den König kam nie vor.) Bei Kirchenbann muß Störung der Geschäftsordnung durch Lachen, Zanken, Spotten, Schreien verboten werden. Die Bischöfe, „vom Stolz ihrer Stellung erfüllt", zählen ganz besonders zu den „praesumentes", die für gewalttätige Selbsthilfe mit Umgehung des Rechtes gestraft werden müssen. Aber auch alleräußerste Entsittlichung dieser Geistlichen in geschlechtlichen Dingen wird vorausgesetzt. Wegen Verführung adliger Mädchen oder Frauen durch *Bischöfe*, auch *Ermordung* von Frauen und Männern des Adels durch *Bischöfe* muß eingeschritten werden. Offenbar lagen einzelne sehr starke Fälle vor. Aber während den Laien *Verknechtung* und Verbannung traf, wird der Bischof nur aus der Kirchengemeinschaft geschlossen und verbannt. Ist das Opfer des Priesters nur gemeinfrei, tritt wohl nur Geldstrafe ein: Man sieht, die geschlechtlichen Laster, als deren Bestrafung der Untergang des Reiches gefaßt wurde, hatten wahrlich nicht bloß den *weltlichen* Adel ergriffen! – König Wamba wird zweimal als Besserer der Kirchenzucht gepriesen. Aber gerade diese Besserung ward neben der des Heeres ein Hauptgrund seines Sturzes: Die Bischöfe halfen ihn verderben und breiteten den Mantel der Kirche bedeckend über den Kronräuber. Am 4. Oktober 680 hatte *Ervich* seinem Wohltäter den Gifttrank gereicht, am 20. Oktober salbte den Mörder Julian von Toledo, am 9. Januar 681 trat auf „Befehl des Königs" das zwölfte Konzil von Toledo unter Vorsitz *Julians* zusammen: Doch nur einundvierzig Geistliche hatte man einstweilen gewonnen, fünfzehn Palatinen ohne näheren Amtstitel unterzeichnen mit.[1] Dies Konzil hatte fast ausschließend den angegebenen heuchlerischen Zweck. Der König, knieend um Fürbitte der Bischöfe flehend, fordert sie, „das Salz der Erde", auf, die Heilung des kranken Staates zu übernehmen. Das soll heißen, die gottlose Mißherrschaft Wambas hat die Empörung, den Treu- und Eidbruch und die Rettung des Staates durch die Kirche notwendig gemacht. Obwohl ihnen die Anfänge seiner Herrschaft nicht bekannt seien, wie er „durch Fügung göttlicher Gerichte" (!!) den Thron bestiegen und die Salbung erhalten habe, so sollen sie es doch noch schriftlich (in einem Tomus) vernehmen. Wie er seine Krone durch ihre Zustimmung erhalten, so sollen sie jetzt Bestätigung erteilen. Vor allem sollen sie dann die Saat des Judentums mit der Wurzel ausreißen und das Wehrgesetz Wambas abschwächen, durch das die halbe Bevölkerung des Reiches schon wegen Fahnenflucht mit Ehrlosigkeit geschlagen, ja in manchen Landschaften schon *alles* Volk ehrlos und zeugnisunfähig geworden wäre. Daher sei Aufhebung – mit rückwirkender Kraft! – unerläßlich. Endlich aber fordert er die Bischöfe ganz allgemein zur Aufhebung aller weltlichen Gesetze auf, die ihnen „verkehrt" oder ungerecht scheinen, und auch sonst, beliebige neue Gesetze zu erlassen.

Nun erfolgt eine Rechtfertigung des Verbrechens, die, mögen einige Toledo fern Wohnende über den Hergang getäuscht worden sein, sehr vielen Gliedern des Konzils, vor allem Julian, nur als bewußte Heuchelei ausgelegt werden kann. Die Versammlung erklärt: Die vorgelegten Urkunden haben dargetan, mit welcher Friedlichkeit und Ordnungsgemäßheit (gerade das Gegenteil war der Fall und sollte nun vertuscht werden) Fürst Ervich den Thron bestiegen und die heilige Salbung (diese war staatsrechtlich ohne jede Bedeutung, strafrechtlich nur ein Verbrechen) erlangt habe. „Da nämlich der König Wamba *der Schlag einer unvermeidlichen Notwendigkeit* befiel" – diese Worte enthalten und verhüllen die *Vergiftung* – „nahm er die Tracht des

---

1 Dies Verhältnis fünfzehn zu sechsundvierzig, ist das für die Laien günstigste, das überhaupt vorkommt.

Gelübdes und die Tonsur an und bestimmte schriftlich Ervich zu seinem Nachfolger" – hätte er dies sogar freiwillig getan, so war es staatsrechtlich nichtig –, „der durch priesterliche Segnung zu salben sei (dies verleiht nur dem rechtmäßig Gewählten religiöse Weihe). Die Echtheit der Unterschrift Wambas ist festgestellt: *Deshalb entbinden wir das Volk von jedem Eid der Treue gegen den König Wamba*, es diene nun Ervich, den es in Liebe gekoren (es hatte dazu gar keine Zeit und Möglichkeit gehabt). Wer sich gegen diesen erhebt, wird *‚nicht wohl'* (diese zage Wendung verrät doch noch eine Regung des Gewissens) der Strafe Gottes entgehen." Aber wahrhaft empörend in dem Munde von Priestern ist das nun folgende: Nahe lag die Gefahr, der schmählich Vergiftete, Betäubte und Vergewaltigte werde erklären, die Thronentsagung sei erzwungen. Dagegen hätte nach dem Gesetz eingewendet werden können, gleichwohl mache ihn die Tonsur, die Anlegung des Religiosengewandes der Krone unfähig. Um nun den entrüsteten Einwand abzuschneiden, daß auch dies an dem Betäubten, Unbewußten ohne, gegen seinen Willen vorgenommen worden, erklärt das Konzil: „Oft fechten undankbar solche, *denen gegen ihren Willen die Gnade Gottes zu teil geworden* (!)" die Tonsur an, „weil sie selbe weder erbeten, noch auch nur in bewußtem Zustand empfangen hätten" und wollen wieder in das weltliche Leben zurückkehren – man spürt die Angst der Verschworenen, der tapfere Mann möchte seiner Klosterzelle entspringen und wieder zu Königstab und Schwert greifen. Und nun vermögen diese Priester zu sagen, „diese freche und hartnäckige Unverschämtheit würde solche Sprache nicht führen, bedächte sie, daß man ja auch *die Taufe* an willenlosen, bewußtlosen Kindern vollzieht. Wie die Taufe ist auch die ‚Verleihung' (!) der Buße, obwohl Bewußtlosen erteilt, unverbrüchlich zu bewahren, *namentlich kann ein solcher nie mehr ein Staatsamt bekleiden.*" Das war es! Dem Priester, der einen Bewußtlosen tonsuriert, droht nur Kirchenbann auf ein Jahr – und dagegen darf er beweisen, daß ihn sein Opfer „durch Handbewegungen (!) oder andere Anzeichen dazu aufgefordert habe". Frühere Konzilien (Concilium Toletanum X, 3) hatten schriftliche Erklärung des Gelübdes verlangt! – Selten ist in aller Geschichte ein Staatsverbrechen widerlicher mit religiöser Heuchelei geschmückt und verhüllt worden. – Wackere Geistliche scheinen die Hochverräter, alte Feinde Wambas, etwa Paulus und seine Mitschuldigen, die Ervich vielleicht bei der Untat verwendet, dann begnadigt und hoch gestellt hatte, von sich fern gehalten zu haben: Um diese sittliche Verurteilung zu ersticken, verbietet das Konzil, Leute von sich zu stoßen, „die doch selbst der König an seine Tafel ziehet!" – solch' höfliche Rücksicht liegt sonst tief unter der katholischen Kirche, welche die großartige Rücksichtslosigkeit in guter Sache oftmals bewundungswürdig bewährt hat. Die staatliche Verurteilung Wambas ist aber noch nicht fertig: Bischof *Stephan von Merida* klagt sich an, durch des Königs Gewalttätigkeit und ungerechte Befehle gezwungen, das Kloster *Aquä* in einer Vorstadt von Toledo zu einem Bistum erhoben zu haben. Das Konzil erklärt für volkskundig, daß „Wamba in gewohntem Eigensinn und leichtfertig handelnd dies durchgesetzt und in anderen Flecken Gleiches getan habe". Er richtete wohl in seiner Besserung der tief gefallenen Kirchenzucht neue Bistümer ein und besetzte sie mit ergebenen und tüchtigen Männern. Nach Verletzung der Kanones „gegen solche Willkür und Frechheit, – sie enthalten aber gar nichts über Mitwirkung des Königs bei Errichtung von Bistümern! – wird Äqua wieder zum Kloster gemacht. Der eingesetzte Bischof *Kuniwult* (Cuniult) bleibt, weil vom König gezwungen, ungestraft. Man verleiht ferner den durch das Wehrgesetz Wambas mit Ehrlosigkeit Getroffenen Zeugnisfähigkeit wieder *und den alten Rang und Titel* (dies war die Hauptsache, der andere vorgehängte Grund nur die Beschönigung, wie sehr oft in diesen Konzilsakten). Außer Erneuerung der Judengesetze erläßt die Versammlung ein scharfes Verbot des Götzendienstes, woraus Fortdauer römisch-iberischen, vielleicht auch germanischen Heidentums auf dem Lande (pagi, daher pagani) und unter dem geringen Volke der Bauern, Kolonen erhellt. Die verbotenen Gebräuche sind zugleich römisch und germanisch, eben gemein-arisch: Doch darf bei der Verehrung von Felsen (Steinen), Bäumen, Anzünden von Feuern (Fackeln) und Verehrung von Quellen wohl manchmal *auch*[1] an germanisches Heidentum gedacht werden. – Das staatlich Wichtigste war aber neben der endgültigen Ausschließung Wambas vom Thron die bedeutende *Erhöhung der Macht des Metropolitans von Toledo.* Nicht ohne Belohnung wollte der gewaltige Julian den Frevel mitbegangen oder doch nachträglich geheiligt haben. Fortan ernennt er (unter Mitwirkung nur des Königs) allein alle Bischöfe von Spanien und Septimanien. Von der kanonisch vorgeschriebenen, auch in diesem Reich wiederholt anerkannten Wahl durch die Mitbischöfe auf den Provinzialsynoden nach Vorschlag der Gemeinden unter Mitwirkung des Metropolitans der Provinz ist gar keine Rede mehr. Der von (dem König und) Julian Ernannte hat sich in drei Monaten vor seinem Metropolitan zu stellen, der ihn nur einweist, nicht mehr konsekriert. So hatte der *Jude* Julian eine Art Oberherrschaft über die westgotische Kirche gewonnen, wie keiner seiner Vorgänger: Er beherrschte durch den König die Bischöfe, durch die Bischöfe, d. h. das Staatskonzil, Kirche und Staat.

Am 4. November 683 tagte das dreizehnte Konzil zu Toledo (unter Vorsitz Julians; Zweiundachtzig Geistliche und sechsundzwanzig illustres des officium palatinum, welch letztere bei ihrer Unterschrift ausdrücklich bemerken, daß sie den Verhandlungen beiwohnten (d. h. also nicht mit dem König nach der Eröffnung sich wieder entfernten) und den Beschlüssen zustimmten. König Ervich erscheint, überreicht einen „tomus", den Inbegriff seiner Anträge, und erbittet ihren „bekanntlich vom heiligen Geist erleuchteten, ewig zu befolgenden Rat" – für weltliche Dinge, staatliche Fragen, für welche doch die Kirche selbst damals noch nicht Erleuchtung durch den heiligen Geist in Anspruch nahm.

Vielleicht war der Sturz Wambas erfolgt unter Mitwirkung seiner alten Feinde, des Paulus und der Paulianer, denen seine Gnade das Leben geschenkt hatte. Wenigstens würde dies gut erklären, daß das Konzil ihnen nun auf Antrag des Königs Ehre und den noch vom Fiskus besessenen Teil des eingezogenen Vermögens zurückgibt: Jedenfalls ward dadurch die Wamba feindliche, jetzt herrschende Partei verstärkt. Ferner schützt das Konzil freilich „auf Antrag des Königs", d. h. Julians, die geistlichen und weltlichen Großen in Hochverratsklagen gegen die in sehr starken Worten gescholtenen Mißbräuche der Gewalt und Arglist in der Gerichtsbarkeit früherer Könige: Das Staatskonzil wird allein für zuständig erklärt in solchen Anklagen; auch einen Steuererlaß bewilligt das Konzil auf Antrag der Krone. Aus eigener Anregung aber nimmt nun das Konzil, d. h. die Kirche, die Krone in Schutz. In Umkehr des Verhältnisses von Königsschwert und Krummstab: Alle Bischöfe, Priester, Laien, Edele, künftigen Könige werden mit Verfluchung bedroht, falls sie irgend dem König, seiner Gemahlin *Leovigotho* und ihrer Sippe Nachstellung berei-

---

1 Mehr darf man nicht wagen: Waren doch die Westgoten schon seit drei Jahrhunderten Christen; in großartiger Kühnheit hat Jakob Grimms „Deutsche Mythologie" wohl gar manchen Zug gemein-arischen Glaubens bei Griechen, Römern, Kelten, Slaven als germanisch in Anspruch genommen.

ten. Besonders auch gewaltsame Tonsurierung oder Aufnötigung geistlichen Gewandes wird bedroht: – Man wußte wohl, warum! Der Königin wird für den Fall ihrer Verwitwung Wiederverheiratung verboten: Groß ist hier der Aufwand gottesgelehrter Redekunst – („in Schwefelfeuer, wie der Teufel, würde ein solcher Frevler, d. h. ihr zweiter Gatte verbrannt: Die einstige Königin, ein Teil des Leibes des verstorbenen Herrschers, darf nicht der Lust eines *Untertanen* dienen" –), wie immer, wenn durch die Redensarten solch salbungsvoller Entrüstung der *wahre* Beweggrund verschleiert werden soll, nämlich den Einfluß der Königinwitwe und ihres Geschlechts nicht mehr, wie früher geschehen, mit ihrer Hand zum Gegenstand der Parteikämpfe zu machen. Daß obiger Grund nur vorgeschoben, verrät das Verbot auch für den neuen *König* (also *nicht* Untertan), die Witwe des Vorgängers zu heiraten: Gerade *dieser* war zumeist gemeint mit dem Verbot. Auch das Verbot, ehemalige Knechte von Palatinen selbst zu Palatinen zu erhöhen und dann deren Kenntnis der Geheimnisse ihrer früheren Herren zu Anklagen zu verwerten, bezweckt den Schutz des Adels gegen ein Verfahren, wie es wohl Kindaswinth, vielleicht auch Wamba, angewandt. Der König veröffentlicht dann alle Beschlüsse des Konzils, auch die rein geistlichen, in einer lex und droht für Verletzung nicht nur weltliche Strafen, auch die geistliche des Kirchenbanns: So völlig sind Staat und Kirche verquickt und verschmolzen. Dabei wird ausdrücklich anerkannt: Auch die rein geistlichen Beschlüsse erhalten erst durch die königliche Genehmigung Gültigkeit. – Im November 684 tagte das vierzehnte Konzil zu Toledo, ein Provinzialkonzil, aber vom König berufen, unter Vorsitz Julians, ohne weltliche Große, weil nur eine kirchliche Frage und zwar der Glaubenslehre entschieden wird. Der Papst hatte Beitritt der westgotischen Kirche zu den Beschlüssen des sechsten Konzils von Konstantinopel verlangt, das die ketzerische Lehre, vom Monotheletismus (*ein* Wille in Christus) verwarf. Ein Staatskonzil habe man nicht berufen können, da man das päpstliche Schreiben kurz nach der Heimkehr vom vorigen Konzil, daher stark angegriffen, dazu in strengster Winterzeit erhalten habe. So habe man denn statt dessen ein Provinzialkonzil berufen, bei welchem jedoch die Bischöfe der anderen Provinzen durch Vikare vertreten seien, und so wird denn doch die allgemeine Zustimmung, nach dem Antrag des Papstes, erklärt. Am Schlusse warnt das Konzil vor Grübelei: Gott will nicht, daß man ihn erforsche, sondern daß man ihn glaube. Das ist theologische „Wissenschaft"!

Das nächste Konzil war wieder ein Staatskonzil (fünfzehntes Konzil von Toledo vom 11. Mai 688 in der Hauptkirche, ecclesia praetoriensis unter Vorsitz Julians, sechsundsiebzig Geistliche, siebzehn Palatine): Es löste nach Aufforderung *Egikas*[1] abermals einen Widerstand von Eiden: „Theologische Moralkasuistik" auf staatsrechtliche Fragen anzuwenden war, wie bemerkt, ein Hauptvergnügen dieser Priester und ein viel benütztes Mittel, staatliche Schwierigkeiten durch kirchliche Entscheidung zu heben. Aus den Geständnissen des Eidams erhellt, daß Ervich stets für die so frevelhaft erlangte Herrschaft zitterte und außer durch „erpreßte" Eide und Verfluchung für den Fall des Eidbruchs durch grausame gerichtliche Verfolgung der Gegner sich zu sichern trachtete. Echt theologisch ist der Entscheidungsgrund. Daß Ervich, als er Egika zu dem zweiten Eide „zwang" (er *konnte* ihn aber gar nicht

---

1 „Auf die Erde ausgestreckt" hatte er wie jetzt üblich die Fürbitte der Bischöfe erbeten – es wäre nicht zu erwähnen, wenn nicht die Theologen, wie Thomassin, solche Demütigung der Krone vor der Kirche immer wieder wohlgefällig verwertet hätten.

zwingen, König zu werden und so den Königseid zu leisten), ihn dadurch von dem ersten entbunden habe – sehr gegen die Willensmeinung beider! Gleichwohl nimmt das Konzil den König noch durch den ersten Eid als gebunden an, da es ihn unter ausdrücklicher Berufung auf seine Erleuchtung durch den heiligen Geist desselben jetzt erst entbindet, sofern er dem zweiten widerstritte. Sehr merkwürdig aber ist das schroffe, ja gröbliche[1] Auftreten dieser Bischöfe gegen den Papst: Der ehemalige Jude Julian genoß den Triumph als spanischer Papst, als unumschränktes Haupt der gotischen Reichskirche, Rom wie ebenbürtig entgegenzuschreiten. Er hatte im Namen seiner Kirche eine Denkschrift verfaßt und dem Papst eingesandt über seinen und der anderen Bischöfe Beitritt zu den Beschlüssen des sechsten Konzils von Konstantinopel gegen die monotheletische Kirche. Der Papst verlangte Änderung zweier ihm bedenklichen Stellen. Aber auf das allerheftigste weisen Julian und das von ihm beherrschte Konzil dieses Ansinnen zurück. In berechtigtem Stolz berufen sie sich auf ihren großen Landsmann Isidor von Sevilla, dicht neben Athanasius und Augustin: „Nachlässig, leichtsinnig habe der Papst die Schrift gelesen: Schämen solle er sich, die Wahrheit nicht zu kennen; wenn er ihren aus den Vätern geschöpften Lehren widerspreche, sei gar nicht mehr mit ihm zu streiten. Den Freunden der Wahrheit werde ihre Lehre gefallen, auch dann, wenn sie von Eifersüchtigen und Unwissenden als nicht lehrbar bezeichnet werde (!)" – Am 1. November 692 tagte zu Saragossa auf Befehl des Königs das Provizialkonzil von Tarracona, das (außer geistlichen Kanones) das Eheverbot für die königliche Witwe wiederholt: „Fern dem Wirbelstrom" der Welt soll sie lebenslänglich im Nonnenkloster das Religiosengewand tragen: Es fällt auf, dies in einem bloßen Provinzialkonzil wiederholen zu sehen. Darauf folgte das sechzehnte Konzil von Toledo, 2. Mai 693, unter Vorsitz des Primas *Felix*, dreiundsechzig Geistliche, sechzehn Palatinen. In dem von Egika überreichten „tomus" regt scheinbar der König die Besserung der Kirche in rein geistlichen Dingen an: In Wahrheit war er nur das Sprachrohr des hinter ihm stehenden Episkopats. Lehrreich aber ist, daß in diesem Reich, in welchem doch in allen Dingen, weltlichen wie geistlichen, alles geschah nach dem Willen der Bischöfe, das kirchliche Leben so tief sinken konnte. Aber es war gerade die Verweltlichung des hohen Klerus die Hauptkrankheit der Kirche, eine Folge der Machtstellung der Bischöfe als weltliche Leiter des Staates.

Der unbändige Hochmut jenes *Sisbert von Toledo*, über dessen Hochverrat (geplanten Königsmord) und Entweihung der Heiligtümer nun zugleich das Staatskonzil zu richten hat, erscheint wie ein Sinnbild der maßlosen Überhebung und Verweltlichung des Episkopats: Sehr glimpflich kommt der hohe Kirchenfürst mit Absetzung, Kirchenbann, Einziehung und lebenslänglicher Klosterhaft davon, ein Laie wäre dem Tode nicht entgangen. An seine Stelle tritt *Felix von Sevilla* nach „Vorwahl" und vorläufiger Anordnung des Königs, die nun das Konzil bestätigt. – Die Abschreckung der geistlichen und weltlichen Großen vom Hochverrat durch gehäufte weltliche und geistliche Strafen fruchtete, wie der Erfolg zeigte, sehr wenig: Auch waren diese Strafen kaum noch zu steigern. Gleichwohl versucht das Konzil noch weitere Abschreckung, indem es auch die ganze *Nachkommenschaft* der Hochverräter jedes Amtes und Ranges dem Fiskus verknechtet: „Die Not zwingt, sich über das Verbot Gottes, die Väter in den Kindern zu strafen, hinwegzusetzen", sagen, sehr unpriesterlich, diese Priester. Nun zitterte aber die herrschende Partei

---

1 „Gar wenig höfliche" (Hefele, Konziliengeschichte).

stets davor, ein gewaltsamer Thronwechsel möchte die Gegner zur Gewalt erheben und der neue König die jetzt gestürzten in Rang und Güter wieder einsetzen. Für diesen Fall bedroht daher das Konzil den künftigen Herrscher, der den Hochverrat *nicht* nach diesen Gesetzen bestrafen oder die früher Verurteilten begnadigen würde, mit gräßlichen Flüchen. Er soll mit seinem ganzen Geschlecht für ewig verdammt zu Grunde gehen und zwar „a) durch Strafgericht schon auf Erden alle Habe und Ehre verlieren und obenein b) durch das Urteil Christi mit dem Teufel und dessen Genossen zum tiefsten Abgrund der Gehenna fahren". Durch solche geistliche Mittel verfolgte diese Priesterschaft ihre weltlichen Zwecke. Sehr tiefen Verfall des sittlichen und kirchlichen Sinnes der Geistlichkeit verraten die Klagen und Anträge des Königs: Obwohl die Bischöfe und Äbte über unermeßliche Reichtümer verfügen, lassen sie doch die Kirchengebäude dermaßen verfallen, daß die Juden spotten, sie sähen diese Kirchen in viel traurigerem Zustande, als ihre gesperrten und niedergebrochenen Synagogen. Die Bischöfe werden ihrer Pflicht gemahnt, ein Drittel ihrer Einkünfte dem Kirchengebäude zuzuwenden, gewarnt, in Ausführung staatlicher Geschäfte die Gemeinden durch Fronen zu Grunde zu richten. Außer gegen Juden und Götzendienst soll das Konzil auch gegen arge geschlechtliche Laster zumal der Geistlichen, dann auch der Laien, einschreiten. Die Gegenstände des Götzendienstes sollen in die Kirchen geschafft werden. Das Konzil droht abermals zugleich geistliche Strafen und weltliche nebeneinander: Fluch, Bann, Buße und Decalvation, Verbannung, Gütereinziehung, Prügelstrafe, Geldstrafe von drei Pfund Gold. – Am 9. November 694 tagt das siebzehnte Konzil zu Toledo in der Leokadienkirche (die Unterschriften sind leider verloren: Anwesend die meisten Bischöfe von Spanien und Gallien). Außer der Judenvernichtung beantragt der tomus des Königs, den Frevel von Priestern zu strafen, die Lebende zu Tode sein wollen, indem sie Totenmessen für sie halten (ein noch jetzt begegnender Aberglaube) – und für jeden Monat dreitägige Fasten und Bittgänge anzuordnen, damit der Teufel nicht wie bisher die Untertanen zu Hochverrat verführe. Es ist kläglich, die Nachfolger der alten Heldenkönige in ihrer Angst Fasten und Flehlieder zur Abwehr des Teufels und der Verschwörer anrufen zu sehen! Allzu spät – denn dies Konzil sollte das vorletzte sein vor dem Untergang des Priesterreichs – erkennen die Bischöfe, in welch schädlicher Weise die Verweltlichung der Kirche gerade in diesen Versammlungen, welche die Leitung auch der Kirche bezweckten, den schärfsten Ausdruck gefunden hatte, war doch das Staatskonzil von stimmberechtigten, durch den König ernannten Laien mit besucht, eine weltliche Gerichts- und gesetzgebende Versammlung ganz ebenso geworden wie eine Kirchensynode. Sehr einsichtig beschließt daher das Konzil, daß fortab die ersten drei Tage jedes Konzils unter Ausschluß aller Laien lediglich kirchlichen Dingen gewidmet sein sollen. Erst vom vierten Tage ab sollen unter Zutritt und Mitwirkung der Laien die weltlichen Fragen verhandelt werden. Auch ergreift die Synode in einigen geistlichen Dingen sofort die Anregung, die zur Beschämung der Priester die Könige oft geübt hatten. Die Anträge der Fürsten werden genehmigt, abermals – denn Weltliches und Geistliches war durchaus nicht mehr zu trennen – geistliche und weltliche Strafen zugleich (Kirchenbann und Verbannung) für jenes Todbeten dem Priester und dessen Anstifter gedroht und zum Lohnvergelt für den Eifer des Königs ein neues Gesetz zum Schutz seiner Gemahlin und Kinder (in ihrem Erbe), zumal für die Zeit nach dem Tode des Königs, erlassen: „Bischöflicher Schutz" auf Erben wird ihnen zugesagt und ihren Angreifern Anathem, Ausstreichung in dem Buche des Himmels, Höllenstrafe mit dem Teufel zusammen angeflucht.

Dies ist das letzte Konzil, dessen Akten uns erhalten sind: Die des achtzehnten Konzils zu Toledo, das Witika circa 701 abhielt, sind verloren, angeblich zerstört, weil gegen die heiligen Kanones verstoßend.

Als Richter und Verfolger, dann als Beschirmer der Bischöfe, hatten diese Könige begonnen: Sie endeten damit, daß sie jämmerlich den Schutz der Bischöfe für Weib und Kind anflehten.

Die genaue Betrachtung der einzelnen Konzilien hat uns gezeigt, wie sie ursprünglich rein geistliche Versammlungen waren, jedoch als solche schon auch gemischte und rein weltliche Verrichtungen übten, da schon seit Constantin den Bischöfen weltliche Geschäfte überwiesen waren: Wie sie dann aber allmählich höchste weltliche Gerichte wurden, höchste weltliche Verwaltung und weltliche Gesetzgebung handhaben, geistliche und weltliche Strafen drohten und anwandten, folgerichtig unter Mitwirkung von Laien, welche bis ins Jahre 694 ungetrennt auch die rein geistlichen Fragen mitberieten, -beschlossen, -unterschrieben, freilich stets in ohnmächtiger Minderheit gegenüber den geistlichen Gliedern.

Dem König hatte diese Kirche, ein höchst gewagtes Spiel spielend, dem Grundsatz, der Lehre nach eine Vollgewalt eingeräumt, die ihm verstattet haben würde, auch das innere Leben derselben in einer der Kirche und dem Staat gleich verderblichen Weise wahrhaft zu knechten. Alleinige Entscheidung bei Einsetzung aller Bischöfe, ausschließende Berufung aller Konzilien, unbeschränkte Ernennung von weltlichen Konzilsgliedern, Antragsrecht in kirchlichen Sachen, Androhung und Verhängen rein kirchlicher Strafen, endlich – und das war die Hauptsache – Sanktion *aller*, auch der rein geistlichen, Beschlüsse des Konzils: Aber der Erfolg hat gezeigt, daß die Kirche dies kühne Spiel wagen durfte. Sie war der Herrschaft über die Könige sicher vermöge ihrer geistigen Überlegenheit und vermöge des Bedürfnisses der Krone, gegen den weltlichen Adel sich auf den geistlichen zu stützen. Mit sehr wenigen Ausnahmen waren alle Könige seit Rekared der Kirche widerstandslos unterworfen, und fast alle, die Widerstand wagten, wurden hinweggefegt; die Bischöfe brauchten dann nur unzufriedene, thronbegierige Adelige zu gewinnen und nach dem gelungenen Verbrechen feierlich zu salben und zu weihen!

h) Vertretungshoheit

Früh hatte gerade auf diesem Gebiet der König an Stelle der Volksversammlung die Leitung des Staates gewinnen müssen, wenn auch für die wichtigsten über das Schicksal aller entscheidenden Beschlüsse, z. B. Veränderung der Wohnsitze, Vertrag oder Krieg mit Rom, die Zustimmung des Volksheeres eingeholt wurde. In den Reichen von Toulouse und von Toledo werden die Könige stets als allein die äußere Haltung des Reiches entscheidend dargestellt, weder von Befragung des Volksheeres noch des Staatskonzils ist die Rede: Freilich lieben es die Quellen wie in einem Schauspiel alles auf Willen und Handlung der Herrscher zurückzuführen. Sehr selten werden die geistlichen und weltlichen Ratgeber genannt, die doch oft diese Fürsten geradezu beherrschen. Sogar gotisches Reichsgebiet tritt der König ohne Befragung des Volkes (an die Franken) ab. Als aber der Zweck nicht erreicht wird, nimmt ein Graf das Abgetretene unter Berufung auf das „Recht der Goten" zurück. Die Gesandten des Königs sind zwar sehr oft Bischöfe, aber doch auch häufig gotische Große, was immerhin deren ausreichende Geschicklichkeit und Gewandtheit beweist.

4. Gesamteigenart des Staates und Königtums

Ein widerspruchvolles Bild gewährt dies Königtum: Zugleich unbeschränkt und ohnmächtig, zugleich willkürlich und unselbständig, zugleich allbevormundend und selbst bevormundet. Der Widerspruch liegt nicht nur in unserer Auffassung – er liegt in den Quellen. Und die Quellen spiegeln den Widerspruch der wirklichen Zustände: Römisches Imperatorentum, theokratisch gefärbte Einherrschaft mit Recht und Pflicht, den rechten Glauben zu schützen und zu diesem Behuf so vielbefehlend, so alles einzelne vorschreibend und überwachend wie die Kirche selbst. Dabei aber selbst beherrscht und überwacht von der Kirche. Keine Schranke mehr, wie sie altgermanische Volksfreiheit gegen jede Einherrschaft errichtet hatte. Die Volksversammlung verdrängt durch den Dienstadel im Palast. Aber dieser so unbändig, so überlegen der Krone, daß nur die Bischöfe etwa dagegen den König decken, um den Preis blinder Unterwerfung.

Das Königtum, dem die gebührende Machtentfaltung nicht vergönnt ist, entschädigt sich und gefällt sich in aufflackernden Zuckungen von Gewaltherrschaft: Viel kam, wie bei allem germanischen Königtum, auf die Eigenart des Trägers an. So heißt es von Ervich, daß er seine Goten mit eiserner Hand beherrschte, ähnlich wie Leovigild und Kindasvinth. Übrigens sind Taten der Willkür und das von den Imperatoren überkommene sehr weite Maß von verfassungsmäßiger Unbeschränktheit oft schwer zu scheiden. So verstattet das Gesetz häufig dem König im Strafverfahren die Entscheidung, ob überhaupt bestraft werden solle (nicht eins mit dem Begnadigungsrecht), dann wie schwer, ganz unbeschränkt und wegen ganz geringer Vergehen, z. B. Scheltworte; endlich, wem der Schuldige verknechtet werden, wem sein Vermögen verfallen soll. Ja sogar die Kirche zwingt einmal Kindasvinth (?), einen Unwürdigen zum Priester zu weihen. Freilich spricht hier der Primas statt des Segens heimlich eine Verfluchung! Ebenfalls nach kaiserlichem Vorgang verfügten die Könige über die Hand von Mädchen und Witwen, sogar wenn sie den Schleier des Gelübdes angelegt, durch solche Verschwägerungen staatliche Parteiverbindungen zu knüpfen und zu festigen. Die Könige, die unablässig vor Gift, Dolch und Palastumwälzung zitterten, setzten alle geistlichen und weltlichen Abschreckungsmittel gegen die Palatinen in Bewegung. Dabei waltete eine weit verbreitete Angeberei. Die *Titel* des Königs sind ähnlich denen der ostgotischen: Dominus glorissimus usw., seit Rekared christianissimus, triumphator in Christo, orthodoxus (aber nicht catholicus, wie spätere Spanier wollten; Rekared wird nur einmal adjektivisch vere catholicus genannt: dieser allein heißt *sanctae* memoriae). Den kaiserlichen Beinamen „Flavius" hatte schon Theoderich der Große geführt, dann nachweislich zuerst Rekared. Allgemein wird gerechnet nach Regierungsjahren des Königs, nur einzelne Chronisten setzen die der Kaiser bei. Die Untertanen hießen subditi, fideles (was aber mit Vassallität nichts zu schaffen hat), auch famulus und servus. – Die theokratisch verbrämte Unbeschränktheit, richtiger der kirchliche, echtem altgermanischem Wesen durchaus widerstrebende Geist, der die Gesetze der Staatskonzilien diktiert, gelangt in dem Mißbrauch entehrender Strafmittel selbst wegen leichtester, z. B. bloßer Unterlassungsvergehen zu dem Unglaublichsten, zum äußersten: So werden für Nichtergreifung eines flüchtigen Knechtes *alle* Bewohner der Dorfschaft, ohne Untersuchung von Schuld oder Unschuld, also freie Frauen wie freie Männer, auch Staatsbeamte und Edle, mit zweihundert Rutenstreichen bedroht – was wohl nie ausgeführt wurde. Aber die salbungsvolle *theokratische* Auffassung des Königtums legt auch dem König selbst die Pflicht auf, den richtigen Glauben mit Gewalt getaufter Judenkinder zu prüfen. Der König, vom heiligen Geist erleuchtet, hat eine von Gott verliehene Aufgabe. Ja, Gott greift unaufhaltbar, wunderhaft seinen Willen betätigend, bei der Erhebung jedes einzelnen Königs ein – was besonders bei Ervich, dem Giftmischer, hervorzuheben die Bischöfe für zweckmäßig erachten. Für Glauben und Seelenheil zu wachen ist höhere Königspflicht als für Recht und Ordnung in seinem Reich zu sorgen. Daher darf er Akatholiken in seinem Staat nicht leben lassen, muß auch anderen Völkern das rechtgläubige Bekenntnis verkünden lassen (dies blieb wohl nur Redensart), im Königseid vor allem Schutz des rechten Glaubens gegen Ketzer und Juden beschwören; gerade in Ausübung der Kirchenhoheit gilt er als von Gott erleuchtet, so daß also die Bischöfe doch nur dem heiligen Geist, nicht dem Herrscher gehorchen: – Eine ausgesuchte theologische Feinheit. – Daß kein Geschlecht sich in erblichem Besitz des Thrones zu behaupten vermochte, ist nicht minder Ursache als Folge der geringen Stärke dieses Königtums gewesen. Kräftigere, einsichtigere Herrscher haben wenigstens für die nächste Thronerledigung die *Wahl* durch vorgängige Anerkennung ihrer Söhne (oder Brüder) als Mitherrscher und Nachfolger auszuschließen vermocht. Aber im Grundsatz blieb der Staat Wahlreich von Alarich I. bis Roderich: Am längsten haftete tatsächlich die Krone am Hause Theoderichs I.: von 451–531.

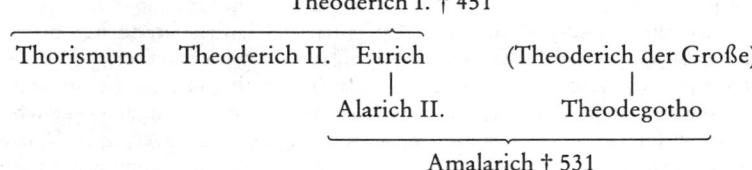

Theoderich I. † 451

Thorismund   Theoderich II.   Eurich   (Theoderich der Große)

Alarich II.   Theodegotho

Amalarich † 531

    Aber mächtiger als jenes weise Bestreben tüchtiger Könige waren der geistliche und weltliche Adel, die eifersüchtig an dem immer wieder als Verfassungsrecht hervorgehobenen *Wahlgrundsatz* festhielten. Dazu kam, daß von den fünfunddreißig Königen von Athaulf bis Roderich geradezu die Hälfte – nämlich siebzehn! – durch Mord oder Entthronung die Krone verloren und die Nachfolger in allen diesen Fällen notwendig die Anerkennung, „Wahl" des Volkes, brauchten, d. h. ihrer Partei.
    Die Schriftsteller Spaniens und Portugals nach 711 haben, in dem Bestreben des Stozes, die ununterbrochene Einheit beider Reiche zu wahren, schon für das erste Reich Erblichkeit als vorherrschend darzustellen versucht durch Erfindung von Verwandtschaft späterer mit früheren Königen, so daß, durch „Don Pelayo" vermittelt, die spanischen Könige des siebzehnten Jahrhunderts bis auf Leovigild, Severian und bis auf Kaiser Theodosius zurück in gerader Linie verwandt oder doch verschwägert erscheinen sollen, wodurch kaiserlicher Rang und vollste Rechtmäßigkeit dieser Könige dargetan wird, während die römisch-deutschen Kaiser und die Franzosenkönige nur durch Anmaßung gegen die römischen Imperatoren herrschen sollten.[1]
    Die *Wählbarkeit* war an gotische Herkunft und Gemeinfreiheit geknüpft: Adel war richtiger Ansicht nach auch später nicht erforderlich; das *Wahlrecht* stand ursprünglich allen wehrfähigen Gemeinfreien zu. Die Art und Form der Ausübung ward durch die Umstände des einzelnen Falles stark bedingt. So wird Thorismund

---

1 Könige VI. siehe die gefälschten Stammbäume im Anhang dieses Bandes.

sofort auf dem Schlachtfeld von Châlons und natürlich nicht erst nach Befragung anderwärts weilender Wähler gekoren. Doch werden solche Wahlen leicht von den nicht Beteiligten angefochten. Später beschränken die Konzilien das Wahlrecht auf die am Sterbeort des Königs oder zu Toledo feierlich zu versammelnden Bischöfe und Palatine. Aber nicht auf den Konzilien, in außerordentlichen Versammlungen findet die Wahl statt. Vor den verschlossenen Türen der Basilika harrt das Volk und hat zu der ihm verkündeten Wahl lediglich Ja zu sagen, ohne ein Nein durchsetzen zu können. Vor der Thronbesteigung hat der Gewählte den *Königseid* zu leisten: Schutz des rechten Glaubens gegen Ketzer und Juden, Bescheidenheit in Wort und Werk, Enthaltung von Erpressung, Verwaltung der Staatsgelder für die Gesamtheit, Vererbung nur des Privatguts an die Sippe. Gegen Ende des Reiches wird auch ein *von dem Volk* dem König zu *schwörender Eid* erwähnt, von dem die Bischöfe nach Wambas Sturz entbinden. An Stelle der altgermanischen Formen der Königswahl – Thorismund wird noch mit Zusammenschlagen der Waffen gekoren – treten byzantinische: Ölgießung auf den Scheitel, dann Salbung in der Hauptkirche von Toledo, der Basilika der Apostelfürsten. Die älteren Könige teilten die von den Römern immer wieder als bezeichnend hervorgehobene Pelztracht ihres Volkes: Alarich I. droht, die römischen Senatoren statt mit der Toga zu bekleiden mit der gotischen mastruca, nach Isidor einem germanischen Gewand, zusammengesetzt aus zahlreichen kleinen Pelzstücken wilder Tiere. Noch zur Zeit Eurichs unterscheidet man den „Kaiser im Purpur" von „dem König im Pelz": Bis 475 trugen die Fürsten gewiß nicht den dem Kaiser vorbehaltenen Purpur. Erst Leovigild nahm (nicht aus Eitelkeit) reichere, den König auszeichnende Tracht und einen kostbarer ausgestatteten (denn völlig fehlte er schon unter Theoderich II. nicht) Thron an: Der *Königsschmuck* wird bei Wamba genannt, aber leider nicht beschrieben. Kindasvinth trug doppelt gefärbten Purpur; dem König wird das *Königsbanner* im Kampf vorangetragen, so daß dessen Fehlen die Abwesenheit des Königs dartut. Eine *Krone* beeilt sich auch der Empörer Paulus zu tragen: Er raubte dem Gerippe des heiligen Felix die von Rekared gestiftete Weihekrone.[1] Von *germanischen Gebräuchen im Leben dieses Hofes* ist sehr wenig zu merken. Die letzten Spuren von Gefolgschaft verschwinden früh (Sarus vielleicht mit seinen zweihundert Mann). Die Gefolgen gingen auf in den aulici, domestici, gardingi, palatini: Diese bilden im Gefecht eine Art Leibwache, im Frieden Begleitung, Umgebung des Königs. Mehr noch fast als bei den Ostgoten ist hier das *Palatinum* der Schwerpunkt alles politischen Lebens: „Hier ist bekanntlich ein Ort, wohin alle zusammenströmen", denn nicht bloß der König – der hier sein Hofgericht hält, die audientia principis –, der so mächtige Dienstadel waltet hier, hier (später) der Metropolitan von Toledo und andere mächtige Kirchenfürsten: Also der sogenannte und die beiden wirklichen Beherrscher dieses Reiches: Es fehlt nicht an Erhebungen des Provinzialadels gegen die Alleingewalt der herrschenden Kreise zu Toledo: Aber sie scheitern fast alle.

Villae und palatia, welche die Könige über alle Provinzen verstreut besaßen und vorübergehend bewohnten, wie in Arles (hier starb Eurich), Barcelona (hier starb Ataulf), Sevilla, Cordova, sind nicht zu verwechseln mit der ständigen *Hauptstadt*: Eine solche war nur Toulouse, vielleicht eine Zeitlang (für Septimanien seit 507 dauernd, das Königsschloß war das alte römische capitolium) Narbonne, seit Leovigild

---

1 Über Kronen und Schmuck dieser Könige siehe unten „Kultur, Kunst".

dauernd Toledo. – Lehrreich für die Mischung von Römischem und Germanischem, mit früherem, sehr starkem Übergewicht des ersteren, ist die Schilderung der Lebensweise, der Tagesordnung Theoderichs II. (nicht, wie verkehrterweise immer wieder gedruckt wird, Theoderich des Großen), die der Zeitgenosse Sidonius überliefert hat. Die Innenräume seines Palastes zu Toulouse sind nach römischer Sitte durch Vorhänge von den äußeren, die äußeren durch Gitter von dem öffentlichen Platz geschieden. Im Palast drängen sich außer den höheren und niederen Staats- und Hofbeamten und den freien und unfreien Dienern die Gesandten der fremden Fürsten und Völker, die Bittsteller, Beschwerdeführer, Streitparteien und deren geistliche und weltliche Fürsprecher. – Theoderich II. trug das langwallende Haar gotischer Volkssitte und nur Backenbart, der übrige Bart wird nach römischer Sitte beseitigt (einzelne Münzen Ervichs und Egikas zeigen aber langbärtige Köpfe): Das wallende Gelock und die weiße Hautfarbe des germanischen Helden werden gepriesen, den aber auch echt römische „civilitas" auszeichnete.

„Mit seinen arianischen Priestern geht er vor Tagesanbruch zur Messe; ein Waffenträger steht neben seinem Stuhl, während er die Regierungsgeschäfte erledigt: Seine pelztragenden Leibwachen harren, durch Vorhänge geschieden, im Vorgemach, aber innerhalb der Tore des Palastes. Die fremden Gesandten werden zuerst zugelassen. Um acht Uhr erhebt er sich vom Thron und erfreut sich, seinen Schatz oder den Marstall zu besichtigen; auf der Jagd den Bogen selbst zu tragen dünkt ihm unköniglich: Ein Diener reicht ihm denselben, zeigt sich ein Wild. Aber er spannt ihn selbst: Denn ihn sich gespannt geben zu lassen, dünkt ihm weibisch. Dann läßt er sich das Ziel bestimmen, dessen er nie verfehlt. An Werktagen gleicht seine Tafel der jedes Privaten. Aber auch an Festtagen schleppt kein keuchender Aufwärter Lasten unreinlich gehaltenen Silbergeschirrs herbei. Man pflegt ernste Gespräche oder schweigt: Polster und Decken sind von Purpur oder Byssus; gute, nicht kostspielige Küche, reinliche, nicht übervolle Schüsseln, die selten gereichten Becher und Humpen lassen eher Durst als Trunkenheit zurück; griechische Feinheit, gallische Fülle, italische Raschheit, Pracht, wie sie der Krone, Aufmerksamkeit, wie sie einer Haustafel, Ordnung, wie sie dem König gebührt. Aber die Pracht, die in den Festtagen entfaltet wird, bedarf der Schilderung nicht, ihr Ruf ist zu den Geringsten gedrungen. Nach Tisch häufig keine, immer nur ganz kurze Ruhe. Freut ihn das Spiel, so gibt er sich den Würfeln mit vollstem Eifer hin, schweigt beim Gewinn, lacht beim Verlust, zürnt in keinem, „philosophiert" in jedem Fall. Man meint, es handele sich auch hier um Krieg: Denn nur der Sieg ist sein Gedanke. Er legt hier die königliche Strenge in etwas ab, ermuntert zum Spiel und scheut nur – die Scheu seiner Gäste. In glücklicher Stimmung des Gewinnens finden dann oft Gesuche, die lange von den Wogen der Fürbitte verschleppt worden, rasch in den Hafen. Ja ich selbst lasse mich oft im Spiel besiegen, im Ernst meine Sache zu gewinnen. Gegen drei Uhr nimmt er wieder die Last der Regierung auf: Es drängen sich überall Beschwerdeführer, erledigte und noch streitende Parteien. Erst gegen Abend, da das Nachtmahl des Königs mahnt, nimmt das Gewoge ab. Die einzelnen wenden sich an ihre Schutzherren und bleiben bei ihnen oft bis Mitternacht. Manchmal werden zum Nachtmahl Späße der Schauspieler zugelassen, aber kein Gast darf boshaft angegriffen werden; weder hydraulische Instrumente noch verwickelte Konzerte werden zugelassen, keine Lyra, keine Flöte, keine Paukenschlägerin, keine Harfespielerin; der König liebt nur solche Musik, deren Text zugleich die Seele begeistert. (Sollte man hiernach annehmen dürfen, daß germanische Heldensage noch im Palaste zu Toulouse wiederklang? Schwerlich!) Erhebt sich der König, so beginnt die Palastwache ihre nächtliche Runde: Bewaffnete stehen an den Toren des Königshauses, wo sie die Stunden seines ersten Schlummers bewachen."

II. Die Bildung

a) Literatur

Unscheinbar gehen Rechtsverhältnisse und Bildungszustände vielfach ineinander über. Ist doch alles Recht nur Form für einen Lebensinhalt, so wurde denn ein sehr großer Teil des Bildungslebens im Gotenreiche bereits unter den Rechtsverhältnissen dargestellt: Die zunehmende Romanisierung der Goten, die gesamten gesellschaftlichen und wirtschaftlichen Zustände, so auch manches aus dem kirchlichen Leben: Die sehr reiche Fülle, welche die Synodalakten noch außer dem bereits Verwerteten enthalten, würde den Rahmen dieses Werkes weit überragen. Wir beschränken uns daher hier auf die Darstellung der Literaturgeschichte, sofern sie Angehörige der Reiche von Toulouse und von Toledo tragen. Allerdings sind diese Schriftsteller zum größten Teil Römer, nicht Goten: Aber in einer Urgeschichte der *romanischen* Völker dürfen jene späten Lateiner nicht fehlen, sie gehören der Werdezeit der *romanischen* Bildung an.

Groß ist die Zahl der Schriftsteller[1], die in Südgallien und Spanien unter der Gotenherrschaft zum Teil weltliche Wissenschaft und weltliche Dichtung, in viel größerer Menge aber Theologie und religiöse Dichtung pflegten. In den beiden lang und tief von römischem Wesen durchdrungenen Provinzen erhielt sich eine Art Spätblüte alter Literatur, reicher fast als im Mutterland Italien. Die unaufhörlichen Streitigkeiten der Glaubensspaltungen untereinander und mit der rechtgläubigen Kirche boten selten unterbrochenen Stoff. Anziehender sind die Eindrücke, welche die furchtbaren Heimsuchungen des versinkenden Westreiches auf die Gemüter der Zeitgenossen machten. Das Christentum bewährte hier auf das großartigste seine tröstende Kraft. Es mag wohl auch nicht gefehlt haben an Männern, die diese unverschuldeten, wenigstens viel mehr von den Ahnen als von den jetzt gezüchteten Enkeln verschuldeten Strafen zur Verzweiflung an der göttlichen Leitung der Geschichte führten. Aber erhalten sind uns nur Werke, die, obzwar in sehr verschiedener Weise, eine Art Theodizee versuchen: eine Rechtfertigung wenigstens des *Christen*gottes gegen allerlei Vorwürfe.

Die schweren Schicksalsschläge, die das alternde Reich seit Ende des vierten Jahrhunderts trafen, zumal die steigende Bedrängnis durch die Barbaren, erklärten fromme Heiden als die Strafen der alten Götter für den Abfall Roms, die Verödung und Zerstörung ihrer Tempel. Schon der heilige Augustin hatte in seinem Werk über das Reich Gottes gegen diesen Vorwurf der Heiden in einer christlichen Geschichtsphilosophie als Verteidiger die göttliche Leitung der Weltgeschichte darzustellen ver-

---

1 Nur genannt sollen werden Pontius Meropius Anicius *Paullinus*, geboren 353 zu Bordeaux, der aber 394 nach Rom in Campanien übersiedelte, wo er 409 Bischof ward und 431 starb: (Er heißt daher P. von Nola, P. Nolanus) und sein Freund *Sulpicius Severus* (geboren circa 365 in Aquitanien, gestorben circa 415): Beide ursprünglich weltlicher Laufbahn – Paullinus war Konsul vor 379, Severus sehr gesuchter Anwalt – traten später in mönchische Lebensweise und geistlichen Stand; der etwas jüngere (geboren 348 in der Tarraconensis, gestorben nach 405) Aurelius *Prudentius* Clemens, Rektor einer Provinz und Befehlshaber erster Rangklasse, wandte sich ähnlich im Alter streng christlichem Leben zu.

sucht und namentlich den Nachweis, daß Leiden aller Art, zumal auch Krieg, Rom vor Annahme des Christentums ebenso schwer oder noch häufiger getroffen hätten als seit Konstantin. Augustin hegte den Wunsch, diesen Gedanken in einem besonderen Werk eingehender durchgeführt zu sehen. Ein Schüler erfüllte diesen Wunsch des Meisters. *Orosius*, Priester aus Lusitanien, kam 414 zu Augustin nach Afrika. Dieser sandte ihn zu Sankt Hieronymus (gestorben 420) nach Bethlehem. Von beiden Kirchenvätern ließ sich Orosius in Widerlegungen gegen die in seiner Heimat noch immer nicht erstickten Irrlehren des *Priscillianismus* (besonders auch über den Ursprung der Seele) unterweisen. Aber Orosius gelangte auf der Rückreise nach Spanien nur bis an die Balearen: Die damals (416) Spanien durchtobenden Kämpfe bewogen ihn, zu Augustin zurückzukehren, wo er nun seine „sieben Bücher Weltgeschichte gegen die Heiden" schrieb, ein merkwürdiges Werk voller Absichtlichkeit, das obigen Gedanken Augustins durchführt: Keine Volksgeschichte, wie sie die alten Geschichtsschreiber allein gekannt, sondern eine „christliche Weltgeschichte"[1], die erste. Sie stellt bereits an willkürlichsten und widervernünftigsten Zurechtmachungen ein später viel nachgebildetes Muster auf. Gott verleiht je für eine Zeit einem Reiche die Gewalt über alle anderen (ähnlich Hegel): Zwei Weltreiche, Babylon im Osten, Rom im Westen, hat er eingesetzt. Zwischen der Geschichte beider webt eine geheimnisvolle Zahlensinnbildlichkeit wunderbare Vergleiche. Da aber Rom noch unmündig war, als Babylon von Cyrus zerstört ward, setzte Gott zwei Vormünderreiche für Rom ein: Makedonien und Karthago. Diese vier Weltreiche entsprechen wunderhaft den vier Himmelsgegenden. Und diese mystische Geschichtsphilosophie von den vier Reichen beherrscht nun das ganze Mittelalter! Die Leiden Roms seit Konstantin, zumal die der Gegenwart und ihrer Kriege, sind weniger hart als die der Heidenzeit. Um dies zu beweisen, müssen viele Tatsachen verdreht werden; der Haß gegen die Arianer und Barbaren macht ihn sehr ungerecht: Zumal gegen Stilicho. – Vom großen Einfluß der Verbreitung des Klosterwesens über Gallien und Spanien wurden die Werke des Johannes *Cassianus*, der circa 365, vielleicht in Südgallien, geboren, früh nach Bethlehem ging, Ägypten bereiste und dort zehn Jahre weilte, das Mönchswesen in dessen Heimat kennen zu lernen: 415 gründete er bei Marseille, wo er nach seinem Tod (circa 435) als Heiliger verehrt wurde, nach morgenländischem Vorbild ein Mönchs- und ein Nonnenkloster. Seine Werke „über die Einrichtungen der Klöster und die vierundzwanzig ‚Unterweisungen der Väter' " (d. h. angeblich ägyptischer Einsiedler) wurden für die Klöster des Abendlandes maßgebend: Hatte er sie doch auf Wunsch des Bischofs *Castor von Apta Julia* im narbonnensischen Gallien geschrieben, der damals sein eigenes Kloster gestalten wollte. Außer den Einrichtungen werden, bildungs- und sittengeschichtlich sehr lehrreich, die (sieben) Hauptsünden der Mönche und die geistlichen Mittel ihrer Bekämpfung dargestellt. – Gegen das letztere Buch schrieb *Prosper Aquitanus* (gestorben circa 463), ein eifriger Schüler (der *Schriften*) Augustins, ein gelehrter *Laie*, der, nachdem er die blühenden Schulen Aquitaniens erledigt, nach Marseille übersiedelte: Er benachrichtigte (428) Augustin von der damals in jenen Gegenden herrschenden semi-pelagianischen Ketzerei und richtete das Buch „über die Gnade Gottes und den freien Willen" gegen die vermittelnde Ansicht Cassians (daher contra collatorem), leidenschaftlich jede Spur von Pelagianismus bekämpfend; denselben

---

1 *Ebert*, Geschichte der christlich-lateinischen Literatur. I. Leipzig 1874. S. 327, dem ich hier meist folge. – Vgl. *Ludwig Friedländer*, Das Nachleben der Antike im Mittelalter. Deutsche Rundschau 1897, 11 u. 12.

Inhalt hat ein Gedicht de ingratis, d. h. gegen die Undankbaren und *zugleich* außer der Gnade stehenden (oder Gnadenverächter); seine Sammlung von vierhundert Sätzen Augustins wurde vorbildlich für spätere mittelalterliche Arbeiten solcher Art (Petrus Lombardus).

Nicht ohne dichterische Begabung schrieb *Claudius Marius Victor*, ein Laie, Lehrer und Redner zu Massilia (Marseille), gestorben circa 454, drei Bücher „Erläuterungen zur Schöpfung" in Hexametern (nachdem ein *Hilarius (von Arles?*) denselben Stoff kurz vorher ebenfalls nicht ohne Begabung behandelt hatte) mit allerlei Erweiterungen der biblischen Überlieferung; ein demselben zugeschriebener Brief an *Abt Salmo* „über die verderbten Sitten der Zeit" enthält manche merkwürdige Einzelheit über die Zustände in Gallien und die barbarische Einwanderung.[1] Etwas später, zwischen 460 und 470, schrieb *Paullinus von Perigeux* (? Petrocorius, aber handschriftlich: Petricordius) seine weitschweifige Umarbeitung des *Lebens des heiligen Martin von Tours* von *Sulpicius Severus* in Versen und kleinere Gedichte. Er ist nicht zu verwechseln mit *Paullinus von Pella*, dem Schatzmeister des Attalus von 414, der im Jahre 465, vierundachtzig Jahre alt, ein Dankgedicht an Gott über sein Leben schrieb: Er war 381/382 zu Pella geboren, dem Amtssitz seines Vaters, des Präfekten von Illyricum[2]: Bald nahm ihn dieser mit nach Karthago, wohin er als Prokonsul versetzt ward. Dann kam der Knabe nach Bordeaux in das Haus der Großeltern. Hier erhielt er seine erste wissenschaftliche Ausbildung und zwar zuerst in griechischer Literatur (Homer). Denn griechisch war seine Muttersprache, weniger wegen des Geburtsortes, als weil das Hausgesinde aus Griechen bestand. Daher machte ihm Vergilius größere Schwierigkeit. Dankbar gedenkt er der sorgfältigen Erziehung durch die Eltern, nur bedauernd, daß sie ihn nicht nach seinem Wunsch Mönch werden ließen. Im fünfzehnten Jahr mußte er nach einer Erkrankung auf Rat der Ärzte die Forschungen unterbrechen, sich Leibesübungen, so der Falkenjagd, dem Ballspiel, hingeben (allerdings beging er auch damals manche Ausschweifung, doch, wie er, für die Sitten der Zeit bezeichnend, als starken Milderungsgrund beifügt, nur innerhalb der Sklavenwelt). Im zwanzigsten Jahre vermählte er sich mit der Tochter eines edelen, aber verarmten Hauses. Durch Fleiß errang er jedoch bald den Wohlstand eines großen Gutsbesitzers. Er freute sich des herrlichen, geräumigen Hauses, der wohlbesetzten Tafel, der zahlreichen Sklaven, des geschmackvollen Hausrates, schöner Wagen und Pferde. Aber in seinem dreißigsten Jahr brach das Unglück über ihn herein, für das er jedoch Gott nicht minder als für das Glück dankt: Der Vater starb 412, die Westgoten unter Ataulf drangen ins Land. Er litt noch mehr als dadurch unter dem Erbschaftsstreit mit seinem Bruder. Noch schlimmer ging es ihm, als er 414 Schatzmeister des leeren Schatzes des Attalus werden mußte. Von den Goten zu Bordeaux geplündert, floh er nach Bazas, ward dort in einem Sklavenaufstand mit dem Tod bedroht, rettete aber sich und die Stadt vor den Sklaven und den Goten, indem er deren Waffengenossen, die Alanen, gewann, die Vorstädte und Gärten der Stadt mit ihrer Wagenburg schützend zu umgeben. Nach solchen Erfahrungen wollte er nach der illyrischen Halbinsel auswandern, wo die Familie noch Güter besaß: Aber seine

---

1 Unbestimmbar bleibt die Heimat des *Sedulius*, der circa 475 zuerst den Reim ganz regelmäßig als Kunstmittel verwendet, wobei erhellt, daß m, s, t im Auslaut damals nicht mehr gehört wurde: Denn er reimt: Millia auf victima(m), inpie auf time(s), torridi auf obstrui(t); über Avitus siehe „Burgunder".

2 Das folgende meist nach Ebert I, S. 388; vergleiche aber auch Könige V., S. 58 f.

Frau scheute die Seereise. Mönch zu werden hielt ihn nur die Rücksicht auf seine
Familie ab, doch ergab er sich ganz selbstpeinigendem Leben und der Bekämpfung
ketzerischer Lehren. Nachdem ihm der Tod die Frauen seiner Familie entrissen –
seine beiden Söhne verfolgten andere Richtung – zog er, verarmt, nach Marseille zu
mehreren gleich frommen Freunden. Aber es gelang ihm nicht, vom Ertrag eines
kleinen Gütchens dortselbst zu leben, das er selbst bestellen mußte. In tiefster Not
kehrte der Greis nach Bordeaux zurück. Da rettete ihn Gott: Ein Gote schickte ihm
freiwillig den Kaufpreis für ein Grundstück, den er lange für verloren angesehen. Für
diese Rettung wie für die früheren Heimsuchungen dankt der wahrhaft fromme
Mann dem Herrn. Anspruchlos, wahr, voll Gemütswärme, liebenswert ist diese Gestalt (die Form ist freilich recht mangelhaft: Der Hiatus wird nicht mehr vermieden).

Auch ein anderer gleichzeitiger Dichter, *Orientius*, höchstwahrscheinlich jener
gleichnamige Bischof von Auch, der 437–439 zwischen Theoderich I. und den Römern vermittelte, schildert in seinem (wohl 435–440) in Distichen verfaßten Gedicht
„Ermahnung" die Leiden Galliens durch diese Kriege. Das Gedicht, kraftvoll und
warm geschrieben, will durch Bekämpfung der Laster den Weg zum ewigen Leben
weisen. Orientius benützt das ältere Gedicht eines Ungenannten über die göttliche
Vorsehung, das die von Vandalen, dann von „Geten" (d. h. Westgoten), also
406–415, über Südgallien verhängten Bedrängnisse schildert: Es erzählt, wie der Verfasser selbst, im Staube der Straße, das Bündel auf dem Rücken, zwischen Wagen und
Waffen der Goten dahinschreitet, während ein greiser Bischof, aus der verbrannten
Stadt (welcher?) vertrieben, sein Volk geleitet. Die jungen gotischen Frauen
schmücken sich jetzt mit dem Halsgeschmeide der Römerinnen. Verbrannt sind die
Häuser, getrunken die Weine: Das Gedicht will die aus solchen Leiden emporstei-
genden Zweifel an der göttlichen Weltregierung widerlegen. – Tief in die Geschichte
Galliens und der Goten war, wie wir sahen, verflochten Cajus Sollius *Apollinaris
Sidonius*, geboren circa 430 zu Lyon, aus einem der vornehmsten Häuser der Provinz. Schon der Großvater war Christ gewesen. Aber die sorgfältige Erziehung, die
der junge Adelige bei den immer noch hervorragenden Rednern und Grammatikern
Südgalliens empfing, war durchaus die heidnisch-antike: „Panegyristische Deklamationen über beliebige Themata, namentlich auch aus der großen Vergangenheit Roms
(wie de laudibus J. Caesarius), philosophische Disputationen im Hause von Freunden, Gedichte, die er schon von Kindheit an verfaßte, waren die Frucht dieser Bildung und der dilettantische Zeitvertreib der vornehmen Jugend neben ritterlichen
Übungen und Spielen. Die *Form* dabei war alles: Schwierigkeiten zu überwinden,
rhetorische, dialektische, metrische Kunststücke das preiswürdigste Ziel: äußere
Auszeichnung, rauschender Beifall der erstrebte Lohn. Die antike Ruhmgier, durch
die Verhältnisse in der Regel auf den Boden der *Gesellschaft* eingeschränkt, erfüllte
noch ganz solches Leben, in dem das Christentum nur Form war."[1] – Eine Lobrede
auf seinen Schwiegervater, den Kaiser *Avitus* zum Antritt des Konsulats (456) trug
ihm eine Statue auf dem Forum Trajans unter den Bildsäulen der berühmtesten Männer ein. Als Avitus noch im selben Jahr durch *Majorian* gestürzt ward, erkaufte der
allzu leicht bewegliche Mann nach kurzem Widerstreben Verzeihung und Gunst
durch eine Lobrede auf den neuen Machthaber 458; nach dessen Sturz schloß sich
Sidonius an den nun mächtig in Gallien aufsteigenden Teoderich I., so verhaßt ihm
die Goten im Herzen waren. Kaum erhob sich nach Theoderichs Tode das römische

---

1 Ebert I, S. 401.

Ansehen aufs neue, als er nach Rom eilte und das zweite Konsulat (468) des neuen Kaisers *Anthemius* abermals mit einer Lobrede feierte. Die Stadtpräfektur war sein Lohn. Auf seine Güter in der Auvergne zurückgekehrt, ward er 472 zum Bischof der Hauptstadt dieser Landschaft, Arverna (Clermont-Ferrand), gekoren. Nur weltlich war seine Vorbildung, nur weltlich waren wohl auch die Beweggründe, aus welchen er diese auch in weltlichen Dingen höchst machtvolle Stellung annahm. Als Bischof führte er nun mit wirklich anerkennenswerter Kühnheit den Kampf gegen den gewaltigen Eurich II. und die drohende Unterwerfung der Stadt unter die Goten. Leidenschaftlich haßte und bitter verachtete er die Barbaren und Ketzer. Nach Eurichs Sieg ward er zu Livia bei Carcassonne in Haft gehalten, aber bald durch Fürbitte des Ministers *Leo*, der selbst Verse machte, befreit: Und nun erkaufte sich Sidonius die Rückkehr nach seinem Bischofssitz durch ein Lobgedicht auf denselben Eurich, den er in fast erheiternd wirkender Erbostheit mit allen bösen Königen des Alten Testaments verglichen und mit den unerfreulichsten Namen bedacht hatte! Durchaus kein Charakter, aber ein lebhafter, einfallsreicher, witziger Kopf, weltlich, gebildet, durch seine geistliche Würde so wenig gehemmt wie etwa ein französischer Bischof des siebzehnten Jahrhunderts. Außer jenen Lobreden besitzen wir von ihm Gedichte: eine Sammlung und dann in seinen Briefen verstreute. Bei der Annahme der Wahl zum Bischof hatte er zwar die weltliche Dichtung abgeschworen, aber gelegentlich Ausnahmen zu machen fiel ihm nicht auf das Gewissen. Seine Gedichte, zumal auch die Hochzeitsgedichte, sind, Statius und Claudian nachahmend, mit aller Zurüstung der heidnischen Götterlehre ausgestattet. Anziehend ist die dichterische Schilderung des Landsitzes (Schlosses, Burgus) eines Freundes *Leontius*: Hier wie auch in einzelnen Briefen werden die Reize der Natur und der kunstvollen Ausschmückung solcher Villen ausgeführt in Darstellungen, reich an bildungsgeschichtlichen Angaben und überraschend durch ein Naturgefühl, das dem Neuzeitlichen, „dem Romantischen", manchmal näher steht als dem Altertum. Diese Töne kamen ihm vom Herzen. Dagegen gekünstelt ist ein Gedicht an einen Bischof von Riez, in dem er Phöbus und die Musen verachten und den heiligen Geist anrufen will. Seine Versifikation ist glatt, gewandt, auffallend der häufige Stabreim. – Sehr reich an bildungsgeschichtlichem Gehalt ist die Sammlung seiner Briefe (neun Bücher). Die Eitelkeit und die Leichtbeweglichkeit des Mannes und manche Künstelei des Ausdrucks kommt freilich hier erst voll zu Tage, aber auch seine Gabe der Schilderung, der prickelnden „memoirenhaften" Anekdotenerzählung.[1] – Von Chronisten jener Tage gehören hierher der schon erwähnte *Prosper*,[2] der, wie Sankt Hieronymus, seine Weltchronik mit Adam beginnt, bis 378 nur einen Auszug aus Hieronymus gibt, erst von 379–455 aber (Einnahme Roms durch Geiserich) selbständig wird. – Eigenartiger ist die Fortsetzung der Chronik des Hieronymus durch den Spanier *Idatius* (Hydatius), der, in Lemica Ende des vierten Jahrhunderts geboren, schon als Knabe circa 406–407 nach Jerusalem pilgerte (wo er Hieronymus sah), 427 Bischof von Aquae Flaviae (Chiaves) wurde und von da ab bis 467 seine Chronik schrieb: sehr gewissenhaft und genau. Spanien, besonders Galläcien, treten freilich in den Vordergrund, dann noch die Nachbarprovinzen Gallien (und Afrika); suchte er doch selbst in die politischen

---

1 Über seinen Freund Claudianus Mamertus siehe später: „Burgunder".

2 Siehe jetzt die Verrichtungen der früheren Annahmen über die Verfasserschaft und die Verhältnisse der Chronisten in deren Ausgaben durch Th. Mommsen in den Monumenta Germaniae historica. Auctorum antiquissimorum Tomus IX–XIII. 1891 bis 1897.

Wirren auf der pyrenäischen Halbinsel helfend einzugreifen. (Bei der steigenden Auflösung des Weltreichs sieht man in den verschiedensten Erscheinungen die Bedeutung der einzelnen Provinzen und Landschaften viel mehr als früher hervortreten. Die Kaiser mußten dieses Streben nach Selbsthilfe desto mehr anerkennen, je weniger sie selbst zu helfen vermochten, so in der Einrichtung von Adelsversammlungen zu Arles).[1] Auch Naturereignisse (Haarsterne, Sonnen- und Mondfinsternisse) berichtet er mit ungewöhnlicher Genauigkeit. – Das literargeschichtliche Werk des Hieronymus „de viris illustribus" ward unter gleichem Namen ergänzt und fortgeführt (circa 480) durch den Priester *Gennadius* (von Marseille?). Ebenfalls der Zeitfolge nach Griechen wie Lateiner umfassend, bewährt er anerkennungswerte Unabhängigkeit selbst gegenüber Größen wie Augustin und Hieronymus und, vielleicht weil er selbst zu dem Halb-Pelagianismus Südgalliens neigt, ungewöhnliche Duldsamkeit in Würdigung ketzerischer Schriftsteller. – Unter den zahlreichen „Heiligenleben" zeichnet sich die Lebensbeschreibung des Bischofs *Honoratus* von Arles, welche dessen Nachfolger *Hilarius* circa 430 verfaßte, durch Herzenswärme und Wahrheit der Empfindung aus, während das Leben des Hilarius selbst Ende des Jahrhunderts von einem Ungenannten in der schwülstigen, geschraubten Weise des Ennodius beschrieben wurde. – Sehr merkwürdig ist das (zwischen 439 und 451 verfaßte) Werk des wohl aus Belgien stammenden, aber zu Marseille (bis Ende des fünften Jahrhunderts) lebenden Priesters *Salvian* (er kannte wie Trier, so ganz Südgallien und war, wohl über Spanien, auch nach Afrika gekommen);[2] „über die göttliche Weltregierung"[3]: Wenn Orosius den Vorwurf der Heiden bekämpft, das Elend Roms sei die Strafe der verleugneten Götter, sucht Salvian den Zweifel an der göttlichen Weltregierung zu widerlegen, der aus dieser steigenden Not der Zeit geschöpft ward, da es so oft den Guten schlecht, den Schlechten gut ergehe. – Zuerst wird hervorgehoben, daß sogar alle heidnischen Philosophen (mit Ausnahme der Epikureer) eine göttliche Lenkung der menschlichen Dinge angenommen haben: Dann wird zwischen wahren Christen und falschen Namenschriften unterschieden: Erstere sind auch bei äußerem Leid glücklich in Gott, letztere aber verdienen nicht, glücklich zu sein. Ferner wird die Gegenwart Gottes in der Weltgeschichte durch sein Gericht (daher der andere Titel des Werkes: de praesenti [Dei] judicio) durch die Wunder und Sprüche des Alten (Kain, Moses) und Neuen Testaments bewiesen. Darauf beantwortet er den Einwurf, woher es komme, daß es den „Christen", also Römern und das heißt den Katholischen, schlechter gehe als den Barbaren und unter diesen den Schlimmeren besser als den Guten. Die „Römer" verdienen den Schutz Gottes nicht, denn sie verletzen alle seine Gebote. Und nun wird ein Bild von dem Sittenverfall unter Vornehmen und Geringen entworfen, das zwar sehr stark übertreibt, aber über die *gesellschaftlichen,* zumal wirtschaftlichen Verhältnisse reiche Belehrung bietet: so über die grausame Behandlung von Sklaven, die Unterdrückung der Geringeren durch die „Mächtigen". An die Barbaren darf man überhaupt nicht den strengen Maßstab legen, wie an Römer: die heidnischen Barbaren kennen ja Gottes Gebote gar nicht. Sind daher die Sachsen roh, die Franken treulos (eine stets

---

1 Vergl. *von Wietersheim-Dahn,* Geschichte der Völkerwanderung. Leipzig 1881. II, 180. – Seine Werke sind jetzt (1887) neu herausgegeben von Lütjohann in den Monumenta Germaniae historica. Auctorum antiquissimorum VIII.

2 A. 480 sagt Gennadius von ihm: „Er lebt noch heut in rüstigem Greisenalter."

3 Ed. *v. Halm,* Monumenta Germaniae historica a. O. I 1, 1877.

wiederkehrende Beschuldigung, welche die Geschichte allerdings in vielen Fällen bestätigt!), die Gepiden mitleidlos, die Hunnen unkeusch (von *Germanen* sagt er dies nicht), so sind sie viel weniger schuldig als die Römer, die alle diese Laster auch haben. Die ketzerischen Barbaren aber, Goten und Vandalen, sind minder schuldig als die katholischen Römer, da jenen das Evangelium nicht rein zugekommen. Und doch sind auch diese besser als die Römer: Sie verfolgen und hassen sich nicht untereinander wie die Römer, ja die von römischen Vornehmen grausam bedrückten geringeren Römer flüchten zu Goten und Vandalen, weil sie bei diesen Schutz und viel mildere Behandlung finden. – Ein sehr merkwürdiges Zeugnis der Zersetzung, der Auflösung der römischen Welt. Die *gesellschaftlichen*, die *wirtschaftlichen Schäden* sind so überwältigend, daß sie die stärksten Bande, welche die alte Geschichte kannte, das römische Staats- und Volksgefühl, und all diese römische Bildung, ja sogar, was *damals* noch mehr sagen will, selbst das Band der rechtgläubigen Gemeinschaft sprengen und die Römer, Katholiken zu Barbaren und Ketzern als ihren Rettern treiben. Besonders eifert er gegen die Unsittlichkeit, die mit den Schauspielen aller Art zusammenhängt, diesen Resten des Heidentums, von denen die Christen noch immer nicht lassen. So wenig wie von der Schwelgerei, der sich z. B. in Trier die Vornehmen in tiefster Barbarenbedrängnis, nach fast gänzlicher Einbuße ihres Reichtums, immer noch hingeben; erschreckend ist auch sein Bild der geschlechtlichen Ausscheifungen in Aquitanien, Spanien, zumal Afrika. Gerade hierin erscheinen Goten und Vandalen musterhaft rein. In Karthago frönen die Großen noch dem Dienst der „himmlischen Göttin" (Dea caelestis, Astarte, die das Gegenteil ihres Names bedeutete), während das Volk die frommen Mönche verspottet. Das richtig und klar, nur sehr weitschweifig geschriebene Buch blieb unvollendet, die Frage, weshalb die Römer als Heiden die Welt eroberten, als Christen Knechte der Barbaren wurden, unbeantwortet: Vermutlich hatte Salvian sagen wollen, daß sie als Heiden mehr Tugend bewährt hatten denn als Christen. Diese gerechte Würdigung der Germanen und Heiden ist fast einzig in jenem Jahrhundert. – Ein anderes Buch Salvians „Gegen die Habgier" bekämpft ein Hauptlaster der Mächtigen seiner Zeit, das die planmäßige Aufsaugung der kleinen und mittleren Vermögen herbeiführe. Dringend verlangt er, daß die Reichen, Laien wie Geistliche, ihr Vermögen zu Almosen verwenden und durch Testament regelmäßig der Kirche zuteilen, wobei in nicht ungefährlicher Weise gepredigt wird (ausgehend von Daniel IV, 24), daß solche gute Werke Sünden abkaufen. Doch verlangt Salvian ausdrücklich Reue und Buße dabei, sonst helfen die Werke nichts. Bedenkt man, daß die Armenpflege damals fast ausschließend von der Kirche getragen wurde, wird man den allerdings maßlosen Anspruch (denn *jeder* soll sein *ganzes* Vermögen [regelmäßig] der Kirche vermachen) gelinder beurteilen. Von den wenigen (neun) uns erhaltenen Briefen Salvians ist bildungsgeschichtlich sehr bedeutsam der vierte, den er und seine Frau gemeinsam an seine Schwiegereltern richten. Jung hatte er die Tochter von Heiden geheiratet – auch das zeigt seine Duldsamkeit –, aber später mit seiner Gattin das Gelübde der Enthaltung abgelegt (wie früher Paulinus von Nola und Therasia). Die Schwiegereltern, obwohl inzwischen getauft, hatten aus Empörung hierüber sieben Jahre nichts von sich hören lassen.[2] In herzlicher, ergreifender Sprache erbitten die Gatten, zumal

---

1 Die Vandalen schritten sogar gegen die Unzucht der Römer ein: Aber freilich wurden bald auch sie von diesen Lastern ergriffen, die in Afrika am allerärgsten wucherten.

2 „Es mochte ihnen noch das Verständnis für eine solche Ehe abgehen" Ebert I. S. 445.

die Frau, mit rührenden Worten die Verzeihung der Eltern, obwohl sie natürlich ihre fleischabtötende Entsagung streng festhalten.

Aus dem Kloster *Lerinum* gingen hervor der Priester *Vincentius*, der dort 434 sein „commonitorium" schrieb, unter dem falschen Namen Peregrinus, vielleicht deshalb, weil er darin die semipelagianische Ketzerei gegen die rechtgläubige Lehre Augustins verteidigt und *Cäsarius*, seit 502 Bischof von Arles[1] (gestorben 542, dreiundsiebzig Jahre alt). Vermutlich aus geringer Familie hervorgegangen, wendet er sich in seinen schlicht und klar geschriebenen Predigten an die minder Gebildeten, wie er sich im Leben in großartiger Mildtätigkeit der Darbenden, des armen Volkes annahm: Für ein von seiner Schwester *Cäsaria* zu leitendes, 513 von ihm gegründetes Nonnenkloster schrieb er die älteste uns erhaltene Regel, die viel nachgebildet wurde.

Obwohl das Westreich schon vor bald hundert Jahren erledigt und Gallien und Spanien den Barbaren unterworfen war, hielten doch gelehrte und fromme Bischöfe an der Fortdauer des römischen Weltreichs fest. Wie *Marius von Aventicum* unter burgundischen, *Viktor von Tunnuna* unter vandalischen Königen (deren Reich er freilich zurückerobert sah,[2] seine Chronik geht bis 566); so der wackere *Johannes von Biclaro* (Valclara): Unter westgotischen Herrschern in Lusitanien geboren, in Byzanz gebildet, kehrte er von dort circa 575 nach Spanien zurück, litt standhaft, mutig und ohne widerliche Redensarten für seinen katholischen Glauben unter Leovigild, gründete 586 das Kloster zu Biclaro, erlebte den Sieg seiner Kirche, ward 591 Bischof zu Gerona und starb circa 625. Seine Chronik schließt sich unmittelbar an die des Victor von Tunnuna und reicht bis 590. „In kürzerem Stile" will er als Augenzeuge berichten, was er selbst erlebt. Vortrefflich ist seine genaue, treue Aufzeichnung: außer Spanien werden besonders Byzanz, andere Länder aber nur im Zusammenhang mit jenen berücksichtigt. Er rechnet zunächst nach Kaiserjahren, daneben nur werden die Herrschaftszeiten der Gotenkönige mit erwähnt.

Von größter Bedeutung für die folgenden Jahrhunderte wurde, nicht als Chronist, wohl aber als „Polyhistor", als Sammler, als „Enzyklopädist" der klassischen, wissenschaftlichen Überlieferungen, *St. Isidorus von Sevilla*, einer der großen Lehrer für das ganze Mittelalter: Er war der Bruder und Nachfolger Leanders von Sevilla und starb 636. Seine Sammelwerke sind Auszüge aus ganzen Büchereien. Sie wurden im Mittelalter, das ja fast nie aus Quellen schöpfte, das Ersatzmittel der Quellen. Der leicht faßliche Ausdruck, die Übersichtlichkeit, die ganz äußerliche Anordnung machten sie jenen bücherarmen Jahrhunderten äußerst wertvoll. Man darf sie im gewissen Sinn den modernen Nachschlage-Wörterbüchern und ähnlichen Sammelbüchern vergleichen. – Sein Hauptwerk dieser Art sind die „Zwanzig Bücher Etymologien" (auch Ursprünge, origines genannt), *Braulio*, der zu dieser Arbeit aufgefordert hatte und der sie vielleicht auch erst herausgab, gewidmet: Es ist eine Darstellung des damaligen Wissensstoffes *aller* Wissenschaften, natürlich äußerst kurz. Manchmal (so im zehnten Buch) besteht die Erklärung nur in der *Etymologie* des Wortes (und diese Etymologien sind oft haarsträubend, z. B. talio, von talis, gleiches, „solches" erleiden, apes (Biene) a-pes, weil ohne Füße geboren (!), amicus nicht etwa von amare, sondern von animi custos). Selbständiges enthält das Werk nicht: Es ist ein Mosaik von lauter Auszügen aus den Klassikern, Spätlateinern (Plinius, Solinus, Lactanius, Boëtius, Cassidor) oder auch aus älteren

---

1 Arnold, Cäsarius von Arles. 1894. (Dazu Dahn, Münchener Allgemeine Zeitung 1894.)
2 Siehe deren und Isidors Chronisten jetzt in den Monum. Germ. hist. a. a. O.

Sammelwerken (z. B. den „prata" Suetons). Aber gerade darin besteht sein hoher Wert für uns: Denn es hat uns eine Fülle von Einzelangaben sonst verlorener Schriftsteller erhalten. Die zwanzig Bücher enthalten Grammatik, Redekunst, Heilwissenschaft, Rechtswissenschaft, Zeitrechnung (hier wird im fünften Buch eine kurze Weltchronik bis auf Kaiser Heraklius eingeschaltet), Metrik, Bibelkunde (mit Osterzyklen), der Staat Gottes im Himmel und die Hierarchie auf Erden, die Kirche und die (achtundsechzig) Sekten (wobei zwar die Dichter den Sehern, die Götter aber den Teufeln gleich gestellt werden), alle Sprachen (das jetzige Latein ist ein „gemischtes", da die in das Reich eingedrungenen fremden Sitten und Menschen die Sprache durch Fehler und Barbarismen verdorben) und Völker mit ihren Verfassungen und Ämtern. Darauf folgt Menschen- und Tierkunde (unter den Vögeln fehlt der Phönix nicht), Physik, Erdkunde mit Beschreibung der Städte, Straßen, Gebäude, Steinkunde (mit den magischen Eigenschaften der Steine und Metalle), Pflanzenkunde (vielmehr Gartenbau), Kriegswesen, Waffenkunde, Spiele (wobei die Bühnen den Orten der Unzucht gleichgestellt werden), Schiffskunde, Baukunst, Kleidung, Schmuck, Gerät, Speisen und Getränke. – Ähnliche Sammelzwecke verfolgen andere ähnlich zusammengetragene Werke Isidors: So zwei Bücher „Unterscheiden von Wörtern und Sachen", und die zwei Bücher „Synonyma", die in Form eines erbaulichen Gespräches eines Unglücklichen mit der Vernunft die im Titel angedeutete Aufgabe, Ähnliches, aber doch nicht Gleiches bedeutende Wörter zu erklären, zu lösen sucht. Das Buch ward im Mittelalter lediglich als Erbauungsbuch betrachtet und wegen seiner aufdringlichen Leichtverständlichkeit hoch geschätzt – an jenen grammatischen Zweck dachten die Leser nicht.[1] Auch seine auf Wunsch des Königs *Sisibut*, dem sie zugeeignet ist, aus Christen und Heiden zusammengetragene Naturlehre (de natura rerum, achtundvierzig Kapitel: Zeitrechnung, Sternkunde, Meteorologie, physikalische Erdkunde) war im Mittelalter sehr beliebt. Desgleichen seine Prosper nachgeahmte Sammlung von Sprüchen (sententiarum libri tres) kirchlicher Lehrer, zumal aus den „Moralien" Gregors des Großen. Außerdem schrieb er ein arge Zahlenmystik treibendes Buch über die in den Bibel vorkommenden Zahlen und eine sinnbildliche Erklärung der Hauptgestalten beider Testamente. Im Zusammenhang mit den Judenverfolgungen verfaßte er das seiner Schwester *Florentina* zugeeignete Buch (contra Judaeos), das die Erfüllung des Alten Testamentes durch das Neue, Christus als den wahren Messias dartun, die Berufung der Heiden vor den verstockten Juden zum Evangelium rechtfertigen will. Selbständiger ist seine Arbeit über den kirchlichen Gottesdienst und die Abstufungen der Geistlichkeit (de ecclesiasticis officiis). Den Übergang zu seinen weltlichen Geschichtswerken bilden die Schrift über Leben und Sterben von fünfundachtzig biblischen Gestalten (de ortu et obitu patrum). Seine Weltchronik hat er in den Etymologien (zu jedem Jahr nur *ein*, meist kirchliches, Ereignis), dann umfangreicher selbständig veröffentlicht: Doch erhält der Auszug einen Zusatz bis 627, während die umfangreichere Fassung mit 615 schloß. Sie rechnet von Erschaffung der Welt und befolgt die Einteilung in sechs Weltalter nach Augustin (in der civitas Dei). – Seine Historia de regibus Gotorum, Vandalorum et Suevorum ist eine Chronik der Westgoten bis 620 (in einzelnen Handschriften bis 625/626) mit kurzen Anhängen, betreffend die beiden anderen Völker, rechnend nach der „spanischen Ära" und den Regierungsjahren der Kaiser. Sehr verdächtig ist das Vorwort, das allerdings ein

---

1 So gewiß richtig Ebert I.

wahres „spanisches Nationalgefühl" enthält, in Lobpreisung der Schönheit des Landes, der Tapferkeit der Goten und ihres Sieges über die ausgetriebenen letzten Byzantiner. Nun ist ja wirklich seit der Katholisierung die alte Vorliebe der Bischöfe für Byzanz dem engen Bündnis mit den nun rechtgläubigen Königen gegen die oft ketzerischen Kaiser gewichen, und es ist in der Tat von da ab ein „spanisches", Goten und Römer verschmelzendes Nationalgefühl *allmählich* entstanden. Aber das ein solches schon vor 636 so reich entfaltet war, muß auf das lebhafteste bezweifelt werden. Der Stil erinnert an Julian von Toledo (*Ende* dieses Jahrhunderts). Von Isidor stammt das Vorwort schwerlich: Ja es sind Züge in der Selbstverherrlichung, die an die viel spätere spanische Volkseitelkeit erinnern.[1] Endlich hat Isidor des Gennadius Buch über berühmte Männer ergänzt und, unter besonderer Berücksichtigung spanischer Schriftsteller der Zeitfolge nach bis auf seine Tage fortgeführt – Gregor der Große und Leander werden als verstorben bezeichnet und mit höchstem Lobe geehrt. – Die Fortsetzung dieser Aufzählung durch Isidors Schüler *Ildefons*, Bischof von Toledo (gestorben 667) nimmt unter vierzehn behandelten Namen zwölf Spanier auf und verherrlicht besonders den Stuhl von Toledo, den unmittelbar vor ihm *Eugenius II.* (646–657) eingenommen hatte: Von diesem führt Ildefons zahlreiche Schriften auf. Wir wissen, daß er die Gedichte des Dracontius auf Wunsch des Königs Kindasvinth umgearbeitet herausgab. Neben theologischen Büchern schrieb Eugenius Gedichte, die erhalten sind, außer in Distichen auch in Trimetern und anderen Versmaßen, wobei der Reim nicht selten ist: Dem Inhalt nach sind es Epigramme, Inschriften, zumal Grabinschriften, Elegien und ein Gebet; die herkömmlichen geschmacklosen Spielereien dieser Spätlateiner, Akrosticha, Epanalepsis, z. B.:

> (Chindasuinthus ego noxarum semper amicus,
> Patrator scelerum – – Chindasuinthus ego.)

werden hier noch vermehrt durch sinnlose Trennung der Wörter: (z. B. O Jo – versiculos nexos quia despicis – hannes!). Endlich schrieb *Julian von Toledo* (680–690) den Abschnitt „Ildefons" in Fortführung dessen „berühmten Männern" und (außer verlorenen Gedichten) die Beschreibung des Feldzugs Wambas gegen Paulus, wohl unmittelbar nach dessen Beendung (673). Das Büchlein ist lobnerisch, aber auch lehrhaft: Die Jugend soll an dem Heldentum des Königs, an der Strafe des Empörers ein erhebendes und abschreckendes Vorbild finden. Abgesehen von der „Grandiloquenz", das heißt dem hochtrabenden Schwulst des Ausdrucks, wie er später so bezeichnend ward für den spanischen Stil[2] und der bei (dem Juden) Julian sehr begreifliche alttestamentliche Einflüsse verrät, ist die Erzählung, die Darstellung ganz ausgezeichnet: Nicht nur antike Schulung, hervorragende eigenartige

---

1 Z. B. das Land ist die Zierde und der Schmuck des ganzen Erdkreises, die immer glückliche Mutter von Fürsten, das Herrlichste vom Abend *bis nach Indien*! Auch Ebert I., S. 567, hat seine Zweifel, aber, ich meine, noch zu viel Zutrauen: Die Entscheidung könnte nur genaueste Kritik der Handschriften bringen.

2 Der Stil, d. h. zumal die Überteibung, die schwülstige Großrednerei gleichen sehr dem angeblich Isidorischen Vorwort: Vielleicht hat dieses Julian beigefügt; auch sei unverschwiegen, daß gerade die Vortrefflichkeit der Erzählung, die in jenen Jahrhunderten ganz allein stehen würde, mir leise Zweifel erweckt an der Echtheit der Schrift *in der vorliegenden Fassung*: Die Tatsachen sind gewiß von einem Zeitgenossen berichtet, die Abfassung der Handschrift könnte späterer Zeit angehören; die Entscheidung hängt von paläografischer Prüfung ab.

Begabung zeigt diese „aus dem Gedörn des Judentums hervorblühende Rose" auf dem Stuhle von Toledo. Keiner der aufgezählten Verfasser, auch nicht Apollinaris Sidonius, erreicht die Vorzüge dieser Prosadarstellung. Diese Schrift allein schon bekundet, welch überlegener Geist dieser gewaltige Kirchenfürst war: Leider wissen wir, wie der Verherrlicher Wambas an diesem seinen Helden gehandelt hat.[1]

b) Bildende Kunst

Aus der Römerzeit haben sich zwar in dem zum Gotenreich gehörigen Südgallien manche Bauwerke erhalten, aber sehr wenige in Spanien. Und von den zahlreichen, allerdings oft nur in Kirchenfabeln angeführten Bauten der gotischen Könige ist fast nichts übriggeblieben, was mit Sicherheit – anders freilich die spanischen örtlichen Überlieferungen – auf die Gotenzeit oder gar auf einzelne Herrscher zurückgeführt werden könnte.

Athanagild werden Bauten in Merida und zu Guimaraeñs in Portugal, sowie das Kloster Agalia zugeschrieben, einem Bischof Gudila Bauten in Acci, Sisibut in Ebora und die Leokadienbasilika zu Toledo, Svinthila in Iliturgi, Rekisvinth zu Doña de Valladolid am Puiserga, Wamba in Toledo; Leovigild hatte zwei „Städte", d. h. wohl starke Festungen, Rekopolis und Victoriacum, angelegt, Svinthila angeblich Oligitis; ein Dux Salla und ein Bischof Zeno sollen die Römerbrücke zu Merida hergestellt haben; sagenhaft, richtiger kirchenfabelhaft führte man eine Villa Wamba („Gerticos") auf diesen König, spielerisch mit den Namen Leon auf Leovigild, Almeria auf Amalarich zurück.

Die Kunst und Fertigkeit der Münzung war seit dem Ende der Römerherrschaft arg verfallen und verwildert.

Über das Kunsthandwerk im Westgotenreich (siebentes Jahrhundert) haben wir vor kurzem überraschende Aufschlüsse erhalten.

Unsere Kenntnis der zum *Hort* gehörigen Kronen und Stirnbinden, Königsstäbe, Gürtel und Tracht der Gotenkönige war bisher nur den Münzen (sie zeigten Krone, Helm, Mantel, Kreuz auf der Brust) entnommen: Sie hat nunmehr lebendige Erweiterung erfahren durch den Fund von *Guarrazar*.[2] Fundort war ein kleines Bethaus, zwei Leguas westlich von Toledo, wo man die Schätze offenbar vor den Mauren geborgen hatte: Man fand dort bei einem Ziehbrunnen vierzehn kleine, dann acht (und eine) größere goldene Kronen, zum Teil mit dazu gehörigen Kreuzen, unter einem Stein mit der Grabschrift eines Priesters *Crispinus* von 693, welche die Grabschrift der Königin Rikiberga benützt; außerdem Gürtel, eine lebensgroße Taube, beide mit Perlen und Edelsteinen, einen Königsstab mit Kristallknopf, Gefäße, Lampen; jahrelang wanderten diese Kleinodien nach Frankreich, ja zahlreiche Fundsachen wurden in der königlichen Münze zu Madrid (!) eingeschmolzen. Die kostbarste, größte Krone mit dreißig morgenländischen Saphiren und ebenso vielen kleinen und großen Perlen trägt die Inschrift: Recisuinthus rex offerret (sic); eine andere kleinere mit: „Sonnica offerret" hat man ohne Grund Rekisvinths angeblicher Gattin, weitere zahlreiche kleinere seinen Kindern zugeteilt (er hatte aber nur einen Sohn

---

1 Die Geschichte der westgotischen Gesetzgebung gehört nicht in den Rahmen dieses Werkes. Siehe Dahn, Westgotische Studien 1874 S. 1 f. und jetzt *Zeumer* in seiner Ausgabe der Lex Visig. Recisvinthi, Mon. Germ. hist. 1894 sowie im Neuen Archiv XXIII.

2 Jetzt im Musée de Cluny zu Paris; die Literatur s. Könige VI, S. 544.

und eine Tochter); eine dritte hat die Inschrift: Suinthilanus rex offerret. Viele dieser Kronen waren bloße Weihgeschenke, andere aber sind, wie die Vorrichtungen zur Schließung und Fütterung zeigen, getragen worden. Der Stil ist nicht ein germanischer, nordischer, sondern der römisch-byzantinische. Nach arabischen Quellen fanden die Mauren in der Kirche zu Toledo die Kronen dreiundzwanzig gotischer Könige, da jeder vor seinem Tod eine solche Krone mit Inschrift seines Namens geweiht habe: Zu diesen können die in Guarrazar gefundenen nicht gehören. Daß übrigens auch solche Weihkronen getragen werden konnten, zeigt der Empörer Paulus, der die von Rekared dem Gerippe des heiligen Felix zu Narbonne geschenkte – offenbar eine solche Weihekrone – als seine Königskrone brauchte. Erwähnt wird einmal der Siegelring des Königs Theudigisel.

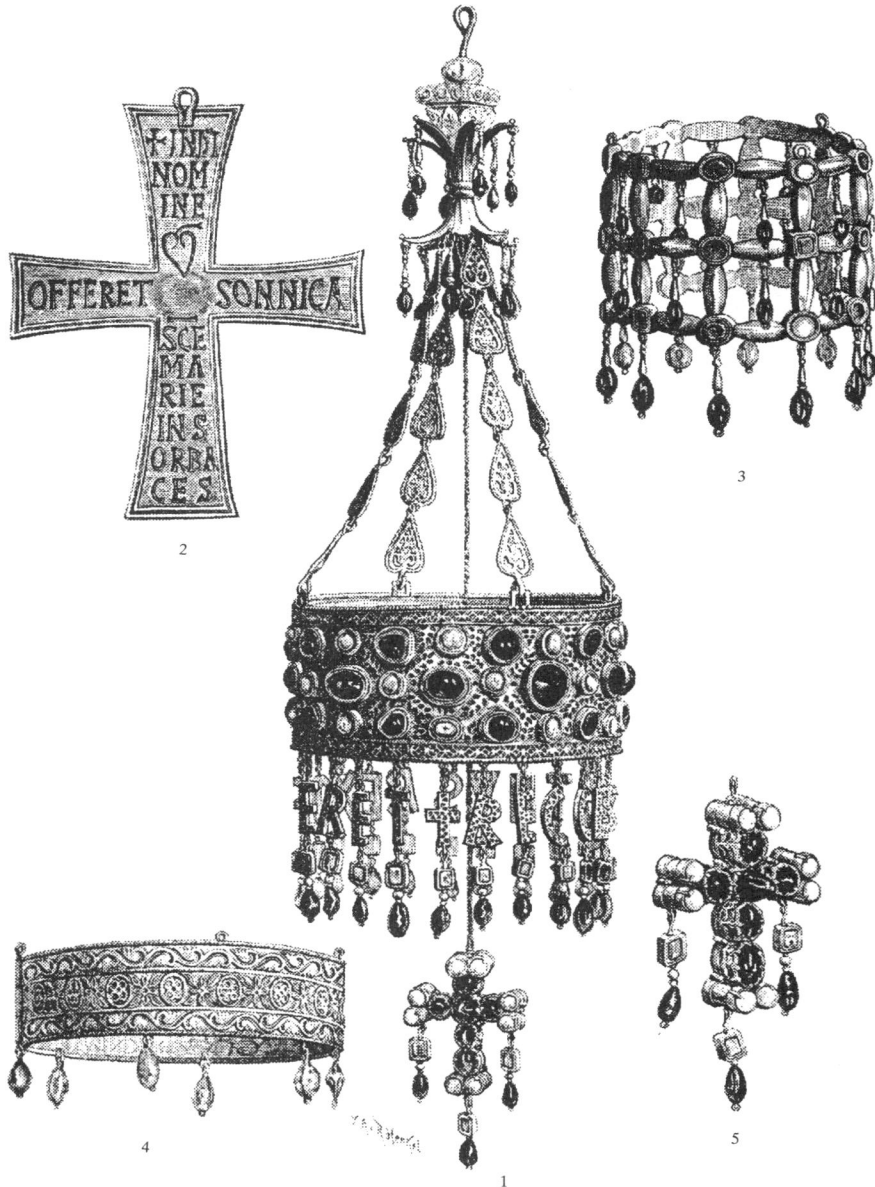

Aus dem Schatz von Guarrazar; Paris.
1. Votivkrone des Königs Rekisvinth ($^1/_5$ der wirklichen Größe); Umschrift an dem Gehänge: RECCES-
VINTHUS REX OFFERET. 2. Kreuz mit der Inschrift: IN NOMINE DEI OFFERET SONNICA
SANCTE MARIE IN SORBACES ($^1/_2$ der wirklichen Größe). 3. Votivkrone ($^1/_3$ der wirklichen Größe).
4. Votivkrone (nicht ganz $^1/_2$ der wirklichen Größe). 5. Kreuz ($^1/_3$ der wirklichen Größe).

Anhang

Das Reich der Sueben in Spanien

Erstes Kapitel

Äußere Geschichte

Wir sahen, daß den Vandalen und Alanen suebische Gaue bei der Wanderung nach Gallien und Spanien sich angeschlossen hatten: Unmöglich ist es, zu bestimmen, welchem suebischen Stamme sie angehörten. Man hat an die Semnonen gedacht, durch deren Gebiet der Zug aus Pannonien an den Rhein führen *konnte*. Aber Sueben (Markomannen, Quaden) wohnten auch den Vandalen nahe benachbart an der unteren Donau. Das Los teilte ihnen in Spanien den nordwestlichen Winkel der Halbinsel zu: Diese felsenumschanzte natürliche Festung der galläcischen Gebirge erklärt allein, daß sich das nicht zahlreiche Volk trotz unaufhörlicher Kriege mit überlegenen Nachbarn und häufigen inneren Kämpfen länger als anderthalb Jahrhunderte in Selbständigkeit behaupten konnte. – Von dem Übergewicht der Alanen befreite die Sueben ein Sieg Waljas über jene. Darauf werden sie aber unter König *Hermerich* (410–440) 419 durch die übermächtigen Vandalen in den „nevadischen Bergen" (viel bestrittener Lage: „heute Arvàs?" oder zwischen Leon und Orviedo?) eingeschlossen und schwer bedrängt. Erst deren Abzug nach Afrika schaffte den Sueben Luft. Späte Erfindung, nicht echte Volkssage (geschweige Geschichte) ist, daß beide Völker, „weil sie erkannten, daß sie sich zu nahe", durch Kampf zweier Knechte, wobei der vandalische gefallen, entschieden hätten, welcher Stamm die Halbinsel zu räumen habe. Anfangs standen mehrere Könige nebeneinander (wie bei Vandalen und Alanen): ein Suebenkönig *Hermigar*, neben *Hermerich*, durchaus nicht mit diesem zu verwechseln, ertrinkt, von dem rasch umkehrenden Geiserich bei Merida geschlagen auf der Flucht in der Guadiana (429). Allzu hastig war er in das eben von den Vandalen geräumte Gebiet nachgerückt: Obwohl nach solcher Einbuße von den römischen Kastellen und Städten aus gleich darauf (noch 429) mit Erfolg angegriffen, brach doch *Hermerich* schon 430 wieder den ihm aufgedrungenen Frieden. Damals eilte Bischof *Idatius* (Hydatius) von *Chiaves*, der Chronist, nach Gallien zu Aëtius, Hilfe zu erbitten. Denn jetzt, seit Vandalen und Alanen Spanien verlassen, Westgoten es noch nicht wiedergewonnen hatten, 430 bis 466, also über ein Menschenalter, schalteten die Sueben allein im Lande. Daß sie auch damals es nicht vermochten, ihre ursprünglichen Wohnsitze über die ganze Halbinsel auszudehnen, die ferneren Gebiete wenigstens mehr plünderten als zu erobern und zu behaupten trachteten, zeigt, daß ihre Volkszahl klein war. Hermerich, 433–440 durch Krankheit mehr Ruhe zu halten genötigt, nahm seinen Sohn *Rekila* zum Mitregenten an. Dieser schlug (vielleicht 436) den kaiserlichen Feldherrn am Singilis (Xenil) in Bätica aufs Haupt, nahm Merida und Myrtilis (437–439). Als Nachfolger seines Vaters folgte er (allein König 440–448) dem natürlichen Drang des Volkes, von seiner Felsburg im Nordwesten nach dem reicheren Südosten sich auszubreiten, schritt von der Guadiana gegen den Bätis vor, gewann Sevilla und von da aus ganz Bätica und die Karthaginiensis: Der römische Versuch, wenigstens letztere beiden Provinzen zu befreien, endete mit der schweren Niederlage des Magister militum *Vitus* und seiner zahlreichen Truppen (446).

Auf Rekila (gestorben als Heide, August 448 zu Merida) folgte dessen *katholisch* getaufter Sohn *Rekiar* (448–456), der sofort Römer und Basken bekriegte. So mächtig hob sich damals das Suebenreich, daß der Westgote *Theoderich I.* gegen Rom sich mit Rekiar verband, diesem eine Tochter vermählte. Von einem Besuch bei seinem Schwiegervater zurückkehrend (Juli 449) verheerte Rekiar das Gebiet von Saragossa und überfiel, von Goten unterstützt, Ilerda (Lerida): 451 sucht Rom die Sueben zu Frieden und Bündnis zu gewinnen, vielleicht gegen Attila: Die in der Schlacht von Châlons genannten Sueben waren jedoch vielleicht eher Donausueben, den Hunnen unterworfen. Als aber 455/456 römische und gotische Gesandtschaften den Suebenkönig zur Schonung der noch römischen Gebiete in Spanien vergebens aufgefordert hatten und Rekiar seinem Schwager *Theoderich II.* in törichter Überhebung seiner Macht drohte, wenn ihm dieser die spanischen Städte verwehren wolle, werde er Toulouse erobern, führten die Goten und Römer einen kräftigen Stoß auf die Sueben: Bis an den Urbicus (Obrigo) drangen die Verbündeten ungehindert vor, und am 5. Oktober 456 erfocht hier bei Paramo (zwölf römische Meilen von Astorga) Theoderich einen großen Sieg. Verwundet entkam Rekiar nur mit Mühe: Er floh in das entlegene Galläcien, schiffte sich hier ein (wohin?), ward aber von widrigen Winden nach Portus Cale[1] zurückgetrieben, dort gefangen und getötet. Theoderich hatte schon vorher die Hauptstadt des Suebenreiches, Braga, gewonnen (28. Oktober), er setzte einen von ihm abhängigen Warnen, *Aiulf*, zum Statthalter ein. Das suebische Reich schien erloschen. Zwar versuchte Aiulf, dem Drängen der Sueben nachgebend, sich als König unabhängig zu machen, ward aber 457 von den Goten geschlagen, zu Portus Cale gefangen und gerichtet. Gleichzeitig, ja schon vorher (456), hatte sich jedoch, wohl am Nordweststrand Galläciens, ein anderer Suebenkönig erhoben, *Maldra*, der Sohn des *Massila*, der sich behauptete im Norden und Westen und sogar Olisipona (Lissabon) gewann. Die Anhänger Aiulfs hatten (457) im Süden des suebischen Gebietes *Franta* als zweiten König erhoben, nach dessen Tod (458) schlossen sie sich an Maldra: Aber eine Zweiteilung der Sueben blieb, da ihnen dieser seinen Sohn *Remismund* als König bestellte. Vielleicht war Maldras Bruder, den er ermorden ließ, eine Zeitlang ein dritter Gaukönig. Maldra heerte im Duerogebiet 458, in Lusitanien 459/460 (entriß 460 den Goten Portus Cale), Remismund in Galläcien. Die gotischen Heerführer, die sich ablösten, Cyrila, Sigrich, Sunjarich, 459–460, vermochten nicht, die Sueben zu unterwerfen. Auch als Maldra Februar 460 ermordet war, gewannen die Sueben Lugo und am 26. Juli 460 durch Überfall Aquae Flaviae (Chiaves), den Bischof der Stadt – es war Idatius – in der Kirche gefangen nehmend. Der Führer dieser Unterwerfung, *Frumari*, vielleicht der Vetter Remismunds, nahm nun den Königstitel an und behauptete sich im Westen bis an seinen Tod (463).[2]

Gotische Waffen hatten einstweilen Scalabis am unteren Tajo und Lissabon gewonnen, Remismund sich eng an die Goten geschlossen, wahrscheinlich Hilfe gegen

---

1 Kap Ortegal bei Ferrol (?).

2 Dies die wahrscheinliche Vermutung: Die Verhältnisse sind kaum zu entwirren. Siehe Könige VI.

Frumari zu suchen. Er erhielt von Theoderich II. eine Gotin, vielleicht eine Verwandte, zur Gemahlin. Diese Verbindung hatte die wichtige Folge, daß unter den Sueben, die bis dahin wohl noch größtenteils Heiden, sofern aber Christen, katholisch gewesen waren (in *einer* Familie, der königlichen, leben Heiden und Katholiken), nunmehr der Arianismus, von einem gotischen Bischof, *Atax*, verkündet, vom König eifrig begünstigt war. Gleichzeitig mit gotischen Kämpfen gegen die Römer in Gallien gewinnen die Sueben Coimbria, 465, später Lissabon und Annona. Eurich, Theoderichs Mörder, wies 466 Remismunds Gesandte ab und griff, in seinem Bestreben, ganz Spanien zu erobern, wie die Römer auch die Sueben an. Das Land litt schwer unter dem Druck und Kampf der beiden germanischen Völker. Hier (468) bricht des wackeren Idacius Chronik ab und damit für ein Jahrhundert fast jede Kenntnis der suebischen Geschichte: Nicht einmal die Namen der Könige vernehmen wir: Isidor, der sie leicht hätte erfahren mögen, hielt es nicht der Mühe wert, die Namen dieser Ketzer zu überliefern. Nur so viel wissen wir, daß bereits Eurich den Sueben all ihre Eroberungen im Südosten wieder entriß, sie auf ihre ursprünglichen Sitze, die galläcischen Gebirge, zurückdrängte. Erst mit dem Übertritt des Königs und des größten Teils des Volkes zum Katholizismus fällt auf jenen Staat wieder einiges Licht – freilich nur der trübe Dämmer der Kirchenfabel. König Theodemirs (circa 560) junger Erbe war tödlich erkrankt: Vergeblich rief der Vater mit reichen Geschenken – das ganze Körpergewicht des Kranken in Gold und Silber – die Fürbitte Martins von Tours an, des größten Heiligen von Westeuropa. Der Vater erkannte, daß der katholische Wunderwirker seine Kraft für die Ketzer nicht geltend machen wollte. Da gelobte er heimlich den Übertritt und die Erbauung einer dem Heiligen geweihten Kirche – und alsbald genas der Knabe. So das Wunder der Kirchenfabel: Fest steht nur, daß im dritten und vierten Jahr jenes Königs (463) eine Synode zu Braga nach dem kurz zuvor erfolgten Glaubenswechsel die Neugestaltung der Kirche ordnete und daß die sehr bedeutende Gestalt des Bekehrers *Martin von Dumiun* (gestorben circa 580) seit 550 der Katholisierung durch zahlreiche Klostergründungen, z. B. Dumium, Tibaes, Lorban, vorgearbeitet hatte und nun nachhalf. Theodemirs Nachfoger (Sohn?), *Miro* (die Doppelnamen Theodemir und Miro, welche beide Könige führen, sind vielleicht aus der Neubenennung nach dem Übertritt zu erklären) (570–583), bekriegte die *Rukonen* in Cantabrien (571) und suchte sich durch Verbindung mit *Guntchramn von Burgund* zu schützen gegen das gewaltige Umsichgreifen Leovigilds, der 576 nur mit Mühe bewogen werden konnte, in Frieden oder Waffenstillstand das besetzte Suebengebiet wieder zu räumen. Bei der Empörung *Hermenigilds* trat Miro natürlich auf Seite des katholischen Anmaßers, ward aber bei dem Versuch, diesem und Sevilla Entsatz zu bringen, von Leovigild eingeschlossen und zur eidlichen Unterwerfung und Heeresfolge *gegen* den Empörer gezwungen. Der König der Berge erkrankte, ungewohnt der Luft und der Wasser der Niederung (Gregor von Tours) und starb noch vor Sevilla oder halb nach der Heimkehr (583). Sein Sohn und Nachfolger *Eborich* fügte sich der gotischen Oberhoheit: Er bat um Leovigilds Freundschaft, leistete ihm den Huldigungseid, wie sein Vater getan, und übernahm das galläcische Reich. Aber gerade diese Unterwerfung scheint den Grund oder Vorwand für die Erhebung seines Schwagers *Audika* gegeben zu haben, der alsbald (584) an der Spitze eines Heeres den Knaben vom Throne stieß und geschoren in ein Kloster steckte. Er heiratete dann die Witwe Miros, *Sisigunthis*. Allein Leovigild ließ nicht lange auf sich warten: Rache für seinen getreuen Schützling und Wiederherstellung der gotischen Oberhoheit mußte er anstreben. Fast ohne Widerstand erlag Audika: Er wurde (585) gleichfalls geschoren und in das Kloster Beja

(Badajoz) gesteckt. Eborich wieder einzusetzen fällt aber diesem Rächer nicht ein: Die Tonsur hätte ihn wohl nicht abgehalten. Er fand es möglich und deshalb geboten, das Suebenvolk und Land, nicht zu vergessen den Königsschatz (thesaurum), vollständig dem Gotenreich einzuverleiben und keinen suebischen König, wenn auch unter seiner Oberhoheit, mehr zu dulden. Zwar versuchte der Suebe *Malorich* noch im gleichen Jahr die Wiederaufrichtung eines unabhängigen Königtums in Galläcien, ward aber sofort von den Feldherren Leovigilds überwältigt und diesem in Ketten nach Toledo geschickt.

Seither ging das Suebenreich im Gotenreich auf: doch ist auf die Verschiedenheit der Spanier und Portugiesen die Verschiedenheit des Germanischen in der Mischung der beiden romanischen Völker, dort gotisches, hier suebisches Blut, nicht ohne Einfluß geblieben.

Daß sich manche Eigentümlichkeiten in diesen Ländern, z. B. auch im kirchlichen Leben, erhielten, haben wir gesehen. Ob aber die Sueben seit der Einverleibung, bis auf die Herstellung eines westgotischen Landrechts unter Kindasvinth, ihr suebisches Stammesrecht behielten, ist nicht zu ermittteln: jedenfalls bewahrten sie es im Rechtsleben außer Strafverfahrens und, in rein suebischen Fällen, auch im Streitverfahren sehr wahrscheinlich.

Wenn auch hin und wieder gotische Könige ihre Söhne, zum Teil als Mitherrscher, im alten Suebenland ihren Sitz aufschlagen ließen, so hatte das doch sicher nicht den Sinn, das Suebenreich als ein besonderes wiederherzustellen, sondern den gerade entgegengesetzten Zweck. Vielmehr nahmen die Gotenkönige seit 585 in ihren Titel manchmal den Zusatz „und König der Sueben" auf.

Übrigens gaben die Castilianer den Portugiesen bis auf die Zeiten Philipps II. im neckenden oder beschimpfenden Ton den Scheltnamen: „los Sevosos, Suevosos", was vielleicht als Mißbildung des alten, als solchen nicht mehr verstandenen, Volksnamens der Sueben gedeutet werden mag.

Zweites Kapitel

Verfassung

Eine *geregelte Landteilung* der Sueben mit den Römern ist nicht zu erweisen, aber zu vermuten, weil das foedus mit Honorius Anwendung des Systems der hospitalitas voraussetzen läßt. Bei den späteren Zügen der Sueben und ihrer Ausbreitung circa 430–440 aber kam es gewiß nicht mehr zu Landteilungen; hier handelte es sich meist um Plünderung der Städte. Außerhalb ihrer galläcischen Stammlande haben die Sueben offenbar nicht Ansiedelung, nur Raub gesucht: daher das unaufhörliche Heeren auch in Landschaften, die sich ihnen ergeben, daher das treulose Ausrauben und Wiederaufgeben friedlich besetzter Städte.

Das von den Sueben gewonnene Gebiet – der Ausdruck „*Suebia*" wird für dasselbe nicht gebraucht – wird noch in die alten römischen conventus gegliedert, z. B. c. bracarensis (loca maritima), c. asturiensis, c. Lusitaniae.

Gleich in der ersten Zeit begegnet eine Spur von *zwei gleichzeitigen Königen* in diesem Stamm: Hermerich und Hermigar, und lange Zeit besteht eine Neigung des Stammes, sich in zwei Gruppen, eine nordwestliche und eine östliche, zu gliedern, trotz der augenfälligen Nachteile dieser Zersplitterung gegenüber den überlegenen Römern und Goten und trotz des glücklichen Zufalls, der wiederholt einen König beseitigt – immer wieder erneut sich die Zweiteilung. Zwar mochte dazu die räumliche Gliederung ihrer Sitze beitragen, sicher aber bildete alte Gauteilung des Stammes die geschichtliche, die altgewöhnte Hauptursache: Hermerich und Hermigar, dann Hermerich und Rekila, Aiulf und Maldra, Maldra und Franta, Maldra und Remismund – daß auch im letzten Fall keine Bereinigung stattfand und der Vater den Ostbezirken einen besonderen König geben muß, ist besonders auffallend – endlich Remismund und Frumari.

Von den *ständischen Verhältnissen* der Sueben, Adel und dergleichen, wissen wir nichts: die der Provinzialen waren selbstverständlich in Galläcien und Lusitanien die gleichen wie im übrigen Spanien. In den römischen Städten hatten sich die Gemeindeverfassung und auch ihre Vorrechte, z. B. daß keine Leichen in ihren Mauern bestattet werden durften, erhalten. Nur wirkte die größere Roheit der Sueben, die rauhe Gebirgsnatur und die Entlegenheit von allem Verkehr mit dem übrigen Europa hemmend auf die Entfaltung der Bildung; man fühlte sich in diesem Reich – und sprach es aus – „im abgelegensten Winkel Europas".

Von den einzelnen *Hoheitsrechten* dieses Königtums erfahren wir sehr wenig. Der König hat den *Heerbann*, befehligt seine Krieger. Vom Gerichtsbann und (*Begnadigungsrecht*) haben wir eine kirchenfabelhafte, aber auch eine aktenmäßige Überlieferung. Von den *Finanzen* wissen wir nur, daß ein thesaurus besteht, der König Geschenke mit anderen Fürsten tauscht und reiche Gaben an Kirchen verleiht; auch übt die Krone das Münzrecht, man hat in neuerer Zeit unzweifelhaft suebische Münzen in Spanien gefunden; die Könige schrieben den Namen des Kaisers um das Haupt, um dem Geld bei dem Volk willigere Aufnahme zu schaffen. Und ganz wie die Ostgoten noch unter Totila den Namen des längst verstorbenen Kaiser Anastasius auf ihre Münzen setzten, weil dieser den Vertrag mit Theoderich über die Einräumung Italiens geschlossen, ganz ebenso führten die Suebenkönige, z. B. noch Rekiar 449–

456 den Namen des Kaisers Honorius auf ihren Münzen: offenbar deswegen, weil dieser Kaiser durch das foedus von 417 die Rechtsgrundlage ihres Reiches den Provinzialen gegenüber geschaffen hatte.

Das Verhältnis der heidnischen und arianischen Könige zu der *katholischen Kirche* war häufig sehr feindlich: der Untergang des Suebenkönigs Hermigar ward als Strafgericht für Beleidigung der heiligen Eulalia von Merida angesehen. Doch bestand das kirchliche Leben in Galläcien fort: die Bischöfe *Antonius von Merida*, die von *Lamego*, *Lugo*, *Chiaves* oder *Orente*, *(Idacius)* und *Thuribius von Astorga* konnten die Manichäer verfolgen und austreiben und untereinander, ebenso mit Rom und Gallien verkehren und Glaubensgespräch und Gnade gegen die Priscillianisten abhalten. Und auch in diesem Reich verhandeln die katholischen Bischöfe zum Schutz der Provinzialen oft erfolgreich mit den Königen. Es bestand auch in der dunklen Zeit von Remismund bis Theodemir die Sprengelverfassung fort. In das Jahr 554 wird verlegt die (wohl nur kirchenfabelhafte) Blutzeugenschaft des *Sankt Vincentius*, des Abtes *Ranimir* und der zwölf Mönche vom Kloster des *Sankt Claudius* durch die arianischen Sueben.

Seit der Bekehrung übt der König die *Kirchenhoheit* über die katholische Kirche. Nach dieser Bekehrung trat am 1. Mai 563 die *erste Synode zu Braga* zusammen unter dem Vorsitz des Metropolitan *Lucretius* auf den Befehl des König Theodemir. Der Erzbischof erklärt, nachdem ihr langgehegter Wunsch nach Abhaltung einer Gnade endlich durch Befehl (praeceptio) des von Gott hierzu angetriebenen Königs erfüllt sei – die arianischen Vorgänger hatten, scheint es, seit langem kein katholisches Konzil zusammentreten lassen –, wollten sie zuerst die Ketzerei der Priscillianisten verwerfen, „um der am Ende der Welt (d. h. Europas) und in den entlegensten Winkeln dieser Provinz waltenden Unkenntnis" abzuhelfen, und es werden die Kanones jener alten Konzilien verlesen, die *Papst Leo* 441 und 448 in Spanien gegen den Priscillianismus veranlaßte, und dann siebzehn neu verfaßte Kanones beschlossen. Darauf werden zahlreiche Beschlüsse älterer Synoden, ferner ein Brief des *Papstes Vigilius* an *Profuturos von Braga* von 458 mit großer Ehrerbietung gegen Rom verlesen und zweiundzwanzig weitere Kanones festgestellt, um die gestörte Gleichmäßigkeit kirchlicher Übung „in der entlegenen Provinz" zu restituieren.

Bestritten ist die Echtheit der Beschlüsse einer angeblichen *Synode von Lugo*, auf der König Theodemir die Errichtung eines zweiten Erzbistums für sein Reich zu Lugo, dann Vermehrung und genaue Begrenzung der Bischofsitze von dem Konzil gefordert und erlangt habe.

Dagegen trat im Jahr 572 am 1. Juni auf Befehl des Königs *Miro* das *zweite Konzil* zusammen unter dem Vorsitz des *Martinus von Praga* der erklärt, der König habe, offenbar in Erleuchtung durch den heiligen Geist, die Bischöfe der beiden Erzbistümer zur Versammlung befohlen. Nach Verlesung der Kanones von Cc. Brac. I. werden zehn Beschlüsse nur über Kirchenzucht angefügt: zuerst wird die Pflicht jährlicher Kirchenuntersuchung den Bischöfen eingeschärft, zunächst gerichtet auf die Geistlichen, dann sollen am zweiten Tag die Laien versammelt und gegen Götzendienst, Tötung, Ehebruch, Meineid, falsches Zeugnis und andere Todsünden verwarnt und zum Glauben an Auferstehung und jüngstes Gericht ermahnt werden. Bei diesen Reisen dürfen die Bischöfe nicht mehr als zwei Solidi von jeder Kirche, nicht etwa ein Drittel ihrer Einkünfte, das für die Baulast und die Armen bestimmt ist, erheben, oder die Geistlichen zu Fronen zwingen; sie sollen ferner sich nicht bestechen lassen, unwürdige mit Verbrechen belastete Laien zu Priestern zu weihen; für Taufe, Salböl und Weihung von Kirchen nichts verlangen und keine Kirche ohne

Nachweis gehöriger Ausstattung weihen oder solche, die aus Berechnung auf Gewinn der Hälfte der für dieselben erwarteten Opfer gegründet werden. Anklagen wegen Unzucht gegen einen Priester sollen, wenn durch zwei Zeugen (!) bewiesen, mit Kirchenbann gestraft werden.

Bei der Bekehrung gründet der König Theodemir die berühmt gewordene *Basilika des heiligen Martin zu Braga*, zu der er auch den umgebenen Grundbesitz schenkt: die neunundzwanzig Sprengel, in die der König Miro das Reich geteilt haben soll, sind, wie schon der Schlußsatz bezeugt, erst aus späteren Konzilien zusammengestellt. Dieser Königstand mit dem heiligen *Martin, Bischof von Dumium*, in regem Verkehr; wiederholt fordert er, obwohl des Lesens unkundig, denselben zur Schriftstellerei auf. Endlich sandte ihm der Bischof eine Schrift: „Die Anweisung zu einem ehrbaren Leben", die zwar der König nicht bedürfe, bemerkt der Verfasser mit einer mehr höfischen als heiligen Feinheit, denn er sehe denselben mit der Einsicht natürlicher Weisheit ausgerüstet, wohl aber des Königs Umgebung. Die Beziehungen der Landeskirche zu Rom waren zu Ende des fünften Jahrhunderts lebhaft.

Viertes Buch

Die kleineren gotischen Völker

Erstes Kapitel

Die Heruler[1]

Die Heruler (von gotisch hairu, Schwert: daher vielleicht eins mit den ebenfalls nach dem Schwert benannten, „Suardonen") wohnten an der Südwestküste der Ostsee: der gotischen Wandersage, nach welcher sie aus der „Insel Scanzia", wo sie „wegen überwältigenden Heldentums" lange den ersten Rang eingenommen hatten, von den Dänen vertrieben werden, darf man wenigstens so viel glauben, daß einzelne herulische Gaue auch auf den Inseln der Ostsee siedelten. Dieser unsteteste beweglichste aller germanischen Stämme hat dann aber aus seiner alten Heimat zahlreiche Gruppen ausziehen lassen, von denen sehr viele in römischem Dienst, zwar meist unter herulischen Anführern, aber ohne volkstümlichen Zusammenhalt und zumal ohne feste Ansiedelung, auf – und untergingen: Heruler wurden sehr häufig und wegen ihrer wilden, raschen (freilich etwas unbesonnenen und unbotmäßigen) Tapferkeit sehr gern in römischen Sold genommen; unter *Gallienus* stieg ein solcher Herulerführer bis zum Konsulat empor. Wahrscheinlich ungefähr gleichzeitig mit den anderen gotischen Völkern zog ein Teil des Volkes von der Ostsee an die Donaumündungen, ja nordöstlich über dieselben hinaus an die Mäotis (das kaspische Meer); wenigstens wird Mitte des vierten Jahrhunderts ein Herulerkönig *Alarich* in jenen Gegenden von Ermanarich besiegt: „die(ost)gotische Stetigkeit trug es über die herulische Raschheit davon." Diese südlichen Heruler scheinen sich vor den Hunnen immer mehr westlich donauaufwärts gezogen zu haben, wurden aber doch von *Attila* unterworfen und, obzwar unter eigenem König, zur Teilnahme an dem großen Zuge gegen Gallien 451 gezwungen. Nach Attilas Tod befreiten sie sich wie Gepiden und Ostgoten von dem hunnischen Joch. Um das Jahr 460 streiten diese Heruler so weit westlich als *Salzburg*, das sie übel zurichten; doch sind ihre Heimatsitze viel weiter östlich, an der unteren Donau, wo sie sich aber mit anderen kleineren Völkerschaften kaum vor der erstarkenden ostgotischen Macht behaupten. Deshalb wohl suchen sie nach Westen zu weichen, deshalb vielleicht auch treten sehr zahlreiche Heruler damals in den Dienst von Westrom und von Byzanz: unter *Odovakars* Söldnern fehlen sie nicht: in den byzantinischen Heeren des sechsten Jahrhunderts spielen sie unter ihren volksedlen, manchmal vielleicht dem Königshaus angehörigen Führern eine ganz hervorragende Rolle. Der Heruler *Fara* führt dreihundert, später hundert seiner Stammesgenossen, er hilft den Sieg *Belisars* über die Perser bei Dara entscheiden, belagert den letzten Vandalenkönig in den Felsgebirgen von Pappua und bringt ihn zur Ergebung. In den Feldzügen gegen die Ostgoten in Italien zeichnen sich die Heruler ebenfalls aus, stets unter ihren angestammten Führern. Sie waren besonders *Narses* zugetan: als dieser abgerufen wird, vermag sie Belisar nicht zuhalten: durch Verkauf ihrer Beute an das Heer des *Uraia* reich gemacht und den Goten deshalb geneigt, schwören sie, nicht mehr gegen diese zu fechten,

---

1 Dahn, Könige II, S. 1 f.

und schicken sich an, in ihre Heimat abzuziehen. Aber schon bei Venedig wird den meisten die Anwandlung leid, sie widerrufen den Eid, und gehen nach Byzanz. Später reist Narses, von Justinian gesandt, zu ihren „Fürsten" (ἄρχοντες, aber wohin?) und gewinnt wieder viele des Volkes für den kaiserlichen Dienst. In seinem entscheidenden Feldzug fechten dreitausend herulische Reiter gegen Totila und Teja unter ihrem Edeling(?) *Filimuth*[1], nach dessen Tod Narses ihnen *Bulkari* bestellt, den Neffen des vor Cesena gefallenen *Phanotheos*: „Denn sie mußten immer unter ihren eigenen Führern stehen". „Bulkaria, ein kühner Held, aber unvorischtig und verwegen, erachtet nicht das für die Aufgabe des Führers, die Schlachtordnung aufzustellen und das Gefecht zu leiten, sondern allen voran vorleuchtend im Kampf überall mit eigener Hand die Feinde anzugreifen" – das ist der *germanische* Gefolgsführer, nicht der römische Feldherr. So gerät er in einen Hinterhalt *Butilins* bei Parma: „als alle fliehen, bleibt nur er mit seinem Geleit von Lanzenträgern (vielleicht seiner Gefolgschaft), verschmäht die Flucht und fällt nach heldenhaftem Kampf gegen die Übermacht auf seinem Schild, und über ihm fallen alle, die bei ihm ausgehalten". (Diese Söldnerführer hatten wohl oft als erlesenen Kern ihrer Schar eine Gefolgschaft um sich.) Nun wollten die einen *Aruth*, die anderen *Sindual (Sindvalt?)*, beides ausgezeichnete, an Heldentum ebenbürtige Nebenbuhler, zum Führer erhalten: Narses bestätigt den letzteren: also eine Art von Wahl oder doch von Vorschlagsrecht der Söldner. Gerade vor Beginn der Schlacht bei Capua wird Narses gemeldet, einer der alleradeligsten und hervorragendsten Heruler habe soeben einen seiner (germanischen) Knechte wegen eines Fehls auf das grausamste getötet. Der Feldherr läßt den Mörder vorführen: dieser leugnet durchaus nicht, erklärt, es sei das Recht des Herrn, seinen Unfreien zu strafen, anderen zur Abschreckung. Narses läßt den reulos Verstockten hinrichten. Man sieht, germanisches Volksrecht und römisches Strafrecht widerstreiten: der Feldherr will seine Söldner nicht schalten lassen, als lebten sie nicht im kaiserlichen Lager, sondern als Volk in ihrer Heimat. Das erbittert die Heruler, „wie Barbaren nun einmal sind", und erzürnt beschließen sie, sich des Kampfes in der beginnenden Schlacht zu enthalten. Da sich aber Narses gar nicht daran kehrt, sondern sich anschickt, ohne sie zu schlagen, lassen sie ihm sagen: er möge doch warten, sie wollten auch mit tun! „Das geschah", sagt die Quelle, „damit man nicht spreche, sie hätten sich nicht um den Hingerichteten willen, sondern aus Furcht des Kampfes enthalten" – eine echt germanische Empfindung. Jener *Sin dual* (?) versuchte die nach dem Untergang der Ostgoten in Italien entstandene Verwirrung zur Errichtung selbständiger Herrschaft in den Bergen der *Breonen* (am Brenner) zu benutzen, ward aber von Narses gefangen und getötet. – Über die Geschichte des Herulerreiches an der Donau erfahren wir durch Prokop, was diesem zahlreiche Glieder dieses Volkes, mit denen er in Belisars Lager und zu Byzanz verkehrte, mitteilten: diese Berichte sind sehr stark sagenhaft gefärbt, aber nicht völlig erfunden in den Tatsachen. Das tapfere, angriffslustige Volk hatte sich viele Nachbarvölker auf dem Nordufer der Donau zu Zinspflicht unterworfen, darunter die *Langobarden* vor 491: circa 494 wurden sie überdrüssig der nun drei Jahre langen Waffenruhe, die ihnen der Mangel eines unbesiegten Feindes aufgenötigt hatte. Übermütig schelten sie ihren König *Rodulf* einen weibischen Weichling und zwingen ihn, ohne jeden Grund, ja ohne Vorwand die Langobarden anzugreifen, die sich vergebens erbieten

---

1 Außer diesen germanischen (gotischen) Namen, z. B. auch Uligang (doch wohl Vulfgang), Wisand, Aluth, Aruth, begegnen auch griechische (Phanotheos) und römische (Verus) dieser herulischen Männer.

zu reicher Buße, falls sie etwas von der auferlegten Schätzung verkürzt hätten, und zu Erhöhung des Zinses für die Zukunft: drei Gesandtschaften jagt der König fort unter Drohungen. Da rufen die Langobarden das Urteil Gottes an, wenn sie nun doch, angegriffen, sich aus Notwehr verteidigen müßten: in der Schlacht verlieren die mit großem Übermut ihrer Zahl vertrauenden Heruler – sie trotzen den drohenden Zeichen des Himmels – den Sieg, ihren König und den größten Teil des Heeres. Nach solchem Verlust konnten sie sich in den bisherigen Sitzen neben lange mißhandelten, rachedürstenden Nachbarn nicht mehr halten, sondern zogen (494 oder 495) eilig mit Weib und Kind durch das ganze Land auf dem Nordufer der Donau (westwärts: muß man hinzusetzen). Sehr auffallend ist nun, daß die *langobardische* Sage über diesen Krieg, wie sie uns *Paulus Diaconus* aufbewahrt hat, ganz umgekehrt den Langobarden, nicht den Herulern, die Schuld, das Unrecht zuteilt. „Der Bruder des Herulerkönigs Rodulf reitet auf der Rückkehr von einem Besuch bei dem Langobardenkönig *Tato* an dem Hause der Königstochter *Rumetrud* vorbei. Die Jungfrau forscht, das starke und edle Gefolge anstaunend, wer der Gast sei, und nachdem sie es erkundet, läßt sie ihn einladen, einen Becher Weines von ihr anzunehmen. Harmlos folgt der Fürst der Ladung: da aber die Hochmütige sieht, wie er gar klein und kurz gewachsen, verachtet sie ihn mit Übermut des Stolzes und spricht gegen ihn Worte des Hohns. Jener, vor Scham zugleich und Entrüstung mit Glut überströmt, gibt eine (wohl „obszöne") Antwort, die dem Mädchen noch viel ärgere Beschämung verursacht. Von weiblicher Wut entzündet, vermag sie den Schmerz des Herzens nicht zu ersticken und trachtet, den beschlossenen Frevel zu vollenden. Sie heuchelt Nachsicht, heitert die Miene auf, besänftigt ihn mit gefälligeren Worten, ladet ihn zum Sitzen ein, so daß er das Fenster in der Wand im Rücken hat. Diese Öffnung hatte sie, scheinbar dem Gast zu Ehren, in Wahrheit aber, damit er nicht Verdacht schöpfe, mit kostbarem Teppich verhangen: dabei befahl das „grimmige Ungetüm" den Dienern, wenn sie, wie zum Mundschenk sprechend, sage: „Schenk ein!" (genauer: mische! nämlich Wasser und Wein zum Trank aus den großen Krügen in den Becher des Gastes), ihn vom Rücken mit Lanzen zu durchbohren. So geschieht es, und Rodulf, der Bruder des Ermordeten, beginnt den Rachekrieg (494). Dabei verbleibt er, des Sieges gewiß, weil seine Heruler, kriegsgewohnt, so viele Völker bezwungen hatten – fast völlig nackt kämpften sie, sei es der leichteren Beweglichkeit halber, sei es, dem Feind die Verachtung der Wunden zu zeigen –, während der Schlacht im Lager, zum Brettspiel sich niederlassend: einen (seiner Knechte) ließ er auf einen nahen Baum steigen, ihm den Gang des Kampfes zu verkünden, und wie die Schlacht sich wende, jedoch ihn mit dem Tod bedrohend, falls er die Flucht der Heruler meldet. Der Späher sah nun zwar die Reihen der Heruler von den Langobarden bedrängt und niedergeworfen, aber auf wiederholte Fragen des Königs, wie es den Seinen ergehe, antwortete er stets: „Sie fechten aufs beste." Und nicht früher eröffnete er das Verderben, das er schaute, als bis alle Schlachthaufen den Feinden den Rücken wendeten. Da, freilich zu spät, rief er aus: „Wehe dir, arme Herulia, wie schlägt dich der Zorn des Himmelsherrn!" Erschreckt durch diese Worte fragte der König: „So fliehen meine Heruler?" „Nicht ich, o König, du selbst sprachst dieses Wort," entgegnete der Späher. Während nun der König und all die Seinen unschlüssig zaudern, dringen die Langobarden heran, unter großem Blutvergießen. Vergebens kämpft jetzt der König tapfer, er fällt und die nach allen Seiten fliehenden Heruler werden vom Zorn des Himmels mit solcher Verblendung des Schreckens geschlagen, daß sie blau blühende Flachsfelder für Wasserfluten halten, sich dareinstürzen, um sie zu durchschwimmen und so, mit ausgestreckten Armen, wehrlos, furchtbar von den Verfolgern geschlachtet zu werden"– ein echter sagenhafter Zug, der, ursprünglich wohl auf eine Verblendung durch Wodan zurückzuführen, später in das Volksmärchen und den Schwank herabgesunken ist.[1] Der Langobardenkönig trug als Siegesbeute auch den Kriegshelm und die Fahne Rodulfs, „die sie bandus nennen", davon. Von da ab war Macht und Selbstgefühl der Heruler dermaßen geschwächt, daß sie keinen König mehr über sich hatten, meint Paulus: ein Ereignis, das wir wiederholt antreffen. Gewaltig emporkommende Völker setzen an des Grafen Stelle einen König über sich, geschwächte büßen mit der Vollkraft das Königtum ein. Indessen wird nach einiger Unterbrechung doch wieder ein König erhoben. Auf ihrem fluchtartigen Rückzug – hier sehen wir einmal ausnahmsweise den Grund einer „Wanderung" ganz klar– machten sie zuerst Halt in dem von *Rugiern*, die mit den Ostgoten nach Italien gezogen waren, geräumten *„Rugiland"*: bald aber nötigt sie Hunger, Mangel an Nahrung, diese Gegend, die wohl verwildert war und sorgfältigster Neubestellung bedurft hätte, wieder zu verlassen: sie gelangen in das Land der *Gepiden*, die sie zuerst als Nachbarn und Insassen aufnehmen, dann aber bedrücken und mit Krieg überziehen. Zu schwach, zu widerstehen, weichen die Wanderer über die Donau auf römisches Gebiet und werden dort unter *Anastasius* (491 bis 518) angesiedelt. Alsbald wieder übermütig geworden, greifen sie die Römer an, werden aber geschlagen und nur auf dringendes Bitten begnadigt und als halb unterworfene Bundesgenossen angenommen.[2] Gleichwohl blieben sie unruhig und unverlässig, bis es *Justinian* gelang, durch Einräumung von gutem Boden (wo?) und reichen Geldzahlungen sie zur Annahme des Christentums zu bewegen und zu starker Waffenhilfe in seinen Heeren. Damals wohl kam ihr König *Getes* (anders *Gretes*) nach Byzanz und nahm die Taufe. Aber nach Prokop (der freilich ein abgünstiger Zeuge ist: die unberechenbare Leidenschaftlichkeit des „stätelosen" Volkes hatte ihm, der z. B. den Ostgoten voll gerecht wird, heftigen Widerwillen eingeflößt) bewirkte die wohl nur ganz äußerliche – wie aus äußerlichen Beweggründen angenommene – Bekehrung seinen dauernden Sinneswechsel in dem wilden Volk: schon bald fiel ein großer Teil ihrer Gaue wieder von den Römern ab und vielleicht in Heidentum zurück. „Die wilde zornmütige Art des Volkes forderte plötzlich und ohne Grund" – so erzählte Prokop – „auf gegen *Ochon*, ihren König (wohl den Nachfolger des Getes). Sie erschlugen ihn sonder Ursache(?), nur das *eine* anführend: sie wollten fortan keinen König haben. Und doch hatte der König auch bisher nur diesen Namen, unterschied sich aber in Wirklichkeit in fast keinem Stücke von dem Volk: alle nahmen gleichen Sitz neben ihm ein, erhoben den Anspruch, mit ihm zu schmausen, und wer da wollte, behandelte ihn mit Hochmut. – Aber gleich darauf reute sie wieder, was sie Übels getan: sie erklärten nun, sie könnten ohne Herrscher und Heerführer nicht leben, und nach langer Beratung beschlossen sie, sich ein Glied des königlichen Geschlechts von der *Insel Thule* zu holen.

Als nämlich die Heruler, von den Langobarden besiegt, auswanderten, zogen nicht alle über die Donau nach Illyrien; ein Teil beschloß vielmehr, den Strom nicht zu überschreiten (und sich den Römern nicht zu unterwerfen), sondern unter Führung zahlreicher Glieder des Königshauses bahnten sie sich siegreich den Weg durch zahlreiche Stämme und kamen zu den *Warnen*, die nach Prokop an der Nord-

---

1 Grimms Märchen Nr. 149.

2 Über die Zeitfolge und die verschiedenen Könige und Reiche der Heruler um diese Zeit, zumal diejenigen, an die Theoderich des Großen Briefe gerichtet sind, Könige II, S. 1.

see wohnen, (damals) und von da an den äußersten Rand der Erde, denn nun ans Meer gelangt, schifften sie sich ein, landeten auf der Insel Thule und schlossen sich dort an das mächtige Volk der *Gauten*." Dieser Bericht Prokops, den er ohne Zweifel von herulischen Söldnern im Lager Belisars oder zu Byzanz vernahm, verdient vollen Glauben: er wußte nur nicht, daß diese Wanderung von der Donau an die Nord- oder richtiger Ost-See nur eine Rückkehr in die alte Heimat war. In den ursprünglichen Sitzen des Volkes waren bei dem Aufbruch eines Teiles einige Gaue an der Küste der Ostsee, wohl auch auf den Inseln andere Gaue zurückgeblieben; vielleicht auch in Schweden und auf Gotland – denn dies Eiland ist, wie die Gauten (= Gotaland) zeigen, hier unter Thule verstanden, eingewandert und mit den dortigen Germanen, der Gauten, befreundet. In solchem Zusammenhang verliert der Beschluß, statt in die römische Herrschaft „an den äußersten Rand der Erde" zu wandern, alles Abenteuerliche: es war Rückkehr zu den alten Volksgenossen und zur Freiheit, was die Glieder des königlichen Hauses und die ihnen folgenden Gaue der Unterwerfung unter Rom vorzogen. – Die den Römern untergebenen Heruler schickten also nun zu den nordischen Stammgenossen einige ihrer Volksedlen, dort ein Glied des Königshauses zu suchen. Die Gesandten wählten unter vielen, die sie dort fanden, den, der ihnen am besten gefiel, und brachen mit ihm auf. Da der Gekorene aber bereits stirbt, als man auf dem Rückweg (aus der Insel Gotland oderaus Schweden) erst zu den Dänen gelangt war, kehrt die Gesandtschaft um und wählt einen anderen, namens *Todasius* (Thoda? Theodas?), der mit seinem Bruder *Aorda* und vierhundert jungen Männern – vielleicht die Gefolgschaft – mit ihnen nach dem Süden aufbrach. Während nun über dieser weiten verzögerten Reise sehr viel Zeit verstrich, kam aber den den Herulern in Illyrien der Gedanke, sie hätten nicht wohl getan, sich einen König aus Thule zu holen ohne Erlaubnis des Kaisers Justinian, d. h. die römerfreundliche, vielleicht auch christlich gesinnte Partei gewann wieder das Gewicht über die vollkstümliche, freie, vielleicht heidnisch gesinnte: – eine Spaltung, die wir ganz ebenso bei den Westgoten kennen gelernt haben. Sie erbitten sich also durch Gesandte einen König von Justinian: der Kaiser schickt ihnen einen schon lange zu Byzanz lebenden Heruler, *Suartua*, natürlich wohl ein eifrig römisch und christlich gesinntes Werkzeug byzantinischer Herrschaft über die noch immer unverlässigen Germanen. Das Volk nahm ihn anfangs freudig auf, da er nur in den hergebrachten Schranken das Königtum übte. Aber es hatte freilich nicht Zeit, zu erproben, ob er nicht nach befestigter Stellung anders auftreten würde: wenige Tage darauf meldete ein Bote, die von Thule seien schon ganz nahe. Suartua befiehlt, ihnen eine Schar entgegenzuschicken, sie zu töten. Die Heruler scheinen das zu billigen und zu gehorchen. Als aber jene auf eine Tagereise genaht sind – siehe, da fällt alles Volk von dem vom Kaiser eingesetzten Herrscher ab und geht zu dem Sproß des alten Königshauses über – zugleich zur Sache der Volksfreiheit – ein für das Wesen des altgermanischen Königtums höchst bezeichnende Zug: Suartua flieht ganz allein nach Byzanz: der Kaiser rüstet, ihn mit Gewalt zurückzuführen. Da lösen die Heruler den Bund mit Byzanz und schließen sich an die damals gerade gegen Justinian kämpfenden, benachbarten und stammverwandten Gepiden. Suartua führte als kaiserlicher Befehlshaber (was er wohl schon vor seiner Einsetzung gewesen) Truppen gegen die verbündeten Gepiden und Heruler, wobei ein Teil der letzteren ihm wieder zufiel – wohl die christlich, jedesfalls die römisch gesinnten – aber das für die Freiheit kämpfende Volksheer befehligt Aorda, der Bruder des Königs.

Dies die letzte Nachricht über diese illyrischen Heruler, die in den unablässigen

Kämpfen in jenen Landschaften spurlos[1] untergingen: blieben sie im Bund mit den Gepiden, so teilten sie vielleicht deren Vernichtung durch die Avaren und die alten Feinde, die Langobarden. Die nordischen Heruler verschmolzen völlig: die auf den Inseln und in Schweden mit den Gauten, die auf der deutschen Küste (wenn es hier deren noch circa 540 gab) mit Dänen, Jüten und Angelsachsen.

Manches ist lehrreich in diesen Berichten: auch die echte Sage spiegelt ja das Leben. So dürfen wir aus der herulisch-langobardischen Sage schließen, daß in diesen kleinen Reichen das Königtum, aber auch das Bildungsleben einen ganz ähnlichen Zuschnitt haben, wie wir sie für die länger lebenden und mächtigeren Staaten reichlicher bezeugt kennenlernten: der Palast der Königstochter, die Teppiche, die Unfreien, der Mundschenk, die edle Gefolgschaft, der Königshelm, das Königsbanner. In Prokops geschichtlichem Bericht ist bezeichnend, wie dem Byzantiner germanisches Königtum mit seiner engbegrenzten Macht, der freimütigen Scheltrede des Volkes, dem fehlenden Thron, dem Schmausen der Gefolgschaft an der Seite des Königs kaum den Namen Königtum zu verdienen scheint. Aber so treu hängt das wilde und leidenschaftliche Volk an seinem Königsgeschlecht, daß es, trotz aller Gegengründe der staatlichen Klugheit und Vorteile, bis aus Thule seinen König holt, daß die Gesandten umkehren, für den Verstorbenen einen anderen Sproß des Fürstenhauses zu holen, daß endlich alle Furcht vor dem Kaiser, alle Lockungen des Bundes mit dem Weltreich nicht die Herzen abhalten mögen, jubelnd zuzufallen, als er nun endlich heranzieht, dem „König aus Thule".

---

1 Ganz grundlos ist es, Reste der Heruler, Rugier, in den Bayern fortleben zu lassen: Mundart und Sage dieser echten Sueben, der alten Markomannen (und Quaden), enthalten nichts Gotisches: Band IV.

Zweites Kapitel

Die Gepiden[1]

Die Gepiden, ebenfalls zu dem gotischen Völkerbaum gehörig und nach der gotischen Wandersage bei Jordanis mit aus Skandinavien ausgewandert, haben ihre ersten sicheren Sitze an der Ostsee, nahe an der Weichselmündung: von da, wahrscheinlich die Weichsel hinauf, abziehend erscheinen sie stets im Nachtrab der Goten: und so hat sie denn die Sage treffend als langsame Nachzügler der Goten gefaßt, mag auch die Deutung ihres Namens[2] vor der Sprachkunde nicht bestehen. Wie alle Gotenstämme stehen sie vom Auftauchen bis zum Verschwinden unter Königen. Zuerst erscheint König *Fastida* als selbständiger Herrscher. Er hatte die Burgunder und andere Nachbarn besiegt und versuchte sich jetzt (etwa 250) auch auf Kosten des mächtigen Gotenreiches *Ostrogotas* auszubreiten: er forderte von diesem Landabtretungen, damit auch die Gepiden unmittelbare Nachbarn der reichen und wehrlosen römischen Provinzen würden, aus denen Ostrogota große Beute gewann. Da diese Forderungen zurückgewiesen wurden, kam es zum Kampf an dem Fluß *Aucha* bei der Stadt *Galtis*: die Gepiden unterlagen und mußten in ihre alten Sitze zurückweichen. Darauf verschwindet der Name der Gepiden auf lange Zeit: wahrscheinlich bildeten sie (um 350) einen Bestandteil des großen, von dem Amaler *Ermanarich* gestifteten, gotischen Gesamtreichs und gerieten jedenfalls mit diesem unter die Herrschaft der Hunnen. Mochte auch durch die ostgotische, später durch die hunnische Oberhoheit das Königtum der Gepiden zu einem Unterfürstentum herabgedrückt und die Königsreihe des gedemütigten Stammes vielleicht vorübergehend unterbrochen worden sein, zur Zeit des *Attila* hatte sich unter hunnischer Oberhoheit sowohl das Volk wieder erkräftigt, als das Königtum neu und gewaltig erhoben.

Attila hatte den Gepiden wie den Goten und den meisten seiner Reichsvölker angestammte Könige belassen und unter dem ganzen „Schwarm von Königen", dem der Hunne gebot, nahm, wie selbst der eifersüchtige Jordanis einräumen muß, den ersten Rang nicht ein Amaler, nicht ein Gote, sondern der Gepidenkönig *Ardarich* ein, wegen seiner Klugheit und seiner Treue gegenüber Attila. An dem Tag von Châlons (451) fiel die rohe Kraft der Gepiden schwer in die Wagschale der Hunnen. Aber der Verband von Treue und Furcht, der diese Fürsten an Attila fesselte, war ein wesentlich persönlicher, wie aus Jordanis erhellt: und nach dem Tod des großen Khans fand sich unter seinen Erben keine Gestalt, die seine Herrschaft fortzuführen vermochte. Und es war der treueste und geehrteste der königlichen Unterfürsten Attilas, der Gepide Ardarich, der sich zuerst gegen die unfähigen Söhne des großen Toten erhob. Sein Sieg am *Netad* in Pannonien (453) zertrümmerte für immer das hunnische Joch, und die gebeugten Germanenstämme hoben frei das befreite Haupt.

---

1 Vergl. Könige II, S. 15 f.
1 gepanta, träg.

Infolge dieses Sieges mußte offenbar die Macht der Gepiden gewaltig über die befreiten wie über die besiegten Stämme emporwachsen.

Darauf weist die bezeichnende Tatsache hin, daß die Gepiden es waren, die den wichtigsten Siegespreis, das fruchtbare, vielbestrittene Land der Theiß, die bisherigen Sitze der besiegten Hunnen, gewannen. Der byzantinische *Kaiser Marcian* (450–457) erkannte diese Erwerbung an und erkaufte Frieden und Freundschaft des rasch emporgestiegenen Stammes mit Jahrgeldern, die bis auf die Tage des Jordanis (550) fort und fort bezogen wurden. Aber dem Volk der Gepiden hat kein glücklicher Stern geleuchtet: die Macht der zahlreicheren Ostgoten unter der Führung der Amaler wuchs (um 470) mehr und mehr in jenen Gegenden, und der Versuch der Gepiden, mit anderen germanischen und slawischen Stämmen diese Macht zu brechen, endete mit ihrer Niederlage am *Bollia*. Durch den Abzug der Ostgoten aus diesen Strichen erhielten die Gepiden wieder freiere Hand: sie rückten ein, wo jene wichen, und gewannen so auch das wichtige *Sirmium*. Es begreift sich daher, daß sie dem Plan des Amalers *Theoderich* entgegentraten, ein mächtiges Reich, zunächst in Italien, zu gründen, das selbstverständlich die Stellung der Gepiden in diesen Gebieten ändern mußte. Bei Sirmium wollten sie den alten Feinden den Weg verlegen, wurden aber geschlagen (489). Die Folge des Sieges war die Fortsetzung des Zuges der Goten und der Anschluß vieler Gepiden an die gewaltige Heereswoge der Sieger. Nicht nur folgten viele Gepiden den Goten nach Italien – sie erscheinen fortan in Theoderichs und seiner Nachfolger Heer – es scheint, daß ein Teil des Volkes in seiner Heimat sich von dem besiegten König *Trafstila* trennte: wenigstens erscheint bald darauf neben *Thrasarich*, dem Sohn und Nachfolger des Trafstila, ein zweiter Führer anderer Gepiden, *Gunderith*, mit dem jener gegen Theoderich sich zu verbinden sinnt. Aber diese Strebungen scheiterten, solange Theoderich lebte: er schickte seine Grafen mit einem Heer (504), und Thrasarich räumte Sirmium ohne Schwertstreich. Erst später konnten die Gepiden das Sinken der ostgotischen Macht, die alle Streitkräfte zur Verteidigung Italiens zusammen und aus den Grenzländern fortziehen mußte, zu neuer Ausbreitung benutzen. Schon ca. 530 hatten sie die Donau überschritten und, wenn auch ohne Erfolg, gegen *Amalaswinthas* Feldherrn gefochten und später, während der Bedrängnis der Goten durch *Belisar*, besetzten sie wieder Sirmium und dessen Umgebung, um 540.

Aber alsbald begannen jetzt die Kämpfe mit den benachbarten *Langobarden*, die durch Einmischung der Byzantiner noch mehr verwickelt, mit geringen Unterbrechungen über dreißig Jahre währten und endlich den Untergang der Gepiden herbeiführten.

Das Königtum bestand bei den Gepiden ununterbrochen fort: die Könige erscheinen dabei als Heerführer ihres Stammes, sie haben die staatliche Gesamtleitung, bestimmen ohne Widerspruch Krieg, Frieden und Bündnis: aber bei solchen staatlichen Handlungen, die namentlich das Sitten- und Rechtsgefühl des Volkes berühren, wagt der König weder ohne Befragung der Edlen und der Gesamtheit des Stammes noch im offenen Widerspruch gegen dieselben zu handeln, sondern muß seine Zwecke in solchem Fall mit heimlicher List erreichen. Eine gewisse Erblichkeit des Königsstabes wird zwar anerkannt, aber unter Umständen auch von einer starken Gestalt gegenüber einem Unmündigen durchbrochen. An dem Königshof zeigen sich ganz die Ansätze zu Bildungen wie im Reich der Merowingen und Amalungen: der König tafelt mit den Seinen, seinen Söhnen und den fremden Gästen ist dabei ein bestimmter Platz angewiesen. Solche Spuren höfischer Sitte werden leicht von der wilden

Kraft und Leidenschaft verwischt, doch von der edlen Hoheit des Königs geschützt; aber auch die Leidenschaften der Könige reißen das Volk zu Kampf und Verderben fort, und in Sieg und Untergang ist das Schicksal des Stammes an das Königshaus gebunden.

Die schwächeren Langobarden suchten und fanden gegen die Gepiden Hilfe bei *Justinian* (seit 527); der letzteren wegen der Besetzung des Gebiets von Sirmium die bisherigen Jahrgelder entzog, die Gesandten abwies und den Langobarden ein Hilfsheer von zehntausend Mann schickte, das den Gepiden verbündete herulische Scharen auf dem Weg vernichtete, worauf die Gepiden mit den Langobarden Frieden schlossen. Aber nicht lange konnten die beiden nahe benachbarten und tief verfeindeten Völker Ruhe halten: es scheint, daß die Aufnahme der von den Langobarden gedemütigten Heruler dazu beitrug, den Haß zu nähren, und auch mit den Byzantinern mußte die Gepiden der Bund mit der volkstümlichen Partei der Heruler verfeinden, die ihren vom Kaiser eingesetzten König verjagt hatte. Alsbald rückten wieder *Thoriswinth* (?Paul Diac.: Thurisin), der König der Gepiden, und *Audoin*, der König der Langobarden, mit aller Macht wider einander. Da – erzählt ein halb sagenhafter Bericht – ergreift gerade vor Beginn der Schlacht plötzlich und gleichzeitig ein blinder Schreck die Heere und zerstäubt sie in wilde Flucht. Nur die beiden Könige mit wenigen Leuten – wohl ihren Gefolgschaften – bleiben zurück, können aber weder mit Bitten noch mit Drohen die Fliehenden zurückhalten. Sie erkennen darin eine Fügung Gottes, der das Blutvergießen nicht zulassen will, und schließen (548? 549) Waffenstillstand auf zwei Jahre, um in dieser Zeit ihre Mißhelligkeiten friedlich beizulegen. Allein dies gelingt nicht, und aufs neue entbrennt der Kampf. Die Gepiden suchen sich durch hunnische Horden zu verstärken gegen die Übermacht der verbündeten Byzantiner und Langobarden: allein von anderen Hunnenscharen besiegt, schließen jene Frieden mit Byzanz. Vergebens strebten darauf die Gepiden, die Byzantiner auf ihre Seite zu ziehen: sie hatten slawische Plünderer gegen reiches Fahrgeld über die Donau auf das kaiserliche Gebiet gefördert. Der Kaiser sah darin einen Bruch des Friedens und schickte den Langobarden ein Hilfsheer unter *Amalafrid*, dem Sohn des Thüringerkönigs *Hermanfrid* und der Amalungin *Amalaberga*, das die Gepiden schlug (551). Infolge dieses Sieges schlossen die Gepiden mit den Verbündeten Friede und stellten Hilfsgruppen zu dem Heer des Narses, das dieser gegen den Gotenkönig Totila nach Italien führte.

In die Zeit dieses letzten Friedens zwischen den beiden feindlichen Stämmen fallen die, freilich von der Sage geschmückten, Erzählungen, die auf das gepidische Königtum einige anziehende Streiflichter werfen.

Hildichis, der Sohn des langobardischen Königs *Tato*, war von seinem Vetter Waccho, der den König Tato erschlagen hatte, der Krone beraubt und aus dem Lande vertrieben worden. Nach mannigfachen Schicksalen ging Hildichis zu den Gepiden, die, mit den Langobarden in Krieg, ihm zur Herrschaft zu verhelfen wünschten, ohne Zweifel, weil ein durch gepidische Waffen eingesetzter König der Langobarden von seinen Beschützern abhängig oder doch ihnen befreundet und damit der alte Völkerkampf zu Gunsten der Gepiden beigelegt werden mußte. Allein die Gepiden wurden, wie wir sahen, wiederholt genötigt, sich zum Frieden mit den Langobarden zu bequemen, und bei einem dieser Friedensschlüsse forderte Audoin, der Langobardenkönig, die Auslieferung des Anmaßers Hildichis als ein Pfand der neu beschworenen Freundschaft. Dies ist bezeichnend. Audoin ist nicht etwa aus dem Zweige des Waccho, der den Hildichis vertrieben, oder mit diesem verfeindet. Waccho war wie sein Sohn und Nachfolger *Walthari* gestorben, und Audoin gehörte einem neuen Geschlecht an: allein eben deswegen sucht er, die Anhänglichkeit des Volkes an das alte Königshaus der *Lithinge* scheuend, die Glieder desselben als gefährliche Nebenbuhler zu beseitigen. Die Gepiden lieferten zwar ihren Schützling nicht aus, aber sie wollten oder konnten nicht in diesem Augenblick um seinetwillen den Krieg mit den Langobarden wieder aufnehmen und wiesen ihn aus dem Land, sich anderwärts eine Zuflucht zu suchen. Die verschiedenen Abenteuer trieben nun den unruhigen Mann, den fortwährend ein langobardischer Anhang von dreihundert Mann, wohl eine Gefolgschaft, jetzt noch durch Gepiden, die sich anschlossen, verstärkt, begleitete, nach Italien, wo er sich mit den Byzantinern herumschlug, zu den Slawen, dann wieder zum Kaiser nach Byzanz, der ihn gut aufnahm und ihn zum Anführer einer Schar seiner Palastwachen machte. Umsonst forderte Audoin auch vom Kaiser, als seinem Freund und Bundesgenossen, die Auslieferung des Flüchtlings. Später aber entfloh dieser gleichwohl von Byzanz nach Thrakien, sammelte Langobarden um sich, und gelangte endlich, nachdem er die Anführer der ihn verfolgenden byzantinischen Scharen getötet, glücklich zu den Gepiden zurück, wo er wieder Zuflucht fand. Allein da gerade damals die Gepiden mit Byzantinern und Langobarden Frieden geschlossen hatten, forderte alsbald sowohl der erbitterte Kaiser als der besorgte Langobardenkönig von dem Gepidenkonig Thurisin als erstes Zeichen der jungen Freundschaft die Auslieferung des gemeinsamen Feindes. Thurisin berät sich mit den Edlen seines Volkes und befragt sie, ob er dem Ansinnen der beiden Fürsten nachgeben soll. Diese aber sprechen: „Besser ist es, daß das ganze Volk der Gepiden mit Weib und Kind spurlos untergehe, als daß es sich mit solchem Frevel beflecke." Da geriet der König in große Verlegenheit. Denn weder vermochte er wider den Willen seines Volkes jenem Verlangen nachzukommen, noch wollte er den mit so vieler Mühe beendeten Kampf gegen Byzantiner und Langobarden wieder aufnehmen. Endlich fand er den Ausweg, die Anforderung desselben Frevels, die Auslieferung eines flüchtigen *gepidischen* Fürsten, an den Langobardenkönig zu stellen. Denn Thurisin trug seine Krone ebenfalls nicht als Erbe oder nach rechtmäßiger Wahl, sondern als Frucht der Gewalttat. Er hatte *Ostrogota*, den unmündigen einzigen Sohn des verstorbenen Gepidenkönigs *Elemund* verdrängt: der schutzlose Knabe – er konnte nicht widerstehen – war zu den Langobarden geflohen und die Auslieferung dieses Königssohns forderte nun Thurisin von Audoin als Bedingung für die Aufopferung des Hildichis, überzeugt, sagt Prokop, daß auch die Langobarden sich des Verrats an ihrem Gastfreund weigern würden. Da aber die beiden Könige sahen, daß weder Gepiden noch Langobarden sich an der Freveltat beteiligen wollten, verständigten sie sich später über ihren Vorteil und räumten einer des anderen Feind mit heimlicher List aus dem Wege.

Ist nun auch bei dieser seltsamen Erzählung die große Ähnlichkeit der Schicksale der beiden Fürstensöhne der Nachbarstämme und die Gegenforderung Thurisins auffallend und als sagenhafte Gestaltung zu fassen, so wäre es doch übermißtrauisch, den ganz genau gehaltenen Bericht des gleichzeitigen Prokop als Sage oder gar Erfindung zu verwerfen.

Aber die Verletzung des Strafrechts könnte doch weder das Haus Thurisins noch das Reich der Gepiden vor der von den Langobarden drohenden Gefahr schirmen, wie sehr auch Thurisin bestrebt war, mit den Fürsten dieses Volkes gutes Vernehmen zu halten. Schon früher hatte eine Verschwägerung der beiden Königshäuser den Frieden der Völker befestigen sollen. König Waccho hatte die *Ostrogoto*, die Tochter eines Gepidenkönigs, geheiratet.[1] Jetzt nahm König Thurisin den Sohne des Audoin, *Alboin*, nach germanischer Sitte zum Waffensohn an: und an dies bei dem Haß der Völker auffallende Ereignis, das seine höchste Spitze dadurch gewinnt, daß Thurisins Sohn *Thurismod* als von der Hand Alboins gefallen galt, knüpfte nun die langobardische Sage – Alboin war die Lieblingsgestalt der Heldensage seines Volkes –, die Paulus Diaconus erzählt.

Als die Langobarden von jener Schlacht, die Alboin durch die Erlegung Thurismods entschieden, nach Hause kamen (551), forderten sie vom König Audoin, daß er Alboin zu seinem Tischgenossen (conviva) mache, auf daß der, durch dessen Tapferkeit sie gesiegt, wie in der Gefahr, so im Gelage des Vaters Gefährte sei. Allein Audoin sprach, das könne er nicht gewähren, ohne die vaterländische Sitte zu verletzen. „Denn ihr wißt wohl, es ist bei uns nicht Brauch, daß der Sohn des Königs mit seinem Vater an der Tafel sitze, bis er von einem Fremden König die Waffen erhalten hat." Da geht Alboin mit vierzig jungen Leuten – wohl seiner Gefolgschaft – zu König Thurisin und trägt ihm sein Verlangen vor. Dieser nimmt ihn gütig auf, zieht ihn an seine Tafel und setzt ihn zu seiner Rechten, an den Platz, wo sonst der von Albion erschlagene Thurismod zu sitzen pflegte. Aber während des Schmauses übermannt den König die wehmütige Erinnerung an den Toten, und er ruft mit tiefem Seufzer: „Weh, jener Platz ist mir teuer, aber der Mann, der dort sitzt, ist mir ein schwerer Anblick!" Dies Wort mahnt schmerzlich den anderen Sohn des Königs, *Kunimund*, und er beginnt die langobardischen Gäste zu schmähen: wegen ihrer weißen Fußriemen vergleicht er sie weißfüßigen Stuten.[2] Da antwortet einer der Langobarden: „Geh hinaus ins Feld (oder in das Aasfeld), da wirst du bald sehen, wie gewaltig, die du Stuten nennst, ausschlagen können: es liegen ja dort die Gebeine deines Bruders zerstreut wie die schlechten Aases im offenen Feld." Da fahren die Gepiden zornig auf, solche Schmährede zu rächen, und auch die Langobardengäste greifen nach dem Schwert. Aber der König springt vom Tisch auf, wirft sich in die Mitte der Erzürnten, hält die Seinen vom Kampf und Rache zurück und droht, er werde vor allem den strafen, der den Kampf beginnt: „Denn das ist nicht ein gottgefälliger Sieg, wenn einer im eigenen Haus den Gast erschlägt."

So wird der Streit beigelegt und das Gelage vergnüglich zu Ende geführt. Der König aber überreicht Alboin die Waffen des gefallenen Thurismod und sendet ihn friedlich und heil nach Hause. Nun wird dieser Tischgenosse seines Vaters, teilt mit ihm die königlichen Freuden, und alle preisen die Kühnheit Alboins und die Treue des Gepidenkönigs.

Aus dieser Sage erhellt vor allem, daß bereits der König und sein Hof Mittelpunkt aller Ehre, alles Glanzes geworden. Für die schönste Waffentat gilt es als Lohn, die Freuden der königlichen Tafel zu teilen; denn der nahe Verkehr mit dem König gibt Ehre. Und schon so fest gegliedert und ausgebildet sind die Verhältnis-

---

1 P. D. I, 21. Wahrscheinlich ist dies der Sinn des vielfach verdorbenen Namens: Auri gosa, Astri gosa, Hastri gosa (Waitz liest jetzt Austrigusa): und die Prinzessin ist wohl die Schwester des Ostrogota, die Tochter des Königs Elemund: dadurch würde auf die Flucht des vertriebenen Prinzen an den Hof der Langobarden ein neues Licht fallen. Ostrogoto war ein damals wiederholt begegnender Name für Fürstinnen. Diese Annahme, zuerst aufgestellt Könige II, S. 25, würde seither allgemein gebilligt: sie erklärt manches.

2 Solche eigentümliche Schimpfvergleiche waren damals unter vielen germanischen Stämmen in Schwang, z. B. zwischen Vandalen und Goten, Bulgaren und Langobarden, gegen die Ostgoten, Jord. K. 5, und sind stets die Spur echter Volkssage.

se, daß eine bestimmte Ausdrucksweise dafür besteht (conviva, convivium), und daß selbst der Sohn des Königs nicht ohne weiteres und als solcher zu diesen Tischgenossen seines Vaters zählt. Auch die Waffenfähigkeit reicht dazu nicht aus: erst wenn ein anderer König den jungen Fürstensohn gewürdigt hat, ihm feierlich die Waffen zu reichen und ihn damit zugleich in eine Art Wahlkindschaft aufgenommen hat(?), erst dann teilt er mit den anderen Hofleuten die königlichen Freuden. Und zwar bestehen diese Hofsitten bei Gepiden wie bei Langobarden: auch bei den Gepiden tafelt der König mit seinen Söhnen, denen bestimmte Ehrenplätze zu seiner Rechten angewiesen sind; hohe Gäste werden zugelassen und selbst der Ehrenplätze gewürdigt. Das Gastrecht und die edle Sitte des Königshofs schützen auch den Feind vor Blutrache; der König hat Ansehen genug, die aufflammenden Leidenschaften des Sohns, der Rache, des Übermuts zu dämpfen und das Gastrecht zu schützen; und wie der kühne Mut des Gastes, der sich in die Mitte der Todfeinde wagt, wird die Treue und die edle Selbstüberwindung des königlichen Wirtes gepriesen.

Die sagenhaften Berichte über diese Vorfälle während des letzten Friedens zeigen immerhin, daß die beiden Könige Thurisin und Audoin, die auch bei jener durch blinden Schrecken verhinderten Schlacht sich so auffallend rasch vertragen – sie sind beide Anmaßer – gewisse gemeinsame Wünsche und deshalb auch freundliche Beziehungen hatten. Sie sollten nicht auf ihre Nachfolger übergehen. Kaum war Alboin seinem Vater Audoin, Kunimund seinem Vater Thurisin gefolgt, als der Kampf aufs neue entbrannte. Wohl möglich, daß Kunimund, den die Sage als grimmen Feind der Langobarden gezeichnet hat, den Tod des Bruders und die alten Niederlagen zu rächen, zuerst den Frieden brach. Die Gelegenheit schien günstiger als früher: denn *Justinus*, der Nachfolger Justinians, dem sich Alboin entfremdet zu haben scheint, blieb unbeteiligt, und die Übermacht der byzantinischen Hilfsheere fehlte diesmal den Langobarden. Aber Alboin sah sich nach anderen Verbündeten um. Er wandte sich (566) an den *Khan der Avaren* und forderte diesen auf, mit ihm die Gepiden, ja später die Byzantiner selbst anzugreifen. Gegen große Zugeständnisse – die Avaren sollten nicht bloß das ganze Land der Gepiden und die Hälfte der übrigen Beute, sondern auch den zehnten Teil des Viehes der Langobarden selbst erhalten –, welche die Gefahr oder der Haß erzwangen, sagten die Avaren zu. Erschrocken rief jetzt Kunimund den Kaiser um Hilfe an, indem er sich erbot, Sirmium und alles Land bis zur Drave abzutreten. Aber früherer Treulosigkeit eingedenk, verhieß Justinus nur zögernd Hilfe und hielt diese ganz zurück, als auch von den Langobarden Gesandte erschienen und die Gepiden verklagten. Als nun Kunimund, dem Angriff der Langobarden zu begegnen, ausgezogen war, kam die Nachricht, daß von der anderen Seite her die Avaren ins Land gefallen seien. Kunimund beschloß, zuförderst die verhaßten Langobarden zu schlagen und sich dann erst gegen die Avaren zu wenden. Aber in der Schlacht gegen die Langobarden – sie war eine der blutigsten in diesen Völkerstürmen und wird von Zeitgenossen mit der großen Hunnenschlacht verglichen: vierzigtausend, nach anderen sechzigtausend Mann Tote – fiel nach tapferstem Kampf König Kunimund – wie sein Bruder von der Hand Alboins – und mit ihm der größte Teil seines Heeres (567). Das Reich der Gepiden hatte ein Ende. Aber auch der ganze Stamm ward vernichtet: ein Teil des überlebenden Volkes wurde mit aller Habe von den Langobarden in Gefangenschaft geschleppt. Kunimunds Tochter, *Rosimunda*, wurde von Alboin, der ihren Vater erschlagen hatte, zur Ehe genötigt: einige flüchteten nach Byzanz, unter ihnen *Reptila*, der Neffe Kunimunds, mit dem königlichen Schatz, der also auch hier gleich neben der Krone selbst genannt wird;

der Rest, der im Lande blieb, wurde mit diesem den Avaren untertan und verschmolz spurlos mit diesen Barbaren.

Die Byzantiner aber frohlockten wieder, wie schon Tacitus, über die mörderischen Bruderkriege der Germanen.[1]

---

1 Überbleibsel der Gepiden will man in den Zipfern finden.

Drittes Kapitel

Rugier, Skiren, Turkilingen[1]

Diese drei Stämme, meist zusammen genannt, erscheinen zuerst an den Odermündungen seßhaft. Nach der gotischen Wandersage werden sie von den Goten aus diesen Gegenden verdrängt. Im fünften Jahrhundert wohnen sie an der Donau, zugehörig dem großen Reich *Attilas,* in dessen Heer *Apollinaris Sidonius* auch den kampffreudigen Rugen nennt, aber sie stehen unter eigenen Königen. Nach Auflösung des hunnischen Reiches hausen sie an der unteren Donau, wo sie sich mit suebischen und anderen Stämmen vergebens gegen die gotische Macht verbünden. Von den rugischen Königen, die gegen Ende des fünften Jahrhunderts in diesen Ländern herrschen, hat *Eugipp* in seiner Lebensbeschreibung des *heiligen Severin* einiges mitgeteilt. König *Flaccitheus* hatte die volkreiche Macht der Goten in Unterpannonien zu fürchten: vergebens hatte er von ihren Fürsten freien Durchzug nach Italien erbeten – man sieht, wohin es damals alle diese Donaufürsten lockte. Er besorgte nun einen Angriff der Goten auf sein Reich und auf sein Leben. Severin, ein höchst bedeutender Geist, der, unterstützt durch seine zahlreichen Verbindungen, die verworrene Lage der Dinge in jenen Gegenden mit einer Klarheit übersah, die den geängsteten Römern wie den dumpfen Barbaren eitel Wunder deuchte, und der oft wirklich mit fast weissagerischem Blick in die Zukunft schaute, stand bei ihm in hohem Ansehen; er tröstete den König mit der Verheißung, daß umgekehrt die Goten in Bälde abziehen und ihm Raum und Sicherheit lassen würden: er verhieß ihm glückliche Herrschaft, wenn er in allen Dingen seinem Rat folgen und mit den Nachbarn Friede halten werde. Sein Sohn und Nachfolger *Feletheus* (der auch Feva, Fava genannt wird), stand ebenfalls in ehrfurchtsvollem Verkehr mit dem Heiligen, wurde aber von seiner bösen Königin Giso oft abgezogen von den Wegen der Milde gegen die Römer, deren Schutz Severins Hauptsorge war. Sie will die Katholiken zur arianischen Taufe bringen, sie drückt die Provinzialen, schleppt sie gefangen auf der Donau zu harter Knechtsarbeit fort und weist die Fürsprache Severins mit den zornigen Worten ab, er solle in seiner Zelle dem Gebet obliegen, die Könige aber nach ihrem Willen mit ihren Knechten schalten lassen. Allein Severin droht, Gott werde sie bald zur Milde zwingen: und am selben Tage noch ergreifen Gefangene, Goldschmiede, die sie in harter Haft anhielt, Schmuck für den König zu fertigen, ihren Knaben *Friederich*, der in kindlicher Neugier die Werkstatt betreten, und drohen erst das Kind, dann sich selbst zu töten, „wenn jemand ohne eidliche Sicherung herzutrete". Die gottlose Königin erkennt darin das Strafgericht Gottes für die Mißachtung Severins, gibt sofort die gefangenen Römer frei und löst ihren Knaben durch eidliche Zusage der Freilassung aus der Gewalt der Goldschmiede. – So dürftig die Ausbeute, Eugipps kurze Schrift gewährt allein einen Blick in die inneren Zustände der Donauländer in jener Zeit. Da sehen wir die letzten römischen Besatzungen abziehen, da sehen sie Sueben, Rugier, Heruler, Alemannen, Thüringe die Städte und Kirchen der römischen Provinzen um die Wette verheeren. Daneben aber wandelt segensreich

---

1 Könige II, S.29 f.

und friedlich der fromme und kluge Severin, Kranke heilend, Klöster und Zellen errichtend, zu Milde und Frieden ermahnend die heidnischen Alemannen wie die arianischen Rugier, den Zehnten heischend für die Armen, die Städte warnend vor drohenden Überfällen der Barbaren oder schirmend durch die Macht seiner Rede, seinen Einfluß bei den Mächtigen nicht für sich, nur für die Verfolgten verwendend: und all dies ohne ein geistliches oder weltliches Amt, nur durch die Macht seines Glaubens und seines Wesens.

Der Sitz des Rugierkönigs war bei *Favianae*[1] dorthin wollten die Bürger von *Passau* (Batava castra) den Heiligen senden.

Die ziemlich einfache Staatskunst dieser Fürsten bestand in dem Bestreben, die Römer um die Wette zu bedrücken.

Diesen Sinn hat es, wenn der Rugierkönig die Römer vor Thüringen und Alemannen beschützen will, d. h. er will sie fortschleppen, um sich selbst die Beute zu sichern und sie anderen zu entziehen. Auf den Rat Severins hatten sich die Bewohner der sämtlichen dringender bedrohten Orte nach *Lorch* zusammengezogen. Diese alle wollte nun König Feva mit einem Schlag in seine Gewalt bringen. Er rückte plötzlich mit einem Heer vor die Stadt, um deren Bevölkerung fortzuführen und in den ihm zinsbar und näher gelegenen Städten zu verteilen. Auf Bitte der Stadt geht Severin dem König entgegen und sucht ihn zu bereden, von seinem Vorhaben abzustehen: er erinnert ihn, wie sein Vater glücklich geherrscht habe, weil er frommen Ermahnungen nachgegeben. Der König antwortet: „Ich werde doch nicht diese Leute, für die du dich wohlmeinend verwendest, den wilden Alemannen und Thüringen zur Plünderung, Knechtung und Tötung preisgeben, während ich Städte und Burgen habe, wo sie untergebracht werden können." Aber Severin erwidert: „Nicht durch dein Geschoß oder Menschenschwert sind jene bisher vor allen Anfällen gerettet worden, sondern durch die Gnade Gottes." Eine gewisse Untertänigkeit wird dabei eingeräumt, um die Fortschleppung in unmittelbare harte Knechtschaft zu hindern. Und wirklich erreicht er, daß der König mit seinem Heere abzieht und die Bevölkerung Severin überläßt. Vor seinem Tode läßt er das königliche Paar nochmals vor sich kommen und ermahnt die Gatten, ihre Untertanen stets mit dem Gedanken der Rechenschaft vor Gott zu behandeln, wobei er gegen die Königin eine sehr freie Sprache führt. Ebenso sucht ihn des Königs Bruder *Ferderuch* sofort auf, ihn, „wie es Sitte", zu begrüßen als er von König Feva die Stadt Favianae, bei der Severin wohnte, zur Verwaltung und wohl zugleich als Herrschaft, zum Bezug der Einkünfte usw. erhalten hatte. Dieser wird ebenfalls in drohendster Sprache verwarnt, irgend etwas von den Kirchengütern, die Severin für Arme und Gefangene angesammelt, zu berühren. Und bei Lebzeiten des Heiligen wagt der räuberische Fürst nicht, seine Versprechungen zu brechen. Aber bald nach Severins Tod raubt er, „arm und ruchlos", die für die Armen bestimmten Kleider und anderes Kirchengut des Klosters zu Favianae, und läßt nur die nackten Mauern zurück. Als er aber binnen Monatsfrist von seinem Neffen *Friderich*, dem Sohn des Königs, ermordet ward, sah man darin die von dem Heiligen angedrohte Strafe. – Dieser Mord führte wahrscheinlich innere Spaltung, gewiß den Untergang des rugischen Reiches herbei: Odovakar nahm die Bluttat als Vorwand zur Einmischung. Er bekriegte die Rugier, führte den König Feva samt seiner Königin gefangen nach Italien, vertrieb Friderich aus dem Land

---

1 Favian*is* ist der Ablativ (Locativ); heute: Mauer, bei Öling, oberhalb Pechlaren an der Donau; nicht Wien.

und, als er zurückzukehren wagte, ein zweites Mal durch seinen Bruder Onoulf.
Friedrich floh nun zu dem König der Ostgoten, den er auf dem Zug gegen Odovakar
nach Italien begleitete, später jedoch aus dunklen Ursachen als Überläufer verließ.
Onoulf aber führte auf Befehl seines Bruders unter Mitwirkung eines commes Pieri-
us die Römer aus den Donauländern nach Italien (488), was sie als jene Erlösung vom
Joche der Barbaren begrüßten, die der heilige Severin oft vorausgesagt hatte.

Viertes Kapitel

Das Reich des Odovakar[1]

Aus diesen Gegenden und aus diesen Stämmen war nun auch *Odovakar* hervorgegangen, der dem weströmischen Reich ein Ende machte und in Italien eine vorübergehende Herrschaft gründete, die sich sehr wesentlich von der seines Überwinders und Nachfolgers unterschied.

Wahrscheinlich gehört er dem Stamm der *Skiren* an, der mit den Rugiern von der Ostsee an die Donau gewandert und hier, wie alle seine Nachbarn, den Hunnen dienstbar geworden war. Sie fochten neben den Rugiern in Attilas Heer (451) und ließen sich nach dem Zerfall seines Reiches neben den Alanen in Untermösien nieder (453). Vergebens suchten sie mit den Rugiern und anderen Nachbarn das Übergewicht der Goten in diesen Ländern zu brechen. In ihrem zweiten Kampf wider die Goten begegnen zwei Edle, *Edika* und *Wulfo*. Da nun die über Odovakar mit am besten unterrichtete Quelle – der ungenannte Autor des Valesius – ihn mit dem Stamm der Skiren kommen läßt, ja ihn ausdrücklich einen Sohn des Ädiko nennt, so wird er eben ein Sohn jenes skirischen Edelings gewesen sein.[2] Die Streitfrage über die Stellung Odovakars vor dem Fall des Westreiches wird einfach entschieden durch die Hauptquelle: das Leben Severins. „Zu Severin kamen etliche Barbaren, sich vor einer Fahrt nach Italien den Segen des Heiligen zu erbitten:[3] unter diesen war auch Odovakar, der später in Italien als König herrschte, ein stattlicher Jüngling in sehr unscheinbarem Gewand." Wie bescheiden immer wir uns den Aufzug eines Königs jenes Donauvölkleins vorstellen müssen – das ist kein König der Skiren, der, nur durch seine Größe auffallend, „in geringstem Gewand" unter anderen beiläufig erwähnt wird. Damit stimmt denn auch völlig Prokops Bericht: „Es war unter diesen Hilfstruppen ein gewisser Odovakar, einer von den Lanzenträgern des Kaisers." Ganz glaublich scheint, daß ein junger Edeling in Italien im Waffendienst des Kaisers sein Heil versuchen will, und da steht auch das unscheinbare Gewand nicht im Wege. Als sich der hohe Germane beim Eintritt unter das niedrige Dach des Heiligen neigt, erfährt er von diesem, vielleicht nicht ohne Beziehung auf ein bekanntes Bibelwort, daß ihm hoher Ruhm bevorstehe. Und beim Abschied erhält er die zweite Weissagung: „Geh hin nach Italien: jetzt noch mit schlechten Fellen bedeckt, wirst du bald an vieles Volk reiche Gaben verteilen." Beide ziemlich unbestimmte Prophezeiungen deutete Odovakar nach seiner Erhebung als Verheißungen der Krone und forderte den Heiligen auf, sich eine Gnade zu erbitten, worauf dieser Begnadigung für einen Verbannten forderte. Also nicht als erobernder König oder Gefolgsführer, als einfacher Krieger, nur durch edle Abkunft ausgezeichnet, kam Odovakar nach Italien und trat in das dortige Heer des Kaisers, mit ihm viele andere Skiren, andere Goten und mit Alanen. „Aber – soviel die Bedeutung der Barbaren stieg, um so viel sank die der römischen Krieger in Heer und Reich und unter dem schönen Namen von Bundesge-

---

1 Könige II, S. 35 f.; v.Wietersheim–Dahn II, S.289.
2 v. Wietersheim–Dahn II, S. 226,298.
3 Er war also Christ: aber Arianer.

nossen übten die Fremden angemaßte Gewalt. Nach vielen Erpresssungen forderten sie gar die Aufteilung alles italischen Bodens unter die germanischen Scharen: später verlangten sie von *Orest*, dem Vater des jungen Kaisers *Romulus Augustulus*, wenigstens ein Drittel des Bodens, und als er sich weigerte, schlugen sie ihn tot. Einer aus ihrer Mitte aber, Odovakar verhieß, ihre Forderung zu erfüllen, wenn sie ihn zur Herrschaft erheben wollten. Und so die Herrschaft gewinnend (22. August 476), ließ er den entthronten Kaiser mit einem Jahrgeld von sechstausend Solidi ruhig als Privatmann fortleben, den Barbaren aber gab er ein Dritteil des italischen Bodens, und, hierdurch in ihrer Gunst aufs stärkste bestätigt, übte er zehn Jahre lang seine Herrschaft" (Prokop).

Von der Geschichte und den Einrichtungen des Reiches Odovakars sind wir sehr dürftig unterrichtet.

Vor allem suchte er, die Gefahr seiner Lage wohl erkennend, seine Gewalttat mit dem Mantel der Rechtmäßigkeit zu verhüllen und seine Stellung zu den Italiern, zu dem Senat in Rom und zu dem Kaiser in Byzanz besser zu gestalten. „Als *Augustus*, der Sohn des Orest, hörte, *Zeno* habe wieder das östliche Kaisertum gewonnen und (den Anmaßer) *Basiliscus* vertrieben, zwang er den Senat, an Kaiser Zeno eine Gesandtschaft zu schicken, die erklärte: sie bedürften nicht eines eigenen Kaisers, ein gemeinsamer Kaiser genüge für beide Reiche. Der Senat habe Odovakar erkoren, der, als Staatsmann und Krieger tüchtig, wohl geeignet sei, das Abendland zu schützen. Der Senat bitte, diesem die Würde eines Patricius zu übertragen und ihm die Verwaltung Italiens zu überlassen. Es gingen also Männer aus dem römischen Senat nach Byzanz, diese Erklärungen abzugeben, und in denselben Tagen kamen Boten von *Nepos*, die Zeno zu seiner Wiedereinsetzung Glück wünschten und zugleich baten, er möge Nepos, dem dasselbe Unglück widerfahren,[1] bereitwillig zur Wiedererlangung auch seines Reiches beistehen, ihm Geld und Truppen und was sonst nötig geben, seine Wiedereinsetzung mit aller Macht betreibend. Zeno aber gab den Gesandten des Senats zur Antwort: Zwei Kaiser hätten sie aus dem Ostreich erhalten und den einen (Nepos) vertrieben, den anderen (Anthemius) getötet. Jetzt würden sie selbst einsehen, was zu tun: solange ein Kaiser (des Westreichs: Nepos) vorhanden sei, zieme kein anderer Gedanke, als ihn zurückkehren zu lassen und wieder aufzunehmen; den Gesandten des Barbaren antwortete er, daß sich Odovakar von Kaiser Nepos das Patriciat erteilen lassen solle. Aber auch er werde es ihm verleihen, wenn ihm Nepos nicht zuvorkomme. Er lobe ihn, daß er hiermit einen Anfang gemacht habe, in der den Römern zukömmlichen Weise zu handeln. Und daher erwarte Zeno, daß Odovakar, wenn er wirklich rechtmäßig handeln wolle, auch Kaiser Nepos in Bälde aufnehmen werde, sowie er ihm jene Würden erteilt haben werde. Und in dem Schreiben, in welchem er Odovakar diese seine Willensmeinung kund tat, gab er ihm den Titel eines Patricius. Diese Mitwirkung gewährte Zeno Nepos, in Erinnerung seines eignen Falles den des anderen Kaisers bemitleidend, und bewogen von seiner Schwiegermutter, der Kaiserin *Verina*, die mit der Gemahlin des Nepos verwandt." Dieser merkwürdige Bericht (des *Malchus*) bedarf vielfach der Ergänzung und der Erklärung. Einmal ist offenbar der junge entthronte Kaiser nur ein Werkzeug in der Hand Odovakars. Dieser wollte den Schein herbeiführen, als habe Kaiser und Senat von Rom selbst die Abschaffung des abendländischen Kaisertums gewünscht: er nötigte also seinen Gefangenen zu jener Erklärung und Aufforderung an den Senat, die

---

[1] Er war von dem Thron zu Ravenna vor Orest nach Dalmatien geflüchtet.

eine Abdankung, scheinbar zu Gunsten des byzantinischen Kaisers, in Wahrheit zu Gunsten Odovakars, enthielt. Nicht eine Gewalttat, der Verzicht des Kaisers und das Vertrauen des Senats sollten hiernach Odovakar zur tatsächlichen Herrschaft über Italien berufen haben. Zugleich aber sollte der Kaiser in Byzanz für die neue Lage der Dinge gewonnen und dadurch die Macht Odovakars gerechtfertigt und gesichert werden. Deshalb mußte der Senat an Zeno die schmeichelhafte Aufforderung erlassen, fortan allein Kaiser, wie des Orients, auch des Occidents zu sein, deshalb auch sandte Odovakar an Zeno die „Ornamenta palatii", den Kaiserschmuck des Palastes, und nicht kraft eigenen Rechtes, nicht als Eroberer, nicht als germanischer Volkskönig, nur als Beamter des byzantinischen Kaisers sollte der Barbar Italien „schützen", „verwalten". Der Name mochte ihm gleichgültig sein gegenüber der Sicherheit des Besitzes: aber durch Annahme des Titels „König" schon vor Orests Tod hatte er gezeigt, daß er über seine Germanen vermöge ihrer und seiner Kraft herrschen wollte, nicht als Feldherr des Kaisers.

Er strebte also eine ähnliche Stellung zu Germanen, Italiern und Byzantinern an, wie sie später Theoderich wirklich erlangte. Aber der kluge Plan schlug fehl. Zeno ließ sich durch das Anerbieten der Namensherrschaft über das Abendland nicht verlocken, die wahre Herrschaft dem Barbaren wirklich einzuräumen. Auf die Abdankung des Augustulus nimmt er gar keine Rücksicht: nur den von Byzanz eingesetzten Nepos kennt er als rechtmäßigen Herrn Italiens:[1] an ihn verweist er den Barbaren, sich mit dem Patriciat einen Rechtsgrund zur Verwaltung Italiens zu erholen. Aber diesen Gedanken ganz offen und ausschließlich durchzuführen, wagt oder vermag der Kaiser nicht. Ein echt byzantinischer Mittelweg wird eingeschlagen, eine halbe, zweideutige Anerkennung gewährt. Zwar nur Nepos ist Herr Italiens: weder Odovakar, noch Augustulus, noch Zeno selbst: aber einstweilen wird doch der Wunsch Odovakars halb erfüllt und ihm zwar nicht[2] die Würde des Patriciats mit den Abzeichen förmlich erteilt, allein doch der Name Patricius nicht vorenthalten.

So hatte man freie Hand, den Barbaren zu dulden oder zu stürzen. Es begreift sich, daß man die halben Maßregeln Zenos bald als Begünstigung, bald als Zurückweisung Odovakars, bald als zu Nepos Gunsten erfolgt ansehen konnte.

Odovakar mußte darauf verzichten, als rechtmäßiger Herr Italiens offen anerkannt zu werden; vielleicht geschah es in der Absicht, sich als Freund und Rächer der rechtmäßigen Gewalten dem Kaiser zu empfehlen, daß er später den Mörder seines Nebenbuhlers, des Kaisers Nepos, den comes Ovida in Dalmatien, angriff und tötete (481). Aber es half ihm alles nichts. Sowie sich Gelegenheit bot, entsandte der Kaiser wider ihn jenen Größeren, durch den er – nach heldenhafter Gegenwehr – Krone und Leben verlieren sollte. Gegen den drohenden Angriff dieses seines Gegners suchte sich Odovakar durch Bündnisse zu stärken. Er hatte von Anfang an mit seinen germanischen Nachbarn gutes Vernehmen zu erkaufen gestrebt. Dem wenig befestigten, innerlich haltlosen Reich war eine angreifende Haltung nicht möglich; nur gegen die schwachen Rugier etwa konnte man kraftvoll auftreten. Aber den Westgoten wurde belassen oder erweitert, was Nepos in Südgallien an sie abgetreten, den Van-

---

1 Ich kann Mommsens Auffassung nicht teilen, wonach Zeno Odovakars Herrschaft in Italien (etwa wie später die Theoderichs) als rechtmäßig, Odovakar als seinen Statthalter annerkannt habe; die Verleihung des Titels Patricius beweist dafür nichts: Zeno galt offenbar als rechtmäßiger Herrscher Italiens nur Julius Nepos.

2 So scheint es wenigstens.

dalen kaufte man durch Jahrgelder die Verheerung Siziliens ab, und jetzt wurden Gepiden, Heruler, Burgunder gegen die Ostgoten aufgeboten. Aber wir haben bei der Geschichte Theoderichs gesehen, wie alle Bemühungen, alle zähe Tapferkeit und alle eiserne Ausdauer Odovakars scheiterten an der allseitigen Überlegenheit des Amalers und an dem Abfall der Italier.

Die *inneren Verhältnisse* des Reiches Odovakars mußten notwendig an die Stellung seiner Genossen in Italien vor der Aufrichtung seiner Herrschaft knüpfen. Da diese Scharen nicht ein eroberndes Volk oder auch nur ein Gefolge waren, sondern ein Hause von Soldtruppen, die sich wegen Verweigerung ihrer Forderungen empörten und ihre Begehren mit Gewalt durchsetzten, so fragt sich, was solche Soldaten gewöhnlich zu fordern hatten und was sie wohl, in Übersteigerung ihrer Ansprüche, verlangen mochten: so wenig man sonst im allgemeinen in alle Folgerungen aus dem Gedanken sich einlassen kann, die germanischen Landteilungen nur auf die römische Einlagerungsweise zurückzuführen – im vorliegenden Fall, wo es sich wirklich lediglich um Soldaten und Soldatenempörung handelt, führt die Untersuchung der Stellung der soldatischen Ansiedler zu den Grundbesitzern gewiß zum Richtigen. Nun hatten aber schon die Kaiser *Arkadius* und *Honorius* bestimmt, daß die Hauseigentümer in den Städten den Soldaten den dritten Teil ihres Hauses einzuräumen hätten, und diese Anordnung war allgemein maßgebend geblieben. Denn vierzig Jahre später erließen die Kaiser *Theodosius II* und *Valentinian III.* auf jenem Gesetz weiter bauende Verfügungen, ja hundert Jahre hierauf nahm *Justinian* dasselbe in seinen Kodex auf.

Ist es nun auch übertrieben, wenn Prokop den Scharen Odovakars die Absicht beilegt, alle italienischen Ländereien *unter sich* zu verteilen – sie forderten ja nur ein Drittel, und auch nach dem Sieg nahmen sie nicht mehr –, so liegt darin doch ein deutlicher Fingerzeig. Eine Erhöhung des Soldes, eine Aufbesserung des üblichen Vergelts für ihren Waffendienst forderten die germanischen Söldner: und zwar eine Erweiterung jenes Gesetzes, das ihnen ein Drittel der von ihnen bewohnten *Häuser* zusprach, sei es festes *Eigentum* statt Nießbrauchs oder Besitzes, sei es eine Ausdehnung auf praedia rustica, auf *Ländereien* neben dem Hausanteil. Odovakar gewährte ihre Forderungen und siedelte sie durch ganz Italien zerstreut an: ihre Niederlassungen bildeten nicht eine zusammenhängende Waffe, wie die Lose der Vandalen. Gleichwohl lebten sie nicht nach römischem, sondern nach ihrem angestammten, nach germanischem Recht: wiefern dabei die Verschiedenheit der Stämme in Betracht kam, ist nicht zu sagen, gehörten doch alle diese Scharen der gotischen Gruppe an, wenn sie auch nicht, wie die Ostgoten, die feste Macht einer Volkstümlichkeit hatten. Daß den Römern ihr Recht und ihre Verfassung belassen wurde, versteht sich von selbst und geht deutlich schon daraus hervor, daß zahlreiche, ja alle römische Würden und Ämter unter Odovakar fortbestanden, die dann, nur den Herrn wechselnd, in das ostgotische Reich übergingen. Odovakar betrachtete – trotz seiner Königschaft – wie Theoderich Italien als ein Glied des „Imperiums", d. h. des römischen Reiches. Wir werden daher nicht irren, wenn wir alle römischen Einrichtungen, die wir in dem Gotenreich antrafen, als auch unter Odovakar fortdauernd annehmen. Welche Rechte Odovakar über Germanen und Italier übte, läßt sich nur im allgemeinen aus seiner Stellung zu beiden und aus der Ähnlichkeit folgern. Den Italiern gegenüber war er an die Stelle des Imperators getreten: nicht als Imperator, nur in Unterordnung unter diesen, als dessen freilich nicht anerkannter Stellvertreter und weil nicht anerkannt, als rex: die Gliederung der Beamtungen des Kaiserreichs bestand ja fort, und diese forderte eine einheitliche selbstherrliche Spitze, die nunmehr eben Odovakar darstellte, wenn er auch nicht Namen und Zeichen des Imperators, ja, soviel wir wissen, nicht einmal die Abzeichen des Königtums annahm. Schon die Landverteilung war eine Tat der *Gesetzgebung*, und ohne Zweifel erließ Odovakar in den alten kaiserlichen Formen Edikte, Dekrete, Konstitutionen. Auch die römische wie germanische *Rechtspflege* wurde wohl in seinem Namen geübt, die ganze römische *Finanzverwaltung* wurde fortgeführt, die Steuern, besonders die Grundsteuer, von den Italiern erhoben. Odovakar ernannte alle römischen *Beamten*, die sonst der kaiserlichen Ernennung bedurften, insbesondere seit 480 die Jahreskonsuln,[1] und bestellte die Heerführer und gewiß auch die Richter seiner Germanen. Als oberster Kriegsherr leitete er die Feldzüge in Person oder durch seine Feldherren. Gegen die Rugier und gegen Theoderich wurden auch die Italier aufgeboten. Sein Verhältnis zur katholischen Kirche ist bei der Darstellung der gotischen Staatszustände erörtert worden: hier genüge die Bemerkung, daß der arianische Fürst zwar zu den gefeiertsten Stützen der rechtgläubigen Kirche, dem heiligen Severin und dem heiligen Epiphanius von Pavia in huldvoller Freundschaft stand, letzterer erwirkte Nachlaß der Steuern und Abhilfe gegen die Bedrückungen des Präfektus Prätorio *Pelagius* in Pavia, daß es aber ohne Zwiespalt mit dem Haupt der Kirche nicht völlig abging. Die Dauer seines Reiches war zu kurz, große grundbauende Ordnungen zu schaffen: auch fehlte ihm wohl die Herrschergabe Theoderichs, die freilich auch mehr erhaltend als schöpferisch war, und unsere Nachrichten sind zu dürftig, auch die wenigen unentbehrlichen An-

Silbermünze des
Odovakar.
(Originalgröße).[2]

ordnungen, die vorausgesetzt werden müssen, deutlich erkennen zu lassen. Insbesondere über des Königs Stellung zu seinen Germanen wissen wir so viel wie nichts. Wahrscheinlich hatte die kriegerische Zucht und die Gefahr des unsicheren Reiches die Königsgewalt gekräftigt, die Rechte des Volkes oder Heeres beschränkt oder vielmehr ihre Ausübung erschwert. Von *Volks-* oder *Heerversammlungen* erscheint seine Spur. Der König, sein *Hof* – er hatte seinen Sitz zu Ravenna, wo er sich einen *Palast* baute –, seine Beamten sind die Säulen des Reichs. Treu harrt das Heer bei dem unglücklich ringenden Helden aus, sein nächster Anhang teilt seinen Fall. Mit zu schwachen Mitteln war die kühne Schöpfung auf unsicheren Boden in gefährliche Nachbarschaften gebaut. Es gelang nicht, eine unzweideutige Anerkennung vom Kaiser zu erlangen und um so weniger der Anhänglichkeit der Italier. Es fehlt diesem Staat, was anderen gleichzeitigen Germanenreichen die zähe Widerstandskraft gegen das überlegene Byzanz gewährte – die volkstümliche Grundlage. Die Haufen Odovakars sind kein Volk, sondern Landsknechthaufen: sie treten nicht mit alten, tiefgründigen Gliederungen in den neu zu errichtenden Staat ein, und des Führers Gewalt ist echtem Königtum nur nachgebildet. Deshalb macht denn auch das ganze Unternehmen den Eindruck des Uneingewurzelten, Stückhaften, rasch Aufgezimmerten, Vorläufigen. Hier ist wirklich einmal ein Fall der Entstehung des

---

1 Einverstanden Mommsen a. a. O.

2 Die Vorderseite zeigt sein Bildnis mit dem den Germanen eigenen Schnurrbart und der Umschrift Flavius ODOVACar; die Kehrseite im Monogramm ODOVA, unter dem Kranze steht RV, die Prägstätte Ravenna. Die Prägstätten werden häufig durch die beiden ersten Konsonanten bezeichnet: MD Mediolanum, RM Roma.
Die Germanen hatten eine besondere Vorliebe für das Monogramm: Odovakar, Rikimer, die Ostgotenkönige.

Königtums aus Waffendienst, ein „Heerkönigtum", und wie verschieden ist sein Wesen von dem der Vandalen, Gepiden, Goten usw., die man alle auf diese Art hat zurückführen wollen! – In Ermangelung volksmäßiger Zusammengehörigkeit suchte der König die Seinen durch verschwenderische *Freigebigkeit* an sich zu fesseln, wodurch der die Güter der Krone sehr erschöpfte, so daß er bald das Vermögen vornehmer Italier angreifen mußte, dadurch natürlich neue Feindschaften gegen sich erweckend: und es ist bezeichnend, daß unter den wenigen Berichten, die wir über Odovakar haben, so viele gerade diese Züge hervorheben: es war das vergebliche Streben, einen Ersatz für das Bindemittel der Volkseinheit herzustellen. Erst der Vernichtungskampf schuf gegenüber den Italiern und Goten den Kitt einer verzweifelten Partei, immer nicht eines Volkes, unter den Anhängern des Abenteurers.

Für jenes planmäßige Schenken sind lehrreich die Stellen bei Ennodius: „Bei uns darbte, wiewohl bereichert durch den Ertrag der täglichen Plünderung, der Räuber im Herzen des Staates (d. h. Odovakar), der all sein Gut vergeudete und seinen Schatz nicht durch Staatseinkünfte mehrte, nein, durch Raub. Wilde Habsucht seiner Genossen entflammte durch so fluchwürdige Verschwendung der verarmende Herr, der gleichwohl nicht so viel an Liebe gewann, als er in Erschöpfung all seiner Kräfte an Vermögen verlor. Schon zehrte die Not seines Hofes an dem Gut der Privaten, und der Eifer der Diener des Gewaltherrn verschwand, wie seine Schätze verschwanden." Und wiederholt schildert Theoderich dieses Aussaugungsverfahren und die Geldnot seines Vorgängers. Er sagt von einem Beamten, der unter Odovakar diente: „Er übte Enthaltsamkeit in einer Zeit, da die Habgier nicht geahndet ward. Denn je nach der Sinnesweise des Herrschers kränkt man das Recht oder liebt die Tugend." Die Geldnot Odovakars zeichnet er ein andermal so: „*Opilio* kam in traurigen Zeiten (d. h. unter Odovakar) zum Hofdienst. Er hätte viel mehr dabei verdienen müssen, wenn nicht damals alles Verdienst unter der geizigsten Kärglichkeit der Belohnung geschmachtet hätte. Denn was konnte ein Schenker verleihen, der selbst so dürftig war?"

Der Zufall hat uns die Urkunde einer von diesen Schenkungen des bedrängten Königs erhalten: der Beschenkte ist comes *Pierius* (offenbar derselbe, dem die Überführung der Römer aus Noricum nach Italien anvertraut worden war. Diese Schenkung wenigstens war nicht weggeworfen: der Getreue ließ im Kampf für den König sein Leben, siebzehn Monate nach dem Tage der Schenkung, in der Schlacht an der Adda. Die merkwürdige Urkunde bezeugt den Fortbestand des römischen Rechts und des römischen Gerichtswesens und gewährt einen hellen Blick in das sonst so dunkle Reich Odovakars.

Seine Stellung zum Kaiser und zu den Italiern, so ähnlich und doch wieder so unähnlich der seines Nachfolgers Theoderich, ist sehr eigentümlich.

Ähnlich ist die Stellung beider sofern, als weder der eine noch der andere die aufrichtige Anhänglichkeit der Italier gewann. Beide waren als Arianer, als Barbaren, als Gewaltherrscher verhaßt. Ähnlich, sofern der Kaiser im Herzen beide als unrechtmäßige Herren Italiens ansah, die man tatsächlich leider ertragen, aber baldmöglichst beseitigen mußte. Ähnlich endlich darin, daß die Kaiser, ungeachtet dieser inneren und geheimen Nichtanerkennung, äußerlich und öffentlich durch den Drang der Zeitverhältnisse zu einer formalen Anerkennung Theoderichs und – freilich nur einmal, zweideutig und unvollständig – auch zu einer Art Anerkennung Odovakars genötigt wurden.

Aber die Unähnlichkeit ist noch viel größer als die Ähnlichkeit: und zwar fällt der Unterschied überall zum großen Nachteil Odovakars aus. Odovakar, ein Abenteurer, vom Glück gehoben, an der Spitze bunt gemischter Söldner, vom Unglück gestürzt. – Theoderich, der geborene und gekorene König eines großen Volkes, der Sproß eines gefeierten Herrscherhauses, durch die unvergleichliche Kraft eines Volkstums in schlimmen, wie in guten Tagen getragen; Theoderich kam im Namen und Amt des Kaisers,[1] Italien einem Gewaltherrn zu entreißen und unter kaiserlicher Oberhoheit und dem Schild der Rechtmäßigkeit zu verwalten, Theoderichs und seiner Nachfolger Herrschaft war wiederholt vom Kaiser feierlich, wenn auch nie aufrichtig, anerkannt worden: nur das Maß der Abhängigkeit oder Selbständigkeit war streitig zwischen den beiden Höfen. – Odovakar hatte durch einen Soldatenaufstand seinen Kaiser gestürzt, dessen leitenden Staatsmann ermordet, den Boden Italiens als Beute verteilt, und wenn er auch einmal – zweideutig – als Patricius, nicht als König, vom Kaiser war anerkannt worden, so wurde dies doch als nicht geschehen betrachtet. Alle römischen und byzantinischen, gleichzeitigen wie späteren, Quellen schelten ihn einstimmig einen unrechtmäßigen Emporkömmling, einen „Tyrannus", während Jordanis seinen König als Hersteller der Rechtmäßigkeit ausziehen läßt und nur die Byzantiner die Unverschämtheit hatten, auch Theoderichs und seiner Nachfolger Herrschaft als „Tyrannis" zu bezeichnen, als sie sich bereits Sieger glaubten. Endlich, was hiermit wesentlich zusammenhängt: Odovakar war und blieb den Italiern so verhaßt, daß ihm seine Hauptstadt auf der Flucht ihre Tore sperrte, während Theoderich durch seine segensreiche Regierung wenigstens zeitweise und teilweise den Volkshaß der Italier in Dankbarkeit zu verwandeln wußte.

---

1 Mit Unrecht bestreitet das Mommsen a. a. O.

Anhang

I. Stammbaum der Amaler

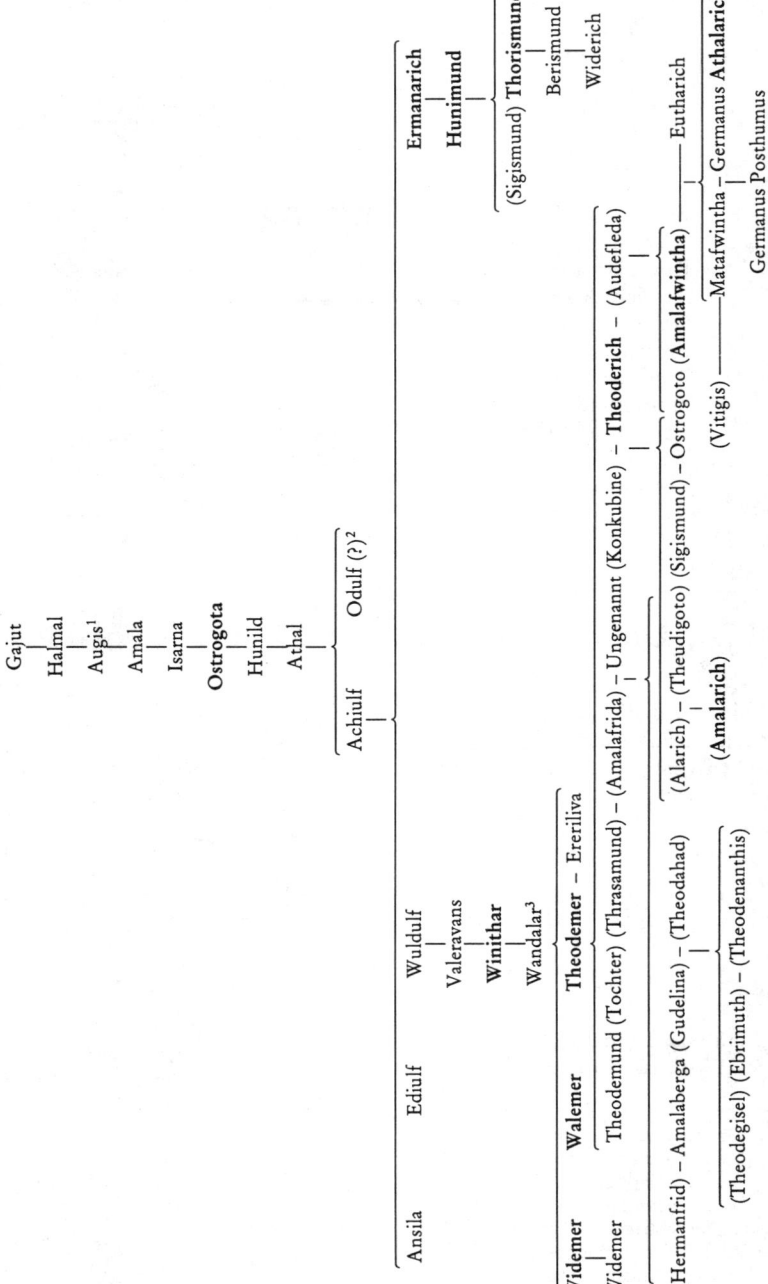

II. Ostgotenkönige

Berig, Vier Ungenannte, Filimer,
    Ostrogota etwa 240
Kniva etwa 260
Ararich, Aorich, Aliquaca etwa 330
Geberich etwa 340
Ermanarich 350–376
Winithar etwa 380
Hunimund etwa 390
Thorismund etwa 400
Walemar etwa 440–470
Theodemer etwa 475

Widemer – etwa 473
Theoderich 475–526
Amalaswintha 526–534
Athalarich 526–534
Theodahad 534–536
Vitigis 536–539
Ildibad 539–541
Erarich etwa 541
Totila 541–552
Teja 552

III. Die von Cassiodor Var. XI 1 aufgezählten Amaler

Enituit Amalus felicitate, Ostrogota patientia, Agatha (Athala al.) mansuetudine, Munitaurius (Winitharius?) aequitate, Unimundus forma, Thorismut (Thorisinus al.) castitate, Walamer fide, Theudemir pietate, Theudericus sapientia.

IV. Die von Jordanis fälschlich den Goten zugewiesenen Herrscher

Zalmoxis, Taunasis, Telephos, Eurypillus, Dikenäus, Boroista, Thamyris, Antiregirus, Gothilas, Sithalcus, Comosicus, Corillus, Dorpaneus.

---

1 Grimm und Leo, Vorlesungen I, 95 lesen *Halmalaugis* (?) = *Zalmoxis* (? ?). – 2 Odulf nur in einigen Handschriften. – 3 Waldemar muß offenbar hier nach Kapitel 14 eingeschaltet werden, wie Kapitel 48 beweist, da einige Handschriften, wie der *Cod. Mon.* auch in Kap. 14 haben: *Winitharius autem genuit Wandalarium Wandalarius Thiudemir Walemir et Widemir.* Hiermit ist der Widerspruch zwischen Kapitel 14 und 48, der, wie so oft bei Jordanis, auf Textverderbnis beruht, und jeder Versuch ihn, sei es zu bemänteln, sei es zu lösen, beseitigt. – Bei drei anderen Amalern, Andala, Aidoin und Sidimund ist das Verhältnis der Verwandtschaft unbekannt. Siehe Dahn, Wandalar, Winithar in der allgemeinen deutschen Biographie, B. 41. 43.

V. Zeitliche Reihenfolge der Westgotenkönige

Athanarich	366 (?)–381	(25. Januar). – Fridigern?
Alarich I.	395–410	(September/Oktober)
Athaulf	410–415	(August/September)
Sigrich	415–415	(September)
Walja	415–419	
Theoderich I.	419–451	(Anfang Juli)
Thorismund	451–453	
Theoderich II.	453–466	(Anfang)
Eurich	466–485	(vor September)
Alarich II.	485–507	(nach Pfingsten)

{ Gesalich	507–511	(März/April)	} Theoderich der Große 507–526
{ Amalarich	507–531	(Dezember)	
Theudis	531–548	(März/April)	
Theudigisel	548–549	(Oktober)	
Agila	549–554		
Athanagild	554–567	(November)	
{ Leova I.	567–572		
{ Leovigild	567–586	(April/Mai)	

Rekared I.	586–604	(Mai)
Leova II.	601–603	
Witterich	603–610	(Anfang Oktober)
Gunthimar	610–612	(14. August)
Sisibut	612–620	(14. Februar)
Rekared II.	620–621	(16. April?)
{ Svinthila	620–631	
{ Rikimer	?–631	(16. April)
Sisinanth	631–636	(März)
Kindila	636–640	(1. April)
Tulga	640–641	(10. Mai?)
{ Kindasvinth	641–652	(1. Oktober)
{ Rekisvinth	649–672	(22. Januar 649–1. September 672)
Wamba	672–680	(1. September 672–14. Oktober 680)
Erwich	680–687	(15. Oktober 680–15. November 687)
{ Egika	687–701	(gesalbt 24. November 687–15. November (?) 701)
{ Witika	697–710	(15. November (?) 697–Februar 710)
Roderich	710–711	(25. Juli)

VI. Gefälschte und erfundene westgotische Stammbäume

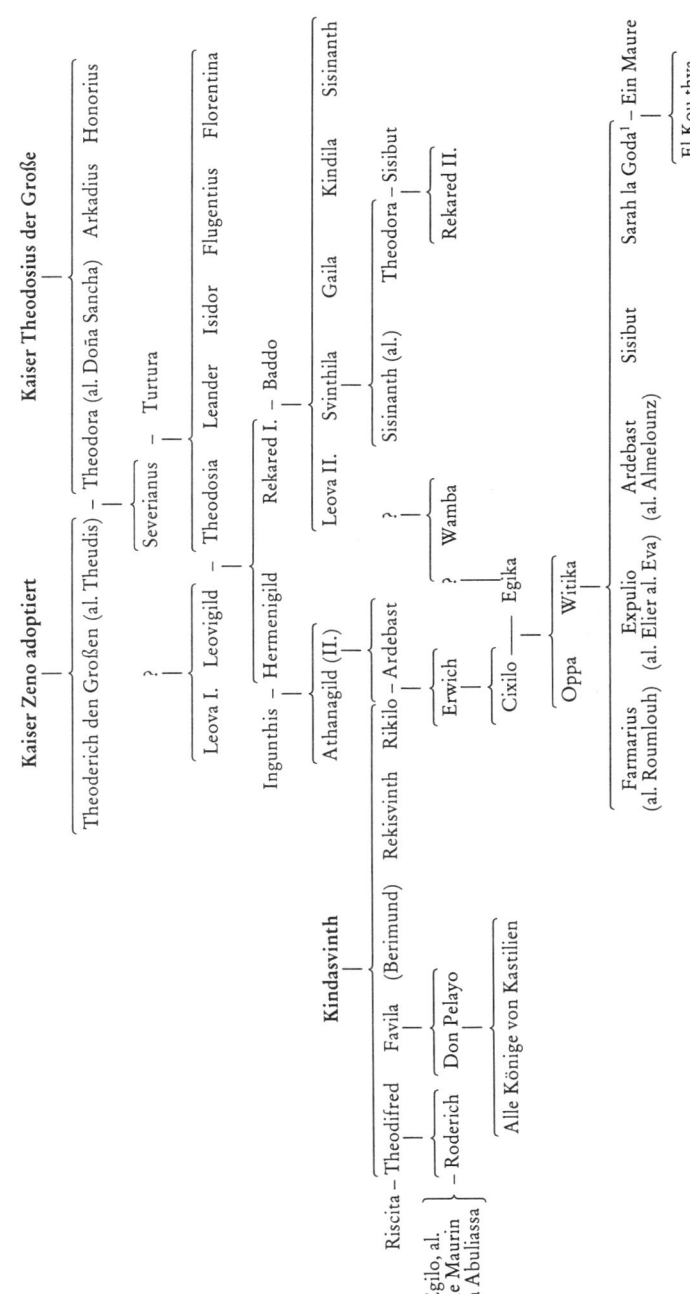

VII. Berichtigte Stammbäume

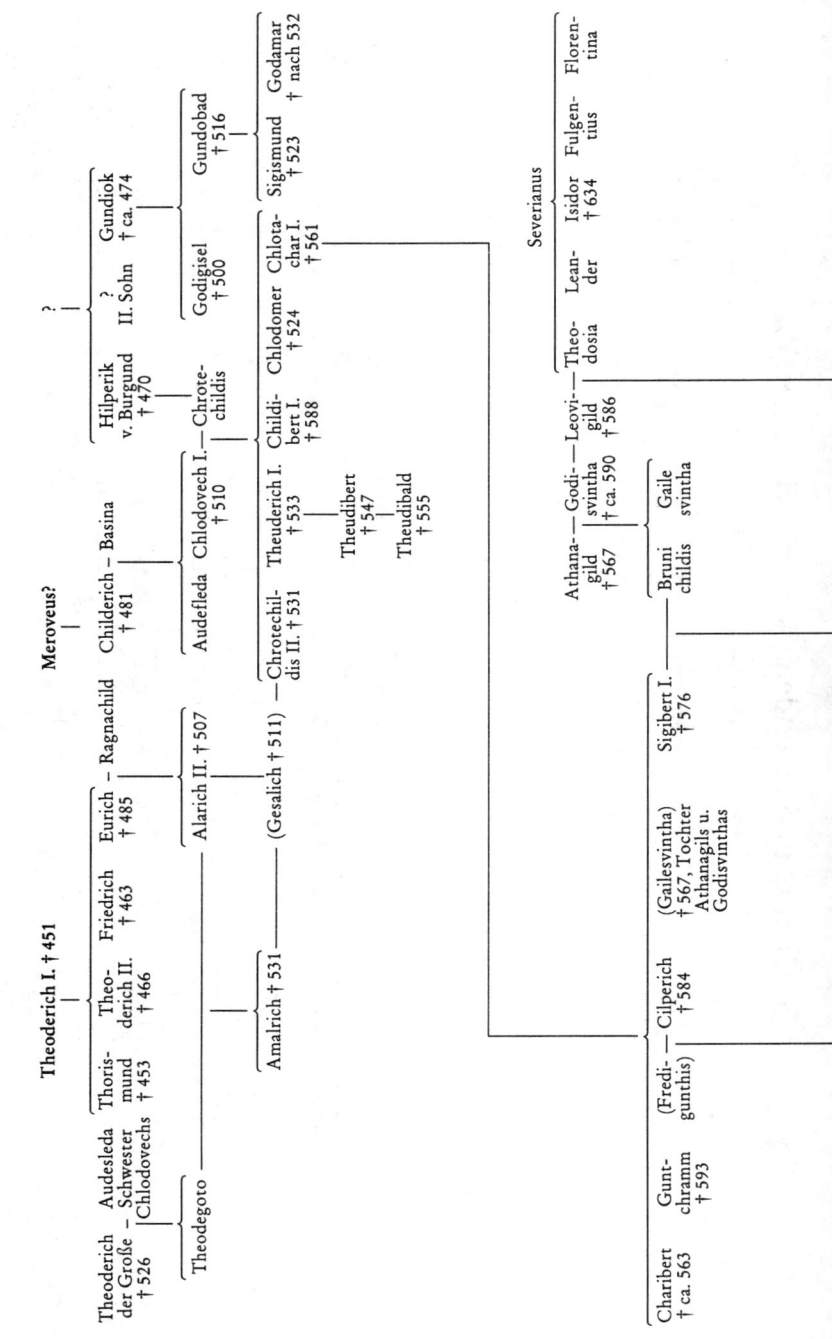

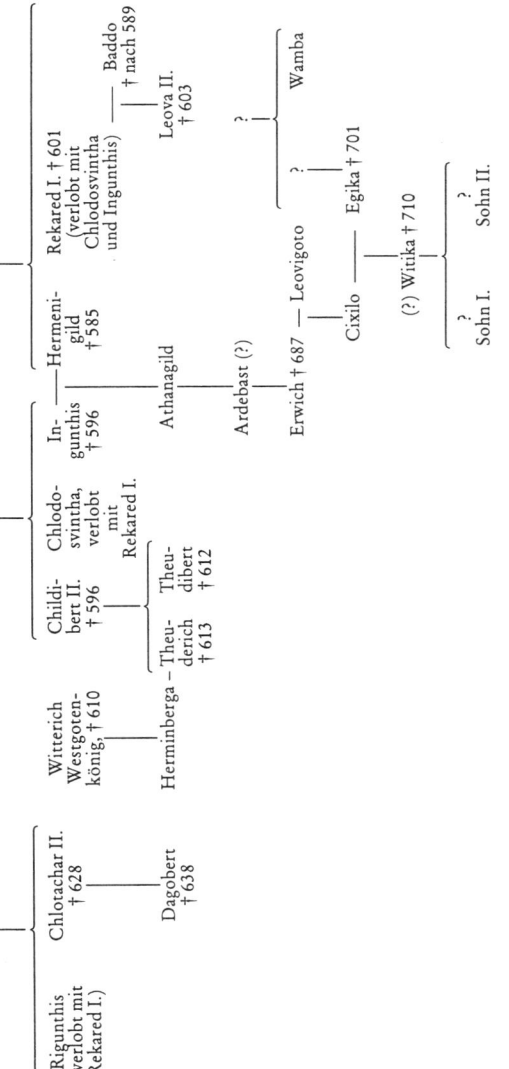

VIII. Gepidenkönige

Fastida etwa 230 – Ardarich etwa 450 – Trafstila (angeblich Sohn Ardarichs) etwa 480 – Gunderith etwa 490

Thrasarich etwa 500   Elemund etwa 520

Ostrogota (verdrängt durch Turisin)   Aurigusa (?) = Ostrogoto (?), vermählt mit Waccho, Langobardenkönig

Turisin etwa 550

Turismod † ca. 549   Kunimund

Reptila (?)   Rosimunda, vermählt mit Alboin, Langobardenkönig[1]

IX. Rugenkönige

Flaccitheus circa 460

Giso – Feletheus – 487 (Feva) Ferderuch

Friderich

Verzeichnis der Illustrationen

Im Text

Vollbilder

Doppelvollbilder

Karten